Theology and Social Theory
Beyond Secular Reason

John Milbank

Second Edition

THEOLOGY AND SOCIAL THEORY

신학과 사회이론

세속이성을 넘어서

존 밀뱅크 지음 | 서종원, 임형권 옮김

새물결플러스

앨리슨과

크리슨덤 학술재단의

현 회원들께 헌정함

목차

감사의 글

가장 커다란 감사는 앞의 헌정문에서도 밝혔듯이 크리슨덤 학술재단(the Christendom Trust, 이 명칭 때문에 중세와 관련된 것으로 오해를 받기도 한다)과 랭카스터 대학교(Lancaster University) 종교학과에 돌리고자 한다. 이들이 재정과 시간을 제공해 주었기에 이 책이 나올 수 있었다. 그다음으로 퍼거스 커(Fergus Kerr), 켄 서린(Ken Surin), 줄리아 모스(Julia Mosse)가 본서를 집필하도록 처음부터 격려해 준 것에 대해 감사한다.

필자의 지적 성장에 있어 많은 이들의 도움을 받았다. 오래전에 필자에게 지성사와 문화사를 가르쳐준 린제이 샤프(Lindsay Sharp)와 리처드 테이트(Richard Tait)에게 특별히 감사드린다. 신학을 가르쳐준 로완 윌리엄스(Rowan Williams)와 비코(Vico)에 관한 필자의 박사논문을 지도해준 리온 폼파(Leon Pompa)에게도 감사드린다. 필자는 크리슨덤 학술재단이 속한 앵글로가톨릭(Anglo-Catholic) 전통에서 성장했으며, 이에 해당되는 콜리지(S. T. Coleridge), 뉴먼(J. H. Newman), 워드(W. G. Ward), 모리스(F. D. Maurice), 토머스 핸콕(Thomas Hancock), 콘러드 노엘(Conrad Noel), 피기스(J. N. Figgis), 토니(R. H. Tawney), 디맨트(V. C. Demant), 도널드 맥키넌(Donald Mackinnon) 등의 저작에서 많은 영향을 받았다.

본서는 질리언 로즈(Gillian Rose), 알래스데어 매킨타이어(Alasdair

MacIntyre), 스탠리 하우어워스(Stanley Hauerwas), 질 들뢰즈(Gilles Deleuze), 미셸 푸코(Michel Foucault), 르네 지라르(René Girard)의 저술이 없었더라면 생겨나지 못했을 것이다. 또한 필자가 수년 동안 로완 윌리엄스, 켄 서린, 폴 모리스(Paul Morris)와 지속적으로 나누었던 대화도 마찬가지로 중요하다. 많은 이들이 중요한 통찰을 나누어 주었으며, 본서의 초고를 읽고 비평을 해주었다. 존 클레이튼(John Clayton), 새러 코클리(Sarah Coakley), 애드리언 커닝엄(Adrian Cunningham), 스티븐 파울(Stephen Fowl), 필립 굿차일드(Philip Goodchild), 스탠리 하우어워스, 폴 힐러스(Paul Heelas), 티모시 젠킨스(Timothy Jenkins), 그레고리 존스(Gregory Jones), 퍼거스 커, 니콜라스 래쉬(Nicholas Lash), 스콧 래쉬(Scott Lash), 이안 맥퍼슨(Ian Mcpherson), 앨리슨 밀뱅크(Alison Milbank), 데이빗 니콜스(David Nicholls), 이들 모두에게 깊이 감사한다.

학술지 「블랙프라이어스」(*Blackfriars*)의 편집진에게도 감사의 말씀을 드린다. 졸고 "근거 없는 혐의: 그리스도교와 위기에 처한 사회주의"(On baseless suspicion: Christianity and the crisis of socialism)의 내용을 본서의 제7장에서 사용하는 것을 흔쾌히 허락해 주었다.

끝으로 본서의 원고를 입력한 팻 폴리(Pat Fawley), 원고를 읽고 비평과 수정을 제공한 앨리슨 밀뱅크, 본서를 편집한 스티븐 챔버스(Stephan Chambers), 줄리언 벨(Julian Bell), 앤드류 맥닐리(Andrew McNeillie)에게도 감사를 전하고 싶다.

자유주의와 실증주의 사이에서

본서 『신학과 사회이론』은 마가렛 대처가 한창 집권하던 시기에 오직 신학적 비전만이 당시 대두하던 신자유주의의 패권에 도전할 수 있으리라는 확신에서 쓴 책이다. 그렇다고 이 말이 흔히 생각하는 대로 내가 신학과 종교를 도구로 삼으려 했다는 뜻은 아니다. 오히려 나는 정치적 부문을 초월하는 그런 이유들로 인해 **가톨릭적 그리스도교의 현실관**(Catholic Christian account of reality)을 왜 최종적으로 설득력 있는 것으로 받아들여야 하는 지 그 이유를 보여주려고 했던 것이다. 그러나 당시에 나는 신학적이고 역사·철학적인 이유로 그러한 현실관을 새롭게 수용하는 것만이 우리가 사는 현시대의 역사적 교착상태에서 벗어날 수 있는 길임을 또한 주장하려고 했다.

현재 세계의 상황이 이 책을 썼을 때와는 다르지만 그 정황은 본질적으로 연속된다. 오늘날 신자유주의는 그 지배력을 확대하면서 동시에 새로운 형태의 정치적 폭압으로 변형되기 시작했다. (이러한 이유로 나는 정치적 자유주의자들의 흔한 비판에 대응하여 내 입장을 옹호하기 위해 그저 최근의 일간지를 읽어보라고 권할 뿐이다.)[1] 어떤 면에서 신자유주의는 『신학과 사회이론』이 근본

---

1   특히 다음을 보라. Christopher J. Insole, *The Politics of Human Frailty: A Theological Defense of Political Liberalism* (London: SCM, 2004). 정치적 자유주의에 대한 나의 상세한 비판에 대해서는 다음을 보라. John Milbank, "The gift of ruling: secularisation and political authority," in *New*

적 통일성을 지니고 있음을 보다 분명하게 보여준다. 말하자면 처음부터 끝까지 이 책은 갈등의 완화를 위해 고안된 자유주의에 있어 그 형식적 개방성과 그 내용의 자의성(arbitrariness) 간의 관계에 문제가 있음을 계속해서 시사하기 때문이다. 내용의 자의성이란 일종의 "실증주의"(positivism)인데, 이는 **지상의 도성**(*civitas terrena*)이 여태껏 힘겹게 꾸려온 기껏해야 적대감을 유예하는 정도에 불과한 그러한 평화마저 늘 압도할 조짐을 보이고 있다. 이러한 실증주의는 그 내용에 있어서 우생학에서 열성인자(이것은 흔히 알고 있는 것보다 더 다양한 방식으로 발생한다)를 박멸할 때처럼 "과학적"으로 비쳐지거나, **또는** 최근에 발흥하는 "근본주의 그룹들"의 사례에서처럼 "종교적"으로 나타날 수도 있다. 이들 근본주의 그룹은 대개 사회·경제적으로는 자유주의와 거래하며 그것을 신학적으로 옹호하면서도, 몇몇 전략적 방식에 있어서는 자유주의를 넘어서서 거기에 반대하기도 한다.

　본서에서 "자유주의"와 "실증주의"를 다룬 처음 두 편의 논고(제1부와 제2부)가 결국 가장 중요하다. 왜냐하면 "변증법"(제3부)은 그리스도교 영지주의의 성격을 띤 자유주의의 한 변종에 불과하고(이 논제는 현재 시릴 오리건[Cyril O'Regan]의 저술을 통해 광범위하게 뒷받침 받고 있다)[2], 이른바 "차이"(제4부)는 본질적으로 실증주의적 시각을 급진화한 것이기 때문이다. (여기서 독자는 내가 "실증주의"를 그 용어가 지닌 역사적 복잡성과 모호함을 살려가면서 취급하고 있다는 사실에 유의할 필요가 있다. 나는 결코 "실증주의"라는 용어를 필요한 경우가 아니면 과학적 내지 "논리적" 실증주의라는 단순한 의미만을 내포한 시대착오적

Blackfriars, vol. 85, no. 996, March 2004, pp. 212-39. 이 논문은 Pierre Manent에 대한 논의를 포함하는데, 자유주의는 악의 우선성을 가정하고 있다고 보는 그의 논제는 존재론적 폭력의 이론적인 전제에 대한 나의 논제와 매우 유사하다. Insole은 그 어떤 논제도 심각하게 고려하지 않는다. 그는 후커(Hooker)를 "자유주의자"로 잘못 제시하며, 현명하게도 자유주의에 대한 상당한 비판을 수용한 버크(Burke), 토크빌(Tocqueville) 그리고 액튼(Acton)과 같은 자유주의자들을 옹호한다. (물론 자유주의에 대한 부분적 비판만으로 그들이 처한 난제를 해결할 수 없으리라는 의문이 생겨난다.)

2　이 주제를 다룬 다수의 책 중에서 특별히 다음을 보라. Cyril O'Regan, *The Heterodox Hegel* (New York: SUNY, 1994).

용법으로 사용하지 않는다.)

내가 생각하건대, 지금껏 언급한 사례들은 본서에 의해 촉발되었다고 여겨지는 반응들과 맞아떨어진다. 우선 사회학자들로부터 분노에 찬 상당한 저항이 있었다. 그중 다수는 내가 사회학에서 말하는 "사회적 부문"(the social) 자체가 비실재적·비역사적·유사신학적 범주에 해당한다고 공공연하게 주장하는 것을 보고, 내가 종교를 사회적 부문으로 "환원"하는 것에 반대한다고 여겼다.[3] 오늘날 이런 종류의 반응은 신학자들에게서만 (그나마도 매우 뒤처진 이들에게만) 남아있다. 반면에 세속 사회이론 내에서는 "사회학"이란 패러다임은 이미 파괴되었으며, 부분적으로 사회학에 내재한 세속적 편향으로 인해 그렇게 되었다는 인식(본서의 영향 때문에 그렇게 인식하는 경우는 극히 드물다)이 널리 퍼져 있다.[4] 오늘날에는 민족지학(ethnography) 혹은 전체사(histoire totale)와 같이 이데올로기적으로 덜 경도된 모델이 훨씬 더 유행하고 있는데, 이러한 추세는 학문적 이론보다 학문적 실천의 현장에서 더 뚜렷하게 목도된다.

변증법적 전통에 아직도 투신한 이들에게서도 약간의 저항이 있었다.[5] 하지만 대부분의 좌파 사상들에게 있어 이제 목적론적 진보주의에 대한 마르크스주의적인 확신이나 자본주의의 "최종" 단계에서 필연적인 위기가 찾아올 것이라는 생각마저도 포기하는 것이 거스를 수 없는 추세다. 훨씬 더 지속적인 영향력을 갖고 있는 것은 헤겔의 역사철학이다. 하지만 이것은 해석자들이 알렉상드르 코제브(Alexandre Kojève)식 헤겔 독법이 그 본질에서 타당함을 확인해 주기 때문이다. 즉 헤겔적 메타서사(metanarrative)가 그

3 예컨대 다음을 보라. Kieran Flanagan, "Sublime policing: sociology and Milbank's city of God," in *New Blackfriars*, vol. 73, no. 861, June 1992, 졸저 *Theology and Social Theory*에 관한 특별호, pp. 333-41.

4 여기서 Scott Lash와 Neil Turnbull를 비롯하여 Nottingham Trent University에서 발행하는 정간물, *Theory, Culture and Society*를 중심으로 활동하는 영국의 지도급 사회이론가들을 언급할 수 있을 것이다.

5 다음을 보라. Gillian Rose, *The Broken Middle: Out of our Ancient Society* (Oxford: Blackwell, 1992) p. 279ff.

럴듯해 보이는 것은 그것이 **이미** 허무주의의 계보학에 가까울뿐더러 그것이 일종의 반메타서사(anti-metanarrative)였기 때문이다. 헤겔적 메타서사는 근본적으로 자기에게 근거한 자유를 억압하는 모든 속박을 해체한다는 뜻에서 부정과 재부정(부정의 부정)의 작용을 밝혀내었다. 이런 뜻에서 코제브는 무정부적 실증의 점진적 해방에 대한 이야기를 들려준다. (물론 코제브식 독법은 이 점에 대해 셸링[Schelling]이 더 분명하다고 보았으나, 헤겔 자신도 형식성과 자의성의 지배에 저항하려는 열망을 비록 일관되지는 못하지만 그럭저럭 표출했었다.) 또한 자율성에 대한 충분한 상호 인정(의 필요성)이 대두하는 와중에 "역사의 종말"에 관한 논제가 간과하는 점이 드러나는데, 즉 자유를 우선적으로 드높인다고 해서 그것이 하나 내지 일단의 특수한 자유를 내세우는 실증적 확신에 맞서 상호 인정의 가치를 든든하게 보증하지 못한다는 것이다. 결과적으로 역사가 다시금 불길한 독창성(inventiveness)으로 흘러가지 않으리라는 보장이 없는 셈이다.

　더 주목할 만한 것으로, 1960년대부터 출현한 "좌파 니체주의"(『신학과 사회이론』도 이 사조로부터 분명히 영향을 받았다)의 영향을 받은 이들에게서 적잖은 저항이 있었다. 그들은 이 좌파 니체주의의 담론이 허무주의와 "존재론적 폭력"(ontological violence)을 뒷받침한다고 보는 나의 견해가 잘못이라는 식으로 늘 말했다. 오히려 그들은 이 담론이 생의 다양성을 지지할 뿐 아니라 타자의 타자성(otherness)을 충분히 인정하는 가운데 타자와 더불어 각양각색으로 공존할 수 있는 무한한 가능성을 열어 놓았다고 보는 것이다.[6] 하지만 반추해보면, 좌파 니체주의의 조류는 차이(difference)에 내포

6　다음을 보라. Romand Coles, "Storied others and the possibility of *caritas*: Milbank and neo-Nietzschean ethics," in *Modern Theology*, vol. 8, no. 4, October 1992, 졸저 *Theology and Social Theory*에 관한 특별호, pp. 331-53. 또한 다음을 보라. Eve Tabor Bannet, "Beyond secular theory," Daniel Boyarin, "A broken olive branch," Sheila Kappler, "Quid faciemus viri, frater?" Alan Shandro, "Politics of postmodern theology," all in "Symposium: John Milbank's *Theology and Social Theory*," in *Arachne*, vol. 2, no. 1, 1995, pp. 105-45. 또한 다음을 보라. Gavin Hyman, *The Predicament of Postmodern Theology: Radical Orthodoxy or Nihilist Textualism* (Louisville: Westminster John Knox Press, 2001).

된 근거없는 "신화적"(mystical) 내용을 형식적 용인의 수준을 넘어서까지 적극적으로 옹호하려고 하는 급진적 실증주의를, 추상적 절차에 대해 겉으로는 체념하면서도 집단적으로는 동의하는 스토아적 내지 칸트적 방식을 재도입하려는 지속적 시도를 통해 완화시킬 수밖에 없었음을 더 분명히 알게 된다. 이것은 푸코(Foucault), 데리다(Derrida), 리오타르(Lyotard), 심지어 바디우(Badiou)에게서 더욱 분명하게 드러날 뿐 아니라, 결국엔 들뢰즈에게도 해당되는 사실이다. 따라서 이들 사상가는 자유주의와 실증주의 사이를 오락가락하는 진퇴양난의 덫에 사로잡혔다고 하겠다.

이 점에 있어서 『신학과 사회이론』은 68세대(soixante-huitarde)에 속한 사상가들이 니체와 하이데거에게서 엿보이는 비판의 신랄함과 비도덕주의(amoralism)를 사실상 누그러뜨리고 있음을 수차례 암시하고 있으며, 이것을 알아차리는 것이 중요하다. 역사적으로 자의적 권력이 지배해 왔다고 보는 그들의 진단을 "해방"의 대의에 맞추어 변형하려는 시도는 진정한 타당성을 결코 확보하지 못했다. 더욱이 최근의 니체 연구는 니체의 전체 기획이 결국 정치적으로 극단적인 우익성을 띠고 **있었음**을 보여준다. (비록 시대가 맞지 않기에 니체가 "나치당원"이나 심지어 모든 면에서 원나치주의자[proto-Nazi]였다고 할 수는 없지만 말이다.) 니체가 말하는 노예는 실제로 노예인 것이지, 그저 알레고리적으로 하는 말이 아니었다. 그가 말하는 힘을 가진 자들도 난잡하고 다소 잔혹한 면모를 지닌 실제 귀족으로서, 아마도 여성들로부터 선망의 대상이 되기도 했을 것이다.[7] 그러한 원색적 니체가 진짜 니체였다. 하지만 그러한 니체야말로 "신"(God)과 "선"(the Good)은 인간의 발명품에

---

7 이 부분은 『도덕의 계보학』세 번째 파트의 시작 부분에 나오는 차라투스트라의 **엉터리 묘책**(nostrum)으로부터 인용했다. Friedrich Nietzsche, *On the Genealogy of Morality*, trans. M. Clark and A. J. Swensen (Indianapolis, IN: Hackett, 1998) p. 67. 김정현 옮김, 『선악의 저편·도덕의 계보』(책세상, 2002). 프랑스 학자들이 말하는 "새로운 니체"(new Nietzsche)가 지닌 오류에 대해서는 다음을 보라. Domenico Losurdo, *Nietzsche, il ribello aristocratico: biografico intellectuale e balancio critico* (Turin: Bollati Boringhieri, 2002); Jan Rehmann, *Postmoderner Links-Nietzscheanismus; Deleuze und Foucault; eine Dekonstruktion* (Hamburg: Argument Verlag, 2004).

불과하다는 깨달음이 함의하는 것을 끝까지 밀고 나가는, 진정으로 비판 정
신에 투철한 니체였다.

그렇다면 15년 전과 비교해 볼 때, 오늘 우리가 직면한 문제는 근대
성을 표방하는 가장 예리한 사상가들이 실은 정치적 우파에 속해 있을 뿐
아니라 그중 몇몇은 적어도 나치즘과 암암리에 연루되어 있었다는 사실
을 우리가 보다 정직하게 직시하고 있다는 점이다. 여기에는 조제프 드 메
스트르(Joseph de Maistre: 그에 대해서는 비판적 좌파도 점점 더 많이 언급한다), 오
귀스트 콩트(Auguste Comte), 도노소 코르테스(Donoso Cortes), 카를 슈미트
(Carl Schmidt), 프리드리히 니체(Friedrich Nietzsche), 마르틴 하이데거(Martin
Heidegger), 심지어 레오 스트라우스(Leo Strauss)도 포함된다. 바로 이들은 자
유주의에 함축된 문제를 내가 앞서 언급한 실증주의와 대면케 하는 경향
을 가장 분명하게 보여준다. 사실 콩트의 사상은 "탈근대적"(postmodern)
의 심오한 본질을 가장 잘 포착하고 있다고 주장할 만하다. 그는 보편법과
추상작용을 특징으로 하는 소위 "형이상학적" 자유주의 시대로부터 다양
한 사실들과, 재구축된 신화 및 의례들과, 새로운 혹은 갱신된 권위체계들
(papacies)로 구성되는 "실증적" 시대로 불가피하게 변천할 것을 말한다.

이러한 이유로 인해 니체의 정치학(하이데거의 정치학도 마찬가지다)의
극우적 성격을 새롭고 보다 정직하게 인식했다고 해서 그것이 비판적 좌
파 편에서조차 그의 사상에 대한 관심을 잃어버리는 현상을 초래하지는 않
는다. 도리어 이러한 관심은 현재 변형된 형태를 띠고 나타난다. 첫째로 니
체가 자유주의적 논제를 그 논리적 결론으로까지 밀어붙여서 결국엔 그것
을 전복시킨다는 점에 주목하고 있고, 둘째로 니체는 사회주의(그의 적개심
이 겨냥하는 실제 최종 목표)를 통렬하게 반대하면서 사회주의가 기실 서구의
가장 심오한 유산인 플라톤주의와 그리스도교에 근거하고 있다는 식의 결
론에 이르된 것에 주목하는 것이다.[8] 바디우, 지젝(Zizek), 네그리(Negri)를

---

8   Losurdo, *Nietzsche, il ribello aristocratico*.

비롯한 최근의 사상가들 중 대부분은 특별히 니체가 이 점을 제대로 간파했던 반면에 마르크스는 그 중요성을 깨닫는 데에 완전히 실패했다는 것에 견해를 같이하는 것으로 보인다.

니체에 대한 최근의 이러한 반수정주의적(anti-revisionary) 태도에 비추어보면 본서의 마지막 부분에서 다루고 있는 "차이"(difference)에 대한 논의가 더 잘 이해될 것으로 생각한다. 차이를 주제로 삼고 있는 가장 급진적인 그 사상가(니체)는 우선 차이가 "폭력의 존재론"(ontology of violence)에 기초하고 있다는 것 외에 다른 어떤 것을 주장하는 척하는 가식을 떨지 않았다. 둘째로 그는 자신의 철학을 먼저 사회주의와 그리고 그다음으로 그리스도교와 맞서게 했다. 그의 주장에 비추어 보면 나의 대항 전략이 너무나 빤히 드러나는 것 같다. 나의 전략이란 결국 그리스도교를 옹호하고 그럼으로써 사회주의적 희망을 위한 새로운 존재론적·종말론적 토대를 제공하자는 것이다. 하지만 동시에 분명 복잡한 문제가 하나 있다. 내가 니체식 접근방법이 지닌 몇몇 측면들, 다시 말해서 계보학적 방법과 일종의 차이의 존재론을 포용하는 것으로 보인다는 점이다.

여기서 나는 일반적인 논평을 몇 마디 해야 할 필요가 있다. 본서를 면밀히 읽어보면 이 책 전반에 걸쳐 나타나는 "세속이성"(secular reason)에 대한 태도가 결코 겉보기만큼 부정적이지 않음을 알게 될 것이다. 말하자면 본서는 세속이성이 스스로를 "세속적"이라고 내세우는 그 방식대로 바라보는 것이 아니라, 그것을 여러 모습으로 위장한 이단사설(heterodoxy)이거나 부활한 이교사상(paganism)이거나 종교적 허무주의(nihilism)로 간주하기 때문이다. 따라서 각각의 경우에 대한 나의 태도가 세속이성에 대한 단순한 반대일 수 없다. 왜냐하면 나는 가톨릭적 그리스도교가 이교사상 안에 잠재한 최선의 동력을 완성했다고 보는 반면에, 이단이란 그리스도교의 진리를 과장하거나 약화시킨 것이며, 허무주의는 인간이 무로부터 창조되었으므로 모든 유한자는 비규정적(indeterminate)이라는 그리스도교의 관점에 대한 저급한 패러디일 뿐 아니라, 마찬가지로 조화의 아름다움은 역설적으로 비

유한적(in-finite)이라는 그리스도교적 세계관을 희화화한 것에 불과하다고
보는 까닭이다. 그러므로 이러한 모든 왜곡에도 불구하고 이단 안에도 진리
가 남아 있으며, 심지어 정통 교부인 이레나이우스(Irenaeus)가 영지주의자
발렌티누스(Valentinus)로부터 많은 것을 차용했듯이, 오히려 그러한 이단적
왜곡을 통해 정통 그리스도교의 어떤 측면(나중에 정통 그리스도교가 회복해야
만 하는 것)이 발전하게 된다는 결론이 나온다.

　이렇듯 내가 가톨릭적 존재론을 자유주의·실증주의·변증법·허무주
의에 대립시킨다는 사실에도 불구하고, 작금에 있어 그리스도교를 "재상
상"(re-imagine)하고자 하는 나의 시도는 이러한 네 가지 조류들 각각에 비
추어 볼 때 그 특징이 새롭게 부각된다. 그리스도교의 쇠퇴라는 장기적 문
제와 아울러 동시대의 그리스도교 안에도 여러 형태가 이념적으로 대립하
는 상황을 감안할 때, 그리스도교를 "재상상"하는 것이야말로 오늘날의 신
학자에게 피할 수 없는 사명으로 다가온다. 자유주의의 경우에 있어서, 나
는 자유주의가 말하는 평화가 그저 "계약에 기초한" 것이라면, 그것은 상호
합의와 선물교환(gift-exchange)을 특징으로 하는 진정한 평화와는 대립되는
것이므로, 이상적으로 말해서 그 필요성이 줄어들어야 하겠지만, 그것이 아
직까지는 계속해서 필요하다는 점을 분명히 밝힌다.[9] 더욱이 나는 스토아
주의를 원자유주의(proto-liberalism)로 제시하면서, 사도 바울에게서 엿보이
는 윤리와 사회에 대한 그리스도교적 접근방식이 사실상 스토아주의에 빚
지고 있음을 밝힌다. 나는 플라톤적·아리스토텔레스주의에서 말하는 덕성
이나 행복추구(eudemonism)에 맞추어 그리스도교를 제시하지 않는다. 오히
려 나는 그리스도교가 초월적 상호관련성(relationality) 및 무대가성(gratuity)
을 중시하는 일종의 **탈자유주의적**(post-liberal) 접근방식을 제시한다고 시

---

[9]　이것을 Insole은 완전히 간과하는 것으로 보인다. 그가 나를 유유자적하는 일종의 낙관론자로
　　　규정하는 것은 현 세계가 완전 타락의 상태에서 마귀들에게 사로잡혀 있다고 보는 나의 바울신
　　　학적 강조를 전적으로 도외시하는 것이다. 우주적 악이 우리의 시야로부터 가려버린, 진정 평화
　　　로운 존재라는 감춰진 영역을 우리는 오로지 바울이 공적 토론의 장에서 대담하게 선언했던, 그
　　　리스도교적 영지(*gnosis*)의 형태로서, 그것도 오로지 극심한 어려움 통해서만 식별해낼 수 있다.

17

사한다. 이러한 접근방식은 개인의 탁월함을 배양하려는 노력이나 타자에 대한 의무("스토아·근대적 개념")와는 상당한 거리감을 지닌다.[10] 나는 어느 정도 매킨타이어(MacIntyre)의 해석을 따라, 플라톤이 소피스트에 대응하는 와중에 일종의 "탈자유주의적" 시각을 갖게 되었다고 본다.

"실증주의"에 대해서, 나는 그것이 왜곡된 그리스도교적 요소를 많이 포함하고 있는 하나의 "후기 그리스도교적"(post-Christian) 현상이 아닐까 생각한다. 그 요소 중에는 선(the Good)을 존재(being)·힘(power)·실증성(positivity)과 동일시하는 태도, "조화로운" 비경합적(non-agonistic) 사회질서에 대한 추구, 보편성보다 특수성을 높이는 경향, 이성은 집단적 헌신에서 출발하므로 그것을 결코 떠날 수 없다는 깨달음 등이 포함되며, 여기에 (이따금씩) 부조리한 "일반적 사실들"과 환원불가한 관계성들이 존재한다고 보는 비유명론적(non-nominalistic) 인식 및 현상의 소여를 넘어선 인식의 확실성을 가정하지 않는 태도 등이 포함된다 한다―브렌타노(Brentano)를 거쳐서 현상학은 결국 실증주의의 후손이 된 셈이다. 이러한 특징이 사회학의 전통 속에서 발견되는 한, 나는 단연코 그로부터 배우고자 한다. 내가 발굴한 세속적 형이상학을 제거하고 보면, 사회학은 공시적·지리적 요인에 대한 필요성을 역설함으로써 역사학의 발전에 기여하였으며, 사회계약 사상으로는 이상적 사회를 구성할 수 없음을 밝힘으로써 사회윤리의 발전에도 기여하였다.

"변증법"과 관련해서, 나는 헤겔이 르네상스 이후에 역사관을 중심으로 신학과 철학을 통합하려고 하는 매우 적절한 시도를 했으며 또한 인간 정신을 창조적으로 발전시켰음을 인정한다. 사실 『신학과 사회이론』은 헤겔을 재론하려는 잠정적 시도의 일환이다. 그러면서도 그가 주장하는 이성의 명료성 및 창조와 타락의 동일시에 대해서 거부하는 반영지주의적(non-

---

10 내 입장과 Robert Spaemann의 입장 간에는 일정한 유사성이 있다. Robert Spaemann, *Happiness and Benevolence*, trans. Jeremiah Alberg, SJ (Notre Dame, IN: Notre Dame UP, 2000).

gnostic) 방식으로 그 과제를 풀어가려고 한다. 나는 역사의 궁극적 논리는
변증법적이지 않으며 변증법적 제반 과정이 반드시 필연적이지도 않음을
주장하지만, 역사의 특정 국면에서 나타나는 발전의 양상을 변증법적 관점
에서 이해할 수 있음을 나 역시 인정한다. 그러므로 로완 윌리엄스(Rowan
Williams)가 지적했듯이, 사실상 내 자신이 구사하는 메타서사도 명백히 변
증법적 궤적을 따르고 있다.[11]

   끝으로 "차이"의 문제를 취급함에 있어, 나는 이 "차이"의 주제가 실
증주의(positivism)를 재론하면서 그 안에 남아 있는 유명론적·합리주의적·
몰역사적 잔재를 일소하는 방식을 수용한다. 즉"실증"이란 무엇인가를 묻
고서 그것은 현재 다양한 형태로 나타나는, 전혀 근거 없는 권력의 지배체
제와 날조물에 불과하다고 대답하는 것이다. 그러나 나는 오로지 가톨릭
적 그리스도교만이 완벽하게 "실증주의적"일 수 있다고 본다. 왜냐하면 그
리스도교는 모든 악과 폭력을 선의 결핍이라는 부정적 측면에서 이해하는
까닭이다. 이러한 이해는 **상상 가능한 가장 급진적인 근대적 다원주의**를
위한 가능성의 문을 활짝 열어준다. 다시 말해서 실증적 차이가 모두 절대
선의 구체적 사례((물론 이는 타락의 현시대에서 완전히 성취될 수 없는 상태)임을
인정하는 한, 바로 그런 이유로 인해 그 모든 차이가 유비적으로 동시발생
(concur)하므로 이는 "부동의 동의"(agreement to disagree)라는 자유주의적 방
식을 넘어선다. 만약 이것이 사실이라면, 니체의 계보학에 맞서는 대항계보
학(counter-genealogy)이 가능케 된다―아우구스티누스와 비코(Vico)가 이미
이런 것을 구상한 바 있다. 이를테면 자의적 권력의 책략과 승리에 관한 군
사적 이야기만이 아니라, 완전 무한한 평화의 힘(유한한 선의 행위들과 그것들
간의 필연적 공존가능성[compossibility] 속에 현존하는 절대선)을 반영하는 사례들
이 이 군사적 이야기 속에 계속해서 개입하다가 이따금씩 그것을 결정적으

---

11   Rowan Williams, "Saving time: thoughts on practice, patience and vision," in *New Blackfriars*
     special issue, pp. 319-26.

로 중단시키는 식의 서사화도 가능한 것이다.

그러나 이러한 계보학적 전략에 속한 두 가지 대안 중에서 어떤 선택을 해야 하는가? 본서는 일견 그와 같은 선택을 해야 할 근거가 없다고 암시하는 듯이 보인다. 그러나 개빈 하이만(Gavin Hyman)을 비롯한 이들이 날카롭게 지적했듯이, 그 경우에도 두 도성에 대한 나의 메타서사와 평화로운 차이에 관한 나의 존재론을 넘어서는, 무정부적이고 허무주의적인 비이성(non-reason)에 따른 메타담론(meta-discourse)이 존재하지 않는가? 그들이 해명을 요구하는 것은 정당하다.[12]

나의 해명은 두 가지 형태를 취할 것이다. 첫째로, 내가 상정하는 존재론의 관점에서 보자면, 평화로운 유비와 아우구스티누스적 메타서사를 "선택"하는 것은 실제로 아무 근거 없는 결정이 **아니라**, 오히려 진정 바람직한 이치(reason)에 따라 진정 바람직한 대상을 "보는 것"이다. 그렇지만 두 번째 형태의 해명은 다소 제한적이나마 변증론(apologetic)의 양식(나는 변증론을 결코 거부한 적이 없다)을 취할 것이다. 어설프기는 해도 인간에게는 폭력보다 평화를 선호하는 경향이 존재한다. 이것은 (나의 형이상학적 관점에서 보면) 선천적일 뿐 아니라 후기 그리스도교 시대에도 남아 있는 잔재인데, 내가 이러한 구시대적 잔재에 호소할 요량이라면, (비슷한 이유로 인해) 불합리가 아닌 합리(reason)를 향한 특정 성향에 호소하지 못할 것도 없다. 내가 이렇게 하는 것은 우리가 허무주의적 전망을 따라가다 보면 (에로스, 불안, 권태, 신뢰, 시적 감응, 믿음, 소망, 사랑 등의 정감에 대해 분명한 존재론적 지위를 인정치 않는 차가운 논리로 말미암아) 만유가 무로부터 발원하는 방식이 종국에는 불가해하다는 결론에 이르게 되고, 더 나아가 궁극적 실재로서의 무는 오로지 만유의 근거 없는 다양성(이는 공허를 은폐하는 것에 불과한 부차적이고 환상적인 성격을 계속해서 드러낼 뿐이다)을 통해서만 "존재"한다는 식의 결론으로 유도되기 때문이다. 그러므로 허무주의는 신비적 일원론의 형태를 띨 수밖

---

12   Hyman, *The Predicament of Postmodern Theology.*

에 없다. 아울러 허무주의가 일의성을 띤 차이의 존재론으로 나타날 경우
도 매한가지다. 즉 여기서 차이는 "근원적"이므로 지속적 자기차별화(auto-
differentiation)로부터 발생하기 마련이다. 그런데 이 과정에서, 일자(the One)
는 결코 통일된 즉자(self)가 아니므로, 그것은 숙명적 타락에서조차 **더 한층
지배적인** 계기가 된다. 이러한 형이상학을 헤겔이 말하는 영지주의적 변증
법의 완결로 읽어낼 수 있다면, 역으로 헤겔의 형이상학도 이미 하나의 허
무주의(이에 대해 헤겔 자신도 이따금씩 서술한다)로 읽어내는 것이 가능하다. 그
리고 이러한 헤겔적 허무주의 내에서 최종적 동일성은 (슬라보예 지젝[Slavoj
Zizek]이 지적하였듯이) 무의미한 차이를 지닌 **무매개적**(*unmediated*) 잔재의 무
한한 산출로서 현실화할 따름이다.[13]

　　그러나 허무주의를 어떻게 소개하든지 간에, 허무주의는 결국 "순수이
성"(냉혹한 시선을 지닌 논리)이 공허와 존재론적 폭력에 대해서만이 아니라,
무의미 내지 불합리의 존재론적 지배에 대해서 내리는 결론이기도 하다. 이
것은 사실 니체가 짊어져야 할 비극적 십자가다. 즉 서구적 이성이 자신을
직시하다가 깨닫는 것은 결국 이성 자체가 비참한 인간적 투사의 산물이라
는 점이다.

　　반면에 가톨릭적 시각은 평화와 질서를 향한 인간의 성향만이 아니라
이치를 지향하는 인간의 성향도 구원한다. 가톨릭 전통에서 이치는 "내내
하향적"이다. 그것은 무한자와 일치할 뿐 아니라 카오스적 잔재를 조금도
남겨 두지 않는다. 이러한 이유로 인해 온전한 "합리주의"는 오로지 성서
적 **뮈토스**(*mythos*)에 연결된다. 따라서 아우구스티누스적 메타서사와 아우
구스티누스적인 평화의 존재론을 "선택하는 것"은 "이치를 선택"하는 것
이며, 이로써 의미를 지향하는 인간 정신의 끈질긴 성향(인간이 지닌 동물성에
덧붙였다고 **추정되는** 우발적 성향)을 성취한다. 따라서 이러한 선택을 할 경우

13　Slavoj Zizek, *The Sublime Object of Ideology* (London: Verso, 1989), pp. 201-33. 이수련 옮김,
　　『이데올로기의 숭고한 대상』(새물결, 2013).

에라야 이치가 궁극적임을, 다시 말해서 사물의 최종적 이치, 곧 존재의 이치가 실제로 존재한다고 말할 수 있다. 하지만 이러한 방식으로 이치의 외양을 구해내기 위해서는 참된 갈망과 믿음으로 이치를 보충할 필요가 있다. 즉 무한한 이치에 대한 갈망과 믿음이 있어야 한다는 말이다. 반면에 (니체가 똑똑히 보았듯이) 이치만을 고수하는 것은 결국 비합리의 선택으로 귀결되기 마련이다. 미안하지만, 심오한 뜻으로 말해서 비합리를 선택하는 것은 비이성적이라고 말하겠다. 그럼에도 기어코 이러한 선택을 하겠다면, 그러한 위험한 선택을 막을 수 있는 중립적이고 비편향적인 이유를 어디서도 찾을 수 없다.[14]

내가 위에서 다소 우회적으로 말한 것이 니체에 맞서서 대항 계보학을 수용하려는 나의 전략을 밝히는 데 도움이 되기를 바란다. 이와 유사하게, 니체식의 권력 숭배에 대한 나의 태도는 복합적인 면모를 갖고 있다. 한편으로 나는 이러한 니체식 힘의 숭배에 맞서 도스토예프스키가 상정하는 약함에서 드러나는 강함에 주목한다. (이러한 가상의 대결이 가장 극적인 형태로 표현된 것은 존 카우퍼 포이스[John Cowper Powys]의 걸작 소설 『월프 소울런트』[*Wolf Solent*]다.) 우리는 피조된 존재이기에, 우리의 존재 이전에 이미 있는 그대로 받아들여진 존재다. 마찬가지로 강력함을 행사하기 위해서 우리는 먼저 민감하고 세심한 자가 되어야 하며, 이는 언제나 위험과 실패 및 자신의 노력이 타인에게 오해당하는 비극적 상황에 취약하게 노출될 위험성을 수반한다. (이것이 바로 로완 윌리엄스가 자신의 신학에서 그토록 반복적으로 강조하던 것이다.) 반드시 그러라는 법은 없지만, 역전은 창조의 타락과 늘 연관되기 마련이다. 그리고 이러한 역전의 상황이 드러내 주는 것은 힘 자체가 상대적 수용성(relational receptiveness)에 따라 미리 결정된다는 사실이다. 그리고 이 말은 결국 성서에서 선포하는 것처럼 "약한 자"가 실은 니체가 말한 것과는

---

14 이성과 기풍에 대한 주장을 보다 확대된 형태로 살펴보기 위해서라면 *Arachne* 심포지엄에 대한 나의 반응을 보라. "On theological transgression," *Arachne*, vol. 2, no. 1, 1995, Symposium, pp. 145-76.

전혀 다른 이유로 인해 강한 자로 드러남을 뜻한다.

　다른 한편으로 수용성(receptivity)은 우리에게 있어 존재론적으로 원초적인 것이기에, 그것은 흔히 말하는 수동성(passivity)의 차원에서 출발할 수 없다. 즉 나는 **전적으로** 받아들여지므로, "나"를 상정할 때조차도, 수동성의 주어가 되는 원래의 "나"가 존재하지 않는다. 그러므로 수용은 처음부터 능동적이고 적극적이며, 이러한 존재론적 정황은 타인을 향한 우리의 최선의 관심에 존재적으로(ontically) 반영되어 있다. 마치 절대적으로 공감하는 것처럼 하지 않고서는 우리가 타인의 위치에 서 있을 수 없으므로(절대적 공감은 사실 타인을 은밀히 대체해 버린다), 우리가 타인에게 참된 관심을 기울이려면 결국 "사이"(between)라는 간극을 엮어내기에 이르며, 따라서 이러한 간극이야말로 우리로 하여금 자신의 관점을 가진 채로 창조적 반응을 통해 (타인에 대해) 가장 적절하게 공감하게끔 한다. 이런 식으로 연대 작업은 공존가능성(compossibility)을 함께 나눔으로써 본질적으로 타인의 힘과 우리 자신의 힘을 더불어 촉진시킨다. 이러한 (궁극적으로 둔스 스코투스[Duns Scotus]에게서 유래한) 스피노자 내지 라이프니츠적 시각은 (이것은 내가 보기에 **무로부터의 창조**[creation *ex nihilo*]라는 존재론적 토대 및 토마스주의에서 말하는 유비가 지닌 피조적 수위성과의 실질적 관련성을 필요로 하는데) 니체가 말하는 힘에 대한 긍정에 부합하는 방향을 가리킨다―나는 『신학과 사회이론』의 집필 이후에 이러한 입장을 더 발전시켰다.[15] 이를테면 가톨릭적 진리가 제시하는 대로 절대선이 전적으로 실증적(positive)이라고 한다면, 원초적으로 무한한 충만함 속에 존재하는 절대선이야말로 순수한 힘(power as power)이다. 만약 그것이 악이라고 한다면, 악은 최종적 존재론적 의미에서 거짓된 불필요한 한계를 지닌 연약함일 뿐이다. 수용성, 즉 악의 고통을 겪음으로써 승리한다는 뜻에서의 연약함을 말하는 것이 아니다. (타락한 세계에서 이렇듯 한계

15　특히 다음을 보라. "Can morality be Christian?" in John Milbank, *The Word Made Strange: Theology, Language and Culture* (Oxford: Blackwell, 1997), pp. 219-33. 나는 충만함(plenitude)과 결핍(scarcity)에 관하여 과거에 Regina Schwartz와 나누었던 논의에 빚지고 있다.

의 고난을 감내하면서 악의 결핍성에 직면하여 희생적으로 솔선하는 것은 사실 참된 기쁨 및 본래적 평화와 충만을 다시 불러일으키는 유일한 길이다. 그럼에도 불구하고, 나는 그리스도교가 치유보다 고난을 선호하는 데에는 고난과 동시에 잠재적 위험의 양면성이 있음을 역설하곤 한다. 말하자면 사도 바울이 암시하듯이 타인을 위해 "자애롭게" 고통을 감내하는 것이 단지 필요를 채워주려는 것이 아니라, 그러한 필요를 채워주면서도 결국은 모든 필요보다 앞서는 열락에 찬 무대가성과 상호성을 재소환하여 복원하는 것을 의미한다는 점이다.)

사도 바울은 힘의 충만함에서 비롯되는, 사심 없이 "베풀어주는" 새로운 종류의 덕을 상정했기에, 알랭 바디우(Alain Badiou)가 지적한 대로, 그는 니체 이전에 훨씬 더 니체적인 사람이었다.[16] 바울은 선이 악에 대한 연약한 **저항**에서 시작된다는 생각을 거부했다(이런 까닭에 바울은 **율법**[nomos]으로는 구원받지 못한다고 생각했다). 반면에 니체는 다수의 약자를 무시하고 강자를 긍정하는 것이 실은 약함에 대한 **연약한** 저항의 방식에 불과함을 알지 못했다. 또한 바울은 참다운 힘의 형이상학을 따르게 되면 반드시 **비강압적**(unthreatened) 평화를 앞세우게 되고 개인보다 공동체(the collective)를 중시하기 마련임을 깨달았다. 왜냐하면 서로를 배려하는 "약한" 수용성만이 진정한 공동의 강력함을 세우는 까닭이다.

따라서 본서가 니체 및 니체주의자들에 대해 지니는 관계는 중추적이라고 할 수 있는데, 그것은 니체주의가 무언가 전적으로 새롭고 "탈근대적인" 것을 대변하기 때문이 아니라 세 가지 후기 그리스도교적 조류에 해당되는 자유주의·실증주의·변증법이 여기서 (허무주의 내에 변증법적 요소로 끈질기게 남아 있는 이중부정이라는 불가피한 잔재를 포함하여) 결정적 국면에 이르렀으며, 그것들이 또한 그리스도교 자체만이 아니라 그리스도교의 근대적 변종인 사회주의에 대해서도 대립각을 세우고 있기 때문이다.

---

16 Alain Badiou, *Saint Paul: la fondation de l'universalisme* (Paris: PUF, 1997), 현성환 옮김, 『사도 바울: 제국에 맞서는 보편주의 윤리를 찾아서』(새물결, 2008).

　　나는 사회주의를 그 최선의 형태에 있어 중세 그리스도교 전통 안에 잠재된 차원들을 실현하려고 하는 정당한 노력으로 이해한다. 하지만 그 것을 일의성, 재현, 영육이원론, 존재신학(ontotheology), 신적 인과와 피조적 인과 간의 분명한 구분, 선험주의 등에 뿌리내린 근대 철학의 성격을 탈 각한 방식으로 추구해야 한다. 그 잠재된 차원은 평신도, 공동체, 노동, 성 성(sexuality), 예술, 언어, 물질적 영역 및 역사가 지닌 고유한 지위에 대한 관 심사인 것이다. 나는 이제 (그리스도교 사회주의자인 세르기우스 불가코프[Sergius Bulgakov]와 스타니슬라스 브르통[Stanislas Breton]의 역사적 통찰을 따라가면서)[17] 그 러한 관심사가 시작된 자취를 아우구스티누스에게서뿐 아니라 이교 신플 라톤주의자(neo-Platonist)인 프로클로스(Proclus)에게서도 찾아보려고 한다. 반면에 나는 이제 근대성의 주류가 나온 궁극적 기원을 아비센나(Avicenna) 를 거쳐 플로티노스(Plotinus)에게 소급하고자 한다(이들의 영향은 둔스 스코투 스와 헨트의 헨리쿠스[Henry of Ghent]를 거쳐 결국 칸트에게 미친다).[18] 따라서 내가 생각하는 "대안적 근대성"(이것은 역사적 회의주의에 맞서 내면의 주관적 정체를 방어하려 했던 데카르트와 칸트의 교조주의적이고 지배적인 태도보다 더 근대적이라고 하겠다)은 디오니시우스(Dionysius)와 막시무스(Maximus)에 의해 그리스도 교화된 신플라톤주의의 비의적(theurgic)인 측면을 발전시키는 것이다.[19] 이 러한 비의적 측면은 현세적 "계기"에 의해 촉발되어 형상(the Forms)에 대한 회상으로 나아가는 플라톤식의 관상을 포기하고 그 대신에 영혼 안에 잠재 된 자기이해로 침잠하는 플로티노스식의 "내향적"(inward) 전환보다는, 시 간·물질·예술활동·종교의식 등에 더 주목한다. 플로티노스의 내면적 침잠

17　다음을 보라. Sergius Bulgakov, *Philosophy of Economy: The World as Household*, trans. Catherine Evtuhov (New Haven, CT: Yale UP, 2000); Stanislas Breton, *The Word and the Cross*, trans. Jacquelyn Porter (New York: Fordham UP, 2002), 특별히 다음을 보라. "Translator's introduction," pp. vii-xvii.

18　다음을 보라. Conor Cunningham, *Genealogy of Nihilism* (London: Routledge, 2002).

19　그 사례로는 다음을 보라. Gregory Shaw, *Theurgy and the Soul: The Neoplatonism of Iamblichus* (University Park, PA: Penn State UP, 1995); Ysabel de Andia, *Henosis: L'Union à Dieu chez Denys l'Aréopagite* (Leiden: Brill, 1996).

은 원래의 플라톤주의와는 달리, 인간의 영혼에는 시공간 속으로 "하강하지 않은" 차원이 남아 있다고 보는 그러한 전제와 밀접히 연결되어 있다.[20] (아우구스티누스가 내면으로 들어가라고 숱하게 말하고 있지만, 나는 그가 본질적으로 플로티노스를 따르는 것이 아니라, 마치 프로클로스가 플로티노스에 대해서 다른 길을 갔던 것에 비견되는 그러한 궤적을 자신의 조명론을 통해서 전개하고 있다고 본다.)[21] 토마스주의의 한 부류 및 피코 델라 미란돌라(Pico della Mirandola)와 니콜라스 쿠자누스(Nicholas of Cusa)가 도미니코회의 시각을 (헤르메스주의와 유대 카발라를 포함한) 더 심한 비의적 시각과 혼합한 것을 이러한 **구도** 내에서 새롭게 갈무리할 수 있다.[22] 도미니코회의 신스콜라주의가 근본적으로 프란체스코회에 속한 둔스 스코투스의 사상에 오염되었다고 강변할지라도, 사실 우리가 빠지기 쉬운 유혹은, "플로티노스적" 지적 근대성은 "프란체스코회의" 것으로, 비주류에 속한 "프로클로스적" 근대성은 "도미니코회의" 것으로 도식화해서 기술하는 것이다. (물론 여기에는 가톨릭 수도회 간의 다양한 신학적 경향을 지나치게 단순화하는 위험이 도사리고 있다.)

이렇듯 플로티노스와 프로클로스를 대조시키는 전략은 나의 다음과 같은 구분방식을 계보학적으로 개선하도록 한다. 이를테면 나는 근대적이나 실은 보수성을 띤 "내향적·관념론적"(internal and idealist) 구성주의(이는 사유에 의한 외양의 구성주의)를 비록 "비주류 근대성"(shadow-modern)에 속하지만 보다 더 급진적인 "외향적·실재론적"(external and realist) 구성주의(이는 영혼·신체 통합체인 인간에 의한 문화와 일부 자연까지도 포함한 구성주의)로부터 일

---

20 다음을 보라. Jean Trouillard, *La Mystagogie de Proclos* (Paris: Les Belles Lettres, 1982).

21 이런 종류의 해석에 대한 요약과 더불어 확대된 논의를 위해서는 다음을 보라. Michael Hanby, *Augustine and Modernity* (London: Routledge, 2003).

22 Catherine Pickstock이 말하는 "예배의식을 통한 철학의 완성"은 이와 전적으로 동일한 비의를 통한 혁신적 강조점을 제공한다. 다음을 보라. Catherine Pickstock, *After Writing: On the Liturgical Consummation of Philosophy* (Oxford: Blackwell, 1998). 또한 다음을 보라. Geoffrey Hill, *Scenes from Comus* (London: Penguin, 2005) p. 19: "내가 그것들을 구상한다는 말은 그것들을 창조한다는 뜻이다. 어떤 면에서 이제 헛소리 축에도 끼지 못하는, 연금술에서 말하는 헛소리의 찌꺼기를 말한다."

관성 있게 구분한다. 앞의 두 사상가를 대조하는 것이 표면적으로는 단순해 보여도 실제로 그것이 함의하는 것은 훨씬 더 복합적이다. 하여튼 그 사상적 유래를 따라 앞의 것은 "플로티노스적"(Plotinian)으로, 뒤의 것은 "프로클로스적"(Proclean)이라고 부르기로 하자.

　사회주의가 일종의 플라톤적·비의적·그리스도교적 관점에 근거하고 있다고 보는 견해(이와 관련해서 토머스 모어[Thomas More], 톰마소 캄파넬라[Tommaso Campanella], 얀 아모스 코메니우스[Jan Amos Comenius]를 떠올릴 수 있다)에 대해 세속 좌파도 점차 동의하는 추세다―이러한 견해는 이미 고(故) 질리언 로즈(Gillian Rose)가 말년에 조심스레 내비쳤을 뿐 아니라, 최근 들어 비록 논란의 여지가 있는 무신론적 형태로나마, 알랭 바디우, 슬라보예 지젝, 조르조 아감벤(Giorgio Agamben) 등이 강하게 피력하고 있다. 이러한 사상가들과 『신학과 사회이론』의 핵심 논제 간에는 그 논조에 있어서 상당한 일치가 존재한다. "선험적 차이"(transcendental difference)를 주장하는 사상가들의 논제와 본서 간에는 거리가 있다. 이들 차이의 사상가들과 그들의 아류 격인 그리스도교 작가들은 탈근대성으로 인해 "메타서사"라는 개념 자체가 성립 불가능하다는 식의 격한 주장을 펼치곤 한다.[23] 매우 영민하게도 신학자인 개빈 하이먼은 허무주의적 메타서사(예컨대 니체의 『도덕의 계보』)가 아직도 횡행하고 있다는 나의 주장을 받아들였으나 곧바로 "단일한 메타서사가 있어야 하지만 없을 수도 있다"는 식의 아포리아를 내세웠다.[24] 이러한 주장은 결국 메타서사 간의 끝없는 경쟁이 일어날 것이라는 암시로 귀결된다. 하지만 이것은 어불성설이다. 말하자면 이것은 응당 경쟁적으로 흐르기 마련이며, 하나의 단일한 메타서사를 주장하는 사람이 다른 메타서

23　각주 6에서 인용한 응답자들을 보라. 내 입장과 프랑스 탈근대적 철학자들 사이에 (내가 보기에 결국은 성공적이지 못하지만) 일정한 균형을 찾으려는 시도 가운데 중요한 것은 다음과 같다. Graham Ward, "John Milbank's Divina Commedia," in *New Blackfriars* special issue, pp. 311-19; Gerard Loughlin, "Christianity at the end of the story, or the return of the master narrative," in *Modern Theology* special issue, pp. 365-85.

24　Hyman, *The Predicament of Postmodern Theology*.

사의 타당성을 실제로 수용할 리가 만무하다. 사실 이러한 거대 담론들 사이를 왔다 갔다 하는 "놀이"(그러나 이 게임은 금력과 무력으로 행해진다)라도 있어야 하겠지만, 이 게임은 허무주의적인 단 하나의 메타서사와 폭력의 존재론만이 실제로 존재함을 재차 암시하는 셈이다.

이것과는 달리, 무엇보다도 아우구스티누스적 메타서사와 니체적 메타서사가 서로 완전히 구별되지 **않음**을 지적할 수 있다. 그 둘 간의 대칭적 (mirroring) 불일치는 뒤집어 보면 실제로 많은 사항에 대해, 특히 대부분의 사실관계에 있어, 서로가 일치함을 암시한다. 물론 동일한 사실에 대한 해석상의 불일치로 인해 사실 자체를 놓고 논쟁을 벌이는 경우도 확실히 있기는 하다. 개빈 하이만은 니체가 자신의 관점이 지닌 주관성을 강변하는 구절을 인용하는데, 그러한 인용문은 실제로 도덕의 계보 자체보다는 그것을 어떻게 해석하는가 하는 측면(『도덕의 계보』 제3권이 주로 이 주제를 다룬다)에 더 잘 적용된다.[25] 그래서 나는 아우구스티누스적 메타서사에 대한 나 자신의 재해석이 사실과 해석을 일관되게 엮어냈다고 보면서도, 그것이 실제 역사에 대한 하나의 설명으로서는 논란의 여지가 있을 수 있음을 인정하려고 한다. 따라서 실제 역사와 관련해서 누구라도 찬반의 입장에 따라 사실과 이유와 개연성과 신념을 개진할 수 있을 것이다. 재해석된 메타서사는 실현된 역사 자체를 구성하는 "삶으로 실천된 허구"(lived fiction: 인간의 산물 내지 인간성에서 비롯된 산물)를 사색을 통해 한 번 더 복제해 낸다는 뜻에서 하나의 "허구"일 뿐이다.[26]

그러나 최근 들어 바디우나 피터 홀워드(Peter Hallward)로 대표되는 세

---

25 Ibid., p. 109. 또한 다음을 보라. Friedrich Nietzsche, *On the Genealogy*, Preface 8, pp. 6–7 and Third Treatise: What do Ascetic Ideals Mean?, pp. 67–111; *The Gay Science*, trans. Walter Kaufmann (New York: Vintage, 1974) sections 374–4, pp. 334–7.

26 나의 역사적 방법과 메타서사 및 존재론의 개념에 대한 보다 확대된 논의에 대해서는 다음을 보라. John Milbank, "The invocation of Clio," in *Journal of Religious Ethics*, vol. 33, no. 1, March 2005, pp. 3–45. 이 논문은 나의 윤리사상을 다룬 2004년 여름 특별호에 기고한 James Wetzel (아우구스티누스), Gordon Michalson (칸트와 근대성), Jennifer Herdt (자비와 동정), David Craig (러스킨)에 대한 응답으로 작성된 것이다.

속 좌파는 심사숙고한 끝에 **차이의 철학**이 사회적 **경쟁**(*agon*)의 토대를 제
공하며, 따라서 후기 자본주의와 연루되어 있다는 주장을 일반적으로 수긍
하는 편이다.[27] 마찬가지로 차이의 철학에 내재한 허무주의 내지 내재주의
(immanentism)는 언제나 일원론적(monistic)임과 동시에 이원론적이다. 말하
자면 비록 차이가 근원적이고 일의적인 것이라고 하더라도, 그것은 초월적
일자(*Unum*)가 순수 연속적 변이에 도달하지 못하고(그것은 불가능하기 때문
이다) 일련의 나쁜 결과만을 필연적으로 산출하는 문제적 상황에서 아무런
관련성도 창출하지 못하는 그저 번드르한 말(*glissando*)에 따른 표현에 불과
하기 때문이다. 이로써 그것은 선하지만 도달이 불가능하거나 늘 연기되기
만 하는 것에 반대되는 "현존"과 "재현"의 총체를 발생시키는데, 그 이유는
그것이 절대적 차이, 순수 소여, 전적 타자와 같은 것들로 이루어진 "비실제
적"(non-actual)세계이기 때문이다.[28] 이렇듯 심각하지만 어설프게 마니교
적인 이원론은 자기만족적 제스처에 불과한 자유주의 정치를 뒷받침할 뿐,
공동선에 관한 합의의 토대 위에서 새로운 형태의 정의로운 공동체를 건설
하려는 시도조차 하지 않는다. 그러한 기획은 피터 홀워드의 말마따나 이원
론이 아닌 관계와 중재의 존재론, 즉 일자와 다수 "사이"에 위치하는 **매개**
(*metaxu*)의 존재론(윌리엄 데스몬드[William Desmond]가 훌륭하게 논증한 것처럼
이것은 실제로 헤겔에게는 존재하지 않는다)을 필요로 한다.[29] 정확히 말하자면,
그것은 바로 본서가 주장하는 바, 플라톤주의 및 신플라톤주의와 더불어 가
톨릭에서 말하는 "유비적 존재론"(analogical ontology)이다. 그러나 이러한 주
장과 그 함의에 대한 신학적이고 실재론적인 해석을 본격적으로 논하는 것

27 특히 다음을 보라. Peter Hallward, "The one or the other: French philosophy today," in *Angelaki*, vol. 8, no. 2, August 2003, pp. 1-33.
28 다음을 보라. Alain Badiou, *Deleuze: The Clamor of Being*, trans. Louise Burchill (Minneapolis: Minnesota UP, 2000). 박정태 옮김, 『들뢰즈-존재의 함성』(이학사, 2001). Catherine Pickstock, "*Quasi una Sonata*: music, postmodernism and theology," in Jeremy Begbie (ed.), *Theology through Music* (Cambridge: CUP, 2006).
29 William Desmond, B*eing and the Between* (New York: SUNY, 1995); *Hegel's God: A Counterfeit Double?* (London: Ashgate, 2003).

은 현재의 논의를 앞서가는 것이므로 여기서 다룰 수 없다.

그럼에도 만약에 우리가 어떤 정치적 희망을 갖고자 한다면 하나의 보편적 담론을 가질 필요가 있다고 하는 새로운 인식이 있는 것이 사실이다. 다른 한편에서 자유주의에 비판적인 이들은 그러한 보편주의를 향한 충동이 우발적으로나 역사적으로 플라톤주의와 구약성서와 그리스도교에 착종하고 있다고 하는 니체의 가르침을 아직도 애지중지한다. 탈근대주의자들의 교묘한 책략으로 인해 "계몽주의"의 합리적 보편성이 위험하게도 망각되어버렸다고 여기면서, 이러한 합리적 보편성을 향해 그냥 복귀하려고 하는 움직임이 있는데, 위와 같은 통찰을 갖는다면 그 어떤 형태로든 합리적 보편성으로 복귀하지 않을 것이다. 대신에 유럽이 왜 그렇게 보편에 집착하는가 하는 역설적 특수성을 밝히기 위한, 신근대적(neo-modern)이라기보다 탈세속적(post-secular) 관점에서의 진지한 연구가 새롭게 진행되고 있다.[30]

나는『신학과 사회이론』이 이 시급한 과제에 여전히 기여할 수 있기를 희망한다. 그렇지만 비평가들은 내가 유비적 성격을 띤 평화의 존재론(창조계가 하나님의 창조성에 참여함에 관한 존재론)이란 말로 정확히 무엇을 의미하는지 밝혀 달라는 정당한 요구를 개진하고 있다.

나는 여기서 두 방향을 동시에 마주하는 것 같다. 한편에서는 1300년보다 앞선 근대이전(pre-modern)으로 돌아가는 요청이고, 다른 한편에서는 근대 낭만주의적 표현주의와 "탈근대적" 초구성주의(ultra-constructivism)에 호소하는 것이다. 나의 작업에 대한 반응이 각각 두 개의 상반되는 형태를 띠는 것은 어쩌면 주로 이런 이유 때문일 것이다. 한쪽의 반응은 나의 입장이 지나치게 "실증주의적"이라고 보는 반면에, 다른 쪽의 반응은 너무 "자유주의적"이라고 여긴다.

그러므로 한편에서 어떤 이들은 내가 향수병에 젖어서, 과거의 정태적

---

30 또한 다음을 보라. Remi Brague, *Eccentric Culture: A Theory of Western Civilisation*, trans. Samuel Lester (South Bend, IN: St Augustine's Press, 2002).

인 유기적 공동체에 호소할 뿐 아니라 다른 모든 주장에 맞서 하나의 특정한 "실증적인" 문화적 형태, 즉 그리스도교의 패권적 주장을 자의적이고 폭력적으로 주장할 정도로, 신앙지상주의에 물들어 있다고 여긴다. 게다가 내가 모든 철학을 실증적인 신학적 담론 내에 포괄하려고 할 뿐 아니라, 정치적으로는 새로운 신정적 질서를 선호한다고 주장한다.[31]

다른 한편에서, 다른 논평가들은 내가 아주 지나치게 근대적이라고 인식한다. 곧 모든 사상의 공존가능성을 믿는 (루소와 마르크스의 영향에서 아직도 벗어나지 못한) 위험한 유토피아적 환상의 견지에서 인간의 모든 표현의 자유를 완전히 해방할 것을 부르짖는다고 여긴다. 이 경우 나는 또한 극단적 합리주의자로 인식되므로, 계시 개념을 역사와 합리성에 내재한 사건으로 축소시킬 뿐 아니라, 뻔한 "자유주의적" 어법을 사용하여 그리스도론과 교회론의 구체적 내용을 세련된 방식으로 공동화(evacuating)한다고 여겨진다.[32]

이따금씩 어떤 이들은 내가 전혀 일관성 없이 아니면 불가피하게 두 방향을 동시에 지향한다고 말한다. 물론 나는 실증주의도 자유주의도 아니지만, 첫 번째 "실증주의"라는 비난보다는 두 번째 "자유주의"라는 비난이 더 미묘하고 개연성이 있음을 지금 밝히는 것이 좋겠다. 말하자면 나는 가톨릭적 그리스도교가 최종적이고 보편적인 유일의 진리라고 상정하지만, 내가 그리스도교 사상을 형상화 할 때 단연코 "자유주의적" 용어를 사용하는 이유는 "자유주의"란 말을 가지고 관대함과 개방성과 포용성의 의미를 담을 수 있기 때문이다.

그럼에도 불구하고, 두 부류의 비평가들이 본서와 나의 작업 일반에서 "근대이전"의 요소와 "탈근대적" 요소가 서로 연결되는 방식에 있어 모호

---

31 *Arachne* 심포지엄에서 발표된 Bannet, Boyarin, Kappler, Shandro의 기고문을 보라(각주 6번 참고). 또한 *Journal of Religious Ethics* 특별호에 실린 Jennifer Herdt의 기고문을 보라(각주 26번 참고).

32 다음을 보라. Rusty Reno, "The Radical Orthodoxy project," in *First Things*, 100(2000) pp. 37-44. 아울러 Lewis Ayres(그는 아무튼 나의 견해에 매우 호의적인 태도를 보이고 있다)의 훌륭하고도 권위 있는 다음 저술을 보라. *Nicea and its Legacy: An Approach to Fourth-Century Trinitarian Theology* (Oxford: OUP, 2004) p. 403.

함을 지적하는 것은 타당하다. 여기서 이에 대해 충분한 설명을 개진할 만한 지면은 없지만, 최소한 몇 가지 지표를 제시하겠다.

우선 나는 **새로운 신학**(*nouvelle théologie*)의 노선을 따르되, 그보다 훨씬 더 강력하게 주장하는 것은 그리스도교 교부들에게 있어 철학과 신학은 실제로 두 개의 상이한 담론으로 존재하지 않았으며, 이러한 미분화를 중세 말에 나타나는 것과 같은 개념적 명료화에 도달하지 못한 것으로 볼 수 없다는 사실이다. 아우구스티누스에게 중요한 것은 "이해를 추구하는 신앙"(faith seeking understanding)이 아니라, 모든 지식은 신앙을 통해 지혜를 추구한다는 것이다.[33] 그는 플라톤주의자들이 이미 『메논』(the Meno)에서 문제시했던, 지식의 시간적 차원에 대한 논의(즉 우리가 전혀 모르는 것을 처음부터 탐구할 수는 없으므로, 우리는 어떤 면에서 이미 알고 있는 것을 탐구해야만 하는데, 이것이 어떻게 가능한가?)를 이어받았다. 아우구스티누스는 이러한 형이상학이 지닌 "초역사적" 차원을 강조한다. 즉 베일에 감싸인 기원론과 미지의 종말론에 훨씬 커다란 지위가 부여된다. 그러므로 "존재론적 망각"의 문제가 이제 유한한 인간 존재의 타락과 관련된 죄악된 우발적 망각에 의해 증폭됨으로 인해, 인식의 문제에 관한 시간적 차원이 전반적인 시간의 지평으로 투사되는데, 성육신과 교회(*ecclesia*)의 탄생은 그 시간적 지평의 중심에 자리하고 있다.

이것이 의미하는 바는, 이미 아우구스티누스에게 있어서, 신학은 어떤 의미에서 철학이 취급하는 존재론 일반과 역사 해석이 다루는 특정 사건을 연결하는 제삼의 항이라는 점이다. 더욱이 장루이 크레티앙(J.-L. Chrétien)이 주장하듯이, 어쩌면 아우구스티누스는 인간의 예술이 어떤 면에서 하나님의 창조와 "유사하다"는 것을 결정적으로 제시한 사상가였다. 이 주제에 대한 크레티앙의 글은 매우 훌륭하지만, 실은 아우구스티누스의 혁신에 대

---

33 이 점에 있어서 나는 Ellen Charry와 최근에 나눈 논의에 빚지고 있다. 그는 독자적인 연구를 통해 나의 입장과 유사한 결론에 도달했고, 이 논제를 세세한 논의를 통해 학문적으로 발전시키고 있는 중이다.

해 비판하는 내용이 주를 이룬다. 그러나 그는 성서에 나오는 하나님의 창
조는 "발화"(speaking)의 문제일 뿐 장인의 활동과 같은 "제작"(making)이 아
니라고 못박는데, 그의 이러한 주장은 구약에 등장하는 수많은 구절을 제대
로 설명해주지 못한다.[34] 마찬가지로 크레티앙은 인간의 예술을 하나님의
창조행위에 동화시키는 태도가 예술적 주관의 표현을 중시하던 원숙한 그
리스적 예술관을 경시한다고 보는데, 그의 이러한 견해는 고대 그리스에서
제작이란 기존의 형태에 재료를 최대한 맞추어 가는 정도였다는 사실을 간
과하고 있다.

반면에 아우구스티누스는 인간의 **말씀**(verbum)과 **예술**(ars)이 성부께
서 만물의 원형적 청사진 그 이상인 하나님의 아들이신 로고스를 발하심
(uttering)에 참여한다고 본다.[35] 따라서 이러한 전반적인 착상은 크레티앙
이 주장하는 것과는 상반되는 내용을 함축하는데, 다시 말해서 아우구스티
누스의 예술관은 창작 과정으로서 "예술"과 창작의 결과물로서 "예술" 간
의 차이를 축소시킨다. 그럼으로써 그것은 인간의 예술적 표현이 지닌 독창
성을 새롭게 강조함과 동시에 예술작품을 통해 드러나는 새로움에 대한 관
심을 촉진한다. 이런 시각에서 볼 때, 조제프 주베르(Joseph Joubert)와 같은
낭만주의자는 해당 주제를 상대적으로 "표현적" 관점에서 재해석한 것이
고, 반면에 데이비드 존스(David Jones)와 같은 근대주의자는 그것을 상대적
으로 "장인적"이고 객관적인 입장에서 재해석한 것이다. 어쨌든 둘 다 하나
의 지극히 고풍스러운 패러다임 내에 위치한 두 가지 다른 변종이라고 하
겠다.[36]

34　Jean-Louis Chrétien, "From God the artist to man the creator," in *Hand to Hand: Listening to the Work of Art*, trans. Stephen E. Lewis (New York: Fordham, 2002) pp. 94-130. 이 글을 비롯
하여 Chrétien의 여러 논고에 대한 평가와 비판에 관해서는 다음을 보라. Catherine Pickstock,
"Platonism and phenomenology in the work of Jean-Louis Chrétien," in *Nunc*, Autumn 2005.

35　다음을 보라. J.-P. Vernant, "Remarques sur les formes et les limites de la pensée technique des
Grecs," in *Mythe et Pensée chez les Grecs*, vol. 2 (Paris: Maspero, 1978) pp. 44-64.

36　다음을 보라. *The Notebooks of Joseph Joubert: A Selection*, ed. and trans. by Paul Auster (San
Francisco: North Point Press, 1983).

이렇듯 나의 독법에 따르면, 아우구스티누스로부터 물려받은 (또한 다른 경로를 거쳐 디오니시우스로 대표되는 그리스도교 프로클로스주의[Procleanism]로부터 물려받은) 첫 번째 것은 철학과 신학을 통전하는 것이고, 두 번째는 이와 연결된 것으로 역사성 및 인간의 **창작**(poesis)에 대한 잠재적 관심이다(이 주제에 대해서는 본서에서 내가 디오니시우스를 언급하는 대목을 보라). 아퀴나스 역시 나의 (일부 논란의 여지가 있는) 독법에 따르면, 아우구스티누스를 아리스토텔레스와 종합할 뿐 아니라 디오니시우스와도 종합하고 있다. 따라서 그는 가장 심오한 수준에서 철학과 신학 간의 통합을 본질적으로 뒷받침하는 셈이다. 물론 그가 물려준 특정한 개념적 장치가 오독됨으로 인해 신앙과 이성의 관계에 대한 철저한 이원론적 사고를 발생시키는 데 일조한 것도 사실이다.[37]

아퀴나스 이후의 경과에 관해서는, 한스 우르스 폰 발타자르(Hans Urs von Balthasar)가 중세 말을 바라보는 전형적으로 보수적인, 반근대적(anti-modern) 독법을 제공한다.[38] 신학은 두 가지 상반되는 방향으로 흘러가는데, 발타자르가 보기에는 둘 다 왜곡된 것이다. 첫 번째 것은 둔스 스코투스에서 절정에 이르는데, 그는 유한한 존재와 무한한 존재가 모두 동등하고도 일의적으로 "존재 안에"(in being) 있다고 본다. 따라서 **존재**(esse)가 하나님보다 더 커지게 될 징후를 나타내고, 하나님은 인과적 과정에서 창조계와 협력하는 지위로 축소된다. (이러한 두 번째 경향이 이미 스코투스 자신 안에서 진행되고 있음을 보여주는 증거가 차고 넘친다.)[39] 두 번째 방향을 탁월하게 대변하는 것은 마이스터 에크하르트(Meister Eckhart)다. 그는 하나님을 **존재**(esse)와

---

37 다음을 보라. John Milbank and Catherine Pickstock, *Truth in Aquinas* (London: Routledge, 2001).

38 Hans Urs von Balthasar, *The Glory of the Lord: A Theological Aesthetics V: The Realm of Metaphysics in the Modern Age*, trans. O. Davies et al. (Edinburgh: T. and T. Clark, 1991) B. 1: "The parting of the ways," pp. 9-48.

39 다음을 보라. Jacob Schmutz, "La doctrine médiévale des causes et la théologie de la nature pure (xiiie-xviie siècles)" in *Revue Thomiste*, Jan-June 2001, pp. 217-64.

동일시하므로, 창조계와 특히 피조된 영혼의 참된 존재는 오직 성삼위 안에 위치해야 한다. 이로써 우주적 범신론의 대응물이라 할 수 있는 일종의 무우주적(*acosmic*) 범신론이 이미 스코투스주의에 의해 위축된 스피노자식 범신론을 위협하는 형국이다. 에크하르트의 노선을 따르게 된 피코 델라 미란돌라와 니콜라스 쿠자누스는 일부일지라도 발타자르의 단죄를 피할 수 없다.

그러나 내가 보기에 앙리 드 뤼바크(Henri de Lubac)는 분명 이 계보와 어울리지 않으며 이 점은 그의 사상에서 엿보이는 지복(beatitude) 이전에 자연과 초자연, 이성과 신앙, 철학과 신학 간에, 비록 논란의 소지가 있지만, 일종의 균형을 취하고자 하는 경향과 부합한다. 그렇지만 제일 앞에 등장하는 용어들(자연과 이성)이 그에게 있어 순수 신스콜라주의적 자율성을 갖고 있지 않음도 사실이다. 반면에 발타자르는 "신앙의 이치"를 (아울러 신앙의 미학 및 신앙의 윤리도) 더 강하게 역설했지만, 이러한 바르트적 신앙중심주의의 경향을 감안하더라도, 발타자르 역시 이성이 지닌 상대적 자율성의 영역을 허용하는 편에 늘 있었던 것 같다. 돌이켜 보건대 나의 의도는 발타자르보다는 뤼바크의 것과 훨씬 더 유사한 것 같다.[40] 나는 철학이 철학으로서 지닌 본질에 있어서 오로지 신학에 의해서 완성된다고 보지만, 나는 또한 신학도 하나님에 대한 최종 직관을 결여하므로, 언제나 불가피하게 신적 현존의 도래에 대한 신학적 직관을 철학적 사색과 추상적 사유가 취할 수밖에 없는 (서사적 양식이 이미 암묵적으로 당연시하는) 산만함과 결합시킬 뿐 아니라, 그것을 체험적 역사 및 지리적 정황에 대한 경험적 호소와도 연결한다고 본다.

이렇듯 나는 (변경이 아니라) 수정된 입장을 견지하기에, 중세 말과 르네상스에 대한 발타자르의 보수적 설명을 전적으로 수용할 수는 없다. 이러한

40　이에 대한 보다 자세한 설명을 위해서는 다음을 보라. John Milbank, *The Suspended Middle: Henri de Lubac and the Debate Concerning the Supernatural* (Grand Rapids, MI: Eerdmans, 2005).

(나와 발타자르 간의) 차이는 내 저서의 초판본에 은연 중 드러나 있다. 그러나 현재 나에게 더 분명한 것은 이러한 차이를 주목하다 보니 둔스 스코투스의 논증 및 오컴주의자들(terminists)의 논증이 지닌 이성적 힘을 분명히 **인식하게 된다는 점이다.**

이렇듯 내가 새롭게 확인한 내용을 다음과 같이 간략하게 요약할 수 있다.[41]

---

41 다음을 보라. Catherine Pickstock, "Modernity and scholasticism: a critique of recent invocations of univocity," in *Antonianum*, 77, pp. 3-56. Pickstock의 다른 논문도 참고하라. "Duns Scotus: his historical and contemporary significance," in *Modern Theology*, October 2005. 그의 이 논문은 "급진 정통주의"의 스코투스관에 대한 비판자들에게 보내는 포괄적인 답변이다. 본서의 서문에서 제시된 몇몇 역사적·철학적 논점에 대한 보다 심화된 논의를 위해서는 다음을 보라. John Milbank, "Vérité et identité: le telescope Thomiste," in *Revue Thomiste*, *Veritas* special issue, Jan-June 2004, pp. 318-52. 일반적으로 "스코투스에 대한 근본정통주의(RO)의 읽기가 논란의 대상이 된다"는 생각은 실체가 없다. 칸트가 여전히 위상을 갖고 있는 서구 사상 내에서 일어난 결정적 전환에 있어 (아비센나, 질베르 드 푸아티에, 아벨라르, 로저 베이컨, 헨트의 헨리쿠스 같은 이들 중에서도) 스코투스가 중심인물일 수 있다는 새로운 주장은 원래 근본정통주의의 것이 아니라, L. Honnefelder, J.-F. Courtine, O. Boulnois, J.-L. Marion, J. Schmutz 같은 이들에 의해 개진되었다. 이들은 모두 Etienne Gilson의 영향을 받았으나, Gilson의 견해에 대해 여러 단서를 달고 있다. (특히 다음을 보라. L. Honnefelder, *Scientia Transcendens: Die formale Bestimmung der Seiendheit und Realität in der Metaphysik des Mittelalters und der Neuzeit (Duns Scotus-Suárez-Wolff-Kant-Peirce)* (Hamburg: Fleix Meiner, 1990). 논쟁의 진짜 핵심은 이러한 전환에 대한 **평가**와 관련되지만, 유감스럽게도 몇몇 비평가들이 전략적으로 의심스러운 방식을 사용함으로써 이 핵심 논점을 혼란스럽게 만들어 놓았다. 이 사상적 전환에 대한 평가와 관련하여 다음의 사항을 주목할 필요가 있다. 첫째로 중세사상을 다루는 "앵글로색슨" 계열의 "분석적" 역사들은 당연히 "스코투스적 전환"이라는 개념을 옹호하는데, 그것은 이 개념이 분석철학 그 자체의 궁극적인 전제를 설정해주기 때문이다. 둘째로 중세사상을 다루는 현상학적 역사가들은 그들에게 남아 있는 하이데거 철학의 영향 때문에 양가적 태도를 취하는 경향이 있다. "존재-신학"(onto-theology)의 기원을 스코투스(내지 스코투스적 계기)에게 돌리게 되면, 그 출현 시기를 하이데거가 설정했던 것보다 훨씬 후대로 잡는 것이며, 이로써 그리스도교 신학의 위대한 전통을 이러한 (존재-신학의) 혐의에서 풀어주는 셈이다. 하지만 어쨌든 존재-신학은 출현할 수밖에 없는 운명이었으므로 다른 사조에 의해 추월당할 수도 있었다는 인식이 아직 남아 있다. ("위대한 전통"이란 말은 그것이 혼란스럽기는 해도 나쁜 의미의 존재-신학이나 형이상학으로부터 완전히 자유롭다고 볼 수 없음을 암시한다.) 이러한 존재-신학에 대한 추월은 이미 스코투스에게서, 그가 사랑과 신적 의지에 초점을 두는 데서 나타난다. 이에 비해 근본정통주의(RO)는 스코투스가 지성과 진리 대신에 의지와 사랑에 우선성을 부여한 것이 실은 그가 말하는 "존재의 일의성"(the univocity of being)에 기초한 새로운 존재-신학에 부합하거나 그것과 결탁하고 있다고 본다(그 이유에 대해서는 Pickstock과 Milbank의 논문들을 보라). 따라서 근본정통주의는 지성주의 입장에서 그리스도교의 위대한 전통을 급진화한 에크하르트의 노

1. 스코투스는 암묵적이지만 설득력 있게 질문한다. 이를테면 피조된 존재가 단순히 존재 자체에 참여한다고 하면, 어떻게 그것이 실제로 온전하게 존재할 수 있는가?

2. 스코투스와 오컴은 속성의 유비(analogy of attribution)가 무모순(non-contradiction)의 원리를 위반하지 않는지 제대로 질문을 던진다. 왜냐하면 일의적인 것과 다의적인 것 사이에는 제삼의 항(term)이 없기 때문이다.[42]

3. 마찬가지로 오컴도 보편자와 실제 관계들에 대한 특정한 실재론적 개념이 동일성의 원리를 위반하는 경향이 있음을 시사하고는 한다. (바로 이 형태라고 말할 수 있는 하나의 특수한 형태—예컨대 한 사람의 형태에서 희거나 검다고 할 수 있는 것—가 어떻게 또한—"인간성"과 같은 유개념을 상정하고서 희거나 검다고 규정하는 경우처럼—보편적인 것과 동일한 형태일 수 있거나 또는 될 수 있는가? 마찬가지로 어떻게 하나의 사물이 필연적 연관으로 인해 그것이 아닌 것이 될 수 있는가?)[43]

4. 오컴의 견해에 따르면, 하나의 보편자에 대한 모든 추정적 파악은 분명히 언어적 명명 과정을 통해서 이루어진다.

5. 이제 존재(Being)가 일의적인 까닭에, **공통유**(ens commune)가 오로지 무한한 원인의 결과일 수 있다는 아퀴나스의 생각이 그다지 분명치 않게 된다. 이미 오컴은 ("르네상스" 훨씬 전에) 존재의 일의성에 함축된 의미를 따라, 피조물이 전적으로 인과 작용을 할 수는 없지만, 동일한 존재론적 심급에서 하나님과 협력함으로써 유한한 존재를 발생시킬 수 있음을 시사한다. 아울러 우리가 비록 이에 대한 경험을

선을 선호하는 편이며, 아울러 존재-신학에서 말하는 신학적 "존재론" 내지 "형이상학"(더 좋은 용어가 없어서 이 말을 쓴다)과 같은 것은 존재치 않는다는 생각을 옹호하는 편이다.

42 Duns Scotus, *Ordinatio* I d. 3 Q.2 a2. 26; I d.8 Q 3.121; *Collatio* 24.24. William of Ockham, *Quodlibetal Questions*, 4.12.

43 William of Ockham, *Quodlibetal Questions*, 5.11; 5.12; 6.9; 6.10; 6.12; 6.13; 6.14.

갖고 있지는 못하지만, 미리 주어진 토대를 전제하지 않는 인간의
생산적 활동마저도 논리적으로 배제할 수는 없다.[44]

이제 발타자르의 보수적 견해와 결별하면서, 나는 에크하르트, 프라이
베르크의 디트리히(Dietrich of Freiberg), 니콜라스 쿠자누스, 피코 델라 미란
돌라뿐 아니라 상당히 후대에 속하는 피에르 베륄(Pierre Bérulle)과 랄프 커
드워스(Ralph Cudworth) 같은 사상가들도 모두 다양한 방식으로 유비적·참
여적 세계관을 옹호했다고 주장한다. 하지만 이들이 깨달은 것은 모든 면에
서 아퀴나스의 사상을 단순히 반복할 수는 없다는 점이다. 왜냐하면 스코투
스주의와 오컴주의가 제시한 통찰에 대해 답변해야 했기 때문이다. (이들이
이에 대한 답변을 의도적으로 추구했는지를 모두 밝힐 수는 없음을 여기서 말해야 겠다.
하지만 이들 사상가들이 사실상 이에 대한 답변이 될 만한 것을 제시한다는 점이 놀랍게
다가온다.) 이들 각각의 다채로운 답변을 대충 요약하여 다음과 같이 제시할
수 있다.

(1) 에크하르트가 보기에, 하나님이 **존재**(esse)에 의해 압도되지 않으려면,
무로부터의 창조 교리에 내포된 아포리아를 보다 근본적으로 직면해야만
한다. 이 교리가 주장하는 대로, 하나님은 존재의 충만함이므로, 모든 창조
된 존재는 하나님으로부터 유래한다고 하면, 어떤 면에서 창조된 존재의 근
저(ground, Grund)는 창조되지 않은 것이어야 한다.[45] 하지만 다른 한 편으로,

44 William of Ockham, *Quodlibetal Questions*, 1.1; 2.1; 2.9; *Reportatio*, 2.6.
45 다음을 보라. Burkhard Mojsisch, *Meister Eckhart: Analogy, Univocity, Unity*, trans. Orrin F.
    Summerell (Amsterdam/Philadelphia: B.R. Grüner, 2001) 부크하르트 모이지쉬 지음, 이상섭
    옮김, 『마이스터 에크하르트- 유비, 일의성 그리고 단일성』(서강대학교출판부, 2010). 이 책은
    에크하르트에 대한 새롭고 훨씬 더 정확한 읽기의 완결판이라고 하겠다. 하지만 Mojsisch가 후
    대의 피히테(Fichte)를 통해 선대의 에크하르트를 너무 심할 정도로 역으로 해석한 것은 아닌지
    의문을 제기할 수 있다. 에크하르트가 둔스 스코투스의 일의성에 반대하여 글을 쓰고 있다는
    견해에 대해서는 다음을 보라. Alain de Libera, *Le Problème de l'être chez Maître Eckhart: Logique
    et Métaphysique de l'Analogie* (Geneva: Cahiers de la Revue de Théologie et de Philosophie, 1980).

삼위일체 교리는 하나님이 그 자신 안에 자신 너머로 진행하는 "불가능한" 창조적 유출을 포함함을 시사한다. 이렇듯 에크하르트는 하나님의 낳으심 (성자)·발출하심(성령)과 하나님의 창조를 나누는 정통적 구분을 유지하면 서도, 이러한 두 움직임을 연결(아퀴나스의 작업)했을 뿐 아니라, 그 두 움직임이 서로 구별되려면 어떤 면에서는 동일한 것이어야 한다는 타당성 있는 주장(오래전 에리우게나[Eriugena]의 견해)을 함으로써 그러한 구분을 문제 삼았다. 이를테면 하나님의 창조하심은 그의 전능하심으로 말미암아 한 측면 에서는 "오로지" 그 자신 안에서 일어나는 유출이자 그러한 유출에 대응하여 그 자신에게로 돌아가는 귀환일 수 있지만, 반면에 피조물인 우리가 하나님으로부터 유래하여 하나님께로 귀환하는 것은, 또한 이러한 전능성으로 말미암아, "오로지" 하나님의 낳으심(성자) 및 발출하심(성령)의 사건과 전적으로 동일한 것이라고 하겠다. 그렇다면 하나님의 낳으심과 발출하심의 사건은 창조되지 않은 무규정자가 창조된 규정자로 화하는 과정 속에서 끊임없고 한정 없이 자신을 규정해 가는, 고갈되지 않는 케노시스(kenosis)와 고차원적 의미에서 동일한 것이다. (자유롭게 창조하는 하나님은 내적으로 표출하는 하나님이다. 하지만 하나님이 창조 속에서 무언가로 "되는" 것이 아니며, 헤겔이 말하는 식으로, 창조의 역사 속에서 소외와 소외의 극복 과정을 겪는 것도 아니다.)

따라서 에크하르트는 피조물이 창조주와 맺는 관계는 늘 기본적으로 유비적이지만, 그럼에도 영혼이 하나님에 대해 갖는 관계는 그 근저에서 일의적이라고 주장한다. 그 까닭은 삼위일체의 각 위격이 존재에 있어 동등하므로 그들 간에 수평적 "일의성"(univocity)이 있으며 (여기서 말하는 "일의성"은 우리 인간이 상상하는, 다양성에 대비되어 정의되는 제한된 "일성"[unity]을 초월할 뿐 아니라, 상반된 역들[opposites]로 이루어진 한정된 일의적 대조도 넘어선다), 아울러 삼위일체의 내적 역동 안에 영혼도 궁극적으로 포함되기 때문이다.

여기서 성자가 성부에 대해 갖는 완벽한 닮음(이 말은 성부가 "근원"임을 상정한다)은 유비성·일의성의 대조를 초월하는 일종의 "절대적 등가"라고 말함으로써 에크하르트의 주장을 제한하는 것이 가능하기는 하다―하지만 에크하르트가 말하고자 하는 기본적인 요점은 올바르다. 또한 어쩌면 에크하르트의 시각에 따라 등장한 무우주론(acosmism)을 지혜전승적(sophiological) 의미에서 하나님은 그 자신의 "여성적인" 역동적 본질에 있어서 "하나님 그 이상"(more than God)이라고 말함으로써 모종의 균형을 맞추는 것이 필요하다고 하겠다. 이것은 에크하르트의 주된 입장과는 상반되지만 결국은 그것을 보충하는 방향이 되겠기에, 이를 통해 **무로부터의 창조**라는 아포리아가 지닌 가치를 더욱 정당하게 평가할 수 있고, 더 나아가 스코투스적 존재신학(ontotheology)으로 일탈하지 않으면서, 창조된 질서가 온전한 현실성을 지니는지에 대한 스코투스식의 염려를 진정시켜준다. 그러한 지혜전승적 접근방식은 예전적(liturgical) 공동체―이것은 구약의 이스라엘에서 기원한다―안에서 구체화되는 성삼위 하나님의 인간을 향한 성례전적(theurgic) 낮아지심을 중시하는 태도와 자연스럽게 연결된다. 유한자가 무한자를 지시할 뿐 아니라 거꾸로 무한자가 유한자를 지시하기도 한다는 고백자 막시무스(Maximus the Confessor)의 사상은 이미 그러한 생각을 가리키고 있다.[46]

따라서 에크하르트는 (어쩌면 스코투스에 맞서서) 유비성을 급진화했다고 하겠는데, 이를 위해서 그는 아퀴나스의 견해에 함축된 모든 가능성을 역설했던 것이다. 아퀴나스는 제1항(여기서는 하나님)은 유비적으로 말해서 제2항들에 "모든 것을 준다"고 말한다. 그런데 제2항들은 문제적 근사치에 불과하다―즉 동시에, 또한 유한한 완전성의 동일한 측면들에 있어서, 제1항에 대한 동일성과 비동일성을 함께 지닌다는 뜻이다. 그렇지 않다면 그러한 근사성(approximation)을 일의적인 것과 모호한 것 사이에서 찾게 될 것이다. 그러나 우리가 방금 보았듯이, 이 말은 에크하르트가 무한자 자체가 이루는 관계적이고 생산적인 (삼위일체적) 상호조화 속에 존재하는 (스코

---

46 Maximus the Confessor, *Mystagogy*, chapter 2. 근대 러시아의 지혜론(sophiology) 전통 역시 근본적으로는 내가 여기서 지적하는 문제와 관계가 있다.

투스의 일의성과 비교되는) 상이한 종류의 일의성을 새롭게 역설했음을 의미한다. 그는 스코투스와 더불어 존재는 그 내적 분산에 있어서도 일차적으로 일의적임을 단언하다가도, 스코투스와 달리 이 존재를 무한한 현실성 내에 위치시킬 뿐, "수직적"인 무한·유한의 관계라는 논리적 토대 (그리고 스코투스가 보기에 더 광범위한, 형식적이고 원시선험론적인 새로운 의미에서의 존재론적 토대) 내에 두지 않는다.

그러므로 에크하르트는 모든 존재, 특히나 모든 영적 존재가 무한성 안에 그 근저를 두고 있으며, 신비로운 방식으로 궁극적으로 이 무한성에 대해 그 "상"(image)으로서 동일하며, 따라서 결국에 일의적인 분위기 (이것은 초유비적 방식으로 동일성과 차이의 대조를 넘어서는 것이기는 하다)로 이끌어진다고 결론 내린다―하지만 그가 이러한 결론 내리는 것은 바로 귀속(attribution)의 유비라는 논리가 그러한 결론을 필요로 하기 때문이다.

(2) 에크하르트와 그다음으로 쿠자누스는, 오늘날에야 그 의미가 밝혀지고 있는 정교한 논의를 동원하여, 존재의 궁극적 심급에서 무모순(non-contraction)의 개념을 포기함으로써 유비를 구할 것을 대담하게 결정했다. 왜냐하면 그들은 유비성을 무한자와 무규정자의 개념 및 그것들이 각각 유한자와 규정자에 대해 가지는 관계성에 의해 발생한 아포리아에 적용할 수 없다는 점을 논증해낼 수 있었기 때문이다. (예컨대 에크하르트에게 있어서 신적 무규정자는 유한한 규정자와 대비되어 한정적으로 규정되어서는 아니 되고 또 그럴 수도 없다. 결국 이런 추론은 에리우게나와 나중에 쿠자누스가 말하는 **다르지 않음**[non aliud]의 원리를 표현한 것이다.)[47]

(3) 유사한 방식으로 쿠자누스는 특별히 수학적 예증을 통해서 보편적인 것들과 실제적 관계성들을 그 환원불가할 정도의 역설적 성격을 확연히 드러내는 방식으로 취급한다.

---

47   다음을 보라. Mojsisch, *Meister Eckhart*, pp. 102-9.

(4) 에크하르트와 쿠자누스는 모든 사유(thinking)는 발화(speaking)라고 보
는 아우구스티누스주의와 토마스주의의 견해를 진전시킨다 (신스콜라주의
자인 성 토마스의 요한[John of St Thomas]을 비롯한 르네상스와 바로크 시대 사상가들
도 에크하르트와 쿠자누스의 노선을 따른다). 게다가 쿠자누스는 표현의 외적 양
식을 새롭게 강조한다. 이러한 노선은 유명론자들이 보편자를 명목으로 환
원시키는 것에 대항하기 위하여, 특수자에 대한 파악 **역시도** 구체적 명명
(naming)에 관한 사안임을 밝히는 방향으로 나아간다.

(5) 니콜라스 쿠자누스는 오컴주의자들의 노선을 따라 인간의 예술이 창조
의 한 양식이며 유한자는 실제의 독창성이 발휘되는 현장이라는 생각을 수
용하지만, 그러면서도 그는 일의론이 아닌 유비론의 관점에서 인간이 예술
활동을 통해 "새로운 사물"에 도달함으로써 존재의 절대적 정립이라는 오
로지 신적인 창조 행위에 참여한다고 본다.[48]

　이러한 다섯 가지 새로운 전환의 관점에서 볼 때, 우리는 더 광범위하
고 일층 더 결정적인 무언가가 있음을 주목하게 된다. 사실 신플라톤주의
를 강화시키는 도미니코회 사상가들(이들에게는 내가 말하는 "플로티노스적" 경
향과 "프로클로스적" 경향이 복잡하게 뒤섞여 있는데, 이 경향은 비코·야코비·하만·콜
리지 류의 "외향적" 구성주의와 피히테식의 내적 구성주의의 맹아가 된다)[49]과 그리스

48　Nicholas of Cusa, *Idiota de Mente*, chapters 1 and 2.

49　예를 들어 프라이베르크의 디트리히(Dietrich of Freiberg)는 인간 지성의 자성성(自省性: reflexivity)이 외부 사물에 대한 처음의 인식에 의해 매개될 수밖에 없다는 아퀴나스의 견해를 거부한다. 그렇다면 디트리히의 입장은 "플로티노스"적인 것처럼 보인다. 반면에 (이 주제에 관한 그의 입장이 무엇이건 간에) 인간 지성은 그 근본적 내면의 "불꽃" 내지 "신적 형상"에 있어서 자성의 반복(doubling of reflection) 너머의 신적 단순성 안에 머물러 있다고 보는 에크하르트의 주장은 "프로클로스"적이자 삼위일체론적으로 보인다. (마찬가지로 신들 내지 신적 "헤나드"[henads]에 해당하는 지성도 프로클로스가 보기에는 저 너머에 머물러 있다.) 다음을 보라. Ruedi Imbach, "Le Prétendue primauté de l'être sur le connaître: perspectives cavalières sur Thomas d'Aquin et l'école dominicain allemande," in J. Jolivet et al. (eds.) *Lectiones Varietates: Hommage à Paul Vignaux (1904-1987)* (Paris: J. Vrin, 1991) pp. 121-32; F.-X. Putallaz, *Les Sens de la Réflexion chez Thomas d'Aquin* (Paris: J. Vrin, 1991); Alain de Libera, *La Mystique rhénane: D'Albert le Grand à Maître Eckhart* (Paris: Editions du Seuil, 1994). p. 243.

도교 정통에 속한 르네상스 사상가들은 아퀴나스가 추상적 이성에 지나치게 의존하였다는 것을 인정하고 있다—비록 그의 사상에 시적 요소가 잠재해 있지만 말이다.[50] 이 말은 아퀴나스의 신학이 파악가능한 논리만을 따르는 엄격한 합리주의적 입장에 서 있으므로, 스코투스와 오컴이 상정한 방식에 따라 문제시될 수 있음을 의미한다. 만약 유비가 개념적으로 불가능한 **대립의 일치**(*coincidentia oppositorum*)라는 용어를 통해서 개념적으로 이해할 수밖에 없다면, 이렇게 재사유된 유비의 표현불가한 실재는 사실상 더욱 의식적으로 은유에 의존할 수밖에 없는 것이다. 마찬가지로 인간 지성이 보편자들을 구성해 낸다고 해서 그것을 단순히 인간이 작위적으로 만들어낸 허구로만 간주할 수 없다고 한다면, 그러한 작위의 행위(fictioning)는 성부가 성자라는 예술(filial *ars*)을 작위하는 행위에 참여하는 것으로 보아야만 한다. 인간은 역사와 문학이라는 두 가지 양식을 통해 언어적 표출을 행하는데(이 두 가지가 실천된 역사와 기술된 역사로서 서로 복잡하게 내적으로 얽혀 있다는 [아울러 역사서술에 새로운 것을 더하지 않는 역사적 행위란 존재치 않는다는] 뜻에서), 이것이 최근에는 진리를 표명하는 데 불가결한 방식으로 인정되고 있다.

이러한 방식을 통해 아우구스티누스 사상 속에 잠복해 있던 휴머니즘이 더욱 전면에 부각될 뿐 아니라, 철학과 신학을 사건과 이미지로부터 억지로 떼어놓을 수 없다는 사실도 한층 더 분명해진다. 이 말은 결국—스콜라주의와 날카롭게 대립되는 입장으로서—철학과 신학이 더 근본적으로 하나의 담론으로 융합됨을 의미한다. 따라서 에크하르트에게 있어 성서는 (그의 성서 주석이 드러내는 것처럼) 모든 형이상학적 저술 가운데 가장 심오한 것이며, 반면에 그러한 영적인 지성을 인도하는 것은 은총이다.[51]

---

50 다음의 시리즈 저작을 보라. Olivier-Thomas Venard, *Thomas d'Aquin, Poète Théologien*. 현재까지 출간된 것은 제1권, *Littérature et Théologie: une Saison en Enfer*; 제2권, *La Langue de l'Ineffable: Essai sur le fondement théolologique de la métaphysique* (Geneva: Ad Solem, 2002-4). 제2권은 감사하게도 언어와 창조성에 대한 나의 논제 중 몇몇을 채택하여 확장하면서, 거기에 엄밀하고도 상세한 해설을 더하고 있다.

51 Alain de Libera, *La Mystique rhénane: D'Albert le Grand à Maître Eckhart*, pp. 231-317.

에크하르트와 쿠자누스가 보기에, 창조 자체는 일차적으로 신적 지성의 유한한 반영이어야 한다. 그러한 신적 지성을 하나님은 창조된 영(인간과 천사)과 창조되지 않은 영(이 전통에서는 **세계혼**[anima mundi]이라 부른다)을 "통하여" 창조하시는데, 이것은 위격화된 지혜를 하나님의 창조의 첫 작품으로 보는 성서의 가르침과도 부합한다. (후대의 베륄과 마찬가지로 쿠자누스에게 있어서도, 창조된 은사[gift]로서 존재함은 자신에게 자신을 줌으로써 존재함을 뜻한다. 그리고 이것은 무엇보다도 창조된 지성이 지닌 반성적 구조에서 잘 드러난다. 물론 이러한 반성은 자신 외에 다른 사물에 대한 지식을 통해 매개된다.)[52] 그러나 이 말이 바로 철학 자체가 예술·역사·예전 등의 양식과 결합되어 있다고 보는 정도로, 신학을 영지주의적 사변 속으로 포섭하려는 것은 아니다. 따라서 아퀴나스와 마찬가지로, 쿠자누스에게 있어서도 진리(the Truth)이신 그분이 구속사역을 위해 시간 내에 성육하셨으므로 우리에게는 **간명한**(tout court) 진리만이 있을 수 있는 것이다.[53]

특별히 에크하르트에 대해 마지막으로 한 가지 중요한 점을 언급하고자 한다. 그의 기획(이 점에서 단테의 것과 같다)은 유비적 참여의 모티브를 중심으로 하는 사변적이고 신비적인 가톨릭 전통을 평신도들에게 속어로 전달하고자 하는 것이다. 그가 교권에 의해 단죄됨에 따라 이러한 과정이 중단되었는데, 이것이 내가 구상하는 "비주류 근대성"(shadow modernity)의 핵심을 구성한다고 볼 수 있다. 그 대신에 실제로 일어난 것은 한편에서 (가톨릭만이 아니라 프로테스탄트에서도 찾아볼 수 있는) 신스콜라주의적 방식으로 실증화된 신학적 담론은 성직자에게 유보하는 반면에, 다른 한편에서는 "순

---

52 Nicholas of Cusa, *De Visione Dei* 7; *De Dato Patris Luminum* 2; Pierre Bérulle, *Oeuvres de la Piété* xxxii-xxxiii (Paris: Cerf, 1995-6) pp. 32, 33. 또한 다음을 보라. Mojsisch, *Meister Eckhart*, p. 131; Henri de Lubac, *Pic de la Mirandole* (Paris; Aubier-Montaigne, 1974) pp. 334-5; Claude Bruaire, *L'être et l'esprit* (Paris: PUF, 1983) esp. pp. 9-88.

53 다음을 보라. Nicholas of Cusa, *De Docta Ignorantia*, III 3; Milbank and Pickstock, *Truth in Aquinas*, pp. 60-88; S.-T. Bonino, "La théologie de la vérité dans *La Lectura super Ioannem* de Saint Thomas d'Aquin," in *Revue Thomiste, Veritas* special issue, Jan-June 2004, pp. 141-66.

수 자연"이라는 이름의 새로운 신학적 공간 내에 ─위험하게도 자유주의와 실증주의 사이에 어정쩡한 자세를 잡고 있는─ 순전히 세속적 담론이 출현한 것이다.

이렇듯 새롭게 확대된 계보가 왜 내가 보수적 정통주의자나 관습적 자유주의자가 아니라, 가톨릭적 관점에서 말하는 **급진적** 전통주의자로 자처하는지 설명하는 데 도움이 되기를 바란다. 현재 나에게 중요한 것은 신플라톤주의 자체로 거슬러 올라가는 두 가지 대안적 "근대" 전통이라는 착상이며, 거기에 탈유명론적 실재론이야 말로 더 철저한 신비주의적 실재론임과 동시에 더 휴머니즘적인 실재론일 수밖에 없다는 논제를 더하고자 한다.

신비주의의 관점에서 보면 이 말은 하나님의 창조 개념에 대한 심층적 탐구로 인해 요청되는, 에크하르트 식의 급진적인 "동일성의 신비주의"(mysticism of identity)와 유사한 것을 의미할 수 있다. 그러나 성육신에 나타난 하나님의 낮아지심에 시원적이자 최종적인 우선성을 부여하는 그리스도교 휴머니즘에 의해 이러한 동일성의 신비주의는 (무로부터의 창조라는 아포리아를 말하는 또 다른 "지혜전승적" 측면에 조응하도록) 균형을 얻는다. 17세기에 프랑스에서 활동한 오라토리오 수도회의 총장으로서 내가 지금껏 논의한 신학적 계보 내에 굳건히 자리한 피에르 베륄(Pierre Bérulle)의 견해에 따르면, 이 성육신 사건을 통하여, 하나님은 "하나님 그 이상"(more than God)을 창조하신다. 이는 하나님이 자신을 "예배"함에서 초래될 수밖에 없는 신적인 결핍(여기서 "예배"는 감사한 의존의 경험을 의미한다)을 이를 통해 메꾸기 때문이다. (이런 식의 사유가 반드시 성육신의 존재론적 필연성을 의미할 필요는 없다.) 이렇듯 에크하르트에게 있어서 인간의 영혼이 그 근저에서 자신을 창조한다고 하면(이 역시 삼위일체적 관계성의 견지에서 한 말이지만), 베륄은 하나님이 자신을 창조된 존재로서 영원 이전부터 우발적으로 수용했다는 생각을 가지고 이러한 에크하르트의 사상에 균형을 준다.

그러므로 하나님은 하나님이시기에 성육신을 통하여 하나님께 드리는 예배를 온전히 성취할 수 있었다. 그러나 그 예배는 그것이 예배인 한 오직 피조물만이 드릴 수 있는 것이다.[54] 하나님의 이러한 낮아지심은 성찬례 안에서 반복되고 영속되는데, 이 성찬례는 또한 **교회**(*ecclesia*)를 발생시키므로, 교회는 자율적이라기보다는 언제나 "타자에 의해 통치되는" 인간 공동체다. 이러한 교회가 보편적 공동체의 출발이 되는 것은 그것이 보편적인 화해를 구현하는 기획에 다름이 아니기 때문이다. 교회를 그 제도상의 숱한 실패의 사례로 환원할 수 없지만, 그렇다고 그것을 하나의 유토피아로 볼 수도 없다. 왜냐하면 화해, 즉 불일치 안에 일치의 회복이라는 현실이 교회 자체의 전제를 이루어야 하기 때문이며, 이는 그것이 시간 내에서 (늘 미약한 정도로) 실현될 수 있어야 하고 따라서 그것이 항상 이미 시작되지 않을 수 없도록 하기 위함이다. 성육신은 그러한 "항상-이미"(*always-already*)의 요소가 "불가능"하게 도래한 것이며, 또 그런 까닭에 유한한 인격과 무한한 위격(*hypostasis*)간의 공존을 수반하였다. 이러한 "항상-이미"의 요소가 사회적으로 구체화되기 위해서는, 로완 윌리엄스가 자주 하는 말처럼, 항존하는 제도적 다툼과 재협상과 사람들 사이의 시련이라는 혼란한 상황에도 불구하고 오히려 이러한 어려움을 통과해 가야 한다. (그러기에 우리는 두세 명밖에 안 되는 사람들이 하릴없이 또는 망연자실한 상태로 강가를 배회하는 바로 그곳에 "교회"가 참으로 존재할 수 있음을 망각하지 말아야 한다.) **비록** 존재론적으로 아무런 반응이 없어도, 교회는 현시대에 따른 허위의 결핍에도 불구하고 언제나 시간내적으로 현존한다.

따라서 나는 본서에서 내가 제시하는 통합의 담론이 이성의 담론이자 신앙의 담론임과 동시에 또한—다행스럽고도 애석하게도—이 둘 중 아무 것도 아니라 해도, 그것이 모든 면에서 자유주의와 실증주의의 그 너머를 성공적으로 가리키기를 희망한다. 이 책의 의도는 단지 격식을 갖춘 외양이나 단지 선별된 내용을 제공하는 것이 아니라, 천상적 영광을 공유한 모습

---

54   Pierre Bérulle, *Oeuvres de la Piété* xiii. 아울러 Jean-Louis Chrétien의 훌륭한 논문을 보라. "The offering of the world," in *The Ark of Speech*, trans. Andrew Brown (London: Routledge, 2004) pp. 111-49.

들이 울려내는 소리에 비록 멀리서나마 공명하기를 희구하는 것이다.

제2판의 본문은 나의 현재 생각과 일치할 뿐 아니라 원래 의도에도 부합하도록 일부 수정을 가했다(특히 제4부). 특별히 들뢰즈의 사유에 대해 나의 견해를 표현한 방식을 조정했고, 뤼바크(de Lubac)에 대한 설명도 약간 수정했으며,[55] 플라톤의 사유와 소크라테스적 변증법에 대한 설명을 보다 더 긍정적으로 전환했다. 아울러 아우구스티누스와 아퀴나스 간의 차이점에 대한 과장된 해석을 제거했다. 본문의 여러 지점에서 일부 주장을 다소 완화시키거나 재구성했다.

나는 또한 사실 관계상의 오류를 시정했고, 문법적 실수나 불필요한 표현 중 눈에 띄는 것과 문체에 있어서 심하게 부적절한 몇 가지 표현을 교정했다. 이와 같은 변화 덕분에 본서가 독자들에게 더 유용하게 다가가기를 바란다. 그리고 덧붙여서 나의 최근 저작들 및 "급진 정통주의적"(Radically Orthodox) 시각에 동조하거나 공감하는 저술들에 대한 몇 가지 상호참조를 제공했다. 다시 말하지만 나는 이런 작업이 독자들로 하여금 오래된 사유와 새로운 사유를 연결하는데 도움이 되길 바란다. 그렇지만 이러한 변경을 가했다고 해서 본서를 완전히 개정한 것은 아니다. 나는 다음과 같은 이유에서 전면적 개정이 적절치 않다고 생각하는데, 첫째로 본서가 글을 쓸 당시의 특정 시간과 공간에 속해 있기 때문이고, 둘째로 적절한 수정이라도 하려고 하면 이미 길어진 책의 분량이 대책없이 길어질 것이기 때문이다. 이상적으로 말해서 본서는 중세기와 인권론의 역사 및 이론과 실천의 교차점(가령 "자선"과 관련하여) 등에 관해서 좀 더 말해야 하며, 성서 자체에 함축된, 특히 사도 바울에게서 나타난 사회적·서사적·존재론적 사상에 대해 보충 설명을 해야 한다고 생각한다. 그렇지만 나와 다른 동료들이 다른 곳에서

---

55 이 내용은 나의 최신작인 *The Suspended Middle: Henri de Lubac and the Debate Concerning the Supernatural*에 의해 보충해야 할 것이다. 이 책에 대한 서지적 정보는 각주 40)을 참고할 것.

이러한 부족함을 어느 정도 보충하려고 했다.[56] 그밖에 다른 이들도 나름 독자적으로 이러한 방향을 지향하는 작업을 수행해 오고 있다.[57]

나는 본서의 초판본을 읽는 데 시간을 할애해준 모든 이들에게 감사의 인사를 드리고자 하며, 나에게 이 글을 쓰는 영예를 누릴 수 있도록 긍정적으로든, 부정적으로든, 비판적으로든 영향을 준 모든 이에게 더욱 감사드리고자 한다. 그들의 반응으로 인해 본서는 이미 초판본과 다른 면모를 띠게 되었으며, 그런 뜻에서 모든 이들이 이 새로운 개정판을 만드는 데 기여했다고 하겠다.

앤드류 험프리즈(Andrew Humphries)를 비롯한 블랙웰(Blackwell) 출판사의 편집진에게 감사드리는 것이 마땅하다. 그들 덕분에 이 개정판이 나올

---

56 바울의 정치신학에 대한 간략한 논의 및 Rowan Williams와 Fergus Kerr 등이 필자의 교회론을 비판적으로 논한 것에 대한 반응을 위해서는 다음의 글을 보라. John Milbank, "Enclaves, or, where is the Church," in *New Blackfriars*, special issue, pp. 341-52. 아울러 *Journal of Religious Ethics* special issue (summer 2004; 이에 대한 서지적 정보를 위해서는 위의 각주 6)과 26)을 참조할 것)에 대한 확대된 반응을 위해서는 다음의 글을 보라. John Milbank, "The invocation of Clio," in *Journal of Religious Ethics*, March 2005, pp. 3-45. 역사 방법론, 아우구스티누스와 타락, 칸트와 스베덴보리, 자비와 공감(charity and sympathy), 존 러스킨(John Ruskin) 등에 대한 나의 반응의 여러 측면이 본서(*Theology and Social Theory*)의 여러 단락에 포함된 각주에서 중요하게 취급되었다. 다만 권리론의 역사에 대한 Brian Tierney의 중요한 노작을 포함시키지 못한 것이 못내 아쉽지만, 이 자료는 나중에 어떤 형태로든 출판하게 되기를 희망한다. 간략히 말해서 필자는 Richard Tuck(필자는 본서의 1장에서 그의 견해를 상당히 취급한다)에 반대하여 Tierney가 "청구권"(claim rights)에 해당되는 어떤 것이 유명론적·주의론과 별개로 중세의 공동체적 법에 뿌리를 두고 있다는 주장을 수용한다. 하지만 나는 무언가를 소유하거나 그것을 비교적 자유롭게 처분하는 것에 대한 객관적 정당성(*ius*)을 요청할 수 있는 권리라는 관념이 존재했다고 해서 그것이 곧바로 자기소유권 내지 절대소유권의 자유주의적 확립에까지 이를 정도는 아니었다고 본다. 왜냐하면 그러한 권리는 무엇보다도 공정한 분배라는 명분에 따라 수여되기 때문이며, 소유물에 대한 자유롭고 정당한 처분이라는 말이 나타난다고 해서 반드시 공공선을 우선적 고려해야 할 필요가 없었음을 의미하지도 않기 때문이다. Tierney가 자유주의를 향한 진정한 전환을 보나벤투라와 고드프루아 드 퐁텐(Godfrey of Fontaines)에게서 찾으면서 이들이 유명론과 관련이 없었음을 지적한 것은 옳지만, Tierney는 이들 중세 사상가들이 (도덕적 판단의 근거를 행동으로부터 의도와 동기로 전환한 아벨라르의 노선을 따른다는 점에서) 지성보다는 의지의 우위성을 강조하는 조류들과 연계되어 있으며, 완전성이라는 일의적 개념만이 아니라 신적 인과성과 인간적 인과성 간의 상호작용이라는 개념도 지지하고 있다는 사실을 충분히 인지하지 못하였다. 논리적으로 추론하건대, 나중에 유명론 및 보다 극단적인 주의론이 출현하게 된 것은 이러한 광범위한 동향을 배경으로 한다고 하겠다.

57 성서에 대해서는 특별히 다음을 보라. Oliver O'Donovan, *The Desire of the Nations: Rediscovering the Roots of Political Theology* (Cambridge: CUP, 1996).

수 있었다.

끝으로 나는 블랙웰 출판사의 종교 및 신학 분야 담당자인 리베카 하킨(Rebecca Harkin)에게 특별히 감사의 말씀을 드리고자 한다. 그는 이 개정판을 내도록 제일 먼저 제안했고 머뭇거리는 태도를 극복하도록 나를 도와주었다.

서델(Southwell), 노팅엄셔, 2005년 5월

서론

본서는 사회이론가와 신학자 모두를 대상으로 한다. **사회이론가들을 향해서** 나는 근대의 세속적 사회이론이 회의적 태도로 인해 붕괴할 가능성이 있음을 보여주려고 하는데, 그것을 특히 세속적 사회이론과 상충되는 그리스도교적 시각에서 시도할 것이다. 나는 사회이론이 취해온 가장 중요한 지배적인 전제들이 정통 그리스도교의 입장을 변형하거나 또는 거부하는 것과 결부되어 있음을 논증하고자 한다. 나는 근대 지성에 일어난 이러한 근본적 전환이 그리스도교의 입장 자체보다 더 합리적이라고 "정당화할" 아무런 근거가 없음을 주장할 것이다.

따라서 본서는 회의적 상대주의에 입각한 하나의 시도라고 할 수 있다. 만일 내가 지닌 그리스도교적 관점이 설득력이 있다면, 이것은 그리스도교의 **로고스**(*logos*) 자체에 내재한 신앙적 확신(persuasion) 때문이지, 흔히 중립적이라고 간주하는 인간 이성에 따른 **변증론의 개입**(apologetic mediation)으로 인한 것은 아니다. 그렇지만 **신학자들을 향해서** 나는 나의 관점을 긍정적으로 수용할 것을 제안한다. 다음에 이어질 내용은 근대 신학이 처한 비애(*pathos*)를 극복하고, 아울러 탈근대적(postmodern) 견지에서 신학을 하나의 메타담론(metadiscourse)으로 자리매김할 가능성을 복원하려는 의도를 띠고 있다.

근대 신학이 처한 비애는 그 거짓된 겸손에 있다. 신학에 있어 이러한 태도는 치명적인 질병이다. 왜냐하면 신학이 메타담론이기를 포기한다면, 그것은 더 이상 창조주 하나님의 말씀을 구체화할 수 없고, 역사학과 인본주의적 심리학 내지 선험 철학과 같은, 유한한 우상들이나 지껄일 법한 수수께끼 같은 목소리로 전락할 것이기 때문이다. 만약에 신학이 여타의 담론들을 자리매김하고, 그 한계를 정해주며, 때로 비판하는 과업을 더 이상 수행하려고 하지 않는다면, 이러한 담론들이 역으로 신학을 자리매김하는 일이 불가피하게 초래될 것이다. 왜냐하면 모든 것을 조직화하는 궁극의 논리(본서의 제4부에서 다룰 내용)가 필연적으로 요청된다는 생각은 결코 사라지지 않을 것이기 때문이다. 세속이성에 의해 "자리매김된" 신학은 두 가지 특징적 형태를 띤 구속을 겪는다. 한편에서 신학은 하나님에 대한 지식과 몇몇 특수한 내재적 영역(즉 우주론에서 다루는 "궁극적" 원인 내지 심리학과 주관적 측면에서 말하는 "궁극적" 욕구)에 관한 지식을 우상숭배적 방식으로 연결짓는다. 아니면 신학은 표상을 넘어선 숭고성(sublimity)에 대해서만 그저 넌지시 암시하는 정도에 구속될 뿐이고, 그럼으로써 합리적 견지에서 볼 때는 완전히 명료하지만, 실은 상당히 의심스러운, 자율적 세속 영역이라는 개념을 부정적으로 확증해주는 기능을 한다.

이렇듯 세속이성이 신학을 자리매김하는 것에 대항하기 위해 내가 선택한 하나의 영역은 바로 사회이론이라는 대상이다. 이 영역이야말로 누가 보더라도 분명한 싸움의 현장인데, 그 이유는 사회이론이란 특정한 기호학적 내지 도상적 코드체계(codings)와 결부된 특수한 사회적 관행으로부터 발생할 뿐 아니라 거기에 반작용하기도 하는, 우발성을 띤 역사적 구성물이라는 사실을 신학이 제대로 인식해가고 있기 때문이다. 따라서 나의 신학 작업도 전체적으로 이러한 사태에 대해 완전히 **용인**하는 것에서부터 구성된 것임을 깨닫는 것과, 아울러 본서가 근대 이전에 속한 그리스도교의 입장을 복원하고자 하는 어떠한 시도도 하지 않음을 아는 것이 중요하다. 하지만 신학자들 사이에 매우 통념적인 인식이 자리잡고 있는데, 그것은 이

사태를 일단 용인하고 나면, 일반적인 사회적 과정과 그리스도교의 사회·
역사적 "측면들"(이 말 자체가 부당한 제한이다)이 지닌 특수성에 대한 필수적
지식을 사회과학자들로부터 배워야만 한다는 것이다. 현대의 "정치신학자
들"은 특정한 사회이론에 매달리거나, 아니면 그들 자신의 절충물인 이론
적 혼합물을 만들어낸 후에, 그와 같은 사회이론의 권위에 따라 기술된 것
으로 간주되는 실재 안에 그리스도교와 신학을 위한 어떠한 여분의 자리가
있는지를 찾아내려는 경향이 있다. 매우 이상하게도, 신학자들은 근대성에
관련된 "과학적" 담론과 "인본주의적" 담론 모두를 긍정하는 데 특별히 열
의를 나타낸다. 물론 짐작컨대 이에 대한 이유를 제시하는 것도 가능할 것
이다. 첫째로 인본주의에 대한 신앙은 이제 고작해야 절반 정도의 지지를
받는 초월적 신앙에 대한 대체물이 되었다. 둘째로 현대 사회 속에서 사랑
과 자유에 관한 그리스도교의 계명을 어떻게 하면 논쟁적이지 않은 방식–
여기에는 대다수의 비그리스도인 시민들과 협력이 수반된다– 으로 성취할
것인지를 모색해야 할 필요성에 대한 인식이 대두되고 있다. 이른바 과학적
진단과 그에 따른 처방이 바로 이 역할을 성취한다고들 이야기한다.

　　하지만 19세기부터 신학이 "과학적"임과 동시에 "인본주의"를 표방
하는 근대주의적 유산에 속한 사회이론과 동맹을 맺은 것은 사회이론 자체
내에 나타난 최근의 발전 조류에 비추어 볼 때 더욱 이상해 보인다. 우선 첫
째로 니체의 영향을 광범위하게 받은 "탈근대적" 사상가들은 사회학과 마
르크스·헤겔적 전통에서 내세우는 인간의 결속을 지배하는 요인들을 발견
했다고 하는 주장들을 해체시키면서 인간의 역사 전반에 걸친 자연주의 내
지 진화론에 관한 이야기들을 진술하는 경향이 있다. 문화적 소산을 "힘을
향한 의지"(the will-to-power)로 소급하는 니체식 설명을 따라가다 보면 종
교에 대한 "혐의"로 귀결되지만, 이런 식의 설명방식은 문화적 소산이 불가
피하게 종교적 내지 신화·제의적 형태를 취할 수밖에 없음을 단언하기도
한다. 따라서 이러한 종교에 대한 혐의의 태도에 있어서도, 사회적 내지 경
제적 실재가 종교적인 것보다 영구히 더 "기본적"이라는 주장은 성립할 수

없게 된다.

둘째로 현재 사회이론에 대해 제기되는 문제는 다음과 같다. 이를테면 니체식의 혐의가 과연 세속이성이 취할 수 있는 최종적이고 진정 반형이상학적 방식인지, 아니면 그 자체가 권력과 갈등의 존재론을 드러내는 화신으로서 단지 또 다른 **뮈토스**(*mythos*), 곧 이교주의의 재발명에 해당되는 것은 아닌지에 관한 질문이다. 니체를 비판적으로 극복하기 위해서는 일종의 메타서사, 곧 특권화된 초월적 요소가 필요할 뿐 아니라, 그 메타서사의 성격이 하나의 내재적 과정 속에 상존하는 요인으로서 위장된 모습으로 나타날 때에도 사실상 아무런 근거를 지니지 못함을 인정해야 할 것이다. 이 새로운 중차대한 시점은 탈근대적이면서도 또한 탈니체적 성격을 지니는데, 현 시점에서 우리는 초월성을 가정하는 것이 최소한의 문화적 결정을 위해 꼭 필요한 것이기는 해도, 이 역시 어떠한 근거나 상호 비교할 만한 대상을 결여하고 있음을 알게 된다. 이렇듯 신학적이고 형이상학적인 것이 중요할 뿐 아니라 결코 회피할 수 없다는 생각이 알래스데어 매킨타이어(Alasdair MacIntyre), 질리언 로즈(Gillian Rose, 그의 기획을 엄밀히 말해서 탈근대적이거나 탈니체적이라고 볼 수는 없다), 르네 지라르(René Girard), 기 라르드로(Guy Lardreau), 크리스티앙 장베(Christian Jambet)와 같은 이들로부터 매우 다양하면서도 서로 완전히 상이하지는 않은 방식으로 지지를 받고 있다.

따라서 한편에서 정치신학과 다른 한편에서 탈근대 및 탈니체적 사회이론이 대두하는데, 이 둘을 대조해보면 매우 기묘한 점이 드러난다. 신학은 세속화와 세속이성의 자율성을 수용하는 반면에, 사회이론은 점차 세속화를 역설적인 것으로 간주하면서, 신화·종교적 부문을 결코 도외시할 수 없음을 시사한다. 정치신학은 지적으로 무신론적 태도를 지니는 반면에, 탈니체적 사회이론은 종교적 숭배가 현실적으로 불가피함을 나타낸다.

본서는 이러한 기묘한 상황을 인정하는 가운데 신학자들로 하여금 그들이 안타깝게도 무시해 왔던 이론적 발전이 신학 안에서도 가능하다는 점을 인정하도록 설득하려고 한다. 나는 종교 내지 그리스도교에 대한 유의미한 사회학적 "읽기"가 가능하므로, 신학은 그것을 반드시 "고려해야" 한다는 생각과, 신학이 사회적 병폐에 대한 진단 및 사회적 해결책을 위한 처방을 마르크스주의적(혹은 대체로 마르크스주의에 준하는) 분석 및 이와 혼합된 사회학적 분석으로부터 전적으로 빌려와야 한다는 생각에 모두 도전하고자 한다. 본서의 중심부에 자리한 제5장 "숭고함에 대한 감찰"과 제8장 "초자연의 토대를 놓기"는 이러한 각각의 목표에 할애되어 있다.

그렇지만 세속적 사회이론이 의거하는 전제들이야말로 의심의 대상임을 성공적으로 증명할 경우에만, 나의 이러한 시도가 확신을 줄 수 있을 것이다. 바로 이러한 목표를 위해, 나는 일종의 "고고학적" 접근을 채택했으며, 이성적 논리에 따른 구성물 속에 잠재한 자의적 계기를 드러내는 방식으로, 세속이성의 주요 형태가 어떤 과정을 거쳐 발생했는가를 추적했다. 이와 같은 목표는 이러한 담론들이 현재 드러내는 모습들을 해체적으로 분석하는 것에 의해서 부분적으로 달성될 수 있을 것이다. 하지만 고고학적 접근은 최소한 두 가지의 탁월한 장점을 갖고 있다. 첫째로 고고학적 접근은 담론의 발생이 새로운 실천의 발생과 어떻게 얽혀 있는지를 보여주도록 한다. 특히나 이러한 접근은 세속 사회이론이 그 뒷받침을 받는 세속 사회에서만 유일하게 적용된다는 사실을 나로 하여금 논증하도록 한다. 둘째로 고고학적 접근은 "세속 부문"(the secular)이 실제로 얼마나 포착하기 어려운 것인지를 보여주게끔 한다. 그것이 그토록 포착하기 힘든 이유는, 내가 읽은 바에 따르면, 세속적 담론이 취급할 수 있는 유일한 담론이 종교밖에 없었으므로, 자신과는 선천적으로 맞지 않는 표현 양식을 종교로부터 차용했을 뿐 아니라(이것은 한스 블루멘베르크[Hans Blumenberg]의 해석임)[1], 실제로 정통 그리스도교에서 볼 때 "이단적인 세력"에 의해 그 세속성이 **형성**되었던 까닭이다. 혹은 그 세속성은 그리스도교에 대한 거부의 형태를 띠고 있으

---

1   Hans Blumenberg, *The Legitimacy of the Modern Age*, trans. Robert M. Wallace (Cambridge, MA: MIT Press, 1986) pp. 3-120.

므로, 이는 단지 반종교적이라기보다는 "신이교적" 성격이 더 강하다고 하겠다.

이렇듯 나는 독자에게 세속이성의 발생에 관한 설명을 제시함으로써, "과학적"임을 표방하는 사회이론이 그 자체로 신학 내지 위장된 반신학(anti-theologies)임을 분명히 밝히려고 한다. 현대의 신학적 조류들은 그와 같은 사회이론과 동맹관계를 맺고서는, (그리스도교에서 유래하는) 동일한 역사적 기원을 공유하는 이들 이론 간에 친연성이 감춰져 있음을 자신도 모르는 사이에 종종 재발견하곤 한다.

본서는 네 편의 하위 논문으로 나뉘어져 있으며, 그 각각은 세속이성이 취하고 있는 네 가지 변별되는 변이형태에 상응한다. 첫 논문인 제I부의 "신학과 자유주의"는 다음에 이어지는 세 논문에 대한 서론이다. 왜냐하면 바로 이 자유주의에 관한 담론, 곧 "과학적 정치학"과 정치경제학의 영역 내에서, 세속 부문이 최초로 구축되었기 때문이다. 여기서 나는 세속 부문이 그 시초부터 일종의 "폭력의 존재론"(an ontology of violence)과 공모관계에 있음을 보여준다. 여기서 "폭력의 존재론"이란 힘의 우위성을 일단 전제한 연후에 어떻게 하면 대항 폭력(counter-force)에 의해 이러한 힘을 가장 잘 조절하고 통제할는지를 논하는 일종의 세계관이다. 세속이성은 이 폭력의 존재론이 마치 문화적 세계가 인간의 구축물임을 발견한 것과 궤를 같이하는 것처럼 보이게끔 끊임없이 획책해왔다. 하지만 나는 후자의 발견은 별개의 논제일 뿐 아니라, 인간의 구축물이라고 해서 **반드시** 인간에 속한 자율적 영역을 확보하는 것은 아님을 논증하고자 한다. 홉스는 인간의 영역이 자율적임을 주장했으나, 다른 근대 초기의 사상가들은 인간의 제작활동을 초월을 향한 개방으로 해석함으로써 일종의 대항근대성(counter-modernity)을 출범시키기에 이른다. 이러한 대항근대성은 후에 비코(Vico), 하만(Hamann), 헤르더(Herder), 콜리지(Coleridge), 키르케고르(Kierkegaard), 블롱델(Blondel) 등의 저술을 통해서 실질적인 세속적 근대성에 계속해서 그림자를 드리워주었다.

그렇지만 문화란 인간의 구축물이라는 논제는 세속이성의 견지에서 보면 인간성이야말로 문화적 구성물이라는 사고와 아포리아적으로 교차한다. 이러한 계기가 특권적 지위를 얻는 곳에서, 세속이성은 섭리에 관한 하나의 담론을 산출하는데, 이 담론은 중세신학과는 다르게 일차 원인과 이차 원인 간의 구분을 무시하고, 궁극적 원인("하나님" 내지 "자연")에 호소함으로써 내재적 인식 안에 있다고 추정되는 간극을 메꾸려고 한다. 신학적 담론과 과학적 담론 간에 이러한 융합이 있음을 아모스 펑큰스타인(Amos Funkenstein)이 밝혀냈다.[2] 그렇지만 그는 이러한 융합이 칸트와 더불어 종결된 것으로 본다. 나는 그것이 정치경제학의 한 요소일 뿐 아니라 "사회학"을 발생시킨 지적 움직임 안에서 도리어 강화되었다고 본다.

본서의 제II부에 해당되는 "신학과 실증주의"에서는 이러한 발생과정을 추적한다. 여기서는 신학과 실증주의 간에 매우 복잡하면서도 결코 단순한 대립으로만 볼 수 없는 그런 관계가 있음을 특별히 강조한다. 실증주의라는 용어는 사실 보통 생각하는 것보다 더 넓은 유사 영역을 가리킨다. 이러한 확대된 의미에서 보면, 베버식의 사회학을 포함한 **모든** 사회학은 결국 실증주의적임이 드러난다. 그리고 이는 신학이 사회학적 논제들과 어떻게 관련되어야 하는지에 대해 여러 함의를 지닌다. 실제로 신학이 사회학 안에서 목도하는 것은 하나의 분과학문에 불과한 신학 및 하나의 단체라는 가면을 쓴 교회다. 이런 류의 신학과 교회는 일종의 세속적 합의를 증진하는 일에 헌신하고 있다. 제II부의 마지막 장은 신학과 사회학 사이에 진행되는 이와 같은 대화를 "종결"시키고자 한다.

본서의 제III부에 해당되는 "신학과 변증법"에서는 헤겔-마르크스적 전통에 속한 가장 급진적이고도 비판적인 요소들이 어떻게 해서 세속 부문의 해체작업에 가장 근접하는 계기가 되는지, 또한 헤겔의 경우에 있어서

---

2   Amos Funkenstein, *Theology and the Scientific Imagination from the Middle Ages to the Seventeenth Century* (Princeton, NJ: Princeton University Press, 1986).

"세속이성을 능가하는" 특별히 그리스도교적인 **로고스**를 구체화하는 **사유**를 증진시키는 데 가장 근접하는 계기가 되는지를 보여준다. 그렇지만 이 요소들은 과학적 정치와 정체경제학이 각각의 계기들을 모두 재동원하는 것을 막지 않는다. 이에 따라 존재의 몰락과 재건을 역사적 필연으로 보는 일종의 "영지주의적" 음모를 띤 연결고리를 가지고 이 계기들을 그리스도교(헤겔) 내지 유토피아(마르크스)와 연결짓지만, 그것은 폭력을 겪음으로써 얻어진 소득에 불과하다. 제III 부의 이 마지막 장에서 나는 신학이 마르크스주의와 사회학에 대해서 지나치게 열광적인 반면에 특별히 그리스도교 사회주의라는 초기 전통은 과소평가하는 가운데, 결국엔 선험철학의 형태를 띤 자유주의에 굴복하는 신학으로 어떻게 스스로 전락해 버렸는지를 보여주고자 한다.

이 세 편의 논문을 모두 읽다 보면, 독자는 자주 혼동되지만 서로 다른 두 가지 목소리를 분간하게 될 것이다. 첫째는 고전적·중세적 유산을 대변하는 것으로, 플라톤·아리스토텔레스·아우구스티누스·아퀴나스적 입장에 서서, 고대적 덕성의 이름으로 또는 형이상학적으로 확실한 가치관을 둘러싼 공동의 합의라는 이름으로, 근대적 방식의 "권력 관리"에 반대하는 "매킨타이어식의 목소리"라고 하겠다. 두 번째는 역사적 관점에 따른 비판을 제공하는 "허무주의적 목소리"인데, 이것은 객관적이라고 간주되는 모든 추론이 단지 자신이 지닌 차이를 과장하면서, 실은 그것이 유일한 의지처로 삼고 있는 권력을 감추고 있을 뿐임을 보여주려고 한다.

"신학과 차이"라는 제목이 붙은, 본서의 마지막 논문은 이러한 허무주의의 성격을 분명하게 밝히면서, 그 두 목소리 간의 얽힌 관계를 풀어내고, 그 두 목소리를 서로 대조시킨다. 따라서 본서가 채택한 진정한 관점은 허무주의적인 차이가 아니라 덕성의 관점임이 드러난다. 그렇지만 두 가지 전략에 있어 나의 작업과 매킨타이어의 것을 부분적으로나마 구별하여 볼 수 있다. 첫째로 나는 매킨타이어의 순전히 **철학적인** 실재론을 거부하는 대신에, "언어적 이상주의"와 실용주의의 변종을 선호한다. 물론 이러한 나

의 입장도 내가 최종적으로 지지하는 신학적 관점 내에서는 일종의 실재론
적 틀을 취할 수밖에 없지만 말이다. 둘째로 내가 지지하는 관점은 결국 **그
리스도교적 덕성**의 관점이다. 그리고 나는 이 관점이 매킨타이어의 것보다
고대적 덕성에 대해 더 비판적이라고 주장한다. 말하자면 나의 관점은 사실
덕성과 차이를 종합한 것이며, 고대성과 근대성 모두에 반대하는 입장이다.

사실 나는 그리스도교적 덕성의 관점에서 바라볼 때에만, 고대적 이
성과 근대의 세속적 이성 간에 존재하는 일종의 숨겨진 연속성의 실마리
를 식별할 수 있다고 주장한다. 이 연속성의 실마리란 "원초적 폭력"의 주
제를 말한다. 고대의 사상과 정치 속에는 자연적으로 주어진 혼돈(chaos)의
요소가 이성의 안정성과 자기 동일성에 의해서 통제되어야 한다는 가정이
자리잡고 있다. 근대의 사상과 정치(이에 대해서 니체가 가장 분명하게 표현해 주
었다)는 **오로지** 이러한 혼돈만이 존재하므로, 이 혼돈을 이에 반대되는 초
월적 원리에 의해 길들일 수는 없지만, 그것을 법규에 종속시키고, 시장 경
제와 군주 정치의 형태로 작용하는 그 법규에 무소불위의 권력을 부여하는
방법을 통해 이 혼돈을 내재적으로 통제할 수 있다는 가정이 들어있다. 만
약에 매킨타이어처럼 고대 사상을 근대 사상과 대립시키려 한다면, 그 시도
는 실패하고 말 것이다. 왜냐하면 플라톤이 이미 『소피스트』(The Sophist)에
서 간파한 것처럼, 고대 사상은 해체되어 "근대" 사상으로 화할 수 있기 때
문이다. 무질서와 이성을 모두 포함하는 우주는 결국 하나의 궁극적 원리를
함축하고 있는데, 그것은 혼돈과 이성 간의 "차이"를 가리키므로, 결국은
이성을 넘어서서, 영속적 갈등을 신성화할 따름이다.

그렇지만 그리스도교는 어떤 원초적 폭력도 인정하지 않는다. 그리스
도교는 무한자를 혼돈이 아니라 하나의 조화로운 평화로 보는데, 이 조화
로운 평화는 모든 것을 전체화하는 이성이 지닌 구속의 권력을 넘어선다.
평화는 더 이상 자기동일성에로의 환원에 의거하지 않으며, 다만 조화로
운 차이를 지닌 **사회성**(sociality)일 뿐이다. 반면에 폭력은 항상 이러한 무한
한 질서(이것이 하나님에게는 현실태로 존재한다)에 일부러 끼어드는 부차적 요

인이다. 그와 같은 그리스도교의 논리는 근대적 세속이성으로 해체할 수 **없다**. 오히려 그리스도교는 차이, 비전체화, 의미의 불확정성이 **필연적으로** 자의성과 폭력을 함축한다고 하는 니체식의 가정이 결코 필연적이지 않음을 드러낸다. 니체식으로 가정하는 것이야말로 실재에 대한 특정한 코드화(encoding)에 동의하는 것에 지나지 않는다. 역으로 그리스도교는 초월적 차이를 평화의 이름으로 코드화한다.

이러한 결정적 주장을 나는 마지막 장에서 할 것이다. 거기서 내가 개략적인 윤곽을 그려가며 소개하고자 하는 신학은 자신이 문화적으로 형성된 것임을 잘 알고 있으면서도 사회 전반에 대한 실질적이고 비판적인 이론의 견지에서 신학적 자기 인식을 정교화시킬 수 있는 그런 종류의 신학이다. 이 마지막 장에 가서야, 고대적 덕성과 허무주의적 차이를 넘어서는 "제삼의 목소리"가 부상하는데, 이 목소리는 모리스 블롱델(Maurice Blondel)이 특별히 제시한 "대항-근대적"의 입장—역사주의적이고 실용주의적이지만, **신학적으로는** 실재론적인 입장—이 무엇인지를 알려주는 어슴푸레한 암시를 찾아낸다. 그와 같은 입장에서 볼 때, 하나의 객관화된 사회적 실재를 "대변"한다는 식의 단순한 주장은 가능치 않다.

대신에 그것이 지지하는 사회적 지식이란 다만 교회적 실천을 계속하는 것, 즉 합법성이 용인하는 폭력마저 넘어서서, 하나의 평화롭고 조화로운 사회적 질서를 행동하는 가운데 상상해내는 일이다. 이러한 삶의 서사 그 자체만이 성삼위 하나님을 투사하고 또한 "표상"한다. 이 성삼위 하나님은 차이에 근거한 관계성을 통해 성립하는 초월적 평화로 존재한다. 아울러 동일한 서사가 다른 사회적 실재들에 대한 지속적인 읽기와 자리매김에도 적용된다. 진리가 사회적이라는 명제가 맞는다면, 신학이 스스로를 정립할 뿐 아니라 "하나님"이라는 개념에 대해서도 내용을 부여할 수 있는 까닭은 그것이 바로 궁극적 "사회과학"을 제공하기 때문이라는 대담한 주장이 가능하다. 그리고 신학이 그러한 내용을 제공한다면 그것은 실제로 세계 속에 역사적인 차이를 만들어냄을 의미한다.

내가 마지막으로 주장할 내용은 그리스도교가 여태껏 만들어낸 차이에는 비극적인 차원이 개입되어 있다는 것이다. 왜냐하면 그리스도교가 "법을 초월한 평화"를 유지하지 못함에 따라 이성에 의한 폭력을 정당화하는 고대세계로부터 큰 폭력을 통해서 작은 폭력을 규제하는 근대사회로의 이행이 촉진되었기 때문이다. 그렇지만 허무주의로 인해 고대성이 해체되는 것을 보면 더 이상 과거로의 복귀가 있을 수 없음이 분명하다. 오직 그리스도교 신학만이 현재의 허무주의 자체를 자리매김하고 또 극복할 수 있는 담론을 제공한다. 바로 이런 까닭에 신학을 하나의 지배적 담론(master discourse)으로 재설정하는 것이 그토록 중요하다 하겠다. 그러나 신학만은 언제나 비지배(non-mastery)의 담론으로 남을 것이다.

·

제1부

신학과 자유주의

제1장

정치신학과 새로운 정치학

정치학이라는 새로운 대상

한때 "세속"(secular)이란 말은 존재치 않았다. 그리고 세속은 잠복한 채로 있으면서, 성스러운 것의 공기압이 줄어들면, "순수 인간적인" 증기로 더 넓은 공간을 채울 날을 기다리는 것도 아니었다. 오히려 **사제권**(*sacerdotium*) 과 **왕권**(*regnum*)이라는 이중의 측면으로 이루어진, 단일한 그리스도교 왕국 (Christendom)이 존재했다. 중세 시대에 세속을 가리키던 **세쿨룸**(*saeculum*)이 란 말은 공간이나 영역이 아니라 시간, 즉 타락과 종말(*eschaton*)사이의 중간 기(interval)를 의미했다. 이 시기 동안 강제력에 의한 정의의 시행, 사유재산 의 보호, 그리고 다소 손상된 자연적인 이성 등을 통해 죄악된 인간성이 초 래한 죄책의 결과들에 대처해야만 했다.

이론상으로나 실제에 있어서, 하나의 영역으로서 "세속 부문"(the secular)을 정립하거나 혹은 **상상**해내야만 했다. 이러한 세속의 정립을 단지 부정적인 견지에서 하나의 탈신성화(desacralization) 현상으로 파악하는 것 은 정확한 이해가 아니다. 그리스도교 자체를 세속화의 동인으로 해석하는 것은 공인된 사회학적 지혜에 속하지만, 그럼에도 이 논제는 탈신성화 개념 을 바라보는 일방적인 부정적 인식과 전적으로 결부되어 있다. 여기서 탈신성화란 하나의 은유적 표현으로서, 불필요한 여분의 것을 제거하고, 그 나머지 인간적이고, 자연적이며, 자기충족적인 것을 남겨둔다는 뜻이다. 이러한 부정적 사고 속에도, 무언가 순수한 것이 남아있다는 인식이 늘 있었다고 보는 것이 차라리 용이하다. 따라서 "유대-그리스도교"라는 혼종어는 다음과 같은 역할을 부여받는다. 즉 유대-그리스도교는 그 시초부터 우주로부터 그 신성한 마력을 제거하고, 이어서 정치·사회·경제·예술-즉 인간적인 것들 자체-로부터 불가피하게 그 신성한 마력을 제거하는 역할을 부여받았다고 간주된다.[1]

기존의 사회학은 세속 부문이 실제로 정립되었다는 사실을 완전히 놓치고 있는데, 이는 사회학이 인본주의(humanism)란 서구가 지향해온 오랜 운명이며, 자율성에 근거한 인간의 자유란 "유대-그리스도교"의 자궁 속에서 늘 배태되는 것이라는 생각을 전폭적으로 수용하기 때문이다. 그렇지만 이 점에 있어서 사회학은 중세 후기 유명론과 프로테스탄트 종교개혁 및 17세기 아우구스티누스주의에 나타난 그리스도교의 자기이해를 반복하는 것일 뿐이다. 이런 식의 그리스도교적 자기이해는 신성함의 영역을 전적으로 사적이고, 정신적이고, 초월적인 것으로 만들었을 뿐 아니라, 이와 동시에 자연과 인간의 행동 및 사회를 자율적이고 순전히 외적인 권력이 행사되는 영역으로 재상상하였다. 사회학은 그리스도교에서 발생한 이 특정한 변이를 거꾸로 그리스도교의 기원과 심지어 성서에까지 투사하고 있다. 사회학은 근대성이 움틀 때 일어났던 신학적 변형을 그리스도교의 운명을 성취하는 참된 "종교개혁적 사건"으로 해석한다. 즉 공적인 간섭을 배제한 채로, 영적인 것은 영적인 것이 되게 하는 반면에, 공적인 것은 사적인 편견의 개입없이 세속적인 것이 되도록 하는 것이다. 하지만 이러한 해석은 다음과 같은 터무니없는 가정을 당연시하고 있다. 즉 새로운 신학은 신성함을 표방하는 교회 권력이 세속 부문에 속한 자유 시장에 부과한 성가시고

---

1 본서의 4장과 5장을 보라.

부적절한 제약을 제거함으로써 그리스도교를 단지 그 참된 본질에 이르게 하였다고 본다. 반면에 이 해석은 "사적인 종교"를 만들어 내야 했던 것처럼, 사실상 권력과 지식으로 무장한 전혀 다른 경제를 성립시켰고, "정치"와 "국가"를 발명해야만 했다.

이러한 견해를 따라가다 보면, 스스로 "과학"임을 표방하는 최초의 사회이론, 즉 "정치학"을 바라보는 우리의 방식마저도 이에 지배받기 마련이다. 그로티우스(Grotius), 홉스(Hobbes) 스피노자(Spinoza) 등의 저술이 등장함에 따라, 정치 이론은 신학에 대해서 지극히 모호하긴 하지만 어느 정도의 "자율성"을 달성했다. 하지만 자율화의 과정은 지식의 영역에서만 이루어진 것이 아니다. 그것은 새로운 정치학이 그 자신을 위하여 "정치"라는, 순수 권력의 장으로 정의된 새로운 자율적 대상을 설정하고 구축해냄으로써 가능케 되었다. 이제 "과학의 이름"(scientific)을 띠고 나타난, 사회에 대한 세속적 이해는 그 시초부터 세속이 자신을 권력으로 구축한 것에 대한 자기이해의 산물일 뿐이다. 신학이 망각한 것은 이러한 세속적 이해와 경쟁하거나 그로부터 배울 기회조차도 박탈당하고, 그 대상(세속 정치)을 수용하거나 부정하는 양자택일의 선택밖에 없다는 사실이다.

이 자율적 대상(정치)은 무엇보다도 "자연적"이라고 인정되었다. 그로티우스에 따르면, 소유와 주권을 지배하는 자연 법칙은 "마치 하나님이 없는 것처럼"(etsi Deus non daretur)[2]의 원리를 통해 알 수 있다. 아퀴나스에 있어서 자연법은 시공간을 초월한 공정함을 의미했으며, 따라서 자연법은 바로 정의의 특수한 사례를 단순한 관습의 반복을 넘어서는 신적이고 영원한 원리와 결합시켰던 것이다.[3] 그러나 이제 근대성의 관점에서 볼 때 자연법은 자연의 폐쇄적 총체성을 표현하는 것으로서, 여기서 영원한 정의는 불

---

2   Hugo Grotius, *The Law of War and Peace*, trans. Francis W. Kelsey et al., *Prolegomena*, XI (Indianapolis: Bobbs-Merrill, 1925) pp. 9-30.

3   Thomas Aquinas, *Summa Theologiae* [토마스 아퀴나스 지음, 정의채 옮김, 『신학대전』, 1-16권 (바오로딸, 2014)] II.I.q.94.

변의 법칙 안에 존속하는 것으로 이해된다. 이러한 법칙은 (아퀴나스에게서 처럼) 아리스토텔레스가 말하는, 선이라는 **최종목적**(telos)을 향한 실천 이성 의 내적 지향성으로부터 도출되는 것이 아니라, 모든 피조물이 스스로 자기 보존을 확보할 당위성을 지닌다는 사실에 대한 순전히 이론적인 성찰로부 터 도출된다. 르네상스 이래로 자연은 거의 속속들이 탐구할 수 있는 "열린 책"으로 간주되었으므로, 그로티우스, 홉스, 스피노자 등은 자기보존의 충 동인 **코나투스**(conatus)야말로 자연과 사회의 비밀을 푸는 보편성을 띤 해석 학적 열쇠를 제공한다고 확신하게 되었다.[4] 그리고 "마치 하나님이 없는 것 처럼"(etsi)이란 말은 이제 완전히 하나의 책략으로 기능하게 되었는데, 왜 냐하면 유한한 전체성(finite totality)이란 개념 자체가 자연이 법칙의 지배를 받는—즉 힘과 격정의 작동 법칙에 완전히 복종하는—하나의 영역이자, 신 (deity)이 자연으로부터 물러나면서 일부러 제정해 놓은 것임을 전제하기 때문이다. 여기서 "자연과학"과 "사회과학" 간의 결속관계가 완벽히 드러 난다. 그리고 이러한 결속은 멀리 피에르 다이(Pierre d'Ailly)에게서도 찾아볼 수 있는데, 그가 보기에 법적 의무가 지닌 전적으로 긍정적인 측면이란 일 종의 자연적 인과성을 반영한다는 점이며, 여기서 말하는 자연적 인과성이 란 전적으로 불연속하는 개별자들 사이에 신법이 부과한 연결고리들로부 터 기인하는 우발적 규칙성에 불과하다.[5]

자율적인 대상은 비록 자연적이라고 해도 그 **역시** 인위적일 수밖에 없 었다. 새로운 정치적 지식은 **코나투스**를 발생시키는 물적 토대에 국한될 수도 있었지만, 그때 이후로 권력에 대한 지식은 인간의 구성활동이 거쳐 온 경로를 재추적하는 것, 곧 **팍툼**(factum: 作爲)에 대한 분석에 치중하게 되 었다. 여기서도 사회과학은 자연과학에 뒤처지지 않았다. 오히려 사회과학

---

4   Robert D. Cumming, *Human Nature and History: A Study of the Development of Liberal Political Thought*, vol. 2 (Chicago: Chicago University Press, 1969). Benedict de Spinoza, *A Theological-Political Treatise*, trans. R. H. M. Elwes, ch. 12 (New York: Dover, 1951) p. 200.

5   Francis Oakley, *The Political Thought of Pierre d'Ailly* (New Haven and London: Yale University Press, 1964) pp. 17ff, 71-89.

과 자연과학이 모두 채택한, 근대의 "과학적" 지식에 따른 특수성은 "인위
적인" 방법 및 인공물을 다루는 확실한 지식과 관계되며, 이 사실에 대한 인
식은 17세기가 되면 보편적으로 확산된다. 물론 과학적 지식의 특수성을
다르게 보는 다양한 회의주의적·합리주의적·"실험주의적" 견해가 존재했
던 것도 사실이다.[6] 천삼백년대(trecento)까지 거슬러 올라가는 이른 시기에,
이미 콜루치오 살루타티(Coluccio Salutati)는 법률에 대한 지식이야말로 의
학에 관한 지식보다 더 확실하다고 공언했다. 그 이유는 법률지식이 인간의
의지에 따른 명령과 통찰의 영역 안에 더 많이 자리하기 때문이다.[7] 그 후로
도 홉스나 윌킨스(Wilkins)나 로크(Locke)가 보기에는 물리학이 아니라 윤리
에 대한 이해가 기하학이나 확률에 보다 더 친화적이다. 왜냐하면 오직 이
러한 윤리의 분야에 있어서만 기술적 통제의 범위가 이해의 대상과 일치하
기 때문이다.[8]

　사회를 인간의 산물로 간주하는, 따라서 역사적인 것으로 보는 생각
은 세속 사회과학이 지닌 기본적 전제에 속한다. 물론 우리가 다음 장에서
살펴보겠지만, 이 생각은 이에 동반되는, 인간이 사회의 산물이라는 반성
적 사고와 아포리아적으로 교차되지만 말이다. 결국 인위성 내지 작위의 영
역이 세속성의 공간을 주름잡고 있음이 사회과학자들 뿐 아니라 하비 콕스
(Harvey Cox)와 같은 신학자들에게도 분명해졌다. 하비 콕스가 보기에, 인간
이 조성하는 자유로운 선택의 게임이 진행되는 이 영역이야말로 아담이 에
덴에 있을 때 그의 영혼에서 우러난 개인적이고 은밀한 복종을 하나님께

6　Amos Funkenstein, *Theology and the Scientific Imagination* (Princeton, NJ: Princeton University
　Press, 1986) pp. 327-345. Stephen Shapin and Simon Schaffer, *Leviathan and the Air-Pump*
　(Princeton, NJ: Princeton University Press, 1985).

7　Coluccio Salutati, *De Nobilitate Legum et Medicinae* (Florence: Vallechi, 1947) pp. 40-55, 95.

8　W. Molesworth (ed.), *The English Works of Thomas Hobbes*, vol. 1 "Elements of Philosophy: the
　First Section Concerning Body" (London, 1845). *De Corpore Politico*, IV, p. 126, pp. 73-4, 87.
　John Wilkins, *Of the Principle and Duties of Natural Religion*, ch. 2 (London, 1680) pp. 12-19.
　John Locke, *Essay Concerning Human Understanding* (Oxford: Oxford University Press, 1975)
　pp. 515-18, 548, 552, 643.

바친 것에 대한 보상으로서 그에게 수여된 "지배권"(dominion)에 해당된다.[9]

그렇지만 작위와 세속 부문 간에 "분명한" 연관이 있다는 사고를 문제 삼을 수 있고, 또 마땅히 그래야만 한다. 홉스 이후의 정치학이 도구적 이성에 지나치게 집중해온 것이 인간의 행동이 지닌 또 다른 차원, 곧 아리스토텔레스가 말하는 프락시스(praxis)를 모호하게 하는 경향이 있음을 한나 아렌트(Hannah Arendt)나 위르겐 하버마스(Jürgen Habermas)처럼 그냥 지적만 하는 것으로는 충분치 않다. 그런데 이 프락시스에 있어서 인간은 아주 엄밀하게 통제하려고 하지는 않으며, 그저 목표치에 근접할 정도로만, 덕성을 위한 덕성의 함양을 설득하고 권고하고 장려하려고 한다.[10] 고전 정치학이 이렇듯 새로운 정치 "과학"에 의해 대치된 것도 매우 중요하지만, 이들 사상가들이 간과하고 있는 점은 "인위적인 것"의 영역이 반드시 도구적인 것과 동일하지는 않다는 사실이다. 이는 시작(時作)이 그저 단순한 솜씨에 불과한 것은 아니라는 사실과 마찬가지다.

작위의 영역이 세속부문과 동일하게 보이도록 하기 위해서, 홉스와 같은 사상가들은 작위의 본질이 바로 작위의 형식성 및 예측가능성이 되게 하는 식으로 작위의 개념을 구성해야만 했다. 이러한 과정이 우발적일 뿐 아니라 지극히 의심스러운 것임을 제대로 파악하려면, 마니에리스모적(mannerist) 예술 이론과 바로크적 수사 속에 존재하던 이념이라는 "실념주의적"(conceptist) 관념을 이러한 이해에 대립되는 하나의 반증으로 고려해야 할 것이다.[11] 바로 여기서 인간적 인위성에 대한 새로운 인식이 부상하는데, 말하자면 예술 내지 시학에서 말하는 "이념"은 더 이상 신적 이데아들

---

9   Harvey Cox, *The Secular City* (London: SCM, 1967) pp. 21-4.

10   Jürgen Habermas, "The classical doctrine of politics in relation to social philosophy," in *Theory and Practice*, trans. John Viertel (London: Heinemann, 1974) pp. 41-82.

11   Sforza Pallavicino, *Trattato dello stile e del dialogo*, ch. 10 (Rome: Masardi, 1662) pp. 112-18. Jean-Marie Wagner, "Théorie de l'image et pratique iconologique", in *Baroque*, 9-10 (1980) p. 71. Guido Morpurgo Tagliabue, "Aristotelismo et Barocco", in E. Castelli (ed.) *Retorica e Barocco* (Rome: Bocca, 1955) pp. 119-95.

의 반영으로서 예술가의 정신 속에 들어 있는, 작품에 "선행"하는 것이 아니라, 차라리 **작품 자체**가 지닌 독특한 구성으로부터 수신자에게 전달되는 의미와 같은 것으로 이해된다. 그렇지만 이런 식의 인식은 홉스식의 유명론적 조류와는 다르다고 하겠는데, 그 이유는 여기서 말하는 이념이 그 자체의 "형상"(image)과 분리되지 않을 뿐 아니라, 마니에리스모의 관점에서 볼 때에 신적 지성에의 참여라는 진정 플라톤적인 가치를 여전히 보유하고 있는 까닭이다. 이렇듯 이념에 대한 "실용주의적" 재구상의 배후에는 세속화를 위한 추동이 아니라, 삼위일체 신학의 영향력이 작용하고 있음을 찾아낼 수 있다. 이 신학적 관점에 따르면 성부는 오로지 성자의 "형상" 안에서 영원한 지성을 소유한다. 이렇듯 실념주의적 "이념"의 요소가 니콜라스 쿠자누스의 견해 가운데 이미 들어있는데, 그는 제작가능성(factibilitas)이야말로 인간의 앎을 가능케 하는 조건일 뿐 아니라, 성삼위의 제2위격(성자) 안에 있는 신적 지성에 따른 "이해력"을 인간의 추측에 의해 설명(explicatio)하는 것도 이에 해당된다고 보았다.[12]

이렇듯 마니에리스모적 반증에 비추어 볼 때, **팍툼** 곧 작위의 개념은 세속적 자율성의 영역에서 자기 지위를 분명하게 확보하기는 커녕, 그리스도교 인문주의의 정서를 지닌 후예들이 보기에 그것은 오히려 초월성으로 인도하는 관문으로 간주될 수 있었음을 알게 된다. 따라서 홉스식의 조류만큼이나 "분명"한 것은 바로크 시대에 인간의 제작이라는 근대적 발견이 플라톤 전통에서 말하는 참여의 틀 안으로 아주 용이하게 통합된 것이었다. 그러므로 "근대적"이면서도 여전이 휴머니즘적이고 형이상학적인 성격을 지니고 있는 대안적 "바로크" 정치학을 모색하는 것이 지극히 당연하다고

---

12 Sforza Pallavicino, *Trattato dello stile*, ch. 1 (1662). Nicholas of Cusa, "On actualised possibility" ("De Possest"), in Jasper Hopkins (ed.) *A Concise Introduction to the Philosophy of Nicholas of Cusa* (1941) pp. 95-7; *De Docta Ignorantia*, III, 3; III, 2; *The Idiot*, introduced by W. R. Dennes (Los Angeles: California State Library, 1942) p. 11. John Milbank, "Man as creative and historical being in the theology of Nicholas of Cusa," *Downside Review*, vol 97, no. 329, October 1979.

하겠으며, 나중에 지암바티스타 비코 (Giambattista Vico)의 저술 속에서 그러한 대안적 근대성의 흔적을 찾아볼 수 있다.[13]

따라서 정치학을 두고서 자연적이라고 간주하든, 인위적이라고 간주하든 간에, 정치학이라는 새로운 자율적 대상이 단순히 "발견"되기만 한 것은 아니었다. "순수 권력"이 행사되는 장으로서 세속이라는 공간이 발명되어야만 했다. 하지만 이러한 발명 자체도 신학을 통해 이루어진 것이며—이에 대해서 앞으로 살펴볼 것이다. 마찬가지로 "마치 하나님이 없는 것처럼"이란 말도 어떤 별난 부류이든 간에 결국은 신학만이 낼 수 있는 목소리인 것이다.

세속 정치학의 신학적 구성

팍툼 즉 작위가 세속 부문과 동일시되려면, 아담이 부여받은 지배권 (*dominium*)이 권력·재산·능동적 권리·절대 주권 등으로 재정의될 필요가 있었고, 아울러 아담이 지닌 인격성이 새로운 지배 개념—여기서 지배는 오로지 "자기 자신의 것" (his own)으로 재정의된다—으로 퇴락하는 것도 필요했다.

자기 자신에 대한 지배권, 곧 "자치"는 전통적으로 격정을 합리적으로 지배하는가의 문제였으므로, 이것은 또한 외적 대상에 대한 통제와 소유를 정당화하는 근거가 되었다. 한 사람의 자기정체성, 곧 그에게 "고유한" (proper) 것은 무엇이며 그에게 "적절한 것" (propriety)은 무엇인가 하는 것은 그가 가진 "재산" (property)에 대한 합리적·윤리적 관리와 매우 분명하

13 Giambattista Vico, *On the Most Ancient Wisdom of the Italians*, trans. L. M. Palmer, I i, VII (New York: Cornell University Press, 1988) pp. 45, 97-104. "Orazioni Inaugurali," in Paolo Cristofolini (ed.) *Opere Filosofiche* (Florence: Sansoni, 1971). "Institutioni Oratorie," in G. Ferrari (ed.) *Opere Complete* (Milan: Società Tipografica, 1852-4). Andrea Sorrentino, *La Retorica e la Poetica di Vico ossia la Prima Concezione Estetica del Linguaggio* (Turin: Bocca, 1927).

게 결속되어 있었다.[14] 하지만 이러한 고전적이고 중세적인 주제의 언저리에는 더 잔인하고도 본래적인 지배권의 흔적이 끈질기게 자리잡고 있었다. 그것은 곧 로마의 민법에서 규정하는 것처럼 자신의 권력에 속한 것, 즉 자기 자신 및 자기 자녀들과 토지와 노예 등에 대한 무제한적 지배권을 말한다.

중세 말 그리고 17세기에 들어오면서 로마법에서 말하던 이러한 지배권의 원래 의미가 되살아났을 뿐 아니라, 처음으로 주변에서 중심부로 진입하게 된다. 원래 이 "노골적 권력"(sheer power)은 도시국가 성립 이전에 그리고 도시국가의 권역 바깥에 존재하던 것이고, 가정의 영역에 귀속되는 것이었지만, 로마법 전통을 발달시킨 이들에 의해 지배권은 이제 법적 **정당함**(ius), 즉 정치 공동체 내부에서 정의의 결속을 형성하는 원리와 동일시된다.[15] 본래 아퀴나스는 아담이 부여받은 지배권을 **용익의 지배권**(dominium utile), 즉 재산에 관한 자유로운 획득과 처분의 권리—그것을 정당화하는 최종적 근거는 여전히 사회 전체의 입장을 고려한 **사용권**(usus)이다—로 이해하였고, 이로써 로마법에서 말하는 지배권을 길들이려고 했으나, 그의 이러한 시도는 종언을 고하게 된다.[16] 그 대신에 장 제르송(Jean Gerson)은 지배권의 의미를 추적하여 그것을 **능력**(facultas)이라는 뜻으로 해석한다. 이 능력이란 자신의 것을 가지고 마음대로 할 수 있는 권력을 의미한다. 이런 식으로 해서 재산권이란 "사용의 권리"뿐 아니라 "교환의 권리"를 내포하게 되었다.[17] 그러나 이 **능력**은 제르송에게 있어서도 자연법의 총체적 근거였으므로, **정당함**은 더 이상 "바른" 것이나 정의로운 것이

---

14   Cumming, *Human Nature and History*, pp. 129-136. Grotius, *The Law of War and Peace*, Bk. I, V, p. 35. Thomas Hobbes, *Leviathan*, Part II, ch. 18 (Harmondsworth: Penguin, 1968) p. 234.

15   Richard Tuck, *Natural Rights Theories: Their Origin and Development* (Cambridge: Cambridge University Press, 1979) pp. 3-20.

16   Aquinas, *ST* II-II, q.66, a.1, a.2.

17   Jean Gerson, "De Vita Spirituali Animae," in P. Glorieuse (ed.) *Oeuvres Complètes-Lectio Tertia* (Pierre d'Ailly collaborated on this work), (Paris: Desclée et Cie, 1962) pp. 141-5.

나, 또는 정의에 대한 "권리 주장"이 아니라 재산에 대한 능동적 권리로 간주된다. 인격과 소유권 간의 전통적인 연관이 여전히 남아있었으므로, 이에 따라 자기정체성 및 자기소유(suum)는 더 이상 그 본질에 있어 신에 의한 이성적 조명 내지 윤리와 관련되는 것이 아니라, 순전히 "자기점유" 내지 "자기소유"로 이해된다. 후에 로크가 말하듯이, "모든 인간은 자신의 인격 안에서 일종의 재산을 소유한다."[18]

지배권 내지 "사적 부문"(the private)은 본래 로마법에서 자연적이지만 "혼돈"스러운 것이므로 정의로운 법률에 의해 규제되어야 한다고 보았는데, 이 지배권이 이제 광장(forum)으로 밀고 들어와서 결국 유구한 공적 공간을 온통 철폐해버리는 사태가 일어났다. 이에 로버트 필머 경(Sir Robert Filmer)은 모든 정치적 주권을 아담이 가졌던 사적이고 가부장적인 권력으로까지 소급하였고, 이를 통해 전적으로 "근대적" 유형에 속하지만 성직지배의 풍모를 띤 계보학을 확립했다. 그로티우스와 홉스도 (비록 다른 방식이긴 하지만) 사유재산과 국가의 주권 간에 근본적으로 공통적 기원이 있음을 확인해주었다.[19] 유명론자인 홉스는 오로지 "가공의 인간"(리바이어던)이라는 모습을 통해서만 정치적 국가를 상상할 수 있었는데, 이 가공의 인간은 그 자신이 가진 가공의 몸을 보존하고 통제하기 위한 무제약적 권리에 의해서만 자신의 정체성과 실재가 확보되는 존재이다.[20]

하지만 홉스가 구상한 국가에 내재한 모순은 다음과 같은 사실에 담겨 있다. 즉 국가가 수많은 사적 개인들의 의지를 통해 인위적으로 형성된다고 하지만, 그 "명목적" 존재(국가)가 통치 권력의 순전히 물리적인 작동기제를 통해 실제적이고도 참되게 현존할 때에라야, 이들 개인은 타인의 사적 권리를 상호 인정하는 공적 개인으로 존재하게 된다. 바로 여기서 우리는 **팍툼**

---

18   John Locke, *Two Treatises on Government*, Book II, ch. 5 (Cambridge: Cambridge University Press, 1967) p. 27.

19   James Tully, *A Discourse on Property* (Cambridge: Cambridge University Press, 1980) p. 58.

20   Hobbes, *Leviathan*, the Introduction, pp. 81-3.

에 관한 형식적·도구적·세속적 설명에 내재한 이율배반적 긴장을 인식하게 된다. 작위에 대한 이러한 설명이 하나님의 손 안에 있는 섭리적 목적에 관한 문제를 전혀 의식하지 않은 채로, 의지에 대한 개인주의적 설명에만 뿌리내리고 있으므로, 그러한 설명으로는 여하한 "집단적 제작"(collective making) 내지 진정한 사회적 과정을 이해하는 데 난점이 있을 수밖에 없다. 집단적 본질 내지 상식화된 목적성(telos)을 연상시키는 그 어떤 요소도 국가관으로부터 철저히 배제하기 위해서, 이러한 국가 개념은 철저히 지배권에 관한 개인주의적 모델에 근거해서 구축해야만 한다.

바로 이 유명론적-주의론(nominalism-voluntarism)에 따른 불가피한 영향에 주목하다보면, 근대 절대주의와 근대 자유주의가 그 근저에서 서로 간에 유대관계가 있음을 발견하게 된다. 통치 권력은 그 자신을 구속할 수 없다는 홉스의 유명한 금언뿐 아니라 신민들(subjects)이 누릴 수 있는 최대한의 자유는 법률이 미처 다 규정하지 못한 곳에서 찾을 수 있다고 보는 그의 견해까지도 지배권에 대한 동일한 관념에 의해 부추겨진 것이다.[21] 개인의 안정을 보장하고 "사적" 행위(판매, 계약, 교육, 거주지 선택)에 대한 불간섭을 천명하는 국가 권력의 외적 성격이 바로 다른 영역에서만큼은 이 권력이 무제약적이고 절대적이어야 한다고 요구한다. 로크처럼 더 "자유주의적"으로 보이는 후대의 사상가들과는 달리, 홉스가 더 명석하다고 할 수 있는 것은 자유주의적 평화가 성립하기 위해서 오로지 불가침의 단일한 권력을 필요로 할 뿐이며, 실현가능성이 없는 다수의 합의를 계속해서 구할 필요가 없음을 그가 이미 깨닫고 있었기 때문이다.

따라서 새로운 정치학이 대상으로 삼는 "순수-권력"을 구성하는 "무제약적" 사유 재산·"절대 주권"·"능동적 권리"와 같은 요소들이 모두 새로운 인간학으로부터 기인한다고 결론지을 수 있는데, 이 새로운 인간학은 인간을 개인으로 간주하는 것에서 시작하여 그 개인성(individuality)이란 개념

---

21 Ibid., Part II, ch. 21, p. 271 (난외에 요약된 내용).

을 본질주의적으로 "의지"라든가 "능력"이라든가 "자기보존의 충동" 등으로 재정의한다.

그렇다면 신학과 형이상학이 지배하던 시대에 어떻게 해서 이러한 인간학이 정당성을 확보했는가 하는 질문이 제기된다. 그 해답은 그러한 인간학이 신학적 방식으로 부추겨졌다는 것이다. 권력으로서의 지배권은 인간의 본질로 간주될 수밖에 없었는데, 이는 그것이 하나님의 본질을 반영하는 것으로 여겨졌기 때문이다. 여기서 하나님의 본질이란 형식상의 분화마저도 용납지 않는 하나님의 속성으로서의 근본적 단일성을 말하는데, 가장 흔한 예를 들자면, 이 단일성 안에 하나의 변별되는 의지를 상정한다 하더라도, 그것은 이 단일성으로 말미암아 의지와 본질과 지성이 실체적으로 동일함을 나타낸다고 간주된다. (비록 주의론자들이 의지의 신학을 옹호하기 위하여 "참여"의 모티브를 거부했지만, 바로 그들이 의지의 문제를 다루는 방식 가운데 참여 개념의 잔영이 배어내오는 것으로 보인다.)[22] 중세 후기에 들어서자, 새롭고 더 과감한 외양을 띠고서, 유일신론과 군주제적 통일성(monarchic unity) 간의 고대적 연결관계가 복원되는데, 이것은 반아리우스파(semi-Arian)에 속한 에우세비오스(Eusebius)에 의해서 처음으로 그리스도교 전통 내에서 긍정되었던 것이며 그 후에 황제권과 교황권을 옹호하는 이데올로기의 일부로 수용되기도 했었다. 이 전통에 따르면, 정치적 실체는 이성적 주체가 지닌 통일성과 자기동일성에 그 근거를 두고 있다. 반면에 정통주의에 속한 카파도키아 교부인 나지안주스의 그레고리오스(Gregory of Nazianzus)는 한 개인마저도 그 자신과 불일치할 수 있음을 지적하면서, 그리스도교의 삼위일체론이 함축하는 "단일근원성"(Monarchy)이란 "지성의 일치, 움직임의 동일성 및 각 요소들을 수렴하는 통일성"에 더 가깝다고 단언한다.[23] 둔스 스코투스를 추종하는 유명론자들의 사유 속에서, 삼위일체는 하나님 안의 의지와 지

---

22   S. E. Ozment, *Homo Spiritualis* (Leiden: E. J. Brill, 1969) pp. 25-26, 54-57, 83. H. A. Oberman, *The Harvest of Mediaeval Theology* (Cambridge, MA: Havard University Press, 1963) p. 83.

23   Gregory of Nazianzus, *Theological Orations*, III, 2. E. Peterson, "Der Monotheismus als politisches

성을 논하고 하나님과 세계와의 관계성을 가늠하는 최우선적 소재(所在)로
서의 의미를 상실하고 만다.[24] 세계는 더 이상 하나님의 자기발화적 로고스
(*Logos*) 안에서 참여적 원리에 따라 펼쳐지는 것이 아니게 되었고, 그 대신에
하나님의 벌거벗은 일체성이 그가 분정(分定)해놓은 여타의 개별적인 일체
성들과 삭막하게 마주하는 형국이 되었다.

주의론에 속한 더 극단적 형태의 진술들, 가령 하나님은 우리로 하여
금 하나님 자신을 미워하도록 의도할 수도 있다는 취지의 말들이 정확히
무슨 의미인지를 논쟁에 부칠 수도 있을 것이다.[25] 하지만 이런 식의 논쟁이
그토록 중요한 것은 아니다. 문제가 되는 것은 유명론자들이 하나님의 **특정
한 권능**(*potentia ordinate*)과 하나님의 **절대적 권능**(*potentia absoluta*) 간의 간극
을 지나치게 강조한다는 사실이다. 전자는 하나님이 자신의 의지를 표명하
는 것을 말하는데, 이는 사실상 정확하게 알려져 있으므로 하나님이 인류와
더불어 맺는 법적 계약의 근거가 되는 반면에, 후자는 하나님의 무한한 권
능을 가리키는데, 이는 신학으로는 절대 알 수 없지만, 오로지 형식적 논리
를 통해서만 파악할 수 있다.[26] 틀림없이 오컴(Ockham)이나 다이와 같은 사
상가들은 하나님의 계시된 의지 안에 드러난 신적인 양보(concessions)를 사
실상 하나님의 자비(*misercordia*)의 표현으로 늘 이해했으나, 그들이 이런 식
으로 이해했다고 해서, 이로써 그들이 이러한 양보를 촉발하는 **추동력**, 곧
신적 양보에 필적하는 우리의 의무(가령 하나님이 우리에게 은총을 베풀어야 할
절대적인 이유가 없지만, 우리가 은총을 위한 공로를 얻기 원한다면, 자연법을 지켜야 할
의무가 있다는 식의 논리)를 정당화하는 근거를 권능(power)과 권리에 관한 형
식 논리로부터 도출하였다는 사실을 감출 수는 없다.[27] 이렇듯 이미 제르송

Problem," in *Theologische Traktate* (Munich: Hochland, 1951).

24 Etienne Gilson, *Jean Duns Scot* (Paris: Vrin, 1952) pp. 216-306.

25 Oberman, *The Harvest of Mediaeval Theology*, pp. 92-8.

26 Ibid., p. 51ff.

27 Ibid., p. 44. A. S. McGrade, "Ockham and individual rights," in Brian Tierney and Peter
Lineham (eds.) *Authority and Power* (Cambridge: Cambridge University Press, 1980) pp. 149-

이 보기에도, 아담이 가진 지배권(*dominium*)은 결코 도덕과 관련된 것이 아니라, 그가 지닌 능력(*facultas*), 곧 그 범위에 있어서 그가 가진 다른 자연적 권능보다 더 우월한 권능에 따른 당연한 귀결인 셈이다.[28] 하지만 다이이와 제르송은 자연법에 따른 권리와 의무 간에 실질적 일치가 존재하는 원인을 근본적 우발성(하나님의 절대적 권능에 대해서도 부합하는 형식적 진리에는 역행한다는 뜻에서)에서 찾고 있으므로, 그들의 입장에서도 인간에게 주어진 지배권은 은총의 수여로 보는 것이 맞다―다만 **무상으로 주어진 은총**(*gratia gratis data*)일 뿐, **하나님의 마음에 들게 하는 은총**(*gratia gratum faciens*: 성화의 은총―옮긴이)은 아니다.[29] 이렇듯 논리와 **절대적 권능**에 부여된 주도성은 마침내 홉스의 다음과 같은 발언에서 그 절정에 달한다. "하나님은 자연의 권리(the right of Nature)를 통해 인간을 다스리시고, 그의 법(Lawes)을 어기는 자들을 징벌하시는데, 그 자연의 권리란 그가 사람들을 창조하심에 따라, 마치 그가 베푼 은택에 대한 감사의 표시로 순종을 요구하는 식으로 발생하는 것이 아니라, 그가 가진 **불가침의 권능**(Irresistible Power)으로부터 기인한다."[30]

따라서 두 가지 측면에서 신학은 새로운 인간학과 새로운 정치 "과학"을 결정하는 데 기여했다고 하겠다. 첫째로 신학은 인간이 무제약적·무조건적 재산권을 향유하거나 더욱이 "절대적으로 자유로운" 주권(sovereignty)을 행사할 때에, 그가 **하나님의 형상**(*imago dei*)에 가장 근접하게 된다고 보증하였다. 둘째로 하나님과 인간 사이의 "언약적 결속"(covenantal bond)을 설명함에 있어 하나님의 존재(Being)와 일체성(Unity)에의 참여를 포기하는 대신에, 신학은 인간 상호관계를 "계약적"(contractual) 관계로 바라보는

65. Graham White, "Pelagianisms," in *Viator*, vol. 20, 1989, pp. 233-54.

28 Gerson, *De Vita Spirituali Animae*, p. 145. Tuck, *Natural Right Theories*, p. 25ff.

29 Oakley, *The Political Thought of Pierre d'Ailly*, pp. 66-92.

30 Hobbes, *Leviathan*, Part II, ch. 31, p. 397. Carl Schmitt, *Politische Theologie: Vier Kapitel zur Lehre von der Souveranität* (Munich: Duncker und Humboldt, 1935) pp. 71, 49-66.

모델을 제공하였다.[31] 16세기 스페인에서 활동한 예수회 신학자인 몰리나 (Molina)가 **지배권**(*dominium*)과 **정당함**(*ius*)을 동일시한 것이 하나님의 은총에 대한 반응으로서 "순전한" 인간적 자유의 영역이 존재하게 된다는 사상과 잘 어울리는데, 이것을 두고서 결코 우연이라고 할 수는 없다. 반면에 토마스주의에서는 우리의 자유조차도 우리로서는 **알 수 없는 방식으로** (mysteriously) 하나님에 의해 결정되면서도, 그것은 결코 자유이기를 그치지 않는다.[32] 이렇듯 신학이 **지배권**을 절대적 주권과 절대적 소유권의 문제로 환원함으로써 **팍툼**을 인간 자율성의 영역으로 확보해온 과정을 살펴볼 수 있다. 이로써 **팍툼**은 하나의 세속 부문, 즉 세속에 대한 세속적 지식이 **자리 잡을 수 있는** 공간이 되어버린다―이러한 공간은 인간이 만든 여타의 모든 지형도들만큼이나 허구적인 것에 불과하다.

이런 이유로 인해, 중세 후기와 17세기에 출현한 주의론(voluntarism) 이 "진정" 세속적이고 물질적인 과정으로 간주되는 근대 절대주의/자유주의에 대한 "이데올로기적" 정당화를 제공한다고 가정하는 것은 그다지 적절치 않다고 하겠다. 오히려 신학은 "재산" 및 "주권"과 같은 새로운 실재들의 구성과정에 개입하면서, 인간적 **책략**(manœuvre)을 위한 새로운 공간을 창조하는 데 일조했다. 왜냐하면 소유권이라는 로마의 가부장적 개념이 어느 정도 복원된 것도 사실이기는 하지만(물론 이것은 **법**이라는 **뮈토스**도 구성요소로서 필요하다는 점을 보여주는 측면도 있다), 지배권의 개념이 보편으로 확대될 수 있었던 것은 **무로부터의 창조**(*creatio ex nihilo*)라는 신학적 맥락에서였다. 이 신학적 개념은 이제 무한한·무제약적 권력이라는 견지에서 재해석되었다.

하지만 이것은 정작 중요한 것은 이론이지 실천이 아니라는 식의 말을 하려는 것이 아니다. 도리어 새로운 이론은 하나의 행동 양식이 되었던 것

---

31 Oberman, *The Harvest of Mediaeval Theology*, p. 93.

32 Tuck, *Natural Rights Theories*, pp. 50-53. Jacques Maritain, *Intergral Humanism*, trans. Joseph W. Evans (Notre Dame, IN: Notre Dame University Press, 1968) pp. 17-21.

이다. 중세초에 교황권(Papacy)은 자신이 황제에 준하는 "전권"(plenitude)을 지닌다고 주장함으로써, 교회적 사안들을 형식적 권리라는 견지에서 결정하도록 몰아가는 일련의 판결을 내어놓기 시작했다. 막스 베버(Max Weber)가 간파하였듯이, 여기서 이미 "근대적" 합리화와 관료화가 진행되고 있었다.[33] 게다가 이러한 형식화는 교황권 이론에 그 신학적 근거를 지니고 있었으므로, 수도회들 간에, 수도회들과 주교들 간에, 그리고 심지어 교황과 교황 간에 교회법적 분쟁이 증가하던 시기에, 실천과 이론 양 차원에 있어 없어서는 안 될 만큼 필수적인 자원으로서 기여했다. 이렇듯 근대적 "계약"(contractual) 관계의 시초를 다양한 교회법적 단체들 간의 교섭을 통제하는 교회법의 규정에서 찾을 뿐 아니라 기업가적 관행의 단초를 시토회에 속한 수도원들이 외부와의 거래행위를 기록한 사례들에서 발견하는 것도 당연하다.[34] 아마도 수도원의 재산소유라는 새로운 권력지향적 현실에 대응하여, 프란체스코회의 탁발 수도사들은 사도적 청빈(apostolic poverty)의 이상을 새롭게 정의하려고 했을 터인데, 이를 위해 이들이 동원한 것은 소유물들을 결코 **지배권**이 아닌 **단순한 실제 사용**(simplex usus facti)의 측면에서 보유한다는 개념이다.[35] 프란체스코회의 이 개념 안에 내재한 급진적 위협에 맞서기 위한 최종적 대응은 아담이 낙원에 있을 때 이미 **용익의 지배권**(dominium utile)을 소유하고 있었다고 보는 토마스주의적 개념(이 역시 프란체스코회의 개념만큼이나 급진적이지만 그래도 그보다 조금 더 온건하기는 하다)을 재주장하는 것이 아니라, 오히려 인간이 지닌 자연적 능력이나 계약상의 능력에 해당되는 어떤 요소에든지 **정당함**의 개념을 도입함으로써, **지배권**의 개념을 역으로 그 주체의 구성 요소들 가운데 밀어넣는 격이었다.[36] 따라서

33 본서의 4장을 보라.

34 Randall Collins, *Weberian Sociological Theory* (Cambridge: Cambridge University Press, 1986) pp. 45-76. Oakley, *The Political Thought of Pierre d'Ailly*, p. 109.

35 M. D. Lambert, *Franciscan Poverty* (London: SPCK, 1961) pp. 231-2.

36 William of Ockham, *Opera Politica*, Vol. 3 (Manchester: Manchester University Press, 1940) pp. 466-7. Tuck, *Natural Rights Theories*, pp. 22-4.

근대적 천부인권론(natural rights theory)은 그 이론이 발생한 "실제적" 상황 때문에 그리스도교의 전통에서 말하는 사도적 청빈과 공동체적 지상낙원 (paradisal community)이 사실상 "존재론적으로 불가능하다"고 선언할 필요가 있었다.

돌이켜 보건대 **단순한 실제 사용**이라는 개념은 그 자체가 영적 은둔 (spiritualizing retreat)의 시작이었으며, 이로써 교회를 외적 강제력으로부터 멀어지게 하려는 시도는 결국 교회를 탈공공화하고 여하한 종류의 지배로부터 분리시키고자 하는 소망으로 화하게 된다. 그러한 종류의 청빈은 "소유의 한 방식"이 아니라 단순한 "비소유"(not owning)이므로 이윽고 그저 "마음의 청빈" 정도로 귀결되기 마련이다. 이러한 영적 은둔으로 인해 하나의 형식적 자율 공간이 빈 상태로 남게 되는데, 이 빈 공간에서 교황은 프란체스코회의 소유물을 처분할 권력을 가진다는 취지에서 그것을 "소유" 하게 된다.[37] 마찬가지로 프란체스코회에 속한 오컴과 같은 공의회주의자는 하나의 집합체로서의 교회가 신성한 의미를 지닌 하나의 "신비적" 실체, 곧 성찬례(the eucharist)를 중심으로 한 **하나의 몸**(a corporeity)이기를 그쳐버렸다고 생각한다. 이에 따라 "신비체"(mystical body)라는 말이 이제 이름만 남게 된 나머지 제르송은 그 용어를 프랑스라는 국가에 적용할 지경이었다.[38] 여기서 한가지 주목해야 할 것은 공의회주의자들과 교황권 지지자들이 서로 공통의 기반에 서서 순전히 법적인 **지배권**의 견지에서 교회의 통치를 주장한다는 점이며, 이에 따라 "성직지배적 절대주의"(hierocratic absolutism)와 "공의회적 계약사상"(conciliar contractualism) 간의 차이란 실제로 단일한 인식소(*episteme*) 내에서 양 극단을 오고가는 움직임에 불과하다고 하겠다. 따라서 **지배권**은 은총에 따라 일차적으로 교황에게 수여된다고 보는 로마의 에지디오(Aegidius Romanus) 견해와 각 개인에 대한 직접적인

---

37   Lambert, *Franciscan Poverty*, pp. 243-4.

38   Oakley, *The Political Thought of Pierre d'Ailly*, p. 55ff.

수여가 있다고 보는 로버트 피츠랄프(Robert Fitzralph)의 견해를 대조해보면, 거기에 이미 홉스와 로크 간의 기본적인 의견 일치와 더불어 견해차가 엿보이고 있는 것을 알 수 있다.[39] 더욱이 공의회가 황제의 승인을 받아 소집될 경우에 그 권위가 무제한적 범위에 미친다는 생각은, 후에 보댕(Bodin)이 세속적 주권의 개념을 창안해내면서 환기시켰던, 교황이 지닌 교회법적 전권(*plenitudo potestatis*)에 대한 주장 못지 않게 절대주의의 선구적 형태로 자리 잡았다.[40]

제일 먼저 근대적 세속성의 특징(법률적 형식화·합리적인 도구화·군주적 통치·경제적 계약사상)을 취택했던 주체가 왕권(*regnum*)이 아니라 교회, 곧 사제권(*sacerdotium*)이었다는 사실은 우리로 하여금 잠시 걸음을 멈추고 생각에 잠기게 한다. 교회가 진정으로 교회가 되지 못하고, 수도원 내에서조차 "복음의 다스림"을 지켜내지도 못하고, 이러한 복음적 다스림을 평신도에까지 확대시키지 못하는 등 이러한 실패(이러한 실패에 대해 그리스도교 인문주의 운동은 깊이 인식하고 있었다)가 누적됨에 따라 도덕적 진공 상태가 생겨났으나, 왕권 측에서 이러한 도덕적 진공을 쉽사리 채울 수 없었던 것은 이미 그리스도교가 **순수 정치적** 덕성에 관한 이상을 반쯤은 망각해버렸기 때문이다. 이러한 도덕적 진공 상태에서 형식적 도구주의가 더 맹위를 떨치게 되었을 뿐 아니라, 추후에 그리스도교권의 분열(종교개혁)로 이어지는 교권의 실패로 말미암아 이러한 현상이 한층 더 심화되었던 것으로 보인다. 그렇지만 이것은 후대의 관점에서 바라본 그럴듯한 개연성을 과거의 역사에 억지로 끼워 넣은 것에 불과하다. 결국 이와 같은 형식주의로 불가피하게 귀결될 뿐이라고 보는 것은 너무나 안이한 추정이다. 오히려 다음과 같이 가정해야 한다. 그리스도교는 신학적 용어들을 통하여 세련된 표현을 구사함으로써 이러한 간극을 채우는 것만큼은 해낼 수 있었고, 교권적 관행에 따라 왕권

---

39   Ibid., pp. 71-2. Tuck, *Natural Rights Theories*, pp. 22-4.

40   Jean Bodin, *Six Books of the Commonwealth*, trans. M. J. Todey (Oxford: Blackwell, 1964) p. 29.

과 사제권 간의 경계를 재설정하는 만큼 점차로 공적 강제력(성직지배의 상태)과 사적 신앙(따라서 교권을 제외한 나머지 "총합"에 불과한 교회) 간의 경계도 기꺼이 재설정할만한 역량이 되었다고 보아야 한다. 따라서 주의론이 남겨준 신학적 유산은 특이하게도 17세기에 들어서면서 "덕성과 상관없이" 또한 실질적 합의가 없이도 전적으로 존속·발전할 수 있는 정치학을 발견하는 데 일조했으며, 바로 이러한 신학적 유산에 힘입어 유럽은 종교개혁의 시기를 견디며 존속할 수 있었다고 하겠다.

성서 해석학으로서의 근대 정치학

지금까지 우리는 어떻게 해서 "세속부문"이 순전한 지배권에 불과한 인위적 공간, 즉 자의성이 지배하는 영역으로 자리잡게 되었는지를 살펴보았다. 그렇지만 근대 정치학은 하나의 중간기(saeculum)로 간주되어온 세속부문 및 그와 동시에 흘러가는 교회의 시간을 모두 상대해야 했다. 의도적 점유로 모든 것을 설명하는 총체적 논리가 이제 공공의 영역에서 초월성을 매개해주는 위치로 격상됨에 따라, 새로운 세속적 지배권은 "정치적인" 교회를 실제로 자기의 동거인으로 용납할 수 없었다. 따라서 마르실리우스(Marsilius)와 루터(Luther)에게서 보듯이, 교회는 순전히 말로만 "설득해야" 하지만 교회의 자치를 위해서는 국가의 외적 강제력을 개입시킬 수밖에 없다는 식의 역설을 만들어내는 것이 일차적으로 필요했다.[41] 그다음으로 홉스의 입장에서 보듯이 정치로부터 모든 "사사로운"(private) 영감을 배제하는 것이 필요했는데, 이를 위해 그는 현세적 "중간기"가 현재에 있어서 "그 모든 것"이라고 선언하면서, 그 이유는 종교적 영감의 시대가 종결되고

---

41 Marsilius of Padua, *The Defender of the Peace*, trans. Alan Gewirth, vol. 2 ch. 6 (New York: Columbia University Press, 1956) pp. 24, xix, 274ff.

마무리되어 시성되었기(canonized) 때문이며, 또한 그 예언적 약속은 이제 전적으로 종말론적 미래(여전히 문자적이고 물질적으로 미래이기는 하지만)만을 가리키기 때문이라고 밝힌다.[42] 그럼에도 불구하고 성서라는 권위적인 텍스트가 주권적 권력이라는 새로운 영역 안에 여전히 존재하고 있음을 부정할 수는 없었다. 오히려 이 권력은 언약적 원리에 대한 하나님의 확실한 긍정을 재확인해주는 원천으로서 성서를 반드시 필요로 하였을 뿐 아니라, 자연이라는 실증적 권위의 배후에 하나님이 계시다는 진리를 뒷받침하기 위해서도 성서를 필요로 하였다. 그렇지만 성서 사용법 중 단 한 가지만은 금지되어야 했다. 이것은 진정 가톨릭적인 성서 사용법인데, 그것은 해석의 권위를 유구한 성서 독해의 **전통**에 부여할 뿐 아니라 특정한 독자들에게도 부여하는데, 이들 독자가 가진 힘은 무기나 재산이나 계약에서가 아니라 사회적 여가시간을 성서 독해에 바침으로써 비롯된 것이었다. 따라서 새로운 정치학은 가톨릭적 그리스도교로부터 성서 본문을 "탈취"할 필요가 있었으며, 이는 물론 새로운 성서 해석학을 만들어내기 위한 것이었다.

바로 이와 같은 이유로 인해 홉스의 『리바이어던』(*Leviathan*)과 스피노자(Spinoza)의 『신학적 정치에 관한 논문』(*Tractatus Theologico-Politicus*)은 정치학과 성서해석학을 함께 묶어서 한 권에 포함시키고 있다. 정치학과 마찬가지로 해석학도 실제로 동일하다고 할 수 있는 자유주의의 측면과 절대주의의 측면을 공유하고 있다.

아무리 절대국가라 하더라도 어느 정도의 사적인 경제 자유 및 공적으로 그다지 "중요치 않은"(indifferent) 것에 대해 선택의 자유를 보장하는 것처럼, 홉스와 스피노자에게 있어서도 국가가 제공하는 평화와 안전은 개인이 사적인 의견을 가질 정도의 자유를 보증한다. 홉스에게 있어서 성서는 직접적으로 "내적 인간"을 호명하여 내적 인간에 대해 말할 수 있으며,

---

42 Hobbes, *Leviathan*, Part III, ch. 35, p. 447; Part IV, ch. 44, pp. 629-30. J. G. A. Pocock, "Time, history and eschatology in the thought of Thomas Hobbes," in *Politics, Language and Time* (London: Methuen, 1972).

그가 "같은 생각을 지닌" 영혼들과 더불어 "독립된" 회중을 결성하는 것에서 더욱 행복을 느낄 수 있는 가능성이 여전히 존재한다.[43] 그렇지만 스피노자는 소극적 자유에 토대하여 과학에 의해 세워진 국가 역시 과학이 번성할 수 있는 "자유 시간"을 허용한다는 사실을 발견했다. 스피노자가 한 때 남성 지식인들로 구성된 준수도원적 공동체에서 살았던 것도 우연이 아니다. 스피노자에게 의견의 자유가 그토록 중요했던 이유는 오로지 강요받지 않는 사람들만이 **자연으로서의 신**(*deus sive natura*)이라는 "자명한"(geometric) 진리를 인정할 수 있고 또 그럼으로써 지복을 성취할 수 있다고 보기 때문이다.[44]

그렇지만 스피노자의 글에서 우리는 "연구의 자유"(이것은 처음부터 자연과학과 성서비평을 포함한 인문과학의 토대가 된다)가 함의하고 있는 자유주의의 가면을 벗겨낼 수 있다. 왜냐하면 준수도원적 학문을 위한 자유시간을 촉진하는 것은 또한 수도원적 **렉시오**(*lectio*)를 위한 자유시간을 취소하는 것이기 때문이다. 스피노자에 따르면, 그리스도교가 가진 난점은 그것이 성서에 대한 사적이고 "미묘한" 독해 위에 구축되어 있다는 사실이다. 이러한 독해는 결국 신학과 철학을 뒤섞으며, 이 때문에 아까운 시간을 앗아가버린다는 것이다.[45] 스피노자는 "완전한" **의견**의 자유를 공적 **행동**이라는 절대적 부자유에 대비시키려고 하였다. 하지만 이러한 구분은 붕괴하고 마는데, 그 이유는 전통적인 가톨릭적 독해는 늘 잠재적으로 선동적일 뿐 아니라, 거기에는 군주가 발한 모든 명령에 복종해야 한다는 사상을 부정하는 취지의 글이 늘 포함되어 있기 때문이다. 모름지기 진정한 가톨릭 신자라면 전통적인 가톨릭적 해석의 권위를 부정하는 명령에 복종할 수 없으며, 단지 **군주권**에 반대하는 "의견"에 불과한 내용일지라도 공공의 계약을 위반하

43   Hobbes, *Leviathan*, Part IV, ch. 47, pp. 710-11.
44   Spinoza, *A Theologico-Political Treatise*, ch. 7, p. 118; ch. 20, pp. 259-60.
45   Ibid., ch. 19, pp. 254-6.

82

는 행위로 간주된다.[46] 홉스는 불온한 문서에 나타난 의견이 행동으로 전환되는 미묘한 시점을 판단할 수 있는 검열관 직을 공적으로 신설해야 할 필요가 있다고 논리정연하게 역설한다. 홉스가 보기에 의견은 침묵하는 한 자유를 누릴 수 있으나, 리바이어던(즉 군주)은 신앙의 공개적 표명을 명할 수 있다.[47]

스피노자에게 있어 과학연구를 위한 자유시간이 가톨릭의 **렉시오**를 위한 여가시간을 대체하는 것이라면, 그 과학연구가 중심으로 삼은 대상 가운데 성서에 대한 "과학적" 읽기도 포함되어 있음이 분명하다. 그리고 그가 남긴 참된 "자유"에 대한 개념 정의를 살펴보면 성서비평을 논할 수 있는 여지가 감지된다. 모름지기 "과학적"이라고 할 만한 성서읽기가 가능한지의 여부는 그것이 합리적 방법에 부합하는가의 견지에서 공적으로 검토할 수 있다. 스피노자의 설명에 따르면, 이 과학적 성서읽기의 방법은 보편적으로 적용가능할 뿐 아니라, 아울러 성서에서 가장 일반적이고, 가장 접근가능하고, 가장 명백하며, (추정컨대) 가장 "합리적인" 의미를 찾는 것에 그 해석학적 우선순위를 둔다. 자유로운 각 개인이 성서본문을 전통의 매개 없이 마주할 수 있는 장점이 있다고 하더라도, 이런 식의 성서읽기는 역설적이게도 성서의 특이성을 **제거해버린다**. 그 이유는 성서도 자연과 마찬가지로 자체적으로 해석가능한 하나의 총체적 실체일 뿐 아니라, 자연이 가장 일반화된 움직임들(motions)을 통해 구체화되듯이, 성서 역시도 그것이 지시하는 가장 보편적이고 가장 분명한 의미들을 통해 형상화되는 하나의 세계이기 때문이다.[48] 하지만 스피노자의 합리주의 해석학은 두 가지 원리를 촉진시켰다. 첫째로 "명백"할 뿐 아니라 철학에도 부합하는 내용에 대한 해석에 우선성을 부여한 것이고, 둘째로는 (본문 중에서) 가장 일반적인 것, 즉 당시에는 일정한 의미가 있을 수 있지만 우리에게는 더 이상 진리가

---

46 Ibid., ch. 16, pp. 205, 212; ch. 19, pp. 247-8, 250, 254; ch. 20, p. 259.

47 Hobbes, *Leviathan*, Part II, ch. 18, p. 233; ch. 26, pp. 332-5.

48 Spinoza, *A Theologico-Political Treatise*, ch. 7, pp. 99, 100-03.

아닐 수도 있는 내용에 우선성을 부여한 것이다.[49] 이와 같이 더 이상 진리
가 아닌 의미에 그나마 이차적 중요성이라도 부여하기 위해서, 스피노자는
그것을 "상대화"하고 그 중요성을 과거의 시간과 장소에 한정해야만 한다.
따라서 의미를 둘러싼 맥락을 탐구하는 것은 이제 오로지 "비합리적" 충동
이 될 뿐이다. 반면에 "자명한" 진리에 부합하는 의미들은 굳이 유클리드
기하학의 정리(定理)만큼이나 역사적 설명이 필요치 않다.[50] 그런데 성서의
"과학적" 내용은 매우 협소하고도 정치(精緻)하다. 그것은 철학이 아니기
에 **자연으로서의 신**을 드러내지 못하지만, 적어도 철학에서 "유일한 실체"
로 인식하고 있는, 모종의 최고 권능에 대한 복종심을 심어주는 일은 할 수
있다. 스피노자가 보기에 이것이 바로 성서에서 말하는 "차별된"(different)
진리이자 주권적 의지에 대한 복종을 말하는 진리, 즉 구원은 오로지 순종
을 통해서만 가능하다고 선포하는 계시적 진리인 것이다.[51] 그렇지만 하나
님에게 순종하는 것은 주권적 정치권력에 순종하는 것이다. 모름지기 모세
의 율법이 실제로 다스리던 시대(the positive Mosaic dispensation)에서도, 만약
에 모세가 통치자로 세워지지 않았다면, 이 순종의 명령은 사적인 것(모세
에게만 해당되는 것)으로만 남고 사람들에게는 알려지지 않은 채로 있었을 것
이다.[52]

　따라서 스피노자에게 있어 성서에 대한 "자유로운 과학적 탐구"는 두
가지 방식으로 구성된다. 첫째로는 은유와 특이성과 모호함을 수용하는 **전
통**이 누리는 상이한 자유를 추방하는 것이고, 둘째로는 자유주의적 자유와
절대적 권력을 늘 의미의 대상으로 확보하는 것이다―이 자유와 절대적 권
력은 유일하게 이성과는 **상이**하다고 **이성적으로** (rationally) 인정되는 것들
이다. 이 중에서도 그 두 번째 것, 즉 홉스와 스피노자의 해석학에서 엿보

49　Ibid., ch. 7, p. 101.

50　Ibid., ch. 7, pp. 103, 112-13.

51　Ibid., ch. 15, pp. 194-8.

52　Ibid., ch. 18, pp. 237-9; ch. 19, p. 247-8.

이는 "절대주의"의 측면은 실제로 루터가 내세운 **오직 성서**(*sola Scriptura*)의 원칙에 뿌리를 둔 것으로, 이는 성서를 "오직 성서를 통해서만" 해석한다고 하는 스피노자식 원리의 배후에 자리하고 있다. 가톨릭에 속한 프랑수아 베롱(François Veron)은 성서가 어떻게 해서 그 자신에게 권위를 부여하고, 또 그 자신을 독해할 수 있는 철저한 지침을 제공하는지에 대한 회의적 입장에서 여러 문제를 지적했는데,[53] 이것을 감안할 경우, 결국은 주의론적-형식주의에 따른 해결책이나 합리주의적 해결책에 긴박되든지, 아니면 그 둘을 혼합하는 식으로 귀결되기 마련이다. 이렇듯 스피노자와 홉스에게 있어 성서는 주관적 이성의 자기인식(self-percipience)을 "비추어주는"(mirrors) 일종의 합리적 토대를 제공한다─홉스는 "너 자신을 읽으라"고 말하면서, 통치자는 반드시 "자신 안에서" 자신의 격정이 규칙적으로 작동하는 양태를 살피는 가운데 보편적 "인류"를 "읽어야" 한다고 역설한다.[54] 아울러 성서가 그 자신을 정당화하는 논리를 확보할 수 있으려면, 기존 권력에 대한 복종을 명하는 형식적 원리가 성서 안에 포함되어 있음이 밝혀져야 할 것이다. 결국 **오직 성서**의 원리는 성서가 정치적으로 권위를 부여받았기 때문에 우리가 그것을 믿어야 한다는 정도로까지 해체될 운명에 처하게 된다.

주권에 대한 근대적 교설과 이 개념적 구조물을 합리화하는 "과학"을 도출해 내기 위해서, 새로운 "단일" 권력은 공적으로 중요한 모든 측면에서 자신이 성서를 해석할 권리를 주장할 뿐 아니라 다른 모든 해석 행위를 무효화할 필요가 있었다. 이러한 기획은 계시에 대한 실증주의적(positivistic) 개념을 증진시키는 작업을 통해서만 이루어질 수 있었다. 이 개념에 따르면 계시는 이성이 지닌 정상적 자기충족성을 중단시키는 "현재적"이고 "직접적"인 사건발생(occurrence)인 것이다. 그 결과 계시는 보통 "사적" 차원과 관련되며, 그것의 권위는 인간의 권력이라고 하는 계약적 책략(contractual

---

53 P. K. Feyerabend, *Realism, Rationalism and Scientific Method: Philosophical Papers*, vol. 1 (Cambridge: Cambridge University Press, 1981) pp. 35-6.

54 Hobbes, *Leviathan*, the Introduction, pp. 82-3,

artifice)을 통해 매개되지 **않고서는** 전혀 소통불가능하다. 즉 계시의 전승 내지 실제 전달이라고 하는 것이 실은 하나님의 의도가 이러저러하다고 "추정하는 것"(suppositions)과 동일하다고 다이이는 말한다.[55] 혹 그렇지 않다면, 계시는 공개된 "기적"이어야 한다―그러나 기적은 그 자체로 종결점에 있다. 따라서 절대로 허용하지 말아야 할 것은 연속성이라는 외적 정황과는 다른, 그 어떤 초자연적 카리스마를 **전승**에 부여하는 것이다. 무엇보다도 **알레고리**야말로 철저히 추방되어야 할 대상이다. 왜냐하면 이 전통적 해석 양식은 역사적으로나 텍스트 상으로나 옛 언약과 새 언약 사이에 존재하는 단절들(syncopes)에 초월적 중요성을 부여할 뿐 아니라, 더 나아가 이것들, 곧 교회의 시간과 종말(eschaton) 사이에도 초월적 중요성을 부여하기 때문이다.

전통적인 "사중적"(fourfold), "영적" 내지 "알레고리적" 해석은 문자적이고 역사적인 의미를 당연시하고 또 요구한다. 성서의 각 **표지**(signum)는 하나의 **사물**(res)을 지시한다. 그러나 이러한 해석은 그 사물을 신적 의도를 지닌, "자연적" 기호로 사유하면서, 이것이 충만한 의미를 갖고 있으므로 그 위에 알레고리적인 구조물이 구축될 수 있다고 본다. 옛 언약에 속한 **사물들**에 등장하는 문자적·역사적 "폭력성"은 수직적으로 영원한 천상적 의미를 지향할 뿐 아니라, 수평적으로 애덕과 자비와 평화로 충만한 그 **리스도-교회**(Christ-ecclesia)라는 새로운 현실을 향해 나아감으로써 그 원래의 폭력적 의미가 말소되었다.[56] 이에 따라 신적 권위의 충만함은 그리스도에게 위임되고 이어서 교회 공동체 안에 거하는 현시대의 그리스도인들을 위한 도덕론적(tropological) 성서해석으로 이전되었다. 앙리 드 뤼바크(Henri de Lubac)의 연구에 따르면, 이미 안디옥 학파(Antiochenes) 때부터 알레고리

55 Oakley, *The Political Thought of Pierre d'Ailly*, p. 81ff.

56 Henri de Lubac, *Exégèse Mediévale: Les Quatres Sens de L'Ecriture* (4 vols.) (Paris: Auber, 1964).
    Gerard E. Caspary, *Politics and Exegesis: Origen and the Two Swords* (Berkeley: California
    University Press, 1979) pp. 131-2.

를 매우 엄밀하게 구약 예언의 "문자적" 성취에만 한정하는 이들과, "정치적" 함의가 짙은 구약의 약속들은 단도직입적으로 현세의 권력에 적용된다고 보는 이들 간에 일정한 연결고리가 있다고 한다.[57] 따라서 오컴의 윌리엄은 보편적 통치에 관한 약속을 알레고리적 방식으로 그리스도에게 적용하는 것에 반대하였고, 이로써 그는 그리스도의 왕권에 관한 "문자적"이고 "역사적"인 이미지가 지닌 비강압적일 뿐 아니라 또한 전혀 비현세적(영적)인 성격을 보존하는 데 기여했다.[58] 홉스와 스피노자는 알레고리적 의미와 더불어 "스콜라주의"가 끼워넣은 해석들을 일소하였는데, 그 이유는 그것들이 그리스도 중심적 의미를 제멋대로 증식시킴으로써 인간 역사의 진행 과정 속에 하나님의 뜻을 개입시키고 결국은 군주적 지배로부터 영구히 벗어날 가능성을 함축하고 있기 때문이다.

지금껏 살펴본 "성서 본문에 대한 탈취"(capturing of the Biblical text)가 근대 정치의 형성에 있어 주의주의 신학만큼 긴요해 보이지 않을 수도 있다. 그럼에도 불구하고 이 현상은 늘 잠재해 있을 뿐 아니라, 전통적인 교회의 시간을 추방함으로써 근대인들에게 공간적 무매개성이라는 환상에 더욱 착종하게 하고 또한 은유적 애매모호함을 축출해야 한다는 확신도 강화시켜주었다.

홉스가 형상화한 "리바이어던"은 "어둠·고독·무덤으로 의인화"(inhabite Darknesse, Solitudes and Graves)된 "요정들의 왕국"(Kingdom of the Fairies)이라는 환영에 사로잡혀 있는데,[59] 그 이유는 "요정들의 왕국"이란 명칭이 바로 리바이어던이란 명칭 자체가 함축하는 바를 반향해주고 있기 때문이다. 물론 홉스는 자기가 형상화한 리바이어던만은 자연적이고 주관적이며 심지어 성서적인 토대를 갖고 있다고 주장하겠지만, 이 두 명칭이 작동하는 "의미의 기전"(engines of meaning)이 자의적이기는 매한가지다.

57 Henri de Lubac, *Exégèse Mediévale*, II, pp. 198-207, 317-28, 249-352.

58 Ockham, *Opera Politica*, I., pp. 16-18, 41-5, 49-52.

59 Hobbes, *Leviathan*, Part IV, ch. 47, p. 713.

고대의 순환적 시간들에 대조되는 교회의 시간

"정치학"의 추상화란 말은 정치학을 실체(substance)가 아닌 우연(accident)
및 "인위적"이고 자의적인 인과관계에 기초한 새로운 종류의 연역적 학문
으로 전환시킨 것을 가리키는데, 이것은 일종의 주의론적 정치신학이 거
둔 성과였다. 여기서 인간 자율의 영역으로 간주되는 "세속 부문"을 실제
로 촉진하는 것은 바로 신학적 인간학인바, 이 입장에 따르면 인간의 고의
성이야말로 특정 정황에서 신적인 기원을 보증해주는 것이다. 이와 같은 정
치학은 "사실관계들"을 공간적 관점에서 추상해낸 것으로서, 홉스에 따르
면 그러한 사실관계를 "기록"하는 것은 『리바이어던』과 같은 "철학 서적"
이 아니라 "시민적 역사"의 소관 사항이다.[60] 하지만 르네상스 시기에 출현
한, 보다 "과학적"인 정치학의 또 다른 뿌리가 있는데, 그것은 바로 역사주
의(historicism)다. 이 역사주의에 따르면 정치적 실천은 관습과 예절과 종교
와 시대에 맞게 적응되어야만 한다.

 하나의 역사주의적 관점이 점진적으로 부상해오는 과정 중에 전통적
사고방식과의 급격한 단절이 일어날 수는 없다. 그러한 역사주의적 관점이
예컨대 교회의 시간과 연관된 알레고리적 양식과 반드시 양립불가능할 이
유는 없었다. 에라스무스와 같은 인문주의자는 자신이 지닌 역사적 "거리
감"을 알레고리적 표현 안에 용이하게 담아낼 수 있었다. 왜냐하면 신적 계
시의 전반적 통일성과 이 통일성이 이어지는 각 국면들마다 노정하는 차
이를 유형론적으로 형상화하는 데에 따른 바로 그와 같은 긴장감이 그러한
역사 의식을 실제로 촉진해 주기 때문이다.[61] 마찬가지로 아리스토텔레스
와 로마로부터 계승된 "시민적" 정치학과 관련된 전통적 관점은 시민적 참
여의 미덕(이것은 홉스가 보기에 군더더기에 불과하다)이 성행했던 과거의 특정

---

60 Ibid., Part I, ch. 9, pp. 147-8. Tito Magri, *De Cive* (Introduction) (Rome: Riuniti, 1981) pp.
   12-13.

61 Henri de Lubac, *Exégèse Médiévale*, II, pp. 317-28, 249-352.

한 역사적 상황을 성찰하는 것을 촉진하였다.

만약에 어떤 단절이 있다고 하더라도, 그것을―예컨대 포콕(J. G. A. Pocock)과 같이―무시간성을 띤 그리스도교의 성직지배적 정치학과 "순전히 인간적" 성격을 띤 현세적이고 행동주의적인 정치학 간의 차이에서 찾는 것은 정당치 않다.[62] 이는 살루타티로부터 비롯되는 그리스도교 인문주의자들조차도 인간의 행위(doing)와 제작(making)을 줄곧 "신성화된"(sacralized) 영역으로 간주했었다는 사실을 간과하는 것일 뿐 아니라, 수도원 제도 역시 인간적 방식으로 설립된 하나의 정치체제(politeiai)로 간주되었다는 사실에 대한 망각이기도 하다.[63] 오히려 우리는 포콕이 이교적 성격을 띤 정치와 철학의 시대가 갑작스레 재부상한 것을 두고 "마키아벨리적 계기"(the Marchiavellian Moment)라고 부른 것을 이해해야 한다. 즉 그것은 더 이상 임시변통이 아니고, 토마스주의에서 말하는 은총을 위한 준비기간도 아니라, 그 자체의 완결성과 목표와 가치체계를 갖춘 것으로서, 그리스도교의 완결성과 목표와 가치체계와 충돌하기까지 하는 것이었다. 마르틴 그라브만(Grabmann)이 인지했던 것처럼, 이것은 철학의 진리와 신앙의 진리가 서로 모순된다고 주장하는 중세기 "아베로에스주의"(Averroism)에 비견되는 현상이라고 할 수 있다.[64]

그런데 바로 여기에 세속부문의 기원이 되는 또 하나의 완전히 다른 뿌리가 자리하고 있다. 하지만 마키아벨리가 말하는 세속부문은 신앙과 관련해서 순전히 중립성을 표방하는 영역은 아니었다. 그 반대로 마키아벨리적 세속은 그리스도교의 덕목들과 어울릴 수 없는 새로운 종류의 **비르투**

62   J. G. A. Pocock, *The Machiavellian Moment: Florentine Political Thought and the Atlantic Republican Tradition* (Princeton, NJ: Princeton Univ. Press, 1975) pp. 31-80.

63   Salutati, *De Nobilitate*, ch. 31, pp. 218-220. J. H. Hexter, *The Vision of Politics on the Eve of the Reformation* (New York : Basic Books, 1973).

64   A. S. McGrade, *The Political Thought of William of Ockham* (Cambridge: Cambridge University Press, 1974) pp. 197-206. Alan Gewirth, "Philosophy and political thought in the fourteenth century," in *The Forward Movement of the Fourteenth Century* (Columbus: Ohio State University Press, 1981) p. 183ff.

(*virtù*)에 대한 발견으로서 출현하게 되었다. 홉스가 말하는 힘의 장을 만들어낸 것이 왜곡된 신학이라고 한다면, 마키아벨리가 상정하는 힘의 장을 구축해낸 것은 바로 그리스도교에 대한 부분적 부정 및 그리스도교를 대체하는 또 다른 **뮈토스**에 대한 호소였던 것이다.

근대 사회이론의 출현에 있어서 인본주의와 역사주의의 유산은 자유주의/절대주의에서 말하는 천부인권의 전통에 못지않게 중요하다. 우리가 다음 장에서 보겠지만, 18세기의 계몽주의는 고대적 덕성을 새로운 형태로 활성화하려는 시도에 몰두해 있었다. 그렇지만 이 모든 것에도 불구하고 이 두 조류 간에 한 가지 중요한 합류점이 있는데, 이로 인해 "시민적 인문주의"의 전통마저도 개인주의와 도구주의에 의해 전염되는 것을 피할 수 없었다. 이 합류점이란 바로 로마의 스토아주의적 유산으로서, 그것은 그 자신의 **코나투스**, 곧 자기보존을 위한 충동 때문에 사회적 군집을 추구하는 사회화 이전의 인간 존재에 주목하면서, 또한 덕성을 역사의 **숙명**(fate)으로 알고, 그것에 순응하고, 그 안에서 행동하는 것 내지 그것에 대해 초연한 태도를 견지하는 것으로 재정의하는 경향이 있다.

이러한 마키아벨리적인 형태의 시민적 인문주의는 정치적 **현명함**(prudential)을 도구적 조작으로 보는 관념을 옹호하는 가운데 그리스도교와 융화되어온 아리스토텔레스주의를 떨쳐버린다.[65] 동시에 마키아벨리적 인문주의는 그리스도교 신학의 울타리 밖에서 발견한 숙명에 관한 **뮈토스**를 끌어들인다. 천부인권론에서는 갈등이 타락한 인간 본성에 만연해 있으므로 이러한 본원적 갈등은 힘에 의한 평화를 가져다주는 성직지배적 대항-폭력에 의해서 제지되어야 한다고 보는 반면에, 마키아벨리주의의 입장에서는 시민사회의 내적 결속과 외부를 향한 적대감 모두를 동시에 진작시키는 진정 "영웅적"인 행동이 존재하므로, 이는 한편에서 진정 인간답다고 칭

---

65   Niccolò Machiavelli, *The Prince*, trans. Henry C. Mansfield, jun., XXV (Chicago: Chicago University Press, 1985) pp. 98-9. 신동준 옮김, 『마키아벨리 군주론』(인간사랑, 2014).

송되지만 또한 가장 불행한 운명에 처해지는 모순된 혼합물인 것이다.[66]

이 마키아벨리적 공화국은 단선적인 시간의 흐름에 따른 평화로운 훈련과정을 거쳐서 점진적으로 출현하는 것이 아니라, 예측 불가능한 **운명**(*fortuna*)을 배경으로 삼아서, 적당한 순간이 찾아오면, 갑작스럽고도 산발적인 방식으로 등장한다.[67] 중세 그리스도교의 입장에서 볼 때, 거스를 수 없는 운명의 역전은 전반적인 섭리의 구도 속에도 원죄가 뿌리 깊게 자리하고 있음을 나타내주는 것이지만, 마키아벨리가 말하는 **운명**은 새삼 유구하고도 비인격적인, 혼돈과 숙명의 복합체일 뿐이다. 따라서 정치적 **비르투**(힘)의 목적은 이러한 운명을 "이용"하여 일시적이나마 그것을 극복하는 것이다. 마키아벨리는 역사주의적이고 상대적인 관점에서 여러 공화국들의 부침을 관찰했다. 그에 따르면 베네치아와 같이 비교적 민주화된 공화국은 전쟁을 벌이지 않는 것이 유리한데, 이는 외국인을 포로로 잡는 것이 그 사회 안에 계급 간의 분열을 불러들일 수 있기 때문이다. 반면 고대 로마와 같이 계급이 분열된 공화국은 전쟁을 위한 체제가 잘 갖춰져 있고 이를 통해 그 주민을 확산시킨다.[68] 그렇지만 마키아벨리로 하여금 근대적이며 반-그리스도교적인 정치학의 선조가 되게끔 하는 것은 실제로 이러한 상대주의적 태도가 아니다. 오히려 그것은 그가 노골적으로 로마의 방식을 **선호**할 뿐 아니라, 덕성을 그 본래의 어원적 의미에 따라 전쟁터에서 탁월하게 발휘되는 "영웅적 남성다움"(heroic manliness)으로 재정의하기 때문이다. 그가 선호하는 대상 중에는 공화국 내에 상존하는 계급 간의 갈등이 정치적 자유, 곧 독립의 습성을 보존하는 데 기능적으로 유용하다는 견해도 포함되어 있다.[69] 물론 마키아벨리가 "도덕성을 띤" 사회적 덕성들이 그 고유한 영역

66 Niccolò Machiavelli, *The Discourses*, trans. Leshe S. Watter (London: Penguin, 1970) pp. 15, 16, 118-26. Pocock, *The Machiavellian Moment*, pp. 49-80, 156-218.
67 Ibid.
68 Machiavelli, *The Discourses*, 5: 6 (1970) pp. 118-26.
69 Ibid., 4: 4, pp. 113-15.

에서 일정한 가치를 지니고 있음을 어떤 식으로든 부정하는 것은 아니지만, 그가 능수능란한 음모적 성격이야말로 통치 집단의 지배적 기질이 되어야 한다고 역설한 이유는 바로 이러한 내부적 갈등의 요인을 고려했기 때문이다.

공화국이 "갑작스럽게" 출현한 만큼, 공화국의 진행과정은 순환적 시간의 틀 안에 놓이게 된다. 마키아벨리는 고대 말기에 활동한 그리스 출신의 작가인 폴리비우스(Polybius)에게 많이 의존하고 있는데, 그는 로마의 울타리 밖에 서서 그 종말을 바라보는 가운데 로마의 역사를 소수자의 통치에서 시작하여 한 사람의 통치를 거쳐 다수의 지배로 나아가는 과정으로 해석하면서, 그 역사적 절정을 숱한 사사로운 갈등을 거치는 통에 결국 귀족다운 덕성이 상실된 것에서 찾고 있다.[70] 신학적 성격을 띤 천부인권의 전통은 덕성 없이도 "자체적으로 유지되는" 순수 권력의 세계를 발견한 반면에, 폴리비우스로부터 유래한 비그리스도교적 마키아벨리의 전통은 인간의 권력이야말로 덕성의 한 형태이며, 따라서 참된 덕을 찾아보기 어려운 것처럼 인간의 권력은 역사상 불안정할 수밖에 없다고 주장한다. 이러한 마키아벨리적 전통은 결국 나중에 헤겔과 마르크스로 대표되는 변증법과 역사주의의 성격을 띤 논제들의 배후에 자리잡게 된다. 그러나 이들 사상가들이 투사하는 종말론적 "해결책들"(resolutions)은, 우리가 앞으로 살펴보겠지만, 또 다른 신학 체계, 곧 **신정론**(theodicy)이라고 하는 지층(overlay) 위에서 있다. 이와 대조적으로, 순수 마키아벨리적 전통에서 볼 때, 인간에게 유의미한 것은 "현재적"이며 그 영광도 일시적일 뿐이다―이것 외에는 공화국도 존재치 않는 역사의 무의미한 숙명을 향한 퇴락만이 있을 뿐이다. 이 마키아벨리적 전통이 그리스도교를 향해 취하고 있는 자세는 상당히 모호하다. 그것은 한편에서 시민사회적 연대를 "기능적으로" 증진시켜 주는 시민종교(그리스도교이거나 타종교)를 지지한다. 다른 한편에서 그것은 그리스

---

70 Pocock, *The Machiavellian Moment*, pp. 49-80.

도교에 대항하여 고대적 신성성(sacriligy)을 재생시키려고 시도하는 가운데, 신들이 등장하지 않는 영웅들에 관한 새로운 **뮈토스**(물론 마키아벨리가 보기에, 시민적 덕성을 발휘한 것에 대한 보상은 여전히 한분 하나님으로부터 주어지는 것이기는 하다)를 만들어내는데, 이는 근대의 "세속부문"이 지닌 제2의 측면에 해당된다.[71]

"과학적 정치학"에 공히 포함되는 천부인권의 전통과 마키아벨리적 전통은 모두 후대의 사회과학을 위한 학문적 전제가 된다. 하지만 그리스도교적 관점과 메타비판적 관점(이것은 "합리주의"적 토대들에 대해 역사주의적 시각에서 문제제기하는 것을 뜻한다)에서 살펴볼 때, 한편으로 우리는 그리스도교의 **이단사설**(heterodoxy)과 상대하는 것처럼 보이고, 다른 한편에서는 **이교주의의 귀환**(the half-return of paganism)이라는 현상을 목도하는 것처럼 보인다. 왜냐하면 전자가 그 자신의 날조물에 대해서만 완벽한 분석을 가하는 것처럼, 후자는 "영웅적 인간"의 역사적 운명(이것은 바로 그리스도교가 문제시하는 윤리적 존재론에 해당되는 주제이다)만을 꼼꼼하게 추적하기 때문이다. 어느 경우든 간에 "갈등의 과학"이 처음부터 단지 사회과학의 한 분야로 자리잡았다기보다는, 차라리 "과학적" 접근이라는 이름으로 존재론적 근본으로 간주되는 권력과 갈등에 대한 "지식"(to know)을 추구한 것으로 보인다. 이로써 만일 그리스도교가 세속이성을 "위한 자리를 찾아" 주고자 한다면, 그것은 그리스도교 자신의 견지에서 볼 때 이단 내지 허위에 해당되는 것에 대한 그릇된 타협일 수 있다는 결론이 도출된다.

---

71   Machiavelli, *The Prince*, XXVI, p. 103.

제2장

정치경제학은 신정론이자 경쟁의 법칙

도입

"새로운 정치과학"은 **창조**, 곧 새로운 세속 공간의 설립에 대해 관심을 갖고 있었다. 홉스식의 정치학이 최초의 절대적 출발점들, 즉 의식적으로 계약을 맺는 당사자들이 본래 어떤 의지를 가졌었는지, 군주적 통치자가 가진 본래의 의지는 무엇인지에 대해 다루었다면, 마키아벨리식의 정치학은 군사·정치적 **비르투**가 지닌 단명하고도 비극적인 숙명(fate)을 논하면서, 그 비르투가 이따금씩 운명에 따른 부침(浮沈)을 어떻게 극복하는지를 취급하였다. 이와 대조적으로 정치경제학은 **섭리**(providence), 즉 상황이 절묘하게 보존되는 과정에 관심을 기울였다. 정치경제학은 천부인권의 전통과 인문주의 전통의 계승자였지만, 격정과 욕구를 윤리와 상관없는 방식으로 통제하는 것이 어떻게 가능한지에 대해 보다 면밀한 조사를 진행했다. 정치경제학이 이러한 통제가 정치적 힘을 도모하기 위한 방향으로, 궁극적으로는 국가에 의해 감독되어야 한다고 줄곧 가정해온 것은 사실이지만, 실제로는 그러한 통제가 지닌 형식적 일관성, 다시 말해서 권력의 간헐적 개입보다는 권력이 지닌 "규칙성"에 더 많은 관심을 나타내었다.

　게다가 정치경제학은 인간이 계획하지도 의도하지도 않았으나, 인간사에 나타나는 어떤 규칙성을 발견했는데, 그것은 바로 "시장"의 작동원리다. 여기서 정치경제학은 새로운 정치 이론이 인간 개인이 지닌 창조적(demiurgic) 의지에만 초점을 맞추어 그것으로부터 결론을 도출해내려다가 미처 포착하지 못했던 **공백**(lacuna)을 메꾸어주었다고 하겠다. 우리가 살펴보았듯이, "천부인권"의 관점은 겉보기에는 자발적인 것 같은 인간의 협력이 마주한 문제, 즉 한편으로 고립된 개인들과 다른 한편으로 통치 권력 사이에 계류되어 있는 문제를 해결할 수 없었다. 이 지점에서 천부인권론은 원초적 계약에 관한 이론들에 의거하지 않을 수 없었다. 다른 한편으로 정치경제학은 보다 현실주의적이고 역사주의적인 관점에서 인간의 협력을 바라보았는데, 그것은 정치경제학이 "비의도적으로 이루어지는 조화"라는 문제에 관심이 있었기 때문이다. 바로 이 문제에 의해 새로운 성찰의 영역이 열림에 따라, "새로운 정치과학" 그 자체만으로는 세속부문에 대한 완벽한 지식을 제공할 수 없음이 분명해졌다. 이 "새로운 정치과학"에 내재한 근본적인 "결함"을 보완한 것이 18세기에서는 "정치경제학"과 "사변적 역사학"이었고, 이어지는 19세기에서는 "경제학"과 "사회학"과 "인류학"이었던 것이다.

앞으로 살펴보겠지만, 정치경제학이 홉스식의 정치학 내지 마키아벨리식의 정치학을 확장하고 완성했다고 할 만한 것은 단지 몇몇 측면에 국한된다. 제2장의 주요 목적은 바로 정치경제학의 출현이 세속 질서의 완성뿐 아니라 세속 질서가 처음으로 이율배반과 마주하게 된 사실을 나타낸다는 점을 주장하려는 것이다. 새로운 정치과학은 **호모 파베르**(homo faber), 즉 인간이 인간의 제도를 만든다는 것을 전제하고서, 이러한 제작활동(making)을 기술적이고 도구적인 관점에서 취급하였다―이로써 고대적 **프락시스**(praxis)와 근대 바로크적 **포에시스**(poesis)를 모두 배제하였다. 하지만 자발적 협력의 주제가 가진 문제는 사회적 부문을 인간의 의지에 기초하는 데서 파생되는 난점을 드러내준다. 따라서 "인간의 자기형성"이란 개념은 "인간의 역사적 형성"에 의해 점차로 대체되고 만다. 이러한 경향은 애초부터 섭리 즉 인간보다 상위의 질서가 전체 그림 속으로 다시 복귀했음을 의미했다. 홉스와 스피노자는 스토아적 자연법 전통이 자기보존적 **코나투스**로부터 일정한 규범을 도출하는 측면에 집중했던 반면에, 이제 동일한 전통 내의 다른 측면(자연의 진행과정에 대한 순응)이 동등한 중요성을 띠게 되었다. 더욱이 이들 초기의 합리주의자들은 정치를 일종의 연역적 학문으로 제시하면서 물질적 **충만함**(*plenum*)으로 여겨지는 우주 내에 존재하는 물질적 동력의 조작에 대한 논리에 관심한 반면에, 정치경제학은 실재에 대한 **관찰**로부터 진리를 추구하는 담론으로부터 출발해서 인간의 의도와 사회적 결과물 간의 빈 "간극"을 채워주는 영적 힘의 존재를 "증명"하겠노라고 공언하기에 이르렀다.[1]

새로운 정치학과 정치경제학 사이에 연속성과 더불어 불연속성이 존재하듯이, 근대의 세속적 사회이론은 신학에 대해 이중적인(또한 이중적으로 모순된) 관계를 맺고 있다. 첫 번째로 우리가 이미 추적해온 것, 곧 과학을 "제작기술"에 대한 지식과 동일시하는 태도를 지적할 수 있는데, 이것은 홉스식으로 말해서, 자존적일 뿐 아니라 자기충족적으로 창안하는(즉 창조자 하나님이 가진 순수의지를 반영하는) "인격"에 관한 신화를 전제하고 있다. 여기서 내가 말하려는 것은 이와 동일한 실체적 개념, 즉 "주의론에서 말하는 주권"이 하나님 및 성스러움의 영역으로부터 인간 및 세속의 차원으로 전이되었다는 것이 아니다. 이렇게 말한다면 "세속화"의 주제를 아주 손쉽게 취급하는 것에 지나지 않는다. 오히려 내가 시사하고자 하는 것은 **오로지** 신학적 모델만이 그러한 주권적 권력 내지 주권적 인격이라는 **뮈토스**를 구축하게끔 허용하므로, 따라서 이는 "본질적으로" 세속적이고 실용적인 실재들이 일시적으로나마 유구한 신학적 가면을 쓰고 나타난 경우에 해당되지 않는다는 사실이다. 종교적 갈등에 의해 초래된 위기의 와중에, 보댕(Bodin)과 홉스는 정치권력이라는 새로운 형이상학에 기초하여, 성스러우면서도

---

1 Shapin and Schaffer, *Leviathan and the Air-Pump*. pp. 80-110.

동시에 실용적인 해결책들을 궁리해냈다. 오로지 그들이 만들어낸 새로운 신학의 용어들 **내에서** 하나님의 승인(divine sanction)은 머나먼 원경으로 쫓겨났는데, 그럼에도 불구하고 이제 자신이 순전한 자의성에 불과함을 전면적으로 증명하게 된 인간 권력을 정당화하기 위해서 하나님의 승인이 여전히 요구되었다. 신학이 결국 주권에 관한 근대적 이론들로부터 **이탈**하는 그 때가 바로 신비화가 실제로 일어나는 순간이다. 왜냐하면 여기서 주권이 가진 "신비한" 성격이 망각되기 때문이다.

지금까지 살펴본 바에 다소간 부합하게, 홉스와 로크가 여전히 신학적이자 자연법적(iusnaturalist)인 인식 방식에 머물고 있음이 이제 흔히 인정되고 있다.[2] 그러나 18세기의 프랑스인 저자와 스코틀랜드인 저자를 최초의 진정한 세속적 내지 "사회학적" 이론가로 생각하는 경향이 여전히 존재한다.[3] 그렇지만 이것은 모두 정치경제학의 지적 기원을 무시하는 것인바, 정치경제학은 홉스의 정치학이 신적 섭리를 등한시하고 모독하는 것에 대해 우려하던 사상가들 사이에서 시작된 것이다. 여기서 세속적 사회이론이 신학에 대해 지니는 관계와 관련해서 두 번째 흐름이 부상한다. 정치경제학은 실제로 홉스를 비롯한 이들이 17세기에 제기한 무정부와 자율이라는 일견 초근대적인 주제로부터 **돌아서는** 것이고, 작위의 과학(science as making)을 섭리의 과학(a science pf providence), 곧 사회적 신정론(theodicy)을 통해 보완하려는 것이다.[4] 거기에 역사를 내재적 이성이 스스로를 드러내는 자연적 과정으로 현시하고자 하는 의도가 개입된다. 이 내재적 **이성 안에서** "인간" 내지 "인간성"이라는 개념이 부상한다.

2   Tuck, *Natural Rights Theories*, Tully, *A Discourse on Property*.

3   John Dunn, "From applied theology to social analysis: the break between John Locke and the Scottish Enlightenment," in Istvan Hunt and Michael Ignatieff (eds.) *Wealth and Virtue* (Cambridge: Cambridge University Press, 1983) pp. 119-35.

4   Milton L. Myers, *The Soul of Modern Economic Man: Ideas of Self-Interest from Thomas Hobbes to Adam Smith* (Chicago: Chicago University Press, 1983). Jacob Viner, *The Role of Providence in the Social Order* (Philadelphia: American Philosophical Society, 1972).

따라서 내가 앞으로 주장하겠지만, 정치경제학이 세속의 공간을 더 세분화한 것은 다소 반대되는 측면에서 상이한 방식으로 신학이 개입한 것과 궤를 같이한다. 하나님은 더 이상 인간의 자의적 권력의 배후에 있는 궁극의 자의적 권력이 아니다. 오히려 하나님은 인간사회에 규칙적이고 직접적인 방식으로 현존하는 신으로서, 마치 뉴턴의 하나님이 뉴턴적 우주 안에서 행성들 가운데 계시듯, 인간사회를 하나로 묶어주고 계시다. 그렇지만 이것은 가톨릭 정통에서 말하는 전통적 섭리관을 재도입한 것에 해당되지는 않는다. 전통적 견해에 따르면, 그와 같은 섭리는 궁극적으로 알 수 없고 기껏해야 어렴풋이 포착되는 정도였다. 그러던 섭리를 이제 **정확히** 알 수 있게 되고, 유한한 인과성의 수준에서 언급하게 된다.

게다가 하나님께 보다 직접적으로 호소한다고 해서 그것이 이미 발동이 걸린 정치이론의 "탈윤리화"(de-ethicization) 과정을 되돌리지 못한다. 되돌리가는커녕 그것을 확증하고 확대한다. 왜냐하면 정치경제학에 있어서 개인들 간의 관계맺음의 장은 전통적 "윤리"의 담론이 아니라, 악하고 이기적인 행동들마저도 어떻게 장기적으로 선한 결과를 낳게 되는지를 논하는 "섭리"의 담론에 해당되기 때문이다. 이렇듯 경제 영역에서 나타난 탈윤리화의 과정이 흔히 추정하듯이 "세속화"의 과정과 어떤 식으로든 직접적으로 맞물려서 동시에 발생한다고 할 수 없다. 여기서 재차 "세속부문"의 제도화는 신학**으로부터의** 해방이 아니라 신학 **내부에서의** 전환과 역설적으로 관련된다고 하겠다.

정치경제학과 도덕경제학

스코틀랜드의 정치경제학자들이 경제학을 도덕으로부터 분리시킨 것에 대해 책임이 없다는 주장이 최근 들어 일반화되었다. 오히려 그들은 성품과 덕성의 문제를 주된 관심의 대상으로 삼는 "시민적 인본주의"(civic humanist) 전통 안에 서 있는 것으로 여겨진다. 그들의 인본주의가 우리에게 가시적으로 드러나지 않는 것은 이 인본주의야말로 그리스도교 아리스토텔레스주의처럼 여하한 종류의 초월성도 언급하지 않는, 진정으로 세속적인 인본주의기 때문이다.[5]

이 견해에 따르면 홉스와 로크를 비롯한 자연법주의자들과 스코틀랜드 경제학자들 사이에 아무런 본질적 연속성이 존재치 않는다는 것이다. 말하자면 전자는 인격들(*personae*)이 사물들(*res*) 및 다른 인격들에 대해 지니는 권리의 개념 위에 자신들의 이론을 구축한 반면에, 후자는 권리의 문제를 공적인 덕성의 추구 내지 정치적 협력이라는 동기에 종속시킨다는 것이다. 그렇지만 이와 같은 주장은 과장된 것으로 보아야 한다. 새로운 정치학이 로마법을 따라 재산·권리·권력 등의 문제에 집중한 것은 정치경제학의 중요한 뿌리가 되었고 거기에 탈윤리화의 성향을 더해주었다.

스코틀랜드의 정치경제학적 전통이 자기 이익에 대한 합리적 계산에만 근거하여 사회이론을 세우려고 하는 홉스의 노선을 따르지 않았다는 것은 사실이다. 대신에 그들은 샤프츠베리(Shaftesbury)와 허치슨(Hutcheson)과 같은 캠브리지 플라톤주의자들의 족적을 따라서, "인애"(benevolence) 및 "공감"(sympathy)과 같은 자연적 충동에 관한 스토아적 사유를 발전시켰다.[6] 이와 동시에 가령 데이비드 흄(David Hume)이 해설한 도덕적 공감에 관한 이론은 아리스토텔레스적 인본주의와는 구별되어야 한다. 왜냐하면 흄이 말하는 "공감"(sympathy)의 주제가 인간의 타고난 윤리적 목적 내지 **텔로**

5   J. G. A. Pocock, "The myth of John Locke and the obsession with liberalism," in J. G. A. Pocock and Richard Ashcraft (eds.) *John Locke* (Los Angeles: William Andrews Memorial Library, 1980) pp. 3-21; "Cambridge paradigms and Scotch philosophers: a study of the relations between the civic humanist and the civil jurisprudential interpretation of eighteenth century social thought", in Istvan Hunt and Michael Ignatieff (eds.) *Wealth and Virtue*, pp. 235-52. Albert O. Hirschman, *The Passions and the Interests* (Princeton, NJ: Princeton University Press, 1977).

6   Adam Smith, *The Theory of Moral Sentiments* (New York: Augustus M. Kelley, 1966) Part VII, ch. 3, pp. 440-8. Myers, *The Soul of Modern Economic Man*, p. 33ff. 김광수 옮김, 『도덕감정론』 (한길사, 2016).

스(telos)에 부여된 절대적 우위성을 실제로 대체하기 때문이다. 흄은 도덕
을 진정한 인격적 완성을 위해 추구해야 할 참된 목표들의 위계(hierarchy)로
환원하지 않고, 도덕의 토대를 도덕 이전의 자연적이고 미(未)이성적(sub-
rational)인 면모에서 찾는다. 다시 말해서 우리가 공통적으로 갖고 있는 동
물적 호불호(好不好)의 성향과 우리가 상상적으로나마 타인의 입장에 서
서 역지사지(易地思之)할 수 있는 능력에서 찾는 것이다.[7] 이러한 도덕 철학
은 공적 법률과 제도를 공통의 도덕적 목표라는 범주에 포함하려 하지 않
을 것이다. 오히려 그것들이 일단 정착되고 나면, 개인에 끼치는 일상적이
고 관찰 가능한 경험적 효과의 견지에서만 법률과 제도를 이해한다. 법률
과 제도는 개인의 상상력을 압도하고 위협할 만한 역량을 가진 것으로 여
겨진다. 따라서 그 법률과 제도에 대한 개인의 상상력에 따른 반응은 인간
본연의 충동에서 기인하는 위력을 발생시킨다. 오로지 이러한 습성화된 위
력의 토대 위에서만 정의의 "덕목들"(개인의 생명과 재산에 대한 존중 및 약속
을 지키는 태도)이 생겨날 수 있다. 우리는 자신의 안전이 일상화된 재산권의
행사 및 계약적 법률의 시행과 밀접하게 결부되어 있음을 거의 "신체적으
로"(physically) 경험한다. 따라서 우리의 "이해관계"가 정의에 달려 있음을
인지한다. 그다음으로 우리는 이러한 법률을 위반한 자들 때문에 희생된 이
들과 본능적으로 공감하게 되고, 이에 따라 "미덕"과 "악덕"의 관념을 정의
및 부정의에 관한 통념과 결부시킨다. 물론 이러한 통념에 관해서 과연 무
엇이 "자연적으로" 도덕적이거나 비도덕적인지 논할 만한 것이 전혀 없음
을 감안해야 할 것이다.[8]

애덤 스미스(Adam Smith)는 흄이 두 종류의 덕성을 구분한 것과 유사한
구분법(동일한 용어로 표현하지는 않음)을 보여준다. 말하자면, 첫째는 상상적
공감에 토대를 둔 "자연적" 덕성으로서, 이는 특별히 친척과 친구들에 대한

---

7   David Hume, *A Treatise of Human Nature* (Darmstadt: Scientia Verlag Aalen, 1964) vol. 2, Book
     III, Part I, Section I, p. 233ff, and Part II, Section I, p. 253.
8   Ibid., Book III, Part II, Section I, p. 252ff.

호의를 증진시켜 준다. 그리고 둘째는 재산권과 계약에 대한 우리의 경험에 기초한 "인위적" 덕성으로서, 이는 결국 정의의 시행으로 이어진다. 그렇지만 스미스나 흄은 일반적 정의가 결국엔 자신을 위한 최선의 **"자기 이익"**을 가져다줄 것이라는 철저한 공리주의적 계산 때문에 개인적 주체가 일반적 정의에 동의하게 된다고 추정하는 계약론자들의 오류를 반복하지 않는다.[9] 오히려 스미스가 보기에, 일반적 정의는 특수한 정의의 우발적 총합에 지나지 않는다. 이 특수한 정의는 처벌받지 않은 채로 넘어가는 여하한 범죄에 대해 격분하는 한 개인의 공감적 정서에 기초한 것이다.[10] 이에 더하여 스미스는 "단지 우발적 사실에 관한 것만으로도" 그리고 이성적이라기보다 격정의 수준에서 "자연"은 우리로 하여금 호의를 베풀지 못한 것보다는 정의가 꺾인 것에 대해 더욱 분개하게끔 하기에, "응분의 처벌을 받지 않을까 하는 공포심을 조장해서까지 호의를 베풀도록 강제할 필요는 없다"고 말한다.[11] 여기에 일종의 공리주의적 기획(design)이 작동하고 있다고 하더라도, 그 기획은 인간이 아니라 "자연"에 속한 것이다. 왜냐하면 모든 이가 남에게 해를 입히려고 획책하는 "악의적인" 사회는 유지될 수 없는 반면에, 한 사회가 비록 호의로 넘치지는 못할지라도, "합의된 가치체계에 근거하여 유익한 업무들을 실리적으로 교환하는 것에 의해 지탱될 수 있음"을 자연은 간파하고 있기 때문이다.[12] 사법제도가 **일단 정착되면** 대중들로 하여금 덕성과 공감을 발휘하도록 유도하는 것이 사실이지만, 이러한 사법제도가 처음 출현하게 되는 것은 원초적 계약이나 "공공적 덕성"에 따른 것이 아니라 역사의 진행과정 속에서 자기 이익을 자기 이익에 의해 점진적으로 제한해온 결과다.

---

9   Adam Smith, *The Theory of Moral Sentiments*, Part II, Section II, chs. 1-3, pp. 112-32 (1966).

10 Hume, *Treatise*, Part II, Section II, pp. 268-71. Adam Smith, *The Theory of Moral Sentiments*, Part II, Section II, chs. 1-3, pp. 113-15, 129-32 (1966).

11 Ibid., ch. 1, p. 125.

12 Ibid. , ch 3, p. 124.

이렇듯 몇몇 차이점에도 불구하고 새로운 정치과학의 자연법사상과 정치경제학의 자연법사상 간에는 근본적 연속성이 있다. 애덤 스미스가 보기에 "본성적으로" 모든 인간은 "우선적으로 자신에게 관심을 기울이도록 되어 있다."[13] 비록 이것에 대한 실제 사례를 이제는 계약에서가 아니라, 전쟁과 같은 폭력적 협상이나 또는 교역과 같은 "평화로운" 협상을 통해서 진행되는 "자연적 과정"에서 찾을지라도 말이다. 하지만 홉스와 로크의 경우와 마찬가지로 "공공의 이익"이란 것이 생명·재산·계약과 같은 사적 이익을 보장하는 데 주로 국한되어 있음은 여전히 사실이다. 이렇듯 흄과 스미스가 모두 당연시하는 내용은 바로 정의는 위와 같은 소유권이 침해되는 것에 대해서만 부정적 관심을 가질 뿐이라는 것과, 아울러 선행의 부작위가 아닌 그러한 침해의 행위만이 처벌의 대상이 되어야 한다고 느끼는 감정이야말로 인간적 격정에 따른 자연적 성향의 표출이라는 것이다.

스미스는 덕성의 전체 영역이 아니라, 이러한 정의의 영역, 곧 "인위적인 덕성"이 작용하는 범위를 바로 정치경제학이 그 관심을 국한시켜야 할 영역으로 분명하게 구획짓는다. 스미스의 『도덕감정론』(The Theory of Moral Sentiments)과 『국부론』(The Wealth of Nations)을 대응시키는 데에는 아무런 "문제"가 없다. 왜냐하면 스미스는 정치경제학이야말로 특별히 자기 이익과 관계된 도덕성의 영역에 기초하고 있음을 분명히 밝히기 때문이다.[14] 그는 "순수한 자애"는 비의존적 존재인 하나님께만 어울린다고 단언한다. 반면에 인간은 "적절함"(propriety)과 같은 이익지향적인 덕성을 고려해야 하는데, 여기에는 검약·근면·신중함의 습성들, 즉 자원에 대한 분별 있는 소비의 자세가 포함된다.[15] 이러한 적절함에 바탕을 둔 정의는 고전적 정치이론

---

13   Ibid., Part II, Section II, p. 119.

14   Ibid., Part IV, Section I, pp. 445-6. Adam Smith, *An Inquiry into the Nature and Causes of the Wealth of Nations* (Oxford: Oxford University Press, 1976) vol. I, I. ii, pp. 26-7. 김수행 옮김, 『국부론』(비봉출판사, 2007).

15   Adam Smith, *The Theory of Moral Sentiments*, Part VII, Section II, pp. 429, 440-8 (1966).

에서 말하는 "분배적 정의"가 아니고, 또한 공공선에 최우선과 최대치의 관심을 기울이는 그러한 정의도 아님이 분명하다. 아퀴나스의 입장에서는 후덕함(liberality)과 관대함(magnanimity)이 정의보다 자기 이익을 지향하는 것이 당연해 보였다. 그것은 후덕함과 관대함의 미덕이 특별히 그 수여자가 지닌 덕성에 관계된 반면에, 정의는 특유하게도 다른 사람의 복리에 관심을 갖기 때문이다.[16] 하지만 스미스에게 와서 그 입장이 뒤바뀐다. 모름지기 "자기 이익"이야말로 "덕스러움"이 아닌 "자기보존"에 관계하므로, 사사로운 자기 이익을 확보하고자 하는 정의가 바로 가장 "이익지향적"(interested)인 반면에 자애는 가장 "사심없는"(disinterested) 덕성인 것이다.(하지만 아퀴나스가 여기서 "자연적" 덕성을 논하고 있으므로 어쩌면 지나치게 그리스적 관점을 반영하고 있을 개연성에 주목하라.[17] 그런데 "이익지향적"이면서도 "사심없는" 덕이라고 할 수 있는 애덕[charity]이 그리스도교에서 말하는 관대함의 덕을 사실상 포괄하지 않는가?) 게다가 자애와 애덕은 사적이고 가족적인 세계에 국한된다. 오로지 여기서만 사람은 본질적으로 예측 불가능한 비이기적 태도에 일정 정도 의거하여 행동할 수 있다. 그러나 사회 전체로 볼 때 자애란 그저 장식물이나 보상에 불과하다. 따라서 정치경제학은 애초부터 공적 자선이 시행되는 그리스도교의 영역을 제거함으로써 그 자신을 정의 내린다. 제임스 스튜어트(Sir James Stewart)는 "본원적 축적"(primary accumulation)에 대한 훌륭한 이론가답게 당시 스페인에서 시행하던, 공적 부에 따른 잉여를 빈자에게 희사하던 가톨릭의 관행을 조롱한다. 그는 이것이 하늘에서 내려오는 만나의 기적과 같다고 말한다. 반면에 정치경제학은 일정하고도 불변하는 섭리를 옹호한다는 것이다. 즉 자선이 아니라 "궁핍의 조절"이 더 신뢰할 만한 사회적 통제의 수단이자 인구를 증가시키는 촉매가 된다는 말이다.[18] 자선의 행위

---

16   Aquinas, *ST* II–II, q.58, a.12.

17   본서의 12장을 보라.

18   James Stewart, *The Works: Political, Metaphysical and Chronological* (New York: Augustus M. Kelley, 1967) vol. 1, p. 118.

를 통해 잉여를 분배하는 것 대신에 그것을 집중시켜서 미래 산업에 투자함으로써, 노동자들 가운데 궁핍의 요인을 지속적으로 보존하고 또한 그렇게 함으로써 노동대중에 대한 지속적이고 조직화된 훈련과 더불어 노동에 대한 동기를 유지할 수 있다.

그러므로 우리는 "소유지향적 개인주의"(possessive individualism)라는 주제가 정치경제학의 중심을 차지한다고 결론내릴 수 있다. 흄과 스튜어트와 스미스는 홉스나 로크와 마찬가지로 재산권과 계약을 "인위적"인 사안이라고 본다. 그렇지만 이들 스코틀랜드 사상가들은 이것을 원초적 계약과 같은 "허구"가 아니라 지속적이고 역사적이며 사실에 근거한 하나의 인공적 산물로 이해한다. 아울러 이들은 자기소유(self-possession)를 인간의 다양한 "격정" 및 "공감"의 감정과 마찬가지로, 합리적 계산의 주제가 아니라 본능에서 기인하는 사안이라고 본다. 이들이 열어놓은 새로운 공간 내에서 "일반적 이익"이란 개념은 이제 쉽사리 계약론적 용어로 파악될 수 없는 대상이 된다. 이 지점에서 제시되는 해결책들은 따라서 "마키아벨리적"인 것이거나 "자연신학적"인 것이며, 아니면 이 두 가지의 혼합물일 것이다.

마키아벨리적 차원

스코틀랜드 계몽주의 사상가들 가운데 인본주의적 요소가 감지될 경우, 그 것은 마키아벨리적 색채를 띠는 경향이 있다. 군주적 통치자가 외부지향적 정치력을 가진 이익집단들 간의 내적 갈등을 조정할 수 있다는 생각은 정치적 **비르투**를 대변하는 정치경제적 대리자가 있을 수 있다는 생각과 연결된다.[19] 몽테스키외(Montesquieu)는 스튜어트를 통해서 스코틀랜드 사상가들에게 중대한 영향을 끼쳤는데, 그는 이미 그전에 근대적 절대왕정이 어떻

19　Pocock, *The Machiavellian Moment*, pp. 462-506. Hirschman, *The Passions and the Interests*.

게 토지에 기반한 오래된 전사 귀족집단의 권력을 접수하면서 옛날식의 덕성을 "명예"라는 허울로 대체해가는지에 주목했었다.[20] 귀족주의적 명예가 전통적으로 용기와 관대함과 같은 도덕적 덕목을 포함한 고정화된 행동 규칙을 내포하는 반면에, 새롭게 등장한 "괴이한" 명예는 오직 유행과 평판과 외양에만 관심을 갖는다. 그것은 계속해서 새로운 규칙을 발전시킴에 따라 "명예로운" 인간은 이제 존경의 기호로 치장한 성공적인 "투기꾼"으로 간주되었다. 정치적 위세는 더 이상 몇몇 고결한 이상에 대한 집단적 착종에서 나오지 않았다. 대신에 근대적 군주는 명예를 둘러싼 경쟁관계를 일종의 견제와 균형의 시스템으로 삼아서 조정해야만 했다.[21]

　몽테스키외는 여기서 후대의 역사가들이 쉽게 간과했던 사회적 이미지 작용(imagination) 내에 발생한 일정한 변화에 대해 기록한다. 중산계급의 부상만큼이나 중요한 것은 "귀족다움"(nobility)에 대한 개념 정의가 바뀐 것이다. 이로써 "투기적"(speculative) 귀족집단의 출현이 가능케 되었으며, 이들에게 있어 부(富)는 자신의 평판을 걸고 벌이는 도박과 같은 것이 되었다. 그것은 경제적 부가 이제 더 이상 토지재산에 긴박되지 않고, 교역의 성공을 믿고 감행하는 성공적 투자 내지 정부의 역량 위에 구축되었던 상황을 반영한 것이다. 몽테스키외가 지목하듯이, 영국의 힘은 귀족계급 출신의 휘그당원들에 기초한다. 이들 혈통귀족(nobility)과 젠트리층(gentry)은 영국의 성공에 힘입어 재정적 도박을 감행했고, 바로 이러한 "확신"에서 비롯된 힘은 새로운 종류의 상업적 권력으로 전환되었다. 영국은 일종의 "자유 국가"로서 "그 적들에 맞서 막대한 양의 상상적 부를 보유할 수 있었는데, 이러한 부는 영국 정부가 가진 신용과 활력에 힘입어 현실화될 수 있었다".[22]

　몽테스키외의 관찰이 시사해주는 것은 자본주의 경제가 시작되기 위

20　Montesqieu, *The Spirit of the Laws*, in *The Political Theory of Montesquieu* (Cambridge: Cambridge University Press, 1977) p. 193. 이재형 옮김, 『법의 정신』(문예출판사, 2015).

21　Montesquieu, *The Spirit of the Laws*, pp. 190, 211-12, 218, 228.

22　Ibid., p. 285.

해서는 기존의 길드와 자치도시가 생산·교역·고리대금업에 부과한 규제가 철폐되는 것만으로 충분치 않다는 사실이다. 이렇듯 그저 부정적 관점으로 채색된 시각에서는 "부에 대한 욕망"이 자연스러운 것이며 하등 문제가 될 것이 없다고 가정한다. 그 대신에 자본주의적 도약이 있기 위해서는 바로 욕망의 경제 자체 내에 하나의 전환이 있어야 함을 전제한다. 이전에는 당시에 통용되던 공공선의 기준에 부합하는지의 여부에 따라 공중 앞에서 취하는 차림새와 행동의 양식이 바람직하거나 혹은 그렇지 못한 것으로 간주되었다. 이제는 그와 대조적으로, 공중 앞에서 취하는 차림새와 행동은 유행의 대상이자 그칠 줄 모르는 "기분전환"(diversion)의 소재가 된다. 몽테스키외나 엘베시우스(Helvétius)와 같은 사상가들이 지목하듯이, 이제 중요한 것은 욕망의 "적절한" 대상이 무엇인가 하는 문제가 아니라 욕망 자체의 증대와 그 과정에 대한 조작과 통제인 것이다.[23] 욕망과 목표 간의 우선순위를 이렇게 전도시킴으로써 사회적 관행을 규정하는 새로운 규칙이 생겨났으며, 이 규칙에 따라 사람들은 자신들을 일차적으로 "생산자"이자 "소비자"로 바라보게 되었다. 말하자면 "추상적 욕망"에 대응하는 새로운 "추상적 부"가 등장한 것이며, 이는 생산이 최대치로 다양화하고 증가할 뿐 아니라, 생산물과 그것을 대표하는 품목들이 교환을 통해 최대치로 유통되는 것을 뜻하였다.[24]

18세기의 사회사상가들이 이러한 전환(이것은 그들이 촉진시킨 것이다)에 대해 취한 태도는 지극히 애매모호하다. 몽테스키외와 애덤 퍼거슨(Adam Ferguson)과 같은 이들은 "투기적" 이익이 아니라 토지재산에 근거한, 국가에 대한 진정한 이해관계를 가진 이들이 정치에 참여함으로써 발현되는 참

---

23 Ibid., pp. 190, 199. Eric Voegelin, "Helvetius and the genealogy of passions," in *From Enlightenment to Revolution* (Durham, NC: Duke University Press, 1975) pp. 35-52.

24 Michel Foucault, *The Order of Things* (London: Tavistock, 1970) pp. 166-214. 이규현 옮김, 『말과 사물(Les mots et les choses)』(민음사, 2012).

된 정치적 덕성이 상실됨을 안타까워했다.[25] 하지만 고대의 정치적 덕성에 대한 마키아벨리식의 해석에 힘입어, 이들은 그 정치적 덕성을 대변하는 새로운 관료적·경제적 대리자와 타협하기에 이르렀다. 고대의 정치적 덕성은 "명예"와 "영광"이라는 최우선의 가치를 결코 등한시한 적이 없다. 이에 따라 아리스토텔레스는 "관대함"을 베풀 줄 아는 강하고 부유한 귀족이야말로 시민적 탁월함의 전형이라고 보았던 것이다.[26] 그렇지만 마키아벨리에게 있어 영웅적 힘을 지닌 덕성의 최정상은 공화국의 "영광"과 관련될 때에라야 더 두드러지게 주목받는다. 마키아벨리식의 논리를 따라가다 보면, 시민적 덕성을 향한 개인적 추구가 "영예를 향한 열정"으로 변질된다고 보는 것이 가능하다. 왜냐하면 이 "영예를 향한 열정"이 더 이상 귀족다운 영웅적 자질을 얻고자 하는 열망이 아니라 공공의 평판을 얻기 위한 탐욕에 불과한 것으로 전락해버리기 때문이다.[27] 애덤 스미스는 이익에 대한 욕망은 안정이나 편안함의 추구 못지않게 "허영"과도 관계된다고 주장하면서, **호모 메르칸스**(*homo mercans*: 장사하는 인간—옮긴이)로서의 "인간"에 대한 근본 이미지를 새롭게 전개시킨다. 이 유형의 인간은 자기의 욕망을 가능한 한 가장 유리한 방식으로 타인의 욕망과 맞추기 위해서 끊임없는 투쟁에 개입한다.[28] 게다가 스미스는 경쟁지향적 경제에 따른 불평등을 일종의 해결책으로까지 구상한다. 그는 우리가 "위인의 궁전에서 위세를 뽐내는 편의시설의 아름다움"과 "그 아름다움을 만들어내는 기구 내지 경제"에 매료된다고 말한다.[29] 몽테스키외가 말한 "괴이한 명예"가 작동하는 형식적 기제로부터 발산하는 매력은 부의 게임에서 실패한 자들마저도 사로잡는다.

25 Montesquieu, *The Spirit of the Laws*, p. 190. Adam Ferguson, *An Essay on the History of Civil Society* (Edinburgh: Edinburgh University Press, 1966) p. 261ff.

26 본서의 11장을 보라.

27 Eric Voegelin, "Helvetius and the genealogy of passions," p. 52.

28 Smith, *The Theory of Moral Sentiment*, Part I, Section III, pp. 70-83; *The Wealth of Nations*, I. ii, pp. 25-7; *Lectures on Justice, Police, Revenue and Arms* (New York: Augustus M. Kelly, 1964) Part II, Division II, p. 171.

29 Smith, *The Theory of Moral Sentiments*, Part IV, ch. 1, pp. 263-5.

이리하여 진(眞)·선(眞)과의 초월적 연계에서 떨어져나온, 새로운 종류의 세속적 미(美)학이 부에 관한 추상적 관념을 요체로 하는 새로운 "경제적" 체제에 본질적인 것으로 자리잡는다. 경제, 곧 인간의 격정을 "수요와 공급의 법칙"에 맞추어 끊임없이 균제(balancing)해가는 체제는 그 자체가 욕망할 만한 가치를 지닌 대상이 될 수 있다. 왜냐하면 고전적 아름다움에 상응하는 새로운 아름다움의 개념이 식별되기 때문인데, 그러한 아름다움은 유용성의 계기가 함께 작동하며 빚어내는 내적 정합성 및 "조화" 가운데 존속한다.

그럼에도 불구하고 이러한 아름다움 역시 힘이다. 주권의 중심에 자리한 진정한 마키아벨리적 비르투라는 목표는 여전히 매우 중요하다. "원(原)경제학자"라고 할 수 있는 윌리엄 페티(William Petty)로부터 19세기에 이르기까지 정치경제학의 역사를 통틀어 볼 때, 경제적 심사숙고가 필요했던 일차적인 맥락은 바로 해외에서 국가의 이익을 수호하기 위한 것이며, 또한 국내의 여러 사건에 대해 예측가능한 일정한 통제력을 확보하기 위한 것이었다.[30] 바로 이러한 맥락에서 스코틀랜드 경제이론가들이 새로운 자본주의적 질서에 대해 비판적으로 언급한 내용을 해석해야 한다. 제임스 스튜어트와 애덤 퍼거슨은 무역상회(trading society)가 결국 전쟁과 정치적 충성에 동원되어야 할 고귀한 자원을 약화시킬 것을 주로 염려했었다.[31] 다른 한편에서 경제질서는 호메로스의 서사시에 등장하는 **아곤**(*agon*: 경합), 즉 일정한 한계 내에서 규칙을 준수하는 가운데 꾸준한 창의성을 시험하고 발휘토록 하는, 일종의 전쟁 "시합"을 완성케 하는 것으로 비쳐질 수 있었다. 퍼거슨에 따르면, 갈등은 본래 특별한 동기도 없이 발생한다. 이것은 엘베시우스가 보기에 욕망이 새로운 대상을 낳는 것과 마찬가지다. 갈등이 일어나

---

30   Michael Perelman, *Classical Political Economy: Positive Accumulation and the Social Division of Labour* (Totowa, NJ: Rowman and Allenheld, 1984).

31   Stewart, *The Works*, vol. 1, p. 82. Ferguson, *An Essay on the History of Civil Society*, pp. 154-5, 285ff.

는 것은 "우리가 차별짓기" 즉 "야누스의 문"(the gates of Janus)을 "좋아하기 때문"이며, 따라서 전쟁은 인간의 언어 및 이성과 더불어 발생한 것이라고 하겠다.[32] 퍼거슨이 제시한 경쟁적 전망에서 보면, "위압하고 위협하는 것" 이야말로 인간이 동원하는 최대의 승리다. "부상을 입거나 죽음을 당하게 되면 게으름과 흥미거리로 소일하던 생활이 끝나게" 되며, "오락을 사랑" 하다 보면 결국 "무덤으로 직행하기 마련"이다.[33]

끊임없는 경제적 갈등은 스튜어트를 비롯한 이들이 보기에 호메로스 의 서사시에서 전쟁이 맡은 기능을 대체하는 것 이상으로 반가운 것이었다. 경제적 갈등은 사실상 마키아벨리적 난제를 해결해준 셈이다. 이러한 난제 를 해결하기 위해서는 한 나라 안에서 일어나는 "비합리적"(이라고 추정되는) 종교전쟁 내지 이념투쟁 대신에 국가들 간의 "합리적" 전쟁을 진작시킬 필 요가 있었는데, 그러면서도 또한 국내의 사회적 공간 내에 일종의 영웅적 시험의 장을 제공해야 했었다. 이 난제는 해결된 것으로 보였는데, 그것은 명실상부하게 "경제적"인 사회가 출현하여 아주 이상적인 방식으로 극히 차별화된 "취향"과 발명의 "창의성"을 발전시키는 무한 경쟁관계를 제공 하면서도, 정작 그러한 차별과 경쟁이 지나쳐서 내전의 상태로 비화되는 위 험을 초래하진 않았기 때문이다. 그러한 경제적 사회는 몽테스키외와 스튜 어트의 주요 텍스트에서 엿보이기 시작하더니, 마침내 영웅적 내지 상무적 (military) 사회에 대한 일종의 대체물 내지 징표로 자리잡게 되었고, 이와 동 시에 "적법한 갈등"이라는 경쟁적 이상을 더할 나위 없이 완벽하게 성취하 는 것으로 각광받았다.

더욱이 경제 사회 내지 "시민" 사회에 속한다는 것은 자기보존과 정치 적 확장이 한계에 도달할 경우, 필요하면 군사적 형태의 대가라도 치를 것 이라는 취지의 약속어음과 같은 것이기도 하다. 이렇듯 상업적 이상이 곁

32 Ferguson, *An Essay*, pp. 20-5. 본서의 11장과 12장을 보라.
33 Ferguson, *An Essay*, p. 24.

보기에는 "평화적"이지만, 애덤 스미스가 경제성장과 임금상승을 옹호하는 이유는 사실 그것이 인구성장과 국민국가의 부국강병을 촉진하기 때문이다.[34] 그렇지만 경제적 이익과 정치·군사적 이익 간의 연관성을 더 분명하게 보여주는 것은 제임스 스튜어트의 초기 저술이며, 그의 이론은 자본제적 생산양식이 실제로 출현하게 된 과정과 더 잘 들어맞는다.[35]

스튜어트가 정치경제학의 초점으로 삼은 질문은 어떻게 하면 잉여를 생산하고 인구를 증가시키는 것이 가능한가 하는 것이다. 그가 이러한 질문을 제기하는 방식을 살펴보면 정치경제학이 어떤 식으로 **그리스도교 사회**(Christendom)의 규범과 절연하고 고전시대의 **폴리스**(*polis*)에 속한 범례를 채택하였는지 알 수 있다. 말하자면 스튜어트에게 있어서 "잉여"는 **오이코스**(*oikos*: 가계)의 영역에서 생산된 산물로서, 정치·군사적 생활에 문화적 세련됨을 더해주는 것이다. 인구의 증가를 목표로 삼는 것은 그것이 경제적인 것이라기보다 정치·군사적인 것이기 때문이다. 스튜어트가 자선을 통한 잉여의 분배가 아니라 잉여의 축적을 선호하는 것을 보면, 그는 가계의 경계를 결국 폴리스의 경계와 동일시하는 사상―그리스도교에서도 사회 전체 ("한 믿음을 가진 가정")를 하나의 확대가족으로 보기는 마찬가지다―을 거부하고 있음이 분명하다.[36] 스튜어트가 품고 있는 고대적 이상은 (18세기에 흔히 그렇듯이) 스파르타라는 노예제 사회로부터 차용한 것이다. 스파르타 사회는 규율을 통해 완전히 통제되는 생산자 계급과 참정권을 가진 검소한 전사 계급으로 구분되어 있었다.[37] 그는 임금노동에 기초한 사회가 스파르타식의 노예제 다음으로 좋은 것이라고 본다. 물론 자기 이익을 통한 "자동적" 규율화라는 견지에서 보면 이러한 대리국가(surrogate)가 나름의 이점을

---

34   Smith, *The Wealth of Nations*, IV, vii. 6, p. 566.

35   Perelman, *Classical Political Economy*, pp. 76-99. Hirschman, *The Passions and the Interests*, pp. 67-115.

36   Stewart, *The Works*, vol. 1, pp. 77-8, 324. 본서의 11장과 12장을 보라.

37   Stewart, *The Works*, vol. 1, pp. 332-41.

갖고 있는 것도 사실이기는 하다.

그럼에도 불구하고, 여기서 분명한 것은 그가 스미스처럼 자유의 한 양식으로서가 아닌 **규율**의 한 양식으로서 임금노동에 방점을 두고 있다는 점이다. 스튜어트는 제조업이 병원과 구빈원의 조직을 자신의 모델로 삼아야 한다고 주장한다. 감시와 이동 제한과 같은 다각적 방식의 규율(스튜어트는 "출생·사망·결혼관계를 등재한 기록부를 제안한다")을 통해서 "빈곤층"을 다루어야 한다고 말하는데, 여기서 "빈곤층"이란 생계의 수단을 갖지 못해서 타인을 위해 노동할 수밖에 없는 자들을 의미한다.[38] 현명한 정부라면 가능한 한 많은 사람을 빈곤층으로 **묶어둘** 것이다. 왜냐하면 정치적 권위(그 기원을 스튜어트는 가부장제에서 찾고 있다)는 경제적 의존관계에서 나오기 때문이다.[39] 후에 애덤 스미스가 노동의 사회적 분업(이를 통해 최종 생산물에 필요한 다양한 요소가 시장에서 교환된다)을 인간 기술의 역사적 발전에 따른 자연스러운 발생으로 제시하는 반면에, 스튜어트는 "본원적 축적", 곧 원천적으로 정부와 지주가 생계형 농민들에게 가하는 강제적 토지수용이 필요함을 역설한다.[40] 그는 생계형 농업은 환금거래를 위한 농업에 비해 국가에 유익이 되지 않는다고 본다. 하지만 거래와 잉여를 위한 최대치를 확보하는 것은 생계를 위한 수요를 최소한으로 묶어둘 때에라야 가능할 것이다. 이것을 위해서는 초기부터 시장에 인력을 전격적으로 투입하는 것이 필요할 뿐 아니라, 생산자들이 어떤 생산품도 시장의 수요량을 초과하여 보유하지 못하도록 정부 편에서 지속적인 감시도 필요하다. 왜냐하면 노동의 공급과 수요 간의 균형을 계속해서 유지하기 위해서는 궁핍의 상태가 필요한데, 이 여분의 생산품은 이러한 궁핍의 유발요인을 제거할 수 있기 때문이다. "상승국면과 하강 국면이 교호하면서" 이 균형이 유지될 수 있지만, 시간이 지나다 보면 결국 그러한 균형이 다 파괴될 것이므로, 정부는 노동 공급의 적정수준을 보장하

---

38   Ibid., pp. 94-8.

39   Ibid., pp. 2, 77, 319.

40   Ibid., pp. 77, 110, 304. Perelman, *Classical Political Economy*, pp. 76-99.

기 위해 항상적으로 개입해야만 한다.[41]

스튜어트의 관점에서 볼 때, 시장은 자체규율에 따른 경쟁(*agon*)이 벌어지는 곳이다. 그러나 시장의 경계는 처음부터 자의적인 정치적 폭력에 의해 그어지고 또 지속적으로 재설정된다. 경제적 경쟁이 표방하는 "규율성"(regularity)은 결국 정치권력의 헌정적 지배력을 증진시킨다. 이러한 관점은 스미스가 은폐하는 면들을 드러내 주는데, 그것은 자본제적 자유가 성장하기 위해서 실제로 이러한 의존성과 "훈육적"(disciplinary) 절차의 증가를 필요로 한다는 사실이다. 최근 들어 미셸 푸코(Michel Foucault)는 "감금" 사회(carceral society)의 역사적 중요성에 주목하면서도, 그는 (늘 그런 것은 아니지만) 때때로 이 현상을 "국지적" 관행의 증가에 따른, 본질적으로 정치적 성격을 지니지 않은 것으로 이해하는 것 같다.[42] 이와 대조적으로 스튜어트를 비롯한 이들은 윌리엄 페티로까지 거슬러 올라가는 노선에 서서, 이러한 감금이 얼마나 **의식적으로**(consciously) 시행될 수 있었는지를 보여주면서, 근대적(또한 동시에 신학적인) 주권 관념의 출현과 이 현상 간에 본질적 **연결**(푸코는 이것을 명백히 부인한다)이 있음을 시사한다. 말하자면 (홉스와 필머의 노선에 따른) 절대주의 이론의 완결판은 단지 원초적 계약이라는 법학적 개념에만 의거하는 것이 아니라, 그 대신에 질서유지와 공간배치의 견지에서 권력을 바라보는 "실증적" 관념에 실질적 재산권 및 계약상의 법률적 의무라는 개념을 수미일관하게 통합함으로써 형성되었다.[43]

정치경제학의 마키아벨리적 차원은 스튜어트에게서 가장 분명하게 드러나는데, 이것이 그토록 중요한 것은 그것이 보여주는 놀라울 정도의 솔

---

41   Stewart, *The Works*, vol. 1, pp. 299-307.

42   Michel Foucault, *Discipline and Punish*, trans. Alan Sheridan (Harmondsworth: Penguin, 1977) pp. 293-308. 오생근 옮김, 『감시와 처벌: 감옥의 탄생(Surveiller et punir)』, 번역개정판, (나남, 2016). *Power/Knowledge*, trans. Colin Gordon et al. (Brighton: Harvester, 1986) pp. 92-108, 146-65. 콜린 고든 편역, 홍성민 옮김, 『권력과 지식: 미셸 푸코와의 대담』(나남, 1991). 또한 다음을 보라. "The political technology of individuals," in Luther H. Martin et al. (eds.) *Technologies of the Self* (Amherst, MA: Massachusetts University Press, 1988) pp. 143-62.

43   Perelman, *Classical Political Economy*, pp. 100-01.

직함 때문이다. 이러한 마키아벨리적 정치경제학은 이미 마르크스를 앞지르고 있다고 하겠는데, 그 이유는 그것이 자본주의를 이른바 자유로운 주체들 간의 자발적 활동에 근거하여 세워진 것이 아니라, 계급투쟁 및 대다수 인구에 대한 원천적 "이동 제한"(confinement), 즉 그들의 자유와 자원을 박탈하고 그들의 재능을 파괴한 것에 따른 것으로 보기 때문이다. 그렇지만 마르크스주의와는 달리, 스코틀랜드 사상가들은 다소 불길한 방식으로 어째서 "적법한 갈등"이라는 시스템이 심지어 그 희생자들까지도 매료시키는지에 대해 종종 말하곤 하는데, 그러면서도 이들은 이러한 방식이 (마르크스식의) "허위의식"과 관계가 있다고는 결코 말하지 않는다.[44] 스튜어트의 경우에는 이러한 갈등이 자의적이고도 분명하게 표면화되는 것을 공개적으로 인식하고 공개적으로 옹호하기까지 한다. 왜냐하면 그도 (퍼거슨처럼) "갈등의 시합"을 인간 존재론에 속한 근본적 측면의 하나로 간주하기 때문이다. 따라서 그는 자본주의를 역사적 필연으로 보지 않으며, 자본주의가 가진 자의적이고 (어떤 관점에서는) 불합리하기까지한 면모를 모르지 않음에도 불구하고, 그는 의도적으로 (이념적으로는 **아니**지만) 자본주의를 선택한다.

그러한 마키아벨리적인 차원을 자세히 살펴봄으로써, 자본주의의 전제가 되는 "도덕경제" 내에 일어난 변화를 보게 하는 마지막 퍼즐조각을 놓을 수 있다. 이 변화는 (주로 귀족계급에 속한 사회적 상층부에서) 사회적 현실을 논하는 텍스트에서 발생했지만, 이러한 텍스트는 경제이론가들의 출판물 속에서 약술되고 압축되고 집약되고 해설됨으로써, 그러한 변화의 본질적 추세들이 추상화를 거쳐 아주 명쾌하게 제시되기에 이른다. 그러한 변화 자체는 어떤 사회적 성격이 바람직하고 또 어떤 사회적 통제가 가능하겠는가에 관한 재구상을 수반하였다. 이것은 물론 우발적으로 일어난 사건이지만, 그럼에도 이것이 없었다면 자본주의 사회는 실현될 수 없었을 것이다. 정치경제학에 포함된 "도덕적" 요소와 마키아벨리적 요소는 우리에게 **호모 에**

---

44   본서의 7장을 보라.

코노미쿠스(*homo economicus*)를 상상할 수 있는 차원을 열어준다. 마르크스는 이러한 "경제적 인간"을 실제로 인정하지 않았는데, 이는 그가 보기에 자본주의는 근본적으로 봉건적 생산양식 내에서 출현한 기술적 진보와 그에 따른 여러 모순에 따른 결과물인 까닭이다. 이 점(이것은 나중에 살펴보겠다)에 있어서 마르크스는 스미스와 마찬가지로 자본주의를 여전히 합리적 발전이라는 서사 안에 자리매김하고 있다. 이와 대조적으로 스튜어트와 그의 추종자들에게서는 자본주의에 대한 보다 분명한 관점이 엿보이는데, 그들이 보기에 자본주의는 우발적으로 시작된 체제, 즉 운명(*fortuna*)의 부침에 맞서 새롭고 절묘한 방식으로 대항하기 위해 출현한 새로운 "스파르타식 공화국"인 것이다. 본서의 제3부에서 보겠지만, 이렇듯 자본주의에 대해 조금도 망설임 없이 찬동하는 태도를 그것이 비합리적이고 이념적이며 자기 기만적이라는 이유만을 근거로 삼아 논박하기란 실로 녹록치 않은 일이다.[45]

역사적 관점에서 볼 때, 여기서 정작 중요한 것은 합리성이냐 비합리성이냐 하는 문제가 아니라, 차라리 정치경제학에 관한 이러한 탁월한 시각에 내포된 "신이교적" 성격이며 그리스도교 신학이 거부해온 **리비도 도미난디**(*libido dominandi*: 지배의 욕망)에 대한 노골적 찬양의 태도인 것이다.[46] 여기서 다시금 우리는 세속이성의 "자율성"이 자신의 독립을 위한 조건으로서, 그리스도교가 일찍이 문제시했던 바로 그 관점에 대한 찬동을 포함하고 있음을 목도한다.

---

45   본서의 7장을 보라.
46   본서의 12장을 보라.

섭리와 비의도적 결과들

정치경제학이 개방적이고 솔직하고 좀처럼 이데올로기적이 아닌 경우, 그러한 종류의 정치경제학을 두고 "경쟁법칙"(agonistics)으로 묘사하고, 그 성격은 "이단적"이라기보다는 "이교적"인 것으로 분류해야 할 것이다. 그렇지만 이데올로기적인 면이 강한 종류의 정치경제학은 역사적 우발성과 폭력을 감추는 경향이 있으므로, 그것의 성격에 대해서는 이단적 "신정론"으로 규정하는 것이 좋을 것이다.

사회계약론에서 상정하는 해결책을 일단 제외하고 나면, "사적" 이익과 "일반" 이익을 연결하는 방식에서 중대한 차이가 엿보인다. "경쟁적"(agonistic) 정치경제학의 입장에서 보자면, 시장체계 내에 **다중목적의 부등발생**(heterogenesis of ends: 개인들의 개별적 행동이 의도치 않은 조화로 귀결되는 것)이 있는 것이 사실이지만, 이 시장체계 자체는 예로부터 힘의 우위를 배경으로 삼고 있는, 상속된 군사력에 의한 폭력적 전유를 통해 의도적으로 (또는 반쯤 의도적으로) 세워진 것이다. 이와 대조적으로 "신정론적"(theodist) 정치경제학의 입장에서 보자면, 경제에서의 **다중목적의 부등발생** 내지 시장의 "보이지 않는 손"이 역사 속에서 내내 주도권을 갖는다. 여기서는 하나님, 곧 "섭리" 내지 "자연"이 단기적 이익과 개별적 실패를 가지고 장기적 이익을 엮어내는 마키아벨리적 군주의 역할을 한다. 이러한 종류의 정치경제학은 특히나 "본원적 축적"의 과정에 대한 이데올로기적 은폐의 여지를 제공하지만, 다른 한편에서 사회질서가 의도적으로 부과된 것이 아닌 경우에는 역시나 "자발적" 조화라는 문제에 대해 보다 진지한 관심을 기울이기도 한다.

그렇지만 "경쟁법칙"과 신정론 간의 차이를 과장하는 것은 바람직하지 않다. 심도 있게 보자면, 하나님을 설계자로 보는 시각과 마키아벨리적 군주로 보는 시각은 서로를 강화해주는 면이 있다. 이렇듯 신정론이 정부의 편에서 섭리 내지 경제적 "미세 조정"에 참여할 수 있는 일정한 여지를 만들어준 반면에, 마키아벨리주의자들은 섭리가 투쟁 세력들 간의 팽팽한 대립으로부터 지속적 내지 최종적 질서를 도출해낸다고 하는 그리스도교 스토아주의의 설명 속에 합법적 갈등에 관한 자신들의 시각을 박아넣었다.[47]

스코틀랜드 정치경제학의 기원이 홉스의 에피쿠로스적 정치학과 불편한 관계에 있는 사상 노선으로까지 거슬러 올라간다는 점은 확실히 중요하다. 『리바이어던』에서 인간의 제작행위(making)는 자기 이익을 둘러싼 무정부적 갈등을 배경으로 하고 있다. 컴벌랜드(Cumberland)와 샤프츠베리와 허치슨과 같은 사상가들은 자연상태를 겨냥한 이러한 얼토당토않은 비난을 논박하기 위해서 인간에게는 타고난 "자애심"이 있다고 주장할 뿐 아니라 신적 섭리가 이기적 격정마저도 일반적 공공선을 지향하도록 한다는 생각에 호소하기까지 하였다.[48] "자연신학"(natural theology)의 한 대목을 차지하고 있는 중요 주제는 17세기의 더햄(Derham)으로부터 19세기의 섬너(Sumner)애 이르기까지 지속적으로 개정되어 왔는데, 그 전반적 내용을 살펴보면 자연계뿐 아니라 사회질서 속에도 신적 설계가 존재함을 증명하는 것에 관심을 가졌음을 알 수 있다.[49] 이렇듯 과학적 담론에 "섭리"라는 개념을 재도입한 것은 단순히 인간적 동인(agency)이 신적 동인을 대체한다는 식의 척도만을 가지고 "사회과학"의 발달에 대해 이야기할 수 없음을 의미한다. 실로 신적 동인이란 말을 (자연과학과 사회과학 모두에서) 보다 더 **직접적**으로 하나의 설명적 근거로 삼아 원용한 것은 중세가 아니라 오히려 18세기였다.

47 Stewart, *The Works*, vol. 6, pp. 83-90. Hirschman, *The Passions and the Interests*, pp. 7-67.

48 Myers, *The Soul of Modern Economic Man*, pp. 33ff, 68-71.

49 John Derham, *Physico-Theology* (Dublin: Fairbrother, 1727) vol 2, pp. 143-4, 164. *Civil Polity: A Treatise Concerning the Nature of Government* (1705). Soame Jenyns, *A Free Inquiry into the Nature and Origin of Evil* (London, 1757). Abraham Tucker, *The Light of Nature Pursued* (Cambridge: Hilliard and Brown, 1831). William Paley, *The Principles of Moral and Political Philosophy* (London: R. Foulder, 1796). Thomas Chalmers, *On Political Economy in Connection with the Moral State and Moral Prospects of Society* (Glasgow: W. Collins, 1832). Richard Whately, *Introductory Lectures on Political Economy* (London: John W. Parker, 1835). John Bird Sumner, *Records of the Creation* (London: J. Hatchard, 1825).

자연신학의 **도식** 내에서도, 노동분업(division of labour)은 자연적이자 섭리적인 과정으로서 인간의 아무런 계획이 없이도 사회적 연결과 결속을 보장해준다고 여겨졌다. 이와 동시에 과업을 계속해서 세분화하는 것은 자연에 대한 세분화 내지 **분석**을 위한 필수적 도구로 간주되었다. 자연은 그 성격상 공백 없이 이어지는 무한한 **연쇄**(serties)이자 모든 합리적 가능성의 충일한 실현에 해당된다고 여겨졌다. 따라서 지식은 어쨌든 정확한 측정활동, 곧 수리(數理: *mathesis*)로 간주되었고, 사건의 질서에 대한 정밀한 재현이자 실재에 대한 목적론적 적용(adaptation)으로 기대되었다.[50] 노동분업은 자연의 충일함(plenitude)에 접근하는 방식을 제공했고, 시장에서의 교환은 (그것이 "자유로운" 한에서) 사물의 유용성 내지 희소성이라는 일차원적 척도에 따라 다양한 사물을 측정하게 되었다. 이렇듯 생산과 교환의 제반 과정은 신적 의도에 따른 사회적 설계를 보여주었을 뿐 아니라 자연적 설계마저도 더 밝히 드러냈던 것이다.

"설계에 의한 논증"의 원리를 사회에 적용한 변종이 있다고 한다면, 신정론을 사회에 적용한 변종도 당연히 존재했다. 조지프 버틀러(Joseph Butler)를 비롯한 이들이 이것을 시도했는데, 이는 자기 이익이 흔히 생각하는 것만큼 반사회적이지 않음을 보여주기 위한 것이었다.[51] 비록 표면적으로는 자기 이익이 반사회적으로 비쳐진다고 해도, 그것이 간접적으로는 공공선에 기여할 수 있다는 주장이다. 소에임 제닌스(Soame Jenyns)는 범죄가 중요한 사회적 기능을 한다고 주장한 최초의 사상가로서, 이러한 범죄의 정황 속에서 아주 절묘한 신적 돌봄의 증거를 보았다.[52] 더 일반적으로는 자기애가 표출되는 다양한 양태가 결국 자기 이익을 공공의 유익으로 돌리는

50 Richard Cumberland, *A Treatise on the Laws of Nature*, trans. John Maxwell (London, 1727) p. 108. Myers, *The Soul of Modern Economic Man*, pp. 45-6. Foucault, *The Order of Things*, pp. 63-5.

51 Joseph Butler, "Sermon," in L. A. Selby-Bigge (ed.) *British Moralists* (New York: Dover, 1965) p. 201.

52 Myers, *The Soul of Modern Economic Man*, p. 71.

그와 같은 방식 안에서 상쇄된다는 주장도 있었다. 이러한 "경제원리"는 문화적 차원에서 작동할 수도 있고―따라서 샤프츠베리는 "기지(wit)는 그 자체를 치료하는 능력이 있다"고 선언했으며[53]―개인 안에서 작동할 수도 있었다―따라서 파스칼(Pascal)과 니콜(Nicole)과 도나(Donat)와 같은 이들은 격정은 격정으로, 애정은 애정으로 누그러뜨릴 수 있다는 생각을 진작에 갖고 있었다.[54] 이런 식으로 "경제적" 담론은 본래부터 신정론, 즉 "인간을 대하는 하나님의 방식을 정당화"하는 시도에 귀속되었다.

이 사실을 다른 누구보다도 밀튼 마이어스(Milton L. Myers)가 아주 잘 정리해주었다. 그렇지만 마이어스는 애덤 스미스에게서 뚜렷이 나타나는 한가지 경향을 구별해내려고 시도하는데, 그것은 곧 **다중목적의 부등발생**이라는 개념을 "자연적" 내지 "현실적"과 같은 용어를 가지고 사유하면서 최종적으로는 신학적 허구(그럼에도 결국에는 과학적 "발견"을 돕기 마련인)를 개입시키지 않으려는 경향을 가리킨다.[55] 하지만 실제로 신학 내지 형이상학의 논제가 과학과 경험의 논제로 번역되는 지점, 즉 바슐라르(Bachelard)가 말하는 "인식론적 단절"은 전혀 존재하지 않는다. 변화라고 할 만한 것은 비교적 사소한 것에 불과하다. 즉 설계를 초월적 하나님께 귀속시키는 대신에 그것을 내재적 "자연"에로 귀속시키는 쪽으로 변화한 것이다. 노동분업이 개인의 이익과 공공의 이익을 조화시키는 수단이 된다는 사실을 밝힌 것을 두고서 "과학적 발견"이라고 말하는데, 그것은 이미 자연신학자들이 주목한 것이었고 애덤 스미스는 단지 그러한 생각을 더 엄밀하게 가다듬었을 뿐이다.

스미스는 『도덕감정론』(이 책에 대해서는 앞에서 언급하였다)에서 정의에 관한 논의를 전개하는 가운데 "자연"의 역할에 대한 자신의 사유방식이 무

---

53   Shaftesbury, Earl of, *Characteristics of Men, Manners, Opinions, Times* (Indianapolis: Bobbs-Merrill, 1964).

54   Hirschman, *The Passions and the Interests*, pp. 7-67.

55   Myers, *The Soul of Modern Economic Man*, pp. 93-125.

엇인지를 분명히 밝히고 있다. 이를테면 사람들의 행동을 촉발하는 일차적 동기가 이성이 아니라 격정과 감정이므로, 그들이 부정의한 행동에 대해 징벌을 요구하는 것은 실제로 공리적 이해타산에 따른 것이 아니라고 보아야 한다. 그 반대로 인격이나 재산에 가해진 침해에 대한 "분노"의 격정이 특히나 강하다는 것이 한편에서는 확실한 사실이다. 하지만 다른 차원에서 이러한 격정이 사회체제 자체에 얼마나 긴요한가를 숙고해 본다면, 자연의 편에서 하나의 설계가 작동하고 있음을 가정해야 할 것이며, 여기서 공리적 계산자의 역할을 하는 것은 바로 자연이다. 따라서 "자연은 그 사랑스러운 돌봄"으로 "인간 사회라는 거대한 망"을 지탱해주는 것으로 보인다.[56]

스미스의 견해에 따르면 커다란 실수는 바로 감정에 속한 것을 이성에게 돌려버리므로 "사실상 신의 지혜인 것을 인간의 지혜라고 상상하는 것"이다.[57] 이 말에는 지적 노동에 대한 분과적 구분이 함축되어 있는데, 이러한 구분은 상당히 미묘한 사안이라고 하겠다. 왜냐하면 스미스는 이성보다 "동정심"에 주목하여 보고 있으며, 이것은 자연과학에서 목적인보다 작용인에 집중하는 것과 마찬가지기 때문이다. 자연과학과 마찬가지로 사회과학도 자신에게서 형이상학적 환영을 제거해야 하는데, 그러기 위해서는 사물이나 사람 안에 어떤 정해진 목표를 향한 본래적 추동이 있다고 가정하기(이는 내재적 목적론을 인과적 기제로 대체하는 것이다)를 멈추어야 한다.[58] 결과적으로 자연과 마찬가지로 사회의 최종 원인도 하나님께만 귀속된다. 그렇지만 이것이 "궁극적 목적"의 문제를 단지 과학을 벗어난 불가사의한 영역으로 넘겨버리는 것은 아니다. 그 반대로 자연에는 설계가 **존재**하고, 인간 사에는 "사회적 공리성"이 **존재**한다. 이 부인할 수 없는 명백한 사실을 더 이상 아리스토텔레스의 과학에서처럼 내재적 형식성과 목적성에 귀속시켜서는 안 된다. 그 대신에 그것을 설계자인 주체("신" 내지 "자연")의 외적 작용

56　Smith, *The Theory of Moral Sentiment*, p. 125.

57　Ibid., Part II, Section II, p. 127.

58　Ibid., pp. 126-7.

에 귀속시켜야만 한다. 여기서 **자연으로서의 신**(God-Nature)을 그저 전통적 그리스도교 사상에서처럼 이차적 원인들을 "통해서" 작동하는 일차적 내지 창조적 원인으로서 언급하는 것이 아니다. 도리어 과학에 대한 "과학적" 보충물로서 자연신학을 지목하는 셈이다. 왜냐하면 자연신학 **역시** 작용의 인과관계와 "나란히" 작동하는 일차적이고 직접적인 인과성의 차원을 추적하기 때문이다. 그렇지만 모든 궁극성과 목적을 단일 주체(자연으로서의 신)에 돌림으로써, 자연신학은 경험과학으로 하여금 자신의 영역을 추적가능하고 증명가능한 작용의 작동기제에 대한 탐구에 자유로이 한정하도록 허용한다.

스미스의 사회과학은 이러한 모델에 근거하고 있으므로, 의식적으로든 무의식적으로든 "유한화한"(finitized) 섭리(단일하면서도 특별히 강력하고 일관된 행위주체)를 포함한다. 시장을 통해 작동하는 "숨은 손"(hidden hand)은 단순한 은유 이상인데, 그 이유는 **자연으로서의 신**이 개인들에게 있어 자기 이익과 "거래의 경륜"이 그 작동을 통해 전반적 조화를 이루도록 정해놓았기 때문이다. 그렇지만 **자연으로서의 신**에 따른 "직접적" 인과관계라는 개념은 어떠한 경우에도 항상적으로 개입하는 "특수" 섭리를 의미하지 않는다. 스미스나 초기 자연신학자들 중 **아무도** 불균등한 각 결과의 발생을 보증하기 위해서 섭리적 개입이 반드시 요청된다고 보지 않았다. 오히려 항존하는 섭리적 인과성은 불균등한 성격을 띤 시장체계가 구축되고 그것이 영속화되는 과정 가운데 존재한다.

스미스는 노동분업과 시장에서의 "자유" 교환을 자연의 설계에 속한 체계로 돌리고 있으므로, 그는 본원적 축적의 현실을 외면하는 경향이 있다.[59] 대신에 그는 수렵 및 채집의 단계로부터 "상업적 단계"로 이행하는 사회사의 기본 틀이 평화적이고 "경제적"이며, 지식과 기술의 성장 및 인간

---

59 Perelman, *Classical Political Economy*, pp. 644, 127-72.

에 대한 자연의 점진적 자기표상에 상응한다고 본다.[60] 이런 식으로 정치경
제학의 "신학적" 버전은 (비록 "이단적"이기는 하지만) 자본주의를 신비화하는
경향이 있다. 이로써 마르크스가 "삼위일체 정식"이라고 불렀던 것이 스미
스에게서 나타나는데, 그것은 토지·노동·자본이라는 세 가지 "본원적" 부
의 원천이 미리 주어져 있으며, 그 각각의 요소는 그 기여도에 따라 일정한
보상을 받게 된다는 사상을 말한다.[61] 근원에서부터 존재하는 인간적 폭력
의 현실을 스미스는 언제나 제 자리를 지키고 있는 평화로운 근원들로 인
한 영속적이고 섭리적인 조작으로 바꿔어 놓는다.

그런데 스미스가 다중목적의 부등발생을 이해하는 방식을 살펴보면
거기에 일종의 섭리주의적 함축이 들어있음을 배제할 수 없다. 이것은 수리
(數理)에 관한 개념과도 연결되는데, 인간의 역사는 그 근본에 있어 이성의
점진적 확산에 비례하므로, 이는 재능과 자원의 전체 범위가 점차적으로 발
현되어가는 과정인 것이다. 겉으로 드러나는 경제적 복잡성은 그 자체가 미
려함과 양질에 대한 보증이 되기에, 그것은 인간적 산물이라기보다 "자연
적" 산물이라고 하겠다. 이러한 섭리주의로 인해 우리는 후대의 모든 사회
과학에서 그토록 큰 몫을 차지하고 있는 "불균등성"에 관한 담론 전체를 더
큰 혐의의 눈으로 바라보게 된다.

부등발생에 대한 비판

자연적 설계 내지 신정론의 관점에 따른 사회적 설명은 사회적 전체(the
social whole)에 대한 사회계약론적 해석을 대체할 만한 하나의 대안으로 등
장한다. 하지만 그것은 **여전히** 기본적으로 개인주의적 특성에 머물러 있다.

---

60 Smith, *The Wealth of Nations*, I. ii, p. 25ff, iii, pp. 31–6, V. i., p. 783.
61 Simon Clarke, *Marx, Marginalism and Modern Sociology from Adam Smith to Max Weber* (London: Macmillan, 1982) pp. 20–43.

인간 주체의 움직임은 우선적으로 **코나투스**에 의해 촉발된다고 여겨지며, 그 주체가 타인들의 입장을 고려하는 것은 그들이 오로지 사회적 연결망 내에서 가장 근접한, 즉 자기 바로 옆에 있는 경우에만 해당된다. 애덤 스미스는 "사전에 계획되지 않은 협력"(non-planned collaboration)이란 개념을 상정하는데, 이러한 사고의 이면에는 개별적인 것들이 서로 관련되지 않은 채로 출발한다고 (즉 인격과 재산은 출처가 없다고) 가정하는 일종의 허구가 자리하고 있다.

이와 마찬가지로, 스미스가 생각한 부등발생은 지식·목적·책임성 등의 주제에 관한 개인주의적 견해를 가정하고 있다. 이것들과 최종적인 사회적 결과를 절대적으로 대조시킬 수 있는데, **그 이유는** "개인적" 이유와 목적을 엄밀하게 정의하고 또 그것들을 별도로 취급하는 것이 가능하다고 여겨지는 까닭이다. 그러면서도 우리는 인간역사에 직접적으로 현존하는 영적 인과력(causal power)의 "증명"을 위한 여지를 남겨두는데, 이 영적 인과력은 중세사상에서 말하는 "최종적 원인"처럼 인간의 여러 행동을 하나로 묶어내면서도 그것을 통해 작용하지 않는다. 그렇지만 그와 같은 사적인 이유와 목적을 상정하는 것이 가능한 까닭은 개인들이 언어 내부에 이미 사회적으로 자리잡고 있기 때문이며, 여기에 한 가지 이유를 덧붙이자면, 앞으로 살펴보겠지만, 사회적 결과란 "항상 이미 존재하는" 것임을 깨달음으로써 사회적 전체에 대한 문제의식을 심화시켜 온 것이 바로 "사회학"을 형성하는 하나의 뿌리가 되는 까닭이다. 이렇듯 개인적 이유와 목적이 언제나 사회적 의미를 띠기 마련이라고 한다면, 그 개인적 동기는 사회적 상호작용에 관한 (비록 비확정적이기는 하지만) 어떤 집단적 규범과 양식에 이미 호소하고 있는 셈이다.

게다가 상상력을 통해 한 개인의 내적 의식을 들여다 본다고 해서 그의 "진정한" 목적이 무엇인지에 대한 질문에 답변할 수는 없다. 그 개인 자신도 자기가 "진정"으로 생각하거나 의도하는 것이 무엇인지를 이런 방식으로 알 수가 없고, 단지 자신의 사고와 의견이 어디로 향하는지 추측하는 것만이 가능하다. 다중목적의 부등발생을 취급하는 또 다른 스코틀랜드 철학자, 곧 애덤 퍼거슨의 논의에 따르면, 사회적 결과가 지니는 "사전에 계획되지 않은" 특성은 **개별적**(individual) 작업과 행동이 지닌 "사전에 계획되지 않은" 특성과 궤를 같이하는 것으로 보인다.[62] 애덤 스미스가 인간의 계획적 본성에 뚜렷이 대비되는 "맹목적" 본능이 지닌 이중성을 다루는 반면에, 퍼거슨은 모든 이성은 "기획들"(projects)로 구성된다고 암시하는데, 여기서 기획이란 지식에 앞서 먼저 행동하고 그 후에야 우리가 행한 것이 정확히 무엇인지 알게 되는 것을 말한다. 사회적 결과란 서로 경쟁하기도 하고 협력하기도 하는 다양한 기획들이 빚어내는 최종 산물이지만, 사회적 부등발생이란 개인의 이성에 고유한 부등발생을 단지 확대시킨 것에 불과하다. 지암바티스타 비코에 있어서도, 지식은 "작위에 대해서"(of the made) 성립한다는 그의 견해와 계획되지 않은(unplanned) 사회적 결과에 대한 그의 설명 간에 일종의 연속성이 있다고 하겠다. 이 두 경우 모두에서 사회이론은 바로크적 **포에시스**를 고려하는 것으로 보이는데, 이 말은 제작에 있어서 동기나 의지나 계획이 구체적 실행보다 선행하지 않을 뿐 아니라, 이상성(ideality)과 목적론적 지향마저도 행동 내지 작품의 형태화(shaping)와 더불어 출현함을 의미한다.[63]

만일 이런 식으로 개별적 의도라는 것을 하나의 기획이 점차 형태를 갖추는 것과 더불어 부상하는 것으로 이해한다면, "고의적" 의도를 하나의 행위에 내포된 잠재적 "경향"으로부터 구별하기가 그다지 녹록치 않은 일이 된다. 그리하여 가령 어떤 자본가가 규칙이 지배하는 체계 내에서 자기이득(self-gain)을 추구한다고 하면, 그는 그러한 체계에 대해 그리고 그 안에서 살아가는 자신과 같은 성격의 사람들에 대해 자신이 욕망하는 바가 무엇인지 늘 구체적으로 고민하게 된다.

---

62 Ferguson, *An Essay*, pp. 1-16.
63 Vico, *On the Most Ancient Wisdom of the Italians*, ch. 1, pp. 45-7. *The New Science*, paras. 341-2. 본서의 1장을 보라.

다중목적의 부등발생이 사회적 양상을 기술하는 근본적 방식인 것처럼 비쳐질 수 있는데, 그 이유는 누구라도 자신이 기획하는 것의 배후에 어떤 의도를 가진 하나의 동작주가 자리잡고 있다고 상상하기 때문이다. 그렇지만 그 동작주가 실제로 하나의 동작주가 되는 것은 바로 그 누군가의 기획으로 말미암는 것이다. 가장 기본적인 선택지들 가운데 실제로 어떠한 선택이 일어나는지는 개인적 차원에서는 드러나지 않지만, 사회적 담론의 맥락 안에서는 잘 드러난다. 이런 사실을 오롯이 망각한 상태에서만, 사적인 감정들과 "자연의" 설계라는 관점에서 분할하기도 하고 지배하기도 하는 이른바 경제 "과학"에 대해 왈가왈부할 수 있다.

하지만 이런 사실을 일단 인정하게 되면, 인간의 모든 역사를 근본적으로 결정하는 "경제적" 차원에 대해 더는 언급할 수 없을 뿐 아니라 (원래 "의식적"이지도 않은) 인간의 목적을 자연이나 이성이나 섭리의 측면과 분리시켜서 이해할 수도 없게 된다. 그 어떤 자연법적 절차를 동원해서라도 시작점과 종결부 사이에 다리를 놓아야 할 그러한 간극이 애초부터 존재치 않는다. 왜냐하면 오로지 개념 정의에 의해서만 목적지는 출발점과 "다른" 것이 되기 때문이다. 물론 출발점이라는 말 자체에 그것이 목적지에 이르는 길이라는 생각이 이미 내포되어 있음을 감안해야 할 것이다.

신학적 맬서스주의

"신이교적"(neo-pagan) 형태의 정치경제학에서 발생한 것은 탈윤리화라기보다는 덕성과 마키아벨리적 **비르투** 간의 동일시다. 반면에 신학적 "이단"의 형태에서는 탈윤리화와 관련된 것이 **더 많이** 존재한다. 그 이유는 여기서 초월을 거론하는 목적이 사회적 선택에 대한 형이상학적 객관성이나 일종의 내재적 목적론을 확보하기 위함이 아니라 오히려 사회적 전체를 설명하면서 개개의 사회적 병폐가 만연하는 것을 "정당화"하기 위한 것이기 때문이다. 이러한 사회적 병폐들을 전통적 교의학(dogmatic theology)의 관점에서 인간의 자유의지에 따른 타락의 결과로서 설명하는 대신에, 이제 그것들은 그때까지 알려진 자연의 질서 중에서 "자연적 재앙"에 귀속되고 따라서 신정론의 관점에서 설명해야 할 대상으로 간주된다.

맬서스의 노선을 따르는 정치경제학은 스코틀랜드 사상가들이 보여준 인도주의적 관심을 완전히 떠났을 뿐 아니라 곤궁한 이웃에 대한 즉각적 책임의 문제에 대해서도 애덤 스미스에 훨씬 못미치는 무관심한 태도를 취했다고 하는데, 이와 같은 인식은 대체로 정확하다고 하겠다.[64] 그렇지만 이러한 후기-맬서스적 정치경제학은 신정론과 모종의 관계를 지속하고 있으며, 그 윤리적 무관심은 그것을 정당화하는 더욱 왜곡된 견해와 더불어 빠르게 확산되어 나간다. 더 나아가 새로운 후기-맬서스적 신정론에 따라 자연신학과 "복음주의적" 덕목 간에 모종의 이념적 결합이 생겨나는데, 여기서 말하는 복음주의적 덕목이란 사회적 관심사보다는 자기계발에 관련된 것이다.

후기-맬서스적 정치경제학은 18세기 정치경제학과 두 가지 면에서 차이를 보인다. 첫 번째로 18세기 경제학은 교환에 집중하면서 가격·지대·이윤·자본·임금 등의 다양한 요인들 상호간에 순환적 결정구조가 있다고 가르쳤던 반면에, 후기-맬서스적 경제학은 "단일인과적"이라고 하겠는데, 그 이유는 그것이 일차적 인과요인을 토지의 비옥함에 부여하였거나(맬서스의 경우), 아니면 토지의 비옥함과 노동생산성에 부여했기(리카르도의 경우) 때문이다.[65] 이렇듯 이들 경제이론가의 입장에서 보면 부의 궁극적 결정요인은 인구 대비 식량의 비율 및 (리카르도의 경우에는 특별히) 노동력의 재생산

64   Gertrude Himmelfarb, *England in the Early Industrial Age* (London: Faber and Faber, 1984) pp. 23-41, 100-32.

65   David Ricardo, "On the principles of political economy and taxation," in P. Sraffa (ed.) *Works and Correspondence*, vol. 1, pp. 49-51, 126-7. Foucault, *The Order of Things*, pp. 253-63. Alessandro Roncaglia, "Hollander's Ricardo," in Giovanni A. Caravale (ed.) *The Legacy of Ricardo* (Oxford: Blackwell, 1985).

가능성에 달려 있었다. 두 번째 차이는 18세기식 낙관주의를 거부하는 데서 찾을 수 있다. 애덤 스미스를 비롯한 이들은 무제한적 성장을 전망했던 반면에, 맬서스와 리카르도는 수요의 하락·토지 비옥도의 감소·인구과잉의 측면에서 성장에 대한 절대적 한계치를 확인하였다.[66]

이러한 변화는 일종의 "인식론적 전환"의 성격을 띤 것이기에, 그것이 왜 일어났는지 설명하기가 사실상 쉽지 않다. 과연 무엇이 맬서스로 하여금 인구는 기하급수적으로 증가하는 반면에 식량공급은 기껏해야 산술급수적으로 증가할 뿐이라는 독단적 주장을 개진토록 하였는지를 밝혀줄 만한 별다른 증거가 남아있지 않다. 사실 새로운 정치경제학은 빈민구제가 "여분의 입"을 증가시킬 뿐이라고 주장하면서 빈민구제에 대한 규제를 정당화하였지만, 이러한 규제를 옹호하는 다른 이념적 논거들은 스튜어트와 같은 초기 이론가들에게서 얼마든지 찾아볼 수 있다. 그 새로운 사상이 농업자본주의에 우선권을 부여하려고 했던 "자유주의적 토리당"(liberal Tories)의 철학과 맞아떨어지는 것도 사실이지만, 다른 한편으로 농촌의 발전에 집중할 것을 주장하는 중농주의 전통에 속한 초기 사상들을 참조하는 것도 이론상으로는 얼마든지 가능했다.[67]

미셸 푸코는 그 변화를 더 광범위한 지적 변혁의 측면에서 해석할 필요가 있음을 시사한다.[68] 18세기의 "고전적" 인식(*episteme*)에서는 언어기호와 경제교환이 무한히 수렴하면서 자연의 질서를 "표상"(represent)하는 반면에, 이제는 인간의 지식으로 "사물"에 대한 궁극적 접근이 불가능해짐에 따라 두 영역 사이에 칸트가 말한 것과 같은 **간극**(*hiatus*)이 설정된다. 맬서스와 리카르도가 보기에 자연에 대한 인간의 교섭은 표상(representation)과 분류(classification)의 영역에 있는 것이 아니라 성장 및 물질적 변형의 과정에 대한 직접적 참여에 관계된다. "표상"이 완결되는 데는 **시간**이 걸림에

66   Ricardo, *On the Principles of Political Economy and Taxation*, pp. 67ff, 106-7.

67   Foucault, *The Order of Things*, pp. 256-7. Himmelfarb, *England in the Early Industrial Age*, p. 131.

68   Foucault, *The Order of Things*, p. 217ff.

따라 부와 지식이 그러한 분류 상에서 역사적 진보와 연결되었고, 또한 생산과도 연결(이 점은 푸코의 생각에 추가된 것이다)되었다고 하지만, 이것은 실제로 자연적 **공간**에 대한 무한한 분석 내지 점진적 횡단과정으로 여겨졌다. 그렇지만 지식이란 것이 생필품을 생산하는 노동을 수단 삼아 "발달해" 간다고 볼 경우에는 이러한 시간적 초점에 따라 유한성에, 즉 성장의 막바지인 죽음과 생산의 한계치인 지력고갈에 최우선적 중요성이 부여되기도 한다(나는 푸코가 암시한 것처럼 **반드시** 그래야 한다고 생각지는 않는다). 이와 마찬가지로 근본 "가치"는 (리카르도가 말한 것처럼) 노동이라고 이해되지만, 이것은 시장에서 생산품의 가격에 따라 결정되는 노동가치가 아니라 생산품 안에 직접적으로 "체현된" 노동가치를 말한다.[69] 따라서 가치는 보다 더 고정되고 유한할 뿐 아니라 여타의 경제적 구성요소들을 결정하는 요인으로 화한다.

푸코의 견해에 따르면 "표상"은 존속하지만, 더 이상 자연에 대한 표상이 아니라 이제는 인간 주체성의 근본 특징에 대한 표상인 것이다. 리카르도에게 있어 "인간"은 노동하는 동물로서 표상되고, 맬서스에게서는 속절없이 죽음에 맞서야 하는 피조물로서 표상되지만, 그럼에도 불구하고 이러한 표상에 힘입어 인간은 "영적" 존재로서 부상하게 된다.

맬서스는 『인구론』(*The Principle of Population*) 초판의 말미에서 자신의 인간론에 대해 상술하는데, 거기서 그는 하나님이 부의 증가가 종국적으로 인간의 생존에 맞추어지지 않도록 해 놓으셨다고 말하면서 그러한 하나님의 섭리를 정당화한다.[70] 맬서스식의 "과학적" 이론이 자애로우신 하나님에 대한 그리스도교적 신념을 문제삼는 것은—비록 그 문제가 그 이론의 마지막에 등장하는 신정론적 사상에 의해 극복된다고 하더라도—너무나도 명백해 보인다. 여기서 맬서스는 생존에 대한 두려움에 끊임없이 박차를 가하

---

69 Clarke, *Marx, Maginalism and Modern Sociology*, p. 39ff.

70 Thomas Malthus, *An Essay on the Principles of Population* (Harmondsworth: Penguin, 1978), pp. 200-17. 이서행 옮김, 『인구론』(동서문화사, 2016).

는 것만이 선천적으로 나태한 물질로부터 하나의 "영적" 존재를 점진적으로 정제해내는 것임을 시사한다. 그는 (상당히 이원론적 시각에서) 시사하기를, 그냥 물질에 빠지는 것은 문자 그대로 "지옥"이지만 오직 물질과 유한성에 맞서 절망적임에도 불구하고 꾸준히 투쟁하는 것만이 "영혼"을 살려내고 영적 탄력을 소생케 한다고 말한다. 만약에 난관과 "악폐"와 유혹을 극복할 필요가 없었다면 이 세상에 진정한 덕은 존재할 수 없었을 것이다.[71]

『인구론』의 제2판과 그것을 축약한『요약된 견해』(Summary View)에서는 신정론을 다루는 단락이 누락되고 그 대신에 인구재앙을 피하는 수단으로 성적 금욕과 가정 경제를 강조하는 내용이 새롭게 추가되었다.[72] 거트루드 힘멜파브(Gertrude Himmelfarb)와 같은 연구자들이 보기에 이러한 두 변화는 서로 연관된 것으로 보이며, 현실적 낙관주의가 부상함에 따라 신정론이 불필요해진 것으로 여겨진다.[73] 그러나 인구에 관한 "자연 법칙"이 인간의 노력을 장려한다는 점에서 유익하다는 생각은 그의 후기의 저술에서 **결코** 사라지지 않는다. 그 대신 새로운 낙관론은 기존의 신정론에 새로운 주제를 더해주었는데, 성적 자기 절제가 신적 섭리에 따라 장려될 뿐 아니라, 이러한 덕목이 현세의 삶에서도 보다 즉각적으로 보상받는다는 점이 부각된다.[74] 맬서스를 추종하는 스코틀랜드의 성직자인 토머스 차머스(Thomas Chalmers)가 새로운 상대적 낙관주의와 **더불어** 변형된 신정론을 받아들인 것은 주목할 만하다.[75] 맬서스와 차머스는 성적 절제와 경제적 "절약"이 사회적으로 유익한 기능을 한다고 보면서, 아울러 검소함(frugality)을 자기 절제와 계획적 생활의 일면으로 높이 평가하는 가운데 이것들이야말로 덕성

---

71 Ibid., pp. 209, 214.

72 Malthus, "A summary view of the principles of population," in *The Principles of Population*, pp. 212-72.

73 Himmelfarb, *England in the Early Industrial Age*, p. 118.

74 Malthus, "A summary view of the principles of population," in *The Principles of Population*, pp. 271-2.

75 Chalmers, *On Political Economy*, pp. 551-66. *The Application of Christianity to the Commercial and Ordinary Affairs of Life* (Glasgow: Chalmers and Collins, 1820) pp. 67-102, 248-78.

의 정수에 속하는 것이라고 간주한다.[76]

이로 미루어 볼 때, 맬서스주의를 "거꾸로" 읽는 것이 더 그럴듯해 보인다. 은밀히 말해서 그것은 염세주의적 과학을 장려하는 새로운 신정론에서 풍겨나는 매력이지, 겉으로 보이는 대로 이러한 염세주의를 "보완하는" 그러한 신정론에서 기인하는 것이 **아니다**. 그렇다면 **왜** 맬서스를 애덤 스미스의 낙관론에 대조시키겠는가? 그 대답은 스미스식의 신정론은 끝없는 쾌락주의와 사치스러움을 정당화하는 방향으로 경도된 것이 너무나도 분명할 뿐 아니라 장기적으로 선한 결과를 가져오는 진보만을 인간의 유일한 운명으로 상정했다는 것이다. 따라서 맬서스가 주요 공격대상으로 삼은 것은 고드윈(Godwin)이었는데, 그는 일종의 유한한 불멸성에 관한 전망을 개진했었다.[77] 그렇지만 맬서스식의 신정론은 자연을 궁극적으로 덧없고 심지어 혼돈스러운 것으로 간주하므로, "장기적 결과"마저도 천국 영생을 위한 개별 영혼의 준비와 동일시한다.[78] 맬서스의 사상은 18세기의 사상보다 훨씬 더 두드러지게 "부르주아적"이며, 따라서 맬서스는 자연과 사회 속에 "상층"과 "하층"이 있는 이유는 바로 균형자인 중간 영역이 존재토록 하기 위함이라고 말한다. 이 중간 영역은 사회적 견지에서 볼 때 완전히 절망상태도 아니고 그렇다고 지나치게 안일하지도 않는 그러한 계급을 의미한다.[79] 이렇듯 『인구론』을 자세히 살펴보면, 그 초판에서부터 맬서스가 "영적 성장"(soul formation)을 일정 정도의 현세적 안정성 및 세속적 성공과 연계시키는 것을 알게 된다.

이렇듯 맬서스주의를 "거꾸로" 읽어가면서 신정론적 요소를 부각시키다보면, 19세기 초에 발생한 인식적 전환(epistemic shift)에 대해 더 개연

---

76   Malthus, "A summary view of the principles of population," in *The Principles of Population*, p. 271. Chalmers, *The Application of Christianity*, pp. 9-67.

77   Malthus, *The Principles of Population*, pp. 132-82.

78   Ibid., pp. 200-8.

79   Ibid., pp. 206-7.

성 있는 조망을 얻게 된다. 이 새로운 이데올로기에 힘입어 정치경제학은 더 광범위하게 확산되는데, 그 이유는 그것이 국가 내지 세계 전체의 보편적 복지를 추구하는 "고등 정책"에 더 이상 우선적인 관심을 두지 않기 때문이다. 보편적 복지를 중시하는 관점에서 보면, 빈곤이든, 근면이든, 소비든 그 자체가 특별히 칭찬이나 거리낌의 대상이 되지 않는다. 그렇지만 맬서스주의의 입장에서 보면, 근면하고 검소한 인간형이야말로 그 체계가 기대하는 바람직한 산물이므로, 사람들은 상당한 노력과 시간을 들여서 스스로를 향상시킬 책임이 있다. 그 새로운 정치경제학은 전반적으로 기능론적이고 신정론적인 틀에 의거하고 있었으므로, 특정 덕목의 즉각적 발현에 새로운 중요성을 부여하였다. 이리하여 맬서스주의는 존 버드 섬너(John Bird Sumner) 대주교와 토머스 차머스를 비롯한 복음주의적 성직자들을 통해 즉시 대중화될 수 있었다. 이에 따라 부는 무제한적이고 프로메테우스적인 지식의 확대와 더 이상 관련되지 않았고, 그 대신에 오로지 "실천적 이성"을 증진시켰는데, 이 실천적 이성은 그럼에도 불구하고 여전히 (칸트에서처럼) 초월과 연계되어 있었다. 이렇듯 맬서스주의는 인간을 엄격하고도 분명한 한계점의 견지에서 정의하려 한다는 점에서 일종의 도덕적 경건주의 신학이라고 하겠다. 비록 그 신정론적 측면으로 인해 유한성과 관련된 새로운 과학적 발견만을 중시하는 것처럼 **비쳐질지라도** 말이다.

이렇듯 (적어도 영국과 미국에서 발생한) 인식적 전환의 중심에는 자연신학과 칼뱅주의 내지 복음주의 노동윤리 간의 새로운 관계개선 (*rapprochement*)이 자리잡고 있다. 베버가 밝혀낸 "현세적 금욕주의"(this worldly asceticism)가 시장경제 및 임금노동 의존도를 의도적으로 촉진시킬 만큼 강력하지는 못했는데, 그 까닭은 칼뱅주의가 전체 체계의 작동에 관심을 두지 않았으며, 설령 17세기 청교도들처럼 관심을 가졌다 하더라도, "인간 상태의 개선"에 일종의 종말론적 가치를 부여하는 정도에 그쳤기 때문이며, 그 종말론적 가치란 것도 그나마 "공공선"과 빈곤구제의 의무와 만인에 대한 재능 및 덕성의 촉진 등과 같은 전통적 관념의 수준에 머물러 있었기 때문이다.[80] 그 와중에도 토머스 차머스는 맬서스의 노선을 따라 신정론의 여러 주제를 선민에게 부과된 영적 훈련이라는 생각과 결합시킨다. 모든 자연신학자가 그러하듯 차머스는 하나님이 인간적 이기심의 토대 위에 "미려한 질서"를 세운다고 말하면서도, 모든 종교와 문화에 공통된 "보편적 덕목"에 해당되는 자비와 용서의 가치를 가차없이 무시해버린다.[81] 이와 대조되는 자기 이익의 태도야말로 성적 절제·금주·시간엄수·규율·안식일 준수 등 차머스가 **그리스도교에 고유한** 것으로 간주하는 덕목의 계발에 오히려 더 잘 부합된다(!) 이렇듯 신정론과 칼뱅주의적 노동윤리를 결합시켰다는 점에서 차머스는 진작에 "베버식 사회주의자"로 불릴만하다―말하자면 그는 사람들이 세속적 이유들 때문에 이러한 덕목을 실천하는 것은 아니지만 그럼에도 그것이 세속적 효과를 거두고 있음을 발견한 셈이다.[82] 이러한 덕목은 특별한 의도가 없이도 시장체계를 유지시켜 주는데, 그 시장체계가 섭리적으로 지향하는 목표는 역으로 그러한 덕목을 재생산한다. 이런 식으로 해서 부와 교환의 확대라는 "헛된 수고"(frivolity)가 이제는 더 이상 섭리적 목표로 간주되는 것이 아니라, 다만 청교도적 성실함이라는 최종 목표를 향한 수단으로 여겨지기에 이른다.

맬서스식의 염세주의와 유한성의 사상이 참으로 근거가 박약한 것이었으며, 따라서 신정론에 좌지우지될 수밖에 없었음을 일단 알게 되면, 차머스의 사회이론은 당대의 과학에 대한 그리스도교적 적응이 아니라, 그리스도교적 덕성에 대한 이단적 재 정의 내지 목적에 의해 수단을 정당화하는 이단적 태도에 불과한 것으로 드러난다. 경제적 신정론과 결합된 복음주의는 하나님과 세계를 넓은 시각에서 이론적으로 관조하는 것을 배제하는, 이른바 편협하고 개인주의적인 실천이성에 초점을 맞추고 있었다―이와 같은 개인주의적 복음주의는 구원의 보증물이 되는 확실한 계시적 자료

80 Charles Webster, *The Great Instauration* (London: Duckworth, 1975) pp. 324–484.
81 Chalmers, *The Application of Christianity*, pp. 37–102.
82 Ibid., pp. 102–43.

만을 수용하는 단순한 태도로 고착될 뿐이다. 그렇지만 이와 같은 (경제적 신정론과 복음주의 간의) 기묘한 결합은 맬서스를 넘어서 지금까지도 존속하는 자본주의를 그 배후에서 정당화하는 기능을 계속하고 있다. 실로 이렇듯 저급하고 보잘 것 없는 이단사설이 오늘날 그리스도교의 대변자 역할을 점차 증대시키고 있으며, 더 나아가 영미권의 사회적 현실을 재단하는 데 일조하기까지 한다.

정치경제학은 도덕적 입장을 고려하는 가운데 경제적 제반 관계의 형식적 측면을 추상화하여 탐구했던 하나의 해방된 세속 학문이 아니었다고 결론내릴 수 있겠다. 도리어 그것은 도덕과는 상관없는 형식적 메커니즘의 형성을 구상하고 또한 촉진함으로써 세속의 성립을 허용했을 뿐 아니라 세속의 보존과 지배에도 일조했다. 이렇듯 정치경제학을 은폐하고 있는 "새로운 과학"이라는 가면을 벗겨내고 나면, 그것이 경쟁법칙이자 신정론이자 그리스도교적 덕성에 대한 이단적 재 정의에 불과함을 알게 된다.

제2부

신학과 실증주의

제3장

사회학 I : 말브랑슈에서 뒤르켐까지

도입

자유주의 담론은 고립된 채로 자기보존을 추구하는 개인을 전제한다. 그러
한 개인들의 상호관계로부터 연역된 정치부문과 경제부문은 하나의 인공
적인 구성물 내지 섭리의 "간교한" 작동으로 간주되어야 했다. 둘 중 어느
경우에나 그러한 집단적 구조가 개인과 관계되는 방식은 부정적이고 간접
적인 것이었다.

　19세기에 프랑스를 필두로 새로운 "실증적" 담론이 발생했다. 이 담
론은 하나의 환원할 수 없는 "사실"로서 개인뿐 아니라 "사회적 전체" 내
지 "사회적 유기체"를 전제했다. 정치부문 및 경제부문과는 달리 "사회부
문"(the social)은 굳이 연역의 대상이 될 필요가 없었다. 대신에 그것은 그 모
든 측정할 수 없는 유한성과 더불어 이미 주어진 소여(所與)로 간주될 뿐이
었다. 새로운 대상인 "사회"(society)에 초점을 두었던 새로운 과학적 접근법
은 자유주의가 정치와 경제 현상을 설명하려고 했던 것처럼 사회적 현상을
설명하려고 했던 것이 아니라, 그 대신에 사회적인 것을 하나의 **실증적 소
여**(positive *datum*)로 확인하고 기술하면서 **기타** 인간적 현상을 이러한 일반
적 사실성(facticity)과 관련해서 설명하고자 했다. 자유주의와는 대조적으

로, 집단적 질서에 대해 개인이 맺고 있는 도덕적 관계 역시 실증적인 것으로 단언하였다. 이를테면 개인은 자신의 목표와 가치관을 이미 집단적 목표를 내포한 기존의 "사회" 질서로부터 도출한다고 보았던 것이다.

"사회학"(sociology)은 실증주의의 권역 내에서 출현했다. 그렇지만 동일한 권역 내에서, 역사적으로 앞선 시기에 새로운 종류의 사회 신학(social theology)도 출현했다. 프랑스 혁명이 지나간 뒤에 다양한 가톨릭 사상가들은 세속 정치의 가능성을 부인했는데, 이러한 주장은 정치란 하나님이 직접 계시하거나 창조하신 "사회" 질서를 기반으로 한다는 생각에 그 근거를 두고 있었다. 이와 같은 결론은 반계몽주의적(obscurantist) 입장에서 자유주의적 계몽의 진전을 일시적으로나마 막아서는 행위가 결코 아니었다. 도리어 그것은 세속의 사회과학이 직면한 심각한 이율배반, 즉 인간이 사회를 구성하는가 아니면 사회가 인간을 구성하는가 하는 문제를 해결하고자 하는 새로운 시도를 대변했다. 이러한 이율배반을 해결하기 위한 첫째 방안은 "경제적"인 것으로서, 정치적 현실은 인간이 만든 것이라는 생각에 입각한 과학적 정치학을 보완하기 위해서 섭리의 개념을 재도입한 것이다. 그렇지만 새로 등장한 "사회" 신학은 새로운 해결책을 제시했다. 사회 신학의 입장에서 볼 때, 개인이 언제나 사회 안에 이미 자리하고 있음이 사실이라면, 사회를 하나의 **인공물**(artificium)이나 섭리적 설계에 의해 좌우되는 비의도적 결과물이라기보다는 하나님의 원창조의 한 측면이라고 사유하는 것이 타당해 보인다.

실증주의적 담론은 신을 사회적 실재의 "직접적" 원인으로 거론함으로써 정치경제학보다 진일보한 측면이 있다고 하겠다. 하지만 역설적으로, 바로 이와 동일한 담론 내에서 뚜렷하게 세속적이고 탈신학적인 이데올로기가 최초로 출현했으니, 그것은 콩트(Comte)의 사회학이며 그 후에 나타난 뒤르켐(Durkheim)의 사회학이다. 본 제3장에서 나는 세속주의적 역전(secularist reversal)에도 불구하고 "사회 신학"과 "사회학" 간에는 방법론과 형이상학적 전제의 측면에 있어 근본적 연속성이 존재함을 보여줄 것이다.

반혁명적 가톨릭이 보기에 "사회부문"은 하나님이 직접 창조하셨거
나 계시하신 것이지만, 콩트나 뒤르켐에 있어서 그것은 자연이 준 선물이므
로 자연의 통제 대상이 되었다. 하지만 사회학은 이 사회부문이라는 범주를
모든 종교적 현상을 설명·축소·재정의하는 데 사용하게 될 것이다. 여기에
더 심한 역설이 존재하는데, 말하자면 사회학이 종교에 대해 설명하거나 심
지어 종교를 조명할 수 있는 것은 자기가 신학으로부터 적잖은 것을 빌려
와서 스스로 유사종교적 지위를 갖는다는 사실을 은폐하는 한에서만 가능
하다는 것이다. "사회는 신이다"라는 명제는 "사회는 신의 현존"이라는 식
으로 읽게끔 언제라도 해체될 수 있으며, 따라서 자연주의적 실증주의와 신
학적 실증주의 간에 어느 것 하나를 반드시 결정해야 할 이유는 없다. 나의
견해는 물론 두 형태의 실증주의 중 어느 것도 흔쾌히 받아들일 필요가 전
혀 없다는 것이다.

계몽주의 이후의 사회학

최근 들어 사회학 특히 프랑스판 사회학이 반계몽주의의 직접적 산물인지
아니면 계몽주의의 간접적 산물인지에 대해 상당한 논의가 진행되었다.[1]
앤서니 기든스(Anthony Giddens)와 스티븐 세이드먼(Steven Seidman)은 사회
학이 계몽주의의 목표 및 자유주의의 가치관과 본질적 연속성을 갖는다고
주장한다.[2] 이들은 뒤르켐이 칸트와 신칸트주의자들에게 빚지고 있을 뿐
아니라, 역사적 상황성 및 상대성에 대한 몽테스키외(Montesquieu), 튀르고
(Turgot) 및 스코틀랜드 사상가들과 관심을 공유하고 있으며, 이들의 저술에

---

1   Robert Nisbet, *The Sociological Tradition* (London: Heinemann, 1966). Alan Swingewood, *A
     Short History of Sociological Thought* (London: Macmillan, 1984).

2   Anthony Giddens, "Four myths in the history of social thought," in *Studies in Social and Political
     Theory* (New York: Basic Books, 1977). Steven Seidman, *Liberalism and the Origins of European
     Social Theory* (Oxford: Blackwell, 1983) pp. 21-77.

나타난 인간의 "진보"와 관련된 몇몇 조류에 대한 비관주의의 요소도 포함하고 있음을 지적한다.

이 모든 지적은 사실이다. 그러나 그것에 대해 전반적인 맥락 속에서 고려할 필요가 있다. 19세기 전체를 통틀어서, 가톨릭과 세속 사상가 모두에 있어 실증주의와 자유주의적 요소 간의 점진적 통합의 추세가 있었다. 하지만 특별히 뒤르켐의 "사회학적" 요소는, 우리가 나중에 살펴보겠지만, 실증주의적 전통과 연결되어 있다. 18세기 작가들의 사유 속에 존재한다고 공인된 역사주의적 요소를 두고서, 그것이 사회학의 "전조"가 된다는 식으로 이해하는 것은 사회학의 정체성에 대한 질문을 시대착오적으로 회피하는 것에 해당된다. 몽테스키외, 비코, 퍼거슨과 같은 사상가들은 한 민족의 역사 속에 일정 시기에 있어서 법률과 언어와 관습이 지닌 성격과 사회적 분업 간에 모종의 연관관계가 존재하는 방식에 대해 분명히 관심을 갖고 있었다. 하지만 이들 법학자들이 인문주의적 관심을 이렇듯 다방면에 확장시킨 것은 이러한 요소들이 맺고 있는 연관관계를 일반적 차원에서 밝히려는 시도에 불과하다. 이들은 사회학에서 하는 것처럼 몇몇 문화 현상 간의 "항상적 병존"(constant concomitance)을 관찰하는 방식을 채택하지 않았고, 이를 통해 이러한 병존을 그 현상 자체보다 근본적인 사회적 전체에 대해 갖는 기능의 관점에서 "설명"하려고 하지도 않았다. "사회적 법칙"을 정교화하려는 그들의 사고 속에 어떤 요소가 있었다고 한다면, 그것은 바로 사회를 그 지배 형태에 따라 소수의 통치·다수의 통치·단일 인물의 통치로 구분하는 고전적 정치 유형에 대한 착종과 관계될 뿐이었다. 이들이 말하는 일반적 연관관계는 바로 이러한 유형론적 틀에 맞아 떨어진다. 아울러 일정 정도의 사회적 예측을 시도한다고 해도 그것은 폴리비우스적(Polybian) 역사관, 즉 소수의 귀족정이 다수가 통치하는 공화정으로 이어지지만, 그것은 이내 **덕성**의 상실 내지 무정부적 해체라는 위협에 직면하기 마련이라는 식의 순환론적 틀에서나 가능한 이야기일 뿐이다. 이러한 위기에 대한 해결책은 군주정(비코의 경우)일 수 있고, 몽테스키외의 경우에는 (우리가 앞서 살펴보았듯이) 그 해결책이 덕성을 배제한 채로 영예와 자기 이익의 "경영"(economy)을 동원하는 절대주의적 통치로 구체화되었다.[3] 따라서 생시몽(Saint-Simon)은 몽테스키외를 그저 "산업적" 내지 "경영적" 철학자로서 분류하였을 뿐, 반혁명적 가톨릭 사상가들과 같이 **체계**(système)에 관심을 가진 철학자는 아니라고 보았다.[4]

말하자면 실증주의는 개인적 덕성의 실천을 통해서 집단적 상식을 수호하는 것이나, 정치적 공화제가 독재 내지 경제적 체제로 교체될 가능성에 관심하는 그러한 철학은 아니었던 것이다. 그 대신에 실증주의는 그 어떤 정치나 개인적 차원의 의식화(prise de conscience)에 선행하는 하나의 사회적 **체계**(덕성이라든가 행동을 위한 목표설정에 **앞서** 존재하는 일단의 사회적 사실이나 규범들)를 식별하려고 한다. "사회"라고 불리는 선행하는 집단성은 공화국과는 달리 실제로 사라지거나 다른 무엇으로 대체될 수 없는 것이었다. 따라서 반혁명적 사상가들의 가정에 따르면, 프랑스 대혁명이 자유주의적 부정성(negativity)이 지닌 광기로 말미암아 가족적 위계나 절대 군주권과 같은 사회의 실증적 토대를 송두리째 부정했음에도 불구하고 사회부문은 혁명이 야기한 유혈사태의 와중에도 스스로의 존재감을 드러냈는데, 그러한 유혈의 참상은 실증적 **체계**를 다시금 새롭게 인식함으로써만 종식될 수 있었다.[5] 사회학에서 말하는 "사회부문"은 근본적으로 비역사적 범주로서 출현하여 그렇게 존속하는 것이다. 따라서 계몽주의적 역사주의를 사회학의 선구적 형태를 보여주는 증거로 삼아서 거기에 호소하는 것은 타당성이

---

3   본서의 2장을 보라. 비코(G. Vico)에 대한 신뢰할 만한 해설로는 다음을 보라. Robert Miner, *Vico: Genealogist of Modernity* (Notre Dame, IN: Notre Dame University Press, 2002). 아울러 *Truth in the Making: Creative Knowledge in Theology and Philosophy* (London: Routledge, 2004). 또한 John Milbank, *The Religious Dimension in the Thought of Giambattista Vico*, 2 vols. (Lewiston, NY: Edwin Mellen, 1991-2).

4   Henri Gouhier, *La Jeunesse d'Auguste Comte et la Formation du Positivisme* (Paris: J. Vrin, 1964) tome III, pp. 149, 156.

5   Joseph de Maistre, *Considerations on France*, trans. G. Lebrun (Montreal: McGill, 1974) pp. 59-61. *Essai sur le Principe Générateur des Constitutions Politiques* (Lyon: Pélagaud, 1851) p. 84. Henri Gouhier, *La Jeunesse d'Auguste Comte*, tome III, pp. 404, 156.

없다고 하겠다.

마찬가지로 사회학적 "비관주의"(근대사회의 해체·소외·아노미적 경향성에 대한 사회학적 인식)를 **철학자들**(*philosophes*)이 예견하였는가 하는 질문도 타당성이 없다 하겠다. 어떤 면에서 철학자들의 인본주의는 훨씬 심한 진짜배기 비관주의를 허용했다. 비관주의(이제 **비르투**의 대체물만이 남을 뿐이며, 진보에도 상실의 요소가 초래되기 마련이라는 생각)를 허용했다. 하지만 실증주의에는 근본적으로 상실할 만한 어떤 것도 **결코** 있을 수 없으며, 그것이 가진 비관주의는 기껏해야 일시적일 뿐이다. 말하자면 자유주의라는 부정의 시대가 곧 다음 단계에 자리를 내어줄 것인데, 이때가 되면 사회부문이 투명하게 파악될 뿐 아니라 유기적 공동체가 전례없이 번성할 것이다.[6]

생시몽과 콩트가 정치경제학의 주제를 변형시킨 데서 하나의 핵심적인 태도 변화가 엿보인다. 두 사상가는 모두 애덤 스미스가 노동분업을 인간역사의 기본적 결정요인인 "자연적" 분화과정과 동일시한 것을 수용한다.[7] 그렇지만 생시몽과 콩트는 분화가 개인주의와 경쟁 및 무제약적 시장과 반드시 연계된다는 신념을 배척한다. 이러한 "적대적" 현상들은 오로지 천부인권(natural right)이라는 부정적 개념에 의해 지배되는 과도기에 속한 형이상학의 시대에 해당하는 것이다. 근본에서부터 살펴보자면, 분화란 노동분업을 통하여 상호의존을 증대시키고 인간적 공감의 범위를 확대하는 가운데, 사회적 유기체가 스스로를 구체화하는 과정이다.[8] 이 사실을 인식해감에 따라, 실증 철학은 집단의 목표를 위해 모든 산업이 조직화되는 실증적 시대를 열고 있다고 여겨진다. 그러한 복합적이고 분화된 사회야말로 이성이 지배할 수밖에 없는 사회이며, 이성은 실증 과학이 제시하는 목

---

6   Auguste Comte, *The Crisis of Industrial Civilization: The Early Essays of Auguste Comte*, ed. Ronald Fletcher (London, Heinemann, 1974) pp. 221–41. Henri Gouhier, *La Jeunesse d'Auguste Comte*, tome III, pp. 280, 326ff.

7   Ibid., pp. 323–4. Comte, *The Crisis of Industrial Civilization*, p. 231.

8   Ibid., pp. 38, 232, 238–9. *Cours de Philosophie Positive* (Paris: Bachelier, 1839), tome IV, p. 629ff. Gouhier, *La Jeunesse d'Auguste Comte*, tome III, p. 326ff.

표들을 추구할 뿐인데, 거기에는 아무런 실제적 불일치도 있을 수 없다. 이렇듯 실증적 정체(polity)는 "조화로움"을 추구하므로 남아 있는 유일한 투쟁은 오로지 자연을 통제하기 위한 투쟁일 뿐이다. 이러한 실증적 정체는 또한 탈정치적이라는 의미에서 하나의 "사회적" 질서다. 왜냐하면 그것의 조직화는 단지 정교한 유기체적 복잡성에서 말미암은 "소여성"(givenness)이기 때문이다.

사회적 사실은 계시된 진리

로버트 니스벳(Robert Nisbet)은 사회학이란 학문이 19세기의 보수적 가톨릭 사상과 공통의 이념적 기풍을 공유한다고 주장했다. 그 공통점이란 공동의 신념에 대한 필요성, 사회질서 유지를 위한 종교의 대체불가적 기능, 정치적 우선순위를 교육에 부여할 필요성, 문화적 연속성의 유지를 위한 위계화된 "영적 권력"의 필요성, 자치도시나 길드와 같은 "중간적 연합체"의 중요성 등을 강조하는 것이다.[9] 콩트가 이러한 기풍과 연결되는 것은 부정할 수 없는 사실이지만, 기든스는 니스벳에 반대하는 입장에서 뒤르켐이 콩트로부터 취택한 것은 이념이라기보다는 과학적 방법에 속한 몇가지 요소일 뿐이라고 주장하였다.[10] 기든스의 비판은 기본적으로 옳다. 하지만 이 비판이 통할 수 있는 이유는 단지 니스벳이 사회학의 보수적 기원을 뒷받침할 만한 "강력한 사례"를 제시하지 못했기 때문이다.

보날(de Bonald)과 메스트르(de Maistre)로부터 콩트를 거쳐 뒤르켐에까지 이어지는 사회학자들 간의 기본적 연속성을 뒷받침하는 강력한 사례가 있는데, 그것은 이데올로기나 방법론의 측면에서 아니라, 방법론과 형이상

---

9   Nisbet, *The Sociological Tradition*.
10   Giddens, "Four myths in the history of social thought."

학적 전제를 동시에 고려하는 관점이다. 니스벳을 비롯한 이들은 생시몽과 콩트가 그 두 명의 위대한 반계몽주의 사상가들로부터 특정한 "태도"를 넘겨 받아서 그것을 새롭게 등장한 과학적 분석과 결합시켰음을 시사한다. 그렇지만 메스트르와 특별히 보날도 자신들의 이론이 신학적이라고 간주하면서도 **이미** 그것들을 엄밀하게 과학적인 것으로 이해하고 있었다. 이러한 작가들은 펑큰스타인(Funkenstein)이 말하는 이른바 "세속 신학"(secular theology)의 전통 안에서 아직도 작업하고 있었다고 보아야 할 것이다. 여기서 세속 신학이란 유한한 실재에 대한 경험적 논의와 초월에 대한 언급을 온통 초토화시키는 담론을 말한다. 펑큰스타인의 말마따나, 그러한 담론은 유한한 존재와 무한한 존재 간에 존재하는 의미의 일의성(univocity)에 관한 스코투스적 교설의 계승자인 셈이다.[11] 이러한 관점에서 보면 "원인"이라든가 "권력"과 같은 용어를 인간 행위자와 신적 행위자에게 공히 적용하는 것이 가능할 뿐 아니라, 이로써 하나님에 대한 "증거"를 발견했다고 공언하면서 신적 현존을 인과를 설명하는 직접적 원인으로 거론하는 것도 얼마든지 가능하게 된다.

이들 사상가들을 그저 "반계몽주의"(Counter-Enlightenment)라고 호칭하는 것 역시 실상을 오도하는 것이다. 어떤 면에서 이들은 "초극적(hyper)" 내지 "탈(post)"계몽주의에 해당하므로, 이들의 사상은 니체 사상의 요소를 예견한다고도 할 수 있다. 적어도 메스트르(프리메이슨과 관련이 있었다)는 정통 가톨릭이라고 할 수 없으며, 그의 사상은 흔히 생각하는 것보다 더 직접적으로 세속적 실증주의 사상에 자양을 주는 "신비적 유물론"의 면모를 드러낸다.[12] 유물론자인 토마스 홉스와 마찬가지로 보날과 메스트르는 하나

---

11 Funkenstein, *Theology and the Scientific Imagination*, pp. 57-9, 89-90. Sheldon S. Wolin, *Politics and Vision* (Boston: Little Brown, 1960) pp. 359-61.

12 Joseph de Maistre, "Éclaircissements sur les sacrifices," in *Les soirées de St. Petersbourg* (London/ Paris: Dent/Mignon, 1912) pp. 206-7. Jean-Yves le Borgne, *Joseph de Maistre et La Révolution* (Brest: Université de Bretagne Occidentale, 1976). Robert Triomphe, *Joseph de Maistre* (Geneva: Ambilly-Annermasse, 1968).

님을 자의적이고 물질적인 힘의 작용과 연관짓는다. 그들이 홉스 내지 자유주의적 담론과 대체로 차이를 보이는(혹은 다른 강조점을 보이는) 지점에서도 이들은 자유주의의 핵심적 본질이라고 할 수 있는 자의성에 대한 형식적 조작보다는 오히려 자의성 자체에 초점을 두고 있다. 탈계몽주의적 사례를 한 마디로 축약해서 말한다면, 그것은 권력이라는 낡은 **뮈토스**가 형식적 관점에서는 여전히 작용하지만, 실제로 사회를 하나로 결속시키는 것은 자의성에 의한 형식적 질서가 아니라 오히려 자의성이 지닌 **내용** 내지 특수한 **뮈토스**에 대한 헌신인 것이다.[13] 따라서 메스트르는 대중적 축제를 새로이 제정할 수는 없는 법이라고 말한다. 이를테면 대중들은 혁명적 이성 종교에 맞서서, 이미 반쯤 퇴색해버린 지역 성인들의 행적에 대한 추모행사에 기이하게도 애착을 나타냈던 것이다.[14] 그렇다면 자유주의에 있어서도, 기존의 소유권과 자기점유를 증명하는 공식적인 재산증서를 가지고 자의적 권력을 근거지우고 정당화하는 것이 더 이상 가능치 않게 된다. 대신에 모든 권력은 그것이 실제 사실로서 발생함에 있어 전적으로 자기근거에 의해 성립된다. 말하자면 권력은 신비스러운 인상을 통해서 스스로를 확립하는 것 말고는 다른 정당화의 기제를 갖고 있지 않다.

　　자유주의가 자의성에 대해서 얼버무리고, 그럼으로써 마침내 종교에서 해방된 이성에 토대를 둔 세속적 권리론에 대한 보편적 주장을 전개한 반면에, 탈계몽주의에 속한 사상가들은 훨씬 더 노골적인 권력론을 구체화한다. 그것은 뮈토스 내지 종교를 없어서는 안 될 요소라고 단언하는데, 그 이유는 그것들이 자의성을 구성하는 극히 필수적인 내용이기 때문이다. 이렇듯 때때로 메스트르는 마키아벨리와 공명한다. 이를테면 "만일 당신이

13　De Maistre, *Considerations on France*, pp. 80, 92, 94, 99, 103. *Essai sur le Principe Générateur*, pp. 79, 82. R. A. LeBrun, *Throne and Altar, the Political and Religious Thought of Joseph de Maistre* (Ottawa, Ontario: Univ. of Ottawa Press, 1965) pp. 67-8, 90-1. Louis de Bonald, *Essai Analytique sur les Lois Naturelles de l'Ordre Sociale, ou du Pouvoir, du Ministre et du Subject dans la Société* (Paris, 1800) pp. 82-3.

14　De Maistre, *Considerations on France*, pp. 83-4.

모든 것을 지키기 원한다면, 모든 것을 바쳐라" 라든가, "종교야말로…참된 것이든 거짓된 것이든 간에…모든 건실한 제도의 토대다"라고 말하는 식이다.[15] 권력이 폭력적으로 쟁취되었다는 사실은 반드시 은폐되어야 하며, 도시가 존속하는 것은 그 기원을 은폐하고 신비롭게 포장하는 정도에 비례한다.[16] 그렇지만 권력의 속성을 형식적 측면에서 고려하다 보면 신화적 내용이 지닌 결정적 중요성을 지적하게 되기 때문에, 이런 식의 마키아벨리주의는 결국 일종의 자기부정(self-negation)—역사의 상이한 단계마다 신적 권능은 종교에 어떤 확실한 내용을 부과할 것을 실제로 의도**했었**으므로, 이러한 종교야말로 가능한 사회질서를 뒷받침하는 참된 토대가 된다고 믿게 되는 것—으로 전락하기 마련이다.[17]

　　보날의 견해에 따르면, 이렇듯 전혀 근거를 댈 수 없는 내용적 차이에 주목하는 것이야말로 현실적으로 가능한 **실증적 사회**(société positive)와 현실적으로 불가능한 **부정적 사회**(société negative)를 구분하는 특징이 된다.[18] 그럼에도 불구하고 그는 이 결정적 중요성을 엄격하게 형식주의적인 자연법적 논증을 통해 확립한다.[19] 스토아적 방식으로 보자면, 우주 안의 만물은 자신을 보존하기 위해 자신의 힘을 사용하려고 한다. 이 사실은 개인뿐 아니라 사회에도 적용된다. 물론 사회가 존재하려면 거기에 먼저 가부장 내지 군주적 주권이 있을 때에라야 가능하다. 왜냐하면 개인적 의지를 하나로 묶어주는 통일성 말고 다른 통일성의 근거가 있을 수 없기 때문이다—지금까지 보날은 보댕과 홉스와 필머의 노선을 따르고 있다. 그러나 개인적 의지는 그 자신의 유기체가 처한 협소한 범위를 넘어서면 극히 무력할 수밖에 없기에, 그것이 다른 의지들 내지 존재자들을 지배하고자 한다면, 매개적인

15　다음에서 인용함. LeBrun, *Throne and Altar*, pp. 90-1.

16　De Maistre, *Essai sur le Principe Générateur*, pp. 43-4.

17　Louis de Bonald, *Théorie du Pouvoir, Politique et Religieux* (Paris: Le Derc, 1843) tome III. p. 188. LeBrun, *Throne and Altar*, p. 64.

18　De Bonald, *Essai Analytique*, p. 11.

19　Ibid., pp. 1-82.

권력 내지 권력들에 의한 보완작용을 필요로 한다. 이렇듯 우주적 질서로부터 정치 질서에 이르기까지 "일반성·외향성·가시성"을 띤 사회적 사실들(*faits sociales*)로 구성된 **삼원체적**(triadic) 보편논리가 관통하고 있다.[20] 권력·관료·신민(*pouvoir/ministre/sujet*)이라는 보편적 이치가 나·너·그, 부·모·자, 군주·행정관·신민, 그리고 하나님·사제·신자 등의 관계로 구체화된다.[21]

신적 **로고스**(*Logos*)를 가리켜 하나님의 **실행자**(*ministre*)라고 말하는 데서 알 수 있듯이, 여기에는 에우세비오스적인 반아리우스주의(semi-Arianism)의 요소가 개입되어 있음이 분명하다. 여기서 로고스가 행하는 "질서지음"(ordering)은 단지 집행적 기능에 불과한 것으로 축소된다.[22] 보날은 이차적 표상은 그 성격상 오직 집행적일 뿐이라고 주장하는데, 그 까닭은 타자를 위해서 행동하는 것은 가능하지만, 타자를 대신해서 의도하는 것은 불가능하기 때문이라는 것이다.

보날의 견해에 따르면, 만일 어떤 사회가 그 자신을 보존하고자 한다면, 이 **삼원체적** 관계에 토대한 위계적 권력논리(power-logic)에 순응해야만 한다. 어떠한 정치 제도보다 선행하는 것은 바로 이러한 논리가 구현하고 있는 기존의 사회질서다. 그러므로 보날이 시민법에 대한 자연법의 우위라는 견지에서 정치부문에 대한 사회부문의 우위성을 이해하고 있음이 분명하지만, 그가 자연법이라는 개념 자체를 "사회학화"(sociologize) 하고 있음도 사실이다. 이것은 다음과 같은 방식으로 일어난다.

보날이 보기에 삼원체적 관계에 토대한 자연법은 이성에 근거한 내적 성찰을 통해 알 수 있는 것이 아니다. 그 대신에 그가 말하는 **관계성**(*rapports*)은 사회적이고 언어적인 관계를 통해서 외적으로 구현되고, 그 연

---

20   Ibid., pp. 85, 108, 215-16.

21   Ibid., p. 1ff. Paul Bourget and Michel Solomon (eds.), *De Bonald* (extracts) (Paris: Bloud, 1903) p. 9ff.

22   Ibid., pp. 33-8, 41. De Bonald, *Essai Analytique*, p. 74. 본서의 1장 각주 23을 보라. De Bonald, *Théorie du Pouvoir*, tome II, p. 187. *Essai Analytique*, pp. 36ff, 71, 75.

후에야 개인이 그것을 성찰하게 된다.[23] 바로 이런 이유로 인해 권력이 취하는 외적 질서는 그 외적 형식을 통해서 알 수 있으며, 그 까닭은 어떤 특정한 실증적 질서가 존재하기 때문이다. 보날을 비롯한 19세기초 프랑스의 모든 "전통주의적" 사상가들은 사유란 사회적 관계에 대한 반영이므로 공적 언어를 통해서만 가능하다는 사실로부터 추론하여 언어와 사회에 관한 난해한 이론으로까지 나아간다. 이성과 활동은 그 유한성으로 말미암아 결코 **보존**의 기능을 넘어서까지 확장되지 않는다고 보날은 주장한다. 선행하는 다른 원인이 없는 대상(예컨대 언어)을 초래하는 모든 기원적 발생은 창조의 질서에 속한 것이기에, 오로지 하나님의 권능 안에 존속한다.[24] 이렇듯 보날과 메스트르 및 그들의 추종자들이 보기에, 언어와 글쓰기와 가족과 정치적 주권 등은 모두 하나님의 **계시에 의해** 세워진 것이며, 따라서 인간의 모든 문화는 인류에 대한 하나님의 본래적 자기현존이 바벨탑 사건 이후에 파편화된 것을 대변한다.[25] 이렇듯 이들이 계시를 하나의 보편적 범주로 이해하려고 하는 것으로 미루어 볼 때, 이들 사상가들을 단순히 "자연신학자"라고 생각하는 것은 오류일 수 있다. 오히려 이들이 자연법 이론의 형식적 틀 내에서 "실증적" 계기로 선회한 것은 계시의 역사를 엄밀한 "과학적" 이론과 수미일관하게 통합하려는 시도와 궤를 같이한다. 따라서 메스트르와 보날은 보편적 자연종교와 그리스도교의 특수 계시를 구별하는 한편, 자연종교가 계시의 산물임을 주장할 뿐 아니라 그리스도교도 "자연적" 종교라고 주장한다. 그 둘 간의 차이는 희생을 통한 완전한 속죄의 필요성 여부에서 드러나는데, 보날은 이것마저도 자신이 새롭게 제시한 사회적 자연법의 틀 안에서 증명할 수 있다고 보았다.[26]

---

23 Ibid., pp. 17-18, 52. *Théorie du Pouvoir*, tome II, pp. 25-9, 190.

24 Ibid., pp. 187-90. De Bonald, *Essai Analytique*, pp. 48-52, 117, 130. Bourget, *De Bonald*, pp. 16ff, 26.

25 De Maistre, *Essai sur le Principe Générateur*, pp. 30ff, 68.

26 De Bonald, *Essai Analytique*, p. 79ff. *Théorie du Pouvoir*, tome II, p. 38. Bourget, *De Bonald*, pp. 33-8.

　자연신학과 계시신학을 통합하고자 하는 이들 전통주의자들의 노력은 말브랑슈(Malebranche)의 전통에서 유래하는 것이며, 또한 샤를 보네(Charles Bonnet)와 같은 사상가들에 의해 매개된 것이기도 하다.[27] 바로 말브랑슈에게서 다음과 같은 주장을 최초로 접하게 되는데, 만일 관념들과 형상들을 물질적 하부구조로 환원하는 것이 인과적으로 가능치 않다면, 그것들의 발생을 **무로부터의 창조**에 돌리는 것이 마땅하다는 것이다. 그러한 창조의 위업을 인간에게 돌리는 것은 오만한 신성모독이 되겠기에, 우리의 모든 사유도 실제로는 "신적 직관"(vision in God)에 속한 것으로 추정해야만 할 것이다. 즉 우리가 가진 관념을 우리가 창조한 것이 아니고, 다만 신적 지성의 한 부분에 대한 직접적이고도 명증한 접근이 우리에게 허락되었을 뿐이다.[28] 하나님은 이러한 정신적 인식이 우리의 감각적 지각과 정확하게 조화되도록 역사하신다. 이에 따라 나무에 대한 우리의 사유가 나무에 대한 우리의 시각 영상과 일치하게 된다. 물론 그 시각 영상이 사유에만 한정적으로 연결되는 것은 아니지만 말이다. 그럼에도 불구하고 인간은 사실의 질서와 관념의 질서 간의 정합(coordination)을 파악할 수 있는 일반적 통찰력을 부여받았으며, 이것은 물질적 외연의 영역과 관념적 외연의 영역에 공히 존재하는 내적 조화에 관한 일반 원리를 포함한 **완벽한 관계성**(*rapports de perfection*)에 속하는 것이다.[29]

　보날이 말브랑슈로부터 보네를 거쳐서 받아들인 것은 **일반관념**(*idées générales*)이 지성적으로 확장된 존재 내에 있을 수 있는 가장 광범위한 관계성이라는 생각이다. 실증주의적 담론은 이렇듯 아예 처음부터 말브랑

27　Charles Bonnet, *La Palingénésie Philosophique* (Geneva: Philibert, 1769). *Philosophical and Critical Inquiries Concerning Christianity*, trans. John Lewis Boissier (Philadelphia, PA: Woodward, 1803) pp. 22, 30, 33, 56. De Bonald, *Essai Analytique*, pp. 17-18, 94-5. Gouhier, *La Jeunesse d'Auguste Comte*, tome II, pp. 13-14. LeBrun, *Throne and Altar*, p. 34ff.

28　Nicolas Malebranche, "De la recherche de la vérité," in G. Rodis-Lewis (ed.) *Oeuvres Complétes* (Paris: J. Vrin, 1962) tome I, p. 422.

29　Desmond Connell, *The Vision in God* (Paris: Louvain, 1967) pp. 203-4.

슈 특유의 유명론으로 물들어 있는데, 이 유명론에 따르면 보편자란 **기능**(function)의 상호관계와 상호조화가 만들어내는 가장 "일반적인" 특이성이다. 그렇지만 보날은 진정한 형이상학, 곧 **실재에 관한 과학**(science de réalités)은 관계성(rapports)에 다가가는 유일한 경로가 오직 언어와 사회를 통한 것임을 깨닫게 한다고 주장한다.[30] "신적 직관"의 개념은 보날에게서도 찾아볼 수 있으나, 그 좌소는 개인으로부터 집단으로 옮겨간다. 관계성 속에 존재하는 인간만이 "일반관념"의 영역에 접근할 수 있으며, 이 일반관념이란 뉴턴의 우주에서 작용하는 중력과 같이 만물을 지탱하는 하나님의 직접적 현존으로 간주되어야 한다—즉 말브랑슈에게 있어 관념이 하나님에 속한 "일부"인 것처럼, 보날이 보기에는 사회가 말 그대로 하나님에 속한 "일부"인 셈이다.[31] 그렇지만 이러한 보날의 입장에는 말브랑슈의 철학과는 다른 두 가지 차이점이 포함되어 있다. 첫째로 "일반관념"은 일반적 사실과 이따금씩만 조화되는 것이 아니다. 일반관념들은 동일하고도 직접적으로 일반적인 "사회적 사실"인 것이다. 둘째로 보날이 보기에 오로지 일반관념(완벽한 관계성)만이 신적 직관에 속하며, 각각의 특수한 관념은 이에 해당되지 않는다. 이 말은 결국 보날이 범주적 기능을 가진 **사회적 사실**(faits sociales)과 그러한 범주적 틀 내에서 각자의 위상에 따라 이해되고 파악되는 여타의 특수한 사실로 구분되는 엄격한 이원론을 구축했음을 의미한다. 칸트에게서처럼 그러한 범주적 틀은 인식불가능한 방식으로 고정되어 있으며 역사의 변화에 종속되지 않는다. 하지만 칸트와는 달리 보날의 범주적 틀은 외부적이고 사회적인 차원에서 주어진 것이다. 실로 보날은 하나님 안에서만 "일반관념"을 볼 수 있다는 말브랑슈의 이론은 오로지 역사적 경험

---

30 De Bonald, *Essai Analytique*, pp. 14, 17-18, 47. *Théorie du Pouvoir*, tome II, pp. 28-9. Bourget, *De Bonald*, pp. 38, 50.

31 De Bonald, *Essai Analytique*, pp. 17-18, 51. Jack Lively (ed.), *The Works of Joseph de Maistre* (London: Allen and Unwin, 1965) p. 277.

을 통해서만 **증명**될 수 있음을 주장한다.[32]

따라서 보날의 사상은 본체론적 기회원인론(ontologism-occasionalism)의 변형된 형태로서, "외적이고 공공적인 것 외에 일반적인 것이란 없다"(*il n'y a de général que ça qui est extérieur ou publique*)고 보는 실증주의적 원리를 확립해 준다.[33] 동일한 형이상학에 따르면 작용인(efficient causality)과 일시적 생성은 매우 제한된 설명력만을 가질 뿐이다. 중요한 것은 각각의 상이한 사항들의 항상적 동시발생을 관찰하는 것이므로, 이 방법론이 회의적 의구심으로부터 구제되는 것(칸트의 경우)은 바로 이러한 사항들이 공시적 전체, 곧 사회적 사실의 영역 내에서 맡은 기능에 의거하여 그 위상을 부여받게 되는 지점인 것이다. 이로부터 모든 진정한 과학적 일반화(자연에 대한 것을 포함해서)가 가능한 것은 그것이 근본적으로 관찰에 토대를 두고 있기 때문이며, 아울러 이러한 관찰을 통해 사회에 관한 "일반적 사실"도 파악할 수 있다는 결론이 도출된다. 존 스튜어트 밀(John Stuart Mill)은 이것이야말로 실증주의의 골간에 해당되며, 그것이 이미 보날에게서 확고하게 자리잡고 있었다고 보았다.[34] 보날은 오직 하나님에게 있어서만 지식이 진정한 창조력을 지닌다고 본다. 그러나 유한한 지식이라도 신체를 보존하는 일과 전적으로 관계가 있으므로, 그 역시도 실제적이라고 할 수 있다. 자연과학이 그 존재 이유를 자연적 신체를 보존하는 일에 두고 있다면, 인문과학은 사회적 신체를 보존하는 데 그 존재 이유를 지닌다. 여러 학예가 학문을 위한 수단이 되는 것처럼, 여타의 학문도 사회에 관한 학문(*science de la société*)을 위한 수단이 된다. 결국 사회를 보존하는 것이 모든 학문을 위한 궁극의 유익을 제공할 뿐 아니라, 모든 학문이 성립하는 궁극적 원리이기도 한 것이다.[35]

또한 실증 과학을 구성하는 두 가지 다른 상수가 보날의 형이상학 내

---

32 Ibid., p. 11ff.

33 De Bonald, *Théorie du Pouvoir*, tome II, p. 38.

34 다음에서 인용함. Bourget, *De Bonald*, p. 29.

35 Ibid., pp. 9ff, 26.

에서 구체화된다. 첫째 상수는 사회질서를 실증적인 법적 질서와 동일시하는 것이다. 몽테스키외가 보기에 법률과 사회구조는 각자가 상호 간에 영향을 주고 있으며, 정치적 입법은 사회적·관습적 제약에 따른 한계를 유념해야 한다는 보날의 신념은 이러한 시민적 성찰이라는 전통에 공명하는 것으로 보인다. 그렇지만 보날은 이러한 전통 내에서도 법률이 지닌 제도적 역할을 강조하는 스토아적 요소를 전면에 드러낼 뿐 아니라, 윤리적 실천보다 성문화된 법적 규범이 더 우위에 있음을 부각시킨다. 그는 완벽한 법률이 완벽한 도덕률보다 **선행**한다고 믿으며, 도덕률에 따라 법률을 변경하는 것은 오로지 그리스도교 이전의 불완전한 사회에서나 찾아볼 수 있을 뿐이며, 그 반대의 경우는 없다고 단언한다.[36] 그리스도교에 의한 이혼·매춘·유아살해·노예제에 대한 절대 금령은 실제 행위보다 늘 앞서 존재했었다. 물론 이 금령이 실제 행위를 변화시켜온 것은 점진적인 과정임을 감안해야 할 것이다. 이렇듯 사회적이고 자연적인 영역이 정치적이고 가변적인 영역보다 앞서는 것이 사실이라 하더라도, 가부장적 권위와 정치적 주권이 지극히 성문화되고 가장 **실증적**인 법률의 측면과 더불어 사회적이고 자연적인 영역에 귀속되는 것도 사실이다. 그리고 이러한 사회적이고 자연적인 영역이야말로 지극한 은총으로 말미암아 주어진 것이다. 이것이야말로 "사회적 사실"이 지닌 "이상적"인 측면인 것이다.

두 번째 상수는 사랑 내지 사람 간의 애정은 개인의 자기 이익과 마찬가지로 원초적인 것으로 보아야 한다는 생각이다. 오직 하나님만이 **자기보존**에 대한 이해관계로부터 전적으로 벗어나 행동하신다. 왜냐하면 하나님만이 외부에 의존적이지 않으신 까닭이다. 원창조는 자기사랑에 따른 순수한 발현이지만, 유한한 존재의 자기보존에 불과한 행위라도 동류들에 대한 사랑을 포함해야 한다. 따라서 종교적 단체와 정치적 결사체도 **동류들 간의 회합**(*réunions d'êtres semblables*)이므로 모든 자기보존 행위는 상호적이어야만

---

36 De Bonald, *Essai Analytique*, pp. 88-90.

한다.[37] 스코틀랜드 경제학자들과는 달리, 보날에서 비롯된 실증주의자들은 공감의 모티브를 공적이고도 경제적인 영역으로 완전히 옮겨놓았다. 만일 개인의 정체성이 기존의 사회적 전체 내에서 맡겨진 공적 역할의 수행을 통해서만 확인되는 것이라면, 자기희생이야말로 원초적 사회현상으로 간주되어야 한다. 하지만 이러한 사랑은 일종의 사회적 중력(social gravity)으로 여겨진다. 따라서 그것은 그 도덕적 권위를 주권적 사회 의지에 따른 절대적 권리로부터 취한다. 설득이 실패할 경우, 사랑은 언제나 강압적으로라도 작용하기 마련이며, 사실상 언제나 자동적으로 그렇게 할 것이다. 이렇듯 보날과 메스트르가 보기에 권력의 현실태와 엄격한 법률의 작동은 **사회적 사실**(fait sociale)이 지닌 은밀한 힘, 즉 좌절된 사랑에서 비롯된 반발의 잠재력을 보여주는 증거로 간주된다. 범죄와 형벌은 형평의 관점에서 고려해서는 안 되고, 어떤 경우에는 사회적 균형을 뒤엎는 것으로서, 또 다른 경우에 자연적 재조정의 기제로서 고려되어야 하는데, 이 기제가 작동하는 방식을 두고서 결코 "과도"하다고 할 수 없으며, 반면에 그것이 보여주는 자비는 그저 우리를 놀라게 할 따름이다.[38]

　　사회가 창조와 계시의 직접적 산물이라는 보날의 주장에 비추어 볼 때, **실증**(positive)이라든가 **사회적 사실**과 같은 용어가 우선 주목의 대상이 된다. 이러한 용어가 다음과 같은 실증주의의 특징을 이미 가리키고 있음은 주지의 사실이다. 말하자면 통시성보다 공시성을 우선시함, 과학을 실용적 내지 창조적 "기예"(art)로부터 구별함, 자연과학보다 사회과학을 우선시함, 기능적 인과관계를 먼저 고려함, 법률을 사회와 동일시함, 사람간의 애정을 원초적 성격으로 확언하는 것 등이다. 이러한 주제는 콩트식의 실증주의로부터 뒤르켐식의 사회학 "재건"에 이르기까지 면면히 이어질 뿐 아니라, 이 중 어떤 주제는, 나중에 살펴보겠지만, 콩트보다 뒤르켐에 의해서 더 뚜렷

37　De Bonald, *Théorie du Pouvoir*, tome II, pp. 23-9, 33-4.
38　Ibid., p. 188. LeBrun, *Throne and Altar*, pp. 34ff, 110-12.

하게 구체화된다.

사회적 사실의 변형(1)

메스트르와 보날이 콩트에게 미친 영향의 중요성에 대해서는 아무런 의심의 여지가 없다. 콩트의 또 다른 멘토는 생시몽이었으나, 이 경우에 있어서도 반계몽주의의 영향이 지대하다고 하겠다. 한 걸음 더 나아가서, 마르크스가 헤겔을 뒤집어 놓았던 것처럼 콩트도 이와 동일한 것을 보날에 대해 행했다고 말할 수 있다.[39] 이러한 역전이 형이상학의 틀 내에서 일어났지만, 그와 같은 역전에도 불구하고 그 틀 자체는 손상되지 않은 채로 남아있게 된다.

생시몽은 신을 중력과 동일시했고, 따라서 과학이라는 종교 위에 세워진 "새로운 그리스도교적 사회(new Christendom)"를 원했다.[40] 그렇지만 우리가 살펴보았듯이, 보날의 사례는 과학과 종교의 동일시를 이미 하나의 자연스러운 것으로 만들어 놓았다. 오귀스트 콩트가 기획한 형이상학의 "극복"조차도 역설적으로 보날의 사회적 본체론을 자연주의적으로 변형시킨 것이라 할 수 있다. 보날은 사회가 계시의 산물임을 "증명"했다고 주장하는 반면에, 콩트는 모든 종교적 신념이 "사회학" 즉 사회적 전체가 지닌 궁극적 결정력에 관한 진리에 완전히 미치지는 못하는 근사치임을 "증명"했다고 주장한다.[41] 보날과 메스트르가 자기들의 사회적 신학을 유기체적 메타포를 가지고 보강했다면, 콩트가 보기에 그러한 메타포는 자기충족적인 것

39   Gouhier, *La Jeunesse d'Auguste Comte*, tome III, p. 156. Robert Spaemann, *Der Ursprung der Soziologie aus dem Geist der Restauration* (Munich: Kosel, 1959) pp. 199-201.

40   Henri de Saint-Simon, *Le Nouveau Christianisme* (Paris: Editions du Seuil, 1969) pp. 59-85, 141-85.

41   Comte, *The Crisis of Industrial Civilzation*, pp. 24-7, 187-8. *A General View of Positivism*, trans. J. H. Bridge (London: Trubner, 1865) p. 39.

에 불과하다. 말하자면 전체는 부분의 총합 이상이므로, 사회적 결과는 결코 그 인과적 기원의 관점에서는 제대로 설명되기는커녕 적절히 기술될 수도 없다는 것이다.

콩트의 자연주의적 역전을 제외하고 나면, 다른 것은 그다지 변하지 않은 채로 남아있다. 콩트는 정치경제학이 어차피 해체되기 마련인 적대적인 힘들을 연구하는 반면에, 자신의 "사회물리학"(social physics)은 "정신의 삶" 및 인간의 제반 활동에 작용하는 **의존의 관계성**(*rapports de dépendance*)을 다룬다고 주장한다.[42] 사회물리학은 각 시대에 고유한 가족·교육·사회 조직과 같은 **필수적** 위계체계에 관심을 갖는다. 노동분업 중에서 가장 중요한 분야를 경제학자들은 소홀히 취급해왔는데, 그것은 중세기 유럽 역사에서 이미 실현된 적이 있는, 영적 권력과 세속 권력 간의 분업이다.[43] 사회학이라는 과학의 원리에 따르면, 영적 권력은 항상 위계적 수위권을 누리기 마련인데, 이는 이론이 당연히 실천에 선행하고, 법이 법에 대한 복종보다 앞서는 것과 마찬가지다. 그렇지만 보날의 경우처럼 콩트에게 있어서도 법과 이론과 영적 권력은 개인의 정신적 차원이 아니라 사회적 제도라는 소여성 내에서 최고의 중요성을 누린다.[44] 이런 까닭에 콩트는 교황권을 그저 시대착오에 불과하다고 보지 않는다. 그는 메스트르의 『교황론』(*Du Pape*)을 읽음으로써 이 제도가 앞으로 다가올 실증적 질서를 예고하는 신학적 선구 형태임을 깨달을 수 있었다고 한다. 즉 실증의 시대가 도래하면 사회는 교육과 노동분업을 지도하는 과학적 이론과 새로운 세속의 영적 권력(spiritual power)에 의해 인도될 것이다. 그는 이러한 제삼의 실증적 시대가 신들을 추상적 개념과 "부정적인" 자연권 이론으로 축소시키는 형이상학의 시대가 지난 후, 어떤 면에서 애초의 신학적 시대로 회귀(*ricorso*)하는 것이라고 간주한다. 콩트의 견해에 따르면 원시종교는 자연과 사회의 즉물적 환경에 대한

---

42 Ibid., pp. 39, 231. Gouhier, *La Jeunesse d'Auguste Comte*, tome III, p. 326.

43 Comte, *The Crisis of Industrial Civilization*, pp. 217ff, 233ff.

44 Ibid., pp. 135, 187.

물신숭배적 집착을 포함하며, 이 점에 있어서 그것은 모든 종교에 공통된 "본질"을 드러내므로, 종교의 진정한 기능은 신의 응징이라는 말로 사람들에게 위협을 가하는 것이라기보다는 사회적 유대감을 진작시키는 것과 더 관계가 깊다는 것이다.[45] 따라서 실증적 종교를 가리켜 일종의 탈신비화된 물신숭배라고 할 수 있는데, 그 이유는 실증적 종교가 "사회적" 현실 속에서 인간성에 대한 숭배를 포함하기 때문이다. 천국에서 보상이 있을 것이라는 약속의 말들이 사라져야만 반계몽주의(Counter-Enlightenment)가 그토록 강조해온 자기희생과 사회적 공감이 실제로 진가를 발휘하게 될 것이다. 다시 말해서 실증적 시대에 이르러서야 최종적으로 "이타주의"는 인간과 사회의 궁극적 진리로서 실현될 것이다.[46]

그렇다면 콩트가 첫째로는 환원불가능한 사회적 전체를 특수한 구성 성분들에 대조시키는 이원론적 사고와, 둘째로는 전자의 전체성을 종교와 연관짓는 등의 이러한 두 가지 특징을 버리지 않고 있음이 분명하다. 콩트의 견해에 따르면, 종교는 종교가 구축한 영역을 통제하므로 "언어와 종교 간에는 커다란 유비가" 있다고 한다. 왜냐하면 언어와 종교는 모두 사회적 통일성의 바탕이 되는 특수한 애착의 구조를 구현하고 있기 때문이다. "고유성"(property)은 종교의 대상을 제공한다고 그는 단언하는데, 왜냐하면 그것은 길들여야 할 에너지들에 "자유로운 행동"을 부여하기 때문이다. 마찬가지로 언어는 개인의 물적 필요로부터 자라나오지만, 그 근본 양상에 있어서 언어는 이러한 필요를 "규제하기" 위해 종교에 대한 상징적 "표현"으로서 존재하는데, 이 종교는 자신의 "도덕적 능력"을 가족 간의 애정 및 이보다 한층 더 강한 여성적 정서로부터 확보한다.[47] 이렇듯 처음부터 "정상적" 내지 "산업적" 질서를 구성하는 두 가지 요소가 존재하는데, 그것은 첫

---

45 Gertrude Lenzer (ed.) *Auguste Comte and Positivism: the Essential Writings* (New York: Harper and Row, 1975) pp. 152, 159, 168.

46 Comte, *A General View*, p. 426.

47 Lenzer, *Auguste Comte and Positivism*, pp. 393-9, 415-19.

째로 개인이 재산과 부를 창출함에 있어서의 실증성, 그리고 둘째로 개인적 필요를 규제하는 정서적이고도 초이성적인 영적 총체성에 있어서의 실증성을 말한다. 이러한 착상으로부터 종교를 대하는 아주 복합적인 태도가 출현하는 것을 목도하는데, 이러한 태도는 뒤르켐에서도 그대로 존재한다. 말하자면 초자연적 종교는 그것이 실제로 사회의 유지와 관련된다는 사실을 은폐하고 있는 반면에, 그렇다고 해서 종교를 단순히 사회적 요인으로만 환원할 수도 없다는 것이다. 왜냐하면 사회부문에는 이상적 내지 이론적 요소가 포함되어 있으며, 이 요소는 "과학"으로 진화한 상태에서도 어떤 면에서는 여전히 "종교"로서 존속하고 있기 때문이다. 이 말은 각각의 특정한 유기적 전체는 궁극적으로 비교의 대상이 될 수 없으며, 따라서 그 유기적 전체가 가진 질서는—그것의 형식적 측면보다는 그것이 지닌 특수한 실체적 내용의 측면에서 볼 때—"자의적"이므로, 그에 대한 충성을 단지 물질적 필요에서 기인하는 것으로만 볼 수 없다는 뜻이다. 계몽주의와는 달리, 콩트는 타율성을 **주어진 것**(datum)으로 간주하고 거기에 권위주의적 형식을 부여한다. 즉 모든 인간 존재는 자기가 복종할만한 상위 권력을 필요로 한다는 것이다. 실증적 과학은 어떻게 하면 특정 결과가 달성될 수 있는지를 보여주면서 결론을 도출하는 그러한 실용적인 기획이 아니다. 그 대신에 실증적 과학은 개인의 실존이 자리잡고 있는 가장 광범위한 외연에까지 미치는 선행적이고 외부적인 영향력을 식별하는 것에서 자신의 궁극적 목표를 찾는다. 이 외연은 바로 "사회"이기에, 사회는 인간의 역사 속에 항상 존재해 왔음이 틀림없다.

사회적 사실의 변형(2)

마르크스주의와 헤겔의 관련성을 따지는 것만큼 사회학과 보날의 관련성을 논하지는 않는데, 그 이유는 부분적으로 뒤르켐이 콩트의 업적을 감추고 있기 때문이며, 또한 루카치(Lukács)가 헤겔을 재거론하는 식으로 뒤르켐이 반동적인 가톨릭 사상가들을 원용하지는 않기 때문이다. 뒤르켐을 두고서 그가 콩트에게서 엿보이는 실증과학과 반동 정치학 간의 뒤섞인 혼란을 깔끔하게 정리해냈다고 소개하는 것이 사실상 그럴듯해 보인다.[48] 하지만 우리가 앞서 살펴보았듯이, "탈자유주의적" 정치 전망을 촉진하는 것은 실증주의적 순수성이다. 따라서 콩트주의(Comteanism)가 나중에 가톨릭주의로 복귀하는 것이나 콩트주의로부터 **악시옹 프랑세즈**(*Action Française*)와 같은 무신론적 가톨릭주의가 출현하게 되는 것도 놀라운 일이 아니다. 이러한 것들을 독특한 과도기적 "혼종들"로 보는 것은 지성사와 관련해서 자신이 이른바 "휘그적" 진보주의의 포로임을 자처하는 꼴이 될 수도 있다.

뒤르켐은 보날에 그 기원을 둔 **사회적 사실**의 형이상학을 콩트에게서 흡수했다. 뒤르켐의 사상이 이념적 친연성을 보이는 대상이 보수주의가 아니라 신칸트적 자유주의(neo-Kantian liberalism)와 공화제적 사회주의(republican socialism)임은 분명한 사실이다.[49] 그러나 후자의 경우에 있어서 간과하지 말아야 할 것은 뒤르켐과 같은 사상가들 속에 엿보이는 연맹주의적(associationist)이고 조합주의적(corporalist)인 요소의 상당수가 하나의 운동에 귀속되는 것들인데, 이 운동으로 말미암아 이러한 가톨릭적이고 낭만적인 주제들이 1830년대가 경과하는 동안 (종종 가톨릭 사상 자체 내에서도) 우파로부터 좌파 진영으로 옮겨갔다는 사실이다.[50] 이에 비하면 이보다 앞서 출현한 보다 세속적인 18세기 원시공산주의적(proto-communist) 사상가들은 신비적 집산주의(mystical collectivism)를 그다지 강조하지 않는 편이었고, 오히려 자유주의에서 말하는 자연법적 토대로부터 평등 내지 공유의 재산권

---

48   Seidman, *Liberalism and the Origins*, pp. 145-200.

49   Ibid. Anthony Giddens, *Durkheim* (Glasgow: Fontana, 1978) p. 13ff.

50   P.-J.-B. Buchez, *Traité de Politique et Science Sociale* (Paris: Amyot, 1866) tome I, pp. 2-23, 55-68, 99-119; tome II, pp. 69-89, 486.

이라는 개념을 도출하곤 했다.[51] 뒤르켐의 급진적 공화주의가 반드시 계몽
주의로부터 유래했다고 볼 필요는 없는 셈이다.

다른 한편으로 신칸트주의가 실증주의의 유산을 변경시킨ㅡ어떤 이
들은 희석시켰다고 하겠지만ㅡ것은 의심의 여지가 없다. 뒤르켐이 말하는
대로 사회가 자아숭배(self-worship)를 조장한다는 생각은 개인의 자기결정
(self-determination)에 대한 절대적 존중이라는 자유주의적 가치를 국가에
대한 종교적 충성과 결합한 것이다. 뒤르켐이 자유주의를 실증주의로 포섭
해낸 것도 분명한 사실인데, 그는 이것을 일반의지(general will)의 절대적 주
권을 옹호하는 루소(Rousseau)의 견해에 호소함으로써 이루어내었는데, 여
기서 일반의지의 절대적 주권이란 한 개인적 주체가 타자의 자유를 방해
하지 않는 한에서 그 주체의 자유를 보장해주는 특정한 법률적 틀 안에 토
대를 둔 것이다. 그러나 뒤르켐은 또한 칸트가 루소의 시민적 도덕을 선
험론적(transcendentalist) 입장에서 재구성해낸 것에 해당하는 요소도 포함
시킨다.[52] 칸트에게 있어서 "일반의지"란 윤리학에서 말하는 정언적 규범
(categorical norm)에 따른 비인격적이고 절대적인 명령이 된다. 루소가 보기
에 일반의지에 대한 복종이 우리의 자율성과 모순되지 않는 것처럼(우리가
그렇게 함으로써 자연상태의 자유보다 더 큰 자유를 바랄 것이기 때문이다), 이와 마찬
가지로 칸트가 보기에도 "우리를 거스르는" 정언적 명령에 우리가 복종하
는 것은 우리의 본성을 완전히 결정된 존재가 아닌 자유로운 존재로 유지
해야 한다는 논리로부터 기인하는 것이다. 다소 혼란스럽기는 하지만, 형식
적이고 논리적인 일관성과 아울러 자유라는 보편적인 **사고**에 대한 신성한
존중이라는 이유로 인해 우리는 자신의 자유를 지키면서도 다른 정신적 존
재들의 자유 또한 존중해야 한다. 뒤르켐은 이렇듯 인간의 자율이 역설적이

---

51 John Meslier, *Oeuvres* (Paris: Editions Anthropologiques, 1970). Morelly, *Code de la Nature*
    (Paris, 1950) pp. 205-7. Ernest A. Whitfield, *Gabriel Bonnot de Mably* (London: Routledge,
    1930) p. 86. Walter Bernardi, *Morelly e Dom Deschamps* (Florence: Olshki, 1979) pp. 69-113.

52 Emile Durkheim, "Individualism and the intellectuals in Durkheim," in *On Morality and Society*
    (ed.) Robert N. Bellah (Chicago: Chicago University Press, 1973) pp. 46-7, 54.

게도 복종의 문제로 귀착됨을 말하는 "법의 자가당착"이라는 칸트식의 개념을 이용해서, 자유주의를 사회적 전체에 대한 신성한 존중이라는 실증주의적 관념에 맞게끔 조율한다.[53] 그는 정언적 명령을 시민적 질서 속에 근거지음으로써, 어떤 의미에서 칸트를 루소에게로 되돌려 보낸다. 그러나 그는 이 질서가 사회계약적 기원을 가지고 있음을 부인함으로써, 칸트가 상정하는 선험적 요소를 견지하고 있다. 말하자면 윤리적 규범은 사회적이면서 동시에 선험적인 것이다. 뒤르켐은 이러한 행보를 취함으로써 선험론적 철학이 바로 과학 그 자체에 속하는 것이며, 과학에 덧붙여진 것이 아님을 자신이 보여주었다고 생각했다. 말하자면 칸트가 자신이 상정한 선험적(*a priori*) 범주들을 결코 증명해낼 수는 없었지만, 누구라도 그 범주들의 사회적 기원을 적시함으로써 그것들이 지닌 객관성을 확립할 수 있다고 뒤르켐은 주장하는 것이다.[54]

분명히 뒤르켐에게서 엿보이는 칸트와 루소를 넘어서 그 둘을 결합하는 요소, 즉 선험적인 것의 사회화(socializing)는 보날이 말브랑슈가 말한 신적 직관(*visio Dei*)을 사회화한 것과 정확히 병행한다. 보날이 자기가 말브랑슈의 본체론에 역사적 "증거"를 제공했다고 자부하는 것과 마찬가지로, 뒤르켐도 자기가 칸트의 선험주의에 대한 "입증"을 제공했다고 생각했다. 반면에 뒤르켐에게 영향을 준 신칸트주의 철학자인 르누비에(Renouvier)와 아믈랭(Hamelin)은 이러한 뒤르켐식의 사회화를 결코 인정하지 않았는데, 그들의 저술에서 엿보이는 사회관계에 대한 "인격주의적"(personalist) 강조는 뒤르켐에게서 발견되는 사회적 총체성에 대한 호소의 유형과는 전혀 동일하지 않다.[55] 그럼에도 불구하고, 뒤르켐이 지닌 신칸트주의적 요소는 외면

53   Ibid., pp. 46-56.

54   Emile Durkheim, *The Elementary Forms of the Religious Life*, trans. J. W. Swain (London: Allen and Unwin, 1968) p. 445. Giddens, *Durkheim*, pp. 88, 98.

55   Charles Renouvier, *Le Personnalisme* (Paris, 1903). Octave Hamelin, *Le Système de Renouvier* (Paris: Mouy, 1927). Steven Lukes, *Emile Durkheim* (Harmondsworth: Penguin, 1977) p. 57.

성에 대한 강조, 가령 대중적 종교 상징체계를 순전히 개인적 주체의 정신 속에 존재하는 정서를 "객관화한 것"(objectivization)에 불과하다고 간주하는 데서 엿보이는 그의 실증주의적 태도를 이따금씩 완화해주는 것으로 나타난다.[56] 이 점에서 뒤르켐은 사회적 대상을 단지 보편적 도덕법칙의 객관화된 투사물로 간주하는 입장에 가까운 것으로 보인다.

그렇지만 이렇듯 뒤르켐에 있어 신칸트주의를 상쇄하는 영향력으로 미루어 볼 때, 그로 하여금 정언적 명령을 인간의 모든 사회구조 내에 사실상 내재한 것으로 보게끔 유도하는 것은 신칸트주의가 아니라 사회적 부문을 관념적인 것과 융합시키려는 실증주의적 추동에서 기인하는 것임이 보다 분명해진다. 이렇듯 뒤르켐은 "영혼"이 존재한다는 믿음을 종교의 보편적 구성요소로 보는 편인데, 그 이유는 개인 안에 유한성과 물질성을 초월하는 요소가 존재한다는 믿음이야말로 **개인적 인격**(personne humaine)을 사회 안에서 주어진 역할 너머에 있는 형언불가하고 무규정적인 자유로서 간주하는 역설적인 **사회적** 신조(social creed)의 전조가 되기 때문이다.[57] 더욱이 뒤르켐은 진화적 발전 단계의 첨단에 서서, 막 출현하고 있는 과학적 사회의 성격을 묘사하는 가운데, 상이한 차이들을 관용하는 자유주의적 태도에다가 하나의 실증주의적 신념을 덧붙이는데, 그 신념이란 시민들의 협력이야말로 인간 개인의 존엄성이라는 특수하고 자의적이며 상징적인 표상을 포괄하는 가운데 진정한 공적 조화를 산출해 낸다고 보는 믿음을 가리킨다.[58]

그렇지만 다른 측면에서 보면 뒤르켐의 칸트주의는 실제로 실증주의의 유산과 조화를 이루고 있었다. 이는 보날이 일반적 관계성(rapports)과 특

---

56   Durkheim, *Elementary Forms*, p. 419.

57   Emile Durkheim, "The dualism of human nature and its social conditions," in *On Morality and Society*, p. 159.

58   Durkheim, *Elementary Forms*, pp. 424-8. "Organic solidarity and contractual solidarity," in *On Morality and Society*, pp. 86-113.

수한 사실들을 대조시키는 양상을 두고 칸트식의 도식/내용 이분법과 유사
한 방식이라고 간주해 왔던 것이다. 뒤르켐에게서 두 전통(실증주의와 칸트주
의)은 한데 섞여서 인간 실존의 모든 측면을 지배하는 하나의 강화된 이원
론을 산출한다. 뒤르켐의 견해에 따르면 종교의 본질은 성스러움과 속됨을
구별하는 데 있으며, 그가 생각하기에 이러한 구별이 제대로 해명된 사례는
칸트가 보편적 범주와 경험적 직관을 분리시키고, 정언적 명령과 경험적 주
체를 구분한 것에서 찾아볼 수 있다는 것이다.[59] 이론적 도식화와 정치적 복
종의 경우에 개인은 역사적 상황과는 별개로 존재하는 비인격적이고 불변
적인 무언가가 행사하는 위력에 승복한다. 바로 이런 까닭에 관례화된 실제
사회적 행위보다 오히려 법률이 사회적 위력을 응집시키면서도 역사적 변
화로부터 떨어져 있다는 점에서 **사회적 사실**(fait sociale)이 자리한 기본적 좌
소가 되기에 적합하다고 하겠다.[60] 여기서 뒤르켐은 콩트처럼 아예 대놓고
"플라톤주의자"로 처신한다. 이를테면 개인이 사회가 제시하는 일반적 범
주들과 대면하는 양상은 마치 플라톤의 **누스**(nous: 지성 또는 정신—옮긴이)가
이데아들의 영역과 마주하고 있는 것에 비견된다.[61] 개념들은 그 본성상 불
변적이므로, 바로 이런 이유로 인해 과학이 가능하다. 그럼에도 만약 개념
들의 변화가 필연적이라면, 그것은 여태껏 개념들에 대한 파악이 불완전했
기 때문이다.

　칸트주의는 실증주의의 이원론을 보완할 뿐 아니라, 실증주의 전통에
따른 세속화와도 직접적 관련을 맺고 있었다. 콩트의 견해에 따르면 모든
지식은 "상대적"이므로 한 사람이 처한 환경적 배경과 관계되어 있다는 자
신의 생각을 칸트는 이미 예견하고 있었으며, 또한 이 원리로 인해 선험적

59　Ibid., pp. 432-5. Durkheim, "Individualism and the intellectuals"; "The dualism of human
　　nature and its social conditions," p. 159. *The Rules of Sociological Method*, trans. Sarah A. Solovay
　　and John H. Mueller (New York: The Free Press, 1938) p. 23.

60　Durkheim, *Rules*, p. 45.

61　Durkheim, *Elementary Forms*, p. 435-6.

형이상학이 성립불가능하다는 사실을 깨달았다고 한다.[62] 그렇지만 지식의 상대성에 대한 인식은 생물학과 사회학의 분야에서 더욱 견고하게 확립되어 있었으므로, 콩트는 이것을 가지고 형이상학에 대한 칸트의 비판을 심화시켰고, 이로써 그는 자신이 새롭게 주창한 학문분과가 선험적 절대관념의 철저한 제거를 가능하게 했다고 자랑할 수 있었다.[63] 이렇듯 사회학이 신학과 형이상학에 대한 지속적 비판작업이 된다는 가정은 뒤르켐에 의해 전적으로 수용되었다.

그러나 이것은 사실상 기만적이다. 왜냐하면 요한 게오르크 하만 (Johann George Hamann)이 간파했듯이, 만약에 칸트를 겨냥해서 일종의 "메타비판"(이에 따르면 지식의 범주는 언어적·역사적으로 결정되며, 이러한 메타비판을 콩트도 부분적으로 수행한다)을 가한다면, "필수적인" 유한한 지식과 선험을 가장하는 피상적 지식 간의 명확한 구별의 토대가 붕괴될 것이다.[64] 이러한 구별이 가능했던 것은 "유한성 위를 선회"하면서, 유한자를 포착하는 개념적 범주와 감각적 범주를 포함한 모든 선험적 범주를 단번에 망라할 수 있는 우리의 능력에 따른 것이다. 하지만 이러한 구별이 가능치 않게 된다면, 즉 국지적이고 특수한 경험이 인식론적 범주에 의거한 우리의 일반적 개념화 과정 속으로 마냥 돌입하면서 그 인식 범주를 끝없이 수정함으로써, 그것을 사실상(de facto)으로나 명목상(de jure)으로나, 사후적(a posteriori)으로나 선험적(a priori)으로나 정당화할 수 없는 것으로 만들어 버린다면, 그때에 이러한 문화적 특수성을 띤 범주는 오로지 선험적인 것에 관한 일종의 "추측" 내지 이러한 선험성이 유한성에 대해 지니는 관계 정도로만 정당화될 수 있을 것이다. 사회학적 비판이 종교를 더욱 "유한화"하고 인간화한다는

---

62   Kenneth Thompson, *Auguste Comte: The Founder of Sociology* (Selections)(London: Nelson, 1976) pp. 68-9.

63   Comte, *The Crisis of Industrial Civilization*, pp. 193-201.

64   J. G. Hamann, "Metacritique of the purism of reason," in Ronald Gregor Smith, *J. G. Hamann: A Study in Christian Existence* (London: Collins, 1960) pp. 213-21.

환상을 우리에게 주입하는 데 콩트와 뒤르켐이 성공할 수 있었던 까닭은 다만 그들이 인식의 범주화를 가능케 하는 사회적이고 언어적인 토대에 초월적 색채를 부여했기 때문이다. 그들의 오류는 누구나 유한한 대상에 불과한 사회 "위를 선회"하면서, 인간의 사회적 실존을 근본적으로 결정하는 범주적 요소에 대해서, 어느 시대나 통용될 수 있는 철저한 재고조사를 할 수 있다고 가정하는 것이다.

칸트적 선험주의는 이렇듯 실증주의 신학에 뿌리를 둔 여러 환상을 실제로 혼합시키고 있다. 메스트르와 보날은 사회를 실체화하였으나, 적어도 그들에게는 특정 사회가 스스로의 존속을 위해 투사하고 활성화시킨 전혀 근거를 알 수 없는 **뮈토스**를 넘어서까지 사회적 설명을 시도하는 것은 가능치 않다고 보는 탈근대적 성찰이 번득인다. 반면에 콩트와 뒤르켐에게서는 신화와 종교의 특수한 내용을 모두 "사회적" 관계에 따른 항상적 필요성으로 환원시켜버리는 형식주의로의 퇴행이 더 두드러지게 나타난다.

실증주의의 세속화는 사회학을 칸트의 비판철학을 "과학적" 방식으로 번역하는 것이므로 그것은 불가피하게 실증주의를 자유주의적이고 "부정적"인 에토스에 조화되는 형식주의적 방향으로 변형시키는 경향이 있다. 뒤르켐은 자유주의에 대한 이러한 재통합 작업을 콩트보다 진전시킨다. 그러면서도 뒤르켐은 어떨 때는 자신을 사회학의 선조들보다 더 순수한 실증주의자로 소개한다. 이 점은 콩트가 사회적 설명을 애정 및 지식에 대한 심리적 필요에 종속시켰다고 (맞든 틀리든 간에) 뒤르켐이 비난하는 데서 드러난다.[65] 뒤르켐은 동정심이란 심리적으로 타고난 것이 아니라 가족과 국가 등의 사회적 실존에 이차적으로 부가된 것이라고 주장한다. 여기서 우리는 "보날로의 회귀"를 말할 수 있을 정도이다. 이것은 콩트가 "삼단계의 법칙"을 단지 경험적인 것 이상으로 보는 것에 대해 뒤르켐이 보여주는 두려움의 경우에도 마찬가지라고 하겠다. 뒤르켐은 작용인을 어떤 내재적 힘 내지 경향의 작동으로 생각해서는 안 된다는 점을 재차 강조한다. 진보의 법칙이란 존재치 않으므로, 어떠한 변화를 설명할 때 그저 앞서 일어난 것으로부터의 이념적 발전이라기보다 사회적 전체 내에 발생한 변형을 관찰한 견지에서 설명해야만 한다.[66] 그렇지만 뒤르켐에게 있어 사회적 전체는 모든 사회에 걸쳐 근본적으로 동일한 형태로 남아있고, 또한 거기서 발생한 변형은 이러한 사회적 전체가 그 본질적 구조를 보다 분명하고도 과학적인 방식으로 파악하는 방향으로 진보하기 마련이므로 이에 대한 자기포착의 차원에서 발생한 변화를 수반한다. 콩트에게 있어 사회적 변화의 궁극적 동력은 자연의 질서를 개념화함에 있어 발생하는 변형으로 나타나는 반면에, 뒤르켐은 전통주의자들과 마찬가지로 사회의 자기포착에 우선성을 부여한다. 종교적 관념을 부분적으로 자연 현상에 대한 원시적 설명으로 보는 콩트식의 사고를 그가 가까스로 보존하고 있는 것은 사실이다.[67] 그러나 이것은 그가 신칸트학파를 따라서 이론적인 것을 실천 이성에 근거지울 뿐 아니라, 자연에는 일반적 조화와 경륜이 (이미 확립되어?) 있고 인간 사회는 그것의 일부에 불과하므로, 사회과학에 유용한 일반적 개념이 자연과학에 대해서는 부차적으로 적용될 수밖에 없다는 식의 형이상학적 믿음을 표명하고 있기 때문이다.[68]

비록 뒤르켐이 콩트의 보수적 이데올로기를 버리고 겉으로는 콩트에 반대하면서도, 그는 보날이 말한 **사회적 사실**을 재확인하는 가운데, 단지 "방법론"뿐 아니라 그 방법론의 적용 대상을 성립시키는 존재론도 추인하고 있다. 이와 보조를 같이하는 가운데, 뒤르켐 사상을 구성하는 내용과 그 방법론도 "객관적" 합리성이라는 환상을 유지해 가는 식으로 서로를 지속적으로 재확인해준다. 모든 지식은 실천 이성에 근거를 두어야 한다고 가정하지만, 이러한 근거지움은 연구의 대상 그 자체 안에서 확증된다. 말하

---

66 Ibid., pp. 98ff, 117-18.
67 Durkheim, *Elementary Forms*, pp. 203-4.
68 Ibid., p. 440ff.

162

자면 뒤르켐도 콩트처럼 "존재"의 사실로부터 "당위"를 도출하는 방식에
의거하는 셈이다.[69] 마찬가지로 지식이 아무리 실천적이라 할지라도, 그것
은 창조적 예술(이는 뒤르켐이 보기에 이상적 모델만을 다루는 경제학과는 다르다)
이라기보다는 하나의 보수적인 "과학"이다.[70] 그러나 이렇듯 이론에 우선
성을 부여하는 "플라톤적" 태도는 사회를 가장 일반적이고 가장 소여적인
"사물"이라고 보는 경험주의에 의해 확인된다. 궁극적으로 뒤르켐의 방법
론은 사회 자체에 대한 자신의 개념적 구상을 단지 그 토대로 삼고 있다. 말
하자면 사회는 실재에 대한 종교적 분류에 따라 내적으로 성립하며, 이러한
종교적 분류는 추후에 보다 엄격한 용법을 거쳐서 그 사회적 실재를 연구
하는 과학 자체로 진화한다는 것이다.

　이런 까닭에 뒤르켐은 사회 구조가 종교에 선행한다는 입장을 일관되
게 유지하지는 않지만, 사회는 오로지 상징적 표상을 통해 현존한다는 주장
을 이따금씩 개진한다.[71] 뒤르켐의 종교사회학에서 엿보이는 환원적 요소
는 모든 종교는 솔직히 말해서 결국 인간성에 대한 콩트와 칸트식의 숭배
일 뿐이라는 그와 같은 생각 속에 들어있다. 여기서 뒤르켐이 연구 대상으
로 오스트레일리아의 토템 종교를 선택하고서, 이것이야말로 가장 원시적
인 종류의 종교라고 주장하는 것은 그가 설정한 방법론과 내용 상의 전제
조건을 유지하기 위해 없어서는 안 될 교묘한 책략으로 판명된다.[72] 왜냐하
면 **마나**(*mana*: 폴리네시아의 종교에서 만물을 창조한 초자연적 능력 내지 기운을 가리
키는 말—옮긴이)가 비인격성을 띠고 있으며, 성스러운 것이 특정 장소에 국
한되지 않은 채로 전염되므로 부차적 중요성을 지니는 특정 의례와 상징
을 가능케 한다는 생각이야말로 사회성과 관련된 비인격적이고 영적인 법
칙에 대한 헌신이 모든 종교의 진정한 내용을 구성한다고 보는 그의 이론

69　Durkheim, *Rules*, pp. 23, 47ff.

70　Ibid., pp. 23-7.

71　Durkheim, *Elementary Forms*, p. 422.

72　Ibid., especially pp. 23-102.

과 정확하게 맞아떨어지기 때문이다. 뒤르켐은 이러한 이론을 경험적으로 "검증"한다고 주장하지만, 그는 사회부문에 대한 자신의 개념을 속되고도 특수한 내용과는 대비되는 이미 범주로서 주어진 성스러움이라는, 언제나 "원시적"(primitive)이라고 간주되는 관념에 순환적 방식으로 호소함으로써 정의내릴 수 있을 뿐이다. 오스트레일리아의 사례에서 엿보이는 것처럼, 그가 종교의 사회적 성격을 증명하기 위해 동원한 경험론적 증거를 다른 경우에도 적용할 수 있는 것은 오로지 그가 물신숭배적(fetishist) 종교를 여타의 사회와 여타의 종교적 관행을 분류하기 위한 하나의 시각적 "틀"(frame)로 사용하기 때문이다. 주제와 대상, 과학의 역사적 시작과 종결 모두가 서로를 자체적으로 확증해 주는 순환의 틀 안에 갇혀 있으므로, 이는 종교가 참으로 과학이자 사회인 것은 과학과 사회가 참으로 종교이기 때문이라고 말하는 것과 마찬가지다.

콩트의 또 다른 후예라고 할 수 있는 가톨릭 반동 사상가인 도노소 코르테스(Donoso Cortes)는 "보편적 사실"과 가톨릭의 교의는 (전자는 계시의 예고편이고 후자는 그 완결편이므로) 서로가 서로를 설명해준다고 공언한다. 사회적 사실과 사회과학에 대해서 뒤르켐도 거의 동일한 것을 사유했다고 하겠다.[73]

뒤르켐의 사회학에서 말하는 "진리"는 그의 정치강령에서 분명히 드러난다. 즉 오직 민족국가만이 개인의 자유와 선택의 신성성에 대한 숭배라는 새로운 토테미즘을 구현하고 보장해주기에, 세속 교육(그 필수과목 내에 "사회학"도 한 자리를 차지할 것이다)을 포함한 국가의 제도로부터 벗어난 선택을 하는 것은 가능치 않다. 샤를 페기(Charles Péguy)가 제대로 간파했듯이, 뒤르켐의 사회학은 실증주의라는 목소리를 지닌 새로운 교황제, 즉 세속적 변형이라는 가면을 쓰고 나타난 하나의 새로운 왜곡된 신학이었을 뿐이다.[74]

---

73 John Donoso Cortes, *Essay on Catholicism, Liberalism and Socialism Considered in their Fundamental Principles*, trans. William McDonald (Dublin: William M. Kelly, 1874) p. 240.

74 Romain Rolland, *Péguy* (Paris: Albin Michel, 1944) tome I, pp. 137-9, 309.

희생 개념에 대한 해설

사회적 사실을 "성스러움"과 동일시한다는 것은 사회학이 그 정의에 있어 일차적으로 종교사회학을 지향해 왔음을 시사하며, 아울러 그것이 하나의 학문 분야로 성립됨에 있어 세속화 내지 "정상 종교"에 관한 이론에 따라 정립되어 있음을 암시한다. 그렇지만 이러한 결론이 보강되고 확증되기 위해서는 사회학이 또한 **희생**에 관한 담론으로서 성립되어 있음을 간파할 필요가 있다.

계몽주의는 비합리(unreason)를 그림자로 낙인찍었으므로, 왜 이러한 어둠이 이제껏 인간의 역사를 지배해왔었는지를 설명해야만 했다. 비합리를 이따금씩 나타나는 광기의 일탈로 기술하거나, 그것이 일관되게 발생하는 경우에는, 합리를 향한 점진적 진전으로 묘사하기도 했다. 그러나 반계몽주의의 핵심에는 인간 역사를 관통해서 오늘날에도 이어지는, 단지 일탈로 낙인찍을 수도 없고, 지식을 향한 서툰 더듬거림으로 볼 수도 없는 근본적 현상이 인간의 역사 전반을 거쳐 오늘날까지도 발생하고 있다는 주장이 자리잡고 있다. 조제프 드 메스트르가 보기에 이 현상 중에서 가장 현저한 것은 바로 희생의 관행이다. 모든 문화권마다 희생적 대속(sacrificial substitution)의 관념과 관행이 발견된다고 그는 주장한다. 이성으로는 이러한 대속을 결코 이해할 수 없으므로, 그것은 이성 자체만큼이나 기본적인, 하나의 주어진 사실로 간주해야만 한다.[75] 합리적 이유도 없이, 신성화된 사람이나 동물이나 기관들이 실질적 내지 잠재적 봉헌물이 되는 일이 일어난다.[76] 더 나아가, 이밖에도 인간의 삶에 만연한 터무니없는 요인으로 까닭없이 빈발하는 전쟁과 폭력을 들 수 있는데, 메스트르의 견해에 따르면 이

---

75   Lively, *The Works of Joseph de Maistre*, p. 294. De Maistre, *Considerations on France*, p. 62. 또한 다음을 보라. John Milbank, "Stories of sacrifices," in *Modern Theology*, vol. 12, no. 1 (Jan. 1996), pp. 27-56.

76   De Maistre, "Éclaircissements sur les sacrifices," pp. 193-4.

것들은 반드시 이 희생의 현상과 연결되어 있다고 한다.[77] 그는 전쟁과 희생은 공히 "우주에는 폭력만이 존재하며, 모든 것이 다 잘못되어 있다"는 사실을 반영한다고 본다.[78] 그리스도교는 이러한 사태가 타락에 따른 결과라고 계시해주는데, 이러한 까닭에 모든 고통은 징벌과 대속(expiation)으로 간주되어야 한다.[79] 메스트르는 데이비드 흄을 비롯한 합리주의자들이 희생을 신들을 달래거나 신들에게 영향을 주기 위한 "봉헌물"로 이해할 수는 있었으나 그것을 범죄(committed offence)에 대한 속죄의 "대속물"로 볼 수는 없었다고 주장한다.[80] **피에 의한 구원**(*salut par le sang*)이라는 법칙은 그저 임의적으로 주어진 사실이며, 전쟁에서 발생하는 무고한 자의 죽음은 객관적 효력을 지닌 하나의 우주적 의례에 해당된다. 따라서 형벌적 정의를 도무지 문제삼을 수 없는 까닭은 그것이 인간의 죄를 대속하기 위해 신적으로 제정된 필수적 보상을 구현하기 때문이다.[81]

보날 역시 자신의 사상을 "희생의 철학"으로 이해했으며, 그와 메스트르 둘 다 "십자가의 능력"이야말로 사회적·정치적·질서의 배후에 감추어진 실재임을 자기들이 증명했다고 생각했다.[82] 보날의 견해에 따르면 전쟁과 피의 제사에 대한 필요성이 점차 감소해왔는데, 그 이유는 성자가 성부께 무한하고도 충분한 희생제사를 바쳤기 때문이라는 것이다. 가톨릭 신앙이 지닌 보편성과 최종성은 그것이 골고다의 죽음 및 미사를 통한 희생적 죽음의 반복과 같은, 전적으로 외적이고도 공적인 사건(이 또한 희생제사다)에 초점을 맞추는 것과 밀접히 결부되어 있다. 말이 "순환하는 진동"을 통해 귀에 전달되지만, 그럼에도 "온전하게" 들리는 것처럼, 이와 마찬가지로

---

77 Ibid. Lively, *The Works*, p. 296. De Maistre, *Considerations on France*, pp. 59-61.

78 Ibid., p. 62.

79 Ibid., pp. 59-61. LeBrun, *Throne and Altar*, pp. 31-2.

80 Lively, *Works*, p. 209.

81 LeBrun, *Throne and Altar*, pp. 110-11.

82 De Maistre, *Considerations on France*, p. 80. De Maistre, "Éclaircissements sur les sacrifices," p. 212.

신인이신 그리스도의 보혈(*le sang théandrique*)은 순환의 경로를 통하여 꾸준히 반복되는 대속행위(미사)로서 **죄인 된 속사람**(*entrailles coupables*)에게까지 전달된다—두 경우 모두 말브랑슈적인 하나님이 개입하신 것이다.[83]

　희생적 대속의 논리는 실증주의에 대한 확증의 열쇠를 제공한다. 왜냐하면 실증주의는 자의적 권력은 그 자신에 맞서는 반란에 대해 더욱더 자의적인 요구를 함으로써 응징한다고 단언하기 때문이다. 범법은 이성에 반하는 것이 아니라 권력에 반하는 것이기에, 그저 뉘우치면서 뒤늦게나마 명령을 완수하는 것만으로는 소용이 없다. 따라서 하나의 특정한 사안에 대한 불복종은 반드시 보상되어야 한다. 권력이 침해당할 경우 그것은 그 절대적 지배권의 회복을 위한 끝없는 피의 복수를 요구한다. 이렇듯 메스트르는 봉헌, 곧 파문(*anathema*)은 무언가를 몰아내고 거부하는 것이며, 아울러 대속(expiation)이란 용어는 개인에 대한 윤리적 재성별(resanctification)이 아니라, 성스러운 물건 내지 사람에 대한 축출을 의미한다는 점에 주목한다.[84] **성스럽다**(*sacer*)는 말은 거룩함과 속됨을 동시에 의미하며, 사회적 관계성(*rapports*)에 부여된 신성함은 오로지 대속적 공포를 끊임없이 부추김으로써 유지될 뿐이다. 보존을 위한 축성의 행위에도 거부와 축출이 수반되기 마련이다.

　메스트르에서 뒤르켐에 이르기까지 정당화의 근거만이 변할 뿐이다. 메스트르와 마찬가지로 뒤르켐도 로버트슨 스미스(Robertson Smith)의 방식대로 희생제의를 합리화하는 것을 거부한다. 스미스는 희생제의란 결코 속죄의 효과를 지닌 것이 아니라 원시적 방식으로 성스러운 것에의 "참여"를 수반하는 것이라고 보았다.[85] 사실 뒤르켐도 스미스에게 동의하여 원시종교가 사회적 연대와 관련되고 있다는 사실에 동의한다. 그러나 뒤르켐은 여

83　Ibid.

84　De Maistre, *Considerations on France*, p. 80. De Maistre, "Éclaircissements sur les sacrifices," p. 193.

85　Durkheim, *Elementary Forms*, pp. 326-50.

기에 콩트적 초월주의에서 비롯된 자신만의 주석을 덧붙인다. 즉 희생제의는 공동체적 참여일 뿐 아니라 개인적 봉헌이기도 하다. 왜냐하면 신성함은 개인이 각자의 정서를 투사함에 의해서 유지되기 때문이다. 물론 이러한 정서가 사회적 전체의 맥락 안에서만 발생함을 감안해야 할 것이다. 따라서 하나의 불연속점이 **반드시** 있을 수밖에 없다. 이를테면 신으로부터 받은 것은 신성한 수용자에게 귀속되어야 하지만, 신성함은 희생의 반복을 통해서 지속적으로 재확인되어야 한다. 희생을 사회가 스스로를 확증하는 것으로 보는 형식주의적 해석이 가능할 뿐 아니라, 그것을 인간의 문화에 속한 터무니없는 요소로 보는 것도 가능하다. 왜냐하면 희생의 가장 내밀한 의미는 바로 정언적 명령이며, 이 안에서 개인의 의지는 "사회"라고 이름지어진 그 자신의 법에 스스로가 종속되어 있음을 발견하기 때문이다.

그러나 희생은 속죄를 위한 "애도의식"과 긴밀하게 연결되어 있고, "성스럽다"(sacer)는 형용사에 함축된 순수함/불순함의 성격(이에 대해 뒤르켐도 암시하고 있다)이 지닌 모호함은 자기희생적 죽음(self-immolation)에 따른 균열에 의해 드러난다.[86] 봉헌과 더불어 피흘림도 존재하는데, 이것은 상호 간에 분노가 폭발하여 서로 상처를 입히다가 급기야 죽음의 사건으로 이어지는 광기 속에서 가장 극명하게 표출된다. 오스트레일리아 토착민들은 이러한 광기를 망자의 영혼이 품고 있는 분노 탓으로 돌린다. 그러나 뒤르켐의 견해에 따르면, 이러한 신화가 기존의 의례에 덧붙은 것이다. 죽음이란 모름지기 공동체에 위협이 되므로, "사회부문"은 그 현존이 부정적 방식으로 감지되게 함으로써 이 사실을 적시해야 한다. 부정적 정서를 겉으로 표현하는 것만으로도 "사회적" 대의에 기여하므로, 애도의식은 그 절차대로 진행되기만 한다면 자동적으로 속죄의 효과를 내기 마련이다. 이 점이 바로 뒤르켐이 보기에 애도가 반드시 "개인적" 감정하고만 관계되는 것이 아니라 전적으로 부족적 의무인 이유를 해명해준다.

---

86 Ibid., pp. 351-69, 409-14.

하지만 뒤르켐은 여기서 원주민들의 설명을 자신이 생각하는 신비적 설명으로 대체했다. 애초에 그가 서사에 앞서는 우선성을 의례에 부여한 것을 정당화하는 것은 아무 것도 없다. 뒤르켐은 망자의 영혼이 일시적으로 분노하다가도 이내 온건해지는 것에 대한 설명을 찾기 힘들다는 사실에서 사회학이 끼어들 만한 틈새를 발견한다. 하지만 "사회부문"이 한동안 분노를 품다가도 그다음에 진정될 수 있다고 한다면, 영혼이라고 왜 아니 그렇겠는가? 이것이야말로, 뒤르켐 자신이 기록하는 대로, 사실상 신화에 따라 추정하는 내용인 것이다. 그리고 이 경우에 신화적 설명과 제의적 실행 간의 연관성은 조금도 어긋남이 없으므로, 과학이 "외부"에서 끼어들 여지가 전혀 없다. 영혼들이 이전에 누리던 관계로부터 단절된 것과 그 관계에 따른 일상적 관심에서 배제된 것 때문에 분노한다고 보는 토착민의 생각은 전적으로 타당해 보이지만, 뒤르켐은 이것을 부정하려고 한다. 이런 식으로 그는 신화를 제의에 불필요한 것으로 만들고, 아울러 이렇듯 행위를 신념으로부터 분리시킴으로써, 그는 제의적 행위를 자연적으로 주어진 보편적인 것으로 상정하지 않을 수 없었으며, 메스트르와 마찬가지로 대속적 희생이야말로 사회부문을 구성하는 요소라고 주장하지 않을 수 없게 되었다. 뒤르켐에게 있어서도 사회적 혈액순환이라고 할 만한 일종의 법칙이 존재한다. 즉 "사회"가 위기에 처할 때마다, 사회가 가진 "파급력 있는" 능력이 풀려나고, 애도하는 것만으로는 충분치 않다는 인식이 확산되면서, 여기에 언제나 피 흘림을 통한 보상이 더해져야만 하는 것이다.

메스트르처럼 뒤르켐도 범죄와 처벌은 객관적이고 자연주의적인 관점에서 보아야 한다고 생각한다. 뒤르켐에게 있어 이 생각은 다음과 같은 견해로 나타난다. 즉 어느 사회든 거기에는 "정상적" 범죄의 수준이 존재하는데, 그것은 범죄가 창조적 자유에 따른 불가피한 부산물이기 때문이다. 게다가 범죄는 경범죄를 "정당화"하는 유용성을 지니고 있을 뿐 아니라, 사회가 현존한다는 사실을 부정적으로나마 증명하는 계기를 제공하기도 한다.[87] 바로 이 점에서 범죄가 지닌 기능성과 보편성은 원시종교의 희생 및 속죄 제의와 마찬가지로 동일한 사회적 혈액순환에 해당한다고 하겠다.

그러므로 우리는 여기서 세속적 실증주의가 마주한 역설을 새로이 확인한다. 뒤르켐은 희생이나 범죄에 대한 종교적이고 윤리적인 통속적 설명이 "신학적" 내지 "형이상학적"이라는 이유로 거부하지만, 그럼에도 그가 그렇게 할 수 있는 것은 바로 (그 통속적 설명을) "신학적" 실증주의로 거슬러 올라가는 보편적 속죄법칙의 신화를 자연주의적으로 구현한 "과학적" 설명으로 대체했기 때문이다. 여기서 뒤르켐의 "위상"을 제대로 파악하기 위해서 다른 세 명의 사상가들과의 관련성을 살펴보기로 하자.

첫 번째로 뒤르켐의 스승 퓌스텔 드 쿨랑주(Fustel de Coulanges)가 로마법에 따른 가족재산 제도는 오로지 종교적 신화의 측면에서만 설명할 수 있다는 식으로 엄밀한 역사적 관점에서 결론 내린 것을 들 수 있는데, 뒤르켐이 그것을 "사회학적"으로 뒤집어버린 것은 문제거리가 될 수 있다.[88] 두 번째로 뒤르켐이 자신의 민속지학적 여담을 위해 **모델**로 삼은 로버트슨 스미스가 지극히 신앙고백적 이유로 인해 퓌스텔의 견해에 대해 단서를 추가한 것에 주목할 수 있다. 17세기에 활동한 존 스펜서(John Spencer)는 구약성서에 나오는 "원시적" 희생제사와 금기의 요소를 인간의 원시적 이해수준에 맞춘 하나님의 양보로 보는데, 로버트슨 스미스는 이러한 스펜서의 견해를 따라서, 이러한 원시적 요소란 그저 자연현상에 불과한 것을 범주화하려는 초보적 시도라고 간주하면서 그것을 참된 계시종교와는 단연코 분리된 것으로 이해하고자 한다. 물론 본질적으로 "윤리적"이고 "합리적"인 계시종교의 참된 목표가 나중에 그러한 신화적 통로를 통해 계시되기도 한다.[89]

---

87 Durkheim, *Rules*, pp. 71-5.

88 Numa Denis Fustel de Coulanges, *The Ancient City* (New York: Doubleday, 1955) esp. pp. 15-42, 120-22, 389-96.

89 W. Robertson Smith, *Lectures on the Religion of the Semites* (1st Series) (Edinburgh: A. and C. Black, 1889) pp. 196-421. Franz Steiner, *Taboo* (Harmondsworth: Penguin, 1956) pp. 55-58.

이렇듯 망각되었던 변증학이 뒤르켐을 통해 하나의 아이러니한 유산을 얻게 되었는데, 그것은 토템 현상이 지닌 종교적 성격을 완전히 부정하려는 레비스트로스(Lévi-Strauss)식의 시도로 귀결될 것이다.[90] 뒤르켐 자신에게 있어서도, 로버트슨 스미스식의 "전문가적" 목소리는 원시종교를 신들이 없는 종교로 간주하면서 이에 따라 탈형이상학 시대의 사회적 종교를 예고하는 것으로 보려는 입장을 강화시켰다고 하겠다.

세 번째 비교의 대상은 더 동떨어진 것 같지만 실은 제일 중요한 것이다. 이것은 1830년대에 저술활동을 한 가톨릭 전통주의자인 피에르 시몽 발랑슈(Pierre Simon Ballanche)의 사상을 말하는데, 그는 가톨릭 전통 신학을 정치적 좌파의 방향으로 전환시키면서 희생에 관한 메스트르의 사상을 급격히 변형시켰다.

보날 및 메스트르와 대조적으로 발랑슈는 보편적 원시 계시와 예수를 통해 주어진 새로운 계시를 보다 날카롭게 구분한다. 메스트르는 제삼의 탈그리스도교적 계시가 도래하여 혁명적 파국의 시대를 마감하리라 기대하였는데, 이것은 실제로 형이상학적 "계몽"의 시대를 계승하는 실증의 시대가 올 것을 기대하는 콩트의 생각을 예견하고 있다.[91] 이와 대조적으로 발랑슈는 보다 정통적인 보날로부터 영향받은 까닭에, 그리스도교의 피흘림 없는 희생이 표상하는 본질과 그리스도교 시대가 표방하는 "조화론적" 진보의 가능성을 강조했다.[92] 그는 아우구스티누스와 비코를 적절히 개작하는 가운데, 메스트르가 말하는 희생의 법칙은 이방 종교에 등장하는 창설의 **뮈토스**를 옮겨 적은 것에 불과하다는 점을 보여주려고 했다. 고대 로마와 그리스에서는 일부 사람들을 희생제물로 비하함으로써 나머지 구성원의 유

---

90 Claude Lévi-Strauss, *The Savage Mind* (London: Weidenfeld and Nicolson, 1966) esp. p. 220ff.

91 Pierre-Simon Ballanche, "Essai de Palingénésie Sociale," in *Oeuvres* (Paris/Geneva: 1830) tome III, p. 203.

92 Pierre-Simon Ballanche, *La Ville des Expiations* (Lyon: Presses Universitaires de Lyon, 1981) pp. 15, 172.

익을 꾀하는 것이 불가피하다고 보았는데, 이는 당시의 사회에서 오직 소수의 인간만이 온전한 "인간됨"(humanity)을 인정받았기 때문이다. 그 인간됨에는 언어의 통달, 법률이 보장하는 신성한 결혼의 권리 및 가정에 대한 지배권이 포함된다. 발랑슈가 로마의 계급투쟁을 평민들이 언어와 종교적 제의에 접근할 수 있는 완전한 권리를 확보하기 위해 일으킨 것으로 해석하는 것은 나중에 퓌스텔에게도 공통되는 면이지만, 발랑슈의 경우에는 보다더 신비주의적인 관심이 개입되어 있다. 발랑슈(그 역시 다른 전통주의자와 마찬가지로 가톨릭이자 프리메이슨 회원이었다)의 견해에 따르면, 고대의 역사는 전적으로 "입문의식"(initiation)의 역사였으나, 그 입문의식은 투쟁 내지 "대립"을 통해서 획득되었던 것이다.[93]

발랑슈가 보기에 아우구스티누스가 말하는 "두 도성"이란 두 종족(이교인 대 유대인)이 아니라 모든 고대 사회를 구성하는 요소인 입문자와 비입문자를 가리키는 것으로 재해석되어야 한다.[94] 하지만 그리스도교는 암묵적으로 (실제로는 아닐지라도) 이러한 구별에 종지부를 찍었다. 왜냐하면 그리스도의 삶 속에서 고대의 **뮈토스**를 교체하고 재정위시키는 새로운 **뮈토스**가 확립되었기 때문이다. 그리스도교가 **신화와 역사를 이어주는 논리적 연결고리**(*lien logique du mythe et de l'histoire*)가 되는 것은 바로 다음과 같은 방식을 통해서이다.[95] 말하자면 그리스도는 새로운 도시의 설립자인데, 그 도시의 설립 신화는 유일하게도 (로물루스와 레무스의 이야기와 같은) 원초적 살인 및 원초적 희생과 추방의 이야기를 언급하지 않으며, 오히려 자신의 유래를 물리적 후손을 하나도 남기지 못한 희생자에게서 찾는 것이다. 창세기에 등장하는 가인과 아벨의 이야기는 발랑슈가 보기에 가인이 처한 시민적 운명이 그 자신이 시작한 성스러운 폭력에 의한 경륜을 영속화함과 동

---

93 Ibid., pp. 29, 101, 172.

94 Ibid., p. 101.

95 Ibid., p. 17.

시에 그것을 "억제"함을 시사한다.[96] 가인이 범한 죄는 신적 정의를 저버린 것이고, 따라서 어떤 의미에서 그의 죄는 이미 지상 도시의 법이었다. 반면에 그리스도가 설립한 "속죄의 도시"는 인간의 죄를 보상하기 위해서 희생의 고통과 처벌이 계속해서 요청된다는 생각을 거부한다. 원죄가 말하고자하는 진정한 의미는 공동책임에 결부된 무제약적 영향력에 관한 것이다. 따라서 속죄의 주도권은 이제 범죄자를 대신하는 무고한 자들에게서 나올 뿐이며, 무고한 자들을 희생적 폭력의 현장으로 끌고가는 일은 더 이상 있을 수 없다. 인간의 책임에 전혀 한계가 없기 때문에, 그것을 올바르게 하는 것이 우리 모두의 의무임을 말하지 않는다고 해서 잘못이라고 할 수는 없지만, 공동책임의 개념이 없이는 정의에 대한 어떠한 관념도 있을 수 없다고 말하는 것도 가능하다. 그리스도교 시대에 있어 정의란 처벌이 아니라 자발적인 대속이자 속죄의 과정에 사회적으로 참여함을 의미하게 되며, 바로 그 속죄 행위의 "실행자이자 전형"은 그리스도다. 자비와 공동책임은 속죄의 개념을 재정의함으로써 희생이 강제되지 않는 사회를 가능케 한다. 즉 발랑슈는 자신이 기초한 사회적 강령의 일환으로, 광범위한 재산 분배, 매춘부를 위한 "보호 시설", 범죄자들과 걸인들에게 교정시설이 아닌 가정 내에 주거를 제공하는 것 등을 제시한다.[97] 이러한 방식을 통해 "조화론에 입각한" 새로운 진보가 진전되며, "상호적인" 새로운 입문의식이 발생하는데, 그것은 지금껏 배제되었던 무고한 이들로부터 기득권에 포함된 죄인들까지도 모두 망라하므로, 이는 고대사회의 규범을 완전히 전복시킨 것이라고 하겠다.[98]

콩트와 뒤르켐은 "조화"라는 것이 인간의 역사상 합리적 통찰이 불완전하기 때문에 거쳐갈 수밖에 없었던 대립의 국면이 지나고 난 후 도래하

---

96 Ibid., pp. 24, 37.

97 Ibid., pp. 27, 182–3.

98 Ibid., p. 29. Pierre Emmanuel, "Avec Ballanche dans la Ville des Expiations," in *L'Homme est Intérieur* (Paris: Le Seuil, 1962) pp. 206–25.

는 미래의 시대에 속한다고 보는 반면에, 발랑슈는 보다 비판적인 관점에서 조화란 대립의 역사를 "대항 역사적"(이라고 부를 수도 있는) 방식으로 해독하는 **상이한** 신화/역사(myth/history)에 따른 것이라고 보았다. 마찬가지로 뒤르켐은 상징적인 대속적 고통(자의적이면서도 동시에 자연적으로 필연적인)에 관한 신화에 아직도 구속되어 있는 반면에, 발랑슈는 속죄를 (자신의 것이든 타인의 것이든 간에) 죄로 말미암은 해로운 결과를 자발적으로 "감내하는 것"으로 재해석한다. 그의 급진적인 그리스도교적 시각(아우구스티누스와 깊이 연결되어 있다)은 전통주의의 기획 내에서 흥미로운 작업을 완수하는 것, 즉 그리스도교 교리의 핵심 내용을 사회사상과 관련시키는 데 어느 정도 기여한다고 하겠다. 이에 비하면 뒤르켐은 메스트르와 보날의 사상에 들어있는 아류 그리스도교적 요소에서 여전히 자유롭지 못하다. 그러므로 희생과 속죄와 범죄 및 전염에 대해 뒤르켐이 언급했던 내용을 수용하는 것은 과학적 견해들(deliverances)을 진지하게 취급하지 않는 것일 뿐 아니라, 오히려 예수의 복음과 행적에 나타난 가르침을 궁극적 진리에 미치지 못하는 것으로 보는 것이다. 이에 비하면 발랑슈는 우리로 하여금 역사적 텍스트에 대한 특정한 "읽기"가 그리스도교 신앙의 핵심 내용과 분리될 수 없음을 깨닫게 한다. 신학이 뒤르켐의 사상을 수용하거나 각색한다면, 그것은 사실상 발랑슈식의 읽기가 지닌 우위성을 전도시키는 것이다.

실증주의 담론은 사회적 창조라는 개념이 봉착한 이율배반을 온화한 유기체주의와 조화를 나타내는 신적·자연적 요소의 직접적 현존을 언급함과 아울러 희생적 폭력의 불가피성을 거론함으로써 해결해냈다. 이것은 우발적 서사의 맥락으로부터 조화와 갈등의 요소를 분리해 내는 효과를 거둔 셈이다(조화와 갈등은 이 우발적 서사의 맥락에 본래부터 속한 것으로, 발랑슈의 신학은 이 두 요소를 그 본래적 맥락으로 회복하는 측면이 있다). 이러한 실증주의 담론에 맞서서, 이율배반은 지극히 사소한 사회적 행동까지도 철저히 조사하는 데서 발생하므로 그 자체가 애초에 근본적인 것임을 주장해야 한다. 한 개인이 취하는 모든 행동은 문화·언어적 맥락을 전제하고 있으므로, 모든 행동(애덤 퍼거슨이 말하는 "기획")은 언제나 보다 진전된 일반적 결과물로 화하기 마련이다. 이러한 일반화된 결과물은 개인의 한계를 넘어서지만, 그럼에도 불구하고 개인에 의해 결정적으로 야기된다. 따라서 "과학적 연구"는 사회적 전체로부터 시작할 수 없고, 개인의 행동에서부터 시작할 수도 없다. 요컨대 실증적 과학만이 아니라 자유주의적 과학도 성립할 수 없는 셈이다. 그렇다고 이 둘을 조합할 수도 없다. 왜냐하면 사회적인 것과 개인적인 것은 둘 다 전적으로 우발적이며, 서로가 서로에게 끊임없이 변형을 가하기 때문이다. 사회적인 것이 "개인"의 (신체적 및 언어적) 행동을 통해 발현되는 경우를 제외할 경우 결코 그것을 관찰할 수 없으며, 이러한 개인적 행동에 잠재된 의도를 파악하는 것도 그러한 행동과 상호작용하는 보다 일반적인 과정 안에서 그 행동이 처한 객관적 "긴장의" 상황을 염두에 두지 않고서는 가능하지 않다. 사회와 개인의 관계는 도식 대 내용의 관계나, 전체 대 원자적 부분 간의 관계와 같지 않다. 따라서 이율배반은 오로지 서사를 통해서만 매개될 수 있다. 사회적 행동을 가능케 하는 제반 조건에 대한 적절한 "선험적" 성찰을 하다 보면 결국 역사에 대한 서술이 불가피함을 깨닫게 된다. "사회과학"이 들어설 자리는 그 어디에도 없다.

제4장

사회학 II : 칸트에서 베버까지

도입

근대 사회학은 두 가지 원천에서 유래한다. 방금 되짚어 본 프랑스 전통 외에 독일의 개입도 있었다. 독일의 사회학자들이 사회학에서 실증주의를 극복하고자 했던 점이 흔히 강조된다. 이 실증주의는 콩트뿐 아니라 밀과 스펜서와 같은 영국의 저술가들을 통해서도 독일에 전달되었다. 그렇지만 실증주의의 보다 과학적인 측면(항상적 동시발생이라는 보편 법칙 아래에 특수한 것들을 포섭하는 방식에 국한하여 진정한 사회적 설명을 추구하는 시도)은 겉보기에 포기된 것 같았지만, 실증주의적 심성의 여러 특징은 꽤 분명하게 유지된 것이 사실이다. 우선적으로 언급할 수 있는 것으로는, 첫째로 "사회부문"을 이미 주어진 영구적 범주들과 연관짓는 것, 둘째로 인간이 "현실의" 자연과 "영적" 가치관 사이에 구속되어 있다고 보는 이원론적인 생각, 셋째로 "종교부문"(the religious)을 분석과 설명이 불가능한 비합리적이고 자의적인 힘과 동일시하는 태도, 넷째로 기능적 인과성에 여전히 중요성을 부여하는 경향, 다섯째로 "사실들"을 대하는 경험주의적 태도, 그리고 끝으로 탈종교의 단계를 원시종교의 단계에 비유하는 역사적 서사 등을 꼽을 수 있다. 아울러 뒤르켐과 마찬가지로, 베버(Weber)와 짐멜(Simmel)과 트뢸치(Troeltsch) 등은 그들이 지닌 정치적 견해에 있어 자유주의적 자유관을 법과 주권에 대한 실증주의적 태도와 결합시키려 한다. 뒤르켐과 마찬가지로 이들도 칸트 철학과 신칸트학파의 철학을 융합함으로써 사회학의 전통을 변형시킨다.

그렇지만 독일의 경우에 그러한 변형은 더욱 과감하다. 여기서 독일 사상가들은 "사회적 기회원인론"(social occasionalism)에서 빌려온 방식대로, 사회적 유기체 그 자체를 선험적(*a priori*)인 것과 동일시하지 않았다. 대신에 그들은 신칸트학파의 개념을 가져와서 사회적 행위자인 한 개인과 다른 개인들 간에 선험적으로 가정된 관계의 가능성을 기술하기 위해서 사용한다. 이렇듯 겉으로는 분명 모순되는 역전임에도, 이를 통해서 사회학에 고유한 설명을 시도하는데, 그것은 사회학적 설명을 개별 행위자들의 동기와 의도에 호소하는 식으로 구상하면서도 그러한 동기와 의도가 사회관계라는 선험적 형태 하에서 이해되도록 하는 것이다. 이러한 "해석적 사회학"(interpretative sociology)은 행위의 주체에게 우선권을 부여함으로써 역사에 있어 가치와 의미에 따른 영향력을 고려할만한 여지를 허용한다고 여겨지며, 이와 아울러 절대 피할 수 없는 현상이라 할 수 있는 경제와 정치의 고착된 구조들도 고려한다.

내가 앞으로 주장하겠지만, 독일 사회학자들의 방법론을 검토해보면 역사에 대한 그들의 실체적 설명이 실은 칸트 철학과 신칸트학파의 철학이 가정하고 있는 의심스런 전제를 그대로 따르고 있음을 확인하게 된다. 사회학적 설명을 수행하는 그들의 방식은 신학과 형이상학에 대한 칸트식의 접근방식, 즉 유한한 세계(여기서는 사회)의 이해를 위해 사용된 범주들을 궁극적이고 선험적인 것 "자체"에 사변적으로 확대하여 적용될 수는 없다는 견해를 영속시킨다. 이런 까닭에 종교는 초사회적(supra-social)인 것, 곧 보편화된 "인격적" 가치의 영역과 관련시키는 것이 더 적절하다. 이것은 참된 종교를 참된 도덕성과 동일시하는 칸트의 방식을 새롭게 적용한 것이다. 여기서 우리는 사변적 접근은 아닐지라도, "선험적 대상"(transcendental objects) 내지 "물자체"(things in themselves)의 영역에 대한 실천적 접근을 갖는다. 뒤르켐에게 있어 종교에 대한 그의 "사회적" 설명이 지닌 문제는 그가 "종교"와 "사회부문"을 실제로 동일시한다는 점인 반면에, 여기서 문제는 정확하게 정반대다. 말하자면 독일 사회학자들에게 있어 "종교부문"과 "사회부문"은 항상 그리고 영원히 범주적으로 분리된 영역으로 여겨진다. 이렇듯 한 편에서는 종교의 인격적인 감화력과 실질적인 가치가 존재하고, 다른 한 편에서는 일상화의 기제와 도구적 이성이 작용하는 다양한 공적 과정이 자리잡고 있으므로, 역사는 이 둘 간의 상호작용에 관한 이야기로 기술될 수 있다. 이데올로기적 부문과 사회·경제적 부문이, 하나가 다른 것으로 환원됨 없이, 상호작용한다고 말하는 것은 극도로 합리적인 것처럼 보인다. 하지만 사물을 이런 식으로 제시하는 것이 분명 매력적이기는 하나, 그것은 전혀 상식에 부합하지 않을 뿐 아니라 오히려 심히 형이상학적이고 허위스러울 따름이므로, 이를 통해 우리가 종교나 사회·경제적 과정의 실질적 내용을 들여다볼 수 없다. 이러한 방법론은 전자(종교)의 참된 내용과 후자(사회·경제)의 바람직한 목표가 무엇인지 묻지 못하게 하는 장치에 불과한 것으로 드러난다.

　본 장의 제1절과 2절 및 3절에서 나는 독일 사회학이 칸트식의 접근방식을 그 가장 의심스러운 측면에서 확대시키고 있음을 주장할 것이다. 다시 말해서 독일 사회학은 우리 인간의 (사회적) 유한성에 따른 본질적 측면에 대해 철저한 조사를 한다고 공언하지만 오히려 그러한 방식으로 인해 이 유한성에 대한 신학적 내지 형이상학적 설명을 불가능하고 불필요한 것으로 만들어 버린다. 이와 동시에 그것은 칸트식으로 종교를 사적이고 주관적이며 어림잡을 수밖에 없는 영역과 동일시하는 행태를 반복하면서, 그것을 객관적이지만 인간적으로는 무의미한 사실이 작용하는 공적·자연적·사회적 영역과 대비시킨다.

　이어지는 제4절에서 나는 독일 사회학의 "메타서사"(metanarrative), 이른바 보편적 역사에 대한 합리적 설명이라고 자칭하는 것에 대해 구체적으로 언급하고자 한다. 여기서 신칸트주의의 방법론적 접근 자체가 인간 문화와 관련하여 경험적 실체를 지닌 중요한 논제를 다 선점하는 것처럼 보인다. 이와 동시에 한층 더 깊은 수준에서 살펴보면, 메타서사적 방법론에 따라 이야기를 서술한다기보다는 오히려 그 방법론으로 말미암아 특정한 역사, 즉 개신교와 자유주의적 개신교 및 계몽주의의 등장과 같은 주제를 관료제 국가 및 자본주의 경제의 발흥 등의 사례와 함께 중시함과 동시에 은폐하고 있음을 깨닫게 될 것이다. 따라서 이러한 역사를 추적해나감으로써 하나의 메타서사적 위상이 확보된다. 왜냐하면 우선 인간 역사의 나머지 전체에 관한 줄거리도 그 메타서사와 관련하여 구성되고, 그다음으로 그 메타서사가 지닌 공시적·통시적 핵심구조가 더 이상 특정한 시간적 순서를 지닌 항목으로 간주되지 않고, 다만 사회적 가능성으로 발현되는 영원불변의 논리라는 지위로 격상되기 때문이다.

리케르트와 짐멜에 있어서 신칸트주의 방법론

게오르크 짐멜(Georg Simmel)과 막스 베버(Max Weber)는, 특히 전자인 짐멜의 경우에는 남서부 독일의 신칸트주의 학파와 밀접하게 연관되어 있었으므로, 그 주도적 사상가들, 특히 빌헬름 빈델반트(Wilhelm Windelband)와 하인리히 리케르트(Heinrich Rickert)로부터 영향을 받았다.[1] 헤겔은 존재론적 실재를 인간 정신에 의해 파악되는 이성과 동일시했는데, 신칸트주의는 일반적으로 이러한 헤겔의 주장에 대한 반작용이라는 맥락에서 이해할 때에 가장 잘 파악할 수 있다.[2] 그렇지만 이러한 반작용은 이성이 인간에 의해 파악가능하다고 보는 입장이나 이성적인 것을 논리적 결정 과정에 국한하

---

[1] Gillian Rose, *Hegel Contra Sociology* (London: Athlone, 1981) pp. 1-47. Swingewood, *A Short History of Sociological Thought*, p. 129ff.

[2] Herbert Schnädelbach, *Philosophy in Germany*, 1831-1933 (Cambridge: Cambridge University Press, 1984) p. 41.

는 태도(가령 미학적 이성의 인지적 성격에 대한 주장을 포함하여)를 문제 삼지 않는다. 그 대신에 무한하고 비결정적이며 심지어 최종적으로 비합리적 성격을 지니고 있다고 간주되는 주어진 사실의 영역과, 인간의 가치판단이 개입되는 풍부한 의미의 영역 간에 자리잡은 간극에 주목했다.[3] 피히테(Fichte)는 이론적 이성에 대한 경험적 내용조차도 자유의 실제적 필요성과 자아의"자기정립"으로부터 도출하는데, 신칸트주의자들은 이러한 피히테의 노선을 따라 **가치판단의 논리**(*Geltungslogik*)를 경험적 진리를 판단하는 토대로 삼았다. 그러나 피히테와는 달리 그들은 이론적 오성을 윤리에 종속시켜야 할 필요성도 없었고, 또한 거기에만 관심을 두지도 않았다. 대신에 그들은 진리와 아름다움이 그 자체 내에서 "가치판단"의 양식이 된다고 보았다. 또한 피히테와는 다르게, 신칸트주의자들은 객관적인 지식을 선험적 주관성에 근거지우려고 하지도 않았다. 대신에 그들은 "유사플라톤적" 방식에 따라 가치의 영역을 주체의 정신에 "객관적으로 현존하는" 일단의 허위대상(pseudo-objects)으로 생각했다.

　　바로 이러한 개념이 신칸트주의를 칸트 내지 그의 관념론을 계승한 후예들로부터 뚜렷이 구분해준다. 왜냐하면 "가치들"이란 실제로 대상에 대한 인식 내지 자유의 실현을 가능케 하는 조건이 **아니기** 때문이다. 또한 "가치들"은 이러한 칸트적 의미에서 말하는 "범주들"이 아닐 뿐 아니라, 다른 한편에서 (시간이 경과함에 따라 신칸트주의자들이 더욱 강력히 주장하듯이) "실재"(the real)의 영역에도 속하지 않는다. (오로지 후설의 현상학만이 "가치들"을 우리의 의도성에 따른 인식이 작용하는 실제적이고 본질적인 대상으로 전환시킨다.) 가치들은 "비실재적"(irreal)이라고 기술된다. 그리고 도덕적 가치를 함축하고 있는 "선"(good)이란 용어는 기피되는데, 그 이유는 바로 그 용어가 전통적 형이상학에서 상정하는 실존재(*ens*)와의 호환가능성을 함축하기 때문이다. 그렇지만 이것이 곧바로 가치들이란 오로지 도구적·교육적 기능만을 갖

3　Ibid., pp. 161-92.

고 있음을 뜻하지 않는다. 도리어 헤르만 로체(Hermann Lotze)가 말했듯이, 존재(what *is*)의 기초는 당위(what *should be*)에서 찾아야 한다는 말이다—비록 (로체 자신이 신라이프니츠주의를 선호하는 것과 대조적으로) 칸트적이며 "비판적"인 로체의 후계자들이 보기에 가치와 실재 간에 완벽한 일치는 있을 수 없다고 할지라도 말이다.[4]

신칸트주의 인식론의 입장에서 볼 때, 하나의 진술이 참이라고 주장한다고 해서 그것이 바로 정신적 개념과 사건의 상태 간의 "상응"을 주장하는 것이 아니며, (칸트의 방식을 따라) 특정한 감각자료가 오성의 범주들로 구성되는 도식적 조직화 아래에 포섭될 수 있음을 주장하는 것도 아니다. 그 대신에 그것은 그 진술이 "가치 있게 성립한다"고 말하는 것, 즉 어떤 사실적·경험적 내용이 가치판단의 논리에 따라 구성되었기에 그것이 유의미하게 파악될 수 있다고 말하는 것과 마찬가지다. 따라서 가령 자연과학에서 어떤 특정 현상을 제대로 이해하려면, 그것은 일종의 법칙과 같은 방식으로, 과학의 진리가 규정하는 "수치"(value)에 따라 규칙적으로 발생해야 한다. 이러한 가치를 일정한 규범에 따라 구체적으로 적시하는 것이야말로 사실상 전적으로 실증주의적 특징이었음에 주목하게 될 것이다.

특히나 남서부 독일의 칸트주의자들은 역사 연구에 있어 참된 가치판단의 양식에 관한 문제와 아울러 그것이 진정 과학적이라고 불릴 자격이 있는지를 따지는 데 관심을 갖고 있었다. 이렇듯 역사적 학문의 특수성에 관심을 가지게 된 것이 훗날 짐멜과 베버가 사회학의 방법론을 발전시키는 원천이 된다. 빌헬름 빈델반트는 "법칙정립"(nomothetic)의 과학과 "특이성 기술"(idiographic)의 과학을 구별하는 유명한 구분법을 창안했다.[5] 법칙정립적 과학은 법칙의 발견에 관심하는 반면에, 특이성 기술의 과학은 특수한 것을 구체적으로 밝히는 데 관심한다. 역사를 법칙정립적 과학의 모델로

---

4   Ibid., pp. 169–89.

5   Wilhelm Windelband, "History and natural science," trans. Guy Oakes, in *History and Theory*, XIX, pp. 175–82 (1980).

이해하는 것은 적절치 못하다. 왜냐하면 흔히 역사에서 결정적 중요성을 띤 것은 유일하고 반복될 수 없는 것이기 때문이다.

빈델반트의 구분법은 딜타이(Dilthey)가 정신과학(Geistwissenschaften)과 자연과학(Naturwissenshaften)을 구별하는 방식과 다소간 친연성이 있는데, 딜 타이의 방식도 사회학자들에게 어느 정도 영향을 주었다.[6] 딜타이는 프리 드리히 슐라이어마허(Friedrich Schleiermacher)가 제시한 일반 해석학을 인 문과학 일반을 위한 방법론으로 확장하려고 했다. 그는 슐라이어마허에게 서 부분적으로는 하만으로부터 유래하는 사상(이것을 헤겔은 궁극적으로 무 시하였다)을 취하였는데, 그것은 모든 이성은 의미에 대한 해석, 곧 "예지 적"(divinatorey) 이해의 과정으로 시작된다는 것이다. 슐라이어마허가 보기 에 이것은 우리가 하나의 텍스트 내지 발화의 일부를 그 전체적 측면에서 이해할 뿐 아니라 역으로 전체를 부분의 견지에서도 이해해야 함을 의미 했다—물론 이 과정은 원칙적으로 결코 완결될 수 없는 것이다.[7] 불행하게 도 슐라이어마허와 딜타이 중 누구도 하만이 말하는 논점을 제대로 파악하 지 못했다. 그 핵심 논점이란 언어적 해석을 우선시하게 되면 칸트가 상정 하는 이성의 자기비판(산만한 과정으로부터 자의적으로 도출된 오성적 범주를 통하 여 이성이 담화에 "자기 나름"의 공헌을 하는 것으로 간주된다)은 성립될 수 없다는 것이다.[8] 슐라이어마허는 철학적 해석학을 시작하면서 동시에 선험주의에 대한 하나의 "메타비판"(metacritique)을 개시했던 것이 아니라, 해석학을 새 로운 종류의 선험철학으로 만들어 버렸다. 그 결과 슐라이어마허의 해석에 대한 개념이 공감적 직관을 말하는 조잡한 생각들과 거리가 있다 할지라도, 한 가지 분명한 것은 그가 해석의 가능성을 튼튼한 기초 위에 놓아야 할 필

6   Wilhelm Dilthey, *Einleitung in die Gesammelte Schriften*, vol. 1, *Geistwissenschaften* (Stuttgart/ Göttingen: Tuebner/Vandenhoeck and Ruprecht, 1959); *Der Aufbau der Geschichtlichen Welt in den Geisteswissenschaften* (Frankfurt: Suhrkamp, 1970) esp. p. 177ff.

7   Friedrich Schleiermacher, *Hermeneutics: The Handwritten Manuscripts*, trans. James Duke and Jack Forstman (Missoula, MT: Scholars Press, 1977) pp. 45, 74-7.

8   J. G. Hamann, *Metacritique of the Purism of Reason*, pp. 213-21.

요를 느꼈고, 그 기초를 저자의 정신과 해석자의 정신 사이에 있을 수 있는 일종의 동일성에 두었다는 사실이다. 이 정신적 동일성으로 인해 해석자는 원작이 창작되는 "정신적" 과정을 추적할 수 있다고 보았다.[9] 동일한 생각이 딜타이에게서 지속되는데, 딜타이가 해석의 우선성을 파악하고 있었고 또한 모든 이해는 시간에 구애될 수밖에 없음을 어렴풋이 느끼고 있었음에도 불구하고, 그가 제시한 해석학의 방법론은 정신의 활동, 곧 창작행위가 일어나는 본래적 순간을 정밀하게 포착하는 것에 초점을 맞추고 있었다. 그리고 이에 초점을 맞추다 보니, 역사는 하나의 "과학적" 객관성을 지닌다는 주장을 하게 된다. 사실 역사의 한 순간을 따로 떼어내어 정확하게 기술하고자 하는 관심은 어떤 면에서 실증주의의 한 형태라고 할 수 있다. 해석학의 경우에 국한해 볼 때, 이러한 실증주의적 태도는 최종적으로 개신교에서 말하는 **오직 성서**(*sola Scriptura*)의 원칙에 따른 필요성에서 기인하는 것이다. 이 원칙은 오랜 전통에 따라 축적되어온 의미들에 의존하는 대신에, 무엇에도 구속되지 않는 하나님의 "본래적" 말씀의 재생가능성에 대한 방법론적 보증을 필요로 한다.

빈델반트가 주창하는 법칙정립적 과학도 마찬가지로 실증주의적이라고 하겠는데, 특수한 사실이나 문화적 복합체를 따로 분리해서 기술하는 것을 그 목표로 삼는다는 뜻에서 그렇다고 하겠다.[10] 그러나 몇 가지 중요한 점에서 볼 때, 빈델반트의 개념은 딜타이와는 사뭇 다른 것이었다. 첫째로 빈델반트는 해석학적 순환이 지니는 환원불가능성에 만족할 수 없었다. 과거에 대한 해석적 재구성은 그 타당성 확보를 위해서 반드시 진실성을 성립시키는 선험적 조건에 비추어 검토되어야 한다. 둘째로 딜타이는 신학과 인문주의라는 오랜 전통을 따라 정신과학(*Geistwissenschaften*)이 지닌 차별성의 근거를 밝히는데, 그것은 문화적 과정이란 자연의 과정과는 달리 인간에

9   Schleiermacher, *Hermeneutics*, pp. 42, 62-4. Hans-Georg Gadamer, *Truth and Method*, trans. William Glen-Doepel (London: Sheed and Ward, 1975) pp. 162-214.

10   Windelband, *History and Natural Science*, p. 182.

의해 만들어지므로 원칙적으로 인간에 의해 이해될 수 있다는 사실이다. 이
것은 기본적으로 존재론적 논점이라고 하겠으나, 딜타이는 (비코와 같은 초기
사상가들과는 달리) 이 존재론적 논점을 모호하게 얼버무리고 있다. 말하자면
그는 (인식자에 의한 인식대상의) 문화적 재현가능성을 단순히 의미작용의 구
조와 관련시키는 것이 아니라, 주관적 정신(Geist)과 객관적 정신 간의 존재
하는 선험적 동일성과 관련지음으로써 이 논점을 흐리고 있는 것이다. 그렇
지만 빈델반트는 법칙정립적 과학과 특이성 기술의 과학을 구분함에 있어
존재론적 토대를 거부하는데 이는 칸트의 사상적 유산을 따르는 것으로, 여
기서는 언어문화적 과정 대 미리 주어진 자연 간의 (실제적이고 역사적인) 대
조가 아니라, 개인의 이해·느낌·욕구의 작용과 관련된 "내적" 과정 대 자
연과 사회를 포함한 "외적" 세계 간의 (전적으로 상상적인) 대조에 집중한다.
이렇듯 리케르트와 베버가 강조하듯이, 법칙정립 대 특이성 기술의 구분이
자연 대 문화의 구분과 전적으로 일치하는 것은 아니다. "자연사"도 부분적
으로 특이성 기술의 대상이 될 뿐 아니라, 역사 속에도—특히나 경제적 과
정의 경우에는—법칙에 준하는 규칙성의 요소가 존재한다.[11]

신칸트주의자들에게 있어 역사는 자연과 마찬가지로 비합리적 "생명"
을 지닌 통제할 수 없는 덩어리의 모습을 한 주체의 정신과 마주한다. 이런
까닭에 역사란 특수한 것에 관한 지식에 관심한다고 말하는 것만으로는 불
충분하다. 왜냐하면 역사 속에는 특수한 것들이 무한수로 존재할 뿐 아니
라, 각각의 무한자를 철저히 분석하는 것도 불가능하기 때문이다.[12] 그 결
과 역사학자에게는 특수하고 개별적인 것 중에서 어느 것을 선택할 것이며,
그 선택된 개별자의 어떤 면이 역사적으로 유의미한가를 물어야 하는 이중
적인 문제가 생겨난다. 이러한 맥락에서 하인리히 리케르트는 "역사의 중

---

11   Guy Oakes, "Introduction: Rickert's theory of historical knowledge," in Heinrich Rickert,
      The Limits of Concept Formation in Natural Science, trans. Guy Oakes (Cambridge: Cambridge
      University Press, 1986) pp. vii–xxxi.

12   Rickert, *The Limits of Concept Formation*, pp. 50-1, 57-8, 66ff.

심"(historical centre)과 "불가분할적(in-dividual)이라는 개념을 개발하여 역사적 특수자 가운데 문화전체에 대하여 지향적 가치를 지닌 것을 명시하고자 하였다.[13] 리케르트가 보기에, 역사는 어떤 특정한 문화 속에서 "역사의 중심"을 식별하려고 하는 한에서만 오직 그 객관성을 인정받을 수 있다. 이 말은 경험적 대표성을 띤 개별자를 선별한다는 뜻인데 이들은 무조건적 가치를 부여받거나 또는 그러한 가치와 연계되어 있다는 점에서 불가분할적이다. 역사가가 어떤 특정한 가치를 지지할 필요는 없다. 하지만 역사 그 자체는 반드시 "가치 관련성"(wertziehung)을 갖기 마련이다.

역사과정 자체가 "역사의 중심"을 산출해내는 한, 리케르트의 이러한 생각에 대해 별다른 이의를 제기할 수는 없을 것이다. 그렇지만 그의 생각 중에 문제가 되는 부분은 **단일한** 역사적 중심 내지 일련의 분명한 중심점들을 지정해야만 한다는 생각이다.[14] 왜냐하면 리케르트가 역사의 중심과 관련하여 검토의 대상이 되는 가치들이―역사가가 지목한 가치들은 별개로 친다고 하더라도―모두 다 중요하다는 식의 단순한 말을 하는 것이 아니기 때문이다. 오히려 그가 하려는 말은 어떤 특정한 문화의 구성요인이 되는, 따라서 비역사적이고 선험적인 가치판단의 영역에서 유래하는, 독특한 가치관을 발견하기 위해 노력해야 한다는 것이다. 따라서 관습적으로 지지받는 기준이 무엇인지 보여주는 것만으로는 충분치 않다. 연구 대상이 되는 문화 가운데 어떤 점이 무조건적이고 보편적으로 지지받는지 적시할 수 있어야 한다. 이 말은 연구의 대상으로 지목된 사회가 과연 칸트식의 진정한 정언적 명령의 적용 대상이 되는지 시험해 보아야 한다는 뜻이다. 즉 이러한 특수한 상황에서 내가 의도하는 것이 하나의 보편적 준칙으로까지 격상될 수 있는지 물어보아야 한다는 말이다.[15] 그렇지만 이러한 방법론적 접근과 결부된 문제는 다음과 같다. 어떤 문화권은 가치 내지 "선함", 즉 그 실

---

13   Ibid., pp. 78-81.

14   Ibid., pp. 123-9, 135-47, 173-4.

15   Ibid., p. 78ff.

체적 내용에 있어 한정된 역할과 상황에 따른 각이한 의무와는 별개로 존재하는 보편적 개념을 결여할 수도 있다는 점이다. 그러한 문화권에 있어서 "가치 판단"이란 사회적 실재의 참된 본질이 무엇인지에 대해 그 문화가 가진 개념으로부터 구분할 수 없을 뿐 아니라, 인간이 자연의 질서 안에서 점하고 있는 사실상의 위상으로부터 분리할 수도 없다. 하지만 리케르트는 모든 문화의 핵심에는 칸트가 말하는 정언적 명령의 틀에 해당되는 일정한 가치에 대한 헌신이 존재한다고 추정한다.

더욱이 리케르트가 말하는 역사가(historian)는 보편적 가치의 실질 내용에 대해서는 중립적 자세를 지니는 반면에, 한 문화권 내에 무조건적 지지를 받는 **어떤** 미지의 가치가 존재한다는 전제에 대해서는 확고한 태도를 견지하고 있다.[16] 서남부 독일의 신칸트주의자들은 (마르부르크 신칸트주의자들이 이와 반대되는 도식을 채택한 것과는 달리) 모든 진정한 **타당성**(validity)은 궁극적으로 도덕 내지 도덕에 준하는 가치에 근거한다고 주장한다—모든 실체적 윤리가 가치판단적 의지 그 자체에 부여하는 그러한 가치가 이것을 보증해준다.

리케르트의 경우 경험적 중요성을 띤 역사적 복합체를 정언적 명령이라는 칸트의 생각에 유사한 선험적 가치 개념과 연결하려는 시도가 있다. 그러나 이와 관련된 선험적 요소는 그 내용이 상당히 빈약하다. 이와 대조적으로 신칸트주의 사회학은 선험적 요소에 대해 훨씬 더 구체적이다. 따라서 바로 이 지점에서 "역사"와 "사회학"의 차이를 (본서는 이러한 차이를 허위라고 본다) 지목할 수 있었다. 첫째로 게오르그 짐멜은 인간적 상호관계의 "순수한 형식"이 존재한다는 이론을 정교하게 발전시킨다. 짐멜의 견해에 따르면 사회학이라는 특정한 영역이 열리게 된 것은 바로 구체적 정황이 무엇이든 간에 인간관계의 여러 양상이 형태상의 유사성을 보이기 때문

---

16   Ibid., pp. 205, 234-5.

이라는 것이다.[17] 따라서 둘 혹은 셋으로 구성된 집단들 및 노동분업에서 나타나는 역동은 그대로 가족·공장 내지 원시 부족 집단에 적용된다. 동일한 이유에서 사회학의 영역은 심리학으로부터 구분될 수 있다. 사회학이 취급하는 유일한 동기는 그러한 보편적 구조로 인해 객관적으로 발생하는 것들이다.

짐멜은 복잡한 이론가이므로 그를 이해하기가 쉽지 않다. 왜냐하면 그에게는 신칸트주의와 병행하여, 사회학의 초기 단계에 속하는 보다 순수한 실증주의적 면모가 남아있기 때문이다. 이렇듯 그는 콩트처럼, 유기적인 사회적 전체(그는 이것을 종교와 연관시킨다)에 고유한 실제적이고도 "활기찬" 측면이 존재하며, 이것은 각각의 특수한 부분으로부터 나오는 것이 아니라고 말한다. 마찬가지로 그는 사회의 기능적 작동은 개인의 의도로부터 파생될 수 없음을 강조한다. 그리고 이따금씩 그는 개인의 자기실현을 위한 선험적 조건과 사회적 유기체 내의 전체 상호작용 간에 일종의 "조화의 원리가 선재"한다고 시사한다.[18] 이러한 주장은 프랑스 사회학에서 말하는 기회원인론(occasionalism)에 대한 일종의 라이프니츠적 대안을 대변한다고 하겠다.

사회적 본성을 포함한 자연은 짐멜이 보기에 이러한 선재적 조화의 원리로 말미암아 선험적 **가치판단의 논리**(*a priori Geltungslogik*)가 작동하는 기제(이것은 개인의 자유를 위해 작동한다)와 완벽하게 맞아떨어진다. 자연의 대상물과 타인들 및 사회 일반은 한 개인의 소망과 욕구에 맞서는 장애물로서 그에게 대항한다.[19] 다른 한편에서 그는 대상물 및 타인과의 관계에 있어 한 개인에 불과하지만, 자신의 욕망을 실현하고 자신의 자유를 확고히 하기 위

---

17   Georg Simmel, "The problem of sociology," in *On Individuality and Social Forms* (Chicago: Chicago University Press, 1971) pp. 23–40. *Sociology of Religion*, trans. Curt Rosenthal (New York: Philosophical Library, 1959) pp. 67, 72.

18   Simmel, "How is society possible," in *On Individuality*, pp. 6–22, 31.

19   Ibid.

해서 다른 개인을 필요로 한다—바로 이 점을 노동분업의 사례에서 탁월하게 관찰할 수 있다.[20] 짐멜의 견해에 따르면, 이해(understanding)란 결국 자신의 의지와 욕구에 대한 자체 파악과 동일한 것이므로, 타인에 대한 완전한 공감은 언제나 불가능하다.[21] 짐멜이 보기에 사회적 조화를 이룰 수 있는 유일한 가능성(스토아적 자연법 전통에서 말하는 것)은 "사적" 주체가 의지적 노력을 통해 추구하는 궁극적 이익을 자연 내지 사회적 전체가 지닌 궁극적 통일성에 맞추어 조정해나가는 데서 찾을 수 있다.[22]

짐멜은 다시금 세속적 사회과학이 그리스도교와 정 반대되는 입장에서 "갈등의 존재론"(an ontology of conflict)을 촉진하는 방식을 잘 설명해준다. 이렇듯 그는 가장 진정성 있는 "충분히 현존적인" 지식은 우리 자신의 의지가 촉발되는 기제에 대한 직접적 접근에서 기인한다고 가정한다. 그리고 이러한 지식이 애초에 타인들의 저항에 의해서 우리에게 매개되는 한에 있어 그 이질적인 면은 단연코 낯설 뿐 아니라 접근하기도 힘든 완전히 "대립적 위치에 있는" 요소로 각인된다. 짐멜 자신은 이러한 주장이 함의하는 영적인 의미를 알고 있었으므로, 그는 단테가 묘사하는 대로 천상적 조화 가운데 거하는 성인들의 직관은 경험적으로 볼 때 불가능하다고 말한다. 반면에 바티칸의 교황 집무실에 있는 라파엘로(Raffaello Sanzio da Urbino)의 미술작품인 "성체의 논의"(*Disputata*)는 유일하게 가능한 일치란 바로 갈등 속의 일치일 뿐이라는 사실을 제시해 준다고 한다.[23] 마찬가지로 짐멜과 베버는 성애적 욕망에서 말미암는 사랑 중에 비강제성을 띤 종류는 결코 있을 수 없다고 단언한다.[24] 욕망에 아무리 복합적인 면이 있다 하더라도, 욕

20 Ibid. "Exchange," in *On Individuality*, pp. 43-69.
21 Simmel, "How is society possible."
22 Simmel, *Sociology of Religion*, p. 1ff.
23 Simmel, "Conflict," in *On Individuality*, p. 72.
24 Ibid., pp. 70-95. Max Weber, "Intermediate reflections," in *From Max Weber: Essays in Sociology*, trans. H. H. Gerth and C. Wright Mills (London: RKP, 1948) pp. 323-59. Roslyn Wallach Bologh, "Max Weber on erotic love: a feminist inquiry," in Scott Lash and Sam Whimster (eds.) *Max Weber: Rationality and Modernity* (London: Allen and Unwin, 1987) pp. 242-59.

망이란 결국 한 사람이 타자를 여러 가지 감언이설로 설득하여 자신의 필요를 채워주는 객체적 도구가 되도록 강제하는 것에 지나지 않는다. 그러나 이러한 논제는 인간의 의지를 통제력을 가지고 지시하는 주체로 보는 반면에 신체는 도구적인 것으로 보는 일종의 이원론을 전제하고 있다. 따라서 이러한 입장은 욕망이 바로 타인의 자유, 곧 역으로 **우리를 욕망하는** 의지로서 (진정성을 갖고) "객관적으로" 향유될 수 있는, 특정하게 표현된 (구체화된) 의지에 대한 것일 수 있다는 생각을 도외시한다. 또한 마찬가지로 우리가 타자를 우리로서는 영원히 다가갈 수 없는 본래적 의지가 감금되어 있는 비밀의 방으로서가 아니라 그의 외부지향적 표출(철저히 타자를 위한 선물이자 개방성)을 통해 온전히 주어진 존재로 생각할지라도 그 타자는 우리에게 불가피하게 "낯선" 존재로 남아있을 수밖에 없다는 주장도 사실이 아니다.

    짐멜이 보기에 사회학의 고유 영역은 자아에 대한 선험적 구성에 관심을 가짐과 아울러 여타의 것들도 자아와의 관련 하에서 취급하는데, 이는 자아가 사회적 관계망으로 연결된 "자연적" 유기체와 더불어 미리 조성되어 있는 조화 속에 존재하기 때문이다. 보편적이고 근원적인 성격을 지닌 일정한 정황들이 "서로 하나"인 관계(얼굴과 얼굴을 마주하는 관계)나 "서로 함께"하는 관계(세 명 이상으로 구성되는 보다 복잡한 관계)에 모두 개입되어 있다.[25] 이러한 정황이 특히 불가피한 폭력의 발생과 관계되어 있음이 드러난다. 따라서 짐멜이 보기에, 모든 가치판단을 결정하는, 따라서 모든 사회적 구성을 가능케 하는 선험적 조건이야말로 임의적 손실 곧 **희생**을 수반하는 요인인 것이다. 그는 이러한 (우리가 앞서 보았듯이 사회학 일반을 구성하는) 주제를 교환과정으로부터 발생하는 가치와 결부시키는데, 이것은 선험적

---

25 Simmel, *Sociology of Religion*, p. 72. "The nature of historical understanding," in *Essays on Interpretation in Social Science*, trans. Guy Oakes (Manchester: Manchester University Press, 1980).

인 것을 또한 "사회적"인 것으로 간주하는 또 하나의 방식인 것이다.[26]

　　이들 신칸트주의자들은 아예 처음부터 그들이 상정한 "비실재적"(irreal) 가치라는 개념을 사물 자체에 내재하지는 않지만 생산 및 교환을 통해 사물에 부여되는 경제적 가치와 연결 짓는다. 짐멜은 사물이 가치를 갖는 듯이 보이는 것은 그것이 서로 비교되기 때문이라고 말하면서, 그러나 실제로 교환을 하다 보면 예상되는 교환 가치에 비해 약간의 손실 내지 약간의 이익이 수반되기 마련이라고 덧붙인다.[27] 따라서 손실로 인해 발생하는 "희생"이 가치의 실현이라는 목표에 외적 장애가 되는 것이 아니고, 오히려 희생은 목표가 제대로 실현되도록 하는 내적 조건이 된다. 천국에는 죄의 정복으로 인해 오로지 기쁨만이 있을 수 있다고 짐멜은 말하면서, 이로써 교환의 손실을 감내함으로써 발생하는 가치라는 개념을 진정한 도덕적 덕성만이 끈질긴 자연적 욕망을 극복할 수 있다고 보는 칸트의 견해와 연결한다.[28] 무언가를 부정하고 무언가를 포기하는 곳에서 가치가 "증명"되는 법이다.

　　이러한 짐멜의 견해는 가치 내지 선함이란 사물이 존재하고 "바르게 질서지어져" 있는 한에서 그 본연의 존재(Being as such)에 부여된다고 보는 가톨릭적 사상과 충돌한다. 마찬가지로 이 견해는 자본제 사회에서의 가치 실현을 위한 제반 조건(경제적 이익이 발생할 형식적 가능성)을 그대로 수용해서 그것을 과거의 모든 문화에 거꾸로 투사한다. 그러나 역사적으로 존재해 온 다수의 문화권에서, 교환을 통한 비교가 가치의 발생을 초래하는 것은 손실과 이익 **때문**이 아니라 거래되는 대상물이 해당 공동체 내에서 지니는 상대적 중요성으로 인한 것이다.

　　유사한 방식으로, 짐멜이 말하는 "결합의 순수한 형태"(pure forms of sociation)도 특정한 역사적 조건을 보편적 실체인 것처럼 상정한 것으로 드

26　Simmel, "Exchange" and "Conflict," in *On Interpretation*, pp. 43-69, 70-95.

27　Simmel, "Exchange."

28　Ibid., p. 48.

러난다. 말하자면 화폐경제와 지식인에 의한 사회지배라는 두 측면이 서로에 대해 가장 밀접한 관계에 있다고 그는 주장한다. 이제 비로소 현대적 **메트로폴리스**(Metropolis)의 단계에 이르러서야, 사회적 공감대가 상호공감(mutual sympathy)과 감정이입(empathy)에 의거하는 현상이 그치게 된다. 이것을 결코 우발적 상황에 따른 산물이라고 할 수 없는 것은, 개인의 의도라는 현실을 희석시키기 마련인, 그와 같은 감정은 언제나 다소간 공허한 착각에 불과하기 때문이다. 그러한 메트로폴리스에서는 마치 결합(sociation)을 가능케 하는 영구적 선험 조건이 비로소 경험적 현실로서 제시되는 것같다. 따라서 현대 도시의 전형적 인물(이방인)은 단순한 여행자도 아니고, 그렇다고 참으로 "고향에 사는" 사람도 아니므로, 그의 사례가 단지 근대성에 따른 현상인 것만은 아니다. 오히려 그는 "실제로" 사회적 인격이다. 그가 끝내 아무데도 동화되지 못한 채 소속과 비소속의 경계 사이에서 언제까지나 어정쩡하게 머물고 있는 그 상태야말로 어디서나 통용되는 보편적가치론(axiology)을 표현해 준다고 하겠다.[29]

막스 베버에 있어서 신칸트주의 방법론

막스 베버의 저술에서 "사회적 형태"(social forms)는 "이념형"(ideal types)으로 변형된다.[30] 자신의 학문 방법론을 다루는 글들에서 이따금씩 베버는 마치 일종의 역사적 방법을 다듬어내는 것처럼 말하고 있으며, 여기서 그가 말하는 이념형은 리케르트 식의 "개별자"(individuals)에 근접하는 것처럼 보인다. 따라서 리케르트와 마찬가지로 베버는 역사 학문(historical science)이 법칙정립적(nomothetic) 모델 하에서 적절히 구성될 수 있다는 생각을 거부

---

29 Simmel, "The stranger" and "The metropolis and mental life," in *On Interpretation*, pp. 324-39.
30 Swingewood, *A Short History of Sociological Thought*, p. 146.

한다.[31] 대신에 그는 역사에서 "서사적 인과성"이라고 명명될 수 있는 것의 중요성을 강조한다. 말하자면 인과성을 일반적 법칙에 관련시키는 것이 아니라, 특수하고 유일무이한 역사적 "배치"(constellation)를 언급함으로써 그것을 앞서 발생한 배치에 "귀속"(imputes)시키는 것이다—물론 법칙에 준하는 일반화의 작업이 역사에서 개연적인 것과 비개연적인 것을 판단함에 있어 결정적인 역할을 갖고 있음을 베버도 인정하기는 한다.[32] 리케르트에게서와 마찬가지로 역사가로서의 막스 베버는 선택의 문제에 직면하고 있으므로, 여기서 "이념형"은 탐구를 촉진하기 위한 필수불가결한 용도를 지닌다. 역사에 있어 행위자들이 "이념형이 표상하는 가치관"을 얼마나 지향하고 있는지(이들의 행동과 동기가 이념형과 완벽히 일치하는 것은 결코 아니다)를 살펴봄으로서 역사적 특수성을 확인할 수 있다.[33] "사회적 형태"를 말하는 짐멜에게서와 마찬가지로 베버에게 있어서도 역사 그 자체가 이념형을 산출하기 마련이므로, 그 수효를 일일이 헤아리는 것은 "끝없는 과업"이 될 것이다.

그러나 베버가 "사회학자"인 것은 바로 그가 짐멜보다 훨씬 더 협소하게 이념형의 활용에 대한 방법론을 정의하고 있기 때문이다. 니체와 달리, 베버는 "원인"(특별히 "작용인")이라는 범주의 형이상학적 본성을 제대로 드러내지 못한다. 따라서 그는 뒤에 일어나는 것을 앞서 일어난 것의 측면에서 설명하고자 경우, 뒤에 일어난 사건의 특수성을 축소시키지 않는다면 그러한 "설명"이 절대 가능치 않다는 점을 보지 못했던 것이다. 말하자면 선행하는 발생의 조건이 새로운 상황에 의해서 이미 대체된 시점이라면, 그 선행하는 조건은 오로지 인과적인 면에서만 들어맞는다고 할 것이다. 따라서 폴 벤느(Paul Veyne)가 서사적 진술이 인과적 설명보다 더 근본적인 것이

---

31   Max Weber, "Objectivity in social science," in *The Methodology of the Social Sciences*, trans. Edward A. Shils and Henry A. Finch (New York: Free Press, 1949), p. 75.

32   Weber, "Objectivity in social science," pp. 78-9.

33   Ibid., pp. 76-81, 86-94.

라고 밝힘으로써 베버의 역사이론이 지닌 근본적인 면을 강조한 것은 기본적으로 옳다고 하겠다.[34] 그러나 벤느가 주장하듯이 이러한 전환은 "사회학"을 불필요하게 만든다. 베버에게 있어서는 인과적 설명만이 서사적 진술보다 더 기본적인 것이다. 왜냐하면 그는 "내적" 주체라는 개념을 고수하면서, 그 주체의 이념과 동기를 사건의 외적 진행과 "비교"할 수 있다고 보기 때문이다. 베버가 보기에, 사회학의 편에서 적절한 역사적 설명을 성취하기 위해서는 개별적인 사회적 행위자들의 의식에까지 가닿아야 하는 것이다.

결과적으로 베버는 딜타이처럼 역사적 행위자에 대한 감정이입(empathy)이야말로 가시적인 역사상의 "텍스트" 읽기에 실제로 무언가를 추가한다고 생각한다. 동시에 그는 신칸트주의자들처럼 이러한 공감적 읽기를 불확실한 것으로 간주하므로, 객관성을 위한 필요조건으로서 무언가 추가적인 것이 필요하다고 생각한다. 따라서 그는 외적 사건의 흐름에 비추어 개인적 의도와 동기에 대한 진단을 검토해야 한다고 주장(이것이 그의 방법론에서 핵심 사항이다)한다. 다음의 내용을 명확히 하는 것이 매우 중요하다 하겠는데, 베버는 사람들이 말하고 행동하는 것(다른 말로, 총체적 "실행")에 내포된 이유라는 측면에서만 그들의 의도에 대한 접근이 가능하다는 식으로 말하지 **않는다**. 만일 이것이 사실이라면, "결과"를 "의도"와 비교하는 것이 가능하기 위해서는 그것들을 오직 단일한 상호주관적 과정 내에 존재하는 단계들로 보아야만 한다. 사실은 그 반대로, 베버는 주체의 "내적 영역"에 속하는 그 무언가를 참으로 "시험"(test)해 보고자 한다. 그러나 이렇듯 내적·외적의 이분법을 전제할 경우, 결과들이 "원래" 의도에 대해 무언가를 알려주는 일이 어떻게 가능하겠는가? 여기서 바로 "이념형"이 지닌 한 측면으로서 **가치판단의 논리**(Geltungslogik)가 역할을 개시하게 된다.

---

34 Paul Veyne, *Writing History: Essay on Epistemology*, trans. Nina Moore-Rinvolucri (Middletown, CT: Wesleyan University Press, 1984) p. 270ff.

리케르트와 마찬가지로, 베버도 일어나는 모든 것, 또는 적어도 중요한 모든 사건을 "자연 법칙"과 연관지어서 설명하는 과학적 역사철학에 반대한다. 그러한 역사철학에서 말하는 역사의 실제 동력은 기술 내지 경제적 과정(베버는 분명히 콩트와 마르크스는 염두에 둔다)에서 작동하는 수단·목적의 합리성임이 드러난다. 반면에 베버가 개인적 동기에 초점을 맞춤으로써 보여주려고 한 것은 개인이 흔히 그러한 목적합리적(*Zweckrational*) 목표에 의해 동기를 얻기도 하지만, 상당수의 가치합리적(*Wertrational*) 목표에 의해서도 동기를 부여받을 수 있다는 사실이다. 하지만 동시에 베버는 리케르트보다 실증주의(따라서 사회학에)에 훨씬 더 가깝다. 왜냐하면 그는 외적으로 수단·목적의 합리성을 표방하는 과정은 오직 과학적 역사가들이 완전한 객관성을 가지고 접근할 때에라야 **직접적으로** 이해될 수 있는 대상이라고 보기 때문이다. 수단·목적의 합리성을 띤 이념형으로부터 벗어나는 사례들을 적시하는 한에서만 **가치합리적**(*Wertrational*) 동기에 대하여 완전히 객관적인(하지만 여전히 간접적인) 지식을 획득할 수 있다.[35] 이렇듯 사실에 반하는 방식으로만, 즉 예를 들어 모든 행위자들이 주어진 조건 내에서 자신들이 가진 이점을 단지 극대화시키려고 했다는 가정 하에서만, 이러한 이념형에 따라 일어났음직한 사례들을 그려볼 수 있으며, 또한 그럼으로써 이념형으로부터 벗어난 실제 사례를 평가할 수 있다. 그리고 난 후에야 순전히 합리적이지는 않은 다른 요인들이 작용하고 있었음을 알게 된다.

그러나 이 모든 것의 배후에 자리잡은 엄청난 특이성에 주목해야 한다. 베버는 실제로 완전히 객관적인 역사(사회학)는 **일차적으로** 경제적 합리성과 형식적 관료제 및 마키아벨리적인 정치를 다룬다고 말한다. 이러한 범주의 바깥에 자리잡은 것은 상징적 행동이 일정한 양식으로 변별성을 띠고 나타나는 것이라고 볼 수 없고, 다만 부정적 방식으로만 적시될 수 있을

---

35 Max Weber, *Economy and Society: An Outline of Interpretative Sociology*, vol.1 (Berkeley: California University Press, 1978) p. 6.

따름이다. 말하자면 외부에 존재하는 것들(종교, 예술, 전통적인 유기적 공동체)은 이러한 견해에 따르면 실제로 사실의 영역에 결코 속하지 않는다는 것이다. 대신에 그것들은 가치평가라는 "비실재적" 영역에 속하므로, 일차적으로는 눈에 잘 띄지 않는 주관적 힘으로서 존재한다.

이런 까닭에 베버는 그의 종교 이론에서 "카리스마"(charisma)라는 범주에 그토록 중요성을 부여하고 있다. 그가 모든 종교의 기원을 그 창시자격인 "영감 받은" 인물들, 즉 자신이 지닌 감화력으로 다른 사람들을 끌어들이는 능력을 지닌 존재들에게로 소급시키는 것은 확실히 경험에 바탕을 둔 조사방법이 아니라 베버 자신이 가진 선험적 전제에 따른 것이다. 이와 아주 동일한 것이 베버가 말하는 그 유명한 "일상화"와 "전통적 권위"라는 범주에도 해당된다. 종교적 양식에 따른 그 어떤 가치평가라도 수단·목적의 합리성이 순수히 작동하는 방식을 반영구적으로 왜곡시키므로, 종교적 상징에 의해 구축된 세상의 질서라는 측면에서 볼 때, 그것은 실제로 존재하는 현실이라고 인정될 수 없다. 대신에 그러한 종교적 가치평가는 일종의 타성, 즉 원래의 카리스마가 지나간 뒤에도 카리스마에 대한 반응의 효과가 지속되는 기전으로서 적시될 수 있을 뿐이다. 물론 대부분의 종교들이 "카리스마의 일상화"와 같은 현상(이것을 관찰하기 위해 반드시 사회학이 필요한 것은 아니었다)을 겪는 것이 사실이지만, 그것이 베버가 말하는 식으로 반드시 형이상학적 불가피성을 띠는 것은 아니다. 모든 전통이 다 **정체**(stasis)되기 마련이라고 보는 것은 상식에도 부합하지 않을 뿐 아니라, 원초적 카리스마가 언제나 일정한 상징적 정형화가 일어나기 전에 그것과 동떨어진 채로 발생한다고 추정하는 것은 더더욱 현실성이 없다.

위와 같은 점들을 고찰하다 보면 베버가 말하는 이념형이 독자적 탐구를 촉진하는 중립적 장치가 아님을 깨닫게 된다. 그런데 여기에는 두 가지 주된 이유가 근저에 자리잡고 있다. 첫째로 아도르노(Adorno)를 비롯한 이들이 지적해왔듯이, 베버는 자신의 "이념형"이 사회적 합리성의 규범으로서 작용한다는 생각을 한계효용학파의 경제학에서 가져온다.[36] 한계효용주의자들은 경제학을 개인이 상대적 희소성의 상황에서 자신이 얻을 수 있는 "한계효용"을 극대화한다는 형식적 논리에 국한시킨다. 이들은 사람들이 시장내에서 차지하는 위상이 전유·생산·교환의 양식을 둘러싸고 발생하는 권력관계를 통해 결정된다는 사실을 시야로부터 은폐시킨다. 역사상 이 세 가지 범주에서 진행되어 온 모든 경제활동은 사실상 사회적 관계에 따른 조직화를 통해서 성립된다. 이 **세 가지 범주**가 상대적 가치등을 결정하며, 따라서 역사상의 경제활동 중에서 "사회적"인 것과 관련되지 않은 "본질적"으로 경제적인 요소는 존재치 않는다. 이것이 맨 처음 사실로 드러난 것이 바로 자본제 사회인데, 그 까닭은 바로 거기서 일정한 "소유"의 규칙을 준수하는 가운데 자기 이익을 극대화하는 방식이 사회적 규제의 기본 양식으로 화하였기 때문이다. 그렇지만 이 규제가 작동할 수 있는 것은 오로지 자명하게 "합리적"이지는 않은 (그렇다고 반드시 비합리적이지도 않은) 상황을 수용하였기 때문이다. 즉 추상적 등가(equivalence)의 원리가 지배함에 따라 모든 상품들을 단일한 척도로 평가하고, 그것들이 지닌 가치를 단지 그 형식적 대체가능성과 동등시하는 것을 말한다.

합리화 과정이 마르크스가 생각한 것처럼 단지 "근본적으로" 경제 영역에서만 작동하는 것이 아니라 정치와 종교와 법의 생성작용에서도 작동한다는 사실을 발견한 점에 대해서 베버는 칭송받아 마땅하지만, 그는 자본주의경제의 물신주의적이고 "비합리적"인 성격에 대한 마르크스의 분석에 비견될 만한 것을 후자의 분야에서 발전시키지는 못했다. 마찬가지로 그는 이러한 물신적 비합리성을 경제 자체 내에서 인식하는 데도 실패했다. 따라서 베버는 "합리화"의 모든 형태를 그것이 지닌 상징적 고유성의 견지에서와, 상징적 권력을 발생시키는 서로 병존하지만 상호 연계되지 않은 코드

---

36   Theodor W. Adorno et al., *The Positivist Dispute in German Sociology*, trans. Glyn Adey and David
      Frisby (London: Heinemann, 1976) pp. 61-3. Clark, *Marx, Marginalism and Modern Sociology*,
      pp. 145-85, 205-38.

화의 측면에서 제대로 기술해낼 수 없었다. 예를 들어 법정에서 배심원들과 피고가 사용하는 "일상적 언어"(lay language)가 있는 반면에, 율사들이 사용하는 별도의 "전문적"(expert) 언어가 존재한다. 후자의 전문적 언어는 근대에 들어오면서 더 큰 조작 능력을 수반하지만, 정의에 대한 보다 깊은 통찰은 결여하고 있다.

마르크스주의자들은 베버가 한계효용학파의 방식을 수용하여 경제학을 형태적 모델에 제한함으로써, 경제학이 사회학에 의해 보충되어야 할 필요가 있는 것처럼 보이게 했다고 종종 주장한다. 그런데 베버가 경제 영역에서 특정한 역사적·사회적 배치를 그릇되게 배제한 것은 사실이다. 그러나 그는 정부의 작동기제와 사법적 절차에 대해서도 **동일한 것**을 감행한다. 이렇듯 단지 사회적 생산관계만이 아니라 권력의 작동기제를 일반적으로 은폐함으로써 베버는 사회학적 환상이 생겨나게끔 하였다. 이 모든 경우에 있어 그는 권력을 최초의 가시적 폭력 행사(토지의 전유, 정복전쟁, 군주에 의한 봉건제적 억압)로서만 논의할 뿐이다. 최초의 폭력 행사가 지나가고 난 후에 권력은 그저 형식적 규칙성을 띠고 작동할 뿐이며, 베버는 이러한 권력의 "허울들"이 어떻게 지속적으로 재구성되고 유지되는지에 대해 살펴보려는 시도조차 하지 않았다. 이 점에서 볼 때 베버에게 있어 "시초에" 작동하는 냉혹한 물리적 폭력의 작동기제와 "카리스마"와 더불어 시작되는 종교의 발흥 간에 뚜렷한 병행적 유사성이 존재한다는 사실은 의미심장하다. 둘 중의 어느 경우를 보더라도, 상당히 자의적인 창설의 단계와 이후 지속되는 자체충족적 합리성의 영역을 명료하게 구분해낼 수 있다. 이에 따라 베버는 (콩트와 마찬가지로) 인류의 역사상 최초로 출현한 두 종류의 노동 분업 중에서 하나는 종교적 전문가와 평신도 간의 구별이고, 다른 하나는 전사와 민간인 간의 구분이라고 보았다.[37] 그런데 원시적 전사 집단이 카리스마적 권위마저 행사하는 통에 종교와 정치적 폭력은 처음부터 불가분의

---

37   Weber, *Economy and Society*, vol. 1. pp. 54-5, 401; vol.2, pp. 1150ff, 1350ff.

관계로 얽혀 있었다. 이렇듯 종교와 군사적 무력이 병행되었다는 사실로 미루어 볼 때, 베버의 역사관이 "관념론적"인지 아니면 "유물론적"인지를 따지는 것은 논점에서 한참 벗어난 것임을 알게 된다.

이에 따라 우리는 어째서 베버의 이념형이 단지 탐구를 촉발하는 장치 그 이상인지를 알려주는 두 번째 이유에 주목하게 된다. 베버는 콩트의 실증주의 전통에 든든히 서서, 한편으로 과학적 **방법**(method)에 대한 그의 헌신을 확고히 하고, 다른 한편으로 "합리적" 과정을 사회에서 인정할 수 있는 중심 **목표**(object)로 삼아야 한다고 말하면서 **방법**과 **목표**를 동일시한다. 베버가 여기서 일부러 애매모호한 전략을 구사한다고 할 수 있겠다. 말하자면 어느 때에는 **목적합리성**(*Zweckrationalität*)의 규범을 그저 방법론적 편의성의 사안에 불과한 것으로 취급하다가도, 다른 때에는 그것을 두고 우리 서구인들의 숙명에서 비롯된 어둠의 일(우리가 아직도 하릴없이 붙들고 있지만 실제로는 아무 근거없는 과학적 타당성이라는 가치)이라는 식으로 말하는 것이다.[38] 하지만 실제로 문제가 되는 것은 베버가 자신의 기타 이념형을 목적·수단의 합리성이 교란된 형식적 사례에 비추어 오로지 부정적 방식으로만 규정한다는 점이다. 따라서 완벽하게 "합리적인" 권위 외에도, 모든 과정 **이전에** 존재하는 그 기원을 헤아릴 수 없는 그러한 권위가 존재할 수 있다. 말하자면 "카리스마적" 권위가 개입하여 합리적 경로가 빗나가게 하는 것이다. 이러한 카리스마적 권위가 계속해서 존속하게 되면, 이러한 왜곡된 타성은 "전통적" 권위라는 이름으로 둔갑한다.[39]

이러한 근본적 상황을 감안할 때, 베버가 서구의 고유한 합리성의 양식에 특권을 부여했는지에 관한 논쟁은 실제로 성립할 수 없다. 베버가 힌두교를 가장 합리적인 신정론을 가진 종교이자, 사회질서 중에서 최고의 "합리적" 변종을 구성하는 종교로 보고 있다는 사실이 최근 들어 많이 주목

---

38 Weber, "Politics as a vocation," in *From Max Weber*, pp. 77-128.

39 Weber, *Economy and Society*, vol. 1. pp. 226-54.

받았다.[40] "실체적 합리성"을 보여주는 이러한 양태들이 서구가 발달시킨 가장 극단적 형태의 "형식적 합리성"과 방법론적으로 궤를 같이한다는 주장이 있다. 그렇지만 이러한 주장은 베버가 말하는 "실체적 합리성"이라는 범주를 차라리 "유사-실체적" 합리성이라는 명칭으로 바꾸는 것이 바람직하리라는 것을 깨닫지 못하고 있다.

왜냐하면 베버가 의미하는 합리성은 실체적인 **전제들**(assumptions)을 형성하며, 그 후에 이 전제들을 형식적 일관성을 갖고 전개해 나가는 것이다(이러한 합리성은 그 전제에서조차 실질적 내용을 갖추지 못한 서구의 사법적 합리성과는 크게 대조된다). 그런데 이러한 범주를 힌두교에 적용하는 것은 **극단적 형태**(in extremis)의 오리엔탈리즘이다. 왜냐하면 이러한 주장은 힌두종교를 마치 일단의 공리에서 출발하여 규칙적 추론 작업으로 나아가는 후기 스피노자의 철학과 같은 것으로 가정하고 있기 때문이다. 실체적 합리성에 걸맞은 진정한 범주라고 한다면 그것은 하나의 체계가 지닌 발전의 논리와 그 체계의 자기증식 방식에 하나의 특수한 상징적 정형화가 개입하고 있음을 충분히 인식해야 할 것이다.

베버의 종교사회학

우리가 살펴보았듯이, 베버의 사회학에는 세 가지 기본 구성요소가 있다. 형식적-도구적 합리성이라는 규범적 척도, 자의적인 물리적 폭력, 그리고 종교적 카리스마가 지닌 자의성이 그것이다. 베버는 종교를 자의성과 연결할 뿐 아니라 이 둘을 후기자유주의적 정치와도 연결짓는 또 하나의 변형된 실증주의적 방식을 반복한다. 그의 사회학이 가진 전반적인 문제는 그가

---

40   Wolfgang Schluchter, "Weber's sociology of rationalism and typology of religious rejections of the world," trans. Ralph Schroeder, in *Max Weber, Rationality and Modernity*, pp. 92-115.

종교를 그 본질상 사회외적(extra-social) 사안으로 삼고서, 오로지 종교의 조직과 종교의 교리(그에게는 둘 다 "부차적" 현상으로 간주됨)에 대해서만 "사회적 (다소간 기능론적 부류에 속한) 설명"을 제공한다는 점이다. 종교의 영향(즉 카리스마)이 지속되는 한, 종교는 베버가 보편적이고 선험적인 방식으로 정의내린 사회적 지속의 제반 조건에 순응해야 한다. 다시 말해서 그것은 타성이나 법적 형식화의 형태로 지속되어야만 하는 것이다. 종교적 지속이라는 용어도 사회학적 범주를 적용할 경우에 온전히 설명될 수 있다. 종교는 그 전파의 수단으로 서사와 교리와 일관된 규범을 필요로 한다. 그러나 베버의 주장과는 달리 최초의 카리스마적 전제들을 이러한 범주에 대한 추상화를 가지고 정의하기란 거의 불가능하다는 점에 주목하기 마련이다. 종교란 그 전파와 더불어 시작되는 법이다.

하나의 종교가 전파될 수 있는 "사회적" 조건은 베버가 보기에 일부는 종교가 자리한 사회의 경제적·정치적 상황에 달려있고, 또 일부는 "교회"(이 말은 종교의 자체조직화를 의미한다)라는 형태를 통하여 새롭게 창조된다. 둘 중 어느 측면에서든 종교 내에 작용하는 "사회적 요인"의 필연성을 고려할 때, 하나의 조직체가 공적 영역에서 존속하기 위해서는 물질적이든 영적이든 간에 자기 이익(종교를 통해 얻는 위신과 구원의 약속 등)에 호소해야 한다는 점을 새삼 확인하게 된다.[41] 하지만 이것은 별 근거없는 선험적 가정으로서, 공적 영역을 본질적으로나 항상적으로 "합리적" 자기 이익(그것이 극단적으로 어떤 실질적 목표를 추구하든 아니든 간에)의 형식적 조직화라고 간주하는 베버식의 개념 정의에 근거한 것일 뿐이다. 이렇듯 베버의 **방법론**은 한 사회에서 사람들이 "자기 이익"에 대해 그다지 이기적이지 않은, 좀 더 미묘한 관념을 전제하면서 행동할 수 있는 가능성을 진작에 배제한다. 리케르트나 짐멜과 마찬가지로, 베버도 칸트식으로 진정한 가치는 자기 이익 및 행복에 관련된 그 어떤 사고에 대해서도 절대적으로 무심한 것이어

---

41 Weber, *Economy and Society*, vol 1, pp. 246-54, 464-8.

야 한다고 전제한다. 그 결과 가치는 드물게 예언자적 도량을 지닌 인물들
이나 열심히 지켜낼 수 있을 뿐이고, 반면에 공적 사회가 일반적으로 부과
하는 (칸트 식의) 정언적 명령은 필연적으로 **국가의 존재 이유**(*raison d'état*)나
사업상의 이유(*raison des affaires*)와 같은 마키아벨리적 논리에 순응하는 것
이다. 따라서 근대 정치이론과 근대 경제학에 관한 마키아벨리적 전제가 베
버의 사회학을 구성하는 데 깊이 뿌리내리고 있다는 결론이 도출된다.

　　마키아벨리주의는 세속적 실재의 "상상적" 구성을 촉진하는데, 베버
의 방법론은 가치를 전제함으로써 이러한 마키아벨리적 방식을 재구성
한다. 그런데 바로 이러한 가치중심적 전제들로 말미암아 사회학에 특유한
혐의의 언어(the idiom of suspicion)를 통해서 종교의 조직화와 체계화(이는 창
설초기의 종교적 카리스마가 지닌 불가해성과는 반대된다)를 바라보게 된다. 이러
한 접근은 종교의 신봉자들이 지닌 개인적 동기나 특정 종교 구조가 부지
불식간에 드러내는 위선성을 즉석에서 문제삼는 방식과는 사뭇 다르다고
하겠다. 그것은 하나의 일반화된 논제를 제시하므로, 그 논제는 반드시 일
반적 차원에서 타당성을 인정받아야 하며, 만약 그렇지 못할 경우 그것은
전혀 타당치 않은 것으로 치부된다(그리고 이렇듯 항상적으로 발생하는 현상에
주목함으로써 베버는 결국 우리에게 여전히 실증적 법칙을 제시하는 셈이다). 따라서
베버는 사회의 계급적 지위와 종교적 소속 간에 상관관계가 있다는 이론을
제시한다. 말하자면 구원 중심의 종교는 대체로 소도시나 대도시의 하층 중
산계급이 가장 적극적으로 신봉하는 종교다.[42] 베버가 보기에 이러한 상관
관계가 시사하는 것처럼 윤리를 크게 강조하는 구원 중심의 종교에 지속적
으로 매료되는 현상은 반드시 개인주의적이고, 사업가적이며, 사회적 신분
상승을 추구하는 생활양식(합리적 예측가능성, 상선벌악의 원리, 강한 종말론적 기
대감과 결부된 양식)과 밀접하게 연결되어 있다는 사실이다. 이제 베버는 상
당한 정도로―그리고 트뢸치는(Troeltsch) 더욱 강력하게―하나의 중요하고

42　Ibid., pp. 481–4.

도 독창적인 주장을 여기서 내세운다. 그것은 가령 그리스도교가 상정하는 도덕적 세계관은 특정 양태의 사회적 행동과는 강한 친연성을 보이지만 다른 것에 대해서는 그렇지 못하다는 것이다. **분명히** 전사귀족이나 부유한 상인보다는 수공업 장인이 그리스도인이 **되기**가 더 쉽다는 것이다. 항상 그렇다고들 얘기해 왔으나, 이 논점을 보다 체계적으로 정립한 사람이 베버와 트뢸치다. 하지만 이들이 주장하는 핵심 논점은 사회학적인 것이 아니라 역사적이거나 심지어 신학적인 내용이다. 트뢸치가 종교적 신념 자체에 의존하는 사회는 엄격한 의미에서 볼 때 "사회학적" 사안이 아니라고 말할 때, 그는 이 점을 분명히 인식하고 있었다. 사회학의 고유 대상은 **경제적** 조직화와 연관된 사회적 관계인 것이다.[43]

전형적으로 하층 중산계급에 속한 장인이 그리스도교에 매료된다고 말하는 것을 가지고 그 자체가 사회학적 추론의 양식이라고 할 수는 없다. 이러한 사실은 내적 윤리의 동기를 높이 평가하는 그리스도교 자체의 **에토스**(*ethos*)로부터 아주 쉽게 도출된다. 그렇다면 과연 어떻게 해서 농민이나 봉건영주나 대상인 등이 엄격한 정직성과 형제적 나눔 및 타인에 대한 태도에 있어서의 독립된 인격적 통전성 등을 구현하는 삶의 양식을 그토록 쉽게 성취할 수 있는가? 트뢸치는 이 점을 아주 훌륭하게 지적하면서 다음과 같이 말하는데, 아마도 중세도시에서는 자기규율에 충실한 생산자들의 직능별 조합(guilds)이 지배하고 있었고, 검약의 기풍이 자리잡고 있었으며, 귀족계급과 친족집단의 지배로부터 상대적으로 자유로웠기에 특이하게도 그리스도교적 에토스를 고취할 수 있었다는 것이다.[44] 이런 종류의 관찰이 진정 "사회학적"인 것이 되려면, 그것은 "사회적 요인"을 끄집어내어 그것을 종교적 에토스 자체를 결정하는 보편적으로 탁월한 요소로서 식별하는 것이어야만 한다. 트뢸치와 베버는 모두 사실상 이러한 종류의 사회학적 주

---

43 Ernst Troeltsch, *The Social Teaching of the Christian Churches*, trans. Olive Wyon, vol. 1 (New York and London: G. Allen and Unwin/Macmillan, 1911), p. 23ff.

44 Troeltsch, *Social Teaching*, pp. 254ff, 318.

장을 개진하고 있다.

그러한 주장에 맞서, 중세도시나 심지어 중세 수도원과 같은 사회적 단위의 경우에 "이상적" 내지 "사회적" 요인이 상대적 우위성을 지니고 있었는지에 대해 논쟁을 벌이는 것은 큰 의미가 없음을 지적할 수 있겠다. 거기서는 정치·경제·종교적 배치로부터 분리된 채로 "사회적"이라고 할 만한 것이 애초에 존재치 않았다. 따라서 정치·경제적 관행도 그 자체가 종교적 규범과 다소간에 융합되어 있었으므로, 수도승이 작성한 문서만이 아니라 길드의 관행 속에서도 종교적인 "신념"이 드러나기 마련이었다. 중세도시의 정치적 결사체에 속하지 않으면서도 도시와 연계되어 있는 공동체가 다수 존재했는데, 그것은 그리스도교에 의해 비정치적이며 자발적인 종교적 결사체가 얼마든지 가능하다는 사고가 확산된 결과다. 물론 경제적 삶에 미친 그리스도교의 영향력은 언제나 매우 미흡한 정도였지만, 그럼에도 불구하고 여기서도(중세 이슬람의 경우와 마찬가지로) 경제적 관행은 종교적 관례와 완전히 동떨어진 별개의 것이 될 수 없었음이 사실이다. 이것이 가장 잘 들어맞는 것이 수도원의 경우인데, 거기서 "경제"란 사실상 예전적 삶(liturgical life) 자체에 속해 있었다. 무엇이 여기서 궁극적 "결정자"(determinative)인가 하는 질문을 받는다면, "사고방식"이나 "경제적 기풍"이 아니라 "심오한" 수준의 관행, 곧 일정한 "생활양식"을 가리켜야 할 것이다.

사회질서가(가령 이슬람 사회에서와 같이) 전적으로 종교 "내적" 현상이고, 이 현상이 심할수록 "사회적 요인"이란 개념은 무로 화하거나 불필요한 동어반복이 된다. 실로 에른스트 트뢸치는 "선사" 시대는 사회적 분화가 발생하기 전이므로 이 시기에 대해서는 제대로 된 사회학이 존재할 수 없음을 인정한다.[45] 따라서 중세도시라는 사회가 그리스도교의 에토스와 궤

---

45 Troeltsch, "Religion, Wirtschaft und Gesellschaft," in Hans Baron (ed.) *Aufsatze zur Geistegeschichte und Religionsoziologie*, vol. 4, pp. 21–33 (1966).

를 같이하고 또한 그리스도교적 윤리에 의해 형성되는 만큼, 종교적 조직화를 젖혀두고 베버와 트뢸치가 추구하는 방식대로 사회적 인과관계에 설명의 "우선권"을 주는 것은 어불성설이다. 그럼에도 이들이 이것을 시도하는 이유는 오로지 그들이 전제한 **가치판단의 논리**(Geltungslogik)가 종교적 영역과 경제·정치적 영역 간의 선험적 분리를 당연시하기 때문이다. 이러한 논리는 경제·정치적 영향력을 "종교외적"(extra-religious)인 것으로 정의하고, 이 경계 위에 "사회학"의 영역을 확보하도록 보증한다. 베버에게 있어 "사회적 요인"은 실제로 도구적(즉 정치·경제적) 이성과 가치판단적(즉 "종교적") 이성 사이에서 불편하게 배회하고 있다고 하겠다. 말하자면 사회적 요인은 어떻게 도구적 방법을 통해 "이익"을 추구하는가에 관심하고 있으나, 그 이익은 단순한 도구적 규범을 이미 넘어설 뿐더러, 이러한 이익은 특정한 일부 집단을 대변하고 있으므로, "가치판단"의 외피로 가장한 채 자신을 제시함으로써 가장 효과적으로 촉진된다. 여기에 또한 내가 지금 다루고자 하는 통시적 요인이 개입되어 있다. 트뢸치가 보기에 중세도시의 경제는 공정가격(pretium iustum)을 비롯한 실질적인 윤리적 규범에 일부 영향을 받고 있었으므로 이른바 **비고유한 경제**(an improper economy)라고 하겠다. 이는 그 자체로 완전히 하나의 경제로 정의될 수 없고, 절대적 도덕률로부터 분리된 영역이라고 할 수도 없는 상태를 가리킨다.[46] 중세도시 내의 잠재된 긴장은 바로 그러한 가치 영역 간의 선험적 분리가 점차로 의식의 표면으로 부상함에 따라 야기되는 것이다.

이렇듯 베버식의 사회학은 역사를 배반하고 전복한다. 그것은 진정한 역사적 탐구의 **주제**여야 하는 것을—즉 세속적 정체(polity)의 출현, 비교불가능한 가치 영역에 대한 근대적 **상상**(imagining) 및 사회에 대한 형식적 규제의 가능성 등을—사회학적 조사를 위한 **선험적** 원칙으로 삼아버린다. 그러나 이러한 우발성에 대해서는, 그 이전 시기에 대한 상상적 구상과 마찬

---

46 Troeltsch, *Social Teaching*, pp. 257, 295.

가지로, 오로지 **서사적으로** 기술될 수밖에 없으며, 그것을 야기한 "근본적" 영향력을 밝히는 데까지 추적할 수는 없다. 서구의 역사에서 사회적 분화는 (그것이 광범위하게 확산되었을 뿐 아니라 여전히 지속되고 있음에도 불구하고) 역사 속에서 우발적으로 발생한 사건에 불과할 뿐이며, 합리성 그 자체에 따른 산물이 아니다.

분화라는 근대적 사건이 발생하고 난 **이후**에야 경제가 종교에 미치는 영향이라든가 역으로 종교가 경제에 미치는 영향 등에 대해 다소간 "일반적" 방식으로 이야기하는 것이 가능하다. 중세시대에 정치경제학과 사회학을 찾아볼 수 없었던 것은 그것들과 관계되는 존재론적 대상이 아직 존재하지 않았기 때문이다. 그러나 종교의 사사화(privatization)가 진행됨에 따라 종교체계도 모든 공적 기관이 겪은 일반적 정형화의 틀에 점차로 포섭된 것이 사실이다. 따라서 근대세계에서는 "사회학"이 들어맞는 것으로 보인다. 그러나 이 분과학문은 대체로 우리 시대에 일어난 분화의 역사를 그저 표면적으로 관찰하면서 반복적이고 단조로운 어조로 현재에 대해 기술하는 것에 만족할 뿐, 이러한 분화에 따른 지속적 상상화에 대해 깊이 있는 탐구를 시행하지 않는다. 바로 이것이 베버가 개신교와 자본주의를 다루는 방식에서 드러나는 참으로 적절치 못한 점이다. 그는 종교적 신념과 경제적 실천 간의 "선택적 친화성"(elective affinity)이라는 모호하고도 비역사적인 심급에 자신을 국한시키고 있으며, 개신교가 지닌 독특성을 그것이 금욕주의를 전적으로 "현세적인"(this-worldly) 활동영역으로 넘겨버린 데서 찾는다.[47] 그렇지만 "현세적"이란 용어는 베버가 선험적으로 가정한 범주로서, 경제·정치적 내지 성애적 활동이 지닌 "자연적" 성격에 따라 설정된 한계 내에 존재하는 영역이다. 반대로 신학이 근대의 경제적 실천에 미친 영향에 관한 핵심은 금욕주의가 "현세"로 넘어간 것이 아니라, 오히려 (내가

---

47   Max Weber, *The Protestant Ethic and the Spirit of Capitalism*, trans. Talcott Parsons (London: Allen and Unwin, 1985) pp. 95-154. "The Protestant sects and the spirit of capitalism," in *From Max Weber*, pp. 302-22.

제1부에서 보여주었듯이) 신학이 "현세"를, 즉 인간의 도구적 조작이 가능하도록 하나님이 넘겨주신 영역으로서의 세속을 **발명**(invention)한 것이다. 이러한 세속의 발명에 따라 새로운 종류의 금욕주의가 확산될 가능성이 확립되는데, 이 새로운 금욕주의란 과거의 모든 그리스도교 전통에서 그러했던 것처럼 우리의 "최종 목적"에 맞추어 "재화들"을 잘 관리하는 것에 더 이상 관심하지 않는 대신에 "훈련"의 영역을 하나님의 은총과 선택을 "시험"하는 장으로 취급하면서 자기통제력을 외적으로 발휘하는 것에만 관심하는 태도를 말한다. 이로써 궁극적 진리(곧 은총과 선택)에 대해 금욕적 실천은 이제 외적으로만 관련을 맺게 되었다. 베버는 이러한 변화를 반 정도밖에 파악하지 못했으므로, **금욕**(ascesis) 개념이 그 본령이 되는 목적론적 전제로부터 갈라져 나온 것에 관심하기 보다는 근대적 금욕의 실천이 이전과는 다른 새로운 영역에서 전개된 것에 집중했다. 그는 마치 개신교 금욕주의가 그리스도교의 "본질적" 관점을 더 적실하게 구현하였다는 식의 인상을 너무 심하게 풍기는데, 이러한 관점은 그가 사회적 영역의 분화가 역사의 진행 과정 내에 늘 임박해 있었다고 보는 것과 맥락을 같이 한다.

이러한 사항들을 고려해 볼 때, 베버의 사회학에서 계급과 종교에 관한 일반적 논제가 문제시되는 것은 경험적 측면에서가 아니라 계급과 종교가 지닌 개념적 중요성의 관점에서다. 가령 베버는 전사귀족집단(military-aristocrats)은 구원 중심의 종교에 끌리지 않는다고 말하는데, 이것은 참으로 동일한 말을 교묘하게 반복하는 것이 아닌가?[48] 왜냐하면 인간의 능력을 영웅적으로 예찬하고 명예수호의 원칙에 궁극적 가치를 부여하는 행태가 예를 들자면 구약성서의 윤리적 기풍과 쉽게 어울리지 않는 것은 자명하기 때문이다. 그러나 베버가 (니체를 따라서) 제시하는 대로, 영웅적인 윤리가 더 "자연스러운" 것은 아니며, 오히려 전사귀족집단의 생활양식이, 그 자체로 일종의 종교이기도 한, 특수한 이념적 원칙에 의해 지지된다. 이렇듯 베

48　Weber, *Economy and Society*, vol. 1, pp. 472–6.

버가 관찰한 내용이 사실이기는 하지만, 그것은 오로지 하나의 "종교"가 그 개념 정의 상 다른 종교와 양립할 수 없다는 취지에서만 그렇다고 하겠다. 이런 식의 환원적 접근을 통해서 베버를 과소평가하려는 의도는 없다. 오히려 종교와 사회에 대해 그가 관찰한 내용은 종종 새로운 터전을 개척했다고 하겠다. 말하자면 그의 공헌 덕택에 종교란 신념의 체계일 뿐 아니라 실천의 체계이기도 하며, 따라서 종교는 "사회적 활력이 작동하는 공간"을 제대로 필요로 한다는 사실에 주목하게 된다. 그렇지만 그가 가정하는 **선험적** 전제들은 "종교적 관행"이라는 개념 자체와 직접적으로 **상충**하며, 바로 **이 지점**에서, 이상하게 들리겠지만, 베버는 "사회학자"(sociological)가 된다. 그가 이슬람의 사례를 고찰할 때 이 점이 두드러진다고 하겠다.[49]

이슬람을 두고서 구원 중심의 종교를 신봉하는 상무적 사회라고 할 수 있다. 그런데 베버가 보기에 이러한 사회는 사회학적으로 말해서 비정상이므로, 오로지 무하마드가 취했던 마키아벨리식의 정책에 의해서만 설명될 수 있다. 말하자면 무하마드는 자신의 예언자적 선포에다가 군사적 정복에 따른 구체적 보상에 관한 약속을 덧붙임으로써 자신의 종교적 카리스마를 일상화시켰던 것이다. 그러나 베버의 이러한 설명은 명백히 수준 이하의 졸작인바, 이는 이슬람이 전혀 **다른 종류**의 상무적 사회를 산출해냈다는 사실을 도외시할 뿐 아니라, 베버가 주장하는 대로 전사적 귀족집단의 윤리적 기풍에서 보편적으로 나타나는 여러 특징과도 모순된다고 하겠다.

그렇지만 베버의 사회학이 카리스마적 능력과 형식적인 도구적 합리성이 서로 교차하는 지점에만 관심하고 있다는 인상을 준다면 그것은 오류가 될 것이다. 그것은 종교 내부에서 진행되는 배치관계(일상화와 전통과 "실질적" 합리성 등의 현상)에 대해서도 부차적 관심을 갖고 있다. 피에르 부르디외(Pierre Bourdieu)를 비롯한 현대의 베버 연구자들이 관찰한 바에 따르면, 여기에 계급과 권력구조 자체가 상징적 상호작용의 패턴 속에 이념을 구현

---

49   Ibid.

하고 있음을 인식하게 할 여지가 있다고 한다.[50] 이 경우에 있어 종교에 대한 사회학적 환원작업은 교리 및 교계적 구조를 "외부의" 세력과 연관짓는 것이 아니라 종교가 그 자체를 유지하는 내적 기능과 관련짓는 형태로 나타난다. 그러나 여기서 재차 사회학은 해체되어야만 한다. 신념과 실천을 권력관계라는 측면에서 **보편적으로** 설명하고자 한다면, "권력"을 신념 내지 실천으로부터 분리해서 생각하는 방식을 통해 "권력"을 실체화할 것을 요한다. 하지만 권력이 늘 취하기 마련인 특정한 형태는 그러한 신념과 실천에 의해 꾸며진 "허구들"이므로 이것들보다 권력이 더 근본적이라고 간주하는 것도 가망 없는 작업일 것이다.

　　부르디외는 베버가 "사제적"(priestly) 종교와 "예언자적"(prophetic) 종교를 구분하여 취급하는 것을 지적하는데, 이것은 베버가 말하는 종교 "내부"의 사회학이 주로 관계하는 영역이다. 부르디외는 흔히 카리스마적 권위를 베버보다 더 뚜렷한 사회적 관점에서 재사유할 것을 제안하는데, 이는 한때 종교적 "대변자"로 자처하는 특별한 개인들이 말과 행위를 통하여 기존의 상징체계에 집중적으로 호소할 뿐 아니라 그것에 대한 개혁까지도 촉발하는 현상에 주목하기 때문이다. 그렇지만 이것이야말로 종교적 "일상"과 "카리스마" 간의 구분을 상대화하려는 기획이며, 이 기획이 일단 이루어지고 나면, 부르디외가 생각건대, "사제적" 종교와 "예언자적" 종교 간의 구분을 종교적 실천에 대한 판단에 보편적으로 적용되는 사회학적 기준으로 삼는 것이 더 이상 가능치 않게 된다. 따라서 언제나 일정한 상징적 은폐의 기제가 진작에 작동하지 않고서는 어떠한 종교적 카리스마도 존재할 수 없다는 점을 감안한다면, 어떻게 교리나 경전이나 종교적 의례를 카리스마적 분출에 맞서서 사제집단이 자신들의 "일상화"되고 "전통적"인 권력을 유지하기 위해 동원하는 주된 장치라고 할 수 있겠는가? 기존의 종교적 텍

50　Pierre Bourdieu, "Legitimation and structural interests in Weber's sociology of religion," in *Max Weber, Rationality and Modernity*, pp. 119-37.

스트와 규범과 관습에 대항하여 자신들의 "개인적" 권위를 내세우는 인물들은 자신을 "영속화"하는 과정을 언제나 일종의 재텍스트화 내지 재규범화라는 형태를 통하여 시작하곤 했다. 일상과 카리스마를 단일한 종교적 전통 내에 복잡하게 얽혀 있는 국면들이라고 한다면, "카리스마적 소종파"는 고착화된 종교적 "기호들"에 영감을 불어넣기 위해서 끊임없이 재생시키는 기제인 것이다. 이러한 상황으로 인해 그러한 소종파들만이 역설적이게도 "타성"에 젖어버린 종교적 전통을 현시하는 살아 있는 본보기로 기능하게 된다. 그렇다면 종교의 역사를 반드시 "예언자적"이고 "신비적"인 유형과 "사제적"인 유형 간의 근본적이고도 구조적인 권력투쟁이라는 관점에서 읽어야 할 절대적 원칙이 존재한다고 볼 수 없다. 이런 식의 독법은 종교적 전통과 카리스마를 선험적으로 구분하는 베버식의 이분법을 고수할 경우에나 가능하다. 이어지는 단락에서는 베버가 이 점에 있어 자유주의적 개신교에 대한 역사적 편견을 어떻게 되풀이하고 있는지를 살펴볼 것이다.

최근 들어 베버의 종교사회학이 뒤르켐의 사회학보다 더 큰 영향력을 누리고 있는 것은 틀림없다. 하지만 뒤르켐의 접근방법에 대한 연구를 진행하면서도 그것이 베버의 사회학 전체가 서 있는 방법론적 토대와 복잡하게 얽혀 있는 점은 제대로 조명되지 않고 있다. 이 복잡한 관계가 하나씩 밝혀지게 되면, 종교에 대한 "사회적" 설명이라는 개념 전체가 그냥 와해될 지경이다. 이 말은 종교가 사회적 영향력으로 **환원될** 수 없다는 뜻이 아니다. 베버도 이 점에 대해 분명히 동의한다. 이 말은 차라리 종교를 환원시킬만한 "사회적"인 것이 없다는 뜻이다. 왜냐하면 베버에게 있어 "사회적"이란 말이 첫째로 의미하는 것은 종교(실질적 가치평가)의 영역과 경제적 영역 간에는 고정된 선험적 경계선이 존재한다는 생각이며, 둘째로는 순수폭력(카리스마)에 근거한 "비사회적"(asocial) 형태의 권위와 타성의 반복에 불과한 사회적 권위 간에 또 다른 선험적 구분이 존재한다는 생각이다. 이러한 경계선들이 비역사적 절대치는 아니므로, 베버가 말하는 "사회"가 현실에서 그 터전을 찾는 것은 실제로 가능치 않다. 따라서 종교란 아주 미약한 정도라도 결코 어떤 "사회적" 토대에 의지하지 않는다는 결론이 더 강력하게 도출된다고 하겠다.

자유주의적 개신교의 메타서사

앞에서 자세하게 살펴본 공시적 요소들 외에도, 베버의 종교사회학에는 통시적 구성성분이 뚜렷이 자리잡고 있다. 이 통시적 요소는 형식적·도구적 합리성의 출현을 주요 주제로 삼고 있는 그의 실체적 사회학에 사실상 없어서는 안 될 정도로 중요한 몫을 차지하고 있다.[51]

만일 이것(곧 형식적·도구적 합리성)이 인간의 지식과 사회적 연합을 결정하는 규범이라면, 사회학의 등장은 이러한 규범이 오랫동안 감춰졌다가 서서히 풀려나게 되었다는 그럴듯한 이야기로 윤색되었을 것이다. 그러한 합리성의 해방이 사실상 필연적이었다고 볼 수는 없으므로, 베버는 헤겔적 의미에서의 역사철학과 같은 것을 제공하지는 않는다. 그렇지만 그는 칸트의 변종에 해당되는 실체적 역사철학을 전개시키는데, 그 이유는 그가 이성이라는 규범을 당연한 것으로 전제함으로써, 이성의 우발적 성립에 대해 서술할 필요가 없이 이성을 제약하는 다른 영향력으로부터 이성이 어떻게 해방되었는가에만 집중하면 되었기 때문이다. 그러나 콩트에게서와 마찬가지로 베버가 부닥친 주요 문제는 이성의 발흥에 있어 비이성적 요소와 그 중에서도 일차적으로 종교가 맡은 역할에 관한 것이었다. 또한 콩트와 마찬가지로 베버는 역사적 변화가 세 국면으로 이루어진다는 이론을 세웠는데, 이를테면 첫째로 "마술적" 국면이 있고, 둘째 국면에는 위대한 구원 중심의 종교들이 있다면, 세 번째로 근대의 세속적 국면을 들 수 있다.[52] 이 두 번

---

51   Ralph Schroeder, "Nietzsche and Weber: two prophets of the modern world," in *Max Weber, Rationality and Modernity*, pp. 207–21.

52   Ibid. Weber, *Economy and Society*, vol. 1, pp. 399–634.

째 국면을 베버는 칸트가 비판 이전 단계의 형이상학을 대했던 식으로 취급하고 있다. 말하자면 내세에 관한 사색이 이성의 능력을 연마시켜서, 마침내 비이성적 의지로부터 이성의 작동 영역이 구분되도록 길을 닦았다는 것이다. 상술하자면 의지에 따른 판단과 열심이 유한자의 영역이라고 간주되는 범위들을 "뒤덮고" 있었는데, 이 유한한 영역 자체가 "미몽에서 깨어남"으로써 분리가 성취되었으며, 이제 이 영역 내에서만 비판적 이성이 작동하게 된다. 여기에 베버는 니체적 주제를 덧붙이는데, 구원 중심의 종교도 금욕적 성향을 통해서 의지로 하여금 그 힘을 행사하도록 훈련시키며, 그 힘은 나중에 다시 "현세"로 귀착된다는 것이다.[53]

이러한 메타서사에 관련된 문제점으로 지적할 수 있는 것은 그 세 번째 단계가 실제로 서구의 사례에서만 예시된다는 점이다. 이러한 지적에 대해 "이성적 합리화"(rationalization)는 언제 어디서나 잠재된 현상이라기보다 서구의 역사에서만 발생한 유일회의 사건이며 이후 전 세계를 휩쓸게 되었다는 식의 평이한 결론으로 유도되지 않기 위해서 두 방향의 선택이 가능하다고 하겠다. 첫째 방향은 오리엔탈리즘적 성격을 띠고 있다. 자본주의·관료제적 합리화·형식화된 사법제도·화성음악 등이 왜 동양에서는 발달하지 않았는가를 묻는 전형적인 질문을 제기하고서, 결여 내지 정체 또는 발달 지연의 요인을 가지고 동양을 정의한다.[54] 둘째 방향은 그리스도교를 "가장 종교적인 종교"라고 예찬하는 것이다. 서구만이 보편적 목표에 도달했다고 가정한다면, 몇 가지 견지에서 볼 때 그리스도교가 보편적 종교인 것도 분명하다. 그리스도교만이 유일하게 성취한 것은 바로 종교적 가치의 영역으로부터 지성보다는 의지와 관련된 순전히 사적인 영역을 분리해냈다는 점이다. 이로써 그리스도교는 노동의 금욕주의라는 매우 독특한 면

---

53 Weber, *The Protestant Ethic*, pp. 95-183. "Intermediate reflections," in *From Max Weber*, pp. 323-59.

54 Weber, *Economy and Society*, vol. 1, pp. 259-62, 551-6; vol. 2, pp. 816-23. Troeltsch, *Social Teachings*, p. 213.

을 발달시킬 수 있었는데, 이는 그리스도교가 "내세"란 결코 다가갈 수 없는 지고의 영역으로서 신앙의 대상일 뿐이며, 아울러 인간의 모든 구체적 행위는 종교와는 상관 없는 "노동"의 세계에서 일어난다는 사실을 최종적으로 깨달았기 때문이다. 종교에서 말하는 절대적 도덕성은 본질적으로 사적인 사안인 것이다.

여기에 일종의 통시적 기능주의가 숨겨진 채로 작동한다. 그리스도교가 근대세계를 출현시켰다고 한다면, 처음부터 그리스도교는 이러한 측면에서 이해되는 것이 마땅하다. 따라서 트뢸치와 베버는 개인주의·주의주의·신앙지상주의·칸트적 윤리화를 그리스도교의 교리와 윤리에 일어난 우발적 변화로 보지 못하고, 이러한 것들을 그리스도교의 기원과 심지어 구약성서로까지 투사한다. 서구의 역사는 자유주의적 개신교 내지 그 이후의 세속화된 단계를 향해 **상시 진행 중**(always-coming-to-be)인 것이 된다. 그런데 이것은 정확히 말해서 베버와 트뢸치의 방법론에 따른 **상시 진행 중**임을, 다시 말해서 그들의 연구도구에 불과함을 뜻한다. 따라서 바로 이러한 통시적 차원에서 살펴볼 경우, 방법론과 존재론적 내용이 상호적으로 자기확인을 행하는 일종의 순환적 틀 안에 갇혀 있음이 가장 잘 드러난다.

자유주의적 개신교의 메타서사는 최근의 사상에서도 여전히 맹위를 떨치고 있으므로, 그 주요 요소를 트뢸치와 베버에게서 나타난 대로 자세히 들여다보는 것이 유용하다고 하겠다.

1. 다신교와 주술

콩트와 마찬가지로, 베버도 원시적 "인간"이 합리주의자라고 생각한다. 종교 이전 단계의 주술은 자연적이고 기술적인 목적과 강하게 연결되어 있었다는 것이다.[55] 따라서 원시시대는 "원과학적"(proto-scientific) 성격을 띠고 있었고, 다른 관점에서 보자면 근대성의 전조가 되었다고 하겠다. 이를

---

55 Weber, *Economy and Society*, vol. 1, pp. 422-39.

테면 다수의 신들을 신봉하는 것은 목적과 가치가 다수로 존재함을 의미
했다. 굳이 말할 필요도 없이 이렇듯 주술에 대한 환원적 관점, 종교와 주술
의 확연한 분리, "다원주의"를 모든 원시사회의 특징으로 귀속시키는 태도
등은 모두 문제의 소지가 많다고 하겠다.

2. 로마법의 중요성

베버가 그리스도교에 부여하는 보편적 역할과 병행하여 그가 로마법에도
유사한 기능을 부여하고 있음을 간과하지 않는 편이 좋을 것이다.[56] 그러
나 베버는 계약과 약속 등을 형식적으로 취급하는 사전적 규약법(cautelary
jurisprudence)의 기원을 로마의 종교법(sacred law)으로 소급시키면서, 이것을
로마인들이 **상급 신들**(dii certi)을 필요로 하는 한편, 각각의 사물과 상황과
기능을 담당하는 하급 신들의 수효를 증가시키기도 했다는 사실과 연결하
고 있다. 하나의 신격을 하나의 역할에만 국한시키는 "명목론"에 힘입어 종
교적 제반 의무가 "합리적"으로 체계화되었으며, 까다롭고 힘든 제의행위
의 값어치를 쉽게 설명할 수 있는 체계가 나타나게 되었다. 베버가 이것이
지닌 중요한 의미를 제대로 간과한 것은 의문의 여지가 없다. 그러나 그는
보편적 합리성의 첫 출발에 방점을 두지 말고, 차라리 로마법의 형식적이고
추상적인 언어가 전제하고 있는 분명한 선입견이 바로 그것의 기원이 되는
신화적 체계 못지않게 "허구적"임을 지적했어야 옳다─비코는 진작에 그
렇게 했었다.[57]

3. 고대 유대교

베버는 로마와 마찬가지로 고대 유대교를 서구의 독특한 합리성을 낳은 참
된 원천으로 보고 있는데, 그 이유는 유대교가 지닌 유일신 신앙과 윤리에

---

56   Ibid., vol. 2, pp. 796-808, 839-59.

57   Weber, *Economy and Society*, vol. 1, p. 408. Vico, *The New Science*, para. 1037 (1952).

대한 강조 때문이다. 그렇지만 베버가 종교의 범주를 이분법적으로 구분한
것(신비적/금욕적, 사제적/예언자적)은 실제로 자유주의적 개신교의 "고등비평
적"(higher-critical) 구약 읽기를 조악하게 적용한 데서 기인한다. 최근에 이
런 식의 읽기는 사실에 대한 심각한 왜곡으로 간주되고 있다.[58] 벨하우젠
(Wellhausen)에게서 흔히 나타나는 오독의 방식을 따라서, 베버는 유대 종교
를 구성하는 "예언자적 요소"가 엄격한 유일신교의 확립 및 주술이 아닌 윤
리에 대한 강조의 요인이 된다고 생각한다. 하지만 사실의 관점에서 보자
면, 제의적 준수를 법제화하고 그것과 윤리적 행위와의 연결을 강조하는 신
명기적 개혁운동을 추진한 이들은 사제들이었다. 사제적 기능과 예언자적
기능 간에는 전적인 분리가 존재하지 않았고 이스라엘의 종교가 "하나님과
의 일치"라는 신비적 측면에 대해 무지하지도 않았다. 토라의 내용을 면밀
히 살펴보아도, 이스라엘인들에게서 "주술적" 성격의 제의법과 "윤리적"
규범 간의 질적 구별을 찾아볼 수 없다.[59] 이렇듯 베버가 고대 유대교로부터
예언자적이고, 반예전적(anti-ritualistic)이며, 반신비주의적이지만, 반면에
윤리적이고 현세적인 특징을 강하게 지닌 "개신교" 신앙의 맹아를 발견한
것은 그저 오류에 불과하다고 하겠다.

4. 그리스도교의 기원

트뢸치의 견해에 따르면, 예수와 더불어 시작된 그리스도교는 원래 개인주
의적 윤리신조였다고 할 수 있다. 다만 바울과 더불어 "유기체적" 윤리의
요소(이른바 "그리스도의 몸")가 침투하는데, 이것은 사회학적 설명이 필요한
것으로, 이는 예수의 원선포를 보존하기 위해 강력한 교회 조직이 필요했다
는 측면에서 이해할 수 있다.[60] 그렇지만 교회에 관한 주제가 뚜렷하게 부각

---

58 Weber, *Ancient Judaism*, trans. H. Gerth and Don Martindale. 나는 이 점에 대해 Paul Morris와
　　나눈 토론에 빚지고 있다. Irving M. Zeitlin, *Ancient Judaism* (Cambridge: Polity, 1984).

59 Steiner, *Taboo*, pp. 78-93.

60 Troeltsch, *Social Teachings*, pp. 51-4, 69ff.

되기 이전에는 그리스도교가 존재했다고 추정할 만한 근거가 전혀 없다. 왜 냐하면 교회라는 주제 자체가 실제로 "하나님 나라"에 관한 예수 자신의 선 포와 연속 선상에 있기 때문이다. "인격"의 중요성에 대한 그리스도교의 가 르침을, 참다운 인격성은 "그리스도 안"에서 구현되며 그리스도적(Christic) 형상은 교회를 통해서 매개된다는 생각으로부터 도출하는 것이 실제로 는 가능치 않다. 사실의 관점에서 보자면, 트뢸치는 유기체론에 대한 은밀 한 동경을 품었던 것으로 보이며, 그래서 그는—오토 폰 기르케(Otto von Gierke)의 노선을 따라—중세 그리스도교의 연합체적 교회론의 모델에 대 해 탁월한 설명을 제공한다. 이 연합체적 교회론(corporate ecclesiology)에 따 르면 각 개인은 유일무이한 가치를 가진 존재인 한 편, 이 가치는 전체 교회 내에서 그가 지닌 위상과 연계되어 있는데, 이 전체 교회는 명목상의 허구 를 넘어서 한 사람의 주교에 의해서 "인격적"으로 대변되는 것이다.[61] 그러 나 기르케와는 달리 트뢸치에게 있어서 이 모델은 일관성을 결여하고 있다. 그 이유는 추측컨대 **관습적**(*sittlich*) 도덕성(여기서는 상이한 제반 가치영역이 사 회학적 연구의 주제가 될 수 있다)을 개인과 절대자 간의 직접적 관계와 관련된 "양심적 도덕성"과 혼동하기 때문일 것이다. 이 직접적 관계야말로 그리스 도교가 그 시초부터 지향했다고 추정되는 것이며(이 점에서 트뢸치는 그리스 도교가 스토아사상과 사실상 동일하다고 간주한다), 아울러 도덕성의 "순수" 영역 을 의지의 거룩함에 초점을 맞추어 식별해낸 것이 그리스도교로 하여금 사 회적 분화(미적·경제적·정치적 부문의 자율성이 해방된 것)의 주창자가 되도록 했다고 본다.[62]

5. 중세 그리스도교 시대

개신교와 자본주의에 대한 베버의 논제는 실제로 그리스도교와 자본주의

---

61   Ibid., pp. 97–8.

62   Ibid., p. 98; "Religion, Wirtschaft und Gesellschaft."

에 대한 논제이다. 그는 중세도시의 독립성이 고대 시대와 비교해서 엄청
나게 증가했다는 사실을 아주 잘 지목했는데, 그 이유는 동일한 신앙고백
에 기초한 소속감을 전면에 내세움으로써 친족집단을 근거로 한 귀족중심
의 연계(이것은 종교적으로 배제된 국외자들을 경제적 활동만을 감당하는 기능인의 지
위로 종속시킨다)라는 형태를 최종적으로 제거하였기 때문이다.[63] 그는 또한
어떻게 해서 교회가 "합리화"를 촉진하는 선도적 견인차가 되었는지에 주
목하는데, 그 이유는 종교법(유대교나 이슬람과 같은 율법체계)의 결여 및 교회
내적 갈등의 증대가 결국 이러한 사안들이 사법적 절차를 거쳐 판결되어야
했음을 의미한다고 보기 때문이다. 베버의 후계자들은 중세 후기의 수도원
운동, 특히 시토 수도회(the Cistercian order)가 수도원 경내에서 보다 위계적
형태를 띤 노동분업의 방식을 채택하고, 외부와 경제적 거래를 할 경우에
더욱더 이윤지향적 접근을 취한 사실을 강조한다.[64]

　　이러한 모든 발전과정에 대한 경험적 입증이 가능하다. 하지만 그렇다
고 해서 이 현상들이 죄다 어떻게든 그리스도교의 "본질"에 귀속된다는 뜻
은 아니다. 오히려 그러한 현상들을 그리스도교적 에토스의 실패에 대한 타
개와 연결하는 것이 더 타당해 보인다. 그런데 최근에 전개되는 메타서사
중에서도 특히나 터무니없는 것은 모든 수도원운동이 그 자발적 결사의 성
격으로 말미암아 후에 개인적 계약관계에 기초한 사회의 출현을 예시하는
원형적 유형이라고 보는 것이다.[65] 이 말은 사실상 트뢸치와 마찬가지로 수
도단체에 포함된 연합체적 요소가 개인이 수도원 입회를 "결심"하는 시점
에 작용하는 수도원 설립의 토대와 불합치함을 암시한다. 그렇지만 수도원
에 들어가고자 결심하는 것은 그 개인이 이미 "속해" 있는 전통과 더 깊이

63　Weber, *Economy and Society*, vol. 2, pp. 1241ff, 1343-8.

64　Ibid., pp. 828-31. Randall Collins, *Weberian Sociological Theory* (Cambridge: Cambridge
　　University Press, 1986) pp. 45-76. Steven Collins, "Monasticism, utopias, and comparative
　　social theory," in *Religion*, vol. 18, April 1988, pp. 101-39.

65　Ibid.

결속됨을 뜻한다. 그러한 수도원 입회의 전통이 "가문의 유산"에 비해 본질적으로 "개인주의적"이라고 간주하려면, 가문의 유산과 같은 문화적 측면이 생물학적 측면만큼이나 "자연적"이라고 억측해야만 할 것이다.

마찬가지로 중세 교회법이 경제관계를 계약관계로 바라보는 형식론적 해석으로 기울어진다는 점에 착안하여, 교회도 근대국가를 예시하는 원형이 되게끔 예정되어 있었다고 추정하는 것도 어불성설이다. 이러한 주장은 일종의 "통시적 기능론"으로서, 이것은 "개인들로 구성되는 단체"의 개념이 천국의 회합을 모델로 삼아 최초로 기안되었고, 후에 이 개념이 "현세"에 적용되었다고 추정한다. 이러한 사고에는 두 가지 오류가 개입되어 있다. 첫째로 그리스도교에서 **인격**(persona)에 방점을 두는 것이 로마법에서 말하는 **인격**의 개념과 선택적 친연성이 있다고 볼 수 없다. 이 개념은 "가면"(mask)을 뜻하는 것에서부터 "소유의 주체이자 자제력을 지닌"(possessing and self-possessed) 추상적 의지(will)라는 관념으로 발전하였다. 사회학은 이러한 어의의 변화 속에서 보편적 현상을 본다. 말하자면 그 이전 시기의 문화적 상황으로 인해 인격이란 개념이 단순한 "역할"(role)을 가리키는 것으로 결정됨에 따라 "개인"(individual)이라는 근대적 개념이 출현했다는 것이다.[66] 그러나 그리스도교의 관점에서 보자면, 신화적 가면과 추상적 의지라는 개념은 모두 **페르소나**(persona)를 동치성(equivalence)의 한 형태로 축소시킨다. 가령 아우구스티누스에게 있어 인간론에서 다루어지는 **페르소나** 개념은 법률보다는 그리스도론이나 삼위일체론을 배경으로 삼고 있다. 따라서 그가 강조하는 것은 영혼과 육체를 포함한 한 인격이 지닌 구체적이고도 고유한 통일성이다. 이것은 그리스도라는 (성부 및 성령과의 관계로부터 분리될 수 없는) 특수한 신적 위격 내에서 일어나는 신과 인간 간의 일치와 마

---

66   Marcel Mauss, "A category of the human mind: the notion of person, the notion of self," in Michael Carruthers et al. (eds.), *The Category of the Person* (Cambridge: Cambridge University Press, 1985) pp. 1-26.

찬가지로 특정 상황 속에서 발생하는 하나의 통일성인 것이다.[67]

둘째로 교황이 황제의 권력을 참칭하기 이전에는 교회가 본질적으로 개인들로 구성된 "영적" 신비체였다는 견해도 사실이 아니다. 루이 뒤몽(Louis Dumont)은 트뢸치와 베버를 따라서 이러한 견해를 취하고 있는데, 그는 이 사건으로 말미암아 교회의 사회화가 시작되었고 교회로부터 근대 자유주의 국가로의 변형이 시작되었다고 본다.[68] 그러나 이 사건이 있기 이전에도, 교회-제국 간의 느슨한 동맹이 있던 시기에 모든 참된 **권위**(auctoritas)는 교회에 귀속되었으므로, 한편에서 자연적 정의에 해당되는 기능이 국가의 **권세**(potestas)에 남겨진 반면에, 은총의 작용이 아니고서는 어떠한 참된 정의도 있을 수 없다는 생각이 불변의 진리로 자리잡고 있었다.[69] 물론 제국의 권세가 교회의 외부에 자리하고 있다는 생각(즉 통치자만이 교회에 온전히 속해 있을 뿐 제국 자체는 그렇지 않다는 생각)이 유지됨으로써 제국이 지니고 있는 그리스도교적 성격이란 것이 여전히 불완전했음을 가리키고 있지만, 반면에 교회가 군림하고 있던 **신성 공화국**(res divinae)의 영역은, 근대 시대가 구원의 문제를 이해하는 것과는 다르게 단연코 "사적"인 구원의 문제에만 국한되어 있지는 않았다.

그렇다면 "자유주의적 개신교의 메타서사"는 그것의 특징이 되는 모든 측면에 있어 의문의 대상이 될 수밖에 없다. 그러한 메타서사는 역사상 유대 공동체가 (일종의 "대항국가"로서) 지니는 뚜렷한 특이성과 아울러 그리스도교적인 교회공동체가 부족이나 제국이나 **도시국가**(polis)와는 확연히

67 Hubertus R. Drobner, *Person-Exegese und Christologie bei Augustinus* (Leiden: E. J. Brill, 1986) esp. pp. 114-26.

68 Louis Dumont, "A modified view of our origins: the Christian beginnings of modern individualism," in *The Category of the Person*, pp. 93-122; *Essays on Individualism: Modern Ideology in Anthropological Perspective* (Chicago: Chicago University Press) p. 43ff.

69 R. W. and A. J. Carlyle, *A History of Mediaeval Political Thought in the West*, vol. 1 (Edinburgh: Blackwood, 1862) pp. 175-93. Walter Ullmann, *A History of Political Thought: The Middle Ages* (London: Penguin, 1965) pp. 18, 38. Yves Congar, *L'Ecclésiologie du Haut Moyen-Age* (Paris: Editions du Cerf, 1968) pp. 253-9. Lactantius, *Divine Institutions*, V. 14, 11.

구별되는 새로운 종류의 보편사회로서 지니는 특이성을 인식케 하는 장점
이 있다. 그러나 그 메타서사는 이러한 특이성을 서구 사회에 늘 잠재적으
로 존재해온 사적인 가치 영역과 동일한 것으로 해석하고 있으며, 따라서
그다음으로 이러한 사적 가치 영역의 존재를 빌미로 서구의 역사를 세계
전체의 역사를 이해하는 열쇠로 삼게 된다.

이 자유주의적 개신교의 메타서사는 근대성과 "예언자적" 성격에 대한 강
조에서 그 절정에 달한다. 베버는 구약의 예언자들이 사회적 정의보다는 대
외 정책에 더 관심을 가졌다는 의견을 밝히면서 그러한 주장을 하고 있다.[70]
베버가 보기에 근대세계는 기본적으로 유일신론과 부활한 다신론을 융합
한 것인데, 여기서 유일신론은 현세적인 형식적 합리성으로 전환되었던 반
면에 다신론은 사적 가치의 영역에 적용된다. 기이하게도 보편적 절대 가치
(정언적 명령)에 대해 칸트가 보여주었던 존중심은 이제 더 멀어진 메타심급
(meta-level)에서 작용하게 되므로, 베버는 여러 상이한 명령에 대한 존중을
표현하면서도 그것들을 자의적인 주장이라고 본다—따라서 객관적으로는 **가
설적**(hypothetic)인 것으로 간주한다.[71]

　형식적 합리성의 형태를 띤 유일신론이 순수한 형식주의로 추상화됨
에 따라 이제 "그 주변에" 다소간 자의적이고 실질적인 목적을 갖추어야만
하게 되었다. 이는 트뢸치에게 있어 칸트의 윤리가 사회적 영역에서 관습적
(*sittlich*) 도덕에 의해 보완되어야만 하는 것과 마찬가지다.[72] 베버가 진정으
로 두려워하는 것은—이것을 보통 오해하고 있는데—형식적 합리성이 "동
양화"(orientalization)되는 것이다. 이 말은 형식적 합리성이 "가부장적" 체제

70　Weber, *Economy and Society*, vol. 1, p. 443.

71　Weber, "Science as a vocation," in *From Max Weber*, p. 149. "Politics as a Vocation," "Intermediate
　　Reflections."

72　Troeltsch, *Christian Thought*, pp. 62-7, 71-99.

가 장악하고 있는 실질적 목적에 의해 포획되는 것을 뜻한다.[73] 베버가 사회주의(특히 비마르크스적 사회주의)가 서구의 운명에 하나의 위협이 된다고 간주하는 까닭은 그것이 형식적이고 실증적인 잣대로는 확실하게 검증할 수 없는 실질적 가치들을 사법과 정치 영역에 재도입하기 때문이다. 사회주의 내지 기타 부류에 따른 관료주의 체제는 다신론적 다양성을 압제하면서 이와 함께 서구적 유일신론의 유산에 속하는 자유추구적 의지의 충동을 억누르기 마련이다.[74] 니체와 마찬가지로 베버도 종교의 몰락 이후에 앞서 말한 동양적 위험에 맞서 서구를 지켜줄 새로운 "카리스마"의 원천을 탐색했다. 그러나 오히려 정치적 영역에서 다음과 같은 중요한 질문이 부상한다. 이를테면 법적 실증주의에 대한 실질적 전복으로 이어지지 않는 어떠한 초형식적 요소가 있을 수 있는가? 어떻게 하면 관료와는 다르면서도(관료는 관료제가 실질적 목표들 때문에 전복될 가능성에 대해 주의하지 않을 것이다) 단순한 선동가가 아닌 그러한 정치인이 존재할 수 있는가?[75] 베버의 대답은 근대적 지도자는 자신의 카리스마를 국가의 내외적 부문이 하나로 결속하여 힘을 발휘하는 것에 연결해야 하며, 자신의 권위를 지키기 위해 국민 모두에게 직접 호소함으로써 당파적 정치를 추구하는 선동가들의 모략에 맞서야 한다는 것이다. 베버 이후에 카를 슈미트(Carl Schmitt)는 이러한 사상을 가톨릭 실증주의자인 도노소 코르테스가 제시한 "선출식 독재정치"(elective dictatorship)의 이론과 연결지었고, 그럼으로써 파시즘과 국가사회주의 이념의 형성에 기여했다.[76]

트뢸치는 이 고전적 실증주의 정치에 대해서 자기 나름의, 재차 신학적이라고 할 만한 해석을 가한다. 그는 "세계사는 섬뜩할 정도로 귀족중심적이다"(*Weltgeschichte ist ungeheuer aristokratische*)라고 선언하면서 "선택받은",

---

73   Weber, *Economy and Society*, vol. 2, pp. 1192-3, 1402.

74   Ibid., pp. 873-5.

75   Ibid., pp. 1381-1410.

76   Schmitt, *Politische Theologie*, I, pp. 69-84, 70-1.

곧 은총을 주입받은 개인들이 이따금씩 나타나서 비합리적 본성(간단없이 싸워서 "극복"해야 하는 강고한 정욕의 영역)에 맞선 의지의 투쟁에서 승리를 거두어 왔다고 말한다.[77] 이러한 선언은 결국 트뢸치나 베버가 "사회학"이란 것을 창안해 놓고서 자신들이 연구하는 주제(근대성이라는 세속 문화)를 진작시킨다고 하지만 그것이 허울 좋은 명분에 불과하다는 사실을 지적해준다. 트뢸치와 베버의 설명에서 궁극적으로 중요한 것은 그들이 취하고 있는 정치적·윤리적 자세이다. 한편에서는 칸트가 말하는 유일신론적 방식이든 니체가 말하는 다신론적 방식이든 간에, 타인의 자유를 존중하는 사적 의지의 성실성만이 존재한다고 하다가도, 다른 한편에서는 마키아벨리적인 정치적 "합리성"의 영역을 논한다. 이 둘 사이에 끼어서 압착되어 나오는 것이 그리스도교(나는 이 말을 애덕[charity]이 작동하는 영역이라는 뜻으로 사용한다)인 것도 결코 우연이 아니다. 이러한 그리스도교적 영역은 사회를 위한 실질적 규범을 요청하면서도 실로 (감히 말하자면) "목양적" 보살핌을 지속적으로 시행할 것을 요구한다. 오로지 그와 같은 규범에 의거할 때에라야 우리는 권력과 공적 훈육의 작동방식을 제한하거나 규제하는 것 이상의 것을 할 수 있다. 애덕의 관점에서 바라볼 때, 정의로운 권력과 불의한 권력 간의 차이를, 궁극적으로 강제적인 지배와 궁극적으로 비강제적인 통치 간의 차이를 분별하려고 한다. 베버의 사회학은 이러한 가능성에 대한 부정의 한 양태이다.

---

77 Troeltsch, *Der Historismus und seine Probleme, Gesammelte Schriften*, Band III (Aalen: Scientia Verlag, 1961) pp. 100-02. Hans Bosse, *Marx-Weber-Troeltsch: Religionssoziologie und Marxistische Ideologiekritik*, pp. 51-3.

제5장

숭고함에 대한 감찰: 종교사회학 비판

숭고성으로의 합류

현대 미국의 사회학자 피터 버거(Peter Berger)는 "사회학"은 이제 종교에 대한 과학적·인문학적 비판을 가리키는 명칭이 되었다고 주장하면서, 그것을 현대신학이라면 반드시 통과해야만 하는 불타는 강물(fiery brook: 마르크스가 포이어바흐의 무신론 철학을 가리키는 말─옮긴이)에 비유한다.[1] 그리고 다수의 신학자들도 적어도 종교적 신념에 속하는 몇 가지 특징에 대해서 "사회적" 설명을 가하는 것이 가능하다는 생각을 수용해 왔다. 이러한 상황에 대해 신학자들이 보인 반응은 피해를 최소화하기 위한 대책의 일환이었다고 하겠다. 따라서 그들은 사회학의 관점에서 종교를 환원적으로 바라보는 시각이 일견 타당함을 인정하면서도, 종교 내지 신학의 영역에는 결코 다른 무엇으로 환원될 수 없는 차원이 존재함을 천명함으로써 이러한 사회학적 비판의 영역을 제한하고자 한다. 비판적 태도를 갖춘 분별 있는 신앙이라면 사회학에서 제기하는 (마르크스주의와 프로이트주의에서와 같은) 비판적 주장이 종교의 진정한 본령을 제대로 밝히기 위한 예비 단계가 된다는 사실을 충

---

1   Peter L. Berger, *A Rumour of Angels* (Harmondsworth: Penguin, 1969) pp. 44-5.

분히 인정해야 할 것이다.

이 점에서 메리 더글러스(Mary Douglas)처럼 뒤르켐의 전통에 속한 보다 철저한 사회학자들이 종교의 본령이 처한 상태에 대해 뜻밖의 당혹감을 보이는 것에 주목할 필요가 있다.[2] 만약 그것이 "사적 경험"의 일부 영역에 관한 것이라 해도, 우리는 이마저도 실제로 사회적 매개를 피할 도리가 없다고 믿지 않을 수 없으며, 따라서 우리는 어느 모로 보나 개인의 종교적 관점에 불과한 것일지라도 "사회적" 상황을 반영할 가능성에 대해 열린 자세를 취하는 것이 마땅하다. 자유주의 신학은 자신의 근거를 "진정성 있는 경험"에 두고 있으므로 이러한 사실을 인정할 수 없었던 반면에, 몇몇 유형의 신정통주의는 하나님의 계시된 말씀과 인간의 "종교" 간의 절대적 대조를 역설하므로 이 점을 인정하는 것이 가능했다. 이를테면 "종교"는 역사적 산물에 불과한 것이기에 그것을 어떠한 종류의 환원적 분석에라도 쉽게 넘겨버릴 수 있었다. 하지만 이러한 종류의 신정통주의는 그 자체가 자유주의적 개신교의 한 변종일 뿐이다. 하나님의 계시된 말씀은 오직 그 자체에 관해서만 말씀하므로, 오염되거나 왜곡되지 않고서는 인간의 상징적 구성작용 안으로 사실상 침투해 들어갈 수 없기에, 그것은 세계에 대해 아무런 영향도 주지 않는 상태를 지속한다. 따라서 계시된 말씀은 자유주의적 개신교에서 생각하는 "종교적 경험"과 아주 동일한 종교적 고유성이라는 범주 안에 갇혀 있을 수밖에 없다.

만약에 사회학의 주장을 인정하게 되면, 자유주의적 개신교의 해석학에서 말하는 신뢰와 의심 간의 **중도적 태도**(via media)는 불만족스럽게 비쳐질 뿐만 아니라, 사회학의 환원적 주장에 대해 신정통주의가 보여준 **교묘한 언변**(bravura)마저도 이와 동일한 중간의 길(the middle path)을 인간경험의 한계 내에서 가장 먼 곳에 재배치하는 것에 불과해 보일 것이다. 따라서 신정통주의가 주장하는 "저너머"(beyond)는 결과물도 효과도 내지 못하는 하나

---

2   Mary Douglas, "The effects of modernization on religious change," in *Daedalus*, Winter, 1982.

의 언표불가능성(ineffability)으로 귀결된다.

그렇지만 바로 앞의 두 장에서 나는 전적으로 다른 경로를 제안했었다. 말하자면 사회학적 "의심"(suspicion)에 대해 일부라도 인정하는 것이 아니라, 그 대신에 의심 그 자체가 과연 가능한지에 대해 의문을 제기하는 "메타의심"(meta-suspicion)을 전개하는 것이 바람직하다고 보았다. 물론 이 말을 가지고 나는 우리가 늘 친숙하게 생각하는 "상식적" 종류의 의심(사회학은 이 의심의 범위를 매우 유용하게 확대시켜 주었다)을 의미하는 것이 아니다. 예컨대 "알프레드가 믿는 감리교는 내가 보기엔 시간 잘 지키기와 관련된 사안일 뿐이다"("이런 종류의 기능적 목적이 감리교 일반에 해당된다"는 말을 여기에 덧붙이지는 말자)라거나 "교황이 행하는 일은 흔히 은혜보다는 권력에 더 관련된다"고 하는 식의 "의심"을 말하는 것이 아니다. 내가 의미하는 것은 오히려 "토대에 대한 의심"(foundational suspicion)인데, 이는 일반적으로 무엇이든 "논란의 여지가 있는" 것을 "논란의 여지가 없는" 다른 것으로 환원시킬 수 있음을 보여주려는 일종의 방법론적 의심이라고 하겠다. 따라서 나는 사회학의 기원을 역추적하면서 새로운 길을 열었는데, 그것은 "사회적인 것으로의 환원"을 부정하려는 것이 아니라, 어떤 의미에서든 종교적 행위의 원인으로 지목될 수 있는 무언가 "사회적"(특수한 전문적인 의미에서)인 것이 존재한다는 생각 자체에 대해 의문을 제기하는 것이었다.

이렇듯 사회학의 기원을 역추적함으로써, 우리는 "사회적" 내지 "사회"라는 용어가 매우 교묘하게 연출된 탓에 우리로 하여금 "종교"는 논란의 여지가 많지만 "사회"는 자명하다는 식의 전제에 대해 전혀 의문을 품지 못하게 했음을 알게 되었다. 종교는 사회와의 관련 하에서 언급되어야 한다는 생각은 순수하고도 악의 없는 영감에서 비롯된 것으로 보인다. 그렇지만 이제 우리는 사회부문(the social)의 개념이 출현하게 된 계기를 "세속부문"(the secular)의 역사 내에서, 즉 세속이 스스로를 정당화하기 위해 종교라는 현상과 "대결"을 시도했던 과정 안에서 관찰해야 함을 깨닫게 된다. 이미 홉스와 스피노자에게서 (그리고 그들 이전에 보댕에게서) 보듯이, 종교의 **특**

정 양상(그 지역적 변이들, 그 특수한 전통 및 공적 의례)에 대한 비판적인 비신학적 메타담론의 출현은 정치적 주권이라는 개념과 그 태생을 같이 하고 있었다.[3] 종교에 대한 이 메타담론은 "국가"와 더불어 부상했는데, 여기서 국가란 사물을 대하는 하나의 새로운 관점, 즉 권력을 가진 관점이자 관점에 의해 작동되는 권력인바, 국가 자신과 일체를 이루고 있는 사회적 "신체"(홉스의 은유를 사용하자면)의 구석구석을 샅샅이 감시하는 존재로서 작용했다. "새로운 정치과학"으로부터 정치경제학을 거쳐 실증주의에 이르기까지, 종교에 대한 실제적이고도 지성적인 접근 속에는 이중적 요소가 지속되고 있다. 말하자면 종교의 구체적이고도 역사적인 발현은 비판적 담론에 따른 우월한 관점("보다 고차원적 시각")에 비추어 보아야 한다는 것이다. 동시에 "보다 고차원적 시각"이란 국가 내지 전체의 관점이자 "인류"의 관점을 대변하는 것으로, 흔히 보편적 종교 내지 종교성의 정제된 본질과 동일시되는데, 그 자체가 세속의 평화를 유지하기 위한 인위적 구성물인 것이다.

프랑스의 실증주의 전통에서 정치적 총체를 "사회"로 간주하면서 새로이 서술함에 따라 그것은 더욱 철저한 유기체론을 초래했을 뿐 아니라 세속 질서에 일종의 종교적 성질을 불어넣기까지 했다. 뒤르켐이 이러한 전통을 신칸트적으로 재작업한 이후에, 사회부문은 우리에게 유한한 형태로 존재하는 칸트식의 "목적의 왕국"을 지칭하는 이름이 되었다. 따라서 그것은 국가 안에서 모든 개인이 누려야 할 숭고한 자유를 신성화하고 구체화하기에 이른다. 바로 이러한 선험적 도식에 따라 모든 경험적 내용을 그 하부에 포괄하는 범주적 보편자들이 제공된다. 전통적인 특정 종교들은 사회부문이 지닌 이러한 우위성을 암암리에 코드화하고 있다고 간주된다. 그리고 오로지 이러한 우위성을 인정하는 한에 있어서만, 종교는 그 자체로 보편화되고 궁극적 완성에 이른다고 여겨진다. 이와 대조적으로 막스 베버는

---

3   J. Samuel Preuss, *Explaining Religion*(New Haven, CT: Yale University Press, 1987) pp. 3-23.

콘트의 실증주의보다 한 걸음 더 나아가는데, 그가 보기에 사회부문은 선험적 요소가 존재하는 자리가 아니다. 도구적 이성과 경제관계가 지닌 최고의 우위성을 인정하는 관점에서 보자면, 오히려 사회부문 그 자체가 선험적이라고 간주되어야 한다. 그럼에도 불구하고 이 관점 역시 다른 방식으로 종교를 보편화한다. 말하자면 종교는 "카리스마"에 그 기원을 갖고 있는데, 이러한 카리스마는 여러 면에서 도구적 이성을 방해하므로 사회학의 관점에서 볼 때 그것은 부정적 이탈로 표시된다. 여기서 베버가 말하는 보편화(universalization)란 여러 특정 종교들을 "관리"하면서 그것들을 사적 영역에 제한하는 방식을 가리킨다. 그러나 카리스마는 공적 영역에서는 정치적 총체가 지닌 초이성적 목적으로 나타나므로 도구적 이성에 의해 명시하거나 판시할 수 없는 것이다. (이렇듯 공적으로 인정되는 정치적 카리스마는 일종의 자의적 폭력이므로 여기서 베버는 뒤르켐에 비해 실증주의적 성격은 **더 강한** 반면에 칸트적인 면은 덜하다고 하겠다.)

뒤르켐과 베버는 개인이 사회적인 것 내지 보편적인 것과 맺고 있는 관계의 측면에서 사회들을 범주화하는데, 여기에는 국가의 무제한적 주권과 개인의 자기의지(self-will) 간에 일어나는 "신체적" 매개를 최고의 관심사로 삼고 있는 근대 서구 정치의 관점이 반영되어 있다. 이러한 관점은 일종의 격자 내지 틀과 같은 것으로, 이를 통해 모든 사회를 바라보게 되는데, 이로 인해 대부분의 비서구권 내지 전근대 사회에서 정작 중요한 것은 개인/사회라는 이항대립적 대조가 아니라, 다양한 신분으로 구성된 위계적 질서이자 공동의 가치에 근거한 복합적 의미에 따른 역할배분이라는 사실이 은폐되고 있다.[4] 물론 사회학은 이러한 차이를 표시하지만, 그것을 **부정적 방식으로** 행하는데, 이를테면 유기적이고 위계적인 사회가 개인에 대해 강력한 "통제"를 행사한다는 점에 착안하여, 마치 이 전통사회에 속한 성원

---

4   Serge Tcherkezoff, *Dual Classification Reconsidered*, trans. Martin Thorn (Cambridge/Paris: Cambridge University Press, 1983).

들이 자기결정권을 가진 근대적 주체가 부상함에 따라 은밀하게 사라지고 마는 듯이 묘사하는 것이다. 결과적으로 개인이 전체와 맺는 관계(근대 정치학은 오직 이에 따라 정의된다)야말로 사회부문이 자리하는 보편적 좌소로 간주되며, 따라서 계층화된 유기적 사회를 구성하는 데 일조하는 모든 복잡한 의례와 위계적 구조와 종교관은 전체가 개별적 부분에 대해 행사하는 강력한 통제를 유지함에 있어 그것들이 어떤 기능을 담당하는가 하는 측면에서 "설명"될 수 있다는 식의 결론으로 유도된다. 이러한 "설명"은 단지 동어반복 이상의 것이라고 하겠는데, 그 이유는 근대성에 대한 표준적 관점에 따라 개인과 사회부문 간에 발생하는 순수한 "사회적 행동" 내지 순수한 "사회적 권력"의 차원이 늘 존재함을 인정하면서도, 그러한 차원이 의례나 상징이나 언어를 통한 표현으로부터 분리될 수 있다는 식의 생각으로 유도되기 때문이다. 그러나 이른바 "사회적 전체"를 다양한 규범 및 층위 간의 상호작용과 동떨어진 채로 취급하는 것은 그저 약간의 구체성을 띤 추상적 개념에 불과하다. 따라서 "사회적 행동"을 그 독특한 언어적 현시와 동떨어진 채로, 특정한 상징체계의 불가해성을 고려하지 않는 채로, 정의내리거나 이해할 수 있는 방법은 존재치 않는다.

종교는 그 특유의 성격으로 인해 "기이한" 관습·특정 시대와 장소에 대한 애착·특이한 것의 지속적 반복 등을 포함한다. 사회학이 탁월한 메타담론을 통해서 이러한 기이함과 특이성과 반복성을 통달할 수 있다고 주장하는 것은 허위에 불과하다. 그런데도 사회학이 이런 주장을 하는 것은 내가 앞에서 개괄적으로 설명한 것과 같은 관점의 왜곡 때문이다. 가령 하나의 전통사회를 두고 오로지 부정적 관점에서 기록하는 것이 가능할진대, 그 사회의 종교가 지닌 특수성, 그것이 보여주는 일종의 유기적 총체성, 그 위계적 가치체계가 지닌 **실제 내용** 등은 그 사회가 강한 응집력을 갖고 있다는 식의 일반적 사실에 불과한 것으로 강등되거나 심지어 그로부터 기인하는 것으로 치부되고 말 것이다. 그렇지만 이런 식의 환원주의는 종교의 특수성에만 적용될 뿐이다. 사회학은 자유주의 신학과 마찬가지로 종교의

"참된" 본질을 식별하고 보호하려고 한다는 점을 재차 강조하기 마련이다. 여기서 말하는 종교의 참된 본질은 사회의 권력적 차원 내지 그것의 행위적 관련성과는 관계가 없고, 오히려 사회적 행동과 권력을 정당화하고 합법화하는 "가치"의 영역과 관계될 뿐이다. 실제로 정당화의 기제는 권력을 그 모든 복잡한 연관 속에서 어떻게 분배하는가 하는 문제와 불가분 얽혀 있는데, 이 점은 특히나 전통사회에서 분명하게 드러난다. 사회학은 이것을 하나의 일반적인 사실(사회적 전체, 즉 도구적 행동의 핵심)로 돌려버리고, 또한 이와 유사하게 그것을 가치체계의 상징적 표현으로부터 분리해내면서, 그 가치체계를 사회의 내부 혹은 외부에 자리잡은 주변부에 위치시킨다. 이렇듯 뒤르켐에게 있어 가치체계란 유기적 전체의 차원에서 볼 때 사회적 안정(*stasis*)을 보존해주는 상수인 반면에, 베버에게 있어 그것은 고립된 개인들이 임의로 바라는 것에 지나지 않는다.

결과적으로 사회학은 종교를 포함한 규범적 가치를 "주변부에" 재배치한다고 하겠다. 여기서 주변부란 사회부문(베버의 경우처럼 검증가능한 사실의 영역을 의미하거나, 아니면 뒤르켐과 짐멜의 경우처럼 언표불가한 개인과 다른 개인 간을 매개하면서도 실천적 이성이라는 사회적 실체를 구성하는 신비한 **에테르**와 같은 것)의 바깥 내지 대척점에 개인이 서 있다고 여겨지는 지점을 가리킨다. 이렇듯 사회학은 종교를 **칸트적 숭고함**(the Kantian sublime)에 속하는 것으로 간주한다. 말하자면 그것은 이론적 지식으로 도달가능한 경계를 벗어난 곳에 존재하는 언표불가한 위엄의 영역이며, 인간의 상상력으로 표상할 수 없으나, 그럼에도 인간의 좌절된 상상력으로 그 압도적 존재를 인정할 수밖에 없는 그러한 영역인 것이다.[5] 종교의 이러한 현존은 또한 자유의 현존이자 영혼의 현존이자 선험적으로 "지각된" 자아의 현존이며, 따라서 무엇으로도 환원될 수 없는 인간성의 현존인 것이다. 비록 이러한 숭고함이 객관

---

5   Immanuel Kant, *The Critique of Judgement*, trans. Werner S. Pluhar (Indianapolis, IN: Hackett, 1987) pp. 97–141. 백종현 옮김, 『판단력비판』(아카넷, 2009).

적 사실의 세계 속에서 적극적으로 정의될 수 있는 그 어떤 결과를 초래하지 않는다 하더라도, 그 숭고함은 든든히 지키고 소중히 간직해야 할 대상이다. 이러한 숭고함이 사실인 것(종교는 흔히 그렇게 믿는다)처럼 **나타나는** 한에 있어 사회학은 그 숭고함의 표상을 가능케 하는 제반 조건이 사실적 **선험**으로서든 아니면 **선험적** 규범으로서든 사실상 전적으로 사회부문에 의해 주어지는 것임을 보여준다.

사회학이 "숭고함에 대한 과학"을 표방함에 따라, 그것은 형이상학에 대한 칸트의 비판 및 절대에 대한 표상이 가능하다는 주장에 내포된 역설 속에 갇히게 된다. 유한자에 적용될 수 있는 범주들은 오직 유한자에만 적용되므로 그것을 무한자에까지 확장하는 것은 오직 부당할 뿐이라는 비판적 주장이 가능하려면 두 가지 전제가 충족되어야 한다. 첫째로 선험적 개념과 경험적 "직관"을 구분하는 것에 동의해야 하고, 또한 그중 어느 하나 없이 다른 하나를 생각하는 것이 실제로 가능치 않다는 견해를 수용해야 한다. 예컨대 원인이라는 개념은 비록 선험적인 것이긴 하지만, 시공간 내에 나타나는 사물의 외양에 관한 우리의 "오성"에 적용될 뿐이다. 원인과 같은 개념 자체가 일련의 경험적 외양들로부터 나오는 것이 아니기 때문에, 한편에서 개념적 분석과 다른 한편에서 시공간적 심급이라는 두 가지 상이한 계열이 서로가 서로를 위해서만 존재하게끔 (우리가 주관적으로 파악하기에는) 사전에 조율되어 있는 것처럼 보인다. 결과적으로 무한한 "구성적 적용"(constitutive application)에 하나의 범주를 외삽하는 것은 그것이 적용되는 자연적 순환의 경계를 파괴하는 것이다. 이 자연적 순환에 있어서 모든 직관을 인식범주 하에 끌어놓을 때에라야 어느 계열에서든 간에 일어날 수 있는 무한후퇴(infinite regress)를 제대로 **방지**하게 된다. 그렇지 않다면 이 무한후퇴는 어떤 확실하고도 결정적인 지식의 성립을 방해하는 해결불능의 이율배반으로 귀결될 것이다.

그렇지만 흔히 그렇듯 사전에 주어진 범주적 요소(이것은 사회학에서 "사회"-사실이든 규범이든 간에-로 도식화된다)를 생성의 흐름으로부터 고립시키는 것이 불가능하다면, 하나의 특정한 개념이 어느 범위까지 적용될지에 대해 확신할 수 없게 되고, 그 개념이 유한성이라는 제한된 범위 내에 반드시 포함된다고 볼 수도 없다.

두 번째 전제는 첫 번째 전제로부터 직접적으로 귀결된다. 그것은 인식가능한 유한한 지식에 적용되는 선험적 범주들에 대한 철저한 목록을 작성하는 것이 가능하다는 생각이다. 여기서 바로 역설이 생겨나는데, 말하자면 인간 오성의 한계를 정의하는 것이 단 한 번 정도는 가능하다. 그리고 이에 따라 "형이상학을 배제"하는 것도 가능하다. 그러나 이것은 오직 그 경계 위에 버티고 서서 한쪽 눈으로 다른 쪽을 바라보다가, 그 숭고한 세계를 흘끗 들여다보는 경우에나 가능한 일이다.[6] 이렇듯 예를 들어 사람은 인과성을 하나의 폐쇄되고 확정적인 연쇄와 같은 것으로 파악한다. 바로 이 점에서 인과성이란 다 이해하지는 못하지만 실현가능한 자유와는 대조된다고 하겠다.

그런데 인과성이나 필연성 또는 특정의 유한한 완전체들이 무한자 "그 자체에" 이미 탁월하게 속해 있을 수 있다는 가능성(비록 우리가 이것을 볼 수는 없지만)을 부정하는 것이 가능한데, 그 이유는 사람이 "자유"를 통해서 시공간적 계열의 외부에 존립하는 무언가(물질의 존속, 인과성, 관계 등과 구별되는 "물자체"의 초월성을 구성하는 것)에 접근할 수 있다고 거짓되게 추정하기 때문이다. 바로 이런 까닭에 칸트는 하나님에 대해서 이야기할 때 하나님과 세계와의 관계성에 관한 "규제적" 담론으로서 유비의 언어만을 허용한다. 그는 아퀴나스와 마찬가지로 피조된 결과물은 그 최종적 형상인(곧 창조주)과 유사하다는 점에 근거하여, 필연성과 같은 개념을 유비적으로 하나님 "그 자신"에게 귀속시키지 않는다. 비록 칸트가 보기에 우리가 자유에 대해 실제로 통찰해보면 초월성의 본질에 대한 명료한 파악을 할 수 있다고 해도 말이다─이에 대해 아퀴나스는 수긍할 수 없었을 것이다. 비트겐

---

6 Kant, *Critique of Judgement*, pp. 106-17.

슈타인(Wittgenstein)은 이 점을 아주 잘 표현하고 있다. 이를테면 "사람들이 "인간 오성의 한계"를 볼 수 있다고 생각하는 한, 그들은 당연히 이것 너머도 볼 수 있다고 생각한다".[7]

버거가 말하듯이 사회학은 스스로 "형이상학에 대한 비판"을 추진한다고 주장하지만, 그것은 결국 유한성을 전체적으로 단 한 번에 표상할 수 있다고 강변하는 새로운 종류의 형이상학이자, 자유롭고 언표불가한 주체가 이 유한성 내에서 "명백한 작용을 할" 뿐이지만 그럼에도 늘 그 본질상 유한성을 초월한다고 주장하는 인본주의에 불과한 것으로 드러난다. 사회학의 입장에서 볼 때, 종교는 이렇듯 잘 보호된 "인간적" 영역을 구성하는 한 요소이다. 물론 이 영역은 때때로 (뒤르켐에서처럼) 이론적 이해의 도식적 가능성과 일치하도록 취급되는 것도 사실이다. 그러나 비록 종교가 인정받고 보호된다고 하더라도, 그것은 또한 "감찰당한다"(policed)고, 즉 경험적으로 이해될 수 있는 경계를 넘어가지 않도록 단단히 붙잡혀 있다고 하겠다. 이렇듯 사회학은 전통적인 여러 종교가 지니고 있는 관점과 불일치할 수밖에 없다. 전통적 종교들은 "종교적" 실재와 "경험적" 현실을 분리하지 않을 뿐 아니라, 그 신봉자들은 자신의 가치관을 그 사회 내에서 시공간과 사람들이 배치되어 있는 중층적 구조로부터 구별하지도 않는다. 사회학이 수행하는 "숭고함에 대한 감찰"(policing of the sublime)은 세속사회의 실제적 작동방식과 정확하게 맞아떨어진다. 세속사회는 종교를 사회적 훈육과 통제의 양식으로부터 배제하면서도, 다른 한편으로는 종교를 "사적인" 가치로 여겨서 보호하기도 하고, 순전히 도구적이고 지향점 없는 합리성으로 인해 야기된 이율배반의 모순을 극복하기 위해서 이따금씩 공적 차원에서 종교를 소환하여 결국엔 정치적 목적을 띤 부담을 지우기도 한다.

다음의 이어지는 세 단락에서 나는 어떻게 해서 20세기에 발생한 종교

---

7   Ludwig Wittgenstein, *Culture and Value*, 15e. 이영철 옮김, 『문화와 가치』(책세상, 2006).
    Immanuel Kant, *Critique of Pure Reason*, trans. Norman Kemp Smith (London: Macmillan, 1978)
    pp. 517-18. 백종현 옮김, 『순수이성비판 I, II』(아카넷, 2006).

사회학의 모든 유파에 대해서 그것이 숭고함에 대한 세속적 감찰이라고 폭로할 수 있는지 보여주고자 한다. 이런 식으로 사회학을 해체해버리면, 그 전체 주제가 세속적 성격을 띤, **힘을 향한 의지**(will-to-power)라는 순수 에테르로 휘발되어버릴 것이다. 그러므로 나는 가장 영향력 있는 미국적 전통에 주로 집중하면서 먼저 "미국적 숭고성"(sublimity)을 규명할 것인데, 여기서 미국적 숭고성은 뒤르켐이 말하는 "전체성의 숭고함"(the sublime of the whole)과 베버가 말하는 "주변적 주체의 숭고함"(the sublime of the marginal subject)을 포괄하면서도, 이 두 가지를 매개하는 **희생의 전이**(sacrificial transition)라는 제삼의 숭고함을 만들어낸다. 그다음 단락에서 나는 어떻게 해서 이러한 숭고함의 세 가지 변종들로 말미암아 근대의 공적 공간이라는 평면화된 차원 내에서 종교에 대한 세속적 감찰 내지 "포괄"(encompassing)이 촉발되는지를 보여줄 것이다. 그다음으로 본 장의 네 번째 단락에서 나는 진화론적 관점이 종교 "고유의" 숭고한 지점들을 시차를 두고 점진적으로 발견해낸 과정을 추적함으로써, 이러한 진화론적 설명 방식이 사회학이라는 "학문분야"를 공고화하는 방식을 보여줄 것이다. 마지막으로 다섯 번째 단락에서 나는 종교가 부정적 숭고성(sublimity)의 경계를 벗어나거나 과거의 사실에 "이데올로기적" 요소를 덧칠하는 등 본연의 성격을 위장함으로써, 우리로 하여금 문화의 덧없음을 인식하지 못하도록 방해해왔다는 식의 사회학적 주장을 취급할 것이다.

파슨스와 미국적 숭고함

20세기 종교사회학 분야에 나타난 발전은 기어츠(Geertz), 버거(Berger), 루크만(Luckmann), 벨라(Bellah), 루만(Luhmann) 등의 저술에 힘입은 것으로, 이는 결국 미국의 사회학자인 탤컷 파슨스(Talcott Parsons)의 족적에서 비롯된 것이다. 비록 직접적 관련성을 찾아볼 수 없는 경우에도 파슨스의 영향력은 부인할 수 없다고 할 것이다. 잘 알다시피 파슨스는 뒤르켐과 베버를 종합하고자 했으므로, 그를 비판하는 사람들은 그가 동일한 목표를 다른 경로를 통해 접근했더라면 더 성공적이었을 것이라고 주장하곤 했다. 파슨스가 시도했던 것 중에 세 가지가 두드러지는데, 첫째로 그는 뒤르켐과 베버가 프로이트와 더불어 이성적 부문이 지닌 한계와 비이성적 부문이 가진 위상을 존중한다고 주장한다.[8] 그는 여기서 뒤르켐이 말하는 "비등"(effervescence)과 베버가 말하는 "카리스마"를 연결하고 있다. 둘째로 종교는 "비경험적" 신념과 관련된다고 간주되지만, 파슨스는 종교가 사실(factual)을 넘어서는 어떤 "실재"(real)의 영역을 가리킨다는 점을 점차로 인정하고 있으며, 이것은 신칸트주의에서 상정하는 "비현실"(irreal)과 어느 정도 유사한 말로 들린다.[9] 이 점에 있어 파슨스가 시작한 성과는 버거나 벨라와 같은 계승자들에 의해 더욱 발전되는데, 이들은 사회학의 재신학화(re-theologize)를 효과적으로 수행하면서, 과거의 주의론적(voluntarist) 내지 새로운 개신교 자유주의적 경향과 사회학 간에 기왕에 존재했으나 그동안 사장되어 왔던 친연성을 분명히 밝히고 있다. 세 번째로 파슨스는 뒤르켐과 베버의 방식에 따른 종교의 "보호"에 천착하고자 했는데, 이는 미국적 상황에 따른 필요성과 맞아떨어지는 것으로 볼 수 있다. 물론 베버식의 다원적 입장은 다양한 교파들과 종교 집단들이 존재하는 나라에서 반향을 얻는 반면에, 유일신에 대한 공통의 신앙적 요소가 국가와 모종의 관련을 맺고 있는 나라에서와 헌정체제에 대한 충성이 개인적 자유에 대한 신봉과 등치될 수 있는 곳에서는 뒤르켐이 말하는 루소-콩트 식의 "시민 종교"에 관한 주제가 부각된다.

탤컷 파슨스가 베버와 뒤르켐을 중재하려는 시도가 여러 면에서 (사회학 일반을 위한 것과 마찬가지로) 종교사회학을 위한 범례임이 입증되었기 때문

---

8 Talcott Parsons, "Belief, unbelief and disbelief," in *Action Theory and the Human Condition* (New York: The Free Press, 1978) pp. 233-63. Robert N. Bellah, "The Sociology of religion," in *Beyond Belief: Essays on Religion in a Post-Traditional World* (New York: Harper and Row, 1970).

9 Talcott Parsons, "Durkheim on religion revisited: another look at *The Elementary Forms of the Religious Life*," in *Action Theory*, pp. 213-30.

에, 이러한 시도에서 드러나는 가장 적실한 특징에 대해 간략하게나마 살펴보아야만 한다. 매우 정확하게도 파슨스는 베버적 행동과 뒤르켐적 구조 사이에 위치한 제삼의 항은 언어의 출현일 수밖에 없음을 깨달았다. 따라서 그는 미국의 실용주의 철학자인 미드(G. H. Mead)의 "상징적 상호작용"에 관한 이론을 사회학에 통합시키려고 했다. 이 이론에 따르면 소통작용과 이를 통한 사회적 형성은 반복적 행동이 특정 주체들에 의해서 고립화(isolation)될 때에 아울러 다른 주체도 동일한 고립화를 하고 있음이 전제될 때에라야 가능케 된다.[10] 이러한 단계가 지난 후에 기호의 사용을 촉발하는 모방의 원리와 기대의 패턴이 부상한다. 게다가 자기동일성의 의식이 출현하게 되는 것도 이러한 모방의 원리에 기호의 사용이 더해짐으로 말미암는 것이다. 우리가 반복하는 행동을 타인들이 먼저 인지하고 반응하기 때문에, 우리도 자기 반응에 도달할 수 있다. 그러나 이는 오로지 우리가 애초에 "일반화된 타자"(generalized other)의 역할을 맡아서 어떤 고정되고 규칙화된 의미를 지닌 행동을 수행했기 때문에 가능한 일이다. 파슨스가 보기에, 이러한 모델에 근거하여 자발적 행동이 인과적 우선성을 지닌다고 베버식으로 말할 수도 있지만, 반면에 언어적 의미가 지닌 일차적으로 공적이고 보편적인 성격에 주목함으로써 뒤르켐이 말하는 "사회적 사실"이란 개념이 직관적으로 타당하다는 점을 재조명할 수도 있다.[11] 미드의 이론은 언어의 절대적 일관성과 규칙성이야말로 어떠한 식으로든 의미가 존재하도록 하는 일차적 가능성이라고 판단하여 여기에 우선성을 부여하는데, 이러한 언어적 일관성과 규칙성은 파슨스가 보기에 뒤르켐이 말하는 정태성을 띤 사회적 보편자(이것은 이해를 가능케 하는 범주들을 제공한다)의 개념과 등치된다고 하겠다.

---

10 Talcott Parsons, *The Social System*(London: RKP, 1951) p. 19. Jackson Toby, "Parsons' theory of societal evolution," in Talcott Parsons, (ed.) *The Evolution of Societies*(Englewood Cliffs, NJ: Prentice-Hall, 1977). G. H. Mead, "A behavioristic account of the significant symbol," in Andrew J. Beck (ed.) *Selected Writings*(Indianapolis, IN: Bobbs-Merrill, 1964).

11 Parsons, *The Social System*, pp. 3-23. Toby, "Parson's theory of societal evolution."

이렇듯 파슨스가 사회학을 통해서 베버와 뒤르켐을 중재하려고 시도했지만, 정작 행동(베버)과 구조(뒤르켐) 간의 난제(*aporia*)를 실제로 해결하지 못했고, 그 대신에 사회적 발생(social genesis)이라는 모델에 속한 각각의 상이한 계기들마다 두 요소들 중의 하나를 앞세우는 식으로 내재된 모순들을 겨우 봉합하는 정도였다. 말하자면, "행동"의 측면에서 한 개인이 사회화 이전에 어떤 동작들을 "고립화"(isolating) 한다는 것은 실제로 상상할 수도 없는 일이다. 그럴 수 있으려면, 그는 이미 선별의 기준을 갖고 있으면서, 이미 자기 자신과도 그 의미를 소통하는 이른바 자기반성적(self-reflective) 단계에 도달했어야 한다. 그리고 난 후에야, 그는 혼자만의 언어게임을 수행하게 된다. 물론 자기반성적 인식과 자기 정체성이 오로지 사회적으로 주어진다고 해서 이러한 게임이 가능한 것도 아니다. 역으로 구조의 측면에서 생각해 보자면, 파슨스는 "최초의" 사회적 상호작용은 민주적이고 평등할 것이라는 검증되지도 않은 추측을 전제한다. 왜냐하면 각각의 동작주는 자신에게 명료한 기호가 상대편에 대해서도 동일한 해석을 일으킬 것이라고 추정하기 때문이다. 그러나 하나의 행동이 다른 행동과 유의미하게 연결되자마자, 그 행동 중의 어느 하나에 우월한 가치와 보다 핵심적인 의미가 부여되기 마련이며, 각 개별 동작주들이 맡고 있는 역할의 차이는 이러한 의미 창출의 불균형을 반영한다. 따라서 기호와 행동 간의 유사성이 아니라 그것들 간의 차이에 따라 층위와 의미가 발생된다는 사실이 언어 작용의 실제 출발점이 되어야 하지 않을까? 왜냐하면 "의사소통"이란 언어가 먼저 사물과 사람을 "자리매김"하고 난 다음에 발생하는 이차적 현상에 불과하기 때문이다.

게다가 반성적 연상이 작동하자마자, 개인적 행동에 따른 창조적 기여가 **참으로** 가능해진다. 그런데 공적으로 공유되는 기호들에 대한 상이한 독법들(결국 이 모든 상이한 독법·서법 간의 교차발생을 말한다)이 동시에 발생할 것이라는 보장이 없을 뿐 아니라, 반대로 역할과 가치의 배분이 그저 정태적으로 유지될 것이라는 보장도 없다. 그렇다면 행동과 구조에 결부되어 있는

"언제나 이미"(always already)를 인정하지 않을 수 없고, 따라서 둘 중 어느 하나를 우선시하는 것을 거부해야 할 뿐 아니라, 그 둘을 서로에 대해 "외적인" 것인 양 제시하는 파슨스의 심상(mental picture)도 거부해야 할 것이다. 그리고 이러한 상(象)이 없다면 어떠한 "사회학"도 존재치 않기에 다만 그 모든 변이와 끊임없는 변경가능성을 고려하는 역사서술(역사지리학도 포함된다)만이 가능할 따름이다.

만약에 파슨스가 "보다 확고한" 실용주의적 논제를 채택했더라면, 그는 아마도 이와 같은 결론에 도달했었을 것이다. 그랬었다면 그는 언어의 발생이 개인과 더불어 시작해서 상호작용으로 나아간다는 식으로 상상할 수 없다는 것과, 기호가 지시하는 명료한 의미가 사회적 토대를 갖고 있다는 식으로 볼 수도 없음을 인정했었을 것이다. 그러나 그의 희석된 실용주의로 인해 그는 베버와 뒤르켐의 두 사회학을 종합하여 하나의 이중적 환상을 만들어내는 수준에 머물고 만다. 이것은 종교에 대한 그의 개념화 작업에 있어 적잖은 파장을 야기하는데, 그가 개인의 행동이 언어의 발생에 있어서 우위성을 지닌다고 생각하는 한, 그는 실질적 측면에서 종교가 추후 상징적으로 표현되는 경험의 특정 영역을 명시한다고 생각하는 셈이다. 그렇지만 그가 행동을 범주적 의미에 따른 고정된 규범에 의해 엄격하게 구속되어 있는 것으로 생각하는 한, 그는 기능론적 관점에서 종교가 공통된 관례와 사회적 통일성을 정당화하고 신성화한다고 보는 격이다. 따라서 파슨스가 보기에 (나중에 벨라나 버거나 루크만이나 기어츠도 마찬가지로) 종교는 사적인 "실존의" 영역에 속한다는 점에서 "카리스마적"임과 동시에 공적 영역에 필수적인 이데올로기를 제공한다는 점에서 "통합적"(integrative)이기도 하다.[12]

하지만 파슨스가 품고 있는 상(像)은 실제로 이러한 표현적 행동과 범주적 구조 간의 대조라는 요소만 갖고 설명하기에는 좀 더 복잡한 면모를

---

12 Parsons, *The Social System*, pp. 367-79. "Dukheim on religion revisited."

갖고 있다. 진화의 과정을 통해서 사회는 일련의 하부체계들(sub-systems)로 분화되며, 각각의 하부체계는 상대적으로 자족성을 지닌 "준거적 행동 유형"(action frames of reference)에 자기 나름의 규범과 자기 나름의 상대적 자율성을 제공한다.[13] 이러한 하부체계들은 서로 간에 완벽히 구분된 채로 존속한다. 왜냐하면 그것들이 지닌 상징적 규범은 가능한 모든 분야의 지식과 행동을 일거에 정의내리는 범주로서 명료하게 작동하기 때문이다. 예컨대 경제는 희소성·공급·수요라는 "순전히 경제적인" 기준에 따라 작용할 뿐, 도덕성·진리·미, 혹은 정치적 권력 및 동의를 운위할 이유가 없다. 종교를 포함한 문화적 체계도 상대적 독립성을 확보하고서 표현의 독창성을 인정하고 보존하는 역할을 담당한다. 따라서 로버트 벨라(Robert Bellah)가 강조하듯이, 사회체계를 그 모든 측면에까지 망라하여 전체적으로 다루는 그러한 "과학"은 존재할 수 없다.[14] 그럼에도 불구하고 과학은 모든 하부체계가 서로에 대하여 관계적으로 기능하는 지점, 즉 "사회" 그 자체라고 추정되는 차원을 이해하는 것이 **가능하다**. 그런데 여기서도 실상은 경제적 은유가 우위를 점하고 있다. 이를테면 사회는 한정된 에너지 "자원"을 지니고 있으므로, 그것을 잘 보존하면서 "균형" 있게 유지해야 한다고 말하는 식이다. 종교에 대해서도 그것이 이러한 보이지 않는 "총합"(whole)을 상상하고 표상하는 데 유용할 뿐 아니라, 하나의 "이상적" 영역을 상정하여 그 안에 에너지를 일시적으로 "비축"하였다가 추후에 "실질적인" 사회적 용도에 투입되도록 하는 데도 유용하다는 식으로 말한다.[15]

이러한 복잡한 상(像)을 고려할 때, "종교"가 "사회"에 개입하는 방식에 대한 미국 사회학의 설명방식을 수정해야만 할 것이다. 사적 경험의 차원에서 볼 때 종교의 내용은 보편성을 띠고 있으며, 인간이 가진 영속적 차

---

13 Parsons, *The Social System*, pp. 3-23.

14 Robert N. Bellah, "Between religion and social science," in *Beyond Belief*, pp. 237-87.

15 Talcott Parsons, "Christianity and modern industrial society," in *Sociological Theory and Modern Society* (New York: Free Press, 1967) pp. 385-422. "Durkheim on religion revisited."

원에 관계한다. 문화적 하부체계의 차원에서 보자면 종교는 서로 상이하면서도 자의적인 상징적 관행을 반영하므로 다원성과 다양성을 띤다고 하겠다. 그러나 "사회" 전체의 차원, 즉 시민종교의 차원에서 볼 때 종교는 재차 보편성을 띠고 나타난다고 하겠다. 왜냐하면 **오로지 이러한 차원에서 바라볼 때에라야**, 종교가 가진 상징적 자의성이야말로 실재하는 그 무엇, 즉 하나의 유기체이자 자체조절되는 균형성 내에 자신의 에너지를 보존할 수 있는 자족적 체계를 가리키는 암호임이 드러나기 때문이다.

그러므로 미국 사회학의 입장에서 보면, 언어적 표현 이전에 그리고 그 경계 밖에 위치한, 언표불가한 사적 경험이 지닌 숭고함이 존재할 뿐 아니라 전체 체계의 숭고함, 즉 오로지 형식적·경제적 관점에서만 사유할 수 있는 궁극적 경계도 존재한다. 그러나 또한 제삼의 숭고함도 존재하는데, 이는 종교가 지닌 두 보편성이 하나로 융합되는 지점을 말한다. 이것이 바로 전이(transition)의 지점, 즉 각각의 개인적 의지가 전체를 위한 시민적 법률마저도 자발적으로 포기해버리는 **희생**의 지점인 것이다. 또한 이것을 가리켜 **통과의례**(rites de passage)의 지점이라고도 할 수 있는데, 여기서 우리의 시공간내적 삶을 표시하는 각이한 상징체계들 사이에 놓인 중간지대(limbo)를 건너가야만 하는 것이다.

따라서 미국 사회학은 그것이 하나의 세속적 감찰자로서 수행하고 있는 비밀 목적이 바로 종교가 개념적으로라도 주변부에 묶여 있도록 단속하는 것(즉 종교의 영향력은 부정하지만, 그 초월적 순수성은 인정하는 것)임을 보여준다. 따라서 종교는 모든 사회에 "실제로" 존재하는 것으로 인식되어야 한다. 언표불가한 경험의 차원이든지, 기능적 전체의 차원이든지, 아니면 애매하고 불확정적인 것을 도매금으로 넘겨버려야 하는, 두 차원 사이에 위치한 "경계적"(liminal) 전이의 차원이든지 간에, 아무튼 종교는 존재해야만 하는 것이다. 그런데 종교가 상징을 통한 사회의 조직화라는 가장 근본적인 차원에까지, 또한 규율과 설득의 기제가 작동하는 가장 근본적인 차원에까지 침투하므로, "종교"의 배후와 그 하부로부터 "사회"를 추출하는 것이 불가능하다는 생각은 여기서 거부된다. 그런데 만약 이러한 생각이 맞는다면, 종교를 "여타"의 사회적 현상의 측면에서 "설명"하기란 불가능한 일이 될 것이다. 그렇다면 다양한 정도로 호불호의 기준을 가지고 종교에 대해 서술하는 것만이 가능할 것이고, 종교에 대한 철저한 의심은 곧바로 전체 사회에 대한 의심의 형태를 띠게 될 것이며, 종교에서 이해하는 인간성이란 것도 **힘을 향한 의지**가 서로 다투면서 교차하는 특수한 형세와 다름없는 것으로 간주될 것이다.

　이어지는 세 단락에서 나는 이러한 감찰 기능의 세세한 목록을 작성할 것이다. 이 목록의 말미에 이르게 되면, 종교사회학이 여러 세계관을 대변하는 각각의 신학과 대비되는, 종교에 대한 진정한 메타담론이라고 주장할 수 없음이 명백히 드러날 것이다. 그와 같은 주장이 일견 타당해 보이는 것은 오로지 사회학이 "사회적 사실"(social fact)이라는 환영을 만들어내기 때문이며, 아울러 종교를 "비현실적 숭고성"(irreal sublimity)의 영역 안에 가두고 보존하는 식으로 정의내리면서 그것을 "사회적 사실"과는 대립되는 것으로 묘사하기 때문이다. 이러한 종교에 대한 구속이 공간의 차원에서 일어날 경우 종교는 사회부문에 종속되며 그것과의 관계에 있어서 기능적 성격을 지니는 것으로 간주된다. 그것이 개방된 시간의 차원에서 일어날 경우 종교는 자신의 고유한 주변성에 대한 진정한 자기인식을 향해 진화하는 것으로 묘사된다. 그리고 그것이 은폐된 시간의 차원에서 일어날 경우 종교는 선행하는 순전히 사회적인 배치를 사후(事後)에 "이데올로기적"으로 정당화하는 기제로 묘사된다.

종교와 기능성

1. 통합의 기능

어느 사회학자가 "성찬례(the eucharist)의 기능은 그리스도교 공동체의 이질적 요소들을 함께 묶는 것이다"라고 말한다고 가정해보자. 이 진술이 가진 주요 문제는 하나의 현상(성찬례)을 그것의 존재와 행함의 측면에서 설명하는 것이며 따라서 불필요한 동어반복으로 전락한다는 점이다. 이러한 이유로 인해 그 말은 하나의 **신학적** 진술이라고 할 수도 있다. 그것이 동어반복 이상의 것으로 간주되려면 하나의 항목에 불과한 것을 머릿속에서는 셋으로 쪼개야 한다. 그래서 저급한 신학자가 하듯이, 사람들은 성찬례를 "그것이 행하는 것"(what it does)과 별개로 "그 자체 안에 있는 어떤 것"(something in itself)으로 구체화시켜 생각한다. 그리고 나서 "그것이 행하는 것", 즉 그 기능(function)을 모든 집합적 행동에 대한 추상화를 통해 사유된 교회 공동체에 관련시킨다. 그런데 이 집합적 행동에는 성찬례도 포함되는데, 오직 이 성찬례의 행동만이 교회에 실재성을 부여하는 것이다. 따라서 교회론과 관련된 내부적 인식을 객관성을 띤 사회학적 용어를 가지고 해독할 수 있다고 공언하는 것은 실제로는 인식론적 환상을 초래할 뿐이며, **교회론이** 이것의 희생물이 되어야 할 필연성은 없다.

위의 예증은 기능적 설명 전체에 해당되는 하나의 전형적 사례로 간주될 수 있다. 말하자면 그것은 하나의 사태를 서사적으로 기술한다고 공언하면서, 일종의 "보편적" 관점에서 그 사태의 발생에 대한 설명을 거기에 덧붙이는 것이다. 하지만 면밀히 검토해보면 이러한 설명 자체가 서사적 형태를 취하고 있거나, 아니면 사태의 발생을 "초래"하는 사태라는 환상적 "본질"을 상상하면서 사태의 조성을 미리 예단하는 목적론적 전체라는 환상적 개념을 상상하는 것으로 보인다.

기능의 작동기제에 대해 그다지 "통념적"이지 않은 예증을 제시한다고 해도 상황은 달라지지 않는다. 가령 "그리스도교의 기능은 가부장적 지배를 떠받치는 것이다"라고 말한다고 하자. 설령 이것이 그리스도교가 은닉하고 있는 위장된 기능이라고 하더라도, 이 주장을 증명하기 위해서는 그것이 정확히 어떻게 작동하고 있는지 구체적으로 기술하면서, 지금껏 간과되었던 체계적 연관성을 보여주어야 한다. 다시 말해서 여기서 그리스도교를 설명한다는 것은 오로지 그리스도교를 어떻게 재서술하느냐의 여부에 달려있다―물론 이러한 재서술이 "단지 주관적"일 뿐이라는 말을 하려는 것은 아니다. 그러한 재서술이 가진 한계는 다음과 같은 질문에 봉착할 때 드러날 것이다. 말하자면 다소간 보편성을 띠고 있는 가부장적 권력이 왜 **이러한** 사회에서 **이러한** 방식으로 자신의 힘을 행사하고, **이러한** 상징을 사용하여 자신을 위장하는가?

따라서 기능적 설명이 새로운 설명을 제공하는 것처럼 보일지라도 그것은 실제로 서사적 재서술의 한 양식일 뿐이다. 그것은 경험에 근거하여 상호관련성을 확립하는 것에 관한 사안이 아니며, 사회학이 흔히 가정하듯이 A 유형에 속한 사회가 있으면 거기서 B 기능을 발견하리라는 식의 일반 법칙을 찾아내는 것도 아니다. 예를 들어 한 사회학자가 모든 위계적 사회는 강력한 중앙집권화된 권력의 원천을 갖고 있으므로 유일신교적 종교를 신봉하기 마련이라는 논제를 증명하려 한다고 가정하자. 이 목적을 위해서 그는 위계적 사회에 대해 여태껏 알려진 모든 사례를 수집할 것이고, 그 사회가 실제로 유일신교인지 아닌지를 보여줌으로써 자신의 가설을 엄중하게 "시험"하고자 할 것이다. 그러나 만약 그의 가설이 옳은 것으로 판명될지라도 그는 이 지점에서 멈추려고 하지 않을 것이며, 오히려 각각의 구체적인 사례를 상세하게 살펴보면서 유일신교가 어떻게 왕권과 위계적 질서를 지지하는지 보여주려고 할 것이다. 이 말은 결국 상호관련성을 상세하게 논증하는 것은 서사적 성격을 띤 역사기술의 작업에 해당된다는 뜻이다. 이를테면 이야기의 "플롯"은 개인들에 관심하는 것 못지않게 구조와 상징과 제도에 대해서도 관심을 가질 수 있다. 그렇지만 왕권이 철저하게 성스러운 용어로 인식되는 사회에서, 또한 왕이 왕인 것은 오직 그가 "신의 아들" 이기 때문이며, 역으로 신 또한 하늘의 군주로 상정되는 그러한 사회에서라면, 역사기술적 서사만으로는 종교적 정당성을 부여받은 사회구조와 사회적 견지에서 구상된 종교 사이에 어떠한 인과적 우선순위가 있는지를 확립하기란 불가능한 일이 될 것이다. 이렇듯 역사기술적 서사가 이미 보편적으로 관찰되는 상호관련성에 대해 서술하고 설명하는 데 힘을 쓸수록 "상호관련성"의 개념은 더욱더 해소되어 버릴 것이고, 이와 더불어 그 어떤 경험적 법칙의 필요성도 사라지고 말 것이다. 왜냐하면 종교적 신념이 그러하듯 사회구조도 유일신교의 한 측면이며, 한편으로 군주적 위계질서도 그 자체가 하나의 종교적 제도이기 때문이다. 따라서 유일하게 검증된 일반적 결론은 중앙집권화된 위계적 사회는 유일신교를 "필요"로 한다는 식의 "과학적" 설명이 아니라, 그저 단순하게 말해서 한 부류의 사회들이 있으며 이들이 서로 간에 대략 유사하다는 식의 진술일 것이다.

이것은 종교적 신념과 현실의 실천이 절대로 갈라질 수 없다고 말하려는 것이 아니다. 다만 그런 일이 일어날 경우, 그것은 언제나 역사를 그렇게 기술했기 때문에 말미암는 결과인 것이다. 실천이라는 분리된 영역을 창안하게 되는 것은 신념이 "제 멋대로 흘러가도록" 일부 허용되는 것과 관계가 있다. 따라서 A 유형의 사회가 주어지면 B 기능을 발견하게 될 것이라는 식의 주장은 이러한 유형에 속한 사회의 성격에 대한 단순한 설명으로 전락하기 마련이다.

따라서 기능주의 사회학이 역사기술에 보태어 놓은 것 중에 형이상학적인 것 말고는 아무것도 없다는 것이 내가 주장하는 바이다. 이 주장을 입증하기 위해서 나는 이제 하나의 확대된 예증을 들고자 하는데, 그것은 최근에 성서학자들이 자신들의 역사비평을 보완하기 위해서 기능주의적 설명을 시도한 사례로부터 취한 것이다.

2. 성서비평에 나타난 기능주의와 그리스도교의 기원에 관한 역사서술

사회학은 기능론적 설명방식을 채택하므로 행위나 목적이나 관습을 기술하는 역사서술을 능가할 것이라고 추정한다. 신약성서 비평학자인 존 개거(John Gager)는 이것을 "역사는 기술하고, 사회학은 설명한다"는 식으로 표현한다.[16] 개거가 주장하는 바는 단지 사회학은 사회적으로 발생가능한 것들이 작동하는 유한한 범위에 대해 어느 시대에나 공통된 지식을 제공하므로, 특정한 종류의 사회가 하나의 실례로 주어진다면, 그 사회가 어떤 종류의 기능을 필요로 할는지 예견하는 것이 가능하다는 뜻이다. 그런데 이 말이 타당하다면, 역사는 폴 벤느(Paul Veyne)의 말마따나 "응용 사회학"이 되고 말 것이다.[17] 그렇지만 우리는 이런 종류의 유형론이 가능치 않은 이유들을 방금 살펴보았다. 그 경우에 있어 기능론적 설명은 동어반복으로 전락하고, 사회학적 설명은 결국 서사적 기술로 귀결되기 마련인 것이다.

만약 이것이 사실이라면, 사회학이 성서의 역사와 그리스도교의 역사에 빛을 비출 수 있다는 생각이 왜 그토록 광범위하게 신학자들과 성서비평가들에게 확산되었을까? 노만 갓월드(Norman Gottwald), 게르트 타이센(Gerd Theissen), 웨인 믹스(Wayne Meeks), 피터 브라운(Peter Brown)처럼 사회학적 도구들을 사용하는 비평가들이 기존에 잘 알려진 주제를 새로운 각도에서 조명해주는 훌륭한 작품들을 산출했다고 보는 것이 잘못인가?

이 질문에 대한 답은 결코 그렇지 않다는 것이다. 그렇지만 이 작품들을 높이 평가하면서도, 그들이 지극히 "사회학적" 태도를 보이는 바로 그 지점에서 오류를 범하는 경향이 있다고 주장하는 것도 **역시** 가능하다. 갓월드의 저서 『야웨의 지파들』(The Tribes of Yahweh)의 경우에 이스라엘이 고대 근동의 맥락에서 그 종교적 측면에서만 유일무이한 것이 아니라, 경제적 불평등과 정치권력의 집중을 방지하기 위한 사회적 기제를 세우려고 시도했다는 점에서도 유일무이하다는 식의 열정적인 주장에 접하게 된다.[18] 이것은 구약에 대한 그리스도교의 통상적인 비평적 독법이 대부분 지나치게

16　John G. Gager, "Social description and sociological explanation in the study of early Christianity: a review essay," in Norman K. Gottwald (ed.) *The Bible and Liberation: Political and Social Hermeneutics* (Maryknoll, NY: Orbis, 1983) p. 429.

17　Veyne, *Writing History*, p. 270.

18　Norman, K. Gottwald, *The Tribes of Yahweh: A Sociology of the Religion of Liberated Israel, 1250-1050 BCE* (Maryknoll, NY/ London: Orbis/SCM, 1979) p. 592ff.

"영적 해석"에 치중하는 것을 교정해 준다는 점에서 환영할만하지만, 갓월드가 자신의 통찰이 "사회학적"이라고 내세우는 그만큼, 그는 사실상 바로 그러한 사회학적 독법에 의해 부정적으로 제한된다고 하겠다. 그런데 유대인들은 항상 자신들의 종교적 독특성과 사회적 독특성 간에 연관성이 있음을 주장해 왔다. 그리고 이것이야말로 **토라**(torah)의 핵심적 의미인 것이다. 갓월드의 작업은 일정 부류의 그리스도교가 붙들고 있듯이 종교적 부문과 사회적 부문은 본질적으로 구분되는 관심사라는 전제를 영속화하는 것이면서도, 다른 한편으로 그것은 계속해서 야웨사상(Yahwism)은 일차적으로 "사회" 운동이며 그 종교적 측면은 이 사회적 본질과 "기능적" 관계를 맺고 있다고 주장한다. 야웨가 의미하는 바는 정의 및 토지의 신성한 공유에 대한 관심과 분리될 수 없다고 보는 것이 진정한 역사적 판단일테지만, 이러한 역사적 판단은 사회학적 지평으로 대체되어버린다.

갓월드의 추론 방식은 사회적 요소를 우선시하는 사고방식에 따른 문제가 무엇인지를 밝혀주는 좋은 실례가 된다. 다음과 같은 기본적인 질문을 제기할 수 있겠다. 만약 야웨사상이 일차적으로 사회적이고 정치적인 사상이라면, 도대체 종교적 기능은 왜 필요했었는가? 갓월드의 주장에 따르면 야웨는 땅에 대한 유일하고도 참된 소유자이므로 재산의 지나친 축적과 채무노예제에 대항하는 기제를 보장해주었으며, 또한 야웨는 자연 위에 있는 신으로서 무엇보다도 사람을 우선시하였기에 그들이 자연의 힘 내지 운명에 종속되지 않도록 보장하였다는 것이다.[19] 그러나 프란츠 슈타이너(Franz Steiner)나 메리 더글라스와 같은 정상급 인류학자들에 따르면, 이러한 주장은 개인적 직관에 기초한 도덕적 원리를 먼저 전제하고 그것이 추후에 종교와 의례를 통해 강화된다는 식의 그다지 타당성 없는 견해를 암시한다고 한다.[20]

---

19   Gottwald, *The Tribes of Yahweh*, pp. 608–21, 703.

20   Steiner, *Taboo*. Mary Douglas, *Purity and Danger: An Analysis of the Concept of Pollution and Taboo* (London: RKP, 1976).

만약에 평등주의적 사회 배치를 "자연적"인 것으로 보게 하는 인식의 덫에 빠지지 않는다면, 사회적 평등에 대한 종교적 승인은 하등 부차적인 것이 아니라, 오히려 채무자를 압제하는 악행에 맞서 공동체를 수호해야 할 책임과 같은 사고방식을 촉발하는 일차적 **구성요인**(constitutive)인 것이 분명하다. "야웨"라는 이름은 실제로 그러한 새로운 수준의 "양심"을 불러일으키므로, 이 이름이 없다면, 이러한 신념이 아니라면, 권력과 피를 숭배하는 우상 숭배적 제의만이 횡행했을 것이다. 이와 다른 식으로 사고하고자 한다면, 그것은 의무와 죄책에 대한 근대적 관념은 자연적 직관을 나타낼 뿐, 그것이 특정한 배제 구조 및 도덕적 양심의 가책과 관련된 상징적 기호 체계에 의존하지 않는다고 추정하는 것과 마찬가지다. 이러한 고도로 추상화되고 세속적인 신화야말로 우리로 하여금 칸트적 관점에서 종교를 단순한 도덕성이라는 차원의 "꼭대기에" 부가된 승인이라는 **부차적**(additional) 차원에 불과한 것으로 보도록 한다. 갓월드는 실제로 이와 같이 추정된 내용을 고대 이스라엘에 투사한다. 그러면서 우리가 도덕성과 종교를 분리하게 된 역사적 기원을 무시한다.

종교는 평등함을 사유하는 데 필요한 상징적 수단을 제공하므로 이스라엘의 평등사상이 기능하기 위해서 종교가 필요했다고 주장하면 할수록, 사회와 종교를 나누는 갓월드식의 구분이 더더욱 성립할 수 없게 된다. 사회와 종교의 구분이 구약 본문의 수준에서는 나타나지 않으므로 갓월드는 야웨사상의 발생에 대해서 전적으로 상상에 의존할 수밖에 없었는데, 이와 관련하여 그는 혁명적 **프락시스**만이 존재하는 단계를 상정하고, 이것이 나중에 그 자체의 사회적 기획에 알맞은 종교를 채택하였다고 본다.[21] 역사적 개연성이 턱없이 부족함에도 불구하고, 갓월드의 설명이 지닌 논리에 따르면, 이스라엘의 역사에서 비록 짧은 순간이라도 그들이 집단 정체성이라는 내재적 정신에 집중된 (순수 실증적 방식의) "원시적 종교의식"이라는 일종

---

21 Gottwald, *The Tribes of Yahweh*, pp. 617-20, 693-4.

의 "의식적 투영"으로서 야웨사상을 수용했던 때가 있었어야 할 것으로 보인다.[22] 이와 대조적으로 야웨사상이 단순한 신념체계로 발전하게 된 것은 이스라엘의 초기 사회적 배치가 군주정으로 타락한 것과 궤를 같이 한다.[23] 이러한 특이한 주장이야말로 마르크스주의와 기능주의를 혼합하려고 했던 갓월드의 불행한 시도가 낳은 최종 결말인 것이다. 말하자면 그는 이스라엘의 종교가 해방된 사회를 위한 기능을 갖고 있다고 옹호하면서도, 또한 그러한 해방된 사회에서는 신화적 믿음 내지 초월적 신념이 필요치 않다고 주장하므로, 이러한 상호 모순되는 생각을 조화시켜야 하는 것이다.

다음과 같은 결론이 가능하다. 즉 **역사가**로서 갓월드는 우리로 하여금 고대 이스라엘에서도 종교와 사회적 배치 간에 뚜렷한 연결고리가 있었음을 암시하는 구약의 본문들에 주목하도록 하는 데 성공했다. 그러나 **사회학자**로서(또는 사회학자이자 마르크스주의자로서) 갓월드는 문헌상으로 추적할 수 없는 아주 짧은 순간에 고대 이스라엘인들이 칸트적 통찰에 도달했다고 하는 참으로 믿기 어려운 주장을 한다. 이를테면 그들은 도덕성을 관습과 의례 및 종교로부터 구별해냈고, 신학적 표상이 경험상의 개념처럼 "작동할" 수는 없지만 그럼에도 여전히 규율로서 기능하면서 "**프락시스를 지향하는 관점**"을 줄 수 있음을 이미 깨달았다는 것이다. 그러므로 갓월드는 이러한 비객관적이고 상징적인 "표상"의 영역 내에서 신학의 상대적 자율성을 옹호할 때 그가 사회학자임이 **가장 극명하게** 드러난다고 하겠다.

갓월드의 사례는 "성서사회학"(Biblical sociology)이라는 주제를 논함(assessing)에 있어 얼마나 신중해야 하는지를 시사하는 효시가 된다. 한편에서 이 주제는 각광받아야 할 이유가 충분하다. 왜냐하면 그것은 "종교적" 주제 내지 본문 자료의 역사적 재구성에만 관심을 갖는 주석가들이 흔히 간과해왔던 주어진 본문 그 자체의 차원을 취급하기 때문이다. 성서사회학

---

22   Ibid., pp. 632-7.
23   Ibid., p. 704.

은 대체로 우리로 하여금 최종 단계의 성서본문을 살펴보도록 한다. 그러한 최종 본문이 그것이 기록된 당시의 공동체에 대하여 무언가를 말해줄 것이라고 추정하는 것도 충분한 개연성이 있다. 그렇지만 성서사회학에는 또 다른 경향이 개입되어 있는데, 그것은 "사회학"에 호소함으로써 본문 성립 이전의 차원에 접근할 수 있는 탁월한 시각이 주어지리라고 추정하는 것이다. 흔히 이러한 사회학적 접근은 가령 초기 신약 공동체와 그들이 처한 정황을 보여주는 역사적 증거가 결여된 것을 보상해줄 것처럼 보인다. 웨인 믹스는 사회학 덕분에 우리는 "인간 행위에 나타나는 규칙성에 기초하여" 일정한 추론을 하게 된다고 주장한다.[24] 이러한 추론이 허용되지 않는다면, 그것은 해석을 가미하지 않은 채로 사실에 대한 이야기만을 나열하라고 하는 것과 마찬가지라고 그는 강변한다. 그러나 이런 식으로 사회학을 필수적인 해석학과 동일시하는 것은 교묘한 속임수에 지나지 않는다. 독자라면 자기가 가진 자료를 전체적으로 종합함으로써 "예측"(divinate)하기 마련이다. 그러나 그렇게 종합된 전체는 보편적 형태론(topology)에 따른 제약을 초월할 수도 있다. 실로 그러한 예상 밖의 만남이야말로 바람직한 독서의 본령에 해당된다고 하겠다. 그러므로 참으로 충분한 설명을 찾다보면 그것은 특수한 사례를 보편적 기준에 두들겨 맞추는 작업이라기보다는 "훌륭한 서사"로 이어지는 일종의 예언(divination)에 근접하게 될 것이다.

성서사회학이 흔히 망각하는 것은 가용한 역사적 "증거"가 늘어날수록 성서사회학은 더 많은 텍스트에 압도될 것이라는 점이다. 이러한 새로운 텍스트는 가령 복음서에 나타난 그리스도교의 발생에 대한 보도를 확증해줄 수도 있고 그렇지 않을 수도 있다. 그러나 그러한 텍스트가 일련의 해석적 관점에 의해 매개되지 않는 "사회적 발생"(social genesis)의 차원을 우리에게 보여주지는 않을 것이다. 여기서 핵심 논점은 사회적 발생에 대한 "편

---

24 Wayne A. Meeks, *The First Urban Christians: The Social World of the Apostle Paul* (New Haven, CT: Yale University Press, 1983) p. 5.

견 없는" 접근이 절대 불가능하다는 것이 아니라, 텍스트보다 앞서는 발생
이란 것이 **존재**치 않는다는 사실이다. 즉 사회적 발생 자체는 읽기와 쓰기
를 통해 "일어나는"(enacted) 과정인 것이다. 꽤 흥미롭게도 하나의 텍스트
가 단독으로 존재할 경우에 그 "사회적 배경"에 대해 말하기는 훨씬 쉽다.
반면에 풍부한 상황적 증거의 뒷받침을 받는 여러 텍스트가 서로 복잡다단
하게 얽혀 있을 경우에는, 순수한 사회적 대상물로 추정했던 것이 보다 극
명하게 사라져버린다. 이렇듯 성서사회학은 성서 이외의 역사 문헌에 호소
하는 것이 최선의 방책이라고 강변하겠지만, 이러한 작업이 만족할 만한 사
회학적 결론을 허락할 리는 만무하다.

　　이것은 초기 그리스도인들의 사회적 충성심(allegiances)에 대한 논쟁의
사례에서도 살펴볼 수 있다. 사회학적 설명 중 몇몇 변종은 종교가 특정 사
회집단의 불만과 기대를 구체화하는 기능을 하는 것으로 보려고 할 것이다.
예를 들어 엥겔스(Friedrich Engels)는 그리스도교를 로마 제국 내에서 억압받
는 하위신분들(lower orders)의 종교로 보았다. 니체는 그리스도교를 힘없고
배제된 자들이 가진 분노의 표현으로 보았다. 다른 한편으로 베버는 그리스
도교를 도시로 이주한 개인주의 성향의 중산층이 믿던 "구원 중심의 종교"
로 보았다. 이것과 대조되는 것이 농민층이 의지하던 주술적 종교와 귀족층
이 심취하던 영예의 숭배인 것이다.[25] 그렇지만 역사적 증거는 이러한 주장
중 어느 것도 뒷받침하지 않는다(물론 베버가 다른 이들보다 역사적 특징에 훨씬
근접한 것은 사실이다). 반면에 역사적 증거가 그리스도인들이 지닌 충성심의
향배가 사회계급과는 무관하다는 식의 "반사회학적" 주장을 뒷받침하지도
않는다. 실제 그림은 훨씬 더 복잡하다.

　　일차적으로, 신약성서를 살펴볼 때, 예수의 가르침이 처음 시작된 갈
릴리의 지역적 배경(이 지역은 "준아시아적 생산양식", 부재지주제도, 분봉왕정
[client kingship], 일상생활에 대한 신정법적 통제에 의해 특징지어지는 사회적 박탈이

25　Weber, *Economy and Society*, vol. 1, pp. 481-4.

상당한 정도에 달했다)과 나중에 첫 교회 공동체들의 주요 활동 거점이 되는 도시적 배경이 서로 대조되는 것으로 보인다.[26] 여기서 눈에 띄는 것은 노예제 경제, 다양한 사회적 중간 집단들, 로마의 법적 지배가 일정하게 확산된 것이다. 여기서 주목할 것은 예수가 유랑민들의 지도자로 부상하였던 일개 지역의 맥락(이것은 예언자들의 활동과 신명기적 개혁이라는 거의 태곳적 운동을 연상시킨다)으로부터 예수의 죽음과 부활에 대한 메시지가 보편적으로 선포되는 세계적 맥락으로 전환되는 광범위한 이행이 발생했다는 사실이다. 신약성서의 각 책은 그리스도교에 창설에 대해 증언하는 기본 문서로서의 지위를 지니는데, 그 이유는 그것들이 바로 이러한 이행에 대해 보도하기 때문이다. 사회학이 신학적 관점보다 더 근본적인 시각을 가지고 이러한 이행의 현상을 철저히 "규명"(encompass)할 수 있으리라고 상상하는 것은, 따라서 이러한 역사적 서사에 바탕을 둔 종교의 입장에서 볼 때 하나의 심각한 문제로 다가온다. 그렇지만 사회학이 그것을 하기 위해서는, 이러한 이행과정에 면면히 걸쳐있는 주제적 연속성을 해체해야만 한다. 이것은 "본래의" 그리스도교가 갈릴리의 소외집단들이 겪은 급격한 주변화라는 상황에 조응하는 반면에, 나중에 나타난 "교회적"(ecclesial) 그리스도교는 도시적 상황에 부응하는 것으로 보이게끔 하는 것을 말한다. 이와 동시에 두 국면 간의 비연속성이 너무 크게 부각되는 나머지 그 이행의 현상 자체가 풀리지 않는 불가사의로 남지 않도록 해야만 한다.

페르난도 벨로(Fernando Belo)는 이러한 사회학적 규명을 시도하였는데, 그의 작업은 갓월드가 이스라엘의 기원에 대해서 저질렀던 것과 유사한 실수를 그리스도교의 기원과 관련해서 반복하고 있다. 그는 예수가 평화적이지만 혁명적인 성격을 띤 운동의 지도자로서 경제·사회적 문제에 대응하여 "진정한" 공산주의적 해결책을 제시하는 반면에, 나중에 나타난 그

26 John Pairman Brown, "Techniques of imperial control: the background of gospel events," in Gottwald (ed.), *The Bible and Liberation*, pp. 357-77. Fernando Belo, *A Materialistic Reading of the Gospel of Mark* (Maryknoll, NY: Orbis, 1981) pp. 60-86.

리스도교는 오로지 "이데올로기적" 해결책만을 제시한다고 시사한다.[27] 그렇지만 예수가 제시한 "진정한" 해결책은 하나의 상징적 실재로서의 이스라엘을 재상상(re-imagination)하는 것이며, 아울러 이러한 재상상을 묵시적 기대와 연결하는 것인데, 이것을 두고 마르크스주의적 의미에서 "유물론적"이라고 할 수는 없다. 그리고 예수가 정결례법을 어긴 것을 두고, 벨로가 제시하는 것처럼, 부채라는 "세속적" 주제를 부각시키기 위해 정결(purity)이라는 "신성한" 주제를 일부러 부정한 것으로 볼 수도 없다. 그것이 아니라, 예수는 정결을 모든 피조물이 심지어 죄와 질병의 오염을 당하는 때조차도 거룩하다는 관점에서 **재정의**하고, 부정함(impurity)은 마귀들에 의한 부정적 원천에서 비롯된 "침입"에 불과한 것으로, 즉 "내부로부터 나오는 것"("사람 안에서 나오는 것")으로 재정의하려고 했다.[28] 그러므로 예수는 부정함을 방지하고 통제하는 체제로부터 이탈하여 오로지 **존재의 부정**(that which negates Being)만을 부정하게 여기는 급진적 이원론으로 옮겨가는데, 이와 마찬가지로 그는 또한 채무의무에 대한 단순한 제한으로부터 채무의 전적인 말소를 포함한 용서의 보편적 필요성을 천명하는 데까지 나아갔던 것이다. 이렇듯 예수가 이스라엘의 비전을 급진화한 것은 율법의 요구에 앞서서 자신을 내어주시는 창조주 하나님에 대한 재사유에 다름이 아니다. 따라서 벨로와는 달리, 사회적 변화를 위한 예수의 **수정된 비전**(revisions)은 그가 종교와 상징체계에 대해 품고 있던 변화의 비전과 정확히 보조를 같이한다고 하겠다.

더 나아가 예수가 자신의 선교활동과 현재나 장래에 도래하게 될 묵시록적 인자(人子) 간에 모종의 연결관계를 상정하고 있었다는 사실을 의심할 이유가 없다. 그렇기 때문에 예수의 자기이해 및 예수 사후에 그의 메시지와 "이방인을 향한 대탈주"(exodus to the Gentiles)사건에 대한 재사유 간

---

27   Ibid., pp. 16-19, 235, 241-97.
28   마가복음 7:14-23.

에 연속성이 있다고 볼 만한 이유가 충분하다고 하겠다. 예수가 그의 생전에 다양한 신체적 상징을 제공함으로써 이를 통해 새로운 종류의 실천을 규정하고 또 가능하도록 했던 것처럼, 예수의 폭력저항적(violence-refusing) 죽음이 있고난 후에 십자가(이 때문에 예수의 실천이 완전히 끝나버리는 것처럼 보였다)라는 하나의 위대한 상징 하에서 이러한 실천을 이어가려는 시도가 일어났다. 이렇듯 "현실적·수평적" 지평으로부터 "상징적·수직적" 지평으로의 전환이 있었음을 시사하는 확실한 문헌 상의 증거는 없다. 그런데 속죄의 신학이 재빠르게 수평적 차원으로부터 수직적 차원을 추상해냈고, 이로써 예수의 생애와 사역을 희생적 죽음이라는 미리 정해진 드라마의 서곡에 불과한 것으로 전락시켰다고 주장하는 것은 전적으로 다른 사안에 속한다. 이러한 현상이 발생한 것을 인정할 수 있겠으나, 그럼에도 불구하고 놓치지 말아야 할 것은 그리스도론적 성찰이 이스라엘과 하나님에 대한 예수의 재사유(reconception)를 지속함과 동시에 사실상 그것을 급진화시켰다는 점이다. 예수가 권력의 획득을 거부한 것과 초기교회가 기존의 권력구조에 대한 전복을 거부한 것 간에는 연속성이 존재한다. 대신에 그들은 대안적 구조, 즉 상대적으로 평화와 자비와 정의가 구현되는 "국지적" 영역의 창출을 시도했던 것이다. 따라서 사회적 배경이 주도적 요인이라고 분명하게 감지되지는 **않는다**. 태곳적이고 농경적인 속성을 띤 복음의 씨앗이 여러 도시로 퍼져나가 뿌리를 내렸고, 이로써 고대세계의 노면에 균열을 초래했던 것이다.

지금까지의 분석으로 미루어 보건대, 잡다한 성분으로 구성된 도시주민들이 농촌에서 기원한 농민층의 비전을 채택하는 등 본래부터 "설명이 불가능한" 역사적 사건(이에 해당하는 다른 실례가 많이 있으므로 예수에 대한 나의 설명이 무슨 변증적[apologetic] 의도를 갖고 있지는 않다)을 사회학을 통해서 파악한다고 하지만 제대로 된 결과물을 찾아볼 수 없다고 하겠다. 단지 사실 자체만으로도 인과적 설명을 압도하기 마련이다.

초기 그리스도교의 사회적 구성과 관련된 이와 같은 사례에 대해 좀 더 다루어보자면, 사회학이 도시에 자리하게 된 그리스도교의 사회적 구조에 대해서도 그럴듯한 설명을 제공하지 못한다는 점이 드러난다. 물론 초기 교회들이 로마제국 내에 존재하는 기존의 제도들과 여러 면에서 유사한 것이 사실이다. 피터 브라운이나 웨인 믹스와 같은 저자들의 공헌은 그들이 그리스도교를 베버식의 유형론 안에 위치시키기 때문이 아니라(그들은 놀랍게도 이것을 극구 피하고 있다), 그리스도교가 고대 말기 지중해 사회의 특징으로 꼽히는 후원관계(patronage) 내지 우애관계(*amicitia*)라는 매우 독특한 구조 안에서 작동했음을 보여주기 때문이다.[29] 이들을 비롯한 학자들의 연구에 힘입어, 우리는 첫째로 사회 내에서 상위집단에 속한 이들이 교회 내에서도 보호자 내지 감독자와 같은 걸출한 지위를 차지했음을 알게 되었다.[30] 둘째로 우리는 교회가 기존의 가계(*oikos*) 구조를 그대로 채택한 사실을 알고 있다. 여기에는 가계를 구성하는 기초 단위로서 가족과 노예뿐 아니라 고용된 일꾼 및 거래관계에 있는 이들도 포함된다. 교회 자체도 고대말기의 자치도시(*polis*) 내에 번성했던, 예를 들어 **콜레기아 테누오룸**(*collegia tenuorm*) 곧 상조회와 같은 다수의 자발적 결사체에 속한 한 형태에 불과한 것이었다.[31]

그렇지만 믹스가 강조하듯이, 여타의 자발적 결사체들은 한 개인의 실제 삶과 관심사 전체를 포괄하지 않았다. 게다가 그중 어느 것도 **가계**(*oikos*)를 그 기본 단위로 삼지 않았고, 다른 도시의 결사체들과 네트워크를 형성하지도 않았으며, **에클레시아**(*ecclesia*: 여태껏 시민들이 의결권을 가진 회합에 유보되었던 명칭)라는 명칭을 사용하지도 않았다.[32] 따라서 "사회적 요인"(이것이 부적절한 용어이기는 하지만)이란 말을 사용할 경우 교회가 갖고 있는 비교

---

29 Meeks, *The First Urban Christians*. Peter Brown, *Society and the Holy in Late Antiquity* (London: Faber and Faber, 1982).

30 Meeks, *The First Urban Christians*, pp. 64-79.

31 Ibid., p. 77.

32 Ibid., pp. 78-84.

적 평이한 특징에 대해서만 조명할 수 있는 반면에, 교회가 가진 놀랍고도 독특한 특징에 주목할 경우라야 어떻게 해서 교회가 역사적 차별성을 갖게 되었는지, 왜 우리가 그것에 대해 아직도 관심을 가지는지에 관한 이유를 알게 된다. 그렇다면 교회를 하나의 "사회적" 심급으로 평준화시키려는 데는 거의 자가당착적인 면이 있다고 하겠다. 실제로 사람들은 "종교적" 영향을 배경으로 "사회적인" 것을 측정하지는 않는다. 오히려 새로운 사회집단인 교회 내에 형성된 새로운 사회·종교적 요소를 배경삼아서 주변에 미리 구성되어 있는, 그 자체로 우연한 역사적 양태인 사회조직의 영향력을 측정한다. 그러므로 새로운 상황 속에서 형성된 가장 **유의미한** 사회적 요소는 "사회학"의 범위를 전적으로 벗어나며, 이 유의미한 요소에 대해서는 오로지 텍스트 상에서의 자기발생(self-genesis)과 관련해서만 언급할 수 있다. 이러한 자기서사(self-narration)가 이러저러한 요인에 의해 생겨났다고 추측할 수는 있다. 그러나 그러한 추측이 결코 "과학적"일 수는 없다. 그러므로 여기서 나는 하나의 변증적(apologetic) 주장을 펼치려는 것이 아니라, 다만 역사적 주장을 하려는 것이다.

웨인 믹스는 초기 그리스도교가 지닌 사회적 구성의 복잡성을 보여주었음에도 불구하고, 적어도 바울이 설립한 교회들에 대해서는 일종의 사회학적 논제를 제시한다. 이들 교회에 속해 있는 다수의 구성원에 대해 믹스는 (바울 서신에 묘사된 내용에 근거하여) 그들이 "지위 불일치"(status inconsistency)를 겪고 있었다고 암시한다. 이 말은 그들이 갖고 있는 경제·정치·종교적 위상이 서로 조화되지 못했다는 뜻이다. 믹스는 이 범주에 해당되는 이들로 상당한 재산을 보유한 독립된 여성들, 로마제국 내의 도시에 거주하는 부유한 유대인들, 숙련기술을 지닌 자유민과 해방노예 등을 언급한다.[33] 이들은 세계가 "중간기"를 지나고 있으므로 머지않아 현재의 모습을 띤 세계는 종말에 이를 것이고, 세상의 모든 권세가 바뀌는 새로운 신적

---

33   Ibid., pp. 53-75.

질서가 도래할 것을 선포하는 그러한 종교에 매료되었으리라고 암시한다. 따라서 묵시적 상징주의(apocalyptic symbolism)는 주변화를 초래한 원래의 사회적 조건 및 개종을 통해 경험한 사회와의 전적인 단절을 극적으로 표현하는 데 기여한다.

믹스가 암시한 것을 살펴보면 역사적으로 (아울러 신학적으로도) 가치 있는 내용이 많이 있으며, 그리스도교가 시민사회에 제대로 통합되지 못한 이들에게 더욱 호소력이 있었다는 주장은 개연성이 높다고 하겠다. 그렇지만 "지위 불일치"라는 사회학적 용어에 의존하다보면 다음과 같은 사실을 간과할 수 있다. 말하자면 고대 말기에 주변화를 초래하는 여러 조건이 만연하게 된 것은 그 자체가 **도시국가**(polis) 제도의 붕괴와 아울러 로마제국의 팽창에 따라 시민권의 가치가 하락하므로 경제력이 사회적 통제로부터 해방된 것에 기인한 결과라는 사실이다. 이러한 와해 현상에 따라 특정 양식의 종교기관(도시의 수호신들에게 제의[pietas]를 봉행하던 신전 등)이 몰락하는 일이 초래되었으며, 따라서 "지위의 불일치"라는 용어는 사회적 조건만이 아니라 도덕적 조건과 종교적 조건도 반영한다고 보는 것이 맞다. 따라서 믹스가 실제로 하고 있는 것은 하나의 종교·정치적 통일체가 사라지면서, 사람들이 새로운 ("비정치적" 성격을 띤) 종교·사회적 해결책을 필사적으로 찾고 있는 상황을 묘사하는 것에 지나지 않는다.

사실상 다양한 해결책이 제시되어 있었다. 스토아적 신조가 제국 내에 널리 확산되어 있었으므로, 주변화된 사람에게 무심(indifference)에 대한 교훈을 통한 하나의 해결책을 제공했다고 볼 수 있다. 만약에 그리스도교가 어떤 면에서 유일하게 올바르고 기능적으로 최선의 해결책이었다고 주장한다면, 그 이유가 이미 발생한 사실에 대해 그리스도교가 필연성이라는 해석을 제시했기 때문이 아닌지 의심해 보아야 한다. 지위 불일치로 인해 고통 당하는 이들의 상황에 잘 적응된 해결책을 그리스도교만이 유일하게 제시한 것은 아니다. 그렇다면 사회학이 끝내 답할 수 없는 질문은 왜 하필 그리스도교라는 해결책이 선택되었는가 하는 것이다. 다시 말하지만 이것만이 유일하게 흥미로운 질문이다. 믹스는 그리스도교가 일차적으로 묵시적 요소를 동원한 것이 개종자들의 사회적 경험과 더불어 개종 경험 자체를 잘 반영하였을 것이라고 암시한다. 그리고 이차적으로 이 요소가 이러한 경험 자체를 강화시켰을 것이라고 본다. 하지만 여기서 실제로 문제가 되는 것은 묵시적 요소는 그것이 지위 불일치를 재정의하는 한에 있어서만 그 경험을 반영할 수 있다는 점이다. 말하자면 일정한 사회적 지위를 소유한 사람이 자신의 처지를 변화시키고, 그러므로 자신의 이전 모습을 "바라볼" 수 있을 때에라야 이러한 상응관계가 존재할 수 있다는 것이다. 이렇듯 묵시적 요소가 지위 불일치에 대한 매우 적절하고 기능적으로도 뛰어난 반응이었다고 말할 수 있으려면, 이 말을 하는 사회학자 자신이 묵시적 종말론자의 입장을 계속해서 견지해야만 한다. 그러나 믹스는 바로 이것을 극구 피하려고 한다.

사실의 관점에서 보자면, 스토아적 체념이 오히려 개인의 고립화라는 현상에 대한 순수 사색 및 그에 대한 극적 표현에 더 근접한다고 하겠다. 반면에 그리스도인들이 그러한 경험을 견디어낼 수 있었던 것은 묵시적 기대와 더불어 하나님 나라가 교회 안에서 선취되었다는 믿음 가운데 그 종말을 상상할 수 있었기 때문이다. 이러한 상상적 요소야말로 앞서 언급한 사회 내지 종교적 경험을 반영할 뿐 아니라, 교회에 전례없는 성과를 안겨주었다.

그다지 설득력 없는 방식으로 기능론의 입장에서 초기교회의 사회적 구성을 취급한 것이 있는데, 그중 한 사례가 피터 브라운이 후기 교부시대에 활약한 성자(holy man)의 역할에 대해 분석한 것이다.[34] 베버는 공동체를 대신하여 기적과 축귀와 중보기도를 행하는 성자의 중재자적 역할을 "대중종교"적 양상 내지 심지어 "이교적 잔재"라고 보는데, 이러한 베버적 전제

---

34 Peter Brown, "The rise and function of the holy man in late antiquity," in *Society and the Holy*, pp. 103-52.

를 브라운은 결정적으로 배제한다. 대신에 그는 성자를 **우애관계**(*amicitia*)의 맥락 안에 위치시키면서, 그것을 법에 의한 통치보다는 "인격 대 인격"의 관계를 통한 직접적 다스림(이 말은 베버가 그토록 경멸했던 "동양적" 정의 개념과 직결된다)에 점차 의존하게 된 상황과 관련짓는다. 그렇지만 성자가 담당한 "기능"이 사회적으로 인정받기는 하지만 미온적으로 수용되는 가치(즉 금욕주의)를 구현하는 것이며 아울러 "차분한 참회"(여기서 기능의 의미는 약하다)를 제공한다는 발언은 그다지 별난 것은 아니지만, 그렇다고 해서 성자가 "멀리 있는 하나님을 대신한다"고 말하는 것은 온당치 못한 일이다. 이는 결국 성자가 담당한 중재자적 역할은 그리스도에 대한 표상과는 전혀 연관이 없음을 함축한다. 반면에 이슬람에 있어서 "인격 대 인격을 통한 지배" 및 중재의 문화가 훨씬 더 약하다는 사실은 다른 가능성을 시사할 수도 있다.[35] 브라운은 그리스도교의 성화상적(iconic) 요소가 "면대면"(face to face)의 관계에 대한 향수 내지 중재적 힘이 점차로 추상화되고 집중되는 것에 대한 저항과 연결되어 있음을 인정하지만, 그럼에도 성화상이 표현하는 대상은 무엇보다도 "성자들"이며 그리스도가 아님을 주장함으로써, 그는 "거룩함의 전승"이라는 개념이 그 시초부터 성자에 대한 관념을 성화상의 영역뿐 아니라 그리스도론적이고 교회적인 영역에도 심어놓았다는 사실을 간과한다. 사실 현존하는 최고의 성화상은 6세기 작품인 성 메나스(St Menas)의 성화상인데, 거기서는 해당 성인을 땅딸막한 인물로 묘사하고 있으며, 그의 왼편에는 "성자"의 원형인 그리스도가 역시 땅딸막한 모습을 하고 서서 그의 팔을 뻗어 그 성인의 어깨를 감싸고 있다.[36]

이런 식으로 브라운은 그리스도교만이 "면대면"의 지배가 지니고 있던 임시적이고 국지적인 성격을 안정적이고 전통적인 것으로 만들 수 있었다는 사실을 아마도 대수롭지 않게 여기는 것 같다. 따라서 다시 말하지

---

35   Ibid., p. 148.

36   David Talbot Rice, *Art of the Byzantine Era*(London: Thames and Hudson, 1970) p. 29. 이것을 내게 알려준 Sarah Coakley에게 매우 감사한다.

만 사회학적 접근방식은 오로지 그리스도교(교회)와 더불어 **주어진** 사회적 요소를 무시하는 경향이 있다고 하겠다.

　브라운에 대한 두 번째 비판은 그가 성자에 의한 중재가 어떤 면에서는 2세기의 상황에 특이하게 적합하다(특이하게 "기능적"이다)고 암시하는 방식에 관한 것이다. 그는 **우애관계**가 전면에 부상함에 따라, 그와 같은 새로운 사회 환경에서 신탁(oracle)은 그 비인격성과 간접성으로 인해 그 시대에 잘 적응하지 못했다고 주장한다.[37] 그렇지만 로빈 레인 폭스(Robin Lane Fox)는 이 시기 동안 신들이 순전히 "상상적인 보호자"로 등장하는 현시와 더불어, 신탁에 대한 개인적 의존의 행태가 증가했음을 보여준다.[38] 여기서 브라운은 성화상을 "이차적" 현상으로 보면서, 그리스도교에서 "상상적인 보호자들"(성화상의 성인들)에게로 옮겨가는 것이 성자의 역할이 쇠퇴하고난 후에야 오는 것으로 생각하지만, 어쩌면 그것이 늘 이 제도와 동시에 진행되고 있었다는 점은 상당히 의미심장하다. 따라서 그리스도교에서 이 시기에 "성자"가 그 기능에 있어서 독보적이었다고 주장할 수는 없을 것이다. 그것은 중앙화된 권위와 시민적 제의(*pietas*)에 발생한 동일한 위기에 대응하기 위한 다양하고 각이한 종교·사회적 반응 중 일환이었을 뿐이다.

　지금까지의 논의로 미루어 볼 때, 그리스도교의 기원에 관한 사회학자들의 논제들 중에서 보다 효과적인 것은 사회학적 접근이 아니라 역사적 접근임을 알 수 있다. 이 말은 결코 사회적 위상과 종교적 충성 간에 "선택적 친화성"(elective affinity)이 존재할 수 있음을 부인하려는 것이 아니다. 그렇지만 "사회적 위상" 자체는 도덕적·의례적·종교적 관례에 의해, 또는 이것들의 퇴락한 잔재에 의해 형성될 수 있다는 사실을 무시하지 말아야 한다. 친화성이란 단지 "종교에 대응되는 실제"에 해당되는 것이 아니라 "종교에 대응되는 종교" 내지 "실천에 대응되는 실제"에 관한 것일 수

37　Ibid., pp. 134-5.

38　Robin Lane Fox, *Pagans and Christians* (London: Viking, 1987) pp. 283-4, 677-8.

있다. 따라서 일종의 보편적이고 철두철미한 유형론을 구성하는 것도 가능치 않다. 이와 동시에 나는 임시변통의 환원적 추측(*ad hoc* reductive suspicion)이 차지한 위상을 부인하려고 하지 않는다. 아울러 나는 사회학이 (마르크스주의와 더불어) 오류이긴 하지만 무익하지는 않은 것으로서, 자기 이익에 불과한 것이 장기간에 걸쳐 광범위한 공간을 점유해가면서 끈질기게 존속할 뿐 아니라 스스로를 위장해 온 사실을 우리가 제대로 알 수 있도록 크게 공헌해 온 사실을 부인하지도 않는다. 그렇지만 그러한 임시변통의 추론적 방법이 밝혀낸 오류와 망상은 그 자체가 역사적 산물이다. 그것들이 끈질기게 지속된다고 해서 그 기원을 존재론적으로나 인식론적으로 근원적인 그 무엇에 귀속시키지 말아야 한다.

하지만 성서 사회학자들은 언제나 이러한 함정에 빠진다. 앞에서 언급했듯이, 그들은 초기교회의 사회적 구조를 조명하기 위해 성서외적(extra-Biblical) 증거에 호소할 뿐 아니라, 집단행동에 관한 일반적인 사회학적 성찰에 근거하여 교회내적(inner-ecclesial)으로 진행된 이행을 재구성하려고 한다. 예를 들어 존 개거는 예수의 제자들이 예수 사후에 "인지 부조화"(cognitive dissonance)를 겪었음을 암시한다. 이 말은 그들이 전에 가지고 있던 기대와 현재 그들에게 일어난 일을 조화시킬 수 없었음을 의미한다.[39] "조사"해 보면, 그러한 상황에 처한 집단은 역설적이게도 개종자들을 얻는 데 박차를 가하고 거기에 모두가 참여케 함으로써 부조화의 파장을 축소시키려 한다는 것이다. 이와 같은 견해 역시 예수의 삶과 가르침으로부터 교회로의 이행이라는 현상을 사회학적으로 "이해"하려는 또 다른 시도인데, 이러한 견해가 지닌 문제는 취급 대상이 된 집단을 낮추어본다는 점이다. 다수의 운동과 사상이 그런 상황에 처하면 흐지부지되기 마련이므로, 그렇지 않은 집단은 대체로 자신들의 신념에 대한 조직화를 시도하는 바, 개종

---

39 John G. Gager, *Kingdom and Community: The Social World of Early Christianity* (Englewood Cliffs, NJ: Prentice-Hall, 1975) pp. 37-57.

자를 얻으려는 정책은 바로 그러한 시도의 일환이라는 것이다. 초기교회의 사례에 개거의 견해를 적용하면, 교회는 처음에 그저 혼란스러운 상태 속에서 겨우 **신념의 연속성**(continuity of beliefs)을 지키는 정도였음을 의미한다. 반면에 다른 이들은 "부조화"의 상황에서도 교회가 생존을 이어갈 수 있었던 이유로 **행동의 연속성**(continuity of action)이 끊임없이 이어진 것을 지적한다. 즉 친교와 가르침과 치유의 사역을 계속해서 수행해 나갔다는 것이다. 실로 초기교회는 "이방인을 향한 대탈주"(exodus to the Gentiles)를 늘 마음속에 그리고 있었다고 추정할 만한 이유가 충분히 있다. 물론 달리 보면 "실패한" 것 같은 예수의 선교활동이 의미하던 바가 이방인 선교라는 확신이 예수의 죽음으로 인해 더 강화된 측면이 있는 것도 사실이기는 하다.

더 미묘한 접근이기는 하지만, 믹스는 요한신학(Johannine theology)과 바울신학(Pauline theology) 간의 차이점이 상이한 교회집단 사이에서 일찍이 태동하고 있던 사회적 태도에 있어서의 차이점에 조응함을 보여주려고 했다. 그의 주장 가운데 하나의 특정한 복음서가 하나의 특정한 공동체를 단순히 "반영"하고 있다는 편의적인 생각은 사변에 지나지 않는다 하더라도, 그가 신앙과 사회 간에 있을 법한 상응관계를 사변적으로나마 재구성한 것은 매우 훌륭하다고 하겠다. 그러나 이해할 수 없는 것은 교회적 삶의 "사회적" 측면이 신념에 대해 어느정도 인과적 결정성을 갖고 있음을 함의하는 내용이다. 여기서 제기되는 문제는 어떻게 해서 **이러한** 사회라는 존재를 그 신념으로부터 추상해서 생각하는가 하는 질문이다. 이렇듯 믹스는 훌륭하게도 바울신학의 중심이 이신칭의(justification by faith)가 아니라, 오히려 그리스도의 몸에의 참여이자 유대인과 이방인 간의 화해라는 점을 보여준다.[40] 그러나 이 점을 가지고 바울에게 있어서 "사회적" 상황의 일차적 중요성을 증명하려고 한다면, 그것은 바울에게 있어 **교회론**은 곧 **사회학**이라고 하는 가톨릭적 진리를 고쳐 쓰는 일이 될 것이다. 만약에 이신칭의가 의

---

40 Meeks, *The First Urban Christians*, pp. 154ff, 168.

미하는 내용을 그리스도에 대한 기억에 바쳐진 사회적 몸에의 결속을 통해서만 (즉 그리스도 기억이 제공하는 자원으로 인해서) 진정으로 선한 삶이 가능하다는 뜻으로 받아들인다면, 그것은 "사회적" 요소가 여기서 "신학적" 요소를 대체하고 있다고 보는 루터주의적 잔존물로 전락하고 말 것이다.

믹스가 요한복음을 취급하는 방식에서도 비슷한 생각을 찾아볼 수 있다.[41] 그는 요한복음의 행간에서 기이한 "간극"과 "불연속성"과 "불합리한 은유"를 찾아볼 수 있다고 주장한다. 이것들은 사상사의 관점에서 다루기가 불가능하므로, 그 배후에 "사회적 요인"(the social)이 존재하고 있음을 드러내준다고 추정한다. 그러나 우리 눈에 보기에 불합리하고 생경한 논리의 배후에 왜 하필이면 우리가 더 쉽게 이해할 수 있는 행동이라는 현실이 반드시 감춰져 있다는 식으로 가정해야만 하는가? 믹스는 텍스트의 불명료성(우리가 보기에)을 유일한 단서로 삼아 진행할 수밖에 없으므로, 그는 아주 당연하게도 다음과 같이 단언한다. 이를테면 요한복음에 등장하는 "예수의 자기소개 문구"(self-referentiality)는 절대로 알 수 없는 "비밀" 내지 "이름"의 주변을 끊임없이 맴돌고 있으므로, 이것이야말로 그 배후에 두려움에 휩싸인 자기폐쇄적 공동체가 존재하고 있으며, 그러면서도 그 공동체는 자신이 지키고 있는 영적 지식(gnosis)에 언젠가는 완전히 도달할 것을 기대하고 있음을 암시한다는 것이다. 요한공동체가 지닌 폐쇄적 성격을 반드시 의심하지는 않더라도, 혹자는 믹스가 요한복음에 제시된 예수의 이름과 **사회적 일체성**(social unity) 간의 분명한 연결고리를 무시한다고 지적할 수 있다. 자신의 이름이 주어진 것은 "우리가 하나인 것처럼 그들도 하나가 되도록" 하기 위함이라고 예수는 선언한다.[42] 따라서 그 비밀은 아무런 내용이 없는 공허한 것이 아니다. 그것은 최소한 예수의 인격적 자기수여(self-giving)가 계속해서 현존하며 그에 따라 **사회적 일체성**도 지속적으로 존재한다는 사실

---

41 Wayne A. Meeks, "The man from heaven in Johannine secretarianism," in *Journal of Biblical Literature*, 91 (1972) pp. 44-72.

42 요한복음 17:6-12.

을 가리킨다. 그러한 친밀한 일체성은 텍스트 이전에 미리 주어진 것이 아
니라, 오히려 그 텍스트가 촉진하는 윤리적이고 종교적인 지향점인 것이다.
믹스는 텍스트 이전의 "사회"에 호소하면서(왜 그것이 있는가? 왜 그것이 폐쇄
적인가? 등을 질문하면서) 사실상 텍스트 자체 안에 각인되어 있는 사회적 차
원을 무시하고 있다. 그의 "사회학적" 읽기가 결국 이루어 놓은 모든 것은
요한복음이 실제로 지향하는 교회론을 대체하는 상이한 "교회론"(비밀의 이
름을 중심으로 결성된 밀교적 집단)인 것이다.

지금까지 성서비평과 그리스도교의 기원에 관한 역사서술을 기능론
의 입장에서 설명하는 것에 대해 비판적으로 살펴보았는데, 이는 사회학이
그와 같은 주제를 설명하기에 역부족임과 아울러 인간사의 제반 원인을 규
명하는 일도 단지 개념을 재정의하고 사태를 재서술하는 것에 달린 사안일
수 있음을 시사한다. "전체사"란 도달불가능한 영역이고 역사는 신비화전
략을 통해서 공시적 구조의 차원을 내세울 수 있다는 주장이 건재하는 한,
사회학이 계속해서 특권을 누릴 수밖에 없다고 말한 폴 벤느의 일반적인
견해를 뒷받침해주는 것은 바로 이러한 기능론적 종교사회학이라는 특정
학문분야인 것이다.[43]

그러나 만일 이 주장을 인정한다면, 다음과 같은 사실을 깨닫게 될 것
이다. 즉 **우리에게** 현실인 것처럼 보이는 역사적 서사란 사실상 "가장 현실
적"이고 "가장 기본적"이며 "가장 인과적 개연성이 높다"고 취급받는 것
들, 다시 말해서 우리 자신의 역사 내지 우리 삶의 서사에서 가장 유의미
하다고 우리가 허용한 것들에 지나지 않는다는 사실이다. 이 경우에 비추
어 볼 때, 신약성서의 서사를 "사회적"이고 "경제적"인 요인을 구체화시키
는, "보다 역사적인" 서사로 대체하려는 우리의 욕망 속에는 과거도 실제로
현재와 같을 뿐임을 우리 스스로 확신하고 싶은 욕망이 반영되어 있을 수
있다. 그러다 보면 신약성서가 제시하는 줄거리가 오늘날 우리가 의식하면

---

43   Veyne, *Writing History*, pp. 73-6.

서 살아가고 있는 "인간적"이고 "사회적"인 줄거리와는 같지 않음을 깨닫지 못할 수도 있다. 어쩌면 우리는 성서적 서사를 보다 진지하게 대해야 할 것이다. 성서적 서사는 인과론적 진단을 내리기보다 흔히 연대기적 서술방식을 취하며, 따라서 그 연대기에 등장하는 역사적 인물들이 말하는 방식으로, 일어나야 할 일이 일어난다는 식으로 추정하면서 사건의 발생에 대해 들려준다.

3. 이행이 지닌 기능

앞의 두 단락에서는 종교를 전체 사회라는 차원과 관련지음으로써 이해하는 것이 불가능한 이유를 보여주었다. 그렇지만 종교의 기능을 논하는 데 각각 상이한 범주가 있음을 알게 된다. 이를테면 종교의 기능이란 예외적이거나 문제적인 상황에 대한 대처라고 보는 것이다. 탤컷 파슨스와 클리포드 기어츠(Clifford Geertz)는 베버의 노선을 따라서 다음과 같은 점을 시사하는데, 말하자면 종교를 신은 정의롭다는 생각(불안에 대처하는 방식)과 동일시할 수는 없지만, 그럼에도 종교가 사회와 교차되는 지점은 일차적으로 이러한 관점에서 이해할 수 있다는 것이다.[44] 여기서 우리는 종교를 "철저히 규명"하고자 하는 또 다른 방식을 보게 된다. 즉 종교는 사회적 담론의 현장에 나중에 진입하는 것이며, 그 기능은 사회 내지 이데올로기의 체계에 의해 야기된 불가피한 **공백**(*lacunae*)을 다루는 것이다.

이러한 주제를 다루는 데 경계성(liminality) 이론과 희생 이론과 신정론 이론의 세 가지 변종이 있음을 알 수 있다. 첫째 사례로 아르놀드 반 게넵(Arnold van Gennep)의 저술에 영향을 받은 빅터 터너(Victor Turner)를 다루어 보자. 터너의 영향에 힘입어 **통과의례** 및 여정이나 이행에 해당되는 모든 현상을 종교의 본질을 해명하는 근본적 단서로 보는 경향이 촉진되었다.[45]

---

44 Talcott Parsons, *The Social System*, pp. 163-7. *Action Theory*, pp. 371-2. Clifford Geertz, "Religion as a cultural system," in *The Interpretation of Cultures* (London: Hutchinson, 1975) pp. 87-126.

45 Arnold van Gennep, *The Rites of Passage*, trans. Monika B. Vizedon and Gabrielle L. Coffee

모든 문화권은 생의 단계들을 설정하는데, 이것이 의미하는 바는 한 개인이 낡은 역할을 벗어버렸으나 아직 새로운 역할을 맡지 못한 경우에 애매모호한 시기와 순간을 맞게 될 것이라는 말이다. 비슷한 방식으로 모든 문화권은 사물을 각각의 유형에 따라 분류하려고 한다. 그런데 그러한 분류가 철두철미할 수 없는 법이므로 애매모호한 위상을 지닌 사물이 항상 남아 있기 마련이다. 어느 경우이든 간에 사회적 정체성에 위협이 되는 것을 제거해야 하는데, 이를 위해 불확정한 시간과 장소에 성스러운 지위를 부여하고, 그것을 금기(taboo)로 간주하면서, 의례와 예식을 통해 그 둘레에 경계를 설정한다. 애매모호한 것은 조심스럽게 축출되거나 조심스럽게 포용되거나, 아니면 이 둘을 동시에 행하기도 하는데, 중요한 것은 그것이 시공간적으로 떨어진 채로 매개되도록 하는 일이다.

빅터 터너가 볼 때, "성스러움"(sacredness)의 성격은 성스러움이 주변부(비확정의 영역)에 처하게 된 상황으로부터 기인한다. 보통의 경우 경계적인 것은 원거리에 안전하게 놓여있지만, 때로는 경계적 영역으로 과감하게 돌진하는 것이 사회의 근본적 갱신을 위한 원천이 될 수 있다. 이렇듯 터너는 "경계성"(liminality)이란 개념을 베버가 말하는 "카리스마" 내지 뒤르켐이 말하는 "비등"(effervescence)과 대등한 것으로 취급하고 있을 뿐 아니라, 그것을 일상의 사회생활에 따른 제한과 금지에 맞서는, 비조직적이고 무제약적인 **코무니타스**(communitas: 집단)를 통해서 가장 격렬한 종교적 체험과 마주하는 상황과 동일시한다.[46]

그렇지만 **코무니타스**를 통해 집단적 체험에 격렬하게 노출되는 일은 상당히 드문 반면에, 경계적 영역의 안팎을 꾸준히 출입하는 것은 불가피할 뿐 아니라 반드시 사회적으로 규제되어야 할 대상이다. 이 말은 터너에게

(Chicago: Chicago University Press, 1960) esp. pp. 189-94. Victor Turner, *Dramas, Fields and Metaphors: Symbolic Action in Human Society* (Ithaca and London: Cornell University Press, 1974). Victor Turner and Edith Turner, *Image and Pilgrimage in Christian Culture: Anthropological Perspectives* (New York: Columbia University Press, 1978) pp. 1-39, 231-55.

46   Ibid., pp. 1-39, 232, 243-55. Victor Turner, *Dramas, Fields and Metaphors*, p. 255.

있어 숭고함은 더 이상 사회부문의 외부에 해당되는 개별성의 변두리에 존재하는 것이 아니며, 그렇다고 그것이 사회적 전체와 동일한 것도 아니라는 뜻이다. 그 대신에 숭고함은 위험스러운 통과의 과정을 꾸준히 다독여주는 가운데 사회의 내부에 자리잡게 된다. 역설적으로 말해서, 공허한 주변적 숭고성이 바로 가장 근본적인 사회적 전이(轉移) 속으로 들어오는 것이다.

그러나 이러한 해석은 종교란 초이성적이고 실존적인 영역에 관계할 뿐이라는 근대적인 시각을 재차 모든 역사에 덧씌우는 것이다. 대부분의 사회에서 포착하기 힘든 이행의 순간이 바로 거룩함이 현시되는 최고의 장소라는 생각은 사실과는 거리가 멀다고 하겠다. 그 반대로 이행의 현상이 존재하는 **이유**는 단계와 구별이 존재하고, 또 이것들이 위계적이고 가치중첩적 특질을 지니고 있으므로 그 자체가 신성성으로 포화되어 있는 까닭이다. 이행의 가장 흔한 예는 세례와 같은 입문예식이다. 여기서 여정(journey)이란 일상의 출입이 아니라, 세속으로부터 성스러운 영역으로 단 한 번 넘어가는 것이다. 금기에 관한 대부분의 사례도 마찬가지다. 미분류적 대상을 처리하기 위해 신성성에 호소하는 것은 사실과 맞지 않는다. 도리어 분류를 촉발하는 주된 관심은 바로 순수하고도 신성한 것을 비순수로부터 분리하려는 것이다. 그러므로 가령 레위기 법전에서 규정하듯이, "뒤섞이거나" 그 본래 "위치"에서 벗어나거나, 또는 너무나 "동일"해 보이는 것들은 배제되는데, 그것마저도 일정한 규범에 따라 작동하는 것으로, 그 규범은 동일성과 상이성 간의 균형유지에 실질적으로 신성한 가치를 부여하고, 대지든 땅이든 바다든 간에 사물들이 있어야 할 "본연의 자리"를 지정해 준다.[47]

그렇다면 종교는 경계적 영역 내에서 보호될 수도 없고, 그 안에 구속될 수도 없다. 그와 같은 영역은 아예 존재하지 않는다. 왜냐하면 이행이란 것은 전적으로 시공간에 구조적 질서를 부여함에 따라 창조되기 때문이다.

통과의례(*rite de passage*)라는 용어는 "사회적 전이"(social movement)를 가

---

47 Steiner, *Taboo*. Douglas, *Purity and Danger*, pp. 41-58.

리키기 위해 인류학자들과 사회학자들이 사용하는 주요 범주와 같은 종류에 속한다고 할 수 있다. 이에 해당되는 또 다른 범주로는 교환, 역전, 희생 등을 들 수 있다. 아무튼 종교의 "본질"을 이러한 범주 중 하나와 동일시하는 것은 그것이 뒤르켐이 말하는 단일 주제에서 파생된 또 하나의 변종임을 암시해준다. 이를테면 사회적 전이가 지닌 형태적 특징(관습의 실질적 내용이 아닌 일반적 관습이 개인에게 작용한 결과)만이 관찰의 대상이 되며, 이러한 근본적인 사회적 연관을 가리켜 "종교"라고 명명하는 것이다. 이제 공간이 많이 남지 않았으므로, 공백(lacunae)에 대처하는 기능을 규명하기 위해 선택한 두 번째 사례에 해당되는 희생의 주제에 대해서만 다루도록 하겠다.

위베르(Hubert)와 모스(Mauss)와 뒤르켐은 희생이란 실제로 개인으로 하여금 사회적 전체에 대한 긍정을 끊임없이 재창출하도록 하는 기제라고 본다. 이들의 이러한 견해는 광범위하게 수용되어왔다. 희생의 주제에 집중하는 것은 사실 뒤르켐의 사회학에 유명론 내지 칸트식 개인주의에 따른 왜곡을 약간 덧붙이는 것이다. 즉 **오직** 희생을 통한 복종만이 사회적 전체에 대한 느낌을 만들어 낸다는 말이다.[48] 여기서 중요한 것은 희생을 하나의 특수한 문화적 현상으로 취급하는 것이 아니라, 희생에 관한 주제가 어떻게 사회학 전반을 조직하기 위해 동원되는가 하는 점이다.

영국의 인류학자인 메리 더글러스는 1980년대에 자신의 일반적인 견해(이것은 그 이후에 변경된다)를 하나의 정식에 담아 표현했는데, 그의 입장은 (파슨스가 아니라 뒤르켐의 전통에 서 있는 것으로) 종교적 우주론과 윤리적 체계 간에 일종의 상관관계 즉 "상호작용의 영역"을 상정하는 것이었다. 더글러스가 채택한 뒤르켐적 사회학이 단연코 칸트적 경향을 지니고 있음을 감안할 때, 비록 우주론적 신념으로부터 윤리적 행동을 분리시켜 관찰하는 것이 가능함을 그가 시사했다 하더라도, 모든 종교가 근본적으로 윤리적 행동과

48 Henri Hubert and Marcel Mauss, *Sacrifice: Its Nature and Function*, trans. W. P. Halls (Chicago: Chicago University Press, 1964) esp. pp. 95-103. 또한 다음을 보라. John Milbank, "Stories of sacrifice," in *Modern Theology*, vol. 12, no. 1 (Jan. 1996), pp. 27-56.

관련되어 있다고 선언하는 것은 그에게 당연한 것이었다.[49] 더글러스는 하나의 단일한 장치를 윤리와 무관한 우주론적 견해에 적용하였을 뿐 아니라, 그것을 윤리적 신념과 우주론적 신념을 분리시키는 데도 적용하였다. 이 단일한 장치란 "진지한" 믿음에 대한 그의 개념 정의인데, 그는 이것이 행동가능(actionable)할 뿐 아니라 형벌과 심판의 대상이 되는 것, 말하자면 한 개인으로 하여금 다른 개인에 대해 책임을 감당하도록 작용하는 그러한 믿음이라고 보았다.[50] 그렇지만 그와 같은 잣대는 우주론과 "상호작용의 영역" 간의 일치점을 찾는 노력을 무용지물로 만드는 것처럼 보인다. 왜냐하면 상호작용에 따라 이미 검증되고 강화된 것만이 "진지한" 일치점으로 간주되기 때문이다. 따라서 "행동가능성"(actionability)이란 잣대를 가지고는 "진지하고" 사회적으로도 유의미한 믿음과 가볍게 향유되는 믿음을 구별하는 데에 실제로 별 도움이 되지 않는다. 그 대신에 이 "행동가능성"은 폭력 이외의 그 어떤 진지함도 인정하기를 거부한다. 이를테면 한 개인이 무언가를 포기하거나 희생을 감내하도록 강제되는 상황이거나 형벌이 부과되는 경우에라야 가치의 진지함이 인정되는 것이다. 다시 말해서 희생의 실질적 내용(무엇을 일소하고, 무엇을 보존 내지 정화하는지)이 관심의 초점이 되지 않는다. 오히려 모든 진지한 가치는 희생을 수반하기 마련이며, 희생이란 무엇보다도 전체를 위해 개인을 복종시키는 것 내지는 고착된 보편적 절차에 따라 한 개인으로부터 무언가를 취해서 다른 개인에게 주는 것이라는 주장이 굳이 정당화될 필요도 없이 그저 강요되는 것이다. 모든 사회에 걸쳐 두루 나타나는 "계약적"이고 "근대적"인 특징에 근접하는 것만이 유의미하다고 간주된다.

　　더글러스의 저작 중 가장 초기에 해당되는 지층(순수성의 코드 및 신체적 상징주의에 관한 성찰)에서도 비슷한 생각들을 찾아볼 수 있다. 여기서 개인/

49　Douglas, "Cultural bias," in *In the Active Voice* (London: RKP, 1982) pp. 183-247.

50　Ibid., pp. 247. Talcott Parsons, *The Social System*, pp. 367-79.

사회의 관계라는 단순한 형식주의가 부각되는 것과 같은 방식으로, 신체적 상징주의 역시 신체를 통한 거부/찬동이라는 단순한 잣대로 축소된다.[51] 이에 따라 중간기의 작품에 뚜렷한 역설이 초래되는데, 그 역설이란 강력한 사회·문화적 통제를 시행하는 사회일수록 개인의 신체를 "영적으로 취급"함과 동시에 억압할 뿐 아니라, 그럼에도 불구하고 그 자체의 체제를 표현하기 위해 유기체적 은유를 동원한다는 사실이다.[52] 집단적 신체/개인적 신체라는 양극성의 사이에, 신체에 선택적으로 질서를 부여하고 위계화하는 다양한 편차가 있음에도 불구하고, 그 다양성이 지닌 의의는 결과적으로 인정받지 못한다. 예를 들어 더글러스는 금욕주의가 신체에 대한 "거부"만큼이나 신체에 대해 상이한 질서를 부여하는 것임을 무시한다. 배설물에 대한 금기가 "신체거부"의 표지가 아니라고 암시한다. 그것은 단지 신체의 후면보다 전면을 선호하기 때문에 나타나는 현상이라는 것이다.[53] 배제의 대상 내지 사회적 금기의 대상이 되는 것은 **자연적** 실재로 간주되는 것이 아니라 문화적이고 상징적 차원에서 불순하고 악한 것으로 정의된다. 따라서 더글러스가 초기에 받아들였던 것과 같은 프로이트적 유형의 성찰을 위한 여지는 전혀 없다고 하겠다. 이러한 성찰에 따르면 죽음, 오물, 위험, 성애적 표현, 폭력에 대한 배제에는 어느 정도 "자연적" 한계가 설정되어 있으며, 따라서 그러한 개인의 "신체적" 표현이 지닌 일정한 차원은 사회적 평형의 상태로 통합되어야만 한다. 다시 말해서 개인이 사회에 지불해야 하는 의무를 상쇄하기 위해서, 기능적 사회라면 개인의 에너지와 의지에 관해서 손실의 경제원리를 유지해야만 한다는 생각 자체가 "희생의 실증주의"에 속한 또 하나의 변종일 뿐이다.[54]

---

51 Douglas, *Purity and Danger*.

52 Douglas, *Natural Symbols: Explorations in Cosmology* (London: Barrie and Jenkins, 1973) pp. 74, 93-100, 103, 193.

53 Douglas, *Purity and Danger*, pp. 159-79.

54 Ibid.

상상의 "간극"(gaps)에 대처하려는 사회학은 통과의례와 희생 이외에 "신정론"에도 집중한다. 물론 여기서 말하는 "간극"은 사회적 격차가 아니라 추측컨대 모두에게 공통된 심리적 "필요"에 더 가까운 것이다. 이 간극의 사회학이 베버와 파슨스로부터 넘겨받은 것은 종교의 가장 일차적 기능은 이생에 닥치는 위험과 부침에 대처하는 것이며, 이를 위해 종교는 우리에게 불행과 고통과 악의 문제에 대한 성찰을 제공한다는 생각이다.

그렇지만 종교가 기본적으로 신정론이라는 생각을 혐의의 눈으로 바라보아야 할 이유가 충분하다. 그러한 관념 자체는 서구의 지성사로부터 유래한 것이다. 서구에서는 17세기부터 "하나님"이란 말이 모든 피조적 완전성의 탁월한 기원이자 선취라기보다는 궁극적 원인으로 작용하는 가설을 뜻하게 되었다. 작용인의 모델이 상정하는 제일원인 또는 논리적 가능성의 예시(라이프니츠)로 간주되는 신은 중세의 하나님처럼 개념상으로 선한 존재가 아니었다. 오히려 신의 선함은 전체의 가장 완전한 조화를 위하여 국지적 불완전함이 필요하다는 관점에서 "증명"되어야 하는 것이었다. 반면에 비록 중세 시대에도 이러한 접근방식에 비견할 만한 것이 많이 있었지만, 당시에는 전반적으로 "악의 문제"가 주된 관심의 대상이 아니었다. 그 이유는 케네스 서린(Kenneth Surin)의 말마따나 고통과 악의 주제가 하나의 **이론적** 문제가 될 정도로 아직 분명하게 정의되지 않았기 때문이다.[55] 도리어 고통과 악은 절대적 존재(Being)와 관련해서 부정적 내지는 결여적인 것으로 간주되었고, 따라서 실천으로 "해결할 수 있는" 문제로 여겨졌다. 악은 왜곡된 의지의 명백한 분출로 간주되었고(이는 의지에 따른 자유로운 동의 없이 피조물의 완전한 선함이 가능치 않다는 추정 때문이다) 고통은 그러한 왜곡에 따른 깊은 상처의 표지라고 간주되었으므로, 실제로 악의 문제라고 할 만한

---

55   Kenneth Surin, *Theology and the Problem of Evil* (Oxford: Blackwell, 1086) pp. 1-58. Alasdair MacIntyre, "Is understanding religion compatible with believing?" in Bryan R. Wilson (ed.) *Rationality* (Oxford: Blackwell, 1974) p. 73. G. W. Leibniz, *Theodicy*, trans. E. M. Huggard (La Salle, IL: Open Court, 1985) pp. 123-373, esp. pp. 340-1. 본서의 2장을 보라.

것이 **존재치** 않았고, "신정론"에 관한 과학도 찾아볼 수 없었다. 이와 대조적으로 17세기에는 악의 원인을 악마적 세력과 인간의 타락에 따른 결과물로 돌리는 경향이 쇠퇴하게 되었고, 따라서 악은 이론적으로 관찰 가능하고 합리적으로 설명되어야 하는 불완전성에 관한 사실에 근접한 것이 되었다.

사회학은 라이프니츠 이후의 신정론적 전통을 계승한 것이므로, 악과 불행이란 한 사회 내에서 관찰 가능한 사실이며, 따라서 종교의 가장 중요한 사회적 책무는 운명의 부침을 정의관과 조화시키는 것이라는 생각을 전제하는 경향이 있다. 그렇지만 불행에 대한 인지 자체는 문화적으로 정의되는 현상이다. 가령 필리프 아리에스(Philippe Ariès)는 14세기에 흑사병이 닥치기 전까지 중세인에게 죽음은 그 자체로 하나의 "문제"라거나 상존하는 위험이라기보다 그저 자연스러운 또 하나의 이행으로 인식되었음을 밝혀주었다.[56] 하지만 이 사실을 수긍할지라도, 종교가 단지 사회적 실존의 공백(lacunae)에 대처하는 사후약방문(死後藥方文)은 아니라고 말해야 한다. 오히려 악과 고통에 대한 종교적 설명은 해당 종교가 세계를 이해하고 서술하는 방식의 일부이자 그 종교적 세계관의 일환이므로, 이를 통해 악에 대해 정의내리고 극심한 불행에 대해 자리매김하는 것은 문화적 구성과 관련된 일차적이고 심층적인 수준에까지 개입하는 것이다. 이러한 세계관이 철저하게 세속화한 것은 오로지 우리 사회에서나 목도하게 되는 현상이다.

사회학은 실제로 라이프니츠 이후의 신정론적 전제를 모든 문화권과 종교에 투사하는 까닭에, 불행과 악이 순전히 실증적이고도 "명백한" 현상으로서 발생한 것에 대해 합리적이고 일관된 설명을 제공한다고 간주되는 그러한 종교적 체계만을 신정론에 속하는 근본적인 "유형들"로 인정할 뿐이다. 따라서 베버는 (그리고 버거가 그의 입장을 계승하여) 조로아스터교의 다양한 분파에 공통된 이원론, 업보(karma)에 관한 힌두교의 교리 및 그리스도

---

56   Philippe Ariès, *The Hour of our Death*, trans. Helen Weaver (Harmondsworth: Penguin, 1983).

교의 예정론만이 신정론에 해당되는 세 가지 근본 유형이라고 단언한다.[57] 첫째 경우에 있어서 악은 신이라는 사실에 대립하는 원초적 "사실"로 간주된다. 두 번째 경우에 불행은 늘 우리의 통제권 내에 있는 인과적 과정에 귀속된다. 세 번째 경우에 악의 출현은 하나님의 측량할 수 없는 의지에 종속된다. 하지만 이들 중 어느 것도 이러한 신정론이 악에 관한 특정한 종교적 상징주의 내지 철학의 맥락 내에 어떻게 귀속되는지 묻지 않는다. 이를테면, 악은 긍정적으로 간주되는가 아니면 부정적으로 이해되는가? 그것은 **독자적**(*sui generis*)으로 발생하는 현상인가 아니면 일시적으로 나타나는 부차적인 산물인가? 욕망의 결과물인가 아니면 유한성으로 인한 것인가? 약탈적 침탈인가 아니면 정당성을 가진 힘인가? 신정론의 유형에 관한 사회학적 분석에 대해 지적할 수 있는 가장 중요한 사실은 그것이 악에 대한 정통 그리스도교(아우구스티누스-토마스 아퀴나스)의 설명을 **누락**하고 있다는 점이다. 그리스도교는 악의 원인을 의지의 빗나감에서 찾고 있으므로 악을 구체화하거나 거기에 어떤 적극성(그렇다면 설명을 통해서 악에 대한 보상과 위로와 변증을 제공해야만 한다)도 부여하기를 거부한다. 바로 **이러한** 사례야말로 종교의 본령이 신정론이 아니며, 아울러 종교가 그러한 "문제 해결"이 전혀 없이도 존속할 수 있음을 보여준다고 하겠다.

종교와 진화

종교는 공간의 차원에서 사회적 전체나 사회적 주변부 내지 사회적 이행이라는 용어로 이해될 수 없다. 이 지점에서 사회학의 담론은 붕괴한다. 동일한 식으로 시간의 차원에서 기원이라든가 단계 또는 최종 목표와 같은 개

---

57 Max Weber, *Economy and Society*, vol. 1, pp. 518-22. Peter L. Berger, *The Social Reality of Religion* (London: Faber, 1969) pp. 71-82.

넘을 가지고 규명할 수도 없다.

파슨스의 사회학은 베버와 트뢸치가 구체화시킨, 앞 장에서 서술한 것과 같은 "자유주의적 개신교의 메타서사"를 허버트 스펜서(Herbert Spencer)의 진화주의와 결합하려고 하는데, 후자는 스펜서가 콩트의 실증주의를 영국에 적용한 것에 해당된다. 파슨스의 견해에 의하면 사회는 점차 별개의 사회적 하부체계로 분화되어 가는 과정을 통해 진화한다. 이를테면 예술은 종교로부터 점차 구별되고, 종교는 정치로부터, 경제학은 사적인 윤리행위 등으로부터 구별되어 나온다.[58] 이러한 과정에서 기인하는 결과로서 (베버에서와 같이) 이제 아름다움이 선함 내지 진리와 상관없이 존재할 수 있게되고, 선함과 진리에 대한 책임을 고려하지 않은 채로 힘의 정당한 행사가가능케 되는 것이다. 이와 동시에 "순수" 과학의 영역이 출현하여 (스피노자가 이상으로 제시하는 지적 자유처럼) 강제적 압박이나 실제적 결과로부터 독립된 방식으로 진리를 추구하는 것이 가능케 된다. 이러한 사고방식은 데카르트–칸트적 전통 내에 반듯하게 서 있다고 하겠다. 왜냐하면 이 데카르트와칸트의 사상은 전통적으로 그리스도교적 형이상학에서 긍정하고 있는 "초월자 간의 호환가능성"(존재는 그 자체로 참되고 선하고 아름답기에, 참된 것도 역시 선하고 아름답다는 점)을 부정할 뿐 아니라, 진리와 힘 사이에 불가분의 관계가 있음을 보여주는 근대적이고 베이컨적인 문제의식을 일부러 회피하기 때문이다.

칸트식의 책략은 초월자가 객관적 존재와 호환될 수 있음을 부정하지만, 그럼에도 인식의 객관성과 미학적 판단 및 윤리적 의지가 작동함에 있어 선험적 형식이 필요하다는 관점에서 이 세 가지 지적 능력이 지닌 객관성을 확립하려고 시도한다. 칸트에게 있어 이 세 가지 능력은 사실 판단력을 통해 상호연결되지만, 이러한 은밀한 연계성은 예술의 영역에서나 흐릿하게 감지될 뿐이다. 이러한 논제는 서구적 근대성이 과학의 영역과 미학

---

58 Parsons, *The Evolution of Societies*, pp. 48-9, 71-98.

의 영역 및 사적 윤리의 영역에 각각 고유한 신성함과 순수성을 유지한다는 미명 하에 가치의 영역을 각각 분리시킴으로써 힘에 의한 정치적 작동을 정당화해온 논리를 다른 식으로 표현한 것에 지나지 않는다. 사태를 이런 식으로 바라보게 되면, 노동분업, 더 정확히 말해서 근대 서구 역사에서 출현한 노동분업의 특수 형태가 보편적 분류를 위한 객관적 도구(즉 각 영역의 객관적 분리에 대한 사회적 인식을 촉진하는 것)로 간주되기에 이른다. 이렇듯 파슨스에게 있어 사회학은 어떻게 해서 역사가 개별 가치에 대한 사적 선택의 보호, 투표제도와 공식화된 법적 지배를 통한 강제와 동의의 결합을 특징으로 하는 미국 민주주의와 더불어 절정에 이르게 되는지에 관한 이야기나 들려주는 분야로 전락한다.[59]

이러한 부류에 해당되는 진화적 견해를 가리켜 "역사주의적"이라고 칭할 수 있는 것은 그것이 역사적 결정론 내지 "진보"를 향한 단선적 방향만을 옹호한다는 뜻에서나 가능하다고 하겠다. 왜냐하면 역사를 하나의 본질적 차원에서만 발생하는 일관된 변화로 서술할 수 있으려면, 사회 내지 인간 지식에 관한 진리에는 **역사와 상관없이**(ahistorically) "동일하게" 존속하는 것이 있음을 전제해야 하기 때문이다. 파슨스와 그의 추종자들이 보기에 이렇듯 동일하게 존속하는 것이란 사회의 다양한 하부체계가 지닌 상이한 가치영역이 존립하도록 하는 선험적 조건을 가리킨다. 물론 이와 같은 조건은 오로지 이러한 하부체계를 작동시키는 상징적 상호작용이 있을 때에만 "출현"하는 것이 사실이다. 파슨스는 "행동을 위한 참조의 틀"(the action frame of reference)이 그와 같은 행동이 가능하게끔 하는 제반 조건에 대한 "현상학"을 제공한다고 말한다.[60] 공시적 차원에서는 가치영역의 이러한 출현이 순전히 우발적 산물인 것으로 보이지만, 통시적 차원에서 보자면 적어도 인류의 적응성을 증대시키고 사회를 강하면서도 유연하게 만드

---

59   Ibid., pp. 168-73, 198-9. Toby, "Parsons' theory of societal evolution," pp. 15-18.

60   Parsons, *The Social System*, pp. 3-23.

는 기능을 한다는 점에서, 가치의 구별이 지닌 객관성을 인정받아야 할 것이다. 이렇듯 가능성의 실현을 위한 선험적 조건을 드러낼 뿐 아니라 그 조건을 확립하는 위상이 하부체계의 구별에 부여됨에 따라 서구역사라는 하나의 특수한 사례가 보편적인 것으로 격상될 뿐 아니라, 하부체계를 구분하는 경계들도 이제 침해할 수 없는 것으로 단언된다.

진화적 분화에 관한 이론 내에서 종교도 완전히 "규명"된다고 추정된다. 하지만 이것은 종교에 대한 진정한 역사적 접근이라고 할 수 없다. 왜냐하면 종교에 대한 규명이 가능하려면 종교마저도 본질적으로 불변하는 범주에 귀속시켜야 하기 때문이다. 따라서 로버트 벨라에게 있어 "종교적 의미"는 스스로 진화하는 것이 아니라, 오직 이 종교적 의미의 제도화 및 이 의미가 여타 사회적 요소들과 교차되는 부분만이 진화한다.[61] 클리포드 기어츠가 보기에 종교를 "과학"으로부터 영구적으로 구별하는 것이 가능한 이유는 종교가 "실용주의적 사고방식을 유예"하기 때문이며, 또한 예술과 구별하는 것도 가능한데, 그 이유는 종교적 "상상의 산물"(imaginings)은 허구로 치부되는 것이 아니라 의례를 통해 연행되고 믿음의 대상이 되기 때문이며, 또한 종교를 최종적으로 일상적 "상식"의 영역으로부터 구별하는 것이 가능하다.[62] 그러나 흔히 일반적으로 말하는 보편적 "일상성"(everydayness)이 무엇을 가리키는지 충분한 엄밀성을 가지고 특정하는 것이 불가능한데, 이와 마찬가지로 "종교적"이라고 간주되는 관행과 신념을 사물 및 사람에 대한 예측 내지 통제의 기술(사회적으로 필수적임)로부터 구분하는 것 역시 일반적으로 분명치 않다. 아울러 어느 사회에서든 신앙의 참된 대상이 되는 종교적 창안과 단지 "여흥거리"에 불과한 상상의 산물을 쉽게 구별할 수 있는지도 확실치 않다.

61 Robert N. Bellah, "The sociology of religion," "Between religion and social science," in *Beyond Belief*, pp. 3-19, 20-50, 237-87.

62 Geertz, "Religion as a cultural system." Talil Asad, "Anthropological conceptions of religion: reflections on Geertz," in *Man*, 18, pp. 237-59.

파슨스와 마찬가지로 벨라와 기어츠가 보기에도 종교는 언표불가능한 사적 경험에 토대하고 있다. 아울러 종교가 비록 과학과 예술과 윤리로부터 구별된다 하더라도, 종교는 공적이고 상징적인 현시화(instantiation)에 있어 지식과 상상과 도덕적 책무라는 세 가지 양식에 참여한다. 종교의 분화가 진전됨에 따라 종교에 대한 적절한 파악이 더욱 증대되며, 마침내 종교는 신학의 진정한 출발점이라고 추정되는 경험의 영역에 한정되기에 이른다. 이러한 견해가 지닌 문제점은 만일 종교가 본질적으로 사적 경험에 관한 것이라고 한다면, 종교는 결국 언표불가능하고 식별불가능한 대상이 되고 만다는 사실이다. 더 나아가 그것이 식별불가능한 것으로 인식된다면, 그것은 더 이상 보편적 상수로 표현될 수 없다.

하지만 벨라가 보기에 종교는 사회적 전체에 대한 성찰할 수 있는 특유의 자질과, 다양한 영역에 속한 가치를 그 자율성을 해치지 않은 채로 통합할 수 있는 능력을 보유하고 있다. 이 말은 종교가 그 본질에 있어서 자유에 대한 공적인 인정과 권력의 공식적 작동기제에 대한 신성화를 수행함을 뜻한다. 이렇듯 벨라는 "시민종교"의 지속적 필요성을 천명하면서도, 또한 종교적 인식에서 엿보이는 "진화적" 요인을 "자아의 발견"을 향한 점진적 과정과 동일시한다. 말하자면 일차적으로 자아가 하나님과의 직접적 관계 속에 있음을 사적으로 고백하는 단계(그리스도교)가 있고, 그다음으로 윤리적 자아로부터 구별된 "애매모호한" 종교적 자아의 단계(루터)가 있으며, 최종적으로 이러한 애매모호함의 제반 "법칙"을 발견하면서도 그 필연성을 인정하는 단계(프로이트)가 있다는 것이다.[63]

따라서 벨라는 서구 역사 속에 발생한 특수한 관점을 재생산하고 실체화하는데, 이에 따르면 "실제 자아"는 공적 행동의 이면에 자리한 의지 내지 잠재의식의 은폐된 영역으로 후퇴한다고 한다. 그렇지만 동시에 이렇듯

63　Bellah, "The sociology of religion," "Religious evolution," "Between religion and social science," "Civil religion in America," in *Beyond Belief*, pp. 168-9.

은폐된 사적 자아를 공적으로 해독하고 통제하는 객관적 기술이 정신분석학에서 사용하는 자기고백에 대한 지침서 내지 처리시안(protocols)의 형태로 점차 구체화되고 정교화된다고 한다.[64] 그러나 그는 이러한 "영혼의 발명"이 "종교적" 사안을 점점 더 사사화하고 개별화하면서도 비인격적인 통제 하에 종속시키는 것이므로, 그것이 공적 권력이 행하는 특수한 책략에 불과할 수 있다는 사실을 숙고하지 못한다. "영혼의 문제"가 항상 동일할 뿐인 사적 영역에 관심을 가지면 가질수록, 그 사안을 다루는 공적 담론은 더욱더 전통과는 상관없는 것으로 치부되면서 오히려 보편적이고 과학적인 것이라고 단언된다. 이렇듯 파슨스와 벨라는 시민종교라는 주제를 베버와 뒤르켐과 프로이트가 종교에 대한 과학적이면서도 비환원적인 담론(인간은 "변함없이" 카리스마, 희생, 숭고화 등을 필요로 한다는 생각)의 초석을 놓았다는 생각과 연결한다. 따라서 이들이 주장하는 것과는 달리, 이들의 작업은 실증주의를 넘어서기는커녕 실증주의 내에 잠재된 종교적 차원을 단지 복원하는 것에 지나지 않는다.

벨라의 견해에 따르면 종교는 통시적 관점에서 이해할 수 있는데, 왜냐하면 역사적으로 볼 때 종교의 점진적인 분화야말로 실제로 발생한 것이기 때문이다. 그렇지만 과도기에는 종교가 다른 영역과 "혼동"되는 일이 있었는데, 이마저도 유익이 없지 않았다. 그 이유는 종교가 잠재적 에너지를 비축하는 일종의 저장소로 기능하면서 자원과 목표를 개발하고 유지해두다가 그것들이 적절한 때가 되면 참된 결실을 거둘 수 있도록 하기 때문이다.[65] 이렇듯 종교는 상상력을 촉진하고, 사회·정치적 평등의 도래 이전에 "영적" 평등을 발명하며, 과학과 기술의 발전 이전에 자연에 대해서 상상적인 뜻과 의미, 또는 그에 대한 주술적 통제력을 부여한다. 바로 이 지점에서 콩트적 유산은 헤겔식의 변증법적 유산과의 최대치의 유사함에 도달

---

64   Michel Foucault, *A History of Sexuality*, vol. 1. 이규현 옮김, 『성의 역사 1: 지식의 의지』(나남, 2004). 본서의 10장을 보라.

65   Bellah, "The sociology of religion," "Religious evolution."

한다. 말하자면 우리는 역사가 하나의 논리를 구현한다고 믿도록 요구받는
데, 이 논리에 따르면 일차적으로 지식이 발달하고, 힘은 하나의 "소외된"
방식, 즉 몽환적이지만 일시적으로 필연적인 양식으로 온축된다는 것이다.
그러나 변증법으로부터 참으로 해방된 "고등 실증주의"(higher positivism)라
면, 차라리 다음과 같은 견해를 제시하려고 할 것이다. 말하자면 우리가 가
진 모든 것은 근대 기술과학과 근대의 형식화된 정치인데, 이것들이 자기
들의 보편적 권력과 보편적 타당성에 대한 주장을 정당화하는 것은 서사적
양식을 통해서다. 이러한 서사에 따르면 이전 시대에 인간의 목표라고 인정
되었던 것들이 이제 명확하게 밝혀져서 그 진정한 본질이 드러나야 하며,
이전 시대에 상상력과 윤리 및 자연과의 관계가 종교의 하부에 포괄되어
수미일관한 통일체를 이루고 있던 것이 실은 사회적으로 제정된 범주적 오
류에 지나지 않는다는 사실이 이제는 밝혀져야 한다는 것이다. 아울러 이전
에 널리 확산되어 있던 환상적 착시는 미성숙에 따른 불가피하지만 유익한
오류였다고 이해되어야 한다.

　　이러한 정당화의 서사는 근대 서구를 "보편사"의 정점에 도달한 것으
로 제시해야만 한다. 따라서 상대적으로 단순한 기술력을 가진 비서구 사
회는 모두 "원시적"인 것으로 분류되며, 다양한 "단계들" 가운데 자리잡게
된다. 가장 낮은 미분화의 단계에서 종교는 "일상"과 동일한 것으로 가정
된다. 따라서 오스트레일리아 토착민들처럼 신에 대한 믿음이나 초월에 대
한 미약한 감각마저도 포함하지 않은 종교를 가진 사회만이 "진정 원시적"
인 것으로 분류된다.

　　이런 식의 분류에 반하는 다음과 같은 증거를 제시할 수 있다. 즉 "원
시적" 종교는 예측이 불가능할 정도로 다양할 뿐만 아니라 원시사회 역시
성격상 "세속적"인 특징을 갖고 있으므로, 의례나 금기가 관여하지 않는 별
도의 경제적 관행을 포함하기도 하고, 이에 상응하여 개인의 사업 능력을

제고하거나 사회에 해를 끼칠 정도로 부를 증가시키기도 한다.[66] 다른 한 편으로 "선물 교환"의 관례가 자리잡고 있는 사회에서는 관대함을 기대하는 관행(하지만 이 관행마저도 관대함을 경쟁하는 형태 내지 관대함을 통한 권력 다툼의 형태를 취한다)을 통해 재화가 유통되므로, 거기서 독자적인 "경제적" 영역을 잠재적으로든 흔적으로든 구별해 내는 것이 실제로 가능치 않다. 다시 말해서 물질적 재화의 교환이 오로지 상징적 의미의 교류를 통해서 일어나므로, 순전히 "물질적 이득"이라는 동기는 작용하지 않는다. 이 점에서 메리 더글러스와 같은 인류학자가 분화와 미분화, "종교성"과 "세속성"이 단일 방향으로만 진행하는 통시적 계열을 따라 발생하지는 않는다고 주장한 것은 옳다고 하겠다.[67]

이러한 정당화의 서사는 그리스도교의 종교적 특수성(종교를 진정 종교되게 하는 면)을 "규명"하면서 다른 문화적 영역은 그 자율에 맡긴다고 공언하는 "자유주의적 개신교의 메타서사"에 여전히 머물러 있다. 베버와 트뢸치가 고대 유대교에 대해 그것이 자연과 인간사회를 "탈신성화"한다고 하고, 그리스도교에 대해서는 그것이 사회적 부문을 뛰어넘어 신과 개인 간의 직접적 관계에 집중한다는 식으로 해석하는 오류가 미국 사회학에서 끊임없이 반복된다. 따라서 앞 장에서 내가 이미 개진한 비판을 여기서 다시 상론할 이유는 없다.

그렇지만 독일의 사회학자인 니클라스 루만(Niklas Luhmann)이 이 메타서사에 가한 왜곡에 대해서는 반드시 다루고 넘어가야겠다. 루만의 손을 거치면서 "자유주의적 개신교"라는 꼬리표는 확실성을 상실하게 되었다. 어떤 면에서 그는 이 꼬리표에 "신정통주의적" 전환을 가져다준다고 하겠다. 물론 그가 그렇게 할 수 있다는 사실이, 나의 해석에 따르면, 신정통주의 자

---

66 Roy A. Rappaport, *Pigs for the Ancestor: Ritual in the Ecology of a New Guinea People* (New Haven, CT: Yale University Press, 1968). Leonard Pospisil, *Kapauku Papuan Economy* (New Haven, CT: Human Relations Area Files Press, 1972) pp. 85–119, 400. Marcel Mauss, *The Gift*, trans. W. D. Halls (London: Routledge, 1990).

67 Douglas, "The effects of modernization on religious change."

체가 어떤 면에서는 자유주의적 개신교의 또 다른 변종임을 보여주는 표지이기도 하다.

파슨스 이후에 나타난 모든 사회학적 접근에 공통되는 점은 근대적 세속성의 출현이—오로지 종교의 고유한 분화현상일 뿐—실제로 종교의 쇠퇴를 표시하지 않는다는 생각이다. 실제로 쇠퇴한 것은 공적 영역에서 종교가 행사하던 부적절한 영향력과 종교가 동원하던 제도적이고 의례적인 "현시들"만이다. 참된 종교는 "자아의 종교"이자 경험의 종교로서 전례 없이 번영할 수도 있다.

루만이 보기에도 서구 역사에서 참된 종교는 점진적 분화를 겪어왔다. 그는 파슨스와는 유사하지만 뒤르켐과는 달리, 종교를 사회 전체와 동일시하지는 않는다. 오히려 이 사회 전체의 심급에 관련된 기능을 종교에 부여하면서도, 종교는 그 자체가 고유한 하위체계 및 상대적으로 자율적인 문화적 영역을 차지한다고 본다.[68] 하지만 루만에게 있어 이 영역은 개인적 체험에 의해서 특징지어지지 **않는다.** 구원의 상태에 대한 단순한 추상은 (추정컨대) 불교에서나 발견되는 것으로, 이는 구원의 **조건**에 대한 그리스도교적 추상화를 성취한 서구와는 다른, 분화의 저급한 단계에 속한다고 하겠다.[69] 루만의 견해에 따르면 "참된 종교"는 참으로 기묘하게도 그리스도교를 "종교가 아니라" 스스로를 확증하는 하나님의 계시에 순수하게 토대한 하나님의 말씀으로 이해하는 신정통주의와 궤를 같이하는 것으로 드러난다.[70] 진정으로 분화된 종교에 있어 근본적인 것은 경험이 아니라 계시된 말씀에 대한 신앙이다. 오직 신학만이 이것을 알기에 실천이 아니라 교의가 사회학을 향하여 종교의 본질을 드러내 준다. 이는 뒤르켐에게 있어 법이 사회의

---

68   Niklas Luhmann, *Funktion der Religion* (Frankfurt-am-Main: Suhrkamp, 1982) pp. 191-8, 223.

69   Niklas Luhmann, *Religious Dogmatics and the Evolution of Societies*, trans. Peter Beyer, from chapter 2 of *Funktion der Religion* (New York and Toronto: Edwin Mellen, 1984) p. 76.

70   Ibid., pp. 53-61, 92.

본질을 드러내 주는 것과 마찬가지다.

　파슨스의 견해가 벨라와 기어츠와 버거 등에 의해 다양하게 굴절되긴 했으나, 이 입장에서 보자면 종교가 가진 정당한 통합적 기능은 결국 사적 자유와 사적 종교 경험에 대해 공적 신성성을 확보하는 것과 연결된다. 이와 대조적으로 루만에게 있어 경험을 신앙으로 대체하는 것은 통합의 기능을 "우발성 관리"의 기능으로 대체하는 것과 동일하다. 하나님의 말씀이 임의로 주어지듯이 사회질서도 그러하다. 물론 그것이 그렇지 않을 수도 있지만, 이러한 우발적인 질서를 신이 지정한 완전함 내지 더 나아가 신성으로부터 주어진 확실한 "선물"로 신성화하는 것이야말로 신앙으로서의 종교가 가진 기능인 것이다.

　이렇듯 강조점을 전환함으로써 루만은 사회학의 "재실증화"를 효과적으로 수행한다. 말하자면 그는 보날과 콩트가 원래 강조했던 것을 재도입하는 셈이다. 왜냐하면 그는 사회적 부문을 형성하는 제반 조건과 관련된 실제 문제란 홉스가 고민하던 "질서의 문제"(사회적 전체에 대한 개인의 소속)에만 관계된 것이 아니라고 단언하는 까닭이다. 뒤르켐과 파슨스는 참으로 진화된 사회는 존재적 정당성을 갖고 있음을 시사함으로써(이는 사회가 합리적 보편성을 띤 행위 규범을 구현하기 때문이다) 자유주의적인 칸트식의 관점에서 실증주의를 희석화했다. 루만은 이러한 칸트식의 혼합을 논박하면서, 어느 특정 사회가 구축한 제도와 관습은 단지 또 하나의 가능성을 대변할 뿐이며, 따라서 순수이성의 잣대에서 볼 때 다른 가능성보다 선호할 이유가 없다는 식의 견해로 복귀한다.[71] 그렇다면 궁극의 사회적 기능은 더 이상 통합성의 확보(이것은 사회로서의 종교가 실현해야 할 과제다)가 아니라, 순전히 우발적 소여인 사회 전체에 대해 약간의 거리를 두고 성찰하는 일이다.

　루만의 용어를 빌려서 말하자면 사회 내지 전체 사회체계는 **움벨트** (Umwelt) 곧 환경이 지닌 "불확정적 복합성"을 "확정적 복합성"으로 환원

71　Ibid., pp. 7-13. *Funktion der Religion*, pp. 182-225.

한다. 그러면서 사회는 그러한 고정된 확정성을 공고화하는 가운데 "역발상(appresentation)"을 통해 미실현의 가능성 내지 사실에 반하는 미미한 불확정성이라는 특수한 미지의 지평을 상정하기도 한다. 비록 루만은 "소통적 행동"이란 개념을 선호하는 까닭에 군이 인간 "주체"를 필요로 하지는 않았으나, 그럼에도 그는 사회체계를 "자기성찰"의 자질과 "역발상"의 능력과 "지평의 구성력"을 지닌 일종의 "후설적 유사주체"(Husserlian quasi-subject)로 취급한다. 바로 이 점에서 그는 사회적 상호작용을 구체화하면서도 현상학적 용어에 기대어 사회적 전체(사회적 구성성분들을 범주적으로 조직하면서 그 사실상의 존재를 초월하는 것)라는 실증주의적 신화를 여전히 고수한다고 하겠다.[72]

루만의 주장에 따르면 사회는 우발성의 관리가 필요함을 자각하는 쪽으로 점차 진화해나간다. 그의 이러한 주장은 콩트가 말하는 "실증적 상태"로의 진화와 정확하게 일치한다. 원시 사회에서 의례는 "일상의 삶"으로부터 거의 분화되지 않았으나, 의례의 일차적 기능은 모든 이행과 비정상과 혼종을 금기시함으로써 불확정적 복합성과 사회적 우발성을 위장하고 호도하는 것이었다.[73] 그렇지만 우리는 이미 금기와 통과의례가 원시적 논리에 따른 "간극"을 은폐하기는커녕 그 자체가 그러한 논리를 구성하는 필수요소임을 이미 살펴보았다. 이를테면 특정가치를 선호하는 위계적 체계 내에서 부정적이고 잠정적인 것들은 긍정적이고 최종적인 목표에 반하는 대응물로 간주된다. 아울러 경험적 질서가 먼저 임의적으로 주어지고 거기에 그것을 정당화하는 신정통치적 요소가 추가되었다고 상정할 만한 하등의 이유도 없다. 도리어 이 경험적 질서가 여러 가능태로부터 임의로 선택되었다는 사실을 신비적으로 정당화하는 한에서, 그 질서는 존재하게 되고, 또 끊임없이 자기를 재구축하게 된다. 루만의 용어를 빌어서 말하자면 이

72 Ibid., p. 200.
73 Luhmann, *Religious Dogmatics*, p. 40.

체계 내에서 불확정성을 확정성으로 환원하는 것은 **오로지** 그것을 둘러싼 **환경**(*Umwelt*)에 대한 분명한 성찰로서 제시될 경우에만 가능하다.

　루만은 교리가 점진적으로 의례를 대체한다고 주장한다. 사회가 변화와 분화를 겪으면 겪을수록 금기와 통과의례를 가지고 우발성을 위장하는 정도는 더욱 약화된다. 그 대신에 우발성은 반드시 계시 교리에 의해서 논의되고 또 "관리"되어야 한다.[74] 여기서 바로 구약성서에서 출발하여 그리스도교를 거쳐 종교개혁에 이르는 발전과정이 "원형적"(prototypical)인 것으로 제시되며, 다른 종교적 전통은 이에 비해 미성숙하고 미발달된 것으로 간주된다. 따라서 루만은 이스라엘의 종교를 민족적·사회적 발전으로 제시함으로써 이스라엘의 특이성이라는 사실을 회피해야만 한다. 애초에 이스라엘은 부족적 성격을 띤 "지파동맹의 하나님"(federation God)을 섬겼다. 그다음으로 불안정한 상황이 지속되는 와중에 하나님은 이스라엘과 그 주변 민족을 모두 포괄하는 섭리적 존재로 재사유되었다. 위기가 오래도록 지속됨에 따라 "시간 인식의 확장"을 초래하였는데, 이로써 "하나님"은 "이스라엘"로부터 분리되었고 마침내 우발적 행동에 의해 이스라엘을 그의 언약 백성으로 선택하시는 초월적 하나님에 대한 사상이 출현하기에 이른다.[75] 그렇지만 이와 같은 발생적 재구성은 순전히 사변적인 것이다. 구약의 본문들 자체는 아마도 하나님의 섭리에 대한 깨달음이 확장되어 왔음을 시사한다고 하겠으나, 그렇다고 해서 어떤 단계에서는 초월성에 대한 사고가 아직 존재하지 않았는지, 또 어떤 단계에서는 하나님이 아직 시간 내의 특정 행동과 결부되지 않았는지에 대해 우리에게 소상히 알려주지 않는다. 시간과 유일회성에 의미를 부여하는 것이 이스라엘의 유일신 신앙이 지닌 "문법"에 속한다. 따라서 이러한 문법이 애초에 위협이나 위기에 대한 반응으로서 구체화되어 나타났다고 하더라도, 그러한 반응 자체가 결코 불가피한

74　Ibid., p. 49ff.
75　Ibid., pp. 51-3.

것은 아니었고, 다만 그러한 반응에 따라 새로운 사회적 정체성이 효과적으로 창출되었으므로, 이러한 정체성이 없었다면 "이스라엘"은 그냥 소멸되었을 것이다.

트뢸치나 베버와 마찬가지로 루만은 우발적 "선택"과 상호계약적 언약의 요소를 이스라엘 종교의 핵심적 특징으로 본다. 그리고 내재성 및 내면의 신적 실재에 대한 상징적 내지 참여적 명상을 암시하는 모든 요소를 평가절하한다. 그리스도교의 경우에 둔스 스코투스가 우발성을 **존재의 실제적 양식**(*modus positivus entis*)으로 파악한 것과 루터가 신학을 신앙과 계시에 기초하고 그럼으로써 종교를 윤리 내지 자연적 실재("창조물")에 대한 명상으로부터 구별한 것에 의해 종교적 진화가 진전되었다고 간주한다.[76] 그리스도론적 교리조차도 이 도식에 통합될 수 있다. 왜냐하면 우발성에만 집중하다보면 불가피하게 추상적으로 흐르게 되고, 하나님을 임의적 의지로 상정하다보면 자칫 공허하게 비쳐질 수도 있는 단점들은 "제2의 위격"에 관한 교리에 의해서 균형잡혀야 하기 때문이다. 이 제2의 위격에 관한 교리는 헌신을 위한 구체적 초점을 제공할 뿐 아니라 하나님의 절대적 의지가 또한 "선한" 의지임을 긍정토록 하는 실체를 부여한다.[77] 교리가 일련의 분명하고도 특별한 계시적 사실에 토대를 두면 둘수록, 신학은 교리를 이성으로부터 구별하는 것이 더욱 가능할 뿐 아니라, 그러면서도 스스로를 보편성과 법칙성을 갖춘 담론으로 자리매김할 수 있다.

루만은 종교가 궁극적으로 "우발성의 관리"라는 기능으로 분화될지라도, 종교 자체가 자신의 이러한 기능을 완전히 자각하는 것은 자기파멸적 결과를 초래할 것이므로 결코 이 정도까지 이르지는 못할 것이라고 생각한다.[78] 따라서 후대의 그리스도교 신학은 우발성에 초점을 두는 방향으로 나갈 수 있었으나, 신학은 여전히 사물의 현존 방식이 완전성을 드러내

---

76   Ibid., p. 53ff.

77   Ibid., pp. 98-9. *Funktion der Religion*, pp. 200, 205ff.

78   Luhmann, *Religious Dogmatics*, pp. 97-8.

는 양식임을 보여주어야만 했다. 이 지점에서 신앙은 이성으로서는 불가능한 과업을 성취하는데, 이는 만물이 비록 헤아릴 수는 없지만 하나의 완전한 존재로부터 파생되었다는 관점에서 그와 같은 완전성을 주장함으로써 가능하다.

이렇듯 라이프니츠적 문제의식, 즉 주어진 것은 동시에 "최선의 것"이라는 생각이야말로 루만이 보기에 종교에 대한 유대-그리스도교적 성찰을 한층 더 고양시켜 주는 것이다.[79] 그렇지만 근대 시대에 들어오면서 이러한 사고마저 붕괴해버린다. 왜냐하면 문화적 분화로 말미암아 양립할 수 없는 상이한 "완전성들"이 생겨나게 되고, 진화론적 의식구조는 무한한 진보의 가능성을 상정함으로써 일정한 완전에 "도달"할 수 있다는 생각을 부정하기 때문이다.[80] 그러한 상황에서 신앙은 주어진 것에 대한 순수한 수용의 방향으로 한층 더 분화되어 가지만, 그러면서도 제2의 위격에 대한 집중이 일층 더 강화될 수 있다. 루만은 신정통주의 신학자인 에버하르트 윙엘(Eberhard Jüngel)과 매우 유사한 해석을 내어놓는다. 이를테면 하나님의 "완전"은 오로지 그리스도 안에서 나타난 하나님의 자기부정, 즉 그리스도 안에서 인간의 삶과 죽음을 자유로이 취하심(따라서 이것은 이제 "순수 소여"로 재해석된다)에서 드러난다. 이렇듯 존재하는 것을 그대로 수용했으므로, 더는 행복한 결말을 구할 필요가 없으며, 다만 "부활"이 의미하는 바는 "가능성"이 더 이상 이제껏 일어난 것에 의해 조건지어지지 않는다는 뜻이다(여기서 분명히 윙엘을 인용한다).[81] 루만은 종교의 **본령**(*proprium*)이 우발성의 관리임을 신학이 잘 알고 있다고 잠정적으로 상정하고 있으며, 따라서 루만식으로 해석된 윙엘의 신학은 이러한 역할에 잘 들어맞는 것으로 보인다.[82]

그러한 신학은 (루만이 생각컨대) 자의식적으로 사회학과 조화로운 관계

79 Luhmann, *Funktion der Religion*, pp. 218-24.

80 Luhmann, *Religious Dogmatics*, p. 87.

81 Ibid., pp. 88-9, 92. Luhmann, *Funktion der Religion*, pp. 199, 206, 209ff.

82 Luhmann, *Religious Dogmatics*, p. 134, n. 210.

속에서 작동할 것이다. 말하자면 신학이 담당하던 딱히 종교적이지 않는 사회적 기능은 이제 다른 부문에서 수행하고 있으므로, 교회의 대사회적 실천은 최소한으로 축소되리라는 사실을 수용하는 성숙한 자세에 이르게 될 것이다.[83] 마찬가지로 그리스도교는 현대적 도덕관(*mores*)이 지향하는 내용에 대해 할 말이 있을 수 없다. 카렐 도벨레러(Karel Dobbelaere)는 루만의 이론을 적용하여, 오늘날 가족이 주로 "동반자관계"(companionship)로 기능하고 있음을 일단 인정하게 되면, 성적 품행에 대한 가톨릭의 전통적 견해를 실행하는 것이 별무소득임을 깨닫게 될 것이라고 암시한다.[84] 가톨릭적 견해를 고수하는 것은 진화를 부정하면서 종교를 다시금 "하부 체계" 이상의 것으로 만들려는 것이다. 그러나 이에 대해 다음의 반론이 제기될 수 있다. 즉 "무엇이 발생했는지"—그것이 얼마나 지속적이고 또 겉보기에 얼마나 비가역적이든 간에—질문을 던질 수 없다면, 그때에는 도덕에 대해서 변죽을 울리는 정도의 비판이나 가능할 것이다. 가령 배신이란 개념을 상상할 수조차도 없는 그런 종류의 동반자관계란 과연 무엇인가(?)와 같은 질문은 제기도 할 수 없을 것이다.

신학이 그 "진정한 고유성", 곧 우발성의 문제로 축소될지라도 그것이 어떤 면에서 여전히 정통 개신교 신학일 수 있는지에 대해서 적어도 그 외관상으로 알아보는 것은 가능하다. 그러나 그 신학이 담고 있는 개념은 죄다 공허한 것에 지나지 않는다. 이를테면 하나님의 **우선적 선택**(preference), 즉 하나님이 사랑하시는 방식 내지 하나님이 베푸시는 것의 내용에 대해 아무것도 말할 수 없게 될 것이다.

루만의 작업이 보여주는 것은 신정통주의가 세계에 대한 탈신성화 및 유비와 참여에 대한 거부를 완벽히 수행하다보니, 그 자체가 실증주의에 의해 보완되지 않을 수 없도록 허용하게 되며, 따라서 신정통주의는 합리적

83 Luhmann, *Funktion der Religion*, pp. 222-4.
84 Karel Dobbelaere, "Secularization theories and sociological paradigms: convergences and divergences," in *Social Compass*, XXI/2-3, 1984, pp. 199-219.

수준에서 볼 때 사회학적 메타담론(이 자체가 새로운 형태의 "자유주의적 개신교의 메타서사"를 구현한다)에 종속된 것으로 보인다는 점이다. 루만은 우리에게 교리의 발전에 대한 "사회학적" 견해를 우리에게 제시해준다. 그러나 이것은 교리적 발전에 대한 개신교적 견해라는 측면에서 볼 때 **사회학의 자기서사화**(self-narration)로 해체될 수 있다.

확실히 주의론적 신학과 라이프니츠적 신정론은 근대의 정치·사회적 구조와 긴밀하게 관련되어 있다. 하지만 우발성이 먼저 사회적 영역에서 출현했고 나중에 신학이 그것을 성찰하게 되었다는 것은 사실이 아니다. 도리어 신학이 의지의 문제에 특별히 집중하면서, 그리스도교에서 플라톤-아리스토텔레스적 유산을 탈각시키려고 부심한 것이 오히려 사회적 현실은 그 실증적 발생의 측면에서만 파악가능하다는 생각을 촉진하게 되었다. 진화론적 사회학의 모든 작업은 이렇듯 우발적 발전에 불과한 것을 서구전통의 본질이자 인류역사의 참된 소산으로 내세우는 허위주장일 따름이다.

이데올로기로서의 종교

1. 이데올로기와 소외: 피터 버거

사회학은 종교를 공간의 측면에서 전체적인 것이나 외부적인 것 내지 이행적인 것으로 규명하려했으나 실패하고 말았다. 또한 종교를 개방된 시간의 측면에서 지식의 성장 내지 필연적 이행의 국면으로 규명하려 했으나 이 역시도 성공하지 못했다. 사회학의 세 번째 장치는 종교를 사회적 자기은폐(self-occlusion)에 따른 일시적으로 감춰진 과정, 곧 "이데올로기"로 규명하는 것이다.

이데올로기의 개념은 마르크스주의로부터 가져와서 변형시킨 것이다. 사회학의 입장에서 볼 때, 이데올로기는 일차적으로 사회내의 비대칭적 권력에 의한 책략 내지 자기 위장과 관련된 것이 아니라 오히려 우리가 방금 살펴보았듯이 사회적 전체가 가진 우발성의 문제와 관련된 것이다. 여기서 문제가 되는 핵심 쟁점은 사회학의 관점에서 모든 사회가 다 자신들의 우발성을 종교를 포함한 이데올로기적 전략을 통해 "은폐"한다고 보는 것이 과연 옳은지, 또 어느 정도로 그러한지에 관한 것이다.

피터 버거의 작업은 합리적으로 정당화할 수 없는 우발적 양상에 대한 일반적 은폐의 이론을 대표하는 좋은 실례를 제공한다. 버거는 토머스 루크만(Thomas Luckmann)과 더불어 이데올로기에 대한 이론을 전개하는데, 그것은 그가 이미 고찰했던 **상징적 상호작용론**(symbolic interactionism)의 사회학적 형태에 토대하고 있다. 사회적 발생에 대한 버거와 루크만의 이론에 따르면 최초의 사회적 배치는 "신성한 차양"(a sacred canopy)이 필요치 않으나, 다만 사회적 규칙의 내용과 동시에 개인적 정체성의 의미를 최초로 정해놓은 개인들 간의 상징적 상호작용을 통하여 우연히 생겨난 관습으로서 존재할 뿐이다.[85] 그다음으로 이러한 배치는 "두 번째 세대"에게로 전수되며, 세 번째 세대에게로 전달될 즈음에 가서야 배치의 **근거**(rationale)를 묻는 질문이 제기된다. 이러한 질문이 제기되는 것은 배치의 발생을 둘러싼 상황(에 대한 기억)이 이제 망각되었기 때문이며, 이 망각된 진짜 역사 대신에, 현존하는 사회적 사실을 어느 정도 상상의 산물이라고 할 수 있는 영속적 내지 자연적 질서와 관련짓는 신화적 역사로 대체한다. 오로지 **이러한** 단계에 이르러서야 사회는 "신성한 차양"을 요구한다. 이렇듯 종교가 지닌 이차적이고 이데올로기적인 성격을 부각시킨다는 점에서 버거의 생각은 뒤르켐의 것과는 다르다고 하겠다. 그가 무엇으로도 "환원될 수 없는" 종교적 영역을 확정하고자 할 경우, 그는 사회적 결속력으로서 작동하는 종교가 아니라 사적 경험을 지시한다.

그렇지만 이렇듯 순진무구하고 실증적인 사회적 실천이 원래부터 존

---

85 Peter L. Berger and Thomas Luckmann, *The Social Construction of Reality* (Harmondsworth: Penguin, 1969) pp. 29, 43ff. Peter L. Berger, *The Social Reality of Religion*, p. 39.

재하고 나중에 종교가 그것을 은폐한다는 생각에 대해 문제를 제기할 수 있다. 첫 번째 문제는 버거가 그러한 과정을 뒷받침할 만한 문헌상의 증거를 어떠한 문화권으로부터도 제시하지 못한다는 점이다. 이것을 찾아내지 못하는 까닭은 바로 버거의 관점에서 볼 때 사회가 자기망각과 자기은폐의 작업을 철저하게 해냈기 때문이다. 그러나 바로 이 경우에 있어 발생적 상황에 대한 그의 재구성은 끝내 추측에 불과한 것이므로 기껏해야 개연성이라는 잣대에 호소할 수 있을 뿐이다. 그리고 두 번째 문제는 그가 제시하는 발생적 상황이 조금도 그럴듯해 보이지 않는다는 점이다. 여기서 제기될 만한 주요 질문은 그 기원이 그토록 "순진무구"하다면 도대체 왜 이데올로기적 보완을 요구하겠는가 하는 것이다. 한 가지를 지적하자면, 미드가 사용한 "일반화된 타자"(the generalized other)의 모델은 상호적이고 평등한 규범의 존재를 상정할 뿐이며 추가적 정당화가 필요한 힘의 불균형을 다루지 않는다. 또 하나 지적할 것은, 신화라는 것이 거의 변함없이 지속적으로 전수될 수 있는 마당에, 사회적 규범(순수한 실용성과 관습적 자의성을 동시에 지니는)의 출현에 대한 기억이 어째서 두 번째 세대를 넘어서까지 지속되면 안 되는가 하는 점이다. 버거는 이러한 가능성을 고려하지 못하는데, 그 이유는 그가 루크만과 더불어 이원성(dyad)을 띤 "면대면"(face-to-face)의 관계에서 비롯되는 나-너(I-thou)의 경험이 사회적 인식의 바탕이 되는 현상학적 기초조건을 제공한다고 전제하기 때문이다(이 점에서 짐멜과의 유사성이 있다). 그러한 진리와의 직접적 대면으로부터 떨어져 있음으로 인해 사회적 인식은 더 약화되기 마련이다. 그렇지만 이데올로기가 "언제나 이미 거기에" 존재한다고 가정하는 것이 훨씬 용이한 일이다. 그 경우에 있어 사회적 제도는 그것에 대한 정당성을 제공하는 신화적 내지 제의적 틀과 동시에 확립된다. 예를 들어 버거와 루크만은 결혼 제도가 우선적으로 하나의 사실로서 확립되고, 결혼에 부가되는 자의적 관습은 나중에 우주적 결혼에의 참여라는 종교적 신화에 의해 정당화된다고 암시한다.[86] 그러나 결혼은 이미 하나의 주어진 사실로서 그 안에 의례와 금기가 속속들이 스며들어 있으며. 그것이 의미하는 바는 신화적 요소를 포함한 보다 큰 서사적 틀에 비추어볼 때 드러난다. 하나의 사실이 사회적으로 당연시될 수 있다. 그러나 이러한 당연히 여김이 가능한 것은 사실 자체에 정당화의 요소가 포함되기 때문이다. 즉 정당화의 기제는 사회가 진술하는, 그러면서 실제로 실연하는 상호연관된 이야기의 그물망에 의존할 뿐 아니라 그 그물망을 지탱하는 데 기여하기도 한다.

이데올로기가 사회적 힘의 비대칭성이 아니라, 버거가 가정하듯이 사회적 합의와 연관될 경우, 추후 문화적 정당화에 의해 은폐되는 여하한 사회적 실재의 층위를 발견하기가 실제로 불가능해진다. 이 말은 역사적 기록들을 살펴볼 때 이따금씩 새로운 **근거**가 과거의 제도를 정당화하거나 과거의 **근거**가 묻히거나 망각된다는 점을 알 수 있음을 부인하려는 것이 아니다. 그러나 이 말은 보통 사회적 제도 자체 내에 변화가 일어나며, 그 제도의 현재보다는 과거에 속한 작동방식이 은폐되는 것을 표시해준다. 가령 교황권을 지지하는 새롭고 더 강력한 주장이 제기되었던 때를 예로 들 수 있는데, 이 현상은 교황의 재치권(jurisdiction)을 확대하려는 시도와 동시에 발생했었다. 이 경우에 교황권의 현실과 교황권의 이론 간에 실제 간극을 전혀 찾아볼 수 없다. 여기서 "이데올로기"에 대해 이야기하는 것이 가능하다면, 그러한 이데올로기적 구성성분은 문화적 상징 내지 이론을 사회적 사실과 비교함으로써 드러나는 것이 아니라, 완벽한 사회문화적 복합체라는 것이 우발적인 것에 불과함을 지적함으로써 폭로된다. 그런데 사회 내지 이론상의 변화가 실제로 일어났음에도 그것이 전혀 변화가 아닌 양 가장하는 지점에서 그러한 우발성은 부정되고 회피된다.

그렇다면 이데올로기에 대한 버거의 설명 중에서 여전히 타당한 것은

---

86   Berger and Luckmann, *The Social Construction of Reality*, p. 107.

사회적 현실의 불명료화(obfuscation)에 관한 사상이 아니라, 사회적 현실의 "소외"(alienation)에 관한 사상이다. 이것은 사회의 인정적(人定的) 성격을 언제나 부정하고, 그 대신에 사회적 배치의 기원을 하나님 내지 신들에게로 돌림으로써 거기에 영속적 진실성을 부여하는 것을 말한다.

다수의 사회와 다수의 종교가 이런 방식으로 역사성을 억압하는 것에 대해 의심의 여지가 있을 수 없으나, 종교가 사회학과는 달리 이러한 억압을 기껏해야 절반쯤 회피할 수 있다고 보는 버거의 견해는 지지받을 수 없다.[87] 그도 인정하다시피, 불교와 힌두교, 유대교와 그리스도교는 각각 상이한 방식이긴 하지만 초월자에 대한 인간적 사유를 경계하는 원칙을 모두 갖고 있으며, 이 원칙은 흔히 신성하다고 여겨지는 왕정 제도에 대해서도 그것이 지닌 순수한 인간적 기원을 부각시키는 경향이 있다. 구약성서의 경우에도 율법의 양식과 규범, 사회적 배치 및 신성한 건축물을 하나님께 돌리면서도, 이와 관련된 인간의 수고 내지 역사적 기원을 절대로 부정하지 않으며, 문화적 발명 내지 사회적 토대를 절대로 중간적 존재들(하급 신격들 내지 반신적 영웅들)에게 돌리지 않는다. 그렇지만 이 경우에 있어서 버거는 초월성에 대한 인정이 먼저 존재하고 이로써 인간의 자율성을 위한 "세속적" 공간이 허용되는 것이 아니라, 오히려 인간의 창발성(origination)이 신에 의한 신성한 창발성과 **동시적**임을 보지 못한다.[88] 반신적(daemonic) 중간자들에게 큰 역할을 부여하는 이집트와 그리스와 로마의 신화에서는 인간의 창발성을 그다지 분명하게 인정하지 않는데, 그렇게 하는 이유는 단순히 인간적인 면을 소외시키기 때문이 아니라, 인간의 천재성을 신들에게서 "훔쳐온" 것으로 상상하기 때문이다. 반면에 히브리인들에게 있어 야웨는 인간과의 경쟁을 걱정하지 않는다. 그렇다고 해서 그리스와 로마의 신화가 반드시 "사실적인 면"을 모호하게 하는 것은 아니다. 오히려 문화를 통해 자

---

87 Berger, *The Social Reality of Religion*, p. 95.

88 Alexsandre Ganoczy, *Homme Créateur, Dieu Créateur* (Paris: Editions de Cerf, 1979) pp. 124-7, 140-4.

연을 보완하는 것에 대해 다른 의미의 존재론적 평가를 제시하는 셈이다.

이교 전통에서 현재의 문화적 배치를 신들 내지 반신적 존재들의 직접적 개입에 돌림으로써 역사에 대한 기억을 말소시키는 경향이 있는 것이 사실이다. 하지만 니체가 간파했듯이 이것은 그 자체로 "망각"을 선호하는 문화적 성향을 드러낼 뿐 아니라, 신들이 인간에게 유익이 되는 책략을 행하고 나서 그것이 망각되도록 끊임없이 사주한다는 생각을 표현한다. 이러한 신화적 태도 때문에 치르는 대가는 역사에 대한 무지이다. 그럼에도 그 태도 자체가 명백히 비합리적이거나 허위인 것은 아니다. 그것은 인간의 의지를 통해 역사하면서도 단일한 신적 의지로부터 유래하는 계시의 단계들을 진전시켜 가시는 신실한 하나님에 대해 증언하는 성서적 신화에 비해 더 "과학적"이거나 덜 "과학적"이라고 할 수도 없다. 각각의 새 단계가 새로운 신들의 승리이기에 이 신들은 과거에 대한 기억을 말소시키기 마련이라고 보는 이교의 신화적 관념이 이러한 성서적 신화에 의해 부정된다. 근대의 "역사적" 태도는 "실제로 무엇이 일어났는가"를 밝히는 데 열정을 쏟고 있으므로, 초월자는 인간 의지와의 신실한 협력(concursus) 및 절대 망각되지 않고 발전하는 역사를 통해 현시된다고 확신하는 이러한 특수한 신화를 계승한 것이다.

이데올로기를 소외라고 보는 버거의 이론은 역사적 진리를 향한 성서적 의지를 영속화한다. 이로써 숱한 이교의 신화가 역사를 어떻게 은폐하는지를 실제로 드러내는 것이 가능케 된다. 하지만 버거의 역사주의는 두 가지 비성찰적인 점 때문에 제한되는 면이 있다. 첫째로 버거는 역사의 비은폐성 자체가 바람직하다고 보는 자신의 확신이 은폐와 망각 속에도 유익한 진실이 있을 수 있다고 보는 뻔한 이교적 태도를 거부하는 그리스도교적 태도를 강화하고 있음을 깨닫지 못한다. 둘째로 그는 성서와 그리스도교가 사회학이 출현하기 훨씬 이전부터 역사의 기원에서 말미암는 소외를 극복하면서도 종교적 문법 안에 굳건히 남아 있을 수 있었음을 제대로 보지 못한다.

종교가 역사적 우발성 및 인간의 발명이 지닌 의의를 은폐할 수도 있다. 그러나 이러한 은폐의 기제는 근대의 세속적 사상체계에도 똑같이 해당된다. 즉 근대 세속 사상은 공허한 자유를 도구적 이성과 결합시킨 것에 대해서 그것이 자신이 자의적으로 선택한 가치관에서 말미암은 것임을 인정할 수 없다. 그것을 인정하는 것은 세속 사상의 편에서 허무주의적 용기를 필요로 한다. 반면에 종교적 사회라면 자신이 행한 근본적 선택이 우발성과 특이성을 띨 수밖에 없음을 실토하는 데 큰 어려움이 없다. 왜냐하면 종교는 이러한 선택에 대한 완전한 설명이 불가능할 뿐 아니라, 그것이 신비에 싸여 있으므로 "신앙"을 요구한다는 점을 기꺼이 인정하기 때문이다. 종교는 자신이 타고난 모호함으로 인해 과학의 의심을 초래하는 바로 그 지점에서 과학이 대개 덤벼들었다가 해명치 못하는 문화적 실존이 지닌 불가해한 성격에 대해 보다 현실주의적인 자세를 견지한다.

2. 이데올로기와 권력: 브라이언 S. 터너

피터 버거는 이데올로기를 전체 사회가 공유하는 신념과 연결한다. 그러나 이데올로기에 대한 또 다른 접근은 그것을 사회의 권력집단이 가진, 권력 행사의 자의성을 위장하기 위한 자기 정당화의 신념이라는 측면에서 바라본다. 이러한 견해는 사회학적 전통의 외부에 자리잡은 마르크스가 가장 강력하게 표명하고 있지만, 이와 같은 견해는 앞서 살펴보았듯이 베버에게서도 찾아볼 수 있으므로, 여기서 우리가 관심하는 것은 바로 신-베버적(neo-Weberian) 접근인 것이다. 이러한 신-베버적 접근은 지금껏 비판적으로 살펴본 파슨스적 기획에 대해 상당히 비판적인 자세를 견지하고 있다. 그렇지만 이러한 신-베버적 접근도 종교사회학 일반에 대한 나의 혹평을 벗어날 수 없음을 보여줄 것이다.

이데올로기에 대한 신-베버 접근의 가장 좋은 예는 바로 브라이언 터너(Bryan S. Turner)의 작업이다. 물론 터너도 자기가 가진 베버적 독법을 마르크스 내지 엥겔스에게서 취한 요소들과 결합하고 있을 뿐 아니라 니체

이후의 푸코적 언어로 그것을 포장하는 것이 사실이기는 하다. 이러한 푸코적 언어는 그의 저작에 포스트모더니즘적 실체보다는 그러한 외양을 더 해주는 편이다. 그는 본 장에서 지금껏 논의해온 종교사회학의 최근 동향을 혐의의 시선으로 바라보면서, 그러한 동향이 사이비 신학에 불과할 뿐 아니라 여전히 19세기적 관점에 긴박되어 있음을 제대로 간파하고 있다.[89] 그렇지만 그는 종교란 필수적이지만 비진리라는 식의 19세기적 딜레마에 대해 발언하면서 사태를 지나치게 단순화한다.[90] 사회사상과 진지한 신학적 접근이 "사회적" 관점에서 종교가 가진 진실에 대해 동시에 재사유하려고 했다는 것이 진실에 더 가깝다. 니체가 종교의 "불필요성"을 선언했다는 것 역시 사실이 아니다. 오히려 그는 신화의 불가피성과 인간은 늘 신화적 진실을 조성하기 마련이라는 허무주의적 깨달음을 **구체화**해주는 신화론(mythology)의 필요성을 선언하였다.[91]

그렇지만 터너는 니체와 푸코를 베버에게로 환원시킨다. 그의 기본적인 주장은 특정한 역사적 국면에서는 종교가 신체를 강제하고 재생산할 뿐 아니라 전체 인구를 통계내고 등록하는 측면에서 통합보다는 통제의 기능을 수행할 수밖에 없었다는 것이다. 반면에 현재 이러한 기능은 주로 세속적·도구적 절차에 의해서 수행되고 있으므로, 이를 위한 절차는 금욕적 강제 수단을 거의 사용하지 않는 대신에, 우대와 불이익을 주는 정책을 통하여 인구의 재생산을 통제하는 "과학적" 방법에 치중하고 있다. 마찬가지로 그러한 절차는 이데올로기적 표상을 거의 사용하지 않는 대신에, 인구동향에 대한 세밀한 분류와 감시에 집중한다. 종교는 아직도 이데올로기적 표상에 국한되어 있으나, 포괄적 이데올로기를 **필요로 하지 않는** 사회에서 이데올로기적 표상은 더 이상 필수적 과업이 아니다. 그 대신에 표상은 개인

89   Bryan S. Turner, *Religion and Social Theory: A Materialist Perspective* (London: Heinemann, 1983) p. 3.
90   Ibid., p. 38.
91   본서의 10장을 보라.

의 종교적 비전에 대한 사적 관심의 대상이 될 뿐이다.[92]

이러한 견해는 주로 두 가지 이유에서 철저하게 베버적이라고 할 수 있다. 첫째로 터너는 이데올로기를 "유물적 실천"으로 바라보는 알튀세르(Althusser)의 생각을 거부한다. 알튀세르는 사회적 권력의 행사와 그 권력의 정당화 간에 어떠한 "간극"도 존재치 않는다고 본다.[93] 알튀세르에게 있어서 가장 근본적인 정당화의 기제는 권력-관계 자체의 차원에서 찾아볼 수 있는데, 이는 권력의 행사에 있어 그 성공을 위하여 그 작동방식을 정당화하는 언어적 수사를 동원하지 않을 만큼 노골적인 권력은 존재치 않기 때문이다. 따라서 마르크스는 자본주의에서 가장 신화적인 요소는 바로 그것의 가장 사실적인 요소이기도 하다는 것과, 자본주의적 문법의 기본 단위는 바로 그것의 강제력이 작동하는 수단들, 즉 교환의 대상물 간에 정해지는 등가적 가치를 "구체화"해주는 돈과 자본이라는 사실을 논증해냈다.[94]

그렇지만 터너는 마르크스주의에서 말하는 구체화(reification)와 물신화(fetishization)의 중심성을 거부한다. 그는 (근거가 모호하기는 하지만) 그러한 중심성이 "독점 자본주의"에 더는 적용되지 않는다고 주장한다. 이로써 터너는 사회학에 대한 마르크스주의가 가진 가장 효과적인 비판의 요소(사회학이 사회적 사실을 문화적 사고로부터 분리하려고 시도한다는 비판)를 거부하는 셈이다.[95] 그 대신에 터너는 이데올로기란 일차적으로 "신념"의 문제라고 강변하면서, 종교사회학은 신념이 아닌 "의례와 관행"에 집중해야 한다고 단언함(여기서 그는 알튀세르로부터 푸코에게로 이어지는 노선을 따른다고 하겠다)으로써, 그는 우리가 어떤 면에서 이것들을 이상적 형태를 결여한 순수 유물적 권력관계로 보려한다는 점을 암시하고 있다. 이렇듯 물질을 신비로운 "토

---

92   Turner, *Religion and Social Theory*, pp. 5-10, 238-41.

93   Ibid., pp. 138-41. Nicholas Abercrombie, *Class, Structure and Knowledge* (Oxford: Blackwell, 1980) pp. 174-5. Nicholas Abercrombie, Stephen Hill and Bryan S. Turner, *The Dominant Ideology Thesis* (London: Allen and Unwin, 1980).

94   본서의 7장을 보라.

95   Turner, *Religion and Social Theory*, p. 65ff.

대"로 간주하는 고도의 형이상학적 사고를 감안할 때, 터너가 이데올로기를 비본질적인 것으로 치부하는 대신에 의례와 관행이야말로 순수 "훈육"이 가진 본질적으로 세속적인 핵심을 점진적으로 드러내준다고 간주하게 되는 것(이것은 미셸 푸코가 늘 피하던 경로다)은 결국 불가피하다고 하겠다. 만약에 종교가 민중의 아편이라고 하더라도, 그것이 심지어 중세기에 있어서도 마르크스와 엥겔스가 짐작했던 것만큼 잘 작동하지는 않았음을 시사하는 최근의 증거를 터너가 지적한 점은 대체로 옳다고 하겠다.[96]

그렇지만 만약에 (알튀세르의 노선을 따라서) 이데올로기가 이차적 신념이 아니라 구조 내지 관행 가운데 우선적으로 존재한다고 인정하게 된다면, 그때에는 다음과 같은 사실에 더 많은 주의를 기울이게 될 것이다. 그 사실이란 그 어떤 저항 운동이라도 대중적 지지를 거의 받지 못하는 종교에 대해서조차 성공을 거두기 어려운 것은 그 운동이 권력적 지배 체계가 규정해놓은 단일한 대중적 언어를 동원하지 않을 수 없기 때문이라는 점이다.

두 번째로 앞서 살펴보았듯이 터너는 베버주의자인데, 그 이유는 그가 권력의 문제를 신념 내지 이데올로기의 문제로부터 부적절하게 분리함으로써 세속화를 어느 정도 불가피한 현상으로 간주하기 때문이다. 그가 보기에 종교에 대한 가장 진지한 질문은 그 오랜 역사적 시기에 걸쳐 왜 종교가 (사회 전체는 아니더라도, 적어도 지배계급에 대해서) 그토록 중요한 사회적 훈육의 기능을 행사했는가 하는 것이다. 여기서 그의 대답은 니체나 베버처럼 역사적 이성의 간계라는 관점(이성은 인간의 자기통제력을 처음에는 소외된 형태를 통해 계발시킨다는 생각)에 따른 것이 아니다. 그 대신에 터너는 자신의 절충적 분석에 마르크스와 엥겔스에 대한 자칭 여성주의적 변용을 도입한다. 그는 베버식의 합리성에 (비록 자본제 사회에서만 "지배적"인 성격을 갖는) 항시 "결정자적"(determinant) 토대라는 위력을 부여하면서, 아울러 그것을 자본제적 생산양식의 내재성과 연결시킨다. 세속적 규율이 종교를 대체해온 다

---

96 Ibid., pp. 63-86.

양한 현상들을 목도하는데, 그 배후에 바로 경제적 축적과 소유권이 가족 관계로부터 분리되어 왔다는 단일하고도 근본적인 사실이 자리잡고 있다. 근대의 독점 자본주의에서 사적 소유와 가족의 유산은 그 지극한 중요성을 상실하게 되었으나, 중세 사회에서는 이런 것들이 우선적으로 보장되었다. 종교의 일차적 기능은 바로 여성들과 그들의 성성(sexuality)에 대한 귀족 남성의 통제를 공고히 하는 것이었다. 교회는 합법적인 성적 결합의 중요성을 주장하면서 다른 한편으로는 비혼 여성이 자칫하면 남성 친족들의 노리개로 전락하여 골치 아픈 혼외자식들을 양산하게 될 위험을 사전에 방지하고자 수녀원을 건립했던 것이다.[97]

그러나 다음과 같은 주장은 유난히도 근거가 희박하다. 터너 자신도 이 점을 암시하고 있는데, 이혼에 대한 교회의 규제는 종종 봉건 지배층에게도 해당되는 문제였다는 것이다.[98] 그러나 더 심각하게도 터너는 여성에 대한 남성의 지배구조를 오로지 경제적 이해관계에만 관련시키는 점에서 분명히 오류를 범하고 있다. 이러한 주장이 허위임을 확인하기 위해서라면, 남성들이 단지 상속 자체에 관심을 가진 것이 아니라, 정확히 말해서 남자 후손을 통한 상속(의 상징성)에 관심을 갖고 있었다는 사실을 지적하는 것으로 충분하다. 더욱이 이렇듯 친자를 통한 상속의 구조는 순수 경제적인 면을 넘어서는데, 그 이유는 "사후 잔생"(post-mortem survival), 곧 자기 소유물의 양여에 대한 관심이 경제적 충동보다는 "종교적" 동기에 더 근접한 것이었기 때문이다. 가톨릭 종교가 경제적 상속을 위해 "기능"한 것이 아니라, 일정 시점에서 고래(古來)의 부족적 관습이 가톨릭 신앙과 융합됨에 따라 상속이 사회적 의미를 지닌 기본 문법으로 구축되었던 것이다.

상속 자체는 경작하고 기경하는 토지만이 아니라 이름 내지 명예의 존속, 가문의 문장에 서린 신비로움 등과 관련되어 있다. 만약에 상속이 그 중

---

97 Turner, *Religion and Social Theory*, pp. 108-33, 146-7.

98 Ibid., pp. 146-7.

요성을 상실하는 사태가 나중에 발생하더라도, 이 사태는 "근본적으로" 경제적 문제가 아니라 그 자체가 사회의 사고방식과 관행에서 발생한 총체적 변화의 한 측면, 즉 인간의 소유권 양도를 추상적 권리와 복합적 소유권 증서의 측면에서 바라보는 새로운 "상상력"에 해당된다고 하겠다. 이것은 터너가 암시하는 보다 합리적인 담론의 출현(그는 그 예를 국왕 개인의 존재로부터 군주권이 분리된 것에서 찾는다)과는 단연코 아무런 관련이 없다.[99] 말하자면 소유권의 "점유상태"는 그 실제 소유자가 누구이든 간에 개의치 않는다는 식의 사고나, 왕이 숨을 거둔 직후 새로운 계승자가 즉위하기 전의 시점에 통치권은 현재 그림자에도 못 미치는 시신 속에 추상적으로 존속한다고 상정하는 것이나 모두 **엄청난** 허위에 불과할 뿐이다.

터너는 베버의 사회학에 마르크스가 제시한 토대/상부구조 이원론을 통합하고 이것을 사회와 문화라는 사회학적 이원론에 적용시킨다. 그러나 그는 사회와 문화라는 이원론을 문제시하는 마르크스주의의 요소를 거부한다. 그 결과 터너는 문화적 신념과 가치관에 대한 후기사회학적 내지 탈근대적 취급방식을 향한 어중간한 진척을 나타낼 뿐이다. 그것이 제대로 되었더라면 신념과 가치관을 권력의 사회적 관행 및 양식과 어떻게 하면 일관되게 통합할 것인가를 고려했을 것이다. 터너의 취급방식은 "이데올로기"에 대한 사회학적 내지 마르크스적 관념을 넘어선다고 하겠는데, 그 이유는 그가 여기서 가치관에 의한 권력 행사의 지원과 은폐라는 측면에서 가치관을 "해독"하는 문제를 논하지 않기 때문이다. 도리어 연관된 권력들은 오로지 일정한 가치평가의 구도를 **통해서** 작동할 뿐이며, 권력과 가치관은 모두 상당히 "투명"할 수 있다고 한다. 예컨대 최근의 자본주의에서 노골적인 경쟁과 불균등의 필요성이 점점 더 공개적으로 받아들여지고 있는 것을 생각해 보라. 그러한 (이른바 "이데올로기"의 개념과는 다른) 터너식의 사고에서 바라볼 때, 이데올로기가 권력을 은폐하고 힘없는 자들을 혹세무민

99   Ibid., pp. 178-98.

하는 국지적 요소를 차치할 경우 굳이 신념과 실천 간에 **모순**이 존재할 필요가 없다. 터너가 볼 때 권력과 가치는 수미일관한 일체를 이루고 있으며 또한 투명하다는 것이 언제나 기본적으로 사실에 더 부합한다. 왜냐하면 행동이 따르지 않는 신념이나 신념이 뒷받침하지 않는 행동이란 있을 수 없기 때문이다. 이러한 상황을 고려할 때, 기껏 할 수 있는 것은 그 전체적 복합체가 지닌 자의성에 대해 문제를 제기하면서 사태가 "다르게 전개될 수도 있었다"는 점을 지적하는 정도라고 하겠다.

이 장에서 전개한 분석이 옳다면, 종교사회학은 종언을 고해야 한다. 물론 세속이성은 다양한 "종교적" 현상을 자리매김하고 조사하는 데 있어 "사회적" 시각이 주는 이점이 있다고 주장한다. 그러나 종교의 본질에 대한 근거 없는 추정 자체가 이러한 사회적 시각을 구축하는 데 기여하고 있음이 밝혀졌다.

　따라서 해체주의적 시각에서 보자면 사회를 종교의 우위에 두는 태도는 언제든 도치될 수 있으며, 모든 세속적 실증주의가 또한 실증주의적 신학임이 드러난다. 이러한 통찰을 감안한다면, 사회학은 여전히 지속될 수는 있겠으나 다만 그 자신을 하나의 "신앙"으로 재정의해야 할 것이다. 그렇지만 실증주의에 대한 나의 분석 중에 해체적인 동기가 작용하지만 그것이 거기서 멈출 일은 아니다. 보다 근본적으로 나는 일종의 "메타비판"(metacritique)을 제시한 것이다.[100] 이를 통해 하고자 하는 것은 "사회부문"과 "종교부문"이 자리하는 각각의 위치를 도치시키는 것이 아니라 차라리 그 둘의 실체화와 상호간의 자리매김이, 약간의 변종들(뒤르켐, 베버, 파슨스)이 있기는 하지만, 기본적으로 특정한 실증주의적 "문법" 내에 속한다는 사실을 보여주는 것이다. 이러한 실증주의의 문법을 단지 전복할 것이 아니라 차라리 다른 무언가의 이름으로 이것에 대해 반대해야 할 것이다. 특히

100　본서의 6장을 보라.

나 종교란 "개인"이 "사회부문"과 관계맺는 것에 관심갖는다고 보는 견해에 대해서는 위계적 사회(이것은 사람 간의 위계[hierarchy]라기보다는 가치들 간의 층위를 의미한다)의 이름으로 반대할 수 있다. 이 위계적 사회에서는 개별성(individuality)과 집단성(collectivity)이 모두 역할과 가치와 목적에 따른 실체적 조직화에 의존하고 있다. 여기서 종교는 아주 근본적 성격을 지닐 수 있으므로 종교를 젖혀두고서 사회 내지 사적 경험으로 직진할 수는 없다.

그러나 사회학은 "종교적 영역"이 특정한 근대적 고립화 내지 보호에 처해 있음을 도처에서 재발견하기 마련이다. 사회학적 실증주의는 종교를 "사회적 사실"의 경계 위에서, 그것을 넘어서, 그것을 가로질러서 정의 내리고자 하기에 언제라도 더 급진적인 실증주의에 의해 전복된다. 이 급진적인 실증주의는 종교적 관행과 논리가 지닌 특수성과 고유성을 인식할 뿐 아니라, 결과적으로 종교에 대한 과학적 설명이나 인본주의적 해석을 추구하는 어떠한 진지한 시도도 결국 불가능하다는 점을 인지하고 있다.

제3부

신학과 변증법

제6장
헤겔에 대한 동의와 반대

도입

이 장은 본서의 중요한 전환점을 구성한다. 이 장의 제목에 포함된 "헤겔에 대한 동의"(for Hegel)란 말은 그가 근대 정치이론과 정치경제학 및 칸트 철학에 대한 (헤겔적인 의미에서 "이성적"이며 동시에 "그리스도교적"인) 비판을 제시하였다는 뜻이며, 따라서 이 말은 질리언 로즈의 말마따나 사회학적 전통에 대한 선구적 비판을 의미하는 것으로 이해할 수 있다.[1] 본서는 헤겔의 이러한 비판을 계승하면서 또한 헤겔이 시작한 네 가지 과제를 재개할 것을 권고한다. 이 과제란 다음과 같다. 첫째는 계몽주의에 대한 신학적 비판을 가하는 것이고, 둘째는 정치와 종교 간의 상호관계에 대하여 역사적 서사를 제시하는 것이며, 셋째는 그리스도교의 역사적 실천에 대한 자기비판을 행하는 것과, 네 번째 가장 중요한 것으로, 그리스의 철학적 **로고스**(*logos*)를 신학적 **로고스**와의 만남을 통해서 변형시키는 것이다. 이로써 사고 자체가 불가피하게 그리스도교적인 것이 되며, 그리하여 우리는 "세속이성을 넘어선다".

---

1   Gillian Rose, *Hegel Contra Sociology* (London: Athlone, 1981).

300

제일 끝에 언급한 가장 결정적인 과제에 대해 명료한 설명이 필요하다. 우리가 헤겔을 "재취급"(redo)해야 한다고 할 때 내가 의미하는 것은 모든 유의미한 실재를 포괄하면서 그것의 존재적 필요성을 합리적으로 논증하는 식의 지식의 "백과사전"과 같은 것을 다시 구축한다는 뜻이 아니다. 만약에 이것을 헤겔적 기획의 중심으로 삼는다면 그것은 영원히 죽은 것이 되고 말 것이다. 그렇지만 대신에 앞의 네 가지 과제를 먼저 위에서 제시된 그대로 수용하는 것이 타당한 해석학적 전략이며, 그다음으로 철학적 로고스의 그리스도교적 변형이 백과사전식으로 총체화하려는 헤겔식의 야망에 의해 전복되고 무산되었음을 주장하는 것이 타당하다. 더 정확하게 말해서 이러한 야망(ambitions)이야말로 세속적 사회이론 자체 내에 이미 자리잡고 있는 "이설적"(heterodox)이며 "이교적"(pagan)인 조류와 긴밀하게 연결되어 있음이 드러난다. 이 장은 헤겔에 대한 "동의"만큼이나 "반대"(against Hegel)를 역설한다. 왜냐하면 앞으로 주장하겠지만 헤겔은 자신이 가장 야심차게 약속했던 바로 그 지점에서 결정적으로 실패하고 있기 때문이다.

헤겔에 반대하여 제기할 수 있는 주요 비판점은 "변증법"이야말로 근대 정치학과 정치경제학의 **새로운 변종**(new variant)이라는 사실이다. 이를테면 헤겔이 말하는 "부정"(negative)의 사고는 자유주의 및 부등발생(heterogenesis)의 경제이론을 극복함에 있어 실증주의만큼의 성공도 거두지 못했다고 하겠다. 헤겔의 논리 **자체**는 단지 또 하나의 "정치경제학"이며, 따라서 불가피하게 또 하나의 "신정론"으로 전락한다. 그렇지만 변증법이 부등발생의 경제논리를 밝혀내어 그것을 초월적 숙명에 연결하는 새로운 자원을 발견한 것은 사실이다. 그 새로운 자원이란 야코프 뵈메(Jakob Böhme)를 거쳐 독일의 사상적 전통에 전달된 **신성의 자기소외**(divine self-alienation)에 관한 "이단적"이고 "영지주의적"인 사상을 말한다. 무엇보다도 "변증법"의 심장에 해당되는 바로 이 관념이 헤겔로 하여금 인격성을 비인격적이며 불변적인 논리의 과정에 종속시킴으로써 주의주의(voluntarism)를 제한할 수 있게 하는 것이다. "이성"(이는 동일성에 토대한 자기인식의 명증성과 필연성을 추구하는 것을 뜻함)과 "자유"가 헤겔 사상의 토대를 이루는 두 좌소로서 양자를 절대화하는 동일성의 지점을 향해 수렴하는 까닭에 헤겔은 그리스적 로고스로부터 벗어나지 못할 뿐 아니라 헤어날 수 없을 정도로 자유주의와 얽혀있는 데카르트·칸트류의 주체 철학에서도 벗어나지 못한다. 이러한 연관성에서 볼 때, 헤겔의 형이상학은 총체화하려는 측면을 띤다고 하겠는데, 이는 헤겔이 인간 오성이 지니는 한계에 대한 칸트의 신랄한 비판에 대해 무지했기 때문이 아니라 오히려 칸트를 문제 삼을 정도로 충분히 나아가지 못했기 때문이다. 따라서 헤겔은 "오성"의 영역과 구별되는 "순수이성"의 영역이 존재한다는 칸트식의 생각을 여전히 수용하고 있다.

본서의 제1장에서 나는 근대 정치이론이 세 가지 거대한 부정(denials)에 의거한다고 주장했다. 첫째는 "바로크적 창작"(Baroque *poesis*) 즉 인간의 제작은 단지 도구적이고 임의적인 사안이 아니라 그 자체가 초월자를 향해 열려 있는 경로라는 사상에 대한 부정이며, 둘째는 창조에 관한 그리스도교의 교리를 부정하면서 이성적 행동을 "혼돈에 대한 억제자"(inhibitor of chaos)로 이해하는 고대의 신화로 복귀하는 것이고, 셋째는 **프락시스**와 덕성과 현명함을 중심적 개념으로 삼고 있는 아리스토텔레스의 윤리·정치학을 부정하는 것이다. 다음에 이어지는 3개의 단락에서 나는 헤겔이 이 세 가지 부정에 대해 각각 문제를 제기하는 것으로 시작하면서도, 결국엔 각각의 경우에 있어 그 부정의 논리를 강화시키는 쪽으로 귀결된다는 사실을 보여줄 것이다. 사실 헤겔이 말하는 "부정"의 힘은 변증법으로부터 그 동기를 부여받지만, 실제로는 이러한 부정에 대한 반작용력(reactive force)에 불과하다.

우리가 다음 장에서 살펴보겠지만 "변증법"을 수용함으로써 마르크스도 이러한 부정에 연루되었고, 따라서 헤겔에 대한 실질적 비판의 목소리를 높이는 것이 전적으로 불가능하게 되었다. 왜냐하면 헤겔에 대한 그의 비판이 변증법 자체에 대한 비판을 표방한 이상 그 성격상 단지 "잠재적"이어서는 아니 되었기 때문이다. "신학과 변증법"에 관한 이 소논문(본서의 제3부)

의 마지막 장(제8장)에서는 "정치신학"이 그리스도교와 헤겔 내지 마르크
스 사상 간의 동맹을 결성하려고 하는 것이 기껏해야 절반의 타당성 밖에
지니지 못함을 보여줄 것이다. 이를테면 일정한 지점을 넘어가게 되면, 그
리스도교와 변증법 간의 이러한 동맹은 실제로 역사적 방법에 따른 분석을
억제하면서 세속적 전제와 제도에 대한 그리스도교적 문제 제기를 가로막
는다는 것이다.

메타비판에서 변증법으로 옮겨가기

1. 메타비판적 시각

찰스 테일러(Charles Taylor)를 비롯한 이들은 헤겔의 사상이 칸트 및 칸트 이
후 관념론으로의 방향전환과 연결되어 있을 뿐 아니라 하만(Hamann)과 헤
르더(Herder)가 수행한 칸트에 대한 "메타비판"(metacritique)과도 관련되어
있음을 제대로 지적해냈다.[2] 앞으로 살펴보겠지만 헤겔의 사상은 세 번째
로 스코틀랜드 정치경제학과도 중요한 연관성을 갖고 있다. 칸트와 그의 계
승자들이 관심 갖던 주제는 의식의 내적 영역에서 사유의 주체가 자신의
사고에 무엇을 기여하는가 하는 것이었던 반면에, 하만과 헤르더가 관심을
둔 주제는 인간이 "기예"(art: "제작"의 전 과정을 뜻함)와 언어를 통해서 사안
에 어떠한 외적·가시적·청각적 변형을 가하는가 하는 것이었다.[3] 그들이

---

2   J. G. Hamann, "Metacritique of the purism of reason." J. G. Herder, "Verstand und Erfahrung,
    Vernunft und Sprache, eine Metakritik der reinen Vernunft," in *Werke*, vol 21 (Hildesheim:
    George Olms, 1967). Charles Taylor, *Hegel* (Cambridge: Cambridge University Press, 1975)
    pp.3-50. 찰스 테일러 지음, 정대성 옮김, 『헤겔』(그린비, 2014). Jacobi의 기여도 역시 중
    요하다. 여기서 제시된 관점에 대한 더 자세한 설명으로는 다음을 보라. John Milbank,
    "Knowledge: the theoretical critique of philosophy in Hamann and Jacobi," in J. Milbank, C.
    Pickstock and G. Ward (eds.) *Radical Orthodoxy: A New Theology* (London: Routledge, 1999)
    pp. 21-38.

3   Taylor, *Hegel*. J. G. Herder, "Essay on the origin of language," in John H. Moran and Alexander
    Gode (eds.) *On the Origin of Language* (New York: Ungar, 1966) pp.87ff, 107-33.

모두 다 동의하고 있던 것은 이러한 과정을 벗어난 곳에서는 아무런 "사고"도 아무런 주체적 동일성도 상정할 수 없다는 점이다.

그들의 주장에 따르면 우리는 오로지 언어를 통해서만 사고하고, 언어를 통해서만 세계를 파악하기 때문에 우리가 우리 자신에 대해서 또 우리 자신을 통해서 갖고 있는 지식을 세계(내지 "자연")에 대해 우리가 갖고 있는 지식으로부터 분리하는 것이 전혀 불가능하며, 그 반대의 경우도 불가능하다는 것이다. 우리가 말할 수 있는 것은 자연과 인간 주체는 언어를 통해 "표현된다"는 것이다. 비록 여기서 "표현"(expression)이라는 술어를 사용한다고 해서, 그것이 언어가 언어 이전에 고유하게 존재하는 자연적 내지 주관적 내용에 따라 해독될 수 있음을 의미하는 식으로 이해되지는 말아야 한다. 도리어 예술과 같은 언어적 표현은 그 자신의 특유한 새로운 내용을 창출한다고 하겠다. 말하자면 언어 이전에 인간은 단지 내용 없는 존재일 뿐이다.

이렇듯 사유에 대해 우위성을 부정함에도 불구하고 헤르더는 언어가 언어 이전에 존재하는, "강력한" 자연적 과정에 목적론적으로 관련된다고 생각하며, 이로써 언어 사건과 더불어 인간은 자연 세계가 지향하는 참된 목적으로서 부상하게 된다고 본다. 이에 따라 인간과 자연에 대한 이와 같은 진리에 접근하는 길은 미학적인 것일 수밖에 없다는 결론이 도출된다. 말하자면 모든 지식은 기호를 매개로 한 실재의 표현을 통해 발생하지만, 그 기호를 실재와 비교하는 것은 절대로 가능치 않으며, 언어가 가진 근본적 기능도 참고사항이 될 수 없다는 것이다. 그 결과 만약에 우리가 자신의 창조적 표현을 자의적인 것이 아니라 오히려 우리 자신을 넘어서는 목표를 달성케 하는 것으로서 신뢰하지 않는다면, 여하한 종류의 진리도 성립될 수 없다. 언어로 표현되는 특정한 내용은 자연적 에너지를 현시하는 것이므로, 이에 대한 미학적 판단 역시 진리를 현시하는 예증으로 받아들여야 한다. 여기서 일종의 "미학적 필연성"(이 말은 헤르더에게 있어서 하나님에게도 적용되는데, 하나님은 만물을 창조함에 있어 그것들을 동시적으로 하나의 합리적 가능성으로 만드신다)을 언급하는 것이 타당하다 하겠다.⁴ 칸트 자신도 『판단력 비판』에서 유사한 개념을 선험성을 지닌 "미학적 사고"의 관점에서 제기하는데, 그럼에도 이 말은 단지 "무규정적" 개념성만을 보여주는, 따라서 끊임없이 상이한 사고들을 자극하는, 특수한 직관 내지 예술적 산물 내에서만 인식될 수 있는 것이다. 그렇지만 칸트는 헤르더처럼 "고유한" 개념적 사고는 "오성에서 비롯된 것이므로" 그 자체가 단지 미학적인 필연성에 구속된다는 점을 인정하지는 않는다.⁵

예술과 언어에 대한 하만과 헤르더의 접근은─그리고 어느 정도로는 『판단력 비판』에 나오는 칸트의 접근도─마니에리스모적 시학(Mannerist poetics) 및 바로크적 수사의 시각을 보존하면서 그것을 확장하고 있다. 이 시각이 비록 "근대적"이고 구성주의적이기는 하지만 그것은 선험적 관념론의 태도와 사뭇 다르다고 하겠다. 물론 이러한 구분이 흔히 간과되는 것이 사실이다. 선험적 관념론은 데카르트 전통에 속한 주체의 철학인데, 그것은 기지(旣知)의 대상을 주체의 "아래에"(beneath) 존재하고 따라서 기술의 도구처럼 주체의 통제 하에 있는 어떤 것으로 사유하며, 아울러 그것이 완전히 알려지는 정도에 따라 주체의 "내면에"(within) 존재하는 것으로 생각한다. 후기 르네상스 사상가들은 언어가 의미를 반영하기보다 의미를 창조한다는 사실을 발견했는데, 이들의 발견으로 인해 드러난 심연(abyss)을 은폐하려 한다는 점에서 이러한 선험적 관념론의 전통은 데카르트의 철학과 마찬가지로 몹시 보수적이라고 하겠다. 그런데 그 심연은 "주체"라는 "내적" 영역 안에 의미를 가능케 하는 언어 이전의 안정성을 새롭게 확립하

---

4   J. C. Herder, *God, Some Conversations*, trans. F. H. Burkhardt (Indianapolis: Bobbs Merill, 1940) p. 125.

5   J. C. Herder, "Ideas for a philosophy of the history of mankind," in F.M. Barnard, *J. G. Herder on Social and Political Culture* (Cambridge: Cambridge University Press, 1969) pp. 259, 299-300. *God, Some Conversations*, pp. 123-5. Immanuel Kant, *Critique of Judgment*, trans. Werner S. Pluhar (Indianapolis: Hackett, 1987) pp. 82-4, 91-5, 128-43, 151ff, 182-3, 211-32.

려는 시도로 인해 감춰진다.[6]

의심할 바 없이 대체로 아우구스티누스적 전통에 속한 조류들은 언제나 "자아성찰"을 통해서 하나님께로 복귀하는 길을 찾았었다. 따라서 이 조류들이 르네상스 인문주의자들에 의한 언어적 창조성의 발견으로 인해 촉발된 상대주의의 문제에 맞서 제안한 것은 바로 이러한 대응이었던 것이다. 하지만 데카르트식으로 주체적 의지를 언어의 "상위에" 그리고 끝없는 유동성을 띤 인간의 작용을 세계 위에 올려놓은 것은 역설적으로 인간의 창조 작용을 조작적 내지 도구적인 관점에서 바라보게 되었음을 의미했다. 따라서 어쩌다보니 데카르트주의에서 발견되는 "아우구스티누스적" 보수주의가 근대 기술공학 및 사회적 삶에 대한 주의론적 접근과 심각하게 연루되는 일이 발생하게 된다. 이러한 상황을 독일 관념론은 단지 변형할 뿐이며, 그것을 참으로 극복하지는 못한다.

이와 대조적으로 "미학적 필연성"에 관한 사상은 언어적 회의주의에 대해 전혀 다른 방식으로 맞선다. 여기서 초월을 향한 길은 내적 침잠을 통해서가 아니라 차라리 우리의 바깥과 우리의 면전에, 우리로부터 산출되는 작품과 말들 안에 존재하면서, 우리의 존재를 결정하고 우리의 의식적 의도가 닿는 범위를 넘어서 우리에게 다시 작용한다. 이러한 말과 작품의 총체가 문화 자체를 구성하므로 사회질서는 결코 인간 주체의 "하위"에 그리고 그들의 완전한 통제 하에 있는 것이 아니다. 인간 주체의 정체성을 되찾기 위해 이러한 사회적 질서로부터 물러서는 것은 불가능하다. 하지만 이것이 보날과 메스트르 등의 실증주의 전통에서 말하는 식으로 사회질서가 인간 주체의 창조적 행위보다 앞서는 신적으로 계시된 총체성임을 말하려는 것은 아니다. 그 대신에 헤르더는 개인/사회의 이율배반을 대하는 다른 접근법을 갖고 있다. 인간과 언어를 분리하는 것은 불가능하므로, 그는 인간

---

6   Henri Gouhier, *Les Première Pensées de Descartes: Contribution à L'Histoire de L'Anti-Renaissance* (Paris, 1979), pp. 29, 52.

의 창조적 과정, 곧 역사를 자연적 질서의 완성으로 이끄는 신적 계시와 동
시적인 것으로 상정한다. 언어는 계시이므로 언어가 수행하는 핵심적인 창
조 사역이 종교 그 자체를 상상하는 것이어야 함은 당연하다. 그러므로 헤
르더는 그리스도교적 계시 내지 종교의 중심성을 이러한 도식 안에 맞추어
넣을 수 있었다.[7]

하만과 헤르더의 "표현주의" 속에서(그 전에 비코에서처럼) 세속적 근대
성에 대한 비판과 유사한 것을 찾아볼 수 있다. 그런데 이 비판 자체가 근대
적인 것은 그것이 언어의 창조력을 인정하고서 계시를 우리가 신의 창조적
표현력에 참여하는 것으로 재해석함으로써 이 문제를 취급하려고 하기 때
문이다. 그렇지만 이 표현주의 철학은 이후에 등장하는 헤겔처럼 세속적 계
몽주의를 변증법적으로 반드시 필연적인 인간 변화의 한 국면으로 간주하
지는 않는다.[8] 오히려 그것은 상이한 "대항" 근대성, 즉 결코 존재한 적이 없
는 상상적인 그리스도교적 근대성에 호소한다. 이러한 태도는 여전히 르네
상스의 그리스도교화를 추구하는 것으로, 이것을 가리켜 바로크적인 것의
연장이라고 기술하는 것도 가능하다.

아울러 하만과 헤르더는 선험적 형이상학에 대한 칸트의 비판적 부정
에 대해 비판을 전개하는데, 이는 중세로의 복귀가 아니라 후기바로크적
"메타비판"이라고 할 수 있다. "메타비판"이란 칸트의 애초의 기획에 토대
하여 비판을 더 진전시킨다는 의미가 아니라, 보다 더 진정성 있고 확실한
비판의 관점에서 칸트의 비판적 기획이 가진 가능성마저 **부정**하는 것을 말
한다. 이러한 관점은 언어에 관한 것으로, 우리가 오로지 언어를 통해서 사
고하는 것이 맞다면, 우리가 가진 사유의 도구를 조사하는 것(언어의 전개 이
전에 언어를 통한 사유의 가능성과 불가능성을 말하는 것)은 불가능할 따름이다. 우
리가 우리 자신의 사유 능력을 알 수 있는 것은 **오로지** 우리가 사유를 하면

---

7 J. G. Herder, "Yet another philosophy of history," in F. M. Bernard, *J. G. Herder on Social and
   Political Culture*, p. 218. "Ideas for a philosophy of the history of mankind," p. 271.

8 Herder, "Yet another philosophy of history," p. 194.

서 언어를 사용하는 정도에 달려있다고, 즉 우리가 사물 및 객관적 실재가 무엇인지에 대해 일정한 사고를 전제하는 정도에 달려있다는 말이다. 이렇 듯 언어의 내부에서 사물에 대한 사유를 일으키는 "범주"("이성", "오성" 내지 "상상력")를 "직관" 즉 사유자체를 구성하는 경험적 내용으로부터 분리하는 것은 가능치 않다.

　이러한 메타비판은 어떤 점에서 심지어 칸트가 허용하는 것보다 더 깊이 우리를 물리적 유한성에 연루시키는 것이 분명한 사실이다. 그러나 다른한편으로 메타비판은 칸트식의 경계선(유한성에 대한 "정당한" 지식과 무한자에 대한 부당한 허위 지식 간의 구분선)을 긋는 것을 더 곤란하게 한다. 말하자면 유한한 세계에 대한 그 어떤 표현주의적 이해도 이제 그것을 안정되고 보편적인 개념틀에 따른 하나의 특정 사실에 대한 판단의 사례라고 "당연시" 할수 없기 때문이다. 그리고 그 경우에 있어서 "오성" 내지 인간의 산만한 사유가 분명히 유한자에 대한 판단에 제한되므로, 이러한 경계를 넘지 말아야한다는 주장을 증명하는 것도 불가능하다. 앞의 장에서 말했듯이 인과성·필연성·관계 등의 범주가 본질적으로 실재에 대한 주관적 파악의 틀에 해당되는지에 관해 우리는 더 이상 알지 못한다. 그것들은 우리가 다루고 표현하는 실재의 단지 일부일 뿐이고, 따라서 우리는 무한한 것과 또한 무한이 유한과 맺고 있는 관계를 상상함에 있어 이러한 범주들을 "탁월하고"도 "유비적으로" 자유롭게 사용한다. 역으로 우리가 세계의 여러 측면을 고의적으로 질서지어진 것으로 해석한다고 해서 그것이 우리가 세계를 "기계적" 인과성의 범주에 따라 해석하는 것보다 더 "주관적"이라고 볼 이유도 없다. 따라서 내재적 목적론을 사변적으로 끼워넣는다고 해서, 그것이─기계적 인과론을 끼워넣는 것보다 더 강력하게─우리를 예지적이고 초감각적인 세계(여기서 "정신적" 지성은 목적과 자발적 필연성이 자신의 본질에 밀접히 연결되어 있다고 파악한다)로 몰아가는 것도 아니다. 말하자면 앞 장에서 살펴본 대로 칸트가 오성을 유한한 영역에 제한할 수 있었던 것은 그가 주체를 이 유한한 영역의 경계 위와 그 바깥에 존립하는 것으로 설정했기 때문이다.

이 주체란 "이성"의 힘을 가진 "지각하는"(apperceiving) 주체인 것이다.[9] 비록 이론적 영역에서는 "순수이성"에 아무런 **내용**도 주어질 수 없다고 해도, 적어도 순수이성은 "이율배반" 즉 인간의 정신에 **고유한** 무한의 영역 안에서 유한한 대안(가령 "절대적 경계를 가진 것"과 "끝이 없는 것" 사이에 존재하는 것)이 붕괴하는 지점을 파악하는 능력이 있다. 따라서 이성은 네 가지 이율배반(시작/시작 없음, 자유/인과성, 궁극적 구성요소의 존재 유무, 필연적 존재/비필연적 존재)을 해결할 수 있다고 추정된다. 왜냐하면 이성은 그 정신적 이점을 활용하여 시공간적 과정이 정신이라고 하는 근원적 실재에서 종결된다는 것과, 그러한 이율배반은 시간성에 따른 단지 현상적인, 즉 "덜 실재적인" 성격을 지시하는 기호임을 파악하기 때문이다.

반면에 그러한 이율배반이 유한성에 대한 확정적 지식을 파괴한다는 것을 회의적 입장에서라도 확인할 필요가 있다. 왜냐하면 자유와 인과성 등의 개념은 칸트가 두려워하는 것으로 "인식의 대상이 되기에는 언제나 너무 크거나 너무 작기만 할 뿐임"을 보여주는 그러한 일련의 "현상"에 **해당되기** 때문이다.[10] 따라서 오로지 미학적 인식만이 가능하며, 어떻게든 이율배반을 "초월하는 것"은 이성에 따른 필연성이 아니라 신앙에 따른 순수 행위가 된다.

칸트에게 있어 순수이성은 자신과 유사한 여타의 **예지체들**(noumena)에 내용을 부여할 수 없다. 그것은 고작해야 "물자체"(things in themselves)의 존재—여기에는 경험적 실재의 배후에 있는 **단자적 유사주체들**(monadic quasi-subjects), 여타의 주관적 지성들, 그리고 최종적으로 신 자체가 포함된다—를 파악할 따름이다. 윤리 내지 "실천 이성"의 영역에서는 이렇듯 각

9   Immanuel Kant, *Critique of Pure Reason*, trans. Norman Kemp Smith (London: Macmillan, 1978) pp. 135-61, 168ff, 176-77, 300-01, 365-69. 본서의 5장을 보라.

10   Ibid., p. 466. 아울러 다음을 보라. pp. 384-485. Kant, *Critique of Judgement*, pp. 210-233, 265ff. Kant, *Critique of Practical Reason*, trans. T. K. Abbott (London: Longman, 1959). 백종현 옮김, 『판단력비판』(아카넷, 2009). J. N. Findlay, *Kant and the Transcendental Object: A Hermeneutic Study* (Oxford: Oxford University Press, 1981).

각의 자유로운 주관성에 대한 순수 형식적 인식이 이제는 정당한 행위를 구성하는 실제 내용을 발생시킨다. 특히나 이 지점에서 칸트는 자신이 아직도 실제로 라이프니츠주의자임을 보여주고 있다. 왜냐하면 그가 오성의 영역 내에서 유한과 무한에 대한 이성적인 "명료한" 파악이 가능함을 부정한 것은 옳았지만, 반면에 우리는 이성의 영역 내에서 우리의 실제적인 의지작용 안에 존재하는 초감각적인 것을 "판단"할 수 있으며, 이로써 모든 정신은 그것이 유한하든 무한하든 간에 그 본질에 있어서 분명히 "자유로움"임을 파악하게 되는 까닭이다. 오직 **이러한** 토대 위에서만 우리가 궁극적인 "초월적 대상"(하나님)을 유비적으로나마 현상적 자연의 "원인"으로 상정하는 것이 허용된다.

그렇지만 하만과 헤르더식의 메타비판적 정신에 따라 사유를 더 진행하면서, 만약에 사태와 언어를 초월하는 통각적 주체가 존재치 않는다고 가정한다면, 유한성의 경계 위를 선회하면서 유한자에 국한된 것이 무엇인지 판단하도록 하는 유리한 지점이 사라지고 만다. 아울러 만약에 오성에 의한 정상적이고 유한한 행위란 것이 하나의 특수자를 일반 법칙에 비추어서 파악하는 사안이 아니라고 한다면, 이제 "이성"과 "오성" 간의 분명한 영역 구분도 사라지고 만다. 군집의 형태를 넘어서는 종합. 즉 새로운 "전체"를 낳은 산출이 "외부에 존재하는 세계"를 파악하는 우리의 이해방식 속으로 들어온다. 이러한 이해방식 속에는 숱한 이율배반이 가득하다. 예컨대 행위에 대한 확실한 기준이 부재하므로 오히려 경계들을 알아야 할 필요가 부상한다. 언어 자체는 경험적 종합 이상의 것을 수행하지만 그럼에도 그것은 결코 순수 선험적이지 않다. 이러한 언어적 종합에 내재된 이율배반적이고 논란이 될만한 성격을 감안할 때, 언어에 내포된 의미는 그 어떤 것이라도 완전히 고정되고 완결된 것으로 볼 수 없다. 그 어떤 의미든 그것을 하나의 기호 체계 내에서 자리매김하는 것은 끊임없이 새로운 수정과 새로운 해석적 시도의 대상이 되는데, 이는 찰스 테일러의 말마따나 헤르더의 입장에서 볼 때 결코 전적으로 명료하게 표현할 수 없는 "암묵적" 의미에 불과한 "배경"이 존재함을 뜻한다. 비록 그것이 우리가 보기에 무언가를 지시하는 **함축된 의미**(implications)를 포함한다 하더라도 말이다. 이렇듯 암묵적 의미는 우리가 현재 의미하는 바와 장차 의미할 내용을 어떻게 구성할는지를 조건 짓는데, 이러한 배경에 비추어 볼 때, 초월적이고 무한한 실재가 우리에게 일정한 압력으로 작용하고 있음을 배제하는 것이 원칙적으로 불가능하다고 하겠다. 실로 "미학적 필연성"(이에 대해 칸트 자신도 『판단력 비판』에서 부분적으로 설명한다)이라는 개념을 수용하는 것은 우리의 언어적 발화를 조건 짓고 그럼으로써 그것에 진정성을 부여하는 초월적 유의미성의 영역이 있음을 전제하는 것이다. 비록 유한한 용어를 가지고 초월적 유의미성 자체를 완전히 파악하는 것이 결코 가능치 않더라도 말이다.

2. 부정의 신화

몇 가지 측면에서 헤겔은 메타비판적 관점을 견지하고 있다. 『정신현상학』에서 그는 정신이 지닌 사유의 역량을 기술하면서 한편으로 사유를 위한 특정 내용을 배제하는 것이 불가능하다고 보는 하만과 헤르더의 논점을 반복한다.[11] 헤겔에게 있어 인간의 사유와 주관성은 오로지 문화적 생산 활동을 통해서 진화한다. 그런데 이 문화적 생산은 주체와 대상 간의, 또한 주체와 다른 인간 존재들 간의 상호작용을 수반한다. 그는 이에 따라 종교를 바로 문화의 "실체", 즉 한 민족을 궁극적으로 함께 묶어주고, 이러한 궁극성의 표지를 통해 사람들과 초월자 간의 연결점이 되는 가치관과 실천의 집합체라고 보았다. 최고의 "계시" 종교(그리스도교)가 "계시된" 이유는 헤겔이 보기에 그것이 자유로운 인간 공동체를 종교의 본질로서 온전히 의식하는 데에 도달한 종교이기 때문이다.[12] 아울러 헤겔은 구성적 형이상학에 대

---

11 Hegel, *Phenomenology of Spirit*, trans. A. V. Miller (Oxford: Oxford University Press, 1977) paras. 73-6. 임석진 옮김, 『정신현상학 1, 2』(한길사, 2005).

12 G. W. F. Hegel, *Lectures on the Philosophy of Religion* (Berkeley: California University Press, 1985) vol. 3, pp. 218, 224ff. 최신한 옮김, 『종교철학』(지식산업사, 1999).

한 칸트의 금령을 거부했는데, 그 이유는 메타비판에서 제기된 사항들을 고려할 때, 보편적 존재에 대한 진술로부터 고립된 채로 인식(이것이 어떻게든 가능하다 하더라도)에 대한 보편적 진술을 하는 것이 가능치 않기 때문이다.

하지만 이와 동시에 헤겔은 셸링의 족적을 따라 인간의 문화와 인식이 예술과 언어를 통해 명백하게 외적이고 "표면적인" 방식으로 구성된다고 보는 메타비판적 성찰과, 인식의 대상은 "사유"라는 사적인 영역 내에서 "심오하게" 내적이자 비가시적인 방식으로 형성된다고 보는 선험적 관념론의 성찰을 융합하고─따라서 **혼동**하고─있기도 하다. 셸링과 헤겔은 칸트식의 선험적 기획의 가능성 자체에 대한 메타비판을 통하여 칸트를 단순히 우회하는 것 대신에, 처음에는 피히테를 추종하면서 칸트식의 접근방식을 급진화하려고 시도한다. 피히테에게 있어 유한한 자아는 그 자신의 자기의지를 통해서 그 자신의 현존을 "정립"하며, 이러한 자기정립의 행위로부터 오성적 범주가 취하는 형식이 도출될 수 있다. 더욱이 정신의 도구는 인식의 형식뿐 아니라 그 내용에도 작용하는데, 그것은 "정립"이 오성의 대상이 되는 특정한 사물들의 형성에 개입함으로 인한 것이다. 따라서 칸트식으로 그러한 대상물에 대한 "경험적 직관"뿐 아니라 "지성적 직관"에 대해서도 말할 수 있게 된다.[13] 이런 식으로 피히테는 칸트가 제시한 실천이성의 모델(이것은 순전히 형식적 경로를 통해서 내용에 도달한다)을 이론적 이성에까지 확대시킨다.

젊은 개척자였던 셸링은 "지성적 직관"에 대해서 피히테와 뜻을 같이 했고, 나중에 헤겔도 이를 따랐다. 그러나 이와 동시에 셸링은 피히테의 형식주의와 주관주의에 맞서 대항했다. 그는 선험적 논리가 현실적 파악에 근거를 둔 자연의 논리에 의해 보완되어야만 한다고 주장했다. 셸링이 보기에 결과적으로 "지성적 직관"은 칸트식의 "경험적 직관"의 계기를 여전히 포

---

13   J. G. Fichte, *Science of Knowledge*, trans. Peter Heath and John Lachs (New York: Appleton Center, 1970) pp. 38-40.

함한다. 비록 이 지성적 직관이 현재로서는 단지 현상이 아닌 예지체에 대한 인식을 함축한다고 하더라도 말이다. 왜냐하면 자연적 대상들의 배후에 있는 접근불가한 "물자체"라는 개념을 피히테는 이미 포기했기 때문이다. 모든 앎은 셸링이 보기에 선험적 논리와 자연의 논리 사이의 중재를 수반하므로, 그는 그러한 앎이 예술작품 안에 범형적으로(paradigmatically) 자리 잡고 있다고 주장한다. 여기서 셸링은 칸트의 제3의 비판과 거기서 말하는 미학적 판단의 개념에 의거하는데, 여기서 미학적 판단이란 논리적 범주를 경험적 직관에 신비롭게 "적용"하는 것과 이러한 적용에 상상력이 개입함으로써 자유롭게 발생할 수 있는 상이한 형태들과 관련된 것이다. 그러나 이러한 구체적 형태들은 셸링과는 달리 칸트에게 있어서 인식에 아무런 영향을 주지 않는다. 반면에 셸링에게 있어서(그의 생애 중 이 시기에 있어서) 예술이란 사변 철학을 넘어서는 것으로, 자연과 주체, 결정과 자유, 제약(the constraining)과 무제약(the unconstrained)이 함께 수렴하여 그것들 모두가 동일한 것으로 드러나는 그러한 지점에 위치한다.[14]

"메타비판적 시각"으로부터 거리두기에 대해 주의 깊게 주시할 필요가 있다. 헤르더에게 있어 주체는 창작(poesis)과 언어를 통해서 **실현된다**. 아울러 권력과 분절(articulation)은 서로 불가분의 관계에 있다. 그러나 셸링이 보기에 (그는 궁극적으로는 야코프 뵈메에게서 영향받았으므로) 세계는 주관성과 객관성이라는 별개의 두 영역으로 갈라져 있고, 이 둘은 다시금 예술에 의해서 함께 모아져야 한다. 여기서 이미 변증법적 시각이 개입하여 메타비판적 요소를 압도하는 면이 있다. 셸링은 예술을 사변보다 우위에 두었는데, 그것을 헤겔이 성급하게 내버렸다고 비판할 수도 있겠으나, 변증법적 시각 내에서 보자면 "미학적 필연성"이란 개념은 사실상 유지될 수 없는 것이다. 만약에 예술이 동일자의 자기소외 및 추후 그 소외가 소멸되는 과정 속에

---

14   F. W. J. Schelling, *The Unconditional in Human Knowledge*, trans. Fritz Marti (Lewisburg, PA: Bucknell University Press, 1980) p. 285. Robert F. Brown, *The Later Philosophy of Schelling* (Lewisburg, PA: Bucknell University Press, 1976) pp. 101-2, 110-11.

서 하나의 계기에 불과하다고 한다면, 예술은 논리적 필연성에 종속된다고
보거나, **아니면** 예술의 본질은 그 내용이 아니라 애초에 분리를 강요했듯
이 나중에 화해를 **강요하는** 창조적 의지라고 간주해야 할 것이다. 이는 마
치 칸트에게 있어 예술의 궁극적 중요성이 자연과 자유의 통일성을 표상하
는 것에 있지 않고, 우리를 순수하고 무규정적인 자유라는 "윤리적" 영역을
향해 이끌어 가는 데 있는 것과 마찬가지다. 그러므로 셸링의 후기 철학은
이렇듯 "실존적 변증법"이라는 실증주의적이고 주의론적인 방향을 취하
는 반면에, 헤겔은 이전의 **범논리주의적 과정**(panlogicist programme)을 선택
한다.[15]

　　헤겔의 논리는 선험적 논리 내지 인식 가능성에 관한 논리이면서 동시
에 자연의 논리 내지 현실 가능성에 관한 논리이므로 그것은 그 현실이 전
개되고 난 후에야 파악할 수 있다. 헤겔은 피히테가 제시한 "정립"의 개념
을 수용하지만, 셸링이 상정한 대로 현실적으로 주체와 분리되지만 궁극적
으로 주체와 동일한 자연의 관점에서 이 정립의 개념을 한정한다. 아울러
헤겔은 이러한 동일성이 문화와 사회를 통해서 실현될 뿐 아니라 개념적으
로도 투명해질 수 있다고 덧붙인다.[16]

　　이러한 가정적 전제를 한데 묶어서 보면, 헤겔의 모든 윤리사상과 정
치사상을 조건 짓는 세 가지 커다란 철학적 오류가 도출된다. 첫째로 헤겔
은 데카르트적 주체 개념을 계속해서 보유한다. 그가 주체성과 자유는 사건
을 통한 자기표현 및 타인과의 상호작용을 통해서만 참되게 실현된다고 생
각한 것은 사실이다. 그렇지만 자아의 전개 과정 중 여러 시점에서 헤겔은
주체가 스스로를 순수하고 무내용적인 자기동일성으로 사유하는 "계기들"
을 인지한다―그는 로마의 스토아주의, 중세 그리스도교 및 계몽주의를 언

15　Robert F. Brown, *The Later Philosophy of Schelling*.

16　Hegel, *Phenomenology*, 1-72. *The Difference between Fichte and Schelling's System of Philosophy*,
trans. H. S. Harris and Walter Cerf (Albany, NY: State University of New York Press, 1977) p.
170. Taylor, *Hegel*, pp. 3-50, 101ff.

급한다.[17] 비록 이러한 계기들이 착시의 사례에 해당된다고 할지라도, 인류의 발전을 위한 필수적 국면으로서 착시도 필요하다. 이러한 생각이 전제하는 바는 "정신적" 영역을 물질화한 문화적 표현의 영역으로부터 분리하는 것이 "모순"이기는 하지만, 이러한 모순마저도 "현실적"인 것으로, 사물의 궁극적 존재방식에 해당된다는 것이다. 그리고 "현실적 모순"이라는 개념이 그다음으로 전제하는 것은 지성 내지 정신이 실로 객관적 영역에 대비되는 하나의 대극을 구성할 수 있으나, 엄격한 메타비판적 시각에서 보면 주체와 대상 간의 "차이"는 그저 "표면" 즉 하나의 동일한 매개체 내에 존재하는 차이일 수 있다는 점이다. 이를테면 언어를 초과하는 주체의 "과잉"은 언어를 위한 잠재성으로서만 현실적이다.

게다가 변증법적 해결의 방식도 데카르트적 주체가 여전히 자리잡고 있음을 보여준다. 객관적 자기표현의 계기가 최종적 해결 속에 "지양된" 형태로 유지되므로, 주체는 단지 "즉자적"(in itself)이 아니라 "대자적"(for itself)으로 존재하지만, 변증법적 해결은 결국 자아로의 복귀이자 부정되었던 자기동일성의 즉각적이고 자동적인 회복이라고 하겠다.[18] 피히테의 "나"와 마찬가지로, 헤겔이 말하는 절대 주체는 (아리스토텔레스의 제일운동자와 같이) 단지 자기 자신을 사유하는 가운데 자신의 모든 사고와 자신의 모든 타자성을 사유할 수 있다. 그리고 여기에 자기 자신에 대한 사유는 자기 자신이 가진 자유에 대한 사유를 의미한다고 하는 칸트와 피히테적인 생각이 더해진다. 결국 자기사유, 즉 자유에 대한 "도덕적" 사고는 "나는 생각한다 고로 나는 존재한다"(*cogito ergo sum*)는 식의 존재에 대한 확실성으로 귀착된다.

두 번째로 헤겔이 "부정의 신화"(myth of negation)를 발명한 것을 꼽을 수 있다. 이 신화는 그의 범논리주의를 독특한 것으로 만들어 준다. 초기

---

17 Hegel, *Phenomenology*, 178-229, 541-81.

18 Hegel, *Phenomenology*, pp. 765-70. Hegel, *The Science of Logic*, trans. A. V. Miller, pp. 417, 431.

의 시도는 존재를 가능성으로부터 도출하면서 창조 자체의 가능성에 대한 신의 사유, 즉 라이프니츠의 사유에 근접시키면서, 논리를 하나의 연속체(series)로 상정했다. 그런데 이 연속체는 무한히 작은 단계로 전개되므로 단일 사물에 대한 모든 분석행위마저 조금씩 "상이한" 가능성의 측면을 드러내주었다. 그러나 헤겔의 논리는 어떤 면에서 더 보수적이고 더 아리스토텔레스적이라고 하겠는데, 그것이 "A=A"라는 동일성의 원칙에 보다 확고하게 매달려 있다는 점에서 그러하다. 결과적으로 여기서 차이(difference)는 신플라톤주의나 스토아주의나 라이프니츠에서처럼 분석에서 유래하거나 연속체의 전개과정에서 나올 수 없는 것이고, 따라서 그것은 모순 내지 궁극적 동일성에 대한 부정을 함축할 수밖에 없다.[19] 헤겔이 범논리주의에서 벗어나서 "다른" 동일성들을 인정하기만 했더라도 이러한 난점은 피할 수 있었을 것이다. 그러나 헤겔은 그렇게 할 준비가 되어있지 않았다. 그 결과 헤겔에 있어서 차이는 분석 내지 단순한 "실증적" 언명에서 도출될 수 없고, 그 대신에 주도권은 부정과 더불어 존재하게 된다. 그리고 이러한 생각은 주체와 객체 간의 양극적 대립이라는 허구와 멋들어지게 합쳐진다. 이 주체와 객체는 헤겔이 보기에 동일한 외연을 지닌 것이 아니지만, 그렇다고 해서 제삼의 계기를 추가할 수 있을 정도로 두 가지 상이한 사태인 것도 아니다. 도리어 이 둘은 전체를 통전하는 포괄적인 유적 개념(genera)에 해당된다. **오로지** 대립의 측면에서만 그것에 대해 말할 수 있으므로, 오로지 부정의 수단을 통해서만 충일한 주체로부터 개별적인 대상을 도출하는 것이 가능하다.

부정이 주도권을 갖고 있으므로, 부정은 언제나 "규정적 부정"(determinate negation)이기 마련이다. 이것이 의미하는 바는 부정은 그 자체로 말미암아 새로운 긍정적 결과로 이어진다는 뜻이다. 이것은 헤겔이 사회와 역사에 대

---

19   Gilles Deleuze, *Différence et Répétition* (Paris: Presses Universitaires de France, 1968) pp. 66-77. 김상환 옮김, 『차이와 반복』(민음사, 2004).

한 비판을 수행하는 일차적 도구가 된다. 그렇지만 "부정"이 어떻게 연속체를 지배하는지를 밝히는 것이 연속체가 어떻게 분석에 의해 드러나는지를 상상하는 것보다 더 난해하다. 역사적으로 존재했던 긴장과 갈등 중에서 "필연적" 해결에 이른 것은 없다. "주인/노예의 변증법"을 사례로 들어보면, 주인의 권력이 그 권력을 지탱하는 바로 그 맥락으로 인해서 잠재적으로 도전받는다는 뜻에서 여기에 "모순"이 존재한다고 말하는 헤겔의 입장에 동의할 수는 있다. 다시 말해서 주인이 노예를 노동에 종속시키는 것이 모순적으로 노예로 하여금 주인에게 가능한 것보다 더 큰 자기성찰로 상승하도록 하는 것이다.[20] 여기에 그럴듯한 변화의 맹아가 있다고 동의할 수는 있겠으나, 이 상황 자체가 역사적으로 필연적인 "다음 단계"를 발생시킨다고 **말할 수 없다**. 헤겔에게 있어 노예 의식은 노동의 경험에서 멈추지 않고, 계속해서 자신의 사고를 사유하는 불가침의 가능성을 파악하는 데까지 나아간다. 그렇다면 이런 식의 사고는 고대의 "스토아적" 국면(사람들이 세계의 외적 변천에 대해 체념하고 그로부터 물러나는 것에서 위안을 찾던 시대)을 되살리는 셈이다.[21] 그러나 노동에의 복속과 자유의 상실이라는 극단적 사례로부터 내면적 주체성의 순수한 심연으로 귀환케 하는 부정의 발생을 상상한다고 하더라도, 이것은 오로지 "규정적인 부정"으로서 나타날 뿐이다. 이와 대조적으로 스토아주의는 그러한 주체성을 **상상**하는 하나의 적극적 반응이었던 반면에, 또 다른 상상력이 발휘되었더라면 그 대신에 노동과 정치권력의 연결을 상정했었을 것이라고 말하는 것이 더 낫겠다.

만일 헤겔의 논리와 규정적 부정의 원리를 문제 삼는다면, "내재적 비판"의 개념도 문제 삼아야 한다. 하지만 찰스 테일러와 같은 헤겔 연구자들에게는 이 점이 확실치 않다. 테일러는『정신 현상학』의 논리가 비판임을 긍정하고 싶어 하지만,『논리의 학』자체의 논리는 그렇지 않다고 본다.[22]

---

20 Hegel, *Phenomenology*, 178-96.
21 Ibid., p. 197-202.
22 Taylor, *Hegel*, pp. 218,347.

"내재적 비판"이란 개념은 테일러가 보기엔 암묵적 의미란 개념이 지닌 헤르더적 배경을 정당하게 평가함과 동시에 비판을 절대적인 기초주의적 출발점에 정초하지 않음을 암시한다. 그 대신에 보통 하나의 가치를 택하여 (보통 "자유"를 선택한다) 그것이 특정한 사회적 환경 속에서 어떻게 예시되는가를 확인하고서, 자유의 실천이 그것이 증진하려는 목적과 모순되는 지점을 표시한다. 이로써 비판 작업이 실현되고 새로운 자유의 시대가 눈앞에 펼쳐진다. 그러나 이와 같은 절차는 합리적 토대(즉 자유)가 **존재**함을 전제하고 있다. 비록 그 토대가 접근불가능하고 기껏해야 점근선적으로 (asymptotically)나 접근할 수 있을 뿐이지만 말이다. 자유라는 가치는 헤겔에게 있어 여전히 문화를 초월하는 것이다. 왜냐하면 그것은 선험 철학과 마찬가지로 주체의 존재론에 뿌리내리고 있기 때문이다. 더욱이 "비판"이 진전됨에 따라 모순의 해결, 즉 자유의 단순한 합리적 자기동일성을 향한 점진적 근접이 나타난다고 간주된다. 그러나 여기서 한 가지 지적해야 할 것은 어떤 상황 속에서 긴장관계(가령 주인과 노예의 관계)를 식별하는 것과 그 상황에 대한 도덕적 비판을 가하는 것은 별개의 사안이라는 사실이다. 도덕적 비판을 가한다는 것은 인류의 참된 목적을 실현하는 데 더 기여한다고 간주되는 또 다른 상황이 우발적으로 발생할 수 있음을 전제한다는 뜻이다.

테일러가 『정신현상학』을 해석학 내지 역사해석적 시도로 볼 때에라야 그 활용가치를 인정받을 수 있다고 주장한 점은 옳다고 하겠다. 하지만 "내재적 비판"의 개념을 계속해서 유지한다면, 해석학은 사실상 변증법에 종속되거나, 또는 자유의 실현을 위한 필연적 과정을 식별하는 것으로 귀결될 것이다. 『정신현상학』은 단지 『논리의 학』의 전도된 형태일 뿐이다. 말하자면 소외 상태에 있는 유한한 주체로부터 시작할 뿐이며, 존재(Being)라고 하는 최초의 신적 실재가 유한성으로의 외화를 거쳐 자신을 주체적 "관념"(Notion)으로 확립하는 과정을 다루지 못하는 것이다. 헤겔에게 있어 유한한 소외가 필연적인 단계들을 거쳐가야 하고, 또 내재적 비판이 가능한 까닭은 오로지 역사가 절대 정신의 자기전개(self-becoming)이기 때문이다.

따라서 부정의 신화에 의존하고 있는 "변증법"은 데카르트적 보수주의의 또 다른 양식일 따름이다. 이와 같은 변증법이라는 수단에 의거하여 헤겔은 인간의 창작·발화가 지닌 우발성을 도처에서 은밀한 지배권을 행사하고 있는 주체성의 "논리적" 구체화에 재차 종속시키는 셈이다.

3. 무관심의 영역

데카르트적 주체와 부정의 신화를 계속 유지하는 것 외에도, 헤겔이 범하는 세 번째 실수는 무한성을 잘못 해석하는 것이다. 이것은 창작의 종속 다음에 발생하는 두 번째 측면으로서, 여기서 헤겔은 결국 "세속이성"의 한계 내에 갇히는 일이 발생하고 만다. 왜냐하면 그는 무한성을 잘못 해석함으로써 아울러 그리스도교적 창조론을 거부하고 고대 신화가 말하는 "혼돈의 억제"라는 주제로 복귀하기 때문이다. 헤겔은 창조자 하나님의 초월성에 대해 정당하게 사유하려고 하므로, 이를 위해서 무한성의 개념으로부터 벗어나려고 하는데, 여기서 말하는 무한성의 개념이란 무한성을 그저 유한과는 "다른" 것으로 표상함으로써 우리로 하여금 무한성이란 유한과 "관련된" 어떤 것으로 사고하게끔 하며, 그러므로 무한성 자체를 한정하려는 것이다. 하지만 헤겔 자신은 가령 『파르메니데스』에 등장하는 플라톤이나 토마스 아퀴나스와는 달리, 유한과 무한을 하나의 관계, 즉 동일성으로 지양되는 대립의 관계 내에 설정한다. 헤겔에게 무한성이란 충만히 존속하며 다른 어떤 것에도 의존하지 않는 현재적 총체성으로 간주되는 유한성 자체와 실제로 다르지 않다.[23] 이러한 사고는 무규정적 연속체에 대해 그가 품고 있던 거의 파스칼식의 공포감과 잘 들어 맞는데, 그는 이것을 가리켜 "해로운 무한"(bad infinite)이라고 부른다.

무한을 유한성에 의존하지 않은 채 끝없이 이어지는 연속체로 사유하

---

23   Hegel, *Science of Logic*, pp. 138-9, 142-8, 151-4. "The Logic of Hegel" (from *The Encyclopedia of the Philosophical Sciences*), trans. William Wallace (Oxford: Oxford University Press, 1892) paras. 92, 104.

는 것은 사실상 무한을 시간성에 종속시키는 것에 불과하다는 헤겔의 주장
에 대해 동의할 수도 있겠으나, 반면에 이러한 무한을 헤겔처럼 오로지 "현
존"의 측면에서 사유하는 것 역시도 그것을 시간에 종속시키는 것이라고
하겠다. 이렇듯 단순한 "이해"가 가진 이율배반적 조건이 바로 헤겔이 극복
하고자 하는 것임에도 불구하고, 상호 모순되는 진술을 하는 것에 만족한
채로 있어야만 한다.

헤겔의 입장을 위와 같이 해석하는 것에 대해 에밀 파켄하임(Emil
Fackenheim)과 같은 이들은 반대할 것이다. 특히 파켄하임은 헤겔이 사변
철학의 차원에서도 "내재적 삼위일체"(신 안에 창조세계와 인간의 주체적 반응
이 무한히 포함됨을 의미한다)와 "경륜적 삼위일체"(신이 창조와 화해라는 외적 행
위 가운데 존재함을 의미한다)를 구별하고 있음을 강조한다.[24] 그렇지만 헤겔은
내재적 삼위일체를 논하면서 "세계 이전의"(pre-worldly) 삼위일체란 신적
존재가 상대적으로 아직 구현되지 않은 계기를 표상한다고 암시하는데, 그
계기 내에서 삼위일체의 내적 연관은 그저 "추상적" 보편성으로 개괄되며,
로고스의 출생은 삼위일체의 충만한 실현을 위해 필수적인 성육신과 십자
가형에 따른 고통과 진지함을 수반하지 않는 "유희"(즉각적 부정에도 불구하
고, 동일성으로서의 차이가 "보존됨")에 해당될 뿐이다.[25]

그렇지만 헤겔이 신에게도 어떤 면에서는 세계 창조가 필요했다고 말
한다고 해서 그가 그리스도교적 관점에서 말하듯이 "비정통적"인 것은 아
니다. 그런데 헤겔을 가리켜 "비정통적"이라고 할 수 있는 것은 그가 신 안
에 상대적으로 아직 구현되지 않는 단지 추상적 주체성에 불과한 선행적
(prior) 계기를 상정하고 있기 때문이다. 또한 그를 두고서 "이단적"이라고
할 수 있는 것은 그가 영지주의적 방식에 따라 창조를 자기소외로 귀결되
는 하나의 부정으로 사유할 뿐 아니라, 창조 자체를 신과 인간 모두에게 발

---

24   Emile L. Fackenheim, *The Religious Dimension of Hegel's Thought* (Boston: Beacon Press, 1967)
      pp.149-54.

25   Hegel, *Lectures on the Philosophy of Religion*, vol 3, pp. 195, 198-200, 275-6, 293-4.

생한 "타락"으로 보기 때문이다. 이것은 헤겔이 정통 그리스도교와는 달리 악을 유한한 주체성의 전개와 덕성의 출현 및 사랑의 최종적 실현(유한성이 "지양"되어 무한한 이상성으로 복귀하는 때)을 위해 요구되는 필연성으로 보고 있음을 의미한다.[26] 그가 데카르트적 주체성에 따른 몇몇 불가피한 "계기들"을 여전히 고집하는 것과 마찬가지로, 그는 단지 자기 이익과 자기보전을 추구하는 인간의 "악한" 의지 속에서도 자기의식적 인간성을 향한 필연적 시작을 보고 있는 것이다.

내가 헤겔이 마치 범신론자이거나, 무우주론적 일원론자(acosmic monist)—이들에게 있어 유한성은 절대자 내지 무한자와 전적으로 동일하다—인 것처럼 묘사하고 있다고 하여 반론이 제기될 수 있을 것이다. 이에 대해 나는 헤겔이 이러한 두 입장을 모두 회피하되 그것을 아주 특유의 방식으로 행하고 있다는 사실에 동의하고자 한다. 유한성이 궁극적으로 지양된다고 해서 그것이 헤겔에게 있어 유한성에 포함된 전체 내용이 절대자에게 복귀함을 의미하지 않는다. 왜냐하면 그가 보기에 순전히 자의적이고 우발적인 성격을 띤 유한성의 영역은 남아 있는 까닭이다. 찰스 테일러는 헤겔이 이러한 우발성을 허용하는 것을 들어서 그를 칭찬한다.[27] 그러나 다음에서 제시하는 이유로 인해 나는 그것을 헤겔 철학의 가장 취약한 면으로 본다.

여기서 핵심은 헤겔이 그의 범논리주의를 통해서 가장 놀라운 우발성, 가장 순전한 소여성이 미시적인 심급이 아닌 거시적인 심급에서 발생한다는 사실을 인정하지 않으려 한다는 점이다. 특정한 일관성과 확정성을 인식하는 것은 우발적 성격을 띤 주어진 질서 **내에서**만 가능하다. 범논리주의적 전제들은 이렇듯 메타비판적으로 파악된 상황을 근본적으로 뒤집어 버린다. 헤겔에게 있어 "아무래도 상관없는"(indifferent) 것에 불과한 영역이

---

26 Ibid., pp. 296ff. 304–16; *Phenomenology*, 779, 780. 헤겔과 영지주의에 대해서는 다음을 보라. Cyril O'Regan, *The Heterodox Hegel* (New York: SUNY, 1994).

27 Taylor, *Hegel*, pp. 316–20.

존재한다는 사실은 소외와 시간적 유한성을 구성하는 조건에 해당된다. 이 영역의 주요 특징은 그것이 부분적으로는 우연에 의해 좌우된다는 것과, 그 것이 그 범위에 있어서 불확정적인 "해로운 무한"에 해당된다는 점이다.[28] 이 해로운 무한이 참된 무한에 의한 지양을 통해 상쇄되는 것은 **아니**지만, 오로지 이 영역 내에서 주체적 정신은 그 자신의 자기표현을 발견한다. 이 로써 헤겔 철학의 기본 문제는 유한성 영역 내에 그저 "아무래도 상관없는" 것과 절대 정신의 본질적 계기로서 최종 "보존"되어야 할 것을 구별하는 것 이라는 결론이 도출된다. 그러나 이러한 구분을 수행할 수 있으려면, 실재 를 엄격한 위계적 방식에 따라 배치하는 것이 실제로 가능해야 하며, 이로 써 상반되는 것들, 즉 헤겔이 구상한 실재의 피라미드에 속한 양 측면들(정 신/자연)을 하나로 모으는 것이 또한 피라미드의 정점을 향한 상승 운동으 로 직결되어야 한다. 그런데 이 피라미드의 형태 자체가 아래로 내려갈수록 불확정적 우연과 운명의 부침이라는 심연을 향해 끝없이 분화해 가는, 한 마디로 토대 없는 바닥이라고 하겠다.

　이 피라미드에 속한 상승의 각 단계는 매 단계마다 특정한 불확정적 계열에 속한 법칙과 유적 개념(genus)을 가능한 한 절대적으로 또한 한꺼번 에 파악한다는 것을 의미한다. 『정신현상학』과 『논리의 학』에는 인식, 즉 자 기충족적이고 완결된 의미가 어째서 절대적 출발점을 찾기가 불가능한지 를 보여주는 사례들이 들어 있다.[29] 예를 들어 헤겔은 "질" 없는 "양"을 생 각하기가 불가능하고, 그 반대도 마찬가지임을 보여준다. 그러나 (이율배반 을 "해소"하려는 칸트와 유사하게도) 헤겔은 이러한 의미작용의 미로로부터 벗 어나고자 하는데, 이를 위해 그는 이러한 예증들을 확정적 부정에 의해 "앞 으로"만이 아니라 "위로"도 움직이는 논리적 계열에 속한 것으로 만든다. 그 결과 의미작용의 미로가 지닌 순환적 경로들은 그저 저급한 혼돈에 불

28　Hegel, *Science of Logic*, pp. 104, 134-44. "The Logic of Hegel," p. 104.

29　Hegel, *Phenomenology*, 91-6.

과한 것으로 남겨진다. 결과적으로, 헤겔은 "양"과 "질"이 오직 함께 있을 때에만 그 의미가 드러난다고 말하는 것에 만족치 않는다. 대신에 그는 이러한 상호의미작용(inter-signification)을 변증법에 종속시키는데, 이 변증법은 자족적이고 형언불가한 질에서 시작하여 수량적 외연을 통해 자신을 발견하고 마침내 "척도"로서의 자신에게 복귀한다. 그런데 이러한 움직임 속에서 양(quantum)에 속한 순전히 "미미한" 측면들(예컨대 헤겔이 순수 분석적인 것으로 간주하는 산술급수)은 버려질 따름이다.[30] 이러한 피라미드의 상층부로 올라갈수록 "유적 개념"은 지양된 양적 요소를 포함한 질적 평가로 화한다. 이는 급수의 차이가 어떤 시점에서 종류의 차이로 바뀌었기 때문이다.

그러나 이러한 주장은 **자의적**일뿐 아니라, 다른 문화권에서 다른 목적을 위해 만들어진 전혀 다른 질적 구분이 있을 수 있다. 하지만 이 사실을 깨달았다고 해서 질이 양보다 위계적으로 상위를 차지해야 한다는 주장이 즉시 분명해지는 것도 아니고, 더욱이 어떤 우발적인 양적 변이가 있다고 해서 그것을 그저 아무래도 상관없는 것으로 돌릴 수 있는지도 확실치 않다. 우리는 이 양적 변이가 언제 결정적 차이를 초래하는 것으로 판명날지 결코 알지 못한다. 헤겔은 양적인 것이 구체적이고 특수한 것에 대한 진정한 존중과 직결된다고 하는 라이프니츠의 교훈을 무시하는 셈이다.

헤겔의『논리의 학』에 대한 이러한 난해한 고찰은 사실 헤겔이 사회적·정치적 사안을 다루는 방식과 깊이 관련되어 있다—이 점에 대해서는 다음 단락에서 살펴볼 것이다. 여기서 자본주의가 실천되고, 국가에 의한 처벌과 훈육의 행정이 시행되는 영역이 바로 헤겔에게 있어 아무래도 상관없는 영역임이 드러난다. 이러한 실천들은 그 자체로 낯설고 구제불능인 것이지만 그럼에도 그것들이 필요한 이유는 경제와 국가를 운용하는 법률 그 자체가 절대정신의 실현에 있어서 본질적인 계기이기 때문이다. 그러나 여기서 주목해야 할 것은 헤겔이 단지 유한과 무한을 구별함에 있어 심히 비

---

30 Hegel, *Science of Logic*, pp. 79-80, 185, 314ff, 327, 333.

그리스도교적인 방식을 따르고 있다는 점이다. 말하자면 유한한 실재라는 **특정 차원**을 신적 섭리와 신적 선함이 미치지 않는 곳에 위치시키는 것이다. 마키아벨리가 세운 전통에서 보았듯이, 바로 여기서 이교적 혼돈이 되살아난다.

그리스도교가 총체적이면서도 인식불가능한 섭리에 동의하는 반면에, 헤겔은 완벽한 섭리를 부정하면서도, 섭리가 작용하는 제한된 범위 내에서 섭리에 대한 완전한 인식이 가능하다고 주장한다. 이것이 바로 그 유명한 헤겔 형이상학의 **오만**(*hubris*)인 것이다. 그렇지만 이 **오만**이 인간 지성의 한계에 대한 칸트의 비판에 대해 헤겔이 충분히 주목하지 않았기 때문에 발생했다고 할 수는 없다. 차라리 이러한 오만은 그가 칸트의 비판을 메타비판적으로 극복하지 못한 것에서 유래하며, 또한 주체성과 자유가 지닌 초월적 구조에 토대한 인식에 우리가 제한되어 있음을 그가 쉽사리 **용인**한 것에서 기인한다. 헤겔의 주장은 우리의 유한한 주체성의 "한계" 내에서 우리는 무한에 대한 "절대적" 인식을 향유할 수 있고, 유한한 주체는 결국 이 절대적 인식과 동일하다는 것이다. 헤겔의 이러한 주장이 그리스적·그리스도교적 전통 형이상학을 지켜 내기 위한 "최후의" 장엄한 시도(흔히 이런 식으로 주장하기는 한다)는 **아니다**. 왜냐하면 헤겔의 형이상학은 신적 조명(*illuminatio*)이나 하만과 헤르더가 제시한 언어적 계시(고전적 조명론에 대한 근대의 "바로크적" 이해)를 동반하지 않는 형이상학이기 때문이다. 그 대신에 헤겔은 유한한 "출발점"으로부터 무한을 추론하고자 하며, 그러한 "영지주의"에 걸맞은 영지주의적 신화를 덧붙이는데, 그 신화 속에 등장하는 신은 필연적 자기외화와 자기복귀의 과정을 거치면서 그저 물질적이고 변변치 못한(*indifferent*) 껍데기들을 흩어 놓은 채 떠나버린다.

4. 진정성과 위조성이 혼재된 도의성

앞의 두 단락에서 나는 헤겔이 일부 성공적이기는 하지만, 결국 **포에시스**(*poesis*) 및 "혼돈의 억제"(inhibition of chaos)에 관한 근대의 "세속적" 전제를 문제 삼는 것에 어떻게 실패하는지를 보여주었다. 이번 단락에서 나는 **프락시스**(*praxis*) 내지 인간의 도덕적 행위에 관한 근대적 전제에 대해서도 동일한 판단을 내릴 수 있음을 보여줄 것이다.

프락시스란 유구한 아리스토텔레스적 의미에 따르면 범주상 "윤리적"으로 간주되는 행위의 차원과 관련되었다. 왜냐하면 이 말은 한 사람의 본질적 존재 내지 성격(*ethos*)과 분리될 수 없는 것이기 때문이다. 즉 이 말이 의미하는 행동은 또한 존재이기도 했던 것이다. 이 말은 또한 특정한 목적(*telos*)을 지향하는 행위를 함축했다. 그러나 여기서 말하는 목적이란 그 목적을 성취하기 위해 사용하는 바로 그 수단 안에 이미 내재한 것으로서 이른바 "덕성"의 실천을 가리키는 것이었다.

이러한 두 가지 설명이 함축하는 것은 "선한 의지" 내지 순수한 동기라고 해서 그것을 바로 본질적 선으로 간주할 수 없다는 점이다. 왜냐하면 선한 의지가 외적 행동의 측면에서 규정되기 전까지는 우리가 이 "선함"에 어떤 내용도 부여할 수 없기 때문이다. 아울러 이러한 설명이 또한 함축하는 것은 외적 행동을 의도성 및 덕스런 성격의 여부를 배제한 채로 성과 내지 결과라는 측면에서 순전히 "객관적으로" 규정할 수 없다는 사실이다. 이는 우리가 인간의 행동을 규정할 때 그것이 어떤 주장이나 이유나 목적을 구체화하는 사실에 입각해서 판단하기 때문이다. 따라서 그 행동이 실현하는 "목적"은 문화적 규범과 기대치라는 전체적 복합체 내에서 그 행동이 어떠한 위치에 있는가에 따라서 해석될 수 있을 뿐이다.[31]

보댕, 그로티우스, 홉스의 뒤를 잇는 근대 정치이론은 아리스토텔레스의 이러한 프락시스 개념을 포기하였다. 그 대신에 도덕성은 점차 내면의 의지와 양심에 관한 사안이 되었다. 반면에 외적 행위는 이제 주관적 동의를 거치지 않고 국가가 정당하게 "조정"할 수 있는 대상이 되기에 이르렀다. 정치는 더 이상 수사와 설득의 장으로 간주되지 않았으며, 그 대신에

---

31   본서의 11장을 보라.

기술로 전락해버렸다.[32] 아울러 특정한 덕목들을 진작하는 것(과거에는 정치의 본질 그 자체였다)이 더 이상 공동체가 추구해야할 목표에 해당하지 않게되었다.

그렇지만 헤겔은 이렇듯 도덕성과 정치가 분리된 상황에 대응하여 폴리스의 "관습적"(sittlich) 도덕성을 재원용하였다. 그 결과 그가 프락시스로 복귀한 것에는 근대적 윤리이론에 대한 비판과 근대적 정치이론에 대한 비판이라는 두 가지 측면이 존재한다. 첫 번째 경우에 있어 그는 윤리에 대한 칸트의 "의무론적" 접근과는 현격하게 의견을 달리한다. 헤겔이 보기에 선함의 본질이 일정한 덕성을 성취하여 소유함에 있는 것이 아니라 "선한 의지"를 소유함에 있다고 보는 것은 오류로 여겨졌다. 왜냐하면 아무리 흠잡을 데 없는 의도를 갖고 있다고 하더라도 그것이 덕성의 실제 발휘라는 측면에서 규정되지 않는다면, 선한 의지는 제대로 포착하기 힘들고, 그것만으로 열매를 맺지 못할 뿐 아니라 그것이 세상의 실제적인 악과 결탁하는 일도 있기 때문이다.[33] 목적의 순수성을 자기 안에 온전히 간직하고 있는 "아름다운 영혼"이 있다손 치더라도, 그것은 실제로 공허한 주체에 불과할 뿐, 칸트가 상정한 것과 같은 진정 자유로운 주체는 아닌 것이다. 마찬가지로 도덕적 행동이란 육체를 벗어난 자유로운 영혼들의 공화국에서 누구나 보편적으로 희망하는 것이어야 한다는 식의 그러한 단일한 필요조건으로부터 진정 도덕적인 행동을 모두 도출하는 것도 불가능한 일이다.[34] 이러한 시도는 우리 개인이 자유로운 주체라는 사실(이것은 칸트가 보기에 논리적으로 다른 자유로운 주체들에 대한 존중을 포함한다)에 형식적으로 함의되는 내용

---

32 본서의 1장을 보라.

33 G. W. F. Hegel, "The spirit of Christianity and its fate," in *On Christianity; Early Theological Writings*, trans. T. M. Knox (New York: Harper and Row, 1961) pp. 210-12, 235. *Hegel's Philosophy of Right*, trans. T. M. Knox (Oxford: Oxford University Press, 1952) paras. 124, 139. 임석진 옮김, 『법철학』(한길사, 2008).

34 Ibid., pp. 135, 104-41. *Phenomenology*, 532-71. *Hegel's Philosophy of Mind*, trans. William Wallace (Oxford: Oxford University Press, 1984) paras. 506-12.

으로부터 모든 도덕적 규범을 도출하려는 것인데, 그것은 (굳이 헤겔식의 실례를 하나 든다면) 부정직함이 자유에 미치는 해악이 없어 보이는 상황에서도 왜 사회가 개인들에게 정직함을 견지하도록 권장하는지를 제대로 설명하지 못한다. 여기서 필요한 것은 보편화된 추상적 이유를 내세우는 것이 아니라, 정직과 같은 일정한 덕목을 형성하도록 촉진하는 특수한 사회적·관습적 맥락을 살펴보는 일이다. 특정한 경우에 어떤 종류의 덕목을 본으로 삼을 것인지를 결정하는 일은 한 사람이 지닌 사회적 역할에 달려 있을 뿐 아니라 해당 사회의 상황에도 달려있다고 하겠다. 이렇듯 행동을 역할과 상황에 맞추는 것을 가리켜 아리스토텔레스는 포괄적 덕목인 **프로네시스**(phronesis)—라틴어로는 **프루덴치아**(prudentia: 현명함)—의 발휘라고 불렀으며, 헤겔도 도의성(Sittlichkeit)이 지닌 이러한 측면을 자기 나름의 방식으로 확인하고 있다.[35]

헤겔은 (관습적 윤리에 반대되는 칸트적인) 단순한 도덕성(Moralität)이 해로운 무한 안에 갇혀 있다고 본다. 칸트에게 있어 자유 내지 이로 말미암은 도적적 행위는 육체적·감각적 충동의 형태로 나타나는 본성(nature)에 대한 저항을 통해서만 확보될 수 있다고 헤겔은 지적한다. 왜냐하면 칸트의 입장에서 볼 때 본성은 한 치의 어긋남도 없이 인과적 결정에 따라 좌우되기 때문이다. 이러한 칸트의 도덕론은 사람이 자신의 본성에 맞서는 의지의 법에 대한 복종을 말한다는 점에서 하나의 이율배반을 수반할 뿐 아니라, 자유가 강압적 힘에 맞서는 저항에 달려 있듯이 선한 의지는 선한 의지에 대한 무한한 추구일 수밖에 없음을 시사하기도 한다.[36]

헤겔은 근대 자유주의 정치에서 이렇듯 해로운 무한에로의 복종과 동일한 현상이 있음을 간파해낸다. 그는 루소가 공화주의적 덕목을 참으로 부활시켰다는 것을 인정치 않는다. 왜냐하면 루소가 말하는 "일반 의

35 Hegel, *Philosophy of Right*, pp. 135, 142-57. *Philosophy of Mind*, pp. 513-16.
36 Hegel, *Philosophy of Right*, p. 124.

지"(general will)는 생명과 재산에 대한 자신의 자유를 의욕(will)하는 모든 개인의 특수 의지(particular wills)를 보편적으로 추상한 것에 지나지 않기 때문이다.[37] 개인적 자유에는 늘 일정한 제약이 존재하고, 개인적 자유를 위협하는 요인에 대한 염려가 늘 존재하기 마련이므로, 일반적 의지는 본질적으로 하나의 부정적 의지로 기능하면서 자유에 장애가 되는 모든 실제적이고 가능한 위험을 제거하는 데 매진한다. 매우 신속하게도 이 부정적 자유주의에 불과한 것은 프랑스 혁명기에 출현한 **용의자 관리법**(*loi des suspects*)에서처럼 정치적 테러로 변형되기 마련이다. 이 점에서 칸트가 자유를 "공포스러운 숭고성" 및 투표권을 갖지 못한 자들과 결부된 (이슬람과 같은) 열광주의와 결합시킨 것은 주목할 만하다. 그럼에도 그가 도덕적 자유가 더 극심한 부정성을 띠게 되면 공포와 광적 열광주의는 소멸하고 말 것임을 암시하는 대목은 그다지 설득력이 없다. 칸트는 자유주의적 계몽운동이 자의적인 것을 풀어놓음으로써 가장 순수한 형태의 테러로 전락하고 말았다는 견해를 거부한다.[38]

헤겔은 피히테의 정치관에 대해서도 유사한 관찰을 진행하면서, 그 연원을 자기정립적 에고에 관한 선험 철학에서 찾고 있는데, 그 에고는 자체적인 내용을 갖지 못한 채로 경험적 실재를 배경 삼아 작동할 뿐이다. 무엇이든 가능한 정치적 세계를 상정해 보자. 거기서 오로지 공통된 기준은 유한한 자아에 대한 보호인데, 피히테의 견해에 따르면 이 기준은 인명과 재산에 대한 고의적 범죄의 금지로 확대될 뿐 아니라, 개인이 타인의 자유를 우발적으로 침해하고 억압하는 다양한 상황에까지 확대되어야 한다. 이러한 사태가 발생하는 것을 막기 위해서, 또한 자유시장의 원활한 작동을 보장하고 가용한 정보와 결과의 예측가능성을 최대한 확보하기 위해서 "감시"라는 의미의 국가 "경찰"(*Polizei*)의 광범위한 확대가 있어야만 한다.[39] 이

---

37   Ibid., p. 258.

38   Ibid., *Phenomenology*, 582-95. Kant, *Critique of Judgement*, pp. 131-6.

39   Ibid., p. 79. Hegel, *The Difference between Fichte and Schelling's System of Philosophy*, pp. 146-7.

렇듯 피히테가 실제로 상정하는 것은 신분증·국내용 여권·감찰자에 대한 감찰 시스템·관료제의 확대 등으로 이루어진 세상이다. 그러나 이러한 세심함은 결코 멎을 줄을 모른다. 그리하여 그것이 계속 진전됨에 따라 자유의 보호는 결국 자유의 점진적 제한으로 전환되기 마련이다. 이 점에서 헤겔은 근대 정치의 핵심적 측면인 감시(surveillance)에 대한 푸코의 폭로를 예시한다. 그러나 그는 푸코보다 분명하게 이 현상을 "권리"의 보호와 연결하면서, 이와 같은 절대주의란 단지 자유주의의 이면에 불과함을 암시하고 있다.[40]

　　헤겔이 보기에 근대의 의무론적 윤리와 근대 정치는 단지 "소유"(자아의 소유와 자기 재산의 소유)로서의 자유라는 지점으로 수렴된다. 따라서 헤겔은 칸트의 도덕론이 루소의 정치학을 선험론적으로 옮겨 적은 것에 불과하다고 간주한다. 말하자면 만인의 자유는 각 개인의 자유여야 한다는 일반의지의 표현이 바로 정언적 명령이 되는 것이다. 헤겔이 보기에 이러한 정언적 명령이 요구하는 것은 오로지 행동하되 그것이 추상적 자유 안에 있는 사적 자기의지가 지닌 논리적 동일성을 침해하지 말아야 한다는 것이다. 따라서 이러한 실질적 공허로 말미암아 자유는 무정부 상태 및 테러를 야기하는 면죄부가 되고 만다. 그럼에도 불구하고 헤겔이 주체의 존중에 관한 칸트의 이론을 그저 부르주아적 소유 관계에 불과한 것으로 보았다는 말은 사실이 아니다. 이것은 헤겔의 입장을 마르크스적 시각에서 오독한 것에 해당된다. 도리어 헤겔은 "도덕성"(morality)을 로마 시대의 스토아적 의식으로부터 구별해 낸다. 헤겔은 전자의 도덕성이야말로 그리스도교와 계몽주의의 특징이며 칸트가 이것을 가장 잘 파악했던 반면에, 후자의 스토아적 의식은 자기소유가 함축하는 바를 실제로 내면화하는 데 실패했다고 생각한다.[41] 헤겔의 견해에 따르면 로마시대에 공화국이 와해되고 제국이 들어

J. G. Fichte, *The Science of Rights*, trans. A. E. Kroeger (London: RKP, 1970). Pp. 374-87.

40　Hegel, *Philosophy of Right*, p. 29.

41　Ibid., p. 104.

섬에 따라 "민주적" 충동은 오로지 자신의 사적 권리만을 인정하는 가운데 폭력과 힘으로 전락한 법률과 대치하게 되었다. 스토아적 대응은 이러한 영역으로부터 물러나서 **아파테이아**(*apatheia*)라는 개인적 평정을 추구하는 일종의 체념적 침잠이었다. 스토아적 의식은 추상적 소유권이 소유적 주체의 의지와 통합성에 대한 존중임을 파악하는 데까지 이르지 못했다. 반면에 주체가 그 자신을 위한 목적이자 진리의 보루(*locus*)임을 발견한 것은 헤겔이 보기에 특별히 그리스도교에 의한 업적이다. 그러한 주체의 발견은 처음엔 도덕성(*Moralität*)이라는 "낯선" 형태로 구현되었고, 그 후 최종적으로는 아테네적 폴리스가 이룩한 것보다 더 진정성 있는 **도의성**(*Sittlichkeit*)의 형태로 실현되었다.

이렇듯 그리스도교가 주체적 자유의 도덕성 및 도의성과 관계되어 있다는 것이 헤겔의 윤리론 및 정치이론의 주요 핵심이며, 본서의 주제와도 가장 관련성이 깊은 부분이기도 하다. 그런데 특별히 이 점에 대해서 나는 헤겔에 대한 동의와 반대를 나타내고자 한다.

내가 헤겔에 대해 동의하는 이유는 그가 그리스도교가 서구 역사에 기여한 변화를 확인하려는 깊이 있는 시도를 하기 때문이며, 아울러 그리스도교적 사회 경험이 지닌 독특한 양상을 사회학이나 마르크스주의에서처럼 "기본적"이라고 간주되는 사회적 차원으로 환원하려고 하지 않기 때문이다. 이러한 보다 순수한 형태의 역사주의야말로 교회중심의(ecclesially-centered) 신학에 기여할 수 있다. 이러한 시도 중에서 가장 특기할 만한 점은 헤겔이 그리스도의 성육신과 십자가 죽음 및 초기교회의 부활 경험에 커다란 인과적 효력을 부여한다는 사실이다.

로마제국 당시의 "스토아적 의식"은 헤겔이 보기엔 세계사의 결정적인 "전환점"을 목전에 둔 시점에 정신을 자연과 분리시키는 하나의 극단적인 계기를 대표한다고 하겠다. 그렇지만 헤겔은 이러한 상황이 그저 피히테류의 "내적 분투"(inner striving)에 의해서 극복될 수는 없었다고 본다. 이 점은 "내적 경건"(inner piety)만으로 참된 종교를 구성할 수는 없는 것과 마찬가지다. 이것은 자연과 정신을 통일시키는 참된 실체적 주체성의 정립을 위한 전제가 바로 이 두 계기 사이에 또한 신과 유한한 세계 사이에 존재하는 실질적 동일성이기 때문이다. 그러나 "스토아적" 주체는 추상적으로 무한한 주체일 뿐, 진정한 자기반성의 능력이 없으므로 자신과 외부적 감각계 간의 관련성을 파악할 수 없다.[42] 결과적으로 절대이념(무한과 유한의 통일 및 정신과 자연의 통일) 자체는 "타자를 위한 존재"로서 "감각적 직접성"이라는 위장된 형태를 띠고 나타나야만 한다. 이것이 유일하게 의식이 현단계에서 "즉자적이며 동시에 대자적인" 주체의 관념에 도달할 수 있는 방법이다. 이렇듯 최종 상태를 선취(anticipation)하는 가운데 주체는 완전 실현된 상태의 참 자유에 도달하는데 이러한 자유는 자연적 필연성과 동일한 것이다. 이와 같은 사고에서 낯설게 다가오는 것은 (적어도 『종교철학강의』에서 제시된 대로라면) 변증법이 전혀 문화적 형식을 통해 매개되는 것처럼 보이지 않는다는 점이다. 로마제국의 붕괴가 성육신(Incarnation)에 의해 단지 **중단**된 것처럼 나타난다. 여기서 성육신이란 모욕당한 이념(Idea)이 정치적 표상을 띤 문화적 형태가 아닌, 헤겔이 강조하는 대로 자연적이고 감각적인 직접성으로 출현하는 것을 가리킨다.[43] 변증법적 과정은 이념으로 하여금 구체적인 신화적 이미지로 나타날 것을 요청한다고 할 수 있다. 그러나 한 개인의 실제 역사적 삶에서 그러한 이념의 발현을 알아볼 수 있으려면 커다란 노력이 동반되어야 한다. 성육신은 실로 하나의 "괴물 같은 현실"이며, 헤겔적 관점에서 그 "필연성"이 무엇인지는 명백하게 드러나지 않는다.

　　이것은 헤겔이 변증법적 메타서사의 한 가운데에 복음의 설화(the Gospel story)를 삽입하는 데서 드러나는 기벽 중 하나에 불과하다. 또 다른 독특성은 성육한 로고스가 말하자면 자신의 시간 이전에 잘못된 장소에 자리하고 있다는 사실이다. 이에 따른 우발적 요소는 헤겔의 서사를 풍부하게

42　Ibid., pp. 34-104. *Lectures on the Philosophy of Religion*, vol 3, pp. 210ff, 308ff.

43　Ibid., pp. 110-14, 214-15, 313-16, 317.

함과 동시에 그것을 위태롭게 하는 위협적 요인이기도 하다. 만약 인간 문화의 변증법적 전개 방식에 집착하게 되면, 스토아적 체념이 그저 중세적 "불행 의식"으로 전개되기를 기대하기 마련이다. 이러한 의식 속에서 정신은 자신이 자연으로부터 분리되었을 뿐 아니라, 자신의 경건하고 도덕적인 열망의 대상이 되는 신으로부터도 분리되었음을 의식한다. 하지만 현세에서 이러한 분리를 극복하기 위해 할 수 있는 것은 아무것도 없다.

『정신현상학』에서 헤겔은 이러한 것을 암시하는 듯이 보인다. 여기서 스토아주의는 회의적 자아의식으로 전환하는데, 이 의식 속에서 자아는 자신이 지속적으로 확인해야만 하는 감각계와 공적 윤리원칙에 대해 의심함으로써 순수 부정성으로 환원되고 만다. 이 회의적 자아의식은 그다음 단계에서 "불행 의식"으로 전락하며, 외적 자연 및 무한한 "타지"(elsewhere)에 위치한 어떤 절대성으로부터 자기 자신이 소외되었다고 느낀다.[44] 이러한 중세적 국면에 있어서 역사적 그리스도로부터 멀어진 거리감은 연합의 대상이 되는 불변하는 신이 지닌 낯선 속성에 대한 내용을 더해주고 그것을 강화하는 것처럼 보일 뿐이다. 비록 성육신의 개념으로 말미암아 "불변적인 것"이 또한 "개별적인 것"이라는 통찰을 얻게 되었음에도 불구하고 이 개념은 이제 더욱 순전히 신화적인 것으로 전락해 버리는데, 그 이유는 그것이 이제 기억과 "표상"의 문제가 되기 때문이다. 말하자면 "그리스도"는 언제나 부재한, 즉 시공간적으로 "멀리 떨어져 있는" 예수라는 개념과 동일하다. 이 예수는 모욕당한 절대성이 감각적 자연의 편에서 취한 주도성으로서 "현존"하는 그러한 예수가 아닌 것이다.

그렇지만 헤겔의 『종교철학강의』는 그리스도가 처음부터 구체적으로 현존함을 분명히 언급하는데, 그리스도는 확고한 도의적 실천을 고취할 뿐 아니라, 그의 죽음 이후에도 즉자적이자 대자적 존재인 신과의 완전한 "화

---

44 Hegel, *Phenomenology*, 204-30, 758-63.

해"를 선취하고 이를 통해 형성되는 공동체를 발생시킨다.[45] 여기서 성육신은 조숙한(premature) 성격을 띠고 있는데, 이 말은 그리스도인들이 죽은 구세주에 대한 기억 속에서 낯선 형태의 화해를 추구할 뿐 아니라, 예수의 **지상 생애**(내지 이 생애를 표상하는 양식)도 비록 독특한 방식이기는 하지만 근대에 들어와 실현되는 도의성을 선취한다는 뜻을 내포하고 있다. 따라서 그리스도의 "감각적 직접성"은 구원의 소외된 표상(구원이 "저 세상에서" 일어나고, 비사회적 이상 안에 존재하며, 개인을 직접적으로 상대한다고 보는 생각)을 초월한다. 그러나 이 소외된 구원이 바로 변증법에서 요청하는 전부일 뿐 아니라 『정신현상학』에서 다루는 전부이기도 하다.

『정신현상학』에서 제시된 변증법적 시각에서 바라보게 되면, 헤겔이 그리스도교(그리스도의 생애와 교훈)를 애초부터 내적 성찰을 향한 스토아주의적 전환을 대표하는 것으로 해석하리라고 기대하게 된다. 이러한 해석은 사실상 원-칸트주의와 같다. 사회학이나 뒤르켐, 베버, 트뢸치 등도 그리스도의 생애와 교훈을 정확히 이런 식으로 해석하고 있다. 그러나 이와는 달리 젊은 시절의 헤겔은 예수를 칸트와 대립시키려고 했으며, 예수가 제 자리를 찾지 못한 채로 실패할 수밖에 없는, 때이른 도의성을 대변한다고 보았다.

그리스도교에 대한 헤겔의 이러한 초기 해석은 추측컨대 그가 신학에 남긴 진정한 공헌을 대변한다고 하겠다. 복음이 "율법을 능가"한다고 함은 예수가 율법의 내면화를 선포했다거나 "선한 의도"가 중요하다는 말이 아니다. 도리어 복음이 율법을 능가한다는 말은 윤리적인 것을 삶과 인간 주체를 "판단하는" 기준으로 보는 모든 관념이 여기서 극복된다는 뜻이다. 헤겔의 말을 옮겨보자면, "네 이웃을 사랑하라"는 계명은 도덕성의 주체에 대해서가 아니라 도적성의 대상에 대해 제한을 설정하는 것이다. 이 말은 실

---

45   Hegel, *Lectures on the Philosophy of Religion*, vol. 3, pp. 218, 317, 327, 329.

제로는 전혀 명령이라고 할 수 없다.[46] 왜냐하면 살의와 탐욕에 맞서 "당위"에 호소하는 대신에, 예수는 우리가 가족이나 지역 사람들만이 아니라 심지어 만날 기회가 없는 낯선 이들 가운데서도 자연스러운 이웃관계를 맺는다는 사실에 호소하기 때문이다. 이 자연스러운 사실이 드러나지 않을 수도 있지만, 상호간의 화해를 통해 되살아 날 수도 있다. 그러므로 이렇게 사랑으로 맺는 결속, 이러한 기쁨이야말로 미움과 질시와 속임수로 치닫는 의욕을 참으로 이기고 극복하는 것이다. 칸트식으로 선한 의지를 향한 끝없는 전진이라는 생각은 결국 성령이 모든 악을 극복할 것이라는 그리스도교의 믿음을 부인하는 데 이를 것이라는 헤겔의 주장은 복음에 매우 충실하다고 하겠다. 그는 또한 우리가 "은총을 필요로 한다"는 생각을 칸트보다 더 잘 이해한다. 왜냐하면 악의 극복은 먼저 그리스도 안에서 실현되어야 하고 우리는 단지 "도덕적" 노력에 불과한 수준을 실제로 넘어서는 정도에 따라 완전에 도달하기 때문이다.

따라서 헤겔은 "그리스도교의 정신과 그 숙명"(The Spirit of Christianity and its Fate)이라는 글에서 예수의 가르침과 스토아 철학자들의 가르침을 혼동하는 것에 크게 반대한다. 그렇지만 그 역시 예수와 고대적 도의 간에 거리가 있음을 주목한다. 화해, 즉 서로 상호성을 인정하는 것이 최종 목표라고 한다면, 그리스도교의 고유한 덕성은 폴리스 내에서는 실현될 수 없다는 것이다. 폴리스 내에서는 엄격한 위계에 따른 구분이 존재하므로, 어떤 이들은 타인의 노예로 살아가며 아무런 자유의 특권도 누리지 못하는 까닭이다. 화해는 만인의 평등 및 만인의 자유를 의미한다. 물론 화해는 이 두 가지를 다 넘어서는 것이지만 말이다. 그렇지만 별개의 독립된 주체를 각각 정당하게 취급하기 위한 목적만을 위해 평등과 자유를 추구한다면, 평등과 자유는 그 정당성을 뒷받침해주는 집단적인 토대를 상실하고 말 것이다.[47]

---

46   Hegel, "The spirit of Christianity and its fate," p. 210ff.
47   Ibid., pp. 210ff, 215, 238-9, 287. *Philosophy of Right*, p. 124.

그럼에도 불구하고 자유는 화해를 위한 필수 조건일 뿐 아니라 추구해야 할 적극적 가치이기도 하다. 자유는 예수의 가르침을 고대적 도의로부터 구별시켜 준다. 이와 마찬가지로 창조주 하나님에 대한 그리스도교의 사상은 궁극적 진리에 대한 관념을 궁극적 주체성에 대한 관념과 새롭게 결합시키는 것을 의미한다. 이러한 주제들이 비록 왜곡된 형태이긴 하지만 계몽주의에서도 여전히 중요한 위치를 차지하고 있다고 한다면, 그 이유는 단지 그리스도교가 일찍이 그 주제들에 대해 긍정했기 때문이다. 헤겔은 이 점에 있어서도 확실히 옳다고 하겠다. 그렇지만 이 말이 칸트와 피히테를 정당화하려는 것은 아니다. 왜냐하면 궁극적 목표에 속하는 것은 바로 창조적 표현의 자유이며, 이러한 자유는 그 수단만이 아니라 그 내용의 측면에서도 **바르게** 행사되어야 하는 까닭이다. 만인이 객관적으로 수긍할 수 있는 참된 내용을 발견함에 따라 주체들 간의 상호 "인정"도 지속적으로 새로워진다. 그러나 우리가 이미 암시했듯이 헤겔은 이러한 비전을 배반하는데, 그것은 바로 그가 자유의 참된 내용을 결정하는 **논리**가 존재하며, 그 확정된 내용은 추후에 파악할 수 있다고 주장하는 대목이다.

예수의 가르침에 대한 헤겔의 분석이 그토록 훌륭함에도 불구하고 그것이 또한 헤겔이 변증법에 의해 프락시스를 왜곡하고 위장된 도의성을 내세우는 방식으로 진행됨으로써 심하게 빗나가기도 한다.

헤겔은 예수가 새로운 종류의 인간 공동체를 세운 것이 전적으로 우발적 사건임을 받아들일 수 없었다. 물론 그가 이런 식의 양보를 통해 자신의 메타담론에 그리스도교의 조숙성이라는 문제를 제기하는 것도 사실이기는 하다. 젊은 시절의 헤겔이 보기에 예수는 사회·정치적 견지에서 자신의 도덕적 비전을 실현할 수 없었다. 왜냐하면 그는 전혀 호의적이지 않은 환경 속에서 그것을 추구했기 때문이다. 유대인들은 (추정컨대) 하나님과 자연의 분리를 극단적 수준으로까지 몰고 갔으며, 이와 마찬가지로 로마인들은 자연과 개인 간의 분리를 완결지었던 것이다.[48] 그 결과 결혼·가족·경제적 배치와 같은 순수 "자연적" 제도들조차 법적 규정이라는 매우 복잡하고 인위적인 체제의 지배 하에 놓이게 되었다. 바로 이 지점에서 헤겔은 유대교에 대한 자신의 견해에 있어 매우 그릇되게도 문화적 제도 전체를 자연의 법칙에 종속시키는 것을 (의미심장할 정도로 충분하게) 볼 수 있다. 이러한 오류는 그가 표현을 논리에 종속시키는 것과 동일한 행태이며, 인간의 생을 법과 대조적인 것으로 보는 자신의 관념에 전적으로 자연주의적인 설명틀을 부여하는 것이다.

헤겔의 견해에 따르면 이렇듯 비호의적으로 추정되는 환경 탓에 예수의 가르침은 세계를 부정하는 방향으로 나아갈 수밖에 없었다는 것이다. 아니면 차라리 예수의 가르침은 사적 재산권과 처벌이 존재하지 않는 "불가능"의 세계를 옹호하게 되었다고 하겠다.[49] 예수의 도의적 도덕성은 그 자체가 조숙한 것이었기에 사회적 현실에 대한 제대로 된 파악을 결여한 채로 작고 고립된 공동체 안에서 본보기로 제시될 뿐이었다. 예수의 죽음 이후에 그의 직접적 현존이 그의 형상을 통한 매개적 "표상"으로 전이됨에 따라 그 공동체도 "타계적" 영역으로 투사되는 현상이 촉진되었고, 따라서 그리스도인들도 이제 유배지에 있는 시민들로 여겨지게 되었다. 그리스도교도 예술과 마찬가지로 "표상"의 문제가 되었으므로, 그리스도교는 사변 철학만이 파악할 수 있는, 보편적 도의가 실현된 미래를 "상상적"(따라서 낯선) 관점에서 예시하는 것으로 여겨지게 되며 따라서 인간의 본래 목적지는 "다른 세상"에 있는 것으로 간주된다. 이러한 표상의 계기는 "불행 의식"이라는 측면 속에 그 변증법적 위치를 지니고 있음이 분명하다. 그렇지만 그리스도교의 조숙성이라는 주제가 중간에 끼어듦에 따라 그와 같은 표상은 오로지 **실제로** 발생했던 선취적(anticipatory) 프락시스에 대한 기억으

---

48   Hegel, "The Spirit of Christianity and its fate," pp. 284–6.

49   Ibid., pp. 227ff, 287–301.

로서만 가능하게 된다. 물론 이 기억마저도 어떤 면에서 자기기만적이지만 말이다. 그런데 헤겔이 보기에 이러한 선취적 **프락시스**가 초기교회 안에서 영속화된 것은 사실이기도 하다. 왜냐하면 예수의 상실, 즉 무한한 중요성을 지닌 이러한 인물을 상실한 것에 대한 "무한한 비통함"으로 말미암아 예수의 제자들은 모든 주체가 이러한 무한한 중요성에 참여할 수 있다는 생각에 대한 온전한 파악에 이르기 때문이다. 이러한 국면을 헤겔은 성령 시대의 시작이라고 보는데, 이 시대는 기억이나 표상이나 열망에 불과한 상태가 극복되고 교회가 국가 곧 정치적 공동체와 동일시될 때에만 참되게 성취될 것이다.[50]

그렇지만 이러한 성취는 프락시스의 실현이 아니라 변증법에 따른 귀결일 뿐이다. 참된 그리스도교적 도의성은 헤겔이 볼 때 근대적 주권국가의 상황 및 발달된 자본주의 경제 하에서만 가능하다. 그렇지만 헤겔에 반대하는 입장에서 이는 위장된 도의성(pseudo-*Sittlichkeit*)으로 간주되어야 한다. 왜냐하면 그리스도교의 "숙명"에 대한 헤겔의 가르침 속에 이미 혼란의 요인이 잠재해 있기 때문이다. 그는 화해의 핵심에는 용서가 있다고 강조하면서 용서를 "숙명의 무효화"(the cancellation of fate)라고 정의하는데, 이는 복수와 처벌이 또 다른 공격과 처벌로 이어지는 공격의 무한 반복을 차단하는 것을 의미한다.[51] 후자야말로 숙명지어진 과정이라고 하겠다. 왜냐하면 공격을 가한다는 것은 헤겔의 자연법 이론에 따르면 현실의 어떤 측면을 무시하는 것이고, 이러한 측면은 결코 잊을 수 없는 형태로 다시 나타나서 결국엔 가해자도 파멸시키기 때문이다.[52] 직접적 복수나 그 변형된 형태인 형벌이나 모두 인간의 자연스러운 반응이라고 하겠으나 그럼에도 용서

---

50 Hegel, *Lectures on the Philosophy of Religion*, vol. 3, pp. 339-47. *Phenomenology*, p. 763. G. W. F. Hegel, *The Philosophy of History*, trans. J. Sibree (New York: Dover, 1956) pp. 341-57. 권기철 옮김, 『역사철학강의』(동서문화사, 2016).

51 Hegel, "The Spirit of Christianity and its fate," p. 236.

52 Hegel, *Philosophy of Right*, pp. 93-4.

를 통해 이것을 극복하고 "무효화"하는 것이 가능하다. 하지만 헤겔이 보기에 예수가 처한 비극은 용서와 화해가 결코 모든 것을 다 포괄할 수 없다는 사실이다. 이를테면 예수는 숙명을 피하려다가 모든 것 중에서 가장 커다란 숙명, 즉 이후 인간 역사의 전 과정을 조건 짓는 비극과 맞닥뜨리게 된 것이다.[53] 사적인 필요 때문에 세워진 자연적 가족, 복수/처벌, 사유재산과 교환관계로 이루어진 세상이 그 거절의 경험으로 말미암아 가장 큰 규모의 복수를 가하는 일이 거의 필연적이라 하겠는데, 이러한 복수로 말미암아 기원후(A.D.)의 역사라는 공간이 상처투성이의 공간이 된다. 물론 헤겔의 영지주의적 관점에서 보면 그러한 상처가 하나의 **파르마티콘**(pharmatikon: 독약/치료제)이 되어 스스로를 치유하는 면이 있기도 하다.

이러한 역사의 상처가 너무나 깊은 나머지 애초에 스토아적 세계(여기서는 공적 영역이 추상화된 소유권에 의해 좌우된다)를 문제 삼는 데서 출발했던 그리스도교가 추상적 권리를 더 깊이 구축하는 것으로 마감되고 만다. 이는 중대한 내용을 죄다 초자연적 영역으로 돌려버림에 따라 세속 세계를 형식화된 권력 관계만이 횡행하는 영역으로 방기해 버렸기 때문이다. 일상의 사회적 관행이 상호 "인정"의 거룩함과 얼마나 다른 것인지를 드러냄으로써 예수와 교회는 실제로 더욱 노골적이고 위험한 세속성을 향해 길을 열어준 셈이다. 그리고 이 세속성의 영역 내에서 권력에 의한 조작은 더욱더 의식적인 절차가 된다. "불행한 의식"의 국면을 다루면서 헤겔은 통제할 수 없는 권력에 대해 신앙의 무력함을 대조시키는 이원적 구조의 시작을 간파할 뿐 아니라 이원적 구조의 각 측면이 서로를 이용하므로, 교회가 권력의 메커니즘을 이용하는 한편, 국가도 그 작동방식을 초월적 신비화의 요소로 은폐하고 있음을 밝혀낸다. 헤겔이 보기에 계몽주의의 잘못은 주로 서구 그리스도교가 자행해온 이러한 특징을 실제로 더 **악화**시킨다는 것이다. 말하자면 계몽주의 시대에 들어서면서 "최고 존재"는 구체화된 윤리적 내용을 완

---

53   Hegel, "The Spirit of Christianity and its fate," p. 286.

전히 박탈당하게 되고, 이러한 형태의 종교는 집단적 차원의 도덕적 헌신을 결여한 자율적·세속적 문화와 결탁하고 마는 것이다.[54]

이러한 헤겔의 견해는 그리스도교 역사의 실제 진행 과정에 대한 하나의 해석으로서 아직도 유력하고 중요한 것으로 남아있다.[55] 그렇지만 필연적 비극의 단계를 상정하는 헤겔의 변증법적 설명에 대해 문제를 제기할 필요가 있다. 예수와 그의 가르침이 거부당한 것은 분명히 우발적 사건이었다. 흔히 말하듯이 인간이 그 죄로 말미암아 구원의 선물을 거절한 것이다. 헤겔의 입장에서 그러한 거부는 불가피할 수밖에 없는데, 그 이유는 그가 가족·형벌·절대적 사유재산권 등은 절대로 양보할 수 없는 **자연적** 실재라고 보기 때문이다. 따라서 어떤 특정한 경우에 사람이 법을 초월할 수는 있어도, 한 사회는 법을 넘어서 존재할 수 없다. 그러한 사회에서 용서와 통회와 속죄의 과정은 그 스스로 자체지속하는 문화적 과정을 형성한다. 하지만 이것이 적어도 가능성으로는 존재할 수 있음을 부정한다면, 그것은 물리적·신체적 질서 내에 완전한 구원이 있을 수 있음을 부정하는 것이 될 것이다. 그런데 이러한 가능성을 부정하는 것은 헤겔의 형이상학에 착종된 고유한 특징에 해당되는데, 이러한 형이상학은 "무관심"의 영역을 상정하며, 이 영역에 자기표출의 계기가 개입되기는 하지만, 그것이 지닌 순전히 우발적인 요소는 결코 이념에 의해 지양될 수 없다.

이 점은 처벌과 경제적 교환을 참고해 볼 때 가장 극명하게 드러난다. 홉스와 마찬가지로 헤겔도 인간사회의 기원이 개인의 자기추구에서 비롯되었다고 본다. 그런데 이러한 개인의 추구는 결국 기존 권력에 대한 보호에 불과한 법률체계를 발생시킨다. 이러한 배경에 비추어 볼 때 범죄는 일면 "합리적"이라고 할 수 있다. 왜냐하면 그것은 권리와 주체성이라는 아직 미개발의 관념에 맞서서 저항하기 때문이다.[56] 그런데 이러한 수준에서

---

54 Hegel, *Phenomenology*, 538-57. *Philosophy of Mind*, pp. 564-73.

55 본서의 10장을 보라.

56 Hegel, *Philosophy of Right*, pp. 34-104, 94.

가해지는 처벌이란 "복수" 즉 폭력으로 되갚을 권리와 사실상 구별되지 않는다. 범죄와 처벌은 복수와 마찬가지로 끝없는 "숙명적" 과정에 해당되는데, 그 이유는 폭력의 영역(순전히 양적으로만 환산되는 "무관심"의 영역)에서 하나의 행동은 순전히 자의적 의미에서 다른 행동에 대한 "등가물" 내지 다른 행동에 대한 "보상"으로 간주되기 때문이다. 이 정도의 정의가 실현되었다고 해서 어느 한 사람도 만족하지 않는다. 형평이 맞춰져야 할 상황은 언제나 사라지지 않는다. 범죄에 합당한 처벌은 결코 시행될 수 없다.[57] 이것과 정확히 동일한 방식으로 시장 경제에서도 상이한 재화들 간에 "등가성"이 존재하지만, 그것은 질적 상이성으로 인해 본질적 비교대상이 될 수 없는 재화들을 그저 양적인 척도에 따라 자의적으로 배치한 것에 불과하다. 헤겔이 보기에 그러한 경제적 거래관계는 궁극적으로 물리적 힘의 우월성에 근거한 것이므로 합리적 관점에서 보면 필요한 것이지만 그 내용을 들여다보면 불합리하기에 짝이 없는 것이다.[58]

헤겔의 견해에 따르면 처벌과 재산권과 교환의 규범은 오로지 그것들이 일반적 필연성을 반영하는 경우에만 합리화될 수 있다. 한 개인이 어떤 특정하고도 구체적인 손해를 입혔다는 이유만으로 그를 처벌하는 것이 정당화되지는 않는다. 다만 타인의 인격과 재산을 존중(타인도 자신과 동일한 자유를 가진 것에 대한 인정)해야 한다는 합리적 사상이 구현된 특정 법률을 그가 침해하였을 경우에 한하여 그에 대한 처벌이 정당화될 수 있다. 따라서 사람은 자신이 침해한 법의 사상을 처벌을 통해서 "회복"해야 한다. 물론 처벌에 해당되는 구체적인 내용이 궁극적으로는 자의적일 뿐 아니라 "이성"이 아닌 상식적 "인식"에 의해서 결정된다는 한계가 있지만 말이다. 그러나 처벌은 그저 외적인 표지일 뿐이다. 실질적 처벌은 내적인 것이다. 왜냐하면 타인의 자유를 침해함으로써 범법자는 이미 자신의 자유를 침해했고, 이

---

57   Ibid., pp. 101. *Philosophy of Mind*, pp. 529-31.

58   Hegel, *Philosophy of Right*, pp. 199, 232-4. *Philosophy of Mind*, pp. 533-4.

340

자체가 자신의 합리성과 모순되므로 자신에 대한 응징을 이미 의욕한 것과 다름이 없기 때문이다.[59] 헤겔의 생각은 이 점에 있어서 실제로 루소나 칸트의 것과 **조금도 다르지 않다**고 하겠다.

『법철학』에서 헤겔은 이러한 수준의 법적 합리성을 "정의의 집행"이라고 부른다.[60] 거기에는 경제적 계약과 교환 관계를 유지하는 것도 포함된다. 여기서 재차 계약의 내용과 재화의 상대적 가격이 자의적이라는 점에 주목하지만, 그것을 유지하는 것이 객관적으로 합리적이라고 말한다. 이러한 입장은 시민사회의 첫 국면(추상적 권리를 말하는 "스토아적" 단계)을 넘어서 인격과 재산의 자유가 개인의 내적 존엄성과 연결된다고 보는 그리스도교적·칸트적 국면과 일치한다. "경찰제도와 결사체"를 특징으로 하는 세 번째 국면은 시민사회(가정의 영역과 경제의 영역)를 국가라고 하는 상위의 영역 안에 포괄시키는데, 이 세 번째 국면이 첫 번째 국면(여기서는 우발성만이 드러난다)과 두 번째 국면을 완성하고 난 이후에도 이 두 국면은 모두 "현재의" 시민사회를 형성하는 필수적 계기로서 유지된다.[61]

바로 이 세 번째 국면에서 도덕성과(*Moralität*) 도의성(*Sittlichkeit*) 간의 경계를 넘어야 한다. 그렇지만 이러한 단계에 실제로 도달하는지 알기는 어렵다. 경찰행정의 요소는 인명과 재산을 보호하기 위해서 단지 부정적이지만은 않은 긍정적이고 예방적인 성격을 띤 수단을 강구하는 데 관심한다. 하지만 (우리가 살펴보았듯이) 처음부터 헤겔은 경찰행정이 해로운 무한에 속한 것이자 의무론적 윤리로 인해 파생된 산물에 불과하다고 파악했다. 하지만 이제 그는 경찰의 **감시활동**(*surveillance*)에 제한이 있어야 하며, 그러한 제한은 지역의 관습과 "헌법의 나머지 부분이 지향하는 정신"에 의거한다고 말할 수 있을 뿐이다.[62] 그렇지만 **이러한** 지역적 관습과 헌법의 정신은 절대

---

59 Ibid., pp. 90-103.

60 Ibid., pp. 209-29.

61 Ibid., pp. 231-56.

62 Ibid., p. 234.

성 안으로 수렴되는 보편적 도의성에 해당되지 않는다. 도리어 그것은 처벌이나 재화의 가격처럼 필수적이기는 하지만 결국 버려지는 우발성과 같은 수준에 해당된다. 실질적 도의성은 다른 방식을 통해 개입한다고 여겨진다.

도의성이 개입하는 방식 중 첫 번째 것으로 다름 아닌 **노동분업**(division of labour)을 꼽을 수 있는데, 이것은 하나의 유기적 기업 안에서 각 사람에게 특정한 역할을 부여하고, 숨어 있는 절대자에 의해 맹목적 "열정들"이 은밀하게 조정되는 기제를 현시한다고 여겨진다.[63] 헤겔은 스코틀랜드 사상가들로부터 근대적 성격을 띤 새로운 경제적 "덕성"에 관한 사상(즉 "통상"이란 문화를 추동하는 가장 강력한 도구다)을 배웠으나,[64] 이 경우에도 이러한 덕성이 어떻게 마키아벨리가 말하는 **비르투**(virtù)를 능가하는지 말하기는 쉽지 않다. 경제적 영역에서 최종 목적지를 미리 예견하여 표상할 수는 없다. 도리어 이성의 작용은 그 대행자라고 할 수 있는 맹목적 열정에 의해 이루어진다. 나중에 되돌아 보면 그러한 열정의 소유자들이 이성을 발휘하여 자기들의 개인적 노력이 어떻게 하면 실제로 집단적 목표에 기여할 수 있을지를 고민하는 것을 알게 된다고 한다. 그러면서도 헤겔은 이러한 집단적 목적은 작위의 측면에서 보면 공적 이해관계와 사적 이해관계의 일치에 불과하다고 규정한다. 말하자면 "개인들은 자신의 목표만을 추구하는 사적 인격으로 살아가는 것이 아니라, 바로 그 의욕하는 행위에 있어 보편에 비추어 보편적인 것을 의욕하므로 그들의 활동은 다름 아닌 보편적 목표에 의식적으로 맞춰져 있는 것이다."[65]

이러한 견해는 실로 루소와 매한가지인데, 헤겔은 단지 루소가 표방하는 직접적 참여를 통한 진정 민주적이고 고대적인 공화주의의 관념을 거부

---

63   Ibid., pp. 198, 249, 260-1. G. W. F. Hegel, *Lectures on the Philosophy of World History: Introduction*, trans. H. B. Nisbet and Duncan Forbes (Cambridge: Cambridge University Press, 1975) pp. 77, 89.

64   Ibid., p. 247.

65   Ibid., p. 260.

하는 것만으로 차이를 나타내려고 한다. 헤겔에게는 루소가 소홀히 여겼던 도의적 요소가 있다고 하지만, 그것도 몽테스키외와 스튜어트와 스미스 등이 전시대의 공화주의적 덕성의 대리물이라고 보았던 규칙에 따른 경제적 경쟁과 하등 다르지 않은 것으로 드러난다.[66] 그러나 헤겔은 노동분업이 **다중목적의 부등발생**에 의해 좌우된다고 하더라도 그것이 노동의 목표와 사회전체의 목표 간의 직접적 통일이라는 취지에서 시민적 덕성을 구현할 수는 없다고 암시한다. 사회가 전체적으로 추구하는 목표는 그저 하나의 유사집단적 주체가 지닌 통일성과 자유일 뿐이다. 그런데 노동분업은 하나의 자동적 과정으로, 국가의 자유와 권력이 든든히 확립되고 완전히 실현되도록 하는 변증법적 전개과정의 일환으로 출현한다고 간주된다. 헤겔은 노동분업이 분화된 내용을 도입한다는 이유에서 그것이 도의적 요소를 제공한다고 주장한다. 그러나 이러한 분화(differentiation)는 도덕적 선택을 드러내는 문화적 사안에 해당하는 것이 아니다. 도리어 헤겔은 정치경제학자의 입장에서 분화란 부의 자연적 확장에 속한다고 간주한다.

　　두 번째로 도의적 요소는 "결사체"의 형태로 개입한다. 이 말은 경제적 관계는 국가적 차원 바로 아래의 심급에서 유기적으로 파악할 수 있다는 뜻이다.[67] 공감과 공통의 이해관계는 동종 경제 업계에 속한 기존의 관계자들 간에 (열정의 "맹목적" 작용으로 인해) 발생한다. 고용주들과 피고용인들도 자신들의 동료를 보호하고 생산의 표준을 보장하기 위해서 결사체나 동업조합(guild)으로 함께 모인다. 이와 동일한 복지적 관심이 국가적 차원에서도 이어지는데, 인구의 일부는 고된 육체노동이라는 "희생"을 당할 수밖에 없다는 사실에도 불구하고 국가는 부의 과도한 축적을 방지하기 위해서 진보적 과세정책이라는 억제수단을 도입하고 빈곤층을 위한 대비책을 강구

66　Marie-Joseph Königen, "Hegel, Adam Smith et Diderot," in Jacques d'Hondt (ed.) *Hegel et le Siècle des Lumières* (Paris: Presses Universitaires de France, 1974).

67　Hegel, *Philosophy of Right*, pp. 250-6.

한다.[68] 하지만 이 모든 것은 고대적 성격을 띤 유기체적 덕성이 아니라, 여전히 계몽주의적 "공감"과 "호의"에 **불과할** 뿐이다. 결사체와 국가는 무엇을 생산해야 하는지 또 어떻게 생산하는지에 관한 문제에 개입하지 않으며, (중세시대의 결사체 개념에서처럼) 공정 가격을 결정하지도 않는다. 그 대신에 경찰행정에서처럼 결사체와 국가는 우발적 과정 가운데 공식화가 가능한 측면에 대해 "정의의 집행"에 해당하는 것을 반영하려고 할 것이다. 예컨대 원래 흩어져 있던 다수의 장화제조업자들이 자신들의 공통적인 이해관계가 부상함에 따라 이를 중심으로 연합하는 것이다.

그렇지만 헤겔이 자신이 상정한 결사체에 중세시대 길드에서나 있을 법한 성질을 많이 부여하면서 이를 통해 결사체가 시민사회의 "야만성"을 완화시켜 주기를 기대했던 것은 사실이다. 그의 이러한 감수성에 찬사를 보낼 만도 하겠으나, 그가 처한 입장을 고려하면 이와 같은 기대가 희망사항에 불과함을 깨닫게 된다. 가령 노동분업이 "아무래도 상관없는" 부분에 관련되어 있음을 감안한다면, 피고용인과 고용주 간에 존재하는 공감에도 한계가 있을 수밖에 없고, 생산과 교역에서 일정 수준의 품질을 유지하고자 하는 공통의 이해관계에도 한계가 있을 수밖에 없다. 이러한 공통의 이해관계가 지속되는 경우는 오로지 그것이 전체 경제와 국가의 이해관계를 반영하는 정도에 달려있다고 하겠다. 따라서 결사체가 참여에 적합한 지역적 환경을 조성하는 등 중재적 기능을 발휘한다고 하더라도 결국 자본제적 경제 내에서 버티지 못하고 붕괴하고 말 것이다.

따라서 헤겔의 윤리론과 정치이론에는 참다운 의미의 도의성이 존재할 수 없다고 하겠다. 그것은 부정의 변증법에 의해 약화되어 버리는데, 그 부정의 변증법이란 정치경제학과 칸트 내지 피히테식의 의무론이 뵈메의 영지주의적 삼위일체론에 의해 뒤섞인 것임이 드러난다. 칸트와 마찬가지로 헤겔에게 있어서도 유일한 **궁극의 목적**(*telos*)은 주체적 자유다. 왜냐하면

---

68   Ibid., p. 245.

이것이야말로 이성적이고 신중한 **정신**(Geist)이 지닌 본령에 해당되기 때문이다. 또한 헤겔도 칸트와 마찬가지로 근대 자연법적 패러다임에 헌신되어있는데, 이는 그가 모든 도덕적 규범은 인간의 본성에 따른 논리적 함의으로부터 도출할 수 있다고 보기 때문이다. 이렇듯 헤겔의 정치이론은 개인의 자기추구에서 시작해서 국가적 유기체라는 유사-주체와 더불어 종결된다. 국가의 "이념성"(ideality)은 헤겔이 보기에 궁극적으로 국가 자체가 지닌 권력과 결속 및 자유와 동일한 것이므로, 헤겔은 계속해서 마키아벨리식으로 전쟁이 내부적 결속을 유지함에 있어 불가결한 역할을 맡고 있음을 긍정하는데, 어쩌면 그의 말마따나 우발적 산물에 불과한 "재산과 생명"을 "자유의 업적"으로까지 격상시키는지도 모를 일이다.[69]

따라서 헤겔은 여전히 자유주의자라고 하겠다. 역사적으로 나타난 자유에 대한 다양한 표현이 자유로부터 논리적으로 도출될 수 있음을 주장하는 점에 있어 그가 칸트와 피히테를 떠난 것은 사실이다. 그러나 이 말은 그가 (제임스 스튜어트처럼) 주인/노예 관계를 야기하는 전유행위에 따른 폭력의 불가피성을 믿고 있을 뿐 아니라, (애덤 스미스처럼) 노동분업의 자연적 당위성을 믿고 있다는 뜻이다. 18세기 사회이론가들처럼 헤겔에게 있어 노동분업은 만물을 표상하는 본질적 **유개념**(genera)을 드러내준다. 그러나 헤겔은 여기에 더하여 이러한 유개념의 현시로 말미암아 순전히 자의적이고 우발적인 것의 무한한 연속으로부터 탈피하여 "절대적" 주체성의 영역으로 들어갈 수 있다고 주장한다. 따라서 장화제조업이 유사-도의적 방식에 따라 유기적 전체 내에서 하나의 필수불가결한 부분임을 인정받는 반면에, 장화가 상품으로서 지니고 있는 다양한 스타일과 그 각각에 따른 적정 가격은 여전히 아무래도 상관없는 비본질적 사안으로 남게 된다.

이 점에서 헤겔은 지극히 비-아리스토텔레스적이라고 하겠다. 그에게 있어 정의란 궁극적으로 인격과 재산의 자유를 수호하기 위해 법률을 유지

---

69   Ibid., p. 324.

하는 것과 관련되어 있다. 그러나 아리스토텔레스에게 있어 정의란 자유에 종속될 수 없는 것이다. 왜냐하면 그 고대 철학자는 하나의 덕목으로부터 다른 덕목을 도출하는 식으로 덕목들 간에 수미일관한 위계관계 내지 도식적 구조를 상정하지 않기 때문이다. 이 말은 인간이 지닌 정의에 대한 감각 그 자체를 설명하는 경우가 아니고서는, 아리스토텔레스에게 있어 정의는 **특별한 판단기준**(*criteria*)을 갖지 않는다는 뜻이다.[70] 정의가 갖고 있는 유일한 판단기준은 특정한 품목에 해당되는 공정가격 내지 특정한 범죄행위에 부과되는 특정한 처벌과 같이 정의와 관련된 특정한 사례에서 드러난다. 정의가 이와 같은 사례들(*exempla*)을 통해서만 드러난다고 한다면, 형벌의 형태나 교환의 조건과 같은 비본질적 내용으로부터 "본질적" 요소(일정한 형태의 형벌이라든가 일정 수준의 고정가격 등)를 분리해내는 것이 가능치 않게 된다. 바로 이러한 상황에서 **프로네시스**가 요구되므로, 진정 덕 있는 인물이 지니고 있는 발달된 "감각"에 의거하여 정의와 부정의를 판정하는 "레스보스의 자"(lesbian rule)와 같은 유연한 기준이 필요하다고 하겠다. 그러한 **프로네시스**는 결국 헤겔의 사상 속에서 아무런 자리도 찾지 못한다.

"경제적" 사상가들과 헤겔 간의 또 하나의 공통점은 헤겔이 프로네시스를 거부할 뿐 아니라 윤리와 정의를 다중목적의 부등발생이 유익임을 강변하는 **신정론**에 종속시킨다는 점이다. 그러나 여기서 말하는 신정론이란 "뵈메식"(Behmenist)의 왜곡된 성격을 지닌 것이다.

헤겔이 보기에 열정의 작용은 인간의 자유가 출현하도록 하는 필수 요소다.[71] 하지만 인간의 역사가 열정에 의해 맹목적으로 휘둘려온 것은 바로 인간이 타락한 상태에 있음을 보여준다고 하겠다. 그리스도교 이야기의 핵심은 "하나님의 열정"에 관한 것이다. 하나님은 자신의 자유로부터 스스로를 분리하면서 고난을 체험하고 감내했으며, 그럼에도 불구하고 이것은 하

---

70 본서의 11장을 보라.

71 Hegel, *Lectures on the Philosophy of World History*, pp. 71-7.

나님의 열정이 궁극적으로 실현되는 토대가 된다. 헤겔은 예수의 선교사역에 있어 실패의 요소(그가 제시한 하나님 나라의 비전은 거부당하고, 그래서 그는 죽게 된다는 것)를 제대로 인식했으나, 그가 이러한 실패가 지닌 우발성을 부정하고, 그것을 당시의 정치·사회적 질서가 새로운 사회적 상상력을 거부했기 때문에 야기된 실패로 보지 않는 것은 오류라고 하겠다. 그 대신에 헤겔은 예수의 실패는 예수가 자신의 숙명에 대해 무지했던 결과라고 보면서, 구체적인 정의가 최종적으로 실현되기 위해서 예수가 반드시 "고난"을 겪어야 했고 하나님으로부터 버림받는 소외를 체험해야 했기에 그러한 실패는 반드시 필요한 것이었다고 주장한다―실로 자신의 경제적 열정 때문에 희생된 자들에 대해서는 "애도의 기도"를 드릴 필요가 없다고 헤겔은 말한다.[72] 하지만 이렇듯 "숙명에 대한 무지"(blindness to fate)를 말하는 것은 그가 화해와 용서를 그리스도교 도덕의 핵심이라고 멋들어지게 말해 놓고서도 결국엔 그 가능성을 제한해 버리는 격이다. 그런데 그가 화해와 용서의 가능성에 대해 이러한 제한을 가하는 이유는 그가 일종의 바람직한 사회적 "현실주의"를 고려하기 때문이 아니라, 그 자신이 고수하고 있는 비역사적 자연주의 및 합리주의적 형이상학 때문이다.

우리가 살펴보았듯이 헤겔은 예수가 "사회적 삶"으로서의 세계를 거부한다고 추정하는데, 그 이유는 헤겔 자신이 사유재산제와 자의적 형벌을 하나의 사회가 존재하기 위해 필요한 구성요소로 간주하기 때문이다. 이런 까닭에 비록 용서가 숙명을 "무효화"하고 고차원 주체성의 영역으로 우리를 전이시킬 수 있다고 하더라도 그것이 운명의 영역을 모두 말소시킬 수는 없는 법이다. 헤겔은 용서가 개인의 "선한 의지" 이상을 수반한다는 것과, 그것이 구체적인 화해로까지 확장되어야 한다는 것을 이해하고는 있지만, 그럼에도 그는 화해가 재화의 나눔 및 배상의 시행과 관련된 구체적인 세부사항의 측면에서 가능하다는 것을 이해하지 못한다. 그것이 일어나지

---

72 Ibid., p. 91.

않는다면, "화해"는 타인의 자유에 대한 형식적 존중에 불과한 것으로 **남을** 뿐이다. 만약에 화해가 실제로 일어난다면, 그것은 자기충족적 프락시스를 수반하기 마련이다. 이러한 프락시스는 열정에 따른 "숙명적" 작용을 토대로 "세워지는" 것이 아니며, 정치경제학에서 가정하는 불변적 진리에 근거하는 것도 아니다.

용서는 법과 형벌과 같은 궁극적으로 자의적인 영역과 변증법적으로 관련되지 않는다―이러한 헤겔의 견해는 루터와 뵈메의 사상을 혼합한 것이다. 그 대신에 용서란 법을 넘어서는 다른 "생활방식"이라고 보아야 한다. 이러한 생활방식은 어느 한 사람도 특정한 집단적 규범을 갖춘 특정한 사회적 공동체에 억지로 속하게 해서는 안 된다는 유대교 율법의 지향점을 급진화한 것이다. 이렇듯 하나의 "생활방식"으로서 용서와 화해는 "속죄"와 "참회"의 요소(과오를 보상하고 형평을 바로잡겠다는 뜻의 상징과 행동을 자발적으로 제시하는 것)를 포함하고 있다. 형벌의 구체적 내용이 무관심의 (indifferent) 대상으로 여겨지지 않는 곳에서 형벌과 "배상"에 대한 **동의**가 형벌을 구성하는 중차대한 요소라는 생각이 훨씬 더 쉽게 자리잡는다. 이 지점에서 형벌은 그 자체가 "법률을 넘어" 서게 된다.[73] 예수의 가르침에 따르면 구원은 용서라고 하는 자율적 실천이 얼마나 확장되는가에 따라 가늠된다고 해야 할 것이다. 하지만 헤겔의 영지주의적 관념에 따르면 구원은 불가피하게 열정으로 떨어진 다음에 이러한 무관심으로부터 화해를 향해 복귀하는 과정이다. 그리고 이러한 화해는 한 개인의 자유가 타인의 자유와 맺고 있는 추상적인 관계 위에 실제로 구축되는 것이다.

헤겔은 화해를 통해 완전히 수렴되지 않는 무관심의 세계가 있다고 상상하는데, 그 이유는 그가 형벌이란 현실이 무시되거나 축소된 것에 대한 자연스런 반사작용이라고 보기 때문이다. 이렇듯 그는 형벌이 하나의 특수한 문화적 언어(그것이 아무리 보편적인 방식으로 발화되고 또 기록된다 하더라도)

---

73 본서의 12장을 보라.

에 불과하다는 것을 식별하지 못한다. 이를테면 형벌은 부정의 방식을 통해
작동하는 것이 아니라, 단지 폭력 위에 폭력을 쌓아 올리는 식의 긍정의 방
식에 해당될 뿐이다. 특히 후자의 경우 형벌은 그 본질에 있어 결코 헤겔이
주장하듯이 자신에 대한 형벌일 수는 없으며, 다만 범법자에게 부가되는 하
나의 특수한 새로운 사회적 관계일 뿐이다. 따라서 화해를 가능케 하는 유
일한 방법은 모든 관련 집단의 동의를 얻어 속죄를 위한 고난과 보상에 해
당되는 "형벌"의 체계를 만드는 것이다. 그러므로 이것이 의미하는 바는 화
해란 어쨌든 무관심과 천시의 대상이 된 우발성의 공간 내에서만 **가능하다**
는 말이다. 물론 그러한 교환의 과정 속에 발생하는 "조정"은 기껏해야 근
사치에 불과하고, 관련 집단들 간의 합의 말고는 판단의 기준이 따로 없다
는 사실도 감안해야 하겠지만 말이다. 헤겔은 예수가 율법에 맞서서 "삶"에
호소했다고 생각하면서도 예수의 실용주의를 기껏해야 절반 정도만 파악
했을 뿐이다. 만약에 그것을 완전히 파악하게 된다면, "하나님 나라"는 전
적으로 특정한 문화적 실천의 영역 내에 존재하는 것이지, 이쪽에 있는 자
연과 저쪽에 있는 영적 주체 간의 변증법적 "유예 상태"(suspense) 가운데 존
재하는 것이 아님을 알게 될 것이다.

헤겔에게는 진정으로 도의적인 요소가 없으며, 이 점에서 그의 도덕철학은
"세속이성"을 극복함에 있어 헤르더나 프리드리히 슐라이어마허만큼 성공
적이지 못하다. 이 두 사상가는 어떻게 덕성에 관한 고대의 관념을 개인적
자유에 관한 그리스도교의 관심을 통해 보완할 수 있는가에 대해 헤겔보다
더 만족스러운 설명을 제시한다. 헤르더는 오히려 이레나이우스(Irenaeus)처
럼 진보란 악에서부터 선으로 나아가는 것이 아니라, 순전히 선함 **내에서**
전진하는 것임을 확인하면서, 결핍이 개선과 질서를 위한 필요조건이라는
식의 경제적 사고를 거부한다.[74] 슐라이어마허는 자유가 개성적인 표현의

74 Herder, "Yet another philosophy of history," p. 194.

내용과 연결되는 한에 있어서만 가치를 지닐 뿐 아니라, 또한 특정 개인들 내지 특정 공동체가 만들어내는 이러한 표현을 통해서 "선"(the Good)의 이상에 다가간다고 강조한다. 이 점에서 역사는 전통이자 귀감으로서 가치를 인정받으며, 윤리적 삶에 관한 서사는 윤리교육을 위해서 필수불가결한 요소이므로, 이 또한 결코 추상적 논리에 뒤지지 않는다고 하겠다.[75]

그러한 역사철학은 도의적 도덕과 일체를 이루는 것으로, 헤겔은 그것을 완성시키지 못했다. 그가 선호한 것은 관념론과 뵈메와 정치경제학이었다. 하지만 슐라이어마허도 온전히 그리스도교적인 도의성을 구상해 낼수는 없었다. 왜냐하면 그에게 있어 종교란 (여기서 칸트식의 범주화가 헤르더적 요소를 압도하고 있다) "경건"과 "감정"에 관한 것이지, 일차적으로 윤리적 행동과 관련된 것은 아니었기 때문이다.[76] 헤겔은 사실상 그러한 생각에 근접해 있었다. 보편이성이라는 불가능한 메타담론에 사로잡힌 채로 감춰져 있는 것은—"조숙함"이라는 말이 그것의 존재를 드러낸다—그리스도교에 대한 아무런 근거도 없는 평이한 서사인데, 이 서사는 그렇게 보고 싶어 하는 사람들에게나 "보편적"으로 비쳐질 뿐이다. 헤겔을 "구출"하는 최선의 방식을 찾고자 한다면 그리스도교의 형성(*Bildung*)에 관한 이러한 서사가 그스스로를 "토대로 삼고 있음"을 보아야 할 것이다.

본서의 마지막 장에서 헤겔에 대한 이러한 구출작업이 지닌 타당성에 대해 살펴볼 것이다. 변증법적 메타서사가 아니라 그리스도교적 서사의 맥락에 자리할 경우라야 절대자에 대한 추구가 사회·정치적 비판의 근거를 제공한다고 보는 헤겔의 견해를 진지하게 취급할 수 있을 것이다.[77] 이 점은 헤겔에게 있어서도 진실인데, 왜냐하면 보다 인간적인 세상에 대한 추구는

---

75   Friedrich Schleiermacher, *Grundlinien einer Kritik der bisherigen Sittenlehre*, in Otto Braun and Johannes Bauer (eds.) *Werke*, Band I (Aalen: Scientia Verlag, 1968) paras. 8, 104, 108, 111-13. Herder, "Yet another philosophy of history." pp. 187-8.

76   F. D. E. Schleiermacher, *The Christian Faith* (Edinburgh: T. and T. Clark, 1928) pp. 3-5.

77   Michael Theunissen, *Hegels Lehre von Absoluten Geist als Theologisch-Politisch Traktate* (Berlin: W. de Gruyter, 1970) pp. 77-100.

인간의 열망과 기존의 실재가 서로 동일한 상태로 모아지고, 인간의 열망이 만물의 당위적 상태와 일치하므로 그 꿈이 실현가능케 되는 그런 세상에 대한 추구이기 때문이다. 하지만 이러한 견해를 일층 더 강하게 확증할 수 있으려면, 위와 같은 일치가 합리적으로 증명될 수 없음을 인정해야 한다. 도리어 그러한 일치의 가능성이 신앙의 대상이 될 뿐 아니라 실천을 통해서만 추구될 수 있음을 인정할 때에라야, 그것은 초월적인 창조주 하나님에 대한 믿음으로부터 진정한 토대를 찾을 수 있다. 이렇듯 "헤겔을 반대하는" 평결을 통해서 균형을 유지하려고 하지만, 나는 또한 마르크스에 반대하여, 신학이야말로 신화화의 책략이기는커녕 "진리"에 토대를 두어야 하는 건실한 정치적 비판을 위한 유일한 원천임을 계속해서 주장할 것이다.

제7장
마르크스에 대한 동의와 반대

도입

헤겔의 정치철학을 비판하면서, 칼 마르크스는 바로 앞 장에서 내가 "무관심의 영역"(realm of indifference)에 대해 비판한 것과 매우 근접하는 주장을 펴고 있다. 말하자면 헤겔은 정치적 자유란 국가를 통해서 실현된다고 옹호하는데, 그러한 정치적 자유는 "시민사회"가 제공하는 단지 경제적 자유에 불과한 것과 확연하게 구별할 수 없다는 것이다.[1] 마르크스가 헤겔과 결정적으로 결별하는 이유는 그가 시민사회, 곧 무관심의 영역이야말로 인간 공동체에 속한 항구적이고 자연스러운 측면임을 부인하기 때문이다. 그 대신에 마르크스는 정치경제학의 "법칙"이 하나의 특정한 경제적 배치(자본주의)가 기능하는 방식을―일부 적절하게―기술한 것에 불과함을 보여준다. 마찬가지로 그는 사회와 "대립각을 세우며" 존립하는 절대 주권국가란 영속적인 필연성에서 따른 것이 아니라 의심스러운 몇 가지 전제를 구현할 뿐임을 보여준다.

---

1   Karl Marx, "Critique of Hegel's doctrine of the State," in *Early Writings*, trans. Rodney Livingstone and Gregor Benton (Harmondsworth: Penguin, 1984) pp 58ff, 171.

마르크스는 정치경제학과 근대 "정치학"이 내가 앞에서 보여준 것처럼 "세속" 권력과 권위를 정의하고 구축하는 데 기여한다고 비판하는데, 이런 까닭에 마르크스를 세속에 대한 해체의 시도로 읽어낼 수 있다. 이런 뜻에서 이 장은 "마르크스에 대한 동의"(for Marx)를 표하면서, 자본주의와 국가에 대한 마르크스적 비판의 특정한 요소를 보존하고 다시 가다듬어야 할 필요가 있음을 주장할 것이다. 하지만 동시에 마르크스는 자본주의 체계 전체가 순전히 우발적 산물에 불과함을 전혀 깨닫지 못하고 있으며, 자본주의와 마찬가지로 우발적 비전과 실천에 해당되는 다른 것(그리스도교—옮긴이)의 이름으로 자본주의에 대해 도덕적 비판과 반대가 가능하다는 점을 보지 못하고 있다. 그 대신에 마르크스는 두 가지 뚜렷한 방식으로 자유주의적 관점을 여전히 지니고 있다고 하겠다.

첫 번째로 주목할 것은 그가 헤겔 변증법에 대한 "유물론적" 해석을 제공하면서도 여전히 자본주의 경제를 인간의 변화과정 중 하나의 필연적 국면으로 간주한다는 점이다. 두 번째로 마르크스가 자본주의 붕괴 후에 필연적으로 도래할 것으로 상정하는 유토피아적 국면을 지적할 수 있는데, 이는 주로 인간의 자유를 해방하고 자연을 변형시키는 인간의 무제한적 가능성이라는 견지에서 구상되고 있다. 이렇듯 본질적으로 자유주의적이고 세속적인 목표가 더 이상 시장경제에 따른 경쟁관계 내지 국가의 경찰력을 통해서 보증되는 것이 아니라. 그와 달리 그동안 상실했던 자연과의 조화를 신비롭게 회복하는 것을 통해서 달성된다. 이에 따라 자연을 분명히 인간의 "비유기체적 신체"로 다시 보게 되고, 인간 능력의 완전한 계발이 자발적인 방식으로 또한 아무런 사회적 적대관계를 초래하지 않은 채로 실현되는데, 이를 위해서 특정한—특히나 종교적 망상에 가까운—문화적 망상이 먼저 극복되어야 한다. 헤겔이 종교와 국가를 도의성을 띤 공동체적 질서로 간주하면서 그 둘을 시민사회의 비판을 가능케 하는 원천으로 상정하는 반면에, 마르크스는 일종의 성립불가능한 자연주의의 견지에서 비판을 시도하는데, 이러한 자연주의는 인간의 진정한 문화적 목표를 "유적 존재"(species being)라는 인간의 본질로부터 도출해낸다. 따라서 마르크스에 대한 참된 **신학적** 평결(이에 대한 논의가 이 장에서 전개될 것이다)은 다음과 같이 제시될 수 있다. 한 편에서 마르크스는 "제작"(making)의 영역을 "가치"의 영역으로부터 떼어놓고, 이로써 "기술적 영역"으로 간주되는 경제와 정치를 윤리와 미학과 종교의 영역으로부터 분리하는 것에 대해 대담하게 문제를 제기한다. 다른 한 편에서 그는 인간 능력의 표출이라는 단일 영역(이것은 위의 영역들을 모두 포괄한다)을 지나치게 주의론적이고 자연주의적인 시각에서 사유한다. 결국 마르크스는 근대적 자연법과 근대적 세속 질서라는 개념을 유지하지만, 그것을 궁극적 조화와 평형을 향해 작용하는 자연적 관점이라는 신화를 통해 재해석하는 셈이다.

다음에 이어지는 세 개의 단락에서 나는 위와 같은 논의를 다음의 순서를 따라 전개할 것이다. 첫째로 마르크스는 종교를 시민사회에 대한 비판의 원천으로 삼다가 나중엔 종교를 비판의 대상으로 삼게 되는데, 나는 이러한 전환과 관련된 그릇된 전제를 지적할 것이다. 둘째로 나는 마르크스가 당대에 자본주의의 문법을 독특한 방식으로 파헤치는 데 성공했으나, 이제 그가 제시한 문법을 새롭게 가다듬어야 할 뿐 아니라, 그의 문법에서 자본주의는 필연적이며 동시에 불합리하다는 견해를 제거해야 할 필요성을 천명할 것이다. 셋째로 현대 정치신학에 대한 비판 작업을 시작하기 위한 일환으로, 나는 자본주의에 대한 마르크스의 분석이 지닌 몇 가지 요소를 소화할 필요가 있음을 인정하면서도, 자본주의에 대한 보다 근본적인 비판은 그리스도교 사회주의 내지 공화주의적 사회주의 전통 내에서 찾을 수 있음을 주장할 것이다.

마르크스주의의 종교 비판

마르크스주의 종교 비판이 지닌 복합성은 제대로 조명된 적이 거의 없다. 이것을 제대로 알아보려면, 마르크스의 종교 비판이 "고대의 유물론적" 요소와 포이어바흐식의 유물론적 요소 및 헤겔의 변증법적 요소를 결합하고 있음을 알아야 한다. "고대의 유물론적" 견해에 따르면, 종교는 문화적으로나 역사적으로나 "후대"에 속한 것일 뿐 근원적인 것이 아니다. 종교는 언어적 환상과 정치적 신비화 및 인간 노동에 대한 망각의 결과라는 것이다. 포이어바흐의 견해에 따르면, 종교가 진정성 있는 내용을 소유하는 것은 사실이지만, 종교의 참된 주체가 되는 "인간"의 자리에 상상의 산물인 신적 주체를 대체해 놓았다는 것이다. 세 번째에 해당되는 헤겔적 요소는 이 두 견해를 적절하게 조합한 것인데, 역사적으로 후대에 출현한 환상은 변증법적으로 필연적인 환상이자, 사회적 신비화의 과정에서 발생한 부수적 현상(epiphenomenon)이라는 것이다. 포이어바흐가 말하는 투사와 소외와 참된 인간 주체로의 복귀로 구성되는 과정은 인간의 사회·경제·정치적 생성(becoming)에 관한 서사로 이해되어야 한다.

　『독일 이데올로기』(*The German Ideology*)를 집필할 당시까지 마르크스는 역사를 시초의 상태로부터 최종의 "실증주의적" 상태로 이행하는 하나의 여정으로 보는 콩트의 사관에 완전히 젖어 있었다. 마르크스가 이 저술에서 제시하는 대로 인간의 "역사 이전" 단계에서는 노동분업이 발생하지 않았고, 이론과 실천 간의 분리도 존재치 않았다. 사고라는 것도 "유물적 행위"의 "직접적 발산"이었으므로 철학에 해당되는 것도 존재치 않았다. 그러므로 종교는 전적으로 "자연적"인 것으로, 인간이 늘 맞붙어 씨름해야 했던 물리적 환경을 마주할 때 일어나는 경외감의 표현과 결부되어 있었다.[2] 콩

2　Karl Marx and Friedrich Engels, *The German Ideology* (Moscow: Progress Publishers, 1964) pp. 36-9, 42. 김대웅 옮김, 『독일 이데올로기』(두레, 2015).

트와 마찬가지로 마르크스가 보기에도, 원시사회의 "지식"(science)은 인간이 인간에 대해 그리고 인간이 자연에 대해 맺고 있는 총체적 관계성과 동일한 것으로, 이러한 지식 자체가 유일한 "종교"다. 『포이어바하에 대한 테제』 중 열 번째 논제는 사회적 인간의 관점이 "시민사회"가 대변하는 개인주의적·정치경제적 관점을 대체하고 있다고 말한다.[3] 마르크스가 경멸적이고 비판적인 의미에서 말하는 종교는 노동분업이 처음 시작되면서 함께 출현한다. 사제 계급은 이론적 활동이 프락시스(praxis)와 별개인 독자적 **존재이유**(raison d'être)를 갖고 있다는 식의 환상을 조성하며, 이에 따라 이른바 철학이 생겨나게 되고, 상상의 산물에 불과한 이론적 대상("신들")이 객관적 존재를 부여받는다.[4]

여기서 마르크스는 종교의 출현을 환상의 발생으로 보는 고대의 유물론적 설명방식에 대한 자기 나름의 해석을 제시하고 있다. 특징만 잡아서 말하자면, 이러한 유물론적 설명에는 언어적 발명을 통해서 사제계급이 꾸며낸 주제와 인간의 자기기만이 하나로 엮이는 과정이 포함되어 있다.[5] 이 설명은 계속해서 다음과 같이 말하는데, 원시시대에는 언어가 본래 지시하는 감각 대상이 간과되었으며, 실제로 존재하지만 익숙치 않은 대상을 명명하는 방식으로서 채택된 은유적 대체(metaphoric substitution)의 원리가 현실에 존재치 않는 영적 대상을 비유적 방식에 따라 상상하는 데까지 거짓되게 확장되었다고 한다. 가령 살아 있는 사람이 내쉬는 "숨"이 "영혼"이라는 실체로 화하게 되었던 것이다. 그러나 종교에 대한 이러한 유물론적 비판에 대한 반론은 18세기에 이미 비코나 헤르더가 제기했던 것으로, 그 내용인즉 위와 같은 은유적 대체는 모든 의미화 과정 속에 이미 포함되어 상존

---

3   Karl Marx, "Thesis on Feuerbach," no. 10, in *Early Writings*, p. 423. 「포이에르바하에 관한 테제들」, 『칼맑스 프리드리히 엥겔스 저작선집 1』(박종철출판사, 1997).

4   Marx and Engels, *The German Ideology*, pp. 42-3.

5   Jacques Derrida, "Scribble (pouvoir/écrire)" and Patrick Tort, "Transfigurations (Archéologie du Symbolique)," in Jacques Derrida and Patrick Tort (eds.), William Warburton, *Essai sur les Hiéroglyphes des Egyptiens* (Paris: Aubier Montaigne, 1977) pp. 4-15, 45-89.

한다는 것이다. 즉 일정한 의미가 발생하게끔 "어떤 것"을 "다른 어떤 것"에 빗대어 명료화하는 전 과정 속에 하나의 사태에 하나의 진술을 등치시키는 것 이상의 것이 포함되어 있다는 말이다.[6] 흔히 생각하는 것과는 달리, 의미는 현실을 구성하는 긴장과 전이를 그저 반영하는 것이 아니라 **표현**하고자 한다. 이런 이유로 인해 의미는 필연적으로 부정확하고 불완전하며 비확정적일 수밖에 없다. 그러므로 이러한 비확정성(indeterminacy)이야말로 자연과 문화 간의 차이와 직결되는데, 모든 문화는 자기 나름의 은유적 체계와 자기 나름의 독특한 은유적 표현을 갖고 있고 이것들이 현실의 긴장을 발생시키는 것의 배후에 무엇이 자리잡고 있는지, 이러한 긴장관계가 궁극적으로 지향하는 목표가 무엇인지에 대한 이해의 방식을 좌우한다고 본다. 모든 문화는 특정한 방식에 따라 자연을 "배치"하기 마련이며, 그 결과 순수한 "자연" 종교와 같은 것은 존재치 않으며, 그 어떤 "자연적" 어의론(semantics)도 우리에게 생명력 내지 영혼이 물질적인 것인지 아니면 물질 이상의 것인지, 흔히 알고 있듯이 물질과 늘 결합해 있는지, 아니면 이따금씩 물질로부터 분리되는지, 도대체 그것이 "영"인지 아니면 신체와 다소 느슨하게 결합된 부류인지 지시해 주지 않는다.

마르크스의 종교 비판에 개입된 "고대의 유물론적" 요소를 제대로 간파하기 위해서 중요한 것은 그 유물론적 요소가 역사 이전의 시작을 바라보는 마르크스의 일반적 견해와 궤를 같이 한다는 점이다. 인간의 원초적 의미화 작업이 자연스럽고 실제적이며 종교적 환상으로부터 자유롭다는 생각은 사회는 노동의 분업 이전에 존재했다거나, 사회는 노동 및 인격적 관계와 같은 오로지 실증적 목적에 맞게 설계되어 있다거나 하는 식의 생각만큼이나 동일한 이유에서 의심의 대상이 된다. 의식과 언어가 마르크스가 흔히 상상하듯이 결코 순전히 의사소통에만 관련되는 것이 아니라, 오히려 "신화적" 표현을 통해 인간의 상호관계성을 서로 정교화해가는 과정 중

---

6   John Milbank, *The Word Made Strange* (Oxford: Blackwell, 1977) pp 55-123.

에 의사소통이 일어나듯이, 마찬가지로 인간의 노동도 모방과 경쟁과 재화의 교환을 야기할 뿐 아니라 과업의 일정한 배분을 촉진하려는 목적을 지닌 특수한 정치적 위계의 맥락 속에서 발생하기 마련이다.

종교에 대한 "고대의 유물론적" 비판은 메타비판을 통해서 간단하게 엎어버릴 수 있으나, 그것이 종교를 언어 및 사회적 과정과 연관 짓는 데 여전히 장점이 있다고 하겠다. 종교에 대한 포이어바흐의 비판에 대해 같은 식으로 말할 수는 없다. 그의 종교 비판은 그리스도교에 대한 프랑스식의 노골적 반대와 독일식의 "질서정연한 후퇴"가 어떻게 대조되는지를 여실히 보여준다. 후자의 경우 인간론적 관점에서 그리스도교 교리와 윤리의 알맹이를 살려내려는 시도가 돋보인다고 하겠다. 신학자들은 종종 유럽과 독일을 혼동하기에, 그들은 이러한 점진적 후퇴를 유럽 전반에 나타난 비그리스도교화(de-Christianization)의 주된 방식이라고 간주한다. 따라서 이들이 볼 때에 이러한 점진적 후퇴는 역사적 필연의 모습을 띠고 나타나므로, 신학이 이것을 붙들고 상대해야 한다고 여긴다. 하지만 이러한 점진적 후퇴의 인상은 초기 프랑스 계몽주의에서 나타난 것과 같은, 불신앙과 신앙 간에 **지속적으로 거듭되었던** 충돌이 다시 발생하고 있는 냉혹한 현실을 시야에서 감추어 버린다.

사실 포이어바흐의 작업은 장기간에 걸친 후퇴의 이야기에 속한 한 단계로 보기보다는, 19세기에 나타난 후기-계몽주의에 속한 **친종교적** 반응의 일례로 보는 것이 더 낫다고 하겠다. 비록 이 경우에 있어서 이 반응이 "인본주의 종교"(religion of humanity)에 대한 추구로 나타난 것은 인정해야 하겠지만 말이다. 이보다 앞선 시기에 활동했던 무신론자들은 굳이 인간의 신격화(보다 일반적으로는 자연의 신격화)를 원치 않았으나, 포이어바흐에 이르면 그 목표가 정확히 인간을 진정으로 또한 본질적으로 "신적행위를 표상하는 술어들"(divine predicates)의 주체, 즉 존귀한 경배의 대상으로 제시하려는 것이었다.[7] 그의 "투사" 이론 전체는 고대의 유물론에서 말하는 것처럼 종교는 언어를 통해서 온통 환상에 불과한 내용을 발생시킨다는 생각에 토대한 것이 아니라, 차라리 종교의 알맹이가 그 참된 좌소인 인간으로부터 상상의 산물인 신이라는 좌소로 전이된다는 생각에 의거하고 있다. 따라서 초자연적 종교에 대한 포이어바흐의 비판은 "인간"에 대한 종교적 신념에 기대고 있는 것이다.

포이어바흐의 이러한 시도가 얼마나 불안정한 것인가 하는 점은 그가 말하는 "투사"가 결코 전적으로 부정적 범주에 속하지만은 않는다는 사실에서 가장 잘 드러난다. 오히려 우리가 일차적으로 의미를 발견하는 것은 우리가 그 의미를 타자(그것이 사물이든 인간이든 간에) 안에 상정하는 경우다.[8] 그런데 우리가 의미를 상정하는 지점은 바로 일시적 필요에 따라 종교적 환상이 발생하는 지점과 동일하다. 말하자면 우리가 애초에 타자 안에서 발견하는 속성은 그것이 본래 속한 초월적 근원에 의해 거기에 자리매김 되었다고 우리가 상상하기 때문이다. 이러한 계기를 환상에 불과한 것으로 치부하는 이유는 타자 안에 있는 속성을 우리가 그 본연의 초월적 근원을 통해 인식하는 속성으로 재수용하는 일이 발생하는 것이 오로지 우리 자신의 인간적 자아 내에서만 가능하다고 보기 때문이다. 만약에 포이어바흐가 셸링이나 헤겔이 피히테에 맞서서 제기했던 반론에 유의했더라면, 그리스도교에 대한 그의 비판은 전반적으로 붕괴하고 말았을 것이다. 왜냐하면 그렇게 할 경우 포이어바흐는 진·선·미의 자질을 지닌 객관적·자연적 실재를 "직관"하게끔 하는 계기가, 실제의 구체적인 내용들(포이어바흐가 인간을 위해 유보해둔 하나님의 "속성들")을 상실하지 않고서는, 피히테 식의 자아에 의한 자기정립으로 축소될 수 없음을 인정해야만 했을 터이기 때문이다.[9] 만

---

7 Ludwig Feuerbach, *The Essence of Christianity*, trans. George Eliot (New York: Harper and Row, 1957) p. 31. 강대석 옮김, 『기독교의 본질』(한길사, 2008).

8 Ibid., pp. 1-17.

9 Gillian Rose, *Hegel Contra Sociology*, p. 210.

일에 우리의 사고가 이렇듯 피히테에 반대하는 노선을 따라서 헤겔보다 더 나아간다면, 우리의 모든 사고는 **반영 없는 투사**(projection-without-return), 즉 우리의 책임을 벗어난 과정에 불과한 것으로 전락하고 말 것이 분명하다. 따라서 이성은 우리의 사고/투사의 심오한 대상이기도 한 초월적 근원에 대한 믿음을 지지하리라고 보는 것이 타당하다.

　마르크스는 적어도 초기에는 포이어바흐의 "인간의 얼굴을 한" 유물론을 영어·불어권의 "냉혹한" 유물론과 접맥하려고 했다. 겉보기에는 포이어바흐에 반대하면서도 실제로는 그와의 연속선상에서 마르크스는 "감각성을 실천적 활동으로" 파악하는 식으로 시민사회 내의 고립된 개인을 이해하는 단지 사색적인 것에 불과한 유물론을 극복하기를 원했다.[10] 여기서 윤리와 종교, 예술과 문화가 이전에 지녔던 영적인 내용 전체를 그대로 유지할 수도 있었으나, 그것들은 이제 그 진정한 영역인 프락시스에 속한 자연적 부문으로 돌려지게 되었다. 마르크스는 종교와 이론에 속한 소외된 형태의 부가 인간의 진정한 현실적 실존으로 돌려져야 한다는 포이어바흐의 생각에 동의했다. 또한 자신의 초기 저작에서도 "종교 비판은 모든 비판의 토대가 된다는 견해에 어느 정도 동의하면서, 아울러 종교적인 **제단과 분향의 기도**(oratio pro aris et focis)가 일단 신뢰를 상실케 된 후에 "세속적 성격의 오류"를 처리할 수 있을 것이라는 견해를 피력했다.[11] 이 말은 종교적 오류가 모든 오류의 **기원이자 원천**(origo et fons)이라고 말하는 셈이다.[12] 그러나 그 구절이 이미 등장하는 『헤겔 법철학 비판 서설』(Contribution to a Critique of Hegel's Philosophy of Right)과 『포이어바흐에 대한 테제』(Theses on Feuerbach)라는 글에서 마르크스는 포이어바흐가 종교적 오류를 그 토대가 되는 사회적

10　Karl Marx, "Theses on Feuerbach," no. 9, p. 423.

11　Karl Marx, "A contribution to the critique of Hegel's philosophy of right: Introduction," in *Early Writings*, p. 243. 「헤겔 법철학 비판을 위하여, 서설」, 『칼맑스 프리드리히 엥겔스 저작선집 1』 (박종철출판사, 1997).

12　Ibid., p. 243ff. "Economic and philosophical manuscripts," in *Early Writings*, p. 281. 「1844년의 경제학 철학 초고 (발췌)」, 『칼맑스 프리드리히 엥겔스 저작선집 1』(박종철출판사, 1997).

권력의 형성에까지 추적하지 못했다고 비판한다—즉 "고대의 유물론적 전통" 안에 있는 핵심 요소를 무시했다고 비판하는 것이다("기존의 모든 유물론이 가진 결함"을 언급하는 대목에서 마르크스의 자만심이 드러난다).[13] 그리고 나중에 『독일 이데올로기』와 『자본론』(Das Kapital)에서 마르크스는 진정한 비판적 방법론은 유물적 토대에서 출발하여 상향적으로 나아가는 발생적 방식으로 진행한다는 점을 분명히 한다. 따라서 비판의 목표는 말 그대로 종교적 오류가 기술의 역사, 즉 인간과 자연의 상호작용의 역사로서 불가피하게 발생했음을 논증하는 것이다.[14] 이론적 환상과 종교적 환상을 낳은 선사시대 이후의 역사는 실증적·선사시대적 관점에서 기술되어야 할 것이며, 이는 역사가 자연으로부터 해방된 듯이 보일지라도, 역사의 환상 그 자체는 자연에 따른 산물이므로 실제로 우리 인간은 "원시적" 상태에 계속해서 머물러 왔음을 보여주기 위한 것이다. 이러한 종교 비판의 원안이 가진 문제점에 대해서는 곧이어 살펴볼 것이다.

『독일 이데올로기』의 집필 무렵에 마르크스의 입장이 변하였는가? 실제로 그렇지는 않았다고 나는 주장한다. 왜냐하면 독일 철학에 있어 마르크스가 맡은 역할에 대해 애매한 태도가 일관되게 나타나기 때문이다. 마르크스는 독일 철학을 독일의 문화적 후진성의 일면으로 취급한다. 독일은 문화적으로나 정치적으로 낙후되어 있으나, 그것을 극복하려는 노력을 기울이는 가운데 서유럽의 진보에 대한 일종의 전도된 이미지를 산출해 낸다.[15] 경제발전에 있어 시장이 주도권을 잡는 대신에 그 주도권을 국가가 잡고 있다. 자유주의의 정치적 원리가 구체화되기에 앞서서 자유주의 국가가 자리잡는 것이 보통이지만, 독일에서는 아직도 구체제(ancien régime)가 끈질기

---

13   Marx, "Thesis on Feuerbach," pp. 421-23.

14   Marx and Engels, *The German Ideology*, pp. 37-42. *Capital: A Critique of Political Economy*, vol.1, Part IV, ch. 15, trans. Samuel Moore and Edward Aveling (London: Lawrence and Wishart, 1983) p. 352. 김수행 옮김, 『자본론 1-상』(비봉출판사, 2015).

15   Marx, "Critique of Hegel's philosophy of right," p. 246ff. *The German Ideology*, p. 29.

게 남아 있는 데 비해, 정치이론만 훨씬 앞서 있는 형국이다. 그렇지만 마르크스가 말하고자 하는 것은 후진성에도 이론상으로 장점이 있을 수 있다는 것이다. 독일의 자유주의는 독일의 절대주의에 맞서서 자신을 정의하는데, 이것은 영국이나 프랑스의 자유주의보다 더 준열하며, 따라서 여타의 서유럽국가가 이룩한 자유주의적 발전이 여전히 불완전함을 더 극명하게 드러내준다. 물론 마르크스는 자기가 국가에 대한 독일의 비판을 완성에 이르게 했다고 생각한다. 그런데 그가 국가 비판을 수행하는 방식은 처음부터 뒤떨어진 것이었다. 왜냐하면 그는 국가로부터 시작할 뿐, 국가를 실제로 존재하게 하는 것, 곧 경제로부터 출발하지 않기 때문이다. 하지만 마르크스는 아마도 이 점에 있어서 어떤 장점을 보았다고 하겠다. 말하자면 그는 국가에 초점을 맞추는 가운데 추상화를 통한 소외의 원리, 즉 국민이 국가를 마치 자신들의 집단적 활동과는 동떨어진 채 "자신들에 맞서서" 존재하는 별개의 실체로 취급하고 있다는 사실을 분명하게 파악했던 것이다.[16] 자본주의의 경제적 토대에 고질적으로 나타나는 소외(alienation)와 물화(reification)에 기반하여 상부구조가 세워지지만, 그러한 소외와 물화의 사실은 상부구조의 심급에서 더 분명하게 드러난다. 이와 유사한 방식으로 종교도 이러한 소외와 물화를 한층 더 분명하게 드러내는데, 이는 종교가 바로 소외되고 전도된 세계가 만들어낸 "보편이론"이자 "그 논리를 대중의 언어로 표현한 백과사전식 편람"이기 때문이다.[17]

그렇다면 마르크스가 보기에 "결과로부터 출발하여 원인으로" 거슬러 올라가는 접근 방식에 분명히 장점이 있다고 하겠다. 헤겔과 청년 헤겔학파의 종교분석을 살펴보면, 이들은 영국과 프랑스의 유물론자들이 취급하지 않는 다채로운 현상들(가령 인간의식의 실제적 성격, 인간사회의 변증법적 전개과정, 인간능력의 소외현상 등)을 적시해 놓은 것을 알 수 있다.[18] 종교는 기본적으

---

16 Marx, "Critique of Hegel's doctrine of the state". "Critique of Hegel's philosophy of right".
17 Ibid., p. 244.
18 Karl Marx, "The Holy Family, or critique of critical criticism," in Karl Marx and Friedrich

로 상부구조에 속한 이차적 현상이므로 그것은 궁극적으로 발생론의 방법에 따라 해명되어야 한다. 하지만 종교는 또한 정치경제학자들의 시아에 드러나지 않은 경제적 토대의 까다로운 논리를 잘 요약해서 의심에 찬 비판적 시각 앞에 폭로해 준다.

그렇지만 이것은 오직 마르크스에게만 해당되는 말이다. 왜냐하면 그는 국가가 종교적 신앙과 실천의 체계를 구현할 뿐 아니라, 이를 통해 스스로를 구축해 나가는 주체로 보는 헤겔의 관점을 일단 **수용**하기 때문이다. 그다음으로 마르크스는 헤겔에 반대하여 국가가 실제로 진작하고자 하는 것이 자본주의가 목적하는 것에 불과함을 보여주고자 한다. 그러나 이러한 의도로 인해 (기본적으로 헤겔주의의 영향때문에) 마르크스는 경제적 토대가 실제로 "하나의 종교처럼" 작동하고 있음을 주장하기에 이른다. 헤겔이 역사 속에 존재하는 사회를 신의 객관적 현존으로 해석하는 것에 반해 마르크스는 역사 속에 존재하는 사회를 철저히 그 경제적 **토대**에까지 파고들어, 그러한 사회야말로 이러한 경제적 토대라는 현존이 종교적 외양을 띠고 나타난 환상이라고 해석한다. 이 점은 순진한 척하지만 사실은 영악한 은유법을 동원하여 자본주의적 과정을 그리스도교의 성례전적 실천에 비유하는 것을 보면 분명히 알 수 있다. 마르크스의 이러한 접근은 국가와 시민사회를 종교와 동일시하는 헤겔의 시각을 수용하면서도 전복시켜 버린 셈인데, 이로써 마르크스는 종교의 발생에 관한 "연대기적" 설명에다가 종교에 관한 인본주의적 신념(종교 비판이 비판 자체를 시작하는 열쇠라고 보는 입장)을 결합시킬 수 있었다.

그렇지만 마르크스의 종교 비판에서 "헤겔적" 강조점을 "변형"시킨 핵심사안에 대한 고찰에 앞서서, 그의 사고방식 중에 단지 포이어바흐적이지만 전혀 헤겔적이지 않은 요소가 무엇인지에 대해 분명히 밝히는 것

Engels, *On Religion* (Moscow: Progress Publishers, 1975) pp. 53-61. 「신성가족 혹은 그 비판적 비판에 대한 비판, 브루노 바우어와 그 일파에 반대하여」, 『칼맑스 프리드리히 엥겔스 저작선집 1』(박종철출판사, 1997).

이 중요하다고 하겠다. 이에 해당하는 것으로 종교를 언제 어디서든지 "부수적 현상"(epiphenomenal)에 해당하는, 투사를 투사한 것(the projection of a projection)에 불과하다는 생각을 들 수 있다. 마르크스는 종교적 투사를 역사 속에서 진행되는 사회적 과정에 관련시킬 정도로 (포이어바흐는 이러한 경향을 절반쯤 보여준다) 포이어바흐를 역사화한다. 그러나 마르크스는 역사상 존재한 그 어떤 인간사회에서도 종교가 언제나 동일한 상부구조적 지위를 점한다고 볼 정도로, 그는 포이어바흐를 역사화하는 데 성공하지 못한다. 마르크스는 종교가 **종교 자체로서** 아무런 역사도 갖지 못하며 아무런 발전도 겪지 않는다고 말한다.[19]

이와 대조적으로 헤겔은 이 점에서 마르크스보다 훨씬 더 역사주의적이다. 이를테면 몇몇 사회를 살펴보면 거기서 종교는 예술의 영역에 근접해 있으며, 어떤 사회에서는 종교가 일상화된 사회적 거래관계에 근접하는 것으로 보인다고 한다. 마르크스는 합리적 이유도 없이 종교가 이따금씩 핵심적 결정 요인으로 작용할 가능성을 부정할 뿐 아니라, 헤겔보다 더한 방식으로 종교를 "신념"에 국한시키면서 종교적 실천이라는 엄연한 사실을 무시하기도 한다. 이것은 마르크스의 견해 속에 종교가 도대체 별개의 현상으로 존재해야 할 이유가 무엇인지에 대한 문제를 더욱 악화시킨다. 이를테면 경제·정치적 실천이 이러한 실천에 따른 이론적 환상(소외, 물신숭배, 물화)을 포함한다고 하면, 왜 그것이 굳이 종교적 환상이라는 "부수적" 현상을 발생시키는가? 아마도 종교를 위안의 관점에서 바라보는 것으로 이 현상을 설명할 수 있겠지만, 마르크스는 (니체와는 달리) 이와 같은 주제를 실제로 발전시키지 않으며, 대신에 종교가 권력의 체계를 뒷받침하면서 하나의 "지배적 이데올로기"로서 작동하는 **기능**적 측면에 더 큰 강세를 둔다. 여기서 문제는 마르크스의 말마따나 만약에 자본주의가 자신을 은폐하는 솜씨가 그

---

19 Marx and Engels, *The German Ideology*, p. 38. "Economic and philosophical manuscripts," p. 386. Rose, *Hegel Contra Sociology*, pp. 216-19.

토록 효과적이고 완벽하다고 하면 왜 군이 종교적 환상을 통해서 이러한 속임수를 보완할 필요가 있겠는가(?) 하는 점이다. 마르크스는 상품을 "물신숭배적 성물"(fetishistic sacred object)과 "신의 현신"(an incarnate god)에 비유한다. 하지만 다음과 같은 질문에는 답을 주지 못한다. 왜 자본주의 사회의 상품은 실제로 신들과 **동일시**되지 않는가? 아니면 달리 말해서, 왜 상품에다가 신들을 **더하여** 제공하지 않는가?[20]

마르크스는 사회적 생산관계의 수준에서 작동되는 경제를 헤겔식으로 종교적 신념과 실천에 비유함으로써 고대적 유물론과 인본주의적 유물론을 결합시켰다. 하지만 이에 따라 그의 종교 비판은 전반적으로 다소 위태로움을 면치 못하게 되었다. 종교란―일종의 "실천적 논리"로서―궁극적 결정자로 작용할 수도 있다고 보는 헤겔의 역사주의적 관념을 피하려하다 보니 마르크스는 이중의 과제에 직면하게 된다. 첫째로 그는 종교를 언제나 부수적 현상에 속하는 상부구조의 심급에 국한시켜야만 했다. 그러나 두 번째로 그는 경제관계가 지닌 "유사종교적" 성격(이것은 기호 체계의 작동원리에 비유된다)이 실제로는 기술 및 "생산력" 발달(여기에는 인간 노동의 조직화도 포함된다)의 심급에서 일어나는 순전히 "유물적" 변화에 좌우된다는 사실을 보여줘야만 했다. 하지만 마르크스가 사회적 생산관계의 심급에서 일어나는 변화의 불가피성에 관해 들려주는 전반적인 이야기는『자본론』으로부터『정치경제학비판요강』(*Grundrisse*)에 이르기까지 온통 변증법적이고 "종교적"인 관점에서 서술되고 있다. 오로지 이러한 "종교적" 이야기를 들려줌으로써 마르크스는 종교에 대한 자리매김과 설명을 할 수 있다. 따라서 뒤르켐의 사례에서 지적한 것과 유사한 역설에 이르게 된다. 이것이 정말 사실에 부합하는지 살펴보기로 하자.

첫 번째로 마르크스는 그리스도교가 종교 그 자체로 발달할 수 있는 최고의 단계를 대변한다고 보는 헤겔과 포이어바흐의 견해를 수용한다. 이

---

20 Marx, *Capital*, vol.1, pp. 76ff, 80. Bryan S. Turner, *Religion and Social Theory*, pp. 38-62.

를테면 그리스도교는 모든 종교의 본성을 이해하는 열쇠를 제공한다는 것
이다. 물론 그러기 위해서는 그리스도교가 먼저 자기비판적 성격을 갖추어
야 하겠지만 말이다.[21] 이렇듯 종교 비판은 "속류"(vulgar) 유물론에서 하듯
이 언제나 할 수 있는 것이 아니다. 도리어 종교 비판은 종교 자체의 발전에
따른 역사적 과제 위에 정밀하게 자리매김 된다. 비슷한 방식으로 마르크스
는 (노골적인 비유를 사용하여) 자본주의가 **모든** 경제체계의 본질을 이해하는
핵심 열쇠를 제공한다고 말한다. 물론 그러기 위해서는 자본주의가 먼저 비
판적으로 검토되어야 하겠지만 말이다.[22] 종교와 경제를 망라해서 두 분야
에서 결정된 발전과정은 서로 정확하게 병행하는 가운데 가장 추상적이고
알맹이 없는 종교인 그리스도교에서 절정에 이름과 동시에 가치의 "비실
재성"(non-reality)에 의해 균제되는 자본주의 경제에서 절정에 달한다고 하
겠다. 물론 경제가 종교를 결정한다고 간주되지만 경제는 사실상 헤겔이 종
교에 귀속시킨 변증법적 논리에 의해 좌우되는 것으로 제시된다. 아울러 경
제를 "종교"(이상화된 논리적 과정)로부터 구별하는 것은 오로지 자연적이고
규범화되지 않은 생산력이 관행적이고 규범화된 생산관계보다 우선한다고
주장하는 아직 불분명한 논제의 관점에서나 가능한 일이다.

두 번째로 경제와 종교 간의 단순한 병행관계를 넘어서기 위해서, 마
르크스는 종교 자체가 환상적 논리에 의해 좌우된다는 점에 착안하여 역
사 상의 경제발전이 종교적 환상을 낳는다는 것을 보여주려고 한다. 여기
서 그의 분석은 자본주의적 "상품"과 관련된 부분에 집중하고 있다. 이것은
마르크스가 "사회적 상형문자"(social hieroglyph)라고 부르는 것으로, 본래부
터 "신비적"·"형이상학적" 성격을 타고났다고 하겠다.[23] 이 용어는 정확히
18세기에 들어와서 정교화된 고대의 유물론적 개념을 상기시키는데, 그 내

---

21   Karl Marx, *Grundrisse*, trans. Martin Nicolaus (London: Pelican, 1973) pp. 105-6. 김호균 옮김,
     『정치경제학 비판 요강 1』(그린비, 2007).

22   Ibid. *Capital*, vol. 1, pp. 31, 85.

23   Ibid., pp. 78-9.

용인즉 상형문자는 본래 의사소통을 위한 순수한 목적을 위해 발명된 것이었으나, 나중에 그 목적이 망각됨에 따라 사제계급은 상형문자를 신들이 인간에게 직접 계시한 신성을 나타내는 신비로운 상징으로 전유하게 되었다는 것이다. 상품은 이런 뜻에서 일종의 상형문자다. 왜냐하면 상품은 본래 그것이 가진 기능이라는 조건 때문에 생겨나게 되었으나, 현재 그 사실이 망각된 채로 존재하기 때문이다. 다시 말해서 사람들은 이제 상품 안에 구현된 "가치"가 인간 공동체 내에 상존하는 권력의 향배를 표현한다는 사실을 망각하고 있다는 말이다. 여기에 "소외"가 수반되는데, 이 말은 인간이 가치와 상품을 마치 그것들이 무슨 성례전적 효력, 즉 그 자체에서 말미암는 힘을 가진 듯이 대한다는 뜻이다. 이러한 소외 현상의 상대적 측면으로 또한 "물화"가 초래된다. 말하자면 인간의 주체적 능력이 사물에 투사되고 나면, 이제 인간 존재가 자신의 통제를 벗어난 과정의 지배를 받는 대상에 불과한 것으로 표상되기에 이른다. 마지막으로 "물신숭배"도 발생하는데, 이는 자본주의에 있어 상품의 가치가 그것이 지닌 "사용가치"가 아니라 "교환가치"에 따라 평가되기 때문에 이로 인해 본래 동일 가치로 환산될 수 없고 동일 수준에서 비교될 수 없는 것을 동일 가치로 취급하는 일이 수반된다.[24]

이 세 가지 사례에서 경제적 환상은 종교적 환상에 필적하는 병행현상을 보이고 있다. 이를테면 인간은 비현실적이고 "보편적인" 실체를 상상하면서, 인간 자신에게 응당 돌려야 할 인과적 원인을 그것에 돌린다는 것이다. 사실상 종교적 환상이 경제적 환상에 토대를 두고 있을 뿐 아니라, 더 나아가 후자의 경제적 환상 자체가 종교적 환상과 동일한 것이 아니라 실제로 그 변종에 불과하다고 한다면, 마르크스의 종교 비판이 타당성을 인정받기 위해서는 오로지 경제과정에 대한 그의 설명이 먼저 타당해야 할 것이다. 종교적 투사는 실제로 경제적 투사의 범위 내에서 일어나는 현상

---

24   Ibid., pp. 48-87. Marx, "Economic and philosophical manuscripts," pp. 324-34, 383-400.

이다. 그러기에 마르크스는 헤겔의 신학을 순전히 자기 식의 기회원인론에 따라 재구성함으로써 유대교와 그리스도교에서 신봉하는 "신"은 유한한 세계 내에서 또는 국가 권력 내지 시민사회의 권력 내에서 작용하는 일종의 인과적 힘을 나타낸다고 추정한다. 그는 그리스도교의 정통 신앙에서 말하는 "하나님"이 순전히 초월적 최종 원인을 가리킨다는 사실을 결코 직면하려고 하지 않으며, 이런 까닭에 존재(Being)가 전체적으로 무슨 이유와 목적을 갖는지에 대한 질문과 관련해서 하나님은 하나의 원인으로서 환기될 뿐, 언제나 전체적으로는 알려지지 않은 채로 남아있을 수밖에 없다는 점을 수긍하려고도 하지 않는다.[25] 이러한 까닭에 정치경제학을 일종의 종교적 신념으로 간주하고 자본주의 경제를 일종의 종교적 실천으로 여기는 마르크스의 비판이 여전히 지지되는데 (또한 그리스도교에 대한 비판으로서 계속해서 기능하는데), 그 이유는 정치경제학이 그리스도교를 **나름대로 적용하는** 방식(하나님을 부등발생의 조정자 내지 유한한 설명으로 채울 수 없는 간극을 위해 요청되는 원인으로서 언급하는 방식)을 그가 **효과적으로 수용**하기 때문이다.

경제 과정 자체에 대한 설명에 있어 마르크스의 실제 의도는 바로 이러한 영역 내에서도 인간이 어떻게 해서 "종교적" 환상에 종속되는가에 대해 설명을 제공하려는 것이다. 그러나 그가 이러한 종교적 환상을 "폭로"함에 있어 인본주의/실증주의적 메타서사의 틀에 의존하고 있을 뿐 아니라, 이러한 틀 자체가 종교적 내재주의의 한 변종을 반영하고 있음은 주지의 사실이다.

이러한 메타서사를 "기원에 관한 신화" 내지 "변증법적 생성의 신화"라는 표제 하에 논할 수 있을 것이다. 첫 번째 사례에 해당되는 "상형문자" 대한 마르크스의 비판은 고대적 유물론의 관점에 머물러 있는데, 이 고대적

25　필자는 1979년경에 캠브리지 신학교(Cambridge Divinity School)에서 열린 한 강좌에서 Nicholas Lash가 이러한 내용의 주장을 했던 것으로 기억한다. 또한 다음을 보라. Nicholas Lash, *A Matter of Hope; A Theologian's Reflections on the Thought of Karl Marx* (London: Darton, Longman and Todd, 1981).

유물론은, 우리가 앞에서 살펴보았듯이, 모든 문화적 실체가 "상형문자적"일 수밖에 없는 이유가 그것이 늘 비확정적이고 따라서 자신의 통제를 벗어나는 의미들을 전개하기 때문임을 인식하는 데 실패하였다. 마르크스 자신은 실제로 이것을 인지하는 데 근접해 있다고 하겠다. 왜냐하면 그는 모든 특정한 경제적 범주가 기호의 영역에 포함됨을 알고 있었으며, 아울러 자본주의적 환상이란 겉모습 속에 잠복된 실체를 감추고 있다는 뜻에서 환상(마르크스의 해석자들은 흔히 이런 식으로 잘못 추정한다)이 아니라 차라리 사람이 자기가 가공의 역할을 맡은 줄도 모른 채 연기를 하고 있는 "연극적 허구"라는 의미에서 환상을 뜻한다는 것을 알고 있기 때문이다. 이 점은 분명한 사실이다. 왜냐하면 자본으로 인해서 "상품의 언어"가 일반적으로 수용되고, 또한 노동 자체가 일반적 척도에 따른 수량화가 가능한 노동시간이라는 물신숭배의 대상으로 화할수록 오로지 자본만이 노동을 지배하는 힘을 갖게 되기 때문이다. 환상을 통해서 작용하는 힘만이 존재하며, 이에 따라 실제로 은폐되는 모든 것은 가치와 상품과 물신화된 노동 등 상상에 따른 비현실적 성격을 띠기 마련이다.[26]

그렇지만 마르크스는 환상의 개념을 너무 쉽게 수용하는 나머지 인간 내지 문화적 존재가 된다는 것이 **필연적으로** 일종의 허구에 깃들일 수밖에 없음을 제대로 성찰하지 못했다. 자본주의가 지닌 허구적 성격을 단지 인식한다고 해서, 그에 따라 자본주의를 "환상"이라고 배격하거나, 자본주의 자체의 의미화 작용에 의해 인간이 비합리적으로 매혹당했다는 식의 비난으로 이어질 필요는 없다. 물신숭배와 소외와 물화라는 세 가지 핵심 사례를 살펴보자면, 첫째로 물신숭배와 관련하여 다양한 상품과 여러 종류의 노동을 추상적 수량화의 척도에 따라 "동일 가치"로 환산하는 것을 합리적으로 정당화할 수 없음이 사실이다. 또한 어떤 문화가 독특하게도 계산과 예측성에 잘 적응했다 하더라도 그러한 문화가 죄다 이러한 등가성(equivalence)의

---

26   Marx, *Capital*, vol. 1, pp. 43-87.

양식을 작동시키지는 않음이 사실이다. 그렇지만 **모든 문화가 어쨌든 그 사회적 관계성 내에서, "부등의 것을 등치화"**하는 일정한 등가성의 원리(이것은 물물교환과 선물교환 뿐 아니라 형벌과 보상에도 적용된다)를 작동시키는데, 이러한 등가성의 원리 중에서 합리적 토대를 지닌 것은 **하나도 없다**. 이런 뜻에서 볼 때 자본주의 "경제"(생산력과 동일가치로 환산된 의미들의 동시 배치)라고 해서 어떤 다른 경제보다 합리적인 것도 아니고 비합리적인 것도 아닌 셈이다.

장 보드리야르(Jean Baudrillard)가 지적했듯이, "교환가치"(exchange-value)에 대한 마르크스의 비판은 근거 없는 명목론을 지지한다고 하겠다. 왜냐하면 다양한 비교의 관행과 목표지향적 변형활동은 사물과 역량을 다른 사물과 역량에 따라 평가하므로, 이러한 사회적 관행을 벗어난 곳에 특정한 문화에 따른 사용가치(use-value)가 실제로 존재할 수는 없기 때문이다.[27] 그러나 장프랑수아 리오타르(Jean-François Lyotard)는 보드리야르가 원시사회에서 보고되는 "상징적 교환"(이 경우 교환의 대상이 되는 물건들은 각 당사자에게 참여한다고 여겨지므로, 화폐를 통해 추상적으로 표시될 수 없고, 축적의 대상이 될 수도 없다. 그 이유는 그것들이 교환을 통한 "증여"의 상황에서만 가치를 지니기 때문이다)이 잠재적으로 자본주의적 교환보다 더 "자연적"이라고 칭송하는 것을 거부한 점은 옳다고 하겠다.[28] 리오타르의 주장에 따르면, "합리적" 시각에서 바라볼 때, 상징적 교환이란 은전 베풀기(the exercise of patronage)의 풍속 내에서 경쟁의 형태로 작동하는 단지 하나의 대안적인 **장치**(dispositif)일 뿐이며, 더욱이 그중에서도 권력에 의해 각인된 방식일 따름이다. 따라서 선물을 주고받는 관계라고 해도 사실상 거기에 축적이 배제될 리 없으며, 자본주의 사회처럼 원시사회에서도—전반적인 사회적 과정을 구축하고 지탱해 나간다는 뜻에서—시간과 생산의 차원이 개입하고 있음을 보게

---

27 Jean Baudrillard, *The Mirror of Production*, trans. Mark Poster (St Louis: Telos, 1975). 『생산의 거울』(백의, 1994).

28 J.-F. Lyotard, *Economie Libidinale* (Paris: Minuit, 1974) pp. 126-33.

된다. 따라서 만약에 보드리야르가 사용가치를 교환가치에 대립시키는 방식이 아니라 교환을 생산에 대립시키는 견지에서 자본주의를 탈신비화 하는 대안적 방식이 가능하리라고 생각한다면, 그는 틀렸다고 하겠다. 자본주의는 생산에 의해 교환을 억제하는 것이 **아니라**, 단지 교환과 생산 양자를 추상화하고 수량화함으로써 원칙적으로 예측 가능한 대상으로 만드는 체계인 것이다.

이러한 추상적 등가성이 자유주의에서 추정하듯이 전통적 상징주의보다 "더 합리적"인 것은 아니라고 할지라도, 그렇다고 그것이 "덜 합리적"인 것도 아니다. 차라리 그러한 추상적 등가성이 지닌 비합리성은 프랑크푸르트 학파를 비롯한 이들이 상상하듯이 보편성을 띤 이론적 잣대(비록 그것이 칸트식의 "실천이성"의 잣대라고 할지라도)의 적용을 통해 논증될 수도 없다.

따라서 마르크스가 물신숭배를 이야기하면서 자본주의 논리 중에서 어떤 한 요소를 식별해내고서 이러한 논리가 흔히 권력의 이해관계에 따라 은폐되고 있음을 지적한 것은 매우 적확했다고 하겠다. 그렇지만 마르크스는 이 논리가 본래부터 환상의 산물일 뿐 아니라 이 논리를 보다 넓은 견지에서 인식하게 되면 그것이 결국 그 매력과 마성을 상실할 것임을 논증하는 데 성공하지 못했다. 소외와 물화의 경우에도 유사한 관찰의 결과가 나타난다. "소외"의 개념은 인간에게 고유하고 자연스러운 일단의 욕구와 역량이 있음을 전제한다. 그런데 이러한 욕구와 역량이 환상의 산물인 문화적 논리에 의해 규정될 경우 이것들은 왜곡되어 버리며, 문화적 논리 자체가 인간에 의해 발명되었다는 사실이 감춰지고 잊히기 마련이다. 하지만 인간의 고유한 특성(*proprium*)에 관한 마르크스의 생각 중 단 하나의 요소, 즉 인간의 모든 자연적 능력이 무제한적으로 발전할 것이라는 생각만큼은 사실상 부의 축적을 궁극적 목표로 상정하는 자본주의적 투사작용에서 기인함이 분명하다고 하겠다. 이러한 자본주의 사회와는 달리 다른 형태의 사회에서는 **무엇**을 생산할 것이며 어떤 **종류**의 인간 역량을 진작시킬 것인가를 고민하면서 구체적 목표들을 설정한다. 이 점에서 보드리야르가 마르크스는 생산활동을 인간 본성이 그 자신을 인식하는 거울로 간주했다고 주장한 것은 옳다고 하겠다. 아울러 이러한 인식이 자기반성을 가능케 하는 중립적 능력이 아니라 "정치경제학"이라는 이름의 유리표면이 지닌 왜곡된 시각에 불과함을 깨닫지 못했다는 사실도 지적하고 있다.[29]

　우리가 순수 "자연적" 욕구와 역량에 결코 접근할 수 없는 것처럼, 이와 마찬가지로 인간의 자질 중에 전유되지 않은 것, 즉 전적으로 우리의 소유에 속하지 않은 것은 없다. 애초부터 우리가 정체성을 갖는 것은 우리가 스스로를 우리와는 다른 낯선 것과 동일시함에 따라 일어난다. 그리고 오로지 상품 생산에 순응함을 통해 우리는 자신이 생산의 주체라는 사고를 획득하며, 우리가 이러한 생산자로서의 특수한 "역량"을 소유하는 것도 오로지 이러한 순응을 통해서 가능한 일이다. 자본주의가 비록 자연적인 것은 아닐지라도, 자본주의가 자본주의적 인간을 창조하는 것은 역으로 자본주의적 인간이 자본주의를 창조하는 것만큼이나 사실이라고 하겠다. 이런 까닭에 자본주의를 지속적으로 창조해 가는 일은 오로지 인간성이 하나의 "대상물"이 되어 자본주의적 과정에 적합한 특정한 종류의 형태로 계속해서 만들어질 때에만 가능하다. 모든 문화가 그러하듯이 "물화"(being reified) 란 우리의 의식이 우리가 만들어내지 않은 과정에 의해 구조적으로 형성되도록 허용함을 뜻하는데, 오로지 이러한 물화의 조건으로 말미암아 우리가 주체로서 활동하는 일도 가능케 된다고 하겠다. 이 말은 결국 우리의 의도가 낯선 "사물" 속에 구현되고 또한 그 사물이 "사이비 주체"가 되어 우리에게 역으로 작용한다는 뜻이다.

　따라서 사물의 의인화와 주체의 대상화는 불가피하게 문화의 **파토스**(pathos)를 표출한다. 이러한 파토스는 오로지 주체와 대상이 서로의 자리를 완전히 뒤바꿀 경우라야 그 허위성이 드러나겠지만, 이것은 마르크스가 자신의 유토피아적 사고 속에서 순수한 주체가 때묻지 않은 대상을 대면하

29　Baudrillard, *The Mirror of Production*.

는 것을 상상하는 일만큼이나 현실에서 일어날 수 없는 불가능에 해당한다고 하겠다. 자본주의적 과정 중 아무 때라도 거기에 "소외"의 현상이 있다고 해서, 그것이 곧바로 주체가 가진 자유가 은폐됨을 뜻하지는 않는다. 가령 노동력의 전유라는 조건 하에서 노동자는 자기가 생산한 가치의 일부를 착취당하지만, 이러한 조건마저도 노동자 측의 동의를 점차 더 많이 확보하게 되는데, 이는 노동자도 이를 통해서 규칙성, 예측가능성, 상품생산의 용이성뿐 아니라, 임금 노동을 통해 (특히나 최근의 자본주의적 환경 속에서) 향유하고자 하는 작업 안전성과 휴식 및 여가를 지속적으로 선택하는 방향으로 나아가기 때문이다. 여기서 나는 소위 "중립적" 경제관계란 한 집단이 다른 집단에 행사하는 "정치적" 권력을 구체화한 것이라고 마르크스가 적실하게 폭로한 것을 부정하는 것이 **아니다**. 다만 나는 자본주의가 자신에 대해 적대적인 주체를 필연적이고도 모순적으로 산출하기 마련이라는 생각을 **부정**할 따름이다.

따라서 물신숭배·소외·물화의 삼중구조(trio)가 지닌 방법론적 가치가 드러나는 것은 오로지 그것이 등가성과 대상화와 주체화라는 특수한 양식을 구체적으로 밝혀내는 정도에 달려있다. 마르크스는 바로 이러한 용어들을 가지고 자본주의를 기술하는데, 그의 설명이 지닌 장점은 "종교적" 추론이 기호학적 과정 일반과 크게 동떨어지지 않음을 보여주는 것이다. 따라서 그는 종교와 철학을 제작/행위(프락시스)라는 실천적 영역으로 환원시키는 한편, 역사상의 모든 제작활동이 단지 "기술적" 영역에 속할 뿐 아니라 철두철미한 "종교적" 논리에 의해서도 좌우된다는 것을 보여주었다. 이런 뜻에서 마르크스는 세속의 영역을 해체하였으나, 안타깝게도 세속에 대해 고차원적 심급에서 재확보되어야 할, 묻혀버린 자연적 "기원"이라는 지위를 부여하였다. 그가 종교적 논리가 문화적 논리 일반에 비해 그 생경함이 더하거나 덜하지 않음을 통찰한 것은 매우 타당하다고 (하지만 제대로 실현되지 않았다고) 하겠다. 이로 인해 "종교 비판"은 계속해서 하나의 불가능한 모험으로 인식되게 된다. 그러나 일반적인 문화적 과정을 통해 "자연적" 인간성, 곧 유적 존재로부터의 소외가 자각적으로 모든 자연적 역량의 결실을 초래했다고 보는 생각이야말로 이러한 통찰과 전혀 맥락이 닿지 않는 타당성 없는 주장이라고 하겠다.[30] 따라서 마르크스의 종교 비판이 지닌 타당성을 둘러싼 쟁점은 역사적 문화(일반적 차원) 및 경제적 과정(특수한 차원)에 대한 그의 비판이 과연 타당성을 지니는가에 관한 질문으로 완전히 전환되어야 한다.

마르크스의 종교 비판은 "기원의 신화"라는 측면에서 보면 하나의 실패다. 그러나 "변증법적 생성의 신화"라고 해도 그 역시 실패라고 하겠다. 마르크스는 원숙기의 텍스트에서 하나의 생산양식으로부터 다른 생산양식으로의 이행은 최종적으로 분석해보면 결국 기술의 발명과 노동분업의 조직화를 포함한 "생산력"의 발달에 의해 결정된다고 주장한다.[31] 그러나 마르크스가 물신숭배·소외·물화의 측면에서 생산의 사회적 관계에 대한 분석을 끝내 포기하지 않았다는 분명한 지표가 있다.[32] 실로 마르크스로 하여금 자본주의를 넘어서는 최종 단계(적대관계가 사라지고 "무한한 생산"이 자리잡는 단계)가 이전에 지나간 모든 단계에 비해 질적으로 전혀 다르다고 보게끔 하는 것은 오로지 이러한 분석에 따른 것이다. 이 단계가 되면 인간은 자신이 타고난 실천적 역량(인간의 모든 "영적"·예술적 추구를 포함한다)과 "하나"가 된다. 여기서 "실증주의적" 마르크스와 "인본주의적" 마르크스 사이에 어떠한 긴장도 찾아볼 수 없다. 반면에 인본주의와 실증주의는 동전의 양 측면이 된다고 하겠다. 왜냐하면 환상으로부터 해방되어 객관적이고 논란의 여지가 없는 상태로 복귀하는 단계에 이르러야만, 인간의 모든 역량이 경쟁이나 폭력적 다툼이 없이 실현될 수 있기 때문이다. 마르크스가 후기로 갈수록 "필요" 노동에 의한 집단적 산업 활동과 창조적 여가를 향유하는 사

---

30   Marx, "Economic and philosophical manuscripts," pp. 327-30, 350-1, 386-91.

31   Marx, *Capital*, vol 1, p. 372, vol 3, pp. 430, 772. *Grundrisse*, p. 495. G. A. Cohen, *Karl Marx's Theory of History: A Defense* (Oxford: Oxford University Press, 1978) pp. 134-72,

32   Marx, *Grundrisse*, pp. 452-5, 705. *Capital*, vol. 3, pp. 823-8.

적 영역 간에 구분을 더 뚜렷이 설정하기는 하지만, 과학적 미래는 또한 인
본주의적 자유가 충만한 미래이기도 하다.[33] 마르크스는 이미 『철학의 빈
곤』(*The Poverty of Philosophy*)이라는 저서에서 "유한(有閑)적 공예활동"(craft
idiocy)을 다루지만, 이 말은 개인이 자기 직업에 종사하면서 이러저러한 창
조적 성취를 누릴 수 있어야 한다는 뜻으로 여겨지는데, 마르크스는 이 주
제에 많은 시간을 할애하지는 않는다. 실로 마르크스에게 있어서는 자동화
된 작업장에서 실시되는 노동분업을 통해 "보편적 필요, 즉 개인의 전인적
계발을 향한 진전이 감지되기 시작하는" 것이다.[34] 이것이 바로 마르크스가
말하는 인본주의며, 윌리엄 모리스(William Morris)가 공예활동을 예찬하는
것은 확실히 마르크스가 공격하는 프루동(Proudhon)의 노선에 더 가깝다.

따라서 역사시대를 역사 이전(pre-history) 및 역사 이후(post-history)와
질적으로 전혀 다르게 구분하는 것을 이해하기 위해서는 소위 생산관계라
는 "논리"가 무엇을 말하는지에 대한 마르크스 자신의 설명이 필요하다. 마
르크스는 이 논리 안에 포함된 "변증법적" 요소(투사와 도치)가 헤겔의 관념
론에서 말하는 투사 및 도치와 등가적이라고 간주한다. 따라서 이 정도로
변증법적 과정에 대한 추적은 환상에 대한 추적인 것이며, 루치오 콜레티
(Lucio Colleti)가 지적하듯이 환상의 종지부이자 유토피아적 미래는 헤겔이
말하는 변증법적 해결(resolution)과 다르다고 하겠다. 말하자면 그러한 마르
크스적 미래에도 주체는 대상과 대립하는 채로 남아있을 뿐더러, 변증법적
긴장이 해소되기보다는 거기에서 벗어나 자연과의 실증적 관계로 들어가
는 것이다.[35]

그럼에도 불구하고 콜레티는 소외로부터의 실질적 귀환이 객관적으

33   Marx, *Grundrisse*, pp. 702-6. Marx and Engels, *German Ideology*, pp. 44-5.

34   Karl Marx, *The Poverty of Philosophy* (Moscow: Progress, 1978) pp. 132-3. Marx and Engels,
     German Ideology, p. 67. 「철학의 빈곤, 푸르동의 『빈곤의 철학』에 대한 응답 (발췌)」, 『칼맑스 프
     리드리히 엥겔스 저작선집 1』(박종철출판사, 1997).

35   Lucio Colletti, *Marxism and Hegel*, trans. Lawrence Garner (London: New Left Books, 1979) pp.
     249-83. Marx, "Economic and philosophical manuscripts," pp. 387, 392-5.

로 일어난다는 점에 주목하지 못한다. 이 말은 인간의 모든 힘이 이제 인간 자신의 통제 하에 들어온다는 것과, 마찬가지로 생산관계의 역사적 논리라는 관념론적 환상이 다음과 같은 변증법을 구성하는 데 불가결한 **필수적** 계기가 된다는 말이다. 여기서 말하는 변증법은 인간의 능력이 역사이전의 순진함에서 출발하여 생산력의 발전에 동반되는 환상을 거쳐, 인간이 일부러 의도할 수는 없었으나 발생하게 된 역사과정에 따른 의외의 소득과 더불어 자각에 이른 인간성이 소유하게 된 "제2의 순진성"에까지 발전해 가는 과정이다. 따라서 콜레티가 무어라고 하든 간에 이러한 "역사적 변증법"을 또한 자연적 과정에 기초한 "유물적 변증법"이라고 부르는 것은 완전한 타당성을 얻게 된다.

이러한 유물적 변증법이 가진 문제를 인식하는 것은 그다지 어렵지 않다. 간단히 말해서 생산력의 특수한 발전과 특정 생산양식 간에 필연적 연결이 존재한다고 할 수 없다. 오로지 일련의 복합적인 친연성과의 상호작용만이 있을 뿐이다. 게다가 기술의 발전과 언어적 환상의 필연적 발생 간에 불가피한 연결이 있다는 생각도 결코 정당화할 수 없다. 마르크스는 헤겔의 변증법을 "전도"(inversion)함으로써 이러한 생각을 하게 되었으나, 변증법적 운동이 본래적 자기현존(self-presence)에서 출발하여 외화를 거쳐 다시 자기현존으로 귀환하면서, 거기에 해명의 이득까지 주어진다는 생각은 그 본래의 관념론적 양식에서뿐 아니라 유물론적 해석에서도 신뢰할 만한 근거를 찾지 못한다. 역사적 자료에다가 정확히 이와 동일한 해석을 덧붙이는 그러한 **뮈토스**가 존재한다. 헤겔과 아주 동일한 식으로 마르크스도 정치경제학적 신정론에 해당되는 (발렌티누스 영지주의의 반향이 울려나는) 뵈메류의 해석에 동의하고 있다. 이를테면 역사는 고난으로 점철되어 있으나 미래의 해방을 위해서 고난도 반드시 필요하다는 식의 해석이다. 이렇듯 마르크스의 종교 비판은 오로지 영지주의적이며, 따라서 "종교적인" 메타서사의

새로운 변종 내에서만 가능한 것임이 밝혀진다.[36]

　마르크스의 비판에 대한 나의 메타비판을 요약하자면 다음과 같다.

1. 마르크스는 포이어바흐로부터 인간의 모든 현실은 자기정립적 자아로부터 파생한다고 보는 투사론을 넘겨 받는다.
2. 마르크스는 왜 종교가 부수적 현상으로 발생하는지를 보여줄 수 없다.
3. 마르크스는 문화적 과정 자체가 "종교적" 성격을 띠고 있음을 폭로하지만, 기껏 이러한 문화적 과정을 상상의 산물인 자연주의적 규범, 즉 인간성에 관한 새로운 "자연법"과 대조시킬 수 있을 따름이다.
4. 마르크스는 그리스도교와 같이 역사성을 띤 종교가 환상의 산물임을 폭로하였는데, 이는 그가 이러한 역사적 종교가 문화 이전의 인간성(규명불가한 것)에서 출발한 것이거나 문화 이후의 인간성(이 역시 규명불가한 것)을 향한 과정 중의 필연적 단계에 속한다고 보았기 때문이다. 그런데 이 문화 이후의 단계에서는 발전의 장애물을 철폐하기만 해도 평화와 자유가 "자동적으로" 실현된다고 본다.
5. 마르크스가 그리스도교를 비판할 수 있는 것은 오로지 그리스도교를 사이비종교 내지 "이단적" 성격을 띤 메타서사 내에 "자리매김"하기 때문이다.

36　Eric Voegelin, *Science, Politics and Gnosticism* (Chicago: Regnery, 1968).

마르크스주의의 자본 비판

필자의 메타비판은 최근 들어 그리스도교의 "정치신학" 내부에서 마르크스주의에 접근하는 주요 입장과 확연히 갈라진다. 이 입장은 일반적으로 두가지 범주로 나누어지는데, 마르크스의 인본주의를 그의 과학주의 내지 결정론으로부터 떼어내려는 시도가 하나 있고, 다른 하나는 마르크스주의의 형이상학적 타당성은 부정하지만 그것을 사회경제적 과정을 해명하는 과학으로서 수용하는 입장이 있다.[37] 이 두 입장이 공통적으로 주장하는 것은 마르크스가 소외의 일반적인 종식만이 아니라 "비소외적"(non-alienating) 형태의 종교가 존재할 수 없음도 결정적으로 보여주지 못했다는 것이다. 마르크스주의의 "과학적" 성격을 옹호하는 경우에 마르크스가 가진 "신정론"적 접근이 진정한 그리스도교와 양립할 수 있는지 묻지 않는 반면에, 마르크스가 가진 "휴머니즘적" 성격을 편드는 경우에는 인간의 본질에 대한 마르크스의 설명이 합리적으로 정당화될 수 있는지, 또는 그것이 인간의 본성은 애덕(charity)이라는 초자연적 삶을 향한 지향성 안에 있다고 보는 그리스도교의 인간관과 양립할 수 있는지를 묻지 않는다.

이렇듯 신학이 마르크스주의를 인본주의로든 과학으로든 지지하는 경우 그의 종교비판도 수용하기 마련인데, 이는 그리스도교가 본질적으로 인간의 능력을 소외시킨다거나, 현실의 불의한 상황으로부터 시선을 돌리게 하는 위안을 제공한다는 점에서 그리스도교도 "이데올로기적"이라는 주장에 동의하는 셈이다. 이러한 두 입장이 유별날 것도 없는 것이, 이 두가지 사안에 대해 그리스도교 역시도 자체비판의 역량을 충분히 보여주고 있으며, 마르크스주의는 그리스도교가 이러한 비판력을 발휘하도록 중요

---

37 Gustavo Gutierrez, *A Theology of Liberation* (London: SCM, 1983). p. 30. J. B. Metz, "Political theology: a new paradigm of theology?" in Leroy S. Rourer (ed.), *Civil Religion and Political Theology* (Notre Dame, IN: Notre Dame University Press) pp. 141-53. Alfredo Fierro, *The Militant Gospel* (London: SCM, 1976) p. 236ff. Clodovis Boff, *Theology and Praxis: Epistemological Foundations*, trans. Robert R. Barr (Maryknoll, NY: Orbis, 1987) p. 55.

한 박차를 가하는 것 외에 실질적으로 더 보태어준 것도 없기 때문이다. 훨씬 더 문제가 되는 것은 신학이 마르크스적 인본주의 내지 마르크스적 과학을 일반적으로 수용하는 것이라고 하겠다. 그리고 그 결과 자본주의에 대한 마르크스의 설명이 기본적으로 적절하다고 여기면서, 그것이 그리스도교적 성격을 띤 비판적 고찰에 의해 특별히 보완될 필요가 없다고 간주하게 된다. 이 단락에서 나는 자본주의에 대한 마르크스주의의 비판이 왜 불충분한지를 보여줄 것이며, 그다음으로 이 장의 마지막 단락에서 정치신학이 되살려야 할 심도 있는 비판이 이미 그리스도교 사회주의 안에 포함되어 있음을 보여줄 것이다.

앞에서 이미 암시했듯이, 마르크스주의가 "세속질서"에 대한 그리스도교의 비판에 어느정도 기여하는 것이 사실이다. 이것은 자유주의적 정치이론과 정치경제학이 기본 전제로 삼는 것들이 문화적 특수성을 띠고 있음을 마르크스주의가 잘 보여주기 때문이다. 마르크스주의는 자본주의에 의해 끊임없이 재생산되고, 또 그럼으로써 자본주의를 지속가능하도록 뒷받침하는 무의식적 전제의 심급에까지 파고든다. 이것이 분명하게 드러나는 사례가 바로 가치론이다. 리카르도는 노동이 "자연적으로" 가치의 원천임을 주장한 반면에, 마르크스는 노동이 자본주의 내에서 가치의 원천이 되는 이유는 오로지 그것이 가치의 원천으로 **구성**되기 때문임을 보여주었다.[38] 특수할 뿐 아니라 수량적으로도 상이한 노동의 다양성이 자본주의에서 노동시간이라는 단일한 수량적 척도에 따라 "등가적"인 것으로 취급된다.[39] 이 점에서 마르크스의 자본주의관의 중심 항목을 이루는 그의 "노동가치설"(labour theory of value)이 리카르도의 "노동가치론"(labour-value theory)처럼 경험적으로 새로운 주장은 아니지만, 오히려 그것은 자본주의가 설정한 "가능성의 조건"을 기술하려고 하는 유례없는 시도라고 하겠다. 마르크스

---

38   Clarke, *Marx, Marginalism and Modern Sociology*, pp. 64-103.

39   Marx, *Capital*, vol. 1, pp. 45-8.

의 노동가치설이 "세속질서"를 일부 노출하는 데 성공할 수 있는 것은 그것
이 정의에 관한 실질적 쟁점들이 결코 제기될 필요가 없는 경제적 영역에
대한 순전히 형식적인 규제를 가능케 하기 위해서 질적 차이를 단일한 수
량적 척도에 따라 "평준화"함에 개입된 자의성을 지적해주기 때문이다.

마르크스의 가치이론은 리카르도적 사회주의자들이 주장하는 바, 노
동은 가치의 원천이므로 모든 생산물은 "자연적으로" 개별 생산자에게 귀
속된다고 보는 생각과는 갈라진다.[40] 노동이라는 가치의 척도가 그 자체로
자본주의적 교환 과정에 의해 발생한 것이라고 한다면 이러한 결론이 도출
되지는 않을 것이다. 그렇지만 두 가지 측면에서 마르크스 자신도 나머지
면에서는 리카르도주의자이며, 따라서 그 역시 정치경제학의 전제로부터
여전히 자유롭지 못함을 보여준다.

그 첫째 측면은 아리스토텔레스에 대한 마르크스의 논평과 관계된 것
인데, 그는 당시 그리스의 경제 발전이 제한되었던 탓에 노동이 가치의 척
도임을 아리스토텔레스로서는 알 수 없었다고 말한다.[41] 이와 같은 진술은
노동이 어떤 의미에서 항상 "실제로" 가치의 척도였음을 전제하면서, 그것
이 자본주의적 실천에 의해 명시적으로 드러나게 되었음을 함축한다. 여기
서 우리는 변증법적 관점이 자본주의의 권력과 의미에 대한 마르크스의 기
호학적 분석을 실제로 얼마나 왜곡하고 있는지를 알게 된다. 말하자면 자본
주의는 이미 불변의 모습을 띨 정도로 깊은 자리를 차지하고 있으므로, 마
르크스는 그것을 단지 특수한 역사적 국면으로 간주하지 않는다. 도리어 마
르크스는 자본주의가 순수 경제적인 면을 일부 밝혀주는 것으로, 참다운 경
제적 본성을 드러낼 뿐 아니라 그것을 결정하는 힘을 현시하는 것으로 간
주한다. 반면에 앞선 시대에는 이것이 은폐되어 있었다고 본다. "은폐된"

40 Clarke, *Marx, Marginalism and Modern Sociology*, p. 41ff.

41 Marx, *Capital*, vol 1, pp. 65-6. Cornelius Castoriadis, "Value, equality, justice, politics: from
Marx to Aristotle and from Aristotle to ourselves," in *Crossroads in the Labyrinth*, trans. Kate
Soper and Martin H. Ryle (Brighton: Harvester, 1984) pp. 260-330.

성격을 지닌 앞선 시대에는 인간의 가장 중요한 권력관계가 가족적 내지 정치적 성격을 띠고 있었으며, 이와 같은 사실조차도 특정한 생산양식에 해당되는 한 측면이었다. 이렇듯 자본주의는 모든 사회에 공통된 경제적 토대를 최종적으로 드러낼 뿐 아니라, 포이어바흐가 그리스도교를 통해 모든 종교를 해석하듯이, 우리로 하여금 모든 사회를 해석하도록 도와주기도 한다. 이는 마치 완전히 성숙한 유기체만이 우리로 하여금 미숙한 것에 대한 완전한 파악을 가능케 하는 것과 마찬가지다.[42]

마르크스에게 남아 있는 이러한 목적론적 잔재를 감안할 때, 그는 경제가 지닌 역사적 특수성을 완전히 이해한 사람이기보다 기본적으로 "경제적" 사상가라는 사실이 그다지 놀라운 일도 아니다. 마르크스의 노선을 따르다 보니 마르크스주의 인류학자들은 원시사회 중 여러 곳에서 경제가 개별 부문으로 기능하는 사례를 결코 찾아볼 수 없다는 점을 지속적으로 부인해왔다. 말하자면 생산과 교환의 행위가 종교적 의례에 속하는 것으로 여겨지는 등, 특정 사회의 재생산을 위한 필수적인 것으로 나타나는 경우에도, 이들 인류학자들은 이러한 현상을 근거 없는 자민족중심주의(ethnocentrism)에 따른 범주적 혼동의 사례이거나 "실제로" 일어나는 것에 대한 이데올로기적 가장이라고 간주할 것이다.

그 두 번째 측면은 마르크스의 노동가치설이 지니는 한계에 관한 것이다. 마르크스는 잉여노동(노동자들의 삶을 재생산하는 데 필요한 것 이상으로 수행된 노동)으로부터 잉여가치를 추출하는 것이 가격을 결정하는 유일한 요인이 아님을 인식했다. 왜냐하면 여기에 시장의 요인도 개입할 수 있기 때문이다. 그 결과 마르크스는 가치를 실제 가격으로 "전환"하는 문제에 봉착하게 되었다. 하지만 이 문제 전체는 가치를 발생시키는 것은 생산이지 교환이 아니라는 것과 언제나 가장 근본적으로는 생산비용이 이윤율을 결정

---

42 Marx, *Capital*, vol. 1, p. 65. *Grundrisse*, pp. 105-6.

한다는 것을 전제하고 있다.[43] 이렇듯 생산에 주도적 역할을 부여하는 것으로 미루어 볼 때, 마르크스는 자신의 경제학을 "실제적" 부에 대한 과학으로 상정했을 뿐이며, 생산을 좌우하는 요인이 교환의 논리만큼이나 사회적 관행에 달려있음을 충분히 인식하지는 못했다. 이 말을 뒤집어 보면, 마르크스는 생산의 조건을 재생산하는 것 못지않게 교환과 소비의 조건을 재생산하는 것도 자본주의적 논리에 있어 근본적이라는 사실을 제대로 인식하지 못한 것이며, 오로지 이러한 넓은 견지에서만 "생산"과 "재생산"이 핵심적 고려사항이 된다는 점도 인식하지 못한 셈이다.

이윤은 잉여노동을 추출하는 데서 발생할 뿐 아니라 생산을 독점적으로 통제하거나 소비자의 선호도를 창조 내지 조작함을 통해서도 발생한다. **여기서도** 다음과 같이 말하는 것이 가능하다. 가치의 발생이 가능한 것은 생산물에 대한 사회적 수요 여부에 따라 그것을 단일한 수량적 척도에 근거하여 "등가적"으로 치환할 수 있다는 생각을 소비자가 수용하도록 설득되기 때문이다. 장조제프 구(Jean-Joseph Goux)는 "잉여가치"에 병행하는 방식으로 "잉여의미"(surplus meaning)에 대해 이야기하는 것이 가능하다고 주장한다. 생산에 완전히 상응하는 수준으로 생산물의 소비가 종결되면, 생산품도 자연스럽게 "종료"되고 소비욕구도 일시적으로 끝나기 때문에 화폐 형태의 표지를 제공함으로써 소비욕구가 남게 되고 또 보존된다는 것이다.[44]

이같은 생각이 시사하는 바가 매우 많지만, 여기에는 약간의 변형이 필요하다. 한 생산품이 겪게 될 필연적 귀결이 "자연적" 소비여서는 안 된다고 하는데, 이 말은 순수 "사용가치"라는 환상을 전제하고 있다. 그 대신에 생산품의 필연적 귀결은 "등가적" 치환이라고 할 수 있다. 그러나 자본주의 사회에서 이러한 등가성은 아리스토텔레스나 아퀴나스가 말하는

---

43   Marx and Engels, *German Ideology*, p. 47. Marx, *Grundrisse*, pp. 93-5. *Capital*, vol. 1, pp. 204-26.

44   J.-J. Goux, "Numismatiques," in *Freud, Marx: Economie et Symbolique* (Paris: Editions du Seuil, 1973) pp. 53-115.

것과 같은 "정의"에 근거한 등가성이 아니다. 이것은 상이한 사물들이 지니
는 상대적 가치를 특정한 시장교환의 조건을 예상하여 **미리** 결정하는 것에
대한 일종의 사회적 합의를 전제하고 있다. (이것은 시장의 공급과 수요를 완전
히 통제하기 위한 시도가 상식적으로 가능하다고 말하려는 것이 **아니다**. "공정한" 교환
과 준하는 윤리적 합의를 국가가 부과할 수는 없는 일이다. 시장에 대한 "찬반"도 사회주
의에서는 성립할 수 없는 말이다. 중요한 것은 **공정한 교환**이다.) 그 대신에 여기(자
본주의)에서는 공급과 수요의 균형만이 등가성을 발생시킨다고 간주된다.
그러나 실제로 이 말은 부와 권력을 더 많이 소유한 자들이 이윤의 형태로
잉여 이득을 착취할 수 있는 조건 하에서만 교환을 행하려 함을 뜻한다. 독
점을 감행함으로써, 또한 욕구를 문화적으로 자극함으로써 일종의 잉여욕
구(잉여노동에 등가적으로 치환되는)가 발생하며, 이에 따라 소비자는 자신이
필요로 하는 것에 대한 "등가물"에 비용을 지불할 뿐 아니라 이에 더하여
자신의 악성 필요에 대해서까지 할증료를 지불한다. 이러한 욕구가 바로 시
민사회가 우리에게 기대하는 것임에도 불구하고, 이러한 할증료는 이러한
욕구에 부과되는 징벌적 부담인 셈이다.

따라서 만약에 자본주의적 의미(sense)의 근거가 되는 선험적 "무의
미"(non-sense)를 정의하려고 했던 마르크스의 시도를 계속 이어가다 보면,
가치가 생산과 교환이라는 이중적 측면에서 발생한다는 사실이 드러난다.
마르크스는 이것을 깨닫지 못했는데, 그 이유는 그가 인간의 본질을 생산과
부의 관점에서 상정하는 "경제적"이며 동시에 변증법적인 성격을 띤 메타
서사에 여전히 치우쳐 있었기 때문이다. 이 정도로 마르크스는 자본주의가
가진 역사적 특수성을 제대로 기술하지 못했던 것이다.

마르크스주의 메타서사는 종교의 일시적 필요성을 입증하려고 하면
서 자본주의에 대해서도 동일한 것을 논증하려고 한다. 이와 유사하게 마
르크스주의는 자본주의도 종교와 마찬가지로 불합리하며 자체의 "모순"이
축적됨에 따라 붕괴될 운명에 처해있음을 보여주고자 한다. 이러한 자본주
의의 붕괴는 참으로 유례가 없는 특이한 실패라고 하겠는데, 그 이유는 리

오타르가 주장하듯이 자본의 극단적 형식성, 즉 인간의 필요와 노동과 생산품에 나타나는 모든 다양성을 근본적으로 "동일한" 것으로 규정하는 자본의 능력이 자본주의에 생래적으로 "동어반복적" 성격을 각인시킬 뿐 아니라, 그것을 "자기모순이 가장 적은 사회체계"(이 말은 가장 다채로운 상황 속에서 자기동일성을 유지할 수 있는 유일한 체계라는 뜻)로 만들어 주기 때문이다. 리오타르가 암시하듯이 자본주의는 그 자체로 **정복을 제어하는 장치**(*dispositif de régulation de la conquête*)라고 할 수 있는데, 그 이유는 그 동어반복적 성격이란 말이 의미하듯이 자본주의는 자신이 무슨 위협에 처해 있는지 언제나 **정확하게** 측정할 수 있고, 따라서 그것에 대한 교정적 대응을 자동적으로 만들어 내기 때문이다.[45] 만약에 자본주의가 자신의 진보에 도취되어 "한계점을 벗어난다"고 하더라도, 자본주의는 군사 내지 정치적 분야에서 도저히 범접할 수 없는 방식으로 그 사실을 즉각 알아차린다. 왜냐하면 확장(부와 이윤의 증대)의 방책 자체가 바로 자본주의가 추구하는 궁극적 목표와 매한가지기 때문이다.

자본주의가 지닌 "동어반복적" 성격의 결과는 자본주의적 방식으로 정의된 그 어떤 생산적인 목적도 존재하지 않는다는 것이다. 행여라도 이런 것이 생겨나려고 하면 자본주의 구성체에 의해 즉시 "제지"되는 것을 늘 목도하곤 한다. 자본주의에는 노동비용 축소의 필요성과 상품수요 촉진의 필요성 간의 갈등과 같은 내재적 긴장관계가 상존함에도 불구하고, 이론상으로는 적응과 조정의 무한한 가능성이 존재하며, 이에 따라 "최종적 위기"가 끊임없이 연기될 수 있다. 자본주의는 부와 권력 간의 비대칭성이 지속되는 한, 또한 희생자들이 침묵하도록 강제되거나 회유되는 한, 그 생명력을 계속해서 유지한다. 최근 들어 "해방신학자들"은 (다른 이들과 마찬가지로) 사회를 본래적 "유기체"로 바라보는 기능주의 사회학과 사회적 과정을 "본래적

45 Lyotard, *Économie Libidinale*, pp. 187-8.

갈등관계"로 이해하는 마르크스주의 간의 차이를 많이 부각시키고 있다.[46] 사실 마르크스 자신도 사회적 긴장관계가 기능적으로 처리되는 방식에 강세를 두면서도 사회가 "갈등적" 성격을 갖는다고 믿는 까닭은 그가 채택한 변증법적 메타서사에 따라 이러한 갈등들이 "종국에는" 일정한 기능을 할 것으로 보기 때문이다.[47] 더욱이 기능화의 가능성에는 아무런 한계가 없을 뿐 아니라, 마르크스의 말처럼 노동자의 이해관계가 자본에 대해 "객관적으로" 대립한다는 주장은 사실에 부합하지도 않는다. 왜냐하면 이런 주장은 노동자도 인간으로서 "본질적" 정체성을 갖고 있음을 전제하면서도 이러한 정체성이 그들이 노동자이자 소비자이며 또한 자본주의의 부와 화려함에 매료된 예찬자로서 갖는 역할에 의해 다 포괄되지 않기 때문이다. 비록 잉여노동과 잉여욕망의 추출에 개입된 책략이 "완전히 까발려진다"고 하더라도, 투자자에게 그가 가진 매혹의 욕망 외에 아무것도 되돌려주지 않는 그러한 자본주의적 허구를 여전히 다수의 사람들이 기꺼이 받아들이는 상황도 얼마든지 가능하다고 하겠다. 노동자도 이러한 매혹의 기제를 숭배하게끔 유도될 수 있다. 왜냐하면 이 매혹의 기제만이 온갖 형태의 공허하고도 숭고한 등가성에 대한 심화된 숭배와 더불어 자본주의가 만들어 내는 그러한 종류의 사회를 보장해주기 때문이다. 따라서 노동에 대한 자본의 지배력에 대해 묵인하는 것을 두고서 "비합리적"이라고 단언할 수는 없다. 그러나 **상이한** 욕망 및 상이한 허구에 해당되는 이유들로 인해 노동자가 자신을 자본에 대립하는 주체로서 구축해 낼 **것이라**고 단언하는 것(이것이 내가 하려는 것이다)도 여전히 가능하다.

만약에 자본주의가 생래적으로 모순적이지 않다고 가정하면, 자본주의가 변증법에서 말하는 "내재적 비판"에 종속될 이유도 없다. 왜냐하면 이 말은 자본주의의 내부에 순수 합리성의 맹아가 잠복해 있음을 전제하는데,

---

46   Boff, *Theology and Praxis*, p. 57.

47   Turner, *Religion and Social Theory*, pp. 38-62.

이 합리성의 맹아는 모순을 통해 성장하면서 자의식과 자체 일관성을 지닌 명징함에 도달할 것이기 때문이다. 그렇지만 가령 자본주의가 지금껏 자기가 제공해왔다고 주장하는 자유를 실제로 가져다주지 못했다는 사실이 밝혀진다고 해서, 자본주의에 대한 반대가 생겨나는 것은 아니다. 자본주의에 대한 반대는 오로지 상이한 형태의 자유가 적극적으로 개진되거나 자유를 평등에 의해 조절하는 방안이 제시될 경우에 부상할 것이다.

"이데올로기"라는 개념을 사용하다 보면 이와 같은 논점이 종종 시야에서 흐려진다.[48] 마르크스주의에서 말하는 이데올로기 개념은 사회의 실제적 압력과 그것의 이상적 표상 간에 간극이 있음을 전제한다. 실로 이것이 이따금씩 사실에 부합하기도 한다. 예컨대 어떤 정치가가 자본주의 사회에서는 만인을 위한 선택의 기회가 평등하게 열려 있다는 식의 발언을 내뱉는 경우를 들 수 있다. 자본주의가 기능하기 위해서 그와 같은 허위의 환상을 내세우는 것이 때로 국지적 중요성을 가질 수도 있겠으나, 경제적 관계와 관료적 구조의 일부를 이루는 가정적 전제로부터 독립된 채로 존속하는 포괄적 "지배 이데올로기"가 존재해야 할 필연성은 없다.[49] 이러한 이데올로기적 과정은 우리가 이미 살펴보았듯이 자신의 본색을 위장한다는 뜻에서가 아니라 여타의 사회적 가능성을 시야에서 감춰버린다는 오로지 그 점에 있어서 "신비화"(mystifying) 작용에 해당된다고 하겠다. 이러한 이데올로기적 위장이 자본주의에 매우 흔하고 심지어 만연되어 있지만 그렇다고 해서 그것이 필연적인 특징이라고 할 수는 없다. 게다가 우리는 자본주의에 대한 "탈근대적" 변증이 나타나서 자본주의의 논리를 간파하면서도 그 근거 없는 가치관을 포용하는 현상을 갈수록 더 많이 목도하게 될 것이다.

탈근대적 변증이 자본주의의 논리를 포용하는 것은 이 논리가 바로 하나의 **세속적** 논리로서 어떠한 실체적 규범도 인정하지 않으면서 문화적 교

---

48   Marx and Engels, *The German Ideology*, p. 29ff.

49   Abercrombie et al., *The Dominant Ideology Thesis*.

류를 구성하는 모든 전통적 체계를 그 자신의 통제 규칙 안에 흡수하여 극복해 버리기 때문이다. 이러한 세속적 논리의 필연성을 허무주의적 관점에서 수용할 수 있는데, 이 경우 자본주의적 논리가 "자연적"이라고 주장하거나, 그것이 스스로를 부정하여 자연법칙에 충실한 유토피아적 미래를 향해 나아갈 것이라는 식의 주장(정치경제학에 대한 마르크스적 변종)조차도 하려고 하지 않는다. 그럼에도 이렇듯 자본주의를 "탈지역화된"(deterritorialized) 형식적 규제로 간주하면서 수용하는 태도야말로 자본주의가 "자의성" 내지 "차이"를 존재 자체의 핵심 본질로 파악하는 체계라는 점을 시사한다고 하겠다. 마르크스주의가 그 "신정론적" 관점으로 인해 폭력의 일시적 필요성을 정당화할 태세를 취하고 있는 반면에, 탈근대적 관점에 의해 수용되는 자본주의는 그 본질이 더 명징하게 드러날 뿐 아니라, 아울러 자본주의의 규칙 내에서 폭력이 점하고 있는 영구적 지위(규칙 자체에 의해 유지되고 재창조되는 지위)를 인정한다는 점에서 마키아벨리적 성향에 근접하고 있다.

따라서 어떻게 하면 자본주의에 대한 "대안"을 제시할 것인가 하는 질문은 순전히 합리적인 비판 내지 변증법적 비판의 맥락에서 제기될 수 없다. 자본주의를 반대하는 것은 가능하지만 그것의 비합리성을 폭로하기란 결코 가능치 않다. 이러한 사건을 일으키기 위해 마르크스가 기획한 시나리오는 거의 신뢰할 수 없는 수준이다. 『정치경제학비판요강』에서 최종적으로 제시된 시나리오에서 마르크스는 자본주의가 독점 및 완전자동화의 단계에 이르게 되면 "개인의 노동에 대한 전유(appropriation)로부터 인간의 생산력 일반 및 인간이 하나의 사회적 신체로 존재함으로써 획득하게 된 자연에 대한 지식과 자연에 대한 지배력을 전유하는 상태로" 이행하게 될 것을 시사한다.[50] 이 시점에 이르게 되면 분명히 인간의 힘이 인간성 자체와 모순적으로 대립되어 갈 것이라고 추정한다. 왜냐하면 과학적 교육을 받은 대중이 장기간에 걸친 다수의 유익을 단기간에 불과한 소수의 이

---

50   Marx, *Grundrisse*, p. 705.

익을 위해 희생시키는 것이 터무니없음을 깨달을 것이기 때문이다. 그렇지만 첫 번째로 지적할 것은 독점과 자동화가 진행중인 현 단계에서 우리가 목도하는 것은 마르크스가 예언했던 상황이 아니라 오히려 "탈조직화된"(disorganized) 자본주의라는 새로운 현상이다. 이는 독점구조 내의 하위체계들(sub-systems) 가운데 경쟁과 더불어 새로운 형태의 노동 및 새로운 방식의 잉여가치 추출이 재확립됨을 가리킨다.[51] 두 번째로 언급할 것은 잉여가치의 착취라는 매개를 통하지 않고서 노동에 대한 직접적 강제를 지속하는 "자본주의를 넘어선" 새로운 억압적 체제가 출현하는 일이 불가능함을 마르크스가 딱히 증명한 것도 아니라는 사실이다.

　　가령 기술교육을 실시한다고 해서 교육 일반의 수준이 기술적으로 더 고도화됨을 반드시 의미하는 것은 아니다. 더욱이 거대한 산업시스템을 통해 소수가 다수의 인간을 통제하는 것이 이러한 시스템이 목적으로 삼는, 또한 마르크스도 인정하는 것처럼, 자연에 대한 무제약적 통제에 비해 더 "합리적"이라거나 혹은 그렇지 않다고 말할 수 없다. 이러한 통제를 통해 추구하려는 목표는 권력의 동어반복에 불과하므로, 이를 통해 사회주의 사회가 다루어야 할 분배와 교환의 공정성이라는 문제를 조금도 해결할 수 없다. 따라서 산업시스템에 의한 집단 생산은 정부의 필요성마저 소멸시킬 정도로 전혀 논란거리가 되지 않을 뿐 아니라, 이러한 체제가 확립되고 나면 개인적 자유의 추구가 더는 갈등을 야기하지 않을 것이라는 마르크스의 낙관적 상상은 허위로 가득한 오류일 뿐이다. 노동과 생산이 자본주의적 교환과정에 종속됨에 따라 이윤과 "시간 절감"이라는 경제적 잣대에 좌우되지 않는 새로운 생산형태의 출현이 저지되는 것이 사실이기는 하지만, 그렇다고 해서 마르크스가 구상한 것처럼 생산을 가늠하는 "순수한" 잣대가 존재한다고 상정하는 것은 오류다. 생산의 품목과 생산의 목적을 결정하는 것은 어느 사회이든 가치교환에 관한 규범(codes)과 관련되기 마련인데, 이

51　Scott Lash and John Urry, *The End of Organised Capitalism* (Cambridge: Polity, 1987).

러한 규범은 자본주의에서처럼 "경제적"일 필요도 없지만, 그렇다고 해서 반드시 "합리적으로" 결정되는 것도 아니다.

따라서 인간성을 옥죄고 있는 모든 환상이 부정의 방식을 통해 제거되기만 하면 합리적 힘이 그 베일을 벗고 자애로운 얼굴을 드러내려고 대기하고 있다고 볼 수는 없다.[52] 단순한 부정성은 단지 공포로 이어질 뿐이라고 말한 헤겔의 비판은 마르크스에게도 적용되어야 한다. 종교적 열정을 지닌 "국가"만이 시장원리가 지배하는 사회를 규제할 수 있다고 하는 헤겔의 주장도 이와 마찬가지다. 이 말은 한 사회가 어떤 종류의 인간적 덕성을 진작하고 어떤 종류의 "롤 모델"(character-roles)을 육성할 것인지에 대해 분명한 생각을 갖고 있다는 뜻이다. 그러한 도의적 사고방식은 필시 인간은 다른 것과 구별되는 일정한 방식에 따라 행동해야 한다고 **전제하는** 일종의 목적론적 신념에 기초해야 한다. 그렇지만 우리는 이미 헤겔에게서 정치경제학과 변증법으로 인해 도의성이 무너지기 시작하는 것을 목도했으며, 더욱이 이 현상이 마르크스에 의해 심화되는 것을 보는데, 이는 그가 상정하는 인간적 규범이 고작해야 피히테류의 자아정립적 주체에 불과한 까닭이다.[53]

여기서 우리는 헤겔과 마르크스가 가치를 역사적 현실과 연결했다는 이유로 그들이 도의적 내지 관습적 윤리에 불가결한 사실/가치의 이분법을 거부하는 데에 실제로 충실했다고 추정하는 흔한 오류의 덫에 빠지지 말아야 할 것이다. 왜냐하면 그들은 역사적 필연이 무엇이며 또 그에 따라 무엇에 가치를 부여해야 하는지를 질문함으로써 사실로부터 가치를 도출한 반면에, 특정한 문화적 사실(가령 교사나 법관의 사회적 지위)이 본래적으로 특정한 가치평가 내지 이데올로기적 태도를 수반한다고 인식하지 않았다. 마르크스의 경우에 자신의 메타서사에 따라 사실을 배열함으로써 실제의 도덕적 쟁점이 생산력 발전의 저지와 관련되고 있음을 인식하게 되었다. 그러나

---

52   Taylor, *Hegel*, pp. 537-71.

53   Marx, *Early Writings*, pp. 379-400. Rose, *Hegel Contra Sociology*, pp. 42, 53ff, 96, 210-12.

사실을 이런 식으로 배열하는 것 자체가 도덕(수단이 목적으로 이어짐으로써 그 과정을 통해 점진적으로 덕성의 성장이 이루어짐)은 아니다. 도덕적이기는커녕 자신의 메타서사가 필연적이라고 추정함으로써 목적을 위해 수단을 조작하는 것마저 도덕적으로 정당화하게 된다. 이러한 사태는 만약에 추구하는 목적이 실은 "도덕적 사실", 즉 결코 인위적으로 만들 수 없고 오로지 자유로운 계발을 통해서만 함양되는 "인격적 품성"(states of character)에 해당됨을 알았더라면 도저히 일어날 수 없는 상황이다. 도의적 윤리도 일정한 서사적 배열을 필요로 하며, 이러한 배열이 인간이 추구해야 할 객관적으로 "참된" 목적을 구현한다고 본다. 그러나 도의적 윤리는 결코 역사적 필연으로부터 가치를 도출하지는 않는다. 헤겔과 마르크스에게서 엿보이는 이러한 수순(역사적 필연에 근거한 가치 도출)은 근대의 세속적 자연법에 따른 새로운 변증법적 변종일 따름이다.

마르크스주의, 그리스도교, 사회주의

자본주의가 "불합리"(말하자면 사유하는 모든 존재가 공유하는 합리성의 기준을 침해하는 것) 내지 "모순적"임을 보여주기가 불가능하다는 점을 감안할 때, 그나마 성립가능한 것은 자본주의에 대한 윤리적 비판이라고 하겠다. 게다가 이러한 윤리적 비판은 다음의 두 가지 이유로 인해 일종의 종교적 비판으로 이어질 수 있다. 첫째로 자본주의가 하나의 포괄적 문화체계로서 의미작용에 해당하는 한, 그것이 어느 정도 종교와 유사하다는 것을 마르크스 자신도 인식하고 있었다. 그렇다면 자본주의와 마찬가지로 합리적 토대는 없지만 그렇다고 반드시 자기모순적일 필요도 없는 "다른 형태의 종교"가 자본주의에 대해 문제 제기하거나 그것을 대체하는 것이 가능할 것이다. 둘째로 자본주의의 "종교성"은 세속 자체가 지닌 역설적 종교성일 뿐 아니라 그것의 가장 현저한 사례이며, 이에 대해서는 앞의 장에서 조금씩 밝혀왔었다. 사회적 서사 내에 존재하는 일정한 사회적 역할을 바람직한 형태로 제시하는 형이상학 체계의 구성적 논리가 분명히 이러한 자본주의의 형식적 규제 논리에 대비될 수 있다.

이런 뜻에서 자본주의에 대한 진정성 있는 모든 반대는 필연적으로 "보수적"일 수밖에 없다. 그러나 이 말이 대안적 사회에 대한 구성 방안이 하나의 유기체론적·위계적 사회 구성을 추구해야 한다는 뜻은 아니다. 한 사회가 **파이데이아**(*paideia*) 즉 일정 덕목의 함양을 지향할 경우, 그것은 동시에 경제·사회적 평등 및 정치 과정에의 공화적 참여가 보장된 사회상을 추구하게 된다. 실제 사실에 입각해 보자면, 19세기에 출현한 "사회주의 사상들"은 대부분 **파이데이아** 즉 공동의 공공적 가치관과 집단적 종교성에 대한 "보수적" 관심을 자유·평등·박애를 옹호하는 "근대적" 태도와 결합시키는 편이다. 가장 최초의 명백한 "사회주의" 이론(불로소득이 사적 개인에게 귀속됨을 거부한다는 의미)이라고 할 수 있는 필리프 뷔셰(Philippe Buchez)의 사상은 노골적으로 **가톨릭** 사회주의를 표방하는데, 거기서는 주권국가가 아니라 교회(자발적 결사체 간의 연합체로 간주된다)를 새로운 사회질서 내지 새로운 탈정치적 도의성의 좌소로 구상한다.[54]

이와 대조적으로 마르크스주의는 19세기에 출현한 사회주의 중에서 거의 독보적으로 "근대주의"적 성격을 지닌 계몽주의적 변종에 해당된다고 하겠다. 이에 따라 마르크스의 『정치경제학비판요강』에 제시된 최후의 전망에서는 인간의 사회적 협동을 순전히 공리주의적 방식에 따라 구상할 뿐 아니라, 그것을 개인적 자유의 완전한 실현이라는 단일 가치에 종속시키고 있다. 그런데 시간이 경과함에 따라 단지 "근대주의"적 성격을 띤 사회주의 사상만으로는 자본주의에 대한 비판을 지속할 수 없게 되었는데, 이는 자본주의가 그것들이 옹호하는 근대주의의 측면에서 볼 때 사회주

---

54 John Milbank, "Were the Christian Socialists socialists?" in Jack Forstman and Joseph Pickle (eds.) *Papers of the Nineteenth Century Working Group*, AAR 1988 Annual Meeting, vol. 14, pp. 86-95.

보다 훨씬 더 일관된 형태를 견지하는 까닭이다. 스탈린주의나 페이비언 사회주의의 핵심적 구상은 시장경제에 비해서 유연성이나 적응성이 훨씬 떨어질 뿐 아니라, 부의 확장이 발생할 가능성 및 그에 따른 위험성을 "자동적으로" 표시해 주는 것은 오히려 시장이라고 하겠다. 왜냐하면 "선택의 자유"라는 원칙이 공적으로 잘 지켜질 경우 사회에 대한 규제를 가능케 하는 것은 바로 시장경제의 메커니즘인 까닭이다. 근대주의의 성격을 띤 자유주의적 사회주의자들은 이러한 원칙에 매달려 있으므로, 한 세대에서 발생한 이익과 손실이 다음 세대에까지 이전됨으로써 야기되는 불공정함을 국가 차원의 다양한 복지제도 및 교육 부조의 형태를 통해 교정할 것을 주장하게 된다. 마찬가지로 이들은 전향적 과세정책을 통한 소득 재분배를 옹호하기도 한다. 그렇지만 보다 광범위한 부문에서 개인의 결정 내지 선호로 인해 다른 개인의 생활이 침해 받는 경우라 하더라도, 추상적 힘에 의한 일방적 승리(부의 독점적 소유와 축적 현상)에 제한을 가할 수 있을 뿐이다. 그나마 이것도 뷔셰를 비롯한 거의 모든 일 세대 사회주의자들의 주장처럼 공동의 목표에 대한 일종의 합의가 있을 경우에만 가능한 일이다.

(예를 들어 보통 교육이 단지 자유 선택의 가능성을 증진시키는 교육에 불과하다고 하다면, 그것은 결국 자유주의적 자본주의의 가치관을 공고히 하는 교육이 될 뿐이다. 교육은 자유주의조차도 감출 수 없는, 정치적 삶의 은폐된 공적 차원을 특별히 드러내 준다. 이를테면 무엇을 가르치고 무엇을 물려줄지를 결정함에 있어 어느 사회이든지 무엇이 진정한 자기완성인지에 대한 사회적 견해를 드러낸다. 심지어 자유주의적 입장에서 자기완성만이 유일한 목표라고 공언할 수밖에 없는 경우에도 그러하다고 하겠다. 이러한 진술을 하는 것은 유일한 목표가 힘의 획득임을, 통치의 유일한 수단도 결국 규제와 규칙을 통해서 힘의 경제를 지배하는 것임을 공언하는 셈이다.)

그러나 마르크스적 사회주의와 페이비언 사회주의가 자본주의적 근대성에 저항할 수 없음이 판명된 것과는 달리, 19세기에 출현한 사회주의 사상들은 대부분 낭만적·반계몽주의적 비판을 어느 정도 수용했다는 점에서 "탈근대적"이었다고 할 수 있다. 이러한 사상들은 마르크스처럼 사회주의(마르크스에게는 "공산주의")를 인간 해방, 즉 인간 자율의 시작을 말하는 서사 속에서 자본주의 다음에 오는 단계라고 보지 않았다. 도리어 이들이 제시하는 의지의 자기 통제라는 계몽된 목표는, 의지 자체가 지닌 자연적 욕망과 유한한 역량으로 미루어 볼 때, 정체경제의 작동과 일체를 이루는 것으로 간주되었다. 그러므로 후자에 대한 거부는 "계몽의 변증법" 즉 기존의 자유 이념에 대한 내재적 비판을 수반할 수 없었다. 여기서 제시하는 두 가지 사례, 즉 존 러스킨(John Ruskin)의 사상과 피에르조제프 프루동(Pierre-Joseph Proudhon)의 사상이 특별히 시사하는 바가 많다고 하겠다.

비록 러스킨이 어느 정도 "보수적 성향"(Tory)으로 남아있었고, 스스로를 사회주의자나 정통적 그리스도교인으로 규정하지도 않았지만, 자본주의에 대한 그의 비판 중 다수는 영국의 그리스도교 사회주의 사상에 전달되었다. 더욱이 그의 사상을 가리켜 "그리스도교 사회주의"로 간주할 수 있는 이유는 그의 비판이 그리스도교와 자본주의의 차이라는 관점에서 조명될 수 있기 때문이다. 그는 특별히 그리스도교의 과거 역사에 나타난 초기 그리스도교 공동체·수도원·중세 도시·길드 단체를 거론하고 있다.[55] 이러한 그리스도교 공동체가 표방한 기준과는 대조적으로, 자본주의는 러스킨에게 있어 일종의 배교(apostasy) 즉 "역사상 한 민족이 그 종교적 원칙에 위배되는 불순종을 체계적으로 구축해낸 사례" 중 가장 주목할 만한 것으로 비쳐졌다.[56] 여기서 자본주의는 자유의 부분적 발달 과정이 아니라 오히려 우발적으로 나타난 사이비 진보로 간주되므로, 이러한 자본주의의 출현은 그리스도교권의 수치인 것이다. 러스킨이 보기에 자본주의는 거짓 지식을 실천함에 있어 최고봉에 해당되는데, 이는 덕성을 고려하지 않은 채로 자기 이익의 추구를 온건한 형태로 만들었을 뿐 아니라, 정의의 원칙을 구축하지도 않은 채로 공공질서를 확립해 놓았던 것이다. 정치경제학의 승리는 진정

55   John Ruskin, *Unto this Last*, in *Sesame and Lilies; Unto this Last; The Political Economy of Art* (London: Cassell, 1907).

56   Ruskin, *Unto this Last*, Essay II, "The veins of wealth," p. 162.

한 정치적 **프로네시스**(현명함)와 그리스도교적 애덕(charity) 대신에 분주함과 인색함이라는 사이비 덕목의 조장을 의미하는 것이었다. 아울러 공적 영역에서 발생한 윤리의 도치는 세속성의 승리와 동일한 것으로 간주되었다. 공적 영역에서 종교가 후퇴함에 따라 일종의 공백상태가 초래되었으며, 이에 따라 고작해야 "경제적"인 것에 불과한 체제가 도덕적 내지 종교적 합의를 결여한 채로 사회를 "농단"하게 되었던 것이다.

자본주의에 대한 이러한 비판이 엄격한 도덕성을 띠고 있다고 해서, 마르크스의 말마따나 이러한 종류의 사회주의가 역사에 대해 무지하다는 식으로 폄하할 수는 없다. 결국 마르크스가 여타의 사회주의 사상에 대해 비역사적이라고 비난하면서 그가 말하고자 했던 것도 결국 따지고 보면 역사적 내재성을 띤 법칙으로부터 자신이 이상사회(utopia)를 도출해 낸 것을 이러한 사회주의 사상들이 수용하지 않았다는 말이다. 러스킨은 이런 부류에 속한 생각을 결코 수용하지 않았지만, 자본주의에 대한 그의 도덕적 비판은 자본주의의 심층적 차원을 규명하고자 하는 그의 역사관과 정확히 궤를 같이한다. 이러한 차원에서 자본주의는 인간행동에 관한 전혀 상이한 논리를 주입하였는데, 이는 도덕적 규제를 "무도덕적"(amoral) 규제로, 러스킨의 표현을 빌리자면 "정의의 저울"을 "편의의 저울"(balances of expediency)로 대체하는 것이다.[57] 마르크스는 역사적 변화를 **이러한** 심층에까지 파고들지 **않았는데**, 그 이유는 바로 그가 "경제적 토대"가 모든 인간사회에서 늘 최종 결정자의 역할을 한다고 추정하고, 이러한 관점에서 자본주의의 무도덕성(amorality)을 이해했기 때문이다. 이와는 대조적으로 러스킨은 정치경제학이 표방하는 "지식"이 하부의 물질적 과정을 이데올로기적으로 포장하기는커녕, 자본주의 자체를 구성하는 지식체계를 응축하고 축약한 것임을 깨닫고 있었다. 이러한 지식은 러스킨이 보기에 기실 "고의적 무지"(nescience)에 대한 역사상 최초의 사례에 해당한다. 왜냐하면 그것은 최

---

57 Ruskin, *Unto this Last*, Essay II, "The veins of wealth," Essay I, "The roots of honour," p. 112.

고의 탁월함을 대놓고 장려하지 않으며, 그 대신에 지식과 능력의 격차를
고의적으로 이용할 것을 옹호한다. 상대적 좌절·미약한 능력·낮은 숙련도
·어리석음 등이 자본주의로 하여금 생산단가를 낮추고 부를 확대하도록
결정적 기능을 한다. 이러한 새로운 양태의 지식은 또한 새로운 "도덕경제"
를 표방하지만 사실은 비도덕적인 것에 불과하다. 그 이유는 (우리가 제2장에
서 흄과 스미스를 통해 살펴보았듯이) 그것이 보편적 감성에 근거한 "자연스러
운" 공감이라는 사적이고 소비주의적인 영역을 재산과 소유와 정치권력이
라는 실증적 사실관계에서 발생하는 "인위적" 공감으로부터 확연히 구분
해 버리기 때문이다. 그러한 "인위적" 공감으로 인해 진정한 공공적 덕성이
생겨날 리 만무하며, 오히려 마키아벨리적 **비르투**(*virtù*)만이 나타나서 승자
독식의 조직화된 규율을 새로운 방식으로 고양시킬 것이다.

스코틀랜드 사상가들과는 대조적으로 (그러나 부와 덕성에 대해 성찰하
는 이들 전통과의 연속선상에 있으면서, 토머스 칼라일의 노선을 따라 정치경제학에 대
한 비판으로 선회했기에) 러스킨은 부를 진정한 덕성과 통합하고자 한다. 그는
"남성적 성격"과 "생산 및 교환"을 연결하기란 결코 쉬운 일이 아님을 주
지하고 있다.[58] 그렇지만 (군이 첨언한다면) 이러한 연결은 서양의 고대 유산
에 공통된 특징에 해당한다고 하겠다. 즉 이 유산에 따르면 가계의 생산활
동은 재산 소유자인 남성들 간에 형성된 도시국가의 정치적 관계에 종속되
어 있었다. 말하자면 생산활동 **자체**가 하나의 덕스러운 활동으로 간주되지
는 않았지만, 경제적 생산활동은 궁극적으로 정치적 덕성에 종속된다고 여
겨졌던 것이다. 반면에 **폴리스**(도시공동체)와 **오이코스**(가족공동체)의 개념
을 더 철저하게 통합하는 것은 그리스도교적 경향이라고 하겠다. 가령 가정
이 물질적 복리에 관한 "목회적" 돌봄의 기능을 갖는 것에 착안하여 그것을
치리(government)의 기본 단위로 삼는 것과, 여성과 아동과 노예까지도 궁극
적으로 교회정치적(religio-political) 공동체의 성원으로 포함시키는 것을 들

---

58   Ibid., Essay IV, "Ad valorem," p. 178.

수 있는데, 결국 이를 통해서 우리는 생산과 교환 자체에 내재된 덕성과 훈육의 규범을 발견케 되는 것이다(프루동이나 마치니[Mazzini]와 마찬가지로 러스킨도 정치부문과 가계부문이 미래에 통합될 것을 기대하면서, 여성은 가계 활동과 "경제적" 역량 덕택에 공적이고 정책적인 과업에 가장 적합한 존재가 될 수 있음을 암시한다).[59] 러스킨도 주목하다시피 문제는 교역과 제조업이 소크라테스가 보여준 "죽음의 수행"(discipline of death)과 같은 진지한 도덕적 주제로 간주된 적이 없다는 점이다. 즉 이 교역과 제조의 분야에서 하급자 내지 생산품의 질에 대해 부과되는 책임을 군복무나 교사직이나 의료분야에서 요구되는 식의 자기희생까지 함축하는 그런 극단적인 수준으로 격상시켜야 한다고 기대한 적이 없다는 말이다.[60] 마찬가지로 러스킨은 생산 내지 교환의 대상이 되는 사물이 지닌 미적 품격에 대한 문제가 사회적 주체가 추구해야 할 윤리적 목표에 관한 문제와 조화되기를 원했다. 따라서 그는 경제적 가치란 당연히 "용맹한 자들이 가치 있는 것을 소유함"을 뜻한다고 말한다.[61] 재화와 노동의 공정한 교환이란 말은 인격이 지닌 윤리적 역량과 물질적 대상에 속한 탁월함 간에 일치가 있음을 전제한다. 덕스러운 이들은 미려하고 참으로 유용한 작품을 누릴 자격이 있고, 양질의 작품은 선용될 자격이 있는 것이다. 이렇듯 고도의 미적 기준을 함양하고자 하는 관심은 특정한 삶의 양식과 관계된 것으로, 이에 필적할 만한 것을 마르크스에게서는 찾아볼 수 없다. 창조성에 대해 마르크스가 가진 관심은 주관적 "표현의 자유"까지만 확대될 뿐이며, 따라서 그가 "유한적 공예활동"에 대해 경멸적 태도를 취하는 것은 당연하다고 하겠다. 러스킨은 "경제부문"이 객관적 진·선·미와 무관한 영역으로 간주된다면 차라리 그것을 **없애버리기**를 원했던 반면에, 마르크스는 그것을 완성하기를 원했다.

---

59   Ruskin, "Of Queen's gardens," in *Sesame and Lilies*, pp. 61–95. P.-J. Proudhon, *Selected Writings* (London: Macmillan, 1969) p. 92. 본서의 12장을 보라.

60   Ruskin, *Unto this Last*, Essay I "The roots of honour," p. 125.

61   Ibid., Essay IV, "Ad valorem," p. 171.

헤겔보다 훨씬 더 분명한 것은, 러스킨이 자본주의란 탁월성의 죽음에
대한 논리적 관리임을 직감했다는 점이다. 이 말은 예술과 실천을 통해 사
물의 "고유한 종말"을 발견하리라는 믿음을 가리킨다. 이 말이 명백히 함축
하고 있는 것은 "세속성"을 그 주요 성격으로 지니고 있는 자본주의적 질
서에 대해 비판을 가할 수 있는 길은 오로지 초월성에 대한 호소라는 사실
이다. 더욱이 러스킨이 제조와 교환을 윤리화하기 위한 이러한 관심이 어
떻게 해서 평등주의적 방향으로 나아갈 수 있는지를 보여주는 데 전적으로
실패한 것도 아니다. 그가 후견인 내지 목회적 역할이 지닌 중요성을 강조
한 것은 사실이지만, 이러한 역할을 부 내지 특권과 연결해온 관행을 일소
하기를 희망했으며, 심지어 이러한 후견인의 역할이 널리 확산되어 모든 시
민들 상호간의 돌봄을 통해 실현되는 일종의 호혜적 관계로 발전하게 된다
면 그 역할이 지닌 본연의 가치가 확립될 것임을 암시하기도 했다.[62]

러스킨에게 위계질서의 필연성을 주장해야 하는 현실적 근거는 바로
교육이 갖고 있는 이행적(transitive) 성격에서 찾을 수 있는데, 여기서 교사
와 학생 간의 불가피한 비상호성은 교육이 그 목적을 이루게 되면 소멸되
는 쪽으로 작용한다. 반면에 자유주의는 이러한 필연성을 은폐하는 경향을
띠는데, 그 이유는 자유주의가 자율적 주체인 성인 간의 공간적 관계성만
을 규범적인 것으로 삼기 때문이다. 이러한 습성은 결국 **티무니없는 모순
으로 귀결**(reductio ad absurdum)되고 말 뿐인데, 이것은 윌리엄 고드윈(William
Godwin)이 상상하는 성욕도 출산도 죽음도 없는 생물학적 불멸성(finite
immortality)이 실현된 세상에 대한 전망에 의해 방증된다.[63]

이런 뜻에서 그리스도교 사회주의가 위계질서에 대해 확신했던 것은
그것이 시간을 통해서만 전승되는 집단적 규범으로서의 정의 개념에 대해
일종의 확신을 품고 있었기 때문이다. 그러나 그리스도교 사회주의는 **또한**

62　Ibid., Essay III, "Qui judicatis terram," p. 150.
63　William Godwin, *Enquiry Concerning Political Justice and its Influence on Morals and Happiness*
　　(Toronto, 1946) vol. 1, p. 86, vol. 2, pp. 520, 527-9.

자신을 소멸시킬 줄 모르는, 독단적 위계질서가 추상화된 권력이 작용하는 근대적 기제의 형성에 일부 책임이 있음을 간파할 만한 역량도 갖고 있었다. 예컨대 나중에 샤를 페기(Charles Péguy) 같은 이는 사회적 위계질서, 특히 교회의 위계질서가 신의 뜻을 알려주는 신비가(mystique)를 "좌절"케 한다고 비난하는데, 따라서 교회가 서 있는 바로 그 토대에서부터 다수의 활력이 소수의 안전을 유지하기 위해 동원되는 일이 발생했다는 것이다.[64]

이와 마찬가지로 러스킨은 중세에 "진정한 공예활동"이 살아 있었으나 현재 그것이 상실되어 버렸다는 식으로 단순하게 중세를 예찬하지는 않는다. 중요한 것은 그가 이 시기를 순전히 **알레고리적** 방식으로 언급한다는 점이다. 이를테면 그는 노동과 교역 부문에 단지 금전적 이득만을 추구하는 속성보다는 "군주다운"·"여왕다운"·"귀족다운"과 같은 말로 형상화되는 속성을 부여하고자 했다.[65] 여기에는 이중적 측면에서 심오한 의도가 개입되어 있는데, 첫째로 러스킨은 만약에 노동과 교역을 자기실현의 "덕스런" 영역으로 변모시키려고 한다면, 과거의 "귀족적" 가치관을 알레고리적 방식으로 되살리는 것만이 우리에게 가능한 유일한 방법이라고 파악한다. 그러나 두 번째로 중세의 예술이 아니라 중세의 왕권과 전쟁 이미지에 유형론적으로 호소하는 이와 같은 방식에는 예술적 부문이 덕을 실현하는 장으로 격상되고 장려되기에는 적절치 않다는 인식이 함축되어 있다고 하겠다. **포에시스**와 윤리적 **프락시스**를 충분히 통합하지 않음으로써 고대시대와 중세기는 스스로 근대성의 공포를 배양하고 있었다. 러스킨은 고딕 스타일의 세부장식을 애호한다는 뜻에서 분명히 "고딕화한다"(gothicizes)고 하겠으나, 덕성을 발휘해야 할 귀족적 책무에 전혀 충실하지 않은 채로 게으르고 나태하게 처신했던 귀족 조상이 자행한 공포를 환기시키는 "괴기스

---

64 Charles Péguy, "Clio I," in *Temporal and Eternal*, trans. Alexander Dru (London: Harvill, 1958) pp. 101-8.

65 John Ruskin, "Of Kings' treasuries," *Unto this Last*, in *Sesame and Lilies*, pp. 54-5, 150. *Time and Tide by Wear and Tyne* (London: G. and A. Allen, 1874) pp. 166-7. *Praeterita* (London: Rupert Hart-Davies, 1949) pp. 5-6.

런"(gothick) 의미에서 고딕화하고 있다고도 하겠다. 이러한 "고딕풍의(괴기
스런)" 줄거리는 귀족문화가 민주화되어 노동의 영역에서 함양될 때가 이르
면 최종으로 해소되고 말 것이다.

따라서 러스킨은 단지 중세를 미화하는 반동적 인물은 아니었다. 그
대신에 그는 전적으로 새로운 것을 제시했는데, 그가 구상한 사회에서는 자
연에 대한 미적 감성과 양질의 도안을 선호하는 대중적 기준이 공공의 덕
성을 함양하는 효과적 열쇠로 간주될 뿐 아니라, 이에 더하여 사물은 "그 고
유의 자리"에서 "올바르게 완성"되어야 한다는 상식적 생각이 일종의 초월
적 감각과도 조화될 수 있다고 보는 그러한 사고가 지지를 얻는다. (그렇다면
이것은 일종의 유물론적 종교성이 아닌가?)

러스킨의 예는 사회주의 사상이 어떻게 과거에 속한 단편적 정의의 사
례(중세 도시·길드·수도원 등)에 호소할 뿐 아니라, **아울러** 현재 세속사회의
부정의를 과거의 사회와 교회에 나타난 단점과도 연결할 수 있는지를 잘
보여준다.

피에르조제프 프루동(Pierre-Joseph Proudhon)은 러스킨의 경우와 달
리 상대적으로 고립된 (하지만 나중에는 상당한 영향력을 행사하게 되는) 예언자
적 인물이라고 하겠다. 그러나 실은 프랑스의 "공화적 사회주의"(republican
socialism)의 주요 대변자가 되는 인물이다—마르크스는 이 공화적 사회주
의의 전통을 흡수하면서 동시에 극복하고자 했다. 이 전통에 속한 대표적
인 사상가들 거의 모두가 그 사고 속에 "반계몽주의적" 요소를 갖고 있음
이 주목할 만하다. 그들의 글을 살펴보면 특징적이게도 정의를 자유의 최대
치와 단순히 동등시하는 것에 대한 공격과 아울러 종교를 세속적 개인주의
에 내재된 "적대감"에 대항하는 조화로운 형제애적 일치와 동일시하는 것
을 알게 된다.[66] 그들은 주로 과거에 호소하는데, 그 일차적 대상은 바로 "계
몽된" 혁명의 역사, 즉 고전적 모범으로서의 프랑스 공화국에 호소하는 것

---

66 P.-J.-B. Buchez, *Traité de Politique et de Science Sociale* (Paris: Amyot, 1866) tome I, pp. 55-

이다. 그렇지만 이러한 공화적 이상은 그리스도교 전통과 중세의 전범을 참고하면서 보다 결사체적(associationist)·무정부주의적(arnachist)·가족지향적(pro-familial)·평화주의적 방향으로 한정되었다.[67] 프랑스에서 교육받은 적이 있는 그리스도교 사회주의자인 러들로(J. M. Ludlow)는 그러한 사상, 즉 보편적 형제애에 관한 **그리스도교적 사상**(the *church* idea)이 어떻게 해서 이들(파리의 노동자들)을 **사로잡게** 되었는지 또한 그 사상이 그들의 생각속에서 건축과 관련된 모든 직종을 포괄하는 노동조합과 연결되었는지에 대해 기록을 남기고 있다.[68]

루소가 제안한 "시민 종교"가 그리스도교적 색채를 띠게 되었고, 바로 이 때문에 프랑스 "사회주의"가 출현하게 되었다고 말할 수 있다. 프랑스 사회주의가 고대의 **폴리스**나 중세의 길드에 호소하게 된 것은 과거에 대한 "향수"에서 비롯된 것이 아니라, 이렇듯 과거와 대조하는 것만이 자본주의적 억압에 나타난 새롭고 전례 없는 요인을 적시할 수 있는 **유일한** 방법이기 때문이다. 그러나 이렇듯 과거에 호소하는 방식은 다른 목적도 갖고 있었다. 공화적 사회주의자들은 사회주의를 부정적 견지에서 그저 장애물을 제거하고 현재의 모순을 해결하는 것으로 생각한 것이 아니라, 보다 **실증적으로** 사회주의란 인간의 상상력에 따른 우발적 산물이라고 보았다. 이러한 실증적 사회주의의 관점에서 볼 때, 미래의 가능성은 정의와 관련된 과거의 단편적 사례로부터 구성되어야 하는 것이다. (비록 프랑스 사회주의자들이 대부분 콩트주의가 가진 상당수의 환상으로부터 자유롭지 못한 것이 사실이지만, 나는 여기

68, tome II, pp. 69-89. *La Science de L'Histoire*, tome I (Paris: Guillaumin, 1842) pp. 1-53. K. Steven Vincent, *Pierre-Joseph Proudhon and the Rise of French Republican Socialism* (Oxford: Oxford University Press, 1984) pp. 33-78, 127-65.

67 Buchez, *Traité de Politique*, tome I, pp. 483-93. *La Science de L'Histoire*, tome I, pp. 88-90, tome II, 82, 512-15. H.-R. Feugueray, *Essai sur Les Doctrines Politiques de Saint Thomas d'Aquin* (Paris: Chémerot, 1875) pp. 208-12, 220ff. Armand Cuvillier, *F.-J.-B. Buchez et les Origines du Socialisme Chrétien* (Paris: PUF, 1948).

68 J. M. Ludlow, "The working associations of Paris," *Tracts on Christian Socialism*, no. 4 (London, 1851).

서 실증주의에는 변증법적 전통보다 우월한 요소가 있음을 의도적으로 밝히고자 한다.)

따라서 공화적 사회주의도 그리스도교 사회주의에 못지않게 "해방"에 관한 휘그적(whig) 담론이었다고 하겠다. 프루동이 마르크스와는 달리 포이어바흐의 인본주의를 단호히 거부했을 뿐 아니라 "사람"이 섭리적 과정의 새로운 주체라는 생각도 수용하지 않았다는 점은 주목할 만하다.[69] 그 결과 프루동은 인간의 자유가 지닌 "본질"이 해방되어야 한다는 사상도 받아들이지 않았던 것이다.

이 사상을 언급하면서 프루동은 다음과 같이 단언한다. "나는 자유를 표어로 삼지 않았다. 자유란 모든 것을 빨아들이는 무한한 괴력이다. 이것을 밟아버릴 수는 있지만 절대로 뿌리뽑을 수는 없다. 이보다 나는 정의를 앞세웠다. 정의란 판단하고, 규제하며, 분배하는 것이다."[70] 그는 또한 우애와 화합 속에 세워진 고대 폴리스적 토대에 호소하는데, 이러한 호소가 헤겔보다 더 일관성이 있는 것은 헤겔의 변증법이 다양한 주체들의 요구에 대한 정의로운 형평을 주체적 자유(고립된 개인의 의지이자 주권적 국가의 의지, 또는 마르크스가 말하는 혁명적 프롤레타리아의 의지)의 자기실현에 종속시키는 약점이 있음을 그가 간파했기 때문이다. 프루동은 또한 물질적 정의의 우선성을 강조함으로써, 헤겔이 생각했던 것보다 더 급진적으로, 자유의 본질이 고유하고도 끝없이 다양한 선택에 대한 존중임을 실제로 파악할 수 있으리라고 보았다. 그러한 선택은 오직 **평화** 속에서만 번성하고 만개할 것이며 그러한 환경 속에서 등가성에 대한 합의가 진전됨에 따라 여러 선택 간에 끊임없는 조정이 일어날 것이다. 예컨대 모든 사람의 정당한 "필요"를 균등하게 채우려는 욕구가 있음을 감안할 때 본래 서로 비교불가능한 필요들을 어떻게 균등하게 다룰 것인지? 자발적 결사체 내에서 사람들이 다양한 귀중품을 정당하게 사용할 수 있는 "덕스런" 자격을 동등하게 갖고 있다고 가

---

69 다음에서 인용함. Henri de Lubac, *The Un-Marxian Socialist*, trans. R. E. Scantlebury (London: Sheed and Ward, 1948) p. 160.

70 위의 책에서 인용함.

정한다면 필시 한정적인 시간과 자원을 고려할 때 어떻게 그것들을 "동일한" 양으로 향유하는 것을 보장할 수 있는지? 등의 문제를 들 수 있다.

프루동이 뷔셰와 같이 (가톨릭적 성향이 더 강한) 공화제적 사회주의자들에 비해서 신약성서에 나오는 형제애와 애덕의 가치에 대해 실제로 그다지 강조하지 않은 것이 사실이지만(그리고 이것은 의심할 바 없이 그의 단점이지만), 이 점에 대해서는 그가 "상호협조"(reciprocity)의 필요를 사이비성 "의존"(dependence)을 부추기는 것과 구별하려고 한 것으로 이해하는 편이 좋을 것이다. 여기서 사이비성 의존이란 가령 독립적 생계수단을 모두 제거함으로 인해 사람들이 창조적 능력을 상실하게 되는 것을 말한다.

프루동은 매우 미묘하게도 창조적 다양성을 진작하기 위해서라도 불평등을 평등하게 하는 정의의 규범을 지속적으로 발명 내지 직관해야 할 필요성이 있음을 알고 있었다. 이와 같은 이유로 인해 그는 변증법적 종합의 원리를 거부하는 대신에 다양한 선택들 간에 발생하는 적대적 긴장관계를 "형평"(equilibrium)을 추구하는 새로운 긴장관계로 대체할 수 있는 생각을 옹호하게 되었다. 이러한 "영속적 화해"(perpetual reconciliation)의 철학은 변증법과는 달리 인간 지성의 참여가 가능하지만 결코 지성에 의한 반성적 파악의 대상이 될 수 없는 통일과 질서라는 플라톤의 초월적 기준을 암시함에 틀림없다.[71] 헤겔이나 마르크스와 대조적으로, 이러한 "플라톤주의"는 역사가 열린 결말의 불확정성을 갖는 것을 허용한다. 공화제(republic)가 역사 속에 실재하지만 구체적 판결이 있기 전에는 정의가 드러나지 않는 것처럼, 정의가 있는 곳에 공화제가 **실재**한다고 하겠다.

프루동에 대한 마르크스의 비판 중 일부는 전적인 몰이해에서 비롯한 것이다. 마르크스는 프루동이 포이어바흐를 거부한 것을 알지 못했으며, 아울러 그가 변증법을 단지 이해하지 못한 것이 아니라 변증법을 거부(확정적

---

71   Proudhon, *Selected Writings*, pp. 223-35. De Lubac, *The Un-Marxian Socialist*, pp. 151-65.

부정이란 의미에서)한 것을 깨닫지 못했다.[72] 마르크스는 자율성의 자유와 무제한적 생산을 가로막는 최후의 장벽이 제거되기만 하면 공정한 분배라는 고질적 문제가 결국은 불필요하게 될 것이라고 추측했으나, 프루동은 자유를 일종의 "용해제"(solvent)로 간주하는 변증법적 관념을 거부하고서, 그 대신에 미래의 사회주의적 공화국에서 구체적으로 제기될 만한 쟁점에 몰두했었다. 그러한 쟁점으로는 어떤 종류의 재산을 어떤 조건 하에 허용할 것인가? 무슨 기준에 따라 한 물건을 다른 물건과 교환할 것인가? 정당한 보수를 초과한 이윤을 어떻게 불법화할 것인가? 금전이 자체적으로 권력을 행사하지 못하도록 어떻게 방지할 것인가? 시장을 통한 수요와 공급의 조절을 어떻게 허용할 것이며, 그러면서도 시장에서 진행되는 모든 거래가 "공정"함을 어떻게 보증할 것인가? 등이다.

프루동을 비롯한 여타의 사회주의자들은 위와 같은 문제를 일거에 해결할 수 있는 만병통치약 같은 단순한 방안(가령 노동시간을 가치로 환산한 일종의 화폐를 유통하는 것)을 선호하는 경향이 있는데, 마르크스가 이러한 경향을 거부한 것은 물론 옳았다고 하겠다.[73] 마르크스도 알다시피, 그와 같은 제안은 실제로 자본주의 논리에 특유한 자유주의적 전제를 지속시킨다. 이러한 자본주의 논리로부터 프루동은 진정 자유롭지 못했으나, 마르크스가 특유하게도 이것에 대한 심오한 통찰을 보여준 것은 사실이다. 여기서 문화적 규범과 가치관에 대한 합의가 지속적으로 갱신되어야만 공정한 교환과 진정한 평등이 가능할 것이며, 이러한 복잡한 요구사항을 단일한 경제적 기제를 통해 일거에 교체할 수 없음을 깨닫는 데에 프루동보다는 러스킨이 더 근접했다고 하겠다. 그러나 이 점에도 불구하고 프루동보다 마르크스가 더 비난 받아야 할 부분은 그가 사회주의 경제의 세세한 측면에 대한 구체적 구상이 굳이 필요치 않다는 뜻을 내비친 것이다. 프루동과 마르크스 간의

72   Karl Marx, *The Poverty of Philosophy* (Moscow: Progress, 1978) p. 103ff.
73   Marx, *Grundrisse*, pp. 15–16.

대조적 차이를 다음과 같이 요약할 수 있다. 프루동은 근대 경제가 중시하는 형식적 등가성이 아무리 개선된 것이라 해도 그것이 자본과 노동자 간의 (더 나아가 자본과 소비자 간의) 강압적 관계를 위장하고 있다는 사실을 제대로 파악하지 못했다. 반면에 마르크스는 그 어떤 **문화**라도 등가성의 원리를 포함하고 있으며, 이것이 필연적으로 "형이상학적" 성격을 지니고 있음에도 불구하고 공정 교환을 뒷받침하는 윤리적 언어로 재구성될 수 있음을 보지 못했다. 마르크스는 이러한 등가성의 원리와 단순 "사회주의"를 거부함으로써(대신에 그는 "공산주의"를 내세운다), 현실에서 실현불가능한 자연주의적 신비사상을 창안해내는데, 이것은 무정부적(anarchic)이며 동시에 기술관료들에 의해 통제되는 전체주의적(totalitarian)인 특징을 지닌다.

이 장에서 나는 메타비판적 관점과 신학적 관점에서 마르크스주의가 가진 실제 가치는 그가 하나의 세속 논리로서 자본주의에 대해 분석한 것(비록 미완의 것이지만)임을 보여주었다. 그러나 그의 역사관과 그의 인간 이해를 수용할 수는 없다. 세속이성에 대한 다른 측면에서의 비판은 마르크스보다 그리스도교 사회주의와 공화적 사회주의에 의해 진전되었고 이것을 논증하다 보니, 사회주의란 그와 같은 세속이성에 대한 비판으로서만 성립 가능함을 입증하게 된다. 그렇지만 작금의 "정치신학"이 이것과는 전혀 반대되는 전제들 위에서 진행하고 있음을 이제부터 보여줄 것이다.

제8장

초자연의 토대를 놓기: 현대 가톨릭 사상의 맥락에서 살펴본 정치신학과 해방신학

도입

최근 들어 가톨릭 신학에서 헤겔 전통과 마르크스 전통이 유례없는 정도로 영향력을 확보해 온 것을 목도한다. 이러한 현상이 일어난 이유를 찾기 위해서 먼저 현대 가톨릭 사상에서 일어난 중요한 변화를 살펴보아야 한다. 오로지 이러한 맥락을 고려해야만, 어째서 숱한 가톨릭 신학자들이 변증법적 전통을 그토록 수용하려고 하는지, 또 어째서 그중 어떤 이들은 신학을 마르크스주의의 전제 위에 구축하려고까지 하는지 그 이유가 분명하게 드러날 것이다.

구스타보 구티에레스(Gustavo Gutierrez), 후안 루이스 세군도(Juan Luis Segundo), 클로도비스 보프(Clodovis Boff)와 같은 라틴 아메리카의 중요한 "해방신학자들"이 다소 모호한 형태로 내세우는 주장을 우리의 출발점으로 삼는 것이 좋을 것이다. 그 주장인 즉 **제2차 바티칸 공의회**(the second Vatican Council)가 지지하는 새로운 은총 신학 덕분에 해방신학(liberation theology)이 성립될 수 있었으며, 따라서 실로 해방신학만이 공의회 이후

가톨릭 사상을 대표하는 진정한 결과물로 간주되어야 한다는 것이다.[1] 여기서 암시하고 있는 것은 바티칸 공의회가 "통합주의적 혁명"(integralist revolution)이라고 할 만한 것을 수용했다는 뜻이다. 이 말은 역사상 존재하는 구체적 인간성에 있어 "순수 본성"(pure nature)의 상태와 같은 것은 존재치 않음을 뜻한다. 차라리 모든 인간은 이미 신적 은총으로 말미암은 존재이므로, 결과적으로 이러한 통합적 일체를 구성함에 있어 "자연적"인 것과 "초자연적"인 것을 분석적으로 나누어 볼 수 없다는 것이다.

이러한 "통합주의"에 담긴 사회·정치적 함의를 공의회가 적절하게 인식하지는 못했다는 해방신학자들의 주장은 꽤 설득력이 있다. 물론 그 이유는 공의회가 당연히 기존의 "호교주의적"(integrist) 정책을 논박하는 데 관심을 기울였기 때문이지만 말이다. "호교주의적" 견해는 세속 생활의 모든 사안에 대해 성직자가 중심이 된 위계적(hierarchic) 지배를 주장하면서 하나의 완결된 체계를 제시하는 "총체화"(totalizing)의 신학 위에 세워진 것인데, 전체를 건드리지 않고서는 세부에 대해서 문제를 제기할 수 없다고 보는 입장이다—"통합주의"(intergralism)와 "호교주의"(intergrism)간의 이러한 차이에 대해 세심하게 주목할 필요가 있다. 그렇지만 해방신학자들은 인간의 구체적인 삶 전체가 늘 은총으로 충만해 있다고 한다면, 정치·사회적 관심사를 구원과 같은 "영적" 관심사로부터 분리하는 것이 단연코 가능치 않다고 주장한다. 가톨릭 우파의 위계적 정치에 대항해서 이브 콩가르(Yves Congar)와 같은 공의회 신학자들은 "영역의 구분(distinction of planes)," 즉 세속 영역은 하나님 아래에 자신의 고유한 자율성을 갖고 있으므로 보통은 평신도만이 관심해야 할 영역이기에, 교회는 보통의 경우 여기에 간섭해서는 안 된다는 생각을 개진했다. 하지만 구티에레스의 주장에 따르면 그와

---

1   Gustavo Gutierrez, *A Theology of Liberation* (London: SCM, 1983), 66-72. 구스타보 구티에레즈 지음, 성염 옮김, 『해방신학 – 역사와 정치의 구원』(분도출판사, 1977). Juan Luis Segundo, *The Liberation of Theology* (Maryknoll, NY: Orbis, 1975) pp. 141-2. Clodovis Boff, *Theology and Praxis: Epistemological Foundations*, trans. Robert R. Barr (Maryknoll, NY: Orbis, 1987) pp. 92-6.

같은 모델은 라틴 아메리카에서 경험하는 "평신도 사도직"(lay apostleship)과 "기초 공동체"(base community)라는 현실 앞에 붕괴되어 버린다는 것이다. 가령 사회적으로 무정부 상태가 만연하고 합법을 가장한 테러가 자행되는 상황에 직면해서 진정한 "그리스도교 공동체"를 만들려고 할 때, 어디서 교회의 영역이 끝나고 정치적 영역이 시작되는지 도대체 가늠할 수 있겠는가?[2]

이 장에서 내가 주장하려는 것은 이 지점까지는 해방신학자들이 절대적으로 옳다는 것이다. 하지만 그들이 이 지점을 넘어서서 심각하게 빗나가고 있다고 나는 생각한다. 쟁점이 되는 문제는 통합주의적 혁명 그 자체다. 개략적으로 말해서 이 결정적 변화의 배후에는 두 가지 원천이 존재한다. 프랑스적 배경은 **새로운 신학**(*nouvelle théologie*)에서 유래하는데 이에 속한 사상가들로는 몽슈외이유(de Montcheuil)와 뤼바크(de Lubac), 그리고 이들보다 더 근원적으로 모리스 블롱델을 들 수 있다. 그리고 독일적 배경은 일차적으로 칼 라너(Karl Rahner)의 사상을 의미한다. 이 사상가들에 대해 숱한 견해가 있고, 이따금씩 이들 스스로도 반론을 제기하고는 하지만, 나는 이 모든 것에 반대해서 이 두 종류의 통합주의 사이에는 현격한 차이가 있음을 주장할 것이다. 이 차이에 대해 흔히 프랑스는 "자연을 초자연화"하는 반면에 독일은 "초자연을 자연화"한다는 식의 조잡한 말로 요약하는데 이것은 잘못된 표현이다. 독일적 통합주의의 요점은 매개적 신학, 보편적 휴머니즘, 계몽주의 및 자율적 세속질서와의 화합(*rapprochement*)을 지향하는 것이다. 이러한 주제가 프랑스의 통합주의에서 완전히 배제되는 것은 아니지만, 후자의 주된 경향은 전혀 다른 지향성을 갖고 있는데 **새로운 신학**의 입장에서 말하자면 그것은 "그리스도교적 인격"(Christianized person)이 뜻하는 근대 이전의(pre-modern) 의미를 온전한 현실성을 지닌 인격으로 회복할 것을 지향하는 것이며, 블롱델의 입장에서 보자면 동일한 회복을 지향하면서도 구체화된 초자연적 삶으로 진입하는 방식으로 관상보다 행동에 방점

---

2   Gutierrez, *A Theology of Liberation*, pp. 66-72.

을 두는 것이다.

　독일의 정치신학과 라틴 아메리카의 해방신학을 주창하는 주요 신학
자들은 예외 없이 프랑스식의 통합주의가 아니라 라너식의 통합주의를 수
용한다. 기초신학 분야에서 이루어진 이러한 선택으로 말미암아 정치영역
을 취급하는 그들의 신학은 "세속이성"의 관점 및 그 근거없는 토대주의적
(foundationalist) 기본전제에 사로잡히게 된다. 이들은 마르크스주의를 인간
의 "본질" 내지 인간의 역사적 생성(historical becoming)이 지닌 "근본적" 심
급을 밝혀주는 담론으로 간주하면서 적극적으로 포용한다. 앞 장에서도 살
펴보았듯이, 이런 종류의 마르크스주의는 결정적으로 해체될 수 있다. 따라
서 마르크스주의의 기본적 결론은 세속 사회과학의 자율성에 대한 합당한
존중을 표하는 것이므로 그것을 침해할 수 없다고 하는 정치신학의 주장을
받아들여서는 안 될 것이다.

　아래에서 내가 보여주려고 하는 것은 정치신학이 개인주의적 관심으
로부터 사회적 관심으로 전환했음에도 불구하고 그것을 다루는 방식은 여
전히 라너의 은총관에 따른 초월주의로 포화되어 있다는 사실이다. 바로 **이
러한** 시각에서 볼 때, 사회부문에 대한 고찰은 교회 내지 신학의 기본 관심
사와 본질적으로 아무 **관계 없는** 요인에 대한 고찰임이 분명히 드러나게
된다. 라너식의 통합주의로부터 본회퍼가 말하는 세속화의 변증법적 역설
에 대한 포용으로 옮겨가는 것은[3] 그다지 어려운 일이 아니다. 사회부문은
스스로를 규명하기 위해 굳이 신학에 눈을 돌릴 필요가 없는 하나의 자율
적 영역이다. 그럼에도 그것은 이미 은총으로 충일한 영역이므로, 바로 이
와 같은 신학 이전의 사회학 내지 마르크스주의 사회이론의 토대 위에 신
학을 정초해야 한다는 것이다. 결과적으로 사회에 대한 신학적 비판은 성립
할 수 없는 일이 된다. 따라서 우리에게 제시되는 것은 결코 정치부문에 대

3　Dietrich Bonhoeffer, *Letters and Papers from Prison* (Glasgow: Fontana, 1963) pp. 91-127. 손규
　태, 정지련 옮김, 『저항과 복종 - 옥중서간』(대한기독교서회, 2010).

한 참다운 신학적 접근일 수 **없다**. 형식적 정통주의가 여전히 상당한 지지를 받고 있다 하더라도, 신학적 신념 자체는 칸트식의 윤리와 기본적으로 마르크스적인 사회이론(약간 절충적 성격을 지닌다)에 대해 규칙과 관련된 코멘트나 몇 마디 덧붙이는 정도가 된다. 인간성이 모순의 순수 내재적 작용으로부터 추출되어 나온다고 보는 마르크스주의의 변증법적 성격은 변증법적 신학과 잘 어울린다고 하겠는데, 이 신학에 따르면 하나님은 신의 명백한 부재라는 닫힌 원 안에서, 또는 이 영역(여기서는 "오직 인간적인 면"만이, 다시 말해서 인간의 문화적 구성이라는 형식적 사실만이 인식된다)의 경계면을 순찰하는 추상화된 절대적 자유 속에서 발견된다.

이러한 나의 결론이 바티칸의 반동적 보수주의자들의 견해와 일부 동일하다는 것에 대해 불편한 마음이 없지 않다. 그러나 나는 절대로 좌파 정치를 반대하려는 것이 아니다. 그 반대로 내가 두려워하는 것은 사회주의의 필연성을 신봉하거나 인간자유에 대한 억압을 제거하기만 하면 사회주의가 도래할 것이라고 보는 마르크스주의적 신념이 쇠퇴함에 따라 사회주의 그 자체도 약화되지는 않을까 하는 것이다. 사실 작금의 그리스도교 사회주의자들이 걸머져야 할 특별한 책무는 사회주의가 본래 그리스도교에 토대하고 있음을 논증하는 일이다. 왜냐하면 사회주의가 모든 건전하고 이성적인 인간이라면 인정하지 않을 수 없는 신조에 해당된다는 주장을 이제는 아무도 수긍할 수 없기 때문이다. 그러나 이것은 정치신학 내지 해방신학의 주창자들이 추구하는 주된 방향이 아니다. 그 반대로 그들이 추구하는 것은 그리스도교를 우리 시대의 지배적 세속 담론의 관점에서 재해석하려는 또 다른 노력일 뿐이다.

마르크스주의를 하나의 "자율적" 과학으로 취급하면서 진행했던 대화가 종결되고, 그리스도교 사회주의라는 더 중요한 사안에 눈을 돌리게 되면, 라너식의 통합주의가 아닌 프랑스적 통합주의가 참된 정치신학 즉 사회와 정치에 대한 신학적 비판을 위한 토대를 제공하는 것으로 기대된다. 프랑스적 통합주의만이 신학적 인간이해에 있어 위계적 사고와 지형적 구분을 참으로 포기해버리는데, 그 이유는 그것이 구체적 인간성 내에서 순수 자연의 영역을 "형식적으로라도 구별"하려고 하지 않기 때문이다. 이러한 프랑스적 통합주의에서는 은총과의 만남이 (라너에서처럼) 각 개인의 앎의 주변부에 존재하지 않고, 오히려 일정한 역사적 텍스트 및 이미지와 대면하는 가운데 일어난다. 이들 텍스트와 이미지도 그것이 원래 발생한 장소및 교회의 신실함을 통해 그 효력이 지속적으로 연장되는 경우가 아니고서는 아무런 영구적 "자리"를 갖지 않는다. 그 어떤 사회이론도 이러한 사건이 인간 역사를 구성하는 "근본적" 요인이 되는 것에 대해 제한을 가할 수없다. 기껏해야 다른 사건들에 개입할 수 있을 뿐이다. 따라서 "자연을 초자연화" 하는 이러한 프랑스적 통합주의는 역사주의적 성격이 더 강하다고하겠는데, 그 이유는 그것이 초자연적 부문을 인간의 삶의 어떤 영구적 "영역"으로 보지 않기 때문이다. 그렇다고 해서 프랑스적 통합주의가 "자연"을 영구적 영역으로 자리매김하지도 않는다. 물론 초자연에 대한 참여가 언제나 유한한 방식으로 매개되는 성격이 있음을 인정하는 것은 사실이다. 초자연이 한 사건의 문화적 반복을 통해 개입하는 경우에 그것은 "상이한" 것으로 인식될 뿐 아니라 동시에 여타의 모든 문화적 현상을 변화시킬 수 있는 무제한의 능력을 가진 것으로 인식된다. 이렇듯 프랑스적 통합주의는 인간 본성에 대한 그 어떤 실체화도 피해가면서 역사적인 것에 방점을 두는한편, 시간적으로 나중에 일어난 것이 시간적으로 앞서는 명백히 "기본적"인 것보다 우선성을 지닐 수 있다고 주장하는데, 이 점에 있어서 그것은 라너의 견해보다 현대적 상황에 더 부합하는 일종의 "탈근대적" 방향을 지시한다고 결론 내릴 수 있겠다.

하지만 해방신학자들이 뤼바크나 발타자르와 같은 사상가들이 자신들의 통합주의에 함축된 가능성을 충분히 천착해서 사회신학 내지 정치신학을 발전시키는 데까지 나아가지 못했다고 지적하는 것은 여전히 옳다고 하겠다. 나는 이들의 실패에 두 가지 차원이 개입되어 있음을 주장할 것이다. 첫째로 그들은 기존의 세속 질서에 대해 그리스도교가 혐오를 드러낼 것이라는 이 심각한 문제에 직면하려는 용의가 없었다는 점이다. 둘째로 그들은 문화적 현실이 인간에 의한 구성물로서 지니고 있는 성격을 온전히 대면하기를 거부했다는 점이다. 여기서 블롱델의 행동(action) 개념, 즉 지식을 발명으로 간주하고 초자연적 지식이 인간의 창조적 추구를 통해 매개된다고 보는 그의 사상을 다시 살펴보는 것이 매우 긴요하다고 하겠다. 블롱델의 "초자연적 실용주의"(supernatural pragmatism)는 사고와 행동이 불가분적으로 융합되어 하나의 전통으로 발전한다는 뜻에서 실천을 근본적 계기로 삼고 있는데, 이 점에서 그의 "초자연적 실용주의"는 정치신학 내지 해방신학에서 주장하는 "토대적 프락시스"(foundational *praxis*: 이론 없는 실천은 불가능하다고 주장하거나 그리스도교 전통과는 하등 상관없는 특정한 방식의 "정치적" 실천에 호소하는 것)의 개념과 대조된다고 하겠다. **포에시스**가 세속을 만들어 낸다고 보는 근대의 지배적 전제를 무비판적으로 수용함으로써 정치신학은 그 포로로 전락한 반면에, 블롱델이 말하는 **자기박탈적 행동**(a self-dispossessing action)은 탈근대적 사회 신학을 향한 길을 지시해준다.

이 장의 나머지 부분은 다섯 개의 단락으로 구분된다. 두 번째 단락에서 나는 블롱델, 뤼바크, 라너가 제시하는 세 가지 형태의 통합주의를 각각 연속적으로 다룰 것이다. 블롱델에 대해서는 다소 길게 다루려고 하는데, 그 이유는 그가 말하는 통합주의가 실증주의와 변증법을 넘어서, 본서 제4부의 주제이기도 한, 탈근대적 "차이의 담론"(discourse about difference)을 예견케 하는 새로운 철학의 일환임을 보여주려는 것이다. 그러한 담론을 그리스도교적 관점에서 해석해 낸 블롱델의 사상은 탈근대적 시대에 세속적 허무주의를 다루려는 나의 과제를 위해서도 중요성을 지니고 있음이 밝혀질 것이다. 세 번째 단락에서 나는 통합주의가 지닌 함의들을 프랑스 전통이 어떻게 이해하고 있는지 추적하고, 이어서 이것을 라너식의 정치신학 및 해방신학의 접근과 대조하면서, 이런 식의 접근으로 말미암아 "사회적 통합주의"를 향한 이들의 추구는 좌절될 수밖에 없음을 주장하려고 한다. 네 번째 단락은 그 결과 그들이 가진 구원 개념이 개인주의적 성격을 띠거나 아니면 부정적 자유를 세속적으로 증진시키는 방향으로 귀착될 수 있음을 보여줄 것이다. 다섯 번째 단락은 더 심화된 결과로서 정치신학 내지 해방신학이 마르크스주의와 사회학의 메타서사를 포용하게 되는 이유가 그것들이 초월성에 대한 언급을 서사적 표현의 대상이 되는 구체적인 사회적 내용과 더는 연결지을 수 없기 때문임을 보여줄 것이다. 마지막 단락에서는 위와 유사하게 이들 정치신학과 해방신학이 호소하는 토대적 프락시스가 진정 역사성과 개방성을 지닌 범주가 아니라 다만 **이론적 관점에서** 설정된 세속 정치적 실천의 공간임을 보여줄 것이다.

현대 가톨릭 사상에 나타난 통합주의의 혁명

1. 블롱델에 대한 보론

모리스 블롱델(Maurice Blondel)의 1893년 작품 『행동』(Action)의 핵심에는 초자연을 인정하지 않고서는 실재에 대한 완전한 설명이 불가능하다는 주장이 들어 있다.[4] 실로 과학으로서의 철학이 정당하게 관심 가져야 할 사항은 **오로지** 이러한 주장이 사실임을 논증하는 일이다. 철학은 초자연적 은총에 담긴 내용에 대해 아무것도 말할 수 없다. 왜냐하면 은총은 인간 이성의 주어진 역량을 넘어서서 임하는 하나님의 선물이기 때문이다. 그렇지만 철학이 확증할 수 있는 것은 우리가 은총을 필요로 한다는 것과 모든 인간은 행동을 통해 은총을 수락하거나 거부한다는 사실(아니면 차라리 우리가 늘 암묵적으로 은총을 수락하면서도 때로는 명시적으로 은총을 거부하기도 한다는 사실)이다.

그러한 주장을 하기 위해서 그는 인간 행동에 관한 현상학적 설명을 전개하는데, 이에 따르면 인간의 의지는 "결코 그 자체와 등가적이 아니"라

---

4   Maurice Blondel, *Action (1983): Essay on a Critique of Life and a Science of Practice*, trans. Oliva Blanchette (Notre Dame IN: Notre Dame University Press, 1984) p. 442.

는 것, 즉 의지는 그 어떤 자연스런 의도와 행동 속에서 결코 만족스러운 안식처를 찾지 못한다는 것이 드러난다.[5] 헤겔의 현상학이 유사한 방식으로 이어지는 "불충분한 것들"(insufficiencies)을 거쳐 감으로써 근대국가라는 형태 안에서 만족할 만한 유한한 종합에 도달하는 반면에, 블롱델의 현상학은 인간의 의지가 그 가장 태생적인 욕망으로 말미암아 그 자신의 원천을 넘어서는 완전성을 요구한다고 하는 역설로 인해 부정적 결론에 도달한다. 의지는 그 내재적 충동으로 말미암아 초월을 요청하는데, 이 초월은 의지에 필수적인 것이지만 오로지 위로부터 부가될 뿐, 즉 무상으로 주어질 수 있을 뿐이다.

표면적으로 볼 때 블롱델의 주장은 칼 라너의 저서인 『세계 안의 영』(*Spirit in the World*, 1936)[6]에 나타난 주장과 유사해 보인다. 이 저서에서 라너는 모든 이해의 행위 속에 지성은 절대존재(Being) 자체가 지닌 개방성에 대한 예견(*Vorgriff*)을 갖고 있으며, 오로지 이 절대존재로 인해 특수한 대상을 이해함에 있어 수반되는 우발성을 파악하게 된다고 주장한다. 마찬가지로 블롱델도 모든 이해의 행위에 있어서 이해의 대상은 결코 의지가 열망하는 것과 동등하지 않다고 주장한다. 그렇지만 블롱델은 라너와는 달리 자아의 초월적 역량을 유한한 심급을 영구적으로 초월하는 어떤 것의 견지에서 파악하지는 않는다. 그 반대로 블롱델은 의지는 그 자체의 행동에 따른 산물과 동등할 수 없다고 주장하기도 한다. 우리가 행하고 우리가 말하는 것의 의미는 어떤 면에서 영구적으로 우리 자신을 벗어나므로, 새롭고 더욱 적절한 행동을 향한 우리의 끊임없는 추구에는 우리가 이미 행한 것의 완전한 의의를 지성적으로 파악하려는 시도가 대응된다. 말하자면 "하나님은 이러한 행동 안에서 행동하며, 이런 까닭에 행동에 뒤따르는 사고가 행동에 선

---

5   Ibid., pp. 363, 390, 391, 421, 425.

6   Karl Rahner, *Spirit in the World*, trans. William Dyck (London: Sheed and Ward, 1968) pp. 440-2.

행하는 사고보다 무한히 더 풍요롭기 마련이다."[7]

블롱델의 생각을 우리에게 보다 친숙한 키르케고르적 표현으로 바꾸어 말하자면, 보다 적절한 행동을 위한 탐색이란 우리가 과거에 행한 일을 정확하게, 하지만 상황이 달라졌으므로, **동일하지** 않게 **반복**하려는 시도와 매한가지다.[8] 이렇듯 블롱델에게 있어 "수직적 자기초월"(vertical self-transcendence)은 시간 내에서 전진하는 "수평적"(horizontal) 자기초월과 매한가지라고 하겠다. 왜냐하면 우리 "자신의" 행위는 우리의 정체성을 구성하지만, 그것들이 행동이 되기 위해서는 우리에게 "더해지고" 우리에게서 나가서 또 심지어 우리에게서 벗어나 달아나야 한다. 그러므로 절대존재와 은총을 향한 개방성은 블롱델에게 있어서는 라너와는 달리 그저 일반적 방식으로 각각의 특정한 행동에 동반하는 것이 아니라, 차라리 이러한 개방성은 그러한 특정한 행동**으로서** 끊임없이 일어날 뿐더러 우리가 선택한 것이 우리 자신에게 "일어나는" 그 예사롭지 않은 순간이기도 하다는 결론이 도출된다.

블롱델이 볼 때에 절대존재에 대한 일반적이고 비결정적인 선이해가 있어서 그것이 은총을 향한 우리의 개방성을 구성하는 것이 아니다. 비록 철학의 역할이 특정되지 않은 은총의 필요성을 논증하는 데 국한되기는 하지만, 이것은 철학이 실재와의 관련에 있어서 근본적으로 무능하고 따라서 실제로 존재론을 제공하지 못하기 때문이다. 행동이 일어나는 실질적이고 구체적인 상황에 있어 초자연은 언제나 이미 여러 구체적 형태로 자신을 수여해 왔고, 그래서 은총은 이미 수락되었거나 아니면 암묵적으로는 수락되면서 명시적으로는 거부되었던 것이다. 이렇듯 블롱델의 저서 『행동』에서 말하는 "부정적 변증법"(negative dialectic)은 철학적 논증의 형태로만 존

---

7   Blondel, *Action*, pp. 371, 314, 359, 361-3, 372, 373-88, 401. "Letter on apologetics," in *Letter on Apologetics and History and Dogma*, trans. Alexander Dru and Illtyd Trethowan (London: Harvill, 1964) pp. 180-1, 436.

8   Søren Kierkegaard, *Repetition*, trans. Howard V. Hong and Edna H. Hong (Princeton NJ: Princeton University Press, 1983). 임춘갑 옮김, 『반복/현대의 비판』(치우, 2011).

재할 뿐, 헤겔에서처럼 경험적 현실의 심급에서 존재하는 것이 아니다. 만약 그 부정적 변증법이 경험적 현실의 심급에서 존재한다고 하면, 블롱델은 세계가 만족을 줄 수 없음에 대한 회의적 논증에 직면하고서, 파스칼처럼 다만 인간에게 세계로부터 고개를 돌려 초자연을 지향하라고 요청했을 것이다. 사실상 그는 **이론상으로는**(철학적으로는) 유한한 실재 가운데 인간에게 참된 의미를 줄 수 있는 것이 아무것도 없으나, 행동 자체(행위를 향한 무궁한 의지이자 행동의 문화적 소산이 함의하는 무궁한 의미) 안에서는 참된 의미와 언제라도 어느 정도는 조우하게 된다고 말하는 셈이다. 물론 이것이 오로지 실제적 추론, 즉 무엇인가를 발생케 하는 진정한 이치에 의해서만 파악 가능하지만 말이다. 동일한 방식으로 블롱델은 라너처럼 하나의 인식론을 제공하지는 않는다. 왜냐하면 그의 철학은 사고가 시작되어야 할 지점을 적시하겠다고 나서는 것이 아니라, 비록 무능해 보일지라도, 사고가 이미 시작되었으므로 그 어떤 비판의 대상도 될 수 없는 필연적 전제가 이미 확보된 지점을 단지 지시해줄 뿐이기 때문이다.

헤겔처럼 블롱델도 인식론을 현상학으로 대체한다. 말하자면 칸트가 어떤 고정된 조건 하에서 사물이 우리에게 현현한다고 추정하고서 이에 대한 설명을 전개한 반면에, 블롱델은 연속적으로 일어나는 상이한 외양이 실재성을 띠고 있다고 주장한다. 이 외양이야말로 인간들 사이에서, 또는 인간과 다른 존재들 사이에서 일어나는 상호작용인 것이다. 블롱델에게 있어 "인식론적 문제"가 일체 있을 수 없는 것은 앎이란 존재들 간의 관계성 및 이에 따른 상호 변화에 있는 까닭이다. 앎의 사건이란 **바로** 해당 사물이 가진 실재이자 차라리 그것의 찰나적 실재라고 하겠는데, 그 이유는 "일련"의 현상적 외양들의 배후에 자리한 본질 내지 실체라고 할 만한 심오한 실재가 따로 존재하지 않기 때문이다.[9] 블롱델은 "존재함은 인식됨"(to be is to be perceived)이라고 확언한다. 말하자면 그는 라이프니츠처럼 인지적 능력을

---

9   Blondel, *Action*, pp. 397-9, 414-16, 436, 441.

모든 물질적 존재에 귀속키면서도, 인식자가 **존재**하는 것은 오로지 그의 인식으로 인한 것이라고 덧붙이는 것이다.[10] 이 유한한 세계는 오직 관계와 상호의존과 변천만을 알 따름이므로, 이 세계의 기원을 보다 상위에 속한 형이상학적 영역에까지 귀속시켜야 할 이론적 근거가 있을 수 없다. 마찬가지로 현실의 세계가 지닌 복잡다단함으로 미루어 볼 때 종(種) 간의 차이보다 상위에 있는 고정된 본질적 유(類)를 식별하는 것이 가능치 않을 뿐 아니라, 결과를 원인으로 환원하는 것도 어불성설이다. 따라서 그 어떤 경우에도 우리가 어떤 존재의 위계를 거슬러 올라서 제일원인으로 소급하는 것 역시 가능치 않다고 하겠다. 절대존재(Being)에 관한 문제, 일련의 현상들이 지닌 실재성에 관한 문제는 **전체 계열**(the whole series)이 의미하는 바가 무엇인지에 대한 문제와 관련해서만 제기될 수 있다. 예컨대 이 연쇄를 함께 묶어주는 "모나드적 연계"(monadic links)를 지탱하는 것은 무엇인가(?)라고 묻는다면, 이것은 단지 이론상으로 대답할 수 있는 문제가 아니다. 왜냐하면 사변적으로 응시할 경우 오직 상호연계된 연쇄만이 존재할 뿐, 그 선행하는 연계 속에 왜 새로운 연계가 부가되는지, 혹은 왜 새로운 모나드적 종합이 출현하는지에 대한 충분한 이유가 **결코** 있을 수 없기 때문이다.[11] 실재란 항구적인 창조적 자기초월(self-surpassing)이며, 이론적이며 동시에 현실적인 사변만이, 즉 행동의 근거가 되는 실제로 구체적인 이유만이 전체로서의 계열이 지닌 의미심장한 성격을 확증할 수 있다. 창조적 자기초월로서 실재는 그 계열 속에 새로운 종합을 개입시키는 바로 그 지점에서 이 과제를 수행하므로, 이로써 전에 지나가 버린 것이 지닌 통일성을 재해석 내지 재확인함과 동시에 그 연쇄를 증가시키면서 과거의 행동과 사건 너머에 있는 무한성을 향한 개방성을 지니게 된다.[12] 헤겔과 똑같이 유한한 실재를 위한 형이상학적 계기, 즉 전자를 위한 무한한 토대에 대한 인정을 유한한 성질로

---

10 Ibid., p. 416.

11 Ibid., pp. 397, 401, 413–14.

12 Ibid., p. 400.

부터의 추상화가 아니라 하나의 구체적인 표현 행위와 연결하는데, 이 표현력은 유한성의 나머지 부분을 적절히 해석함으로써 우리에게 "보편"을 드러내준다.

그러나 헤겔과는 **다르게** 블롱델에게 있어서 연쇄 내에서 다음 단계에 위치한 연계, 즉 가장 근접한 행동은 전에 지나가 버린 것에 의해서 부정적 의미를 함축하지 않는다. 블롱델은 변증법이 자기 현존의 주체라는 형태로 실체에 대하여 함축하고 있는 여타의 의미들을 거부한다. 그가 초자연(surnaturel)의 철학을 창안하는 것은 바로 **이런** 이유로 인한 것이다. 자연과 우리의 행동 속에서 일어나는 각각의 새로운 종합은 이전에 지나가 버린 것에 의해 강제되고, 또 나중에 오게 될 것들에 대해서는 필연으로 작용하지만, 그럼에도 그 종합은 순전히 **새로운 것**(novum)이며, 그것에 대해 완전한 인과적 설명을 하는 것은 결과라는 견지에서 그것을 기술하는 것과 매한가지다.[13] 실증 과학은 작용인을 추적하는 것이므로 기존에 확립된 관계들에 대해서만 설명할 수 있을 뿐 새로운 사례들을 해명하지 못한다. 변증법적 과학은 결과를 모순의 작용에 따른 산물로 설명할 수도 없다. 왜냐하면 존재론도 실체도 인정하지 않으므로 거기에 모순이 존재할 수도 없기 때문이다. 차이에 대해서 그것들이 보다 근원적인 단일한 본질로부터 비롯된 서로 상충하는 표현들이라고 상상할 수도 없다.

차이들 내지 (블롱델의 표현을 빌자면) "불균등한 요소들"(heterogeneous elements)은 동일한 공간을 차지하려고 다투지 않는다. 불균등성(heterogeneity) 자체를 위한 공간만이 있을 뿐이며, 따라서 근본적인 이율배반도 존재치 않는다.[14] 사물들 간의 차이가 하나의 근원으로 환원되어버리므로 이러한 차이들을 동일성으로 해결해야 할 필요가 더는 없다고 하겠다. 물론 논리적으로는 비모순율을 지켜야 하겠지만 말이다. 블롱델이 보기에 비모

---

13   Ibid., pp. 365, 381, 397, 425.

14   Ibid., pp. 397, 425, 436-7, 440.

순율은 다른 무엇이 아닌 하나의 사태만이 배타적으로 발생함으로 인한 단지 현존재적 기원만을 가질 따름이다. 오로지 이 경우에 있어서만, 상이한 것, 일어나지 않은 것이 이미 일어난 것에 의해서 배제됨에 따라 그것과 양립할 수도 없는 양 취급되는 일이 초래된다.[15] 그렇지만 미래의 종합에서는 이전에 "대립되던" 차이들이 동시적으로 함께 발생할 수도 있다. 그러므로 차이들은 새로운 일치를 위한 공동의 계기들이 되는데, 그 이유는 대립이란 것이 결국 상대적 문제에 불과하며, 상이성이 양극성보다 더 근본적이기 때문이다. 헤겔이 우주를 피타고라스적 삼각형(Pythagorean pyramid: 굳이 분석할 필요도 없는 무의미한 것들이 기저를 차지하고, 필연성에 의해 작용하는 양극성과 모순이 중간 영역을 점하고 있다면, 그 정상에는 자기동일성을 회복한 주체의 통일성이 자리하고 있는 모양)에 가두어 둔 반면에, 블롱델은 늘 의존적이면서도 끝없이 새로운 관점들로 이루어지는, 진정 코페르니쿠스적이며 탈중심화된 우주를 상정한다.

따라서 블롱델 철학의 중추는 (나는 이 특징이 매우 부적절하게 제시되었다고 보는데) 허무주의에 맞서서 그것을 거부하는 것이라고 하겠다.[16] 사물들이 별 이유 없이 연속적으로 오고 간다고 해서 실재가 "무의미"하다고 할 수 있는가? 연속성은 이성을 **능가**하는 것인가? 블롱델에게 있어서는 연속성이 확실히 이론적 이성을 능가한다. 그렇지만 행동은 가장 온전한 의미에 있어서 이성과 여전히 동시적으로 일어난다. 블롱델은 충분한 명료성 없이 (자신에게 남아 있는 유심론적 경향을 노출하는 방식으로) 다음과 같이 주장하는데, 의지는 "아무 것"도 의욕하지 않을 수는 없으므로, 의지는 목적을 의욕하고 일정한 의미를 간직할 수밖에 없다는 것이다. 그러나 그는 의미라는 것이 순전히 신체/언어의 일시적 향배에 따른 것이기에 경합적 투쟁 가운데 서로에 대해 연속적으로 대립될 가능성을 고려하지 않는다. 최종적인 "의미"

---

15 Ibid., pp. 428-30.

16 Ibid., pp. 330ff, 441.

가 폭력이 될 가능성은 없는가? 즉 헤라클레이토스(Heraclitus)가 말하는 대로, 모든 행동은 새로운 공격에 불과할 뿐 그 이상 아무것도 아닌 그러한 투쟁으로 전락할 가능성은 없겠는가?

블롱델은 이것이 하나의 대안으로 발생할 가능성을 충분히 고려하지 않는다. 따라서 그는 다소 성급하게 모든 행동의 논리는 그 행동이 지닌 유의미한 성격을 확증해 준다고 말하는데, 이 말은 바로 그 행동이 행동의 계열 전체와 연계됨을 "의미"한다. 하나의 행동은 합리적인 하나의 진정한 "사건"이다. 왜냐하면 "그것이 작용"하면서 실재에 부합하는 성공적 실험으로 자리매김하고 또한 새로운 실재를 드러내기 때문이다. "실험"(experiment)이라는 말을 가지고 블롱델은 단지 도구적 통제의 성공을 뜻하는 것이 아니다. 오히려 그는 하나의 행동이 성공적으로 마무리되었으며, 그것이 상대적 지속력을 부여받음을 의미한다. 조각상 한 점이 있는데 그것이 의미 있게 받아들여져서, 그 형태가 사람들의 뇌리에 각인되고 모든 사람이 그것을 알아볼 뿐 아니라 그 복제품들까지 제작될 정도라고 하면, 그 조각상은 "작용"하고 있다고 할 수 있으며, 이와 마찬가지로 하나의 과학 법칙도 많은 경우에 동일한 방식으로 또한 비본질적인 여러 차이점으로부터 도출된 원칙에 따라 실험을 반복하는 방식을 통해 작용하고 있다고 할 것이다. 이 후자의 과학 실험도 블롱델이 보기에는 행동이 "작용"하는 하나의 방식을 나타낼 뿐이므로, 그것이 실제로 가장 근본적인 작용 방식을 대표하는 것이라고 할 수는 없다.[17] 왜냐하면 반복되는 실험도 하나의 특수한 우발적 행동 내지 하나의 유일무이한 종합에 의존하고 있는데, 이러한 종합이라고 해서 존재론에 대한 어떤 실마리를 제공하지 않으며, 또한 사물들이 일반적 차원에서 실제로 어떻게 "존재"하는지에 대해 말해주지는 않지만, 다만 우리가 어떻게 해서 사물들이 존재하도록 하는지, 그리고 어떻게 해야 미래에도 사물들이 그렇게 존속하게끔 할 수 있는지에 대해서만 알려줄 뿐이다.

---

17   Ibid., pp. 90-1, 432, 439.

그러나 참된 행동 즉 삶과 예술에 있어서 성공적인 "실험"의 기준은 단순한 특이성을 넘어선다. 비록 각각의 종합이 궁극적으로는 자기 규범에 입각해 있다고 할지라도, 종합 그 자체는 "올바르고" 미학적으로 적절해야만 한다. 블롱델은 쿠자누스, 비코, 하만, 키르케고르와 같은 일단의 그리스도교 사상가들의 선별된 노선을 따라서 행동이 사고 안에 있는 선재적 "원형"을 표출한다는 생각 내지는 행동이 선재하는 선험적 이론의 기준에 의해 가늠된다는 생각을 전적으로 거부한다. 그 반대로 완결된 사고는 완결된 행동이며, 만약에 사고가 행동으로부터 분리되는 한, 우리가 의도하는 것은 단연코 "모호한 사고"에 지나지 않으므로 그 성격에 있어서 추동력 즉 흐릿하더라도 결론을 찾아내려고 하는 암중모색과 같은 행동이라고 하겠다. 블롱델은 사고 내지 행동을 "알렉산드리아적(신플라톤주의적) 의미에서 말하는 발출(procession)" 즉 일종의 자기표출로 이해하는데, 이것은 "우리에게서 나가는" 한 완결될 수 있고, 또한 우리가 결코 완전히 통제할 수 없는 외적인 형태와 표지라는 측면에서 자신의 완결성을 얻게 된다.[18]

따라서 어쨌건 행동 내지 사고한다는 것은 창조하는 것이고 자신을 주장하는 것일 수 있지만, 또한 동시에 그것은 자신을 잃는 것이며, 지극히 우리의 것인 것(어떤 불가침의 내면성보다 더욱 더 그러한 것)을 전적인 위험에 노출시키는 것이다. 또한 그것은 스스로를 제한하는 것, 즉 다른 모든 가능성 대신에 우리에게 더 본질적이라 할 수 있는 "이러한" 경로를 선택하는 것이다. 그러한 두 가지 이유들로 인해 블롱델은 모든 행동을 "순교적 죽음"(self-immolation) 내지 희생과 결부시킨다.[19] 말하자면 행함 내지 사유를 통해 우리는 종합을 모색해 나가는데, 이 종합은 우리에게 "올바른" 것으로 보이지만 원래 우리가 의도했던 것이 아니며, 단지 미래에 도래할 존재적 충만을 예견함으로써 우리에게 "발생"하게 된 것으로 우리가 다 담

---

18   Ibid., pp. 306, 313, 402.

19   Ibid., pp. 366, 404.

을 수 없는 함의를 지니는 것이다. 모든 행동은 그것이 가진 바로 그 지향성의 핵심에 있어서 본래적으로 불균등(heterogenous) 즉 그 자신에 대해서도 이질화(만약 그것이 선한 것이라고 한다면, 원작자의 의도를 배반하는 것은 아니지만 그것을 심화시키는 것이고, 따라서 다른 사람들에 의해서 호의적으로 받아들여지는 것)하는 것이다. 블롱델은 이러한 개념을 가지고 "다중목적의 부등발생"이라는 근대적 사고를 극복하는데, 우리가 살펴보았듯이 이 용어는 주체의 완전한 통제 하에 있는 주관적 의도와, 이러한 의도에 따라 나중에 객관적 소산들 내에 누적되는 효과를 서로 대립적으로 파악하는 허위의식에서 기인하는 것이다.[20]

하지만 우리는 아직 블롱델 철학의 핵심적 중추를 마주하지 않았다. 블롱델의 견해에 따르면 행동의 논리, 즉 모든 행동의 논리는 초자연을 요청한다. 이 말이 진정 의미하는 것은 무엇인가? 그것은 기본적으로 두 가지다. 첫째로 모든 행동에는 새롭고 "적실한" 종합을 발견할 것이라는 잠재적 믿음이 개입되어 있으며, 또한 이러한 자기 기반적 규범이 어느 면에서는 단지 자의적인 것 이상이라는 사실이다. 행동의 추동력이 우리 영혼에 충동을 일으키고 우리 영혼에 일정 부분 충족감을 주는 것을 볼 때, 유한한 계열을 넘어서는 어떤 힘이 깊은 차원에서 우리와 일치할 뿐 아니라 오로지 이 힘만이 우리의 의지를 자체 정합성으로 이끌어 갈 수 있음을 깨닫게 된다. (이것을 "심미적 사고"에 대한 칸트의 선험적 설명과 비교하는 것도 유용할 것이다.) 뒤집어 보면 모든 행동이 지닌 내적 불균등성 내지 "자기초월적" 성격은 현상들을 분석해보면 분명히 드러나는데, 이 점이 블롱델에게 신적 은혜와 인간 의지 간의 일치(concursus)를 이해하는 새로운 방식을 제공해준다고 하겠다. 모든 행동은 전적으로 우리 인간의 것이지만, 그럼에도 전적으로 우리 자신을 초월한다.[21]

---

20 Ibid., pp. 306, 427, 432. 본서의 2장을 보라.

21 Ibid., pp. 373-89, 394-9.

둘째로 "참된 종합"에 대한 믿음은 모든 종합이 의도하는 바가 "중재"(mediation)라는 사실을 함축하고 있다. 왜냐하면 우리 행동의 소산을 하나로 지탱해주는 토대는 실체가 아니라 일종의 직관적 조화, 즉 이질적 요소들을 무한한 통일성으로 결합하는 것이기 때문이다.[22] 마찬가지로 성공적 행동은 희생 즉 우리 자신을 타인에게 수여하는 것이며, 이로써 그 희생적 행동으로 인해 우리들 사이에서 하나의 "유대"가 형성된다. 블롱델이 니콜라스 쿠자누스와 마찬가지로 "작은 세상"이라고 부르는 인간의 문화적 창조 안에서 새로운 종합을 형성하고 또한 새로운 중재 행위를 수행함으로써,[23] 우리는 연쇄(우리의 종합은 이 연쇄가 "적합"하게 구성되어 있음을 전제한다) 속에 있는 모든 여타의 모나드적 연계가 의미하는 것 또한 "중재"라는 것을 추측 내지 짐작하게 된다. 그러므로 중재적 행동은 라이프니츠가 말하는 실체적 연결고리(vinculum substantiale)의 신비를 해명하는 열쇠가 된다. 말하자면 **사랑**이 긍정될 때에만 우리는 존재론을 갖게 되며, 행동에 대한 이론적 금지 즉 행동의 불가피성을 핑계 삼는 것에 대한 추상적 지지 철회로서 죄의 개념이 인정될 때에만 우리는 "비진리"(untruth) 내지 이론과 실제에 있어서 허위를 판단하는 인식론적 기준을 갖게 된다. 중재 및 초자연을 발견함으로써 우리는 "과학에 따른 위대한 평화가 다스리는 영역"으로 인도된다.[24] (과학과 평화를 연결하고 부정을 거부하며 우발성을 예찬하고 희생을 부각하는 등 블롱델이 실증주의의 주제를 많이 보존하는 한편 그것들을 넘어서서 그것들을 아우구스티누스적 기원에 돌리고 있는 것에 주목할 필요가 있다.)

블롱델에게 있어 철학의 과업, 즉 철학이 진정 **과학적**(scientific)으로 수행해야 할 과업은 자신의 불충분함을 인정하는 것이다. 왜냐하면 가장 미약한 사고일지라도 그것은 하나의 행동으로서 그것을 벗어나며 초자연적 개입의 충만함과 사랑에 따른 늘 새로운 중재를 (암묵적으로) 인정하기 때문

---

22   Ibid., pp. 414-16, 420.

23   Ibid., p. 379.

24   Ibid., p. 438, pp. 95, 405, 422, 441.

이다. 그러나 비록 블롱델의 철학이 자기 부정적이기는 하지만 그것은 또한 철학적 심급에 있어서 독특성을 지닌다고 하겠다. 고대의 스토아학파처럼 블롱델은 초월적 위계를 거부할 뿐 아니라 배후의 영구적 원인을 규명하는 이론적 **에피스테메**(episteme)에 불과한 것도 거부한다. 스토아학파처럼 그는 진리를 기술적이면서도 수사학적인 실용의 결과와 연계시킨다.[25] 하지만 아리스토텔레스식으로 **프락시스**를 **포에시스** 및 **테오리아**로부터 분리하지 않으면서도, 그는 행동이 **텔로스**를 향한 윤리적 내지 심미적 탐색을 추구한다고 단언한다. 계열 자체가 의미하는 바가 사랑이라고 한다면, 스토아학파가 말하듯이 그 어떤 "배후의" 계열이 존재할 수 없다. 오로지 중재적 연계들만이 있을 뿐이며, 이러한 연계들 자체가 한데 모아지면 무한히 충만한 힘에 의해 매개된다고, 아니 주어진다고 해야 한다. 다만 그러기 위해서는 계열의 궁극적 의미가 중재이며 이 중재는 동시적으로 일치와 구별의 원리이기도 하다는 사실이 전제되어야 한다. 하지만 아직도 우리가 추구하는 목표이기도 한, 이 힘이 자체 내에서 구현하는 것은 다름 아닌 무한한 계열, 무한한 중재이므로, 따라서 이 힘은 동시적이며 또한 동등적으로 총체적 행위이자 총체적 잠재력인 것이다. 말하자면 궁극적 연결고리(vinculum)로서 이 힘은 무한히 완결되면서도 무한히 끝나지 않는 사랑의 교환이자 과정이라 하겠다. 블롱델은 심지어 철학마저도 삼위일체 내에서 성부로부터 성자의 출생을 확증해야 한다고 주장한다. 왜냐하면 사랑은 내적 구분 및 행동과 반작용을 요청하기 때문이다. 그런데 이는 행동 자체의 중심에서 수동성을 잃지 않은 채로 밖으로 나아가는 발출의 과정 속에서 일어난다.[26]

블롱델에게 있어 우주론 및 이론과 실천의 통일성에 대한 스토아적 접근방식을 윤리적 프락시스를 말하는 아리스토텔레스적 접근방식과 결합하는 것이 가능하다. 왜냐하면 그는 모든 사고는 신의 창조적 행동, 즉 발생

---

25 Ibid., p. 263. 본서의 12장을 보라.

26 Maurice Blondel, *L'Être et les Êtres* (Paris: Felix Alan, 1935) pp. 332-3.

의 추동력에의 참여임을 주장할 뿐 아니라 동시에 모든 창조행위는 **케노시스**(kenosis) 즉 자기비움을 통한 중재임을 천명하기 때문이다. 이렇듯 실재의 유한한 계열은 **로고스**를 통한 성부의 완전한 자기실현에서 그 **텔로스**를 찾고자 하며, 동시에 바로 이러한 종국(end)이야말로 계열 즉 창조적 중재의 끝없는 상호작용을 보존해 주는 것이다. 블롱델은 여기서 초자연적 애덕(charity)에 의한 존재론을 해설하려고 하면서, 아울러 자신의 논점을 다음과 같이 아주 분명히 하고 있다. "극도로 인지하기 힘든 현상에 포함된 극도로 세부적인 사항에 이르기까지 중재적 행동은 만물의 진리와 존재를 조성해낸다. 따라서 아무것이라도 그분과 상관없이 설명할 수 있다고 한다면 이는 실로 이상한 일이 될 것이다. 그분이 없이는 아무것도 만들어지지 않았으며, 그분이 없다면 존재해 온 만물이 무의 상태(nothingness)로 돌아갈 뿐이다."[27]

하지만 블롱델은 단지 창조주 하나님께 호소하려는 것만은 아니다. 그의 철학은 간단히 말해서 초자연이 지닌 자리를 설정하는데 이것은 또한 구속과 성화의 자리이기도 하다. 모나드들과 존재의 연쇄를 붙잡아주는 것이 사랑이라고 한다면 여기서 말하는 사랑은 완전해야 하며, 세상은 스스로 세상이기를 중단하는 고통을 감내하면서라도 그 자신을 성부께 돌려드려야 할 것이다. 블롱델은 자기가 배운 둔스 스코투스의 사상을 배경으로 다음과 같은 추측을 전개한다. 이를테면 타락 이전이었다면 인간이 집단적으로 이와 같은 완전한 돌려드림(return)을 행하였을 것이다. 그러나 타락이 일어나고 난 이후에 인간의 모든 행동은 죄에 의해 손상되었다. 따라서 만약에 하나님의 행동이 거부당하지 않고 세상이 멸망치 않으려면 어디선가 완전한 돌려드림이 아직도 행해져야 하고, 죄로 말미암아 행동의 전반적 평형이 뒤집혀진 불균형의 상태를 되돌릴 수 있는 완전한 균형추가 있어야만 한다.

---

27   Ibid., p. 424, pp. 419-20, 432, 442.

따라서 행동 자체의 논리가 신인(divine-human)이신 중재자를 요청한다고 하겠으며, 인간의 의지가 스스로를 "균등화"하고자 하는 것은 이제 오로지 중재자가 선포한 계시의 중심 내용 및 교회 공동체가 그 계시를 전달하고 반복하는 데에 동원하는 특정 말씀 및 행동과 동등하게 되고자 하는 시도일 따름이다.[28]

결과적으로 인간의 행동은 계시를 필요로 하며 또한 교리적 전통을 필요로 한다. 이러한 전통은 단지 계시적 정보를 가리키는 (블롱델이 적용한 스콜라적 용어를 사용하자면) "외래적"(extrinsic)인 의미에 있어서 "우리에게 맞서는" 것이 아니라, 행동 자체가 그것이 (우리의 앞에, 뒤에, 위에 존재할 정도로) 우리와 가장 친밀함에도 불구하고 우리에게 맞선다는 바로 그러한 의미에 있어서 우리에게 맞서는 것이다.[29] 블롱델은 마레샬(Maréchal)을 비롯한 이들과 더불어 교리가 신비적 체험과 연루되어 있음을 강조하는 한편, 그것이 또한 행동의 산물 즉 생활케 하는 "문자"이자 문자로서의 영이기는 하지만, 인간의 주관성에서만 비롯된 탈육체화된 외적으로 표현되지 않는 약동(élan)으로서의 영은 아니라고 덧붙인다.[30] 그는 자신이 제시한 행동의 철학을 "탈중심적"(decentered)이라고 기술하는데, 그 이유는 바로 그것이 실재를 항구적 실체들과 관련 짓지 않고 오히려 (하만의 "메타비판"에서처럼) 그 비판의 원리를 언어학적 언사(word) 내지 지시적 이미지 속에 위치시키기 때문이다. 이러한 언사 내지 이미지는 그 자체의 특이성에 따라 해석작용을 하므로 그 자체에 대한 비판은 나중에 등장하는 다른 언사 내지 기호에 의해서나 가능하다.[31] 언어에 대한 이러한 자체 비판은 하나의 공통된 전통이 발전하도록 하는 근저를 형성하므로 바로 이러한 전통 내에서 블롱델은 행동의 실재를 자리매김한다. 그러나 이것은 오직 하나의 특수한 전통, 즉 한

28   Ibid., pp. 264ff, 367-8, 420.
29   Ibid., p. 425.
30   Ibid., pp. 385-6.
31   Ibid., p. 442.

분이신 참된 중재자의 삶 위에 세워진 그러한 공동체 내에서만 가능하다.

따라서 블롱델의 사상에서 정작 중요한 것은 철학적 이론의 심급에서 논하는 부정적 변증법이 아니라, 행동의 심급에서 일어나는 긍정적 단언의 논리이다. 여기서는 초자연적 은총이 필요하다는 것을 보여줄 뿐 아니라 그러한 은총이 늘 현존하고 있음을 보여주기도 한다. 그런데 행동을 성립시키는 초월적 조건들 안에 현존하는 것이 아니라, 행동이 늘 특수한 형태로 자신을 보완해 가는 과정 안에 이어지는 전통 속에 지속적으로 나타나는 기이함들 안에 현존하며, 또한 오로지 인간의 모든 전통이 하나의 완벽한 중재적 행동과 관련될 경우에만 현존하는 이 완벽한 중재적 행동은 표징으로 남아 있으면서도 "글자 그대로의 실천"을 통해 반복되는 행위들 안에서 성취되는 것이다. 철학자인 블롱델은 말하기를, 모든 인간적 행동은 그리스도를 선포하거나 적어도 은밀하게 그를 지시한다고 한다. 이것은 라너가 말하는 것처럼 인간의 보편적 성격에서 드러나는 은총의 익명성(anonymity of grace)이 아니다. 오히려 그 익명적 지시체는 성육신과 관련된 (성육신 이전이든 이후이든 혹은 그와 동시대이든 간에) 적실하고 역사적이며 계열적인 자리매김 속에서 주어진다고 하겠다.[32]

은총은 인간 이성과 관련해서 늘 전례 없는 것으로 나타나기 마련이므로, 블롱델의 철학이 은총의 내용을 침범하지 않는다는 주장은 그가 철학자로서 초자연적 은총만이 아니라 성육신과 속죄의 필요성 및 삼위일체를 긍정하는 대목에서 여지없이 무너져 버린다고 하겠다.[33] 블롱델은 이것이 철학이 손댈 수 없는 신학적 영역을 여전히 남겨준다고 생각하는데, 그 이유는 만약에 그리스도적(Christic)이고 교회적인 말씀과 행동이 특수한 형태를 띠고 나타나서 속죄와 성화를 일으키는 거룩한 능력이 있음을 우리에게 확신시키지 않는다면, 이러한 교리들은 단지 외적이고 자의적인 힘으로서 작

32 Blondel, *Action*, pp. 367-8, 372, 441.
33 Ibid., pp. 306, 367, 404, 422.

용할 것이기 때문이다. 그렇지만 여기서 그는 허위에 불과한 우선순위를 드러내고 있다.

성육신과 속죄를 구체적 형태를 통해 처음으로 **경험**했기에 그것들의 발생에 대한 추상적 관념을 형상화할 수 있으며, 또한 오로지 그다음에 사랑의 완전한 헌신을 바쳐야 할 필요성의 측면에서 실재를 이해할 수 있다고 말해야 한다. 이러한 신학적 내용을 가능케 하는 형식적 전제들 없이는 그 무엇도 우리로 하여금 구원의 필요성 및 궁극의 **실체적 연결고리**로서 애덕의 필요성을 시인하도록 설득하기에 역부족이다. 몇몇 타종교 및 어떤 부류의 형이상학은 행동(action)의 논리에 비추어보면 성립불가능함이 여실히 드러난다. 이를테면 "플라톤주의"에서 말하는 사유의 우선성이 없었다면, 데카르트적 내지 칸트적 주체 개념이 없었다면, 결과에 대한 인과적 설명이 없었다면, 다중목적의 부등발생이 없었다면, 고대에 형이상학이 생겨날 수 없었고, 근대적 합리주의와 경험주의도 존재할 수 없었으며, 이에 따라 부수적으로 발생하는 세속 사회이론도 생겨날 수 없었다. 그러나 블롱델의 가르침은 행동의 논리만 가지고 행동을 사랑으로 읽어낼 수는 없다는 것이다. 특수한 계열의 행동들, 곧 특수한 전통에 대한 헌신이 있을 때에만 이것이 가능하다. 그런데 블롱델은 이러한 헌신이 없이는 행동이 단지 폭력과 위험에 불과한 것으로 나타날 수 있다는 사실을 감안하지 못했다. 이러저러한 사태에 대한 무관심의 반응(허무주의)이나 우리의 행동이 양산하는 끊임없는 증대에 대해 동의를 철회하는 은밀하고도 비극적인 태도(스토아주의)는 블롱델이 죄의 본질로 간주하는 두 가지 반응인데, 여기에 민감한 사람들은 가장 쉽게 경도되기도 한다.

요컨대 블롱델은 허무주의가 하나의 지적인 태도로서 성립할 가능성을 너무 가볍게 넘겨버린다. 그러므로 우리는 이 문제에 대해 본서의 마지막 단락에서 진지하게 대면하고자 한다. 우리는 블롱델을 넘어서서 철학(블롱델은 철학을 허위의식을 교정해주는 치료제에 불과하다고 말한다)으로는 다른 부류의 담론에서 가리키는 확정적 존재론의 필연성을 확증할 수 없다고 말해야 한다. 물론 블롱델이 존재론적 질문은 실천을 통해서만 진지하게 제기되고 또 답변되며, 아울러 그리스도교 전통에 따른 실천만이 철학이 형이상학으로서 감당하는 모든 전통적 과제를 취할 수 있다고 말하는 것은 옳다고 하겠다. 그러나 철학을 가지고서 반드시 그리스도교적일 수밖에 없는 그러한 존재론의 영역을 구획할 수는 없다. 사물을 설명하는 가운데 실재의 본질이 바로 중재적 행동임을 발견하는, 유일한 명증함(certainty)이자 유일한 과학(science)은 철학이 아니라 오히려 신학이라고…

하지만 블롱델의 철학은 신학으로 다시 자리매김될 때 가장 건실하게 존립할 수 있다. 그의 철학은 아마도 근대 그리스도교 사상 중에서 가장 대담한 실행일 것이다. 다른 어떤 그리스도교 사상가 이상으로 블롱델은 (적어도 그의 철학활동의 첫 국면에서는) 중세의 실재론으로 원형 그대로 돌아가거나 아니면 주체에서 부동의 지점을 찾는 근대 철학(블롱델은 이를 "전도된 실재론"이라고 부른다)을 수용하기를 시종일관 거부한다.[34] 그 대신에 그는 데카르트주의와 선험 철학이 그토록 저지하려고 했던 절대적 역사주의, 곧 무제약적 관점주의를 수용한다. 하지만 그는 이를 통해 획득하게 된 철저한 전통적 장점도 간파한다. 말하자면 인식의 근본적 범주에 토대한 결정론적 태도로는 인식이라는 유한한 행위를 단지 유한한 것으로 설정하지 못하며, 더 이상 "선험"을 명확하게 규정된 유한성의 권역을 넘어선 곳에 형언불가하게 존재하는 것으로, 즉 우리의 단순한 열망의 대상으로 정의내릴 수 없는 것이다. 이런 뜻에서 근대적 "선험"은 인간 의지의 불안정성이 투사된 것에 불과하다고 하겠는데, 이 대신에 블롱델은 인간 지성이 외적 조명의 무한한 능력과 대면함에 관한 중세적 "초자연"의 개념(이것을 당대의 신학과 철학은 공히 수용했다)으로 복귀하기를 바란다. 여기서 "저 너머"(beyond)에 대한 감각 및 도덕적·영적 성장에 대한 인식은 서로 불가분의 관계를 맺고 있다.[35] 하

---

34 Ibid., pp. 95, 413.
35 Blondel, "Letter on apologetics," pp. 175-9.

지만 초자연의 재포착을 말하는 블롱델의 탈근대적 입장에서 우리 인간의 수용성이 관상적 직관의 가능성과 우선적으로 관련되지는 않는다. 그 대신에 우리는 자신의 주도성에 따른 적극적 활동의 최고점에서 수용적 태도를 발휘한다.

아리스토텔레스의 프락시스나 칸트의 실천이성 이상으로 블롱델의 행동 개념은 창조적 파급력을 지닌 **포에시스**에 초점을 맞추고 있으므로 그의 "탈근대사상"을 해명하는 열쇠는 그가 인간의 작위(作爲), 곧 **팍툼**에서 인간 자율성의 보증을 확인하는 것이 아니라 초월성을 향한 개방의 요소를 찾아낸다는 점에 있다. 블롱델이 보기에 우리의 사유는 우발적인 이론적으로 정당화할 수 없는 전제에 전적으로 의거해 있으며, 또한 이론적으로 정당화할 수 없는 과거로부터 누적되어온 전통의 수용에 의존해 있다. 그럼에도 우리의 사유를 제한하는 역사주의적 태도로 말미암아 우리의 사유는 어떤 내재적 과정으로 **환원될 수 없으며**, 그 대신에 실현된 행동, 즉 말과 행위로서의 사유가 지닌 초월적 충만함에의 참여에 언제나 의존하게 된다. 단순한 사고의 소유자가 사태를 일거에 종합하려고 하는 것처럼, 우리도 하나님을 우리 자신인 것처럼 투사하면서 하나님을 우리의 이미지로 만드는 경향이 있다. 하지만 우리가 행위자와 제작자로 행동할 때, 우리는 우리의 통제를 벗어난 하나님을 **실제로** "창조"하는 것이며, 그런 뜻에서 우리는 모두 **테오토코스**(*theotokos*: 하나님을 낳는 자)로서 우리의 예견적(conjecturing) 실천 속에 하나님의 형상을 낳는다고 블롱델은 말한다―로고스의 영원한 출생에의 참여는 블롱델에게 있어 바로 **하나님을 닮고자 하는 만물의 지향성**(*omnia intendunt assimilari Deo*)이 고유하게 적용되는 지점인 것이다.[36]

말하자면 블롱델은 우리가 겸비함을 나타내야 할 현장을 관상(contemplation)에서 행동으로 바꾸면서, 이로써 오만함(*hubris*)의 고전적 형

---

36 Blondel, *Action*, p. 386. *L'Être et Les Êtres*, pp. 332-3. *Exigences Philosophiques du Christianisme* (Paris: PUF., 1950) pp. 217-73.

태와 근대적 형태를 모두 극복한다. 그는 신학적 객관주의를 철학적 실
재론으로부터 성공적으로 분리해내고 그럼으로써 "초자연적 실용주
의"(supernatural pragmatism)를 개시한다고 하겠다. 이에 따르면 무한한 신적
실재와의 관련은 주체로부터 "바깥으로", 또한 미래를 향해 "앞으로" 나아
가고자 하는 노력, 즉 이미 주어진 것을 반복함으로써 더 완전케 하고자 하
는 노력을 통해 일어난다. 그러나 이것이 일어나는 것은 오로지 집단적 차
원에서 진행되는 문화적 행동을 통해서 가능하다. 심지어 그리스도의 인간
됨도 나머지 인류가 가진 인간성 덕분에 가능한 것이라고 블롱델은 말한다.
이것은 앞서 존재한 인간의 말들이 그리스도라는 가능성을 창조했음을 의
미한다. 물론 그리스도가 이러한 말들을 총괄했으며 아울러 그 말들이 그
전에 의미하던 바를 무한히 초월했음을 인정해야 할 것이다.[37]

 따라서 블롱델은 만약에 신학이 관점주의와 실용주의와 역사주의를
더 철저하게 포용한다면, 순전히 유한성을 띤 내재적 학문(사회과학을 포함
하여)이라야 존재론 즉 "사물이 실제로 존재하는방식"에 대한 설명을 제
공할 수 있다고 주장하는 "근대적" 허위의식으로부터 탈출하는 것이 가
능함을 보여준다. 아울러 형이상학적 담론을 철학의 역량으로부터 제거
한다면, 그리스도교 시대 전반에 걸쳐 그 어느 때보다도 "자연의 초자연
화"(supernaturalizing of the nature)에 대한 가능성이 더 급격하게 열리게 된다.
이렇듯 블롱델은 다른 누구보다도 세속이성을 넘어서는 길을 우리에게 가
리켜준다.

2. 앙리 드 뤼바크와 한스 우르스 폰 발타자르

블롱델이 은총의 경험에 대한 새로운 실존적 설명을 제시한 반면에, 앙리
드 뤼바크(Henri de Lubac)는 이에 비견할 만한 것을 제공한 바가 없다고 하

37 Blondel-Wehrte, *Correspondance* (Paris: Aubier, 1969) p. 99. 다음에서 인용함. René Virgoulay, *Blondel et le Modernisme* (Paris: Editions du Cerf, 1980) p. 417.

겠다. 그는 실재론의 부활이 주도하던 시대에 활동했기에 블롱델의 철학이
지닌 스토아적이고 실용적인 요소를 붙들고 씨름하지 못했다. 그렇지만 뤼
바크는 은총에 대한 블롱델의 철학적 설명이 지닌 부정의 변증법을 거의
고려하지 않은 대신에 적절한 신학적 통합주의를 되살리려고 시도했는데,
이는 트렌트 공의회 이후의 정통 스콜라 신학이 이러한 통합주의를 저버
렸다고 보았기 때문이다.

이 주제와 관련한 뤼바크의 독창적인 저술은 1946에 나온 『초자
연』(Surnaturel)인데, 바티칸은 이 저작이 초자연적 은총이 지닌 무대가성
(gratuity: 거저 주어지는 면—옮긴이)을 훼손한다고 추정하고서 그것을 혐의의
눈으로 바라보았다.[38] 이에 따라 뤼바크에 대한 몇몇 연구자들은 이 작품이
라너와 마찬가지로 "초자연을 자연화"하는 경향이 있다고 보았으며, 반면
에 뤼바크의 후기 저서에 해당되는 『초자연의 신비』(Mystère du Surnaturel)는
공식적 우려를 달래는 방식으로 "자연을 초자연화"한다고 간주된다.[39] 그
러나 이것은 잘못된 해석이다. 왜냐하면 뤼바크는 일관되게 "자연을 초자
연화"하고 있기 때문이다. 그리고 그의 두 번째 저서에서 그에 대해 혐의의
눈길을 보내는 공식적 입장에 대해 에둘러 양보를 하면서도 이따금씩 자신
의 첫 번째 논제를 더 강력하게 재진술하고 있다.

뤼바크는 블롱델이 인간의 행동과 초자연적 은총 간의 불연속성을 강
조한다고 (지나칠 정도로 단순하게) 간주하고서, 이 불연속성을 교부신학과 스
콜라신학에서 강조하는 연속성과 대비시킨다.[40] 전통적 견해에 따르면 하
나님을 보고자 하는 우리의 단순한 욕망은 그저 가능성의 선물에 불과한

38　Henri de Lubac, *Surnaturel* (Paris: Aubier, 1946). "초자연" 논쟁에 대한 훨씬 더 복잡한 취급
　　및 de Lubac와 von Balthasar간의 차이에 대한 설명을 위해서는 다음을 보라. John Milbank,
　　The Suspended Middle: Henri de Lubac and the Debate on the Supernatural (Grand Rapids, MI:
　　Eerdmans, 2005).

39　Henri de Lubac, *The Mystery of the Supernatural*, trans. Rosemary Sheed (London: Geoffrey
　　Chapman, 1967).

40　Ibid., pp. 38, 243-6.

것이 아니라, 우리 안에 주어진 은총을 실제로 예감하고 있음을 나타내는 표징이었다. 뤼바크는 블롱델보다 더 강력하게 은총이 지닌 환원불가능한 역설로 말미암아 **이성적 피조물의 궁극적 종착지는 그의 본성적 능력을 넘어선다**(*ultimus finis creaturae rationalis facultatem natura ipsius excedit*)는 점을 강조한다.[41] 그는 아우구스티누스와 아퀴나스와 둔스 스코투스에게 있어 인간 본성은 오직 그 초자연적 종착지와 관련 하에서 특정할 수 있으며, 그럼에도 이러한 종착지가 결코 인간이 반드시 치러야 할 부채(*debitum*)와 같은 것은 아님을 논증한다.

아리스토텔레스의 형이상학 원리 중에 들어 있는, 한 피조물이 그 자연적 목적에 도달하는 것을 그 어떤 외적인 것이 막을 수 없다는 원칙이 여기서 침해되는 것처럼 보인다. 그러나 뤼바크는 교부들과 스콜라주의자들이 말하는 인간 본성(human nature)은 단순히 아리스토텔레스적 자연(nature)과 동일하지 않다는 점을 지적한다. 말하자면 그들은 어떤 것이 현존재(*ens*)에게 "우유적"(偶有的)으로 부여되었다 하더라도, 그것이 현존재가 지닌 가장 내밀한 "속성"이 될 수 있다고 보았다. 이렇듯 인간 존재가 지닌 참으로 특별한 차별성은 바로 하나님을 향한 그의 갈망이라고 하겠다. 비록 이러한 갈망이 하나님의 사랑에 의해 무상으로 충족되기를 바라는 인간의 절실한 필요를 드러내지 않은 채로 그저 채워지기만을 "요구"할 수는 없지만 말이다. 뤼바크는 이러한 갈망이 그다지 특별한 것이 아니며 그저 "희망사항"(velleity) 내지 그 목표에 결코 가까이 다가가지 못하는 초월적 대상을 향한 막연한 모색에 불과하다고 보는 견해는 무엇이든 논박한다[42] — 이러한 개념을 그는 마레샬(Maréchal)에게 돌린다. 하지만 은혜의 소여(所與)는 여전히 창조의 소여로부터 구별되어야 한다. 말하자면 여타의 모든 사물은 상대적으로 고정된 자연적 목적을 지향하도록 지정되어 있지만, 인간만이 그

41 Ibid., p. 41.
42 *Surnaturel*, p. 483.

본성 상 자신을 초월하여 초자연적 결실을 향하도록 조성되어 있는 것이다. 블롱델에게서와 마찬가지로 이러한 자기초월은 단지 추상적이고 부정적인 방식으로 성취되는 것이 아니라 오히려 그리스도 안에서 적절하게 그의 모범을 따르는 방식으로 성취된다. 그러나 그리스도가 로고스와 연합한 것은 하나님의 은총이 아니라 그 자신의 신적 본성에 따른 것이다. 여타의 모든 자기초월적 행위 내지 초자연적 은총의 수용은 그리스도의 강생을 예견하는 것으로 해석되거나 아니면 그의 영향력으로부터 직접 기인하는 것으로 이해해야 할 것이다.[43]

한스 우르스 폰 발타자르(Hans Urs von Balthasar)는 뤼바크가 이해하는 통합주의가 역사적인 것에 대한 강조, 즉 우리의 인간성은 역사 속에서 중요성을 지닌 특정 사건 및 이미지(우리가 진정으로 나아가야 할 유형을 알려주는 것)와 결부될 때에만 온전히 규정될 수 있다고 보는 견해를 나타낸다고 주장하는데, 따라서 그의 이러한 주장은 옳다고 하겠다.[44] 칼 라너에게 있어 통합주의가 함축하는 내용은 우리 인간은 각 개인에게 공통된 어떤 보편적인 것(개인의 심리, 또는 차라리 개인의 앎이 지닌 인식론적 구조)으로부터 시작한다는 사실이다. 반면에 발타자르에게 있어 참인 것은 라너가 생각한 것과는 정반대되는 내용이다. 신학은 "자연에서 출발하여 그 목표점을 향하는 것"을 그만두어야 하며, 차라리 자체의 내적 논리에 의해서만 이해될 수 있는, "신적으로 계시된" 실재들의 관점에서 인간의 본성을 이해해야만 한다. 발타자르는 뤼바크의 관점 중 남아 있는 모호한 점들을 제거하기 위해서

43 Henri de Lubac, *Catholicism: Christ and the Common Destiny of Man*, trans. Lancelot C. Sheppard (London: Burns and Oates, 1937) pp. 55-9.

44 Hans Urs von Balthasar, *The Theology of Karl Barth*, trans. John Drury (New York: Holt, Rinehart, and Winston, 1971) pp. 239-41. *The Glory of the Lord: Theological Aesthetics*, vol 1: *Seeing the Form*, trans. Erasmo Leiva-Merikakis (Edinburgh: T. and T. Clark, 1982). *Love Alone: The Way of Revelation* (London: Sheed and Ward, 1977). Rowan Williams, "Balthasar and the analysis of faith," in John Riches (ed.) *The Analogy of Beauty* (Edinburgh: T. and T. Clark, 1986) pp. 11-34, 35-59. 또한 이성과 계시의 비이원성(non-duality)에 대해서는 다음을 보라. John Montag, SJ, "Revelation: the false legacy of Suarez," in J. Milbank, C. Pickstock and G. Ward (eds.) *Radical Orthodoxy: A New Theology* (London: Routledge, 1999) pp. 38-64.

초자연적 삶의 품격을 드러내 주는 특정한 "형태"를 훨씬 더 강력하게 내세웠는데, 이를테면 은총의 차별성은 눈에 보이고 만져지는 차별성인데, 이러한 차별성은 성인들의 다채로운 생애와 그리스도의 몸이 지닌 유기적 통일성 안에서 되풀이되고 다시 채워지고 완성되는 **그리스도적 형상**(the Christic *forma*)의 유일무이한 모습을 통해서 전달된다. 은총이 하나님의 수여로 말미암는다고 하는 교리적 전제에 대한 단순한 동의만을 표하는 외인론(extrinsicism)을 탈피하고자 한다면, 아울러 은총이 우리의 삶을 형성함에 있어 우선성을 지니고 있음을 천명하고자 한다면 일종의 "신학적 미학"을 개발해야 한다고 하겠다. 그런데 이 신학적 미학이란 진리와 윤리적 목표에도 사람의 마음을 끄는 아름다운 외양이 불가분하게 결부되어 있음을 식별하는 것이며, 이 외양은 그것을 현시하는 양식으로부터 구별되지 않는 그 자체의 독특한 논리를 갖고 있다고 하겠다. 이러한 기획은 블롱델이 초기에 제안했던 것들과 궤를 같이하지만, 물론 발타자르는 블롱델이 지녔던 실용주의적이고 차별성을 띤 "탈근대적" 통찰을 자신의 미학 속에 통합시키지 못했던 것이다. (발타자르의 존재론은 근대 이전의 토마스주의적 실재론과 헤르더적 표현주의 및 신칸트주의적 인격주의를 억지로 혼합한 것에 지나지 않는다.)

3. 칼 라너

앙리 드 뤼바크와 마찬가지로 칼 라너(Karl Rahner)도 신스콜라주의적인, 즉 은총과 자연의 관계를 "이층 구조"(two-tier)로 설명하는 방식을 거부한 것으로 보인다.[45] 이러한 이층 구조 식의 설명방식을 따르다 보니 교부신학과 중세신학에서 전제하고 있는 **지복직관을 향한 본성적 욕구**(*desiderium naturale visionis beatificae*)라는 생각은 시야에서 사라지고 말았으며, 은총의 초

---

45 Karl Rahner, "Concerning the relationship between nature and grace," in *Theological Investigations*, trans. Cornelius Ernst. vol. 1 (London: Darton, Longman and Todd, 1961) pp. 297-317. "Nature and grace," in *Theological Investigations*, trans. Kevin Smith, vol. 4 (London: Darton, Longman and Todd, 1960) pp. 165-88.

자연적 더해짐(addition)은 자기 안에서 이미 완결된 자기충족적 인간 본성과는 그저 "외적"으로만 관계되는 것으로 이해되었다. 이러한 은총의 더해짐이 인간의 내적 필요와 연결되지 못함에 따라 은총은 우리 존재에 대한 "순수실체적(entitative)" 변형으로 실체화되기에 이르렀고, 따라서 이러한 은총에 따른 변형은 신앙에 의해 하나의 사실로서 수용되어야 할 뿐 체험의 대상은 아닌 것으로 여겨지게 되었다. 결과적으로 뤼바크가 주목하듯이 신스콜라주의 신학은 일종의 "자연화된 초자연"을 발명해 내었고, 이에 따라 하나님을 지향함에 있어 두 개의 병행적 체계가 존재한다고 간주되었는데, 하나는 자연적 체계이고 다른 하나는 초자연적인 체계로서 둘은 언어적 표현에 있어서는 상이한 규칙을 갖고 있지만 본질적으로는 동일한 내용을 가진 것이다.[46] 또는 더 불길하게 말해서 신스콜라주의 신학은 "자연적 인간"을 찾아냈다고 하겠는데, 이에 대해서는 철학적 존재론만 갖고도 충분하게 기술해낼 수 있거나, 아니면 그 자신의 신체적이고 이성적 조성 내에 사회·정치적 삶을 영위하기 위한 "자연법"적 차원을 스스로 발견해 낼 수 있는 그런 존재인 것이다.

칼 라너는 이러한 제반 경향을 논박하는 것처럼 보였을 뿐 아니라 "순수 자연"이라는 개념이 세속화에 대해서 어둔 빛을 주는 경향이 있음을 인정하였다. 하지만 그는 뤼바크와 발타자르 식의 통합주의에 대해 반론을 제기하였다. 라너는 순수 자연이라는 개념을 실제 창조되지는 않았으나 창조되었을 가능성이 있는 인간성에 적용할 뿐 아니라, 현실적으로 존재하는 실제 인간 존재에 대해서도 적절한 방식으로 적용해야 함을 주장하였다. 구체적으로 존재하는 한 개인 안에서 단지 자연적 인간성에 불과한 것을 "형식적으로 구별"하지 않더라도 은혜를 향한 자연적 절박함이 있어야 하며 이러한 절박함을 통해 은총의 무대가적(gratuitous) 성격이 드러난다는 것이다. 만약에 뤼바크가 말하는 것처럼 초자연이 또한 우리가 가장 친밀한 것이라

---

46   De Lubac, *The Mystery of the Supernatural*, p. 53.

고 한다면 그것은 사실상 자연화된 것이라고 라너는 주장한다. 그는 또한 **지고의 것이 가장 내밀한 것**(*summum as intimum*)이라는 말—탈근대적 용어로는 상부구조야말로 본질적이라고 말하는 식이다—을 단지 역설적이라고 보는 생각을 거부하면서, 이 말을 실증적 신학 자료로부터 "증명"하는 것이 불가능하다고 주장한다—사실 "은총"에 관한 담론 중 **아무것도** 이런 식으로 증명할 수는 없다. 인간적 사랑의 유비를 통해 역설을 이해하고자 하는 시도는 여기에 적용될 수 없는데, 왜냐하면 사랑은 사랑에 대한 "요청"에 얽매이지 않은 채로 오로지 거저 주어질 때에만 진정한 사랑일 수 있으므로, 그러한 사랑을 두고 실제로 존재론적 필연성이라고 할 수 없기 때문이다.

은혜의 시혜성이라는 개념을 지켜내기 위해서 "순수 자연"을 형식적으로 구별해 낼 필요가 있다고 하자. 그렇다면 외인론(extrinsicism)은 어떻게 피해갈 수 있겠는가? 여기서 라너는 "초자연적 실존"(a supernatural existential)이라는 개념을 만들어 낸다. 이 말은 지복직관을 향한 내적 지향성을 말하는데, 이러한 지복직관은 이러한 지향성이 추구하는 "외적 대상"과 더불어 모든 인간에게 주어진다. 이러한 초자연적 실존은 인간 본성이 하나님께 대해서 지니는 **순종의 역능**(*potentia obedientialis*)에 더해서 주어지는 것으로, 이는 단순한 "반감 없음"을 넘어서는 것일 뿐 아니라 모든 이해의 행위와 더불어 주어지는, 존재 일반에 대한 예견(*Vorgriff*) 속에 현존하는 하나님을 향한 능동적 갈망이기도 한 것이다. 비록 우리가 지닌 본성적 자기초월성과 초본성적 실존이 형식적으로는 구별되지만 구체적 개인에게 있어서는 무엇이 무엇인지 구분해내기가 불가능하므로, 따라서 **순종의 역능**은 은총의 실제적 수여로 말미암는 "미량의 요소들"과 섞이기 마련이다. 하지만 이러한 전반적 개념 장치는 실존적 현실체를 부각하기 위해 의도된 것이 아니라 단지 은총의 시혜성과 외인론(extrinsicism)을 피하려는 것이다.

라너는 뤼바크와 직접 논쟁하지는 않지만, 오히려 창조의 시혜성 외에 다른 시혜성이 없다고 주장하는 (아마도 내 자신의 견해와 더 가까운) 그러한 견해와는 논쟁을 벌이고 있다.[47] 하지만 뤼바크 자신의 주장에도 불구하고 이러한 견해를 그 자신의 견해와 구별하는 것이 거의 불가능하다, 왜냐하면 모든 창조계는 은총의 선물이며 역사를 통하여 인간(그의 독특한 피조성이란 피조성을 능가하는 것으로 정의된다)에게 지속적으로 수여되는 "새로운" 것들은 하나님의 단일한 창조 행위에 "덧붙여서" 주어지는 것은 아니기 때문이다.[48] "순수 자연"이라는 라너의 개념은 사실상 뤼바크의 개념과 분명히 다르다고 하겠다.

그렇지만 이것은 부분적으로 라너가 뤼바크의 주장에 담긴 진가를 제대로 파악하지 않기 때문이며, 또한 그가 신스콜라주의의 전제로부터 완전히 탈피하지 않기 때문이다. 뤼바크가 분명하게 지적하고 있듯이, 그 핵심은 하나님의 자기수여가 어떤 가설적으로 전제된 본성이나 "단지 자연적"인 것에 불과한 실제 인간의 한 측면에 관련해서 시혜적으로 주어지는 것은 아니라는 점이다. 그것은 그 자체 내에서 계속해서 시혜적이므로, 비록 인간 개인이 오로지 이러한 선물을 통해서 완성되지만, 인간은 계속해서 그것을 선물로서 누려야만 하는 것이다.[49] 만약에 **지고의 것이 가장 내밀한 것이라는 신비**(the *mysterium* of *summum* as *intimum*)가 적용되지 않는다면, 초자연적 실존을 소유하고 있는 구체적인 인간 개인은 은총이 먼저 주어지고 난 연후에 은총을 적용하는 것에서부터 시작해야 한다—왜냐하면 이제 은총은 그의 본성 중 일부이기 때문이다.—아니면 은총이 끊임없이 새롭게 공급된다 하더라도 그것은 그의 본질적 필요성과는 무관한 단지 외적인 것으로 남을 것이다. 은총을 향한 은총으로 촉발된 갈망의 또 다른 심급(초자연적 실존)은 시혜성과 비외인성(non-extrinsicism)을 조화시키기 위해 절대로 아무것도 하지 않는다. 따라서 초자연적 실존이 처한 상황적 구조가 존재에 대한 자연적 예견의 구조와 거의 구분되지 않는 것도 전혀 놀라운 일

---

47   Rahner, "Concerning the relationship between nature and grace," p. 304.

48   De Lubac, *The Mystery of the Supernatural*, pp. 107-10.

49   De Lubac, *Surnaturel*, pp. 492-7.

이 아니다. 자연과 초자연 중 그 어떤 경우에도 자기초월은 구체적이고 인지 가능한 타자와의 만남을 나타내지 않는다. 오히려 두 경우 모두에 있어서 "내면적" 실험의 측면은 유한한 한계들과 동떨어진 자기 노력적 **코나투스**(*conatus*)로 환원되지만, 추구의 대상이 되는 무한한 존재(*esse*)—초자연적 실존은 이것을 하나님과 동일시한다—는 "형식적 대상"으로서 여전히 외적으로 분리된 채로 존재한다. 우리의 "순수실체적 양성"(entitative raising)이 하나님과의 만남인 한, 그것은 적극적 계시에 따른 자의적 명령에 의해 외부적이자 권위적으로 확증되는 것으로 비쳐진다.

라너의 신학이 거둔 효과적 성취는 두 가지 병행되는 초자연적 체계라는 신스콜라주의적 도식을 재구성한 것이다. 하지만 그것을 선험철학의 조건 하에서 행하였는데, 이 선험철학 자체가 단지 자연적 초월성이라는 신스콜라주의적 발명에 처음부터 빚을 지고 있었던 것이다. 라너가 특히나 자기가 발타자르의 입장 속에서 찾아낸 "자연주의"의 위험성이라고 인식한 대상에 대해 경계하는 것은 아이러니하다. 그는 발타자르처럼 타자성(otherness), 즉 은혜의 돌연한 성격을 지지하고 싶어한다. 하지만 라너는 이 타자성이 모든 창조된 인간 영혼의 선천적 구조 속에 현존한다고 주장한다. 만일 이것이 사실이라면 어떻게 우리는 그것에 내용을 부여할 수 있을까? 어떻게 우리는 은총의 대상을 초자연적 실존으로부터 진지하게 구분할 수 있을까? 또는 선천적 지평으로서의 초자연적 실존을 존재에 대한 단순한 예견과 구별할 수 있을까? 구체적 존재 속에 순수 자연을 보존함으로써 초자연의 시혜성을 지켜 내기 위해 우리는 인간의 열망에 대한 설명을 전적으로 자연화된 인간의 윤리규범과 대치시키는 "외인론적 교리들"(extrinsicist doctrinal formulas)로 뒤덮어 버린다. 이 경우 외인론을 피하기 위해 유일하게 남아 있는 방법은 그리스도교가 그 계시와 가르침을 통해 은혜의 보편적 접근가능성을 설명 내지 "명시화"한다고 이해하는 것이다. 초자연적 차별성의 유일한 좌소가 되는 역사적 사건 및 인간적 행동과 이미지가 여기서는 인간에게 늘 열려 있는 완벽한 내적 자기초월을 지시하는 단순한 표징으로 축소된다.

칼 라너는 초자연적인 것을 단지 역사적인 것, 즉 인간적 행동과 이미지로 이루어진 연속성에 위탁하는 것을 두려워한다. 하지만 역사적인 것, 곧 초자연적으로 주어진 것은 또한 우리의 본성, 곧 우리 본성이 지닌 **총체**가 된다. 이와 대조적으로 은총의 역설을 받아들이지 않는다면, 은총의 시혜성을 지켜내는 유일한 방법은 그것을 끝없는 열망이 지향하는 형언불가한 목표로 전환함으로써 다시금 효과적으로 은총을 실체화하는 것뿐이다. 이로써 "초자연을 자연화"함으로써 역사를 **탈자연화**(denaturalizes)하고, 그러므로 인간본성의 실질적 구성 전체를 무시하는 것으로 귀결된다. 앞으로 보게 되겠지만, 정치신학자들과 해방신학자들은 열정을 다해 세속 사회과학을 수용하기만 하는데, 이는 그들이 블롱델과 뤼바크와 발타자르가 제시한 진정한 비외인론적 역사주의를 거부하고, 칼 라너가 말하는 인간 주체성의 비역사적 형이상학을 수용하기 때문이다.

통합주의가 지닌 사회적 함의

1. 블롱델과 스투르초

모리스 블롱델은 통합적 가톨릭주의(*Catholicisme intégrale*)란 사회적 문제에 대한 관심을 구원의 영역 안에 포함시키는 것으로 이해한다.[50] 그러나 통합주의 내의 두 가지 다른 조류는 구원의 문제와 관련하여 사회·정치적 영역이 지니는 의미를 상반된 방식으로 해석하는데, 이는 이 두 조류가 자연과 은총의 관계에 대해 일반적으로 서로 다른 입장을 취하는 것과 정확하게 궤를 같이한다.

만일 통합주의가 "자연의 초자연화"를 의미한다면, 실천적 차원에서

---

50   Virgoulay, *Blondel et le Modernisme*, p. 458-71.

볼 때 애덕이 결여된 진정한 참된 정의가 있을 수 없고 초자연적 결사체인 교회에 의해 촉발된 변화가 아닌 진정한 사회질서도 있을 수 없다. 이론적 차원에서 보자면 사회에 관한 세속 이론은 기껏해야 잠정적인 것이며, 그 이론에 따른 결론도 신학에 의해 지속적으로 수정되고 교정되어야 할 대상일 뿐이다. 블롱델은 이러한 두 가지 입장을 모두 견지했는데, 그것은 당시의 가톨릭 보수주의자들의 견해와 반대되는 것으로, 후자는 콩트식의 실증적 사회학을 영적인 문제만을 다루는 신학으로부터 엄격하게 구분할 것을 주장했었다. 샤를 모라스(Charles Maurras)와 「악시옹 프랑세즈」(*Action Française*)가 표방하는 이데올로기 속에서 블롱델은 외인론이 함축하는 위험한 정치적 사상을 식별해냈다. 그것은 말하자면 모든 사람은 어떤 종교를 신봉하든지 혹은 무신론자이든 간에 오로지 자연적 "사실"에 관한 합의에 근거해서 하나의 사회·정치적 단체로 연대할 수 있다는 생각을 말한다.[51] 이러한 생각을 분석해 보면, 그것은 물론 우리가 단지 현실의 힘과 권력의 측면에서만 연대할 수 있음을 뜻한다. 그렇지만 통합주의자(*intégristes*)의 입장에서 볼 때, 가톨릭교회가 사회 내에서 특권적 지위를 요청할 수 있는 근거는 교회가 초자연적 진리와 구원의 비밀을 간직하고 있기 때문인데, 모라스가 주장하는 정치적 강령에 있어서는 적극적인 힘의 정치를 통한 지배만이 가톨릭교회에게 이러한 특권적 지위를 가장 잘 보장해 줄 것이라고 본다. 모라스의 강령에서 개진하고 있는 형식적 신정정치(theocracy)에 대해 블롱델은 전적으로 반대했는데, 그러한 신정정치란 은총의 작용으로 인한 사회의 실질적인 통합적 변화(이로 인해 사회의 모든 신념체계와 가정적 전제와 관행에 영향을 주는)의 이상을 완전히 전복시킨 형태에 불과하다.

　이러한 점을 살펴볼 때 신스콜라주의에 맞서는 통합주의적 대응이 처음에는(즉 제2차 세계대전 이전에는) "새로운 그리스도교왕국"(New Chrtistendon)을 주창하던 이들의 입장과 크게 대별되지 않았다고 추론할

51　Ibid., pp. 466.

수 있다.[52] 자크 마리탱과 그의 동료들처럼 블롱델도 교회의 성직위계가 정치적 강제력도 행사하는 중세적 그리스도교왕국의 모델을 전적으로 거부했다. 그러나 또한 이들 그룹과 마찬가지로 블롱델도 그리스도교 평신도들의 "영향력"에 힘입어 사회와 정치의 구조가 변화되는 것이 중요하다고 믿었었다. 만약에 블롱델과 마리탱 간에 유의미한 차이점이 있다면 그것은 블롱델이 특별히 "그리스도교 사회"에 대한 개념을 더 강력하게 신봉했다는 것이다. 왜냐하면 마리탱과 달리 블롱델의 전망 속에는 고정된 자연법과 같은 영속적 심급이 개입할 여지가 적었기 때문이다. 그럼에도 불구하고 『통합적 휴머니즘』(Humanisme Intégrale)이라는 의미심장한 제목이 붙은 마리탱의 저작이 전반적으로 겨냥하는 목적은 르네상스 이후에 정치적 영역에서 출현한 "순수 자연적" 인간성이라는 개념에 직접적으로 반대하는 것이었다. 마리탱이 이 개념을 인간의 자유와 하나님의 은총을 분리하는 몰리나식의 경향과 연결하면서, 아울러 그것을 정치적 권력도 비록 "자연적"이지만 초자연적 심판의 대상이 된다고 보는 아퀴나스의 견해와 대조시키는 것은 타당하다고 하겠다.[53]

　　그렇지만 만약에 마리탱의 텍스트를 이탈리아에서 무솔리니(Mussolini)에 대항한 가톨릭 성직자인 루이지 스투르초(Luigi Sturzo)의 주목할 만한 저작 『참된 삶: 초자연의 사회주의』(The True Life: Sociology of the Supernatural)와 대조해 본다면, 블롱델의 입장이 마리탱의 입장보다 역사주의적이고 초자연적인 관점을 더 강하게 진작하고 있음을 알게 된다.[54] 철학이 초자연에 대해 말해야 한다고 블롱델이 믿었던 것처럼, "통합적 사회학"(integral sociology)

52　Jacques Maritain, *Integral Humanism: Temporal and Spiritual Problems of a New Christendom*, trans. Joseph W. Evans (Notre Dame, IN: Notre Dame University Press, 1973). "초자연"(*surnaturel*) 논쟁의 문화적 차원에 대해서 더 알기를 원하면 다음을 보라. Tracy Rowlands, *Culture and the Thomist Tradition after Vatican II* (London: Routledge, 2003).

53　Jacques Maritain, *Intergral Humanism*, pp. 18-21.

54　Luigi Sturzo, *The True Life: Sociology of the Supernatural*, trans. Barbara Barclay Carter (London: Bles, 1947).

도 인간 공동체(궁극적이고 특별하게는 가톨릭교회)가 초자연적임을 말해야 한다고 스투르초는 믿었다. 스투르초의 견해에 따르면 사회학이 이러한 방식으로 세속이성을 넘어서지 않는다면 그것은 인간에 대해 구체적으로 말하지 못하며, 인간의 가장 근본적인 측면, 즉 인간이 초월적인 최종 원인과 맺고 있는 관계를 제대로 다루지 못할 것이다. 스투르초의 주장 속에 조악하고 순진한 요소가 다수 발견됨에도 불구하고 그는 본심에서 우러나는 하나의 설득력 있는 사례를 제시하고 있다. 뒤르켐적 의미에서의 사회학은 여기에 설 자리가 없다. 뒤르켐에게 있어 "사회"란 그저 개인 간에 맺고 있는 "관계성의 유대"(the bond of relationship)를 의미할 뿐이다. 이 관계성의 유대는 시간과 더불어 바뀌고 변화하므로 사회학은 사실상 역사가 진행되는 장과 전적으로 동일한 외연을 갖는다. 사회와 역사에 공히 해당되는 거대 "법칙"이 있다면 그것은 블롱델이 말하는 "통합을 지향하는 흐름" 내지 관계성의 새로운 종합을 향한 흐름일 것이다. 하지만 이러한 흐름은 콩트가 말하는 연쇄(sequence)나 헤겔이 말하는 내재성의 변증법(dialectic of immanence)에 의해 좌우되지 않는다. 이러한 새로운 통합체들은 늘 상이한 모습을 띨 수밖에 없으므로 인간을 하나로 통합하는 것이 정확히 무엇인지에 대한 일반적 설명이 있을 수 없다—그것이 무엇이든지 간에 사실상 통속적 의미에서 말하는 "사회학"은 아닌 것이다.[55]

인간이 결사체를 형성하는 양식에 대해 하나의 설명만이 제시된다고 하면 사회학만이 성립될 수 있을 것이다. 그러나 스투르초가 보기에 이것은 결사체 형성에 관한 하나의 특수한 양식만을 인간의 모든 사회가 지향하는 규범이자 목표로 인정할 때에만 가능한 것이다. 그런데 이러한 규범이 지닌 성격은 자연적 관점에서 정당화될 수는 없고, 반드시 이를 통해 인간의 궁극성이 객관적으로 밝혀지고 또 부분적으로 실현될 것이라는 주장에 이르

---

55 Ibid., p. 8, 12–13, 19.

기 마련이다.[56] 이러한 시각, 곧 가톨릭교회의 시각에서 보자면, 모든 인간 사회는 "초자연적" 즉 하나님 및 동료 인간과 맺는 적절한 관계라는 뜻에서 "참된 삶"을 지향한다고 말할 수 있다. 바로 여기서만 "사회학"이 성립된다. 스투르초는 블롱델의 뒤를 이어 종교란 일차적으로 이론적 사변이 아니라 오히려 "공동의 행동"에 자리잡고 있다고, 즉 가장 근본적이며 가장 "구속력 있는" 사회적 형태(종교적 의례와 이러한 의례 속에 구현되는 사상) 속에 자리잡고 있다는 점에 주목한다. 가톨릭 전통주의자들에 공명하면서, 그는 "속죄"(expiation)에 관한 생각과 의례가 발명되기에 앞서서 이에 대한 이론적 정당화가 먼저 주어졌을 수도 있지만, 실제로는 속죄에 대한 생각이 출현하는 빈도가 이론적 정당화를 늘 초과한다고 언급한다.[57] 역사는 **행동**이므로 언제나 철학을 넘어서지만, 초자연의 사회학은 은총 내지 선물로서 주어지는 궁극적 완성의 원리를 인정하므로 단순한 서사의 경계를 군이 초월하지 않고서도 역사적 과정의 의미를 해석해 낼 수 있다. 역사 전체를 규명하려는 철학 내지 사회학의 시도는 헤겔과 마찬가지로 인간이 만들어낸 대상(비코가 말하는 **팍툼**인데, 이것을 스투르초는 블롱델이 말하는 행동의 산물과 명백히 동일시한다)[58]을 늘 이성적 주체 안으로 복원시키는 반면에, 스투르초가 제시하는 역사주의적이자 초자연적인 사회학은 인간이 만들어낸 여분의 것(excess)과 더불어 존속한다. 만약에 스투르초가 보기에 하나의 사회적 설명이 성립하려면, 그것은 우리 자신의 생산물에 대한 우리의 투신과 우리가 특수한 행위적 전통에 부여하는 의미에 관한 것이어야만 한다. 이렇듯 스투르초는 "역사적·초자연적 목적"(historico-supernatural ends)을 상상하는 데 성공한 셈이다.[59]

블롱델과 마찬가지로 스투르초는 헤겔을 넘어서 철학은 (사회학도 마찬

---

56 Ibid., pp. 7-45.
57 Ibid., pp. 179-81.
58 Ibid., pp. 74-5, 181.
59 Ibid., pp. 179-81.

가지로) 그리스도교가 초래한 역사적 변화를 단순히 포섭할 수 없으며, 신학에 앞서 그 자신을 말소시켜야 한다고 주장한다. 그렇지만 블롱델이 철학은 초자연의 필요성을 부정적 방식으로만 인식한다고 말하는 데서 오류를 범했던 것처럼 스투르초도 "신학적 사회학"이 아닌 "초자연의 사회학"을 말하는 오류를 범하고 있다. 스투르초의 입장은 사실상 일관성을 다소 결여하고 있는데, 그 이유는 그의 사회학이 부정적 방식을 통해서만 초자연의 자리를 마련할 뿐 아니라, 사회학이 역사 과정과 구체적으로 융합되어온 경우에 한해서만 사회학을 논하고 있기 때문이기도 하다.

이렇듯 스투르초의 사유 속에는 실증주의가 잔존해 있으므로 그는 전통주의자들의 입장과 마찬가지로 계시는 의심할 바 없는 사실이며 초자연적 "가설"만이 사회적 현실을 설명할 수 있다고 본다. 그러나 스투르초의 설명은 보다 적절하게 말해서 하나의 신학적 설명에 해당된다. 즉 모든 역사적·사회적 현실을 가톨릭교회의 실천을 통해 읽어내려는 시도인 것이다. 이것이 가능하다고 주장하는 태도가 자기 자신을 진정 보편적 사회로 인식하는 가톨릭교회의 자기이해 속에 실제로 잠재해 있다고 나는 주장하고 싶다. 그래서 본서의 마지막 장에서 나는 스투르초의 기획을, 비록 그것이 "사회적 신학"이라는 가면을 쓰고 있기는 하지만, 다시 취급하려고 한다.

2. 뤼바크와 콩가르

블롱델을 비롯하여 그로부터 영향받은 이들로부터 얼굴을 돌려 2차 대전 이후에 영향력을 떨치게 된 새로운 신학(nouvelle théologie)을 향하게 되면, 사회적 차원과 관련된 강조점에 있어서 미약한 변화를 감지하게 된다. 구원의 사회적·역사적 성격을 힘차게 강조하면서도 정치적인 것을 배제함과 동시에 광범위한 사회적 과정으로부터 가톨릭교회를 격리시키려는 뚜렷한 경향을 목도한다.

이 점은 앙리 드 뤼바크의 저서 『가톨리시즘: 인간이 처한 공동 운명과 그리스도』(*Catholicism: Christ and the Common Destiny of Man*)에서 아주 분명하게
엿볼 수 있다. 이 저작은 가톨릭이 현대적 교회론과 사회적 관심을 발전에
있어서 독창적 기여를 한 텍스트다. 여기서 뤼바크는 어떻게 해서 구원이
본래적으로 사회성을 띠고 있는지에 대해 아주 훌륭한 설명을 제시한다.
나중에 나타나게 될 정치신학이나 해방신학에서 흔히 말하듯이 구원에
는 개인적 차원이 있을 뿐 아니라 **이에 더하여** 사회 구조적 차원의 구원도
있다는 식으로 그는 말하지 않는다. 오히려 그에게 있어 구원이란 루이지
스투르초와 마찬가지로 한 사람이 동료 인간과 더불어 화해(reconciliation)하
는 것일 뿐 아니라 하나님과도 화해하는 것이다. 이러한 두 가지 중재사역
(mediations)은 교회 안에서 일어나므로 교회는 일차적으로 구원의 수단이
아니라 오히려 화해한 자들의 공동체로서 구원의 목표가 된다.[60] 더 나아가
뤼바크는 구원이란 **에클레시아**(*ecclesia*)로의 편입임을 천명함으로써 구원을
사회적인 것뿐만 아니라 역사적인 것으로도 만들고 있다. 개인은 언제나 **특
별한 방식으로**, 즉 그리스도교의 과거와 관련된 그의 상황에 따라, 그리고
그리스도교의 미래에 대한 전망 속에서 구원을 얻는다.

　구원의 사회적 정황(context)뿐 아니라 역사적 정황을 강조함으로써
뤼바크는 구성화(emplotment)의 구조적 요소들을 인지하게 되며, 구원을
나-너(I-thou) 간의 만남 수준에 국한시키지 않게 된다. 그는 "사적" 영역
이 보다 광범위한 사회적 과정으로부터 면제되게끔 하지도 않는다. 그럼
에도 그는 결국 교회의 역사를 세속사 내지 정치사 일반으로부터 격리시
키는 것으로 보인다. 『가톨리시즘』의 마지막 장은 "초월성"이라는 제목이
붙어있는데, 거기서 뤼바크는 다음과 같이 주장함으로써 지금까지의 결
론을 위태롭게 한다. 이를테면 "인간에게는 영원한 요소, 즉 '영원성의 싹'
이 존재한다. 이것은 늘 상층의 대기를 숨쉬면서, 언제나 지금 여기에서(*hic
et nunc*) 현세적 사회를 피해간다. 그의 존재의 진리는 그의 존재 자체를 초

60　De Lubac, *Catholicism*, pp. 8, 23, 51-4.

월한다."[61] **가톨릭교회**에 대해 언급할 때 뤼바크는 줄곧 내가 "사회학적 허위"(the sociological illusion: 사회와 개인을 공간적으로 서로 분리시키는 것)라고 개념 정의한 것을 피하려고 노력한다. 하지만 그가 교회를 세속적 관심사로부터 구별하고자 할 경우에 이러한 노력은 망각되고 만다. 여기서 뤼바크는 "순수 영적인 삶"이라고 하는 회피의 기폭제를 재발견하면서, 그가 앞에서 교회도 **역시** 하나의 사회라고 주장한 것에 아랑곳하지 않고 개인 대 사회의 대조라는 관점에서 교회와 세속사회를 대비시킨다. 이 점에 비추어 볼때 "인간은 사회적 존재로 용해될 것"이라는 마르크스의 추측은 전적으로 허위의 유령(illusory spectre)임에 틀림없지만, 뤼바크에게 있어서 이 말은 무엇보다도 축사(exorcism)되어야 할 마귀인 것이다.[62] 이러한 유령을 언급함으로써 뤼바크가 실제로 암시하는 것은 ─ 베버의 사회학과 마찬가지로 ─ 오로지 "사회적"인 영역, 즉 개인의 외부에 존립하는 그런 영역이 **실제로있다**는 말이다. 더 나아가 이러한 영역은 사회적 행동이 현재 특별히 "개인"에게 해당된다고 여겨지는 윤리적·종교적 영역을 침해하는 경우가 아니라면, 교회가 조언을 명분 삼아서라도 개입해서는 안 되는 자율적 영역인 것이다. 그렇지만 당시는 "교회"라고 하면 아직도 자동적으로 성직 위계와 동일시되던 때이므로, 이 시대의 사상가들이 가톨릭교회에 대해 자기모순적 법령을 상정하지 않고서 평신도를 위한 자율성과 자유행동의 영역을 설정하기가 무척이나 어려웠다고 말해야 한다.

위와 같은 논평은 프랑스의 도미니코회의 수도사인 이브 콩가르의 저술에 특별히 해당된다고 하겠다. 콩가르는 뤼바크보다 더 강하게 교회·성직자적 행동과 평신도·세속적 행동 간에 존재하는 "지평의 차이"(distinction of planes)를 설정하는데, 이 점에서 그는 이러한 이원론적 태도와 통합주의적 혁명 간에 나타나는 불일치를 고려하지 않는다. (콩가르는 "지평의 차이"라

---

61   Ibid., p. 202.
62   Ibid., pp. 145-208.

는 용어를 마리탱에게서 가져왔으나, 영적 부문이 현세적 부문에 대해 "통합적 지도"를 수행한다는 점을 충분히 강조하지는 않는다. 동시에 그는 "자연적" 질서가 자율성을 갖고 있다고 보는 마리탱의 신념을 지나치게 수호한다.) 콩가르에게 있어 그리스도를 통해 수여된 새로운 생명은 "내적 인간"에 관한 것으로서 "그다지 사회화될" 소지가 없는 것이다. 따라서 새로운 그리스도교왕국에 대한 "설득력"(persuasive influence)은 결국 커다란 확장력을 갖지 못한다.[63] 그 반대로 교회는 "메타역사"(meta-history)라는 게토화된 시간을 점유해왔는데, 이 메타역사를 구성하는 내적 사건들은 본질적으로 사회적 제반 과정과 접촉점을 갖고 있지 않다. 하지만 비록 세속이 그 세속성에 있어서 자율적일지라도, 콩가르는 그 세속이 그 자체로 고유한 영적 의미를 지닐 수 있다는 점에 대해 라너와 의견을 같이 한다. 콩가르는 이러한 사상을 그리스도론적 측면에서 발전시키면서 교회 대 국가의 관계라는 젤라시오적 관점을 되살려야 한다고 요청한다. 이 관점에 따르면 이 세계를 통치하는 두 개의 권세가 있으며, 각각의 권위는 모두 그리스도에게서 비롯된 것이다.[64] 콩가르는 히브리서에 등장하는 "멜기세덱의 반차를 따른 사제직"이라는 말을 두고서 그것이 본질적으로 정치적 사제직이라고 주장하면서, 그리스도가 지닌 사제·정치적 권력은 종말 때까지 유보되어 있으므로 그동안 지상에 있는 국가가 그 권력을 행사한다고 보는 주석적으로는 아무 근거도 없는 결론으로 나아간다. 그는 『교회 안의 평신도』(Lay People in the Church)라는 영향력 있는 저술에서 이와 같은 주장을 하고 있는데, 이 책에서 그는 자신이 이전에 보다 확고한 역사적 원칙에 따라 개진했던 내용을 경시하면서 젤라시오 교황에게는 교회의 **권위**(auctoritas)과 단지 행정적 **권한**(potestas)에 불과한 **황제권**(imperium) 간의 구분이 있었다고 주장한다. 이에 따라 교회의 구성원들은 비록 세속적 사안에 있어서는 세속의 강제력에 복종하지만, 그럼에도 불구

---

63   Yves Congar, *Lay People in the Church*, trans. Donald Attwater (Westminster, MD: The Newman Press, 1965) pp. 80–1. Maritain, *Integral Humanism*, pp. 291–8.

64   Ibid., pp. 82–91.

하고 그러한 세속의 **권한**은 그리스도의 신비체(the body of Christ himself)로서 교회가 가진 **권위**에 따른 최종 판단에 종속되어 있었다는 것이다.[65]

예컨대 마리도미니크 셰뉘(Marie-Dominique Chenu)와 같은 다른 도미니코회 저술가들과 마찬가지로 콩가르도 "정치적 아우구스티누스주의"를 피하려고 애쓴다. 이것은 카롤링거 시대에서 정점에 달했는데, 당시에 왕권(*regnum*)과 사제권(*sacerdotium*)이 동일한 외연을 갖고 있던 관계로 교회에 속하지 않는 "바깥" 영역이 존재치 않았다고 할 수 있다.[66] 하지만 도미니쿠스회 신학자들은 제국은 교회 "바깥에" 존재한다고 보는 초기 교부들의 견해와 후기 토마스주의적 자연법 사상 및 세속적 자율에 관한 근대적 설명을 융합하고자 하는 일종의 비역사적 태도를 군이 피하지 않는다. 젤라시오와 아우구스티누스의 입장에서 볼 때, 제국의 질서가 교회의 바깥에 존재하는 것은 그것이 받는 구원은 부분적인 것에 불과하기 때문이다. 토마스 아퀴나스에게 있어 가정과 정치적 삶이 지닌 자연스러움은 당연히 인정받아야 할 것이지만, 이 두 부문은 이제 애덕의 법칙으로 충만해져야 한다. 그렇지만 근대 사상의 입장에서 볼 때, 세속적 규범과 실천이라는 하나의 폐쇄된 권역이 존재한다. 근대성과 비교해 볼 때, 아우구스티누스와 아퀴나스가 본질적으로 의견의 일치를 보이는 부분은 교회 및 은총의 작용이 개입되지 않으면 자연적 정의와 자연적 평화의 진정한 성취가 있을 수 없다는 점이다.

콩가르가 "지평의 차이"라는 모델을 정교화하는 작업의 배후에는 아마도 몇몇 도미니쿠스회 사상가들에게서 엿보이는 통합주의에 대한 주저함과 아울러 동시에 2차 대전 후에 가톨릭교회가 우익 정권을 지지했던 것에서 탈피해서 자유민주주의가 지닌 자율성의 대원칙을 승인하는 쪽으로 전환하려는 욕구 등의 요인이 개입되어 있음을 드러내준다. 그렇지만 콩가르는 우리가 뤼바크에게서 확인한 이율배반을 더욱 심화시키고 있다. 한편

---

65 Yves Congar, *L'Ecclésiologie du Haut Moyen-Age* (Paris: Editions du Cerf, 1968) pp. 249-59.

66 M.-D. Chenu, *Is Theology a Science?* (London: Burns and Oates, 1959) p. 63. H.-X. Arquillière, *L'Augustinisme Politique* (Paris: Vrin, 1955).

에서 통합주의적 카톨리시즘은 그 성격상 사회적·공동체주의적(collectivist) 관심도 갖고 있다. 다른 한편으로 세속적 부문과 영적 영역을 확연하게 구분하는 방식은 "사회적" 사안과 "개인적" 문제 간의 대조라는 관점에 따른 것이다. 라틴아메리카에서는 이러한 이율배반이 확연히 드러났는데, 그 이유는 여기서 정치적 저항을 위한 유일한 사회적 공간을 제공하는 것이 보통 가톨릭교회이기 때문이다. 여기서 평신도의 활동은 경제 및 정치에 대한 관심과 결부되어 있음에도, 여전히 그 성격상 교회내적(intra-ecclesial) 사안으로 간주된다. 반면에 성직자단의 사목활동은 즉시 정치적 분쟁의 쓰라린 현실 가운데 휘말리게 된다. 따라서 해방신학자들은 "지평의 차이"라는 개념을 폐기하고 통합주의의 보다 완전한 실현을 지지한다. 그리고 여기에 정치적 차원이 개입되기 마련이다.

3. 라너 이후의 정치신학

그러나 어떤 **종류**의 통합주의인가? 이론적인 면에서라면 정치신학은 자연의 초자연화라는 노선을 따라갔을 것이다. 이것이 함축하는 것에는 교회를 정의로운 사회를 위한 궁극적 장소로서 강조하는 것과 아울러 순전히 정치적인 결사체들이 계속해서 강제력에 의존하는 것은 아닌지에 대한 일반적인 의심이 포함된다. 발타자르는 그러한 사고가 나아가게 될 방향에 대해 주의를 환기하고 있다. 그는 "정치부문"이 더 이상 그리스도교적 삶을 위한 일차적 맥락이 될 수 없음을 주장하는데, 그 이유는 그리스도교적 삶이 비사회적이기 때문이 아니라, 그리스도교 복음이 하나님을 부모 내지 연인으로 간주하는 보다 친밀한 이미지를 갖고 하나님에 대한 정치적 이미지를 치환 내지 제한하기 때문이다.[67] 이러한 통합주의가 의미하는 바는 교회가 추구하는 것이 이러한 친밀한 관계성을 범례로 삼는 새로운 보편 사회

67　Hans Urs von Balthasar, "Nine theses in Christian ethics," in *Readings in Moral Theology, no. 2: The Distinctiveness of Christian Ethics*, ed. Charles E. Curran and Richard A. McCormick, SJ (New York: Paulist Press, 1980) pp. 190-207.

450

내지 새로운 도성(*civitas*), 즉 우리가 일차적으로 이웃과 관계를 맺고 모든 이웃은 우리의 어머니이자 형제자매이자 배우자가 되는 그러한 공동체를 세우는 것임을 시사해 준다. 따라서 우리가 필요로 하는 것은 새로운 교회론(ecclesiology)이며, 이 교회론은 또한 탈정치적(post-political) 신학이 될 것이다.

그러나 정치신학과 해방신학에 속한 신학자들은 이러한 경로를 추구하지 않았다. 그들은 이것과는 다른 라너식의 통합주의를 일반적으로 수용했다. 이것은 두 가지 이유에서 그러한데, 우선 첫째로 그들은 특별히 그리스도교적 성격을 띤 사회적 강령을 과거에 가톨릭이 자본주의와 사회주의 사이에서 "중도"(middle way)를 취하고자 시도했던 것(이것은 보통 우익적 방향으로 흐르기 마련이다)과 결부시킨다. 그렇지만 그들은 그리스도교가 형제애와 경제적 상호협력 및 노동과 생산의 공통된 표준을 유지하는 직능조합 내지 길드를 강조하고, 아울러 주권국가가 국가와 개인 사이에 존재하는 일체의 "중간 결사체들"을 제거하려고 하는 것에 대해 의구심을 품는 등의 구체적인 내용을 통해서 사회주의에 기여했던 방식을 충분히 고려하지 않는다. 지나칠 정도의 열심을 품고서 마르크스주의를 수용하지만, 그리스도교 사회주의 전통 안에 포함된 이러한 매우 유의미한 특징들은 그들의 시야에 포착되지 않는 편이다.

두 번째 이유는 독일에서 정치신학의 발전과정은 세속적 근대성과 타협하고자 하는 지속적 시도의 일환이었으며, 보다 분명한 실천적 이유들로 인해 해방신학이 이러한 신학적 강조점을 이어받았다는 것이다. 라틴아메리카에서 오랫동안 추구했던 것은 "발전"이라는 신기루와 같은 목표였다. 물론 해방신학자들은 서유럽에서 경제발전의 동반된 현상으로 나타났던 종교활동 참여의 후퇴가 초래되지 않고서도 라틴아메리카에서 산업화와 경제적 진보가 일어날 수 있으리라고 희망했었다. 하지만 이 말이 해방신학자들이 세속화에 반대했다는 뜻은 아니다. 도리어 그들은 세속 권력 내지 지식이라는 자율적 영역에 대한 순응을 보여주었다. 그들은 교계의 영향력이 아직도 남아있다고 생각했고, 따라서 이러한 생각은 교회의 지도자들이 본질적으로 세속적인 과정에 대해 여전히 권력과 영향력을 행사하는 형태로 나타나게 된다. 데이비드 머칠러(David E. Mutchler)는 1960년대 이래로 정치적 스펙트럼의 좌우를 막론하고 종교적 헌신도의 하락을 염려하는 라틴아메리카의 성직자들 사이에서 이것이 지속적 목표로 자리잡게 된 과정을 서술하고 있다.[68] 이렇듯 읽기와 쓰기를 비롯한 본질적으로 세속 정부가 주관하는 교육 프로그램이 아직도 식자 계급의 상당 비율을 점하고 있는 성직자들의 손에 맡겨져 있으므로, 이에 대해 커다란 영적 의미를 부여하는 것이 해방신학이라는 현상에 속한 하나의 전형적인 측면을 대표한다고 하겠다.

이러한 기초신학적 선택에 작용한 이유가 무엇이든지 간에 그것은 분명한 결과를 초래했는데, 이는 통합주의를 포용하면서도 그것을 본회퍼가 말한 "성숙한 세계"(world come of age)에 관한 변증법적 역설과 동일시하는 것이다. 구스타보 구티에레스는 "성숙한 세계"라는 논제가 통합주의와 양립할 수 없는 것으로 보인다고 말할 정도로 다른 선택 가능성에 대해서 충분히 인지하고 있다. 그럼에도 불구하고 그는 그 둘 간의 근본적 동일성을 긍정하는 방향으로 나아간다.[69]

라너식의 통합주의에 사회적 차원을 도입하려고 시도할 경우 정확히 무엇이 발생하는가? 다음 두 가지 중 하나이거나, 아니면 두 가지가 동시에 일어날 것이다. 그중 하나는 초월을 향한 충동이 그 성격상 본질적으로 개인적 형태로 존속하는 경우다. 따라서 이러한 초월적 충동은 그 자체의 내재적 규범을 지니고 있는 사회운동과 정치운동에 단지 참여적 동기와 창조적 활력을 제공할 뿐이다. 다른 하나는 사회적 과정 자체를 초월, 즉 인간 영혼에 대한 속박을 점진적으로 제거해 나가는 "해방"의 과정이 일어나는 현

---

68 David E. Mutchler, *The Church as a Political Factor in Latin America* (New York: Praeger, 1971).

69 Gutierrez, *A Theology of Liberation*, pp. 66-72.

장과 동일시하는 것이다. 후자의 경우에 비록 해방의 과정은 순전히 인간에 속한 것이지만, 따라서 비록 내재적 방식으로 해결되지 않는 인간적 필요와 같은 것은 전혀 없지만, 그럼에도 신학은 해방을 하나님의 구원 활동이 일어나는 익명의 현장과 여전히 동일시할 수 있는 것이다. 실제로 우구 아스만(Hugo Assmann), 세군도, 구티에레스는 하나 같이 구원을 향한 선택은 **진정으로** 익명의 방식을 통해 인간의 자유를 존중하는 순전히 세속적이고 윤리적 결정의 일환으로서 이루어진다고 주장한다.[70] 따라서 구원의 실질적 **내용**은 칸트가 말하는 실천이성의 원리 수준에서 결정되며, 신학은 분명히 "정통적" 그리스도론과 삼위일체 교리를 포함하지만 이러한 내용을 보증하고 거기에 무한한 중요성을 부여하기 위한 정교한 통제 장치를 제공할 따름이다.

그러나 초월이 윤리부문("해방적" 사회 과정)에서 성취되든지 인식적 부문(개인적 앎의 의지에 의해 유한성을 극복함)에서 성취되든지 간에, 실제로는 거의 차이가 없다. 어느 경우라도 초월을 향한 충동은 신학의 성립을 가능케 하는 조건을 제공함과 동시에 윤리의 영역을 신학적 비판의 파장으로부터 보호해준다. 윤리는 세상에 속한 것이며, 세상은 하나의 총체로서 스스로에 의거하여 자기충족적 폐쇄성을 띠고 있다. 우리는 우리가 가진 자유 곧 우리의 자기초월적 역량이라는 단순한 형식적 사실로부터 윤리를 도출해낸다. 오로지 그러한 방식을 통해서 "마치 하나님이 아니 계신 것처럼"(*etsi Deus non daretur*)을 근거로 삼아 윤리를 추론하는 것이 가능하고, 그러면서도 이러한 윤리가 구원의 실제 내용을 제공한다고 선언할 수도 있다.

따라서 정치신학과 해방신학의 입장에서 볼 때 윤리는 사회부문에 속하지만 윤리와 사회 이 둘은 모두 본질적으로 "종교부문"과는 동떨어진 채로 존속한다. 왜냐하면 종교는 그들에게 있어 익명의 비밀이거나, 아니면 "경험"이라고 하는 범주적으로 분리된 차원에 속하기 때문이다. 그러나 자

---

70 Ibid., p. 68. Segundo, *The Liberation of Theology*, pp. 42-3, 50, 71, 78, 83-5, 90, 105.

연적 도덕성이 근본적으로 종교적 신앙에 의해서 영향받지 않을 뿐 아니라 모든 인류가 공통으로 지니고 있는 것이라는 신념은 철저히 몰역사적 윤리관과 궤를 같이하므로, 그것은 심지어 마르크스주의 하에서도 살아남을 있다. (왜냐하면 우리가 살펴보았듯이 마르크스는 자유를 극대화하라는 보편적 명령을 인간 실존에 관한 진정한 자연적 법칙과 동일시하는 생각을 갖고 있기 때문이다.) 정치 신학과 해방신학의 입장에서 볼 때, 타인을 사랑하라는 단순한 명령(그들의 해방을 열망하라는 뜻)은 인간 마음의 심연으로부터 자동적으로 솟아난다고 간주된다. 다른 모든 도덕적 규정은 그것이 인간의 사랑과 자유를 극대화하 는지 혹은 그렇지 않은지에 관한 "상황적" 기준에 따라 판단되어야 한다.[71] 만약에 우리가 덕성들의 복합체(이 말은 인간의 사회적 실존이 지닌 특수한 형태 에 호소한다는 뜻이다)라는 측면에서 그러한 기준들을 명시하지 않는다면 사 랑 즉 자유의 발휘에 아무런 내용도 부여할 수 없다는 말은 어불성설에 불 과하다.

정치신학과 해방신학이 채택한 라너의 윤리학은 도덕적 명령이 하나 님의 의지의 계시에 따른 명령(*fiat*)에서 기인하는 것이 아니라, 그 자체로 하나님의 실천적 지혜에 참여하는 인간 이성에 의해서 매개된다는 점을 제 대로 강조하고 있다.[72] 그러나 라너와 그의 추종자들은 이러한 참여가 역사 적 지평에서 전개된다는 사실을 보지 못한다. 그리스도교는 로고스의 육화 에 의해 이러한 참여가 회복된다고 본다. 그리고 로고스가 지상에서 행한 특정한 실천은 인간의 모든 행위를 이해하는 열쇠를 우리에게 제공한다. 이 와 대조적으로 그리스도교 신앙이 단지 합리적인 윤리적 행동을 유발하는 "동기"만을 제공한다고 보는 라너의 생각은 놀라울 정도로 피상적이라고 하겠다.

---

71   Ibid., p. 172.

72   Joseph Fuchs, "Is there a specifically Christian morality?" in Curran and McCormick (eds.), *Readings in Moral Theology, no. 2: The Distinctiveness of Christian Ethics*, pp. 3-20. Vincent MacNamara, *Faith and Ethics: Recent Roman Catholicism* (Dublin and London: Gill and MacMillan, 1985) pp. 37-55.

첫 번째로 빈센트 맥나마라(Vincent MacNamara)가 지적한 대로 하나의 행동을 유발하는 의도적 이유의 배후에는 실제로 숱한 동기들이 자리잡고 있다. 그리고 이러한 동기가 행동 자체의 양식을 채색하는데, 그 이유는 행동이란 늘 일정한 언어적 특정화 내지 의미작용 하에서 수행되기 때문이다.[73] 두 번째로 우리는 윤리적 독특성을 단지 일반화된 윤리적 권고에서 찾을 것이 아니라 한 특정 사회 내에서 나타나는 행위의 관습적 형태 전체에서 찾아야 한다. 세 번째로 니체가 보여주려고 했던 것처럼 우리는 "가치의 재평가"라는 플라톤주의적 그리스도교 유산의 상속자들이다. 이것은 너무나 총체적이어서 오로지 사상의 고고학자들만이 그것을 알아볼 수 있다. 플라톤이야말로 최초로 아주 분명하게 "선"(the Good)을 최고존재와 동일시한 사람이다—다시 말해서 플라톤 이전에는 아무도 정확히 말해서 "윤리적"이지 않았다. 그리고 유대교와 그리스도교만이 선함을 영웅적 강함과 결부시키는 것을 철저히 끊어버렸다. 그런데 아이러니하게도 무사안일한 가톨릭 도덕철학자는 "선"(good)이라는 용어가 어떤 면에서 "신"이란 말보다 더 한정적으로 확실하고 신화적인 냄새를 덜 풍긴다고 상상한다. 하지만 실상 "선"이라는 용어는 절대적 궁극성에 대한 서사를 응축하고 있으므로 이 용어가 "신"과 본질적으로 연결되어 있음을 부정하는 사람들이란 대체로 "선한 목적들"의 객관적 존재를 도무지 믿지 않을 뿐 아니라 오로지 자유의 "권리" 내지 유용한 사물이 가진 유용성만을 신봉하는 이들임이 드러난다.

그리스도교 윤리가 가진 차별성 및 그리스도교의 고유한 사회적 가르침이 함축하고 있는 것은 바로 "선"의 초자연화이며, 아울러 선함의 우선성과 가능성을 더욱 절대시 한다는 점이다. 토마스 아퀴나스는 애덕(*caritas*), 즉 하나님 사랑(the love of God: 소유격이 함축하는 이중적 의미에 유의할 것)이 없다면 어떤 참된 덕성(*vera virtus*)도 존재할 수 없으며, 이와 마찬가지로 신

---

73   Ibid., p. 104ff.

학, 즉 하나님 지식(the science of God: 유사한 이중적 의미에 유의할 것)이 없다면 어떤 참된 지식(*vera scientia*)도 존재할 수 없다고 설명한다. 우리는 우리의 이웃을 사랑하되, 그들의 존재를 "하나님 안에" 비추어 봄으로써 사랑해야 한다. 또한 우리를 무한한 완전을 향해 부르는 것은 언제나 고갈되지 않은 채로 쉬지 않고 흘러 넘치는 모든 선함의 원천인 것이다.[74] 자연의 질서에서 보면 현명함은 모든 덕의 형상이다. 하지만 실제적이고 역사적·통합적·초 자연적 질서에서 보자면 현명함도 애덕이 좌우한다.

따라서 『신학대전』의 제II부 제II편(*secunda secundae*)에서 현명함에 대한 취급은 분명히 대신덕(對神德: theological virtues)을 먼저 취급한 다음에 나온다. 현명함은 도덕적 분별, 즉 만물에게 적절한 장소와 적절한 시간 속에서 제 몫을 부여하는 것에 관계되어 있으며, 애덕도 그것이 적절한 돌봄이 되기 위해서는 분별과 더불어 행사되어야 한다. 그러나 애덕은 역시 엄격한 정의의 구현 및 만물의 합당한 존재방식의 가늠(measuring up)이라는 시각을 초월한다. 애덕이 지닌 초자연적 시각은 모든 유한한 처지에서 출발하여 모든 사회적 상황 속에서 완덕(perfection)을 향한 진보가 가능함을 드러내준다. 이 시각은 "도덕적 운"(moral luck), 즉 우리의 도덕적 역량이 우리가 처한 사회적 상황과 운명에 따라 제약을 받는 것에 대한 아리스토텔레스의 통찰을 단지 부정하는 것은 아니다. 그러한 시각은 오로지 교회가 제시하는 하나의 새로운 사회적 관점으로서만 성립될 수 있다. 교회가 진정으로 교회인 경우에만 그 교회의 성원이 되는 것에 도덕적 운이 작용하는데, 이렇듯 교회의 일원이 됨으로써 도덕적 운을 극복하는 사회에 속하게 되는 것이다. 왜냐하면 교회는 "완덕의 실천" 즉 애덕이 역사하는 것으로서 존재하므로, 교회는 신자가 완덕을 향해 나아가는 과정에 놓인 장애물을 제거하기 위해 쉬지 않고 노력한다. 아리스토텔레스는 자신이 쌓아온 것을 아낌없이 나누어 주는 영웅적 풍모를 지닌 "넓은 아량의 소유자"가 되는 것

---

74   Aquinas, *ST* II-II, q.23, a.7; q.25, a.1.

에 관심을 갖고 있었는데, 아퀴나스는 아리스토텔레스의 이러한 관심을 묵살하는 대신에 애덕을 우애의 형태로서 진작하고자 하는 것에 관심을 나타낸다. 여기서 우애로서의 애덕이란 (아리스토텔레스와 마찬가지로) 선함에 대한 동의이자 타인을 향한 선의를 의미할 아니라, 복음서에서 말하는 존재론적으로 더 궁극적 성격을 띤 친밀한 소통과 상호관계를 뜻하기도 한다.[75] 모든 이들을 이러한 상호관계로 인도하기 위해 분투하면서 우리는 그들의 앞길에 놓인 모든 난관을 제거할 것을 다짐한다. 그러므로 아퀴나스는 "애덕에 따른 외적 행위"라는 주제를 다루면서 실제로는 "정의"를 구현하기 위해 행하는 전적으로 **차별성을 지닌** 교회의 사회적 실천을 자세히 논하고 있다. 여기에 해당되는 것으로는 "자선"(almsgiving) 즉 이웃의 모든 궁핍을 충족하게 채워주는 것과, "형제적 교정"(fraternal correction) 즉 비강제적이지만 이웃의 품행에 대한 무관심과는 절대적으로 다른 태도, "자비"(mercy) 즉 최종 목표에 미치지 못하는 모든 행동에 대해 보여줄 수 있는 유일한 반응, 그리고 "긍휼"(pity) 즉 타인의 불완전함을 애통히 여기는 자세 등을 꼽을 수 있다.[76]

물론 아퀴나스는 교회의 실천이 함축하고 있는 "정치적" 의미를 충분히 간파하지 못하고 있다. 그러나 중요한 점은 항구적으로 전진하는 완덕에 관한 초자연적 시각만이 차별성 있는 사회적 전망을 제공한다는 것이다. 이러한 새로운 전망이 시사하는 것은 상호관계와 평등한 나눔을 향한 진보가 있어야 하며, 악은 단지 사법적 징벌을 통해서 대처할 것이 아니라 보다 궁극적으로 용서와 인내에 의해서 다루어야 한다는 것이다. 이러한 전망은 그저 정의를 목표로서 추구하는 것에 만족하지 않는다. 다만 애덕의 "고유한 열매"인 기쁨과 평화가 실현될 것과, 동등하면서도 다채로운 참여를 통해 하나로 연합된 공동체 안에서 무제약적인 선함(언제나 새로워지는 창조적 나눔

75 Aquinas, *ST* II-II, q.23, a.1 ; q.27, a.2, q.29, a.3.
76 Aquinas, *ST* II-II, qq.28-33.

에서 우러나는 힘)에의 참여가 이루어질 것을 기대한다.

이와 대조적으로 라너식의 통합주의는 세속 사회에 변증법의 세례를 줌으로써 사회부문을 구원의 실제 현장으로 삼을 수 있다. 그것은 "정통" 그리스도교를 그리스도교적 진리에 대한 실제적 거부와 연결해야 한다. 그리고 그것은 보편적으로 통용되는 사회 윤리가 존재한다고 가정하면서 도덕성의 역사적 발생을 도외시한다. 반면에 "자연을 초자연화하는" 통합주의는 초자연적 애덕이 보여주는 차별성을 차별적인 공동체와 차별적인 윤리적 실천이 (비록 미완성이기는 하지만) 역사에 개입한 것으로 설명할 수 있다.

다음 단락에서는 정치신학과 해방신학이 라너식의 통합주의를 수용함으로 인해 그 모든 저항활동에도 불구하고 구원의 내용을 해방이라는 유사마르크스적 개념으로 축소시키는 잘못을 범하였음을 보여줄 것이다.

구원과 해방

1. 사회와 개인

해방신학을 둘러싼 논란 중 대다수는 그것이 구원의 개념을 사회·정치적 해방의 개념으로 축소시키고 있는지에 관한 쟁점에 집중되어 있다. 그 쟁점은 보통 다음과 같은 선택지로 이루어진 질문을 통해 제시된다. 이를테면 구원이란 개인들을 천국으로 불러 모으는 기제인가? 아니면 구원은 인류를 억압적 사회구조로부터 해방시키고 현세적 유토피아로서 하나님 나라를 개시하는 것인가?

그렇지만 이런 식으로 문제를 제기하는 방식은 그 자체가 근대적 정치학과 사회학에 따른 가정적 전제, 즉 개인과 사회 간에 추상적 대립이 존재한다고 보는 관점에 국한된다고 하겠다. 그러므로 구원은 개인이 주어진 한계를 초월하는 능력에 뿌리내리고 있다고 주장하더라도, 이 말을 "사회적 차원"을 무시하는 것으로 볼 필요는 없다. 차라리 "영적인 것" 즉 구원의 영역은 일종의 잔재, 즉 사회적 실체라는 무시무시한 통제력이 미칠 수 없는 것으로 간주된다. 동일한 시각 내에서 바라볼 때 인간 지성에 따른 초월적 역량은 사회적 변화도 가능케 하는 그러한 추동력이라고 생각된다. 우리는 트뢸치에게서 엿보이는 베버식의 태도가 이러한 종류의 접근 방법을 촉진하는 경향이 있음을 살펴보았다. 이러한 접근 방법에 따르면 신학과 사회학은 각자 엄밀하게 정의된 자신만의 주제를 갖고 있으면서도 서로 간에 유익한 "대화"를 시작할 수 있으나, 우리 눈에 감춰진 것은 신학과 사회학이 자신들의 기만적 인식론에 따른 내부 구조로 말미암아 은밀하고도 부당하게 서로 상대방의 자율성을 뒷받침해준다는 사실이다.

반면에 구원이 목적하는 바가 사회적 유토피아라는 점을 강조한다고 하더라도 이 말을 "인격적 차원"을 등한시하는 것으로 볼 필요는 없다. 이러한 입장을 지지하는 데는 두 가지 방식이 있을 수 있다. 첫째로 "뒤르켐식의 자연신학"(Durkheimian natural theology)을 구성할 수 있는데, 여기서 종교는 일차적으로 사회부문과 동일시되지만, 또한 종교는 "사회"와 "개인" 간의 바람직한 균형을 확보하기 위한 것으로 해석된다. 이로써 개인은 적절한 세속적 자유를 누리게 된다.[77] 구원을 사회적 유토피아와 동일시하는 이들 중에 뒤르켐식의 경로를 실제로 채택하는 사람은 노만 갓월드(Norman K. Gottwald)가 유일하며, 그 방식에 대해서는 우리가 이미 분석했었다.

그렇지만 전반적 측면에서 어쩌면 놀라운 점은 정치신학자들과 해방신학자들이 구원에 관한 순수 개인적 개념을 지지하는 사람들만큼이나 "베버주의자"라는 사실이다. 이들은 구원에 대해 사회적 관점에서 **내용성**을 부여하지만, 구원에 대한 체험은 전적으로 개인주의적 관점에서 취급하는데, 이는 보통 라너의 신학에 기대고 있는 셈이다. 따라서 해방신학과 관련해서 쟁점이 되어야 할 질문은 구원이 개인적인가 집단적인가 하는 것이 **아**

---

77   Mary Douglas, *Natural Symbols: Explorations in Cosmology* (London: Barrie and Jenkins, 1973).

니다. 오히려 이러한 질문을 던져야 할 것이다. 해방신학은 구원을 취급함에 있어 사회와 개인을 추상적으로 대립시키는 사회학적 관점에 국한된 것은 아닌가?[78]

이에 대한 대답은 확실히 그렇다는 것이다. 그리고 그에 따른 결과는 분명하다. 정치신학과 해방신학은 구원을 개인의 선천적 경험이라는 특수한 차원에 관계하는 별개의 "종교적" 범주에 속한 것으로 사유한다. 이 점에서 정치신학과 해방신학의 과오는 구원을 해방으로 축소시킨 것이 아니라 오히려 구원 자체에 대해 전적으로 비사회적 관념을 갖는 것이다. 그렇지만 이런 식으로 사유된 구원은 내용과 형태가 없는 인식론적 초월, 즉 라너가 말하는 예견(Vorgriff) 내지 초자연적 실존에 관계된 것이다. 만일 구원에 내용성을 부여하고자 한다면, 해방신학은 사회적 영역으로 눈길을 돌려야만 한다. 그런데 이 사회적 영역은 해방신학이 보기에는 개인적 내지 종교적 영역에 맞서고 있는 것이다. 사회적 영역은 자체의 내재적 윤리원칙을 소유하는 것으로 간주되는데, 이 원칙이란 "인간성"과 관련된 것이므로 신학이 이것에 대해 제한을 가할 수 없다. 신학이 고작해야 할 수 있는 것은 이러한 해방의 원칙에 "구원"이라는 또 다른 이름을 부여하는 것이다. 신학은 하나님이 자연적 인간 윤리를 승인한다고 선언할 수 있다. 신학이 이렇게 할 수 있는 이유는 자연적 인간 윤리가 해방을 목표로 삼고 있기 때문이며, 여기서 해방이란 우리가 하나님의 존재를 인식함에 있어 원천이자 기초가 되는, 초월을 향한 인간의 역량을 자유롭게 하는 것을 말한다. 모든 것은 이 무익한 원형 궤도 내에서 선회하고 있다.

해방의 과정은 베버적 관점보다는 근본적으로 인본적·마르크스주의적 관점에서 사유된다. 그렇지만 사회를 개인과 병치하는 것은 사회적 과정에 영향받지 않는 절대불변의 종교적 경험이라는 영역을 허용하는 것

---

78 본서의 5장을 보라. 해방신학에 대한 필자의 접근방식을 일부 수정하면서 더 정교하게 표현한 입장이 있다. 이를 위해서는 다음을 보라. Daniel M. Bell, jun., *Liberation at the End of History* (London: Routledge, 2001); D. Stephen Long, *Divine Economy* (London: Routledge, 2000).

으로서, 이는 그 성격상 "변증법적"이라기보다는 사실상 "사회학적"인 것이다.[79] 변증법이 (이중적 방식으로) 등장하는 유일한 지점은 인간 자유의 (모순의 발현을 통한) 내재적 발현을 신적인 구원 과정과 동일시하는 대목이다. 그러나 헤겔은 해방신학자들이 곧잘 하는 식으로 외적·구조적 요인을 개인적 요인과 병치하는 것을 결코 하지 않았다. "인격주의적" 교리가 "사적" 영역이 광범위한 공적 과정과 접촉하지 못하도록 차단하기 때문에 해방신학자들이 인격주의적 교리의 초기 형태를 혐의의 시선으로 취급한 것은 정당하지만, 그들은 에마뉘엘 무니에(Emmanuel Mounier)와 같은 인격주의 사상가들이 자유주의자들이기는커녕 실제로는 마르크스·헤겔주의와 노선을 같이 하고 있음을 인지하지 못하였다. 이러한 인격주의(Personalism)는 사회를 타자와의 만남(encounter)을 통한 상호인정과 자기생성이라는 열린 결말을 가진 역사적 연속체로 파악하면서 "기존의" 집단적 구조와 "자유로운" 개인적 행동 간의 추상적 대립을 초월하려는 것이다.[80]

인격주의의 약점이 드러난 경우는 그것이 모든 만남을 구조화의 과정 내에 제대로 자리매김하지 못한 점이다. 인격적 관계가 언어에 의해서 매개되는 한, 그 모든 인격적 관계가 구현하는 것은 "간접적" 계기에 불과하다. 왜냐하면 언어란 이전의 사회적 관계를 반영하는 **잔재**이기 때문이다. 이런 식으로 역사적 인물들(인격체들)은 플롯을 통해서 구성될 뿐이다. 그러나 동시에 이러한 플롯구조는 인격과 인격, 그리고 인격과 자연 간의 총체적 상호작용에 따른 결과물에 불과하다. 퍼거슨과 블롱델로부터 우리가 알게 된 것은 모든 행동은 **자체로** 불균등하며 따라서 플롯은 인물을 "앞질러" 가면서 별로 기대치 않던(그렇다고 전혀 뜬금없거나 객관적으로 비의도적이지도 않은) "운명" 내지 "숙명"을 갖고 그 인물을 놀라게 할 수도 있다. 구조화는 우리

---

79 Segundo, *The Liberation of Theology*, p. 116. Clodovis Boff, *Theology and Praxis*, pp. 38, 44, 68, 120.

80 Emmanuel Mounier, *Be Not Afraid: Studies in Personalist Sociology*, trans. Cynthia Rowlands (London: Rockliff, 1951).

의 행동 이전이나 이후에 올 수 있으므로 그것은 우리의 통제를 벗어난다고 하겠다. 하지만 플롯을 구성하는 모든 요소는 재구성할 수 있는 것들이다. 말하자면 닥친 결과를 자신의 고유한 숙명으로 인정하고 그것을 재통합 내지 재형성할 수 있다. 아무것도 절대적으로 "대내적"이거나 "자신의 것"이라고 할 수 없으며, 반면에 아무것도 영구히 "대외적"이거나 인간이 변경할 수 없을 정도로 고정되어 있지 않다.

이러한 형태로 "극적"으로 "구성된" 인격주의는 뤼바크와 발타자르의 시각을 사회·정치적 신학의 방향으로 몰고 가는 데 기여할 것이다. 그러한 인격주의는 사회적 역할의 수행과 상관없는 "인격성"과 서사적 플롯에 따른 우발성을 넘어서는 이른바 "적법한" 사회적 과정을 인정치 않는다.

만약 이러한 견해를 채택한다고 가정하면 그리스도교를 일차적으로 사회적 현상으로 다루지 않을 수 없을 것이다. 물론 그렇다고 해서 그리스도교가 사회학 내지 유물사관에서 말하는 "일반적" 준칙에 따라 좌우된다고 추론할 필요는 없을 것이다. 그렇지만 정치신학과 해방신학은 전형적으로 사회학적 방식에 따라 종교를 구조하는 데 가담하며, 이를 위해 종교가 지닌 구체적인 실용적 내용을 총체적으로 탈각시키는 대가(이에 대해 일찍이 헤겔이 예견한 바 있다)를 치르고 있다. 종교가 구원을 초월적 충동 내지는 개인의 윤리적 선택이라는 관점에서 접근할 경우, 정치신학과 해방신학은 데카르트적인 비사회적 주체(그 본질적 인격성이 역할수행과는 상관없는)를 언급한다. 종교가 구원을 해방 내지 정치적 과정이라는 측면에서 접근할 경우, 이것은 "장벽을 제거"하고 필연적인 역사적 단계들을 거쳐서 전진하고자 하는 인간의 타고난 자연적 성향에 관련된 사안으로 간주된다. 이러한 두 측면에 대해서 이제 하나씩 검토하고자 한다.

2. 사적 초월로서의 구원: 해방신학

대체로 일관성이 떨어지는 해방신학자들의 주장을 그중에서 가장 분명하게 표현하는 사람은 클로도비스 보프(Clodovis Boff)다. 말하자면 구원은 고유의 신학적 개념으로서 특정한 신학적 담론(보프는 이것을 알튀세르를 차용해서 "이론 생산의 양식"[mode of theoretical production]이라고 부른다)에 속한다는 것이 그 주장의 핵심이다. 은총에 대한 그의 설명은 대체로 라너의 것을 따른다. 즉 존재들로부터 절대존재 내지 하나님을 향한 초월은 인간 존재론의 보편적 특징이라는 것이다.[81] 그렇지만 결코 분명치 않은 방식으로 보프는 인식론적 계기를 윤리적 계기와 동일시한다. 이를테면 그는 타인의 자유를 향한 사랑(실용적 이성을 판단하는 보편적 규범)이 개시되는 곳에 초월이 특별히 현존한다고 암시하는 것처럼 보인다. 신앙은 이러한 상황에 대한 반성적 의식이다. 물론 신앙이 의식 중에서 비교적 미성숙한 정서적 부류에 해당된다는 것을 감안해야 할 것이다. 계시와 종교는 이러한 신앙의식이 단지 특수한 사회·문화적 형태를 띠고 나타난 "표현물"에 불과하다. 그러한 종교적 형태들은 그 자체 안에 영구적 의미를 지니지 않으며, 그것들이 표현하는 본질에 대해서는 단지 우연적으로 관련될 뿐이다. 왜냐하면 그것들은 "근본적으로" 사회적 내지 물질적 과정이라는 측면에서만 온전히 설명될 수 있기 때문이다.[82]

후안 루이스 세군도도 이와 매우 유사한 견해를 취하고 있다. 이를테면 신앙의 "내용성"은 전적으로 불변하는 것(인간의 자기초월이라는 선천적 충동)이지만, 신앙이 역사적으로 작용하기 위해서는 항구적으로 "이데올로기적" 외피를 입어야만 하는데, 이것은 순전히 일시적이고 기능적인 의미밖에 지니고 있지 못하다는 것이다.[83]

클로도비스 보프는 아주 솔직하게 구원은 "역사적"이기보다는 본질적으로 "존재론적"이라고 말한다. 즉 교회가 가진 내용은 구원과는 본질적으로 관련이 없으며, 복음을 우연히 전달하게 된 제도 및 전통로부터 복음을 분리할 수 있다는 것이다. 보프가 보기에 구원의 진리란 어떠한 사회·역

---

81   Boff, *Theology and Praxis*, pp. 92-6.

82   Ibid., pp. 44-6, 48, 51-6, 120-1.

83   Segundo, *The Liberation of Theology*, pp. 32, 74.

사적 비판으로부터 전적으로 자유로우며, 그러한 특징으로 인해 복음은 일종의 진공 상태의 진리이며, 따라서 그 어떤 내용과도 결합된다고 말해야 한다ー보프가 마르크스적인 내용을 선호하는 것처럼 보이는 것도 **신학적 용어로** 말하자면 그저 우연일 따름이다. 보프는 아퀴나스의 신학 방법론에 토대해서 자기 나름의 설명을 전개하는데, 이는 구원이 "제일신학"(first theology: 하나님·창조·구속·덕성 등을 다루는 신학의 분야)에 의해 사유될 정도로 그것이 초월과 관련된 순수 형식적 범주임을 보증하기 위함이다.

아퀴나스의 원숙기에 속한 텍스트를 보면 신앙은 "암묵적 지혜"(implicit wisdom)다. 왜냐하면 신앙은 일종의 인지적 내용, 즉 하나님의 특정한 목적 내지 계시적(epiphanic) 사건과 관련된 내용을 이미 수반하고 있기 때문이다. 그러므로 신학은 신앙이 함축하는 내용을 논리적으로 구체화할 뿐 아니라 그것은 또한 "명시적 지혜"(explicit wisdom)이기도 하다. 왜냐하면 그것은 논증 불가능한 것에 동의하게끔 하는 신앙의 영으로 충만해 있기 때문이다.[84] 하지만 보프는 콩가르나 셰뉘와 같은 프랑스 도미니코회 신학자들을 칭송하는 한편, 그들과는 전적으로 결별하면서 아퀴나스는 비인식론적인(non-gnoseological) 신앙과 엄밀하게 "학문적인" 신학을 훨씬 더 분명하게 구별했어야 한다고 말한다.[85] 보프가 보기에 신학은 하나의 "학문"이며, 엄격히 말해서 아퀴나스와는 실제로 별 관련없는 뜻에서 "인지적"인 것이다. 신학이 하나의 학문인 것은 그것이 후설이 말하는 "생활세계"(life world)에서 발행하는 것과 같은 미성숙한 신앙의 반응들에 대해 성찰하면서, 신앙으로는 기껏해야 직관하는 정도에 그치는 인간 경험을 가능케 하는 조건을 엄밀성을 가지고 분석하기 때문이다.[86]

아퀴나스가 보기에 믿음 그 자체는 이 세계(즉 역사·윤리·사회에 있어서)에 대해서 일정한 지위를 인정한다. 아울러 신학은 **신앙과 직결된 것**이 아

---

84   Aquinas, *ST* I, q.1, a.5, ad.2; qq.96-97; I-II, q.57, a.2; *CG* 2.4;*In Boeth de Trinitate* q.2, a2; q.3, a1.
85   Boff, *Theology and Praxis*, pp. 115-16.
86   Ibid., pp. 18, 113-18.

니다. 그 대신에 신학은 신앙에 대한 보다 의식적인 성찰을 지속하는 것이며, 따라서 형상적으로는 하나님에 관한 것이며, 질료적으로는 만물이 하나님과 관계될 경우 만물에 관한 것이기도 하다. 그러나 보프가 보기에 신앙은 (타인의 자유에 대한 윤리적 확증을 내리는 경우를 제외하면) 헤아릴 수 없는 것이며, 따라서 신앙을 이해하고자 하는 시도로서 신학은 무언의 경험에 대한 하나의 해석에 불과할 수 있다. 즉 신학은 신앙으로부터 하나님에 대한 인지적 관계성(이는 물론 여타의 인식에 비해서 훨씬 더 비확정적이다)을 전달받을 수 없다. 그런데 바로 이 인지적 관계성 때문에 아퀴나스는 신학을 "하나의 학문"이라고 지칭하는 것이다. 보프는 그의 책 『신학과 프락시스』(*Theology and Praxis*)의 전반에 걸쳐 친토마스적이면서 또한 반아우구스티누스적으로 추정되는 논쟁을 끌고 나간다. 하지만 역설적이게도 보프는 신학을 신앙과 **직결된** 것으로 제시하면서 바로 중세의 "아우구스티누스주의자들"의 노선으로 기울고 있는데, 이들은 신학이 "영혼의 삶"이라는 측면에서 명백히 한정된 주제를 발견했다고 믿고서 신학적 "지혜"를 학문으로부터 분리시켰던 것이다. 보프가 신학이란 유한한 사물을 그것이 하나님에 대해 지니는 "형상성" 하에서 다룰 뿐이라고 말하는 것은 옳다고 하겠으나, 그는 이러한 형상성을 토마스 아퀴나스가 말하는 것처럼, 존재들이 존재 자체에 참여하는 것으로 이해하지 않고, 유한성의 열망에 불과한 초월적 자유로 해석하고 있다.

그는 "제일신학"이 구원의 범주라는 관점에서 그 특수한 내용을 전개한다고 주장하는데, 그의 책을 읽다 보면 독자는 그러한 주장과 관련해서 그가 설정한 복잡한 이론적 장치로 말미암아 쉽사리 현혹될 수 있다. 실제로 보프가 하고 있는 작업은 모두 정언적 명령에 "신앙"이라는 이름을 부여하는 것이다. 모든 해방 신학자들과 공통되게 그는 윤리를 정치적 투신과 신학적 해석 사이의 매개항으로 삼는다.[87] 마르셀 조플레르(Marcel

---

87 Ibid., pp. 49, 119-20.

Xhaufflaire)가 주목했듯이 이렇듯 윤리를 통한 매개는 순전히 사적인 도덕적 명령의 측면에서 작용하는 것으로서, 신학이 **즉각적으로** 검증할 수 있는 그 어떤 사회이론 내지 정치이론을 대체하는 것이다.[88] 거의 모든 정치신학자와 해방신학자가 보기에 신학은 보편성을 띤 개인주의적 윤리, 즉 이웃을 사랑하려는 "마음의" 충동에 세례를 베푼다. 그러나 어떻게 해서 이러한 이웃 사랑이 사회적으로 구체화되는가라는 질문이 제기될 때, 이것이 무엇이 정확히 말해서 **사랑**인가(?)를 묻는 그러한 형태의 질문으로 여겨지지 않는다. 사랑은 너무나 자명하다고 간주되기 때문이다. 그렇지만 해방신학은 이러한 질문 중 아무것도 다루지 않는데, 그 이유는 "사회적"이란 개념이 이러한 담론을 초월한다고 간주하기 때문이다. 답변이 주어지더라도 그것은 고작 공리주의적 관점에서 하는 말이거나, 아니면 마르크스주의적 입장에서 역사발전 과정 중 현 단계에서 소위 필연적인 것을 말하는 정도다.

구원을 지향하거나 또는 구원에 역행하는 결정은 반드시 익명성을 띤 윤리적 심급에서 이루어져야 한다. 즉 이웃을 사랑하려는 순수 정언적 결정은 불가피하게 필수적인 사회적 수단을 의도하는 것으로 이어지기 마련이다. 해방신학자들은 예수 자신도 익명적 반응을 요청한다는 식으로 주장하기를 좋아한다. 이를테면 자비를 베푸는 자는 이웃 안에서 그리스도를 알아보는 사람이며, 이런 사람이 바로 그리스도의 참 제자라는 것이다.[89] 그렇지만 그리스도교에 있어서 사랑은 고도로 복합적인 학습을 통해 습득되는 실천이다. 예수는 온전히 모범적인 방식으로 이것을 보여준다. 자비는 오로지 그리스도의 말씀과 행동에 의해서만 온전히 규정되는 까닭에 예수를 가리켜 인간의 본성을 결정적으로 회복시키는 분이라고 말할 수 있다. 만약에 사랑이 그토록 자명한 것이라면, 사랑의 완성이 무엇인지 일차적으로 내적 성찰을 통해 알게 될 것이므로, 굳이 어느 특별한 생애에 나타난 사랑의 구

---

88   Marcel Xhaufflaire, *La Théologie Politique: Introduction à La Théologie Politique de J.-B. Metz*, tome I (Paris: Editions du Cerf, 1972) pp. 117–42.

89   Segundo, *The Liberation of Theology*, pp. 79–82.

체적 실례를 살펴볼 필요도 없을 것이다. 참으로 사랑이 본질적으로 칸트가 말하는 완벽하게 "사심 없는" 반응을 향한 열망이라고 하더라도, 『이성의 한계 안에서의 종교』(*Religion Within the Bounds of Reason Alone*)에서 엿보이는 칸트의 기독론적 확언에도 불구하고, 우리는 어떤 유한한 생애가 사랑을 완벽하게 성취했다고 말할 것 같지는 않다. 이러한 시각에서 보자면 이기심에서 벗어나려는 노력은 평생토록 다 이룰 수 없는 "무한한 과제"인 것이다. 왜냐하면 "사심을 품는 것"은 "근원적 악"의 요인으로서 우리가 가진 신체적 본성과 결부되어 있다. 칼 라너도 이 점을 분명히 지적하면서 "자유에 앞서는 모든 본성은 개인의 전적이고도 자발적인 자기헌신과 멸사봉공을 가로막는 저항력으로 작용하기 마련"이라고 말한다.[90] 이렇듯 자유 이전의 모든 것이 **장애물**(이미 주어져서 말없이 완결된 채로 특히나 불가항력적으로 작용하는 모든 것)에 불과하다면, 유한성 내에서의 완전함이 어떻게 있을 수 있겠는가? 어떻게 그리스도가 우리를 위한 사랑의 기준이 될 수 있겠는가?

사실상 해방신학자들도 그리스도 안에 주관적 **동기화**의 완전성이 있음을 인정하기는 하지만 이와 같은 주장은 별 의미가 없다. 왜냐하면 일정한 상황에서 이것 혹은 저것을 하려고 하는 어떤 특정한 객관적 의도와 결부되지 않은 동기화에 대해서 이러한 동기화를 가진 사람조차도 도덕적 평가를 내릴 수 없기 때문이다. 세군도가 예수가 자신이 살던 시대와 정황 속에서 올바른 프락시스를 실천했다고 믿는 것은 사실이다. 그러나 이런 식의 완전성이 가능하려면 주어진 상황 내에서 올바른 실천이 무엇인지에 대한 타당한 이론적 진단이 요청된다.[91] 이와 대조적으로 예수가 "완전한" 실천을 행한 것은 참된 모범을 보이기 위한 의도였다고 주장할 수 있다. 그러기 위해서는 먼저 그러한 실천의 정신이 특수한 형태의 행동과 결부되어 있음을 인정해야 할 것이다. 따라서 우리는 동일한 사랑의 동기화를 우리가 이

---

90 Karl Rahner, "The theological concept of concupiscence," in *Theological Investigations* I, pp. 347-82.

91 Segundo, *The Liberation of Theology*, pp. 33, 83, 118-21, 154-7, 166.

론적으로 해석한 다양한 역사적 정황 속에서 발휘할 것이 아니라, 차라리 우리는 예수가 실천했던 바로 그것을 "반복"하되 다만 우리가 그것을 행하는 다양한 역사적 상황은 우리가 원래의 그리스도적 본문을 실행하기 위해 그 상황을 가져옴으로써 우리가 실천적으로 해석하게 된 그러한 정황이어야 할 것이다.[92] 우리는 이러한 본문으로부터 모든 시대에 해당되는 올바른 사회적 배치를 도출해 낼 수 없는 것이 사실이지만, 우리가 그것을 해야 하는 까닭은 예수가 자신이 시작한 정경적 가르침을 담고 있는 본문에 대한 보다 완전한 작성 작업을 우리 자신의 실행을 통하여 할 수 있도록 우리에게 맡겼기 때문이다. 우리는 이러한 "작성" 작업을 통해서 앞선 시대의 말씀들에 담긴 정신을 깨닫게 되지만 그 정신은 오로지 말씀 속에 들어있을 뿐, 그 말씀이 구체화하고 있는 앞선 시대에 속한 환영(ghost) 속에서 찾아볼 수는 없다. 따라서 예수의 실천이 보여준 중심적이고도 일관된 특징(가령 그의 평화적 태도)이 마치 그의 의도와는 관련이 없고 단지 그의 전략만을 대변하는 듯 여기면서 그것들을 배제할 수는 없는 것이다. 하지만 대체로 해방 신학자들은 예수가 보여준 평화적 태도를 전략적 수준으로 축소시키려 하면서, 예수가 살았던 당시는 산업화나 프롤레타리아화를 통해 혁명이 실제로 가능케 되기 이전이므로 폭력 투쟁은 예수가 취한 사랑의 노선이 손쉽게 택할 수 있는 경로가 아니었다는 식으로 논증한다. 이런 식의 주장에 대해 분명히 다음과 같은 반론들을 제기할 수 있을 것이다. 이스라엘 자체는 갓월드(Gottwald)의 주장에 따르면 농민 반란의 성공에 따른 결과가 아니었던가? 예수가 완전한 사회의 도래를 위한 선결조건으로서 비폭력적 방식에 헌신한 것이 나중에 출현하게 되는 "프롤레타리아적" 혁명의 개념을 능가하는 것이 아니었던가?

---

92 Nicholas Lash, "Performing the scriptures," in *Theology on the Way to Emmanus* (London: SCM, 1986) pp. 37-47.

3. 사적인 초월성으로서의 구원: 정치신학

타인의 자유를 존중하라는 의무론적 명령이 이러한 의무의 실행에 대한 결과주의 내지 상황주의적 접근과 혼합된 것이 해방신학에 있어 사적 윤리와 공적 과학의 결합 지점을 반영해 준다. 윤리는 그저 동기화로 축소되어서 그 내용을 잃어버리게 되며, 종교는 윤리에 따른 규제로 축소되어서 그 내용을 더 한층 잃어버리게 된다. 이에 비하면 독일의 "정치신학"은 사회·정치적 인식에 신학이 기여할 수 있는 절대적으로 뚜렷한 공헌점을 찾아내기 위해 더욱 지난한 노력을 경주했었다. 이러한 일은 요한 밥티스트 메츠(Johann Baptist Metz)가 시도한 작업에 대해 마르셀 조플레르와 그의 제자들이 가한 비판에 자극을 받아 일어났었다. 조플레르는 메츠가 프랑크푸르트 학파에서 말하는 "계몽의 변증법"에 의존해 있음을 공격하면서, 기술관료적 지배 하에서 자유가 속박으로 화하는 현상에 맞서서 주관적 자율성을 보전하려고 하는 칸트식의 의지에 호소하는 정도로는 선택의 문제를 유일한 주제로 삼고 있는 근대적 자유주의의 포로가 될 수밖에 없다고 주장한다.[93] 만약에 선택이 우리의 유일한 가치라면, 공적 영역에서 선택을 결정하는 단일한 객관적 척도는 사람들이 (개인이든 뜻을 같이하는 집단이든 간에) 자신의 삶과 자연에 대한 통제력을 얼마나 확대시키는가에 달려있다고 하겠다. 자율성의 확대는 우리가 자연 및 서로에 대해 관계 맺는 방식을 도구화하는 경향을 증대시킬 것으로 예상되는데, 그 이유는 경쟁적이고 상충적인 개인 간의 자유를 매개하는 것이 결국 시장과 관료제이기 때문이다.

이에 따라 조플레르와 미하엘 토이니센(Michael Theunissen)은 인간의 자유를 가로막는 억압을 제거하는 것―즉 "해방"―만으로는 비판을 위한 충분한 원칙이 될 수 없다고 주장했다. 정치신학은 마르크스로부터 헤겔에게 복귀했어야 하는데, 그 이유는 헤겔이야말로 진정한 자유란 오로지 도의적 공동체에서 확보될 수 있으며, 거기서 각 개인의 활동은 공통의 사회

---

93 Xhauﬄaire, *La Théologie Politique*, tome I.

적 목표에 비추어 실질적으로 양립할 수 있다고 보았기 때문이다.[94] 궁극적 목적지는 우리를 앞으로 인도하는 하나님에 대한 이미지에 담긴 **내용**과 연결되기 때문에 하나님에 대한 이러한 이미지화는 정치적 비판의 직접적 근원이 된다. 그렇지만 나는 앞의 제6장에서 이것이 실제로 그렇게 되기 위해서는 헤겔과는 달리 하나님에 대한 개념을 "내재적" 사회비판에 대한 개념과 분리해야만 하며, 아울러 도의성을 부정적 추론 위에 구축할 것이 아니라 교회와 같은 특수하고 우발적인 공동체가 품고 있는 긍정적인 상상 위에 세워야만 한다는 것을 보여주었다.

그렇지만 조플레르와 토이니센의 생각은 바람직한 방향으로 진행하였다. 아울러 그들의 비판을 메츠도 그의 후기 작품에서 수용하는 것으로 보인다. 『역사와 사회 속의 신앙』(*Faith in History and Society*)이라는 저서에서 메츠는 하버마스가 말하는 "이상적 담화 상황"(ideal speech situation), 즉 의사소통에 관한 어떠한 강제적 제약이 없는 상태가 충분한 비판적 원리를 제시한다고 생각을 부정한다.[95] 물론 하버마스가 실질적·실용적 합의의 가능성을 배제하지 **않는** 것이 사실이지만(사실 어떤 면에서 하버마스는 일반화된 합리적 담론과는 거리가 있는 순전히 정서적인 "공동체 정신"에 **너무 많은** 여지를 주고 있다), 메츠가 말하고자 하는 요점은 그러한 합의에 대해 단지 부정적 방식으로 접근해서는 안 된다는 것이다. 왜냐하면 이것은 마치 이성이 그 실질적인 합의가 실제로 취하고 있는 형식에 대해 무심하다는 뜻을 함축할 수도 있기 때문이다. 오히려 사유 속에서 이상적인 공동체를 적극적으로 기대할 필요가 있다. 그리고 이것은 그러한 살아 있는 기대로서 존재하는 제도(즉 교회)의 편에서 그 자신의 과거를 기억하고 회상하고자 하는 항구적인 노력을 뜻한다.

따라서 메츠는 기억에 대한 설명을 계속해서 이어가는데 그것은 발터

---

94 Theunissen, *Hegels Lehre von Absoluten Geist als Theologisch–Politischer Traktat*.

95 J.-B. Metz, *Faith in History and Society: Toward a Practical Fundamental Theology*, trans. David Smith (London: Burns and Oates, 1980) pp. 121, 233.

벤야민(Walter Benjamin)의 저서 『역사철학에 관한 논제』(*Theses on the Philosophy of History*)에 크게 빚지고 있다고 하겠다. 벤야민에게 있어 주변화된 과거("대항 역사")를 잊지 않고자 하는 것은 무고하게 희생당하고 배제당한 이들에 대한 기억에만 머무는 것이 아니라, "행복"의 기억, 즉 정의와 참된 인간적 삶을 잠시나마 맛보았던 단편화된 기억에 대한 회상으로도 확장된다. 이러한 단편적 기억을 회복하고 종합하는 것에서부터 구속의 이미지를 형성할 수 있다.[96] 그러나 메츠에게 있어 후자의 요소(행복의 기억)는 누락되어 버린다. 회상해야 할 것은 무고하게 고통 당하는 이들, 인간에 대한 온갖 형태의 억압으로 인해 고통 당한 과거의 희생자들이다.[97] 이러한 기억 작업은 자유주의적인 "계몽의 변증법"을 넘어서는 비판의 원리를 제공해 줄 것으로 기대된다. 왜냐하면 그리스도인이라면 현재와 미래의 산 자들만 아니라, 그저 죽은 자로 남겨둘 수 없는 과거의 별세자들에 대해서도 관심을 갖는 것이 당연하기 때문이다. 이렇게 하는 것이 특별히 유난스러울 것도 없지만, 그것이 원래 프랑크푸르트 학파의 모델이 지닌 결함을 진정으로 보상해 주는 것도 아니다. 여기서는 헤겔이 말하는 도의성 내지 미래의 공동체에 대한 실질적 기대에 호소하는 태도를 찾아볼 수 없다. 그러한 호소에 있어서 정말 중요한 것은 과거의 성도들과 거룩한 공동체가 그들의 삶과 또한 죽음의 모양을 통해서 보여준 것들이다. 이를테면 그들이 불의를 그저 수동적으로 인내하는데 그치지 않고 이에 맞서 저항한 것을 말한다. 구체적으로 말해서 만약에 그리스도가 보여준 저항이 최고로 위대한 것이 아니었다면, 왜 다른 모든 이들보다 그리스도를 기억하겠는가? **수난에 대한 기억**(*memoria passionis*)은 그리스도의 행위와 말씀에 대한 기억 속에서 그 유의미한 맥락을 발견한다.

　메츠가 무고하게 죽은 자에 대한 기억만이 아니라 죄책감과 책임감 또

---

96 Walter Benjamin, "Theses on the Philosophy of History," in *Illuminations* (London: Fontana, 1970) pp. 255-66.

97 Metz, *Faith in History and Society*, pp. 110-14, 121-4.

한 특별히 그리스도교가 보존해온 유산으로 간주하는 것이 사실이다.[98] 그러나 그는 교회가 책임 있는 실천이 무엇인지 **정의**내리고 우리가 가진 죄책감을 훈육하는 데 기여한다는 사실에 충분히 유의하지 않는다. 죄책감과 책임은 본래 종교적 충동에 해당된다고 여겨지며, 따라서 개념상 집단적 기관은 이러한 정서에 크게 영향받지 않는다고 추정되므로, 이에 따라 죄책감과 책임은 본질적으로 "사적인" 성격을 지니는 것으로 간주된다. 여하튼 죄책감과 책임감을 주로 느끼는 것은 인간의 자율성 및 자유라는 쟁점과 관련될 때이므로 메츠가 자신의 기획을 계몽주의의 회복이라고 규정한 것도 그다지 놀라운 일이 아니다. 그는 무고하게 죽은 자에 대한 기억이 죄책감 및 고통과 더불어 정의감을 구성하는 **보편적 합리성의 토대**(universal rational foundations)에 해당됨을 보여주려고 실제로 노력하고 있다.

이 점은 헬무트 포이케르트(Helmut Peukert)가 분명히 인지하고 있는데, 그는 더 논리적인 견지에서 하버마스와 아펠(Apel)이 내세우는 공정사회를 위한 비판적 기준들("이상적 담화 상황" 내지 이것과 약간의 차이를 보이는 "완벽한 소통 공동체")을 논박하지는 않았으나, 그러한 기준들이 사망자들과 특히나 불의에 희생된 과거의 희생자들을 미래의 완벽한 의사소통 내에 포용하고자 하는 의지를 함축한다고 주장했다.[99] 포이케르트는 죽은 자의 부활의 교리를 통해 가장 완벽하게 성취되는 그리스도교적인 종교적 인식과 실천을 위한 예비된 장소를 발견하였고, 이로써 자신이 신학을 견고한 "토대" 위에 놓았다고 생각했다. 이것은 실천이성은 신의 존재를 "요청"(postulate)하기 마련이라는 칸트적 사고에 대한 새로운 해석이라고 할 수 있다. 왜냐하면 정의로운 하나님이 존재해야만 정의를 위한 요건이 완벽히 충족될 수 있고 또한 현존하는 자연질서를 초월한 영역에서도 정의가 자연과 조화를 이

---

98   Ibid., pp. 56, 80, 123, 127.

99   Helmut Peukert, *Science, Action and Fundamental Theology: Toward a Theology of Communicative Action*, trans. James Bohmann (Cambridge, MA: MIT Press, 1986).

룰 수 있기 때문이다.[100] 그러나 이러한 주장에 따른 의견들이 지닌 문제점은 그러한 조화를 바라는 소망이 분명히 정언적 명령으로부터 기인하지만, 그러한 정언적 필연성이 있다고 해서 그것이 반드시 그러한 소망을 하나의 당연한 요청(postulation)으로 전환시키지 않는다는 사실이다. 왜냐하면 타인들의 자유의지를 존중하면서 그들을 수단이 아닌 목적으로 대우하는 것은 일차적으로 우리가 현재에서 만나는 타인들에게 적용되기 때문이다. 칸트의 원리는 단연코 과거(즉 자신의 돌아가신 부모)를 존중하고 일정한 유산을 자신의 자녀들에게 물려주려고 하는 그러한 윤리적 관심을 포괄하지는 않는다. 그것은 동기화의 부담을 지지 않은 채로 현재의 순간이라는 심급에서 자기충족적으로 작동하므로, 과거(내지 미래)에 대한 관심은 "영원한 현재", 즉 지금껏 존재했던 모든 이들이 새로운 환경으로 소환되어 수단이 아니라 목적으로 대우받게 되는 그런 순간을 상상함으로써 생겨날 수 있다.

하버마스와 아펠이 세운 윤리적 기준이 신학적 요청을 함축하고 있다는 포이케르트의 주장은 따라서 성립하지 않는다. 그러나 만약 그 요청을 받아들이려고 하더라도, 하나의 신학적 토대를 제공하려는 시도는 실패하기 마련이다. 죽은 이들, 특히 무고한 희생자들에 대한 기억은 특수한 전통의 맥락 내에서만 일어날 수 있다. 그러한 전통에 있어서 죽은 이들은 일차적으로 익명성을 띤 "희생자"가 아니라 그들이 담당하고 있는 문화적으로 유의미한 역할에 따라 정체성을 얻게 된 인격이다. 그들의 말과 행동이 자취와 영향력이 되어 남아있고 그들의 인격성(personae)이 지속되고 있다는 그 이유만으로 우리는 여전히 그들의 신체와 목소리를 회상하는 것이다. 그러므로 종교는 매장에 토대를 두고 있지 않다. 그 대신에 매장은 흔히 종교가 가진 제도 중 하나로서 생존하는 동안 이미 성스러운 질서 속에 지위를 부여받았던 생명들을 기록하고 기억하는 양식인 것이다. 그리스도교의 경우 우리는 그리스도의 몸을 이루는 지체들을 기억한다. 그들에 대한 우리의

---

100 Kant, *Critique of Practical Reason*, p. 218ff.

"종교적" 관심은 그들이 생전에 공동체에 참여한 것과 그들이 무엇으로도 대체할 수 없는 유일무이한 방식으로 그리스도를 표상했던 데서 비롯된다. 여기가 교회의 살아 있는 실천이 바로 구원에 대해 최초로 알게 되는 현장이다. 구원이라는 종교적 관념을 죽은 이들과 연관시켜 언급하는 것은 비종교적인 윤리적 명령을 완수하기 위해서가 아니다. 만약에 이것이 사실이라면 구원은 다시금 구체적인 윤리적 내용을 상실하고 말 것이다.

　이 단락에서 도달하게 되는 의외의 결론은 다음과 같을 수밖에 없다. 통합적이고 사회적인 가톨릭 사상을 주창한 선구자들과는 사뭇 다르게, 정치신학과 해방신학에 속한 신학자들이 시도하는 것은 (a) 이론적 내지 실천적 이성의 가능성이라는 조건 속에서 종교를 위한 특수한 "장소"를 선천적으로 식별하는 것이며, (b) 아울러 근본적으로 개인적인 사태로서 구원이 지닌 본질적으로 "종교적인" 측면을 인식하는 것이다. 그런데 이렇듯 사적인 구원이 지닌 종교적 성격은 교회라고 하는 사회적 제도에 의해서만 "표출"된다.

4. 정치적 과정으로서의 구원

정치신학과 해방신학이 사회학에서 추진하는 "숭고성에 대한 감찰"과 결탁하고 있다고 말할 수 있는 지점은 그들이 구원을 (방금 다루었던 대로) 언표 불가능하고 초월적이며 오로지 익명적 의미에서만 **그리스도교적**이라고 할 수 있는 "종교적" 측면과, 순전히 세속적 성격을 띠고 있지만 단지 "익명적" 의미에서만 **종교적**이라고 할 수 있는 사회적 측면으로 분리시키는 대목이다. 이 사회적 측면에 대해 이제 논의하고자 한다.

　이들 정치신학과 해방신학은 모두 세속화를 긍정적 현상이자, 유대-그리스도교 신앙이 늘 함의하는 세계에 대한 "탈신성화"의 추구라고 보는 콕스(Cox)와 고가르텐(Gogarten)의 견해를 (몇 가지 사소한 유보조건을 덧붙여) 수용한다. 일찍이 메츠와 보프와 구티에레스 등은 인간의 행동과 지식이 종교적 후견으로부터 점차 풀려나게 된 것을 경축했었다. 말하자면 물리학이 형이상학을 점진적으로 대체하게 되었고, **마치 하나님이 없는 것처럼**(*etsi Deus non daretur*)이라는 말로부터 윤리와 정치의 규범을 도출해내었던 것이다.[101] 구티에레스가 말하는 (스피노자에게서 시작된) 고전적으로 "계몽된" 견해에 따르면 지식은 인간의 자유가 증진되는 것에 신비롭게 연동되어 늘어난다. 따라서 "진리"는 아무런 편견 없이 자기충족적으로 인식될 것을 고대하고 있다. 아울러 진리의 진전을 위해 중요한 것은 타율성의 족쇄를 부정의 방식을 통해 벗어버리는 것이다. 세계사는 본질적으로 "자유에 대한 인식의 진보"라고 할 수 있다.[102]

이러한 설명에는 여러 가지 오류가 개입되어 있다. 첫째로 유일신론적 유대교는 다신교 못지않게 세계에 대한 성례전적 견해를 갖고 있으며, 이는 단지 성례에 대한 상이한 문법 내지 논리일 뿐이다. 우리는 종교개혁에 따른 우주의 탈신성화라는 관점에서 역사를 거꾸로 읽는 것이 어떤 점에서 "자유주의적 개신교의 메타서사"에 해당되는지를 앞에서 이미 살펴보았다. 둘째로 우리는 또한 본서의 제1부와 2부에 걸쳐서 자연과 사회에 대한 근대의 "과학적" 설명이 출현한 것이 어째서 신적이고 초월적인 원인들이 내재적 원인들에 의해 대체된 것과 동일시할 수 없는지를 살펴보았다. 그 대신에 실제로 발생한 것은 제일의 (신적) 원인과 이차적인 (내재적) 원인으로 이루어진 중세적 위계구조가 붕괴된 것이고, 이에 따라 설명이 두 개의 차원으로 나누어지게 된 것이다. 말하자면 한편에서는 인간이 "검증"할 수 있는 방식으로 작동하는 실험에 의해 조작 가능한 "자연적" 원인들에 대한 설명이 있고, 다른 한편에서는 중간적 매개자들 없이 신의 **직접적** 개입을 상정하는 "초월적" 원인들에 대한 설명이 있다. 후자의 예로서는 라이프니츠의 예정 조화론, 말브랑슈의 기회원인론, 뉴턴의 "능동적 원리들", 스

101 J.-B. Metz, *Theology of the World*, trans. William Glen-Doepel (London: Burns and Oates, 1969) pp. 19-20, 29, 37-8. Gutierrez, *A Theology of Liberation*, p. 28ff. Boff, *Theology and Praxis*, p. 51.
102 Gutierrez, *A Theology of Liberation*, p. 27. Stanley Hauerwas, "Some theological reflections on Gutierrez's use of liberation as a theological concept," in *Modern Theology* 3.1 (1986) pp. 67-76.

미스의 "보이지 않는 손," 그리고 **심지어** (펑큰스타인에 반대하여 하나를 추가해야 한다면) 칸트가 말하는 선험적 대상 및 초감성적인 자유 주관성을 들 수 있다.[103] 따라서 중세가 유한한 제이차적 원인들을 간과했던 것이 아니라, 오히려 근대가 유한한 원인과 신적 원인 간의 양립불가능성이라는 생각을 **만들어**내고서, 후자인 신적 원인을 처음부터 배제해 버리는 대신에 그것을 비록 제한된 범위이기는 하지만 유한한 원인들과 동일한 심급에서 작동하도록 했던 것이다. 본서의 제3장에서 나는 이러한 "책임영역의 구분"이 프랑스 사회학의 토대를 이루고 있는 기본적 전제들에 어떻게 영향을 주고 있는지 보여주었다.

구티에레스는 여전히 양립불가능성을 전제함으로써 이러한 양립불가능성에 대한 "이미지화"가 어디서 비롯되었는지를 보여주는 고고학적 심급을 감추기 위해 근대성이 스스로에 대해 꾸며낸 이야기에 포로가 되어 있는 형국이다. 그가 찬동하고 있는 설명에 개입된 두 번째 오류는 유한한 지식과 행동의 자율성을 위한 총체적 영역확보는 도구적 통제가 지닌 형식적 규칙에 호소함으로써만 확립될 수 있다는 것이다. 우리가 살펴보았듯이 그로티우스(Grotius)가 도출해낸 **마치 하나님이 없는 것처럼**(etsi Deus non daretur)이라는 법칙은 윤리와 정치적 결사의 토대를 스토아적 코나투스(conatus), 즉 각각의 개별적 피조물이 자기보존을 위하여 취하는 자연적 노력에서 구하려는 시도였다. 권력의 형식성과 역동성과 질서만이 세속이라는 폐쇄된 회로에 각인을 남긴다. 이와 대조적으로 실질적 목표에 호소하는 윤리와 정치에 있어서는 그 목표가 일상이라는 현재적 각인을 늘 넘어서 언제나 그것을 능가하기 마련이다. 즉 그러한 목표는 지속가능한 형평성이라는 추상적 법칙을 늘 "벗어나"(extra) 있으므로 그러한 법칙으로부터 파생될 수도 없다. 따라서 이러한 "벗어난 것"(extra)을 가리켜 추후에 부가된 초월적인 것, 엄밀히 말해서 "하나님이 베푼 것"이라고 말할 수 있다.

---

103 Funkenstein, *Theology and the Scientific Imagination*.

셋째로 메츠와 구티에레스는 콕스와 고가르텐으로부터 도구적 영역 확보의 범위는 필연적으로 인간의 창조적 활동, 곧 포에시스에 의해 확립된다는 생각을 가져온다. 루트비히 비트겐슈타인(Ludwig Wittgenstein)은 『문화와 가치』(*Culture and Value*)에서 어디에나 만연해 있는 전제에 대해 주목하면서 다음과 같이 말한다. "참으로 **주목할 만한** 점은 우리가 문명(건물, 나무, 자동차 등)에 대해 생각할 때, 그것이 사람을 그 바탕, 즉 고결하고 영원한 것으로부터 분리시킨다고 생각하게끔 되어 있는 것이다. 나무와 식물을 포함한 우리의 문명화된 환경은 마치 투명종이에 싸여 있을 뿐 아니라 모든 위대한 것, 말하자면 하나님으로부터도 고립되어 있는 듯한 인상을 우리에게 준다. 이것이 바로 우리의 뇌리에 물밀듯이 들이닥치는 참으로 주목할 만한 그림이라고 하겠다."[104] 본서는 바로 이 점에서 일관되게 일종의 "치료"를 시행하려고 했고, 이러한 그림이 어떻게 우리에게 들이닥쳤는지를 보여주고자 했다. 앞서 살펴보았듯이 포에시스가 공공연하게 기술(*techne*)로 정의되는 그 지점에서 세속적 자율성 내지 이성의 "영역확보"가 확립되는 일이 일어났다. 말하자면 중세말 내지 르네상스 시대가 인간의 창조적 매개활동을 발견함(이는 결코 번복될 수 없는 일이다)에 따라 인간이 만든 생산품의 본질을 마치 "세계를 투명종이로 감싸듯이" 계량하고 수량화하는 방향으로 사태가 진행되었던 것이다. 반면에 그 생산품이 지닌 유의미한 것은 그 독특한 심미적 형태라는 생각은 여기서 배제되거나 사적인 "예술의" 영역에 국한되기에 이른다. 이러한 "벗어난 것"이 우리에게 초자연을 매개하는 것으로 여겨지게 된다.

이 설명에 개입되어 있는 네 번째 오류는 진리를 부정적 의미의 자유와 관련 짓는 것이다. 왜 진리는 아무런 가정적 전제 없이 인격에게 그 자신을 "드러내야"만 하는가? 우리가 생각하는 모든 "진리"는 단지 "가정적 전

---

104 Ludwig Wittgenstein, *Culture and Value*, trans. Peter Winch (Oxford: Blackwell, 1984) p. 50e. 이영철 옮김, 『문화와 가치』(책세상, 2006).

제"일 뿐이거나 그 이전의 언어적 배치로부터 취한 것들에 지나지 않는다. 자유에 의해서 파악가능한 꾸밈없는 진리란 자유(즉 "선택") 자체의 확대를 위한 보편적 조건과 관련된 형식적 진리일 수밖에 없다. 자기 마음대로 행하고 생각하는 단순한 자유는 그저 도구적 성격에 지나지 않는 이성과 미리 조화되도록 짜맞춘 틀 속에 고정되어 있다. 이렇듯 우리는 이미 스피노자에게서 성서에 대한 "자유로운" 탐구가 결국은 성서가 지닌 합리적 의미라는 것이 절대적 통치 권력의 행사에 관한 형식 논리에 관련된 정치적인 것에 지나지 않음을 인정하는 쪽으로 귀결될 수밖에 없음을 발견했었다.

그리고 정치신학과 해방신학은 『신학적 정치에 대한 논문』(*Tractatus Theologico-Politicus*)을 계속해서 써내려 가는데, 이는 엄밀히 말해서 국가가 성서 텍스트를 본시 근대적 주권 개념에 대한 위협이 되어온 보편 교회의 손에서 빼앗아오는 해석학적 "포획"이라고 하겠다. (혹시 이것이 피억압자를 위한 교육의 일면인가?) 구티에레스가 보기에 세속화는 만물의 총체적 **정치화**를 낳는다. 이 말로써 그가 뜻하는 것은 베버적 권력의 형식성(관료적이고 실증적이며 도구적인 합리성)이 근대 시대에 있어 인간이 행하는 모든 거래행위를 지배한다는 것이다.[105] 베버와 마찬가지로 구티에레스도 "쇠창살 감옥"(iron cage)의 존재를 부인하지 않으며, 클로도비스 보프는 베버가 말하는 "책임성의 윤리"에 따른 불가피성을 수용하라고 촉구한다. 이 말은 결국 통치 권력의 수호 내지 근대국가 내의 세력균형과 관련된 마키아벨리적 윤리를 의미할 따름이다.[106] 신학 자체는 이제 "정치적인 것"이어야 한다. (혹은 보프가 볼 때 공적 영역에 관련된 모든 신학은 "정치부문에 속한 것"이 되어야 한다.) 왜냐하면 인식과 실천 양자에 걸쳐 있는 근대적 틀을 규정하는 것은 "실증"이나 "실존"이 아니라 "정치적인 것"이기 때문이다. 이것 자체로는 전적으로 정확한 관찰이라고 하겠으나, 완전히 비루한 신학이 아니고서는 누가 신

---

105 Gutierrez, *A Theology of Liberation*, p. 47. Boff, *Theology and Praxis*.

106 Boff, *Theology and Praxis*, p. 279, n. 47.

학의 과업이 복음의 메시지를 "정치적" 용어로 번역하는 것이라고 상상하겠는가? 한 언어를 다른 언어로 바꾸다 보면 그 의미-내용까지도 바뀐다고 하는 미셸 드 세르토(Michel de Certeau)의 주장이 바로 여기서 가장 강력하게 들어맞을 수밖에 없다.[107] "정치신학"은 바로 이런 뜻에서 근대적 정치관에 동의하지 않을 수 없었고, 정치화의 과정은 교회가 언제나 "구원"이란 말로써 의미해오던 내용과 결국 동일하다고 어리숙한 이들에게 공언하게 되었던 것이다. 후안 루이스 세군도는 자신이 성서 텍스트가 지시하는 내용과 현재의 "정치적" 맥락에서 제기되는 문제 간의 "해석학적 순환"을 지지하고 있음을 분명히 하곤 한다. 그러나 사실 그가 말하는 순환은 순전히 정치적인 것이며, 그가 말하는 해석학은 스피노자식의 정치신학에 지나지 않는다.[108] 가령 그는 성서의 정신을 문자로부터 분리시키면서, 성서가 가르치는 "방법"("중복학습"의 원칙)만이 영구적 의미를 지닌다고 단언한다. 그러므로 세군도의 주장에 따르면 이 방법이야말로 창조적 자유를 지키기 위한 "소수"의 이익과 안정 내지 영구적 구조와 관련된 "다수"의 이익 간의 역동적 균형관계를 어떻게 유지할지를 우리에게 가르쳐주는 **정치적 교육학**(political pedagogy)인 것이다.[109]

정치신학과 해방신학은 근대의 세속화와 정치화를 호의적 시각 내지는 최소한 묵인하는 태도로 바라봄으로써 자신들이 이전의 그리스도교 사회주의에 대해 갖고 있던 모든 관련성을 끊어버린다. 가령 리처드 토니(R. H. Tawney)와 같이 우리 시대의 사회 문제에 커다란 영향을 미친 그리스도교 사회주의자조차도 "자유시장" 제도. 부의 사적 소유, 관료제적 통치, 중앙집권화된 무제약적 권력 등이 압도하는 현실을 종교가 더 이상 공통의

---

107 Michel de Certeau, "La rupture instauratrice ou le christianisme dans la culture contemporaine," in *Esprit*, 6 (1971) pp. 1177-214. *Le Christianisme Éclaté* (Paris: Seuil, 1974).

108 본서의 1장을 보라.

109 Segundo, *The Liberation of Theology*, pp. 180, 280ff. *A Theology for Artisans of a New Humanity. vol 5: Evaluation and Guilt* (Maryknoll, NY: Orbis, 1975).

가치관 및 공통의 척도와 기준을 제공하지 않게 된 세속적 시대와 계속해서 연계시켰던 것이다.[110]

이와 같은 대조를 잘 살펴보면 거기에 정치신학과 해방신학이 마르크스주의의 몇몇 요소들을 수용하게 된 이유를 해명해주는 열쇠가 들어있다고 하겠다. 애초의 **신학적** 결정은 마르크스주의의 수용이 아니라 세속화와 아울러 정치의 지평을 수용하는 것이다. 나중에 이것들이 더 이상 그리스도교 자체에서 도출될 수 없고 대신에 세속화와 정치라는 내재적 원리로부터 취할 수밖에 없다는 사실에도 불구하고, 여전히 사회주의적 견해에 동조하는 방식이 추구된다. 하지만 실제로 이 과정은 명백히 자본주의와 도구적 자유와 관료제만을 선호한다.

여기서 마르크스주의는 그리스도교 윤리와 그리스도교 사회주의의 목표가 겉보기에는 낯선 세속화와 정치화의 작용을 통해서 성취될 수 있으며 또한 반드시 성취되어야 함을 시사해주는 일종의 위안의 교리로 기능하고 있다고 하겠다. 부정의한 현실로부터 정의의 실현을 도출해내는 현세적 변증법이 하나님으로부터 독립한 인간의 현실로부터 구원의 당위성을 발견해내는 신학적 변증법을 정당화해주는 셈이다.

그러나 앞장에서 우리가 살펴보았듯이 마르크스주의는 자본주의를 극복할 수 없는데, 그 이유는 자본주의에 대해 그 자체 모순이라는 관점에서 내재적으로 비판할 수 없기 때문이다. 그것은 하나의 "동어반복"이므로, 이에 대한 비판은 사실상 **불가능**하며, 따라서 마르크스주의가 제시하는 것은 전혀 **다른** 사회주의적 미래에 대한 상상이 아니라, 인간의 자율성을 가로막는 최후의 제약이 마침내 철폐되고 나면 무한한 풍요와 더불어 갈등이 사라짐으로써 자연스럽게 자유의 보편적 실현이 자발적으로 이루어질 것이라는 불가능한 꿈을 그려내는 것일 뿐이다. 구티에레스는 이러한 환상에 동조하는 것처럼 보이는데, 그는 마르크스가 인간에게 영향을 주는 사

---

110 R. H. Tawney, *The Acquisitive Society* (Brighton: Harvester, 1982) pp. 176-91.

회·경제적 결정자를 발견함으로써 인간으로 하여금 이러한 조건을 지배할 수 있게 하고, 따라서 자유의 궁극적 실현을 가능케 한다고 말한다.[111] 즉 자유를 해방하는 것만으로도 사회주의의 실현을 가능케 할 것이라고 말하는데, 하지만 여기서 망각하고 있는 것은 우리가 앞장에서 보았듯이 사회주의에 관심하는 한 **정의**의 주제가 우선적으로 부상한다는 점이며, 심지어 사회주의가 실현된 사회에서도 모든 교환과정에 있어서 합의된 척도에 따라 "불균등한 것을 균등화"해야 할 필요가 지속적으로 존재할 것이라는 사실이다. 풍요란 것이 결코 즉각적으로 주어질 수 없기 때문에, 아울러 우리는 하나의 사회적 실존 속에 살아가면서 불균등한 것을 계속해서 교환해야 하기 때문에, 결국 모두를 위한 자유는 법적 판결의 맥락에서나 실현될 수 있다. 마찬가지로 정의도 상호간에 공통되지만 이론적으로 규정할 수 없는 기준에 의거하므로 공통의 재화와 가치에 대한 합의의 맥락에서만 실현될 수 있다. 따라서 비록 정치신학과 해방신학이 "친교의 사회"로서 교회가 지닌 적실성을 도외시하지만, 그것이야말로 사회주의적 공동체의 실현 가능성을 예고한다고 하겠다. (물론 이것은 해방신학이 라틴아메리카에서 출현한 "기초 공동체"의 의의를 제대로 이론화하지 않았다는 말이 될 수도 있다.)

정의는 역사상 우발적으로나 실현될 수 있는 것이다. 필연적 소외의 시대가 지나고 난 후에도 정의가 일정 기간 동안 의제에 포함되지 않은 적도 있다. 그러나 정치신학과 해방신학은 정의를 "본성적" 자유에 종속시킨다. 이러한 자유는 부분적으로 직선적 계몽의 과정, 즉 족쇄를 의식하고 그것을 부수어 버리는 것을 통해서 출현하기도 하며, 또 부분적으로는 변증법적 변화라는 "모순적" 과정을 통해 진전되기도 하는데, 이 과정에서 유토피아에 이르기까지 이어지는 각각의 새 단계는 자유의 해방이라는 측면에서는 하나의 새로운 단계이면서도 획득한 자유를 전횡적으로 휘두른다는 점에서는 한층 절대적인 면모를 드러내기도 한다.

---

111 Gutierrez, *A Theology of Liberation*, p. 30ff.

우리가 제7장에서 이미 살펴본 대로 여기에 나타난 이론적 오류 뿐 아니라 신학적으로도 문제가 되는 부분은 자유가 결여된 자연의 상태로부터 원숙한 자유의 단계로 나아가기 위해서는 갈등과 소외가 필연적이라는 생각을 무비판적으로 수용하는 것이다. 특히나 세군도는 "**선과 악**, 덕성과 악덕, 사랑과 이기주의를 분리하기란 불가능하다"고 단언한다. 그는 "인간이 구성적 노력을 발휘함에 있어 이 두가지 요소를 분리하는 것은 인간의 실존 전체에―적어도 인간의 현재적 실존이라는 측면에서―자리잡고 있는 구성적 노력 그 자체에 종언을 고하는 것과 마찬가지가 될 것이다"고 말한다.[112] 그런데 캐나다의 정치신학자인 그레고리 바움(Gregory Baum)은 그리스도인들이 억압적 사회 구조로 인한 희생자의 편에 서는 것이 윤리적으로는 당연하지만, 그럼에도 불구하고 이러한 구조 자체는 객관적이고 사회학적인 측면에서 사유해야 하며, 결코 인간의 불의함에서 기인하는 피할 수 있는 산물로 간주해서는 안 된다고 단언한다.[113] 우리가 앞서 살펴본 대로 사회구조가 인간의 책임을 벗어난다고 보는 이러한 생각은 그 자체로 매우 개인주의적 책임관을 시사한다고 하겠다. 바움은 "마르크스주의적 사회학"에 지지를 보내면서 훨씬 더 근본적인 사안을 검증하지도 않은 채로 끌어들이는데, 그것은 말하자면 **다중목적의 부등발생**에 관한 정치경제학적 해석이다. 이에 따르면 개인의 결정은 밀폐된 단자(monads)와 같은 것이므로 그 자신의 자의식 속에 갇혀서 장기적인 사회적 결과와 하등의 연결고리를 갖지 못한다는 것이다. 나는 본서의 제2장에서 여기에 개입된 오류를 폭로하려고 했으며, 현재의 제8장에서는 블롱델이 인간의 행동을 "내적으로 불균등"하다고 설명함으로써 이러한 문제를 어떻게 극복했는지 보여주었다. 가령 어느 누구도 일부러 계획을 세워서 자본주의를 만들어내지는 않았지만, 우리의 행동이 처음 발생했을 때 그것을 공적 담론 내에서 분명하

---

112 Segundo, *A Theology for Artisans*, vol. 5, p. 147.

113 Gregory Baum, *Religion and Alienation: A Theological Reading of Sociology* (New York: Paulist Press, 1975) pp. 193-227.

게 드러냄으로써 그에 대해 성찰하는 경우가 아니고서는 우리가 무엇을 행했고, 또 실제로 무엇을 의도하는지 결코 정확히 알지 못한다는 것 또한 사실이다. 불량 체계는 단지 불균등한 결과를 발생시킬 뿐 아니라, 그것은 늘 그 준비과정에서부터 이기심과 자기기만과 같이 겉으로는 "사소해" 보이는 사회적 표현을 복합적으로 얽어 놓는 데서 이미 시작된다고 하겠다.

바움의 관점은 사실상 책임을 협소한 **사적** 영역에 제한하려는 것이다. 따라서 그의 저술은 표면적으로 가르치는 것과는 반대되는 내용을 가르치고 있다. 바움에게 있어 공적 책임이란 변증법적 가면을 쓰고 나타나지만 사실은 권력에 따른 치명적 결과를 체념적으로 수용하는 베버식의 태도에 지나지 않을 수 있다. 정치경제학자들이 다 그러하듯 정치신학자들과 해방신학자들은 정치와 경제를 윤리의 현장으로부터 섭리 신학의 영역으로 옮긴다. 그저 수학에서 하는 것처럼 해방과 구원을 산술적으로 등치시키면서, 이들 신학자들은 신적인 계획이 순전히 내재적 과정을 통해서 보이지 않게 역사한다고 여전히 예찬하고 있다. 그들이 실제로 하는 말은 자기들의 주장이 아니라고 공언하는 것들이다. 이를테면 그리스도인은 마땅히 기도를 드려야 하고, 모범적 시민이 되어야 하며, 그렇게 하지 못할 경우 적어도 사회를 기존의 모습대로 받아들여야 한다는 것이다.

이에 따라 우리는 정치신학이 "가톨릭 사회교리"가 표방하는 관점을 극복하였다는 식의 자긍심 섞인 주장을 다른 각도에서 보게 된다. 물론 후자의 사회교리가 신학적 가르침이나 구원의 서사와는 거리가 먼 근대 자연법적 틀에서 주로 검토되어 온 것이 사실이다. 그러나 정치신학도 윤리나 정치이론을 전적으로 도외시 하면서 구원의 서사(실은 "경제적 섭리"에 관한 이야기)가 진행되는 공간에 논의를 집중한다. 인간의 의지에 따른 악과 하나님의 치유가 필요하다는 식의 보도, 즉 신앙의 눈으로 특정 종류의 사건을 조명함으로써 역사에 대한 가장 기본적인 설명을 제공하려는 이야기는 사라져 버린다. 그 대신에 자유의 자연적 유한성으로부터 탈피하여 지난한 노력을 통해 이러한 저항을 극복하고 부정의 방식을 통해서라도 자신을 주장

하는, 그러한 자유를 향한 진화의 이야기가 자리잡게 된다.[114]

다음 단락에서, 나는 신학도 세속 사회과학을 필요로 한다는 식으로 정치신학과 해방신학이 노상 하는 말에 함축된 의도란 바로 신앙을 구성하는 데 필수적인 그리스도교의 메타서사를 새로운 근대적 이야기들(이것들도 신앙을 자리매김함과 동시에 한계 지으려는 시도의 일환으로 생겨난 것이다)로 대체하려는 것임을 주장하려 한다.

신학은 사회과학을 필요로 하는가?

따라서 정치신학과 해방신학이 설정한 구분은 분명하다. 구원이 "종교적"인 한에서 그것은 형식적이고 초월적이자 사적인 것이다. 구원이 "사회적"인 한에서 그것은 세속적인 것이다. 여기서 은폐된 것은 구원을 위한 실제로 실천적이며 언어적인 맥락, 즉 교회라고 불리는 **특수한 사회**인 것이다. 그러한 은폐는 "프랑스적" 통합주의를 채택했더라면 방지할 수 있었을 것이다.

그렇지만 정치신학자들과 해방신학자들은 뤼바크나 콩가르나 발타자르와는 달리 교회의 역사가 정치 및 사회의 역사로부터 절연될 수 없음을 잘 알고 있다. 따라서 그들은 (정치적 실천이나 사적 실천이 아닌) 교회적 실천을 구원의 현장으로 지지하는 것에는 또한 역사와 사회를 바라보는 특수한 신학적 해석(그런데 그들은 이러한 기획이 계몽주의와 그 후예들에 의해서 불가능하게 되었다고 간주한다)에 대한 동의가 수반된다는 사실도 잘 알고 있다. 왜냐하면 교회는 오로지 역사적으로, 즉 역사를 바라보는 특수한 신학적 관점에 의해서 형성되었기 때문이다. 이는 바로 특정한 역사적 시점에서 절정에 달하고 교회의 실천 안에 이어져오는 특정한 역사에 의해서 다른 모든

---

114 Metz, *Faith in History and Society*, pp. 124-5.

역사를 해석하고 자리매김하는 것이다. 그것은 다른 모든 역사를 구원에 대한 매우 심층적인 기대 또는 죄로 인한 거부라고 "읽어"낸다. 우리가 우리의 구원을 교회로부터 얻는다면, 즉 자신을 우선적으로 그리스도의 몸인 교회의 지체와 동일시한다면, 우리는 그리스도교에서 고유하게 제시하는 덕목들을 수용하는가 혹은 거부하는가 하는 관점에서 사회와 역사의 과정에 대한 궁극적 설명을 제시하기 마련이다. 그러한 메타서사를 수용하지 않거나, 거기에 그저 부분적인 해석상의 권위만을 부여한다면, 그것은 성육신의 논리를 무효로 돌리는 것이다. 우리가 그리스도의 삶 자체가 역사의 흐름(*continuum*) 속에 자리했던 그저 또 하나의 삶에 불과하다는 사실에도 불구하고 다른 모든 것이 **여기에** 자리매김 되어야 하는 의미를 깨닫지 못했다면, 왜 우리가 이 특정한 삶 안에 신적 로고스의 현존을 인정한다고 감히 주장하겠는가? 따라서 만일 계몽주의가 이러한 종류의 사태를 불가능한 것으로 치부한다면, 계몽주의는 구원이 교회로부터 온다고 보는 전통적 이해를 배제하는 셈이다.

교회는 자신이 역사적 인과성을 해명하는 확실한 열쇠를 소유하고 있다고 믿었기 때문에 역사 내에서 인과적으로 작용할 수 있었다고 말할 수 있다. 그러므로 클로도비스 보프는 신학이 사회·역사적 인과 과정의 심급에 있는 무언가를 "알" 수 있음을 부정하려고 하며, 또한 그러한 이유 때문에 그가 매우 축소된 교회론을 제시하는 것도 논리적으로는 타당하다고 하겠다. 보프에게 있어 예수 그리스도의 삶을 포함하여 구원과 관련된 역사 과정 전체를 전혀 다른 관점에서 (가령 인간의 생산력 발전에 있어서 필연적인 부분으로) "설명"하는 것이 가능하다. 하지만 이러한 관점 하에서도 "구원"의 의미 자체는, 그것이 사적 초월이든 혹은 공적 해방이든 간에, 여전히 손상되지 않은 채로 남아있을 것이다.

정치신학과 해방신학의 주장은 다음과 같은 점에서는 옳다고 하겠다. 이를테면 우리가 분명하게 교회론적인 시각을 갖고자 한다면(따라서 구원이 "종교적"이면서도 동시에 공공적임을 주장하고자 한다면), 우리는 구원이 특수한

역사적 실천(이러한 실천은 역사와 사회에 대한 일정한 "관점"을 형성하기 마련이다)
과 궁극적으로 결부되어 있다는 논지도 받아들여야 한다는 것이다. 만약에
이러한 시각이 총체적 부조화로 전락하지 않으려면, 그 시각 자체를 가장
기본적인 것으로 간주해야 할 것이다. 보프는 다음과 같은 질문을 던진다.
사회과학의 매개 없이 정치에 관한 신학이 있을 수 있는가?[115] 하지만 그 질
문은 보다 근본적으로 다음과 같이 재구성되어야 한다. 그냥 **짧게 말해서**
신학이 사회과학의 매개 없이도 신학일 수 있는가? 이에 대해 **그렇다**라고
대답한다면(나의 대답도 그러하다), 구원이 지닌 근본적으로 역사적인 성격을,
즉 정통주의(orthodoxy)를 계속해서 지지하는 것이 가능하다.

　신학은 단지 역사와 사회를 바라보는 또 하나의 관점(gaze)에 불과하다
고, 즉 다른 관점과 나란히 존재하는 또 하나의 관점에 불과하며, 신앙은 이
러한 관점에 투신함으로써 하나의 메타서사를 구성한다고 하겠다. 이것이
내가 주장하는 바이다. 그러나 정치신학, 그중에서도 특별히 보프는 이 점
을 부정한다. 그가 그렇게 하는 근거는 무엇인가? 첫째로 그는 세속 영역이
지닌 자율성을 침해하는 것에 대해 반대한다. 하지만 본서는 이 자율성이란
것이 그저 관례적으로 형성된 것이며, 세속 권력이 행사하는 전략에 지나지
않음을 이미 논증했었다. 둘째로 보프는 신학이 "예상치 못한 텍스트"를 다
루다 보면 그저 사회적으로 드러나는 외양에 현혹되지 않을까 두려워한다.
이러한 두려움은 정당한 것이라 하겠으며, 나 역시도 근대 경제 및 근대 국
가 내에서 위장된 채로 작동하는 기호적 장치의 기제를 폭로함에 있어 마
르크스주의가 신학에 도움이 될 수 있음을 인정하였다. 신학이 이러한 도
움을 무시한다면 정말로 어리석은 일이 될 것이다. 그러나 마르크스주의는
자본주의의 "논리"와 "문법"에 대한 좀 더 나은 독법을 제시할 뿐이다. 이
러한 독법이 완벽한 것도 아니며, 단지 비교적 고정된 구조적 과정의 작동
논리에 더 효과적으로 주목한다는 뜻에서 "과학적"이라고 할 수 있을 따름

115　Boff, *Theology and Praxis*, p. 20ff.

이다. 이러한 마르크스주의적 독법은 보프가 동의하고 있는 바슐라르나 알
튀세르적 관점에서 볼 때에도 그 자체의 이론적 자원을 갖고도 연구의 대
상(자본주의)에 대해 적실한 개념 정의를 "산출"해내지 못하고 있다. 마치 이
러한 연구 대상("생산의 사회적 관계", "상품" 등)이 어떤 식으로든 그 "본질"에
있어 인식 주체의 의도성 내지는 언어가 지닌 특별하고도 "도식적"인 심급
으로부터 출현하는 것처럼 상정할 뿐이다.[116]

　　반면에 자본주의에 대한 기술은 사실상 결코 완벽할 수가 없다. 자본
주의적 동기화나 자본주의가 부정하는 과거의 전망 내지 자본주의가 가로
막고 있는 미래의 전망 등의 측면에서 더 심도 있게 서술해야 할 영역이 늘
남아있기 마련이다. 자본주의에 대한 신학적 "관점"은 자본주의가 선호하
는 것은 무엇이며 또 거부하는 것은 무엇인지에 대해—온전히 "역사적"인
관점에서—더 적확한 발언을 할 수 있다고 자처할 것이다. 마르크스주의가
자본주의에 대해 제기하는 우려들 중의 어떤 것은 신학에서도 수용할 수
있는데, 그렇게 할 수 있는 것은 그것이 결국에 가서 보면 신학이 우려하는
것과 동일하기 때문이다. 이를테면 신학은 자본주의를 언어의 남용이라고
비난하는데, 그 까닭은 자본주의가 다른 양식의 은유적 교환을 억압하고 특
수한 것들이 지니는 중요성을 무시하기 때문이다. 그렇지만 이러한 억압이
마르크스주의의 주장에 따르면 **비합리적**인 것도 아니다—우리는 이러한
관점을 이미 앞 장에서 논박했었다. 신학이 "물신숭배"를 비난한다면, 그것
은 바로 신학적 이유들로 인해 그렇게 하는 것이지, 신학이 이데올로기의
정체를 폭로하는 데 기민하지 않을 수 없기 때문에 그런 것은 아니다.

　　셋째로 보프는 예상했던 대로 사회과학에 의한 매개의 필요성을 13세
기에 토마스 아퀴나스가 아리스토텔레스의 **에피스테메**를 수용한 것과 비
교한다. 그러나 아퀴나스는 결코 다른 학문이 신학과의 관계에 있어서 자율
성을 지니고 있다고 인정하지 않는다. 보프에 따르면 토마스는 신학이 윤리

116　Ibid., pp. 75, 176-8, 213, 247, 255, 268.

학·정치학·수사학과 같은 인문과학의 원리를 추론하거나 확립할 수 없음을 주장했다고 한다. 물론 아퀴나스가 이런 말을 한 것은 사실이다. 왜냐하면 인간의 한정된 **의미화 방식**(*modus significandi*)으로 인해 이들 학문의 원리가 신학의 원리(하나님 자신에 대한 인식, 즉 무한한 이성에 관한 원리)보다 더 자명하고 확실한 것처럼 보이기 때문이다. 그럼에도 불구하고 아퀴나스는 또한 신학의 원리가 만유의 인과적 근원에 귀속되므로 본래부터 더한 확실성을 갖고 있기 때문에, 신학은 궁극의 "지혜" 내지 **원인을 통한 지식**(knowledge *per causas*)에 참여하므로 다른 모든 학문의 원리만이 아니라 그 결론에 대해서도 판단할 수 있다고 간주한다.[117] 아퀴나스는 "계시적" 지식과 "자연적" 지식 간의 구별을 "인간의 모든 합리성은 신적 이성에의 참여"라고 생각하는 보다 근본적인 틀 속에 실제로 자리매김한다. 따라서 아퀴나스에게 있어 모든 지식은 멀리서나마 하나님에 대한 신앙을 함축한다.[118] 계시는 유비와 참여의 정상적 작동방식을 침해하지 않는 수단을 통해서 이러한 (신적 이성에의) 참여를 증진시킨다. 이를테면 지성은 내적 조명을 통해 강화되고 새로운 외적 표지는 역사를 통해 주어진다.[119] 어떤 면에서 **심지어** 신학적 인식 내에서도 자연적 원리가 우리에게 초자연적 원리보다 더 확실하게 다가온다. 그러나 다른 면에서 계시의 빛이 자연적 원리 및 그에 함축된 것을 파악하는 우리의 능력을 강화시킨다고 하겠다. 이렇듯 신성한 수사학과 초자연적 애덕과 교회적 공동체는 세속의 수사학과 윤리학과 정치학을 그대로 내버려 두지 않는다. 그냥 내버려 둔다면 그것은 전적으로 통합주의를 부인하는 것이 될 것이다. 그런데 보프는 정반대의 것을 함의하고서, 라너적인 초월론자들이 다 그러하듯이 자신이 실제로는 통합주의를 부정하고 있음을 드러낸다. (마찬가지로 보프는 자기가 하지 않는다고 공언하는 바로 그것을 하고 있는데, 바로 유한성을 띤 특정 주제, 곧 영적 초월을 신학에 귀속시키는 것이다.) 아퀴

---

117 Aquinas, *ST* I-II, q.57, a.2, ad.1; q.7, a.2, ad.3; *In Boeth. De Trin* q.2, a.3, resp.

118 Aquinas, *In Boeth. De Trin* q.3, a.1, resp.; *ST* I, q.1, a.5, ad.2, a.6.

119 Aquinas, *In Boeth. De Trin* q.1, a.1, a.2; q.6, a.2.

나스에게 있어 신학은 인간의 설득력, 인간의 덕성 및 인간 공동체에 속한 기법을 적절히 사용하면서도 신학의 고유한 권리에 따라 이러한 모든 기법이 그 고유의 목표와 실행방식에 부합하도록 명령한다.[120]

그러므로 아퀴나스의 예를 따라서 그가 하는 말을 근대적 사회과학에 적용해야 하는가? 아니다! 이렇게 하는 것은 보프 식의 완전히 경직된 이론주의를 유지하는 일이 될 것이다. 논의의 핵심은 과학적 정치학과 정치경제학과 사회학 및 변증법이 수사학과 윤리학 및 "정치학"의 자연적 계승자라는 사실이 아니다. 우리가 앞의 여러 장에서 살펴본 것처럼, 오히려 핵심은 이러한 근대적 담론들이 수사학과 윤리학과 정치학을 대체해버렸다는 것이다. 이 점이 바로 논쟁해야 할 부분인 것이다. 수사학과 윤리학과 정치학은 "실천적 지혜"에 속하므로 그것들은 총체화의 담론이 아니다. 말하자면 그것들은 신학이 유의미하게 간섭할 수 없는 일반적 법칙성이라는 영역을 내포하지 않는다. 반면에 모든 근대적 담론은 신학이 인간 공동체 위에 초월적으로 존속하면서, 자신들이 가진 시각을 매개로 삼아 신칸트주의적 "의미" 내지 "가치"를 도출하도록 강제한다. 이와 대조적으로 수사학과 윤리학과 "정치학"은 특수한 실천에 대한 관점이기에 인간의 의미화를 가능케 하는 개연성과 상황에 관한 일반적 공리(*topica*)는 수용하지만, 모든 사회적 특수성을 영구히 자리매김하고 거기에 기능적 성격을 부여하는 고정화된 일반적 범주에는 동의하지 않는다. 여기서 신학은 새로운 실천이라 할 수 있는 교회에 관한 이론인 바, 그 자신을 하나의 관점으로서 자리매김하면서 인간이 물려받은 다른 관점들을 넘어서기도 하고 동시에 그것들과 나란히 (공감하거나 반대하면서) 존재할 수 있는 것이다.

그렇다면 신학은 보프가 (사회과학은 완벽하게 기술되고 완벽하게 설명되는 사회적 대상을 신학에 제공한다고) 말하는 식의 그러한 사회과학을 통한 매개를 **요청** 하지 않는다. 만약 보프가 말하는 것이 사실이라면, 신학의 남은 과

제는 가장 공허한 과업이 될 것이다. 이를테면 해방이 곧 구원이라는 공허한 산술적 등식을 선포하거나, 만유는 근대적 인간 특히 사회과학자들이 사유하는 대로 존재하므로, 하나님도 이러한 분석에 (동의하지 않을 수 없으므로) 반드시 동의하실 뿐 아니라 이러한 사태를 "인정"하신다고 선포하는 일이다. 신학의 과제는 "의미"를 도출하는 것이라고 간주되지만, 그나마도 사회과학적 설명이 이미 암시한 의미를 규칙을 준수하는 가운데 끼워 넣는 것만이 허용될 뿐이다. 그렇다면 신학은 이러한 숙명을 피해갈 수 없을 것이다. 왜냐하면 하나의 사안이 "완전히" 기술되고 또 그 원인에 대한 설명이 주어지게 되면 "의미"를 논할 여분의 것이 하나도 남지 않기 때문이다. 말하자면 의미를 부여하는 행위는 선행하는 것에 대한 서사적 설명과 더불어 궁극적 목표와 목적에 대한 서술을 제공하는 것과 동일한 작업인 것이다.

하지만 반면에 사회적 실재에 대한 인과적 설명을 명분으로 일종의 궁극적 깊이를 지닌 서술을 제공하려고 하는 것은 사실상 "객관적" 정당화를 넘어서는 방식으로 의미를 부여하는 것이다. 우리는 본서의 제2부와 제3부에서 어떻게 사회학이 환상에 불과한 "사회"라는 이름의 선험적 구성물의 관점에서 일반화를 주장하는지를 살펴보았으며, 마르크스주의도 상존하는 "근본적"(fundamental) 사회적 심급(즉 "부"의 생산)이라는 환상에 불과한 개념의 관점에서 일반화만이 아니라 예측까지도 주장하는 것을 목도했었다. 기껏해야 이러한 사회과학적 이론은 특정한 강조점을 가진 이야기를 가지고 인간 역사의 궁극적 의미를 자리매김하면서, 아울러 사건의 요인이 되는 특정 선행 조건이 실제로 충분한(효과적 내지 형식적) 원인이 된다고 암시하기도 한다.

신학 그 자체는 하나의 궁극적 서사를 제시하는 것과 궁극적 깊이를 지닌 서술을 제공하는 것을 목표로 한다. 왜냐하면 교회에 속하는 것, 즉 그리스도인 됨이 의미하는 바는 바로 그렇듯 끊임없이 이어지는 서사 속에서 자신의 자리를 발견하는 것이기 때문이다. 그렇지만 그러한 주장은 이성에 의해 토대를 규명하는 데서 성립하는 것이 아니라 신앙에 의해서 이루어지는 것이다. 이러한 신학적 관점을 "방법론적 무신론"을 표방하는 다양한 사회과학적 관점에 복속시키는 것을 두고서 단지 일시적 굴복일 뿐이라고 치부할 수는 없는 노릇이다.

토대적 프락시스로부터 초자연적 실용론으로

그리스도교적이라고 특정할 만한 내용을 지닌 구원이 존재하기 위해서는 사회·역사적 부문에 대한 전면적인 신학적 담론이 있어야만 한다. 이것이 없다면 신학은 신학과 상관없이 결정되어 버린 초월주의적 형이상학이라는 좌소를 점유할 뿐이다. 그러나 인식론적 견지에서 볼 때 일차적으로 그리스도교적 역사 서사가 존재해야만 하는 것처럼, 특정하게 그리스도교적 성격을 띤 실천도 존재하는 것이 마땅하다. 이러한 실천에 가담하는 것은 그러한 서사를 받아들이는 것이고, 그러한 서사를 진지하게 받아들이는 것은 그것을 계속해서 수행하는 것이다. 따라서 이러한 서사론적 (narratological) 시각은 블롱델이 추구했던 것으로 이론적 지식과 실천적 지식 간의 일치성을 분명히 밝혀준다. 그러나 해방신학이 말하는 "프락시스의 우선성"(priority of *praxis*)은 그러한 "실용주의"와는 아무 관계가 없다. 도리어 해방신학은 특정하게 그리스도교적 성격을 띤 실천을 대수롭지 않은 것으로 취급함으로써 그리스도교가 담지하고 있는 내용을 본질적으로 이론적인 것에 불과한 것으로 치부하고, 이론과 실천 양자 간의 통일을 전적으로 방해하는 셈이다.

구티에레스는 신학을 가리켜서 "교회의 실천에 대한 성찰"이라고 부른다.[121] 그런데 만일 이 말이 신학이란 신학 자체가 자리한 기존의 (그런 뜻

---

121 Gutierrez, *A Theology of Liberation*, p. 14.

에서 이미 이론에 의한 적용을 거친) 실천에 대한 성찰이라는 뜻에서 추상적인 면을 강조한 것이라면, 이 말은 그 자체로서 아주 훌륭하고 잘된 개념이라고 하겠다. 그러나 사실 구티에레스를 비롯한 해방신학자들은 이론화 이전의 일종의 "자연발생적" 실천이 있어야 한다는 뜻으로 이 말을 사용하는 것처럼 보인다. 클로도비스 보프는 이러한 관념에 대해 당연히 비판적 자세를 견지하고 있는데, 그조차도 실천적 구체성을 띤 의미는 근본적으로 "행위적"(performative) 성격을 띤 것이므로 "실제적인 것의 영역"에 속하는 것으로 보는 반면에, 신학과 같은 이론적 담론은 추상적이고 진술적(constative) 성격을 띤 것이므로 본질적으로 관념적(noetic) 질서에 속하는 것으로 간주한다.[122] 이러한 자세는 흔히 관습적 부류에 속하는 행위적 행동이란 진정으로 창발적 성격을 지니지 못하며 오로지 텍스트 속에서만 자리하고 있다는 사실을 무시한다. 말하자면 한 여성이 한 남성과 결혼하는 행위는 결혼이라는 제도 및 과거의 모든 결혼 행위를 "진술적"으로 상기시키는 것이다.[123] 결혼식에 참석하는 하객들도 그 사건을 보도하는 해당 지역신문의 기자만큼이나 이론적 틀을 전제하는 셈이다. 역으로 생각하면 그 기자의 보도는 그 사건을 공적으로 확립하는 것이므로 그 행위를 지속시키는 것이기도 하다.

만약에 행위와 진술 간의 이러한 상호적인 함축을 인지하고 있지 않으면, 보프와 같은 견해로 빠져 들기 십상이다. 그의 견해에 따르면 **프락시스**란 전적으로 행위적이고 실천적이며 "윤리적"인 반면에 신학은 실천에 관한 성찰 속에 그 고유의 이론적 틀을 **도입**하는데, 이 이론적 틀은 (하나의 특정한 행위에 근거한 것이기보다는) 특수하게 **이론적** 성격을 띤 노동의 산물인 것이다. 보프가 보기에 신학에서 말하는 하나님에 대한 담화는 이와 같은 담론 내에서 만들어지는 것으로 보인다. 이는 그가 신학을 선험성을 띤 초

---

122 Boff, *Theology and Praxis*, pp. 45-6, 48.

123 Jacques Derrida, "Signature event context," in *Margins of Philosophy*, trans. Alan Bass (Brighton: Harvester, 1982) pp. 309-30.

월적 지평에 대한 발견(즉 내적 "산출")으로 환원하기 때문이다. 이런 까닭에 보프는 하나님에 관한 온전히 "그리스도교적"인 보편적 타당성을 띤 관념은 기존의 모든 담론과의 "인식론적 단절"을 이룬다고 생각한다. 신학은 일정한 초월적 시각 아래에 모든 것을 종합하는 것으로서, 그 나름의 방법을 지닌 엄밀한 "학문"(science)─콩디약(Condillac)의 말마따나 "제대로 질서 잡힌 담론"─인 것이다.

이에 반해서 행위는 실제로 텍스트 안에 자리한다고 말해야 하며, 그러기에 그것은 또한 언제나 진술적이라고 해야 할 것이다. 칸트적 이유를 고려할 경우 오로지 그 반대를 상상하게 된다. 왜냐하면 보편성을 띤 "자연적" 텍스트 안에 자리한 일종의 "투명한" 행위가 있다고 생각하기 때문이다. 따라서 보프를 비롯한 해방신학자들이 보기에 "교회의 실천"은 단지 "인간적" 실천이자 윤리적 실천 내지 정치적 실천이거나, 엄밀히 말해서 이세 가지 성격을 동시에 지니는데, 이러한 어불성설에 대해서도 이들은 전혀 놀라지 않는다. 실천이 투명하고 흠 없는 행위로 간주됨에 따라 그것은 "토대적"인 것, 즉 다른 모든 것이 참조해야 할 대상으로 여겨지게 된다. 따라서 우리가 살펴보았듯이, 구원은 애덕의 행위와 더불어 시작되며 애덕의 질을 직접적으로 입증하는 것은 바로 "마음"이다. 신학은 이러한 행동에 대한 성찰이기에, 신학적 발화는 최종적으로 그것이 추후에 이러한 행동을 촉진하는지의 여부에 따라 판단되어야 한다. 그러나 이러한 "공리주의적 검증"(utilitarian test)이 작동할 수 있는 까닭은 오로지 칸트적 윤리의 관점에서, 또한 절대적 명령에 대한 완화를 정당화하는 역사적 변증법의 관점에서, 실천적 행위야말로 "보편적"이라고 간주되기 때문이다.

솔직히 말해서 보프는 그림을 복잡하게 만들고 있다. 행위는 자체적인 검증기준과 준거점을 갖고 있다고 추정되지만, 신학은 프락시스의 도덕성을 평가할 수 있는 신학 고유의 특정한 **이론적** 기준을 제공한다고 하겠다.[124] 이와 같은 기준은 성서로부터 해석학적으로 도출된 것이다. 그렇지만 세군도에게서 엿보이듯이 성서가 드러내는 "타자성"(otherness)은 방법론적 필요성으로 인해 희석되고 마는데, 말하자면 그것은 성서가 어느 시대에나 통용되는 "신앙"의 자세를 그 당시에 적합하게 "표현"할 뿐이라고 단언하는 것이다.[125] 우리가 살펴본 대로 신앙의 내용성 자체는 우선적으로 칸트식의 도덕적 명령인 것이다. 이리하여 우리는 추상적 표현을 통해 역사와 언어를 회피하는 가운데 원래의 출발점으로 다시 돌아온 셈이다.

보프에게 있어 보다 근본적인 것은 신학이 실제의 행위적 질서를 표상하는 상징적 언어와 이로 인해 야기되는 혼란을 관념적 질서 내에서 산출되는 개념적 명증성으로 대체한다는 점이다. 보프는 흥미롭게도 "토마스적 실재론"과 알튀세르적 선험주의(a priorism)를 혼합하는 가운데 근대 가톨릭 사상가들 다수가 그러하듯 실제로 데카르트주의를 약간 변형시킨 사유방식에 천착함으로써 역사주의의 심연을 회피하려고 한다. 현실의 질서와 인식의 질서 간의 차이를 말하는 아리스토텔레스적 개념이 별생각없이 문화적 영역에 적용되는데, 우리가 볼 때 (하나님이 보시기에는 모든 것이 그러하겠지만) 이 문화적 영역이 지닌 특수성은 바로 여기서는 논리의 질서가 현실성의 질서와 **전적으로 일치**한다는 점이다.[126] 이것은 사실일 수밖에 없는데, 자연과 대비되는 문화의 특수성은 바로 인간의 언어(이 언어가 바로 "우리"를 구성한다)에 기초하고 있으며, 바로 이 언어에 있어 이론과 실천은 그 근원에서부터 일치한다. 이것이 사실이므로 "**프락시스의 우선성**"은 **성립할 수 없으며**, 보프에게 최고로 자명하게 다가오는 개념들조차 프락시스 내에 정초하기가 곤란해진다. 그런데도 보프는 그 개념들을 아주 힘주어서(rigorously) 자세하게 설명하는데, 그렇게 함으로써 이 개념들이 총체적으로 엄밀성(rigour)을 결여하고 있음을 무심코 드러내는 셈이다.

124 Ibid., pp. 15-16, 202, 216.
125 Ibid., pp. 44, 123-5, 139-43, 149-52.
126 Ibid., pp. 45, 81-7, 288 n. 49.

프락시스의 우선성이란 개념을 통해 보프가 말하고자 하는 것은 결국 "현실의 질서"에 속하면서 또한 그것을 규정하는 부의 생산과정을 영구적으로 뒷받침하는 구조가 있으며 그것을 **이론적으로** 인식할 수 있다는 점이다. 다른 편에서 보자면 종교는 그것의 가장 "보편적" 측면에서 관념적 질서 속에 자리잡고 있는데, 이 관념적 질서는 **역사적 실천과는 전적으로 동떨어진** 논리를 지닌다는 것이다.

이러한 토대적 실천(foundational practice)에 맞서서 블롱델이 사유한 것과 같은 "초자연적 행동"(supernatural action)을 내세우는 것이 바람직하다. 그리스도교적 행동은 늘 "텍스트적"(textual)이며, 늘 이론적 전제를 갖기 마련이다. 다른 한 편에서 신학적 이론도 단지 역사적 의미에서 볼 때 하나의 실천인 것이다. 신학은 실천을 **지속**하므로 그것에 대한 검증은 단지 실천에 비추어 본다거나, 신학이 근거하고 있는 정경적 텍스트에 비추어보는 식의 단순한 방식으로 진행될 수는 없다. 신학을 그런 식으로 검증할 수 있다면 신학의 지위는 축소되고 말 것이다. 그런데 사실 신학은 탁월성을 지니고 있으며, 이는 다름 아닌 신학적 실천이 지닌 문제적 성격(그 전제 조건에 대해 확신하지 못한 상태에서도 실천이 진행되며, 실천을 통해서 그 전제 조건을 현시한다는 점) 때문이다. 따라서 정경적 텍스트들을 읽어내고 또 그것을 실현하기 위한 신학의 "규칙들"을 행위의 효과성만을 따지는 하나의 극단적 기준—이와 같은 성격의 신학이라면 그것은 단지 개념 규정만을 위한 노력에 지나지 않는다—과 관련지을 수 없고, 텍스트를 끔찍한 오독으로부터 지켜내는지의 여부만을 중시하는 또 다른 극단적 기준과 연관시킬 수도 없다.

프락시스의 우선성이란 존재하지 않는다. 다만 그 대신에 단일하고도 수미일관한 이론/실천이 있을 뿐인데, 여기에는 특별한 권위를 부여받은 하나의 정경적 계기, 즉 정경적 말씀에 따른 하나의 구속력과 그보다 덜 규범적인 참고 사항들이 개입된다. 이러한 지속적 행동은 그 창조적 복종(surrender)을 통해서 초자연을 향해 개방되어 있다. 본서의 마지막 제12장에서 나는 그리스도교적 행동에 관한 서사가 어떻게 해서 그 자체로 사회·

역사적 제반 과정에 대한 주요한 신학적 설명이 될 수 있는지, 따라서 이러한 설명의 과제가 어떻게 해서 신학 자체를 가능케 하는지에 관해 해설할 것이다. 그러나 그 전에, 제9장과 10장 및 11장에서 더 치명적 형태를 띤 세속이성과 마주해야만 한다. 이 치명적 세속이성은 마르크스주의와 사회학이라는 근대적 메타서사의 붕괴를 겪은 후에 뚜렷이 부상한 것으로, 탈근대적 형태를 띠고 나타난 최후의 허무주의라고 하겠다.

제4부

신학과 차이

제9장

과학, 권력, 실재성

도입

본서의 제2부와 제3부에서는 사회학과 마르크스주의가 모두 문제의 소지가 있는 가정적 전제에 의거하고 있음을 보여주었다. 이러한 전제의 진실성 여부에 대해서 거의 종교에 준하는 신념을 갖고 있을 때만 이러한 전통으로부터 종교 및 종교의 실질적 측면에 대한 그럴듯한 "설명"을 도출할 수 있다. 그렇다면 사회과학은 종언을 고하게 된 것인가? 사회과학을 통해 종교에 대한 정당한 비판을 시도할 수는 없는 것인가?

제4부는 이러한 질문들을 다루면서, 본 장에서 처음으로 주장하려는 것은 인간의 상호작용을 취급하는 과학이 이론상 있을 수 있으며, 그것이 그 연구방법이나 연구대상의 본성에 대한 가정적 전제에 있어서 자연과학과 크게 다르지 않으므로, 간단히 말해서 그것 역시 자연과학의 일부 내지 분과에 해당된다는 것이다. 그렇지만 자연과학 자체가 진리에 접근하는 어떤 특권적 지위를 소유한 것이 아니므로, 그 자체의 설명에만 근거하여 실재론적 존재론을 구축할 수 없음을 또한 주장하려고 한다. 자연과학의 "진리"는 단지 도구적 통제의 대상이 되는 진리일 뿐이므로, 인간적 상호작용의 경우에 있어 진리는 인간 행동이 지닌 특유의 변덕스러움과 혁신의 역

량에 따라 한계지어진다고 하겠다. 과학이 진지하게 수용할 수 있는 단 하나의 보편적 진리(즉 우발성의 법칙)가 있다고 한다면, 그것은 인간의 영역에 있어서는 항시 실제에 비추어 판단해야 할 그 무엇인 것이다.

이 점에서 과학의 전형적 특징이라고 할 수 있는 반복적 양상만을 별도로 취급하는 방식은 일반적이고 보편적인 것과 관계되는 것이 아니라 단지 특수성에 불과한 것(외형적으로는 폐쇄된 체계들)과 명백히 직결된다고 하겠다. 그러므로 단편적 인간 행위에 대해서 비록 잠정적이기는 하지만 어느 정도 과학적 설명이 가능하다고 하겠으나, 이것을 두고 결코 인간 본연 내지 인간적 상호작용의 본연에 대한 설명이라고 할 수는 없다.

도리어 인간적 상호작용은 그 모든 다양성에 있어서 서사의 대상이 될 수 있을 뿐, 자연과학의 방식대로 설명 내지 이해의 대상이 될 수는 없다. 아직도 기질적으로 빅토리아 시대에 속한 사람들이라면, 역사서술이 특수성을 띤 증거를 수집한 뒤에 사회과학이 그것을 보다 보편적인 방식으로 취급하는 것을 당연시할 것이다. 하지만 실제로는 그 역(逆)에 해당되는 것이 진실인바, 특수성을 띤 외형적으로는 비교적 안정된 체계들만이 존재한다고 하겠다. 반면에 역사학이야말로 체계의 이행에 대해 숙고하는 학문의 제왕으로서, 비록 회의적 기질을 품고 있기는 하지만 인간 본연 내지 인간 사회 본연에 관한 문제에 단독으로 접근할 수 있다.

사회과학의 어느 분야이든 보편적 결론으로 비약할 위험을 감수하지 않고서는 종교의 본질을 규정하거나 종교에 대한 어떤 보편적 사실을 발견한다고 말할 수 없다. 가령 X라는 사회에 있어서 지배계급이 Y라는 종교를 수용한 것은 사회적 유용성 때문이라는 점을 설득력 있게 논증할 수 있을 것이다. 하지만 여기서 작용하는 구조적 메커니즘을 아무리 잘 분리해내고 또 그 윤곽을 잘 그려냈다고 하더라도, 사실 이러한 논증은 사회과학적 주장이 아니라 역사학적인 것이다. 그런데 그것을 마치 사회과학적 주장인양 제시한다면, 그것은 분리의 방식을 통해 파악된 메커니즘이 보편적 작동 경향을 보여주는 전형적 사례라는 이유로 그것이 무슨 법칙이라도 되는 듯이 기만하는 것에 불과하다. 따라서 사회과학은 신학이 도저히 회피할 수 없는 확실한 근거를 지닌 결론을 신학에 제시하지 못한다. 무엇보다도 우리가 살펴보았듯이, 사회과학은 종교적 행위에 있어 "사회적" 요인이라는 범주를 분리해내지 못한다. 왜냐하면 사회적 부문을 하나의 독립된 인과성을 지닌 범주로 구성해 내는 것은 전체를 부분과 대립되는 식으로 실체화하거나(사회학의 경우), 또는 "물질적" 부의 생산을 실제 역사의 추동력으로 간주함(마르크스주의)에 따른 것이기 때문이다.

신학은 사회과학이 품고 있는 혐의의 시선을 모두 피해갈 수 있으며, 역사학은 신학의 동반자라고 할 수 있다. 기록으로서의 역사는 흔히 말하는 보편법칙에서 벗어난 예외적 사례들을 산출해주고, 삶으로서의 역사는 언제나 우리로 하여금 다른 방식으로 일을 수행하게끔 한다. 야심으로 충만한 사회과학(실증주의의 전통과 변증법적 전통)도 결국에 가서 보면 결국 계몽주의의적 기획, 즉 종교적 전통을 엄수하고자 하는 특수주의에 대해 인간의 얼굴을 한 보편의 이름으로 도전장을 내미는 행태에 해당된다. 그러나 이러한 도전은 하나의 극단에 서 있는데, 그 이유는 그것 자체가 형이상학의 관점에서 기획되었을 뿐 아니라 일종의 종교성마저 드러내고 있기 때문이다. 탈근대성(그렇지만 이것은 어떤 면에서 근대성의 악화일 뿐이다)을 표방하는 새로운 시대에 들어서면서 인간됨(the human)은 인간성을 구성한다고 강변하는 무수한 담론에 종속되어왔으며, 보편성이란 이제 더 이상 동일함을 상정할 수 없고 오히려 역설적으로 **차이와 관련된 것**(the different)으로서 언급될 뿐이다.

그렇지만 이어서 다음과 같은 질문이 (다음 장에서) 제기될 것이다. 이를테면 신학에 대한 새로운 탈근대적 도전이 존재하는가? 차이에 대해 사유할 것을 촉구하는 그러한 도전이 존재하는가? 그러한 도전은 더 이상 사회과학이 제기하는 것이 아니라 일종의 메타담론, 즉 사유와 행동을 가능케 하는 조건으로서 차이에 그 시선을 고정시키는 "근본적 존재론"(fundamental ontology)으로부터 제기된다고 하겠다. 하이데거와 데리다와 들뢰즈 등은 이러한 도전을 제시하는 사상가들이다. 그렇지만 이 도전은 사회이론(social theory)에서 제기하는 도전이기도 한데, 그 이유는 차이의 존재론은 결국 절대적 역사주의, 즉 진리란 힘의 전략이 확립되는 과정에 대한 서사일 뿐이라고 보는 철학에 속하기 때문이다. 니체와 들뢰즈와 리오타르와 푸코 등은 이런 방식의 도전을 완결짓는 사상가들이다.

근대성은 일찍이 종교에 대해서 혐의의 시선을 품고 다음과 같은 문제를 제기했었다. "종교는 실제로 X가 아닌가?" 여기서 X란 비록 은폐되어 있지만 더 근본적인 무언가를 가리키는 말이다. 종교는 실제로 사회적 통제를 위한 하나의 기능이 아닌가? 생산을 위한 훈육의 수단이 아닌가? 수용불가한 것에 의한 심리적 억압의 한 측면이 아닌가? 그러나 탈근대성이 종교에 대해서 품고 있는 새로운 혐의의 시선은 무엇을 토대로 삼아 종교의 그럴싸한 진리주장 밑에 감춰진 진실을 해독할 것인가 하는 문제와는 아무 관련이 없다. 탈근대적 시선은 그 어떤 진리의 기준에 비추어 신앙의 내용을 탈신화화 할 수 없고 그것에 대한 의문을 제기할 수도 없다. 그렇지만 그것이 할 수 있는 것은 보편성에 대한 주장을 상대화하고 그것에 대해 문제를 제기하는 것이다. 그것이 갖고 있는 음험한 방법론이 **뮈토스**의 배후에 감춰진 비밀을 폭로하는 것은 아니지만 다만 다른 "진리들"을 가리키면서, 이 진리들이 총체화의 시각에 의해 어떻게 억압되거나 부정되는지를 드러내준다. 하지만 "다수의 진리들" 즉 "공통분모가 없는 다수의 진리들"이란 말이 분명하게 함의하는 것은 모든 진리는 자의적이며 모든 진리는 "힘을 향한 의지"(will-to-power)라는 점이다.

제4부의 두 번째 장(제10장)에서는 따라서 탈근대성이 종교에 대해 품고 있는 혐의의 시선이 출현하게 된 경로를 니체로부터 시작해서 프랑스의 신니체주의자들(neo-Nietzscheans)에까지 추적할 것이다. 특별히 방점을 두어야 할 부분은 니체가 종교 일반에 대해서가 아니라 **그리스도교**라는 특정 종교에 대해 주로 비판을 가했다는 사실인데, 그는 그리스도교가 특이하게도 힘을 향한 의지를 위장하고 있다는 주장을 그 근거로 내세운다. 실로 니

체는 그리스도교와 그 "노예도덕"(slave morality)을 비진리라고 비난하면서, 그리스도교의 금욕주의와 자기부정을 힘을 향한 의지가 결국엔 스스로를 강화시키고 그 위력을 배가하도록 하는 교활한 장치라는 식으로 설명한다. 이 점에서 니체도 변증법 및 그 자신이 상정한 진보의 서사로부터 자유로울 수 없으며, 이 사실을 몇몇 신니체주의자들은 정확하게 지적하고 있다.

제10장의 마지막 단락에서는 니체와 신니체주의자들을 고찰하던 것에서 이들의 영향력에 대항해온 신철학자들(nouveaux philosophes)에 대한 간략한 논의로 옮겨갈 것이다. 이들 신철학자들이 보기에 니체는 혐의의 시선이 성립할 수 있는 진정한 가능성을 드러내준다고 할 수 있다. 하지만 이는 근대적 비판 사상이 자의적 권력에 따른 지배와 내내 동맹을 맺고 있었다는 사실을 밝히지 않음으로써 가능한 일이다. 설령 이 사실을 노출한다 하더라도 이는 그것에 존재론적 정당성을 부여하기 위한 것이다. 니체와 하이데거와 들뢰즈가 차이의 진리를 제시했을지라도, 이러한 진리에 대해 관용할 수 없는 까닭은 그것 또한 집단 수용소를 건설하고 보다 교묘한 형태의 관료적 억압을 가해온 20세기식 권력이 아무런 제약도 없이 풀려나서 활개치는 것이기 때문이다. 신철학자들의 입장에서는 "지배의 사상가"를 자처하는 니체마저도 거부해야 한다. 하지만 이러한 거부는 힘이 지배하지 않는 또 다른 미지의 세계에 호소하는 마니교적 형태를 띠게 된다. 바로 이 점에 있어 탈근대적 혐의의 시선은 견고한 인본주의적 의미를 풍길 만한 잔재를 조금도 남겨두지 않는다는 점에서 근대주의보다 더 과감하고 더 포괄적임을 정확히 인지하게 된다. 따라서 탈근대성에 대한 문제 제기는 오로지 그것이 가진 존재론적 전제의 심급에서만 가능하다. 그렇지만 신철학자들은 실제로 차이의 존재론이 참이기는 하지만 정당하지는 않다고 본다. 따라서 그들의 문제 제기는 체념 섞인 거부 내지는 일종의 영지주의 또는 기껏해야 이원론적 플라톤주의로 귀결되기 마련이다.

신철학자들에 비하면 몇몇 영미권과 독일의 사상가들은 근원적 차이의 존재 가능성 및 모든 진리 주장이 처한 역사적 상황성에 대해 훨씬 더 낙관적인 태도를 견지하면서도, 절대 진리와 가치를 전부 부정하는 일종의 관점주의로 전락하지 않는다. 제11장에서는 이러한 "유순한" 형태의 탈근대주의가 성립할 가능성이 있는지를 논하면서, 특별히 알래스데어 매킨타이어(Alasdair MacIntyre)를 집중적으로 다룰 것이다. 매킨타이어 역시 "악성" 탈근대주의를 그 존재론적 심급에서 문제 삼아야 할 필요가 있다고 보면서, 소피스트들이 내세우던 상대주의(이것을 리오타르를 비롯한 이들은 대개 긍정적으로 언급한다)에 대해 플라톤과 아리스토텔레스가 보여준 반응이 오늘날에 새로운 적절성을 띠고 있다고 주장한다. 비록 나는 플라톤과 아리스토텔레스의 유산(특별히 객관적 선의 존재가 행복의 참된 가능성을 제공하며, 아울러 선은 진리 및 아름다움과 한가지라는 믿음)이 많이 보존되어야 한다는 점에서는 매킨타이어에 동의하지만, 나는 이러한 진리들을 확립함에 있어 순전히 변증법적 방법에 의지하는 것은 본래 부적합하며, 그런 방법으로는 소피스트적 궤변이나 근대적 관점주의를 논박할 수 없다는 점에서 매킨타이어에 반대한다. 비록 매킨타이어가 (헤겔과 마찬가지로) 변증법과 서사를 융합하려고 하지만, 변증법은 신화적 명령법을 위장하고 은닉하려는 시도로 전락할 수도 있다. 실제로 그것은 **이미** "계몽주의의 세례를 받은" 보편성을 내세우는 그럴싸한 주장에 불과하다. 유사한 방식으로 매킨타이어는 비교적 초연한 관점에 서서 전통에 의거한 탐구가 **일반적으로** 합리적 성격을 띠고 있으며 또한 객관적 진보를 가능케 한다는 점을 논증하려고 시도한다. 아울러 허무주의에 대한 유일한 대응은 자신이 속한 특수한 전통에 대한 충성을 확인하고, 전통적 서사형식이 지닌 암묵적 전제로부터 하나의 존재론을 도출해내는 것이라고 주장한다.

　본서의 마지막 장에서는 매킨타이어가 제시한 것과 같은 방식의 대응을 시도할 것이다. 진리·선·행복이 객관적으로 존재한다는 주장은 바로 거기에 참여하는 그러한 특별한 형태의 삶을 확인하는 것을 통해서만 성립할 수 있다. 그런데 이러한 확인이 변증법을 통해 검증될 수는 없다. 그리스도교는 그러한 형태의 삶을 대표하는 것으로 볼 수 있다. 그렇지만 그리스도교는 그저 또 하나의 관점에 불과한 것은 아니다―나는 바로 이 점을 주장하고자 한다. 그리스도교도 역시 **독특한** 차이를 지니고 있다. 여기서 나는 니체가 역사적 견지에 따른 자신의 비판을 주로 그리스도교를 향해 돌렸다는 사실에 주목한다. 이로써 그리스도교는 단지 구시대적 메타서사의 한 단면에 불과한 것이 아님이 드러난다. 오히려 그리스도교는 서로 대립하는 현상 중 어느 것에도 궁극적 실재성을 인정하지 않는다는 점에서 독특성을 지니며, 이 점에서 니체는 객관적으로 옳았다. 바로 이러한 이유로 그리스도교는 니체식의 탈근대주의에 대한 진정한 "역(逆)"이 될 수 있으며, 또한 단지 체념적인 마니교적 방식을 능가하는 방식으로 탈근대주의에 대한 부정을 개진할 수 있다―나는 또한 이 점을 주장하고자 한다. 비교해 보건대 다른 모든 신화 내지 서사적 전통은 원초적 폭력이 존재했다는 사실을 확인해주거나 가까스로 은닉하는 정도이다. 신성함을 표방하는 종교적 질서는 이러한 폭력을 겨우 억제할 뿐이다. 심지어 플라톤과 아리스토텔레스도 그러한 신화적 유산에 따른 제약에서 벗어나지 못했다. 결국 그들은 절망적 혼돈과 갈등으로 범람하는 우주에 맞서 선함과 행복의 실재는 자기존재를 위해 유보된 특정 구역을 차지하고 있다고 상상할 수밖에 없었다. 즉 그들은 평화의 섬과 같은 것을 따로 떼어놓기는 했으나, 평화를 존재 그 자체와 동일시할 수는 없었다. 오로지 그리스도교만이 (그리고 그보다 덜하지만, 유대교와 이슬람이) 그와 같은 존재론을 긍정하고 있으며, 또한 허무주의를 그 발생 초기부터 온전히 피해갈 수 있다. 하지만 이러한 존재론은 변증법에 의해 확립되는 것이 아니라, 하나님의 창조와 구속에 관한 서사 속에 함축되어 있다. 마찬가지로 그리스도교가 차이의 존재론 내지 지배의 사상을 합리적으로 논박하는 것은 전혀 불가능하다. 그럼에도 불구하고 그리스도교만이 유일하게 이러한 관점주의적 교설 그 자체가 단지 또 하나의 관점에 불과함을 드러낼 수 있다. 이교주의의 관점이 폭력을 숭배할 뿐 아니라 더 나아가 그러한 숭배를 노골적으로 옹호하고 있음을 깨닫게 하는 것은 바로 그리스도교다.

"악성" 탈근대주의의 관점이 바로 최후의 가장 완벽한 형태를 띤 세속 이성이자 여러 면에서 마키아벨리적 신이교주의(neo-paganism)로 복귀하여 그것을 발전시키는 조류임을 나는 주장할 것이다. 그리스도교는 허무주의가 자신의 존재론을 또 하나의 신화로 삼아 지탱하고 있음을 드러낸다. 따라서 허무주의를 "넘어서는" 사회 비판이 가능하려면 그것은 오로지 신학적 성격을 지녀야 할 것이다.

그러므로 본서의 마지막 장에서 아우구스티누스와 디오니시우스에 대한 새로운 읽기를 시도함으로써, 나는 그리스도교가 그리스적 존재론을 변형시킴으로써 동시에 사회·역사적 비판을 전개하게 된 경로를 상세하게 다룰 것이며, 또한 이로써 그리스도교가 어떻게 사회적 실재에 대한 세속적 추론(그 최종 형태인 허무주의를 포함하여)을 앞서서 극복해 나아갈 수 있었는지를 설명할 것이다. 나는 이러한 비판적 시각이 바로 그리스도교 신학의 **본령을 이루는** 사회·역사적 실재에 관한 서사에 해당된다고 주장하고자 한다―그리고 이러한 서사야말로 토대주의와 상관없는 특별한 의미에서 진정한 "메타서사"인 것이다.

설명과 이해, 그리고 서사화

내가 방금 지적했듯이 탈근대 시대에 들어오면서 사회과학은 더 이상 신학에 대한 주요 도전이 될 수 없으며, 이 점에서 사회과학을 대체하는 것은 절대적 역사주의 및 차이의 존재론(the ontology of difference)이다. 그렇지만 여기서 하나의 혼동이 초래될 수 있는데, 여기서 주장하려는 것은 단순히 자연과학과 사회과학을 선명하게 구분하면서, 후자의 사회과학은 **이해**(*verstehen*, understanding)의 목표를 추구하는 반면에 전자의 자연과학은 **설명**(explanation)을 목표로 삼는다는 식의 주장을 새로이 반복하려는 것이 아니다.

폴 리쾨르(Paul Ricœur)와 같이 **이해** 개념을 옹호하는 이들은 신학자들에게 깊은 영향을 주었는데, 이들은 바로 과학이 침입할 수 없는 곳에 불가침적인 "인간적" 영역을 설정하려고 했다. 어쩌면 사회과학에 대한 필자의 메타비판이 이와 동일한 방향을 지향하는 것으로 여겨질 수도 있겠다. 이번 장에서 나는 그러한 인상을 일소할 것이다. 우선적으로 이번 단락에서 나는 이해와 설명 및 인문주의와 과학 등의 이항대립이 근대주의적 세속이성의 한 측면임을 보여줄 것이며, 아울러 이러한 세속이성을 별도로 분리해 내서 논박하려고 한다. 이해/설명의 이항대립 대신에 나는 **서사적 앎**(narrative knowledge)이라는 단일한 양식을 제시할 것이다.

본 장의 세 번째 단락에서 나는 **사회에 관한 서사화된 앎**(narrated social knowledge)이 자연과학과 어떤 관련을 지니는지 질문할 것이다. 그런데 이에 대한 대답은 **사회에 관한 서사화된 앎**이 자연과학과 본질적 연속성 안에 있다는 것이다. 왜냐하면 자연과학적 지식도 서사화의 한 양식이기 때문이다. 그렇지만 자연과학과 제대로 된 사회과학에 있어서 "확실성"은 그것들이 얼마나 실재를 표상해내는가에 달린 것이 아니라, 그것들이 반복과 질서정연한 변화를 가능케 하면서도 때로는 예측할 수 없는 계기마저 능히 포용하고 수용해내는 그러한 힘과 얼마나 부합하는가에 달려있다고 하겠다. 더욱이 근대과학이 전제하는 암묵적 존재론은 "궁극적 실재"의 심급에 있어 균일성(uniformity)이 아니라 무작위(randomness)와 차이를 암시하고 있다. 따라서 초과학적(extra-scientific) 부문이 성립가능한지를 묻는 질문은 인간 자유의 현실성에 관한 질문이 아니라 힘에 "관한" 것이 아닌 그러한 서사가 있을 수 있는지를 묻는 질문이며, 여기에는 자의적인 것(권력)을 정당화하지 않는 그러한 존재론이 함축되어 있다. 이 질문은 이러한 새로운 탈근대적 쟁점을 다루는 본서의 마지막 세 개 장의 핵심 논의와 직결된다.

설명과 이해를 서로 대조시키는 것은 특별히 근대주의적 전제에 따라 이루어진 것이다. 첫째로 설명과 이해는 둘 다 엄밀하고 객관적인 진리를 확립하기 위한 것으로 여겨졌다. 둘째로 설명과 이해의 구분은 결국 작용인에 의해 지배되는 물질적 영역과 의미 및 의도에 관한 정신적 영역을 분리했던 데카르트적 방법에 의거한 것이었다.

이러한 가정적 전제에 대해 좀 더 규명하자면 그것은 그 성격상 실증주의적 기획에 의한 것이었다고 말할 수 있다. 자연과학은 감각 인상에 의존한다고 여겨졌는데, 이 감각 인상은 부인할 수 없는 개별적 "사실들"을 드러내며, 이 사실들을 서로 연결하는 모종의 규칙은 체계적 관찰과 실험에 의해 확립되고 이를 통해서 자연과학적 "법칙들"이 세워진다고 추정되었다. 이해의 개념을 주창한 이들은 이러한 자연과학의 설명을 문제삼지 않았다. 그러나 이들이 이러한 방법론이 인간과 관련된 역사적 현실에 대한 연구에 적용될 가능성을 인정한 것은 아니었다. 왜냐하면 역사적 현실은 그러한 고정된 규칙성을 보여주지 않았기 때문이다. 대신에 인간을 다루는 연구에서 엿보이는 "과학적" 측면은 인간이 만들어낸 텍스트와 유물과 유적에 대한 해독작업에 관계되며, 그러한 해독작업의 목적은 이러한 객관적 형태들을 적절히 번역함으로써 그것들이 형성된 주관적·의도적 조성과정을 역으로 들여다보는 것이라고 여겨졌다.[1] 그러한 작업은 연구의 대상과 연구의 주체 간의 본질적인 존재론적 동일성(자연과학의 경우에는 해당되지 않는 동일성)에 대한 가정적 전제에 의존한다고 간주되었다.

이러한 관점의 가장 중요한 주창자인 빌헬름 딜타이(Wilhelm Dilthey) 이전에 신학자인 슐라이어마허가 해석에도 객관적 요소가 존재한다고 주장했었다. 그 까닭은 인식 주체와 인식 대상 간의 존재론적 동일성 때문만이 아니라, 텍스트가 가진 형식적·문법적 구조들 덕분이기도 하다—또는 인간의 조성물이 코드화된 관습적 체계를 전제하고 있기 때문이라고 할 수도 있다.[2] 그렇지만 해석작업 내에 구조에 대한 형태적 분석을 넘어서는 무언가 여분의 것이 존재하는지, 얽히고설킨 문장의 배후에 그것을 넘어서는

---

1   본서의 4장을 보라.

2   Manfred Frank, *Das individuelle Allgemeines: Textstrukturierung und interpretation nach Schleiermacher* (Frankfurt: Suhrkamp, 1980).

"의미"의 심급이 존재하는지에 관한 질문이 제기된다. **이해**에 관한 "해석학적" 전통에 속한 사상가인 폴 리쾨르는 형태주의적 "설명"의 계기에 대해서도 제대로 공정하게 평가해야 한다고 주장(즉 의미작용에 관한 구체화된 규범이 객관적으로 존재한다는 주장)하는 한편, 그러면서도 그러한 분석이 행해지고 난 후에 제대로 된 해석 내지 이해를 수행해야 할 과제가 남기 마련이라고 주장한다.[3] 슐라이어마허나 딜타이와 마찬가지로 리쾨르에게 있어서도 이러한 해석작업은 본질적으로 죽어 있는 텍스트 내지 조성물에 다시금 생명을 불어넣는 일이다. 특히나 기록된 텍스트는 리쾨르가 보기에 일종의 생명 없는 유예상태로 존재한다. 텍스트는 일정한 "어의"(sense)를 지니지만 온전한 "의미"(meaning)를 품고 있지는 않다. 의미는 자의식을 가진 발언자들이 서로에 대해 직접적으로 현존할 뿐 아니라, 그들의 발언 대상이 되는 사물에 대해서도 잠재적으로 현존할 때(따라서 간단한 언급마저도 흔히 단순한 "현시"로 전환된다), 그러한 살아 있는 발화의 맥락 속에서만 발생한다. 리쾨르에게 있어 해석의 목표는 텍스트로부터 의미를 부활시키고 그 의미를 이렇듯 살아 있는 맥락으로 회복하는 것이며, 이러한 해석의 과정에는 발화(speech)와 지시(reference)를 가능케 하는 반성적 주체의 자기 현존이 수반되기 마련이다. 따라서 읽기의 행위는 언제나 "내적" 자기이해의 계기 속에서 완결되며, 텍스트에 담긴 의미는 설명을 넘어서는 여분의 요소로서 인간의 주관성 및 내면성이 지닌 보편성과 관계된 것임이 드러난다.

리쾨르가 계속해서 **이해**와 **설명**을 구분하는 것은 분명하다. 왜냐하면 그는 인간의 정신이 구체화된 대상물로부터 분리될 수 있다는 특정한 믿음을 견지하기 때문이다. 그가 생각하기에 자기성찰 및 사물과 다른 주체에 대한 "현존"(presence)은 해독하고자 하는 기록물에 대해 "외적"인 것에 지나지 않지만, 실제에 있어서 발화와 자기성찰은 일정한 매체 속에 끊임없이

---

3   Paul Ricoeur, "What is a text? Explanation and understanding," in *Paul Ricoeur: Hermeneutics and the Human Sciences*, trans. John B. Thompson (Cambridge: Cambridge University Press, 1981) pp. 145-64. 존 톰슨 편역, 윤철호 옮김, 『해석학과 인문사회과학』(서광사, 2003).

무언가를 기록해 넣으면서 책이나 그림처럼 의미화의 코드에 구속된 채로 남게 된다.

역으로 리쾨르가 보기에 기록된 텍스트는 그 자체 안에 "어의"(sense)만을 갖고 있을 뿐 "지시"(reference)는 포함하지 않는다. 그 까닭은 가령 허구적 작품에 등장하는 인물들은 얼굴을 감추고 있는 저자를 대변하는 인물을 포함하여 오로지 플롯의 전체적 구성과 관련해서만 "실재성"을 갖기 때문이다. 따라서 하나의 구문적 요소를 지닌 전형적 행동이 다른 요소를 암시할 때 우리는 이 플롯에 따라 한 덩어리의 말을 한 명의 살아 있는 화자가 하는 말로서 취급하기 마련이다. 저자가 처음부터 실제 인물들과 사건을 언급하려고 하는 경우에도 기록된 텍스트는 이러한 실제 상황으로부터 떨어져서 자유롭게 부유하므로, 텍스트의 논리는 보도문의 정확성과는 상당히 독립된 방식으로 취급할 수 있다.

그렇지만 리쾨르가 깨닫지 못하는 것이 있는데, 기록된 텍스트를 성립시키는 이러한 조건은 문화적 실존 일반에 해당되는 조건이라는 것이다. 첫째로 우리의 정체성은 타인이 우리를 취급하는 규칙적 방식과 이러한 취급 방식에 따른 지속적 관례 및 때때로 그것에 대한 중대한 위반 때문에 유지될 뿐이다. 소설 속의 허구적 인물만큼이나 우리도 플롯이 구성해 놓은 틀 속의 "인물"(characters)로서 존재할 따름이다.

둘째로 실제 상황과는 상관없이 자유롭게 부유하는 것이 기록된 텍스트의 특징이라고 하지만 이것은 또한 모든 문화적 활동에 지울 수 없는 표지를 남긴다. 우리는 우리 자신이나 우리가 말하고 행동했던 원래 상황에 대해 우리가 이야기하는 방식에 따라 "그렇게 취급받는다"고 상상하는 대로 취급받는 것이 아니라, 타자가 우리의 이야기를 읽어내는 다양한 방식에 따라 또한 우리의 행동이 나중의 사건 내지 아주 낯선 일련의 사건에 비추어 나타나는 방식에 따라 취급받는다.

세 번째이자 마지막으로 만약에 우리가 어떤 사람 또는 어떤 것이 직접적으로 현존한다고 주장할지라도, 이것이 우리를 단순한 어의를 넘어 존재론적 "지시"라는 어떤 신비적 영역으로 인도하는 것이 아니라 오히려 어의를 좌우하는 관례를 고려함으로써 우리는 "가식"에 대조되는 "실제성"을 위한 조건이 여기서 적절하게 충족된다고 말할 수 있다. 예를 들어 한 왕이 내 앞에서 연설을 한다고 하자. 그 왕은 지금 연극 무대에 서 있는 것도 아니고 영화에 출연하는 것도 아니다. 내가 프랑스에 오기까지 일련의 사건을 겪었다고 해서 그것이 내가 지금 단지 연극이나 축전이나 마상시합에 참여하고 있다는 사실을 지시하는 것은 결코 아니다―가령 관객들은 어디에 있는가? 애석하게도 나는 이렇게 결론내린다. 이곳은 아쟁쿠르(Agincourt)이고 이 사람은 헨리 5세 국왕이다. 하지만 다른 심급에서 보자면 실제의 헨리 5세는 물론 인간이 만든 허구의 일부가 되어 왕을 연기하는 것일 수 있다. 여분의 지시라는 환상이 생겨나는 것은 우리가 흔히 태곳적 시절부터 의례에 대해 끔찍할 정도로 진지했었다는 사실을 망각하기 때문이다. 비교적 최근에 들어서야 "부차적" 성격을 띤 허구(fiction)를 위한 공간이 점차 확장되었고, 거기서 작가들과 배우들이 자기들이 쓰고 있는 가면을 어느 정도 거리를 두고 바라보게 되었다. 우리가 현재 허구라고 부르는 것들은 모두 차라리 "아이러니한 비유에 의해 지배되는 허구"라고 불러야 한다. 아울러 "진지한" 허구와 "아이러니한" 허구를 대조하는 것이 별 생각 없이 "지시"와 "어의"를 대조했던 것에 함의된 진실을 보여준다. 이 말은 물론 우리의 언어가 어의와 지시를 관례적으로나 문법적으로 구별함("왕권"과 "실제의 왕"을 구별하듯이)과 더불어 작동된다는 사실을 부정하려는 것은 아니다. 다만 여기서도 지시가 어의를 구체화하고 어의가 지시를 구체화하는 것은 인정해야 할 것이다.

따라서 글쓰기는 삶이나 현존이나 지시를 유보하는 것이 아니라 아이러니적 비유를 통해서 지시와 어의 간의 "존재론적" 간극을 산출한다. 해석학의 특징을 이루는 현존과 부재, 음성과 기록 간의 대립이나 자아와 자기의식 간의 간극이 없다면, 군이 구조적 **설명**이라는 과업을 넘어서서 **이해**를 상정하고 이 이해를 위한 회복 내지 치유의 과제를 수행해야 할 이유가 없는 것이다. 그렇지만 이 말이 읽기(reading)가 순전히 객관적이고 검증 가능한 활동이라는 뜻은 아니다. 사실 리쾨르는 형태적 메커니즘에 관한 구조주의적 설명을 너무나 쉽사리 받아들인 나머지 불확실성이 강한 해석적 요소에 대해 그것이 텍스트 내지 언어로부터 이탈하여 순수 자기지시(self-reference)라는 최종 목적지를 지향하는 것으로 표상한다.[4] 실로 그는 주관적으로 파악되어야 할 텍스트의 의도성, 즉 언어 자체의 움직임에 대해 이야기한다. 그러나 문제가 되는 것은 이러한 의도의 요소를 구문적 형태의 작동과 분리된 것으로 간주하는 것이다. 말하자면 구조주의적 전제와는 정 반대로, 모든 텍스트 내지 언어 일반에 **랑그**(*langue*)라고 하는 고정되고 정적인 형태를 지닌 패턴이 존재하고, 이것을 지시함으로써 **파롤**(*parole*: 특수한 경우에 따라 사용되는 언어의 독특한 용법)이라고 하는 특수한 움직임의 의미작용을 발견할 수 있다고 상상하는 것은 아무런 근거가 없다.[5] (이것은 어의와 지시 간에 절대적인 문법적 구분이 있다고 상정하는 것과 동일한 환상이라고 하겠다.) 그러한 보편적 개념들의 범주를 고립시켜 취급하는 것은 "사회적 사실"에 관한 뒤르켐의 교설을 언어학적으로 발전시킨 것인데, 이 모든 것은 결국 자의적 조작이며 구조적 형성 그 자체에 고유한 불확정의 요소에 의해서 뒤집히기 마련이다. 이를테면 어디에 방점을 둘 것인가? X라는 구문 단위가 더 광범위한 영역을 점한다거나 Y라는 구문 단위를 "포함"한다고 보아야 하는가? 아니면 그 반대인가? 이렇듯 해석과 관련된 쟁점은 형태적 문제로부터 직접적으로 발생하는 것이지 예상치 못한 심급 에서 발생하는 것이 아니다. 아울러 읽는다(to read)는 것은 해석학에서 말하는 것처럼 텍스트를 "구조"(redeem)한다거나, 텍스트가 지닌 낯선 거리감에 종지부를 찍는다거나, 그것이 본질적으로 지시하는 "인간적" 의미를 발견한다거나 하는 것이 아니라, 단지 텍스트에 특수한 새로운 강조점을 덧붙여서 그 텍스트가

4   Ibid.

5   Ferdinand de Saussure, *Course in General Linguistics*, trans. Roy Harris (London: Duckworth, 1983) pp. 99–189. 김현권 옮김, 『일반언어학 강의』(지만지, 2012).

지난 불확정성에 대해 답변하는 것을 말하는데, 그러한 새로운 강조점이라고 해도 당혹스럽고 낯선 느낌을 끝내기는커녕 그저 새롭고 건설적인 불확실성을 지시할 따름이다. 따라서 만약에 여기서 그 텍스트의 "진정한 의미"는 무엇인가를 묻는다면, 이 질문은 단지 그 텍스트의 진정 바람직한 **질서**는 무엇인가를 묻는 것일 수 있다.

텍스트성에 대한 이러한 분석이 시사하는 것은 **설명**과 **이해**를 상호 대립되는 것으로 볼 수 없다는 점이다. 의미의 발생을 가능케 하는 형식적·구조적 수단이 있을 뿐이며, 따라서 이해한다는 것은 형식적 구조와 조우하여 그것을 재조직하는 것을 말한다. 그것은 언제나 "구체화"의 문제, 즉 어떤 요소가 다른 어떤 요소에 어떤 방식으로 작용하는가를 보여주기에 관련된 문제일 뿐이다. 따라서 "의미"란 인과적 운동이 소용돌이치며 흘러가는 표면 아래의 심급에서 채취해낸 값진 진주와 같은 것이 아니다. 그 반대로 "의미"에 대해 말한다는 것은 그저 "움직임"과 "인과작용"에 대해 말하는 것에 불과하다. 다른 한편, 설명이란 말은 그 어떤 이론적 제안을 가리키기에 적절한 용어라고 할 수 없다. 그 까닭은 설명이란 말 속에 선행하는 근원적인 것은 추후에 발생하는 것을 해명해주는 적절한 근원이 된다는 생각 내지는 적어도 "법칙성을 띤" 일정한 과정이 그것을 구체화하는 사례보다 더 근본적이라는 사고가 함축되어 있기 때문이다. 하나의 텍스트이든 아니면 그 어떤 사물이든 간에 그에 대한 적절한 설명을 한다는 것은 오히려 반복을 통해서 그것을 재현하는 것, 즉 텍스트나 사물에 대한 **서사화**(narration)를 의미하는데, 이러한 서사에서 말하는 원인이란 나중에 발생한 사건으로 인해 진지한 주목의 대상이 된 계기를 가리킨다. 이렇듯 "움직임" 내지 "인과작용"에 대해 말하는 것은 바로 "의미"에 대해 말하는 것과 마찬가지다. 왜냐하면 어떤 것은 그것과 관련되어 나중에 일어난 사건이나 하위의 사건과 연결될 경우에만 인과적 중요성을 얻기 때문이다. 우리가 사전에 인지하고 있는, 그 어떤 순수한 자족적 원인이란 존재하지 않으므로, 우리가 맨 처음이나 맨 마지막이라고 알고 있는 것도 단지 시간적 연쇄에 지나지 않으며, 제일의 요소가 제이의 요소에 대해 지니는 "인과적" 관계성도 실은 제일의 요소를 정의하기 위해 필요한 것일 뿐이다. 가령 아들을 가진 사람만이 아버지이며, 복종의 대상이 되는 사람만이 대장인 것이다.

따라서 "서사화"(narrating)는 **설명**이나 **이해**보다 더 기본적인 범주에 속하는 것으로 판명된다. 즉 설명이나 이해와는 달리 서사화는 명확한 사실 내지 분절된(discrete) 의미와 같은 것을 전제하지 않는다. 보편적 법칙이나 보편적 진리와도 관련되어 있지 않다. 그렇다고 해서 서사화가 텍스트를 아무런 방식으로든 반복할 수 있다는 뜻에서 자의성을 띤다고 할 수는 없다. 물론 이런 식으로 하는 경우가 적지 않은 것도 사실이기는 하다. 우리가 꼼꼼히 살펴보면 텍스트가 느슨하면서도 복잡한 저항의 매듭을 형성하는 것을 알게 된다. 하지만 처음부터 이러한 저항을 정확히 자리매김하고(이것은 설명의 방식이다), 그다음에 보다 자유분방한 정신적 과업으로 넘어가는 일은 없다. 도리어 우리는 어떤 식으로든 이 저항에 주목한다. 여기저기에 압력을 가할 수도 있고, 여기서는 매듭을 더 꼬이게 하거나 저기서는 매듭을 약간 풀어 놓을 수도 있다. 그렇지만 아마도 짜증이 많이 나겠지만, 우리가 매듭을 다 풀어 낼 수는 없다는 일이다―"최종적" 해소는 늘 끝없이 연기된다. 그 저항이 다른 데로부터 말미암는 것이어도 우리는 그것을 늘 느낄 수 있다. 하지만 그것을 정확하게 자리매김할 수는 없다. 왜냐하면 그것은 궁극적으로 저항과 반저항으로 구성된 광범위한 전체적 연쇄망에 속해 있으며, 여기에 우리도 개입해서 그것을 조정하면서 변경하고 있기 때문이다.

텍스트를 읽는 것이 그것을 재서사화 내지 반복하는 것이라고 한다면, 또한 우리가 살펴보았듯이 텍스트성이 모든 문화를 이루는 조건이라고 한다면, 서사화는 (삶만이 아니라 사건과 구조와 제도와 경향에 관한 것이므로) 인간사회를 포괄적으로 이해하는 최종적 방식이 되는 셈이다. 사회적 현상을 이해하거나 설명하는 것은 단지 그것을 서사화하는 것이다. 비록 서사화가 본래부터 의문의 여지가 있는 활동일지라도 말이다. 우리가 이것을 제대로 파악한다면, 형이상학과 관련된 두 가지 환영을 추방하게 된다. 첫 번째 것은 실제로 일어나는 사건의 "이전" 또는 "배후에" 잠복해 있는 "결정적 원인"이라는 환영(이것은 리쾨르가 역사서술에 대한 자신의 이론에서 견지하는 개념)이다. 하지만 한 원인이 "결정적"이 되는 것은 오로지 그것이 이미 사건이 **될 때에만** 가능한 일이다.[6] 두 번째 것은 "의미"라는 환영인데, 이것은 물질적 현실의 표면 위에 배회하는 심령체(ectoplasm)와 같은 것이다. 이렇듯 최초의 설명에서 시작하여 두 번째 이해의 행위로 이어지는 이중적 과정을 대체하는 것은 바로 서사화 내지 (비동질적) 반복행위로서의 단일한 조작(operation)이다.

다시금 폴 리쾨르는 반례를 갖고 증명한다. 그는 (가령) 프로이트의 오이디푸스적 욕망 이론에 대해 그가 선호하는 모든 것을 인정할 수 있다. 하지만 그는 여전히 욕망의 근원에 대한 설명이 욕망의 의미 내지 그것의 궁극적 가능성에 대한 문제까지 다 해결해 주지는 않는다고 주장한다.[7] 어떤 의미에서 볼 때 이러한 사변은 아주 단순할 정도로 진부하지만, 오래 전부터 신칸트주의에서 지속해온 "가치" 추구를 재반복하는 것이므로 인과적 필요성을 넘어서는 의미의 가능성을 언급하는데, 그 의미의 실제적 실현의 장을 사회를 초월한 곳에서 찾을 뿐 아니라 그러한 의미가 인간의 "자연적" 욕망을 어느 정도로 변화시킬 수 있다고 본다. 이렇게 건져낸 의미는 확실하기는 하지만 언표될 수 없는 것이므로 고정된 영구적 설명구조를 결국은 건드리지 못한 채로 남겨둘 뿐이다. 해석의 복원을 위해 리쾨르가 찾아낸 최종적 좌소가 결국 사적이고 비사회적인 영역인 것처럼, 그는 근대주의적 양식을 띤 혐의의 시선에 대해서도 조금도 문제시하지 않는다(만약 그렇게 한다면 그것은 그가 가진 전략적 이익에 반하는 일이 될 것이다). 마르크스주의적 "대화"에서 언제나 생산과정이 사회를 법칙적으로 지배하는 의식 내지 도

6 Veyne, *Writing History*, pp. 88-93. Paul Ricoeur, *Time and Narrative*, vol. 1, trans. K. McLaughlin and D. Pellauer (Chicago: Chicago University Press, 1984) pp. 175-226. 김한식, 이경래 옮김, 『시간과 이야기 1』(문학과지성사, 1999).

7 Paul Ricouer, *Freud and Philosophy: An Essay on Interpretation* (New Haven, CT: Yale University Press, 1977) pp. 494-553.

구적 이성을 형성하는 것과 마찬가지로, 여기서는 언제나 오이디푸스적 메커니즘이 먼저 욕망을 산출하고 욕망의 형태를 결정하는 것이다. 이러한 가정적 전제가 의미하는 것은 리쾨르도 프로이트와 마찬가지로 인간의 유한한 실존에 관한 "비밀"이 단번에 다 밝혀졌다는 것에 대해 동의한다는 사실이다. 이것을 넘어서서 우리의 현실성에 관한 어떤 여분의 의미도 우리의 유한성 안에서 실질적이고 참된 자리를 찾을 수는 없지만, 만약에 그것이 있다고 한다면 반드시 물질로부터, 사회로부터, 텍스트로부터의 숭고한 탈출을 표상해 주어야만 한다. 반면에 들뢰즈와 가타리가 내세우는 전략만이 유일하게 탈근대적 전략이라고 할 수 있는데, 말하자면 그것은 오이디푸스적 현상에 부여한 해석학적 특권을 문제시할 뿐 아니라 그 현상이 결국 보편성을 띠고 있는지를 묻는 것이기도 하다.[8]

역사적 서사화야말로 사회적 앎에 접근하는 참된 방식이기에, 신학은 더 이상 리쾨르처럼 마르크스나 프로이트나 사회학이 품고 있는 토대주의적 혐의에 대해 양보할 필요가 없고, 이것을 마치 무슨 **부정 신학**(*via negativa*)의 한 양식이라도 되는 듯이 또는 신학 자체의 핵심 주제를 정화하는 방식이라도 되는 듯이 적용할 필요도 없다. 왜냐하면 이러한 혐의의 시선은 우리를 늘 알 수 없는 하나님께로 인도해주는 부정의 길(path of denial)이 아니라 의식 속에서 종교적 인식의 대상들(*noemata*)을 파악하고자 하는 현상학적 환원을 위한 예비 전략에 불과하기 때문이다. 그 대신에 신학은 자신이 가진 서사를 절대적인 것으로 포용할 필요가 있다. 이 신학적 서사는 유한성을 무한한 근원 및 텔로스와의 긴장관계라는 측면에서 정의한다. 인간의 유한한 본질에서 기인하는 것이므로 마치 제거하기 힘든 화강암 벽돌과 같은 혐의의 시선과 대면하는 대신에, 차라리 그리스도교에 대해 온

---

8   Gilles Deleuze and Felix Guattari, *Anti Oedipus: Capitalism and Schizophrenia*, trans. Robert Hurley et al. (London: Athlone, 1983s). 김재인 옮김, 『안티 오이디푸스 – 자본주의와 분열증』(민음사, 2014). *A Thousand Plateaus: Capitalism and Schizophrenia*, trans. Brian Massumi (London: Athlone, 1988) pp. 26-39. 김재인 옮김, 『천 개의 고원 – 자본주의와 분열증 2』(새물결, 2001).

갖 세세한 측면에서까지 문제를 제기하는 다양하지만 실은 "토대없는"(실제로 마르크스, 뒤르켐, 프로이트의 작업에서 비롯하는) 그러한 혐의의 시선들을 검토할 필요가 있다. 가다머가 바르게 지적하듯이 혐의의 시선이란 그 자체가 텍스트적 해석의 행위일 뿐이며, (하버마스라면 그렇게 했겠지만) 언어 내지 상징적 코드화 외에 **추가로** 작동하는 생산력과 생산관계에 따른 영향력에 호소하는 행위가 아니다. 이와 같은 호소의 행위는 결국 노동과 행동이라는 실체를 자연화하고 보편화하였음을 함의하는 셈이다.[9]

그리스도교에 대한 혐의의 시선을 다루는 것은 이제 서사와 관련된 복잡다단한 협상(교회에 관한 이야기를 새롭게 들려주면서 외부로부터 가해지는 비판 중의 어떤 것은 받아들여 자기비판의 소재로 삼고 나머지에 대해서는 논박하기)의 사안이 될 뿐이며, "세속"이라는 노출된 화강암 위에서 어정쩡한 자세를 취한 채로 신학의 외부에서 제기되는 비판의 근거에 대해 일정 수준에서 양보하는 대신에 다만 "종교적 의미"라는 난공불락의 영적 요새만은 수성하는 식으로 접근할 사안은 아닌 것이다.

서사화와 과학 그리고 초과학적인 것

지금까지 말한 것이 다 좋다고 할 수 있겠으나 (재)서사화가 설명과 이해를 다 포괄하면서도 그 둘 간의 대립은 인정치 않는다고 하면, 서사적 앎을 17세기 이래로 확립된 자연과학적 의미에서의 "과학적" 앎과 어떻게 관련 지을 것인가 하는 문제는 여전히 남아 있다고 하겠다. 서사적 앎 대 법칙적 앎이라는 새로운 대조가 이해와 설명이라는 잘못된 대조법을 대신하는 것은 아닌가?

---

9 Hans-Georg Gadamer, "Rhetoric, hermeneutics, and the critique of ideology: metacritical commentary on *Truth and Method*," in Kurt Mueller-Vollmera (ed.) *The Hermeneutics Reader* (Oxford: Blackwell, 1985) pp. 274-92.

이러한 우려를 전적으로 부인할 수는 없다. 하지만 그럼에도 불구하고 새로운 대조(서사적 대 법칙적)는 오래된 대조(이해와 설명)가 전제하는 데카르트적 이원론을 신주단지처럼 여기지 않는 것이 분명하다. "자연사"(natural history)라는 문구가 암시하듯 자연과학은 서사를 배제하지 않으며, 실제로 사람들이 등장인물로 나오는 것처럼 원자 혹은 식물이나 동물 또는 준항성(quasar)이 등장인물이 나오는 이야기를 지어내는 것도 가능하다. 더욱이 이런 이야기들은—어떤 모습의 가면을 쓰고 나타난다고 하더라도—언제나 우리의 인간관계 및 우리 사회가 자연계에 대해 가지는 관계에 대한 이야기가 될 수밖에 없다(이 점에서 마르크스는 옳았다). "자연철학"이라고 불리는 모호하고도 사변적인 분야로부터 엄밀성을 지닌 "자연과학"을 점진적으로 분리해냈다고 해서 그것이 반드시 서사 내지 인간적 관계성과 절연함으로써 존재론적으로 불변하는 차원을 통찰하는 데 성공했음을 지시하지는 않는다. 오히려 베이컨(Bacon) 및 메르센(Mersenne)과 더불어 시작된 "과학 혁명"은 그 출발에서부터 자체의 고유성을 수공업계 및 의료계에서 축적해온 실제적이고 효과적이며 유용한 지식을 더욱 진지하게 취급하는 데서 찾았다.[10] 철학이 일반적 배경으로 삼고 있는 회의주의에 반대해서 메르센은 기술 내지 작업에 대한 지식도 인간의 생활 및 유익과 관련해서 일정한 "진리" 내지 신뢰성을 보유한다고 주장할 수 있었다.[11] "기계"와 "실험"을 새로운 존중의 태도로 대하게 되었는데, 이것은 자연이란 단지 관찰만을 통해서 알 수 있는 대상이 아니며, 오히려 반복할 수 없을 정도로 특정화된 인간적 목적 내지 규칙적 절차에 따른 성취에 자연이 부합할 경우에 자연에 대한 더 정확한 인식이 가능함을 의미하였다. 따라서 "새로운 과학"은 처음부터 자연의 변형이라는 서사에 몰두해 있었다. 그렇지만 이러한 변형은 의례를 통해서 상징적으로 재현되는 마술적 행위에 관한 신화가 될 수는 없었다.

---

10   Webster, *The Great Instauration*. Paul Feyerabend, *Realism, Rationalism and Scientific Method: Philosophical Papers* Vol. 1 (Cambridge: Cambridge University Press, 1981) p. 15ff.

11   R. Lenoble, *Mersenne ou la Naissance du Mécanisme* (Paris: Vrin, 1943) esp. pp. 263-8.

그 대신에 그것은 인위적으로 재설정되는 적절한 조건 하에서 말 그대로 반복적인 활동이 되었다.

과학적 이해와 관련된 실증주의적 시각은 흔히 "설명"을 이해하는 여러 관점의 근간을 이루는 것으로서, 이렇듯 서사를 통해서 과학적 지식이 매개된다는 점을 대체로 간과하고 있다. 왜냐하면 실증주의적 시각은 한편으로는 감각 정보가 원자적 단위에 의해 결정된다는 것과, 다른 한편으로는 이론적 가설이 일정한 법칙성을 띤 연결고리를 구체화하므로, 이러한 법칙성을 무시간적이고 공시적인 어법에 의해서 제시할 수 있다고 추정하기 때문이다.[12] 그렇지만 베이컨이나 메르센 등과 관련된 보다 실용주의적인 입장에 따르면 우리는 자연을 오로지 우리 자신의 삶과 관련된 서사의 일부로서 포착하며, 자연에 대한 보다 정밀하고 견고한 "과학적" 관찰은 인간의 목적을 구체화하기 위한 분류체계를 적용하기 마련이라고 전제한다. 다른 말로 하면 우리는 자료에 근거하여 실험을 행하는 것이 아니다. 도리어 실험은 자료를 구성하는 것에서 시작된다. 비슷한 방식으로 실험은 단지 가설을 검증하는 것이 아니다. 오히려 굳이 말하자면 가설이 상상을 통해 실험 내지 기술을 구체화하는 것이다. 이렇듯 이론이 실험을 입증하는 것처럼 성공적인 실험은 이론을 입증할 따름이다. 하나의 일정한 서사, 곧 일련의 사건은 그것이 이미 발생했고 또 계속해서 발생하는 한에서 참인 것이다. 그렇지만 우리가 아무리 여러 번 불을 붙이고, 자동차를 운전하고, 핵분열을 일으킬지라도 우리가 "과학적" 확신을 갖고 알 수 있는 것은 단지 일정한 효과가 있다는 것이며, 궁극적 이치나 원인이나 본질에 대해서는 알 수 없다.

그렇지만 이러한 도구주의 내지 조작주의의 입장에서 바라본 과학관은 우리가 속해 있는 전체에 대한 성찰이라는 뜻의 "실재론적 착념"(realist

---

12 Nikhil Bhattacharya, "Knowledge *per causas*: Vico's theory of natural science," in Giorgio Tagliacozzo (ed.) *Vico: Past and Present* (Atlantic Highlands, NJ: Humanities Press, 1981) pp. 182-98.

habit of mind)을 배제하지 않는다. 게다가 그러한 성찰은 단지 사색적 호사만은 아니며 (단지 "규율적 강제력"을 지닌 것도 아니고) 오히려 우리의 모든 실천에 영향을 주기 마련이다. 우주를 하나의 거대한 기계라고 사유한 것이 지상에 실제로 숱한 기계들을 양산한 것과 마찬가지로, 이러한 사색은 우리가 하고자 하는 계획을 변경시키고 한정 짓는다. 그렇지만 근대 과학이 지닌 독특성은 실재론과 관련된 일종의 판단중지(*epoche*)와 연결된다. 말하자면 공적으로 부정할 수 없는 객관적 지식이 지배하게 된 것은 존재론적 야망을 과학에 의해 포기하는 대가를 치르고 얻게 된 것이다. 데카르트나 칸트나 휴얼(Whewell)이나 밀(Mill)이나 포퍼(Popper)나 러커토시(Lakatos)는 인간 지식에 관한 설명 위에 과학을 "구축"하려고 시도했는데, 이러한 모든 시도는 언제나 우리가 관찰의 언어를 이론적 내지 설명적 언어로부터 명확하게 분리할 수 있음을 허위로 가장해왔다. 연구 프로그램의 장기간에 걸친 성공이 진리의 척도가 될 수 있다고 러커토시처럼 말한다 하더라도, 이 연구가 결정적인 성공을 거두었다는 것은 다른 연구 프로그램들은 전부 실패로 돌아갔음을 암시할 뿐 아니라, 이 연구마저도 이론적 사유와는 상관없이 파악된 "실재성"에 의해 날조되었음을 의미할 수 있다.[13] 하지만 하나의 이론이 완전히 날조될 수 있다는 주장은 물론 러커토시 자신이 포퍼에 반대해서 하는 말이기는 하지만 단번에 완전한 검증이 가능하다는 생각만큼이나 성립하기 어렵다. 사실 실용주의적 관점에서 보자면 검증이야말로 우선권을 지닌다. 이를테면 하나의 생각이 효과가 있는 한에서 "참"이라고 한다면, 과학은 무언가를 적극적으로 성취할 때에만 실제 진보를 이루어 나가는 것이다. 하지만 단순한 실증주의에 대비해 볼 때, 실용주의적 접근은 근대 과학이 단지 실험적 지식에 집중함으로써 그 특유의 고유성을 이미 내적으로 이론화 했음을 인정한다.

따라서 서사는 다음의 두 가지 방식에 있어서 과학적 연구와 연관

13　Paul Feyerabend, *Against Method* (London: New Left Books, 1975) p. 181ff.

된다. 첫째로 과학은 "과학 이전의" 사변적 자연사를 결코 종결한 적이 없으며 오히려 이를 통해 여전히 자양분을 얻고 있다는 점이다. 둘째로 과학적 이론과 실험은 그 자체로 반복가능한 서사라는 사실이다. 그렇지만 연관성을 두 가지 정도 더 찾아볼 수 있다. 셋째로 비록 이론이 그 자체로 일종의 상상적으로 구성된 실험이기는 하지만, 동일한 실험에 대해 그것이 성공적이든 그렇지 않든 간에 상이한 이론적 설명을 하는 것을 흔히 볼 수 있다. 이것은 과학이 단지 기술의 언어만을 상대하는 것이 아니라 기술(곧 "실험")을 나타내는 문자적 기호도 포함하고 있으며, 아울러 하나의 실험을 결코 개별적으로 제시하는 것이 아니라 과거의 과학적 실행 및 다수의 모호한 사변과 관련해서 제시하기 때문이다.[14] 이론은 특정한 실험으로부터 벗어나서 "자유롭게 부유"할 수 있는데, 그 이유는 ("가설에 따른 연역적" 방법에 기초한 실증주의에서 보듯이) 하나의 이론이 실험의 현장과는 동떨어진 채로 사유되는 가설을 구체화하기 때문이 아니라, 이론 자체가 개별 실험을 넘어서서 모든 실재와 관련된 거대하고 일반적인 실험을 향한 과도한 충동을 표현하기 때문이다. 이러한 거대 실험은 결코 성취되지 못하므로 그러한 현실을 산출해내지도 못한다. 이렇듯 가장 광범위한 심급에 속하는 이론은 역시 서사적 형태를 취하는데, 가령 자연사라든가 실험의 역사에 대한 서사 등을 그 예로 들 수 있다. 특히 후자의 경우 어떻게 하나의 실험이 다른 실험에 근거해서 세워지는지, 어떻게 해서 하나의 실험이 다른 실험을 부정하는지, 어떻게 해서 일단의 실험에 대한 과거의 이론적 설명이 또 다른 설명에 의해 대체되는지, 그러면서도 이 새로운 설명이 처음의 설명과는 상충되는 실험 결과를 어떤 식으로 고려하는지 등을 보여준다.

넷째로 모종의 과학은 특성의 절대적 개별화에 관심한다. 일반적 차원에서 작동하는 하나의 법칙이 늘 반복적으로 눈에 띄기 마련이다. 하지만

---

14   Alasdair MacIntyre, "Epistemological crises, dramatic narrative and the philosophy of science," in *The Monist* (October, 1977) pp. 453-72.

지문처럼 결코 반복될 수 없는 유형도 나타날 수 있다. 사물들은 제멋대로 존재하기 마련이다. 이는 그것들이 절대적 상이성을 지니고 있기 때문이다 (라이프니츠의 말대로라면 모든 면에서 유사한 두 사물은 동일한 장소에 있어야 하므로 그 둘은 완전 동일한 것이어야 한다). 아울러 개별적인 것(이것은 사회적 통제 내지 범죄수사에서는 보통 인간 개인을 의미한다)을 인식하고자 하는 것이 인간적 관심사에서 비롯된 것일 경우 과학은 무오류의 절대적 정확성을 가지고 이러저러한 인물을 찾아내는 이야기를 반복하는 행태를 보여준다. 물론 이러한 가능성을 이야기하다 보면 이데올로기적 위험에 빠질 수도 있다. 말하자면 기존의 사회체계가 규칙적으로 작동하는 것이 "과학적" 규칙성에 해당된다고 보는 생각은 자칫하면 영구적 보편법칙이 존재한다고 믿는 허상을 촉진하기도 한다.

말하자면 우리는 전적으로 자연적이고 물질적인 피조물이므로 "신과학"의 절차를 "인간" 실존의 **전체 영역**에 적용하려고 하는 것도 당연하다. 원칙적으로 신과학의 범위에서 배제되는 것은 아무 것도 없다. 비인격적 자연물의 경우에서처럼 여기 인간 실존의 영역에서도 과학은 **동일한** 방식으로 반복가능한 서사를 성취하려고 한다. 그 이유는 "동일한 이야기" 속에서 나타나는 사례별로 다양한 변이로부터 추상화를 가능케 하는 하나의 원리를 발견함으로써 "자연의 법칙"에 대해서도 발언하게 되었기 때문이거나, 아니면 유전자 구성이나 필체와 같이 전적으로 개인적인 특성들을 (라이프니츠의 전통에서처럼) 연속계열에 따라 분류하는 방법을 발견함으로써 (장발장을 실수 없이 색출해내는 자베르 경감처럼) 원칙적으로 피의자를 언제라도 "재검거"하게 되었기 때문일 것이다. 그러한 연속계열(*continua*)은 가령 여권 번호나 신용카드 번호, 자동차 번호판이나 도서에 부여되는 국제표준도서 번호(ISBN)처럼 자연적임과 동시에 인위적이다.

인간 상호작용의 사례에 관한 서사를 기록하고 구성하는 일이 물리적 과정의 사례에 관한 서사보다 더 어려운 작업인가? 이에 대한 대답은 직설적인 것일 수 없다. 인간사와 관련된 것들은 보통 예측하기가 더 어렵다고 한다. 그렇다고 우리가 영국에서 영어가 여전히 지배적 언어가 될 것이라는 사실보다 내일 태양이 다시 떠오를 것을 더 신뢰하는가? 따지고 보면 태양은 어느 면으로 보든지 언제나 우리에게서 아주 멀리 떨어져 있다. 우주에 대해 우리가 가진 지식의 범위 내에서 우리가 미지의 창공으로부터 나사 하나를 제거해서 태양이 현 궤도로부터 이탈하도록 할 수는 없다. 만약에 이러한 사태가 일어난다고 하더라도 그것이 우리가 여태껏 태양에 대해 알아온 모든 지식을 뒤집어 버리지는 않을 것이다. 하지만 만약에 우리가 내일 아침에 눈을 뜨자 모두 우르두어(Urdu)를 말하게 된다고 하면, 이 사건은 우리가 가진 기존의 자기이해를 전부다 파괴하고 말 것이다. 우리 인간이 가진 기본적 능력을 우리의 통제력과 이해의 범위를 넘어서 완전히 바꾸는 일은 초인간적 본성의 개입이라는 **견지에서만** 설명할 수 있을 것이다. 그러나 우리는 인간의 언어 능력에 그러한 전례 없는 개입이 일어나지 않는다고 알고 있다. 그러므로 우리가 분명히 말할 수 있는 것은 만약에 영국 사람들이 내일 아침 태양의 종말을 목도한다면, 그것에 대한 기록은 반드시 영어로 적어 놓을 것이라는 점이다. 그러므로 내일 정말 태양이 다시 떠오를지에 대해서는 이만큼 확실하게 알 수 없다.

따라서 자연에 대한 예측보다 인간 사회에 대한 예측이 더 확실한 것으로 보인다. 이러한 생각은 (딜타이의 생각보다는 차라리) 우리 인간이 자신이 만든 것에 대해 **지식**(*scientia*)을 갖고 있으므로 인간 세상에 대한 우리의 지식은 자연계에 대한 지식보다 더 우월하다고 말하면서 비코가 의미했던 것에 부합한다. 우리는 (우리 자신의 주관성을 구성하는 바로 그 행위에 있어서) "우리"가 무슨 재료를 집어넣었는지, 적어도 일정 범위에 속한 실제적 용도에 있어서 그 재료가 어떻게 배합되는지 알고 있다. 그렇다고 우리가 자석이나 별들의 경우에 해당될 수 없는 직관적 방식에 힘입어 자신의 생각을 통찰하거나 타인들을 이해한다고 말하는 것은 아니다. 차라리 우리는 자기력 자체보다 자기력을 이용한 나침반이나 우리의 언어에 대해서 더 잘 알 수 있으며, 사실 우주의 먼 곳에 위치한 천체들보다 이 세 가지에 대해 더 잘 알 수 있다.

인간사회가 "예측가능한" 측면을 지니고 있다는 사실은 사실 진부할 정도로 가장 평범한 측면이자, **또한** 가장 우발적인 측면에 속한다. 가령 장기적으로 우리는 영어를 점차로 변형시켜 가면서 완전히 다른 언어로 만들지도 모른다. 하지만 이러한 평범함이 중요한 까닭은 사회적인 사안들에 과학적 방식을 적용하는 데 주어지는 제한은 이론과 관련된 것이 아니라 실제적인 것이기 때문이다. 행동을 체계화해서 보다 규칙적이고 한층 더 예측가능한 것으로 만들 수 있다. 과학적 방식에 따라 한 사회를 완전히 이해할수도 있다. 그러나 그것은 단지 일시적으로 전체주의적 관리의 대상이 된 사회일 것이다.

그렇지만 프랑크푸르트학파(the Frankfurt school)와 연계되곤 하는 이러한 종류의 논제를 이렇게 아주 노골적인 방식으로 진술해서는 정말로 아니될 것이다. 특히나 영국에서 영어의 변천가능성을 예로 든 것을 통해 분명히 알 수 있듯이, 사회적 과정을 예측한다고 해서 그것이 모두다 "나쁜" 것은 아니다. 따라서 바람직한 사회적 목표를 특정하되, 그것을 카를-오토 아펠(Karl-Otto Apel)과 같은 사상가들의 경향을 따라서 그저 무의식적으로 작용하는 강제력으로부터의 탈피라는 관점에서만 진행할 수는 없다. 사회이론가들이 혐의의 시선이라는 전략을 가지고 폭로하려는 것이 바로 이 무의식적 강제력이다. 대신에 그들은 자유롭고 자율적이며 자기의식에 충실한 선택과 협력을 최대한 널리 확대시키려고 한다.[15] 참된 목표와 거짓 목표 간의 윤리적 대립을 칸트가 말하는 자율과 타율 간의 "도덕적" 대립으로 이해할 수 없는 것과 마찬가지로, 무의식적 규칙성(unconscious-regular)을 의식적 변이성(conscious-variable)에 대립시키는 것이 뚜렷한 윤리적 중요성을 띤다고 할 수도 없다. 실제적인 문제는 "무의식적" 과정이 지닌 **성질**(quality)에

---

15 Karl-Otto Apel, *Towards a Transformation of Philosophy*, trans. Glyn Adey and David Frisby (London: Routledge, 1980) pp. 46-77, 225-301.

관한 것이다. 자본주의가 잘못된 것은 그것이 강제적인 것으로 화해서 타율적으로 작동한다는 점이 아니라, 그것이 공정한 분배의 원칙을 고려하지 않은 채로 작동하도록 고안된 체계라는 점이다. 가령 매번 새롭게 의식적 결정을 하지만, 그것들이 효과적으로 작동하게 되면 미래에는 그것이 다소 무의식적 방식을 통해 지속될 것이다. 이 말은 무슨 도덕적 퇴락을 의미하는 것이 아니라 오히려 바람직한 습관의 계발에 대해 말하려는 것이다.

하지만 보다 중요한 면에 있어서 그 논제는 너무나도 노골적이다. 20세기의 역사를 살펴보아도 "총체적 관리" 즉 말하자면 "행동주의를 진리로 삼는" 상태를 추구하는 그런 사회가 출현할 수 있음을 알게 된다. 그러나 오늘날 더욱 위험하게 다가오는 것은 더 미묘한 형태로 나타나는, 자유시장 및 자유민주주의의 지배와 연결된, 전체주의의 위협이다. 자본주의 시장의 목표는, 형식적으로만 살펴보아도, 스탈린식의 5개년 계획처럼 예측가능성을 추구하는 것이 아니다. 오히려 한편에서는 발명과 노력을 자극하면서, 다른 편에서는 이러한 모든 열정을 가치의 계량화에 **확정적으로** 종속시키려는 것이다. 이러한 종속을 공고히 하는 것은 수요와 공급의 메커니즘을 통해 작동하는데, 이 메커니즘을 결정하는 요인은 필요와 욕구와 공정성이 아니라 자본의 소유자 및 분배수익 소유자의 (추상적) 욕망인 것이다. 이러한 종속이 유지되기만 한다면 자유와 자발성이 지배해도 무방하다. 이렇게까지 하는 이유는 지속적 피드백을 보장하지 않을 경우, 또한 이 과정에 종속된 자들 및 이 체제의 이용자들과 작동자들을 위한 창조성의 여지를 남겨두지 않을 경우, 자본주의 체계는 결국 그 효율성을 상실한 채로 제대로 유지되지 못할 것이기 때문이다.

리오타르의 주장에 따르면 자본주의가 이익을 창출할 수 있도록 지원하는 과학과, 과학에 지속적 투자를 유지하는 자본주의 간에 모종의 동업관계(homonymity)가 존재한다.[16] 자본주의적 과정이나 과학적 과정이나 모두

16   J.-F. Lyotard, *The Postmodern Condition: A Report on Knowledge*, trans. Geoff Bennington and

폐쇄적 체계를 꺼려한다. 그들이 모두 권력에 대한 관심을 공유하는 이상, 기존의 통제 방식에 만족할 수 없고, 오히려 마구잡이식 발명이라도 장려하면서 자기들이 가진 언어게임의 규칙에 따라 자기들의 이익을 위해서 언제든 동원해야만 하는 것이다. 이것은 과학과 자본주의가 모두 단 하나의 의미, 즉 권력의 의미만을 공적으로 중요시하기 때문이다. 온갖 종류의 이론과 제품과 관심사들(가령 우주의 기원, 인간과 동물의 친연성, 심미적인 것에 대한 애호, 인도주의적 관심, 운송수단의 발달 등)을 통해 권력은 최종적으로 더 많은 능력과 수단과 유연성을 갖추게 된다.

바로 이러한 맥락에서 들뢰즈와 가타리가 명명한 자본주의에 의해 수행되는 "탈영토화"(deterritorialization) 및 "탈코드화"(decoding)를 이해해야 할 것이다.[17] 자본주의 체제는 그 자체로 지역에 대한 애착 내지 특정 관습과 전통에 담긴 내용에 대해 무관심하다. 그것은 장소나 위계적 지배양식에 아무런 신성성도 부여하지 않는다. 다른 면에서 자본주의가 유일하게 관심 갖는 것이 교환가치와 추상적 등가성이지만, 그럼에도 자본주의는 "사용가치"의 생산 내지 (보드리야르의 용어로 말하자면) 상징적 교환 행위를 배제한 채로 존속할 수 없다. 따라서 영토 및 위계에 대한 애착(가령 전원생활에 대한 향수, 영국왕실에 대한 전세계적 집착)을 지속적으로 재생시키는 것이 생산과 이윤을 계속해서 보장하는 데 불가결한 자원임이 입증된다. 그렇지만 자본주의가 "재영토화"(reterritorialization)의 주요 좌소(군주개인과 국가 및 가족)에 의해 구성된다고 (물론 재영토화의 좌소는 탈영토화의 과정이 더 철저하게 진행된다면 원칙적으로 극복될 대상이기는 하지만) 보는 점에 있어서는 들뢰즈와 가타리가 틀렸다고 하겠다—마르크스도 자본주의가 결국엔 생산을 "방해"한다고 보았다. 도리어 **자본주의 자체의** 본질은 절대적 탈영토화이므로 자본주의는 우리가 아는 방식의 국가나 가족이나 개인이 없이도 잘 존속할 수 있다. 그

Brian Massumi (Manchester: Manchester University Press, 1986). 유정완 옮김, 『포스트모던의 조건』(민음사, 2018).

17　Deleuze and Guattari, *A Thousand Plateaus*, pp. 351-474.

러나 모든 탈영토화의 전략은 (들뢰즈와 가타리도 수긍하듯이) 언제라도 재영
토화하기 마련이다. 이 말은 자본주의가 아이러니하고 냉소적이며 감상적
인 분위기를 풍기면서 과거의 망각된 가치관을 계속해서 "상품화"한다는
뜻이다. 예컨대 근대 말기의 영국에서 부르주아가 귀족의 전원주택을 선호
하였는데, 그러한 현상이 지각없는 좌파 비평가들이 우려하듯이 실제로 반
동적 가치관을 그리워하는 위험스러운 풍조를 초래하지는 않았다. 오히려
과거의 삶이 풍기는 고풍스러운 "매력"에 순수히 몰두하면서 전체 생활양
식 중에서 가구와 정원 가꾸기와 요리 등 외양적 면모만을 선별해내는 행
태로 귀착되었는데. 이것이 가능했던 까닭은 귀족문화의 일부 측면(혈통 중
시, 붙박이식의 정주, 부모의 자녀 감찰, 명예에 따른 의무)이 시대에 뒤쳐진 것으로
멸시되었기 때문이다.

　　따라서 자본주의는 과학과 유사하다고 하겠다. 왜냐하면 자본주의는
추상화된 권력 외에 어떤 것에도 무관심하기 때문이다. 자본주의가 또한 과
학과 유사한 점은 그것이 과거의 애착이나 이론적 선입견을 단지 무시하지
만은 않는 것이다. 무시하기는커녕 심지어 동양적 전제나 피타고라스에까
지 거슬러 올라가는 것들을 잘 비축해 두었다가 지배의 이익을 위해 그것
들을 언제든지 동원할 수 있도록 한다. 우리가 앞서 살펴보았듯이 전체주
의는 교묘한 방식으로 개인의 자유를 허용하고, 자유의 목적은 개인적 힘
의 행사라는 생각을 촉진하면서 효율적이고 강력한 체계를 확장하기 위한
활력과 사회적 동의를 확보해 나간다. 이런 점에서 우리는 사회의 주요 과
정이 과학에 의해서 규명되고, 그에 대한 예측이 확률론에 의해 가능해지
는 것을 이미 목도해왔다―물론 "과학적" 사회 분석기법이 예측불가능의
요소를 일부 촉진하는 것도 사실이기는 하다. 이러한 과학은 늘 그러하듯이
정치학이라는 "신과학"에 정치경제학과 "감시" 및 관리의 과학을 섞어 놓
은 혼성물이다. 이러한 제반 과학들이 그 자체로 외적 체계에 대한 기술에
불과함에도 "들어맞는" 이유는 사회가 그것들이 그려 놓은 상에 따라 형성
되었기 때문이며, 마찬가지로 사회도 자본주의를 만들어 냄으로써 동시에

자유주의적 정치학과 정치경제학의 발명을 조장했기 때문이다.

　　그러나 추상적 권력 외에 비과학적 서사만이 주제로 삼을 만한 것으로 무엇이 존재하는가? 그럴 만한 것이 정말 존재하는가? 아니면 그것은 그저 **이해**의 전통에서 내세우는 정신주의(spiritualism)를 추구하는 것에 불과한가? 확실히 (현대의 많은 신학자들처럼) 하버마스를 따라가면서 "해방적" 관심사를 "예측 및 통제"의 관심사와 대비시키는 것은 별로 가망 없는 일이다.[18] "해방한다"(emancipate)는 말은 부정적 성격을 띤 선택의 자유를 극대화하는 것을 의미할 뿐이고, "자유"라는 말은 자의적 힘을 가리킨다. 우리가 살펴보았듯이 교묘한 전체성은 이러한 자유를 중심부만이 아니라 모든 주변부에서도 촉진하려고 한다. 만약 이렇게 인과성과 자유를 대조시키는 칸트적 관점을 넘어선다면, 예측과 통제 외에 어떤 관심사가 존재하는가(?)라는 질문은 대답하기가 더 어려워진다. 어떤 면에서 윤리적 행동과 심미적 활동도 예측과 통제를 시도한다. 이러한 행위도 우리 인생이 따라야 할 경로를 설정해준다. 하지만 윤리적 행동과 심미적 활동은 동일하게 반복되는 것들에 대한 관심으로부터 고개를 돌리는 것으로 보인다. 그러한 관점에서 보면 일반화된 법칙도 불변의 철칙이 아니라 오히려 영감의 원천으로서 얼마든지 예외가 있을 수 있는 것이다. 독특한 것을 찾는 이유는 그것을 일종의 연속체 속에 다시 끼워 넣으려는 것이 아니라, 두드러진 예외(경찰 서류에 들어있는 지문과는 차원이 다른 렘브란트의 명화가 인쇄된 우편엽서와 같은 것)를 발견하고 그것을 재생산하려는 것이다. 따라서 독특한 것은 인접한 것들 사이에 자리잡은 것이 아니라 그 자체가 새로운 맥락을 제시하는 것이다. 이를테면 독특한 것은 그것이 아름답기 때문에(칸트의 말을 빌리자면, "전형성"을 지니기 때문에) 선발된다. **이러한** 전형은 선호할 만하다고 간주되므로 이러한 규칙성 내지 이에 대한 정밀한 복제가 거의 보편적으로 적용되지만 그렇다고 해서 여기저기 아무 데나 해당되지는 않는다.

18　Jürgen Habermas, *Knowledge and Human Interests* (Boston: Beacon, 1971).

만약에 독특한 것에 대한 이러한 선호가 자의적이라면 실로 폭력만이 지배하는 셈이며, 심미적 요소와 윤리적 요소는 단지 변형된 이야기들로 스스로를 지속적으로 "보충"하는 과학적 서사 내에서 반대되는 논점만을 제공할 따름이다. 그러나 윤리적 요소와 심미적 요소가 존재론적으로 객관적 실재라고 한다면, 그때에는 독단적 권력에 관한 서사와는 다른 대안적 서사가 존재하게 되며, 이것은 힘에 대한 보도만을 일삼다가 그 힘의 소멸과 더불어 그 진리마저도 사라지고 마는 그러한 과학과는 비교할 수도 없이 광범위한 서사가 될 것이다. 이러한 대안에 대해서 본서의 마지막 단락에서 중심 주제로 다룰 것이다. 말하자면 (프랑크푸르트학파에서 하는 것과 같은) "인간적" 자유에 대한 단순한 인식론이 아니라 객관적 선과 미에 관한 형이상학만이 과학 및 기술의 영역과는 다른 영역을 발견할 것이기 때문이다.

그렇지만 본 단락의 결론은 이제 이론적·실천적 근대주의의 종언과 더불어 진정 타당성 있는 사회이론은 "신정치학"과 "정치경제학"과 조직화이론이라는 사실로 귀결될 수밖에 없다. 그것들은 권력의 과학이므로 그 작동 범위에서는 진리이다. 그것들은 어떤 실재론적 전제를 반드시 필요로 하지도 않는다. 이와 대조적으로 실증주의적 전통과 변증법적 전통은 그 진리가 성립되기 위해서 실재론적 전제에 의존했었다. 두 전통 모두 종교를 설명하면서 종교를 대체하기를 희망했고, 또한 과학을 신생하는 인간성이 처한 운명과 동일시하려고 했다. 두 전통 모두에 있어 인간성의 본질적 좌소(생산성, 자유, 사회적 전체, 도구적 이성, 카리스마)를 "표상"하는 방식은 이러한 본질적 인간성이 겪어야 했던 필연적 진화 및 진화를 통한 상실과 회복의 이야기와 뗄수 없을 정도로 긴밀하게 연결되었다. 그 이야기는 실제로 인간의 본질이 현재와 같은 상태로 존재하게 된 것이 그다지 자명한 것도 아니라는 사실을 희석하기 위한 수사학적 소품이었다고 하겠다. 이렇듯 이제 어쩌면 사망에 이르고 있는 근대 시기를 가리켜 리오타르의 말마따나 "메타서사의 시대"라고 규정할 수 있을 것이다.[19] (다만 탈근대성의 특징을 이루는 "허무주의적 메타서사"가 근대성 자체 내에 늘 잠복해 있었음을 내가 뒷부분에서 은연중 내비칠 것이라고 여기서 미리 밝혀 두겠다.)

로이 바스카(Roy Bhaskar), 러셀 키트(Russel Keat), 존 어리(John Urry)처럼 현재 실용주의에 반대되는 의미의 "실재론"을 옹호하는 이들은 실증주의적 유산을 배제함으로써 마르크스주의와 사회학적 전통을 구출하려고 노력해 왔다. 실재론을 옹호하는 그들의 주장이 그러한 메타서사의 계속된 반복으로 전락하고 있다는 사실은 어쩌면 그들의 구출작업이 사실상 실패하고 있음을 지적해 준다. 그들이 경험주의적 관점, 즉 개별 관찰에서 출발하여 인과적 규칙성의 발견으로 나아간다는 사고를 부정하는 것은 정당하지만, 그럼에도 그들은 현상의 배후와 이면과 이전에 법칙적 과정이라는 은유를 상정하고 있다.[20] 이것이 불편하게 다가오는 이유는 경향성과 구조와 역동에 대한 인식이 이로 말미암아 연결되는 실체들에 대한 우리의 이해와 연결된다고 하면 굳이 이러한 은유법의 덫에 사로잡힐 이유가 없기 때문이다. 사태를 동반하는 경향성은 간단히 말해서 바로 그러한 사태로서의 경향성이며, 그러한 사태는 일정한 관계성, 즉 그 사태가 행위자와 관찰자인 우리들과 맺고 있는 역동과 연결되어 있다. 반면에 하나의 "구조가 그 결과물로 환원될 수는 없지만 그래도 오직 그 결과물 속에 존재"한다고 말한다면, 그것은 이러한 맥락과는 잘 맞지 않는 순전히 형이상학적인 단편이라고 하겠다.[21] "사유만으로 자기장이 생겨나지 않는 것처럼 사유만으로 사회가 만들어지지는 않는다"는 말에 대해서 동일한 평가가 내려져야 할 것이다.[22] 만약에 이 말을 "기호와 수치만으로 자기장이 구성되어 생겨나지 않는 것

19   Loytard, *The Postmodern Condition*, pp. 34-7.

20   Roy Bhaskar, *A Realist Theory of Science* (Brighton: Harvester, 1975). *The Possibility of Naturalism* (Brighton: Harvester, 1979) pp. 11-13. Russell Keat and John Urry, *Social Theory as Science* (London: RKP, 1975), pp. 27-30, 97.

21   Bhaskar, *The Possibility of Naturalism*, p. 50.

22   Ibid., p. 33.

처럼 기호와 수치만으로 사회가 구성되지는 않는다"는 식으로 바꾸어 말한다 해도 결과는 마찬가지일 것이다. "사유를 넘어서"(beyond thought) 또는 "언어를 넘어서"(beyond language)라는 말은 뒤르켐이 말하는 사회적 사실을 가리키는 것으로 "사회적 삶을 통해서만 관계가 지속된다"는 진술에 이르게 되거나,[23] 아니면 마르크스가 말하는 생산의 사회적 관계를 가리키는 것으로 이 관계 속에서 "실질적 관계"는 부차적인 "현상에 불과한 형태들"을 낳기 마련이라는 식의 사고로 이어진다.[24] 비록 사회를 구성한다고 간주되는 구조와 세력이 상상을 초월할 정도로 기존의 사회를 "넘어서"까지 확대되는 듯이 보이지만, 그것들은 해당 사회 안에 존재하는 상태로서만 알려질 뿐이며, 그것들을 실체적으로 분리해 낸다고 하지만 이는 그저 표면적 외양에 대한 허구적 추상작업을 통해서나 가능할 뿐이다.

그것은 모든 것이 지나가 버리는 현상의 이면에 이러한 것들이 어떻게 해서 "존속"하는지에 관한 이야기며, 이 지나가는 현상이라는 쇼는 이론과는 상관없이 인식되는 사회적 객관성이라는 "실제" 영역이 존재한다는 환상을 심어줄 뿐이다.

따라서 과학적 실재론의 종말과 메타서사의 종언은 매한가지인 것이다. 사회과학이 던지는 "도전"은 반성적 지식이 제기하는 도전이 아니라 독단적 권력에 불과한 지식으로부터 받는 도전임이 드러난다. 그러므로 이제 역사주의를 절대화하는 탈근대적 태도에 함축된 것이 무엇인지 살펴보고, 아울러 그와 같은 안하무인격의 추상화 외에 다른 무엇이 존재하는지, 폭력이야말로 우리 모두의 지배자인지를 묻는 그러한 질문을 다루어 보도록 하자.

---

23   Ibid., p. 52.
24   Ibid., p. 89.

제10장
존재론적 폭력 또는 탈근대적 문제들

도입

세속적 탈근대주의자들의 입장에서 볼 때 니체만이 진정으로 의심의 시선에 통달한 대가로 여겨졌다. 그는 마르크스나 프로이트나 사회학과는 달리 그 어떤 토대주의적(foundationalist) 전제에 의존하지 않는 "토대 없는 의심"(baseless suspicion)의 사상가였다. 본 장에서 나는 주요 니체주의자들의 공통된 시각에 관심을 갖고 의도적으로 니체의 저작을 비롯한 하이데거와 들뢰즈와 리오타르와 푸코와 데리다의 저술을 취급하면서 이것들이 단일한 허무주의 철학에서 각각 발전된 것으로 소개하고자 한다. 따라서 그들 간의 의견의 차이에 대해서 상대적으로 많은 관심을 기울이지 못할 것이다.

이 단일한 철학에 두 가지 필연적 양상이 있는 것으로 보인다. 그중 한 가지는 역사주의적 "계보"(genealogy)고, 다른 한 가지는 "차이의 존재론"(ontology of difference)인데, 이 둘이 서로 연계되는 방식은 다소간 헤겔의 『정신현상학』(*Phenomenology*)과 헤겔의 『논리의 학』(*Logic*) 간의 관계에 비견할 수 있다. "계보"에 속한 주요 텍스트로는 니체의 『도덕의 계보』(*Genealogy of Morals*)와 『힘에의 의지』(*The Will to Power*), 푸코의 『감시와 처벌』(*Discipline and Punish*)과 『성의 역사』(*The History of Sexuality*), 들뢰즈와 가타리의 『자본주의와 정신분열증』(*Capitalism and Schizophrenia*), 리오타르의 『포스트모던의 조건』(*The Postmodern Condition*)을 들 수 있다. "차이의 존재론"과 관련된 주요 텍스트로는 하이데거의 『존재와 시간』(*Being and Time*)을 비롯한 그의 후기 저작들, 들뢰즈의 『차이와 반복』(*Différence et Répétition*) 및 『의미의 논리』(*Logique du Sens*), 데리다의 『그라마톨로지』(*Of Grammatology*) 및 "폭력과 형이상학"(Violence and Metaphysics), 리오타르의 『쟁론』(*The Differend*) 등이 있다.

이러한 텍스트들이 대표하는 탈근대주의(postmodernism)는 다음과 같은 성격을 분명히 하는데, 첫째는 "절대적 역사주의"고, 둘째는 "차이의 존재론"이며, 셋째는 "윤리적 허무주의"다. 본장의 과제는 탈근대주의가 지닌 역사주의 내지 계보학의 측면이 폭력에 의해 지배될 수밖에 없는 인간 세계의 공포를 어떻게 증폭시키는지를 보여주되, 역사주의적 관점만으로 이러한 끔찍한 유령을 강화시킬 수는 없음을 적시하는 것이다. 이러한 결함을 메우기 위해서 탈근대주의는 폭력의 토대를 새로운 선험 철학, 곧 기초 존재론(fundamental ontology)에서 찾을 수밖에 없다. 탈근대주의가 제시하는 이러한 지식은 하나의 시각이나 일의론적 태도나 신화적 면모를 모두 넘어서는 성격을 지닌다. 그러나 다음과 같은 질문이 제기된다. 다시금 형이상학으로 전락하지 않고서 그와 같은 주장을 실제로 뒷받침할 수 있을까? 이러한 질문에 대해 차이의 존재론은 단지 또 하나의 신화(*mythos*)에 불과하다고 주장할 것이며, 또한 진리의 담론들은 공약불가한 숱한 언어게임이라고 보는 탈근대적 깨달음이 있는 한 최고의 궁극적 게임은 결국 힘과 운명과 기회를 놓고 다투는 경기에 불과하다는 식의 결론을 우리에게 부득불 강요할 일은 없다고 주장할 것이다.

허무주의("신이교사상" 또는 무엇이라고 부르든 간에)가 그 신화에 불과한 지위를 극복할 수 없음이 "탈근대적 문제"의 한 양상을 구성한다. 두 번째 양상은 그 새로운 신화가 함의하고 있는 내용에 관한 것인데, 이를테면 그 반휴머니즘적(anti-humanist) 본색은 칸트적 자유주의가 (조지 그랜트[George Grant]의 표현을 빌자면) "커다란 지연 요인"(great delayer)에 불과함을 보여준다는 것이다. 말하자면 칸트 식으로 윤리가 의지와 인간적 자유라는 사실에 근거해야 한다고 일단 인정한 후에 즉시로 깨닫게 되는 것은 자유란 본질적 인간주체에 관한 초역사적 사실이 아니라 인간주체를 불평등한 상호의존적 존재로 취급하는 권력의 복잡다단한 전략으로부터 꾸준히 증류되어 나온 것이라는 사실이다. 따라서 자유의 평등성을 보호하던 것이 힘의 불평등을 조장하는 것으로 전락해 버린다. 그리고 바로 여기서 문제가 발생한다. 만약에 자의적 권력을 추구하느라 자유가 말소되어 버린다면, 한 사회 안에 다른 사회보다 자유가 더 많거나 적다고 말하는 것이 어떻게 가능하겠는가? 모든 사회는 자유와 부자유의 양 측면을 다 갖고 있기 마련이다. 따라서 탈휴머니즘적(post-humanist) 계보학적 담론은 자신의 과제를 권력의 체제를 해체하는 것에 제한해야만 한다. 행여 이 과제가 마치 "실천적 의미" 내지 해방의 잠재력을 지닌 "역사철학"이라도 되는 양 제시하지 말아야 한다.

그러나 니체와 하이데거는 아니지만 최근의 프랑스 신니체주의자들은 해방적 대의를 내려놓지 않으려 하면서 칸트가 말하는 자유의 담지자인 초역사적 주체를 자신들의 철학적 논의 속으로 몰래 들여온다. 말하자면 **이러한** 주제야말로 해방적 담론에 관해 논할 수 있는 유일한 주제인 것이다. 그 결과 푸코와 들뢰즈와 리오타르 등이 제시하는, 칸트적 실천 이성을 가장한 반쯤 그럴듯한 새로운 해석은 자유를 힘으로 환원시켜버리는 니체적 방식에 굴복하기 마련이다. 결과적으로 신니체주의자들은 허무주의가 절대적 "진리"(the Truth)지만 동시에 그 진리의 실천적 표현은 파시즘이 될 수밖에 없다는 식의 함의로부터 결코 자유로울 수 없다. 이 시점에서 기대할 만한 유일한 의지처는 신비주의적 자포자기가 아니라면 다음과 같은 논증으로 복귀하는 것인데, 이를테면 허무주의는 하나의 존재론으로서 결국 신화에 불과하다는 주장인 것이다. 신화를 논박하기 위해 자유주의적 인본주의를 소생시킬 수는 없다. 차라리 하나의 대안적 뮈토스를 제시하고자 시도할 수 있는데, 그럼에도 불구하고 이 뮈토스는 "평화의 존재론"을 구체화하면서 차이들을 애매하게 상충되는 것으로 보기보다는 유비적으로 연결된 것으로 상정한다.

이러한 전략에 따라 물론 다른 종류의 계보가 필요하게 된다. 그것은 역사 속에서 단지 자의적 이행만을 보는 것이 아니라 인간의 진정한 텔로스로 투사되는 상태, 즉 차이의 유비적 혼종에 대한 진정 구체적 표상을 지향하기도 하고 그로부터 멀어지기도 하는 상시 우발적인 변동에 주목한다.

그러므로 본장은 첫째로 허무주의적 계보가 폭력의 존재론을 필요로 한다는 것과, 둘째로 이 존재론이 그저 하나의 신화론에 불과하다는 것과, 셋째로 그마저도 전적으로 해로운 신화론임을 보여주려고 한다. 이러한 세 가지 논증을 다 거쳐 가다보면 네 번째 주제가 부상할 터인데, 이를테면 이 신화론이 자기기만적이지 않다는 점에서 세속에 대한 최선의 자기묘사(self-description)라고 하겠다. 하지만 그것은 세속이 단지 또 하나의 종교에 불과함을 자기가 보여주었다는 점을 시인하려 하지 않을 것이므로 바로 그 지점에서 실패하는 셈이다. 이 종교에 대해 "신이교사상"이라고 정확한 용어로 기술하지 못하는 이유는 그것이 그리스도교가 과거에 폭로하고 반대했었던 이교사상 내에 존재하는 신성한 폭력의 요소를 포함하고 있으나 그것이 어떤 성격의 이교사상인지에 대해서는 그리스도교의 순진함으로 말미암아 제대로 파악하지 못했기 때문이다. 그 세속적 인식소(episteme)는 탈그리스도교적 이교사상으로서, 그것을 끝까지 분석할 경우 결국 부정적 측면에서 그리스도교에 대한 거부이자 일종의 "적그리스도교"(Anti-Christianity)라는 발명품으로 규정될 것이다.

계보

탈근대주의에 있어서 무엇보다도 가장 중요한 것은 그것이 "칸트적 지연"(the Kantian delay)을 극복하기 위한 절대적 역사주의라는 사실이다. 푸

코가 잘 설명하듯이, 칸트 이전 고전 시대에는 유한한 한계를 그것이 무한
자에 대해서 지니는 관계성의 견지에서 이해했었다.[1] 무한자에 대한 우리
의 지식은 불완전한 것으로 간주되었으나, 마찬가지로 유한한 것들에 대한
우리의 지식 역시도 제한된 것으로 간주되었다. 하지만 동시에 형이상학,
즉 무한에 대한 유한의 관계를 조건짓는 영속적 정황에 대한 표상은 여전
히 가능한 것으로 여겨졌다. 칸트 이후에 이러한 형이상학적 가능성은 소위
"비판적" 토대에 근거하여 부정되기에 이른다. 그러나 실제로 그러한 부정
은 새롭게 등장한 또 다른 "형이상학적" 교조주의를 근거로 진행된다. 이러
한 교조주의는 유한성을 일시적 시간성·폐쇄된 공간성·기계적 인과성과
같은 폐쇄적 성격을 띤 일정한 실증적 조건의 측면에서 재정의한다.

　이에 더하여 칸트는 모든 이성적 인격은 유한한 주체의 본질을 형언
불가능한 것이 인식가능한 것에 직접적으로 "현존"하는 바로 그 지점에서
존속하는 숭고한 자유로서 인식할 수 있으며, 이러한 본질로부터 연역되
는 실천의 법칙도 파악할 수 있다고 주장했다. 칸트의 족적을 따라서 유한/
무한의 관계가 아닌, 유한성 자체와 유한한 주체 내에 설정된 유한성의 "한
계들"을 "표상"할 수 있다는 주장은 초월성에 대해 언급하지 않는, 즉 초월
성은 내재성을 통해서만 알 수 있다고 주장하는 새로운 역사철학의 토대가
된다. 이러한 "메타서사"(리오타르의 용어를 사용하면)의 관점에서 보면 역사
란 본질적으로 유한성을 규정하는 몇몇 안정된 속성들(생산, 노동, 사회, 도구
적 이성)에 관한 역사이며, 그러한 역사가 진행하는 합리적 방향은 바로 유
한성의 본질을 더 분명하게 드러내는 것을 지향한다. 말하자면 "생산하는
동물"로서의 인간성을 해방하여 뒤르켐식의 "충분히 사회적인" 사회에 도
달하도록 하는 것이다.

　니체식의 계보는 항상적 인간 주체에 관한 이러한 칸트 내지 헤겔식의
(또는 사회학 내지 마르크스주의의) 이야기를 거부한다는 점에서 한층 더 절대

---

[1]　Foucault, *The Order of Things*, pp. 312-18.

적 성격의 역사주의라고 하겠다. 따라서 니체식의 계보학은 인간 역사의 과정 중에서 주관성에 관한 다양한 허구가 출현하는 사례를 발굴하는 것에만 관심한다. 유한성에 대한 칸트식의 표상을 부정함으로써 유한/무한의 관계라는 고전적 문제는 이제 자유와 인과성을 하나의 단일한 계열 속에 위치시키면서 탈근대시대에 다시 부상한다. 그렇지만 허무주의자들은 이것을 "무한한 차이"(infinite difference)의 관점에서 다룰 수 있다고 주장한다. 즉 유한에 대한 비판적 인식을 인간성의 측면에 나타난 무한한 자기일탈의 사례들에 대한 역사적 추적으로 재정의함으로써 가능하다는 주장이다. 그렇지만 재정의된 비판적 담론 자체는 인간실존에 대한 기존의 이해를 생산적으로 일탈할 수밖에 없다고 여겨진다. 19세기에 출현한 근대적 사상과 마찬가지로 탈근대적 허무주의도 시간의 흐름 속에서 지식이 출현하게 된 과정에 여전히 관심 갖지만, 이제 지식은 분화되었으며 무한성은 무정부적(anarchic) 차원인 것으로 언급된다. 우리가 다음 단락에서 다루려는 질문은 바로 무한을 무정부적인 것으로 읽어내는 이러한 독법이 유한/무한의 관계에 관한 영구적인 초역사적 조건을 (신앙이 아니라 자연적 이성에 기초해서) 분석할 수 있다고 보는 18세기의 고전적 주장을 사실상 복원하는 것은 아닌가 하는 것이다.

니체의 저서인 『도덕의 계보』에는 "공격"(attack)이라는 부제가 붙어있으며, 이 말은 당연히 그리스도교에 대한 공격이자 영원한 도덕적 가치라는 환상에 대한 공격을 의미한다. 그러나 이 책의 제목과 부제 간의 관계를 살펴보면 모든 계보학적 방법에는 모호함이 개입되어 있음을 알게 된다. 한편으로 『도덕의 계보』는 겉보기에 동일한 모습으로 지속되어 온 것을 그 출현과정(그것에 "선행하는" 기원이 아니라)으로 환원하는 것을 목적으로 한다. 다른 한편으로 이러한 과제는 아무 사심 없이 그저 호기심의 동기에서 비롯된 것이 아니다. 이 책의 관심은 차라리 현재의 권력 배치를 와해시키는 것인데, 그 권력구조가 촉진하는 "영원한 진리들"을 파열시키고 겉으로 그럴듯해 보이는 허위의 장치가 가진 "민낯의" 기원을 드러냄으로써 이러한 과제를 실현하려는 것이다. 따라서 계보에 대한 서사가 결과적으로 하나의 가능한 해석, 즉 기득권 세력을 해체하기 위한 의도를 가지고 구성된 이야기는 아닌지에 관한 질문이 제기된다. 그러나 니체나 푸코가 계보를 이런 식으로 이해하는 것은 아니다. 존재하는 것은 사실이 아니라 그저 해석일 뿐이라고 말할 때 그들이 머릿속에서 생각하는 것은 계보학적 역사가 아니라 인간의 문화가 과거의 유산에 대해 지니는 관계성이다. 문화는 해석으로서 존재한다. 그러나 하나의 해석을 다른 해석이 자의적으로 대체해 가는 과정을 객관적으로 서사화하는 것도 가능하다. 이러한 대체 현상이 일거에 발생하는 것도 아니다. 계보는 끝없이 이어지는 과업인데, 이는 모든 담론과 실천이 늘 스스로 인지하는 범위 이상의 것을 전제하고 있기 때문이다. 각각의 개별적 계보학자가 지닐 수밖에 없는 한계는 그가 가진 특정한 관심사에 의해 규정될 수밖에 없다. 특히나 그가 이러한 특정 관심사에 매이는 이유는 자기가 속한 특정한 시대적 정황 속에서 인지하게 되는 이러저러한 형태의 지배 구조를 폭로하기 위한 목적 때문이다.[2]

그런데 그 주장의 핵심은 계보에 대한 설명이 객관적이지만 동시에 정의의 문제와 밀접히 관련되어 있다는 것이다. 푸코가 지적하듯이 초기의 니체는 "과학적 역사"를 부정의한 사회 구조에 대한 폭로와 관련지었다. 다른 한편으로 후기의 니체는 모든 힘의 체제는 필연적으로 부정의하다고 간주하면서도, 이제 역사의 역할은 이러한 부정의한 사실을 폭로함으로써 해방을 촉진하는 것임을 더 강력히 믿게 되었다.[3] 역사는 모든 힘의 배치(power-constellation)가 부정의, 곧 자의성을 띠고 있음을 드러냄으로써 "생"에 고유

2 Guy Lardreau and Christian Jambet, *L'Ange: Pour un Cynégétique du Semblant* (Paris: Grasset, 1976) pp. 40-2. Friedrich Nietzsche, *The Will to Power*, trans. W. Kaufmann and R. J. Hollingdale (London: Weidenfeld and Nicolson, 1967) paras. 218, 481. 김세영, 정명진 옮김, 『권력의지』(부글북스, 2018). Michel Foucault, "What is enlightenment?" and "Nietzsche, genealogy and history," in Paul Rabinow (ed.) *The Foucault Reader* (Harmondsworth: Penguin, 1984) pp. 32-50, 76-97; "Questions of method: An interview with Michel Foucault," in *Ideology and Consciousness*, no. 8, Spring 1989.

3 Foucault, "Nietzsche, genealogy and history".

한 이와 같은 사태가 비난이 아닌 칭송의 대상임을 깨닫도록 우리를 점진적으로 이끌어 간다. 이렇듯 계보는 하나의 해석이 아니라 모든 문화적 의미복합체(meaning-complex)를 권력의 특별한 전략 내지 계략으로 설명하는 실증주의가 새로운 "희열에 찬" 허무주의의 형태로 출현한 것이다. 인간사회는 언제나 전쟁터라는 이 한 가지 사실을 제외하고는 인간사회에 대해 보편적으로 말할 수 있는 것은 하나도 없다. 하지만 이렇듯 군사적 책략의 이야기로 점철된 보편사라 할지라도 그 역시 어떤 의미에서는 해방을 촉진하는 것으로, 즉 초인(übermensch), 곧 탈휴머니즘적(post-humanist) 인간 존재의 출현에 기여하는 것으로 간주되어야 한다.[4]

이러한 주장이 설득력이 있는가? 계보는 실제로 하나의 해석, 즉 그럴듯한 이야기 이상의 것으로 자리매김될 수 있는가? 나는 그럴 수 없다고 생각한다. 이제 니체와 푸코가 무슨 이야기를 들려주려고 하는지 살펴보기로 하자.

다음에 이어지는 질문은 이러한 이야기를 해체하는 데 열쇠가 된다. 이를테면 **있는 그대로의 사건**, 즉 모든 사건을 투쟁의 계기로 이해하는 역사관이 어떻게 단순한 역사주의적·계보학적 관점에서 정당화될 수 있는가? 계보학자는 역사적으로 상이한 각 문화권이 지지하는 각이한 종류의 가치에 대해 중립적 태도를 갖는 것이 당연하다고 여겨진다. 말하자면 그는 그 모든 것에 대해서 똑같이 의심의 태도를 품는 것이 당연하다. 하지만 만약에 선험적 사건, 즉 발생할 가능성이 있는 모든 사건이 "타자"에 맞서서 차이를 내세우는 군사적 책략이라고 한다면, 사실상 이러한 진실을 깨닫는 데 근접한 문화권이 "자연"과 자발성의 원리에 더 충실한 문화권이라고 칭송받기 마련이다. 이렇듯 니체는 호메로스의 서사시에 등장하는 귀족집단이 전쟁

4 Michel Foucault, "Truth and power," in *The Foucault Reader*, pp. 51-75.

과 힘겨룸과 잔인함과 속임수를 반기는 것을 칭송한다.[5] 그런데 이것이 더 "자연스런" 형태의 삶이라는 사실이 만약에 분명치 않다고 하면, 그러한 일 반화된 주장은 의심거리로 전락할 수밖에 없으며, 니체의 계보도 또 하나의 시각에 불과한 것으로 비쳐질 뿐이다. 말하자면 그것은 그리스도교에게 자 리를 빼앗겼던 이교주의의 관점에서 기술된 그리스도교의 발흥에 관한 하 나의 설명에 불과한 것이다.

그런데 물론 이러한 사실을 분명하게 확인할 수는 없다. 니체는 인간 에게 만연한 전쟁이 생존과 부강함을 위한 경쟁이라는 공리주의적 필연성 의 산물이라고 주장하는 것도 아니다. 오히려 그는 전쟁이야말로 차이 곧 자기주장을 향한 순수 창조적 의지에 따른 것이라고 주장한다.[6] 위험을 감 내하면서까지 창발성을 선호하는 이러한 관점은 (니체도 인정하듯이) 순수하 게 취향의 문제에 불과하며, 그러한 취향이 안전이나 위안이나 상호관계나 쾌락이나 만족과 같은 저급한 욕망보다 더 근원적인 것으로서 인간 실존 내에 착종하고 있는지는 니체도 증명할 수 없다. 따라서 오로지 니체가 내 세우는 별 근거도 없는 서열화된 가치체계에 입각할 경우에만, 약자를 짓밟 으면서 동시에 후원자인양 행세하는 저급한 귀족들의 행태가 비로소 비난 을 모면하게 된다. 이것에 대해 좀 더 살펴보기로 하자.

니체는 약자가 자신이 상대하는 것이 고의적 의지가 아니라 자연적 물 리력임을 깨닫지 못하고 있으며, 그 물리력이란 독수리가 먹이를 낚아채 는 동작만큼이나 비난받을 수 없는 것이라고 주장한다.[7] "노예 도덕"(slave morality)을 최초로 발명해내는 그 순간에 약자는 행위의 배후에 존립하 는 주체적 행위자를 허위로 상상해낸다. 이 주체적 행위자란 자신의 고귀 한 본성을 억제할 수 있는 역량을 가진 현실에서는 있을 수 없는 귀족적 존

5 Friedrich Nietzsche, *The Genealogy of Morals*, trans. Francis Golffing, Essay One (New York: Doubleday Anchor, 1956). 김정현 옮김, 『선악의 저편, 도덕의 계보』(책세상, 2002).

6 Ibid. Sections I-II.

7 Ibid., XIII.

재다. 이 말이 함축하는 것은 약자야말로 이미 "플라톤주의자"에 해당하는데, 그는 그 강한 귀족이 약자 자신이 당연시하는 가치관의 체계를 본질적으로 소유하고 있다고 진즉에 상상한다는 것이다. 이러한 가치관에 반응하여 귀족은 자신의 저급하고 공격적인 충동을 금욕적으로 억제하는 것이 당연하다. 그렇지만 여기서 니체가 적잖이 오류를 범하는 대목은 "도덕적 간극" 즉 아직 일어나지 않은 행동 내지 억제행동이라는 개념의 발생이 오로지 행동이라는 주체를 행동의 배후에 있는 주체로 대치해 버리는 환유적 치환을 통해서만 일어난다고 추정하는 것이다. 말하자면 전자인 행동의 주체 안에 **이미** 간극이 존재하는데, 그것은 **은유적**일수 밖에 없는 긴장의 일종이라는 것이다. 즉 그 주체의 행동이 독수리(또는 사자나 개나 그 무엇이든)의 사냥에 유사할 뿐 아니라 그 자체가 바로 독수리의 급강하 동작과의 토템적 동일시를 통해 성립한다. 강자의 행동은 결코 자발적인 것이 아니라 강함이라는 문화적 패러다임을 모방하는 행동이므로, 그는 결코 자연스런 힘, 즉 독수리의 사냥과 "유사한" 힘을 행사하는 것이 아니라 언제나 발명되고 모방된 힘, 즉 독수리를 닮아가는 사람으로서 힘을 행사하는 것이다. 게다가 그 강자는 이미 금욕수행자(ascetic)인데, 그 까닭은 그가 진즉에 위와 같은 단일한 목표의 성취를 지향하며 자신의 자연적 에너지를 조직하고 있기 때문이다.

강자가 이렇듯 서사를 통해서 자신의 힘을 발명해 내는 데 전념하는 것을 볼 때, 약자도 그것과는 다른 이야기를 하고 인간에게 다른 삶의 역할을 부여함으로써 이렇듯 힘의 필연성이라는 서사를 거부하는 것이 가능하다고 하겠다. 이러한 대안적 서사는 실제로 육체를 벗어난 무개성적 영혼이라야 선택의 자유를 누릴 수 있다고 보는 문제적 형이상학의 이야기가 될 수도 있다. 하지만 은유 자체를 간단히 바꾸어 놓은 이야기(가령 인간성을 양과 비슷하다고 상정하는 목양적 서사)가 될 수도 있었다.

니체는 실증주의적 사회학과 별반 다를 것도 없이 원시적 인간성을 규정짓는 특정 조건이 보편적 성격을 띠고 있다고 단언한다. 이 경우 사회는

541

아곤(*agon*) 즉 유희적이자 경쟁적인 다툼을 부추기는 셈이다. 그렇지만 니체의 이교관 역시 과장된 것이다. 확실히 호메로스적 도덕관이 나타내는 성격으로 "선함"과 "성취" 간의, 힘의 현시와 "도덕적" 목표의 성취 간의 구별이 명확치 않은 것을 들 수 있다.[8] 하지만 이것이 호메로스적 도덕관이 힘의 공정한 현시에 관한 규칙을 소유하지 않았다고 말하려는 것은 아니다. 그러한 규칙에 따르면 하위자에 대한 관대함과 보호 및 국외자에 대한 환대는 단지 강자의 힘을 현시하는 방식이라기보다 오히려 강자의 **의무**로 여겨졌다. 영웅주의적 사회의 특징은 성취의 정도를 상이한 등급에 따라 배열하고 가치의 서열을 매기면서 사회적으로 상이한 계층마다 각각의 특정한 행동을 요구하는 것이다. 하지만 니체의 설명에서는 이러한 강조점을 거의 찾아보기 힘들다. 그 대신에 눈에 띄는 것은 여러 영웅들, 즉 가문의 "강력한" 가부장적 우두머리들이 어떻게 해서 서로 간에 합의에 도달했는지에 대한 묘사다.[9] 니체의 견해에 따르면, 이러한 합의에 따라 협상과정과 교환과 등가물의 탐색으로 점철된 고도의 "경제적" 문화가 생겨났다는 것이다. 이러한 발전, 즉 도시와 정치적 국가체제의 출현 과정 속에서 우리 모두가 보편적 인간성에 해당된다고 오인하는 온갖 종류의 허구가 형성된다. 가령 논리는 동일하지 않은 것을 동일하다고 치부하면서 그것을 실제로 처리 가능하게 하는 것이고, 도덕적 죄의식과 양심은 채권자가 채무자에 대해 객관적으로 추정하는 요구사항을 점차 내면화한 것이며, 형벌이란 과거에 자발적으로 가했던 복수의 행위 내지 광분한 귀족 편에서 표출했던 가학적 분노를 완화시킨 대체물인 것이다.[10] 논리와 도덕관과 형벌의 모태가 되는 경제활동은, 니체에 견해에 따르면, 엄밀히 말해서 경합적(agonistic) 성격을 띠고 있다. 등가물을 결정하는 모든 행위(이 생산품에는 이만큼의 금액을, 이 범죄에는 이만큼의 형벌을 배정하는 것)는 단지 하나의 힘이 다른 힘에 대해 불균형한 승

---

8 본서의 11장을 보라.
9 Nietzsche, *The Genealogy of Morals*, Essay One, VIII, Essay Two, VIII, IX.
10 Ibid., Essay One, VIII, IX, Essay Two, IX.

리를 거두는 것에 지나지 않는다. 이러한 불균등이 자행되는 이유는 니체가 말하는 명목론(nominalism)의 입장에서 볼 때 근본적으로 다양한 것을 매개할 수 있는 객관적 등가물을 찾을 수 없기 때문이다. 따라서 공정가격도 적정형벌도 성립할 수 없는 것이다.

그러나 이 경우에 있어 니체는 여전히 **정치경제학자**의 면모를 지니고서 인간을 "계산적인 동물"이라고 정의하는 그만큼의 수준에서 이야기한다.[11] 이와 대조적으로 영웅적 원시사회 자체는 서열화된 가치체계와 상이한 대상들 간의 객관적 등가성이 존재한다고 믿는다.[12] 만약에 니체가 이러한 신념이 실제로 존재함을 부정한다 하더라도, 그가 영웅적 사회의 해체를 말하려는 것은 아니며, 의미와 가치에 관한 주장의 "배후에" 자리한 힘의 민낯을 폭로하려는 것도 아니다. 그가 하려는 것은 정치경제학과 사회학과 변증법이 이미 벌여놓은 것 그 이상이 될 수 없다. 다시 말해서 "경제적" 양식에 따른 행동이야말로 지금까지 존재해온 모든 사회가 감추어온 숨겨진 진리며, 그 진리가 마침내 작금에 이르러 공개적으로 인정됨에 따라 봇물 터지듯 적용되기에 이르렀다는 주장인 것이다. 사실상 원시사회가 서열화된 가치체계를 늘 수반할 뿐 아니라 폭력을 동원해서 그것을 강화한다는 사실을 간파하기란 그다지 어려운 일이 아니며, 아울러 이따금씩 이러한 폭력의 실행을 은폐한다는 사실도 증명하기가 어렵지 않다. 그렇지만 니체와 마찬가지로 현재 진행중인 사태의 실체가 바로 폭력이라고 말하기 위해서는 폭력을 구체적으로 적시할 뿐 아니라 가치가 객관적으로 존재한다는 사실마저도 부정할 필요가 있다. 그러나 가치의 객관적 존재 여부를 문제시하는 것은 보편 이성에 근거한 담론의 영역을 벗어난다. 그런데 니체식의 "허무주의"는 바로 이 지점에 머물러 있다고 하겠다.

보편 이성에 근거한 담론 및 더 나아가 새로운 실증주의에 대해 이야

---

11 Ibid., Essay Two, VIII.

12 Tcherkezoff, *Dual Classification Reconsidered*.

기해 보자. 실증주의는 과학적 진리의 출현을 서사화하는 반면에, 허무주
의는 과학의 허무주의적 숙명을 서사화한다. 다시 말해서 진리추구의 학문
은 결국 어떤 진리도 존재치 않으며 따라서 객관적 선함도 존재치 않음을
필연적으로 인정해야 한다는 것이다. 하지만 그 이야기 중에서 변치 않는
것이 하나 있다. 즉 실증주의와 마찬가지로 허무주의도 제사와 게임과 전
쟁을 수반하는 내재론적 성격을 띤 일종의 보편적 원시종교, 즉 "되풀이되
는 피의 보복"을 감수하는 종교를 발견한다는 것이다. 실증주의와 공통되
는 또 다른 특징으로 허무주의는 원시인의 입장을 우선시하고 보편화할 뿐
아니라 원시인이 스스로를 아는 것보다 그들을 더 잘 이해한다고 장담하기
도 한다. 이렇듯 니체는 일차적으로 원시적 고귀함을 칭송하고, 이차적으로
"경제적" 관점에 서서 경합적(승패를 겨루는) 투쟁을 원시인의 실존을 실제
로 규정하는 특징으로 이해한다.

　　종교에 대한 그의 전반적 접근 역시도 실증주의적이다. 모든 형태의
초자연적 종교는 불합리하다고 단언하면서, 종교가 자연과 사회에 대한 인
식에서 저지른 형이상학적 실수까지 추적해낸다. 이를테면 니체는 환유적
방법을 통해 영혼을 발명해낸 것이 모든 초월적 실체에 대한 정교한 상상
으로 이어지는 출발점이 되었다고 간주하며, 아울러 불멸의 조상들에게 계
속해서 의존한다는 생각으로부터 자기희생에 대한 적극적 가치부여(즉 자
기희생은 꾸준한 빚 갚음이라는 생각)가 발생하게 되었다고 본다.[13] 하지만 그는
동시에 자연주의적 성격이 더 뚜렷한 종교를 칭송하면서 (뒤르켐이 원시종교
를 사회학과 연관시키는 것처럼) 그것을 허무주의 자체의 담론과 연관 짓는다.
미래에 출현하게 될 "초인"(overman)이야말로 자신의 의지를 새로운 법칙
의 형태로 실행할 능력을 갖고 있기에 그는 단지 **운명에 대한 사랑**(*amor
fati*)에 불과한 것을 신비적 소원으로 전환시킬 수 있는데, 그 소원이란 남다

13　Nietzsche, *The Will to Power*, pp. 226, 487. *The Genealogy of Morals*, Essays One, XIII, Essay Two, XVI, XIX.

른 모든 존재, 즉 남을 희생시키고 자신도 희생물로 내어줄 만큼 강인한 모든 이들이 다시 환생하여 영겁의 삶을 이어가는 것이다.[14]

그렇지만 허무주의적 종교관(treatment of religion)의 완결판은 여타의 실증주의적 담론과 마찬가지로 그가 그리스도교를 힘의 은폐로부터 근대적 힘의 해방으로의 이행으로 이해하는 것에서만 찾아볼 수 있다. 이것이 왜 필수적인 과제가 되어야 하는가? 이것을 이해하려면 앞에서 제시한 논점으로 돌아가야 하는데, 그 논점이란 그가 어떤 문화권은 다른 문화권에 비해 허무주의적 진실을 깨닫는 데 더 근접한 것으로 상정한다는 사실이다. 허무주의는 모든 문화를 동등하게 ("공개적"으로든 또는 계략과 속임수를 이용하든) "힘을 향한 의지"(the-will-to-power)를 현시하는 것으로 간주한다고 할 수 있겠다. 그렇지만 계략을 사용한다는 사실과, 허무주의 자체가 대변하듯이, 계략의 폭로 가능성이 존재한다는 것 자체가 바로 이러한 허무주의적 전략을 문젯거리로 전락시킨다. 하나의 문화 내지 철학이 "힘을 향한 의지"를 "노골적"으로 현시한다면, 그것은 사실상 그것을 위장된 방식으로 드러내는 것에 비해 해석적 우위를 점하기 마련이다. 만약에 그렇지 않다면 "힘을 향한 의지"가 지닌 초월적 위상은 의문거리가 되고 말 것이다. 이런 까닭에 클로소프스키(Klossowski)와 리오타르가 니체와 들뢰즈에 맞서서 적극적이고 귀족다운 덕목이나 반사적(reactive)이고 노예적인 덕목이나 모두 동일하게 "힘을 향한 의지"를 드러낸다는 이유로 후자보다 전자를 선호하는 태도를 내버릴 수 있다고 주장하는 것은 확실히 오류라고 하겠다.[15] 만약에 "힘을 향한 의지"라는 지식에 근거하여 해방된 도덕성 내지 "가치전환"을 여전히 주장한다면, 반사적 전략은 그 자신의 숨겨진 계략을 스스로 의식하

---

14 Friedrich Nietzsche, *Thus Spake Zarathustra*, trans. R. J. Hollingdale (London: Penguin, 1989) pp. 97-9, 159-63, 217, 219. 장희창 옮김, 『차라투스트라는 이렇게 말했다』(민음사, 2004). René Girard, "Le meurtre fondateur dans la pensée de Nietzsche," in Paul Dumouchel (ed.) *Violence et Verité: Autour de René Girard* (Paris: Grasset, 1985) pp. 603-13. 이 점에 있어 필자는 Philip Goodchild와 나눈 토론에 빚지고 있다.

15 J.-F. Lyotard, *Économie Libidinale*.

게 되고, 이에 따라 스스로를 경멸하면서 그 계략을 포기할 것인데, 이로써 반사적 전략은 적극적 전략과 도덕적인 면에서 균등성에 도달하게 될 것이다.

따라서 니체가 말하는 "적극적" 허무주의의 논리는 약자들의 반사적 덕목 속에서 엿보이는 "힘을 향한 의지"에 대한 거부를 "악한 양심"으로 규정하라고 요구하는 것처럼 보인다. 그러나 동시에 들뢰즈가 알아차리지 못한 문제가 있는데, 이것은 "악한 양심"이 변증법에서 말하는 "불행한 의식"과 완전히 구별된다고 보는 것이다.[16] 만일 힘이란 것이 어떤 사람들과 어떤 문화권에서는 분명하고도 은폐되지 않는 것으로 나타날 수 있다고(적어도 그것을 자각하는 순간이 있다고) 한다면, 왜 그것이 늘 공개되지는 않으며, 왜 이따금씩 은폐되는 것인가? 이에 대한 대답은 물론 힘은 속임수를 통해서 한결 더 강력해지고 한결 더 효과적으로 힘 자체가 되기 때문이라는 것이다. 사제 집단의 책략이 있었기에 "인간지성은 심오하고 악한 형태로 성장했다"고 니체는 말한다.[17] 그러나 자의적 힘을 행사하는 자들이 자기들은 자의적 힘을 행사하고 있지 않다고 주장하고, 또한 특히나 자신들이 가진 에너지를 금욕적으로 부정하는 방식으로 힘에 대항하여 힘을 사용하는 등 강자가 스스로를 완전히 속이는 현상에 대해 무어라고 말할 것인가? 여기서 다시금 힘에는 (허무주의 철학이 말하는 여타의 모든 것과는 달리) 그 자체의 "충분한" 이유들이 있기에 힘이 스스로를 억제하는 것은 오로지 그렇게 함으로써 장기적으로 한결 더 효과적으로 힘을 비축하고 충원하게 되기 때문이라고 생각할 수 밖에 없다. 그렇다면 결국 "악한 양심"은 오로지 일종의 "불행한 의식"인 것처럼 보인다. 즉 단지 우발적으로 "잘못"되었지만, 일시적 힘의 소외를 극복하고 최종적으로 힘으로 복귀하게끔 그렇게 필연적으로 운명지어진 것이다.

---

16 Gilles Deleuze, *Nietzsche and Philosophy*, trans. Hugh Tomlinson (London: Athlone, 1983) pp. 79-82, 148-51. 이경신 옮김, 『니체와 철학』(민음사, 2001).

17 Nietzsche, *Genealogy of Morals*, Essay One, VI.

무엇보다도 허무주의는 그리스도교가 작동하는 이치를 충분히 밝혀내야만 한다. 이는 니체가 아주 훌륭하게 진단했듯이 그리스도교가 강력함과 성취와 정복과 같은 영웅적 덕성을 완전히 역전시켜 버린 체계이기 때문이다. 그리스도교는 의존을 예찬하며 폭력에 대한 거부를 주장한다. 그것은 교만하게 스스로를 자긍하면서 여타의 것들을 파괴적으로 멸시하는 자의적 의지를 가리켜 바로 악의 본질이라고 규정한다. 자기 스스로의 성취만을 드높이는 영웅주의는 더는 덕성으로 여겨지지 않게 된다. 따라서 니체는 그리스도교의 윤리야말로 모든 기존의 인간적 규범에 대한 철저한 반대이자 부정이라고 소개한다.[18] 이러한 주장은 지나친 것이며 도리어 허무주의가 그리스도교를 역전시키고 있다는 사실을 은폐한다. 하지만 그럼에도 불구하고 영웅적인 것들을 평가절하함으로써 그리스도교가 하나의 획기적 전환을 표시하는 것은 사실이라고 하겠다.

그렇지만 우리가 여기서 니체의 주장을 평가하건대, 중요한 점은 그가 자신의 철학 내에 하나의 절대적 대립(opposition)을 설정해 놓았다는 것이다. 모름지기 대립은 변증법의 영역에 속하기 마련이다. 따라서 니체가 헤겔식의 이야기(즉 힘에 대한 모든 부정이 다 힘에 의한 계략이라고 한다면, 힘에 대한 절대적 부정은 바로 절대적 힘에 의한 최종적 계략일 수밖에 없다는 논리)가 던지는 유혹에 굴복하는 것도 그다지 놀랄 일이 아니다. 극단적 형태의 그리스도교 금욕주의는 인간 안에 차라투스트라의 도래를 위한 길을 준비하도록 자기 의지의 역량을 비축한다. 그리하여 초인(*übermensch*)의 시대가 도래하면 항구적 가치전환만이 유일하게 남은 규범이 될 것이다.[19]

니체는 그리스도교를 부정(negation)으로 규정했기에 헤겔을 따라서 십자가 죽음 및 이와 관련되어 나중에 추가된 "신의 죽음"을 자기 사상의 중

---

18 Nietzsche, *Genealogy of Morals*; *Daybreak: Thoughts on the Prejudices of Morality*, Book I (Cambridge: Cambridge University Press, 1982), p. 71. *The Will to Power*, pp. 184, 186, 204, 1122.

19 Nietzsche, *Genealogy of Morals*, Essays Three, XIII, XXVIII.

심에 둘 수밖에 없다. "동물이 자신에 맞서서 무기를 드는 장면"이야말로 "헤라클레이토스의 어린아이에게서 기대할 수 없는 가장 뜻밖의 행동에 속"하였고, 다른 잔인한 장면들과 마찬가지로 그 장면도 "신성한 청중"을 필요로 했다. 바로 이러한 사건을 통해서 "사람"이 하나의 "연결 교량" 내지는 "위대한 약속"임이 드러난다고 하겠다.[20] 헤겔과 마찬가지로 니체는 예수와 그 후에 출현한 교회를 구분하면서, 인간의 허물과 실패에 대한 불교식의 "무심함"(indifference)과 같은 것을 예수에게서 발견하는 가운데, 이 것 역시 헤겔이 "그리스도교의 정신과 숙명"(The Spirit of Christianity and its Fate)에서 말하는 용서에 대한 예수의 가르침과 마찬가지로 결국엔 사라지고 말 운명이라고 보았다.

그러므로 니체의 실증주의적 서사 속에도 일종의 변증법적 요소가 존재한다. 그리고 우리가 제4장에서 보았듯이 니체는 이러한 요소를 베버에게 전수했기에, 그 역시 세계사적 역할을 일반적으로는 금욕주의에, 그리고 특수하게는 그리스도교에 부여하고 있다. 동일한 이야기에 대해서 푸코는 또 다른 이해를 제공하는데, 그 역시 힘이 늘 현존하지만 어떤 시기에는 다른 때보다 더 뚜렷하게 현존한다고 하는 비슷한 이중논리(dilemmas)에 걸려들었던 것이다.

푸코는 지식과 자기동일성이 언제나 권력이 취하는 특수한 체제 및 전략적 상호작용의 산물임을 보여주는 것에 관심 갖고 있다. 하지만 동시에 그는 근대 서구 세계에 나타난 "감금"(carceral) 사회 내지 "훈육" 사회의 성장과정을 추적한다. 이러한 사회 속에서 권력은 "보다 지속적으로" 작동하는데, 이는 우리의 욕망을 금지 내지 억압하는 것을 통해서가 아니라 우리 행위의 다른 모든 측면과 더불어 욕망을 적극적으로 구성하고 조직하고 도표화함으로써 작동한다. 푸코가 보기에 이것은 어떤 의미에서 "또 다른 형태"의 권력일 뿐이지만, 다른 의미에서 보면 그것은 또한 "보다 권력다운"

20　Ibid., Essay Two, XVI.

권력인 것이다. 중세시대에 왕들은 강력할 뿐 아니라 덕스러워야 한다는 기대를 받고 있었으며, 의전화된 공개적 처형이 효과적이었던 것은 그것이 신적 정의의 구현이라는 상징적 호소력을 띠고 있었기 때문이다. 이와 대조적으로 근대시대, 즉 콩트가 말하는 "신학적"이 아닌 "형이상학적" 시대에는 법률과 정치활동이 주권을 가진 자유로운 개인 간의 계약 내지 세력 균형의 사안이라고 간주된다. 기술관료적 성격을 띤 실증적 권력은 인구의 조직화, 즉 사람들이 고백하는 이야기를 "청취"하고 그들의 모든 생활상을 "조사"하는 것을 통해 작동함으로써 "지속"하고 있는데, 오로지 이러한 경우에 있어 권력은 자신이 절대적인 신적 기준에 의해서나 자유로운 인간 주체에 의해서나 전혀 제한받지 않는다고 이해한다. 국가의 "시선"은 이제 과학의 시선이 되었고, 권력은 완전한 과학적 지식이 다룰만한 유일한 대상이 되었다.[21]

따라서 니체와 마찬가지로 푸코도 권력이 중세의 자연법 및 근대초기 천부인권 사상의 배후에 있는 진정한 실체라고 결론지어야 했다. 그러나 이에 덧붙여서 그는 사실상 근대 후기의 권력이 더 자의식적이고 더 자유로운 형태의 권력이라고 믿지 않을 수 없다. 그의 이러한 생각은 그 생각이 "폭로"하는 내용과 결탁되어 있음에 틀림없다. 니체에게 있어 그리스도교는 권력을 은폐하고 영혼과 "내면성"을 내세우는 궁극적인 적으로 비쳐진다. 그러나 푸코에게 있어 더 인상적인 것은 그리스도교가 근대 후기 훈육 사회를 이해하는 데 있어 역사적 통로가 되는 거대한 "교량"이라는 점이다. 중세 그리스도교에서 고백성사 제도가 발전되어온 것에 대해 푸코는 (아주 설득력 있게) 지적하는데, 그것은 사람들로 하여금 그들의 욕망을 "고백"하게 함과 동시에 이러한 욕망을 엄밀하게 기초된 제도적 코드에 따라

---

21 Michel Foucault, *Discipline and Punish: The Birth of the Prison*, trans. Alan Sheridan (Harmondsworth: Penguin, 1977). *The History of Sexuality: An Introduction*, trans. Robert Hurley (Harmondsworth: Penguin, 1978). Gillian Rose, *The Dialectic of Nihilism* (Oxford: Blackwell, 1984) p. 200.

사유하도록 촉진함으로써 사람들을 부정적이 아닌 적극적 관점에서 다루는 방식이었다는 것이다.[22] 그리스도교에서 대개 욕망을 "금지"하는 것은 나중에 시각의 역전에 기여하는데, 이에 따라 그동안 묻혀 있던 욕망의 영역을 (루소나 프로이트처럼) 유익한 것으로 보거나, 아니면 적어도 건강을 위해 적절한 배출이 필요한 것으로 간주하게 된다. 그러나 이러한 시각의 역전은 과거와의 연속성 내에서 진행되므로 근대적 사제집단이라고 할 수 있는 정신분석 전문의에게 보다 "실증적" 형태의 권력을 행사하도록 허용하며, 이 권력에 힘입어 이들은 우리에게 자신의 욕망을 "표현"할 것을 권고하면서, 아울러 우리로 하여금 고도로 공식화된 문구에 따라 자신의 가장 내밀한 비밀을 사유하도록 설득한다.[23]

물론 푸코의 사상에도 진정 비판적인 측면이 존재한다. 그것은 푸코로 하여금 성성(sexuality)에 대한 그리스도교적 "억압"(실제로 금령들을 통해 금지의 대상을 설정하는 방식)과 근대적 성해방(이미 지속되어 온 것이지만, 현재 더 공개적으로 실증적 성격을 띤 설정 방식)을 연결하는 숨겨진 연속성을 포착하도록 한다. 그리고 그리스도교가 발생시킨 훈육 사회를 푸코가 물론 호의적으로 바라보지 않았다는 사실에 방점을 두어야 할 것이다. 하지만 동시에 이 훈육 사회는 권력의 불가피성을 더 충분히 인지하였으므로, 푸코가 보기에 이전의 사회들보다 어떤 점에서 "더 진실"했다고 하겠다. 게다가 "욕망의 억압"으로부터 "욕망의 해방"으로 이어지는 순서는 자연적 욕망이라는 환상을 낳을 뿐 아니라 진정 창조적 욕망을 조장하는 데 기여하기도 한다. 푸코는 이러한 창조적 욕망이 결국에는 아주 다양한 형태로 번성(flourish)하게 될 것이라고 희망한다. 그런데 이러한 낙관론은 실증주의적 이야기에 변증법적인 말의 성찬(flourish)을 보탤 뿐이다.

---

22 Michel Foucalut, *The Use of Pleasure: History of Sexuality*, vol. 2, trans. Robert Hurley (Harmondsworth: Penguin, 1985) pp. 5-30. 신은경, 문경자 옮김, 『성의 역사 - 제2권 쾌락의 활용』(나남, 2018). "Technologies of the self," in Luther H. Martin et al. (eds.) *Technologies of the Self* (London: Tavistock, 1988) pp. 16-49.

23 Foucault, *The History of Sexuality: An Introduction*, pp. 81-131.

지금까지 우리가 살펴본 것은 니체가 말하는 계보가 사회학이나 마르크스-헤겔주의와는 달리 단지 차이에 대한 서사일 뿐이라고 주장하지만, 실제로는 처음에 생각했던 것보다 이러한 구분을 밀고나가기에 어려움이 더 많다는 점이다. 적극적 허무주의는 무역사이고 초월적인 입장에서 이성과 권력의 동일성을 공언하기 때문에 그것은 늘 권력/지식의 진화에 관한 실증주의적 이야기로 끝나기 마련이다. 그런데 허무주의는 그리스도교에서 허무주의에 정확히 반대되는 측면(즉 그리스도교의 우주관으로부터 일체의 폭력을 철저히 배제하려는 신념)을 찾아내기 마련이므로, 그리스도교는 허무주의와 대비되어 변증법적으로 다루어질 뿐 아니라 이로써 중추적 역할도 부여받게 된다.

니체는 "경축의 분위기를 띤" 적극적 허무주의를 그리스도교에 대한 전복과 이미 동일시했었으며, 따라서 다음과 같은 질문이 실제로 제기된다. 즉 무슨 근거에서 니체는 이러한 허무주의를 해석적 전복 이상의 것으로, 즉 기존의 지배적 서사를 전복시키려 할 때 떠오르는 "임시방편적 추측"(*ad hoc* suspicion) 이상의 것으로 보게 되는가? 『하나님의 도성』(*The City of God*)에서 아우구스티누스는 이교적 덕성에 관한 이야기를 역추적하는 "대항 역사적"(counter-historical) 전략을 이미 채택했었다. 이 위대한 저작에서 그가 말하고자 하는 요지(이에 대해 마지막 장에서 논의할 것이다)는 이교의 이러한 덕성이 폭력에 대한 칭송으로 하릴없이 오염되었다는 것이다. 그러니 『도덕의 계보』가 『하나님의 도성』을 신이교적 관점에서 뒤집어버린 일종의 **두뇌게임**(*jeu d'esprit*)이 아니고 무엇이겠는가라는 질문을 그리스도교의 입장에서 제기할 수 있을 것이다. 그런데 이 신이교적 관점은 한 번 정도 통 큰 양보(*concessio*)를 허용(이것이 바로 아우구스티누스가 말하는 이교적 덕성의 실체적 진실이다)하는 멋진 수사학적 전략을 구사한다. 나는 본서의 나머지 부분에서 바로 이러한 주장을 점진적으로 개진하는 가운데 이에 대한 논거를 제시하고자 한다.

현 시점에서 말해야 할 것은, 만일 허무주의가 말하는 계보가 단지 하나의 해석 이상으로 지지할 만한 것이라면, 니체와 푸코의 그리스도교 읽기도 객관적으로 정확해야 한다는 것이다. 그러나 사실 그들의 그리스도교 이해는 문제의 소지가 아주 많으며 이 점은 몇 가지 사항만 보아도 알 수 있다. 나는 먼저 원한(*ressentiment*)의 문제를 다루고, 그다음으로 금욕주의의 문제를 취급할 것이다.

니체는 인간의 "자연적" 상태란 끊임없는 창의력의 능동적 흐름(주체의 심사숙고하는 의지행위가 아니라 차라리 주체가 생겨나게 하는 비인격적 의지력)이라고 생각한다.[24] 이와 대조적으로 그리스도교적 주체가 지닌 왜곡된 반사적 조건은 이러한 자연적 힘에 대한 거부라는 부정적 관점에서 그 자신을 규정한다는 것이다. 하지만 이러한 평가는 분명히 그리스도교의 자기이해와는 동떨어진 것이다. 그리스도교의 자기이해에 있어서 "연약함"으로 표상되는 일차적 수용성은 강자에 대한 것이 아닌 모든 애덕의 원천인 하나님과의 관계에 해당된다. 그런데 이러한 수용성은 역설적 성격을 띤 능동적 수용성이라고 할 수 있는데, 그 이유는 하나님을 사랑하는 사람의 진정성은 그가 자기 이웃을 향해 적극적으로 베푸는 그 사랑에 의해 검증되기 때문이다. 그러나 그러한 자연적이고 능동적이며 창의적인 의지가, 그리스도교에서 말하는 것처럼, 본질적으로 자애로운 의지, 즉 지배하거나 겸양을 떨기 위해서가 아니라 타인의 역량을 지지하고 세워주며 증대시키기 위해서 힘을 행사하는 그런 의지로 이해하면 안 되는 것인지 질문을 던질 수 있을 것이다. 물론 니체의 관점에서 볼 때 문제는 사랑을 베푸는 것이 적어도 어떤 면에서는 영향력과 의존성의 증대를 수반하여 가장 교묘한 강압의 도구로 전락한다는 점이다. 타인의 복지에 대해 진정으로 관심 갖는 "사심 없음"(disinterestedness)의 요소만이 이러한 힘의 행사를 제한하고 정당화할 수 있다. 다만 그러기 위해서는 우리 자신만이 아니라 타인을 위해서도 바람직하다고 인정되는, 인간이 지향할 만한 객관적 목표가 실제로 존재해야 한다

---

24 Nietzsche, *The Will to Power*, pp. 266. Deleuze, *Nietzsche and Philosophy*, pp. 79-82, 270.

고 하겠다. 따라서 그리스도교는 반사작용이 아닌 적극적 행위야말로 애덕에서 우러나는 행동이라고 이해하는데, 이러한 시각은 다소 문제가 있기는 하지만 가치 있는 객관적 목표를 전제하고 있으며, 특히 애덕을 추구하는 것을 타인의 복지에 대한 이타적 관심 및 타인을 향한 "비소유적 욕구"로 본다.

다른 한편으로 니체는 적극적 행동이란 "힘을 향한 의지"라고 이해하는데, 이것도 마찬가지로 문제의 소지가 있다고 하겠다. 질 들뢰즈(Gilles Deleuze)가 강조하듯이 "힘을 향한 의지는" 아무 것도 부정하지 않으며, 따라서 그 어떤 부정의 변증법에 포함되지도 않으며, 다만 차이에 대한 순수 긍정인 것이다.[25] 그렇지만 행위자의 영역 내에 안전하게 남아 있는 행동은 없으며, 다만 언제나 이미 행위자를 넘어 확산되면서 행위자를 에워싸고 있는 타자들에게 영향을 준다. 바로 이 지점에서 니체의 철학은 차이를 대립적 차이(oppositional difference)로 규정하는데, 그러한 차이는 기존의 공통적 문화 공간에 개입하여 그것과 경쟁하거나 그것을 교체 내지 축출하려고 한다. 하지만 만약에 이렇듯 긍정적 차이가 초래하는 객관적 결과가 공격과 적대감이라고 한다면, 만약에 고귀한 의지가 "악의를 갖고 있지 않다"고 할지라도, 즉 맹금류처럼 자신이 포획하는 희생물에 대해 아무런 개념이 없다고 할지라도, 모든 차이들 간에 하나의 부정적 관계가 지속된다고 보는 선험적 전제가 있기 마련이다.

현재 우리는 차이들이 상호 간의 간섭 없이 서로에 대해 유화적으로 존재하는 그런 세상에 살고 있지 않음이 분명하다. 오히려 모든 차이는 자체 내에서 "중첩"을 이룬 채로 공통의 공간에 해당되는 일정 영역 내에서 존재하는 혼란이라고 하겠다. 하지만 모든 혼란과 모든 사건을 전쟁의 사건으로 해석할 필요가 있을까? 나는 주장하건대 선험적 관점에서 모든 차이를 부정적으로 관련된 것으로 이해할 경우에만, 즉 변증법적 요소가 차

---

25 Deleuze, *Nietzsche and Philosophy*.

이의 철학 속으로 침범하는 것을 허용할 경우에만 그렇다고 하겠다. 하지만 만약에 그와 같은 전제를 전혀 갖고 있지 않다면, 타자를 향해 손을 내미는 긍정적 차이의 행위를 타자에게 보내는 초청, 즉 타자가 지닌 차이가 객관적으로 바람직하기 때문에 그것을 수용하려는 행위로 이해하는 것이 가능할 것이다. 동시에 타자 자신이 이러한 차이를 받아들이면, 그에 따라 새로운 교체와 새로운 차별화(differentiation)가 나타남을 인정해야 할 것이다. 이제 양자를 포괄하는 "공통성"(commonness)은 기존의 중립적 범위에 속하거나 처음에 구상하던 행위가 그대로 진행되는 평범한 일상(commonplace)이 아니라, 그 대신에 새로운 차별화된 관계가 발생하는 그러한 평범한 일상인 것이다. 상호적 일치 속에서 더불어 살아가는 것이 과연 가능한가 하는 질문은, 자비의 행위가 정말 있을 수 있는가 하는 질문과 더불어, 과연 "유비" 즉 차이들 간의 "공통된 척도"(이것은 차이를 하나의 공통된 본질 내지 유개념[genus]의 단순한 사례로 축소시키지 않는다)가 있을 수 있는가 하는 문제임이 밝혀진다. 다시 말해서 차이에도 불구하고 차이에 덧붙어서 존재하는 것이 아니라 차이를 통해서 존속하는 그러한 유사성을 가리킨다고 하겠다.

따라서 "힘을 향한 의지"가 아니라 그리스도교에서 말하는 (초자연적) 자비의 행위야말로 자연적 행동임을 주장하는 것은 바로 그러한 "유비적 관계"(analogical relation)야말로 선천적(*a priori*) 투쟁을 상정하는 것만큼이나 하나의 가능한 선험적 개념임을 주장하는 것과 매한가지다. 그리고 한 가지를 덧붙인다면, 전자의 개념은 보다 **순수한** "실증주의" 즉 변증법에 그다지 물들지 않은 보다 순수한 차이의 철학을 가능케 한다. 왜냐하면 선험적 투쟁은 쉽사리 근절되지 않는 부정성이 존재함을 전제할 뿐 아니라 그것이 지닌 지배적 지위로 말미암아 유일한 공통의 의미를 가능케 한다고 추정하기 때문이다. 공적인 무대에서 차이들은 부상했다가 결국 사라지고 만다. 모든 새로운 차이는 다른 모든 차이를 말살하려는 무한한 야망을 지니므로, 따라서 차이 자체를 지워버린다. 비록 탈근대적 주체가 정신분열적으로 해체된다고 할지라도, 만약에 모든 인격이 군복을 착용하는 일이 일어난다면,

이는 결국 데카르트적 자아가 추구하는 독불장군식 지배를 열망하고야 말 것이다. 몸으로부터 분리된 영혼은 군사적 신체, 즉 홉스와 스피노자가 말하는 **코나투스**에 부수된 현상일 뿐이다.

따라서 그리스도교를 원한(*ressentiment*)으로 읽는 독법에 대해서 단지 초월적 코드를 변경하는 것만으로도 문제 제기가 가능하다. 이와 대조적으로 플라톤주의와 그리스도교를 독특하게 왜곡된 금욕주의로 읽어내는 독법에 대해서 일부는 서술의 논리를 기반으로 삼아서, 또 일부는 역사를 기반으로 해서 문제 제기가 가능하며, 이에 대해 지금 다루려고 한다.

니체가 칭송하는 "영웅적" 이상은 그것이 진정 본성에서 우러나는 자발적 표현이 아니므로 자아를 귀족적·군사적 이미지에 맞추어 형성하기 위해서 일정한 금욕적 규율을 수반하는 것이 당연했다. 게다가 영웅적 이상 속에는 니체와 푸코가 칭송하는 사상의 맹아가 들어 있는데, 이를테면 자아에 대한 일정한 "금욕적" 모델을 지지하는 자기통제야말로 유일하게 추천할 만한 덕성이라는 생각이다. 금욕적 자기규율(푸코의 용어로는, "자아에 대한 배려")이 그 자체를 목적으로 한다고 보는 것은 그리스도교 전통이 아니라 니체와 푸코이다. 아울러 이들은 특유의 개성을 함양하는 것을 자기망각이나 자아의 해소보다 격상시킨다.[26] 이러한 태도는 플라톤주의 내지 그리스도교에 대한 그들의 전반적 비판(권력을 행사하는 자에게 맞서 권력을 왜곡되게 겨냥하면서 이로써 자기 채찍질과 자기 고문이라는 "내면적 공간" 즉 "죄책감"과 "양심"의 영역을 만들어내었다는 비판)을 혐의의 시선으로 바라보게 한다. 말하자면 영웅적 이상에 따른 자기몰입(self-referentiality)이 오히려 "내면성의 신화"가 출현하는 모태가 되며, 실로 역사적으로 고대 말기에 공적 성격을 지닌 폴리스적 덕성의 추구가 좌절되고 난 후에 스토아학파와 견유학파 및 에피쿠로스학파의 현자들(푸코는 이들이 영웅이었다고 단언한다)이 나타나서 체념

---

26   Michel Foucault, "Truth, power, self," in *Technologies of the Self*, pp. 9-15; "On the genealogy of ethics: an overview of work in progress," in *The Foucault Reader*, pp. 340-72.

과 자기통제와 자기일관성이라는 개인적 도덕에 불과한 것을 설파한 사실을 목도한다.[27] 스토아학파의 현자가 말하는 자유는 특히나 인과관계라는 숙명적 그물망을 초월하고자 하는 새로운 발명품으로서의 "내적" 자유인 것이다.

푸코는 로마의 스토아 사상가들이 말하는 "양심성찰"(examinations of conscience)이 나중에 아우구스티누스의 『고백록』에서 보여주는 것과 같이 내적 삶의 "깊이"를 결코 드러내주지 않는다는 사실에 주목하면서 다음과 같이 주장한다. 즉 윤리적 관심을 주로 동기와 관련된 내면의 사적 영역으로 전환한 것은 오로지 그리스도교와 더불어 가능했으며 이 점과 관련하여 그리스도교는 주체를 욕망적 주체로서 새롭게 확정했다는 것이다. 그렇지만 이러한 주장은 혼미한 생각에 불과하다. 이를테면 통제와 체념을 바랄 수밖에 없는 내면성은 당연히 공허한 내면성에 해당되며, 목표의 엄격함이 사실상 내면의 성소(inner sanctum)를 향한 침잠의 순수성을 평가하는 척도가 된다는 점이다. 반면에 내면성이 욕망과 혼재될 경우 열망과 환상과 좌절과 성취가 뒤섞인 극적 상태를 열어 보여줄 수 있다. 이것이 가능한 까닭은 바로 욕망과 혼재된 내면성이란 그다지 순수하지 못한 내면성이기 때문이다. 흔히 **깊이**가 있다고 말을 하는데, 그것은 영혼 속으로 자맥질해 들어가서 탐구하기 때문이 아니라 오히려 미리 한계를 정해 놓지 않고서 자신의 외적 태도와 정서에 대해 새로운 판단을 계속해서 감행하는 해석학적 열심에서 기인하는 것이다. 이렇듯 "깊이"의 수사법이 초래하는 치명적 영향은 (비트겐슈타인과 마찬가지로 푸코와 들뢰즈도 아주 적실하게 지적하듯이) 실로 우리로 하여금 "나의 동기가 **실제로** 순수한가"를 자문하게 할 뿐 아니라 겉으로 드러나는 신실한 믿음보다 "불성실함"을 더 "실제적"인 것으로 추구하게끔 한다는 점이다. 하지만 이렇듯 스스로에 대한 질문을 더 진지하게 던진다면, 그것은 실제로 우리가 가진 동기가 겉으로 드러내는 모호함에 대

---

27   Foucault, "Technologies of the self" and "On the genealogy of ethics".

해 주의하게끔 할 뿐 아니라 그러한 복합적 심리에 대해 스스로 만족하지 못하도록 하는 자극제가 되기도 한다. 그리스도교는 본래부터 인간의 모든 욕망에 대해 의심의 시선을 품고서 그것을 언제나 부적절한 것으로 바라보는데, 이러한 관점을 깊은 심연의 비유를 통해서가 아니라 높은 정점의 비유를 통해서 촉발하므로, 이러한 비유를 통해 욕망의 대상이 무한할 뿐 아니라 우리의 욕망이 그 대상에 절대로 가 닿을 수 없음을 말한다. 스토아주의에서 말하는 내면성이 실로 "태도"의 순수성에 관심 갖는 것과는 달리, 그리스도교에서 말하는 내면성은 그것을 표출하는 모든 외적 양태에 대한 교정의 가능성을 보여준다. 이렇듯 아우구스티누스가 그의 『고백록』에서 보여주는 "깊이"는 그가 자신의 과거 행동을 성찰하는 가운데 그것이 현재와는 다르게 될 수 있었다는 것과, 교회의 이야기라는 보다 일반적 맥락에서 그 행동을 전적으로 다시 읽어낼 수 있다는 것과, 또한 미래에 자기 자신을 변화시켜 갈 수 있다는 깨달음에서 비롯된 산물인 것이다.

푸코는 그리스도교가 자기형성적 자아관 내지 자기통제적 자아관으로부터 욕망의 주체로서의 자아관으로 전환을 초래하였다는 점에는 주목하지만, 이러한 자아관의 전환이 순수 "내적" 공간의 출현이라는 현상과는 실제로 양립할 수 없다는 사실을 깨닫지 못하고 있다. 그러한 내적 공간의 출현은 헤겔의 말마따나 로마 제국 말기의 정치적 무관심과 관련된 염세주의에서 비롯된 산물이며 또한 로마법이 절대적인 무제약적 소유권의 개념으로 수렴됨에 따라 발생한 것이다.

물론 푸코는 욕망이 필연적으로 근본적 타자지향성을 함축하고 있음을 인지하지만, 이것을 지향점과 열망의 관점에서 자아에 대한 구조화로 해석하는 대신에 순수한 불균등성 즉 영적 지도자 내지 하나님께 자아를 넘겨버리는 행위를 의미하는 것으로 받아들인다. 그가 여기서 간과하고 있는 것은 전자의 경우 영적 지도자에 대한 전적 복종에는 일종의 사전 양해가 자리잡고 있다는 점이다. 이를테면 영적 진보라는 목표에 있어서 지도자가 수련자보다 더 앞서 있기 마련이므로, 이 경우 자기부정이 아니라 (자신에 대한 이러한 이해를 바탕으로 한) 자기실현의 동기가 전제되어 있다는 것이다. 마찬가지로 후자의 경우(하나님과의 관계)에 있어 기존의 자기일관성마저 내려놓은 것은 무한자를 향해 역동적으로 정향된 삶만이 자아를 위한 적실한 "자리매김"을 가능케 할 것이라는 신념에서 말미암는 것이다.

따라서 그리스도교가 "훈육적"(disciplinary) 사회를 위한 길을 닦았다고 보는 푸코의 견해에 대해 몇 가지 질문이 제기된다. 수도원에서 지도자와 수련자 간에 이루어지는 관계는 욕망의 훈련을 목적으로 삼고 있기에 한 사람이 다른 사람에 대해 지속적이고도 특별한 목양적 돌봄(shepherding)을 베풀 것을 요한다. 이따금씩 초기교회에서도 "거룩한 스승"(holy man)이 지도하는 이러한 형태의 친밀한 영적 지도가 평신도 대중에게까지 확대되기도 했다. 그러나 푸코는 이러한 초기교회의 관행과 중세 말기의 관행(참회 예식이라는 정규적 제도를 도입하여 "내면적" 태도와 동기에 대한 엄격히 규범화된 체계를 통해 대중을 통제하는 방식) 간의 차이를 실제로 염두에 두지 않는다. 중세 말의 경우 참회제도가 갈수록 형식적이고 비인격적인 제도로 화함에 따라 사람들로 하여금 자신의 "실제적" 동기가 무엇인지 늘 의심하도록 압박하는 "자기규율"의 방향으로 초점이 이동하게 된다. 이렇듯 (10세기부터 12세기에 걸쳐 출현한) 고백성사 제도는 초기의 수도원에서 시행하던 영적 지도와 정확히 일치하지 않았고 초기교회에서 행하던 공적 고백과도 비슷한 점을 찾기 어려웠다. 주교 앞에서 행하던 공개적 고백은 하나님께 드리는 사적 고백과는 달리 욕망의 미묘한 변화보다 구체적 규범의 위반 사실과 공적 범죄의 자행 여부에 관심하였다. 참회의 기회는 대개의 경우 평생 단 한 번 주어졌으며, 참회 예식 후에 참회자는 수도자에 준하는 (엄격히 금욕적인) 삶을 살아야 했다. 이렇듯 일상의 죄과와 내면의 삶을 새로운 율법주의적 시각에서 규제하는 현상이 교회 내에서 발생한 것은 대단히 이례적인 일이었으며 격한 저항에 봉착하기도 했다. 니체와 푸코에게는 안됐지만 참회제도가 최초로 나타난 곳이 영국이었다는 것과 거기는 아직도 속상금(wergeld)의 관행이 남아 있는 영웅주의적 사회였으므로 범법행위를 갚아야 할 채무 내지 책무라는 관점에서 이해하고 있었다는 사실에 주목할 필요가 있다. (여기서 니체가 영웅주의적 사회를 "경제적" 관점에서 바라보는 것에 일말의 진실이 있음을 주목하자. 나는 이러한 쟁점을 12장에서 밝히도록 하겠다.)²⁸ "지속적" 고백성사가 필요하다는 생각이 호소력을 갖게 된 것은 범법행위와 참회행위를 엄밀하게 대응시킴으로써 죄과를 말소할 수 있다는 생각이 자리잡고 있었기 때문이다. 만약에 욕망도 이러한 도식 속으로 엮여 들어가게 된다면, 이는 욕망의 역동적이고 모호한 측면이 사실상 제거되어 버리고 그저 일정 시점에 발생한 사건 정도로 축소됨을 의미한다.

따라서 푸코가 12세기에 들어와 본격화된 고백성사의 관행 속에서 지식과 감시를 수단으로 삼아 그 성원들에 대한 지배권을 행사하는 이른바 훈육 사회에 해당되는 최초의 형태를 발견한 점에서는 옳았으나, 그렇다고 해서 반드시 그러한 귀결이 처음부터 그리스도교 안에 내재해 있었다고 볼 수는 없다. 그리스도교가 "목양적"(pastoral) 지배라는 플라톤적 관념을 이중으로 강화시켜 온 것은 사실이다. 여기서 목양적 지배란 신자들을 늘 강제하지는 않지만, 그래도 신자들의 전반적 복리와 행복에 궁극적으로 관심 갖기에 그들을 그냥 방치하지 않는 선에서 치리적으로 개입하는 것을 말한다. 하지만 교회의 치리가 후대에 들어와서 공식화되고 관료화된 현상은 신자 각 사람을 포함한 신자 전체에 대해 직접적인 목양적 돌봄을 베풀던 과거의 유연한 방식으로부터 후퇴가 일어났음을 보여준다. 이렇듯 "분류를 통한" 새로운 형태의 치리는 원래의 열정을 대신하는 위험한 허상(*simulacrum*: 원본을 모사한 이차적 산물이라는 뜻이 아니라 그 내용에 있어서 가짜라는 의미)을 드러내준다. 즉 위장된 형태로나마 실패를 인정하는 셈이다. 푸코는 고백성사 제도가 하나의 공통된 목표를 부과하는 식으로 전개되는 것에 대해 **비난**하지만, 실상은 그 반대되는 일이 발생했었다. 이를테면 형식적·규율적·

28 Cyrille Vogel, *Le Pécheur et la Pénitence au Moyen Age* (Paris: Editions du Cerf, 1969) pp. 15-36, 202.

율법적 통제에 의지하게 된 것은 이 시기에 교회의 일치라는 이상을 유지하기가 어려워졌으며, 다수의 동의라는 원칙을 포기할 수밖에 없었기 때문이다.[29] 이와 비슷한 식으로 동일한 시기에 각 공동체마다 나병과 매춘의 문제를 기존의 자선활동이라는 제도를 통해 대처할 수 없게 됨에 따라 나환자와 매춘부를 격리·감금·훈육하는 방식으로의 급격한 전환이 일어났다.[30] 여기서 정작 비난받아야 할 대상은 자선이라는 허상인데, 이는 바로 자선제도의 실패로 인한 극심한 위험을 우리에게 분명히 보여준다. 근대사회 전체는 12세기에 시작된 것으로(이렇게까지 과감하게 말할 수 있는 것은 잔혹한 규율을 강제함에 있어 중세와 근대 간의 구별이 없고 양자 모두가 하나로 이어지는 연속체를 구성하는 까닭이다), 그것은 플라톤주의 내지 그리스도교의 목양적 이상을 모방한 거짓된 복제물이라고 하겠다.

따라서 그리스도교의 "성공" 뿐 아니라 그 실패도 "감금 사회"(carceral society) 속에 기입되어 있는 셈이다. 이러한 과정이 이데올로기적 정점에 도달한 것을 바로 본서의 제1장에서 추적했었던 주의론(voluntarism)에 의한 신학의 왜곡에서 찾아볼 수 있다. 동시에 푸코는 그 자신이 그토록 훌륭하게 식별해내었던 그 사회적 세계가 실은 영웅주의적이고 이교적인 뿌리를 갖고 있는 것에 대해 무지했다고 하겠다.

어떤 주체가 자신이 지닌 욕망의 에너지를 관리하거나 억제하거나 풀어놓는 것에만 몰두해 있다면, 그러한 주체는 훈육적 관행에 의해 발생한 주체다. 그러나 이러한 주체는 그리스도교에서 말하는 욕망하는 주체라기보다 우리가 살펴보았듯이 영웅의 후예에 해당되는 순전히 금욕적인 주체

29 Peter Brown, "The rise and function of the holy man in late antiquity" and "Society and the supernatural: a mediaeval change," in *Society and the Holy in Late Antiquity* (London: Faber, 1982)

30 Walter Ullmann, "Public welfare and social legislation in the early mediaeval councils," in *The Church and Law in the Earlier Middle Ages* (London: Variorum, 1975) pp. 1–39. R. I. Moore, *The Formation of a Persecuting Society: Power and Deviance in Western Europe 950–1250* (Oxford: Blackwell, 1987).

에 더 근접한다고 하겠다. 푸코가 이따금씩 인정하듯이 훈육적 사회를 규정하는 것이 아무 목표 없는 순수 권력이라고 한다면, 그러한 사회가 속한 계통은 결국 영웅적 금욕주의, 즉 (공적이든 사적이든 간에) 단지 강력함과 지속성만을 추구하는 것에서 유래한다고 하겠다. 두말할 나위 없이 그리스도교는 고대 말기에 유행했던 스토아학파 내지 여타의 금욕주의적 이상을 전달하는 매개 역할을 담당했다. 하지만 이러한 전달로 인해 이따금씩 그리스도교의 윤리적 실체가 왜곡되는 현상이 명백히 초래되기도 했다. 그 사례로는 결혼에 대한 가르침을 들 수 있을 것이다.

사도 바울은 구약성서의 노선을 따라 결혼의 신성함은 그 상호성에 있음을 강조한다. 그러나 스토아철학의 영향으로 (몇 가지 예외를 제외하고) 12세기에 이르게 되자 출산이 결혼이 목적하는 유일한 선이 되었다. 이 시기에 출현한 고백성사의 지침서는 결혼의 상호성에 초점을 맞추기는커녕 한 개인의 의무의 수행 및 그의 배우자가 가진 육체적 욕구를 법적으로 충족시키는 것에 대해 어떤 태도를 지니는가에 초점을 맞추고 있었다. 따라서 이 지침서는 성서적 관점보다는 이교적 관점에 서서 결혼 관계를 폄하할 뿐 아니라 성성(sexuality)에 대한 남성적 "통제"에 강박적으로 몰두한다고 하겠다.[31] 이제 상당한 정도로 그리스도교가 말하는 "욕망하는" 주체는 원형적으로 "여성적" 주체를 가리키게 되었으며, "기교"(virtuosity)가 남성과 관련되는 만큼 그리스도교적 동정성은 여성적 "정결"(integrity)의 문제가 된다. 이에 덧붙여서 푸코가 단언하듯이 성은 더욱더 전형적으로 수동적인 경험, 즉 사람이 어느 정도 통제된 환경 속에서 주도할 수 있는 욕구가 아니라 그저 종속될 수밖에 없는 욕망으로 여겨지게 된다.[32] 불행하게도 수동적 욕망에 대한 영적 재평가와 전형적인 성적 주체에 대한 "여성적" 재정의가 함께 합쳐져서, 육체적 욕구를 연약하면서도 선한 것으로 바라보는 새로

31 Jean-Louis Flandrin, *Le Sexe et L'Occident* (Paris: Seuil, 1981) pp. 10, 101-9, 127-9, 135ff, 157, 279, 280ff.

32 Foucault, "On the genealogy of ethics," pp. 346-7.

운 긍정적 평가가 서구에서는 거의 일어나지 않았다. 그러나 이 모든 것에
도 불구하고 (푸코에게는 안됐지만) 그리스도교가 성적으로 "남을 배려하는"
윤리를 함의하고 있는 것은 당연하다. 만약에 이러한 윤리가 저지되어 왔다
면, 그것을 저지해 온 것은 바로 이교적이고 특히나 스토아적인 잔재인 것
이다.

그리스도교는 허무주의에 대해 완전히 반대되는 대극에 위치하므로
허무주의에 속한 계보학자들은 어떻게든 그리스도교를 궁극적으로 힘의
간계가 작동하는 사례로 서사화하지 않을 수 없다. 말하자면 그리스도교는
인류를 최종적으로 "훈련"시켜 근대적 투쟁 사회(니체) 내지는 근대적 감금
사회(푸코)를 발생시키면서 또한 현사회가 초인 내지 "미학적 개인"에 의해
초극될 길을 준비한다는 것이다. 그런데 나는 그리스도교를 원한으로 해석
하거나 그 주된 역사적 역할이 금욕주의를 촉진하는 것이었다고 보는 그와
같은 견해가 둘 다 적어도 매우 의문시 된다는 점을 이미 지적했었다. 이러
한 나의 입장은 중요한 귀결을 함축하는데, 만약에 허무주의가 그리스도교
를 그 자신의 계보 내에서 단지 하나의 해석 이상으로 제대로 "자리매김"하
지 못한다면, 단언컨대 허무주의가 인간 역사의 모든 사건을 투쟁의 사건으
로 읽어내는 독법(이에 대해서 우리는 이미 의문을 제기했었다)마저도 정당화될
수 없을 것이다. 그렇지만 전쟁을 절대적 침략 내지 존재론적 이변으로 읽
어내는 다른 대항 역사(아우구스티누스가 제시한 것과 같은 대항 역사)의 가능성
은 그대로 남아있다.

이로써 존재론적 폭력을 보증해주는 선천적·선험적 담론이야말로 모
든 허무주의적 계보를 위한 필수적 보충물임이 분명하다. 따라서 다음으로
우리는 일체의 전통적 형이상학과 "존재신학"(ontotheology)을 폭로하고 대
체하는 차이의 존재론이 주장하는 바를 뒷받침하는 토대가 과연 무엇인지
물어야만 할 것이다.

존재론

1. 형이상학 비판과 신학

니체는 서양 철학 내지 형이상학(존재에 대한 "총체적" 분류를 시도하고, 일시적이며 변화하는 것들을 "진리", 즉 영속적이고 불변하는 원리에 근거지우려는 것)을 그리스도교 이전에 소크라테스가 "도덕적" 선을 발명한 것의 산물로 해석한다.[33] 소크라테스와 플라톤은 도덕적 덕성의 획득을 단순한 힘이나 일반적으로 뛰어난 성취와는 구분하면서, 전자를 영속적이며 변치 않는 절대선(the Good)의 이데아에 대한 비전과 연결시켰는데, 이 절대선은 우리 일상의 행동에 영향을 주는 변덕스런 우연 및 운세에 휘둘리지 않는 존재이다. 니체가 금욕주의 내지 왜곡된 반사적 성취라고 부르는 새로운 도덕적 체제가 이렇게 발명됨으로써, 이로부터 형이상학을 뒷받침하는 전반적 구조물이 생겨나게 되었는데, 이는 객관적 "진리"에 관한 "명제들"을 떠받쳐주는 자명하고도 초월적인 실재를 "이론적으로" 보증하는 담론이 출현했음을 뜻한다. 이러한 그리스적 **로고스**(즉 서양 전체에 걸친 철학적·문화적·과학적 전통)에 대한 비판 작업을 마르틴 하이데거(Martin Heidegger)가 진전시켰으며, 그의 뒤를 이어 자크 데리다(Jacques Derrida)와 질 들뢰즈(Gilles Deleuze)와 장프랑수아 리오타르(Jean-François Lyotard) 같은 여러 사람들이 이 작업을 수행해왔다.

　이러한 형이상학 비판에 대해 신학자들이 이미 반응을 많이 보였다. 이러한 신학적 반응을 세 가지 범주로 나누어 볼 수 있겠다. 첫 번째 반응은 비판적 이성을 칸트가 제시한 수준으로 국한시키려는 세속적 인본주의의 시도와 궤를 같이 한다. 따라서 이 입장은 담론을 구성하는 명제들의 비교와 검증의 기준이 되는 "실재"라는 관념을 견지하려고 하며, 아울러 예지적(noumenal) 주체의 통합성이 항상적이고 보편적으로 나타나는 특정 선호

33　Nietzsche, *The Will to Power*, p. 5.

도와 성향의 좌소라고 보아서 이를 수호하고자 한다.[34] 따라서 이 입장은 대체로 실재론 일반을 옹호하는 것이 "하나님"의 객관적 존재를 주장하는 담론에 유리할 뿐 아니라, 인간 주체를 해체하려는 시도에 맞서는 것이 "인격들"을 중시하는 담론들에도 유리할 것이라고 추정한다. 그러나 이러한 입장이 유한성을 적극적이고도 "명쾌하게" 표상하려고 하는 근대주의적 시도의 핵심에 해당되는 경험주의 내지 칸트주의적 조류들과 특별한 동맹 관계를 맺고 있는 반면에 중세 시대에 출현한 "실재론의 조류들"과는 최소한의 관련만을 지니고 있다는 사실이 대체로 간과되고 있다.

마크 테일러(Mark C. Taylor)와 존 카푸토(John D. Caputo)의 저술에서 예시되는 두 번째 입장은 형이상학에 대한 탈근대적 비판을 충실하게 수용하면서 그 결과 그리스도교를 "탈플라톤주의화"(de-Platonize)하려고 한다.[35] 그 특징에 대해 말하자면, 이러한 노력에 담긴 신학적 내용이 그다지 변변치 않아 보인다는 것이다. 이를테면 차이가 무정부적으로 횡행하며 초월적으로 지배하는 것을 두고 신 내지 신의 죽음이라고까지 명명할 정도이며, 디오니소스적 광란의 축제가 관조적 신비의 순간을 내포한다고까지 단언하기에 이른다. 따라서 새롭게 더해진 것은 사실상 거의 없으며 근본적으로 바뀐 것은 아무것도 없다고 하겠다.

세 번째 반응은 (몇몇 프랑스 가톨릭 사상가들의 영향을 받은) 조지프 오리어리(Joseph O'Leary)가 구체화시켜서 잘 보여주고 있는데, 이 입장도 형이상학에 대한 비판을 수용하지만 신학을 허무주의적 존재론과 동일시하는 것에는 반대한다. 그 대신에 그리스적 존재 경험과 그리스도교적 하나님 체험

---

34   Rahner, *Spirit in the World*. Bernard Lonergan, *Insight, A Study of Human Understanding* (London: Longman, 1957). David Tracy, *The Analogical Imagination; Christian Theology and the Culture of Pluralism* (London: SCM, 1981).

35   Mark C. Taylor, *Erring: A Post-Modern Atheology* (Chicago: Chicago University Press, 1987). John D. Caputo, *Radical Hermeneutics: Repetition, Deconstruction and the Hermeneutic Project* (Bloomington & Indianapolis: Indiana University Press, 1987).

은 현상학적으로 말해서 다양하고 상호 비교할 수 없다고 단언한다.[36] 이 입장이 지닌 난점은 첫째로 언어 이전의 심급에서 일어나는 현상적 실재와의 주관적 조우에 호소하는데 형이상학 자체에 대한 탈근대적 비판은 이것을 전적으로 배제한다는 사실이다.[37] 둘째로 만일 하나님에 대한 체험이 실제로 그리고 진정으로 하나님을 체험한 것이라면, 하나님의 존재에 대한 질문이―다르게 명명된 실재에 대한 질문도 매한가지지만―사색적 담론을 위한 주제로서 제기되지 않을 수 없는데, 이러한 담론이야말로 불가피하게 그리스적 성향을 띨 수밖에 없는 것이다(데리다 자신도 "폭력과 형이상학"이라는 글에서 이러한 견해를 피력한다).[38] 하지만 만약에 하나님이 절대존재 자체가 아니라고 한다면 존재론의 입장에서 그는 단지 하나의 존재일 수밖에 없으며, 따라서 이러한 주장은 신학의 입장에서 보기에 우상숭배에 불과한 함량미달의 결과만을 산출할 따름이다. 그렇다고 이러한 질문에 대해 논의하기를 완전히 거부한다면 그것은 (우리들이 보기에 절대존재에 대한 그리스적인 질문은 이미 돌이킬 수 없는 방식으로 발생해버렸으므로 그런 우리들의 귀에는) **로고스와 뮈토스** 간의 정신분열증을 겪으라는 말이거나, 아니면 신앙의 내용을 일체의 논리적 토론 내지 전개를 무시하는 신앙일변도의 교리적 단언으로 축소시켜 버리라는 말로 들린다.

다음에 이어질 논의에서 나는 위의 세 가지 노선 중 어떤 것도 따르지 않을 것이다. 그 대신에 나는 모름지기 신학적 반응은 그 성격상 훨씬 더 복잡하고 차별화된 것이어야 한다고 본다. 탈근대주의적 비판에 대해 더욱더 조심스런 태도로 임해야 할 필요가 있는데, 그 까닭은 플라톤주의와 그리스도교를 실질적으로 동일시하는 니체의 태도나 그에 뒤이어 형이상학

---

36   Joseph O'Leary, *Questioning Back: The Overcoming of Metaphysics in Christian Tradition* (Minneapolis: Winston, 1985).

37   O'Leary, *Questioning Back*, p. 29.

38   Jacques Derrida, "Violence and metaphysics: an essay on the thought of Emmanuel Levinas," in *Writing and Difference*, trans. Alan Bass (London: RKP, 1978) pp. 79-154. 남수인 옮김, 『글쓰기와 차이』(동문선, 2001).

을 존재신학(onto-theology)이라고 폄하하는 하이데거의 자세가 처음부터 논란거리가 될 만한 성격을 노출했기 때문이다. 니체와 하이데거의 이러한 접근방식이 무시하고 있는 것은 (이것은 내가 본서의 마지막 두 장에서 본격적으로 주장할 것인데) 바로 존재론이 신플라톤주의자들 및 특히나 아우구스티누스와 디오니시우스 아레오파기타(Dionysius the Areopagite)와 같은 교부들의 손을 거치면서 근본적 변화를 겪었다는 사실이다. 신플라톤주의와 그리스도교는 절대자를 무한화하였으며, 더 나아가 그리스도교는 진·선·미를 절대존재 자체와 동치시켰다. 게다가 관계적·산출적·반응적 요소까지 신성 내에 도입함으로써, 이 모든 것이 합쳐져서 이제는 더 이상 그리스적이라고 할 수 없는 존재론적 각본이 출현하게 된다. 왜냐하면 이것은 이제 그리스적 **로고스**가 어쩔 수 없이 갇혀 있어야만 했던, 그리스적 **뮈토스**가 투사해 놓은 지평들 안에 더는 갇혀 있지 않기 때문이다. 이러한 새로운 존재론적 시나리오에서는 현존과 실체의 개념, 이데아가 복제물에 대해 원인이 결과에 대해 우위성을 가진다는 생각, 주체란 합리적 본질을 가진 존재이며 이러한 합리적 본질이 절대존재를 반영한다는 생각 등이 이제 그 중요성을 상실케 되었다. 물론 이러한 존재론적 각본이 단번에 실현된 것은 아니며 오늘날까지도 아직 완전히 실현되지는 않았다. 그럼에도 불구하고 일련의 그리스도교 사상가들이 출현해서 이 모든 관념을 조금씩 변형해온 과정을 추적할 수 있다. (이러한 사상가들로 적어도 아우구스티누스, 에리우게나, 토마스 아퀴나스, 니콜라스 쿠자누스, 라이프니츠, 버클리, 비코, 하만, 키르케고르, 블롱델 등을 언급할 수 있다.)

그렇지만 허무주의의 입장에서 "형이상학적"이라고 비판하면서 거부했던 여타의 관념도 그리스도교의 신학적 존재론을 구성하는 데 그 중요성을 잃지 않고 있다. 이러한 관념에 해당되는 것으로 초월·참여·유비·위계·목적론 및 대략 플라톤적 의미에서 말하는 절대선의 실재를 들 수 있다. 따라서 신학자가 채택해야 할 전략은 현존·실체·이데아·주체·인과성·잠재적 사고·실재론적 표상 등에 대한 비판 작업이라고 해서 그것이 반드시 초월·참여·유비·위계·목적론·플라톤적 절대선(그리스도교의 해석에 따르면 절대존재와 동일한 것)에 대한 비판을 수반하지는 않음을 보여주는 것이다. 이러한 신학적 전략은 허무주의의 비판을 부정하거나 그것을 그대로 그냥 남겨두기는커녕 허무주의적 거절이 지닌 무표정한 얼굴 표면에 예기치 않은 균열이 생겨나고 있음을 지적하는 것이다. 그러한 균열은 허무주의적 비판이 선험적 폭력성을 기본 전제로 삼고 있는 차이의 존재론으로 전환되는 바로 그 지점에서 발생한다. 실재를 갈등으로 읽어내야 할 필연성이 성립하지 않는다는 사실과 더불어 **이러한** 차이의 존재론마저도 형이상학적 본성을 떨쳐버릴 수 없음을 폭로함으로써, 오히려 실재 자체를 평화적 성격으로 읽어내는 대안적 가능성이 점차로 부상할 뿐 아니라, 초월·참여·유비·위계·목적론·플라톤적 절대선에 대한 관념이 이러한 대안적 읽기와 불가분하게 얽혀 있음이 드러날 것이다. 그러한 관념이 토대주의적 추정을 초래한다는 식의 주장을 논박하는 것이 가능하며, 아울러 허무주의가 그러한 관념을 거부하는 것은 바로 그것이 원초적 폭력성을 선택한 것, 즉 우주적 공포라는 상상의 대상을 내세우거나 그것에 대한 체념의 일환임을 주장하는 것도 가능하다.

따라서 허무주의적 존재론에 대한 나의 신학적 비판은 상당히 독특한 성격(그렇다고 실재론을 재도입하려는 것은 아니다)을 띠게 될 것인데, 그 이유는 탈근대적 반실재론이 신학적 객관주의에 실제로 위협이 된다고 보지 않기 때문이다(제8장에 나오는 블롱델에 관한 내용을 살펴볼 것). 게다가 마크 테일러 식으로 악마를 하나님으로까지 부르면서 포용하는 것도 단연코 배제한다. 차라리 실체를 전이(transition)로 환원하는 탈근대적 전략을 일부 긍정하면서 전이를 갈등으로 읽어내는 선험적 관점은 문제시하는 양동작전을 구사할 것이다.

앞서 말한 신학적 대응의 첫 번째 부류가 세속적 근대주의의 관점을 수용하고, 두 번째 부류가 탈근대주의라는 한층 더 노골적인 세속주의를 수용하는 반면에, 내가 택한 대응 전략은 세속이성에 대한 신학적 비판을 전개하면서 동시에 이것을 넘어서 특정하게 그리스도교 고유의 성격을 띤 존재-논리(onto-logic)의 "대항근대적"(countermodern) 형상화를 향해 나아가는 것이다.

2. 하이데거와 존재의 퇴락

허무주의적 존재론 내지 차이의 존재론이 지닌 참된 본질을 충분히 이해하려면 앞에서 지적했다시피 그것을 한층 더 절대적인 역사주의의 출현에 관련지어야 한다. 마르틴 하이데거(Martin Heidegger)의 저술에 이러한 연결고리가 이미 명백히 나타나 있다.

하이데거는 자기의 스승인 에드문트 후설(Edmund Husserl)에 맞서서 현상적 "사물들 자체"에 대한 이해가 존재론적 문제를 제외한 채로 단지 인식론의 차원에서만 다루어질 수는 없다고 주장했다. 우리의 인식 가능성은 우리의 실존 가능성과 다르지 않으며, 이 실존 가능성이란 우리의 시간성·사멸성·역사성에 아로새겨진 가능성을 뜻한다. 따라서 선험 철학은 기초 존재론, 즉 현존재(*Dasein*)의 존재 내지 인간 실존에 대한 설명으로 전환된다. 현존재는 선택의 여지도 없이 특정한 시간과 장소에 "내던져져 있음"(thrownness) 즉 "거기에 존재함"(being there)을 특징으로 한다. 아울러 현존재의 또 다른 특징으로는 죽음을 "가장 확실한 가능성" 곧 현존재의 역사성을 근거짓는 사실로 삼는다는 것과, 그것이 하나의 사물처럼 "용재적"(用材的: present at hand)이지는 않지만 과거의 인간 실존(이것은 비록 불가피하게 달라진 방식으로나마 미래의 계획 속에서 "반복" 될 수 있는 "가능성"으로서 지속한다) 이 지닌 현실성에 대해 수용적으로 열려있음을 들 수 있다.[39]

하이데거의 견해에 따르면 "본래적" 인간 실존은 현존재의 삶을 둘러싼 **실존적**(*existentiell*) 정황을 고려한다. 이 인간 실존은 자신의 사멸적

---

39 Martin Heidegger, *Being and Time*, trans. John Macquarrie and Edward Robinson (Oxford: Blackwell, 1978) esp. pp. 329-31. 전양범 옮김, 『존재와 시간』(동서문화사, 2016).

(mortal) 삶에 대한 책임을 감수하며 자신에게까지 전수되어 내려온 독특한 가능성에 대한 "심려"를 나타낸다. 그렇지만 이러한 정황과 이러한 책임적 태도가 살아본 존재(lived existence)라는 실존적 차원에 잠재되어 있을지라도, 이것들은 이 차원에서도 늘 모호한 채로 남아 있으므로 "실존적 분석"(existential analytic)을 통해 해명되어야 할 필요가 있다.[40] 그렇지 않으면 인간은 인간의 역사적 실존 자체와 서양 문화 및 형이상학을 특징짓는 "존재의 망각"(forgetfulness of Being) 속에 실종된 채로 남게 된다. 대부분의 경우, 우리는 본래적으로 사는 것이 아니라 우리의 피투성(被投性: thrownness), 우리의 사멸성, 우발적 전통에 대한 우리의 의존상태를 망각한 채로 살아간다. 우리는 "일상성" 속으로 퇴락해 들어가는데, 그 일상성이란 사물과 사람에게 적용되는 단지 도구적이고 조작적인 것에 불과한 배치 속에서 사소하고 가십거리에 불과하면서도 과학기술을 표방하는 방식에 몰입된 상태를 가리킨다. 비록 제한적이기는 하지만 우리의 파악에 즉각적으로 현존하는 사물과 사람에 대한 우리의 통제력에 매료되어서, 우리는 우리가 부재하는 과거와 부재하는 미래 사이에서 항상적으로 유보된 상태에 있다는 사실과 항상적으로 일어나는 현재의 발생이 우리의 이해력 내지 통제력을 넘어선다는 사실을 간과하고 있다.[41] 하이데거는 우리가 사멸성과 시간성을 무시하는 것이 바로 우리가 "존재론적 차이"를 망각하는 것과 같은 것임을 보여준다. 여기서 차이란 존재자들(상대적으로 인식가능하고 통제가능한 특수한 방식으로 "존재"한다)과 존재 자체(그 존재자들이 존재하며 또한 시간 속에서 항상적으로 발생한다는 사실) 간에 놓인 간극을 말한다.

이제 존재론적 차이는 당연히 전통적으로 형이상학 내지 신학에 대한 몰두로 나타나게 된다. 그렇지만 하이데거는 형이상학을 새로운 방식으로 "극복"할 것을 소망하는데 이 과업을 형이상학에 대한 이전의 비판들이 숱

---

40 Ibid., pp. 359-64.
41 Ibid., pp. 315-19.

하게 행했던 것처럼 형이상학에 대한 열의가 지닌 가치를 폄하하거나 축소하는 방식이 아니라, 오히려 애초부터 차이를 취급하는 형이상학의 방법이 실제로는 차이를 흐리게 할 뿐 아니라 "존재를 대하는"(ontical) 평균적인 태도에 배어 있는 망각의 상태와 얽혀있음을 보여줌으로써 수행하려고 한다. 다시금 시간성과 역사성은 하이데거가 어떻게 이렇듯 이중의 방향으로 움직일 수 있는지를 이해하는 데 열쇠가 된다. 한편에서 우리의 오성이 지닌 신체적이고 상호적이며 시간적으로 제한된 성격은 역사적으로 파생된 일단의 언어적 범주에 우리가 의존되어 있다는 사실과 더불어 외양에 대한 가능한 지식과 존재(Being)에 대한 불가능한 지식을 구별하는 칸트식 구분을 실제로 배제해버린다. 다른 한편에서 (『순수이성 비판』에서 여전히 초월에 대한 형이상학을 상론하는) 칸트와는 다른 식으로 존재를 시간성과 과격하게 동일시함으로써 전통적 형이상학이 존재의 충만함을 무시간적 실재와 등치해 온 것도 거부해버린다. 존재(Being)는 결코 존재자들(beings)과 다른 "그 무엇"이 아니며, 하이데거는 전통적 형이상학과 신학이 초월적이고 실체화된 존재(이것은 실제로 존재를 대함에 있어 "용재적" 방식에 따라 인식된 특수한 존재자에 대한 개념을 투사한 것에 불과하다)라는 개념을 발명함으로써 존재의 발생, 즉 시간 내에서 존재의 "개방"(opening)이라는 근원적 사실을 회피해 온 것에 대해서 고발한다.[42] 따라서 이것은 우리 앞에 "제시된" 조작 가능한 대상 간의 관계에 대한 이론적 사변을 허용한다.

여기서 실제로 무엇이 진행되고 있는지 이해하기 위해서 중요한 것은 하이데거가 우리의 신체구성·사멸성·시간성·역사성·언어성의 사실이 형이상학과 존재신학(onto-theology)을 일소하는 모든 비판 작업을 수행해 주리라고 기대한다는 점이다. 만약에 이러한 사실이 이 비판 작업을 수행할 수 없다고 한다면, 칸트 이후의 모든 기획은 전반적으로 혼란에 빠진다. 왜냐하면 동일한 사실들이 또한 칸트가 이룩한 비판적 업적을 위태롭게 하기

---

42   Ibid., p. 73.

때문이다. 사실 이 비판적 업적으로 인해 유한하지만 가능한 지식과 부당한 사변(만물은 신으로부터 인과되었기에 신성에의 참여가 가능하며, 유한한 특성을 하나님의 신적 속성으로 돌릴 수 있다는 생각)을 구별하는 것이 명백한 근거를 얻었다. 근대주의 일반과 마찬가지로, 칸트가 보기에도, 우리가 발을 딛고 서 있는 유한자 속에 무언가 긍정적인 것이 존재한다. 이를테면 경험적 직관을 선천적 범주를 통한 도식화 속으로 포괄하는 것, 그리고 우리의 자유의지 소유가 지니는 법률적 함의 등이다. 반면에 하이데거가 보기에는 그 어떤 긍정적인 것도 존재치 않는다. 유한성을 둘러싼 정황을 직시하는 것은 근본적 우발성과 불확정성 및 사물이 현재 상태와는 다르게 존재할 수도 있는 **무한한** 가능성에 직면함을 뜻한다. 우리가 처한 유한성과 관련해서 가장 근본적인 것은 그 유한성이 순전히 주어진 것(givenness)이라는 사실이며, 따라서 인식이 궁극적으로 성립할 수 있는 유일한 자리는 바로 존재자들과 존재 간의 관계에 대한 질문이 제기되는 지점인 것이다. 하이데거의 주장은 우리가 이러한 질문가능성과 더불어 있어야 하며, 존재론적 차이가 지닌 신비를 어떤 식으로든 축소하려고 해서는 안 된다는 것이다. 오로지 이런 방식을 통해서만 우리의 인식은 필수적 경계 안에 남아 있을 수 있다. 그렇지만 이것이 실제로 가능한지의 여부를 의심해 보아야 한다. 특정한 역사적 전통, 즉 특정 양식을 띤 언어적 구조화(linguistic ordering)에 헌신해야 할 필요가 있다는 것은 결국 우리가 선호하는 한정된 입지도 달리 보면 순전히 자의적인 것에 불과하므로 그것조차도 존재 자체를 해명하기 위하여 특별한 지위를 부여받은 열쇠에 불과하다고 보아야 함을 말해준다. 하만과 헤르더가 간파했듯이 "메타비판적" 관점에 따르면 단지 규제적으로만 적용되는 원칙이 아니라 구성적 원리로 작용하는 형이상학이야말로 우리의 역사적 숙명에 따른 피할 수 없는 측면에 속한다는 것이다. 우리가 어떤 것에 대해서든 말할 수 있으려면, 우리는 "사물들이 일반적으로 어떤 식으로 존재하는지" 말해야 한다.

하이데거는 물론 이것을 잘 알고 있다. 하지만 그는 순수 질문가능성이라는 **필연적** 이탈물(*necessary* transgressions), 즉 특정한 문화적 산물로서 발생하는 필연적 **형이상학**을 이러한 질문가능성의 진정한 성격에 대한 자기 자신의 선험적 결정과는 구별하려고 한다. 하지만 그렇게 함으로써 하이데거는 실제로 인식을 존재 대 존재자(Being/beings)의 관계에 따른 불가피한 형식절차 위에 세우는 데 성공한 것이 아니라, 그 대신에 존재에 관한 질문에 대해서 여타의 문화적이고 철학적인 답변 못지않게 그저 자의적이고 형이상학적인 것에 불과한 대답을 내놓는 것은 아닌지 의심할 수도 있다. 더 나아가서 우리는 그 질문을 제기하는 모든 방식이 이미 일종의 대답을 제시하고 있으며, 따라서 그 양식 자체가 단지 선험적일 뿐 아니라 "이탈적"이며, 구성상으로 형이상학적임을 암시할 수 있다.

『존재와 시간』(*Being and Time*)을 읽다보면 이러한 의심에 대한 확증이 비교적 쉽게 다가온다. 왜냐하면 그 저작에서 하이데거는 시간 내적 존재인 인간을 구성함에 있어 필수적 요소인 해석학적 노력을 두고서 그 역시 존재론적 차이에 대한 하나의 해석으로 간주하기 때문이다. 주어진 존재를 초월하는 해석의 주체로서의 인간은 "존재의 유의미성"이라는 지평을 존재자들을 향해서 투사하며, 아울러 현존재의 성격이 스스로의 결정이 지닌 자율적 성격 및 우리가 물려받은 것을 다시 넘겨줌과 관련해서 근본적으로 심려와 결의성이 지닌 성격에 해당된다고 추측한다.[43] 이러한 추측을 증명하는 논리적 또는 경험적 증거는 전혀 존재하지 않는다. 왜냐하면 그것은 존재(Being)에 대한 심려의 태도로부터 말미암는 우리의 생활을 통해서만 "증명될" 수 있기 때문이다. 하지만 하이데거는 이러한 존재의 해석학이 칸트적 인식론과 인본주의적 형이상학의 잔재를 내포하고 있음을 나중에 깨닫게 되었다. 비록 존재의 사태 그리고 이 사태에 대한 우리의 해석이 하나의 해석학적 순환에 속한다고 하더라도, 이러한 순환이 단지 동어반복적 성격을 지니는 것은 아니므로 그러한 성격으로 말미암아 인식론적 측면에

---

43   Ibid., pp. 278, 361, 435-8.

속한 우리의 해석과 존재론적 측면에 속한 **존재** 간의 표상의 간극이 드러
난다고 하겠다. 어떤 의미에서 볼 때 우리가 지닌 태도가 진정성이 있는지
검토해 보는 것은 가능하다고 하겠다. 반면에 만약 세계에 대한 인간의 언
어적 반응이라는 사태 속에서 일어나는 존재의 발생이 참으로 메타비판적
우선권을 누리고 있다면 이러한 검증은 가능치 않을 것이다. 게다가 존재의
유의미성이라는 지평을 존재자들에게 "투사"하는 것에 대해 이야기하는
것도 불가능해질 것이다. 왜냐하면 이 개념 자체가 한편으로 오성의 선험
적 범주들과, 다른 한편으로 데카르트적 주체가 세계를 정신적으로 "초월"
하는 것에 근거해서 성립되는, 경험의 내용을 각각 구별하는 인식론적 구
분에 대해 심할 정도로 입맛을 다시고 있기 때문이다. 이러한 초월적 주체
가 없이는 현존재의 특수한 태도 내지 심지어 "선구적 결의성"(anticipatory
resoluteness)이 지닌 성격을 절대로 보증할 수도 없고, 그것을 존재 자체의 유
의미성을 해명하는 실마리로 간주할 수도 없다.

　　따라서 후기 하이데거는 그러한 해석학적 순환을 버리고, 그 대신
에 존재(Being)가 본원적으로 인간의 언어적 사건과 함께 "공속"(belonging
together)함에 대해서 말하는 것을 선호한다.[44] 이제 더는 죽음에 대한 전망
만이 시간성과 과거 가능성의 반복을 회복할 수 있는 유일한 맥락이라고
보지 않는다. 그 대신에 하이데거는 존재 자체의 반복, 즉 존재의 끝없는 발
생을 다양한 역사적 시기가 지닌 "차이" 내지 다양한 문화적 설정으로서 바
라볼 수 있는 시점을 확보하기 위한 거의 불가능한 과제를 추구한다.[45] 아
울러 그는 존재 자체의 "진리"를 (존재가 현전하는 장소로서 현존재에 관한 진리
는 아니더라도) 단번에 반영한다고 간주되었던 인간의 "본질"이라든가 인간

44　Martin Heidegger, *On the Way to Language*, trans. Peter Hertz (New York: Harper & Row, 1971)
　　p. 51. 신상희 옮김, 『언어로의 도상에서』(나남, 2012). *Discourse on Thinking*, trans. Hans Freund
　　and John Anderson (New York: Harper &, Row, 1966) pp. 64-7; *Lettre sur L'Humanisme*,
　　German text with French translation by Roger Munier (Paris: Aubier, 1964) pp. 164-7. John D.
　　Caputo, *Radical Hermeneutics*, pp. 95-106.

45　Martin Heidegger, *Der Satz vom Grund* (Pfulligen: Neske 1965) p. 154.

의 "초월성"과 같은 개념을 조금도 남김없이 최종적으로 제거해 버리는데, 이는 항시 부재하고 알려지지 않는 존재에 대한 관심으로부터 존재적 조건 (ontic condition)을 향한 존재의 항상적 "퇴락"(fall)에 대한 관심으로 그 초점이 이동했음을 보여준다. 이제 존재가 더는 문제가 되지 않으며, 존재론적 차이도 더는 문제가 되지 않는다. 오히려 존재가 이러한 차이 내에 있게끔 하는 것, 즉 항시 다를 수밖에 없는 사태(Sache)가 문제가 된다.

그렇지만 현존재의 본질을 확고히 하고 현존재의 "염려"를 존재가 현전하는 유일한 장소로 간주하고자 하는 시도는 이제 폐기되지만, 존재를 차이로 규정함으로써 보다 전면적인 방식으로 존재의 의미에 대한 물음과 씨름하게 된다. 자크 데리다와 질 들뢰즈가 나중에 (더 강한 어조로) 말하듯이 "차이"는 이제 칸트철학이나 스콜라철학에서 의미하는 것처럼 유일하게 "초월적인" 것이 되었다. 첫 번째 경우에 있어서는 급진적 불균등성(radical heterogeneity)·양립불가능성(incompatibility)·탈위계(non-hierarchy)·임의성 (arbitrariness) 등이 알려진 모든 사물들 가운데 존재한다고 선천적으로 추정한다. 그리고 두 번째 경우에 있어서는 모든 사물이 실제로 그러한 근본적 불균등성에 의해 구성된다고 확언한다. 하지만 이것이 사실이라면 사태, 즉 존재론적 차이를 시간 내에서 항상적으로 매개하는 것 자체가 절연(rupture) 즉 존재의 전일치성(unanimity)과의 완전히 임의적인 단절(break)이라는 성격을 띨 수밖에 없다. 전일치성도 물론 이러한 일련의 "단절들"을 통해서만 "있다".

사실 그러한 불가피한 절연이라는 생각이 이미 『존재와 시간』에서 분명히 표현되어 있었다. 그 저작에서 그는 존재론에 있어서 "발현"은 어떤 것이든 쇠퇴에 해당된다고 공언하고 있으며, 존재의 은닉 내지 "일상성"으로의 쇠락은 하나의 불가피한 과정이라는 식으로 설명하고 있다.[46]

---

46 Heidegger, *Being and Time*, p. 383. *On Time and Being*, trans. Joan Stambaugh (New York: Harper & Row, 1972) pp. 29-30.

하이데거가 보기에 존재적 현존(ontic presence)은 그러한 존재의 은닉을 통해서 **구성된다**(constituted). 따라서 여기에 일종의 원초적 폭력이 작용하는데, 이 폭력은 오로지 해석의 양식에 의해서만 저지할 수 있으므로, 이 해석 자체가 하나의 "폭력성"(Gewaltsamkeit)일 뿐 아니라 존재의 "퇴락하는 경향" 내지 관습적 인식과는 상반된 경로를 따른다고 하겠다.[47] 『존재와 시간』에는 망각(forgetfulness)에 대한 부정, 즉 존재 자체의 원초적 경험을 회복하는 것에 대한 강조가 나타난다. 이러한 강조는 후기 저작들에서도 결코 사라지지 않지만, 존재는 오로지 그 자신의 자체은폐(self-occlusion)라는 사건 안에 **있으며**, 또한 역사상의 투쟁들 즉 한 문화체제에 의해서 다른 문화체제의 교체를 가능케 하는 차이를 야기하는 단절(differential breaks) 안에 있다는 점이 더 강하게 주장된다.

존재론적 "쇠락"(Zug)이 불가피하다는 생각은 결과적으로 역사주의에 대한 하이데거 식의 허무주의적 이해를 선험적으로 지지해주는 것으로 하이데거 철학의 핵심에 해당된다. 하지만 그것은 대단히 의심스러운 개념이다. 물론 존재론적 차이를 결코 우리의 검토 대상으로 제시할 수 없다고 주장하는 점에서 하이데거는 옳다고 하겠다. 만약에 존재자들이 존재와 맺고 있는 관계에 의해 존재자들이 전적으로 구성된다고 한다면, 이러한 관계는 우리의 조사 대상이 될 수 없으며, 존재 자체는 영원한 부재 상태이며 존재는 존재자들이라는 시간적 연속체로 표상됨의 배후에 영원히 은폐된 채로 남게 된다. 그렇지만 이러한 은폐에 위장이나 폭력이나 필연적 억압의 함축을 더하는 것은 전혀 다른 문제이다. 차라리 존재자가 하나의 특수한 실존이므로 존재 자체라고 할 수는 없지만, 그럼에도 그것이 그 순전한 우발성을 통해 존재의 불가피한 신비를 현시한다고 말하고 싶기도 하다. 존재와 존재자들이 동일한 수준에서 존재하지 않을 뿐더러 서로 어떠한 공통된 영역 내에서 관계되어 있지도 않다는 바로 그러한 이유로 인해 한 존재자

47　Heidegger, *Being and Time*, p. 359.

가 존재에 대해서 지니는 차이가 결코 존재 자체를 반드시 은폐하거나 말소시키지 않으며, 마찬가지로 존재자체가 순간적 현존 못지않게 존재적인 것으로 간주될 수 있는 시간적 연속체로 반드시 축소되는 것도 아니다. 그러므로 존재의 망각 상태에서 살아간다는 것은 종교를 무시하는 문화 속에서 살아가면서 순전히 내재적인 설명방식만을 구하는 것이라는 추론이 뒤따르며, 그것이 반드시 하이데거가 말하는 것처럼 존재론적으로 숙명지어진 운명의 먹이로 퇴락하는 것을 의미하지도 않는다.

이것은 그저 존재론적 차이를 해석하는 하나의 방식인 것처럼 보인다. 하지만 하이데거는 자신의 방식이 더욱 "근본적"이라고 믿었음에 틀림없다. 왜냐하면 그는 철학만이 존재론적 차이를 적절하게 다룰 수 있으며, 그것이 신학적 상상의 영역에는 속할 수 없음을 보여주고자 하였기 때문이다. 그렇지만 그는 이 과제를 수행하기 위해서 (아우구스티누스, 파스칼, 키르케고르에서 엿보이는) 신학적으로 변형된 존재론으로부터 실질적으로 주제들을 차용하고 있으며 하나님(내지 신학에서 말하는 존재)에 대한 언어를 존재에 관한 그 자신의 언어로 번역하고 있다. 특히나 그는 키르케고르가 말하는 "불안"의 주제 내지는 "두렵고 떨림"(fear and trembling)의 주제를 (출처를 제대로 밝히지 않은 채로) 가져오는데, 이 주제는 알 수 없는 숭고한 무한성에 대한 우리의 관계성을 특징짓는다. 하이데거는 키르케고르의 노선을 따라서 이 주제를 원죄 내지 인간의 뿌리 깊은 죄책감에 대한 아우구스티누스의 가르침과 연결시킨다.[48]

아우구스티누스가 보기에 모든 악은 결여(privation), 즉 우리가 마땅히 되어야 할 것이 되지 못한 것에 관한 문제이며, 오로지 이러한 윤리적 맥락에 있어서만 "비존재"의 개념은 실제적 의의를 획득한다. 그렇지만 하이데거가 말하는 현존재의 현상학은 도덕적 죄책보다 더욱 근본적인 "죄책"이 있으며 하나님에 대한 의지적 반역에서 유래하는 것보다 더욱 근본적인

---

48   Ibid., pp. 326-34.

"퇴락"이 있음을 보여주어야 한다. 하이데거는 만약에 죄책과 양심이 도덕적 맥락에서 간주된다면 무언가가 우리의 현재적 실존에 "결여"되어 있음이 "허무주의적으로" 분명해진다고 주장한다.[49] 현재적 실존은 더 충만한 존재자, 즉 선(*bonum*)을 위한 "토대"라고 간주되지만, 현재적 실존은 그것의 추구 대상에 비하면 일종의 "무성"(nullity)을 소유할 뿐이라고 하겠다. 그렇지만 하이데거는 현재적 실존은 그 존재적 심급에서 그 어떠한 결여도 있을 수 없으며, 즉 그것은 현존재만큼이나 충만히 존재하며, 그 이상도 그 이하도 아니라고 주장한다. 따라서 만일 현존재가 자신에게 결여된 무언가를 근본적으로 현재적 실존에 빚지고 있는 것이 아니라고 한다면, 현존재의 끈질긴 "죄책"감은 그 자신의 부채의식 이전부터 존재함이 분명하다고 하겠다. 죄책 내지 불안과 두려움의 감정은 우리를 거스르는 신적 "당위"와 관련된 것이 아니라 차라리 존재 내에 자리잡고 있는 우리의 상황을 특징 짓는 "기이함"(uncanniness)에 관련된다.[50] 우리의 현재적 실존이 다른 무언가를 위한 토대라고 할 수 있는 것은 그것이 뭔가를 결여하고 있기 때문이 아니라, 그것이 달리 될 수 있기 때문이다. 따라서 현재적 실존은 "그 자체로 무성"인 것이다. (이것이 바로 하이데거 자신이 말하는 허무주의인 것이다.) 모든 존재자는 불가피하게 "현존" 속으로 쇠락해 버렸으므로 특정한 선호도와 특정한 가치를 자의적이고 근거 없이 고집함으로 인해 존재 자체가 가진 [무]시점에 해당되는 무한한 차이라는 숭고한 전망을 처음부터 배제한다. 이렇듯 피투성(thrownness)의 구조 속에는 투사(projection)의 구조와 마찬가지로 근본적 무성이 자리하고 있으며, 따라서 옳은 일을 행함으로써 죄책을 말소하기란 불가능한 것, 즉 숭고함에 대해 칸트가 제시하는 것과 같은 "윤리적" 견지에서 적절한 반응을 하기가 불가능한 것이다. 그 대신에 우리는 그저 "본래적으로 죄책감에 시달릴" 뿐이다(유감스럽게도 루터교 전통은 이러

---

49   Ibid., p. 330.

50   Ibid., pp. 335-7.

한 생각이 자라나는 길을 닦아놓았다).

하이데거는 죄책에 대한 자신의 설명이 아우구스티누스의 것보다 더 근본적인 존재론을 제시함을 알고 있다. 왜냐하면 선(*bonum*)과 결여 (*privatio*)에 대한 개념이 자신이 말하는 "용재성의 존재론"(the ontology of the present at hand)으로부터 출현하고 있기 때문이다.[51] 아우구스티누스가 보기에 현존해야만 하는 것이 현존하는 것이 아니라, 현존의 무한한 충만함으로부터 말미암는 것이 현존한다. 하지만 아우구스티누스가 보기에 결여된 것은 정적 상태가 아니라 차라리 바르게 지향된 **욕구**(desire), 즉 우리의 사고가 애덕의 무한한 충일을 향한 보다 진실한 지향성을 갖는 것이 결여되어 있다.[52] 이것은 하이데거와 마찬가지로 현존재를 시간적 형성으로 보는 관점을 배제하지 않는다. 인간의 형성에 대한 아우구스티누스의 견해에 위계적 가치체계와 목적론적 구조화가 개입되어 있다는 점에서 오히려 하이데거와의 차이가 드러난다. 하이데거는 모든 것을 평면화하면서도 여전히 (실증주의자 내지 신칸트주의자와 마찬가지로) 역사적 차이를 수많은 가치중립적 사실로 전환시키고 있으며, 오로지 이러한 이유로 인해 그는 존재론적 "부정어"(not), 곧 반대를 뜻하는 계사(繫辭)가 선험적 폭력 곧 우리를 자신과 타인으로부터 떼어놓은 근본적 균열을 가리킨다고 보는 것이다.

반면에 이 "부정어"(not)를 긍정성에 대한 단순한 반사(소는 양이 아니다 등등)이거나 우리의 자연적·초자연적 완성을 위한 필수 요인이 우발적이거나 의도적으로 결여됨을 뜻하는 것으로 해석할 수 있다. 아우구스티누스가 말하는 **결여**(*privatio*)와 하이데거가 말하는 "급진적 무성"(radical nullity)은 존재에 대해 서로 다른 이야기를 들려주지만, 둘 중 아무도 자신이 보다 기본적이고 합리적인 존재론을 구현하고 있음을 중립적 관점에서 밝혀줄 수 없었다. 물론 아우구스티누스적 존재론이 존재자들의 궁극적 "존재 이유"

---

51 Ibid., p. 332.
52 본서의 12장을 보라.

에 대해 확언하기는 한다. 하이데거는 비형이상학적·비신학적 관점에서 존재론적 차이를 논하고자 시도하면서 기껏 자기 자신의 종교를 발명하는 데 성공한 것처럼 보인다. 역사에 속한 퇴락이 아닌 존재론적 퇴락이라는 관념 속에는 신성의 **플레로마**(pleroma) 내에 발생한 원초적 재앙의 사상을 비롯한 발렌티누스적 영지(Valentinian gnosis)의 반향과 악이 삼위일체 내에서 욕망의 작용으로 인해 발생한다는 야코프 뵈메 사상의 요소가 많이 엿보인다.[53] 발렌티누스주의자들과 뵈메 및 유대교 신비주의자들(Kabbalists)에게 있어 구원은 신이 시간성에 얽매인 것으로부터 신 자신을 구원하는 것이다. 마찬가지로 하이데거에게 있어 인간은 "존재의 목자"(shepherd of Being)가 되도록 예정되어 있다. 중대한 차이점은 간단히 말해서 다음과 같다. 하이데거의 허무주의는 뵈메 사상이 지닌 아포리아를 거침없이 보여주면서 그것을 그 논리적 결론으로까지 밀고 가는 경향을 보여준다. 만약에 "퇴락"이 본래적이며 제일원리에 속하는 것이라고 한다면, 구원이란 오로지 퇴락함의 끝없는 반복, 즉 계시됨과 동시에 폭력적으로 은폐된 것의 "영원 회귀"일 뿐이다.

3. 허무주의와 일의성

영지주의가 허무주의로 전환된 것은 이미 하이데거에게서 확고하게 나타나며, 이 점에서 데리다와 들뢰즈는 그것을 조금 더 개선한 것뿐이다. 그럼에도 이들은 존재(Being)의 보다 근원적이고 본래적인 현존에 대한 그리움을 암시하는 것에 대해서 훨씬 더 엄격한 거부의 자세를 취하면서 사태(Sache)야말로 선험적 차이라고 주장한다. 특히나 질리언 로즈가 강조하듯이, 두 사람 모두 기초 존재론의 최초 창안자는 하이데거가 아니라 둔스 스

---

53 Hans Jonas, *The Gnostic Religion* (Boston: Beacon, 1958) pp. 64, 320-40, 174-205. Jacob Boehme, *The Signature of all Things* (London: James Clarke, 1969) pp. 13-22. Cyril O'Regan, *Gnostic Apocalypse: Jacob Boehme's Haunted Narrative* (New York: SUNY, 2002). David Walsh, *The Mysticism of Innerwordly Fulfilment: A Study of Jacob Boehme* (Gainesville, FL: Florida UP, 1983).

코투스며, 하이데거는 본질적으로 스코투스의 사상 노선을 추구했음을 시사한다.[54] 이 점은 허무주의에 대한 신학적 비판을 위해 적잖은 함의를 품고 있으며 바로 이 점을 나는 보여주려고 한다.

둔스 스코투스는 토마스 아퀴나스와 달리, 형이상학을 존재(Being)에 관한 철학적 학문으로, 신학을 하나님에 관한 학문으로 이미 구별했었다.[55] 존재는 유한하거나 무한할 수 있고, 이 중 어디에 적용될지라도 존재함(existence)이라는 동일한 단순 의미를 소유한다고 그는 주장한다. 신은 "존재한다"는 문장에서 "존재한다"(exists)는 말은 따라서 "이 여자가 존재한다"는 문장에서처럼 (논리적 심급만이 아니라 궁극적으로 형이상학적 심급에서도) 동일한 근본 의미를 갖는다. 존재와 호환가능한 초월적 용어들의 용법에도 같은 논리가 적용된다. 예컨대 "하나님은 선하다"는 말은 우리는 선하다는 말과 동일한 **의미**에서 그가 선하심을 의미한다. 물론 하나님이 선함의 속성을 훨씬 더 많이 소유하고 있지만 말이다. 스코투스는 "선"(good)과 같은 어휘를 하나님께 탁월한 의미로 유비적 방식을 통해 귀속시킬 수 있는 좌소를 신학에서 찾기 원했으나, 그의 형이상학에 있어서는 탁월함의 영역을 단지 더 큰 양(greater quantity) 또는 우리가 그 의미와 개념 정의는 잘 알지만 "더 크다"(greater)의 정도가 무한하므로 그 행사 방식에 대해서는 알 수 없는 속성(quality)의 차원에 국한시키는 것으로 보인다.[56] 그리하여 존재 내지 선함이 무한자와 유한자 모두에게 동일한 의미로 귀속되는 것과 마찬가지로 그러한 어휘들은 유한성을 띤 유개념(genera)과 종개념(species)과 개체들(individuals)에 동일한 의미로 귀속되기에 이른다.

---

54 Gilles Deleuze, *Différence et Répétition* (Paris: PUF, 1972) pp. 52–8, 91. 김상환 옮김, 『차이와 반복』(민음사, 2004). *Logique du Sens* (Paris: Edition du Minuit, 1989) pp. 208–11. 이정우 옮김, 『의미의 논리』(한길사, 1999). Jacques Derrida, *Writing and Difference*, p. 319, n. 84. Gillian Rose, *Dialectic of Nihilism*, pp. 104–7.

55 Duns Scotus, *Ordinatio*, I d. 3, d. 8. Olivier Boulois, *Être et representation* (Paris: PUF, 1999), pp. 223–7.

56 David Burrell, *Analogy and Philosophical Language* (New Haven, CT: Yale University Press, 1973) pp. 95–119.

　　아리스토텔레스는 유개념이 그 하위의 종개념에 의해 변이되거나 종개념이 그 하위의 개체에 의해 변이되는 방식으로 존재도 존재자들 사이에서 변이됨을 부정하는데, 아퀴나스는 이러한 아리스토텔레스의 견해를 유개념 간의 관계 내지 유적으로(genetically) 다른 종개념 간의 관계가 유비적 성격을 지닌다는 뜻으로 해석했다.[57] 존재는 유개념으로 간주될 수 없다. 왜냐하면 여기에는 "동물"과 같이 추후 "이족류"(two-legged) 내지 "사족류"(tour-legged) 등으로 분화될 수 있는 그런 공통된 단일 본질이 존재치 않기 때문이다. 어떤 유개념에 속하는지 판정한다고 해서 그것이 존재의 속성을 **한정**(qualify)하지 않는다. 그것은 다만 존재를 나타내는 실례를 다양하게 제시할 뿐이다. 그러므로 종개념을 서로 비교하듯이 유개념을 비교할 수 없다는 결론이 도출된다. 말하자면 사람과 동물이 동물성을 공유하지만 각각 이족류 내지 사족류로 분화된다고 말할 수 없는 것이다. 도리어 유개념들은 서로 다르지만 어떤 의미에서는 서로 같으며 그것들이 지닌 차이점의 측면에서 비교 가능하다. 이를테면 돌과 식물과 동물과 사람이 가진 "장점들"(goods)은 모두 다양하지만, 또한 내구성·지속성·성장이라는 속성의 관점에서 보면 서로 유사한 것이다. 그러나 둔스 스코투스는 존재가 유개념이 아니라는 점에 있어서 아리스토텔레스와 아퀴나스에게 동의하지만(왜냐하면 스코투스는 유개념을 유한성을 지닌 부분에 한정하기 때문이다), 그러면서도 그는 존재가 일의적 방식으로, 즉 모든 유개념에 대해서 정확하게 동일한 의미를 갖는 식으로 배분되어 있다고 간주한다. 다시 말해서 존재(Being)의 측면에서 볼 때, 사물들은 동일한 방식으로 "존재한다." 따라서 유개념의 분화는 무한자와 유한자로의 분화와 마찬가지로 순전한 절대적 차이들로 화한다. 들뢰즈가 주장하듯이, 존재의 일의성이 가진 역의 측면은 바로 순수 부등성(heterogeneity)의 철학인 셈이다.

　　따라서 스코투스는 존재론과 신학의 분리를 창안해 냈으며, 이러한 분

57　Aquinas, *ST* I. Q. 13 a 5 ad I.

리는 "존재"와 "선함" 등에 대해 우리가 고정되고 안정된 (거의 선천적이라
고 말할 정도의) 의미를 소유한다는 점에 의거한다. 하이데거의 노선을 따라
서 들뢰즈와 데리다는 유개념과 종개념과 개별적 사물(res) 간의 위계적 체
계를 부정함으로써 스코투스적 일의성(univocity)에 허무주의적 왜곡을 더
한다. 안정된 유개념이란 존재치 않으며 오로지 복합적인 혼합체·중첩·변
형만이 존재한다. 이리하여 유개념의 절대적 다양성은 모든 존재자(ens) 자
체가 지니는 절대적 다양성으로 화한다(이러한 움직임 자체는 물론 스코투스가
말하는 개성[haecceitas]의 개념에서 이미예견되었다). 그러나 이러한 다양성이 가
진 역의 측면은 여전히 존재의 일의성인바, 오로지 "존재"만이 은유가 아닌
문자적 의미를 갖는다고 데리다는 단언한다.[58] 마찬가지로 들뢰즈에게 있
어 모든 차이의 발생은 또한 동일자의 영원한 회귀, 곧 자기동일적 존재의
반복인 반면에, 차이는 근본적으로 더 이상 나눌 수 없는 관계에 해당하는
사안이 아니라 원초적 "일성"(unity)에서 유래하는 "근원적"이고도 지속적
인 변이에 관한 사안이다.[59]

　　제기해야 할 질문은 이것이다. 일의성과 다의성(equivocity)의 동시 발
생을 말하는 허무주의 철학이 유비적 차이를 말하는 가톨릭 철학보다 더
"근본적"이라고 증명할 수 있는가? 그러한 주장은 의심받을 수밖에 없다.
왜냐하면 여기서 허무주의는 분명히 일종의 선험철학을 감행하기 때문
이다. 이러한 선험철학 내에서 존재는 (아직 전적으로 불확정의 상태이지만) "동
일자"(the same)로서 현상을 조직하는 범주적 규범의 기능을 인식론의 심급
에서만이 아니라 현재는 존재론의 심급에서도 수행한다. 이러한 선험적 일
의성은 아무런 내용을 갖지 않은 채로 단지 차이화된 내용을 매개하는 기
능을 하므로 그 자체로 우리의 인식에 나타날 수 없으며 단지 그것이 조직

58　Jacques Derrida, *Violence and Metaphysics*, pp. 81, 143-4.

59　Deleuze, *Différence et Répétition*, pp. 37-9, 382-8; *Pure Immanence: Essays on a Life*, trans. Anne Boyman (New York: Zone, 2001). Alain Badiou, *Deleuze: The Clamor of Being*, trans. Louise Burchill (Minneapolis: Minnesota UP, 2000). 박정태 옮김, 『들뢰즈 – 존재의 함성』(이학사, 2001).

하는 현상 속에서 추정되고 예시될 뿐이다. 하지만 존재가 그 자체로 알려질 수 없고 늘 부재와 은폐의 상태에 머물러 있다면, 존재의 성격을 일의성으로 묘사하는 것이 어떻게 정당화될 수 있겠는가? 선험적 배치는 허무주의가 선호하는 이미지와 어휘를 조직해내는 특수한 방식과 분리할 수 없다. 일의성(존재)과 다의성(존재자들)의 동시발생은 운용가능한 코드를 제공하는데, 이것은 실행을 위한 길잡이가 될 수도 있지만, 왜 하필 이러한 코드화를 선호해야 하는지에 대해서는 아무런 근거를 밝히지 않는다.

유비의 코드도 마찬가지로 여전히 실행가능하다. 비록 들뢰즈가 유비는 동일성(identity) · 현존(presence) · 실체(substance)의 개념과 연루되어 있다고 강변하지만 말이다.[60] 유비를 통한 전통적 표현방식이 다음의 난점을 완전히 배제하지 못했다는 점은 인정해야만 한다. 말하자면 유비를 통한 서술이 주로 유개념의 심급에 적용되면서 실체(the substantial)는 우유체(the accidental)가 지시하는 "기본적" 의미에 해당된다는 식으로 실체와 우유체의 범주를 넘나든다면, 이것은 위계를 통하여 존재(being)의 "동일성"(sameness), 곧 신의 현존을 향한 수렴이 가능함을 시사하는 셈이다.[61] "같음"(like)과 "같지 않음"(unlike) 간의 신비한 유비적 일성(이는 존재자들이 **한 측면에서** 같기도 하고 같지 않기도 한 것이지, 존재에 대해서는 같고 존재자들끼리는 서로 같지 않음을 말하는 것이 아니다)은 여기서 단지 우리가 가진 분류체계의 주변부에 산재한 난점에 대처하기 위해서, 또한 위계의 정점에 있는 일성이 산산이 흩어지지 않도록 지탱하기 위해서 언급되는 것처럼 보인다. 그러나 이 말이 틀린 것은 아니지만, 유비란 말은 "동일성"만이 아니라 동일성과 차이를 동시에 함의한다. 그리고 이러한 급진적 의미가 제대로 드러나게끔 하려면, 피조된 존재의 근본적 평등성에 직면하여 유 · 종 · 개체 간의 위계구조를 상대화해야 할 것이다. 아울러 허무주의자들과 **마찬가지로** 혼합체 · 연

---

60 Deleuze, *Différence et Répétition*, pp. 45-52.

61 Aquinas, *ST* I. q. 13 a10 resp. 다음을 보라. John Milbank and Catherine Pickstock, *Truth in Aquinas* (London: Routledge, 2001) pp. 46-8.

속체·중첩·괴리가 우선적이며, 이것들 모두는 원칙상 제한없이 변형될 수 있음을 인정해야 할 것이다. 만약에 아리스토텔레스적 범주를 내려놓는다면, 그 대신에 유비가 질서 잡힌 세계의 일성과 다양성을 주재하는 총괄적 요인으로 부상할 것이다(아퀴나스는 이미 이것을 향한 길을 열어 놓았다). 유비가 이제 실체(substance)에 우선성을 부여하는 한, 존재자들과 존재 간의 유비에 있어 그러한 방식의 유비는 **하나를 지향하는**(pros hen) 서술로부터 괴리되는 일이 일어날 것이다. 왜냐하면 하나님은 그러한 유비의 속성을 "고유하게" 말 그대로 적용하는 주체라기보다는 차라리 현실태와 가능태를 막론하고 그 모든 다양성과 통일성 안에서 일어나는 이러한 속성의 무한한 실현이기 때문이다. 한편으로 유한한 존재자들 간의 유비에 있어 모든 일시적인 존재론적 배치는 미학적 관점에서 파악되어야 할 것이다. 이를테면 X와 Y는 서로 다르지만, 그 서로 다름 안에서 하나의 특정한 "범형적"(exemplary) 질서 속에 공속(belong together)하고 있으며, 따라서 이러한 "공속성"(belonging together)은 일종의 수렴 즉 일정한 공통성을 의미한다. (그러한 공속성은 "일종의" 유사함[likeness]일 뿐이다. 유비의 개념에서 같음[alike]이 의미하는 바는 유비적 방식으로 확대되어 거의 최대치에 도달한다. "부분"[part]이 의미하는 바가 플라톤적 "분여"[participation]의 개념으로 확대되는 것도 이와 마찬가지다.) 유개념 및 종개념과는 달리 이러한 우발적 통일체는 단번에 영구적으로 고정되지는 않는다. 이러한 통일체가 (자연이나 문화 속에서) 지속된다면, 그것은 추상으로부터 구체성으로 하강하는 점진적 분화라고 하는 아리스토텔레스적 위계구조에 의한 것이 아니라 "플라톤적" 위계구조의 덕분인데, 이것은 어떤 특수한 문화적 배치에 "이상적" 지위라는 특권을 부여할 뿐 아니라 거기에 새로운 조합과 배치를 위한 영역을 확보해내는 창발적(generative) 생산성도 부여한다.

만약에 유비가 모든 통일체와 관계와 괴리에 개입한다고 하면, 그것은 역동적 성격을 지닌 것으로 여겨진다. 우리가 "찾아낸" 유사성 역시 (자연적 과정이나 문화적 과정에 의해) 형성된 유사성이며, 따라서 다른 방식이나 다른 모양으로 재형성될 수도 있다. 그리고 만약에 특정 사물과 속성이 "하나님과 같다"고 하면, 그러한 유비화의 역량 **자체**가 "하나님과 같다"는 생각 역시 사실일 수밖에 없다. (중세 철학과 비교할 때) 일종의 선험론이 여기에 개입되어 있음은 부인할 수 없다. 유비적 코드는 일의적 코드보다 우선시되며, 유비화의 과정은 경험적 내용을 **체계적으로** 조직해내는 것으로 보인다. 그렇지만 (굳이 그리스도교 신앙의 입장에서) 이러한 선험론이 언어적 코드에 따른 작용 이상이라는 식의 주장을 할 필요는 없다. 게다가 유비적 코드에 있어서 유비화의 과정이 유비화의 대상이 되는 내용에 대해 정확히 "단정적인" 관계에 있는 것도 아니다. 도리어 유비화의 무한한 역량과 특정한 유비들 간에는 꾸준한 술어적 교환이 존재한다. 하지만 허무주의 철학에서는 일의적 과정과 차이를 지닌 사례들 간에 그러한 교환이 존재하지 않는다. 말하자면 일의적 과정은 각각의 특수한 차이에 대해 일절 관여치 않는 반면에, 유비의 과정은 여러 선호도를 분별함과 동시에 위계구조를 세워나가는 지속적 과정인 것이다. 따라서 이러한 선호도가 지닌 성격과 이러한 위계구조에 따른 질서는 유비화의 과정 자체에서 비롯된 속성으로 간주된다. 즉 유비화의 과정이 구축하는 것이 바로 그러한 위계적 층위인 것이다. 이것은 실제로 하나의 특수한 전통을 고수함을 뜻한다. 이렇듯 특정 전통을 고수하는 것만이 메타비판적 철학으로 하여금 지나친 선험성(이것은 술어적 교환도 없이 도식과 내용이라는 이원론에 긴박됨을 뜻한다)에 고착되지 않도록 막아준다. 반면에 허무주의는 특정 전통을 고수하기를 거부하면서 일종의 선험론, 즉 단순 "비판"으로 전락할 수밖에 없는 그러한 메타비판을 산출한다.

　　나는 "유비화의 과정"에 관해 이야기하는 도중에 하이데거가 말하는 존재의 시간화에 상응하는 가톨릭적 등가물을 제시하려고 한다. 이 과정은 신적인 존재에 우리가 참여하는 것이므로, 시간을 통해서 스스로를 늘 새롭게 계시하는 신적 창조성에도 참여하는 것으로 이해된다.[62] 그러나 여기서 단순한 독창성만을 드높이는 일은 없다. 이러한 과정 가운데 선호도에 대한

62　본서의 12장을 보라.

일련의 분별이 비가역적으로 진행되며, 이러한 선호도가 없다면 그것은 도로 허무주의와 일의성으로 퇴락하고 말 것이다. 바로 이와 동일한 이유 때문에 유비적 코드 역시 유한과 무한(이는 시간적 무한이 아니라 충만한 신적 무한을 의미한다) 간의 술어적 교환을 필요로 한다. 유비적 코드가 지닌 이런 측면이 정말 가능한지 보여주기 위해서 이중적 논증이 필요하다. 첫째로는 무한한 시간적 과정과 유한한 사례들 간에 그러한 술어적 교환이 있을 가능성을 결정적으로 배제할 수 없음을 보여주는 것이다. 둘째로는 하나의 무한자가 시간의 무한성 너머로 투사될 수 있음을 동일하게 보여주어야 한다.

첫째 논증은 단순하며 그것은 앞에서 이미 주어졌다. 즉 무한성은 드러나지 않지만, 그럼에도 그것은 전제되어야 한다. 그리고 우리가 규범과 가치관을 가져야(궁극적으로 "상존한다"고 간주되는 것에 대해 말해야) 한다면, 무한성의 존재에 "대해서 추론"(이 말은 니콜라스 쿠자누스의 용어를 생각나게 한다)할 수밖에 없다. 그렇지만 이와 같은 필연적 추론은 늘 확실한 근거를 찾기 어렵다. 혹 그렇지 않더라도 대개 선험론이라는 "위태로운" 환상으로 퇴락하기 마련이다. 일의적 존재(Being)가 존재자가 지닌 차이에 대해 무심하다고 말하는 것은 하나의 추측일 뿐이며, 유비적 존재가 존재자가 지닌 차이점 가운데 위계적 선호를 나타낸다고 말하는 것도 하나의 추측에 불과하다. 우리가 무엇을 추론할는지 결정함에 있어 유비적 참여라는 주관적으로 느껴지는 유혹 외에 우리의 결정에 영향을 주는 것은 아무것도 없다.

두 번째 논증은 더 까다롭다. 유비적 코드화에 있어 시간성을 지닌 무한자가 차이에 대해 무심하지 않으며 차이화의 위계구조가 바로 이 무한한 과정 자체라고 한다면, 우리가 보기에 바람직하므로 기호 내지 이미지로 구성하려고 하는 대상도 비동일적 반복으로서의 무한상태(infinitude)에 "이미 속해"(already belong) 있음에 틀림없다. 이 마지막 문구가 지적하는 것은 우리가 행하거나 만드는 것이 선행하는 관념에 의해 미리 규정되지 않는다는 사실이다. 실로 우리는 무한자의 내용을 우리의 수고와 창의적 노력을 통해 발견해야 한다. 그러나 만일 우리가 변증법적 과정으로부터 필연적으로 출현하는 변화가 아니라 내재적인 진정한 혁신과 진정한 부가물에 대해 이야기한다고 하면, 그러면서도 우리가 바라는 혁신이 이 유비적 과정이 나아가야 할 참된 방향에 대한 우리의 생각에 부합하는 본질적인 것이라고 주장하기를 바란다면, 우리는 충만한 초시간적 무한자를 상정하고서 그것이 모든 바람직한 결과를 탁월하게 "이미 실현해" 놓았다고 간주해야만 한다. 그러나 사실은 그렇지 않으므로 진정 바람직한 모든 것은 마치 선천적 관념 속에 들어 있는 것처럼 유비적 과정 속에 내포되어 있다고 할 것이며, 언어와 문화적 발명이 누려온 우선성은 퇴색되고 말 것이다. 만약에 **그렇지 않다면** 인간이 만든 어느 특정 산물이 다른 것보다 더 바람직하다는 생각을 더 이상 유지할 수 없게 될 것이다. 이렇듯 역사주의에 일의적 코드화가 아닌 유비적 코드화를 부여하려고 한다면 초월성을 상정하는 것이 필요하다.

위와 같은 논증들을 읽다 보면 하이데거와 데리다와 들뢰즈가 제시한 기초 존재론 속에서 순전한 선호의 요소를 발견할 수도 있다. 하지만 여기서 나는 에마뉘엘 레비나스(Emmanuel Levinas)처럼 존재론 그 자체가 폭력과 연루되어 있다고 주장하는 것은 아니다. 이러한 레비나스의 경로를 따른다면, 문화적 교환이 일어나는 역사적 시간(그 자체가 존재다)을 "필연적 폭력성"(inevitably violent)으로 읽어낼 것이고, 아울러 서로 외부인에 불과한 주체들 간에 공통의 영역(이는 진정한 반응적 의지를 언제나 오염시키고 강제하기 마련이다)을 통한 매개작용(mediation) 없이도 순수한 조우가 일어나리라는 불가능한 희망을 품게 될 것이다. 반면에 나는 **다른**(different) 형태의 존재론이 성립할 가능성을 제시한다. 이 존재론은 매개작용이 필연적으로 폭력적일 수밖에 없다는 주장을 거부한다. 이와 같은 존재론만이 대안적이고 평화로운 역사적 실천을 뒷받침할 수 있다.

4. 긍정적 차이인가? 부정적 차이인가?

존재의 일의성이라는 논란의 여지가 있는 이 개념은 차이를 폭력으로 간주하는 코드화의 한 측면에 불과하다. 두 번째로 중요한 측면은 존재(Being)의 시간 내적 운동이라는 개념과 특별히 의미작용을 하는 언어적 존재(이는 "인간성"의 개념을 발생시킨다)로서의 운동에 대한 개념과 관련된다.

　여기서 데리다와 들뢰즈를 대조할 수 있다. 데리다의 경우에 차이의 폭력이 유지되는 것은 변증법을 완전히 극복하지 못하기 때문이라고 주장할 수 있다. 들뢰즈의 경우에 그가 말하는 비변증법적 성격을 띤 "긍정적" 차이는 허무주의로 귀결되는 것처럼 보이는데, 그 이유는 그가 여전히 칸트적 전제와 문화적인 것에 불과한 편견에 머물기 때문이다.

　형이상학에 대한 데리다의 비판은 "의미"(meaning)가 기호들의 유희로부터 분리되어 사물 내지 사유의 원초적 "현전"(presence)에 관련될 수 있다는 생각을 공격하는 것에 중심을 두고 있다.[63] 기호는 선재하는 실재를 표시하는 것이 아니라 다만 무한히 확장되는 함축적 의미의 연쇄 안에서 포착된다. 이렇듯 모든 언어에 해당되는 초월적 전제는 "대리보충"(supplementation)의 논리이자 "연기"(deferral)의 논리다. 만일 언어의 제일차적 단위가 기호라고 한다면 우리는 오염되지 않은 본래적 의미를 결코 소유하지 못한다. 말하자면 우리가 의미하는 대상은 다른 무언가(부재하는 기의를 나타나는 기호·이미지·은유)에 대한 지시작용(reference)에 의해서만 알려지기 때문이다. 이것이 바로 "기원적 대리보충"(supplement at the origin)이다. 이와 유사하게 우리는 최초의 기표를 사용한 다음에 계속해서 기표를 더해감으로써 애초의 의도를 명확히 하는데, 이런 식으로 끝없는 "연기"의 과정을 통해 원래의 것으로부터 더욱 멀어진다. 만약에 의미와 현전이 존재할 수 있다는 환상에 계속 붙잡혀 있을 경우, 위와 같은 논리는 일종의 회의주의로 비쳐진다. 사실 분산의 유희만이 존재할 뿐이며, 이것은 존재론적 실재 자체로까지 확장된다. 존재는 언어와 마찬가지로 오로지 혼

63　Jacques Derrida, *Of Grammatologie*, trans. Gayatri Chakravorty Spivak (Baltimore: John Hopkins, 1982) pp. 3-73, 313-16. 김성도 옮김, 『그라마톨로지』(민음사, 2010).

적, 즉 부재하는 원인에 따른 결과로 구성될 뿐이며, 부재하는 원인은 추가로 나타나는 흔적의 외양을 통해서만 밝혀진다. 존재는 최고의 실체가 아니라 단지 기원도 없고 끝도 없는 하나의 경로다. 말하자면 "흔적의 무동기성(immotivation)은 늘 생성되어 왔으며," 이 무동기성 안에 "전적 타자"가 "있는 그대로 예고되며," 또한 이 안에서 "형이상학에 의해 흔적의 은폐된 운동에 현전하는 존재자(being-present)로 규정되는 모든 역사"가 포함되는 것이다.[64] 이렇듯 데리다는 (약간은 스피노자 내지 베르크손적 방식으로) 움직임과 의미작용이 본질적으로 하나임을 암시한다.

물질적 움직임과 언어 간의 연속성은 글쓰기(écriture), 특히 회화문자적 글쓰기에 의해 가장 잘 예시된다.[65] 회화문자는 흔적의 설정, 즉 의미작용의 초월적 가능성을 설정하는 것이며, 단지 발화된 말(이것은 그 직접적 현전으로 말미암아 그것이 발화하는 주체 안에 선재하는 생각의 충만함을 표현한다는 식의 환상을 조장한다)의 암호에 불과한 것은 아니다. 기록된 텍스트로부터 발화자가 부재함은 에마뉘엘 레비나스가 보기에 퇴락 내지 언어적 소외의 표지인 반면에, 데리다에게 있어 그것은 발화된 것과 기록된 것을 막론하고 모든 언어가 처한 진정한 조건을 우리에게 상기시킨다.[66] 말이란 그 애초의 내용으로부터 이미 자유롭게 떠다니기 마련이다. 그렇지 않다면 말은 전혀 의미작용을 할 수 없다.

이렇듯 글쓰기로서의 언어가 처한 선험적 무정부 상태에도 불구하고 우리는 현전이라는 환상 없이 지낼 수 없다. 하이데거에 있어 존재자들이 오로지 존재의 퇴락을 통해 발생하는 것과 마찬가지로 데리다에게 있어 대리보충과 지연은 오로지 이러한 기만적 외양을 계속해서 게워냄으로써

---

64   Ibid., p. 47.

65   Ibid., p. 269ff.

66   Emmanuel Levinas, *Totality and Infinity: An Essay on Exteriority*, trans. A. Lingis (Pittsburgh: Duquesne University Press, 1979) pp. 73, 226-32. 김동원, 문성원, 손영창 옮김, 『전체성과 무한』(그린비, 2018). Derrida, "Violence and metaphysics"; "Différance," in *Margins of Philosophy*, trans. Alan Bass (Brighton: Harvester, 1982) pp. 3-27.

작동한다. 우리의 모든 문화적 관습에 자리잡은 관례화된 의미작용이라는
폐쇄된(상대적으로 폐쇄된) 모든 체계는 분산의 유희를 은폐해야만 하며 언어
가 단지 "지시"하는 고정된 실체와 인격에 대한 환상을 불러일으켜만 한다.
따라서 하나의 선험철학이라고 할 수 있는 문자학(grammatology)에는 모든
"텍스트적"(문화적) 형성에 대한 끊임없는 "해체"가 동반되어야만 하며, 이
러한 해체는 그럴듯한 현전을 구축하는 은폐된 방식을 드러낸다. 해체는 사
실상 데리다에게 있어 계보학에 상응하는 것이며, 이 개념은 철학과 문학작
품만이 아니라 정치적 형성물과 문화적 형성물에도 적용될 수 있다.[67] 숱한
차이점에도 불구하고 데리다는 푸코만큼이나 물질적 성격과 언어적 성격
을 동시에 지니는 "실천"에 초점을 맞추려고 한다. 하지만 그는 역시 푸코
와 마찬가지로 실천("글쓰기")의 성격을 은닉된 폭력이라고 선험적으로 결
정한다.

데리다에게 있어 이와 같은 폭력은 대리보충이 현전의 환상을 풍기면
서 자신이 지시하는 기원을 가장하는 지점에 각인되어 있다. 그리고 그 기
원은 오로지 이러한 가장을 통해서만 존재한다. 그는 바빌론과 이집트와
그리스의 신화를 언급하기를 좋아하는데, 거기서 글쓰기의 신들은 최고신
의 대리자로서 신의 명령을 전달하는 데 없어서는 안 될 존재이면서, 또한
신의 계획을 배반하거나 전복시키는 존재로 그려지고 있다.[68] 이러한 신화
자체가 소통은 원초적이고 필연적으로 책략이자 속임수라는 사실을 누설
한다고 여겨진다. 이러한 결론이 형이상학에 대한 엄격한 비판을 성취한 것
인가? 아니면 단지 또 하나의 신화적 코드화(encoding)를 반영할 뿐인가?

후자의 견해가 더 타당하다고 볼 근거가 여럿 있다. 첫째로 데리다의
철학은 "글쓰기"로 대변되는 존재론적 무정부성(여기서는 의미와 지시의 체계

67 Jacques Derrida, *Positions*, trans. Alan Bass (London: Athlone, 1987) pp. 49-50, 89. 박성창 옮김,
『입장들』(솔출판사, 1992).

68 Jacques Derrida, "Plato's pharmacy," in *Dissemination*, trans. Barbara Johnson (London:
Athlone, 1981) pp. 65-171. *Of Grammatology*, p. 313.

가 끊임없이 만들어졌다 해체되기를 반복한다)과 의미작용을 하는 관습적 체계라는 두 심급 간의 엄격한 구분을 유지한다.[69] 첫째 심급은 일종의 능동적 선천성(*a priori*)을 구성하는 것으로, 피히테가 말하는 초범주적(supracategorical) 자아와 같다. 둘째 심급은 일종의 경험적 내용을 구성하는 것으로, 그것의 전적인 구성은 그것이 은폐와 동시에 폭로하는 바로 그 선천성에 의해서 이루어진다. 그러나 이러한 이원론에 대해 동의할 필요가 있는가? 종합적 이성과 분석적 오성 간의 구분을 말하는 전 시대의 관념론적 이원론 말고 이것을 지지할 이유가 있는가? 체계들은 바뀌고 변형되기 마련이며 구체적 용례들에 따른 피드백도 허용한다. 데리다가 보기에 그러한 모든 변형은 일종의 부분적 해체이며 새로운 환영적(illusory) 구성물에 의한 대체다. 그러나 이것은 선험적 "분산"이 모든 경험적 내용에 대해 온통 무관심하다는 것을 재차 가정한다. 하지만 이것 대신에 "전통"이라는 개념을 허용한다면 변형이 반드시 단절일 필요가 없으며, 그것은 오히려 전통적 지혜가 지닌 (비록 부분적으로 부재하기는 하지만) 보다 근본적인 "정체성"을 드러내는 기능을 한다고 여겨진다. 여기서 도식과 내용 간에 술어적 교환을 허용하는 코드화를 상정할 수 있다. 자신이 속한 전통이 진리라고 믿는 믿음을 견지하는 한, 모든 특수한 언어들부터 독립된 하나의 참된 보편적 선천성, 즉 대립하는 차이(difference) 내지 차연(*différance*: 데리다가 지연을 나타내기 위해 사용하는 말)이 존재한다고 가정하는 허무주의적 전제보다 위의 코드화가 더 자의적으로 비쳐지는 경우는 결코 없다.

데리다에게서 나타나는 분산과 특수한 기호작용의 체계 간의 이원론은 그 두 심급 간의 관계가 단절 내지 위장이라고 가정할 경우에만 유지된다. 이로써 최고신과 그를 배신하는 서기관이 등장하는 토트 신화가 문자학이라는 실증적 신화를 예고하는 것이 아니라, 문자학이 토트 신화를 (동일하게) 반복할 뿐이라고 주장해야만 한다. 어째서 대리보충과 지연이 전복을

---

69   Ibid., pp. 27-73. *Positions*, pp. 56-8, 105.

함의한단 말인가? 만약에 부재라는 제거불가한 차원을 제대로 주장한다면, 부재/현전 관계를 결정하는 보편적·선험적 요인인 폭력이 출현할 수 없다. 그런데 만약에 폭력이 정말로 출현한다면 우리는 현전의 철학 속으로 재차 퇴락하게 된다. 만약에 폭력이 보이지 않는 채로 있으려면 그것은 역시 본질적으로 미지의 것으로 남아있어야 한다. 기호를 가지고서는 부재/현전 관계에 대해 추측할 수 있을 뿐이다. 다른 대안적 추측이 가능하다면 그것은 이미지가 그 이미지 작용을 통해서만, 전적으로 평화로운 자기수여적 방식으로, 구성되는 근원적인 것을 전달한다고 보는 것이다. 이러한 추측은 토트 신화가 구체화하고 있는 추측의 내용 못지않게 타당하다. 더 나아가 그리스도교의 삼위일체 교리야말로 (헤겔이 인지하지는 못했으나) 정확하게 그러한 추측에 해당한다고 주장할 수 있다. 말하자면 성부와 더불어 항상 주어지는 성자는 기원적 대리보충(supplement)에 해당되고, 성부 및 성자와 더불어 항상 주어지는 성령은 지연(deferral)이라는 무한한 필연성에 해당된다고 하겠다.

여기서 우리는 한스게오르크 가다머(Hans-Georg Gadamer)가 말하는 근원적 유출의 미학에 주목할 필요가 있다. 그는 하나의 모본(model)이 일련의 복사본과 동떨어진 채로 존재할 수 없다고 말하는데, 이러한 입장은 그동안 제대로 주목받지 못했던 것으로, 데리다가 말하는 폭력적 단절이 없이 대리보충을 이해할 수 있는 관점을 제공한다. 게다가 가다머는 그러한 미학이 출현하게 된 것과 언어가 사유를 위해 필수적임을 발견하게 된 것을 삼위일체론과 그리스도론이 가진 역사적 영향력과 특정하게 연결짓는다.[70] 그런데 데리다 자신은 키르케고르로부터 하나의 견해를 취하는데, 이것은 그 덴마크 철학자가 그리스도교 신앙에 "비플라톤적" 존재론을 부여하기 위해 시도했던 작업으로부터 파생된 것이다. 이 견해에 따르면 같음

---

70 Hans-Georg Gadamer, *Truth and Method*, trans. Wilhelm Glen-Doepel (London: Steed & Ward, 1975) pp. 366-449. 이길우 외 옮김, 『진리와 방법』(문학동네, 2012).

은 "회상"되거나 "반복"된 원본에 속하지 않고, 다만 비동일한 반복 자체로 부터 부상한다고 한다.[71] 이는 신의 "본질"이 오로지 성자의(filial) 이미지화를 통해서 존재하는 것과 마찬가지다. 그러나 키르케고르가 생각하는 비동일적 반복은 배반의 사고와는 정확히 반대되는 것으로서, 종교·윤리적 삶의 측면, 도의성, 결혼관계처럼 지속성을 지닌 일상의 다양성 등에 특별히 해당된다.[72]

대리보충에는 늘 배반이 있을 수밖에 없다는 생각은 한편에서 보면 대리보충성(supplementarity)이 함의하는 최대치로부터 실제로 후퇴하는 것처럼 보인다. 말하자면 만약에 대리보충이 기원을 구성하고 그러한 대리보충작용으로 인해 지연이 요구된다고 한다면, 균열이나 자의적 불연속을 암시하기만 해도 위와 같은 긍정의 명제들이 제한받는 것으로 비쳐지는 셈이다. 차이를 폭력으로 간주하는 것에는 후설이 말한 존재와 의미의 이원성에 해당되는 약간의 퇴적물이 여전히 남아 있는 것은 아닐까? 데리다에게 있어 존재(Being) 자체는 언제나 의미 곧 **상스**(sens)에 의해 반드시 대리보충되지만, 의미를 담지한 기호는 언제나 자신이 드러내는 특정 존재를 배반하며, 따라서 존재(Being) 자체와 자의적으로 관계 맺어진다. 이 점은 후설이 말하는 의미나 신칸트학파에서 말하는 평가 내지 인증도 마찬가지다. 이렇듯 데리다가 말하는 흔적은 결국 실제 현전의 (희미한) 흔적이다. 즉 여기에도 사실/가치의 구별이 개입되어 있는 셈이다.[73]

그렇지만 이러한 후설적 요소를 데리다는 헤겔적 변증법의 견지에서 제시한다. 하지만 그러한 변증법은 결코 종합적 완결에 도달하지 못한다.

71   Jacques Derrida, *Speech and Phenomena*, trans. David Allison (Evanston: Northwestern University Press, 1973) p. 68. 김상록 옮김, 『목소리와 현상』(인간사랑, 2006). "The theater of cruelty," in *Writing and Difference*, p. 248. Caputo, "Radical Hermeneutics," pp. 11-36, 120-53.

72   Søren Kierkegaard, *Repetition*.

73   Jacques Derrida, *Edmund Husserl's Origin of Geometry: An Introduction*, trans. John P. Leavey jun. (New York/Brighton: Nicholas Hays /Harvester, 1978) pp. 151-3. 배의용 옮김, 『기하학의 기원』(지만지, 2012).

이러한 평가는 꽤 공정한 것인데, 그 이유는 헤겔이 말하는 소외가 사실과 가치의 분리라는 필수적 계기를 포함하고 있기 때문이다. 데리다에게 있어 의미작용을 하는 모든 대리보충은 존재 자체에 대한 부정이자 소외이며, 부정에 대한 부정은 지속적 분산을 초래하는 것으로서 해체에 의해 완결된다. 그러나 두 가지 부정은 모두 상당한 문제의 소지가 있다. 첫째 이유는 헤겔을 다루는 장에서 이미 설명했었다. 둘째 이유는 그것이 모든 기호론적 고안물이 본래부터 모순을 띤다고 시사하기 때문이다. 기호론적 고안물의 구성이 자의적일 뿐 아니라 그 고안물은 이러한 구성을 은폐할 수밖에 없으되 그 사실을 부정적 방식을 통해 은닉해야만 한다. 그러므로 그것의 구성 양식에 따르자면, 그것이 겉으로 말하는 것이 실은 그것이 말해야만 하는 것의 반대인 것이다. 라캉 식의 헤겔화된 프로이트주의에 근접하는 고도의 정신분석적 언명을 통해 데리다는 다음과 같이 단언한다. "현전의 욕망은 그 자신이 충족될 수 없다는 운명을 그 자체 내에 지니고 간다. 차이는 그것이 금지하는 것을 산출하고, 그것이 불가능하게 하는 바로 그것을 가능케 한다."[74]

모든 독단적 주장은 그 안에 그에 "대립되는" 배제의 가능성을 함축하고 있음이 사실이다. 그러나 억압의 기제가 하나의 보편적 현상이며, 욕망은 성취 불가능한 것에 긴박되어 있다고 말하는 "정신분석적" 신념이 개입함에 따라 이러한 배제의 언어가 비밀스런 긍정의 힘을 얻게 된다. 대신에 이런 생각을 제안해 볼 수 있다. 해체의 기능을 하지만 필연성을 띤 로고스가 작용하는 그러한 연계가 있어서, 그것이 대립항들(opposites)을 하나로 묶어주는 것은 아니라는 것이다. 왜냐하면 대립항들은 당연히 "실재하는" 항들이 아니라, 무엇이든 관습적으로 동일하다고 코드화된 것으로부터 우발적으로 발생하는 결과물이기 때문이다. 지구의를 손에 들고서 북쪽과 남쪽

---

74 Derrida, *Of Grammatology*, p. 143; "From restricted to general economy: for a Hegelianism without reserve," in *Writing and Difference*, pp. 251-300.

을 따로 가리킬 수 있겠지만, 북쪽과 남쪽이 상호 간의 반발력만을 가지고 (우리가 이해하는 것처럼) 저절로 지구의를 만들어내는 것이 아니다. 북쪽과 남쪽이 하나로 결합되는 것은 부정에 의한 것이 아니라, 그것들이 지구의 표면이라는 연속체(continuum)를 따라서 서로 연결되어 있기 때문이다.

따라서 해체론에서처럼 부정성과 "정반대되는" 대립을 강조하는 것은 동일성 내에, 즉 이항 논리의 지배권 내에 머물러 있는 것이며, 무한한 다양성을 가진 서로 차이가 날 수도 있는 독법들을 시야에서 배제하는 것이다. 이 다양한 독법들은 텍스트에 의해서 부정적으로 암시된다기보다는 텍스트에 의해 긍정적으로 확인되고 또한 텍스트에 "부가"되는 것이다. 이런 까닭에 순전히 "조야한" 해체(이것은 데리다가 변증법을 넘어서기 위해 이따금씩 지향하는 것으로서, 텍스트의 조성이 자의적인 것에 불과할 뿐 아니라 그 텍스트 상에 무수한 시각이 개입되어 있음을 보여준다)가 은폐된 단층선(fault line)을 추적하는 "과학적" 해체보다 더 의미가 통한다고 하겠다. 후자의 은폐된 단층선을 발견하는 것은 "긍정"(is)이 바로 "부정"(is not)을 암시한다고 하는 하찮은 변증법적 의미에서나 가능한 일이다. 반면에 심층적 의미에서의 텍스트는 그 표면적 의미를 저버린다고 말하는 것은 결국 정밀한 판단과 토론에 따른 해석 및 강조점을 어디에 두어야 하는가 하는 문제와 관련된 사안이다.

데리다는 헤겔에 반대하여 부정의 과정이 무한정적으로 지속되며 종합은 늘 연기되기 마련이라고 주장한다(오직 이 점에 있어서 긍정적 차이를 지닌 잔재는 부정의 부정을 늘 피해가기 마련이다).[75] 따라서 데리다에게 문제되는 것은 그가 여전히 변증법의 신봉자라는 점이다. 아울러 그는 오로지 헤겔을 해체 내지 전복하면서 여전히 (그 자신도 잘 알다시피) 헤겔철학에서 말하는 "동일자" 내에 머물러 있는 셈이다.

하이데거와 마찬가지로 데리다는 헤겔의 업적을 형이상학의 완성으

---

75 Derrida, "The theater of cruelty," p. 248; *Positions*, pp. 43-4, 101.

로 본다.[76] 이러한 신념 자체가 가장 경멸적으로 말해서 형이상학적이다. 왜냐하면 첫째로 모든 실재를 하나의 단일한 원리로부터 연역하는 것이 17세기 이후 형이상학의 유일한 목표였기 때문이다. 그리고 둘째로 헤겔의 논리학은 소외를 통한 필연적 타락과 귀환이라는 특이한 신화로 가득 차 있다. 만일에 다소 객관적 견지에서 헤겔의 형이상학이 최종적이고 가장 완벽한 종류의 형이상학적 야망을 대변한다고 주장한다면, 그런 입장에서 말하는 형이상학 비판마저도 불가피하게 헤겔의 그늘 밑으로 포섭될 수밖에 없다. 이렇듯 하이데거와 데리다는 모두 헤겔의 영지주의를 고스란히 간직하고 있는데, 헤겔의 영지주의는 그리스도교적 관점에서 볼 때 헤겔의 기획 중에서 가장 문젯거리가 된다. 그들은 마치 영지주의에서 말하는 신적 충만(*pleroma*) 속에 있는 소피아(Sophia)처럼 자기들도 불가지적(unknowable) 존재를 알고자 시도하지만, 이러한 시도는 결국 폭력적 추방이라는 필연적 거부와 마주하게 될 것을 알고 있다.[77] 발렌티누스와는 달리 하이데거와 데리다는 분명한 결론을 도출한다. 말하자면 만일에 폭력이 앎을 향한 추구에서 비롯된 결과라고 한다면 폭력은 바로 그러한 앎의 대상으로서 거기에 존재한다는 것이다.

질 들뢰즈가 말하는 차이의 철학(푸코는 이것을 거의 자신이 세운 계보학에 대한 존재론적 보충으로 여겼다)의 경우에는[78] 존재론적 폭력을 변증법적 부정(negation)의 지속에서 기인하는 것으로 보기가 그다지 용이치 않다. 들뢰즈는 보다 순수한 프랑스적 사상 노선 내에서 머물면서 베르크손을 따르고 있으므로(여기서 우리는 블롱델과 모종의 친연관계를 인식할 수도 있겠다) 부정을 단지 지속적 변이의 부차적 효과 정도로 보고 있으며, 그것이 아무런 적극적 작용을 하지 않는다고 본다. 그는 대립(opposition)을 차이에 따른 순

76   Derrida, *Of Grammatology*, p. 71.

77   Jonas, *The Gnostic Religion*, pp. 174-205.

78   Michel Foucault, "Theatrum philosophicum," in *Language, Counter-Memory, Practice* (Oxford: Blackwell, 1977) pp. 164-96.

수 외부성에 종속시키면서, 차이가 실체의 철학 내지 동일자의 철학 안에 묶여 있을 수밖에 없는 유개념(genus)에 따른 단순한 분화를 피해가는 것과 마찬가지로, 그것은 모든 변증법을 피해간다고 주장한다. 따라서 들뢰즈는 동일성의 논리가 적용되는 범위를 제한하는데, 그것은 그가 대립의 합일(coniunctio oppositorum)을 선호해서가 아니라 일종의 선험적 경험론 즉 궁극적인 일의적 실재는 언제나 끊임없이 그 자신에 대해서 "타자"라는 주장을 선호하기 때문이다. 이렇듯 차이에 대한 긍정적 이해에 조응하여 들뢰즈는 데리다처럼 비확정적 "부재"가 기표의 작용을 통해 "부정적으로나" 마술적 방식으로 상기된다고 생각지 않는다. 그 대신에 모든 새로운 기의는 그 자체의 긍정성과 (여전히 코드화되어 있기는 하지만) 그 견고한 "다이어그램적"(diagrammatic) 성격에 따른 힘에 의해 도래한다고 주장한다.[79]

그럼에도 불구하고 들뢰즈는 차이가 공통 공간의 내부에서 인접하고 중첩됨을 잘 알고 있다. 하지만 그는 자신이 상정하는 일의적 코드화 때문에 이러한 뒤섞임을 경합적 갈등으로 인식할 수밖에 없었다. 여기서 이러한 경합론(agonism)이 그가 가진 사실주장적 논리와 프랑스적 실증주의의 순수성을 희석시키는 것은 아닌지 묻지 않을 수 없다. 부정적인 것은 아무런 긍정적 작용도 수행하지 않으므로, 들뢰즈가 보기에 저항과 거부의 요소는 모든 차별화된 사물에 접목되어야만 한다. 모든 사물(res) 내지 "강도"(intensity)는 부분적으로 자기차별화라는 일반적 과정을 표현한다. 이러한 자기차별화는 하나의 사물로 하여금 다른 사물과의 일치라는 항시 새롭고 놀라운 유대를 "구성"하도록 한다. 하지만 이러한 평화로운 결속은 그 한계치에 도달하는데, 이는 상호관련된 개별 실체들의 존재 자체가 항시 필연적으로 발생하는 순수 잠재적 자기차별화(결코 본연의 모습대로 "존재"할 수 없는 것)의 억제에 의존하기 때문이다. 하지만 왜 그러한 선험적 상황이 유지되는 것일까?

---

79   Deleuze and Guattari, *A Thousand Plateaus*, pp. 75-149.

여기서 들뢰즈의 "칸트주의"가 데리다의 칸트주의보다 더욱 두드러짐을 간파하는 것이 중요하다. 들뢰즈가 보기에 칸트는 근본적 차이에 대한 첫 단서를 제공한다. 특히나 칸트는 (이러한 상황에 대한 제대로 된 선험적 분석을 제공하지도 않은 채로) 개념과 직관 사이에 지울 수 없는 차이가 있음을 암시해 주었는데, 이 차이는 개념과 직관이 필연적으로 공속적이라는 사실에서 발생한다. 들뢰즈는 칸트를 넘어서 ("라이프니츠적"임과 동시에 "신칸트학파적"인 방향으로) 진행하기를 바라는데, 따라서 그는 이러한 차이를 외적인 어떤 것 즉 세계와의 실용적인 상호작용 안에서 항상적이고 경험적으로 "주목"해야 하는 어떤 것으로 상정하면서도, 또한 경험적 실재의 발생 시에 나타나는 바로 그러한 "이념"에 속한 차이로 상정한다. 이는 라이프니츠에게 있어 각 개별 사물이 지닌 절대적 유일성은 실재의 논리에 수반되는 것이므로, 그것은 확증이나 비확증의 대상이 될 수 없는 것과 마찬가지인 것이다.[80]

그럼에도 불구하고 들뢰즈는 개념과 직관 간의 경험적이며 동시에 논리적인 차이를 존재 및 의미와는 구별되는 공속(belonging together) 개념으로 변경하는데, 이 방식은 데리다가 말하는 흔적 개념과 상당한 정도로 병행한다. 들뢰즈가 보기에(특히나 고대 스토아 철학에 대한 그의 해석에 있어서) 심층적 사물들 내지 신체들이 "존재"할 뿐 아니라 인과성을 드러내는 합법적 방식으로 서로 관련되어 있으며, 아울러 삶의 표층에서 "우겨대는" 허상들(simulacra), "강도들"(intensities) 내지 "무형적인 것들"(incorporeals)도 있다. 이러한 "우겨댐"(insistence)의 영역에 포함되는 것으로는 체현(embodiment)을 "표현"하는 일련의 자연적 "결과들" 내지 "사건들"과 또한 언어 내에서 "발생"하는 일련의 의미를 들 수 있다. 하나의 사건은 하나의 이행이지만, 그것이 "발생" 내지 지속하는 것은 오로지 그것이 그 무한한 "긴장된" 성격, 즉 스토아주의에서 말하는 **토노스**(tonos)의 견지에서 그 자신을 이미 신체

---

80   Deleuze, *Différence et Répétition*, 39-40.

와 시간적 인과성으로부터 이격시키기 때문이다. 가령 우리가 수레 한 대가 굴러가는 것을 확인한다고 하자. 그렇다면 이 수레는 이미 하나의 이념적 (ideal) 수레다. 다시 말해서 그 수레는 클 수도 있고 작을 수도 있으며, 그 움직임은 느릴 수도 있고 빠를 수도 있으며, 따라서 그 실제 움직임을 무한히 분할하는 것이 가능하다. 그러한 수레의 발생(단조로운 연속체로부터 돌출하는 것)은 이미 그 바탕이 되는 연쇄의 바깥으로 한 걸음 딛고 나오는 식의 의미 발생이며, 우리에게 유의미한 "수레"라는 분절을 통해 수레가 지속해서 발생하는 것이다. 바로 이런 까닭에 제논(Zeno)은 "내가 수레를 말하면 수레 한 대가 내 입을 거쳐 지나간다"고 말한다. 따라서 말은 구상화된 실재를 표시하는 것이 아니다. 말은 실재와의 연속성 속에서 먼저 발생한다.

들뢰즈의 말마따나 모든 사건은 상흔과 같고, 즉 일정한 관습에 따른 표면의 조직화와 관련해서만 존재하는 전적으로 이념적인 간극과 같다고 하겠다. 아울러 모든 사건은 또한 죽음과 같고, 즉 발생하기를 이미 그치고 난 후에야 비로소 온전히 존재하는 죽음과 같다고 하겠다. 이러한 무형적 사건들 내지 "플라톤의 표층적 이데아들"이 차지하는 범위는 사실상 플라톤이 말하는 그림자의 영역과 동일하다. 이것은 혼돈의 영역으로서, 거기서는 전혀 다른 발생들이 모두 동시에 완전히 동일한 일의적 의미, 곧 무의미의 의미를 드러내며, 아무 의미 없는 조커가 의미의 카드 한 벌을 한참 뒤섞다가 의미의 차이들을 배분해줄 뿐이다.[81]

그런데 사실은 무형적인 것들이란 신체에 생겨나는 "작용"(effects)일 뿐이며, 여기서 (개념을 가지고 직관을 늘 구체화하는) "이중 분절"이라는 하나의 심급이 특수한 신체적 구조화를 특수한 "기호 체제"와 연결하는데(가령 푸코에게 있어 신체를 감옥 내에 구조화하는 "권력"은 법이론 및 행형이론에 관한 "지식"과 불가분의 관계에 있다),[82] 이는 단순한 기호학적 코드화가 아닌 다이어그

---

81   Deleuze, *Logique du Sens*, pp. 13-22, 122-33, 175-80, 208-12.

82   Michel Foucault, *Discipline and Punish: The Birth of the Prison*, trans. Alan Sheridan (Harmondsworth: Penguin, 1977) pp. 29, 177.

램적이거나 도상적(figural) 코드화에 따라 일어난다. (비기호학적 코드화란 공간 내지 시간적 배분에 관한 자연적이거나 문화적인 "관습"[conventionalities]을 뜻하는 것으로, 이에 따르면 순수 연속체란 존재치 않는 것이다. 가령 시간마저도 늘 관습에 따른 일정한 "간격들"[intervals]에 따라 측정되기 마련이다.) 그럼에도 불구하고 기호를 통한 "표현"(expression)이 일어나는 무형의 심급은 그 불확정성 덕분에 주도권을 가지고서 다이어그램적 특이성들(이것들은 보편적 "지층들"[strata]이 가진 일반적 규정을 이미 벗어나 있다)을 항상적으로 재조정 내지 "탈영토화"(deterritorializing)하며, 따라서 "추상 기계"(abstract machines) 내지 신체적/비신체적 혼합체를 끊임없이 생성하는 선험적 차이 또는 불일치의 평면(the plane of inconsistency)을 우리에게 드러낼 수밖에 없다. (예컨대 하나의 날짜—1989년 8월 26일—와 같은 모든 시간적 "간격"은 명목상의 무형적 실재를 지니고서 이 "숫자"가 특정한 사건 혹은 특정한 시대를 나타내는 기호로서도 작동하도록 기능하는 것이다.) 마치 데리다에게 있어 대리보충(supplement)이 기원보다 앞서는 것처럼, 들뢰즈에게 있어서도 표면은 깊이보다 선행한다(깊이는 진정으로 깊이가 아니라 차라리 신체적 생성의 퇴적된 규칙성들에 불과하다). 그러므로 데리다에게서와 마찬가지로 결과적으로 근본적 불확정성이 초래된다. ("표면"과 "깊이"라는) 두 계열은 영구히 미완의 상태다. 왜냐하면 하나의 사건을 정확하게 "자리매김" 하는 것이나 하나의 의미를 규정하는 것은 소쉬르(Saussure)가 인식한 것처럼 총체적이며 완결된 다른 체계와 관계 맺는 기능인데, 하지만 이 체계는 (탈구조주의가 간파하듯이) 결코 도래하지 않는 것이기 때문이다. 의미의 계열은 늘 결핍상태에 있는 기의화된 실재를 가정해야만 하는 반면에, 사건들의 기의화된 계열 안에 나타나는 이러한 결핍성은 (결코 정당화되지 않기에 늘 "문제적"이기 마련인) 기표 안에서 자신을 "과도하게" 표현함으로써 항상적으로 보완된다.[83] 이렇듯 들뢰즈에게 있어서는 칸트와

---

83 Deleuze and Guattari, *A Thousand Plateaus*, pp. 39-149, 310-51, 501-17. Deleuze, *Logique du Sens*, pp. 63-7. 또한 다음을 보라. Catherine Pickstock, "Quasi una sonata: Music, postmodernism and theology," in Jeremy Begbie (ed.) *Theology through Music* (Cambridge:

달리 범주("의미")의 계열과 직관("지시체")의 계열 간에 문제적 교환이 일어나며, 이에 따라 범주/직관의 차이가 결정적 지식을 제공하지 못하도록 막고 있으며, 그 대신에 이 두 계열이 지닌 비확정적 성격을 강화시켜 준다. 따라서 이 두 계열은 비정합(non-coordination)에 의해서만 상호 정합된다(co-ordinated)는 결론이 도출된다. "대각선"(diagonal)은 수평선 위의 시간성을 띤 기표적 표현과 수직상의 공간성을 지닌 "내용"을 서로 관련지으므로, 유목적 "탈주선"(line of flight)을 따라 양자 모두의 손아귀를 벗어나게 된다. 그렇지만 순수 변이를 향한 순수 회피는 "블랙홀" 안으로 함몰될 것이다. 만약 유목적 저항이 광범위한 힘들을 계속해서 조성하는 가운데 현실화되어 존속하고자 한다면, 그러한 저항은 기표적이고 형체적인 계열에 따른 자의적 지배를 일부라도 긍정하지 않을 수 없다. 이렇듯 유목적 저항은 절대로 폭력으로부터 벗어나지 못한다.

결여된 기원이 대리보충으로 인해 생성되듯, 결핍된 깊이는 과도한 표면으로 인해 생성될 수 있다는 것은 비판적으로 타당한 결론이다. 그렇지만 탈영토화 즉 과도한 기표에 대한 "미학적" 자기정당화의 거부에 수반되는 자의성과 "유목적" 전투는 신칸트주의 식으로 존재(Being)가 여전히 의미 내지 가치와 분리되어 있음을 암시한다. 이러한 사태는 오로지 표면을 통한 깊이의 현시가 역시 분리적 폭력(disjunctive violence)이 되는 바로 그 지점에서 발생한다. 따라서 그러한 폭력은 도식/내용의 이원론(심지어 끝까지 분석하다 보면 데카르트적인 정신[spirit]과 연장[extension]간의 이원성)에 따른 마지막 잔재다.

그러면 우리는 이러한 분리적 폭력을 일종의 부정의 부정 말고 달리 어떻게 생각해야 하는가? 변증법(부정성에 일정한 긍정적 영향력을 귀속하는 것)의 배제를 성취하려면(물론 이것이 꼭 합리적으로 바람직할 이유는 없다), 부정에 대해서만이 아니라 대립에 대해도 아무런 존재론적 가치를 인정치 말아

Cambridge University Press, 2005).

야 한다. 내가 본서의 마지막 장에서 주장하겠지만, 악을 **선의 결핍**(*privatio boni*)으로 이해하는 아우구스티누스의 관점은 바로 그러한 불인정의 시각을 포함하고 있기에 아우구스티누스야말로 헤겔적 의미의 변증법을 넘어서는 길을 참으로 적시한다고 하겠다.

윤리

특별히 들뢰즈가 선호하는 스피노자의 표현을 사용한다면 본장의 마지막 단락은 "윤리"라는 제목을 붙이는 것이 좋을 것이다. 왜냐하면 차이의 존재론이 특정한 가치평가를 지지하지는 않으나, 그것 역시 후회의 불필요성과 아울러 모든 것이 동등하게 필수적이며 동등하게 자의적인 전체 과정에 대해서 체념할 필요가 있음을 가르치기 때문이다. 그 전체 과정에서 모든 것은 서로 의존하며, 이러한 의존성은 지속적인 투쟁과 반저항(counter-resistence)을 통해 실현된다(enacted). 본 단락에서 다루는 주제 중 존재론에 추가할 것은 하나도 없다. 왜냐하면 그 존재론 자체가 이미 하나의 윤리인 까닭이다. 하지만 우리는 그러한 존재론을 실현함이 무엇을 뜻하는지 분명히 해두어야 한다. 왜냐하면 허무주의자들이 보기에 이러한 실현작용(enacting)은 불가피하기 때문이다. 다시 말해서 현재의 해석에 따르면 이 실현작용은 코드를 통한 수행에 불과하다. 그렇지만 허무주의자들이 존재와 실현의 불가분성을 알게 된다고 해서 이들이 정말 명석한 판단력을 지닌 것일까? 니체를 제외하고 나면 별로 그렇지 못하다고 하겠다.

    탈인본주의(post-humanism)가 함의하는 것은 엄밀히 말해서 자유란 자의적 힘으로 존재할 경우에만 하나의 실재라는 것이다. 루소와 칸트가 말하는 자유의 평등주의적 확대는 이미 힘의 비대칭적 확대로 변형되었다—가장 강력하고, 가장 지속적이고, 가장 확산적인 것이 촉진된다는 말이다. 시민사회에 있어 이러한 힘의 비대칭적 확대는 시장체계(이는 불가피하게 "정부의” 형태를 취할 수도 있다)가 자유로운 주체들 간의 형식적 평등에 중점을 둔 정치적 구조 및 관료적 구조를 압도하는 탈근대적 현상의 점진적 확대로 나타난다. 시장지향성이 강한 사회에서는 이러한 평등의 원칙이 쉽사리 포기되고 부와 신뢰성과 설득력과 같은 실제 자원의 소유로 급격히 전환된다. 겉보기에는 “포스트포드주의”(다품종 소량생산 방식—옮긴이) 시대에 힘의 분배가 더 진전되고 고객의 의견 제시에 대해 보다 적극적 반응이 나타나는 것으로 보인다.[84] 사실 창조성이 허용되고 세분화와 비결정성이 드러나는 열린 공간들은 새로운 차이들을 통해 동일하고 획일적(univocal)인 것(똑같은 기본 형태를 지닌 자동차와 주택, 한정된 언어, 순응주의적 태도 등에 개인주의적 자기도취[narcissism]가 결합되는 현상)의 지배를 한층 더 강력히 보증할 뿐이다. 과거에는 현장에서 적용되는 다양한 기술과 사회적 역할을 숙련하기 위해 특별한 교육이 요구되었다. 그런데 이런 것들을 장려하는 대신에 사회적 절차와 기술적 절차가 모두 날이 갈수록 평준화되므로 직종 간의 용이한 이동과 적응이 계속해서 나타난다. 그러한 인력과 사물의 새로운 유연성, 즉 하찮은 일상적 “혁신”이 새로운 우위를 차지하는 일이 일어남으로써, 자기들이 무적의 죽음을 관장하고 있다고 믿었던 주체들 간의 다툼이 종식되고 여러 주관성에 대한 끝없는 질의가 보다 효과적이고 보다 유연한 종류의 권력을 통해 시작된다.

들뢰즈, 리오타르, 데리다, 푸코는 모두 니체 철학에 관한 하나의 해석을 시도하면서 이를 통해서 신자본주의에 대한 일정 정도의 비판을 제시하려고 했다. 그렇지만 그들 모두에게 있어 이것은 여하튼 **해방을 촉진하는**(emancipatory) 비판, 즉 자유의 진전 가능성에 입각한 비판인 것이다. 하지만 이것은 니체로부터 물러나서 칸트에게 복귀하는 것이 가능하다고 보는 일종의 기만적 사고에 여전히 머물고자 하는 것이다. 니체 자신은 그러한 헛된 생각을 일절 환영하지 않았고, 탁월한 자기결정의 혹독함을 지탱할 수

---

84   Scott Lash and John Urry, *The End of Organized Capitalism* (Cambridge: Polity, 1987).

없는 사람들이 장차 희망할 수 있는 최고의 것은 바로 전쟁을 위해 조직화된 국가의 규율을 수용하는 것임을 가르쳤다.[85] 물론 니체는 현재 진행되고 있는 자본주의의 현실을 상상한 적이 없으며, 은밀하게 진행되면서도 스스로를 "쾌락"으로 위장하는 규율이나, 만인 대 만인의, 만인 대 피조적 자연 간에 항상적으로 수행되면서도 눈에 보이지 않는 그러한 전쟁에 대해 상상한 적도 없다. 그러나 차이의 존재론은 논리적으로는 이러한 현실을 포용한다—다만 실제로는 반쯤 그렇게 하면서 여전히 자신을 위해 비판적 신중함을 계속해서 유지하려고 한다.

자크 데리다는 해체가 해방을 촉진하는 잠재력을 지니고 있으며 그 이유는 해체가 모든 고착된 사회 구조에 새겨진 모순들에 맞서 저항하기 때문이라고 주장한다.[86] 하지만 데리다에게 있어 현전(presence)의 필연성을 상정한다면, 이러한 해체는 결국 끝없는 부정성이라는 지루하고도 급진적인 정치를 함축할 따름이다. 더 심각한 것은 위와 같은 필연성이 상존한다고 하면 언제 허위를 안고 갈는지 아니면 언제 그것을 해체할는지 결정해야 하는 문제가 여전히 남아있다는 것이다. 어느 것을 택하든 별 가망이 없으며, 이것이나 저것을 위한 적절한 순간이 언제일는지 우리로 하여금 바르게 결정하도록 이끌어줄 만한 것이 사실상 아무것도 없다. 그러한 결정을 내리는 것 자체가 자의적일 수밖에 없으며, 어느 하나의 경로를 택하라고 설득하는 것도 기만적 전략일 따름이다. 어느 경우든 간에 결국엔 파시즘적 정치만이 실현가능한 대상으로 남는다.

이와 같은 통찰에 근접한 사람은 바로 미셸 푸코였다. 푸코가 보기에는 권력을 잡아야 할 필요성 때문에 결국 모든 혁명의 가능성을 배반하게 된다.[87] 따라서 대항적 정치운동이 보다 효과적으로 실천되려면 그것은 미

---

85 Nietzsche, *Will to Power*, pp. 126-7.

86 Derrida, *Positions*, p. 62ff.

87 Foucault, "Politics and ethics: an interview," in "The Foucault Reader," pp. 373-80; *Power/Knowledge*, pp. 78-146.

시전략(micro-strategies)의 심급에서 작동해야 한다. 하지만 여기서도 실제로 낙관주의가 들어설 여지는 별로 없다. 왜냐하면 푸코야말로 더 분산되고, 더 불확정적이며, 더 분화된 권력이 또한 가장 효과적이며 가장 총체적인 권력임을 처음으로 깨달았기 때문이다. 이러한 권력에 맞서 푸코는 이따금 "신체상의 권력"(power of bodies)을 언급했으나, 그러한 권력이 담론 안으로 들어오는 즉시로 (그런데 그것은 언제나 이미 그렇게 했었다) 그것은 또한 문화(우리가 자연으로부터 취한 "적나라한" 힘을 더 순수한 형태로 재창조한 것)에 따른 인습성 속으로 들어오곤 했음을 그는 알고 있었다. 이러한 딜레마에 직면하여 그는 자신의 후기철학에서 별 설득력도 없이 자율적 주체라는 개념을 재도입하고자 했다. 이 자율적 주체란 정치적 각축의 장으로부터 떨어진 에피쿠로스적 자기고립의 상태에서 "스스로를 형성"하며 일종의 스토아적 자기훈육을 실천할 수 있는 존재다.[88]

이에 비하면 들뢰즈나 리오타르는 이런 방식의 퇴각을 시도하지 않았고, 데리다가 말하는 단순 부정성에 찬동하지도 않았다. 대신에 그들은 "신자본주의적" 경합(agon)을 그 모든 긍정성(positivity)과 역긍정성(counter-positivity)을 포함하여 수용하는 것에 찬성하였다. 하지만 그들은 자본의 논리를 더 멀리 밀고나감으로써 그것이 무언가 다른, (들뢰즈에게 있어 "절대적인 것"에 해당되는) 진정 해방적인 것을 향해서, 즉 추상적 자본 자체에 일시적이지만 필연적으로 나타나는 자본주의의 재영토화(reterritorialization)를 항시 추월하는 신중한 탈영토화(deterritorialization)를 향해서 기울어지기를 희망했었다. 베르나르 앙리레비(Bernard Henri-Lévy)가 주목했듯이, 이렇듯 동종요법(homoeopathy)에 대한 기대는 마르크스주의에 대한 부정이라기보다는 오히려 그 잔재에 해당된다. 그러나 들뢰즈와 리오타르는 실제 이행의 지점이 어디인지에 대해 마르크스보다 훨씬 더 모호한 태도를 취하

---

88 Foucault, "Technologies of the self".

게 되었다.[89] 들뢰즈에게 있어 "자본 너머"(beyond capital)는 퇴적된 영토를 절대로 다 포기하지 않는 잘 통제된 탈주선의 과정이 될 것이다.[90] 그렇지 만 "재영토화"는 반드시 탈주선의 과정과 무한하게 보조를 맞춰야 함을 나는 이미 앞의 장에서 주장했다. 말하자면 특수한 문화적 애착, 즉 "바람직함"에 대한 영토적 표상을 제하고 나면 사실 어떠한 욕망도 남아있지 않으므로, 따라서 들뢰즈가 상상하는 방식으로 "해방"되어야 할 욕망의 창조적 힘 (내지 "순진한" 힘) 곧 **퓌상스**(*puissance*)도 존재치 않는다. 왜냐하면 욕망이 스스로를 쇄신하면서 새로운 대상을 창조적으로 발명하려 할 때마다 욕망은 그 대상과 더불어 다시 태어나면서, 그렇게 상정된 가치를 부여받게 되고, 욕망의 도달불가능성이라는 신화적 거리를 지니게 된다. 들뢰즈의 고유한 존재론은 일의적인 것 곧 탈영토화된 것이 과잉을 초래함 없이 일시적인 영토적 차이로서 발생함을 인정한다. 따라서 일정 시기에 더 큰 규모의 탈영토화를 한다고 해서 그것에 "더 근접하는 것"이 아님을 그는 알았어야 한다. 왜냐하면 탈출이 성취될 **정도라면** 실제로 긍정적 효과가 있을 수 없기 때문이다. 그러한 영토들의 추상적 등가물에 해당되는 것이 자본주의이므로 그것은 이미 지속적 탈출과 재정착 간의 절대적 균형을 이루고 있다고 하겠다.

반면에 리오타르는 (여전히 루소적 성격을 띠고 있는) 그 자체로 무구하고 온순한 자연적 욕망이라는 개념에 대해 좀 더 회의적인 입장이었다. 그렇다고 해서 그가 나름대로 제시하는 "리비도적 강도"(libidinal intensities)의 정치학을 편들어서 말하는 것이 더는 가능치 않다. 리오타르가 옹호한 것은 단지 해체적 성격의 부정성이 아니고, 불가침의 주체도 아니며, 대상없는 욕망의 방출도 아닐 뿐 아니라, 차라리 후기자본주의 내에서 촉진되는 무수히 많고도 중첩되는 언어게임(language-games)을 증대하고 가속화하는 것이다.

---

89   Bernard Henri-Lévy, *Barbarism with a Human Face*, trans. George Holoch (New York: Harper & Row, 1979) pp. 8-9. 박정자 옮김, 『인간의 얼굴을 한 야만』(프로네시스, 2008).

90   Deleuze and Guattari, *A Thousand Plateaus*, pp. 472-3.

이러한 게임들에 더 쉽게 접근할 수 있도록 평등주의가 촉진되어야 한다고 그는 주장한다. 그리고 이 점이 아직도 사회주의적 열망이 남아 있는 유일한 보루다.

지금껏 경합의 정치를 위한 윤리의 구체화 작업을 가장 열심히 지속해 온 사람이 바로 리오타르다.[91] 그 결과 출현한 것은 원시주의와 궤변철학과 아리스토텔레스 사상과 칸트 사상이 뒤섞인 혼합물이며, 그것은 근대주의적 자유가 이미 탈근대적 힘의 유동체(fluid) 속으로 용해된 후에도 그 잔재를 추출해내려는 노력 안에 어떤 모순들이 내재되어 있는지를 가장 잘 보여준다.

리오타르 안에 들어있는 "이교적" 요소들(그도 이렇게 부른다)은 힘과 차이를 제대로 평가하려는 그의 시도를 대변한다. 그는 유대인 철학자 에마뉘엘 레비나스가 우리가 처한 근본적인 도덕적 상황은 자율성이 아닌 타율성에 관한 것, 곧 타자의 목소리에 대한 복종임을 제대로 지적했다고 주장한다. 그렇지만 유대교의 신인 야웨(Yahweh)와는 달리 이교신앙에서는 신들마저도 외부의 한 낯선 목소리에 대한 응답으로서 등장한다. 리오타르가 아주 확고한 다원적 형태로 재도입하려는 "신화적" 의식 속에는 숱한 이야기의 숙명에 매여 있는 수많은 신들과 수많은 영웅들이 등장한다. 그러나 그 이야기 속에 원래의 영웅은 그가 처한 역사적 정황의 불가피성으로 인해 망각된 채로 있다. 그는 자신이 실제로 지속하는 영웅적 행동 속에서 단지 이름으로만 존속할 뿐이다. 하지만 이렇듯 자기동일적 신화(이것은 들뢰즈가 말하는 일의성과 같다)의 지속과는 대조적으로, 리오타르는 또한 우리가 그 이야기에 변수를 도입해야 한다고 주장하면서, 아울러 궤변철학자들과 아리스토텔레스가 공히 강조한 것과 같은 도덕적 결정을 미리 규정하는 것

---

91 J.-F. Lyotard and J.-L. Thébaud, *Just Gaming*, trans. Wlad Godzich (Manchester: Manchester University Press, 1985). J.-F. Lyotard, *The Differend: Phrases in Dispute*, trans. Georges Van Den Abbeele (Manchester: Manchester University Press, 1988). 진태원 옮김, 『쟁론』(경성대학교출판부, 2015).

은 절대 불가능하다고 역설한다. 리오타르는 아리스토텔레스의 윤리학을 설명하면서 부정직하게도 인격 형성의 요소 및 도덕적 결정 간의 유비적 일관성을 유지하려는 요소를 누락시킨다. 행동의 순간이 처한 고립된 상황을 강조함으로써 리오타르의 방식은 부등성과 규정불가능성을 새로운 허무주의적 금언의 형태를 띤 정언적 명령으로 전환하려는 것이 분명하다. 그 정언적 명령이란 바로 "항상 행동하라, 그리하여 너의 의지에 따른 좌우명이 (거의 언제나) 보편적 법칙성을 띤 하나의 원칙으로 세워지지 않도록 하라"는 것이다.[92]

하지만 이러한 정언 명법의 역전(inversion)은 힘과 자유 사이의 해소될 수 없는 긴장을 명시하고 있다. 한편으로 리오타르는 칸트처럼 단지 자유를 보장하고 싶어 한다. 하지만 다른 한편에서 그는 자유가 비현실적 "사적" 공간에 국한되지 않는 현실의 긍정적 차이로서만 확보될 수 있음을 깨닫는다. 자유를 인정받기 위해서 우리는 우리에게 가해지는 타인의 힘을 인정해야 한다. 그럼으로써 타자가 화자이기도 하고 서사의 대상이기도 하다가 주인공이 되기도 하는 그 이야기 속에 우리도 끼어들어서 우리가 주인공의 역할을 맡기도 한다. 신화적 담론 속에서 역할은 언제든지 주어졌다가 회수되기 마련이므로, 리오타르가 보기에 발화자인 주체는 영구히 은폐되고 서사의 "시작"은 어느 신이 행한 업적으로 귀속될 뿐이다. 따라서 우리가 자유를 발휘하기 위해서는 신화의 자의성에 승복해야 하고, 우리 자신이 그 통제할 수 없는 힘 안에 놓여 있음을 보아야 한다. 그럼에도 불구하고 리오타르는 이러한 "이교주의"를 만인의 권리에 대한 자유주의적 긍정(산만한 비서사적 형태를 띠고 있다)과 혼합하고 싶어 한다. 이 자유주의적 권리에는 경합적 투쟁에 모든 사람이 참여할 권리 및 모든 사람이 가담할 권리가 망라되는데, 신화는 낯선 이야기를 신화의 꾸러미 속에 새롭게 혼합하고 새롭게 합체함으로써 이 투쟁을 서사화하고 반복하고 보완한다.

---

92   Lyotard and Thébaud, *Just Gaming*, p. 94.

그러나 여기서 제기된 문제를 극복하는 것은 가능치 않다. 우리가 듣고서 적용한 서사는 이미 숙명적으로 우리의 장단점과 우리의 약삭빠름 내지 우리의 유약함을 결정한다. 서사는 그 시작에서부터 사회적 계약을 재도입하려는 중립적 출발에 적대적으로 작용한다. 마찬가지로 어떻게 리오타르가 바라는 대로 정당한 경쟁과 타인의 참여권을 부정하는 부당한 위협을 구별할 수 있겠는가? 수많은 언어게임 내지 신화소를 망라하는 법칙은 전혀 고정되어 있지 않다. 그러기는커녕 주인공이라는 이름을 자기 것으로 삼은 자는 풍부한 자원을 확보하고서 그 이름을 더 크게 외치면서 새로운 책략과 새로운 간계를 통해 현재의 게임을 좌지우지할 뿐 아니라 다른 게임들도 자신이 장악한 게임에 흡수시켜 버린다. 리오타르는 이렇게 선포할지 모르겠다. 무수히 다양한 언어게임이 지배하게 하라! 그러나 그는 이것이 마치 자유주의적 다원주의인양 치부할 수는 없다. 왜냐하면 그의 철학 안에는 하나의 언어게임이 다른 것들을 희생시켜가면서 무한한 확장을 계속하는 것과, 단일한 힘이 수많은 언어게임을 포획하고 조작하는 것을 두고서 부당하다고 고발할 만한 근거가 원칙적으로 존재치 않기 때문이다.

하지만 리오타르는 다시금 칸트사상의 잔재와 관련된 근거들을 내세우면서 이러한 함축성을 얼버무린다. 들뢰즈와 데리다에게 있어서는 사실/가치 및 도식/내용의 이원론이 선험적 폭력에 대한 논제 속에 미약하게나마 표현된 반면에, 리오타르의 경우에는 동일한 논제가 경합적 투쟁마저도 진·선·미에 관한 칸트적 담론과 연결짓는 자유주의적 방침 속에 묵살되고 말았다.[93] 칸트가 말하는 정신적 기능의 개별 영역(즉 진·선·미)을 무수히 존재하는 "언어게임"과 등치시키면서, 리오타르는 별개의 문법을 지닌 영역들이 각기 나름의 형식적 법칙에 의해 지배될 뿐 아니라 이러한 영역들이 상호간에 경합적 경쟁을 벌이면서도 상대방이 가진 형식적 통합성을 굳이 침해할 필요가 없다고 암시한다. 이는 칸트에게 있어 인식적 담론과 실천적

---

93   Lyotard, *The Differend*.

담론이 서로 별개로 구분되는 것과 마찬가지다. 새로운 언어적 표현을 덧붙이는 것은 선험적 관점에서 볼 때 선행하는 글귀 속에 담긴 결코 다 표상할 수 없는 그러한 생각을 "표상"하려는 순전히 자의적인 시도라고 하더라도, 실제로 심각한 차이들 곧 "쟁론들"(differends)은 대부분 담론 내에서가 아니라 서로 다른 장르의 담론들 간에 발생한다. 플라톤과 마찬가지로 리오타르가 보기에도 정치가 당면한 문제는 철학(윤리학과 존재론)의 당면 문제와 동일하다. 이를테면 담론 간의 다양한 장르를 어떻게 "배분"할 것이며 "쟁론"이 발생하는 지점에서 어떻게 정당한 평가를 행할 것인가의 문제인 것이다.

그렇지만 두 가지 면에서 이것은 차이의 딜레마를 희석시킨다. 첫째로 하나의 언어게임이 가진 형식적 관습에 불과한 것이 우리가 무엇을 말해야 하고 또 그다음에 어떤 표현을 써야 할지 그 내용에 대해서까지 (리오타르가 생각하는 것처럼) 알려주지는 않는다. 따라서 마찬가지로 심각한 쟁론이 담론의 각 장르 **내에서도** 발생하는 것이 사실이다. 둘째로 담론의 각 장르가 서로 깔끔하게 구별되지 않으므로, 각 장르 안에 역설적으로 그 장르로부터 벗어나는 것이 존재한다. 리오타르는 실제로 이것을 잘 알고 있다. 예컨대 그는 칸트가 말하는 "실천이성"에 따른 언어게임 속에는 자유로운 정신들로 결성된 공동체가 어떻게 작동할 것인가에 대한 이론적 고민이 은밀히 수반되어 있음을 지적한다.[94] 실천이성의 담론이라는 보다 순수한 장르를 확보하기 위해서 리오타르는 우리가 앞서 언급한 것과 같은 새로운 형태의 정언적 명령을 채택한다. 타자에 대한 우리의 태도와 관련해서 이 명령은 (레비나스를 따라서) 우리가 타인의 자유를 존중하되 그것을 보편 법칙을 이루는 힘으로서가 아니라 자유의 타율적 특수성으로서 존중할 것을 암시한다. 하지만 레비나스에 대한 토론의 와중에 리오타르 자신이 지적하듯 우리가 타자를 "따르면서" 그의 말을 적용하는 즉시 우리는 그가 가진 자유를

---

94   Lyotard, *The Differend*, p. 125.

면밀한 **이론적** 조사의 대상으로 삼는다.[95] 실천이성이라는 "순수" 장르에
대해 말로 표현하기란 전적으로 불가능한 일일 것이다. 이렇듯 칸트식으로
진·선·미에 대한 각각의 담론이 상호 의존되어 있음을 부정하는 것은 이러
한 담론들이 (아울러 무한히 다른 장르들도 일반적으로) 반드시 또한 굳이 설명
할 필요도 없이 서로를 구구절절이 침해하고 있다고 보는 견해와 같이 허
무주의의 가면을 쓴 채로나 보존될 수 있다.

　　만약 이것이 사실이라면, 리오타르가 바라는 대로 칸트적 자유주의
가 표방하는 온화함을 재도입할 수는 없다. 말하자면 지극히 당연한 "철학
적" 윤리나 존재론이나 정치가 모든 담론은 그 자체의 형식성에 충실해야
한다고 요구하는 그러한 정의 개념에 호소할 수 없는 것이다. 허무주의적
일의성과 가톨릭적 유비(여기에 진·선·미 간의 상호전환가능성이 포함된다) 사이
에 제삼의 자유주의적 경로가 더는 존재치 않는다—『쟁론』(The Differend)이
라는 책에서 리오타르는 아이러니하게도 자신의 주적인 하버마스와 비슷
한 소리를 한다. 이 제삼의 길은 특히나 그가 『쟁론』에서 시도하는 것처럼
일종의 마르크스주의를 복권시키려는 처절한 노력에 해당되는데, 그는 자
본주의란 시간의 환산과 교환에 관한 경제적 언어게임이 노동과 생산에 관
한 언어게임을 부당하게 지배하는 것이라고 주장한다.[96] 이러한 주장은 우
리가 7장에서 접했던 보드리야르의 논증을 무시하는 것처럼 보인다. 보드
리야르는 생산이라는 "순수" 장르는 존재치 않는다고 본다. 왜냐하면 생산
이란 언제나 인간의 교환행위를 통해 발생하는 여러 "가치"에 의해 결정되
는 특수한 종류에 해당되기 때문이다. 아울러 "경제적" 언어게임은 "자연
정복"의 게임과 복잡하게 교차하는 가운데 구체화된다—여기서 자본주의
자체는 무제한적 생산이 이른바 "부"의 일부를 구성한다고 보면서 그것을
뒷받침한다. 물론 자본주의는 생산을 **억제**하기도 한다. 생산이 다른 우선적

95　Ibid., p. 114.
96　Ibid., pp. 171-81.

가치에 의해 규정된다는 뜻에서 그렇게 하는 것이다. 그러나 생산의 이유를 결정하는 모든 체계는 동시에 생산하지 말아야 할 이유도 내포하고 있으므로, 이런 저런 종류의 생산과 노동을 억제하기도 하는 것이다. 탈근대적 사상은 일정한 실재 내지 실재의 영역이 존재하며 (그것은 담론 중에서도 억압받는 장르이므로) 그 존재를 인정받기를 기대할 뿐 아니라 해방되기를 요구한다는 식의 합리적 논증을 인정하지 않는다—그럼에도 리오타르는 자연이 보내는 "신호"와 "섭리적" 의도에 따라 발생하는 일종의 비목적론적 텔로스로서의 부등성에 대해 언급한다.[97] 그러므로 우리가 7장에서 보았듯이 사회주의는 이제 계몽주의와는 다른 토대를 찾아야만 한다.

리오타르는 그와 입장을 같이하는 포스트구조주의자들(post-structuralists)처럼 차이의 존재론이 어째서 파시즘, 즉 힘에 대한 신화적 숭배의 정치학과 결별할 수 있는지에 대해 설득력 있는 근거를 제시하지 못한다. 차이의 철학자들 편에서 이것을 해내지 못함에 따라 1970년대 후반 파리에서 기 라르드로(Guy Lardreau)와 크리스티앙 장베(Christian Jambet)는 『천사』(L'Ange)라는 저작을 공저로 내놓게 되었다. 이 책은 일종의 마니교적 영지주의(Manichean-gnostic)의 성격을 띤 마르크스주의를 제창하고 있으며, **신철학자들**(nouveaux philosophes)이라고 불리는 신자유주의로 기울어진 그룹에도 영향을 주었다.[98] 이 두 사상가 집단은 정치문화가 힘에 의해 지배된다는 분석에 도전하는 것을 일차적 과제로 삼지는 않았다. 이들은 실제로 이 점을 강조하려고 했으나, 쐐기풀밭(힘)에서 꽃(희망)을 얻을 수는 없다고 보았다. 만약에 니체가 서구 역사상 진리에 대한 추구를 종결지으면서 진리의 비진리성이야말로 힘이라는 사실을 발견했다고 한다면, 이러한 힘의 실재는 거부되어야만 한다. 그 대신에 플라톤적인 추구를 다시 시동해야

---

97   Ibid., pp. 135, 181.

98   Henri-Lévy, *Barbarism with a Human Face*. Lardreau and Jambet, *L'Ange; Le Monde* (Paris: Grasset, 1978). André Glucksmann, *The Master Thinkers*, trans. Brian Pearce (Brighton: Harvester, 1980).

한다. 하지만 이번에는 힘에 의해 지배되지 않는 "다른 세상"이 존재한다는 믿음에 근거한 것이어야 한다. 이 "다른 실재"에 대해 플라톤 자신이 언급했다고도 하고, 그리스도교 영지주의자들이 언급했다고 하는데, 아니면 이들 신철학자들과 친연관계에 있지만 그리스도교적 성격이 더 강한 모리스 클라벨(Maurice Clavel)과 루이 마랭(Louis Marin) 및 르네 지라르(René Girard)의 철학에서는 이러한 "다른 실재"가 예수 그리스도의 지상 생애와 그의 비폭력적 죽음 안에 유일회적으로 현존하였다고 본다.[99]

중요한 것은 위의 "천사론자들"(angelists)과 신철학자들 모두 푸코의 후기 사상에서 드러나는 인본주의로 은연중에 복귀하고자 하는 유혹에 시시때때로 저항했다는 사실이다. 우리는 파시즘에 맞서는 보루로서 자유주의적 주체를 동경할 수 있다. 하지만 파시즘은 언제라도 이러한 주체가 표방하는 보편성이 환상에 불과하다고 선언할 것이다. 리오따르가 이미 간파했듯이 파시즘은 마르크스주의처럼 논쟁의 대상이 될 만한 메타서사가 아닌 신화에 입각해서, 입증해야 하지만 실제로 입증할 수 없는 주장을 자기만이 구사하는 용어로 남발하기 때문에 쉽게 **논박**할 수 없다.[100] 파시즘에 맞서 우리가 이론상으로 할 수 있는 최선의 방법은 그것이 갖고 있는 신화적 형식을 적시하는 것이다. 그러나 신철학자들은 다음과 같은 지나친 주장을 한다. 이를테면 니체와 그의 추종자들이 보여주었듯이 파시즘은 모든 정치의 타고난 본색을 대변하므로 당연히 모든 정치는 신화에 불과한 가면을 쓰고 있다는 것이다. 이 말은 홉스나 푸코가 주장하듯이 모든 정치의 본질이 힘이라는 뜻이 아니라, 메스트르와 보날과 카를 슈미트가 생각하듯이 모든 정치는 작위적인(여기서 "작위적"이란 말이 반드시 "허위"를 뜻하는 것은 아니다) 하나님 내지 신들이 가진 신화적 힘과 접신하는 종교를 선포함으로써

---

99   Maurice Clavel, *Deux Siècles avec Lucifer* (Paris: Seuil, 1978) pp. 21, 29-90. Louis Marin, "Discourse of power, power of discourse: Pascalian notes," in Alan Montefiore (ed.) *Philosophy in France Today* (Cambridge: Cambridge University Press, 1983) pp. 155-75. René Girard, *Of Things Hidden Since the Foundation of the World* (London: Athlone, 1987).

100 Lyotard, *The Differend*, pp. 156-8.

613

힘을 창출해낸다는 것이다. 어쨌든 결국 힘이 지배한다고 하더라도, 이것은 힘이 가진 물질적 현실 때문이 아니라 모든 신화적 날조물이 가진 자의성 때문인 것이다. 베르나르 앙리레비(Bernard Henri-Lévy)는 카를 슈미트와 가톨릭 실증주의의 노선을 따라서 완벽한 형태의 정치는 종교와 마찬가지로 단일하고 절대적인 힘의 근원을 상정하므로 유일신교의 형태를 취하기 마련이라고 주장했다.[101] 다른 한 편에서 정치권력을 견제하는 것은 역시 종교이고 또 종교만이 유일하다. 왜냐하면 종교는 힘의 근원을 정치적 주권을 초월하는 곳에 상정하고서, 이 힘과 직접 접촉하는 좌소로서 "영혼"을 발명해내기 때문이다.[102] 바로 이 점에 있어(이는 이들의 주장 중에서 가장 취약한 부분인데) 신철학자들은 여전히 칸트적 자유를 다시 끌어오되 그것을 『이성의 한계 안에서의 종교』(Die Religion innerhalb der Grenzen der bloßen Vernunft)에서 개진하는 대로, 주체 및 인권에 대한 사상은 전적으로 종교적 서사에 의존해 있다는 생각에 온전히 부합하는 방식으로 하고자 했다. 힘의 지배권을 초월하여 그 위에 존재하는 순수 주체에 대해 개념적으로나 직관적으로 접근할 수는 없지만, 그럼에도 그러한 숭고성을 언급하는 것은 노골적 전체주의와 자유주의(본질적으로는 전체주의적임에도 불구하고) 간에 작지만 실질적인 차이를 드러낼 수 있다.[103]

이러한 사상의 노선 속에는 훌륭한 가치를 지닌 것이 많이 있으며, 이에 대해 본서의 나머지 부분에서 다루어 볼 것이다. 특히나 "천사론자들"(angelists)과 "신철학자들"은 니체와 그 추종자들에 대항하는 유일한 길은 "보편적 이성" 위에 구축된 인본주의를 재도입한다거나 허상(simulacra)의 연극 밑에 잠복한 서사화된 "실재"의 심급을 탐색하는 것이 아니라, 대항신화 및 대항존재론에 호소하는 것임을 간파했었다. 하지만 동시에 이

---

101 Henri-Lévy, *Barbarism with a Human Face*, pp. 9, 12-17, 131-5, 148. Hermann Schwengel, *Der Kleine Leviathan* (Frankfurt-am-Main: Athenaum, 1988) pp. 55-87.

102 Ibid., pp. 115, 135, 190, 195. Clavel, *Deux Siècles chez Lucifer*, pp. 289-92, 327-8.

103 Henri-Lévy, *Barbarism with a Human Face*, p. 142ff.

들은 니체의 계보와 존재론을 수용할 정도로 너무 나아갔으므로, "힘 너머"(beyond power)에 있는 것을 다른 세상에 둘 수밖에 없었다. 그런데 이 다른 세상은 우리가 보기에는 순전히 언표불가능한 존재이다. 여기서 다음과 같은 중대한 질문이 제기된다. 이를테면 힘이 그저 개념 곧 허위(허위라고는 하지만 우리는 그 속박에서 헤어날 수 없이 사로잡혀 있는 것으로 보인다)에 불과하다면, 어째서 자의적 힘(즉 폭력적 힘)의 지배가 아닌 사회적·언어적 과정이라는 대안을 발명해 낼 수 없는 것인가? 분명히 그러한 개념은 그 자체로 문제의 소지가 매우 많다고 하겠으나, 앙리레비를 비롯한 신철학자들은 **욕망**(desire)에 대한 자신들의 설명 때문에 그 개념을 조급하게 배제해버린다.

이들은 근원에서 비롯되는 원초적 욕망이 끊임없이 그 자신의 대상물을 만들어 낸다고 보는 들뢰즈의 생각을 올바르게 거부하면서, 라캉을 따라 욕망은 문화적 "상징체계"(symbolic order)가 우리에게 제시하는 사실상 도달 불가능한 목표를 획득하고자 하는 우리의 "이미지작용"(imagining)에 따른 부산물이라고 주장한다.[104] 모든 정치, 즉 모든 뮈토스는 우리를 자의적 힘의 노예상태에 묶어둔다. 왜냐하면 그것은 도저히 소유할 수 없는 것의 소유라는 목표를 우리에게 내밀기 때문이다. 이러한 신화적 공간 안에 경험적이고 정치적인 주체(subject)이자 피지배자(the subjected)가 언제나 각인되어 있다. 따라서 기 라르드로에게 있어 목표는 그리스도교에서처럼 욕망의 대상을 바꾸어 하나님을 우리의 주인으로 삼는 것이 아니라 차라리 "욕망하지 않음"이라는 형태를 찾아내는 것이다.

그렇지만 이렇듯 욕망에 대한 비관론은 비소유적 욕망의 가능성을 배제하면서도 그것을 반박하지 않는다. 만약에 주체가 타자(주체의 잉여 내에 하나의 기표로서 현존하면서 동시에 보류된 존재)를 향한 자신의 욕망 안에 부상한다고 하면, 이러한 욕망은 그것이 진정으로 타자를 향한 욕망(이 말은 반드시 타자의 욕망들에 대한 욕망을 뜻한다)이라면 일정한 거리를 없애면서 동시

---

104 Ibid., p. 16. Lardreau and Jambet, *L'Ange*, pp. 17-42, 213-24.

에 그것을 유지하고자 할 것이며, 이는 타자의 욕망들을 폭력적으로 전유하는 것이 아니라 과거와 미래의 깊이를 통해 조성되는 만남인 것이다. 우리는 실로 허상만을 (그리고 타자의 허상에 대한 허상을) 욕망할 수 있을 뿐이다. 하지만 비소유적 욕망을 나타내는 표지가 바로 거울 뒤에 감춰진 꿈의 세상을 넘어서는 것을 발견하기 위해 거울 뒤로 한 발짝 들어가는 환상을 거부하는 것이라면 어떻게 할 것인가? 한편으로 자기중심의 독창적 욕망이라는 관념과, 다른 한편으로 늘 실패할 수밖에 없는 자기기만적 욕망 사이에, 과정과 차이에 의해서 드러나지 않는 그러한 욕망의 가능성이 존재한다. 이러한 욕망에 있어 욕망이 실현되는 중에도 끝없이 남아 있는 "불만족"은 실제로 힘의 지배를 통해 욕구불만이 "없어진 상태"가 아니라 성취로 인한 과도한 희열인 것이다. 이러한 성취의 희열은 타자와의 거리를 유지하는 데서 그 절정에 달하는 것으로, 여기서 거리란 오로지 타자의 무제약적 자기 수여(주체의 욕망 자체에도 낯설지 않은 요소) 속에만 존재하는 것이다. 물론 이러한 욕망 안에서도 힘은 행사된다. 이 힘은 (모든) 타자가 가진 영향력으로서 이는 사랑하는 자가 통제할 수 없는 것이며, 욕망의 대상을 계속해서 만들어 내는 것을 통해 작동한다. 따라서 이는 들뢰즈가 주장하듯이 욕망이 최종적으로 라캉이 말하는 "무"로부터 기인하는 것이 아님을 보증한다. 그러나 다음과 같은 질문이 재차 제기된다. 이러한 영향력은 필연적으로 자의인가? 아니면 오히려 하나의 객관적인 미학적 질서 내에서 우리를 함께 묶어 주는 유비적 유대관계를 매개할 수 있는가? 지연과 지시의 무한한 질서는 그 자체가 진정 욕망할 수 있는 대상인가? 들뢰즈가 말하는 순진하면서도 불균등하게 빗나간 욕망의 보편주의와 라르드로가 말하는 널리 중독된 욕망의 보편주의는 둘 다 거부되어야 할 것이다.

따라서 신철학자들에 반대해서 다음과 같이 질문해야 할 것이다. 우리는 숭고성을 부정적으로 언급함으로써 자유주의가 유사파시즘으로 전락하는 것을 은연중 지연시키는 그와 같은 차이를 유발하는 마니교를 수용할 수밖에 없는가? 왜냐하면 숭고한 것 즉 주권적 의지가 지닌 공허함은 미사여구로 가득한 마키아벨리적인 힘의 전략에 의해 끝없이 보충되기 때문이다. 아니면 우리는 마니교를 넘어서 아우구스티누스가 걸었던 행보를 다시 택할 수 있을까? 즉 실질적인 사회적 실천이자 소망의 전달(여러 층위의 힘이 작용함에도 불구하고 폭력을 동원하지 않은 채로 아주 미약하게나마 순수한 설득력을 통해서 확산되는 소망)이기도 한 하나의 대안을 구상할 수 있을까? 여기서 "구상한다"(to conceive)는 말은 물론 경험하고 발견함을 뜻한다. 왜냐하면 우리는 그와 같은 소망이 존재하는지 추상적으로는 알 수 없기 때문이다.

따라서 우리가 아우구스티누스가 말한 것과 같은 다른 도성, 다른 역사, 다른 존재 방식을 재환기할 때에만 우리는 자의적인 주의론자(voluntarist)인 하나님의 지배권(*dominium*)의 표식이 붙어 있는 그런 파고스(*pagus*: 바위/언덕 등 "굳은 덩어리"란 의미―옮긴이)의 공간이 아닌 우리를 위한 사회적 공간을 발견할 수 있을 것이다. 나는 본서의 마지막 장에서 그와 같은 강령의 초안을 잡아볼 것이다. 그러나 그리스도교의 대항 역사와 대항 존재론은 플라톤과 아리스토텔레스가 일부나마 상상했었던 대항 역사와 대항존재론을 영구화하기도 하고 그것과 단절하기도 하면서 그것을 성취한다. 그리스인들이 이룩한 업적이 아무리 불완전하다고 해도, 그것은 단일한 서구적 "윤리"의 역사 속에 존속하는 전통(즉 힘에 대한 대안으로 "선함"을 상상하기)의 한 몫을 차지한다. 모든 세속이성과 모든 세속적 사회이론에 맞서기 위해 우리는 두 가지 귀환(returns)을 해야 하는데, 종국적으로는 하나님의 도성(*Civitas Dei*)으로 귀환하는 것이지만, 그 전에 먼저 "귀족정의 형태를 띤"(aristocratic) 플라톤과 아리스토텔레스의 공화정(republic)을 거쳐 가야 한다.

제11장

덕의 차이, 차이의 덕

도입

현대 건축 분야에서 탈근대주의로 기우는 경향과 더불어, 늘 쉽게 구별되지
는 않는 신고전주의의 부흥이 나란히 존재하는 것과 마찬가지로, 사회이론
의 부문에서도 허무주의적 탈근대주의는 보다 "온화한" 성격의 탈근대주
의로부터 도전을 받고 있는데, 이 후자는 탈근대주의와 몇 가지 주제를 공
유하면서도 고대 정치철학의 관점으로 복귀할 것을 일정 정도 주창한다. 오
늘날 이러한 고대적인 것을 주창하는 이들 중의 대표자는 알래스데어 매킨
타이어(Alasdair MacIntyre)다. 물론 그에 부분적으로 영향을 준 앞선 세대의
저술가로 자크 마리탱(Jacques Maritain)과 에릭 푀겔린(Eric Voegelin)과 레오
스트라우스(Leo Strauss)등이 있다. 본서도 마찬가지지만 매킨타이어가 보기
에도, 근대 사회이론(자유주의 정치학·정치경제학·사회학 및 헤겔-마르크스주의)
이 지닌 타당성은 그 이론들이 근대의 정치적 실제에 대해 지니는 상응관
계(homology)에 엄격히 국한될 뿐이며 그러한 근대적 실제는 언제든 의문에
붙여질 수 있다.

　본서와 재차 입장을 같이하는 것으로, 매킨타이어는 탈근대적 허무주
의가 한편으로 근대 사회이론과 또 다른 한편으로 고전주의의 부흥 사이에

특별한 위상을 차지한다고 이해한다. 세속이성이 스스로를 보편적인 것에 근거지우려는 노력을 노출하게 되자, 그것이 갈등을 통한 갈등의 [비]규제에 국한된 정치체제와 존재론을 옹호하고 있음이 분명히 시야에 들어오게 된다. 이제부터 "세속"이란 말의 의미는 허무주의적인 것을 뜻하게 되고, 따라서 허무주의의 실질적이고 이론적인 지향에 현저하게 대립되는 것은 계몽주의적 이성의 복권(repristination)이 아니라 세속이성이 애초에 거부했었던 덕(virtue)에 근거한 사회질서의 복원으로 자리매김된다.

덕에 기초한 정치체제에 있어 권위 있는 목표는 단지 효율적인 평화와 질서·다수의 의지를 대변하는 것·개인의 자유와 평등의 권리 등을 보장함이 아니라, 객관적으로 인간의 바람직한 목표라고 간주되는 특정한 성품을 연습함으로써 그 각각의 상태에 도달하도록 개인들을 교육하는 것이다. 그러한 정치학의 실현 가능성은 인간이 마땅히 따라야 할 "올바르고" 또 그런 뜻에서 "본성에 부합하는"(natural) 하나의 도리가 있다고 보는 그러한 견해를 수용하는가 여부에 달렸다고 하겠다. 물론 인간의 전문화적(pre-cultural) 조성을 경험적 방법으로 조사한다고 해서 이러한 도리를 발견할 수 있는 것은 아니다. "부차적 요소들"에 호소하는 후자의 접근방법은 근대 자연법 이론 및 토대주의적 탐구에 전형적으로 나타난다. 그 대신에 근대 이전의 시각에서 보면, 인간의 실존을 위한 "본성적" 방식은 오로지 인간성마저도 초월하는 경지(플라톤)를 향한 열망을 통해 찾아지거나, 아니면 사회적 실천을 거쳐 그 실천 안에 내재한 목적의 완전한 실현(아리스토텔레스)을 향한 열망을 통해 발견된다. 이 경우에 있어 시민교육(paideia)은 덕의 정치학이 지닌 차별적 특징인바, 그것은 인간이 자연질서의 정점에 서 있으며, 또한 참 인간이 되기 위해 따라야 할 객관적 정도(right way)가 있는데, 그 기초는 단지 인간성에 내재한 것이 아니라 인간성을 초월해 존재한다는 견해를 전제하고 있다. 이 점에서 플라톤적이고 아리스토텔레스적이며 심지어 스토아적 틀 안에 자리한 근대 이전의 사회이론은 "세속적" 성격을 갖지 않았으며, 그와 같은 세속적 관념에 아무런 타당성도 부여하지 않았다.

그러나 덕의 상실과 더불어 또한 근대의 자연법이 항존하는 "부차적" 요소(자기보존 및 자유와 생육 등을 향한 욕구)에서 문화적 규범을 찾아내려다가 붕괴하고 난 이후로, 원초적인 의견과 열망의 **차이**(difference) 곧 충동과 창안(invention)이 지닌 자의성만이 남게 되었다. 따라서 매킨타이어가 보기에 이렇듯 지배에 대한 부정이 지배하는 현실은 불가피하게 자본주의적이고 관료적인 것이 될 수밖에 없으며, 따라서 세속이성이 가정하는 모든 전제를 수용하는 마르크스주의야말로 헛될 뿐이라는 결론에 이른다.

위에서 열거한 어떤 것에 대해서도 나는 본질적으로 반대하지 않으며, 따라서 나는 매킨타이어의 노작이 앞에서 내가 베버와 뒤르켐과 마르크스 및 니체에게 부여했던 것과 같은 심사숙고의 대상이 될 만하다고 간주하므로, 이하에서 이어지는 내용은 그의 사상을 근본에서부터 성찰하려는 다소 무모한 시도라고 하겠다. 그렇지만 이 점에도 불구하고 약간의 지면을 할애하여 내가 매킨타이어에 대해 의견을 달리하는 부분을 다룰 것이다. 그와 내가 다른 부분은 나는 사회이론에 대해 궁극적으로 신학자의 입장에서 접근하는 반면에, 그는 철학자로서 접근한다는 사실과 관련된다. 여기서 쟁점이 되는 핵심 논점은 그리스도교 내지 그리스도교 신학에 어떤 역할을 부여해야만 하는가 하는 문제다. 매킨타이어에게 후기로 갈수록 그리스도교가 점점 더 중요해지는 것은 사실이다. 하지만 여전히 중요한 사실로 남아 있는 것은 그가 차이의 철학과 그 실천에 일차적으로 그리스도교의 사상과 실천을 대립시키는 것이 아니라, 소크라테스의 변증법과 결부된 덕에 관한 고대적 이해 및 이성과 전통 간의 일반적 연관을 대조시킨다는 점이다. 물론 매킨타이어의 입장에서 볼 때, 인간은 어떤 **특수한** 전통 즉 어떤 **특수한** 덕의 코드에 동의해야만 하며, 이 점에서 그는 자신이 "아우구스티누스적 그리스도인"이라고 밝히고 있다. 그러나 아무리 그렇다고 하더라도 그가 허무주의 및 차이의 철학에 맞서 내세우는 **논증**은 덕과 변증법과 일반적 전통을 명분 삼아서 제시하는 것이다.

나는 매킨타이어와는 달리 이러한 일반적 종류의 허무주의에 대항할 수 있는 아무런 논증도 **존재치** 않는다고 생각한다. 독자들은 이러한 진술을 접하게 되면 곧바로 두 가지를 예상할 것이다. 첫째로 매킨타이어에 대한 대부분의 비판과는 달리 나는 그에게 있어 상대주의 내지 역사주의를 논할 만한 근거가 **충분치** 않다고 본다. 둘째로 나는 매킨타이어가 하는 식으로 덕의 대의를 변증법의 대의에 끌어다 붙이지 않는다―그의 초기작인 『덕의 상실』(*After Virtue*)보다 나중의 작품인 『누구의 정의인가? 어떤 합리성인가?』(*Whose Justice? Which Rationality?*)에서 이러한 덕과 변증법 간의 연결이 더 뚜렷하게 나타난다. 사실 이번 장에서 내가 하려고 하는 기획의 일환은 "덕과 변증법의 분리"라고 말할 있을 것이다. 토대주의(foundationalism)와 차이(difference)의 진퇴양난을 지나서 우리를 순조롭게 인도해 줄 뾰족한 방법이나 별다른 논증방식이 내게 있는 것도 아니다. 게다가 나는 "전통화된 이성"(traditioned reason)이라는 일반적 관념을 지지하는 것이 가능할는지도 모르겠다. 다만 나는 역사를 통한 성령의 인도하심을 믿는 믿음에 이러한 생각을 근거지우는 그러한 전통에 대해 애착을 갖고 있을 뿐이다. 신플라톤주의와 그리스도교가 **로고스**를 이해하는 방식에 나타난 가르침과 전통을 최우선시함으로써 덕의 실천은 지성의 변증법보다는 수사학적 습성에―즉 의견(*doxa*)·증언(*marturia*)·믿음(*pistis*)에 최우선적 지위를 부여하는 **로고스**에―더 근접하게 된다. 이렇듯 수사학과 초월의 명분을 새롭게 연결하는 것(이미 키케로와 알렉산드리아의 여러 학파에서 일어났던 것)을 매킨타이어는 무시해버리고 수사학을 전적으로 초월의 상실과 덕의 상실 및 개인주의의 대두와 연계시킨다.[1]

　물론 소크라테스와 마찬가지로 매킨타이어도 변증법이 전제하고 있는 가정들(우리가 동의하는 관습적 덕목과 의견)이 수사학적 방식으로 매개된다는 점을 인정한다. 그렇지만 그는 또한 시작점들에 대한 변증법적 문제 제기는 그것들이 회의적 질문에 꾸준히 맞선다면 그것들이 실재와 맺고 있

1　Alasdair MacIntyre, *Whose Justice? Which Rationality?* (London: Duckworth, 1988) pp. 55-6.

는 관계를 더 확고히 해줄 것이라고 믿는다.[2] 이렇듯 완벽하게 우발적인 시작점들은 부정적이지만 진보적인 방식으로 역사상의 암초를 벗어나기 위해 매진하면서 보편성을 향해 부상한다. 이런 식으로 덕을 "확립하는 것"은 새로운 양식의 토대주의라고 나는 주장한다. 마찬가지로 나는 덕의 변형에 대한 매킨타이어의 변증법적 해석 및 하나의 전통을 다른 전통을 위해 포기하는 것을 거부하고자 한다. 이것(전통 간의 교체)은 그리스도교의 유산이 그리스적 유산에 접목된 것에 대한 그의 설명에서 특히 두드러지게 나타나는데, 아우구스티누스와 아퀴나스의 윤리 사상이 그 정당성을 인정받는 이유는 일차적으로 그것이 그리스적 문제들에 대해 그리스적 기준에 비추어 보아도 그리스인보다 나은 답변을 제시하기 때문이라는 것이다. 그렇지만 이러한 시각은 교부들과 스콜라신학자들이 자신들의 윤리에 토대가 되는 신념을 설득 곧 신앙의 사안으로 이해했다는 사실을 제대로 평가하지 못한다. 이러한 신앙의 논제는 변증법적 추론이나 문제제기의 대상이 아니라 차라리 "수사적으로" 고취되는 것이다. 매킨타이어는 물론 이 점에 대해 부인하려고 하지 않을 것이다. 왜냐하면 그의 입장도 그리스도교 신앙에 대해 변증법을 통해 도달할 수 있다고 보지 않으며, 오히려 신앙을 일단 수용하고 나면 변증법적으로 늘 문제되었던 쟁점에 대해 보다 나은 해답을 얻게 된다고 보기 때문이다. 그렇지만 이러한 발언은 참으로 하나의 변증적 (apologetic) 주장을 함의한다. 말하자면 보편성을 지향하는 이성에 근거한 강력한 토대가 존재하며 이것이 "그리스인들"로 하여금 그리스도교를 수용하도록 하였다는 것이다. 여기서 서로 상반되는 입장 가운데 긴장이 대두되는데, 한편으로 그리스도교에 대한 매킨타이어의 철학적 시각은 그리스도교의 기본이 되는 경전과 관행과 신조상의 믿음이 지닌 수사적이고 설득적인 성격을 용인하면서도 결국엔 그 타당성을 보편적 방법(변증법)에 의해 검증하려는 관점에서 취급한다. 다른 입장에 선 신학적 시각(아우구스티누

2   Ibid., p. 71ff.

스의 신학이든 아퀴나스의 것이든 바르트의 것이든 간에)은 변증법의 한계점을 초극하는 방식으로 즉 텍스트와 관행과 신념에 대한 상상적 설명의 관점에서 발언한다.

이렇듯 매킨타이어에게 있어 철학적 관점의 우위는 그로 하여금 그리스도교 윤리가 지닌 차별성(*differentia*)을 해설하는 과제에 대해 그가 바라는 만큼 천착하지 못하도록 하였다. 그는 아우구스티누스와 아퀴나스에게 있어서 철학적으로 다루어질 만한 주제에 집중한다. 가령 아우구스티누스는 고대 심리학에 "결여된" 요소로서 의지를 발견했는데, 이것마저도 매킨타이어는 아우구스티누스가 덕의 윤리에 덧붙인 가치 있는 공헌 정도로 보는 "보편적" 시각에서 접근한다. 아퀴나스의 주요 업적도 매킨타이어가 보기에는 그러한 주지주의적(intellectualist) 정향을 포기하지 않은 채로 의지와 의도에 대한 설명을 아리스토텔레스적 윤리에 통합함으로써 동일한 면모를 보여주는 셈이다. 그리스인들이 선호하는 것과는 다른 종류의 덕목에 대한 신학적 가치평가에 관해 매킨타이어는 상대적으로 관심을 덜 기울인다. 물론 그가 이러한 차이에 대해 주목하는 것은 사실이지만, 실제로 가늠할만한 "진보"는 덕의 윤리와 그에 동반된 심리적 구조라는 일반적 개념의 견지에서 이루어졌다고 덧붙인다. 전통에 따른 고유한 내용을 이러한 틀 속에 주입했다고 하지만 그것은 매킨타이어가 취급하는 논의 속에 쉽사리 자리잡지 못한다. 왜냐하면 이러한 내용이 그가 생각하는 철학의 시야에 포착되지 않기 때문이다. 이렇듯 **철학적** 심급에 머물다보니 매킨타이어의 작품 전체는 이도저도 아닌 중립적 분위기, 즉 철학 자체가 불가피하게 지니고 있는 일종의 **자유주의적** 기풍마저도 풍기고 있다고 하겠다.

만약에 매킨타이어처럼 논리적 절차(변증법)라는 일반화된 양식에 초점을 맞춘다면, 객관적 선과 정의와 교육(*paideia*)을 옹호하는 주장을 하면 할수록 이러한 것에 구체적 내용을 부여하기가 더 어려워짐을 깨닫게 된다. 결국 구체적 내용이란 수사학의 문제이자 매개되지 않은 차이에 관한 사안으로 보인다. 따라서 매킨타이어는 그의 저서『누구의 정의인가? 어떤 합리성인가?』에서 자신은 아리스토텔레스적이거나 아우구스티누스적이거나 아퀴나스적이거나 또는 심지어 흄적인 방식으로 자신의 논증을 전개할 수 있었는데, 그 이유는 이러한 방식들이 자유주의 및 허무주의와 같은 토대주의에 속한 담론들과 대비되는 "전통화된" 담론에 속하기 때문이라고 암시한다.[3] 그렇다면 이렇듯 플라톤과 아리스토텔레스를 향한 호소가 실제로 우리를 자유주의와 세속이성으로부터 구출할 수 있을까? 회고하건대 형이상학(플라톤 이후의 담론)에는 진공상태의 보편주의에 불과한 것을 향한 퇴락이 처음부터 내재해 있음을 알게 된다. 매킨타이어와 마찬가지로 플라톤도 다수의 차이를 보완하는 치유책을 확보하려고 부심했다. 그러나 그 역시 매킨타이어와 마찬가지로 보편적으로 타당하고도 객관적인 것과 그것을 구체화하는 관습적 특수자들을 동시에 가리키는 방법을 찾아내는 것이 완전히 불가능하였다.

나는 변증법에 얽매인 덕 그리고 심지어 아리스토텔레스의 실천이성관에 얽매인 덕을 가지고는 이 과업을 해낼 수 없다고 주장한다. 실제로 가능한 해결책이 오직 하나가 있는데, 그것은 그리스도교와 같은 전통의 관점에서 시도하는 것이다. 그것이 특수자를 보편자에 뚜렷하게 연결할 수 있는 이유는 바로 수사학적 방식에 따라 그리스도교와 초월성의 관계를 상정하기 때문이다. 이 점에서 그리스도교는 한편으로 수사적 달변(sophistry)과 "민주적" 정치학을 특징으로 하는 시민적 양식에 대해서든지 **아니면** 다른 한편으로 변증법과 "귀족적" 정치학에 대해서든지 하나의 사회적 대안을 제시한다고 하겠다.

그렇지만 독자는 내가 하나의 "해결책"을 말한다고 해서 이것이 내가 고대시대와 그리스도교를 연결하는 매킨타이어의 변증적 방식을 전적으로 논박하려는 뜻은 아님을 알아차릴 것이다. 사실 지극히 매킨타이어적인 방식에 의거하여 나는 누구라도 역사를 되돌아보면 플라톤과 아리스토텔레

---

3   Ibid., p. 401.

스의 저작이 개인과 전체·가족과 도시국가·관상과 실천을 연결하듯이 보편과 특수를 연결하는 암중모색의 일환으로서 서사화가 가능하다는 주장을 하려고 한다. 그런데 이러한 연결의 과제는 모두 그리스도교에 의해 훨씬 더 만족스럽게 성취되었다. 여기서 "훨씬 더 만족스럽게"라는 말을 나는 객관적 의미로 사용하는데, 그것은 내가 덕과 폴리스와 개별 영혼에 관한 플라톤과 아리스토텔레스의 설명 속에 잠재한 일련의 이율배반적 대립은 그들이 물려받은 그리스적 **뮈토스**의 관점에서는 절대로 만족스럽게 해소될 수 없으나 그리스도교적 **뮈토스**의 견지에서는 해결된다고 보기 때문이다.

이러한 변증법에 따른 절차에도 불구하고 매킨타이어에 반대하여 나는 이러한 "객관적" 사고의 수준에서 진행되는 것은 기껏해야 담론/실천 간의 내적 일관성에 대한 논의일 뿐이며, 아울러 그리스도교가 담론/실천 간의 관계를 보다 일관되게 제시하기에 이러한 객관적 사고가 "실재"에 대한 담론의 새로운 적실성을 반드시 암시하는 것은 **결코 아님**을 주장하고자 한다. 그렇다고 덕과 폴리스와 영혼에 관해 그리스도교가 보다 일관성 있는 설명을 제시한다고 해서, 그것이 고대시대가 단순히 그 자신의 기준에 비추어서라도 지금껏 자신이 견지해온 **뮈토스**를 버리고 그리스도교를 수용해야 한다는 의미도 아니다―내가 볼 때 매킨타이어는 그런 함의를 갖고 있을지도 모른다. 내가 매킨타이어에 비해 변증법에서 훨씬 더 협소한 한계를 발견하는 것은 바로 이 대목이다. 즉 하나의 특수한 전통 내에서 유산으로 지켜온 기준 내지 합리성이 새로운 전통을 포용하도록 명한다는 생각(그렇다면 이것은 확실히 순수 헤겔주의에 해당한다)은 내가 보기에는 **결코** 충분히 자명하지 않다. 여기에 어떤 충분한 이유가 있을 수 없다. 왜냐하면 단지 전통의 변경이 아니라 전통의 붕괴가 일어날 때에라야 한때 서로 결속되어 있던 것이 비로소 산산이 갈라지기 때문이다. 지금 다루고 있는 사례와 관련해서는, 그리스도교가 대두한 이후에 고대적 **뮈토스**가 덕의 철학 및 정치학과 갈라지게 된 것을 예로 들 수 있다. 만일에 덕이 선택된다면 또한 그리스도교를 덕의 새로운 수호자로 선택하는 것도 가능하다. 그러나 여전히 **뮈토스**를 선택하면서도 오로지 파리한 형태의 덕성만을 인정하게 될 가능성도 열려 있다. 스토아철학은 후자의 경로를 따랐다고 볼 수 있다. 다시 말해서 스토아철학은 고도로 사변화된 개념적 견지에서 볼 때 아카데미학파(플라톤)와 소요학파(아리스토텔레스)에 맞서서 소크라테스 이전의 관점으로 회귀했고, 그럼으로써 이교의 원초적 신화에 근접하게 되었다. 그리하여 스토아철학에서 추구하는 덕이란 전체 내에서 한 사람이 차지하는 지위에 따른 숙명에 대해 체념하거나, 또는 사적으로 수행하는 극기(self-control)의 형태로 축소되어 버렸는데, 어느 경우든 덕의 본래적 의미가 발현되어야 할 원래의 공간이었던 시민적 영역을 배제한 것이었다. 따라서 스토아주의야말로 근대주의적 자유주의 내지 탈근대적 허무주의의 선구형태라고 이해하는 것도 전혀 어불성설이 아니다. 특히나 후자의 경우에서 우리는 덕과 플라톤적 이성이 모두 붕괴하고 난 후에 이교적 **뮈토스**가 더욱더 강화될 수 있음을 보았다.

매킨타이어는 물론 "세속이성"에 해당되는 스토아-자유주의적 허무주의의 경향에 맞서 논쟁하기를 원한다. 그러나 나의 주장은 허무주의적 경향은 그저 **뮈토스**에 불과하며 따라서 논박할 수 있는 대상이 아니라는 것이다. 다만 그리스도교가 훨씬 더 나은 이야기를 제공한다는 것을("문학적 취향"이라는 이유에서) 사람들로 하여금 믿게 할 수 있다면 우리는 허무주의를 능가하는 서사를 제시할 수 있을 것이다. 이 모든 것은 매킨타이어가 말하는 것에 비해 그저 하찮게 여겨지지만 나는 나의 주장을 계속해서 견지해야만 한다. 매킨타이어는 변증법에 근거한 덕을 차이와 대조시키고 있지만 그가 변증법을 사용하는 방식은 여전히 형이상학적 토대주의의 양식에 해당된다는 것이 드러날 것이다. 반면에 나는 차이에 맞서 변증법을 내세우지 않으며 **심지어** 덕 일반을 내세우지도 **않는다**. 나는 오히려 특정한 그리스도교적 덕을 제시하는데, 이 말은 내가 보편적 객관과 특수한 사회적 선택을 결합하는 방식을 진지하게 옹호한다는 뜻이다. 나는 매킨타이어가 하듯이 덕 일반을 제시할 수 없는데, 그 이유는 내가 보기에 덕성들에 대한 플라톤과 아리스토텔레스의 설명이 그들로서는 어찌할 도리가 없는 특정한 이율배반으로 인해 좌초하기 때문이다. 사실 고대적 뮈토스의 견지에서 볼 때 덕을 차이에 대립시키는 그들의 시도는 성공할 수 없으며, 그들이 이해하는 덕의 개념도 언제든 차이로 해체될 수 있다—이 점은 특히나 플라톤의 『소피스트』(*Sophist*)에서 사실로 드러난다. 그들의 생각을 구출할 수 있는 현재로서 유일한 방법은 그것이 그리스도교에서 말하는 **하나님의 도성**(*Civitas Dei*)을 예견한다고 유형론적으로(typologically) 이해하는 것이다. 물론 그리스도에 대한 이해가 일정 정도 구약의 알레고리(이것은 그리스도를 나타내는 징조가 되고 그리스도는 이 알레고리가 의미하는 바를 성취한다)로 구성되는 것과 마찬가지로, 그들의 생각이 참된 도성을 조성하는 데 여전히 기여하는 것도 사실이다. 그러나 내가 이번 장과 마지막 장에서 주장할 것인바 이 참된 도성에 존재하는 하나의 변형된 덕은 차이로 해체될 수 없으며 오히려 유비적으로 이해된 차이마저도 포용하는 그러한 덕이다(이는 마치 스토아주의에서 선택한 그 대안적 덕 안에 파리한 종류의 덕성이 포함되는 것과 마찬가지다). 그래서 고대의 덕을 괴롭혀온 이율배반에 대한 그리스도교의 "해결책"을 수용하기 위해서는 덕의 개념 자체를 그리스도교적 **뮈토스**의 작용에 따라 **비변증법적**(non-dialectical)으로 교정하는 것을 수용해야 한다. 그리스도교에서 제시하는 새로운 "비영웅적"(non-heroic) 덕(이 말 자체가 거의 모순이기는 하지만)은 차이를 거부하지 않는 덕이다.

"덕과 차이 간의 화해"(내지 고전주의와 탈근대주의 간의 화해 그리고 재차 이에 대한 건축학적 사례들을 견주어 볼 수 있을 것이다)는 물론 덕과 자유 간의 일종의 헤겔적 종합을 암시하므로 이 양자를 병행시키는 것은 다분히 의도적이라 하겠다. 물론 내가 시도하는 종합은 결코 변증법적인 것이 아니므로 동일성 내에서 타자를 재취(resume)하거나 우발적 타자성의 잔재를 무관심의 대상으로 방기하지도 않는다. 덕과 차이 간의 화해가 가능한 까닭은 그리스도교에서 강조하는 덕의 개념은 내가 앞으로 보여주겠지만 바로 근본적 평화의 상태를 지향할 뿐 아니라 그 안에서 실현가능한 것이기 때문이다. 만약에 폴리스가 모든 이들에게 그 역할을 지정해주고 덕스런 삶의 방식을 배정한다면 정의가 실현되기 마련이다. 그런데 정의가 상호 간의 관용에 그치는 것이 아니라 뜻을 같이 하여 함께 살아가는 것이라면, 그러한 정의는 단지 전쟁이 유예된 상태 그 이상의 실질적 평화를 의미한다. 그렇지만 플라톤과 아리스토텔레스는 그리스적 **뮈토스**에 내재한 중력 때문에 전쟁의 유예 상태 이상의 시민적 내지 존재론적 평화를 상상하는 것이 종국엔 불가능하다고 보았다. 이 점이 바로 소피스트적 "자유주의" 곧 차이 내지 세속성을 극복하기 위한 그들의 시도가 어떠한 한계점에 봉착하는지를 여실히 보여준다. 사실 이것이야말로 덕에 대한 그들의 사유방식과 관련된 모든 이율배반의 원천인 것이다. 그리스도교적 **뮈토스** 내에서 평화에 대한 더욱 급진적 상상을 전개하고 그러한 상상을 변증법적 토대로부터 분리하는 것을 통해서 평화에 대한 그리스도교적 이해는 해체를 모면할 수 있는데, 해체란 **오로지** "철학" 즉 그리스 형이상학의 관점 내에서만 **발생할** 수 있기 때문이다. 데리다와 들뢰즈는 이 점을 절반 정도밖에 인식하지 못했는데, 그 이유는 그들이 그리스도교 신학에 고유한 새로운 특이성을 파악하지 못했기 때문이다.

따라서 나는 매킨타이어와는 달리 특정 종류에 해당하는 덕의 실천에 따른 형식성을 허무주의에 대립시키려는 것이 아니다. 그 대신에 나는 그리스도교적 뮈토스를 밝혀주는 그리스도교적인 덕의 참 내용(애덕과 용서와 인내 등)이 실질적으로 이러한 형식성을 재조직해서 오로지 이를 통해서만 그리스도교적 덕이 허무주의에 대한 하나의 대안으로 성립할 수 있다고 주장한다. 어떤 면에서 애덕은 고대적 의미에서 보았을 때 덕이 아니다. 왜냐하면 그리스적 덕(*arete*)과 라틴적 덕(*virtus*)이 가진 형식성 자체가 영웅적 성격을 띤, 따라서 일정한 갈등 상황에서의 승리와 궁극적으로 연관된 특정한 내용을 지닌 덕목에 이미 물들어 있기 때문이다. 근본적으로 승리와 **하등** 상관이 없는 그러한 덕을 가리켜 도대체 덕이라고 할 수 있는가? 이 점은 논쟁의 대상이 될 수 있으며, 매킨타이어가 함의하는 방식대로 덕의 형태와 내용의 각 층위를 나누는 것도 가능치 않다. 영웅적 덕 대 비영웅적 덕이라는 쟁점은 이와 같은 대립을 가로지르고 있다. 게다가 오로지 비영웅적 덕만이 단지 성취에 불과한 덕으로부터 "윤리적" 덕을 일관되게 분리해 낼 수 있다고 한다면(나는 이렇게 주장한다), 그렇다면 가장 중요한 역사상의 분수령은 시대를 덕 이전과 이후로 구분하는 것이 아닐 것이다. 훨씬 더 중대한 것은 니체와 현재 르네 지라르가 추정하듯이 전쟁과 영웅주의와 차이가 명시적으로든 은연중으로든 지배하는 역사의 와중에서 그리스도교가 보다 충만한 형태의 덕을 **창안**(invention)해냈다는 사실이다. 평화 대 전쟁이라는 주제는 덕과 정의에 대한 고대적 사색에 늘 동반되기 마련이므로, 이 두 주제(덕과 정의)만큼이나 근본적일 뿐 아니라 이 두 주제를 심도 있게 해명하는 열쇠가 된다고 하겠다.

다음의 두 단락에서 나는 이 주제를 본격적으로 다룰 것이다. 첫 번째 단락에서 나는 이 주제가 그리스 시인들과 소크라테스 이후 철학자들에게서 나타나는 "덕과 차이의 대립"이라는 모티브에 연루되어 있음을 보여줄 것이다. 먼저 이들 시인들과 철학자들이 소피스트적 상대주의와 관련해서 본래부터 갈등적일 수밖에 없는 시각을 어떻게 초월하려고 시도했는지를 서술한 후에, 이와 병행하는 충동이 현시대의 문화적 상황 속에서 매킨타이어를 추동하고 있음을 보여 줄 것이다. 두 번째 단락에서 나는 이 평화 대 전쟁의 주제가 아직도 고대적 수준에 머물러 있는 덕의 윤리를 해체하는 열쇠임을 보여줄 것이다. 결론부에서 나는 평화에 대한 새로운 그리스도교적 상상을 제시할 것인데, 이 그리스도교적 평화란 바로 "덕과 차이 간의 화해"인 것이다.

차이에 반하는 덕

1. 화살과 원환

고대시대에 덕과 평화에 관련된 개념들은 본래부터 서로 연결되어 있었으나 그 연결은 의심적은 것이었다. **아레테**(*arete*) 곧 덕은 **아곤**(*agon*), 이를테면 규칙에 따라 진행되는 고귀한 경합에서 드러나는 탁월함이었으며, 경합이 목적하는 사안은 **헤쉬키아**(hesuchia) 곧 영예로운 평화였던 것이다. 이러한 덕은 전쟁을 수단으로 삼아서라도 평화를 이룩하려는 목적을 지향하고 있었으므로 화살의 기호를 가지고 그 뜻을 잘 표현할 수 있었다. 그렇지만 평화라는 목적 그 자체는 지향성의 요소와 전투의 요소 모두를 상실하기 마련이다. 다시 말해서 평화는 의식무(ritual dance)나 승리자의 이마를 장식하는 월계관처럼 원환적(circular)인 성격을 띠고 있다. 평화라는 이름의 원환이 영웅들의 화살에 의해 든든하게 지켜진다 하더라도 영웅주의는 그 원환의 틀 안에서 엄격하게 통제되어야만 했다.

　　헤시오도스(Hesiod)의 『노동과 나날』(*Works and Days*)은 평화와 덕 사이의 이러한 애매한 관계를 신화적으로 다루고 있다.[4] 인간 역사의 시초에는 황금시대(Golden Age)가 자리잡고 있었다. 그 당시에는 대지에서 우러나는 다산의 축복으로 인해 모든 사람이 공생(conviviality)할 수 있었고, 교활함의 술수와 전쟁의 기술은 아직까지 도입되지 않았다. 신성한 왕이 다스리는 정의로운 통치는 군사적 개입이 없이도 비옥한 대지를 품어주었다. 그러나 세 번째 청동시대(Bronze Age)에 접어들자 티탄족(titans)은 신들에 대항해서 반란을 일으켰고 외눈박이 거인전사들(cyclopean warriors)은 제멋대로 대지를 휩쓸고 다녔다. 평화를 회복하기 위해서 안타깝게도 군사적 방법이 도입되어야 했다. 그리하여 티탄족과 외눈박이 거인들을 물리칠 수 있었고, 청동시대가 지난 후에 영웅들의 시대가 도래하자 통치 질서에 복종함

4　Hesiod, *Works and Days*, pp. 10-40, 90-334.

으로써 갈등이 조정되는 등 평화의 회복이 이루어지게 되었다. 그 뒤를 이어서 등장한 지금 우리가 살고 있는 철의 시대(Iron Age)에는 프로메테우스 (Prometheus)라는 티탄이 선사한 전문 기술의 형태를 띤 통제된 폭력이 대지에 가해진다. 전장에서의 영웅주의보다 월등히 더 나은 면은 **투쟁**(eris)을 경제적 번영을 위한 선의의 경쟁으로 전환시킴으로써 농경의 풍요를 지속시키는 것이다. 헤시오도스는 도시를 벗어난 농촌의 환경에서 문필활동을 하고 있었으므로 농경의 수고와 정의의 지배를 예찬한다. 그러나 그는 얼마 후 폴리스에서 영웅들이 획득하게 될 반신적(semi-divine) 지위를 아직껏 그들에게 부여하지는 않는다.[5]

폴리스는 원래 무장을 갖춘 병영이자 전사들의 일시적 숙영지였으며 이러한 원래의 특징은 계속해서 남게 되었다. 폴리스의 구성에 있어 국외자 즉 군사적 유랑집단에 배정된 본래의 역할은 플라톤이 『국가론』(*The Republic*)에서 제안한 구상 속에 반영되어 있다. 이를테면 도시를 이상적 형태로 재건하기 위해서 "경비병과 예비병력"(이른바 정치·군사적 계급들)을 외부로부터 도입해야 한다는 것이다.[6] 그러나 농촌에서 살고 있던 헤시오도스가 아닌 도시에 거주하던 플라톤의 입장에서는 군사적 요소의 필요성이 훨씬 더 지속적으로 다가왔지만 플라톤 자신도 군사집단이 지닌 애매한 성격에 대해서 늘 경계하고 있었다. 군사계급이 제대로 복무하기 위해서는 항상 "사기"(spirited)를 유지하는 데 집중해야 하고, 그러기 위해서 전투력을 연마하는 것은 그들의 일차적 관심사가 되어야 한다.[7] 그러나 그들의 자율에 맡겨진 이러한 군사훈련 자체는 도시국가가 자신의 임무를 위해서 제공하는 것이지만 본의 아니게 도시국가로부터 독립된 훈련이 되기도 한다. 이렇듯 경비병과 예비병력은 언제나 내적 분열의 잠재적 원천인 셈이다. 이

5   J.-P. Vernant, "Le mythe Hésiodique des races," in *Mythes et Pensée chez les Grecs*, vol. I (Paris: Maspero, 1978) pp. 13-80.

6   Plato, *Republic*, 415d.

7   Ibid., 440a5-440e7.

런 이유로 인해 그들이 충실한 안내견과 같이 주인에게는 친근하고 외부인에게는 사납게 행동하도록 보장하기 위해서 엄격한 조치가 취해져야 한다.[8] 이러한 조치는 일차적으로 교육을 통한 것인데, 경비병은 태어나면서부터 생모로부터 격리되어 자신이 도시국가의 신성한 대지로부터 태어난 자손이라는 믿음을 갖게 해야 한다. 이러한 신화적 강제력만이 그들이 지닌 방랑자적 성향을 상쇄시킬 것이며, 여기에 보모(mobile mother)와 의사(疑似)가족에 대한 헌신이 더해지게 된다.[9] 마찬가지로 그들이 받는 군사 훈련(예비병력과 마찬가지로 경비병도 군사적 유형의 성격을 여전히 유지한다)에는 철학교육이 수반되어야 하며, 이를 통해 신(God)의 선함과 그 변함없는 속성을 강조함으로써 시인들이 지어낸 전쟁 이야기와 단절하도록 해야 한다.

플라톤에게 있어 신적 선함은 단지 영웅적 탁월함의 수준을 확실히 초월한다. 왜냐하면 선함은 차후에 부가되는 업적이 아니라 항상적 상태이기 때문이다. 따라서 그것은 일차적으로 (매킨타이어의 용어를 사용하자면) "효율성의 유익"(the goods of effectiveness) 내지 실무적 성공이 주는 유익과 연결될 수 없다. 대신에 선함은 오히려 결과 곧 **헤쉬키아**(화살이 아닌 원환)에 대한 일정한 평가와 연계되어야 한다. 행동하는 사람이 아니라 오직 철학자만이 실제로 이러한 신적 선함을 관조한다. 이 선함은 형언할 수 없는 방식으로 존재하지만 인간에게 매개될 때에는 **정의**(dike)의 형태를 취한다. 여기서 정의란 도시국가의 경계 안에서 역할과 보상에 대한 적절한 분배를 뜻한다. 이렇듯 도시국가 안에서 보장되는 정의는 보다 신뢰할만한 종류의 평화를 구축하는데, 이것은 단지 적대상태의 중단에 그치는 것이 아니라 상호 합의와 유기적 조화 위에 세워지는 평화로서 각 사람이 자신의 몫인 과업에 충실할 때 이루어지는 것이다.[10]

『오레스테스 삼부작』(Oresteia)의 말미에서 아이스킬로스(Aeschylus)는

---

8   Ibid., 375-6, 416, a-b.

9   Ibid., 414d-15d.

10   Ibid., 433a-b.

폴리스를 새로운 종류의 피난처(asylum)라고 묘사한다. 이 피난처는 한 가족 안에서와 가문들 간에 자행되는 끝없는 복수의 연쇄를 종식하기 위해서 가족적 권위의 상위에 있는 권위로부터 유래하는 정의에 의해 부여된 것이다. 헤시오도스가 말하는 온화한 투쟁(eris)이나 플라톤이 상상하는 재산을 갖지 않는 경비병처럼, 아이스킬로스가 보기에는 분노의 감정이야말로 단속되고 억제되어야 할 대상이다. 하지만 이 감정은 보다 균제된 형태로 "발현"되어야 하는데, 이 모든 과정에 정의의 힘이 작용하여 "영원한" 심판에 따른 형벌을 가하고 이에 따라 더는 치명적 결과가 야기되지 않게끔 하는 것이다.[11] 플라톤은 폴리스를 "갈등의 종식"으로 보는 논리에 대해 자세한 설명을 제공한다. 정치적 권위에 따른 조치는 자기들의 권력이 침해되었다고 주장하는 가문들의 수준에서 나오는 반응을 초월하는데, 이러한 반응이란 또 다른 침해에 불과하기 때문이다. 그 대신에 이러한 조치가 표방하는 절대성 곧 "선함·진실·정의" 등의 가치는 해당 조치가 영원한 질서를 반영하고 있음을 전제한다.

플라톤이 보기에 정의가 보장하는 것은 평화이며 이러한 평화는 갈등에 대한 규제의 차원을 넘어서는 것이다. 아울러 교육이 보장하는 것은 "음악적" 연주력이며 이러한 능력은 영웅적 전투력보다 더 중요하다. 전쟁이 평화를 위해 있는 것이지 평화가 전쟁을 위해 있는 것이 아닌 까닭이다. 아니, 심지어 전쟁을 위한 무력을 보장하는 것도 평화시에 연마하는 기술적 탁월성인 것이다. "우리는 놀이(희생제사·노래·춤과 같은 **특정** 놀이)를 노는 가운데 인생을 살아간다. 그러는 중에 유사시 하늘의 은총을 구할 뿐 아니라 싸워서 물리쳐야 할 적을 격파하는 능력이 더해진다."[12] 정의는 원환과 같은 조화의 반복을 보장한다. 따라서 이러한 정의는 일차적으로 "하늘로부터 내려오는" 것이며, 기하학적 형평에 맞게 부여되는 것이다. 따라서 후기

---

11   Aeschylus, *The Eumenides*, pp. 752-1047.

12   Plato, *Laws*, 803d-e.

플라톤에게 있어 이러한 정의는 항시 경계를 늦추지 않는 쇄신의 개념에 근접할 뿐 아니라 이러한 쇄신으로 인해 일어나는 것이다.

따라서 폴리스가 지향하는 새로운 평화와 정의는 내재하는 갈등에 따른 분투에 의해 생겨나는 것이 아니라 이러한 분투에 개입하여 그것을 종식시키는 것이다. 그리고 이러한 분투를 종식하는 방식은 또 다른 폭력이 아니라 전쟁의 상황 속에서 진정으로 탁월한 것이 무엇인지, 또한 전쟁을 넘어선 놀이와 축제와 공생(conviviality)과 같이 덕스러운 것이 무엇인지를 결정함으로써 성취된다. 이렇듯 새로운 탈영웅적 덕은 강력할 뿐 아니라 보다 공고한 안정성을 지니고 있으므로, 그 자체가 오로지 영원한 선함에의 참여로 이해될 수 있다. 선(the Good)의 이데아에의 참여라는 문제는 따로 동떨어진 주제가 아니다. **그것은** 도덕적 선함이 도대체 존재할 수 있는가 하는 문제이기도 하며, 이 문제 역시 정의와 평화의 문제 즉 조화로운 인간 질서가 있을 수 있는가 하는 문제와 동일한 것이다. 폴리스 안에서 여러 가지 상이한 활동과 여러 가지 상이한 욕구와 여러 가지 상이한 사회적 형성물에 각각의 과제와 지위를 할당하는 것이 어떻게 가능한가? 이러한 것들("다수의" 공공부문)이 어쨌든 단일한 선 즉 폴리스가 추구하는 공동선과 비견될 수 있으며 또한 그 공동선을 향해서 위계적으로 구조화될 수 있는가? 만약 이에 대한 대답이 (리오타르나 허무주의자들이 이해하듯) 부정적이라면, 그때에는 그저 "유효한" 평화 곧 폭력을 일시적으로 중단하고 경쟁을 규제하는 식의 "세속적" 평화만이 가능할 것이다. 플라톤은 "민주정"이 작동하는 방식을 바로 이런 식으로 이해하는데, 이 방식은 폴리스에 대한 영웅적 헌신 외에 다른 어떤 속성을 배양하려 하지 않는다. 따라서 플라톤은 민주정이 어느 때라도 독재 즉 단일 권력의 지배에 의해 장악될 소지를 늘 갖고 있다고 본다. 덕이 부재한 상황에서 그래도 플라톤이 보기에 민주정이 그나마 "최선의 상태"이므로 우리는 이 민주정을 감내해야 한다. 하지만 이러한 민주정은 진짜 폴리스 즉 인간이 주도하는 진짜 놀이가 아니라 "반인반수들(centaurs)이 쓰고 있는 가면"에 불과하다.[13] 폴리스가 진정한 "통치의 기술"을 익힌 이들의 손에 있을 때에라야 그것은 신들을 경배하고 학예를 장려하는 영역이 될 수 있다. 이들은 바로 서로 다른 것을 어떻게 결합시킬지 아는 이들인데, 왜냐하면 그들은 자신들이 공유한 초월적 기원에 대한 직관을 갖고 있기 때문이다.[14]

하나의 단일한 초월적 선에 모든 선함이 참여한다는 이러한 생각은 (니체가 간파했듯이) 윤리적 선과 정의의 개념에 대한 형이상학적 발명과 동일하다. 이것이 곧바로—마사 누스바움(Martha Nussbaum)을 비롯한 이들에게는 **미안하지만**—차이에 대한 부정을 함의하는 것은 아니며, 모든 선함을 단일한 실체에 속한 상이한 수량체들(quantities)로 측정하려는 것도 아니다.[15] 플라톤은 『파이드로스』(Phaedrus)에서 이것을 분명히 지적하는데, 정의에 대한 직관 즉 "참되게 존재하는 존재에 대한 참된 지식"은 관조적 영혼들이 신들과 더불어 천상에서 운행하며 순환하는 것과 동시에 일어나며 모든 영혼은 각자에게 알맞은 수호신의 무리 가운데 거하고 있다.[16] 우리가 지닌 차이점과 유사성과 성향은 그 자체가 형상계(the realm of forms)에 근거하며, 따라서 정의 곧 선의 개념 자체도 이러한 차이점들을 조화롭게 융합한 것이므로, 나는 앞 장에서 "유비적"이란 용어를 묘사하기 위해 이 융합이라는 말을 채택했다. 플라톤의 『파르메니데스』(Parmenides)에서도 분명히 밝히듯이 선의 형상은 본질적으로 다양한 선함의 **원천**이며, 그것이 다수의 선함의 총체성 내지 그것들을 구성하는 공통의 질료에 의한 충만함이라는 뜻에서 그것들과 "유사하다"는 것은 아니다.[17] 그렇지만 선의 형상은 그것이 원천으로서 지닌 절대성으로 인해 유한성을 지닌 선함들과는 비교가

13　Plato, *Statesman*, 303a–d.

14　Ibid., 307d–11c.

15　Martha C. Nussbaum, *The Fragility of Goodness* (Cambridge: Cambridge University Press, 1986) p. 108ff.

16　Plato, *Phaedrus*, 247–8a.

17　Ibid., 133a–5c.

불가능하다는 문제가 발생한다. 바로 이런 이유로 인해 플라톤은 『파르메니데스』 이후로 선함들이 선에 "수직적" 참여함에 대해서는 그다지 이야기하지 않는 반면에, 선함들 자체 안에, 또한 영원한 형상들 중에 있는 "수평적" 참여에 대해서는 더 많이 이야기한다. 정의가 존재하려면 영원한 기준도 있어야만 하지만, 이제 이러한 기준의 발견 여부는 점차로 무엇과 무엇을 결합하는 것이 적절한가를 결정하고, 또한 유한한 질서 내에서 불가능한 조합은 무엇인지를 판단하는 것에 의해 규명되어야 할 사안이 된다.[18]

　　따라서 후기의 플라톤은 평화·참여·정의의 문제를 그 해당 권역 내에서 초월적이며 동시에 내재적인 것으로 간주하기 시작한다. 반면에 아리스토텔레스는 이러한 쟁점들을 **신과 관계된** 사안으로 보기를 중단하고, 단지 인간계에 엄밀히 국한된 것으로 간주하게 된다. 단일하고도 자기충족적인 속성을 지닌 제일운동자(the first mover)에게 있어 정의는 애초부터 문제가 될 수 없고, 천상계에 있어서도 정의는 하등 문제가 될 수 없다. 왜냐하면 플라톤이 보았던 차이의 좌소와 동일한 것을 아리스토텔레스는 천상계에서 발견하지 않기 때문이다.[19] 분명히 아리스토텔레스는 자신의 스승보다 **폴리스** 내에 존재하는 통일성 안에서의 다양성에 대해 더 관심을 갖고 있다. 그러나 그는 차이를 더는 **초월성**을 띤 실재로 간주하지 않는다. 이점은 정의에 대한 그의 태도와 정확하게 일치한다. 아리스토텔레스에게 있어 정의는 **테오리아와 관련된 것**(theoretical)이 아니기에 그것의 영역은 어느새 원환의 이미지로부터 화살의 영역으로 전환되었다. 정의는 이성과 격정 간에 지속되는 내적 갈등 내지 공공영역에서 끊임없이 벌어지는 명예를 위한 대결의 와중에 성취되는 것이지, 갈등이 해소된 디오니소스적인 광란의 춤(Dionysiac dance) 안에서 도달되는 것이 아니다. 그런데 거기서 플라톤은 일종의 집단적 **테오리아**에 동참하고 있는 **도시국가 자체**를 상상한다(고

18　Plato, *Sophist*, 249d-e.

19　Aristotle, *Metaphysics*, 1072a18-1075a10. Leo Strauss, *The City and Man* (Chicago: Rand McNally, 1964) p. 21.

누군가 말하는지도 모른다). 하지만 플라톤뿐 아니라 아리스토텔레스가 보기에도 **테오리아**란 공적 영역을 벗어난 개인적 사안으로서, 이제 더는 실질적으로 정의의 문제와의 관련을 상실하게 된다.[20] 이에 수반하여 정의와 덕을 전통적 영역으로 환원해버리는 현상이 일어나는데, 여기서 덕은 **메티스**(*metis*) 즉 갈등의 상황에서 발휘되는 교묘한 간계로 간주된다. 물론 아리스토텔레스는 이러한 간계—**프로네시스**(*phronesis*)—를 재발명하므로 그것은 "도덕적"인 색조를 강화하게 되고, 이제 단지 "효율성의 유익"이 아닌 탁월성을 지닌 선함들과 관계되기에 이른다. 그럼에도 불구하고 내가 나중에 주장하겠지만 아리스토텔레스의 윤리학은 플라톤의 윤리학에 비해서 경합적(agonistic) 성격이 더 뚜렷하다. 그리고 이 점이 이 두 사상가에 대한 우리의 평가에 영향을 주기 마련이다.

이러한 경합의 기풍에도 불구하고, 또한 정의를 **테오리아** 및 신학으로부터 분리시킴에도 불구하고, 아리스토텔레스는 인간에게는 실천적이든 정치적이든 간에 하나의 단일한 선이 존재한다고 보며, 따라서 그는 덕이 폴리스 내에서 주어진 각자의 역할에 따라 실행됨을 의미한다고 보는 플라톤의 견해에 여전히 찬동하고 있는 셈이다. 이렇듯 아리스토텔레스도 사물에게 그 고유한 지위를 할당하는 실체적 정의(substantive ethic)에 관심하므로 폴리스의 질서가 비록 신적 속성과 관련되지는 않으나 본성에 부합하는 영원히 지정된 질서라고 보는 것이다. 부분적으로 이러한 정의는 사회적 위계의 배치 내에 영구적으로 배정되어 있다. 그러나 이러한 범위 내에 본래부터 다양하고 통약불가능한(incommensurable) 것을 통약가능케 하기 위한 더 이상의 규칙은 존재치 않는다. 누군가 어떤 특정한 사례에 직면하여, 정의가 **이곳** 또는 **저곳**에 있는지 확인하게 될 때에라야 어쨌든 실제로 정의를 파악할 것이고, 이런 까닭에 정의와 법은 **프로네시스** 즉 특수자들과 개

---

20 Aristotle, *Nicomachean Ethics*, 1177a5-1179a25.

연성만을 취급하는 실천이성의 범위에 귀속된다.[21]

따라서 플라톤과 마찬가지로 아리스토텔레스도 객관적 덕의 성립 가능성을 참으로 정의로운 **폴리스**의 존재 가능성과 연결시킨다. 이러한 정의로운 **폴리스**는 시민들의 품격을 형성하고 그들에게 특정한 과업과 목표를 부여하는 것이 가능하다. 두 사상가에게 있어 이러한 폴리스적 이상은 "조화의 문제" 내지 "차이점의 평화로운 조정"이라고 부르는 것과 동일하다. 이들 중 누구도 이 문제를 환원적 계산법의 발명으로 해결하려고 하지 않는다. 두 사람 모두 형이상학에 의거한다. 플라톤은 차이들 간에 또는 차이들의 와중에도 형성되는 한 차원 높은 일치가 초월적 지평 위에 존재한다고 단언한다. 아리스토텔레스는 현 생애를 위한 내재적 **텔로스**를 찾아가는 중에 우리의 실천이성은 특수자들 내에서 정의롭고 평화로운 조화작용에 근접하는 것을 항시 발견할 수 있다고 단언한다.

2. 덕 윤리의 재활성화

어떤 면에서 플라톤학파(academic)와 아리스토텔레스학파(peripatetic)의 사상 전체는 바로 이러한 쟁점에 관한 것이다. 말하자면 이 두 학파는 모두 "공민적(civic) 철학"으로서 덕에 근거한 진정한 "귀족주의적" 정체(polity)—이는 실질적 평화와 객관적 정의를 함의한다—를 뒷받침하는 데 관심한다. 그보다 앞선 시기의 철학에 대해서 소크라테스는 그것이 특히나 반공민적 성격을 띠고 있음을 파악했다. 이를테면 파르메니데스(Parmenides)처럼 철학은 만물의 동일성을 예찬하면서 이에 따라 공민적 생활을 환상으로 격하하거나, 아니면 헤라클레이토스(Heraclitus)처럼 유동과 다양성과 갈등의 궁극성 즉 유목적 군사질서를 예찬하면서 이를 통해 도시국가를 자연적 제세력이 모인 일시적 진지로 묘사한다.[22] 이렇듯 도시국가가 철학적 논의의 주

---

21   Aristotle, *Nicomachean Ethics*, 1140a1-630, 1145a10.

22   Aristotle, *Metaphysics*, 987b1-5.

제가 될 수 있고, 또한 궁극적 실재들과 연관지어질 수 있는 것은 일자와 다수 간에 위치한 **중간자적**(intermediary) 영역에 존재론적 실재성이 부여될 때에라야 가능하다. 이로써 이 중간계는 혼돈스러운 다양성에 속한 것이 아니며, 일성(unity)이 다수성을 말소하는 것이 아니라, 일성에 의해 질서 잡힌 다수성으로 이해된다. 따라서 변증법은 다수가 어떻게 질서를 잡아가는지(어떠한 조합은 가능하고 어떤 것은 그렇지 않은지)를 보여주는 기술이 되어야 한다.[23] 이렇듯 플라톤에게 있어 논리의 문제는 정의의 문제와 동일한 것이고, 이와 마찬가지로 철학의 성립 가능성은 참된 정체(polity)의 형성 가능성과 연관된다.

지금까지 살펴본 이러한 생각은 매킨타이어의 저술을 통해 알 수 있듯이 플라톤과 아리스토텔레스의 윤리 및 정치사상이 다시금 주목받는 이유가 무엇인지 고찰하는 데 필수불가결하다고 하겠다. 그 이유 중 하나는 그들이 처해 있던 사회적·지적 상황과 우리가 속해 있는 상황 간에 상호 유사성이 있다는 인식이다. 우리는 현재 민주정치가 퇴락하여 독재로 화하는 상황 가운데 있으며, 이와 동시에 비타협적 상대주의(relativism)를 주입하는 "반공민적" 철학에 맞서 대응전략을 찾느라 분투하고 있다. 매킨타이어에게 있어 특히나 중요한 것은 우리가 소크라테스의 사상(그는 이것을 우리의 "철학"이라고 부른다)을 당시의 철학적 사도들에 대한 대응에서 유래한 것으로 이해하는 것이다. 당시의 철학들은 모든 차이를 붕괴시켜 버리거나 아니면 차이를 자의적이고 갈등적인 것으로 해석했었다.[24] 말하자면 고대시대에도 이미 상대주의의 문제가 발목을 잡고 있었는데, 이는 문화와 언어 및 역사와 관련된 일반적 차이에 대해서라기보다 더 특정하게 인간이 만든 법률에 따른 관례에 관한 것이었다. 여러 사상가들이 보기에 법률과 같은 인간의 발명품은 공기나 불과 같은 자연의 실재에 비해서 그림자에 지나지

---

23   Plato, *Statesman*, 283c-284c. *Sophist*, 249d-255d. Paul Ricoeur, *Être, Essence et Substance chez Platon et Aristote* (Strasbourg: CDS, 1957).

24   MacIntyre, *Whose Justice?*, pp. 78. 392.

않는다고 플라톤은 지적한다. 하지만 플라톤은 이러한 인간의 발명품도 마찬가지로 자연적이라고 주장하는데, 그 이유는 그것이 지성으로부터 유래하므로 물리적 실체들보다 그 자체로 궁극적 존재에 더 가깝기 때문이다.[25]

따라서 매킨타이어가 플라톤과 아리스토텔레스로 귀환한 것은 상대주의 문제에 대한 현대적 대응의 맥락에 해당된다. 이 문제에 대한 플라톤의 해결책과 아리스토텔레스의 해결책이 다시 새로운 각광을 받게 된 것은 윤리를 인간 본성에 관한 보편화된 자연적 사실(쾌락에의 욕망, 고통의 회피, 인간본연에서 우러나는 동정심 내지 인간의지의 자유)에 근거지우려는 근대적 합리주의 내지 경험주의의 시도가 성립불가함을 깨닫게 된 데서 기인한다. 더욱이 플라톤의 해결책이나 아리스토텔레스의 해결책을 선택함으로써 근대적 상대주의라는 조류가 사실은 토대주의라는 거짓된 교조적 주장의 반영에 불과함을 주장할 수도 있다. 하지만 이와 같은 주장은 상대주의가 고대시대에 실천적 문제이자 사고를 자극하는 단초로서 등장했던 것이지, 보편화의 주장이 붕괴된 결과로서 생겨난 것은 아니라는 인식과는 잘 부합하지 않는다. 아울러 르네상스 이후의 시기를 살펴보아도 상대주의적 회의론이 오히려 후대의 교조적 합리론보다 시기적으로 앞서는 것이 사실이다. 그럼에도 불구하고 고대적 전통이 토대주의에 대한 하나의 대안을 제공할 뿐 아니라 회의주의적 반발을 미연에 방지한다는 생각은 매킨타이어의 입장에서 볼 때 긴요하다.

윤리에서 토대주의를 거부하는 것은 윤리적 행동이 표방하는 선함을 "도덕과 상관없는", 모든 이들이 별다른 논란 없이 인정할 수 있는, 보다 근본적인 선(정서적 행복의 상태·본능적 동정심·인간자유의 유지)의 견지에서 정의하려는 시도를 거부함을 의미한다. 전자에 해당되는 두 접근방식은 행동을 결과에 종속시키는 반면에(결과의 평가에 단일한 계산법만이 있는 것처럼 추정하면서), 후자의 것은 행동을 행위의 이면에 자리한 의지에 종속시킨다. 즉 행

---

25   Plato, *Laws*, 889a-90d.

위가 아니라 의지를 일차적으로 선이라고 한다면, 오로지 의지 자체의 자유만이 무제약적 선이라고 해야 할 것이다. 왜냐하면 선함을 더 다양하고 정확하게 인식하는 것(가령 "관대한 것이 좋은 것"이라고 말할 경우)은 의지나 동기나 의도가 아닌 행동에 대한 참조를 반드시 수반하기 때문이다. 이렇듯 행동을 결과에 종속시키는 것이나 행동을 의지적 동기에 종속시키는 것이나 모두 우리의 행위를 지도할 보편적 윤리를 제공하지 못한다고 한다면, 도의적 내지 관습적 도덕성이라는 진정 광범위한 영역만이 남게 되는데, 이러한 도덕성은 개별화된 "윤리적 결정"을 위한 절차를 제공할 뿐 아니라 각각의 상이한 사회적 역할에 적합한 덕목들로 구성된 다채로운 목록을 지정해주기까지 한다. 이렇듯 덕스러운 행동은 (칸트에게서 보듯이) 그 행동이 "법적으로 타당하다"고 판정하게끔 하는 순수 동기를 예시하지 않으며, (공리주의적 전통에서처럼) 최대다수에게 유익한 결과를 진작하려 하지도 않는다. 다만 그것은 획득해야 할 "습성"이자 추구해야 할 목표일 따름이다. 이러한 목표는 의지나 결과에 요구되는 엄밀함과는 다른 일종의 "농밀한 질감" 같은 것을 지닌다. 왜냐하면 "선한" 행동이란 오랜 숙달의 깊이로부터 나오는 정밀성 및 미묘함과 더불어 노련하게 수행되는 것이기 때문이다. 윤리는 자신의 행동에 적용되는 일종의 예술적 기교가 된다.

그렇지만 그러한 윤리는 표현적 정감주의(emotivism)의 일종이 아니므로 행동이 일차적으로 선하다고 보는 생각을 지지하지 않을 것이며, 따라서 이러한 윤리관은 폴리스와 같은 사회적 환경을 전제한다고 하겠다. 여기서 폴리스는 교육(paideia)을 통해 그 구성원들에게 (매킨타이어의 용어를 빌자면) 진정한 "실천"을 규정해준다. 이는 다시 말해서 그 자체로 바람직할 뿐아니라 그 자체의 증대로 이어지는 일련의 행동이다. 그렇지 않다면 이것은 보다 중요한 행동에 대한 촉진으로 이어질 수 있는데, 전자가 후자에 대해서 맺고 있는 관계는 단지 기계적 연속성이 아니라 의도적 연속성이라고 하겠다. 이렇듯 특정한 덕성을 "근거 없이" 촉진하는 것에 개입된 자의성에 대한 질문은 개인적 심급에서는 실제로 제기되지 않는다. 왜냐하면 개인은

641

(폴리스의 관습과 같은) 도의성을 구체화하는 세계 속에 살고 있으므로, 그에게 있어 덕성은 그가 속한 세계에 관한 "사실"에 해당될 뿐이며, 세계와 관련하여 어떤 평가를 내릴 수 있는 대상이 아니기 때문이다—예컨대 판사나 교사가 무엇인지 기술함에 있어 이러한 직종이 지닌 탁월성을 고려하지 않은 채로 오로지 "사실에 입각해서" 기술할 수는 없다. 그리고 이렇듯 굳이 사실 내지 가치를 구분하지 않는 것은 다음과 같은 철학적 사고에 의해 뒷받침되기도 한다. 말하자면 우리의 모든 "사실에 관한" 기술은 문화적 코드화에 의해 매개되고 이 문화적 코드화는 단지 세계가 그 자체를 우리에게 현시할 뿐이며 우리와 세계 "사이에" 오는 그 무엇이 아니라는 것이다. 그렇다면 우리의 윤리 내지 미학적 가치평가의 코드화가 우리의 일상에서 사용하는 다른 모든 코드화에 비해 더 주관적이라고 볼 이유도 없다.

그렇지만 이것은 상대주의의 문제를 문화 전반의 심급으로 이동시키는 것뿐이다. 개인은 겉보기에 단단한 사실적 **에토스**(*ethos*) 내에서 움직일 수 있다. 그러나 시공간 안에는 가치관에 있어 서로 다를 뿐 아니라 종종 갈등하는 그러한 세계들이 다수 존재한다. 매킨타이어의 윤리철학이 지닌 고도로 흥미롭지만 이상한 역설은 덕의 윤리에 대한 호소가 형이상학적인 동시에 역사적인 차원을 한꺼번에 소환한다는 점이다. 도의적 윤리를 회의주의로부터 구출해 주는 것은 신념인데, 이 신념은 플라톤과 아리스토텔레스도 각각 다른 식으로 간직하고 있던 것으로, 그 내용인즉 그들이 알고 있던 폴리스라는 사회야말로 (특히나 그것이 진일보한 형태를 취하는 경우에 있어서) 인간이 지향해야 할 "고유한" 자연적 이상을 그 질서 내에 반영한다고 보는 믿음이다. 그렇지만 다수의 상이한 사회를 마주하고 있는데, 그 사회들이 모두 유사한 주장을 할 경우라면 어떻게 해야 하겠는가? 만일 우리가 전통 속에 자리잡고 전통의 권위에 입각해서 그 기준을 처음부터 수용한다면, 우리는 빛바랜 근대적 도덕성(*Moralität*)이 아닌 진정한 덕의 윤리를 지니게 될 것이라는 매킨타이어의 주장은 옳다고 하겠다. 그의 말을 옮겨 보자면 우리는 하나의 "서사" 즉 어떤 특정한 사회가 선대로부터 물려받아 늘 반복하게 될 "설화적 형성"(plot formation) 속에 자신의 자리를 찾아야 한다는 것이다.

그렇지만 이렇듯 자신의 출발점이 지닌 상대성(그 출발이 하나의 명제가 아니라 **뮈토스**를 수용하는 것으로부터 시작한다는 것)에 대한 통찰이 플라톤이나 아리스토텔레스에게는 가능한 것이 아니었다. 매킨타이어도 계몽주의에 대해서 논박할지언정 결코 **르네상스**적 역사주의나 우리가 언어를 비롯한 여타의 기호체계를 만들어냄으로써 우리 자신의 문화적 세계를 조성한다고 보는 그와 같은 통찰로 복귀하지 않았다. 그렇지만 그는 "신앙"(faith)은 사람을 끄는 설득력을 갖고 있으므로 신앙에 의해 특정한 에토스를 수용할 수 있을 것이라고 말하면서, 동시에 이러한 삶의 방식을 지닌 인간에게는 보편적 올바름이 존재한다고 주장하는 식으로 문제를 남겨두는 것에 만족하지는 않는다. 그 대신에 매킨타이어는 서사적 선호를 정당화하는 일종의 변증법적 양식에 여전히 관심을 갖고 있다. 결과적으로 그가 가진 근대적 역사주의는 유사헤겔적 변증법의 테두리 안에 갇힐 수밖에 없고, 이러한 한계 속에 갇혀버림에 따라 역사주의가 지닌 급진적 성격은 뮈토스의 우선성에 대한 긍정과 더불어 실제로 부정되고 만다.

다음 단락에서 나는 어떻게 매킨타이어가 서사를 변증법에 종속시킴으로써 암묵적으로 고대적 덕의 윤리가 가진 이율배반 속에 스스로 갇히게 되는지를 보여줄 것이다. 이러한 이율배반은 덕 윤리를 차이로 해소시켜 버리고, 따라서 그것이 결국에는 인류 평화의 가능성을 위한 형이상학적 토대를 제공할 수 없도록 한다. 첫 번째 하부단락(sub-section)에서 나는 매킨타이어의 실재론이 그의 역사주의와 상충됨을 주장할 것이고, 두 번째 하부단락에서는 아리스토텔레스에게서 엿보이는 잠재적으로 상대주의적 성격이 더 강한 수사적 측면을 매킨타이어가 실제로 평가절하하고 있음을 주장할 것이다. 이 말은 그가 아리스토텔레스의 윤리적 범주를 더 단호하게 보편 이성 및 자연법에 관한 사안으로 삼음으로써 아리스토텔레스의 윤리적 범주에 대해 아리스토텔레스 자신보다 더 강하게 구속됨을 뜻한다. 이어지는 두 개의 하부단락에서 나는 이러한 윤리적 범주의 해체를 시도하면서, 오로지 이러한 윤리적 범주의 견지에서 볼 경우 "영웅적" 윤리 및 "효율성의 유익"과의 단절이 성취된다 하더라도 그것은 단지 불안정할 뿐이며 일관성조차도 결여하고 있음을 암시하고자 한다. 마지막 하부단락에서 나는 이러한 비일관성의 연원을 그리스적 **뮈토스**가 설정해 놓은 한계로까지 거슬러 올라가면서 추적할 것이다. 이러한 **뮈토스**에 의해 발생한 "고대적 이성이 지닌 이율배반"을 세 가지 항목으로 나누어 고찰할 것이다.

덕에 반하는 차이

1. 서사, 상대주의, 변증법

매킨타이어가 문화적 상황성(situatedness)을 끝까지 규명하려 하지 않는다는 사실은 그가 통약불가능성에 대한 강력한 논제를 옹호하는 것에 의해 쉽사리 은폐될 수 있다. 매킨타이어는 데이비드슨(Davidson)과 퍼트넘(Putnam) 등에 반대하여, 특정한 경우에 있어서 하나의 문화적 관점에 속한 의미작용의 용어는 배반과 왜곡이 없이는 다른 문화적 관점에 속한 의미작용의 용어로 번역될 수 없다고 주장한다.[26]

이러한 매킨타이어의 입장에 대한 데이비드슨과 퍼트넘의 주장은 개략적으로 다음과 같이 제시될 수 있다. 어떤 특정 상황에서 우리가 느끼는 뭔가 "실제적"이라는 감각(sense)은 우리가 이것을 우리에게 의미 있게 다가오는 다른 요소와 연결할 수 있는가의 여부에 달려있다. 하지만 이런 식의 연결이 우리에게 도무지 가능치 않다고 해도, 그 최종 결과를 두고서 "통약불가능성"의 사례로 인식할 것이 아니라 그저 순전히 이해불가능함(incomprehension) 정도로 보아야 할 것이다. 이러한 이해불가능함은 우리가 우리 자신의 인식과는 통약불가능한 대안적 인식의 **틀**(*schema*)과 마주하고

---

26 MacIntyre, *Whose Justice?*, pp. 326-403.

있음을 의미하는 것일 수도 있다. 언어의 의미가 지닌 전일적이며 무한히 분화하는 서로 연결된 성격만이 우리에게 "실재성"을 제공하는데, 이 점을 상정하더라도 우리는 그러한 대안적 인식의 틀을 결코 인지할 수 없고 그 것과 조우할 수도 없을 것이다. 이 말은 인식의 "틀"을 거론하면서 한편에서 인식 주체와 다른 한편에서 실재성 "자체" 사이에 존립하는 "제삼의 것"과 같은 상이한 언어적 총체들(universes)이 마치 존재하기라도 하는 듯이 여기는 태도가 실제로는 도무지 정당화될 수 없음을 뜻한다. 우리가 다른 언어 내지 문화에 대해서 이해불가능 상태에 직면하더라도, 그것이 전적으로 이질적인 "세계관"이라고 추정할 것이 아니라, 우리가 그러한 낯선 기호들에 맞먹는 우리 자신의 언어적 등가물을 아직 찾아내지 못했다는 식으로 추정해야 할 것이다. 그러한 최초의 만남 (내지는 "급진적 해석"의) 상황 속에서 우리는 이러한 등가물을 발견함과 동시에 그러한 이질적 문화에 대해서도 신뢰를 보내야만 하기 때문에, 아무리 이질적이라고 하더라도 먼저 언어적 등가물을 발견하지 않고서는, 또한 이러한 신뢰성을 우리가 익히 "알고" 있는 것들과 연결하지 않고서는 사실상 결코 어떤 신뢰감도 보낼 수 없는 것이다. 따라서 문화적 차이란 전적으로 비교불가능한 것일 수 없으며, 우리가 평가와 가치판단(이것들이 아무리 복잡다단하고 문제투성이라고 하더라도)을 행하는 통상적 과정의 범위를 결코 벗어날 수도 없다.[27]

스티븐 파울(Stephen Fowl)이 지적한 대로라면(그는 부분적으로 제프리 스타우트[Jeffrey Stout]를 따른다) 매킨타이어는 위와 같은 입장에 대해 실제로 완벽한 반론을 제시하지 못한다.[28] 하지만 이러한 입장에 맞서 매킨타이어는 일반적으로 우리가 다른 문화를 "배운다"고 말할 수 있으려면 해당 언어와

27 Donald Davidson, "Radical interpretation" and "On the very idea of a conceptual scheme," in *Inquiries into Truth and Interpretation* (Oxford: Oxford University Press, 1984) pp. 125–41, 183–99.

28 Jeffrey Stout, *Ethics after Babel* (Boston: Beacon, 1988) pp. 82–105, 191–219. Stephen Fowl, "Could Horace talk with the Hebrews? Translatability and moral disagreement in MacIntyre and Sout" (unpublished).

645

그 기호작용의 습관을 유창하게 구사할 수 있어야 한다는 생각을 제시하려는 것으로 보인다. 그 유창함이 해당 언어를 사용하여 독창성 있는 표현을 만들어낼 뿐 아니라 그 표현이 "올바르다"는 것을 그 문화에서나 이해할 수 있는 용어를 가지고 주장할 만큼 내부자들에게나 가능한 정도의 "시적" 능력을 가져야 한다는 것이다. 파울이 제대로 지적하듯이 여기서 문제는 물론 하나의 견해를 이해할 수 있으려면 그것을 적극적으로 수용해야 한다는 것이다. 이는 예를 들어 그리스 종교를 알기 위해서는 데메테르의 제의(the cult of Demeter)에 입문해 보아야 한다는 말과 마찬가지다. 스타우트와 파울이 지적하는 두 번째 문제는 처음부터 뭔가 공통된 주제가 있지 않다면 둘 사이에 "통약불가능한" 선택사항에 대해 말하는 것조차 가능치 않다는 것이다. 그렇지 않은 경우라면 마치 무와 잉크병처럼 서로 상이한 소우주가 나란히 평화롭게 공존하는 것과 같다고 하겠다. 이 점을 근거로 삼아 스티븐 파울은 매킨타이어가 주장하는 상대주의적 입장에서는 의미의 근본적 통약불가능성에 대해 옹호할 수도 없고 또 굳이 그것이 필요하다고 할 수도 없다고 주장한다. 매킨타이어의 주장은 실제로 진리의 통약불가능성과 더 관련되어 있다. 따라서 그저 두 개의 상이한 의미들과 두 개의 상이한 해결방안이 있음을 이해할 수는 있으나 그 둘 사이에서 무언가를 결정해야 할 수단은 갖고 있지 못한 것이다.

두 번째 문제에 대해서 아무런 거리낌도 있을 수 없다. 근본적 불일치라도 가능하기 위해서는 추정된 합의라는 **일정한** 배경이 있어야만 한다—매킨타이어도 이 점에 대해 동의할 것으로 추정된다. 그렇지만 첫 번째 문제에 있어 국외자의 인식이 내부자의 인식과 상응한다는 주장을 매킨타이어가 부정한 것은 분명히 옳다고 하겠다. 둘 사이의 차이는 작지만 아주 중요한 것이다. 예컨대 국외자가 규칙을 죄다 알고 있으며, 심지어 규칙을 변경하는 규칙까지도 알고 있어서, 그 문화를 잘 모르는 외부인이 어떻게 행동할는지도 예측가능할 정도라고 하자. 하지만 그가 "시적" 창조를 해낼 수 있는 그런 능력을 갖게 된다거나 이것을 예견할 것 같지는 않다. 왜냐하면

"차이 안에 존재하는 연속성"(continuity-in-difference)을 간파하는 감각은 해당 전통이 어딘가를 지향하고 있다는, 이를테면 말로는 도저히 표현할 수 없는 어떤 **텔로스**를 향한 절박한 믿음을 촉발시키는 그러한 판단력을 수반하는데, 이러한 판단력은 시간이 지난다고 저절로 주어지는 것이 아니기 때문이다. 국외자는 결국 이러한 내재적 내지 초월적 지향성을 믿지 못하는 자에 해당되므로, 그는 자신이 보기에 "매력적인" 것을 창안해낼 수는 있으나 이러한 창조물조차도 본질적으로 자기 기분에 따라 하는 것이지 포착하기 힘든 **텔로스**를 구체화하려는 발로가 아닌 것이다. 이러한 한계로 말미암아 헌신된 내부자의 관점과 헌신되지 않은 외부자의 관점 사이에 존재하는 차이는 결국 현재 진행 중인 사태를 묘사함에 있어 노출되는 차이로 귀결된다. 내부자가 보기에 국외자는 신념을 공유하고 있지 않으므로 그들이 가진 인식은 부분적인 것에 그칠 수 있다. 그러므로 국외자 편에서도 완전한 인식에 도달할 수 있다고 주장하는 것은 결국엔 다른 낯선 전통이 자신에 대해 가지는 자체 인식을 부정하는 것이 될 수밖에 없다.

따라서 내부자와 국외자 사이에 진행되는 논의에서는 언제나 의미에 대해서조차 불확실한 망설임, 굳이 말하자면 지연된 불일치가 존재하기 마련이다. 그렇지만 스타우트와 파울의 다음과 같은 주장은 옳다고 하겠다. 즉 내부자와 국외자 간의 이러한 논의가 끊임없이 계속될 수 있으며, 이것이 계속된다는 것은 문화적으로 이질적인 의미마저도 **환대**(entertain)할 수 있으며 적어도 어느 지점까지는 그 의미를 이해할 수 있지만 그것을 끝내 수용하지는 못한다는 뜻을 함축한다. 여기서 "환대"라는 표현은 일정한 관념을 어느 정도 연극적 예외상황, 즉 자신의 통상적인 속생각과는 동떨어진 채로 무대 위에서 상연되는 것쯤으로 이해하고 있음을 암시하기에 유용하다. 그렇지만 이러한 암시에 힘입어 우리는 지금까지의 논의에 해당되는 관점을 넘어서 나아가게 된다. 예컨대 문제는 이 논쟁의 당사자 모두가 하나의 통합된 정신적 주체를 가정하고 있다는 점이다. 하지만 사실 우리는 하나의 단일한 "전일적" 세계를 점유하는, 전적으로 통합된 개인이 아니다. 오히려 우리의 머릿속에는 여러 주체성이 자리하는 것이 가능함을 알고 있다. 물론 이들 주체성 중의 몇몇은 그저 우리의 "환대" 대상에 그칠 수도 있다. 따라서 내가 만일 이중 언어가 가능하다고 가정하면, 나는 거의 미합중국에서 살고 있는 미국인으로 처신할 수 있으며, 내가 현재 느끼고 있는 미국인으로서의 인격이 영국인으로서 나의 인격과 어떤 면에서 근본적으로 불연속성을 지닌다는 혼란스러운 느낌이 나의 뇌리에서 떠나지 않을수 있다. 미국적인 것에 상응하는 영국적인 것을 찾아내는 것과 언표가 불가능한 타자성 또는 언어적 구사력의 실패를 함축하는 이해불가능성 이 둘사이에 대안적 가능성이 존재한다고 보는 데이비드슨의 견해는 오류이다. 이와는 다른 무언가가 발생하는데, 나는 단지 영국인이며 동시에 미국인으로 처신하거나, 어떨 때는 더 미국인답게 행동하다가 다시 원래대로 돌아갈수도 있다. 파울 파이어아벤트(Paul Feyerabend)가 퍼트넘에 반대하여 지적했듯이 번역이 상대주의의 문제가 교차하는 중요한 핵심이라고 할 수 없다. 왜냐하면 "절대 타자"(the Other)와의 교섭을 위해서 번역의 계기를 전적으로 회피할 수도 있기 때문이다—만약에 그렇지 않다면 유아는 자신의 모어를 결코 배울 수 없을 것이다.[29]

그러므로 우리가 낯선 언어를 이해하게 되었다고 해서 그것이 반드시 우리가 일정한 언어적 등가물을 발견했다거나 만남의 과정을 거치면서 우리 자신이 이전의 자아와는 다른 이질적 존재가 되었음을 의미할 필요는 없다. 더욱이 데이비드슨과 리처드 로티(Richard Rorty)는 언어가 주체와 세계 사이에 위치한 제삼의 매개물이 아니라고 보는 자신들의 통찰에 담긴 함의마저도 온전히 파악하지 못하고 있다.[30] 도상과 기호로 조직되어 있는 세계가 바로 우리가 움직이며 끊임없이 이합집산하는 세계이자 늘 덧없을 뿐이지만 그럼에도 불구하고 끝없이 서로 연결되어 있는 세계라고 한다면,

29   Paul Feyerabend, *Farewell to Reason* (London: NLB, 1987) pp. 265-72.

30   Richard Rorty, "The Contingency of language," in *London Review of Books*, 17 April 1976, pp. 3-6.

언어가 "전일성을 띠고 있다는 생각" 속에 실제로 그 어떤 단일한 통일성의 개념도 포함되지 않게 된다. 왜냐하면 이러한 생각이야말로 언어는 고정된 외부의 대상물을 반영함에 있어, 아니면 주체의 통합된 의지를 "표현함"에 있어, "적확하다"고 보는 그러한 관념에 따른 그림자에 불과하기 때문이다. 내용과 분리할 수 있는 그 어떤 도식도 존재하지 않는다는 생각이 함축하는 것은 하나의 세계가 아니라 연속성과 불연속성을 동시에 지니고 있는 상이한 세계들이 무한히 존재한다는 사실이다. 들뢰즈가 간파했듯이 바로 이런 이유로 인해 실용주의는 하나의 실용적 기준조차도 인식할 수 없고 다만 차이의 철학으로 즉시 전환될 수밖에 없다.[31] 재현이나 표상 없이도 "작용하는 것"은 언어와 행동이라는 표준이다. 그러나 사실 모든 것이 작용하고 있다. 여하튼 그 어떤 것이라도 존재하기 위해서는 하나의 실물(*pragma*)이 반드시 작용해야만 한다. 그리고 이것이 우리에게 선택의 기준을 제공해 줄 수는 없다. 작용하는 어떤 것 곧 "기계"(machine)를 반드시 선택하도록 하자. 그러나 기계는 끝없이 다채로운 쾌락을 제공할 따름이며, 이러한 쾌락은 한정된 시공간 내에서 서로 밀치며 경쟁할 뿐이다.

따라서 데이비드슨, 퍼트넘, 로티가 각자 다양한 방식으로 지지하는 진리정합론(coherence theory of truth)은 회의론과 근본적 통약불가능성을 저지하는 장벽이 되지 못한다. 이 이론이 성립하려면 오로지 하나의 단일한 정합성, 즉 정태적 세계상의 그림자 내지 순전히 "정신적인" 통합된 주체만이 존재해야 한다. "의미"에 대한 담화를 행동 및 실무에 대한 담화로 대체하려는 실용주의적 전략을 채택한다고 해서 그것이 우리에게 모호함을 배제한 단일한 이해의 기준을 제공하지 않는다. 도리어 가장 실무적이고 가장 "물질적"인 심급에서 근본적 차이가 발생한다. 동일한 물리적 공간을 이용하여 대성당을 지을 수도 있고 아니면 핵발전소를 건설할 수도 있다. 그러나 이것을 짓고자 하는 욕구와 저것을 짓고자 하는 욕구 간에는 그 어떤

---

31 Deleuze and Guattari, *A Thousand of Plateaus*, p. 146.

"통약가능성"도 없으며, 각각의 구조와 그 형태 및 상징적 의미 등을 조직화하는 방식에서 드러나는 차이는 원자력 공학 분야의 전문용어와 기도의 언어 간의 차이만큼이나 심대한 것이다. 각 분야의 언어는 그 자체의 조건에 따라 숙달되어야 하며, 동일한 진리가 대성당의 논리와 핵발전소의 논리에 공히 적용되는 것은 아니지만, 한 분야의 언어를 다른 분야의 언어로 일부라도 적절히 "번역"해야 함에는 의문의 여지가 없다. 둘 다 구조가 "작용"하고, 둘 다 일정 장소에 존재하면서 인간과 물질과 기호 안으로 흘러가고 또 그로부터 흘러나오는 힘들을 조직화하지만, 각 분야의 상이한 작업양식을 통섭하는 중립적 측정기준이란 존재치 않으며, 이 특정한 제한된 물리적 공간의 사용을 둘러싸고 일어날 수 있는 갈등을 중립적으로 해결할 방법도 존재치 않는다.

우리가 속한 문화 속에도 대성당과 핵발전소가 있고, 다양한 신학과 공학이 공존하며, 예술과 과학 등등이 존재한다. 그 결과 공약불가능성은 이미 도처에 상존하고 있다. 두 구조물간에 공통된 대지와 공통된 건축재료와 같은 무수한 공통분모들 외에도 무수한 분리지점 및 종종 서로 다투지만 실제로는 서로 비교할 수 없는 것들이 무수히 존재한다. 왜냐하면 그것들은 각각의 크기·위치·속도 및 다른 사물의 포함 여부에 따라 고유하게 정해진 내적 속성을 지니고 있기 때문이다―이는 마치 삼각형이나 정사각형이 그 자체로 하나의 유일한 세계이며, 그 세계의 법칙은 그것의 고유한 구성으로부터 유래하므로 다른 기하학적 도형으로부터 연역해낼 수 없는 것과 마찬가지다. 각각의 안정화작업과 한 계열로부터의 분리작업 및 원의 도형을 그리는 작업 등은 모두 실제로 비교불가능한 "특이성"을 구성하는데, 만약에 이것들이 지닌 다른 사물과의 공약불가능성이 부인된다면, 이것들은 "부각"되지도 않고 반복 내지 기억되지도 않으며 실제로 "발생"하지도 않게 될 것이다. 흔히 말하는 "전체를 구성하는 부분"이라는 것도 주목해서 볼 때에만 부분으로 인식된다. 왜냐하면 부분이란 하나의 "요소"로 간주할 수도 있고, 그 자체를 하나의 세계로 볼 수도 있지만, 그 세계가 또 다른 총체에 속할 수도 있으며, 아니면 자체 안에 다른 것을 포함하는 맥락이 되기도 한다. 따라서 통약불가능성의 문제 내지 이러한 (상이한 예술 부문들 간에, 예술과 게임과 과학과 기술과 전쟁처럼 전혀 상이한 분야들 간에, 또한 한 종류의 예술·게임·과학 그 자체 내에 존재하는) 분리 지점 중에서 우선순위를 결정하는 문제는 플라톤의 『국가론』에서 이미 인식하고 있듯이 모든 문화에 **내재한** 문제다.

그러므로 한 문화 "전체"와 다른 문화 "전체"가 서로 조우하는 것과 같은 그런 일은 존재치 않는다는 결론이 도출된다. 오히려 기존의 불연속성들이 추가될 수도 있고 아니면 기존에 일관되었던 것이 변형될 수도 있다. 후자의 경우에 있어 번역 과정 중에 등가물을 발견함에 따라 원래의 언어가 아무런 영향도 받지 않은 채 그냥 남아있을 수 없게 된다. 이는 마치 명백히 이질적인 언어가 제대로 이해되기 위해서는 실용적 의미로 구성된 단일 세계 내에 "적응"되어야 하는 것과 마찬가지다. 따라서 다른 언어에 대한 등가물을 발견하는 것이 원래 언어에도 차이를 만들어내므로 원래 언어의 고정된 형태 곧 특징적 발화 양식에 크든 작든 변화를 초래하게 된다.

만일 이러한 논증을 수용한다면, 데이비드슨에 반하여 의미의 통약불가능성이 실재라고 보는 매킨타이어의 주장이 옳은 셈이다. 이러한 종류의 통약불가능성은 매킨타이어를 포함한 모든 진지한 상대주의자들에게 있어서 **실로** 중요하다고 하겠다. 왜냐하면 상대주의는 진리에 대해 의미의 우위를 **전제**하기 때문이다. 진리는 실재를 담아내기 위해 선호하는 "시각" 내지 특정 구문이나 표현에 따라 상대적이기 때문에 진리에 관한 질문들은 오로지 결정불가능한 상태로 있을 뿐이다. 그러나 모든 의미가 "동일한" 언어를 통해 표현될 수 있다고 하더라도 이 "동일성"이 현실 적용성이 있으려면 공통적 평가기준 및 중립적 판단 가능성을 함의하고 있어야 한다. 데이비드슨이 추정하듯이 의미라는 단일 언어를 상정하는 것은 우리에게는 적어도 지속적인 대화와 실천을 통해 우리가 가진 불일치점들을 해결하고자 하는 희망이 있음을 암시한다. 따라서 매킨타이어와 데이비드슨의 대결은 급진적 차이에 대한 논의를 지속함에 있어 **실로** 중요하다고 하겠다.

그렇지만 나는 매킨타이어가 그다지 반가워하지 않을 관점에서 그를 옹호했다. 다시 말해서 나는 "언어적 관념론의"(linguisitc idealist) 토대 위에서 통약불가능성을 주장했던 반면에, 매킨타이어는(아주 흥미롭게도) 문화적 차이를 인식할 만한 역량이 없다는 점을 들어서 관념론을 고발하려고 한다.[32] 그는 철학적 실재론만이 그 자체의 현재 관점과 사물의 실제 존재 방식을 혼동하지 않으므로, 그러한 실재론만이 다른 사물관에 대해서도 개방되어 있을 것이라고 주장한다. 이 말은 틀림없이 "비판적 실재론자"(critical realist)로 자처하는 우리 시대의 여러 신학자들에게 매혹적으로 들릴 것이다. 그러나 이것이 전제하는 것은 첫째로 상이한 문화적 담론들이 동일한 외적 실재(비록 이것이 독립적으로 명시될 수는 없다 하더라도)에 어떻든 근접하고 있다는 것과, 둘째로 우리가 문화적 차이를 얼마나 개방적으로 인식하는가의 여부는 우리가 "실재"의 새로운 차원을 인정하는 정도와 궤를 같이 한다는 것이다. 이런 식으로, 매킨타이어는 다른 이야기에서 기인하는 발언과 행동을 (우리에게 점차 현실을 드러내 주는) 질문과 대답으로 구성된 변증법적 과정에 철저히 종속시킨다. 비록 불완전하기는 하지만 그가 전개한 의미의 통약불가능성에 대한 논증은 의미에 대한 진리의 우위성이나 진리가 지닌 궁극적 "동일성"을 부정하려는 것이 아니다. 대신에 그것은 변증법적 과정 내에서 전통과 역사적 서사가 지닌 대체할 수 없는 위상을 보장하기 위한 것이다.

매킨타이어는 자신의 관점이 역사주의적임과 동시에 변증법적임을 주장하면서도 그것이 헤겔적 성격을 띠고 있다는 점은 부정한다.[33] 그렇지만 자신의 관점이 헤겔적이지 않다는 주장을 통해 그가 말하려는 것은 역사의 과정이 총체적 조명과 같은 자명한 계기를 산출하지는 않으리라는 점

---

32 MacIntyre, *Whose Justice?*, p. 169.

33 MacIntyre, *Whose Justice?*, p. 360.

이다. 그렇지 않다면 서사의 결정적 전환을 변증법적 견지에서 이해하려는 시도는 철저히 헤겔적인 것으로 보인다. 그렇지만 매킨타이어는 "실재론자"이므로 인식의 대상 자체가 인식되는 과정 가운데 변형을 겪는다고 보는 헤겔식의 통찰을 인정하지 않는다. 그 대신에 우리에게 남은 것은 현재 시대와 과거 시대 간의 역사적 간극을 기이하게도 인식 주체와 인식대상 간의 인식론적 간극 위에 **겹쳐 놓는 것**(overmapping)이다. 매킨타이어의 말을 그대로 옮기자면 "진리 대응론(the correspondence theory of truth)의 가장 기초적이고 본래적인 형태는 그것을 거꾸로 허위 대응론(a correspondence theory of falsity)으로 적용할 경우에 잘 드러난다."[34] 다시 말해서 믿음과 실재 간에 심연이 있을 수 있다는 생각이 발생하는 지점은 바로 오래된 신념체계가 현재의 세계상과 맞지 않음을 인식하는 경우다. 이러한 인식이 시발점이 되어 현재 통용되는 신념체계의 견지에서 과거의 신념체계가 어떻게 발생했는지, 그리고 왜 그와 같은 오류가 나타날 수 있었는지에 대해 설명을 제출하도록 해당 문화에 도전을 주기도 한다. **철학적** 철학사야말로 이러한 종류에 속한다는 것을 아리스토텔레스는 이미 알고 있었다는 사실에 주목할 필요가 있다고 하겠다. 그는 과거 그리스의 존재론적 시도들에 대해 체계적으로 설명하는 가운데 그러한 각각의 변증법적 단계가 여러 난관을 겪으며 비틀거리다가 결국 아리스토텔레스 자신의 철학적 입장을 지향하게 되는 것으로 소개한다.[35] 이러한 서사는 실로 아리스토텔레스 형이상학의 불가결한 일부를 이룬다고 하겠는데, 그 이유는 과거의 입장들이 반대에 직면에서 몰락하게 된 과정과 아리스토텔레스 자신의 입장이 이전의 설명들까지도 포괄하게 되었음을 그 서사가 말하고 있기 때문이다. (이런 이유로 인해 매킨타이어는 아리스토텔레스가 바로 이 점에서 **이미** 역사주의적이라고 간주한다.) 그렇지만 이러한 이야기는 이야기를 초월하는 담론이 어떻게 해서 출현했

---

34   Ibid., p. 356.

35   Aristotle, *Metaphysics*, 983a24-993a10.

는가에 관한 이야기일 뿐이다. 따라서 이것은 실로 고대 그리스에서 **뮈토스** 가 누리고 있던 문화적 수월성에 (적어도 한동안은) **종지부를 찍는다**. 말하자 면 아리스토텔레스의 새로운 담론으로 인해 이제 그 어떤 주장에 대해서도 현재적이고 안정적이며 따라서 서사의 대상이 될 수 없는 실재와의 비교를 통한 변증법적 검증이라는 사태가 초래되는 것이다. 모든 변증법적 문제와 효과적인 논박은 현재적 시점에서 얼마든지 되풀이될 수 있고 또 그래야만 한다. 따라서 그것들은 이제 더는 특정한 시간과 장소에 속하지 않게 된다. 그러나 매킨타이어는 구체적 시간과 공간에 관한 이야기라고 해서 그것이 부상하고 있는 "우월한" 철학적 입장에 부수적으로 포괄되는 것은 아님을 암시한다. 그는 헤겔식의 잡음을 만들어 내면서도 자신이 말하는 역사주의 는 플라톤과 아리스토텔레스에게서 나타나는 변증법적 과정의 역할에 포 함되어 있음을 시사한다. 그러나 바로 이런 이유로 인해 매킨타이어의 역사 주의는 실제로 진정한 역사주의라고 할 수 없다. 이 점을 이제 보여주고자 한다.

앞에서 언급한 기이한 "겹쳐놓기"(overmapping)에 있어 매킨타이어는 과거와 현재 간의 서사화된 간극은 의견과 존재 간의 간극을 인식하는 것 에 단지 부수적으로 필요한 것은 아님을 암시한다. 그렇지만 그가 실제로 이런 뜻으로 말하는 것은 아님이 분명하다. 그리고 아리스토텔레스보다 매 킨타이어에게 있어 **뮈토스**가 **테오리아**에 대한 구성작용을 더 많이 하는 것 도 아니다. 후자의 경우가 실제로 성립하려면 이전 시대의 이론적 입장에 대한 후대의 관점에서의 서사화가 내적 필연성을 지닌 논리적 과정의 발 전을 헤겔이 했던 것만큼이나 잘 보여주어야 하겠고, **또는** 단순한 이야기 가 복잡화되는 과정(여기서는 앞의 서사적 실마리가 뒤의 실마리에 의해 포섭되는 식으로 전개된다)을 잘 복기해주어야 하겠다. 이 두 번째 경우에서 말하는 전 개과정은 엄밀히 말해서 내적인 것이지만, 뒤에 나오는 서사적 강조점이 앞의 것보다 필시 더 광범위한 맥락 내지는 범위를 보여준다는 점에 있어 서는 의문의 여지가 없다. 간단히 말해서 과거에 전체 플롯에 해당되던 것이 현재는 더 큰 것의 일부로 포섭된다는 말이다. 그러면서도 자신을 일시적으로 함몰시켜 버린 모티브를 자신 안에 포괄할 수 있는 잠재적인 "근본적"(elemental) 동력을 그대로 유지하고 있다. 가령 예를 들어 한 가문이 왕조적 지배권을 장악하고서 정치를 악용하는 일이 다시금 되풀이될 수 있으며, 또는 국가의 기밀을 팔아먹는 일이 치정어린 음모의 하위 플롯으로 드러날 수도 있다. 하지만 매킨타이어에게 있어 뒤에 오는 이론적 전개과정이 (앞에 오는 플롯보다) 우월할 뿐 아니라 더 광범위한 영역을 차지하고 있음이 어떤 경우에서는 되돌릴 수 없을 정도로 분명하다. 그러나 그 어떤 **서사**도 이 점을 분명히 드러낼 수는 없었다. 왜냐하면 모든 삶의 이야기는 언제나 회고적으로 재상연될 뿐 아니라 뒤에 오는 실천을 통해 앞의 결과를 뒤집을 수 있기 때문이다. 따라서 앞서 말한 우월성은 서사화에 의해 구성되지 않으며, 이것이 실제로 이론 상의 승리에 아무런 기여도 하지 않는다. 그 대신에 어떻게 해서 몇몇 입장이 변증법적 반증(falsification)에 완전히 굴복하게 되었는가 하는 이야기를 서사화할 뿐이다. 이따금씩 매킨타이어는 그러한 반증의 개념을 명백히 뉴턴 이후의 실로 칼 포퍼가 말하는 "과학적" 방식에 따라 실험을 통한 반증(experimental falsification)으로 묘사한다. 그러나 후자에 해당되는 반증은 본질상 동일한 실험이 정확하게 반복가능함을 가리키며, 따라서 이것은 공간과 시간이라는 서사적 우발성의 요인으로부터 **벗어남**을 가리킨다.

　　따라서 매킨타이어에게 있어 변증법(전제된 입장 내지 본질에 대한 질문과 대답을 통해서 문제를 제기하는 방식)은 서사보다 우위에 있으며, 그것이 역사성과 완벽한 균형을 이루며 융합되는 것도 아니다. 그렇지만 이것이 반드시 오류인가? 분명히 지금껏 당연한 것으로 수용되어온 입장 중에 비정합적인 것을 밝혀내는 데에 변증법의 중요한 역할이 있다. 이번 장의 도입부에서 진술한 것처럼, 나는 차후에 고대 철학에 있어 평화와 존재론의 관계에 관한 연구에 매진할 것이다. 그렇지만 이러한 연구가 실제로 여러 전통을 거치면서 전개되어온 지적 발전의 전 영역과 맞먹을 수는 없다. 상호경쟁적

관계에 있는 입장들을 그것들이 정합성을 지닌 채로 비판에 잘 맞서고 있
는가 하는 측면만 가지고 쉽게 판단할 수는 없다. 입장들이 바뀌고 변경되
는 것은 단지 비판에 대응하기 위한 것만이 아니라, 그저 별다른 이유가 아
니더라도 자세한 설명 내지 그 적용범위의 확장을 위한 것이기도 하다. 혁
신을 가능케 하는 "시적" 역량(이에 대해 매킨타이어도 논의를 하지만 결국에는 무
시한다)은 감수성의 결정적 변화가 나타나는 많은 사례에서 작용하는데, 특
히나 기존의 관점을 절대로 논박하지는 않지만 그것이 갑자기 "낡아빠진
것"으로 비쳐지는 경우가 이에 해당된다. 하지만 이중에서 가장 중대한 사
례는 하나의 전통을 버리고 다른 전통으로 전환하는 경우다.

　　여기서 매킨타이어는 그러한 변동이 기존의 전통 자체에 따른 기준에
의해서 정당화될 수도 있음을 말하려고 한다. 다시 말해 새로운 전통에 비
추어 볼 때 기존의 전통이 일관성을 결여할 뿐 아니라 새로운 것에 비해 설
명력이 떨어진다는 사실이 명백해진다는 말이다.[36] 그렇지만 만일에 기존
의 기준이 아직도 건재한 경우라든가, 매킨타이어가 늘 말하듯 모든 기준
이 다 전통에 따른 고유성을 갖고 있다고 한다면, 우리가 기존의 전통 내에
서 합리적 변동을 말하는 것이 실제로 가능하겠는가? 만약에 하나의 전통
이 **실제로** 붕괴했다고 한다면, 그것은 그에 속한 기준(이것 자체가 전통을 구성
하는 기본 요소에 속한다)이 와해되어 버렸음을 뜻한다. 그렇다면 이제 기존의
전통 내에서 고립된 측면에 불과했던 (그런 면에서 기존의 통합성을 전복할 수 있
는) 것만이 새로운 전통을 인정할 수 있을 것이다. 아직 그렇지 않다면 기
존의 전통 전체가 여전히 건재하다고 할 것이다. 이렇듯 전통의 전환은 변
증법적 판단을 비껴가므로 이 모든 전환에 대해 **의심의 여지**가 있다고 하
겠다. 간단히 말해서 새로운 서사가 지닌 설득력이 승리의 요인이다. 이 새
로운 서사는 기존의 플롯 안에 포함된 특정 주제 및 속성에 대해 중요한 지
위를 부여하는 반면에 한때 그에 맞먹는 중요성을 누렸던 다른 요소들은

36　MacIntyre, *Whose Justice?*, pp. 164-82, 356-60.

방기해 버린다.

"더 잘 설명한다"는 주장에 대해 판단하는 것도 마찬가지로 불가능하다. 모든 전통은 그 자체 내에 모호하고 흐릿한 외양을 띤 중간지대(penumbra)를 설정하지만, 이 중간지대가 점하는 위치는 분명하게 파악가능한 것을 전통이 어떻게 감지하는가에 연동되어 정해진다. 가령 중세시대는 우주 내 운동의 궁극적 원천이 하나님의 권능/지식의 영역 안에 자리한 것으로 보았으며, 따라서 그 궁극적 원천은 인간의 이해 범위 밖에 있는 것으로 정의했다. 따라서 이러한 중간지대는 해당 전통 자체를 근본적으로 전복하지 않는 한, 그 경계 내에서 조금 후퇴할 수도 변경될 수도 있다. 이렇듯 "부차적 원인"을 상정하는 것은 신적인 인과성의 작동과 관련된 불가지론적 태도와 양립가능하다고 간주될 수 있다. 그렇지만 하나의 전통이 다른 "더 잘 설명하는" 전통을 수용할 경우, 이것은 단지 지금껏 이해할 수 없던 것에 새로운 빛을 비추어주는 것을 의미하는 것이 아니다. 도리어 기존의 중간지대라는 베일이 파열되고, 이와 더불어 특정 패러다임에 속했던 기존 지식의 배치 구조 전체가 파괴됨을 뜻한다. 갈릴레오라는 인물이 나타나서 자기가 우주의 운동을 결정하는 "기본" 법칙을 제시한다고 주장할 수 있는 것은 하나님이 우리 인간도 다 파악할 수 있는 수학과 역학의 공식을 가지고 역사하신다는 주장이 이제 가능해졌기 때문이다. 갈릴레오와 그 뒤를 이은 뉴턴의 운동 법칙이 기존의 견해보다 더 "성공적"이었던 까닭은 그것이 "더 잘 설명했기"(이를 판단할 만한 독립된 척도가 존재하지 않는다) 때문이 아니라, 그것이 인간의 실무에 있어서 더 용이하게 구축·반복·작동될 수 있는 모델을 제공함이 증명되었기 때문이다. 매킨타이어는 과학적 발전의 모델을 자신의 패러다임으로 채택하여 "명백히" 더 포괄적인 이론의 출현을 설명하려고 한다. 하지만 이 경우에 있어 더 큰 포괄성이란 언제나 작동상의 더 큰 성공을 의미할 뿐이다. 그런데 상황은 원칙적으로 언제나 역전될 수 있다. 특히나 그다지 비정합적이지 않았음에도 포기되었던 기존의 이론이 갑자기 환경과의 상호작용이라는 기계적 패턴으로 화하여 그러한 상호작용을 더 효과적으로 통제하게 될 경우에 이러한 역전이 나타난다고 하겠다. 그리고 물론 그러한 역전은 통제와 예측가능성만이 실용적 가치를 판단하는 유일한 기준이 아닌 영역에서 일어날 개연성이 더 높다.

전통의 다양성에 상응하는 이치의 다양성에 대한 매킨타이어의 강조는 따라서 급진화할 필요가 있다. 이러한 다양한 이치들 간의 만남을 변증법적 대화만으로 포괄하고 매개할 수는 없다. 불일치의 끄트머리에 이르게 되면 그러한 만남은 다양한 집단을 상대하는 수사학들과 목소리들 간의 충돌이라는 형태로 나타날 것이다. 그러므로 전통의 내부에서의 결정적 전환 또는 하나의 전통으로부터 다른 전통으로의 전환은 본질적으로 "수사학적 승리"(rhetorical victories)라고 해석되어야 한다. 수사학적 관점에서 볼 때 서사는 실제로 단순한 부가물이기를 그친다. 왜냐하면 하나의 전통이 발전해 온 이야기(가령 그리스도교의 경우 설교와 묵상·직관과 사색·순례와 기적과 순교·성직소명과 결혼·성화미술과 전례음악 등에 관한 이야기만이 아니라, 음모와 죄악과 전쟁에 관한 이야기도 해당된다)는 **실제로** 그 해당 전통을 지지하는 논증(이는 그 설득력을 전혀 증명할 수 없는 실로 불온한 논증이다)이며, 단지 그 이야기의 바깥에 자리한 어떤 요소(예를 들어 인간적 덕성의 본질)에 관한 논증의 이야기로만 머물지 않기 때문이다.

2. 아리스토텔레스에게 있어서 변증법과 수사학

매킨타이어의 논증에 있어 바로 이 지점에서, 그가 변증법에 부여하는 위상이 아리스토텔레스가 우선적으로 방어하려고 했던 자신의 실천이성관과 사실 완전히 일치하지 않을 수 있음에 주목하는 것이 중요하다.

플라톤에게 있어 덕은 선(the Good)에 대한 관조적 앎의 문제이며, 따라서 변증법적 추론을 위한 고유의 주제가 된다. 매킨타이어는 이 점에 있어 대부분의 주석가들보다 플라톤과 아리스토텔레스 간의 연속성에 더 방점을 두면서, 플라톤의 『공화국』은 인간의 정치적 행위를 위한 **아르케-텔로스**(arche-telos)를 상정하지만 그 구체적 내용을 적시하지 않았으며 후에 아리스토텔레스가 그 내용을 제공하려 했다고 주장한다.[37] 이렇듯 매킨타이어는 아리스토텔레스에게 있어 **관상적**(theoretical) 이성이 여전히 인간 행동의 목표를 설정하지만 이러한 목표에 대한 구체화는 **프로네시스**, 즉 이러한 지향점들을 어떻게 실현할 것인가를 궁구하는 (플라톤에게서 이미 중요한 지위를 부여받은) 실천이성에 대한 심사숙고를 통해서 항시 변경되는 것임을 암시한다.

그렇지만 아리스토텔레스는 "선"에 대한 "관상적 관조"(theoretical contemplation)를 정의에 관한 관념이 유래하는 이데아적 원천으로 언급하지 않으며, 다만 자기충족성과 자기추진력의 정도에 비례하여 "최고선"(supremely good)에 참여하는 천체들 및 원동자(the first mover)의 영원한 운동에 관해서만 이야기할 뿐이다. 관상적 앎(theoretical knowledge) 즉 **에피스테메**란 불변하고 보편적인 것에 대한 지식이므로, 사람이 생명의 유동을 위한 안정된 통로(형상과 질료를 통한 만물의 조성, 유와 종에 따른 만물의 위계적 분화)를 식별하는 정도에 비례하여 **월천 아래의 세계**(sublunary world)로까지 연장될 뿐이다. 이러한 존재(Being)의 위계적 질서가 유기적 전체를 형성하는 한에서 "선하다"고 하겠는데, 아래로는 덧없는 피조물에 속한 상대적으로 "지향점 없는" 생명들로부터 그것들의 봉사를 받는 영원한 천체들까지 망라되어 있는 이 유기적 전체는 마치 한 가정 안에서 노예가 자유민을 섬기는 것과 동일하다고 하겠다. 이렇듯 우주(*cosmos*)를 폴리스가 아닌 가정(*oikos*)에 비유하는 것으로 볼 때, 아리스토텔레스에게 있어 우주적 선함(cosmic good)이란 자유시민 간의 교류에서 항상적으로 발생하는 정의에 관한 쟁점과는 유사성이 없음을 알게 된다.[38] 이러한 정의의 쟁점은 기존의 사회질서를 참조하여 처리하기가 적절치 않으므로 플라톤은 여기에 보다 형이상학적인 궁극성을 부여했는데, 그 이유는 그가 여하한 존재의 질서를 초

---

37   Ibid., pp. 88-102.
38   Aristotle, *Metaphysics*, 1075a10-24.

월하는 선의 이데아를 상정하므로 **관상**(*theoria*)은 이러한 선의 이데아로 상
승하여 그것을 정의의 문제와 연결할 수 있기 때문이다.

이에 따라 『니코마코스 윤리학』(*Nicomachean Ethics*)의 처음 단락들은 **에
피스테메**에 할당되어 있는데, 거기서 취급하는 내용은 존재의 질서 안에서
인간이 차지하는 위상에 관한 것이며, 아울러 변증법적 탐문의 방식을 통
해 인간이 행복의 상태에서 자신의 진정한 목적을 실현하고자 하는 존재임
을 확증하고 있다.[39] 그렇지만 참된 행복을 제공하는 단일한 목표가 존재하
는지에 관한 물음에 이르게 되자, 그와 같은 추론이 순수 이론적 차원에 머
무는지의 여부가 훨씬 더 불분명해진다. 변증법적 논증은 이제 예증에 크게
의존할 수밖에 없다. 가령 특정한 사람들이 특정한 기능들을 갖고 있는 것
처럼 인류 전체도 하나의 기능을 가지면 안 되는 것인가?[40] 아리스토텔레
스가 다른 곳에서 분명히 밝히고 있듯이, 예증에 특별히 의거하는 것은 수
사학이다. 그런데 수사학에 있어서 변증법적 추론의 양식은 불완전하므로,
예증은 일종의 귀납법(*epagoge*)에 준하는 논증을 제시하는데, 이 방식은 다
루고 있는 영역 외의 것과 비교하는 방법을 사용하지 않고 오로지 해당 영
역 내에서 제시되는 것만을 가지고 일반적 사례 내지 제일차적 원인을 유
추한다.[41] 아리스토텔레스는 예증을 사용하여 인간의 단일한 목적에 대한
개연적(probable) 주장만을 개진할 수 있었으며, 정치적 삶이 바로 그러한 목
적의 실현이라는 것을 인식하도록 사람들에게 호소하기 위해 수사적 설득
력을 이용할 수밖에 없었다. (반면에 변증법은 **에피스테메**와 비교할 때 단지 "추론
적" 논거를 제시하는데, 그 까닭은 변증법이 부정의 방식에 의해서 명증으로 나아갈 뿐
아니라 긍정적 증명은 제시하지 못하기 때문이다―이러한 절차는 결국 전제된 개념 정
의와 동일성의 법칙에 의존할 뿐 유비적 예증에 의존하지 않는다.)[42] 수사학적 호소

---

39   Aristotle, *Ethics*, 1094a1-1103a10.

40   Ibid., 1097a15-1098a20.

41   Aristotle, *Rhetoric*, I i.

42   Aristotle, *Topics*, 1.1 100a-b. *Posterior Analytics*, 71a1-71b20. *Ethics*, 1139618-36.

력은 우리의 이론적 정신력에 작용하는 것이 아니라 실천적 지혜를 추구하는 우리의 자연적 욕구와 감각에 작용한다.

실천적 **아르케-텔로스**를 그 본래의 비결정적이고 산만한 성격의 상태에서 접근하는 길은 (매킨타이어가 암시하듯이) 변증법적 귀납을 통해서가 아니라 용맹·쾌락·부·영예·달변·사기충천·교우관계의 형태를 띤 행복을 향한 자연적 에너지와 추동을 통해서 제공된다.[43] 그다음으로 이러한 것들이 하나로 통합되어, 한 사람의 일생이 복합적이지만 단일한 목표를 추구하는 것이 가능한지에 대한 질문이 제기된다. 여기서 에피스테메에 준하는 일반적 관조가 줄 수 있는 최대의 것은 예증에 호소하는 수사학적 논증이며, 아울러 정치적 삶을 통한 통합(이는 가정적 영역과 제조분야와 경제분야와 문예와 군사적 부문 간의 통합을 의미하기도 한다)이 인간 본성에 부합하는 단일한 지향점을 제공해주리라는 기대인 것이다. 그렇지만 그러한 수사학적 귀납법은 통합의 내용을 주지 못하며 정치적 조직화의 원리도 제공해 주지 못한다. 이는 오로지 **프로네시스** 즉 실천적 지혜를 통해서 주어질 뿐인데, 이러한 실천적 지혜는 목표 자체가 아니라 바라는 목표를 실현하기 위한 수단에 대해 심사숙고하는 데 관심한다.[44] 이 점에 있어 **프로네시스**는 덕성 중에서도 매우 독보적이라고 하겠는데, 그 이유는 용기·절제·진실·관대·온화함과 같은 나머지 모든 덕목은 목표성취를 지향하는 욕구들(욕구들은 또한 추구해야할 목표를 함축하고 있다)로부터 자연스럽게 발생하는 "실제적" 성격을 지니고 있기 때문이다. 그러한 욕구들이 "온건한" 방식으로 발휘될 시에(가령 영예욕이 지나친 야망으로 화하지 않을 경우) 하나의 단일한 덕성을 자연적이든 우연적이든 소유하고 있다고 말할 수 있는데, 이 말이 반드시 다른 덕목들이 존재함을 암시하지 않으며 여기에 **프로네시스**가 맡은 역할이 있는 것도 아니다.[45]

---

43   Aristotle, *Ethics*, 1104a30-1105b2.

44   Ibid., 112a18-1113a12, 1141b25-1142b12.

45   Ibid., 1105a12-20.

그렇지만 **프로네시스**는 비록 그것이 윤리적 **프락시스**의 핵심일지라도 성격상 그 자체가 "실천적"인 것은 아니고 오히려 "지성적"이다.[46] 이는 욕구가 올바른 기준을 가지고 발휘되는 것(이를테면 발언은 때에 맞추어 절도 있게 해야 하고, 관대함은 적당한 한계를 지켜야 하며, 용기는 무모함으로 화하지 말아야 함 등등)을 보장하기 위해서 **프로네시스**가 욕구의 자발적 흐름을 차단하기 때문이다. 그러나 "우연적" 기질에 대비되는 **참된** 중용을 찾는 일은 각각의 욕구를 개별적으로 취급해서는 이루어질 수 없다. 도리어 중용은 각 성향마다 그 "몫"(due)을 주는 것이며, 따라서 플라톤이 이미 말한 바 영혼 안에 내적 정의를 찾는 일이다. 이렇듯 참되고 훌륭하고 "우연적"이지 않은 덕성이 다른 모든 덕성을 배제하고 오직 하나의 덕성만을 소유하기란 불가능한 일이다.[47] 아리스토텔레스가 각각의 의무가 서로 상충되는 상황을 상정하는 것은 사실이다. 하지만 이러한 "도덕적 곤경"의 정황은 대부분 독재자에 의해 야기되며, 그러한 곤경의 핵심은 우리가 그로 인해 도덕성을 발휘할 수 없는 영역으로 온통 내몰린다는 것이다.[48]

프로네시스는 수사학적 귀납법과 마찬가지로 "이론에 준하는 것"(quasi-theory)이라고 하겠는데, 그 이유는 그것이 상대적 항상성(constancy) 즉 본래부터 변화에 처한 상황 속에서의 균형을 추구하기 때문이다. 그렇지만 **프로네시스**는 **에피스테메**가 아니며 그저 단지 실천적인 변증법도 아니다. 왜냐하면 이러한 균형을 달성하기 위해서 **프로네시스**는 "최후의 특수자"에까지 신경을 써야하고, 인접한 정신적 자질인 **쉬네시스**(synesis: 통찰력)가 찾아낸 세세한 실제적 차이와, 주어진 상황에서 정확히 무엇을 해야 하는지에 대해서도 신경을 써야 하기 때문이다. 이것은 곧 정의의 문제 즉 만물에 그 몫을 주는 것이지만, 기존에 통용하던 기준으로는 만

---

46 Ibid., 1140a24-610.
47 Ibid., 1144, 633-1145a11.
48 Ibid., 1109b30-1110b8.

족스런 해결책을 찾을 수 없는 그런 문제인 것이다.[49] 목적을 위한 수단(사실 최종 목적이라고 할 수 있는 진정한 행복에 못 미치는 모든 목적은 수단일 수 있음)을 발견하는 것은 겉보기에는 연역적 형식을 띠고 있다. 즉 (중세기적 표현대로) "실천적 삼단논법"은 다음과 같이 논리를 개진한다. X가 최종 목표이고 Y는 X를 촉진한다고 하자. 그런데 내가 처한 현 상황(Z)을 감안할 때 나는 Y를 행할 수 있다고 하자. 그렇다면 나는 Y를 행하여야 한다. 이 Y를 수행하는 것이 바로 매킨타이어가 바르게 주장하는 대로 실천적 논증의 결론이기 때문이다. 하지만, 매킨타이어가 또 주장하는 대로 심사숙고의 과정 내지는 적절한 수단에 대한 확인이 목표로부터 직접적으로 연역해낼 수 있는 사안이 아니라고 한다면, 실천적 삼단논법을 그가 바라는 대로 이론적·변증법적 삼단논법과 그토록 쉽게 동일시할 수는 없는 일이다.[50]

변증법적 삼단논법은 단지 Y가 X에 속한 하나의 사례임을 확립하는 데 관한 것이 아니라, 그것과 연관된 일종의 고정된 위계적 종속관계(아리스토텔레스가 말하는 유와 종의 체계 내지는 "공통의" 주제를 통해 표현되는 유연한 범주화작업)를 전제한다. 여기서 능동적 추론의 동기로 작용하는 것은 단연코 논리적 연역이라는 제삼의 움직임이다. 그렇지만 실천적 삼단논법은 Y=X와 Z=Y라는 두 가지 동일화의 계기에 공히 관계되어 있는데, 이 두 가지 동일화의 계기는 본래부터 문제시되므로, 추론은 이러한 동일화를 가정하는 것 못지않게 이러한 동일화를 **만드는** 것에도 관심한다. 첫 번째 동일화(X=Y)의 경우에 그 근거는 절대로 하나의 고정된 체계에 호소하는 법이 없고 다만 언제나 주제들(*topoi*)의 총합에 호소하는데, 이러한 "공통의 주제들"이란 변화하는 세상에 맞추어 의견들을 조율한 대략의 범주적 배치임과 동시에 새로운 논증들이 생겨나는 "근원" 내지 "원천"이기도 하다. 이렇듯 첫 번째 동일화는 대략의 범주적 배치에 호소하므로 성격상 격언의 형태를 띤다. 가

---

49   Aristotle, *Ethics*, 1142a25-29, 1142, 633-1143a18.

50   MacIntyre, *Whose Justice?*, pp. 124-45.

령 "정치적 삶은 사람에게 유익하다"라든가 "국가를 위해 자신을 희생하는 자는 커다란 영예를 얻는다"와 같은 격언들이다. 그렇지만 두 번째 동일화(Z=Y)의 경우에는 변증법을 초월해서 자신의 상황에 적실하게 맞추어진 자신만을 위한 새로운 격언을 지어내야 한다. 여기서 주제들 즉 일반화된 진리들은 새로운 경우에 부응하여 새로운 통찰이 생겨나도록 하는 원천이 되어야 한다. 따라서 실천적 삼단논법은 수사학적 삼단논법이라고 하는 "생략된 삼단논법"의 형태에 근접한다고 주장할 수 있으며, 이에 대해 아리스토텔레스는 다소 신비스러운 방식으로 그것이 몇몇 단계를 "결여"하고 있다고 말하면서(이 말은 어쩌면 동일화의 작업 자체가 여기서 주요한 이성적 계기임을 의미한다), 아울러 한 편의 격언은 그러한 수사적 삼단논법의 전제가 될 수도 있고 그 결론이 될 수도 있다고 덧붙인다.[51]

따라서 목표를 향한 귀납법과 목표로부터의 연역법을 구분하는 아리스토텔레스의 이해는 윤리적 프락시스의 영역에서는 그저 하나의 수사적인 것이라고 하겠으며, 아울러 이러한 이해는 매킨타이어가 생각하는 것보다 더 확실하게 실천적 영역을 **테오리아** 및 신학적 영역으로부터 떼어놓는다는 주장이 가능하다. 아리스토텔레스에게 있어 목표에 대한 이론적 투사와 수단의 실천적 구체화 간에 오고 가는 "변증법적" 상호 교환과 같은 것은 아예 존재하지 않는다. 그 대신에 변화무쌍한 현실 영역에서 애초부터 최종 목표를 지시해 주는 것은 우리의 욕구가 지향하는 향배이며, 이론은 유비적 토대 위에서 단일하고도 통일된 목표를 암시해 줄 뿐이다. 그러나 이러한 목표가 무엇이며 그것이 어떻게 조성되어 있는가에 관한 실제 지식을 제공해 주는 것은 (역설적으로) 그 수단에만 직접 관심 갖는 순수 실천적 지혜인 것이다. 아주 기이하게도 윤리의 영역에서 상대적으로 이론적 성격을 띤 성분은, 매킨타이어가 추정하듯이, 최종 목표에 관한 부문이 아니라 실천적 지혜 **자체**인데, 이는 그 실천적 지혜가 지닌 (격정들 간에 균형을 주는)

---

51 Aristotle, *Rhetoric*, 1357 i 5.

지성성이 다른 덕성들과 대비되기 때문이다. 여기서 무언가가 발생하는데, 그것은 우리가 곧 살펴보겠지만, 바로 아리스토텔레스를 해체하는 열쇠가 된다. 곧 그의 윤리학의 중심부에 지배적 위치를 차지하고 있는 최종적 인과성 곧 목적/수단의 축은 사실상 형식적 인과성 및 형상/질료라는 축에 의해서 전복되는데, 이 후자는 혼돈에 고정된 질서를 부여하고자 하는 플라톤의 기본적 관심사를 여전히 공유하고 있으므로, 이는 욕구와 격정의 와중에서 중용을 발견함이다.

아리스토텔레스는 수사학적 요소를 강조하고 프락시스를 테오리아로부터 분리하였는데 이로 인해 초래된 중요한 결과는 이제 아리스토텔레스를 자연법 이론에 영구적 타당성을 제시한 인물로 볼 수 없게 된 것이다. 실제로 아리스토텔레스는 윤리를 영구적 타당성과 연결하지 않았다. 따라서 매킨타이어는 자연법도 변화를 겪을 수밖에 없다는 취지로 자기가 발언한 것을 그것이 변화에 종속된 물리(*physis*)에 관한 법칙이라는 이유를 들어서라도 논증해 내어야 한다.[52] 여기에 담긴 의미를 곰씹어보면 아리스토텔레스로서는 상상할 수도 없던 틈새가 그의 사상에 자리하게 되는데, 그 틈새란 바로 정치적 삶이 우리의 현실적 최종 목표라는 주장이 더 이상 "설득력"을 발휘하지 못하게 된 것이다. 왜냐하면 그리스적 폴리스의 체제가 바르게 균제된 인간 욕망의 실현이라고 볼 수 없게 되었기 때문이다. 아리스토텔레스는 폴리스의 삶이 자연 안에서 우리 인간을 위한 상대적으로 안정된 장소라고 주장하는데, 폴리스에 대한 이러한 호소가 붕괴됨에 따라 자연 법칙에 대한 아리스토텔레스의 논증마저도 붕괴되고 마는 것이다.

매킨타이어는 때때로 이러한 진술에 대해 동의하는 것처럼 보이며, 아울러 덕의 윤리는 오로지 교육(*paideia*)을 실천하는 공동체 내에서만 유의미하다고 주장한다. 그렇지만 그는 인류의 목표 내지 궁극적 선에 대한 우리의 추론과 관련된 순수 이론적 계기를 아리스토텔레스에게 임의로 주입함

---

52   Aristotle, *Ethics*, 1134b29–30. MacIntyre, *Whose Justice?*, p. 121.

으로써, 아리스토텔레스의 용어(목적과 덕성과 실천과 **프로네시스** 및 중용)가 자리한 일반적인 **틀**이 일종의 영구적·자연적·보편적 타당성을 지닌 것처럼 보이게 한다. 사실 덕의 내용은 교육의 실제가 완전히 다른 경우 얼마든지 바뀔 수 있는 것이다. 매킨타이어의 견해에 따르면 만약에 이러한 보편적 틀이 없다면 우리는 인간 행동에 대한 지적 회의주의(이는 근거 없는 토대주의에 따른 불합리한 반사작용에 불과하다)에 빠질 수밖에 없다는 것이다. 그 틀이란 바로 이성의 내재성, 즉 진짜 "전통화된 이성"의 성격이 그대로 구체화된 것에 해당된다. 따라서 그 틀은 변증법적으로 변형될지언정 근본적으로 부정될 수는 없다. 마찬가지로 덕성의 변화된 내용도 어쩌면 변증법적 판단의 주제가 될 수 있다. 물론 (내가 앞에서 지적했듯이) 매킨타이어가 이에 대해 분명한 태도를 보이는 것은 아니다. 확실히 그는 아우구스티누스와 아퀴나스가 도덕적 덕성을 **여하한 사회적 상황에서도** 가능한 것으로 보면서 그것을 폴리스의 법이라기보다는 "자연의 법칙"에 해당하는 사안으로 간주한다는 점을 강조한다.[53] 매킨타이어는 이렇듯 "도덕적 운"(moral luck)의 최소화를 지향하는 것처럼 보이며(사실 그는 보통의 경우 전혀 문제될 것이 없는 현대의 사회적 역할—가령 금융업자—중 다수가 도덕적 명령에 비추어볼 때 허용될 수 없는 것이라고 본다) 따라서 적어도 이 지점에 있어 그는 덕성에 대한 논의를 순수이론 및 보편적 자연법의 권역을 향해 조금씩 몰아가는 것 같다.

여기서 사실이 어떻든 간에 매킨타이어는 아리스토텔레스의 윤리학이라는 틀 자체가 역사적으로 특수할 뿐 아니라 역사적으로 상대화될 수도 있는 가능성을 인정하지 않는다. 이것은 그가 이 틀이 하나의 영구적 대상물로서 이론적 지식의 대상이 된다고 믿기 때문이다. 반면에 아리스토텔레스는 이러한 틀 자체가 폴리스가 바람직하다고 보는 덕성들과 더불어 폴리스의 울타리 안에 긴박되어 있다고 본다.

---

53   Aristotle, *Ethics*, pp. 146-63, 183-208.

3. 아리스토텔레스에 대한 문제제기: 관조, 행동, 제작

나는 지금껏 아리스토텔레스가 매킨타이어에 비해서 인간의 실제상황에서 수사학이 차지하는 위치를 더 많이 인식하고 있음을 보여주었다. 그렇지만 이와 같은 인식이 시사하는 것은 **프락시스**와 실천적 지혜가 지닌 영역에 대한 아리스토텔레스 자신의 설명이 오늘날에는 문제시되는 특정한 수사법에 구속된 것으로 보인다는 점이다.

두말할 것도 없이 아리스토텔레스의 덕 이해 가운데 드러난 실질적 내용에 대해 오늘날 흔쾌히 동의할 사람은 거의 없다. 노예·여성·아동·장인(匠人)·빈자·추한(醜漢)·기형아 등은 모두 그의 설명에 따르면 온전한 행복을 향유하는 것과 완전한 덕성을 발휘하는 것에서 배제된다. 덕스런 인격 곧 "아량 넘치는 남자"라는 그의 이상은 여전히 영웅적 면이 있을 뿐 아니라 결정적으로 귀족주의적이다.[54] 비록 이 사람이 진정한 덕성에 대한 보상으로서 오로지 영예만을 추구할지라도 그를 움직이는 일차적인 동기는 바로 이러한 공공의 찬사를 얻으려는 것이다. 이렇듯 아량(magnanimity)은 덕성의 왕관에 해당하는 것으로 덕성이 그 보상으로 영예를 얻는 방식에 병행한다고 하겠다. 아량 넘치는 사람은 관대하고자 할 뿐 아니라 관대함(liberality)에 있어 다른 이들을 압도하고자 하므로 이는 한정된 경제적 자원을 놓고 경쟁함을 의미한다. 이런 사람은 은전의 수혜자가 되기보다 수여자가 되기를 선호한다. 그런데 만약 이 말이 "그리스도교적"으로 들린다 해도, 그는 자기가 받았던 것보다 베풀었던 것을 기억하며, 사회적 지위에 있어 자기보다 상위의 사람들에게는 "거만"하게 행하고 하위자에 대해서는 "자제"할 것을 권고 받는다는 점을 주목해야 한다.[55] 이렇듯 후덕함을 다투는 질투심으로 미루어 볼 때 아리스토텔레스가 말하는 덕의 이상은 영예를 향한 영웅적 추구로부터 완벽히 분리될 수 없다. 탁월함은 어떤 면에서 볼

---

54 Aristotle, *Ethics*, 1099a32-b5, 1122a18-1125a15.

55 Ibid., 1124b14-1125a1.

때 경합(*agon*)에 가담함에서 발생하는 "효율성"(effectiveness)의 차원에 여전히 머물러 있다고 하겠다.

　그러나 이렇게 되면 내용을 형식으로부터 분리하는 것이 어렵게 된다. 말하자면 최고의 덕이 여전히 영웅적 영예의 관념에 물들어 있다고 하면, 이것이 아리스토텔레스가 말하는 덕의 이데아 자체 또는 윤리의 실상에도 해당되지 않겠는가? 우연적 덕이 아닌 실제적 덕을 규정하는 요인은 (플라톤과 아퀴나스에게서와 같은) 목적지향적 의도가 아니라 자연적 욕구의 발현에 있어서 "중용"을 취하는 현명한 처신이라는 사실로 미루어 볼 때 위와 같은 의구심이 확인된다. 이로써 전면에 대두되는 것은 자기통제(self-control)이며, 이는 각각의 정념에 그 몫을 할당함으로써 모든 정념이 이성의 지배하에 남아있도록 하는 그러한 성향을 말한다. 그러나 플라톤과 마찬가지로 아리스토텔레스에게 있어서도 지성성(intellectuality)은 정의에 의해 조명되는 영역이 아니다. 따라서 윤리란 정념에 대한 합리적 통제라고 말한다면 그것은 **이미** 윤리를 윤리 외적 기준에 연관짓는 것이며, 또한 그러한 연관짓기를 공언하는 계몽주의라는 후대의 목소리를 신중하게나마 앞서 예견하는 셈이다. 아무리 미약하다고 해도 아리스토텔레스는 이미 "세속이성"(secular reason)에 대해 사유하고 있으며, 우리가 지금껏 알게 된 대로 이것이 플라톤과 비교되는 상대적 복고주의(곧 "더 강화된 이교주의") 즉 영악하게 상황에 적응함으로써 우위를 유지하는 능력인 **메티스** 내지 **프로네시스**의 재활성화와 결부되는 것도 하등 놀라운 일이 아니다.[56] 물론 **프로네시스**는 이제 "도덕적" 요령에 국한하게 되었지만, 영혼의 경계라는 한계선 상에서 우리가 관심하는 주제는 그저 어떻게 하면 자기통제를 통해 안정을 확보하고 혼란을 최소화할 것인가 하는 점인 반면에, 폴리스의 경계선 상에서 우리가 논하는 주제는 어떻게 하면 우리가 타자에게 의존할 것이 아니라 그들이

56　Marcel Détienne and Jean-Pierre Vernant, *Cunning Intelligence in Greek Culture and Society*, trans. Janet Lloyd (Brighton: Harvester, 1978) pp. 313-18.

우리에게 의존하게끔 할 것인가 하는 점이다.

이렇듯 덕을 해체하여 영예로 환원시키다 보면 매킨타이어의 주장에 대해 의구심을 품게 되는데, 그 주장인즉 덕 있는 자가 직접 참여에 의해 다스리며 덕성이 최대한 널리 확산되는 공화정을 의미하는 "귀족주의적"(aristocratic) 공화정이라는 일반화된 개념을 우리가 흔히 생각하는 출생과 부와 교육에 따른 특권을 가리키는 귀족체제(artistocracy)와 분리하는 것이 (특히나 아리스토텔레스의 경우에 있어) 가능하다는 것이다. 만약에 덕이라는 것이 여전히 영웅적 영예에 불과하다면, 그러한 덕은 희소 자원을 얻기 위한 경쟁과 연결되어 있다. 비록 근대성을 띤 노골적인 경제적 경쟁은 아니지만, 그것은 탁월함을 발휘하고 원조관계를 유지하기 위한 경쟁이자 그것을 가능케 하는 교육적·정치적 자원을 확보하기 위한 경쟁인 것이다. (심지어 매킨타이어조차도 탁월함이란 그것을 발휘하는 데 필요한 자원과 더불어 당연히 따라오는 것이 아니므로, 그것은 마땅히 **보상**받아야 할 대상으로 간주하는데, 이러한 생각은 확실히 사회주의적이지 않으며 어쩌면 온전히 그리스도교적이지도 않다고 하겠다.)[57] 따라서 아리스토텔레스가 가정·여성·장인·빈자 등을 덕으로부터 배제하는 것은 덕에 대한 다소 부족한 시각(이는 앞서 배제된 범주들을 포함하도록 추후에 확대될 수도 있다)을 드러내기보다는 덕이라는 용어에 대한 그의 전반적 이해를 보여주는 표지인 것이다. 만약에 그리스도인들이나 사회주의자들이 그러한 덕의 개념을 교정하고자 할 경우 그 내용만이 아니라 형식에 있어서도 매킨타이어가 구상하는 것 이상의 근본적 수정을 가해야 할 것이다.

아리스토텔레스가 자신의 덕 이해에 있어서 부분적으로나마 영웅적 관점으로 복귀한 것은 그가 **테오리아**를 "정의로서의 선"(the good-as-justice) 개념으로부터 떼어놓고 **메티스**를 재복원한 것과 궤를 같이한다. 이것들은 지식과 실천을 광범위하게 재배치함에 따라 나타난 양상인데, 문제는 이 재배치 자체가 우발적이라는 사실이다. 이로써 흔히 플라톤에 대비되

57 MacIntyre, *Whose Justice?*, p. 105.

는 아리스토텔레스의 형이상학적 궤적에 대한 칭송에 제한을 가하는 것이 매우 중요해졌다. 플라톤의 궤적에서 정점에 위치한 것은 영원한 진리에 대한 관조이며, 이 관조는 우리의 욕망을 길들이고 우리로 하여금 참된 직관을 가능케 하는 선(the Good)의 빛에 의해서만 가능한 것이다. 모든 실천은 이러한 직관에 대한 일종의 예술적 모방 즉 필연적이면서도 심히 불안정한 **미메시스**(*mimesis*)다. 이를테면 복사본은 변조를 일으키기 마련이므로, 우리는 특히나 복사본의 복사에 불과한 것들에 주의해야 한다.[58] 지식과 선함은 모두 "직관"(sight)의 문제이며, 행동·우발성·시간·변화의 영역은 이러한 불변하는 직관의 하위에 자리한다. 반면에 아리스토텔레스에게 있어 영원한 진리에 대한 관조와 윤리적 선함은 서로 별개의 것이다. 후자는 실천적 지혜에 의해 지배받는 **프락시스**를 통해서 접근할 수 있다. 그다음 단계의 구분도 중요한데, **프락시스** 곧 행함은 **포에시스** 즉 창작과 구분되며, 이후자의 창작도 윤리적 선함이 아니라 인간적 유용성 및 아름다움과 관계된다.[59]

흔히들 아리스토텔레스를 칭송하는데, 그 이유는 그가 덕을 불확실성·변화·근접성과 연결했고 또한 인간의 선함은 실천을 통해서만 알 수 있음을 주장했다는 것이다. 물고기는 물고기로서, 목수는 목수로서 처신해야 할 선한 길이 있다는 이유로 절대선(THE GOOD)이 있다고 사유하는 것이 얼마나 어리석은 일인가? 그러나 문제는 인간이 마땅히 행해야 할 어떤 기능 같은 것이 명백히 존재하는 것은 아니며, 따라서 인간적 선함이란 것도 분명히 존재하는 것이 아니다―이러한 선을 **영혼 내에 존속하는** 실천을 통해서 알 수 있다고 말하는 것이 인간적 선이란 인간을 초월하는 (실행보다는 주로 "직관"의 대상이 되는) 절대선과의 관련성 안에 특정하게 실재한다고 말하는 것보다 더 이치에 맞다(또는 더 어불성설이라)고 할 수도 없다. 플라톤의 궤

---

58 Plato, *Republic*, 502d–521e, 595a–602e.

59 Aristotle, *Ethics*, 1139b18–1140b31.

적이 지닌 장점은 우리가 무엇을 바람직하게 욕망해야 하는가에 대한 질문을 우리가 제대로 알 수 있는 무언가가 존재하는가에 대한 질문과 불가분의 관계에 있는 것으로 본다는 점이다. 마찬가지로 플라톤은 "윤리적" 활동과 "예술적" 활동을 분리하지 않으며, 오히려 선의 빛을 통한 우리의 진리 결정으로부터 이 두 가지가 유래한다고 본다. 이에 비하면 아리스토텔레스는 존재론이 윤리와 밀접하게 결부되어 있다는 사실을 이미 망각(어쩌면 숙명적으로 망각)하였는데, 그 이유는 선이라는 불변의 태양을 인정할 때에라야 진과 미라는 불변적 대상의 존재(즉 절대적으로 존재하며, 또한 존재하지 않을 수 없는 그러한 사물의 질서)를 볼 수 있기 때문이다. 마찬가지로 **프락시스**를 형상에 대한 모방으로부터 분리함으로써 실질적 상실이 초래된다. 플라톤은 **프로네시스** 즉 상황과 결부된 지혜의 역할을 허용했으나, **프로네시스**를 관조와 결부시킴으로써 정의에 관한 모든 구체적 결정은 영속적 정의에 대한 감각으로부터 기인함을 암시한다. 만약에 참여의 개념이 없다면 "상황에 적절한" 반응도 그저 상황과 더불어 소멸하는 대상이 될 우려가 있다. 결국 그것은 선의 새로운 면모를 깨닫도록 상황이 우리에게 베풀어주는 유익이 되기보다 상황에 의해 좌우되는 것으로 그칠 따름이다. 최종적으로 관조자(contemplator) 내지 창작자가 윤리적 선함과 직접 관련되지 않음은 하나의 상실이다. 다시 말해서 이러한 상실은 획기적 사건이라고 하겠는데, 그 이유는 이러한 "냉정한" 이론적 관조가 서구에서는 나중에 자연으로 확대되었고 제작은 점차로 해방되어 "기술공학"이라는 자율적 영역에 속하게 되었기 때문이다. 존 러스킨을 주요 사상가로 꼽는 이유는 그가 자연에 대한 **테오리아**(우리의 자연관)와 장인의 **프락시스**에 관련된 덕의 문제를 회복하려고 했기 때문이다. 그러면서도 그는 우리의 자연관 내지 우리의 상상적 구성활동을 최초의 "무시간적" 직관에 종속시키는 방식이 아니라, 그 대신에 앞의 두 가지(우리의 자연관과 상상적 구성활동)를 수단으로 삼아 뒤의 것(무시간적 직관)을 지향하는 식으로 작업했던 것이다.

러스킨의 사례는 우리를 중대한 요점으로 인도한다. 아리스토텔레스가 말하는 삼분법적 도식(이론·행위·제작)은 세 번째 가능성 즉 "역전된"(reversed) 플라톤주의를 보지 못하도록 은폐하는데, 역전된 플라톤주의란 진·선·미에 대한 플라톤의 통합을 유지하면서도 이론을 제작 속에, 원본을 복사본 안에, 원인을 결과 안에, 고정된 미를 흘러가는 음악 속에 근거 지운다. 물론 참된 창작은 "직관"의 능력이 있고, 복사본은 창발의 힘이 있으며, 결과는 원인으로 작용하고, 과정은 분절을 가능케 함이 사실이기는 하다. 이러한 역전에 대해 플라톤 자신도 일부 암시한 적이 있으며, 이후 신플라톤주의적 유출에 대한 교부들의 삼위일체론적 재작업(이는 유출을 무한한 완전함에 필연적인 것으로 본다)에 의해 일층 촉진된다. 피조물이 삼위일체 안에 참여한다고 보는 아우구스티누스의 견해에 있어 기억 속에 저장된 관념들이 온전히 실현되고 완성되는 것은 욕망의 심화되고도 고갈되지 않는 촉발 하에서 일어나는 과거 시간에 대한 지성적 회상과 재구성이라는 표현적이고 "유출적인" 계기를 통한 것이다. 이렇듯 위와 같은 역전(아우구스티누스도 이것을 결코 완성하지는 못했다)에 있어 공간과 시간의 산물은 그것이 지닌 이상적 반복가능성과 기본적 연상의 잠재성이라는 측면에서 신적 이데아들에 참여한다. 아울러 플라톤이 말하는 현상의 흐름(flux)은 여전히 하나의 흐름이지만, 반면에 아리스토텔레스는 비교적 안정된 질서를 통해 흐름을 유도하려고 하였다. 허무주의의 입장에서는 흐름만이 존재하는 모든 것이지만, 그리스도교 삼위일체신학에 있어서는 시간의 "이상적 경과"(ideal passages)가 그 자체로 "이상적"인 무한한 통일성(unity) 내에서 "복잡한"(complicated) 양상을 띠게 된다. 그런데 통일성이 이상적일 수 있는 것은 그것이 하나의 산출적 유출, 다시 말해서 제삼의 "성령이라는"(Spiritual) 계기 속에 여분의 것을 연상하는 능력을 지닌 "말씀"(Word)일 경우라야 가능한 것이다. 참여는 이제 제작이 직관에 대해 지니는 모방적 관계가 아니라, (무한히) 완전한 작품을 끊임없이 직관적으로 구성해내는 작업이자 이러한 절묘한 고안물에 대한 관조적 반응인 것이다.

아리스토텔레스의 형이상학적 궤적은 이러한 (아우구스티누스를 넘어서 니콜라스 쿠자누스와 모리스 블롱델에 의해서 일부 더 발전되는) 가능성에 대한 명증한 인식을 가로막는 경향이 있다. 대신에 그는 우리에게 제작과 행동의 분리를 제공함으로써 애초에 이론과 실천을 분리시켰던 것을 보완하고자 한다. 첫 번째(이론과 실천의) 분리가 이루어지고 나면 두 번째 분리는 반드시 필연적이다. 만약에 그렇게 하지 않는다면 기술적 요행 및 숙련 기술의 영역과는 구분되는 윤리적 선이 자리잡을 공간이 존재치 않을 것이기 때문이다. 이렇게 되면 윤리학은 학문적 논의를 위한 아무런 주제도 확보하지 못할 것이다. 그렇지만 이렇게 **프락시스**와 **포에시스**를 구분하는 두 번째 분리는 문제의 소지가 많으며, 이것이 이제 내가 주장하려는 것이다.

프락시스는 아우구스티누스나 데카르트 훨씬 이전에 이미 내면성 곧 **프시케**의 영역을 열어 놓았는데, 플라톤이 상승과 하강의 몰아적 상태 속에서 영혼을 포착하는 것은 거의 불가능하다고 말했던 것에 비하면, 이 영혼의 영역은 실제로 훨씬 더 안정되어 있다. **프락시스**는 **포에시스**와는 달리 "그 자신 외에 다른 것을 목적"하지 않고 그저 "잘 행동하는 것"만을 목적으로 삼는다. **포에시스**가 행동의 양식(굳이 말하자면 활동이라는 "화살")에 관계하지 않고 다만 완결된 산물의 형태(굳이 말하자면 결과라는 "원환")에만 관련되는 반면에, **프락시스**는 활동이라는 화살의 주위에 원환을 둘러침으로써 개인에 속한 탁월함이 그의 통제를 벗어나지 않게끔 한다. 스콜라학자들이 말하듯 **포에시스**(제작)가 타동사적이라면 **프락시스**(행동)는 자동사적이라고 하겠다.

프락시스를 좌우하는 것이 **프로네시스**이기에 그것이 공적 사건에 대해 지속적으로 대응하는 것이 마땅함에도, 이러한 대응은 결코 외부로 향한 움직임이 아니라 오히려 유동적 상황 속에서 자아의 평정을 유지하려는 움직임이다. 이런 뜻에서 그것은 이미 스토아적 **코나투스**를 지향하고 있으며, 대외적 **포에시스**와 **테오리아**라고 하는 관념적 자기운동 내지 불변하는 행동 사이의 중간 정도에 위치한다고 하겠다. 하지만 기이한 것은 아리스토텔레스가 이 자족적 활동에 **포에시스**보다 더 광범위한 공민적 영역을 부여한다는 사실이다. 이를테면 그것은 삶의 전반에 대해 관심할 뿐 아니라 "선한 삶 일반을 증진시키는 요인"이라는 것이다.[60] 그렇다면 최고의 **프락시스**, 즉 폴리스의 교육과 사법 분야야말로 타동사적 요소를 포함하는 것이 마땅하지 않은가? 모름지기 우리의 내면성을 조성하는 것이 외적인 힘의 관계임을 아리스토텔레스는 보지 못했고, 그 대신에 그는 영혼의 자기통제(self-government)에 우선성을 부여한다. 따라서 교육을 통한 전수활동 및 수사학적 전달은 아리스토텔레스에게 있어 그 자체로 하나의 "도덕적" 계기가 아니라, 교사 내지 입법자의 내면에 자리한 도덕적 "행동"과 학생 내지 시민의 내면에 자리한 도덕적 행동 간의 매개작용인 것이다. 반면에 플라톤은 영혼의 내적 짜임새 자체가 **포에시스적**(poetic)이라고 보기에, 예술적·수사적·교육적 활동을(비록 이차적 방식이기는 하지만) 그 자체로 도덕적 계기로 간주할 수 **있었다**. 이로써 수공업장인도 자신의 작업 가운데 진리의 영원한 형상에 유의해야 하며, 이 점은 자신의 공민적 기예(artistry)를 통해 폴리스를 지키는 경비병도 마찬가지다.[61]

　　프락시스와 **포에시스** 간의 대조를 형상화하는 데는 자동사적인 것과 타동사적인 것 간의 대조가 일부 동원될 뿐 아니라 숙련됨과 요행 간의 관계도 동원된다. 어떤 면에서 보면 **포에시스**는 **프락시스**가 아니라 **테오리아**에 **더 가깝다**. 왜냐하면 장피에르 베르낭(Jean-Pierre Vernant)이 주장하듯이 그리스인들은 기예의 산물이 인간에 의해 "만들어진"(일단 그 성격이 일차적으로 의문시되는 법률의 경우는 제외한) 제작활동 자체를 통해서만 구체화되는 것으로 생각하지 않으며, 오히려 애초의 테오리아적 인식을 통해 파악 가능한 형상에 따른 자연적 실재라고 이해한다.[62] 따라서 예술가와 기술자는 자

60　Aristotle, *Ethics*, 1140a24-30.

61　Aristotle, *Politics*, 1260a33-41. Plato, *Republic*, 595a-597d; *Laws*, 9656. Strauss, *The City and the Man*, p. 24-8.

62　J.-P. Vernant, "Remarques sur les formes et les limites de la pensée technique chez les grecs," in *Mythe et Pensée chez les Grecs*, vol. 2, pp. 44-64.

신의 정신내적 "형상"을 자신의 정신외적 "질료"에 부가하는 것을 특징으로 한다. 그리고 아리스토텔레스의 어휘에 있어서 기예(techne)는 "진정으로 이성적 추론의 대상이 되는 생산적 상태"를 가리킨다.[63] 여기서 중요한 것은 통제인데, 아리스토텔레스의 견해에 따르면 예술 활동 중에 범하는 실수는 도덕적 비난을 수반하지 않으므로, 따라서 실수가 의도적인 것이라면 고차원적인 것으로 여겨지는 반면에, 신중한 결정을 위한 추론의 경우에 실수가 발생한다면 그 반대의 취급을 받기 마련이다.[64] 그렇지만 일단 형상이 질료의 바다에서 항해를 시작하고 나면 우연의 영역으로 접어들게 되는데, 여기서 우연은 질료를 통한 형상의 구체화에 영향을 준다. 이렇듯 "예술은 우연을 사랑하고 우연은 예술을 사랑하는 법이다."[65] 예술이란 영혼 "위에" 존재하는 불변적 형상과 영혼 앞에 놓인 예측불가한 질료 사이에 벌어지는 일종의 게임인 것이다.

반면에 **프로네시스**는 그 정도의 불변성을 알지 못한다. 그럼에도 찰나적인 것과의 거리낌 없는 교섭 역시 회피한다. 그것은 보다 순수한 방식으로 영혼 자체에 귀속된다. **프로네시스**가 오로지 우발적인 것에 대한 반응으로서 발휘된다고 하지만, 그것은 우발성이 야기하는 위험요소를 **제한**하기 위한 것이다. 아리스토텔레스가 도덕적 행동의 가능성이 높지 않은 상황에서 결행하는 도덕적 행동을 예찬한다고 보는 마사 누스바움의 평가는 대체로 오류다. 도리어 아리스토텔레스가 보기에 윤리 자체는 기예와 달리 인간이 처한 덧없고 제한된 삶 속에서 발생하는 위험요소를 최소화하려는 전략이다. 여기에 불변적 형상이 머무는 피안의 항구(이데아계)가 개입할 수 없다―다만 우리는 적어도 영혼의 배에 승선한 상태에 머물 수 있다.

하지만 그것이 가능할까? **프락시스**와 **포에시스**를 구분하는 것에 반대한다면 마땅히 이러한 질문을 제기해야 한다. 아리스토텔레스가 보기에 영

---

63   Aristotle. *Ethics*, 1140a1-23.

64   Ibid., 1140b20-30.

65   Ibid., 1140a20.

혼은 내적 영역이므로 영혼은 모든 형상을 질료와 완전히 동떨어진 상태 (이것이 바로 그가 "예지"라고 부르는 것이다)로 "현실화"함으로써 잠재적으로 "포함"할 수 있는데,[66] 이러한 영혼관은 행동이야말로 "우리와 함께 존재" 하며 "실로" 우리 자신이라고 보는 그러한 관념을 지지하는 경향이 있다. (아퀴나스는 **베르붐**[*verbum*]의 개념을 추가함으로써 이러한 최종적 자기지시성[self-referentiality]에 결정적 변형을 가했는데, 여기서 **베르붐**이란 외부를 향해서 내부로부터 뻗어 나오는[emanative] 의도의 향배를 가리킨다.) 우리는 **곧** 우리의 행동일 뿐이 며 그러한 행동의 배후에 숨어 있는 무수한 의지가 아니라고 보는 아리스 토텔레스의 견해가 너무나 인상적인 나머지 "우리의" 행동을 외부로 향하 지 않은 채로 우리가 소유하고 있다고 보는 그러한 생각에 따른 문제점을 보지 못할 수 있다. 니체와 푸코가 간파했듯이 영혼이 존재한다는 생각으로 부터 죄의식과 전가(imputation)의 관념이 실제로 생겨나는 것이 아니다. 오 히려 그러한 관념이 영혼이 존재한다는 생각을 발생시킨다. 따라서 **모든** 행 동은 원래의 위치를 벗어나 밖으로 나가는 것이다. 모든 행동은 "포에시스 적"이며 얻음과 동시에 잃음이자 자기부담임과 동시에 자기노출임을 깨달 는 것에서 시작해야 한다. "행동"을 "제작"과 구별하는 것은 오로지 특정한 사회적·언어적 관습에 따라 생겨나는 것이며, 이로써 **특정한** 제작행위는 다른 사람들보다 어떤 인물에게 더 강하게 귀속되고, 따라서 그 인물과 더 불어 "존재"하고 그럼으로써 그의 "성격을 특징짓는" 것으로 여겨진다. 어 떤 인물에게 "성격"을 부여하는 것은 사실상 이러한 사회적 관습인 것이다. 이에 따라 어떤 것들은 우리가 "아무렇게나" 해도 되게끔 허용되며, 우리의 사소한 실수는 곧 잊히게 되므로 우리가 비난받을 일도 없다. 그렇지 않은 경우 그저 웃어넘기면 그만이다. 어느 분야든 처음 등장하는 신참자에게는 더 많은 것을 따지면서도 정작 우리는 (우리가 속한 집단 속에서) 마음 내키는 대로 활보할 수 있다.

---

66   Aristotle, *De Anima*, 429a29-430a25.

하지만 이러한 신참자에 대해서조차 우리가 떠들어 대는 이야기는 도 덕에 관한 것이 아니라 스타일과 매너에 대한 것이다(재차 말하지만, **오로지 우** 리가 속한 집단 속에서만 그렇게 한다). 말하자면 이것은 우리의 근본적 "태도" 를 드러내는 사안이라기보다는 여전히 반쯤은 남의 시선을 의식하는 미학 적 관행에 준하는 것이라고 하겠다. 아리스토텔레스 자신도 악기 연주나 무 용과 같은 예술적 수행을 상대적으로 자동사적이라고 간주한다. 그것을 행 하는 것 자체가 목적이라는 이유에서다.[67] 하지만 그러한 활동이 목표로 하 는 것은 외적 "작품"을 통해 드러나는 (비록 일시일지라도) 탁월성을 지향하 는 것이다. 음악과 무용은 모두 선례가 되는 "전범"(forms)에 따라 시작된다. 그런데 이 중 어느 분야에서든 일부러 계산된 실수를 연출하는 것은 우연 한 실수보다 고차원적인 것으로 간주될 것이다. 반면에 "작가의 사람됨"과 깊이 연관된 행동에 대해서 이야기할 경우에는 이러한 법칙이 적용되지 않 는다. 그러나 이러한 행동에 해당되는 것은 무엇인가? 무엇 때문에 이러한 행동은 내향성을 띠게 되는가? 우리의 생각을 포함한 모든 행동은 언어를 통해 표출되기 때문에 우리 자신에게서 비롯되어 외부를 향해 나아가며, 공 적인 영역으로 들어와서 원칙상 다른 이들도 전용할 수 있는 일종의 "선물" 로서 제공된다. 이렇듯 어떤 제작활동이 "행동"으로 간주되는 것은 오로 지 통상적 **관습**(convention)에 의한 것이며 오로지 특정한 코드화에 따른 것 이다. 이러한 코드화에 따르면, 첫째로 이러한 삶의 영역에서 일련의 제작 과정 중에 (작가의 작업실 안에 널려진 쓰레기든 작품모델과의 부적절한 성희롱이든 간에) "아무래도 상관없는" 그런 단계는 있을 수 없다. 수묵화(zen painting)에 서 모든 획이 다 의미가 있듯이 모두가 다 "중요"하다. 둘째로 개별적인 사 례로부터 고립된 작가 자신과는 전혀 상관이 없다고 여겨지는 여타의 제작 활동과는 달리 **이러한** 특정한 제작활동은 "작가의 사람됨"을 구성하는 일 련의 작품들로서 함께 연결되어 오래도록 기억될 것이다. 여기서 "삶이 먼

---

67   Aristotle, *Eudemian Ethics*, 1219a12ff.

저냐 일이 먼저냐"를 따지는 모든 논쟁(이를테면 작가의 부도덕한 행실이 그의 작품에 영향을 주는가? 아니면 작가의 외설적인 작품이 그의 성품을 반영하는가?)에 대해 어느 한쪽으로 치우친 결정을 내릴 수 없는 이유는 바로 대립되는 두 관점이 단지 상이한 코드들 중에서 하나를 취사선택한 것임을 보지 못하기 때문이다. 말하자면 어떤 이는 예술작품이 작가의 성품을 반영한다고 보지 않는 반면에 다른 이들은 그렇게 보려고 한다.

여기서 문제의 핵심은 한 부류의 코드화가 반드시 옳고 다른 부류는 그르다는 것이 아니다. 모든 문화권은 나름대로 행동과 제작 간의 차이를 코드화할 것이다. 물론 이러한 코드는 매우 다양하겠지만, 또한 우리가 속한 문화는 단언컨대 대단히 **지나치게 코드화**(overcoded)된 탓에 윤리적 행동이란 것이 갈수록 포착하기 힘든 "내면적"인 사안이 되어버렸다. 따라서 건축물이나 가구와 같은 일상적 "제품"만이 아니라 대부분의 "지속성을 띤" 제작활동(이를테면 매너나 행동스타일)마저도 도덕적 규범과 상관없는 것으로 치부된다. 그렇지만 정작 이론적으로 중요한 것은 행동과 제작 간의 구별을 **포에시스적으로** 수행해야 한다는 점이다. 다시 말해서 외향적 행동 중의 어느 것이 중요하고 어느 것이 그렇지 않은지, 또 어느 것이 허구적인 "연기"(pretense)를 통해 정반대의 진실을 암시하는 경우에 해당되는지를 결정해야 한다는 것이다. 따라서 어떤 제작활동이 윤리적 판단의 대상이 된다는 느낌은 오로지 이 활동을 인간 삶의 총체적 맥락 가운데 자리매김하는 광범위한 **미학적** 감각에서 기인한다고 하겠다. 윤리를 그 가능성의 극단까지 밀고가면 윤리마저도 감각적 판별에 좌우되는 미학의 하위 영역에 해당된다. "윤리"는 오로지 하나의 국지적 영역에서 발생하는데, 그 이유는 지속성을 띤 특정한 미학적 수행이 모두에게 상당히 바람직하거나 아니면 적어도 특정 역할에 속하는 사람들에게 바람직하다고 간주되기 때문이다. **특정한** 일련의 제작활동 내지 **특정한** 발언 패턴은 한 인격을 대변하는 것으로 그의 성격을 구성한다고 여겨지지만, 이 역시도 소설 속의 등장인물처럼 미학적 분석의 대상이 되는 허구적 산물에 불과하다.

따라서 아리스토텔레스에 반대하여 "직관"과 "제작"이 모두 윤리와의 일차적 연관을 갖고 있다고 보는 플라톤의 통찰을 되살릴 필요가 있다. 물론 앞서 제안한 "역전된 플라톤주의"에 근거하여 제작이 더 강조되어야 할 것이다. "행위"는 **포에시스** 자체에 의해 구성되는 귀속의 코드(codes of attribution)에 해당하는 사안이다. 따라서 행위는 특정 종류의 지식에 의해 좌우되는 내적 활동이라는 영구히 구별된 영역을 나타내지 않는다. 기예(techne)와 현명(phronesis)은 그 원천에서 서로 융합되는데, 그 이유는 우리가 하는 모든 행동이 "확산적"(emanate)이기 때문이며, 그 어떤 행동도 상황에 대한 단순한 반응은 아니기 때문이다. 오히려 행동 자체가 아무리 작은 것일지라도 상황을 변경시키며 상황과 규범을 조성하는 데 기여하여 미래에 전달하게끔 한다. 이 점에서 볼 때 데리다가 소크라테스적 전통과 소피스트의 수사학적 전통 **모두**가 "글쓰기"(écriture)의 우선성을 무시해 왔다고 지적하는 것은 어느 정도 일리가 있다고 하겠다.[68] 말하자면 이 두 전통은 기록의 방식 또는 다른 식으로 기억에 영구히 저장된 것들이 지닌 고착성을 (플라톤이 말하는) 영원한 정의의 감각이 지닌 유연성 내지 (소피스트나 아리스토텔레스가 말하는) 상황적 대응이 지닌 유연성에 대립시켰던 것이다. 이 경우 사람이 우발적 상황에 "자신의" 행동거지를 맞추어야 하기에 제작보다는 행동이 우선적인 것으로 간주된다. 하지만 상황을 발생시키는 사회적 관습의 경계선을 지속적으로 형성해가는 것은 글쓰기 내지 **"포에시스적"** 기록물이다. 글쓰기를 통해서 우리의 행동과 의미는 우리로부터 "달아나고" 예측할 수 없는 결과를 남긴 채 퇴적된다. 이것은 모든 인간 행동이 마주하게 되

---

68 Jacques Derrida, "Plato's Pharmacy," in *Dissemination*, trans. Barbara Johnson (London: Athlone, 1981) pp. 65-156. 하지만 이러한 논평은 단지 부분적으로만 옳다. 플라톤이 보기에 소피스트들은 추상적 권력에 대한 일종의 "쓰여진" mathesis를 행하는 반면에, 소크라테스가 말하는 구두성(orality)은 데리다에게서처럼 "현전"(presence)과 연결되는 것이 아니라 시간성에 직결되며, 더욱이 그것이 데리다보다 **구체화**(embodiment)에 보다 큰 정당성을 부여하는 방식임을 Pickstock이 지적한 점도 옳다고 하겠다. 다음을 보라. Catherine Pickstock, *After Writing: On the Liturgical Consummation of Philosophy* (Oxford: Blackwell, 1999).

는 불가피한 조건이다. 우리의 실제 의도가 노출되어 버렸다고 이따금씩 주장할는지 모르겠지만, 이것은 의미작용 및 목적론적 지향에 따른 연속성과 불연속성을 어떻게 평가하는가에 달린 사안이지 "우리 자신의" 행동과 그 "결과물" 간의 명확한 구분을 어떻게 설정하는가에 관한 것은 아니다. 모든 행동은 그 시작점에서부터 결과로 화한다. 하나의 목표를 설정함과 동시에 또한 확산하여 나간다.

아리스토텔레스에 반대해서 "행동"이라고 하는 보편성을 띤 특수 영역이 존재치 않으며 따라서 "윤리"라고 하는 개별 주제도 성립하지 않는다고 결론내릴 수도 있다. 오히려 "도덕적 사안"은 도처에서(현 상태와 진정 바람직한 아름다움의 조건 간에 불가피한 격차가 발생하는 곳이라면 어디서든지) 끼어든다. "행동"을 하나의 특수한 "윤리적" 영역으로 간주하고서 거기에 매달리는 것은 아직도 내면성과 같은 특정한 개념에 고착하는 태도다. 이에 따라 현재 "덕의 윤리"를 옹호하는 이들 중 다수는 처음부터 "동작주의 관점"을 강조하면서, (행동 "이전에" 자리한 데카르트적 의도에 의한 것이 아닌) 내면적으로 고취된 행동과 ("외부"로부터 완벽하게 파악될 수 있는) 단순한 자연적 인과관계를 구별한다. 그렇지만 이들은 비트겐슈타인 이후의 상황으로 인해, 의도가 행동 안에 자리한다고 하면 그 의도는 또한 언어를 통해서 조성되는 것이므로 원칙적으로 동작주 자신만이 아니라 외부의 관찰자에 의해서도 파악 가능함을 누구라도 알 수 있다는 것을 즉각 깨닫게 되었다.[69] 따라서 이들은 즉시 사회적 지평으로 이동한 후에 "동작주의 관점"을 인간의 문화적 양태 및 특별히 (최종 목표와 더불어 그에 대한 성공적 또는 미완의 계획까지도 전제하는) 서사적 구성화(emplotment)에 해당되는 내면성과 동일시함으로써 그것을 구출하려고 한다. 그렇지만 이야기 속에 반드시 사람만 등장하라는 법은 없으며 (아리스토텔레스도 거의 파악하고 있는 대로) 서사라는 것은 사실

---

69   Stanley Hauerwas, *Character and the Christian Life*, (San Antonio: Trinity University Press, 1985) pp. xiii-xxxiii.

상 그 양식을 통해 실재 전체가 우리에게 그 자신을 제시하는 것이므로 특정한 나무의 이야기가 없이 보편적으로 영속하는 나무의 개념이 성립할 수 없다. 우리가 어떤 사물을 처음 알게 될 때, 그것이 미분화된 연속체나 일련의 작용인과 결과로서 다가오는 것이 아니다. 그러하기는커녕 상대적으로 고정된 실체 및 구별 가능한 연속체(사실과 동작)가 이미 일정한 "의미"로서 (들뢰즈가 주장하듯이) 우리에게 자신을 제시하거나 또는 "비유형적" 요소(플라톤이 말하는 "표면에 부상하는 이데아들")로서 나타나므로, 우리는 이것을 그 구체적 발생으로부터 분리해서, 그것이 크든 작든 빠르든 느리든 간에 다른 데서도 발생할 뿐 아니라 다른 것으로도 전환될 수도 있으므로, 실로 하나의 이행을 "구조화"하는 것으로 사유할 수 있다. 이것이 바로 우리가 하나의 맹아를 인식하는 방식이다. 하지만 사실 우리는 모든 것을 오로지 맹아로서 즉 미래에 이루어지거나 그럴 가능성에 의해 조성되는 것으로서 인식한다. 이렇듯 모든 사물에 대한 우리의 파악은 어떤 면에서 목적론적이자 서사론적(narratological)이다. 다시 말해서 (정확히 수천 년이나 걸리는) 깊은 사색과 지대한 노력을 기울여야만 순수 연속체라는 개념과 조우할 수 있고 의도와 구별된 인과성을 마주하게 된다. 그러나 들뢰즈가 주장하듯이, 아직도 남아 있는 것은 연속체가 "초래한" 상황이자 그러한 의미의 작용에 따라 "발생한" 정황이다. 그러므로 변화를 추동시키는 활기와 동력도 바로 의미(내지 기호학적 분절)로서 목도하게 된다.[70] 나무에 대한 우리의 목적론적 읽기는 **결코** 의인화된(anthropomorphic) 읽기가 **아니다**. 말하자면 우리 자신의 행동에 대한 목적론적 내지 의도적 읽기가 나무를 모방한(dendromorphic) 읽기일 수도 있기 때문이다.

따라서 매킨타이어에 반대하여 나는 행동을 성립시키는 것은 "인간적" 내지 "문화적" 동기나 "내면적" 이유의 존재 여부가 아님을 주장한다. 이 모든 시각은 참으로 여전히 데카르트 및 칸트적 수준에 머물러 있다고

70　Gilles Deleuze, *Logique du Sens*, pp.41-50, 115-22.

하겠다. 중요한 것은 목표의 의도를 가시적 구조를 통해 드러내는 목적론적 구조화가 표면적 층위에서 객관적으로 현존하는가의 여부이다. 마찬가지로 여기서 실질적 구분선은 자연적 인과관계와 문화적 행동 사이에 그어지는 것이 아니라, 오히려 "명백한" 의미 내지 현상이라고 하는 현상학적 심급에 머무는 것과 이러한 것을 그저 한 덩어리의 방향 없는 연속체로 "환원시키는 것" 사이에 자리한다. 물론 결과를 원인에다가 끌어대는 경이로운 방식은 목적론적이라기보다는 한없이 거칠고 끝없이 이어지는 것으로 볼 수 있다. 이것은 바로 들뢰즈가 택한 경로이며 가톨릭적 존재론은 단연코 이것을 거부할 수밖에 없다.

그러나 스토아-허무주의적 읽기든 아리스토텔레스-신플라톤주의-가톨릭적 읽기든 간에 서사는 우리가 세계 안에 거주함에 있어 취하는 일차적 양식이며, 따라서 그것은 세계가 우리에게 발생하는 방식을 특징짓는다. 그러나 인간이 만든 문화적 세계를 일차적으로 결정하는 것은 아니다. 따라서 서사적 행동 중에 그 어떤 특별한 "인간적" 영역이 있는 것은 아니며, 비록 인간의 삶이 체계적으로 더 "개방적"이고 "집약적"인 면모를 보인다 할지라도 인간의 삶을 유일무이하게 특징짓는 "윤리"의 영역이 존재하는 것도 아니다. 그 대신에 자연 전체를 어떻게 드러내는 것이 좋을지, 심지어 자연이 스스로 어떻게 비쳐지기를 바라는지에 관한 질문이 우리의 모든 인식 가운데 강하게 부각될 뿐이다.

4. 아리스토텔레스에 대한 문제제기: 애덕과 현명함

지금까지 나는 아리스토텔레스를 그의 사상 내부로부터 해체하는 시도를 진행해왔다. 그러나 아리스토텔레스에 대해 문제를 제기하는 두 번째 방법은 바로 그의 윤리학이 지닌 구조를 토마스 아퀴나스의 것과 대조하는 것이다. 여기서 내가 주장하려는 것은 아퀴나스가 제시하는 새로운 덕의 면모에는 덕 자체가 지닌 형식에 대한 수정을 수반한다는 사실을 매킨타이어가 과소평가한다는 점이다.

다시 말하지만, 내용의 차원을 먼저 다루면서 그에 따라 아리스토텔레스가 말하는 공민적 이상이 "아량 있는 남자"(magnanimous man)를 상정하는 반면에, 아퀴나스의 가톨릭적(ecclesial) 이상은 "사랑을 베푸는 사람"(the person of charity: 여기서 성중립적[gender-neutral] 표현으로 전환하는 것도 역사적으로 적절하다)을 다루고 있음에 주목하게 된다. 아량 있는 남자와는 달리 사랑의 사람은 재원을 쌓아 두지 않으며 그것을 경제적 원칙에 따라 분배하지도 않는다. 그러하기는커녕 그의 존재 방식 자체가 베풂이며, 이렇듯 끊임없는 외부지향(outgoing)은 역설적으로 다시 그에게 힘을 충원해 준다. 어떤 종류의 베풂은 심지어 가난과 연약함이라는 부정적 상황 속에서도 발휘될 수 있으며, 그러한 사랑의 사람은 무엇보다도 먼저 하나님으로부터 사랑을 **받은** 사람이기에 사랑은 감사에서 시작해서 감사로 끝난다. 그런데 아량 있는 남자는 그러한 감사를 자기가 설정한 울타리 안에 가두어 두기를 선호한다. 사랑은 하나님과의 친교이자 동료 인간과의 사귐이므로 언제나 상호성을 수반하기 마련이다. 아리스토텔레스도 우정을 논하면서 이 점을 언급했으나, 그는 아퀴나스처럼 우정을 공민적 성취의 정점에 자리매김하지는 않았다. 아리스토텔레스에게 있어 친구란 유익(the good)에 대한 사랑을 서로 공유한다. 그러나 이러한 유익은 궁극적으로 아량과 같은 영예가 보상으로 주어지는 경제체제인 것이다. 만약에 우정이 실제로 덕의 최고봉이라고 한다면, 이는 덕 자체가 자족적인 내면적 사안이라기보다 관계적인 것임을 암시한다. 그런데 아퀴나스는 실제로 사랑과 우정은 다른 식으로도 얻을 수 있는 유익을 단지 공유하는 것은 아니라고 말한다. 오히려 그는 상호적 시혜 자체가 **일정한 상통관계 위에 세워지는 것**(fundatur super aliqua communicatione)임을 밝힌다. 다시 말해서 무언가를 다른 누구에게 자발적으로 베푸는 것이야말로 우정의 구성요인이자 궁극적으로 덕을 특징짓는 요소가 된다.[71] 이러한 "상통관계"(이 말의 본질적 의미는 정보라든가 심지어 주관적

---

71 Aquinas, *ST* II-II, q.23, a.1.

생각을 소통하는 것이 아니라 일종의 "베풂"이며, 여기서 베풂의 행위 자체는 베풂의 대상이 되는 내용물이다)와 같은 특징이 아리스토텔레스에게는 결여되어 있다. 말하자면 이 개념은 선함이란 근본적으로 선물 내지 확산(emanation)이라는 생각을 잘 보여주는데, 아퀴나스는 이 개념을 디오니시우스와 아우구스티누스와 같은 신학자들에게서 배웠을 뿐이며 그가 "철학자"라고 지칭하는 아리스토텔레스에게서 배운 것이 아니다. 이러한 사상에 따르면 **텔로스**는 더 이상 동작주 안에 머물러 있는 행동이 아니라 오히려 여분의 흘러넘침, 즉 끊임없이 자기를 소거하는(self-cancelling) 일종의 궁극점이다.

그렇지만 아리스토텔레스와 아퀴나스 간의 대조는 덕에 대한 상이한 내용을 제시하는 데서 멈추지 않는다. 아리스토텔레스의 전반적 개념 틀마저 교란된다. 왜냐하면 아량은 단지 특수한 도덕적 덕목일 뿐이며 덕을 우발적이 아니라 진정으로 덕스럽게 만들지는 못하기 때문이다. 이에 해당되는 것은 오히려 **프로네시스** 내지 **프루덴치아**(*prudentia*)로서, 이것은 도덕적 덕목이 아니라 지성적 덕에 해당된다. 반면에 사랑은 단지 최고의 윤리적 이상일 뿐 아니라 덕을 덕스럽게 만드는 것이기도 하며, 아퀴나스에 따르면 "덕성들의 형상" 자체인 것이다.[72] 만물은 반드시 초자연적 경륜을 **구체적으로**(*in concreto*) 나타내야 한다. 그런데 만약 그렇지 않다면 진정한 자연적 덕이 있을 수 없으며, 이는 은총의 결여가 자연마저도 혼란케 하는 까닭이다. 이렇게 되면 모든 것이 아래위로 뒤죽박죽이 되고 앞뒤가 바뀔 것이다. 사랑의 경륜 하에서 우정은 더는 보조적이거나 부수적인 것이 아니라 그 자체가 최종 지향점이 된다. 더욱이 이렇듯 늘 새로워지고 끝없이 흘러넘치는 외부지향은 본래 과도함을 억제하고 만물에 균형을 준다고 여겨지는 현명함마저도 다스린다. 물론 아리스토텔레스는 탁월함의 관점에서 볼 때 중용도 그 자체로 치우침(extreme)이라고 말한 적이 있다.[73] 그러나 이 말

72   Aquinas, *ST* II-II, q.8, a.1. q.23, a.7.

73   Aristotle, *Ethics*, 1107a1-5.

을 할 때 그는 엄밀히 지성적 덕의 최대치를 의미한 것일 뿐이며 특정한 도덕적 덕성이 제한 없이 무한대로 뻗어나가는 그런 식의 치우침을 말한 것은 아니다. 애덕(charity)의 개념은 전적으로 비아리스토텔레스적인 것으로 "과도"할 수는 있지만(아니, 본래적으로 과도해야 한다) 결코 "너무 지나칠" 수는 없는 일종의 "욕구"라고 하겠다. 이로써 "중용"의 개념이 지닌 최고의 중요성을 흔들어 놓는 미묘한 변화가 여기서 진행되고 있다.

중용이 최고로 중요하다는 생각은 영혼이 이상적 자족상태에 있듯이 도시국가는 외부와의 교섭이 전혀 없는 상태로 있음을 상정하는 것과 한 세트를 이루고 있다. 즉 이 두 가지 상태만이 평화를 보장하며, 그중에서도 영혼의 경우에 더 완벽한 평화가 이루어진다고 본다. 말하자면 "균형"은 오로지 고정된 경계 안에서만 우선적으로 확보되는 반면에, 끊임없는 외부지향과 흘러넘침은 모든 평형을 모두 다 간단없이 뒤엎어놓을 것이다. **사랑의 필연성**이란 말은, 적절한 현명함의 견지에서 볼 때, 다음과 같이 "정해진 목적의 범위 내에서" 인내와 용기 등을 보여야 할 경우에 필요하다면 더 많은 인내와 용기를 발휘해야 할 여지가 있음을 의미한다. 따라서 **상통으로서의 사랑**(charity as communication)은 아리스토텔레스에게서는 찾아 볼 수 없는 힘, 즉 인내와 용기의 증대를 **촉발하는** 힘을 지닌다고 하겠다. 더욱이 완전 곧 사랑의 완전한 충만함을 향한 점진적 진보라는 생각 속에는 우리가 더는 충동조차도 (그것이 과도하든 부족하든 간에) 지니지 않는다는 의미가 함축되어 있다. 말하자면 사랑은 현명과 마찬가지로 아래로부터 솟구치는 정념적 질료에 "형상"을 부여치 않으며, 오히려 자체의 질료를 산출하여 그것을 각각의 경우에 해당하는 적실한 필요에 따라 형성하며, 이러한 적실성 안에서 결코 비난의 소지가 있을 수 없는 그러한 "과도함"마저도 감행한다. 아퀴나스는 아우구스티누스를 따르고 있으므로 그가 보기에 비난의 소지가 있는 "과도함"과 "결핍"은 오로지 부정적인 면에 해당되는 반면에, 플라톤과 아리스토텔레가 보기에 폴리스가 야만스런 폐기물에 둘러싸여 있듯이 과도함과 결핍은 영혼 안에 도사리고 있는 실질적이고도 영구적인 상태이다.

이 점을 플라톤의 작품인 『정치가』(Statesman)의 한 대목에서 아주 강력하게 암시하고 있는데, 거기서 그는 정치가에 대한 개념 정의에 필요한 "추가적 공준"(즉 "과도함과 결핍은 관계적 측면에서만이 아니라 그것이 일정한 표준 내지 적절한 정도에 도달했는가의 견지에서도 가능된다")이 『소피스트』(The Sophist)에 등장하는 변증법적 추론을 뒷받침하기 위해 요구되는 "추가적 공준"("X가 아니라 해도 그것은 최소한 존재한다")과 유사하다고 주장한다.[74] 첫 번째 공준이 함의하는 것은 단지 관계적 분량에 따른 다소(多少)가 아닌 실제적 척도가 존재한다고 하면, 갈등하는 세력들 간의 균형을 추구하는 것만이 아닌, 정치가의 도리 내지 객관적 정의의 실현을 위한 행정의 준칙이 존재할 수 있다는 것이다. 이 말이 결국 의미하는 것은 하나의 범위 내에서 임의의 위치에 따라 부정적으로 평가되는 것이 아니라 항상적으로 부정성을 띤 그러한 절대적 의미에서의 "과소" 내지 "과대"가 존재한다는 점이다. 『소피스트』에 나오는 두 번째 공준도 비슷한 방식으로 절대성을 옹호하는 것에 관심하는데, 그 관심의 대상은 정의가 아닌 진리와 관련된 절대성이다. 그 주장인즉 부정이 가능하기 위해서, 또한 진리와 허위 간의 구별이 성립하기 위해서라도, 허위의 진술을 부정하는 부정어 즉 "X가 아니다"라는 명제는 최소한 "비존재"(not being)로라도 일정한 실재성을 지녀야만 한다는 것이다. 비록 변증법이 일차적으로 진리에 관계된다고 하지만, 그것은 여기서 변증법이 일종의 "정화"의 기술로서 악한 것을 구축하고 선을 보증한다는 말이기도 하다.[75] 따라서 『정치가』와 『소피스트』에 나오는 두 공준을 상호 비교할 경우 "과도함"과 "결핍"은 절대적으로 부정적이면서 동시에 "실제적"이며, 또한 "X가 아니다"라는 명제와 마찬가지로 일정한 존재론적 지위를 암시하는 것으로 보인다. 이 점은 아리스토텔레스의 다음과 같은 견해와 잘 맞아떨어진다고 하겠다. 이를테면 현명함은 음탕함(apeirokalia)을 비롯한

---

74   Plato, *Statesman*, 283c-84c.

75   Plato, *Sophist*, 224d, 237e-238a, 256e-257b.

과도한 행위를 억제하고 치졸함(*mikroprepeia*)과 같은 결핍의 행위를 회피하면서 위대함(*megaloprepeia*)에 따른 중용을 견지하므로, 이는 폴리스에서 지나치게 강한 자는 국외로 추방하고 지나치게 약한 자는 희생양(*pharmakos*)을 삼아서 축출하는 것에 비견된다.[76] 플라톤과 달리 아리스토텔레스는 "비존재"(non-being)가 다소 기이한 의미에서라도 존재한다고 생각하지 않았으며, 질료를 악으로 간주하지도 않았다. 그렇지만 그는 여전히 질료가 온전한 합리성 내지 파악가능성에 미치지 못하는 부정적 잠재력의 존재론적 원천이라고 보았다. 이러한 시각은 정념이란 합리성 이전에 주어진 것이며 실천이성의 관점에서 보면 "중립적"인 것이고 따라서 결핍됨이나 과도함을 영구히 지향한다고 보는 그의 견해에 부합한다. 과도하거나 결핍된 정념은 부적절한 경우에도 거침없이 끼어든다. 이는 아리스토텔레스가 보기에 서로 결합해서는 안 되는 것을 이론적 오류로 말미암아 서로 결합시키는 것과 마찬가지다―여기서도 물론 플라톤과는 대조적으로 이러한 착오는 인식 주체인 영혼의 내면적 공간 안에서만 생겨난다는 점을 감안해야 할 것이다.

그러나 (가톨릭 신앙의 경우처럼) 악이 순수 결여로 여겨지거나 여하한 존재론적 가치도 지니지 못한 것으로 이해되는 곳에서도 부정적인 것은 도시 주변의 배후지처럼 덕을 둘러싼 영역이라기보다는 단지 적극적 덕의 결여, 즉 덕의 분량이 불충분한 것으로 여겨질 것이다. 즉 전쟁은 너무 심하든 그렇지 않든 간에 전쟁임에 틀림없다. 아리스토텔레스에게 있어 덕이란 현명함과 욕구 사이에서 거의 **외줄타기**며 그 둘 간의 적절한 균형이라는 견지에서 정의 내려진 것이다. 반면에 오직 그리스도교에 있어서만 덕이 애덕(이것은 유일하게 덕을 낳는 덕성이다)으로 화하고 난 후에라야 덕 또한 진정 스스로를 가늠할 수 있다. 따라서 그리스도교는 만물을 선에 소급(그 역은 성립하지 않는다)하고자 하는 플라톤의 소원을 새로운 심급에서 성취한다. **오직**

---

76 Aristotle, *Ethics*, 1107a28-1108b9. *Politics*, 1284a1-1284b2.

그리스도교만이 그 단계에 도달하였고, 그러자 실제로 모든 면에서 윤리적 면모를 띠게 된다.

아퀴나스는 물론 지식의 분야를 조직화한 아리스토텔레스의 업적 중에서 상당 부분(가령 **테오리아·프락시스·포에시스**의 삼분법)을 받아들였다. 하지만 초자연적 심급에서 이러한 구분은 와해되기 시작한다. 아퀴나스에게 있어서 애덕이 이미 **테오리아**에 해당되는 것처럼 **프락시스**와 **포에시스**도 애덕에 포함되기에 이른다. 이러한 시각은 덕을 본래 관계적인 것으로 만들 뿐 아니라 플라톤과 마찬가지로 덕 자체가 초월적인 것과의 관계임을 재차 주장한다. 아퀴나스는 이 점을 분명히 하기 위해서 덕성들은 궁극적 지향점을 향한 욕구 내지 성향을 지닐 뿐 아니라, 그 지향점을 지적으로 **의도**하기도 한다고 말한다. 그럼으로써 그는 단지 현명함이 아닌 도덕적 덕성 **자체**가 궁극성(finality)을 바라보는 시야를 갖게끔 한다. 왜냐하면 궁극성이란 "초월적 영역"에 자리한 것이므로 그저 눈앞에 놓인 것만 가지고 균형을 추구하려고 하는 현명함으로는 궁극성에 도달할 수 없기 때문이다.[77] 아리스토텔레스가 시작한 "세속화"의 추동은 이로써 역전된다. 하지만 그리스도교 플라톤주의의 몇몇 양태와 대비할 때 **아리스토텔레스가 주는 유익**도 있다. 이를테면 신성과의 관계는 이론적이며 동시에 실천적이고 수사학적이라는 것과, 덕스러운 사람들로부터 먼저 윤리를 배워야 하는 것처럼 하나님도 먼저 우리를 가르쳐야 한다는 것 등이다. 하지만 [그리스도교는] 영웅적 덕을 버리고 애덕으로서의 덕을 선택함으로써 아리스토텔레스의 개념 장치 전반에 걸쳐 엄청난 교란을 초래하였으므로, 삼분법적 구분방식·**프락시스**와 **포에시스**로 이루어진 이원론·현명함이 지닌 주도적 역할·덕은 곧 중용이라는 생각 등이 모두 흔들리게 되었던 것이다.

---

77   Aquinas, *ST* I–II, q.9, a.1, q.12, a.4, q.20, a.2. Stanley Hauerwas, *Character and the Christian Life*, pp. 65–7.

5. 고대적 이성에 따른 이율배반

우리가 방금 살펴보았듯이, 그리스도교에서는 덕을 **비르투스**(*virtus*) 곧 능력(power)과 실질성(virtuality)으로 이해해 왔다. 그러나 여기서 말하는 능력이란 그 자체적 작동의 장(field)을 지속적으로 발생시키는 힘이며, 이러한 장은 더 이상 형성과 지배와 제어의 수동적 대상이 아니라 그 자체가 해방된 하나의 새로운 힘 내지 새로운 자유라고 이해된다. 여기서 매킨타이어가 윤리적 행동을 결과 내지 추상적 자유라는 기준과 관련짓는 계몽주의적 접근에 대해 이의를 제기하는 것은 절대적으로 옳다 하겠으나, 이러한 환원적 접근이 지닌 특별히 **탈그리스도교적**(post-Christian) 성격에 대해서도 인식하고 있어야 한다. 예컨대 "인애"(benevolence)는 결과의 극대화를 기대하는 것으로 분명히 애덕의 세속화된 형태하고 하겠다. 말하자면 그리스도교에서 이해하기로는 윤리적 행동 자체가 결과로의 전이(passage)를 구체화할 뿐 아니라 이러한 전이를 통해 추구하는 텔로스는 창조적 자유의 심화를 낳는다. 이는 다른 무엇이 아닌 바로 애덕이 그 고차원적 현명함에 따라 예측불가하게 촉구하는 요청을 이루기 위함이다. 반면에 고대 사상이 이해하기로 덕은 선행하는 폭력을 제한하고 물질적 장의 형태를 조직하며 물리적 힘을 견고한 비몰아적(non-ecstatic) 중심의 둘레에 묶어두는 본질상 영웅적인 힘이다.

헤겔이 간파했듯이 그리스도교적 관점에서 볼 때 고대적 덕이 아직도 지니고 있는 타당성은 바로 그 도의적(*sittlich*) 성격인데, 그것은 도덕성을 **에토스**에, 도덕적 책무를 특수한 사회적 질서 내에 자리한 특정 역할에 결부시킨다. 이 말은 어떤 면에서 정의(*dikaiosune*)의 문제는 바로 덕 자체의 문제와 동일한 영역을 갖는다는 뜻이다. 만약에 객관적 정의 즉 역할과 재화에 대한 공정한 분배의 가능성이 폴리스 내에 존재한다면, 오직 그 경우에만 객관적 덕성이 존재할 수 있다. 그러나 또한 객관적 정의가 함축하는 것은 사람들 간의 조화로운 "교류"(mixture) 즉 합의에 기초한 진정한 평화가 있을 수 있다는 말이며, 이러한 평화는 계약에 근거한 불편한 평화 내지 서로 다름에 대한 합의를 넘어선다. 우리가 다음 장에서 살펴보겠지만, 아우구스티누스는 로마인들이 진정한 덕성을 갖추지 못한 이유는 그들이 진정한 평화를 (구체적 실천의 심급에서든 신화론적·존재론적 사고의 차원에서든) 알지 못하기 때문이라고 고발하였다. 본 장에서 나는 이러한 고발에 함축된 내용을 고대시대 전반으로까지 확대하여 분석할 것이며, 따라서 아우구스티누스와 마찬가지로 나는 (아리스토텔레스 식으로) 덕을 영웅적 관점에서 이해할 경우 그것은 결국 개인적 영혼의 차원이든 도시국가적 차원이든 간에 자기통제의 사안으로 귀착될 뿐임을 주장한다. 자기통제에 기초한 관계성은 주체와 주체 간의 사안이 아니며, 본질적으로 서로 주고받는 관계 내지 자유에서 비롯된 발로가 아니므로, 그것은 자기 나름의 방식대로 윤리적 행위를 (계몽주의가 자유와 결과로 환원시키듯이) 다른 무언가로 환원시키기 마련이다. 이 경우는 "형상적" 지위를 가진 자기통제가 종속적 지위에 불과한 "질료적 힘"을 압도하는 관계라고 하겠다. 이렇듯 **아레테**란 말은 늘 승리의 표준으로 간주되어 왔으며, 정복이 전쟁을 종식시킨다고 하지만 그러기 위해 선행하는 전쟁이 있어야 하고, 또 전쟁을 종식하는 것도 결국 전쟁에 달려있을 뿐이다. 물론 그리스인들은 항구적 평화가 정의에 달려있다고 믿었지만, 단지 전쟁에서의 승리를 넘어서는 그러한 정의를 향한 그들의 열망은 사실 변덕스런 것이다.

덕은 정의를 전제하고 정의는 진정한 평화를 수반하므로, **평화가 갈등보다 존재론적 우위를 지닌다는 사실**(평화는 가장 실제적이고, 가장 안전하므로 인간의 생명을 가장 효과적으로 보장해준다)은 덕에 관한 사안보다 그 **중요성이 훨씬 더 크다**고 하겠다. 아퀴나스가 주목하듯이, 평화는 하나의 덕성이 아니며(그는 평화로움이라는 개별적 덕에 대해 이야기하지 않는다), 그 이유는 평화야말로 궁극적 목적이자 존재 자체로서의 근원(*principium*)이기 때문이다.[78] 따라서 존재론과 평화와 갈등에 관해 고찰하다보면(이는 이미 소크라테스 이전

---

78 Aquinas, *ST* II-II, q.29, a.4.

에 그리스 철학의 주요 관심사였다) 아우구스티누스가 간파했듯이 덕성 내지 도덕성에 대한 관념 전체가 흔들리는 위험에 처하게 된다. 그러므로 본 장에서 주로 고찰하려는 주제는 고대시대에 있어 평화가 갈등에 대해 존재론적 우위를 지닌다는 생각에 실제로 도달하지 못했고, 따라서 (그리스도교적 관점에서 보든지 또는 심지어 플라톤과 아리스토텔레스가 열망하던 몇몇 측면에서 보든지 간에) 덕에 관한 영웅적 관념과 단절함으로써 진정 윤리적 "선"에 도달하는데도 실패했다는 사실에 관한 것이다.

나는 이하에서 고대적 이성에 따른 세 가지 이율배반을 개괄함으로써 이러한 이중적 실패의 양상을 간략하게나마 적시하고자 한다.

i. 폴리스 대 오이코스 플라톤과 아리스토텔레스는 덕성의 충분한 발휘는 가정의 영역에서는 불가능하다고 생각했다. 이들의 이러한 생각은 (노예제에 관한 이들의 견해에 대한 매킨타이어의 발언과 유사하게) 여성이나 가내 노예나 수공업 장인이 영위하는 제약된 생활양식이 문화적 관습으로 인한 산물일 뿐 "자연적 사실"이 아니라는 점을 그들이 보지 못했음을 시사할 수 있다. (온전한 행복과 덕성이 아동에게 해당되지 않는다는 주장은 조금은 다른 문제다.) 그렇지만 이들에게 있어 덕성은 폴리스에 참여함을 의미하며, 폴리스 자체는 내가 다음에 말하려는 것처럼 오이코스를 최소화하기 위한 기제 또는 연속성과 계승을 모성 및 가정적 양육으로부터 단절시키기 위한 문화적 우회로로서 구성된 측면이 어느 정도 있다고 하겠다. 이렇듯 덕성은 (그리스도교적 덕성과 마찬가지로) 여성도 소유할 수 있고 광장에서처럼 가정에서도 (또한 성인만이 아니라 미성년자도) 발휘할 수 있는 것임에도 불구하고, 이러한 덕성은 "정치적" 관점에서 보면 전혀 "덕성"일 수 없는 것이다. 즉 그것은 전적으로 다른 기준에 의해 평가될 경우에만 덕성으로 간주되었다.

고대적 이성은 오이코스와 폴리스를 넘나들며 수미일관하게 발휘되는 그와 같은 덕성을 상상하기에 어려움을 겪었다. 말하자면 공시적 관점에서 볼 때 정치적 정의가 가정에 대한 충성심보다 우위를 점하고 있으나, 통시적 관점에서 보면 정치적 공동체는 경제적 활동 및 아동의 초기 양육을 위해서 생물학적 계승과 더불어 가계의 조직화에 의존해 있었다. **오이코스**는 시간상 앞서 존재했으며, 이 때문에 잠시 머뭇거리며 여성이 지닌 모성적 기능을 고려하는 것이 필수적이었다.

이러한 이율배반은 헤시오도스에게서 가장 약하게 감지된다. 그는 농촌의 시각에서 정치·군사적 복합체인 폴리스로와의 거리를 유지하면서, 히브리적 기풍에 공명하는 정치와 농경이 결합된 "동양적" 복합체에 대한 선호의 입장에서 글을 쓰고 있다. 그렇지만 창세기에 나오는 성서의 서사와 마찬가지로 헤시오도스도 태초의 완벽한 상태로부터 쇠퇴가 시작된 발단을 여성과 연결시킨다. 헤시오도스의 경우 두 번째 **은의 시대**(the Silver Age)에 신들에 대한 공경심이 쇠퇴한 현상을 유약한 자식들이 어머니에게 지나치게 의존한 것과 연결 짓는다.[79] 그럼에도 불구하고 창세기에 등장하는 것과 비슷하게 **황금시대**(the Golden Age)에 **대지자생**(autochthony: 남성이 대지로부터 태어난다는 뜻)이 계속되었다는 암시를 아직 찾아볼 수 없다. 이렇듯 생식에 있어 여성을 배제하는 것이 나중에 가면 적극적 의미를 띠게 되지만, 헤시오도스에게 있어서 대지자생(여기서는 남성이 물푸레나무에서 태어남)은 세 번째인 **청동시대**(the Bronze Age)에 가서야 출현하는데, 당시는 오만하고 온통 제멋대로인 외눈박이 거인전사들이 주름잡던 시대였다.[80]

그에 비해 아이스킬로스(Aeschylus)의 비극에서는 보다 더 시민적 관점에서 신화에 대한 개작이 나타난다. 인류 최초의 시대 즉 노인에 대한 공경·외지인 대한 환대·평화와 정의가 충만했던 신화적 시대에 속한 가치가 이제 본질적으로 **이론의 여지가 있는** 것으로 취급되었다. **오이코스**가 가장 중요할 뿐 아니라 **오이코스** 내의 지위로 인해 아내와 어머니 및 자녀의 권리가 또한 중요하다고 주장하는 이들(「아가멤논」에 등장하는 클리템네스트라

---

79 Hesiod, *Works and Days*, pp. 125–36.

80 Ibid., pp. 142–55.

[Clytemnestra] 왕비와 「테베공략 7장군」 및 소포클레스의 비극 「안티고네」에 등장하는 주인공 안티고네[Antigone] 등)은 태고의 불화(primal rupture)가 가정의 법을 침해한다고 간주한다. 또한 「자비로운 여신들」(Eumenides)에 등장하는 합창대의 해설은 폴리스의 지배권 확립을 구세대 신들이 신세대 신들에 의해 교체된 사건과 동일시하면서, 아울러 대지와 자궁의 비옥함에 끼치는 불길한 영향을 드러내는 대목에서 이들과 같은 입장인 것으로 보인다.[81] 다른 한편으로 아가멤논처럼 공적 영역의 최우선적 중요성을 지지하거나, 그의 딸 엘렉트라처럼 가정적 지배와 군주적 지배가 교차하는 지점에서 아버지의 권리가 어머니의 권리를 능가한다고 보는 이들은 분노의 여신들(the Furies)을 격분케 하는 태고적 불화를 이러한 군주적·부권적 권위에 대한 폐기로 해석한다.[82] 「테베공략 7장군」에서 왕의 권력이라는 남성적 영역은 혈통이 아닌 지역에 근거한 또 다른 유서 깊은 전통을 끌어옴으로써 가족적 매개 및 대지의 권능에 따른 보호로부터 한층 더 멀어지게 된다. 이러한 새로운 **뮈토스**의 대변자인 에테오클레스(Eteocles)는 올림포스의 신들이라는 새로운 신격에 호소하는 반면에, 그의 대적자들은 티탄들의 가호를 받으며 투쟁한다. 그는 시민적 정의라는 새로운 권위를 토양에 파종된 씨앗으로부터 전사들이 발생한 고대의 사건과 연결한다. 따라서 우선적 충성의 대상은 어머니나 아버지가 아니라 "너를 낳고 길러준 이 어머니 대지"인 것이다.[83] 에테오클레스가 이렇듯 대지에 호소하게 된 것은 아마도 자신과 그의 형제 폴리네이케스(Polyneices)가 자기 아버지인 오이디푸스의 저주 아래에 있기 때문일 것이다.

신들의 족보를 다루는 헤시오도스의 설명에 따르면, 우라노스(Uranus)로부터 크로노스(Cronos)를 거쳐 제우스에게로 이어지는 부친살해를 통한 계승의 모티브는 가족적 충성에 호소하는 원초적 태도 자체를 혼란으로 묘

81 Aeschylus, *Eumenides*, pp. 780-822.
82 Aeschylus, *The Choephori*, pp. 120-50.
83 Aeschylus, *Seven Against Thebes*, pp. 12-24.

사하는데, 이 가족적 충성은 결코 올바르다고 할 수 없는 끝없는 복수의 고리로 귀결된다고 하겠다. 자신의 딸을 죽인 남편에 대해, 자신의 아버지를 죽인 어머니에 대해 복수를 감행해야만 하는가? 올림포스적 정의를 대변하는 "신"은 이제 운명 위로 떠오르는 별과 같이 부상하여 운명의 작동을 제한하려고 하는데, 이는 『오레스테스 삼부작』의 말미에서 **폴리스**가 오레스테스를 사면하고 분노의 여신들을 결박하는 장면을 떠올리게 한다. 하지만 이 이야기는 물론 **오이코스**의 관점 및 복수를 옹호하는 오래된 정의의 관점에서 보자면, **폴리스**가 내세우는 정의도 애초에 자의성이며 현시점에서 보자면 기존질서(*status quo*)를 공고히 하려는 의도에 불과함을 시사한다. 어째서 오레스테스는 운명의 저주로부터 풀려나게 되는가? 어째서 폴리네이케스는 그 형제인 에테오클레스와 다투다가 죽었다고 해서 그 시신마저도 땅에 묻히지 못하는가? 에테오클레스는 폴리스 차원의 국장(國葬)을 주장하지만 그 주장마저도 자기만이 유일하게 아버지 오이디푸스로부터 정치적 유산을 물려받았다는 주장을 그 근거로 내세우는데, 이는 로물루스(Romulus)가 로마의 건국 과정에서 레무스(Remus)를 제거해버린 사건을 떠올리게 한다. 따라서 『안티고네』는 공적 의무와 사적 의무 간의 영원한 갈등을 다룬 드라마가 아니라 오히려 하나의 특수한 공적 영역이 기존질서로 확립되어 가는 계기에 관한 이야기인바, 이 새로운 공적 영역이 보장하는 평화와 질서가 이전 시기의 사적 충성심을 압도하게 되고, 그것이 고안해낸 하나의 지리적 장소와 결부된 정의의 원칙마저도 또 하나의 복수 행위에서 기원한 것이라는 사실을 은폐한다. 이 점에서 크레온(Creon)은 **폴리스**의 진정한 정치적 설립자라고 할 수 있다. 그 이유는 그가 한 가문이 분열로 인해 벌이는 투쟁의 와중에서 승리하는 편에 서기 때문이다. 하지만 안티고네는 자신에게 있어 **폴리스**만이 망자들과 함께하는 유일한 공동체임에도 불구하고, 자신은 폴리스에 속하지 않는 상이한 종류의 사회적 해결책을 예견케 한다. 안티고네는 자기 형제 중 어느 한 쪽을 편들지 않으며 폴리스의 지형이 자신의 중립적 균형을 흔드는 것도 허락하지 않는다. 그럼으로써 그는 복수로 점철된 과거뿐 아니라 미래에 약속된 정치적 "정의"로부터도 자신을 떼어놓는다. 폴리스는 선과 악 모두를 동등하게 예우해 줄 수 없다. 그렇지만 "누가 알겠는가? 망자들이 거하는 세상에서는 모두를 동등하게 대하는 것이 법일는지도 모른다."[84]

황금시대를 둘러싼 쟁론 즉 여성·가정적 해석과 남성·정치적 해석이 서로 갈라지게 된 배후에는 성교행위와 자식출산 간의 연결성을 아직 이해하지 못하던 시대에 대한 어렴풋한 기억이 남아있다고 추정할 수 있다. 이러한 상황에서 출생에 의한 계승은 어머니가 낳은 자식의 몫으로 인식되었을 것이다. 남성 간의 계승이 일어나는 유일한 경우는 생부로부터 친아들에게로 이어지기보다 한 남성이 다른 남성으로부터 특정한 지역·특정한 무기·특정한 통치의 상징을 탈취하는 형태로 나타났을 것이다. 18세기에 활동했던 지암바티스타 비코는 이러한 생물학적 무지와 관련된 배경을 상정하지 않았음에도, 그리스·로마 신화를 해석하면서 대지발생의 사례들이 조상의 무덤에서 출생한다는 생각과 관련되어 있거나, 조상의 무덤이 소유의 대상이 되는 지역의 경계를 표시한다거나, 더 나아가 침입자들에 맞서서 아버지의 투쟁적 행위를 반복하고 외부인들을 물리쳐주는 죽은 조상들의 신비한 힘이 깃들어 있다고 간주되는 경계선을 수호함으로써 그 유산에 대한 점유가 완결된다는 것을 이미 암시하고 있다. 결국 아들의 지위를 확보하는 것은 토지나 무덤이나 경계선(*terminus*: 이는 나중에 "용어"[term]라는 말과 동일시된다고 비코는 말한다)과 결부된 "이름"을 물려받는 문화적 사건임을 비코는 간파하였다.[85] 여기에 생식과 관련된 생물학적 지식에 대한 무지의 가능성을 함께 고려할 경우 이와 같은 설명은 충분한 개연성을 얻게 되며, 이 점은 폭력성을 띤 전유의 행위가 대부분 살아있는 아버지로부터 재산을 탈취하는 형태로 나타난 것을 잘 설명해 준다. 따라서 조상의 무덤이 가리

84   Sophocles, *Antigone*, pp. 520-30.

85   Giambattista Vico, *The New Science* (Scienza Nuova Terza) paras. 485-7, 529-31, 549-51.

키는 유구한 장소에 결부되어 있는 경외감은 생물학적 상속과 대립되는 또다른 연속성의 대극(rival pole)을 형성했으리라고 추정할 수 있다. 그러나 시간적 연속성을 매개하기 위한 방향으로 공간을 적응시켜가는 과정은 본질적으로 순탄치 않았으니, 그에 따른 연속성은 사실상 **불**연속성이자 폭력적인 불화로 점철되었던 것이다. 생식에 대한 생물학적 지식이 밝혀지고 난 이후에도 이렇듯 남성적 권력을 장소와 연결짓는 고대적 유산으로 말미암아 아들이 아버지의 지위를 찬탈하고 아버지는 아들을 의심하는 현상이 잔존하게 된다. 이를테면 장소가 아직도 중요한 요인으로 작동하는 경우, 아들은 아버지의 이름을 취함으로써 아버지가 된 후에 자기 아버지의 생애에 대한 기억을 말소시키므로 아버지는 언제까지나 표지 즉 무덤 속에 머물러 있는 권력으로 남을 뿐이다.

위와 같은 추측이 나름대로 유용한 것은 그것이 대지발생의 신화에 대한 여타의 논리적 추론으로는 제대로 설명할 수 없는 점을 채워줄 뿐 아니라, 장소와 정치적 요인과 남성성과 폭력이 그 신화 안에서 어떻게 암묵적으로 연결되어 있는지를 보여주는 데 기여하기 때문이다. 하지만 이러한 연결고리에 주목한다고 해서 그것이 곧 여성적 계승은 전적으로 평화와 결부되어있음을 함의하는 것은 아니다. 오히려 그 반대로, 아이스킬로스는 가정의 신성성에 대한 공경을 끊임없이 이어지는 복수에 결부시키는데, 이 복수는 결국 폴리스 내의 신성한 장소와 연결되기에 이른다. 이것이 뜻하는 바는 그리스인들이 고정된 채로 생장하는 식물과 관련된 측면을 여성과 연결시켰다고 보는 마사 누스바움의 생각이 오류일 수 있다는 점이다.[86] 분명히 여성적 이미지는 고정되고 생장하는 측면에 적용되었으나, 한곳에 정주한 자궁 즉 모성성을 띤 대지라는 생각은 현실의 여성들과 직결된 실제로 "방랑하는 자궁들"과 대조되는 남성·정치적 **뮈토스**에 속한 것이었다. 이 말은 장소와 관련 없는 계승 즉 외적으로는 대지의 표면 위를 떠돌아다니는 히

---

86   Nussbaum, *The Fragility of Goodness*, p. 400ff.

스테릭한 유랑적 존재방식의 원칙이자 그 가능성을 나타낸다. 그런데 그 유랑집단은 복수를 일삼으며 습격과 역습을 반복하는 전쟁집단이었다. 이들은 전진이든 퇴각이든 아랑곳없이 늘 전투를 일삼지만 일정한 영토를 수호하는 것이 아니므로, 이들의 상태는 (따라서 무언가 "파악되지 않는" 직관적이자 로고스로부터 벗어난 것으로서) 본래부터 여성적 성격을 타고났다고 하겠다. 따라서 이들은 바로 아마조네스(Amazons) 즉 여성적 대지로부터 솟아난 남성적 전사들과 대립되는 **비**폴리스적 여성전사들인 것이다.

「테베공략 7장군」의 말미에서 아이스킬로스(혹은 후대의 편집자)는 합창대를 둘로 나누어 절반은 폴리네이케스 및 여성적·유랑민적인 대의를 따르게 하는데, 이들은 "국가가 떠받드는 명분이란 것도 그저 시간의 변화에 따라 나타나는 변화에 불과한 것"으로 보는 반면에, 나머지 절반은 에테오클레스 및 장소와 결부된 남성적 대의를 따르도록 하므로 여기서는 "폴리스와 정의가 한 목소리로 수렴"되고 있다.[87] 그렇지만『오레스테스 삼부작』의 말미에서는 저울이 결정적으로 폴리스 편으로 기운다. 즉 땅이 혈통에 대해 승리를 거두고 언변이 물리적 힘을 압도하므로, 이제 전쟁은 오로지 "이방인의 문"에서만 수행되어야 한다(반면에 가정사에 있어서는 이방인이 적이 될 수 없다). 플라톤의 시대가 되면 저울이 더욱 기울어지는데, 이는 황금시대가 더 이상 논란의 여지도 없이 남성적인 것으로 귀착되어버렸기 때문이다. 따라서『국가론』에서 귀족 전사계급은 스스로를 대지로부터 직접 솟아난 "식물"과 같은 존재로 보게 된다. 아울러『정치가』에서 플라톤은 대지발생이 보편적으로 발생한 때를 가장 이른 시기로 잡는다.[88] 플라톤은 군 병력을 장소와 결부시키는 것이 (그들이 타고난 방랑벽을 억제하는 데 있어) 얼마나 중요한지를 분명히 밝히지만, 이것이 **오이코스**를 통해서 성취될 수 없음을 알고 있다. 그 대신에 **오이코스**를 가능한 한 가장 멀리 우회하도록 하면서

---

87 Aeschylus, *Seven Against Thebes*, pp. 1053-78.

88 Plato, *Republic*, 414d-e. *Statesman*, 2696. Nicole Loraux, *Les Enfants d'Athéna: Idées Athéniennes sur la Citoyenneté et la Division des Sexes* (Paris: 1981).

남성적 성격의 국가가 여성이 맡고 있던 가사의 기능을 될 수 있는 대로 많이 가져오게끔 한다.[89] 경비병들이 배워야 하는 대지발생의 신화는 사실 터무니없을 정도로 비현실적인 이야기지만, 철학적 심급에서 보면 아마도 변화와 생성을 비실재라고 간주했던 파르메니데스적 견해의 반향이다. 플라톤에게 있어 출생의 본질은 영혼이 육체 속으로 들어가는 것이며, 신화는 이러한 철학적 견해에 대한 정치적 상응물(correlate)을 제공한다. 말하자면 출생과 시간을 억압하는 것이 바로 공화국인 것이다.

따라서 철학적 성격을 띤 **동굴의 신화**와 짝을 이루는 것이 바로『정치가』에 나오는 **대항 역사적** 신화로서, 이것은 아내도 자식도 존재할 필요 없이 대지발생이 일어나고 수호신들이 법률에 호소할 필요도 없이 남자들을 직접 통치하던 황금시대와 그 뒤에 이어지는 "대재앙의" 시기(이때가 되면 진짜 수호자들이 물러가고, 대지발생 대신에 여성의 출산의 자리잡고, 마치 공전궤도를 이탈한 떠돌이 행성마냥 인간은 이제 방랑과 복수에 내맡겨진다)를 대조하고 있다.[90] 가정의 공간인 집안은 바로 동굴과 같은 곳으로서 여기서 철학적 신화와 정치적 신화는 부정적으로 수렴한다. 이곳은 바로 변화에 내맡겨진 영역이자, 한낮의 빛에 비추어 사물을 관조할 줄 모르는 "여성화된" 장인의 은신처이자, 실재에 속한 영속하는 것이 아닌 그 명멸하는 이미지를 가지고 우리를 현혹하는 일종의 암실상자(camera obscura)로 기능하는 영역이다.[91] 이렇듯 플라톤은 이론과 실천으로 구분되는 그리스적 이원성을 극복하려고 분투했으나 결국 완전히 실패하고 말았는데, 이 이원성은 바로 **폴리스와 오이코스** 간의 이원성인 것이다.

오이코스에 대한 플라톤의 반감에도 불구하고 폴리스를 가능한 한 진정한 오이코스로, 즉 과거에 상실한 신적이자 "목양적인" 통치를 본뜬 것으로 만들고자 하는 사람은 바로 플라톤이다. 이렇듯 이론과 실천 간의 이

---

89   Plato, *Republic*, 415d-417b, 457a-468a.

90   Plato, *Statesman*, 269b-276e.

91   Plato, *Republic*, 514a-517a.

분법을 극복하려고 하는 사람도 아리스토텔레스가 아니라 플라톤인 것이다. 바로 이러한 대의 때문에 실제의 오이코스는 축소 내지 회피의 대상이 된다.[92] 혈연이 아닌 장소적 유대에 의해 이루어지는 단일한 오이코스가 확립되면 더 이상 반목과 가문간의 대립이 발생할 필요가 없다. 이와 대조적으로 아리스토텔레스는 오이코스에 더 많은 자율성을 허용하므로, 이에 따라 더 많은 사안을 공공적 관리의 대상이 아닌 가정의 영역 내에 두지만, 이곳에서는 참정권이 없는 여성과 노예와 아동에 대한 남성의 지배가 일층 강화된다―반면에 플라톤에게 있어 여성은 가정의 수호자로서 비록 자연적 동등함은 아니지만 문화적 평등을 향유한다. 따라서 아리스토텔레스는 도시의 성벽 안에서 발생하는 통제하기 힘든 갈등에 대해 체념하는 편이다. 그러나 플라톤이나 아리스토텔레스는 모두 두 계통(혈통과 장소)에 따른 계승방식을 말하는 신화에 여전히 사로잡혀 있으므로, 가정의 통합성을 침해하지 않은 채로 그 영역에까지 공적 평화와 정의의 원칙을 확대하기가 실제로 불가능했다. 오이코스는 될 수 있는 대로 무제약적 복수의 욕구를 지속적으로 드러내었으나 이것을 억제할 수 있는 방안은 폴리스가 신상필벌의 원칙을 확산시키면서 고차원적 층위로부터의 개입과 "억제책"을 통해 복수의 연쇄를 종식시키는 것에 달려있었다. 가정적 내지 종족적 다스림이 국가의 법적 개입이 없이도 평화로울 수 있다는 생각은 플라톤과 아리스토텔레스에게는 상상할 수 없는 일이었다. 그러한 생각은 오히려 구약성경의 다음과 같은 사례에서 찾아볼 수 있다. 이를테면 (가인처럼) 범죄한 자에게 보호를 제공한다거나, 축적된 토지재산을 각 가문이 비교적 동등한 비율로 나누어 갖도록 50년마다 원상회복하는 제도(희년)라든가, 율법을 따르지 않는 위반자를 (투옥하는 대신에) 공동체로부터 추방한다거나, 부채를 탕감하고 말소하는 관행 등을 거론할 수 있다. 원칙적으로 그러한 제도나 관행이 실행되기 위해서 장소에 근거하여 세워진 국가적 법령에 따른 개입과 보완이 필요치 않다. 대신에 그것은 폭력의 개입이 없는 순수한 공시적 변화를 지향함과 동시에 통시적 공간구성도 의도하는데, 여기서는 도시의 성벽 외곽을 둘러싼 소작농과 수공업장인과 상인들의 오두막을 찾아볼 수 없고, 그 대신에 비슷한 규모의 가옥들이 고르게 분포된 취락구조를 이루고 있다.

나중에 그리스도교의 시대가 자리잡게 되자 그리스적 고대사회와의 대조가 훨씬 더 날카롭게 부각된다. 여성과 노예와 아동이 시민권을 부여받지 못한 곳에서 **폴리스**에 대해 **오이코스**가 가진 관계는 **외적**일 뿐 아니라 그나마도 가부장에 의해서 매개되었다. 반면에 여성과 노예와 아동이 (비록 여전히 종속된 상태이기는 하지만) 교회(*ecclesia*)의 동등한 지체로 인정받는 곳에서 공적 영역에 대해 **오이코스**의 각 부문이 맺고 있는 관계는 보다 더 직접적인 것이었다. 플라톤이 고민했던 것에 대해 아우구스티누스를 비롯한 그리스도교 사상가들도 고민하였는데, 이로써 공공성을 띤 교회적(내지 교회·정치적) 다스림은 (이상적으로는 플라톤이 말하는 수호신들의 신화에서처럼 법적 강제가 아닌) 목양적이고 무매개적이며 직접적인 것으로 자리매김됨에 따라 결국 "가정적"(economic) 다스림과 같은 성격을 띠게 된다. 역으로 가사에 해당되는 영역(자녀양육·경제활동·수공업생산·의료행위 등)은 "정치적인 것" 즉 법률·교육·종교·통치에 있어서 실제적 중요성을 지닌 사안으로 자리매김 된다.[93] (물론 이 현상이 그리스도교 역사에서 단지 간헐적으로만 실현되었음을 감안해야 할 것이다.)

사실 법률·교육·종교·정치에 대한 구상은 보육·의료·경제·예술을 고려하지 않고서는 본래 비현실적이자 추상적 방식으로 흐르기 마련이라고 생각된다. 폴리스는 사실상 "개념들"(ideas)을 그 마땅한 동반물인 "형체들"(bodies)로부터 떼어내서 남성적으로 추상화한 산물이었다. 이러한 추상화 자체가 하나의 폭력으로서, 이에 따라 헤시오도스에 등장하는 전원적 들판을 영웅적 전사를 배양하기 위한 은유적 벌판으로 재해석하였다. 그러나

---

93   본서의 12장을 보라.

"다른 벌판"을 향한 이들 전사들의 경계태세도 결국은 이들이 물리치려고 하는 유랑민적 폭력만큼이나 통제와 근절이 불가능한 대상이었다.

반면에 내가 다음 장에서 말하려는 것은 그리스도교적 **폴리스**(여러 가정이 오밀조밀하게 모여 구성한 네트워크이자 그 자체가 하나의 거대 가정)가 정확한 의미에서 더 이상 **폴리스**가 아니며(물론 수도원들과 이른바 "그리스도교 국가"라는 것이 잠재적으로 지나치게 추상적 성격을 지니고 있음을 감안해야 할 것이다), 마찬가지로 그리스도교적 덕성도 엄밀히 말해서 더 이상 (그리스적 의미의) 덕성이 아니라는 점이다.

ii. 폴리스 대 프시케 플라톤은 프시케(*psyche*)의 올바른 구조화에 의거해서 폴리스의 올바른 구조화를 제시하며, 이와 동일한 사고가 아리스토텔레스에게서도 감지된다. 플라톤은 『국가론』에서 영혼의 각 부문과 도시국가의 각 부문 간에 엄밀한 병행구조를 설정하는데, 영혼이 욕구와 "기개"(spirit)와 이성으로 이루어지듯이, 도시국가도 경제·군사·통치의 계급들로 구성된다고 본다.[94] 이 두 경우에서 공히 나타나는 삼분법은 그리스 신화의 중요한 구성원리로 작동하는 (통치·전투·파종/수확의) 삼중기능에 따른 구분법에 상응한다. (조르주 뒤메질[Georges Dumézil]은 이 구분법이 모든 인도/유럽 신화의 바탕을 이룬다고 생각했다.) 그렇지만 레오 스트라우스의 견해를 따라서, 이러한 병행론은 붕괴되어 버리고 **테오리아** 대 **프락시스**라는 대안적 관점에 비견되는 **프시케** 대 **폴리스**라는 대안적 도식으로 전환된다는 주장도 가능하다.[95]

굵직한 문제가 발생하는 이유는 사실 도시국가가 집단적 영혼을 갖고 있지 않기 때문이다. 비록 정치적 "조화"(music)가 어쩌면 (내가 앞에서 암시했던 것처럼) 일종의 집단적 관조(contemplation)라고 해도 플라톤이 이 개념을

---

94 Plato, *Republic*, 427e-444e.

95 Strauss, *The City and Man*, pp. 50-139.

일관되게 발전시킬 수 없었는데, 그 까닭은 그에게 있어 관조는 개인의 **프시케**에서만 가능하기 때문이다. 도시국가의 단결을 아무리 예찬한다고 할지라도 그것은 오로지 물질적 통일성으로만 간주될 뿐이며, 따라서 스트라우스가 암시하듯이 이 점은 플라톤이 도시국가의 이데아에 대해 분명하게 언급하지 않는 이유이자, 현세적 정의가 시기적으로 부침을 겪는 현상으로 인해 그에게 **역사적** 신화가 필요한 이유이기도 하다.[96] 공간 즉 폴리스를 낳은 모성적 자궁이 지닌 신성성은 플라톤의 존재론에 잘 들어맞지 않는다. 왜냐하면 그러한 모성적 공간은 항존하는 요소임에도 불구하고 영원이 아니라 **시간** 내에서만 존속 내지 출현을 반복하는 까닭이다. 이렇듯 영속적 실체도 일시적 생성도 아닌 불량한 존재가 나중에 플라톤의 우주론에서 일정 지위를 부여받는 점은 상당히 의미심장하다. 이를테면 『티마이오스』에서 그는 우주가 무한한 가능성으로 둘러싸여 있다고 말하는데, 이는 바로 "제삼의 자연" 내지 모성적 실체(*chora*)를 가리키는 것으로, 이에 대해 우리는 "마치 꿈과 같이 인식"한다.[97] 이렇듯 변화하고 달라지는 것에 대한 수용체(receptacle) 역시 존속하므로 폴리스가 구현하는 모호한 총체성은 바로 이와 동일한 종류의 안정성을 띠고 있는 것으로 보인다.

    그러나 이렇듯 다소 부정적이고 알맹이 없는 안정성은 분명히 영혼의 안정성과는 사뭇 다른 것이므로 영혼은 영원한 이데아의 불변적 내용을 향한 비상을 통해서만 그러한 안정성을 확보한다. 『국가론』에서 다루고 있는 사례도 바로 이성이 기개와 욕구를 지배하는 것과 마찬가지로, 덕성을 대표하는 계급이 군사계급과 생산계급을 다스려야 한다는 것이다. 그렇지만 완전한 정의는 정의의 **이데아** 내에서 존재하며 정의의 실현은 **폴리스**를 벗어난 관조의 상태에서만 가능하다. 따라서 정의란 철학자가 자신의 영혼 안에서 또한 영원성을 향한 영혼의 비상 안에서 체험하는 것이므로, 그러한 정

---

96   Ibid.

97   Plato, *Timaeus*, 49aff.

의의 실현을 위해 철학자가 도시국가를 필요로 하는 것도 아니다. 만약에 그를 정치에 참여시키려면 그를 **구슬려**야만 할 것이다.[98] 그렇다면 정치에 있어 이론적 내용에 대비되는 실천적 내용은 무엇인가? 그것은 경제적 요소와 군사적 요소로서, 이것들은 **폴리스**의 자궁에서 물질적으로 출생하였기에 당연히 이성과 정의의 확실한 관할영역을 늘 벗어나기 마련이다. 따라서 정의가 (영혼 속으로든 도시국가 내부로든) "하강"할 때마다 어느 정도 상실을 겪게 되며, 아울러 경제적 욕구와 군사적 활기(이는 생성의 영역에서 힘을 추구하다보니 동일성과 차이의 논리에 대해 무심하기 마련이다)가 철학적 이성이 지닌 수학적 평정함과는 전적으로 다른 이질성을 띠고 있음을 감안할 때, 필수적인 매개를 가능케 하는 동형성(isomorphy)의 정도를 파악하기가 곤란해진다. 여기서 재차 어째서 "참여의 문제"가 **정치적** 사안이 되는지, 게다가 그것이 **심각한** 문젯거리가 되도록 하는 요인이 무엇인지 알게 된다.

사실상 힘의 단순한 행사에 맞서 플라톤과 아리스토텔레스가 정의와 이성을 내세움에도 불구하고, 그들은 절대로 변증법적 논증만으로 충분하리라고 보지 않는다. 도리어 이성은 진리에 힘을 더해야 한다. 힘이 진리에 대해 절대적으로 외적 요인에 불과할지라도 말이다. 따라서 군사적 힘과 경제적 힘은 늘 강제되어야 한다. 이 말은 이 힘들 내에도 구분이 생겨나서, 일부는 나머지를 지배하기 위해 그 자체 내에서 강제력을 행사함을 의미한다. 이성은 강제력이 아닌 이성을 통한 지배를 목적으로 하지만 폭력에 대해서는 결국 폭력의 지배로 맞서야 함을 알게 된다. 이러한 인식은 단순히 무시간성을 띤 "정치적 실재론"에 관한 사안이 아니라, "프시케"와 "폴리스"(이것들 자체가 신화적 존재다) 내에는 이해가능한 영역을 벗어난 "이치에 맞지 않는" 영구적 힘들이 존재한다고 보는 전적으로·신화적인 믿음에서 유래한다. 결론적으로 이러한 힘들은 이성에 의해 훈육되어야 하지만 실제로 이성이 그것들을 훈육하는 것은 **가능치 않으므로**(왜냐하면 이성의 셈법을 벗어난

---

98   Plato, *Republic*, 519d-521b.

곳에서는 아무런 실질적 동형성도 있을 수 없기 때문이다) 그 대신에 다른 힘에 의해 훈육되거나 자체 내의 일부집단에 의해 훈육되는 것이 가능하다. 정의는 아고라(*agora*)에 가두어진 분노의 힘은 곧잘 통제해서 이용하지만, 자신의 영역 밖에서 발생하는 "경제적" 분노를 필요로 하면서도 그것을 실제로 지배할 능력은 없다.

정의 내지 공동선 또는 도시국가 전체에 호소하는 것은 하나의 가능한 선택지이지만 그것은 영혼의 차원으로 상승함을 의미한다. 하지만 이것은 개인적 영역으로의 역설적 후퇴를 수반한다. 플라톤에게 있어 정의와 현실을 연결하기가 곤란하다는 것이 이미 밝혀진 반면에, 아리스토텔레스에 있어 정의는 오로지 현실적·정치적 부문에 속할 뿐이며 **테오리아**와 연결되어 있지는 않다. 그렇지만 관조는 여전히 개인이 추구해야 할 보다 궁극적 목표로 제시되며, 현실적 영역 내에서조차 진정 덕스러운 자는 "더욱 개인화"하고 "더 큰 자기절제를 발휘하는" 넓은 아량의 소유자이므로, 그는 자신이 속한 사회적 관계를 그저 참아내는 것이 아니라 지배할 수 있는 역량을 갖추고 있다. 덕은 아리스토텔레스에게 있어 본질적으로 개인의 목표지만, 일차적인 공적 정의 즉 (이차적인 교정적 정의에 대비되는) 역할과 재산에 대한 분배는 자신을 통제할 뿐 아니라 타자들을 지도할 역량을 지닌 소수 집단을 양성하는 방향으로 조직된다.

"도시국가 전체"에 호소하는 두 번째 선택지는 "하강"을 의미하지만, 이것이 (첫 번째 선택지처럼) **폴리스**가 **프시케**로 함몰되는 것을 뜻하지는 않으며 단지 그러한 유비를 온통 위험에 빠뜨릴 뿐이다. 이를테면 폴리스의 통일성이 폴리스 내부의 사회적 상호작용을 가리킨다고 하면, 자체 규칙에 따라 진행되는 경합에 있어 영혼은 영혼에 의해 응대하고 욕구는 욕구에 의해 처리하는 것이 가능하다. 이와 달리 폴리스의 통일성을 외부 세력에 맞서는 폴리스 내의 연대라고 상정할 경우 (스트라우스가 말하듯이) 폴리스와 프시케 간의 유비는 다시금 붕괴하고 만다. 왜냐하면 도시국가 대 도시국가의 관계는 영혼 대 영혼의 관계와는 달리 이성의 다스림에 의해 이상적으로 지배되지 않고 교역과 전쟁의 논리에 의해서만 지배되기 때문이다.[99] 자신이 태어난 땅과 관련된 일정한 장소적 동일성으로서의 "동일함"(이것은 순전히 우발적 동일성이다)은 영원한 이데아들이 지닌 보편적 자기동일성으로서의 "동일함"과 통약될 수 없다. 하지만 플라톤은 여기서 기묘한 동형성을 암시하는데, 말하자면 수호자격인 통치자가 정의의 수호자일 뿐 아니라 도시국가의 수호자이기도 하다는 것이다. 첫 번째 정의의 수호자로서 그들은 "철학자"이며, 두 번째 도시의 수호자로서 그들은 "경비견"이다. 그렇다면 개들은 "철학적 짐승"이 된다. 왜냐하면 소유주와 국외자, 친구와 적을 구분함에 있어 개들은 친숙한 것을 그렇지 않은 것으로부터 구분하는 철학적 활동을 행하기 때문이다.[100] 이러한 비유 자체가 어불성설이며, 동시에 말도 안 되는 논점에 기초해서 플라톤의 판단이 구축되어 있(지만 곧 붕괴하고만)다. 이것을 두고 어불성설이라고 하는 이유는 친구와 적의 구분은 우발적이고 즉물적인 반면에, 영원(eternal)과 변화(becoming)의 구분은 보편적일 뿐 아니라 "이성적 판단"을 가능케 하기 때문이다. 어불성설을 피할 수 없는 또 다른 이유는 영원과 변화를 구분하다보면 친구와 적의 구분이 필연적으로 수반되기 때문이다. 영구적 이성과 비이성의 영구적 영역 사이에서 아슬아슬한 균형을 잡고 있지만, 결국은 비이성과 또한 전쟁의 지배 하에서 살아야만 한다. 그러므로 플라톤의 **로고스**(변증법적 진리)는 원수에 대한 사랑을 선포하는 **로고스**가 **아니다**. 오히려 그것은 "국외자의 침입에 맞서 전쟁을 수행"하므로, 덕과 정의가 다스리는 평정심은 오로지 (일시적으로는) 도시국가의 **내부**와 (다소 안정적으로는) 영혼의 내면에서 성립할 따름이다. 모든 **외적인 것**은 (전적으로든 부분적으로든) 대단히 덕스런 자들에 의해 좌우된다. 그러므로 내면에 속한 완벽한 자기활동적("관조적") 영역은 정의의 의미와 관련된 덕성이 필요치 않다고 아리스토텔레스는 결론 내린다. 따라

---

99   Strauss, *The City and Man*, pp. 50-139.

100 Plato, *Republic*, 376a-c.

서 고대적 이성의 견지에서 볼 때 덕성은 소멸할 조짐을 보이거나 "참여"라고 이름 붙인 불확실한 중간 영역에서 일시적으로 깜박일 뿐이다. 그럼에도 불구하고 플라톤은 『국가론』 이외에 『파이돈』(*Phaedo*)과 『파이드로스』(*Phaedrus*)에서 "고차원적 **에로스**"를 언급함으로써 저급한 격정적 영역에 속한 비이성이 선 자체의 인식에 있어 결정적 중요성을 지닌다고 간주한다. 아리스토텔레스는 『영혼론』(*de Anima*)에서 다른 측면에서의 동일한 수정작업을 하고 있다는 주장도 가능하다.

상호인격적이고 집단적인 단체를 "저급하다"고 생각하지 않는 태도는 이들 사상가에게서는 찾아볼 수 없는 요소이다. 내부의 조직화에 대한 생각이 온통 지배하고 있는 곳에서는 상하 간의 종속관계에 대한 생각 내지 자기충족성을 위협하는 모든 것에 대항해야 한다는 생각에 사로잡히기 마련이다. 우리는 영혼을 우리 안에 있는 반항적 힘을 통제하는 이성적 훈육으로 보는 관점이나, 또는 **폴리스**를 적들에 맞서는 물적 연대로 보는 관점에서 사고할 수 있으나, 외부와의 관계와 외향적 움직임을 사유와 덕성이 지닌 실체 자체라고 보는 관점에서 사고하지는 않는다. 후자의 시각은 우리는 "서로에게 속해" 있다고 보는 요한 서신의 사상 속에 더 두드러지게 나타난다. 여기서 하나님 안에서와 우리 서로에 대한 "참여적 연합"(participatory mixture)이라는 개념은 "고유하고" 동일한 것이 무엇인가를 따지는 질문보다 **우선**한다. 그러나 이것은 단지 영적인 연합이 아니며, 영혼이 영혼을 응시하거나 고립된 영혼이 영원을 바라본다고 해서 우선적으로 관상적 차원이 열리는 것도 아니다. 그리스도교적 "상통"(communion)의 중심에는 성례전적 요소의 물질적 교환이 개입되어 있으며, 이에 따라 "신체"의 형상은 사도 바울이 볼 때에 인간에게 신성함을 매개하는 일차적 계기가 된다. 이렇듯 관상(contemplation)은 무엇보다도 먼저 한 몸 된 교회에 의해 수행되며, 교회는 스스로 하나의 인격에 준하는 마리아와 같은 성격을 취하므로 말씀이신 **로고스**(*Logos*)를 바라보는 동시에 **로고스**를 출산하는 존재인 것이다.

반면에 소크라테스적 **로고스**(*logos*)는 유기체에 단지 물질에 불과한 저급한 형상을 부여할 뿐이며 거기서 상호인격적인 면을 상정하지 못한다. 그러한 "단순한" 유기체와 심리적 개인을 구분하는 이원론적 시각 속에 매킨타이어가 생각하는 것 이상으로 세속이성의 전조가 엿보인다. 첫째로 국제관계를 바라보는 시각이 이미 "홉스적"이다. 둘째로 플라톤은 정의를 "각자가 자신의 업무에 대해 신경 쓰는 것"으로 이해(이는 아리스토텔레스에게서도 찾아볼 수 있다)하는데, 이러한 이해는 어느 정도 마키아벨리식의 정치경제를 예견한다고 하겠다. 그 이유는 한 사회의 보다 "활기"차고 "적극적인" 구성원들이 자기들에게 맡겨진 필수적이지만 보완적인 역할을 (자신들이 예술가로서 활동하는 경우가 아니고서는) 그저 "맹목적" 방식으로 수행한다는 사실을 중요시하기 때문이다. 그러므로 이들은 정의로운 이상 자체에 대해 개인적 "견해"를 가질 수도 없고 가지지도 않는다. (그럼에도 이와 같은 엄격한 제한은 플라톤의 『법률』[*The Laws*]에서 약간 완화되는데, 거기서는 제의의 절차가 정의의 이상을 사회의 모든 계층에 매개하는 것으로 제시된다.) 이교 사회로부터 근대에 이르기까지 하나의 연속성이 감춰진 채로 면면히 이어지고 있으며, 플라톤·아리스토텔레스적 덕성은 서구의 전통 속에 자리잡은 지배적 흐름(어쩌면 인도-유럽적 이성)에 대항하고자 시도했으나 거의 실패한 사유 방식이라고 할 것이다. **폴리스**든 **프시케**든 모두 현실적으로 이러한 흐름을 거슬러 진행할 수 없었던 반면에, 우리가 살펴보겠지만 그리스도교는 상이한 흐름을 진정으로 함의하므로, 위와 같은 흐름을 낯설고 불합리한 것으로 취급하면서 그것들 외부에 외적인 움직임으로 머물려 하지 않는다. 이러한 그리스도교적 **폴리스**는 **엄밀히** 말해서 **폴리스**가 **아닌** 것이며, 그리스도교적 영혼은 지속적 탈주(exodus)인 셈이다.

iii. **신들과 거인들** 세 번째 이율배반은 궁극적 실재를 한편으로 통일성(unity) 즉 자기동일적(self-identical) 존재 내지 이데아들에게 귀속시키는 것과 다른 한편에서 "질료" 즉 생성과 차이에 귀속시키는 것 간의 모순이다. 앞으로 살펴보겠지만 고대 사상이 이러한 이율배반을 해결할 수 없기에

"덕"이 자리한 개념적 영역이 근저에서부터 침식당한다. 덕은 사실상 차이에 의해 위협받고 있으며, 플라톤도 이러한 통찰에 이르렀으나 이로부터 물러설 수밖에 없었다. 반면에 아리스토텔레스는 이 문제를 직시하지 않는다.

이와 관련된 중요한 텍스트는 플라톤의 『소피스트』(*The Sophist*)다. 하나의 "공민적" 철학으로서 플라톤주의는 일자와 다수 사이에 자리하고서, 실재를 형상과 질료의 양 측면에서 인식한다. 그것은 "신들과 거인들 간의 전투"에서 어느 한 편에 서지 않고 "양쪽 모두에게 자비를 구하는 어린 아이처럼" 처신하는 셈이다.[101] 변증법 자체는 양쪽 모두를 다루는 기술인데, 그 이유는 **술어적 서술**(predication)이란 절대적 동일성과 절대적 변이 사이의 일정 지대에서 발생하기 때문이다. 즉 다수에 대한 일자의 영향을 보여주는 특정한 결합은 허용하면서도 모순되거나 환상에 불과한 여타의 것들, 즉 "다름(unlikeness)의 영역"에 따른 순수 효과에 해당되는 것은 받아들이지 않는 것이다. 이러한 변증법이 없다면 만물은 실제로 모두 동일하므로 절대적 평정의 상태에 있게 되거나, 아니면 모두 혼돈에 빠진 채로 상이하고 임의적이며 갈등하는 상태에 처하게 될 것이다. 어느 경우든 공민적 정의는 부적절함(irrelevancy)으로 전락한다.

하지만 『소피스트』에 등장하는 한 낯선 존속살해범은 파르메니데스가 말하는 일자 개념에 반대할 뿐 아니라, "파르메니데스가" 밝힌바 "사물의 존재 내지 비존재의 여부에 관한 것은 절대로 증명할 수 없을 것"이라는 견해에 대해서도 반대할 필요가 있다고 주장한다.[102] "X가 Y라는 명제는 거짓이다"(X는 Y와 다르다는 뜻)라는 말처럼, 허위를 주장하는 문장에 들어 있는 "이다"는 이미 "아니다"가 존재함을 추정하고 있다. 하지만 반대로 허위가 어떤 식으로든 존재하지 않는다고 하면 참과 거짓에 대한 구별은 아무런 존재론적 기반도 갖지 않게 될 것이다. 플라톤에게 있어 허위는 본질적으로

---

101 Plato, *Sophist*, 246a-c, 249d.

102 Ibid., 237a, 241d.

허상(*simulacrum*) 곧 잠시 동안 나타나는 모습으로서 한 순간에 실재하지만, 궁극적 실재 즉 동일하므로 참되게 존속하는 존재를 은폐한다. 그렇지만 파르메니데스의 원칙도 어느 정도는 동일성으로서의 진리를 보증하므로, 이 원칙에 대한 문제 제기는 변증법에 대한 방어에 있어 심한 불안정을 초래한다. 플라톤은 『소피스트』에서 이른바 "다섯 가지 메타형상"(존재·휴지·운동·동일성·차이)을 제시하면서 이것들이 어떻게 서로에게 참여하는지를 논한다. 모든 형상은 존재에 참여한다. 예컨대 휴지는 운동과 다르지만 둘 다 "존재"(are)하므로 존재는 그 둘이 공유하는 제삼의 것임에 틀림없다. 같은 방식으로 형상들은 모두 동일성에 참여한다. 이는 형상들이 자신들과 동일하기 때문이다. 그렇지만 이에 더하여 형상들이 모두 차이(*thateron*)에 참여하는 것은 동일성마저도 차이와는 다르기 때문이다. 아울러 존재가 운동과 다른 것은 운동은 존재의 전체에 해당하지 않는 까닭이다. 하지만 이 말은 이미 차이가 존재 자체만큼이나 넓은(비록 다르기는 하지만) 영역을, 아니 어쩌면 더 넓은 영역을 차지하고 있음을 암시한다. 왜냐하면 차이에는 비존재의 영역도 참여하고 있으며, 이 비존재의 영역은 허위의 주장 안에서 광대하게 열려 있기 때문이다.

차이(*thateron*)는 파르메니데스의 동일성 원칙에 대한 문제 제기에 연루되어 있으므로 "철학의 뮤즈를 거역하는 불협화음을 낸다."[103] 하지만 이 점에도 불구하고 차이는 실제로 **아르케**(*arche*)를 규정하면서 공화국의 토대가 되는 "선"(the Good)을 "존재 너머의 것"(*epekeina tes ousias*)으로 격하하는 조짐을 보여준다.[104] 『티마이오스』(*Timaeus*)에서는 이 불협화음에 생성을 수용하는 자궁으로서 신화적 지위를 부여하는 반면에, 『소피스트』에서는 차이가 형상들 가운데 점하는 논리적 위치와 더불어 그것이 "초형상"(super form)에 속한다는 주장이 유지된다. 그러나 분명한 것은 이러한 주장이 플

---

103 Plato, *Sophist*, 259e.
104 Jacques Rolland de Renéville, *L'Un-Multiple et l'Attribution chez Platon et les Sophistes* (Paris: Vrin, 1962) p. 195ff.

라톤주의를 온통 해체하면서 "존재"와 "생성"을 진리 대 비진리의 구분 가능성까지도 구성하는 "초생성"(super-becoming)의 내부에 두려는 조짐을 보인다는 사실이다. 그런데 플라톤은 선의 원인을 진(the True)의 원인에 연결했기 때문에(사실 그 역의 것을 희망했음에도 불구하고), 이 말은 결국 차이가 선과 정의와 덕을 상대화하는 조짐이 있음을 의미한다.

플라톤이 하듯이 적절한 조합과 부적절한 조합을 구분하는 방식은 이 경우에 그다지 도움이 되지 않을 것으로 보인다. 운동과 휴지를 조합해서는 안 되지만, 허위의 실재성을 인정하다보면 결국 운동이 실제로 휴지의 결과물, 즉 어쩌면 일정 심급에 있어 일종의 휴지라고 할 수 있는 "존재"까지도 발생케 함을 시사한다. 하나의 사물이 엄밀하게 동일한 측면에 있어 휴지이자 동시에 운동의 상태에 있을 수 없다고 주장한다면, 이는 차이가 형상의 심급에서 순수성을 지니고 있음을 인정하는 셈이다.『파르메니데스』에서 지적하듯이 형상은 각자 자기동일성을 지니고 있으므로 반드시 술어적 서술을 뒷받침할 것으로 보인다. 하지만 이데아들은 오로지 다른 공약 가능한 이데아들과 연관될 뿐이며, 우리로서는 참여의 여부를 알 수 없기 때문에 생성의 영역에서는 술어적 서술이 부적절한 것도 사실이다(라고 유추할 수도 있다). 여기서는 그 어떤 결합도 금기시될 수 없으며, 윤리적 영역과 결부됨으로써 문제는 한층 더 복잡해지므로 무엇이 적실한 조합인지에 대해 동일성의 원칙을 들먹이며 함부로 판단할 수 없다. 영속성을 지닌 사회적 유형을 구별하고 무엇이 양립가능하고 무엇이 양립불가능한 것인지 구분하는 것은 그것이 비록 자의적일 수밖에 없다고 해도 객관적 정의라는 대의를 위해서 반드시 필요한 일이라고 하겠다. 아리스토텔레스는 이러한 절차를 자연과 사회에 공히 적용한다. 참여라는 개념은 언표불가한 것이므로 포기하고, 그 대신에 아리스토텔레스는 자연의 경우에 있어 다양한 유형을 유개념과 종개념으로 구성되는 위계적 등급에 따라 조직해내고(이로써 유개념 간의 중첩의 문제, 주제전환[metabasis]의 불가피성, "종차"[specific difference]의 원인에 대한 언명불가능성 및 분류의 자의성 등의 문제를 은폐한다), 꽤 괜찮은 부류에 속하는 **폴리스**의 경우에는 상당히 엄격한 구조를 지닌 분배적 정의가 사회 계급 간에 존재한다고 추정한다. 이에 더하여 아리스토텔레스는 수평적 성격을 지닌 자연적 성장의 과정을 인간 영혼의 경우에는 그 자체가 **아르케**를 향한 수직적 상승이라고 해석한다. 이러한 결합은 영혼을 자족적이고 자활적인 행동의 장으로서 재발견함에 의해 성취된다. 영혼이 형상에 대해 탈아적 관계를 지닌다는 논란 많은 주제 대신에 아리스토텔레스는 자기실현을 향한 유연하고도 내재적인 과정을 제시한다. 이것은 물론 제일원동자(the first mover)가 지닌 추동에 의해 발생하지만, 아리스토텔레스가 보기에 운동이란 보통의 경우 형상이 질료와 "접촉"함으로써 발생하는 것이고, 제일원동자는 본래부터 질료와 단절된 채로 전적으로 그 자체 내에 존속한다는 사실을 고려할 때, 영혼의 내재적 운동을 일종의 "아래로부터의 충동"이라고 보지 않을 수 없다. 물론 질료가 자기활성적 능력을 지닐 수 없음을 감안해야 할 것이다. 이것이 바로 신플라톤주의적 "유출"(emanation)의 개념을 필요로 하는 까닭이다.[105] 이렇듯 후기 플라톤에게 변화를 초월과 관련지음에 따라 초래된 딜레마에 대해 아리스토텔레스가 보여준 대응에는 **이미** 일종의 "주체로의 전환"(바로 이런 이유 때문에 "초월적 토마스주의자들"에게 있어 아퀴나스로부터 신플라톤주의적 요소를 제하고서 그를 재아리스토텔레스화한 후에 칸트와 연결하는 것이 가능하다) 내지 윤리적 "개인주의"의 시발점이 포함되어 있다. 영속적 혼돈으로 가득한 폭력적 갈등이라는 물질적 영역을 상정하는 것 자체가 (이원론적 형이상학으로 후퇴하거나, 자의적 성격을 띤 폭력적 차이 자체를 궁극적 원리로 삼지 않고서는) 이러한 영역에 대한 만족할 만한 설명을 제시하기가 결국은 곤란함을 의미한다.

　　따라서 고대 신화에서 거인들은 늘 덕을 짓밟아버릴 태세를 취한다. 플라톤이 논리를 존재론화한 것이 터무니없으며 허위임을 주장하는 명제 속에 들어 있는 "이다"(is)가 단지 메타언어에 속할 뿐이라고 항변하는 것

105　J.-M. LeBlond, *Logique et Méthode chez Aristote* (Paris: Vrin, 1937).

도 별 소용이 없다. 왜냐하면 존재론에 대한 플라톤의 논증이야말로 우리가 물려받은 (진리와 자기동일성은 정신적으로나 사회적으로 매우 중요한 대상이라고 보는) 논리적 사고들을 뒷받침하고 있기 때문이다.

아리스토텔레스는 플라톤을 넘어서서 존재(Being)가 지닌 초월적 위상 즉 존재가 형상과 질료를 다 포섭하고 있음을 인식할 수 있었으며, 그 결과 허위라는 관념 및 비존재에 관한 명제를 탈존재론화할 수 있었던 것이 사실이다. 그렇지만 아리스토텔레스에게서는 신들과 거인들 간의 이율배반이 또 다른 방식으로 재부상한다. 에드워드 부스(Edward Booth)의 견해에 따르면 아리스토텔레스는 이 점을 명백히 인식하고서 전면에 부각시킨다고 한다.[106] "실체"는 더 이상 멀리 떨어진 형상들에 귀속될 것이 아니라 특수한 형상·질료 복합체에서 드러나는 본질적 원리에 우선적으로 귀속되어야 한다. 이것이야말로 지식의 제일차적인 대상이지만, 과학적 지식(episteme)은 특수자들에 관한 것일 수 없고 다만 항상 동일한 것으로 존속하는 보편적 범주에 관한 것이어야 한다. 그렇지 않다면 동일성에 대해 아무런 정의도 내릴 수 없고, 불가능한 조합과 "모순된" 술어적 서술을 규정할 수 있는 변증법적 추론도 성립할 수 없다. 플라톤과 마찬가지로 아리스토텔레스에게 있어서도 약간 다른 방식이기는 하지만 존재 즉 참된 인식의 "실제성"(actuality)과 여기에 못 미치는 실증적 현실 영역 간에 존재론적 간극이 여전히 존재한다. 그러한 존재론적 대조야말로 "진리"의 이데아를 발생케 하는 필수적 요인이다. 아리스토텔레스에게 있어 이렇듯 인식을 벗어난 영역은 실체의 물질적 현전(instantiation)이며, 그의 존재론에 따른 **아포리아**는 실체란 오로지 유개념과 종개념이라는 보편성을 띤 비물질적 범주에 의거할 때에만 알 수 있다는 사실에 성립한다. 플라톤에서와 마찬가지로 질

---

106 Edward Booth, OP, *Aristotelian Aporetic Ontology in Islamic and Christian Thinkers* (Cambridge: Cambridge University Press, 1983) pp. 1-35. Aristotle, *Metaphysics*, 1003a5-15, 1027a9-1041b33. 고(故) Gillian Rose가 필자로 하여금 이 문제에 주목하도록 이끌어 준 것에 대해 감사한다.

료 **자체**는 결코 "잘못"일 리 없지만, 그것이 이성의 완전한 현실화에 미치지 못하는 것은 인간의 영혼이 지닌 역능으로 인해 사물을 "그릇된" 조합으로 형성할 뿐 아니라 "허망한" 욕망에 의해 그 능력을 남용하기 때문이다. 비록 아리스토텔레스가 질료를 초월적 존재(Being) 하에 포섭시킨 것이 디오니시우스와 같은 그리스도교 사상가로 하여금 차이의 개념을 플라톤이 말하는 부정성("그렇지 않다"는 말) 및 부정적 존재론화로부터 해방하는 길을 열어놓는 것은 사실이지만, 디오니시우스는 차이가 그 적극성에 있어 동일성에 근거한 모든 분류체계를 초월한다고 보는 점에서 플라톤보다 한걸음 더 나아간다. 그가 이러한 "유명론"(nominalism)에 도달할 수 있었던 것은 개인을 지식의 주체로 삼고 또한 질료형상론적(hylomorphic) 이원론을 제한함으로써 가능했다─대신에 그는 "무로부터의 창조"라는 시각에 따라 질료를 형상 내지 구조 자체가 투사된 일종의 그림자로 보는 견해를 선호하였다. 그러한 "유명론"과는 대조적으로(비록 내가 버클리와 마찬가지로 모든 "특수자"가 그 자체에 있어 아리스토텔레스의 유개념처럼 규정할 수 없는 하나의 보편자이지만, 또한 형언불가하게 단일한 플라톤적 이데아만큼이나 개방적이고 생산적임을 주장한다고 하더라도 말이다),[107] 아리스토텔레스의 변증법과 "진리"는 플라톤의 것과 마찬가지로 사물의 현상을 해명하는 궁극적 열쇠에 미치지 못한다. 말하자면 존재론적 우선성을 지닌 개별적 실체는 (비록 그것이 이미 하나의 관계망 속에 자리하지만) 인식론적으로 참된 진술과 인식론적으로 거짓된 진술 사이의 것을 초월하는 존재적 진실에 관한 인식가능한 차이를 소유할 뿐 아니라 참된 술어적 서술과 무모순의 근거가 되는 동일함마저도 전복시켜 버릴 수 있는 것이다.

그러므로 고대성(antiquity)에 맞서서 내세울 수 있는 것은 논리적 우월성이 아니라 천상적 억압 및 거인들의 폭력과 부정성으로부터 차이를 해방케 하는 또 다른 **뮈토스**여야 할 것이다. 이 새로운 뮈토스는 추후에 그리

---

107 Aristotle, *Metaphysics*, 1040a5 - 10.

스도교에 의해 제공되며, 아울러 이 그리스도교적 뮈토스가 존재론에 대해서 지니는 몇 가지 함의들에 대한 구체화는 우리가 곧 살펴보게 될 아우구스티누스와 디오니시우스에 의해 진행된다. 이들이 보기에 악 내지 비진리는 허위나 실재하는 사물의 저급한 복사물이 "잘못된" 결합이 아니라 오히려 당연히 존재해야 할 대상에 대한 "순수 부정"인 것이다. 순수 부정은 거인들의 실제 폭력 행위를 암시하는데, 모순이나 동일성의 부정이 아닌 단지 **결여**(lack)에 불과하므로 논리가 아닌 **욕망**(desire)과 관련해서 정의된다─이로써 진(the True)이 선(the Good)에 의존한다고 보는 플라톤적 사고가 성취된다. 이렇듯 악과 허위가 더 이상 진·선·미에 맞서는 영구적 힘으로 간주되지 않고 다만 거짓 욕망에 의한 실수이자 이탈로 여겨지면서, 환영들도 더는 "존재"치 않게 되고 이교적 성격을 띤 플라톤적(즉 "통상적") 의미에서의 "진리"도 더는 필요치 않게 된다.

우리가 다음 장에서 살펴보겠지만, 그리스도교적 뮈토스는 덕이 폭력적·경합적 차이로 해체되지 않도록 구해낼 수 있다. 이것은 데리다나 들뢰즈도 보지 못한 점이다. 대신에 이들은 후자의 저항에도 불구하고 플라톤주의를 해체하거나 (그저) 역전시키는 것을 선택할 따름이다. 이로써 이들은 결국엔 여전히 그리스적 **로고스**에 사로잡히는 셈이다. 플라톤주의에 대한 데리다의 해체나 들뢰즈의 역전 모두 플라톤주의 자체가 앞서서 코드화한 갈등에 의해 매개되는 이원론에 의존한다. 이러한 플라톤주의의 심층적 정체성을 그들은 문제 삼지 않으며, 다만 그것을 초월적 폭력으로 재생산할 뿐이다. 이들은 『소피스트』에 등장하는 플라톤의 인도를 따라가면서 그리스 사상의 중심에 책략이자 독단성으로서의 차이가 은밀히 지배하고 있음을 정확히 식별한다. 그러나 그다음으로 그들은 "그리스인들"처럼 이러한 종류의 차이를 예찬하고 존재론화할 뿐이며 그것을 역사적·기호학적으로 가능케 하는 조건에 대해 탐구하지 않는다. 왜냐하면 그리스적 로고스는 『소피스트』에서 알 수 있듯이 악과 구별되는 선, 추와 구별되는 미의 일시적 지배체제를 은밀하고 불필요한 명령(*fiat*) 곧 흉물스런 **로고스**에 힘입어 "배정"했을 뿐이다. 그러나 그리스도교는 현실의 일자와 현실의 다수자 간에 위치하지 않으므로 해체나 역전에 종속되지 않는다. 들뢰즈와 마찬가지로 그리스도교는 **아르케**(삼위일체) 안에 일자와 변증법적으로 대조되는 것이 아닌, 그 자체로 통일성을 현현하는 다수성(a multiple)을 상정한다. 그러나 들뢰즈와는 달리 그리스도교는 고대적 신화가 지닌 거인적 속성에 제한받지 않으며 흉물스러움을 선호하는 취미도 공유하지 않는다. 들뢰즈가 제시하는 다수성은 추방된 통일성과 여전히 은밀하게 대립되며, 혹 그것이 다양한 단일성으로 나타날 경우 그것은 마치 주의론자인 신(the voluntarist God)처럼 고립된 독단성에서 기인하는 것이다. 반면에 그리스도교의 다수성은 과도할 정도로 자애로운 차이에서 비롯되는 무한한 흐름이므로, 더욱 더 진정한 의미에서 동시적으로 통일성이며 동시적으로 아름다움이다. 이제 이러한 통일성이자 아름다움만이 무엇이든 "덕성" 내지 "진리"라고 부를 만한 것을 가장 탁월하게 품어낸다. 그러나 그것은 엄밀히 말해서 덕성이 아니고, 엄밀히 말해서 진리도 아니다. 그리고 엄밀히 말해서 영혼도 아니고, 엄밀히 말해서 가정도 아니며, 엄밀히 말해서 도시국가도 아니다. 따라서 이것이야말로 우리가 마지막으로 답사해야 할 도성인 것이다.

제12장

다른 도성: 신학은 하나의 사회과학

도입

지금까지 열한 장에 걸쳐 시도한 비판은 다음의 주장을 위한 서곡일 따름이다. 즉 신학은 그 자체로 하나의 사회과학일 뿐 아니라 현재의 덧없는 세상에서 순례의 길을 걷는 다른 도성(*altera civitas*)에 속한 주민들을 위해 복무하는 제반 학문의 여왕이기도 하다.

신학은 사회 내지 역사에 대한 근본 설명을 흔히 다른 곳에서 가져오려 했고, 그런 다음에 신학적 통찰이 그러한 설명과 부합함을 보여주려고 했다. 그러나 중립적이고 합리적이며 보편적인 의미에서 그와 같은 근본 설명이 실제로 제공될 수 없음이 밝혀졌다. 따라서 신학 자체가 인간의 역사에서 작동하는 최종 원인들에 대한 나름의 설명을 제공해야 하며, 이를 위해 특수하면서도 역사적으로 고유한 그리스도교 신앙을 그 토대로 삼아야 할 것이다.

그렇지만 이 말이 트렌토 공의회마냥 그리스도교의 사회적 가르침을 그리스도교 교리로부터 연역해야 한다고 주장하려는 것은 아니다. 그 반대로 차별화된 그리스도교적 사회이론이 있을 수 있는데, 그 이유는 차별화된 그리스도교적 행동양식 즉 뚜렷한 그리스도교적 실천이 존재하기 때문이다. 이러한 실천은 특정한 역사적 상황에서 발생하여 특수한 역사적 발전을 거쳐서 존재하는데, 이것에 대해 사회이론은 설명을 제공한다. 따라서 그 이론은 무엇보다도 먼저 하나의 **교회론**(ecclesiology)이며, 그다음으로 교회가 여타의 인간사회와 맺고 있는 연속적·불연속적 관계 속에서 나름의 실천을 행하는 가운데 자신을 정의하는 정도로 그러한 사회들에 대한 그리스도교적 사회관이기도 하다. 교회는 **이미** 그 제도적 양식을 통해 필연적으로 여타의 인간사회에 대한 하나의 "읽기"로 작용하므로 교회론을 하나의 "사회학"으로 간주하는 것이 가능하다. 그러나 이러한 가능성이 실제로 현실화되기 위해서는, 교회론이 단지 교회적 이상에 대한 상상에 그칠 것이 아니라 역사적으로 존재해온 현실 교회의 실제 발생과정에 대해 철저히 관심을 가져야 할 것이다.

따라서 "그리스도교 사회학" 내지 "사회과학으로서의 신학"에 대해서 이야기하는 것은 "그리스도교 수학"에 대해서 말하는 것(이에 대해서 나는 판단을 중지한다)만큼 어리석은 일은 아니다. 왜냐하면 하나의 사회학을 상정하고 그것이 모든 사회에 공통된 "사회적" 성격에 대해 보편적 견지에서 "합리적" 설명을 제공하리라고 볼 수는 없기 때문이다. 그러므로 그리스도교 사회학이 뚜렷한 특징을 지니는 것은 그것이 하나의 사회로서 교회가 지닌 유리한 시각이 무엇인지 설명하고 또 그러한 관점을 취택하기 때문이다. 그러나 이 말이 신학이 지금껏 대체로 전통적 방식에 따라 수행해온 역량에다가 이제 와서 새로운 "사회적" 목소리를 더하는 것이 가능하다는 주장은 아니다. 도리어 그 주장이 함축하는 것은 **모든** 신학은 자신을 일종의 "그리스도교 사회학"으로서 재사유해야 한다는 것이다. 다시 말해서 신학은 사회·언어적 실천에 대한 설명, 즉 이러한 실천이 역사적으로 어떻게 전개되었는가에 대한 끊임없는 재서사화로 이해되어야 한다. 신학에 지워진 그러한 과업은 변증론이 아니며 단순히 주장만을 개진하는 것도 아니다. 오히려 그것은 그리스도교의 신선함과 독창성을 회복하는 방식으로 그리스도교적 **뮈토스**를 다시 이야기하는 것이고, 그리스도교적 **로고스**를 다시 선언하는 것이며, 그리스도교적 **프락시스**를 다시 촉구하는 것이다. 그러므로 그것은 그리스도교적 차이를 구체화하되 그것을 낯설게 하는 방식으로 수행해야만 한다.

어떤 의미에서 그러한 신학은 실로 4장에서 논의했던 헤겔적 과제를 다시 취급한다. 말하자면 그것은 이성과 도덕성을 비역사적인 보편으로 취급하기를 거부하고, 대신에 헤겔의 방식처럼 그리스도교가 인간의 이성 및 인간의 실천에 어떠한 영향을 끼쳤는가를 묻는 것이다. 신스콜라주의적으로 신앙을 이성이라는 보편적 토대에 접맥하기 위한 모든 시도를 포기하는 대신에, 그것은 교부들에게로 얼굴을 돌려 사실상 교부들을 넘어서 그리스도교적 **로고스** 곧 성육신과 오순절의 표지를 지닌 그러한 이치(reason)를 구체화하려고 한다. 동시에 그러한 신학은 그리스도교적 도의성에 대한 개념 정의를 시도하는데, 이는 새롭고 독특한 공동체의 역사적 출현에 근거한 도덕적 실천을 뜻한다. 이러한 두 가지 과제는 사실상 각각 그리스도교의 출현에 관한 재서사화 작업에 해당하는데, 그것은 바로 이전의 이야기들 즉 인간의 과거사뿐 아니라 피조계와 신성의 관계에 대한 이야기를 재서사화함으로써 스스로를 하나의 이야기로 정립해가는 그러한 이야기인 것이다.

따라서 그리스도교 신학을 사유하면서 동시에 신학을 하나의 사회과학으로서 사유하는 것이 가능하기 위해서는 무엇보다도 먼저 교회의 기원을 이야기하는 하나의 "대항 역사"를 구상해야만 하는데, 이 대항 역사는 그리스도교의 출현이라는 관점에서 역사 전체의 이야기를 들려준다. 둘째로 현재 부상하고 있는 "대항 윤리" 내지 상이한 실천에 대해 기술해야 한다. 바로 이 점에서 "대항"이라는 수식어의 사용을 정당화할 수 있다. 왜냐하면 그리스도교 윤리는 그리스도교 이전 및 이후의 윤리와도 다르며, 이 점을 특히나 고대 및 근대적 윤리와의 연속성이라는 견지에서 비교해보는 방식을 통해 강조할 것이기 때문이다. 그리스도교는 여타의 모든 문화적 체계와 단지 다른 모습을 띠고(심지어 객관적으로) 출현하는 것이 아니라, 그것들과는 동떨어진 차이로서 출현하기 시작한다. 그럼으로써 그 여타의 체계

가 그 시작단계부터 존재해온 허무주의에 의해 붕괴될 위험에 처해 있음을
폭로한다. 그렇지만 그리스도교의 이러한 "총체적" 차이가 충분하게 규명
되는 것은 오로지 존재론의 차원에서이며, 이를 통해 신학은 그리스도교의
이야기와 행동에 내재된 참조의 틀 및 그것이 증명되지 않는 믿음과 맺고
있는 불가분의 관계를 함께 (언제나 잠정적인 방식으로) 구체화해낸다. 이렇듯
"대항 존재론"을 구체화하는 것이 바로 세 번째 필수 과제다.

　　그렇지만 네 번째로 "대항 역사"를 다시 취급해야 하는데, 이번에는 이
것이 교회의 자기비판이라는 견지에서 다루어진다. 신학은 "대항 왕국의
숙명" 즉 어쩌다가 교회가 대부분의 경우에 있어 구원을 초래하지 못하고
대신에 근대의 세속적(자유주의로 시작해서 결국 허무주의로 귀결되는) 세계를
초래하게 되었는지에 대한 성찰의 과제를 회피해서는 안 된다. 마지막 장의
간략한 종결부에서, 그리스도교의 처음 세기로부터 시작해서 근대초 "세속
의 발명"에 이르는 경로를 돌아보다 보면 우리도 일부러 설정해 놓은 "세속
적 순환"의 틀 안에서 이 책의 출발점으로 되돌아가게 된다.

대항 역사

1. 메타서사적 실재론

조지 린드벡(George Lindbeck)이 바르게 주장하는 것처럼 탈근대("탈자유주
의") 신학은 두 가지 형태의 "토대주의"(foundationalism)를 거부해야 한다. 첫
째로 그것은 신앙이 우리의 이성적 시야에 들어오는 "대상들"(하나님·영원
성·영혼·강생한 신성 등 기적의 사건과 예언의 성취에 의해 "증명"되었다고 여겨지는
것)에 대한 일련의 명제에 근거한다는 생각을 거부해야 한다.[1] 둘째로 그리

1　George Lindbeck, *The Nature of Doctrine: Religion and Theology in a Postliberal Age* (London: SPCK, 1984).

스도교 신앙은 어쨌든 그러한 신념에 앞선 경험을 "표현한 것"이라는 생각
도 마찬가지로 거부해야 한다.

그 이유는 (린드벡의 생각을 구체화하면서) 다음과 같은 질문이 제기될 수
있기 때문이다. 그러한 표현이 적절한지를 우리가 어떻게 알 수 있는가? 일
종의 "사건"이라고 할 수 있는 하나의 경험이 기호학적으로나 이미지즘적
으로(imagistically) 다른 사건과 연결되지 않고, 따라서 원칙적으로 대중이 알
수도 없을 뿐 아니라 기호나 시각적 형태나 음향의 연속체 등 기존의 코드
체계 속에 자리하지도 않는다면, 그러한 경험에 대해 이야기하는 것이 어
떻게 가능한가? 어떤 경험이 "그 표현방식을 찾는다"고 한다면, 그것은 이
미 새로운 형태적·음악적·언어적 구체화에 대한 암시 내지 그 시작의 단
초를 나타낸다고 보아야 할 것이다. 그러한 경험이 지닌 주관성을 누구도
침해할 수 없다는 사실은 내면적 언표불가능성(ineffability)이 아닌 음향·언
사(words)·심상(images) 등의 대중적 자산에 가해지는 시각 내지 청각적 변
형이라는 표피적 현상에 해당한다. 따라서 주관적 측면은 데카르트나 칸트
가 말하는 내면성에 포함되지 않고 오히려 스피노자나 라이프니츠가 말하
는 구조적 정위성(positionality)과 관련되므로, 이에 따라 주관성은 "더욱 객
관적인" 면모를 나타냄과 동시에 보편성은 더욱 약화되어 하나의 시각으로
제한되고 만다. 결과적으로 감정과 정서와 열망과 경험의 영역은 더 이상
보편성을 띤 새로운 좌소, 즉 종교적 경험을 형성하고 신학을 세워주는 견
고한 "토대"로 작용하지 않는다.

이와는 달리 탈근대 신학은 그리스도교 신앙의 대상과 그리스도교적
경험의 양식이 (그것들이 이미지와 언어를 통해 구체화되는 한에 있어) 모두 특수
한 문화적 실천(공동의 조작활동 속에서 대상을 투사하고 주체를 자리매김하면서 하
나의 조합을 다른 것과 연결하는 작업)으로부터 기인한다고 보아야 한다. 여기에
실재를 가리키는 무언가가 있다면, 그것은 린드벡의 말마따나 고립된 일단
의 명제가 아닌 모든 기호와 심상과 행동을 통해서 작용하는 **실천의 총체**

(entire practice)에 의한 것임이 분명하다.[2] 그렇지만 이러한 논제가 함축하는 내용을 엄밀히 따지다 보면 린드벡이 생각하는 것 이상으로 명제들과 존재론이 지닌 중요성이 더 크게 부각될 수밖에 없다.

첫 번째로 필립스(D. Z. Phillips)가 린드벡에 맞서 지적하는 것처럼 "그리스도교적 실천의 총체는 절대를 **지시**한다"는 문장에서 말하는[3] 지시작용에 대한 이해 역시 중립적으로 사유된 것으로 볼 수 없다. 여기서 무슨 **종류**의 절대를 말하는지 질문이 제기될 것이다. 절대를 지시하는 것이 가능한가 하는 질문이 생겨나는 이유는 실천이 스스로를 (비록 그 자체의 특수한 관점이기는 하지만) "절대에 대한 반응"으로 규정하는 일이 **내부적으로** 진행되기 때문이며, 아울러 그것이 실로 자신을 하나의 실천으로 정립하는 것도 그 실천의 원인이 되는 "절대"의 형태를 유보적이고 잠정적인 방식을 통해서 상상하는 한에서 가능하기 때문이다. 이 말은 그것이 "절대"와 실천 간의 관계(이를 통해 절대에 대한 반응이 가능케 된다)를, 비록 "신화적" 형태이기는 하지만, 늘 이미 그런 식으로 이미지화했음을 의미한다. 이렇듯 신학의 구체화를 포함하여 종교적 실천의 모든 차원이 근본적으로 "연행적"(performative) 성격을 띠는 반면에, 그 어떤 연행도 그것이 자리한 역사적이고 신화적인 장면을 설정(이마저도 연행에 의한 투사의 산물)하지 않은 채로 상연될 수 없는 법이다. 신학의 "명제적" 심급은 단지 지성적 "직관"만이 아닌 창조적 상상력에도 동시에 토대하고 있으므로, 이러한 심급은 겉보기에는 예배와 이야기의 구연에만 국한된 것처럼 보이는 종교적 실천 속에도 암묵적으로 개입되어 있다. 인간의 드라마를 위해 설정된 영속적 "장치들"에 대한 해석적 의심이 작동될 때, 이론적·교리적 심급도 서사의 수준을 벗어나 "비상"하게 된다. 그러한 "장치"가 의문시된 이상, 이러한 계기를 실제로 취소할 수는 없다.

---

2 Ibid., pp. 65-8.

3 D. Z. Phillips, "Lindbeck's audience," in *Modern Theology*, vol 4, no. 2, January 1988, pp. 133-54.

두 번째로 교리란 해석상의 비결정성에서 나오는 것이므로, 교리적 쟁점을 단지 선행하는 실천과 서사를 정밀하게 읽어낸다고 해서 해결할 수는 없다. 이것이 사실이라면, "이단들"에 대한 대응이란 이단이 설정해놓은 장치가 속속들이 밝혀지리라는 헛된 희망을 품고서 전통적 서사를 더 큰 목소리로 반복하는 것일 뿐이다. 그러나 사실 교리는 일종의 "사변적 계기"(speculative moment)를 대변하기에 전통적 서사를 보호하려는 (말하자면 서사 속에 고유하게 내재한 것을 단지 지키고자 하는) 교육적 의도로만 환원되지 않는다. 왜냐하면 교리는 **모든** 통합적 연속체가 설정하고 있지만 적절히 표현해낼 도리가 없는 그러한 궁극적 "장치"에 해당되는 공시적이고 패러다임적인 심급과 관련되어 있기 때문이다.

예컨대 성육신 교리를 생각해 보자. "일차적 등급"에 속한 서사와 실천의 심급에서 그리스도인은 그리스도를 "심판자"로 대한다. 따라서 자기 삶의 모든 국면을 그리스도의 생애에 관한 이야기 속에 구체화된 기준에 따라 가늠하려고 한다. 그다음으로 그리스도인은 그리스도의 이야기를 역사의 중심부에 역설적으로 자리잡은 다른 모든 이야기를 비춰주는 일종의 정점으로 이해한다. 따라서 그리스도 이전의 모든 역사가 그의 이야기를 예고하는 것으로 서사화되며, 그 이후의 모든 역사는 그리스도의 이야기 안에 있는 것으로 간주되므로, 그 후에 일어나는 모든 것은 단지 그리스도를 받아들이는지 아니면 거부하는지에 관계될 뿐이다. 그러므로 이것은 하나님이 낳으신 지혜이신 하나님의 말씀(Word)을 대하는 것과 같은 방식으로 그리스도를 모든 실재를 가늠하는 기준으로 여기는 것이다. 따라서 성육신의 교리가 말하고자 하는 바는 예수를 하나님의 로고스(Logos)와 동일시하는 태도가 그리스도교의 실천 가운데 암묵적으로 들어 있으며, 따라서 교리 자체는 기존의 그리스도 중심사상(Christo-centrism)을 보증하고 촉진하는 데 기여한다는 것이다. 하지만 교리는 암묵적인 것을 분명히 하는 것 이상의 작용을 하므로, 서사와 실천만으로 분명하게 풀리지 않는 의문에 대해 강력한 목소리를 내기도 한다. 그리스도가 지금까지의 모든 시대를 가늠하는 기준이 된다고 하면, 이 사실로 인해 우리는 더 이상의 계시가 있을 수 없다고 보아야 하는가? 그리스도교의 역사 가운데 요아힘(Joachim of Fiore)의 추종 자들처럼 분명히 새로운 계시의 가능성을 인정한 적도 있다. 그러면 그리스 도 안에서 표현된 하나님의 "궁극적" 말씀은 하나님의 존재 자체와 불가분 이며 신성 자체와 동일한 것이 아니라 단지 하나님의 선포된 의지가 표현 된 것에 불과한가? 이러한 가능성을 선택한 것이 아리우스(Arius)로 하여금 삼위일체론과 성육신의 교리를 거부하게끔 하는 바탕이 된 것으로 보인다.[4] 당혹스러워 보이기는 하겠지만, 성육신이 교리적으로 확정되는 과정 속에 근본적으로 창의적인 계기가 개입되어 있음을 인정해야 한다. 즉 성육신이 말하고자 하는 것은 고통과 폭력적 죽음에 희생된 한 인생을 통해 계시된 하나님의 모습이 "최종적"이라는 사실이며, 아울러 그것이 주장하는 바는 하나님이 이러한 경로를 택하신 것은 그저 "우발적" 사건이 아니며 어떤 면 에서 하나님도 이와 같을 "수밖에 없다"는 것이다. 의미심장하게도 성육신 에 함축된 의미는 다음과 같이 심화된 질문으로 이어진다. 이를테면 최종적 으로 자신을 그렇게 계시하신 하나님이 이후의 단계에서는 "강제적" 폭력 을 통해 개입하실 수 있는가 하는 질문인데, 이에 대해 그리스도교는 통일 된 해결책을 전혀 내놓지 못하고 있으며, 전통적 서사를 꼼꼼히 검토한다고 해서 이에 대한 대답을 제시할 수 있는 것도 아니다. 왜냐하면 (그리스도의 종 말론적 행동에 관련된) 계시록에는 하나님의 강압적 행동을 묘사하는 메타포 가 등장하는데 그것을 문자적으로 받아들여야 하는지에 관한 문제가 여전 히 해결되고 있지 않기 때문이다.

　만약에 성육신 교리 속에 근본적으로 "창의적" 계기(리오타르의 용어를 사용하자면, 새로운 표상적 "국면"이 별 근거 없이 출현하는 것)가 들어 있다고 한다 면, 이것을 정당화할 수 있는 것은 과연 무엇이겠는가? 창의적 계기는 그 것이 기존의 그리스도교적 실천(이 실천은 그 자체를 그리스도의 심판에 맡겨야

4　Rowan Williams, *Arius* (London: Darton, Longman and Todd, 1987) pp. 95-117.

만 한다)에 부여한 폭력을 배가함에 의해 부분적으로 정당화된다. 그러나 이 점에 있어서조차 성육신 교리는 내가 방금 지적한 것과 같은 이유로 인해 "과도하다"고 느껴진다. 또 다른 정당화가 가능하다면, 그것은 오로지 그 후에 제시된 하나님의 상(picture)에 결부된 고유의 매력에서 찾아야만 한다. 환희와 더불어 고통에 찬 시간 내의 삶 속으로 육화하였다는 것 말고는 그 어떤 표상도 하나님의 사랑 및 인간 숙명에 개입하심에 대한 사상을 그토록 예리하게 드러내지 못한다. 환희와 고통에 찬 "한" 인생에 대해 예수의 구체적 삶으로부터 다소 추상화하는 방식으로 사변적 계기(이것은 우리에게 있어 물론 헤겔에서처럼 최종적인 계기는 아니다)를 통해 이야기하는 것도 불가피한 일이다. 이렇듯 육화하신 하나님에 대한 **사상**은 어떤 면에서 예수에 관한 구체적인 이야기와 관련해서 "과도한" 성격을 지니기에, 어쩔 수 없이 우리의 시야에서 때때로 예수의 이야기를 사라지게 하는 면이 있으며, 이러한 과정은 분명히 신약성서와 심지어 복음서 자체 내에서 이미 시작되었다. 사실상 그러한 과정은 "그전에 이미" 시작되었다고 말해야 한다. 왜냐하면 예수가 그의 제자들에게 끼친 눈부신 영향력으로 말미암아 그의 제자들도 예수에 관해 말할 때 신적 메타포를 사용했기 때문이다. 이러한 신적 메타포는 예수를 "반영"함(예수의 현존이 실제로 **그러하였다**는 뜻에서)과 동시에 어떤 면에서는 "사상"을 부각하기 위해서 현실의 예수를 가리는 면도 있었는데, 그렇다고 이 방식에 대해 실제로 안타까워할 필요는 없다. 사실 그 "사상"이 성육신의 사상이 됨에 따라, 곧바로 신화적 서사와 신앙적 공경이라는 일차적 수준의 심급으로 되돌아간 셈이다. 이를테면 유한 속의 무한을 나타내는 표현 내지는 십자가상에서 죽어가는 하나님에 대한 공경을 나타내는 연민(pathos)으로 가득한 그리스도교 시문학을 생각해 보자. 내가 여기서 "사상"이라는 말을 쓴다고 해서 그것이 대중적 경건(piety)의 수준과는 다른 어떤 낯선 것을 상정하는 것은 아니다.

　　그리고 나 자신도 이러한 "사상"이 역사적 그리스도교를 이루는 불가결한 일부에 속한다는 것과, 그러한 사변이 표현을 통해 전달될 때 느껴지는 달가운 효과를 제외하고는 확실한 근거를 갖고 있지도 않지만 그럼에도 불가피한 것임을 주장하고자 한다. 그렇다고 하더라도 거기에는 그리스도교의 드라마(숭고한 바로크적 장면)를 연출하기 위한 패러다임적 "장치"를 너무 깊이 생각하다보면 통합적 서사의 차원을 완전히 말소할지도 모른다는 위험의 요소 이상의 것이 존재한다. 적절히 이해하기만 한다면 이러한 사변적 사상은 이러한 위험을 부추기는 것이 아니라, 오히려 (헤겔이 절반쯤 이해했듯이) 그 자체의 본질로 인해 구체적 서사의 심급으로 복귀할 것을 요청한다. 이를테면 예수가 진정으로 하나님의 말씀이라면, 이 말씀에 대한 그저 "외적" 지식만으로는 우리를 구원하지 못할 것이며, 차라리 그의 말씀과 행위와 더 나아가 그로 인한 역사적 결과에 대해 세세한 관심을 기울이는 것이 필요하다. 그러한 사상은 하나님은 사랑이시며 서사만이 실제로 사랑이 **무엇**인지 가르쳐준다는 사실을 확증해 준다.

이런 까닭에 조지 린드벡과 한스 프라이(Hans Frei)가 우리에게 하나님을 확인하도록 하는 유일한 것이 바로 서사라고 말하면서 그것으로 복귀할 것을 촉구한 것은 참으로 적실했다. 그러나 서사가 가진 구조적 복잡성과 특별히 지금껏 완전히 표상할 수 없었던 공시적 설정(이 말은 서사가 늘 존재론과 신학이라는 사변적 작업을 어떤 식으로든 예상함을 의미한다)에 대해 더 많은 관심을 두어야만 할 것이다. 서사만이 하나님을 확인해주는데, 그 까닭은 그것이 하나님이라는 표상할 수 없는 "관념"을 동시적으로 발명하기 때문이다. 그런데 이러한 발명이 유보적이고 불확실하다는 이유로 인해 이러한 확인 작업을 둘러싸고 문제가 발생하기도 한다. 그러한 서사는 난해하며 읽어내기 힘들고, 따라서 린드벡이 시도하듯이 서사의 해석 방법에 관한 몇 가지 간단한 법칙(예컨대 린드벡이 제시하는 "그리스도 중심성"을 규정하는 법칙들)을 추출해 낼 수도 없다. 그러한 법칙은 그리스도교 역사 전반에 걸쳐서 불변하는 특성을 지니고 있으며, 이러한 법칙을 특정 시대와 장소에 속한 지적인 언어로 옮겨놓은 실제 교리들보다 더욱 근본적인 성격을 띠고 있다. 법칙이 필요하다는 사실 자체가 하나님에 대한 "확인"을 "하나님에 대한 관념"과 결부시키는 것이 상당한 논란거리가 됨을 보여준다. 그러한 서사에 정확히 어떤 힘을 부여해야 하는가? 서사는 신성을 어느 정도로 표상하는가? "법칙"이란 사실상 서사가 암묵적으로 설정하는 것들에 대한 사변적 해석이며, 이러한 암묵적 설정을 구체화하다 보면 역사상 특정한 시대와 관련된 개념적 자료들과 필연적으로 관계되기 마련이므로, 이 자료들은 그리스도교적 유산의 불가결한 일부를 이루게 된다. 따라서 린드벡이 암시하듯이 그저 쉽게 내버릴 수 있는 외피로만 남지 않는 법이다. 이러한 방식으로 교리가 비록 서사와 실천에 대한 "제2급의" 반영이며, 그 자체로서가 아닌 제1급 수준의 담론을 "통제"하는 것과 결부되어야만 "지시작용"을 한다 할지라도, 불가피하게 "잉여"적 성격을 띤 명제적 요소를 포함하고 있으며, 이 요소는 어느 분명한 순간에 있어 "지시를 통한 이미지화"에 전반적으로 기여한다.

　이 모든 것은 일종의 "메타서사적 실재론"(metanarrative realism)을 계발하려고 하는 조지 린드벡의 시도와 긴밀하게 관련된다.[5] 앞에서도 말했듯이 지시작용을 하는 무엇인가가 있다고 한다면, 린드벡에게 있어서 그것은 그리스도교적 수행 전체인 것이다. 그렇지만 수행의 적실성은 린드벡이 보기에 예수를 모범으로 소개하는 서사에 의해 미리 규정되어 있다. 예수에 관한 이러한 이야기는 세상 속에 자리잡고 있지 않다. 그리스도인들이 보기에는 오히려 세상이 이러한 이야기 속에 자리매김 되어 있는 셈이다. 그것은 우리에게 실재가 무엇인지 규정해주는 일종의 "메타서사"로서 작용하는데, (리오타르가 말하는 식으로) 근본적 합리에 기초하여 또 그것을 전개해나가는 이야기로서가 아니라 신앙에 의해서 특별한 지위를 부여받은 이야기로서 다른 모든 이야기를 해석하고 주관하는 열쇠로 간주된다. 그렇지만 린드벡이 서사가 지닌 구조적 복잡성을 무시하는 것은 메타서사적 실재론에

5　"메타서사적 실재론"이란 용어는 Ken Surin이 나의 논문과 관련해서 처음으로 사용하였다. 그러나 이 용어는 Lindbeck의 시각에도 유용하게 적용할 수 있다고 본다.

대한 그의 설명이 위험할 정도로 비역사적 성격을 띠고 있음을 뜻한다. 그는 패러다임적 장치를 설정하는 것과 통합적 흐름의 구체적 전개 간의 긴장이 그 어떤 서사에든 개입되어 있음을 보지 못하기 때문에 아주 적절치 못한 방식으로 패러다임적 기능을 그러한 서사적 구조에 접맥시키고 있다. 이렇듯 그리스도인들은 **도식**(schemas)으로 기능하는 고착된 특정 서사 안에서 살아가는 것으로 간주되는데, 이 도식은 상이한 문화적 내용물을 끊임없이 조직해낸다.[6] 이러한 "실체화된" 서사는 역사라는 연속체 내에 속한 것이 아니라 그리스도교적 역사 이해를 위한 비시간적 범주에 해당하는 것으로 간주된다. 그리스도교는 그 서사 가운데 영구적이고 근본적으로 논란의 여지가 없는 코드를 지니고 있으므로, 이에 대해서 "내부인"뿐 아니라 "외부인"도 무엇인지 설명할 수 있고 또 그것을 조작(operate)할 수 있다.[7] 그러한 서사가 각각 상이한 문화적 상황에 처한 우리들 각자의 삶을 "조직"함에도 불구하고, 이러한 상황은 그 서사의 관점에서 보면 단지 경험적으로 중립적 성격을 띤 것으로 여겨진다. 이렇듯 그리스도교는 다수의 상이한 개념적 도식 및 사회적 상황으로 즉각 옮겨질 수 있다. 이 점에서 그리스도교가 그 문화적 수용체(cultural receptacles)에 비판적 영향력을 행사할 가능성이 실제로 존재치 않으며, 역으로 이 문화적 수용체가 그리스도교를 비판할 가능성도 없다. 린드벡이 이러한 가능성을 막아버리는 것은 그가 탈근대적 상대주의자이기 때문이 아니라, 그가 그리스도교적 서사를 그 역사적 발생으로부터 고립시키기 때문이다. 하나의 서사를 일종의 패러다임으로 잘못 제시하게 되면, 그것은 아주 쉽게 해석되므로 그대로 끝나버리고 만다. 이렇듯 린드벡에게 있어서 그리스도인들 간에 존재하는 명백한 불일치는 단지 상이한 문화적 장치에 따른 개념적 구체화를 지나치게 중시한 것으로 종종 치부될 수 있다.[8] 그는 이를 통해 메타서사적 실재론을 새로운 서사론적 토

---

6   Lindbeck, *The Nature of Doctrine*, pp. 67, 82-4.

7   Ibid., pp. 101-2.

8   Ibid., pp. 81-3, 96.

대주의로 전락시키고 있으며, 따라서 탈근대적 신학에 이르지 못하고 있다.

진정한 메타서사적 실재론을 위해서라면 패러다임적인 것과 통합적인 것 간에 진행되는 유희에 주목해야 할 것이다. 여기서는 서사 자체가 언제나 지시작용을 위해 설정한 틀 "내에 머물러 있는 것"과 이 틀을 깨고 나와 사건의 시간적 진행을 통해 새로운 것을 투사하는 것으로 이미 내적으로 분리되어 있다. 성서적 서사의 경우에도(여기서 지시작용을 위해 투사된 틀은 초자연이 자연과 관계맺음인데) 패러다임적인 것이 모호하게 묘사되면서, 통합적 전개에 대한 반응을 보이는 가운데 지속적으로 개정되어 간다. 이러한 면모는 실제로 그리스도교의 교리가 형성되어가는 과정 가운데 강조되어 나타난다. 그렇지만 린드벡은 그리스도교적 삶을 위한 패러다임적 장치를 구체화함에 있어 교리를 서사로 대체함으로써, 우리가 좀 더 견고한 만큼 변화에는 덜 개방된 무언가를 얻고 있음을 분명히 한다. 교리적 "생각"이야말로 (본시 모호하고 일반적이며 근사치에 수렴하는 부정적인 면을 띠고 있으므로) 신화적인 것과 역사적인 것을 막론하고 이야기가 전개되는 배경이 되는 "장치"를 조작함에 있어 본래 더 조심스럽고 덜 결정적인 방식이라고 하겠다.

그러나 만약에 린드벡이 생각하듯이 한편에서 패러다임의 서사화가 그 잠정적 성격을 상실한다면, 다른 한편으로 서사의 패러다임화는 그 시간적·역사적 성격을 상실하기 마련이다. 생각이란 서사가 흘러가는 대로 허용하는 반면에, 린드벡이 말하는 서사-패러다임은 일종의 신비화하는 방식으로 그 서사적 기원 및 추후의 서사적 귀결과는 격리된 채로 존재한다.

우리가 그리스도의 이야기를 언급하지만 그 안에 들어 있는 범주들을 우리가 목격하는 경험적 내용에 도식적으로 적용하는 식으로 하지는 않는다. 대신에 우리는 어떤 반응을 보임으로써 이 서사를 해석하는데, 우리가 보이는 이 반응에 따라 우리는 "원래의" 이야기와의 서사적 관련성 속으로 들어가게 된다. 무엇보다도 교회는 예수 및 복음서와 관련된 서사적 관계 속에 존립하므로, 이 둘을 모두 포함하는 하나의 이야기 속에 서 있는 것이다. 이것은 실제로 그럴 수밖에 없는데, 그 이유는 **역사상의** 어떤 이야기든지 절대로 "그냥 끝나버리지" 않기 때문이다.[9] 더욱이 신약성서 자체는 역사성에 대한 그 어떤 부정도 선포하지 않을 뿐 아니라, 우리 자신의 인격성이 그리스도라는 일원적 진리로 흡수되어 사라진다고 보지도 않는다. 그와 정반대로 그리스도의 사명은 하나님 나라에 대한 선포 및 새로운 종류의 공동체라고 할 수 있는 교회의 시작과 불가분의 관계에 있다고 하겠다. 구원이 우리에게 주어진 것은 그리스도 이후에 일어난 일이다. 왜냐하면 우리는 그가 세운 공동체에 가입할 수 있고, 이 공동체가 그리스도께 보내는 응답은 하나님의 영을 받은 하나님의 아들에게 드리는 응답을 통해서만 가능하며, 이 하나님의 영으로부터 교회는 성부와 성자 사이에서 흘러나오는 사랑을 받게 되기 때문이다. 성령은 성자 "다음에" 출현하지만 그럼에도 충만한 신성에 참여하는데, 이 성령과 교회의 연합은 그 새로운 공동체가 시작부터 하나님의 새로운 서사적 현현 안에 속한다는 사실을 보여준다. 이렇듯 메타서사는 단지 예수만의 이야기가 아니다. 그것은 교회가 이어가는 이야기로서 그리스도가 모범으로 보여주신 그 방식에 따라 이미 실현되어 있으나, 그럼에도 아직 그리스도와의 조화로운 일치 가운데 보편적으로 실현되어야 할 뿐 아니라 모든 세대에 속한 그리스도인들에 의해서 각각 **다른 방식으로** 실현되어야 한다.

따라서 메타서사는 교회의 발생에 관한 것이며, 이 교회라는 맥락을 벗어나면 그저 비역사적인 영지주의적 그리스도만이 있을 뿐이다. 그러나 이 말을 한 이상 그는 하나의 서사가 실제로 함의하는 것과 대면해야 하는데, 그 서사는 "실제 역사"에 대한 진술임과 동시에 다른 모든 역사를 해석하고 주관하는 기능도 가진다. 그 서사가 실제로 함의하는 바는 이러하다. 이 서사에 따른 해석 곧 이에 따른 규정(regulation)을 최대한 **사전에** 수행하

---

9 Kenneth Surin, "The weight of weakness: intratextuality and discipline," in *The Turnings of Darkness and Light* (Cambridge: Cambridge University Press, 1989) pp. 201-21.

지 않고서는 이 서사가 지닌 "메타"적 성격이 어디에서 성립하는지 보여주기가 불가능하다. 린드벡이 제시하는 인식과 내용으로 대별되는 "칸트식"의 서사적 인식론으로부터 벗어나서 비록 이성이 아니라 신앙에 기초한 것일지라도 "헤겔식"의 "역사철학"적 메타서사로 전환해야 한다. 왜냐하면 그리스도론적-교회적 서사가 **발생**하는 것은 일차적으로 단지 신성을 확인하는 것에만 있지 않고, 그 시점에 이르기까지 존재해온 역사상의 모든 인간 공동체에 대한 "읽기" 및 이에 대한 실천을 통한 비판으로서 성립한다. 이 교회적 서사는 처음엔 이스라엘이라는 공동체와의 연속성 내지 불연속성의 견지에서 스스로를 정의하였으며, 나중에는 고대세계의 "정치적" 결사체들과의 뚜렷한 불연속성의 견지에서 그 자신을 정의하였다. 인간 사회를 바라보는 이러한 비판적 역사관은 결코 그리스도교에 덧붙은 부록이 아니다―도리어 이 역사관은 그리스도교의 본질 자체에 해당된다. 말하자면 그리스도교는 유대교의 율법이 인간의 참된 공동체와 구원을 성립하는 최종적인 열쇠가 된다는 주장을 거부하였고 그럼으로써 일차적으로 유대교와 단절하게 되었다. 그리고 이차적으로 그리스도교는 교회에 입교하는 것이 구원을 위한 불가결한 조건임을 선포하는 보편주의적 주장을 개진하는데, 여기에는 다른 종교와 사회적 결사체들이 아무리 덕스러워 보인다 하더라도 단지 그것들만 가지고서는 멸망의 길에서 벗어날 수 없다는 생각이 전제되어 있다.

이런 식으로 해서 여타의 인간 사회에서 일어나는 일을 읽어내고 비판할 수 있다고 하는 엄청난 주장이 그리스도 교회의 본질에 있어 필수불가결한 절대적 요소로 부상하는데, 그 이유는 교회야말로 인간 공동체의 구성을 위한 모범적 형태를 현시한다고 주장하기 때문이다. 신학이 이러한 주장을 포기하고 다른 종류의 담론(예컨대 "사회과학")으로 하여금 근본적 읽기를 수행하도록 허용하는 것은 결국 신학적 진리를 부인하는 셈이다. 그리스도교의 논리는 그리스도와 그의 신부인 교회가 역사를 가르고 출현한 것이야말로 다른 모든 사건들을 해석하는 가장 근본적 사건이 된다는 주장을 포함한다. 그러므로 이것이야말로 **아주 특별한 성격을 지닌** 하나의 사회적 사건으로서 여타의 사회적 형성물을 해석할 수 있는데, 이는 그러한 사회적 형성물을 교회가 시행하는 새로운 사회적 실천에 견주어 비교하기 때문이다.

진정한 "메타서사적 실재론"은 서사 안에 존재하는 내적 긴장에 대해 제대로 된 평가를 제공한다. 그렇다고 해서 특별히 통합적 차원이 지닌 시간성을 드러내주지는 않는다. 왜냐하면 방금 우리가 살펴보았듯이 메타서사는 더 이상 특권적 지위를 부여받은 일련의 사건이 아니라, 오히려 이러한 사건에 비추어서 아직도 진행되고 또 해석되고 있는 인간 역사에 대한 총체적 이야기로 전환되기 때문이다. 이것은 린드벡과 예일학파가 제시하는 그리스도교에 대한 "재서술"이 이제는 완전히 사회적이고 정치적인 차원을 지니도록 보장한다. 하지만 만약 역사가 귀환해야 한다면, 분석철학에 물든 (아주 망연자실할 정도로 흐릿하고 굼뜨게 변해버린) 신학이 지금껏 수치스러울 정도로 무시해왔던 존재론 역시 귀환해야 할 것이다. 서사의 패러다임적 차원이 보여주는 것은 존재론적 질문은 "언제나 이미 시작되어" 있다는 점이다. 따라서 먼저 그리스도교의 역사적 출현에서 나타난 차이에 대해 서사화한 후에, 그 서사가 언제나 전제해온 장치가 지닌 차이점을 해석하기 위한 교리적·존재론적 노력을 지속해야 할 것이다.

사실상 메타서사가 그 메타적 위상을 뒷받침하기 위해 사변적 존재론을 필요로 하는 바로 그 지점에서 그리스도교적 대항 역사(counter-history) 역시 "그리스도교적 사회학"으로서 그 모습을 드러낸다. 사회학의 입장에서 공시적인 것을 선호하는 것을 순수 내재적 "과학"의 관점에서나 혹은 "말르브랑슈"식으로 사회적 부문을 인간적 인과관계로부터 분리시키는 관점(우리가 제2부에서 살펴보았듯이)에서 정당화할 수는 없다. 그렇지만 하나의 규범적 서사를 성립해야 할 필요성(어느 사회나 그 어떤 역사서술도 이러한 규범적 차원을 무시할 수 없다)을 고려할 경우 통시성에 대한 공시성의 우위를 무시할 수 없다. 이러한 규범적 서사는 무한/유한의 관련성 내지 역사인식을

위한 궁극적 "장치"인 "사물의 정도(正道)"를 표상하기 위한 것이다. 물론
이러한 표상작업은 계속해서 재검토되어야 하는 것으로 단번에 완결될 수
는 없다. 따라서 형이상학과 신학의 차원에서, 내가 앞에서 추방해버렸던
사회학이 (루이기 스투르초가 이미 암시했듯이) 다시 귀환한다. 그러나 사회학
은 "사변적" 담론으로서 그 고유한 기능을 담당할 뿐이며 과거에 "과학적"
담론을 자처하면서 자행했던 식으로 역사의 몫을 탈취하지 못한다.

그러나 서사적 "장치"에 대한 사회학적/존재론적 사변을 구체화하기
전에 나는 먼저 그리스도교적 대항 역사와 그리스도교적 대항 윤리에 관한
심도 있는 취급을 시도해야 할 것이다.

2. 두 도성

내 견해로는 진정 그리스도교다운 메타서사적 실재론을 추구하려면 아우
구스티누스가 『하나님의 도성』(*Civitas Dei*)에서 제시한 역사관을 되살려서
발전시켜야 한다고 본다. 왜냐하면 만약에 **비판**을 위한 근본 원칙을 어떤
보편적이고 토대주의적인 "의심"의 원칙에서가 아니라 그리스도교적 "텍
스트" 안에서 찾고자 한다면, 오로지 "내부텍스트성"(intratextuality: 신학은 합
리적 토대를 지니지 않았으나 자체 발전하는 그리스도교적 문화 코드에 대한 설명이라
고 보는 생각)에 굳건히 의거해야 하기 때문이다. 『하나님의 도성』을 다시 읽
어보면 우리는 정치신학이 세속사회 및 교회에 대한 비판 원칙을 신학과는
상관없는 외부적 보충에 의존할 것이 아니라 자체 발전하는 성서적 전통
으로부터 직접 취할 수 있음을 깨닫게 된다. (그렇지만 이러한 성서 전통의 발전
은 외적 장치와의 접촉을 통해 잠재적 내용이 새롭게 드러남으로써 일어난다.) 이를테
면 우리는 아우구스티누스의 텍스트 속에서 서구 전통을 특징짓는 비판정
신의 **원형적** 가능성을 발견하는데, 후대의 계몽주의적 비판정신은 어떤 점
에서 이 원형을 축소하였거나 토대주의적으로 각색한 것에 불과하다. 프리
드리히 니체는 자유주의와 사회주의가 진정으로 보편성을 띤 합리적 윤리
의 코드가 아니라 단순한 우발성, 즉 역사적 시간 속에서 특수하게 만들어

진 그리스도교적 **뮈토스**에서 유래하는 새로운 변종들에 불과하다는 사실을 아주 정확하게 진단해냈다.

그럼에도 불구하고 니체는 역시 그리스도교에 무언가 독특하게 "왜곡된" 것이 있으며, 이러한 그리스도교에 고유한 다름의 양태 즉 연약함의 예찬(이에 대한 니체의 묘사는 부적절하다)은 모든 문화에 들어 있는 **공통의** 요소라 할 수 있는 강함과 성취를 예찬하는 영웅적 윤리코드와의 대조를 통해 확연히 드러난다는 점을 인정하지 않을 수 없었다. 따라서 내가 이미 주목하였듯이 바로 이 점에 있어 니체의 『도덕의 계보학』은 『하나님의 도성』을 뒤집어 놓은 것이라고 하겠다. 그리고 이 사실로 미루어볼 때, 우리는 헤겔이나 마르크스의 역사철학보다는 아우구스티누스의 역사철학이 탈근대적 관점에서 더 가능성 있는 대안이 됨을 알게 될 것이다. 이 두 사상가는 아우구스티누스가 제시한 비판적 그리스도교에 대한 "영지주의적" 견해를 제공하는데, 그들의 이야기 속에서 대립을 최종적 종결로 이끌어 가는 것은 바로 갈등을 통해 전개되어 가는 필연적인 변증법적 과정이다. 반면에 아우구스티누스는 평화를 통한 화해를 갈등으로 점철된 변증법적 관계를 통해 풀어가지 않는다. 오히려 그의 작업은 역사주의적 성격을 더 뚜렷이 하는 것으로, 그는 대립이 지닌 보편적 성격을 강화하는 코드들을 고립시키고 그것들을 평화로운 존재 양식의 코드와 대조시키는데, 이 평화의 존재 양식은 역사적으로 발생한 "다른 그 무엇" 즉 폭력의 도성과 아무런 논리적·인과적 연계를 갖지 않은 **다른 도성**(altera civitas)인 것이다.

그러나 아우구스티누스가 성취한 것은 일종의 내재적 비판 내지 고대의 정치적 사회에 대한 해체(본장의 마지막 단락에서 나는 이 주제를 확장하기 위해 무척이나 부심하였다)임을 인정해야만 할 것이다. 고대 사회 자체의 기준에 비추어 보더라도, 그들이 말하는 덕성은 덕성이 아니며 그들이 상정하는 공동체는 공동체가 아니고 그들이 추구하는 정의는 정의가 아님을 그는 보여주려고 한다. 여기서 나는 이러한 해체작업이 가능한 이유를 플라톤이 『소피스트』에서 고대 철학의 해체에 관해 언급한 것에서 찾을 수 있음을 논증할 것이다. 고대 철학의 문제는 고대적 **뮈토스** 안에 내재한 이성과 혼돈의 이원론인데, 이 이원론은 점진적 과정을 거쳐 고대 말기에 이르면 (그리스도교 이전에 이미 스토아주의와 신플라톤주의에 의해서) 거의 포기된다. 결과적으로 아우구스티누스의 분석 속에는 심한 회의적 계기가 존재하며, 따라서 아우구스티누스가 힘으로써 힘을 통제하고자 하는 "자유주의" 내지 허무주의의 가능성을 열어놓았다고 보는 주석가들의 견해도 상당히 정확하다고 하겠다.[10] 그렇지만 그 주석가들(이들은 종교를 전적으로 사사화하는 영적인 관념을 아우구스티누스에게 그릇되게 귀속시키는데)이 종종 깨닫지 못하는 점은 『하나님의 도성』에 들어 있는 정작 더 중요한 비판적 요소는 이 지점을 넘어선다는 것이다. 더 중요한 요소는 바로 힘과 힘이 맞붙는 허무주의적 경쟁이 그 자체로 특정한 **뮈토스**, 즉 코드화된 특정한 관행 속에 사로잡혀 있음을 논증하는 것이다. 그러나 이러한 보다 결정적 비판 작업은 플라톤을 넘어서는 것으로서 오로지 이교의 종교 및 실천을 그리스도교의 신앙 및 실천과 대조함을 통해서만 드러나며, 이 대조작업에 있어서 전자(이교)는 후자(그리스도교)를 왜곡해 놓은 머나먼 메아리라고 간주된다. 하나님의 도성에 속한 비적대적이고 평화로운 삶의 양식이 서 있는 토대는 역사적 성격을 띤 특수한 "뮈토스적"(mythical) 서사이며 또한 이러한 서사 속에 내재한 믿음을 설명해주는 존재론인 것이다. 평화가 갈등보다 우위에 있다고 보는 사상(이것이 바로 그의 사상 전반을 관통하는 핵심 주제라 주장할 수 있다)이야말로 사실상 아우구스티누스의 비판 작업을 지탱하는 원칙이다. 하지만 이 원칙은 어떤 추상화된 보편적 이치가 아닌 하나의 서사·하나의 실천·하나의 교리적 신앙 안에 확고히 닻을 내리고 있다.

이렇듯 아우구스티누스가 존재론적 적대와 존재론적 평화를 대조하는 것은 두 도성의 역사를 대조하는 서사에 토대하고 있다. **지상의 도성**

---

10 R. A. Markus, *Saeculum: History and Society in the Theology of St Augustine* (Cambridge: Cambridge University Press, 1970) p.177ff.

(*civitas terrena*)을 특징짓는 것은 죄악인데, 이는 아우구스티누스에게 있어 자기애와 자기주장을 내세우며 하나님과 타인을 부인하는 것을 의미한다. 이것은 다른 말로 타자에 대해 자의적이고 폭력적인 힘을 행사하기를 즐기는 것 즉 **지배의 욕망**(*libido dominandi*)을 가리킨다.[11] 따라서 아우구스티누스는 이교의 정치적 공동체가 근본적으로 죄악에 물들어 있음을 보여주기 위해서 극기와 경제적 소유관계와 정치적 지배로 이루어진 **지배** 구조가 정의와 덕성의 구현이라는 목적에 실제로 종속된 것이 아니라 단지 **지배** 그 자체를 목표로 삼고 있음을 주장하지 않을 수 없었다. 이러한 주장을 개진하면서 그는 하나의 지배적 세력이 다른 세력에 대해 승리를 거둠으로써 확보된 일종의 제한된 외적 평화를 상호적 사랑과 만인을 위한 정의의 실현에 바탕을 둔 조화로운 합의의 상태로서 존재하는 진정한 평화에 대조시킨다.[12] 로마의 평화는 외적 평화에 불과하다고 그는 주장한다. 왜냐하면 그것은 이전 시대의 무정부적 갈등을 임의로 제한한 것에 불과하기 때문이다. 이것을 증명하기 위해, 그는 먼저 다른 민족에 대한 로마의 지배가 부당함과, 둘째로 소유자로 하여금 자신의 소유를 가지고 "자기 마음대로 하도록" 허락하는 소유권의 개념이 부정의함과, 아울러 셋째로 평민들에 대한 로마 귀족들의 지속적인 비인간적 대우를 지적한다.[13] 그렇지만 그가 더 한층 중요하게 지적하는 것은 로마인들도 근본적으로 **지배권**의 행사가 아닌 정의와 평화의 개념을 갖고 있으나 그것이 극히 모호할 뿐이라는 점이다. 이렇듯 아우구스티누스는 덕에 대한 로마인들의 관념 자체(이에 대해 다음 단락에서 더 자세하게 논의할 것이다)가 자신의 욕망에 대한 절제 및 극기와 연관된 영예 및 걸출함의 추구로 전락해버렸다고 주장한다. 다른 이교도들과 마찬가지로 로마인들도 무언가 무찔러서 패배시킬 대상이 있는 경우에야 덕성이

---

11 Augustine, *Civitas Dei*, XIV, 15, 28, XV, 7. 선한용 옮김, 『성어거스틴의 고백록』(대한기독교서회, 2003).

12 Augustine, *CD* XIV, 1; XV, 4; XIX, 19, 20, 27.

13 Augustine, *CD* II, 18, 20; III, 10, 15; V, 12.

존재할 수 있다고 생각하며, 따라서 덕성이란 그들에게 있어 바람직한 목표를 그 자체로 추구하고 도달하는 것만이 아니라 바람직하지 못한 세력을 "정복"하는 것이기도 하다. 그런데 그 정복은 "바른 욕구"를 지지한다고 하지만 그것을 **대리보충**(supplementary)하는 힘의 행사를 통해서 실현된다.[14]

아우구스티누스는 철학자들이 그러한 생각을 초월하는 선의 이데아에 대한 착상을 이따금씩 내비쳐왔음에 주목하면서도, 그들이 그와 같은 생각을 완전히 탈피하지 못한 것은 그것이 신화와 제의의 심급에 깊이 각인되어 있었기 때문임을 간파한다.[15] 따라서 오로지 이러한 심급에서 일어나는 변화만이 공공의 신념과 실천을 실제로 바꾸어 놓을 수 있으며 진정으로 다신교적이지 않은 존재론을 태동시킬 것이다. 로마가 자신의 건국에 대해 들려주는 이야기 속에는 앞선 시대의 폭력을 다른 폭력이 개입함으로써 "억제"하고 제한한다는 원칙이 확고하게 표현되어 있다.[16] 로마의 창설자인 로물루스는 자기 형제이자 경쟁자인 레무스를 죽인 살인자다. 아울러 그는 외부의 적에 맞서 자신의 보호를 받던 피보호자들을 노예로 삼기도 했다. 전장에서 로물루스는 유피테르(Jupiter) 신에게 가호를 빌었으며, 그 후에 유피테르에게 **수호자**(stator)라는 칭호를 바쳤다. 따라서 그 최고신도 로마를 건국한 영웅과 마찬가지로 앞선 시대의 무질서를 제한하는 존재로 부상하는 셈이다. (아우구스티누스 이전에 오리게네스는 이교의 황제들이 선행하는 폭력을 잠재울 뿐 아니라 아버지인 크로노스가 세워놓은 질서를 찬탈한 제우스로부터 자신들의 권위를 끌어왔다는 사실에 주목했었다.)[17] 따라서 합법적 질서의 시작에 관한 신화는 폭력에 의한 폭력의 제한과 경쟁자에 대한 제압 및 아들에 의한 부권의 찬탈 사건 등으로 거슬러 올라간다. 그런데 아우구스티누스의 견해에 따르면 로마인들은 여전히 그러한 **뮈토스**를 "살아내고" 있다는

---

14   Augustine, *CD* XIV, 9; XIX, 4, 10, 27.

15   Augustine, *CD* II, 22; III, 13; V, 12; IX, 6-23.

16   Augustine, *CD* III, 6, 13, 14; XV, 5, 6.

17   Origen, *Contra Celsum*, VIII, 68.

것이다. 말하자면 로마의 성문 안에 신상을 세워놓고 숭배하는 여신은 **벨로나**(Bellona: 전쟁의 여신—옮긴이)며 가장 영예로운 덕성은 바로 군사적 덕성이었다. 이와 대조적으로 성문 밖에는 **퀴에스**(Quies) 여신의 신상을 세워두었으므로, 이는 마치 평화란 로마가 전쟁을 통해 주변 국가들에 가져다 준 은택인 양 강변하는 격이었다. 그러나 만약 덕성과 평화가 전쟁을 통해 주어지는 것이라면, 로마인들이 실제로 숭배하는 여신은 "낯선 불의"인 셈이라고 아우구스티누스는 주장한다.[18] 이를테면 건국 신화가 다시금 재연되기 위해서는 "앞선 시대의" 무정부 상태와 자의적 지배가 언제나 새롭게 자행되어야 하는 것이다.

그렇지만 이 로마의 세계는 다른 시작과 다른 연속성에 의해 중단되고 만다. 앞선 시대의 전쟁을 억제하는 유피테르 대신에 그리스도인들은 한 분이신 참 하나님을 섬긴다. 그 하나님은 선물의 수여에 비견되는 평화로운 행위 가운데 모든 유한한 실재를 창조하며, 그와 함께하는 새로운 친교가 그가 창조한 존재들 가운데 있기를 원하신다. 덧없는 변화의 가능성을 초월한 "하늘의 도성"에서 천사들과 성도들은 그러한 친교 가운데 거하고 있으며, 이들이 지닌 덕성은 저항과 지배의 덕성이 아니라 자신을 잊은 채로 공동의 삶 속에 머무는 것이다.[19] 여기에는 오로지 "평화의 비전"만이 존재하는데, 그것은 원래 시간내적 창조 즉 교만과 지배욕의 죄악된 욕망이 사회와 자연에 죽음을 불러오는 왜곡된 다툼이 생겨나기 이전의 상태에 속한 것이었다. 그러나 하나님과 하늘 예루살렘(우리의 "참된 어머니")은 세상의 구원을 위한 연민을 품은 채로 하강한다. 죄로부터의 구원이란 곧 우주적·정치적·경제적·심리적 **지배**, 다시 말해서 **세속**(saeculum) 곧 인류의 타락과 그리스도의 재림 사이에 위치한 중간기에 속한 모든 구조로부터 "해방"됨을 의미한다. 이러한 구원은 새로운 종류의 공동체를 새롭게 창설하는 형

---

18   Augustine, *CD* IV, 15.

19   Augustine, *CD* XIV, 17; XIX, 10, 13, 27.

태를 띠고 나타난다. 지상의 도성은 그 권력을 자신의 경쟁자인 형제를 죽인 자로부터 물려받는 반면에, "지상에서 순례자로 살아가는 하나님의 도성"은 권력의 승계가 아닌 죽임당한 형제 곧 가인에 의해 죽임 당한 아벨에 대한 기억 위에 세워진다.[20] 하나님의 도성은 사실상 하나의 역설이며, 어떤 장소나 성벽이나 성문이 존재하지 않는 "하나의 유목 도시"(라고 말할 수 있겠)다. 하나님의 도성은 로마처럼 성문 밖의 적들에 맞서 지배계급이 피지배계급에게 제공하는 "보호"로 말미암아 세워진 **피난처**(asylum)가 아니다. 이런 형태의 피난처가 사실 교회가 제공하는 실제 피난처(즉 죄용서)의 흐릿한 원형이기는 하다.[21] 교회는 실패자를 포기하거나 잠재적 경쟁자를 굴복시키거나 적들에 대항함으로써 평화를 달성하는 것 대신에, 모든 희생자를 기억하고 그 모든 구성원을 동등하게 배려하며 화해를 이루기 위해 자신을 적들에게 내어줌으로써 진정한 평화를 제공한다. 외부의 "혼돈"에 맞선 도시의 성벽 안에 존재하는 평화는 모든 만유를 포괄하는 평화에 비하면 사실상 평화라고 할 수 없다. 이로써 공간에 대한 혁명적 접근이 생겨난다. 이를테면 공간을 더 이상 수호할 수 없게 되자 오히려 야만족들이 바실리카(Basilica)라 불리는 성소에 공경을 표하는 일이 생겨난다.[22]

3. 폭력과 대속(르네 지라르의 작업)

이방 종교에 대한 아우구스티누스의 비판 역시 이교의 수많은 신들 및 이 신들이 도시와 맺고 있는 제의적 관계에 관한 것이다. 다양한 종류의 신들이 존재하며 이들이 문화적 삶의 상이한 영역들을 지배한다고 보는 생각에는 이러한 여러 영역들 간에 근본적 갈등 관계가 존재하며, 또한 각 영역을 대변하는 신격이 필요한 이유는 각 신격의 독자성이 바로 그 바탕에 있어 힘을 통한 자기주장을 나타내기 때문이라는 점이 함축되어 있다. 따라서

---

20 Augustine, *CD* XV, 2.

21 Augustine, *CD* I, 35; V, 12.

22 Augustine, *CD* I, 7, 35.

아우구스티누스는 이교의 신들이 표상하는 다채로운 덕성은 "마귀들의 수
중에 있으며"(신들이란 실제로 사악한 마귀들이다) 결과적으로 "마귀들과 직결
된다"고 말한다.[23] 수많은 신들에게 공경을 바치는 것은 근본적으로 그 신
들의 정욕과 탐욕과 권력욕을 충족시키기 위한 것이며, 따라서 신들이 요구
하는 것은 **희생**이다. 신들은 인간에게서 무언가를 갈취하기를 욕망하며, 대
부분 폭력이 난무하는 축전과 도시 한복판의 경기장에서 벌어지는 검투경
기 관람을 즐겨한다.[24] 반면에 그리스도교에서 믿는 한 분 하나님은 경쟁 및
자기주장과 관련된 일체의 사상으로부터 완전히 벗어나 있으며, 사랑의 봉
헌 외에 그 어떤 제사도 요구하지 않는다.[25] 창조의 행위가 하나님으로부터
아무것도 취하지 않듯이, 우리 인간의 자기수여도 실제로 자기 손실을 초래
하지 않으며, 다만 절대 타자(the Other)를 향한 지향성 안에 근본적으로 성
립하는 존재에 대한 새로운 수용인 것이다. 로마에서는 이따금씩 서로 경쟁
하는 수많은 신들에게 숱한 희생제사가 바쳐지는 반면에 교회에서는 엄밀
히 말해서 희생제사가 드려지지 않으며, 교회 공동체 **자체**가 하나님께 드리
는 실제 제사인데, 이는 교회의 공동체적 유대가 상호 간의 자기수여에 의
해 성립하기 때문이다.[26]

최근에 프랑스의 문화 비평가인 르네 지라르(René Girard)는 사실상 바
로 이 희생[제사]라는 현상과 관련해서 두 도성에 관한 역사철학을 부활시
켰다. 우리가 아우구스티누스의 관점을 되살리려고 하는 마당에 이제 지라
르의 작업에 관심을 두는 것은 지극히 당연하다고 하겠으며, 따라서 나는
이에 대해 간략하게나마 살펴보려고 한다.

지라르가 그의 관심을 성서로 전환하여 그리스도교에 대한 새로운 변
호를 본격화하기 이전에 그는 이미 새로운 종교이론을 고안해냈는데, 그중

---

23   Augustine, *CD* XIX, 25.

24   Augustine, *CD* III, 14.

25   Augustine, *CD* X, 5, 6.

26   Augustine, *CD* X, 5.

의 많은 부분이 프로이트와 프레이저와 뒤르켐에 의존하고 있다.[27] 이 종교이론에 따르면 모든 문화적 행동은 "모방적 경쟁"(mimetic rivalry)이라는 현상에 의해서 지배되는데, 이 현상은 모방을 하고자 하는 욕망으로부터 그 모본을 능가하려는 시도로 전환되는 경향에서 그 실례를 찾을 수 있다. 지라르가 보기에 우리는 모방을 통해 타자가 욕망하는 것을 욕망한다. 그리고 이 욕망은 타자 즉 우리가 대신하고자 하는 이들을 **향한** 욕망에 의해 종종 복잡해진다.[28] 따라서 갈등은 보통 "짝패"(doubles) 사이에서 발생하므로, 원시 종족이 서로 밀접하게 닮은 것들을 보면서 갖게 되는 두려움이 그 이유를 잘 드러내준다. 즉 그러한 위험은 바로 로물루스와 레무스처럼 서로 경쟁 관계에 있는 쌍둥이의 이야기에 반영되어 있다.[29] 그러나 다름을 지향하려는 의지 **또한** 악의적이고 적대적인 것이다. 왜냐하면 그것은 이러저러한 면에서 자신을 비슷한 경쟁자로부터 구별해내려는 욕망이기 때문이다. 갈등은 본래 유사성에서 뿌리박고 있지만, 그것은 또한 차별화를 일으킨다.

문화 즉 코드화된 표지와 기호의 체계가 자리잡고나자, 그다음으로 모방적 경쟁도 출현하여 "형제"와 "형제" 간의 갈등이 끝없이 복제되기에 이른다. 이러한 무정부 상태를 끝내기 위해서 사회는 집단의 유일한 "경쟁자"를 지정하고 그를 적으로 낙인찍어 추방한다.[30] 그 결과 생겨난 연대감으로 인해 공동체는 "독소"를 제거했다고 믿게 되며, 그 희생양적 존재가 밟아갔던 경로가 치유의 효과를 지님과 동시에, 그 희생자 자신은 일종의 "성스러운" 광휘를 부여받는다는 믿음이 생겨난다. **희생양 삼기**(scapegoating)가 사회에 주는 유익에 대한 이와 같은 신비화가 바로 종교의 기원을 구성하는

27 René Girard, *Violence and the Sacred* (Baltimore, MD: John Hopkins University Press, 1978). 박무호, 김진식 옮김, 『폭력과 성스러움』(민음사, 2000). 또한 다음을 보라. John Milbank, "Stories of sacrifices," in *Modern Theology*, vol 12, no. 1 (Jan. 1996) pp. 27-56.

28 René Girard, *Violence and the Sacred*; *Things Hidden Since the Foundation of the World*, trans. Stephen Bann and Michael Metteer (London: Athlone, 1987) pp. 3-48, 326-51.

29 Ibid., pp. 3-48, 105-26, 299-305.

30 Ibid., pp. 3-48, 126-38.

데, 이러한 종교의 진정한 기능은 바로 설립초기의 폭력을 정당화함과 동시에 은폐하는 작용이다. 이와 마찬가지로 종교는 역사를 망각하게 하고 그것을 신화로 대체하는 기제가 된다. 시간이 경과함에 따라 희생양삼기와 인신공희(人身供犧)는 보통의 경우 동물제사나 단순한 제의적 동작으로 대체된다. 그렇지만 이런 대체작용 자체는 사회의 기초를 이루는 실제적 폭력을 은닉할 뿐 아니라, 또한 가장 중요한 사회적 관행이 모방적 경쟁 내지 이를 통제하려는 집단적 노력의 형태로 지속된다는 사실을 감추어 버린다.

지라르가 보기에 이러한 결론은 엄밀한 사회과학적 관점에 따른 것인데, 그럼에도 종교의 암호를 해독하고 인간 문화 전체에 해당되는 비밀을 푸는 데 마침내 성공하였다. 그렇지만 지라르는 이러한 과학적 결론이 신구약성서의 본문에 이미 예견되어 있다고 간주한다.[31] 그의 주장에 따르면 성서는 매우 독특한데, 그 이유는 그것이 타문화에서 "신성하다"고 간주하는 것을 점차 폭로함으로써 거부해버리기 때문이다. 타문화가 희생자의 추방을 신비화하는 반면에, 성서는 아벨 때부터 이러한 희생자의 편에 서서 그들을 자의적으로 취급하는 것에 항거한다. 히브리인들은 스스로를 쫓겨난 자들 즉 출애굽의 공동체로 규정한다. 상당히 오랫동안 심지어 그러한 희생자의 역할이 없어진 곳에서조차 그러한 추방이 여전히 어느 정도 신성한 효과를 지닌 것으로 간주되었었다. 그러나 마침내 신약성서에 이르러 모든 폭력과 모든 제의적 신성화가 완전히 구축 당한다. 예수는 심지어 유대교의 율법과 그 사회마저도 배제와 추방에 근거하고 있음을 드러낸다. 이에 대응하여 예수 자신이 배제당하고 마침내 죽음으로 내몰리지만, 그가 자신을 희생자들과 동일시한다고 해서 그것이 스스로 신성한 희생자가 되고자 하는 욕망을 현시하지 않는다. 오히려 예수는 "세상의 창설 이래로" 감춰진 사회적 폭력의 비밀을 폭로하였고, 또한 "하나님 나라"를 모방적 경쟁 및 그에 따른 폭력을 거부하는 삶이 실현된 것으로 선포하기에 이르렀다. 지라르의

---

31   Ibid., pp. 141-280.

견해에 따르면, 복음서는 추호도 예수가 제의적 희생물이라고 암시하지 않는다. 이러한 생각은 히브리서에 가서야 도입된 것이다. (그러나 지라르는 최근에 이 히브리서 본문마저도 통상적 의미의 "희생제의적" 모티브에 저항하고 있다는 식의 설득력 있는 주장을 펼치고 있다.) 대속에 관한 가장 "정통적인" 견해는 예수 자체를 보편적 희생양으로 삼음으로써 그리스도교의 편에서 진행되어 온 기괴한 자기은폐를 대변한다. 물론 예수가 선포한 내용이 적절히 이해된다면 정통적 기독론의 다른 측면이 지닌 정당성이 소명되기는 할 것이다. (추후에 지라르는 다시금 대속에 관한 정통적 견해가 실제로 희생제의적 면모를 띠고 있지 않음을 개연성 있게 주장하였다.) 왜냐하면 희생양 삼기의 기전(mechanism)이 모든 문화에서 발견되는 보편적 현상이라면, 그것을 해당 문화 내에서 제대로 파악하고 폭로할 수 있는 것은 오로지 그 문화의 외부에 서 있는 존재일 것이다. 따라서 성육신하신 하나님만이 하실 수 있다.

이러한 분석의 상당부분이 깊은 통찰력을 지니고 있을 뿐 아니라, 내가 지지하고 있는 아우구스티누스의 관점과 명백히 일치한다. 그럼에도 불구하고 이러한 메타서사에 대해 크게 두 가지 면에서 비판이 제기된다. 첫째는 지라르의 종교이론에 관한 것이고, 둘째는 그의 기독론에 대한 것이다.

종교와 관련해서 살펴보자면 지라르는 실증주의 전통에 충실하게 서 있다. "사회"를 가장 잘 보장해주는 것이 바로 종교다. 말하자면 사회적 연대감은 자의적 희생제의와 연계되어 있으므로, 종교는 사회적 관점에서 "설명"이 가능하다. 철학을 대체하는 사회과학은 그 자신을 진정한 종교(이 경우 약간의 재해석이 가미된 그리스도교를 뜻함)와 동일시한다.[32] 따라서 내가 이미 이 실증주의 전통에 대해 가한 비판은 모두 지라르에게도 적용된다. 그러나 더 특별히 지라르는 레비스트로스와 마찬가지로 근대적·자유주의적 인식망(grid)을 "위계적" 성격을 띤 전통사회에 투사하는 잘못을 저지르

---

32   Serge Tcherzekoff, *Dual Classification Reconsidered*.

고 있다. 이 점은 욕망을 대하는 그의 태도에서 드러난다. 욕망이란 그에게 있어 **객관적으로** 바람직한 대상을 향한 것이 결코 아니며, 오로지 타자들이 바람직하다고 간주하는 대상을 향한 것이다. 이렇듯 "본래의" 문화적 상황은 동등자들 간의 경쟁이며 차이는 경쟁관계에서 기인하는 이원론적 대립관계로부터 발생한다. 그렇지만 동등자들로 이루어진 사회라고 해서 더 "자연스러운" 사회라고 할 수 없으며 오히려 특수한 문화적 코드화를 필요로 한다. 위계적 성격을 띤 원초적 사회도 마찬가지로 가능한데, 거기서 특정한 지위와 가치는 다른 것에 비해 객관적으로 더 중요하고 바람직하다고 간주되었다. 그러한 사회에서 경쟁관계는 기존의 대상에 비할 때 부차적 현상으로 비쳐질 것이며, 결국 모든 욕망이 자의적이라고 가정한다면 이렇듯 겉으로 드러나는 현상마저도 합리적으로 부정되고 말 것이다. 그러나 그와 같은 가정을 하는 것 자체가 명백히 근대적·자유주의적 문화에 뿌리를 두고 있다. 따라서 종교를 "설명"하려는 지라르의 시도는 전반적으로 이와 동일한 자유주의 문화에 특권을 부여한다고 하겠는데, 그 이유는 위계적 성격을 띤 전통 사회의 경우에서는 종교를 빈발하는 문화적 위기를 막기 위해 고안된 후대의 부차적 현상으로 보는 주장을 논증하는 것이 가능치 않기 때문이다. 이러한 전통 사회에서 추방과 희생(이 두 요소를 지라르는 너무 쉽게 융합시키는 편이다)은 질서를 새롭게 구축하는 것이 아니라 오히려 기존 질서를 구성하는 요소, 즉 위계질서를 지탱하는 기제인 것이다. 무제한적이고 무정부적인 갈등이라는 종교 이전의 국면을 실제적인 것으로 설정함으로써, 사실상 지라르는 아우구스티누스가 경고한 이교적 뮈토스의 구성요소에 걸려들고 만다. 말하자면 **지상의 도성**은 자신의 적법성을 주장함으로써 존재론적으로 선행하는 무정부상태를 진압할 수 있었다는 것이다. 이것이 역사적으로 사실일 가능성을 아우구스티누스는 인정하지만, 그러면서도 그는 그러한 악한 혼란에 어떠한 필연성도 인정하지 않는다. 그러므로 우리는 아우구스티누스보다 한 걸음 더 나아가서 모든 적법성은 본질적으로 상상의 산물에 불과한 혼돈을 자신이 저지하고 있다고 강변함으로써 그 정당성을 확보해 왔음을 간파해야 한다. "최초로" 출현했던 것은 무정부상태가 아니라 이렇듯 합법을 가장한 강제적이며 그 자체로 "무정부적인" 주장으로서, 이는 성문밖에 자리한 유목적 세력의 저항에 늘 직면하곤 했다.

기독론에 관해서도 지라르의 주장은 충분한 설득력을 지니지 못한다. 예수가 폭력을 거부한 것에 대해 그가 강조하는 것은 두말할 나위 없이 옳지만, 예수의 비폭력적 실천이 띠고 있던 구체적 "형태"에 대해서는 그다지 지면을 할애하지 않는다.[33] 지라르가 문화를 모방적 욕구와 동일시하면서 객관적 욕구 내지 유순한 **에로스**의 존재 가능성을 부인하는 것을 감안할 때, 모든 문화적 차이와 더불어 욕망에 대한 거부라는 부정적인 몸짓 외에 "하나님 나라"가 실제로 지향하는 것이 무엇인지를 깨닫기는 사실 어렵다. 지라르가 실제로 우리에게 두 도성에 관한 신학을 제시하지는 않으며, 그 대신에 단지 한 도성의 이야기와 한 독특한 개인이 그것을 최종적으로 거부하는 이야기를 들려줄 뿐이다. 이 말이 의미하는 바는 그의 메타서사가 실로 정치적으로 비판적인 함의를 지니는 것은 맞지만, 모든 문화가 자동적으로 희생제의적이며 따라서 "불량"하다고 보는 까닭에 그 함의하는 바가 지나치게 무차별적이라는 점이다. 동시에 그러한 비판은 집단적 정치 형태를 띤 대안적 실천을 촉진하는 데 실제로 동원될 수 없다.

위와 같은 결함은 두 가지 상이한 문화적 실천에 대한 대조를 포함하는 신학에서는 엿보이지 않는다. 그렇지만 이러한 신학이 가능하려면, 인간의 거의 모든 문화 속에 나타나는 폭력적 희생제의의 성격에 대해 과학적 설명을 제공하는 것을 삼가야만 한다. 비트겐슈타인이 프레이저를 언급하면서 살짝 내비쳤듯이, 모든 문화가 희생제의에 대한 공통의 언어를 포함하는 것마저도 그저 이치로 설명할 수 없는 우연적 발생 정도로 받아들여야 한다.[34] 만약에 이러한 우연적 발생을 심도 있게 밝힐 수 있는 어떤 학문 분

---

33 Raymund Schwager, *Der Wunderbare Tausch: Zur Geschichte und Deutung der Erlösungslehre* (Munich: Kösel, 1986) pp. 273-312.

34 Ludwig Wittgenstein, *Remarks on Frazer's Golden Bough*, trans. A. C. Miles (Retford: Brynmill,

야가 있다면 그것은 바로 신학일 것이다. 왜냐하면 신학은 그러한 우연적 발생이 원죄 즉 참되신 하나님을 거부함에서 비롯된 굴레라고 해석하기 때문이다. 그러나 이것은 실제로 설명이 아니며(죄는 그 구체적 측면에 있어 설명의 대상이 될 수 없다) 단지 그리스도교를 "대항 희생적"(counter-sacrificial) 성격을 지닌 실천으로 바라보면서, 이에 비추어 사태를 개념적으로 재서술하는 것일 따름이다.

그렇지만 지라르는 적극적·대안적 실천의 견지에서 사유하는 것 같지는 않고 오직 부정적 거부라는 관점에서만 바라보는 것 같다. 이는 그리스도의 독특성에 대한 그의 주장에 실제로 영향을 끼치고 있다. 히브리인들이 이미 희생제의에 대한 "부분적" 거부에 도달했음을 감안할 때, 왜 그들은 그것에 대한 전면적 거부에 도달하지 못했던 것일까? 특히나 예수가 실제로 제시하는 총체는 문화에 대한 거부일지언정, 문화 너머의 어떤 것에 대한 상상(이것은 실제로 인간적으로 문제가 된다)이 아니라고 한다면 말이다. 우리의 존재를 결정짓는 문화의 궁극적 "조건"을 비록 부정적 방식으로라도 구별해내는 것이 가능치 않기 때문이라는 항변이 있을 수 있다. 왜냐하면 그러한 조건을 대략적으로 제시하는 모든 진술 자체가 일정한 추정적 전제를 설정할 것이고, 그 전제를 구체화하다 보면 문화적 폭로는 무한히 이어지는 과업이 되기 때문이다. 그러나 지라르는 분명히 이러한 타당한 통찰을 수용치 않는다. 왜냐하면 그는 예수가 우리 문화의 궁극적 전제를 폭로한 것을 우리가 과학적으로 "검증"할 수 있다고 생각하기 때문이다. 사실 그는 신성의 개념이 주는 유익을 고려하지 않고서도 이전에 동일한 폭로작업을 스스로 수행했던 것으로 보인다.

만약 우리가 이러한 통찰을 수용한다면, 예수가 내린 진단이 최종적임을 증명할 길이 없음이 분명해진다. 반면에 우리가 만약 그것을 증명한다고 해도 예수가 성육신한 하나님이라는 결론이 당연히 귀결될 것 같지도 않다.

1979) p. 3.

여기서 특별히 주목할 점은 지라르가 『왜 하나님이 인간이 되셨는가』(*Cur Deus Homo*)에서 안셀무스(St Anselm)가 전개하고 있는 논증과 매우 유사한 형태로 자신의 논증을 구성하여 제시한다는 점이다. 안셀무스는 (본질상) 오직 하나님만이 죄의 맹목성으로부터 자유로우므로 죄를 완전히 "감내할" 수 있고, 하나님께 제물 내지 죄가 초래한 존재론적 심연에 충분히 상응할 만큼 죄를 말소할 수 있는 사랑의 보답을 드릴 수 있다고 주장한다. 지라르는 문화적 폭력의 체계(그 불가피한 코드로 인해 우리는 다른 가능성을 볼 수 없다)로부터 벗어나 있는 하나님만이 그와 같은 폭력을 실제로 또한 진정으로 거부할 수 있다고 주장한다.[35] 안셀무스가 아무리 많은 희생제의적 요소가 자신의 논증에 누적되게끔 허용한다고 해도 그의 논증은 본질적으로 희생제의에 관한 것은 아니다. 그러나 안셀무스와 지라르의 논증이 지닌 문제점은 그것들이 겉으로는 그럴듯하게 들리고, 또한 아주 이상적인 "착상"을 통해 하나님에 대한 우리의 상상력을 심화시킨다고 할지라도, 만약에 그들의 논증이 서사적 수준과 관련해서 그 조절적 기능으로부터 철저히 분리된다면, 그것들은 위험스러울 정도로 "표피주의적"(extrinsicist) 성격을 띠게 되므로 경험이나 실천과는 관계되지 않는 경향이 있다. 말하자면 성육신과 관련해서 앞에서 언급했던 내용과 유사한 문제가 여기서 발생한다. 이를테면 예수가 철저하게 고통당했다거나, 또는 그만이 홀로 지배적 폭력을 실제로 거부했다고 하더라도, 우리가 이것을 어떻게 알겠는가? 그것이 어떻게 "우리에게 전달"되겠는가? 실제로 완전한 성품이란 불가침적 내면에 감춰진 어떤 것일 수 없다. 그렇지 않다면 그것에 대해 이야기할 아무런 이유가 없을 것이다. 그 대신에 "최종적 완전함"을 예수에게 돌리는 것에는 예수의 삶과 죽음의 "모습" 속에서 우리가 배울 수 있고, 또 우리가 공동체적으로 살아가는 (그리하여 우리도 자신을 "그리스도의 몸"으로 부르도록 하는) 삶의 맥락을 형성하게끔 하는 모범적 실천의 유형을 발견하도록 우리의 관심을 촉구하고

---

35   Girard, *Things Hidden*, pp. 224-62.

또 그것을 강화시키려는 의도가 들어 있다.

대속에 대한 안셀무스의 "개념"과 예수의 신성에 대한 지라르의 "개념"이 실제로 의미를 지니려면, 그것이 예수는 길이자 하나님 나라이자 **아우토바실레이아**(*autobasileia*: 예수가 곧 하나님의 통치라는 뜻—옮긴이)로서 의미를 지니고 있음을 우리에게 상기시켜 주어야 한다. 예수의 궁극성과 신성에 대한 지라르의 논증을 살려내려고 한다면, 그것을 예수에 관한 서사가 우리에게 비폭력적 실천의 형태와 구체적 가능성을 실례로서 제시해준다는 생각과 연결시켜야 할 것이다. 마찬가지로 안셀무스의 논증을 정당화하기 위해서라면, 그리스도의 대속 자체가 (우리가 그것을 충분히 이해하는 한) 하나님 나라에 대한 선포의 지속이 된다는 생각을 추가해야 할 것이다. 라이문트 슈바거(Raymund Schwager)는 지라르의 이러한 논증을 수용하면서도 이 점을 제대로 포착하지 못한 채 다음과 같이 주장한다. 즉 예수의 죽음은 결코 **필연적**인 것이 아니라 단지 우발적으로 발생했을 뿐인데, 그 이유는 하나님이 예수를 통해 제시한 하나님 나라의 메시지를 사람들이 거절했기 때문이라는 것이다. 슈바거가 보기에 죄가 하나님의 현존에 대해 전적으로 눈먼 상태 즉 "원죄"가 되고만 것은 바로 사람들이 예수를 살해했기 때문이다.[36] 이러한 관점이 역사적으로 소홀히 취급되었던 기독론의 "드라마적" 내지 서사적 심급에 대해 (발타자르식의) 중요한 평가를 하게 된 반면에, 유한/무한이라는 장치에 대한 "사변적" 취급이 서사론적 형태로 변질될 수는 없음을 간과하고 있다. 왜냐하면 그것은 시간과 초시간적 영역 간에 일정한 관계를 상정하려 하기 때문이다. 사변적 관점에서 보자면 다음과 같이 말하는 것이 정당하다. 즉 모든 죄는 하나님에 대한 거부 즉 절대적인 죄가 되며, 따라서 현세적 관점에서 볼 때에는 하나님 나라에 대한 예수의 선포를 수용하는 것이 현실적 가능성이지만, 사변적이고 무한한 관점에서 볼 때에는 그렇지 않다. 죄는 언제나 이미 "원죄"(하나님의 현존에 대한 거부)인 것이다. 물

36　Schwager, *Der Wunderbare Tausch*, pp. 290-5, 304-12. 또한 다음을 보라. pp. 161-92.

론 원죄가 최종적으로 폭로되고 정죄되는 것은 바로 십자가 위에서 일어나는 일이다.

슈바거는 예수의 선포를 받아들이는 것은 현실적으로 말해서 불가능하다고 암시하지만, 그 이유를 모방적 폭력이라는 사회적 기제 내지 자유에 대한 상호 제한의 탓으로 돌린다. 원죄 개념에 대한 이러한 "변형된 이해"가 일부 타당한 면이 있지만, 그럼에도 그 자체로만 보자면 그것은 예수 사건(하나님 나라)이 단지 고난의 사건 내지 이러한 구조에 대한 "깨달음"의 사건으로서 순전히 인간적 작용에 불과함을 암시한다. 그 대신에 지라르와 마찬가지로 슈바거는 이러한 기제가 온통 지배하고 있기에 "성육신"의 형태를 띤 "초자연적" 내지 사회 외적 개입이 필요할 수밖에 없음을 주장하려고 한다. 하지만 우리가 이미 살펴보았듯이, 예수에 의한 대속이 오로지 그가 **미메시스**의 논리를 폭로함을 통해 이루어지는 것이라면, 이러한 **신의 기계적 출현**(*deus ex machina*)과 같은 요소는 군더더기에 지나지 않는다. 이와 대조적으로 원죄를 바라보는 더 한층 "사변적" 인식은 (굳이 "성육신"이 아니더라도 깨달을 수 있는 단지 비경쟁적 상태에 대한 "개념"이 아니라) 우리가 망각해 버린 구체적 존재 방식, 즉 그럼에도 불구하고 그리스도 안에서 되찾게 되는 방식에 대한 생각과 관련될 수 있다. 여기서 예수의 신성은 비폭력이 특수한 형태로 존재할 가능성에 대한 입증과 관련된 것이지, 인간을 초월한 전능한 능력의 개입과 관련된 것이 아니다. 사변적으로 말해서 예수는 신성을 지니고 있는데, 그 이유는 인간이 자신의 죄를 벌한다고 해서 죄로 인해 보지 못하게 된 상태를 극복할 수 없는 반면에 용서의 실천은 전적으로 새로운 시작이므로, 이에 따른 한량없는 관대함은 하나님께 "걸맞을" 뿐 아니라, 죄악 내지 죄가 자체 처방한 해독제와는 아무런 존재론적 연속성도 갖지 않는 일련의 새로운 현실을 **무로부터**(*ex nihilo*) 발생시키기 때문이다.

예수의 죽음 이후에 우리의 구속은 두 가지 이유로 인해 가능하게 된다. 첫째로 우리는 죄가 부정이자 자의적 폭력이며 순수한 사랑 자체에 대한 거부임을 사변적으로 깨닫게 되며, 이러한 사변적 깨달음은 믿음을 구성하는 **불가결**하면서도 독자적인 계기다. 둘째로 그러한 사변적 깨달음이 가능케 되는 것은 바로 예수의 죽음에 결부된 끔찍하면서도 숭고한 추동력으로 인한 것인데, 그의 죽음을 둘러싼 구체적 정황은 우리로 하여금 우리가 참으로 죄악을 "목도"하고 있음을 느끼게 할 뿐 아니라 동시에 인간의 본질적 선함도 깨닫도록 한다. 죄가 어떤 모습을 하고 있는지, 아울러 죄로 인한 거부가 어떤 모습인지 알게 됨으로써 우리는 마침내 근본적으로 바뀔 수 있다. 그렇지만 오로지 성육신하신 하나님만이 죄를 규정하고 또 죄를 담당할 수 있다고 보는 안셀무스적인 사변은 하나님 나라 선포의 정점인 십자가로 우리를 다시 이끌어 간다. 결국 하나님 나라가 (사변적으로) 의미하는 것과 (실천적으로) 예시하는 것은 바로 타자들 심지어 우리를 고발하는 자들의 짐까지도 져주라는 것이다. 따라서 예수의 삶만이 아니라 그가 지향했던 목표도 우리가 닮아야 할 대상이다. 상호 간의 용서와 서로의 짐을 져주는 자세야말로 교회적 **삶의 방식**(*modus vivendi*) 곧 "대속적"(atoning) 삶의 방식이 된다. 바울로부터 오리게네스를 거쳐서 아우구스티누스에 이르기까지 초대 그리스도인들은 대속을 "이어간다"는 관점에서 사유하곤 했던 것으로 보이는데, 이 점은 상당히 의미심장하다. 바울은 "그리스도의 남은 고난을 채우는 것"에 대해 이야기하며, 오리게네스는 로고스가 "시간의 종말에 이르기까지 고난을 겪는다"고 말한다. 아우구스티누스는 그리스도의 전체 몸을 이루는 교회는 그리스도가 자신을 바친 것과 동일한 **완전한** 희생 제사를 하나님께 드린다고 말한다.[37] 따라서 안셀무스의 사변적 깨달음에 추가할 것이 있다면, 그것은 성육신하신 하나님만이 애초에 하나님의 영광에 합당한 보상을 하나님께 드릴 수 있다는 것과, 그렇지만 성육신이 뜻하는 핵심은 영적인 능력과 더불어 그리스도에게만 해당되는 적절한 보상이라는 관용어(idiom)를 인간에게도 나누어줌으로써 이러한 보상이 보편적으

---

37 골로새서 1:24, 고린도후서 1:3-12. Augustine *CD* X, 6; XIX, 23. Henri de Lubac, *Catholicism: Christ and the Common Destiny of Man*, pp. 253-8.

로 이루어지도록 한다는 것이다. 말하자면 보편적인 보상이 성취되기까지 분명히 하나님은 그의 영광의 상실, 즉 하나님에게 참여한 존재들이 겪는 소외라는 "모순"을 계속해서 감내해야 하기 때문이다. (유대인들이 기독론에 대한 여러 가지 해석 중에서 종말론적 유예의 부정을 보는 것은 일리가 있다.)

지라르가 실제로 무시한 것은 바로 이 "관용어"의 문제다. 우리가 평화적 행동이라는 관용어를 알아서 그것을 강제적 행동과 구분할 필요가 있는 것일까? 이 질문을 던지는 이유는 우리가 폭력에 대해 그저 피상적인 관념만을 갖고 있을 경우 폭력은 언제나 경험적으로 분명히 알 수 있다고 상상할 것이기 때문이다. 폭력이란 우리가 진정한 이유 없이 어떤 것을 하도록 "강요받는" 경우라면 어디든 발생할 수 있다고 여겨야 한다. 심지어 우리가 자기 의지에 따라 하는 것처럼 보일지라도, 우리는 종종 "조작"의 대상이 되기 때문이다. 만약에 허무주의에서 주장하는 대로 실제로 진리와 선에 대한 객관적 기준이 있지 않다고 한다면, 설득을 위한 모든 행위는 사실상 폭력적 행동인 셈이다. 하지만 다른 한 편으로 그리스도교는 진리와 선이 단지 객관적 이성이나 변증법적 논증에 따라 자명하게 드러난다고 보지 않는다. 도리어 그리스도교는 선과 진리는 우리가 거기에 대한 "일종의 확신(persuasion)" 내지 **피스티스**(*pistis*) 곧 "신앙"을 가질 때에라야 알 수 있는 것이라고 주장함으로써 애초부터 수사(rhetoric)를 통해 철학의 범위를 제한했다.[38] 우리는 선에 관한 사변적 관념이 아니라 우리에게 구원을 가져다주는 예수의 이야기가 필요하다. 왜냐하면 특정한 조합으로 구성된 말과 이미지가 가진 매력으로 인해 우리는 선을 인식할 수 있고 궁극적 **텔로스**에 대한 개념도 갖게 된다. 여기서 선에 대한 **증언**이 제시되는데, 이는 간증(witnessing)을 통해 선에 참여하는 것이기도 하다. 이렇듯 변증법적 방법만이 아니라 수사적 경로를 통해 선을 추구하는 것은 다음과 같은 가능성을

---

38 James L. Kinneavy, *Greek Rhetorical Origins of Greek Faith: An Inquiry* (Oxford: Oxford University Press, 1987).

함의한다. 이를테면 진리는 설득의 방식을 통해서만 알 수 있으며, 진리를 통한 설득만이 비폭력일 수 있다. 따라서 진리는 비폭력과 더불어 동시적으로 확인되어야 하며, 바로 이러한 과정을 통해 우리는 진리를 향해 설득된다. 우리가 특수한 설득의 방식(이것이 진리인지 비폭력인지 절대로 **증명**할 수는 없다)을 지지하지 않는다면, 우리에게는 평화와 진리를 폭력과 허위로부터 분별해낼 수단이 없을 것이다.

따라서 비폭력에 대한 추상적 지지만으로 충분치 않다. 말하자면 우리는 이러한 비폭력을 숙련된 기술처럼 익혀야 하고, 그에 따른 관용어를 습득할 필요가 있다. 그 관용어는 성서에 근거하여 구성되어 있으며, 예수와 교회에 이르러 그 정점에 달한다. 지라르는 우리로 하여금 희생제의에 주목케 함으로써 우리가 이 관용어를 부분적으로 구체화하도록 기여하므로, 그의 이러한 공헌은 실로 결정적 신기원을 이루었다고 하겠다. 그렇지만 여기에 사회적 형태를 더 뚜렷이 부각하기 위해서는 타인의 희생에 근거한 삶의 방식(3장에서 살펴본 발랑슈의 경우)과 서로의 짐을 져주는 자발적인 방식을 대조해 보아야 한다.[39] 그러한 관용어를 한층 더 깊이 알아보려면, 우리는 지라르를 넘어 아우구스티누스에게로 향해야 할 것이다. 아우구스티누스는 그리스도만이 아니라 교회를 메타서사의 중심에 놓음으로써 대립을 넘어선 사회적 실천의 구체적 형성에 대해 더 많은 관심을 표하고 있다.

대항 윤리

1. 교회론

그리스도교 윤리는 나름의 독특한 형태를 **참으로** 가지고 있는가? 이것을 온통 부인하려는 이들이 있지만, 또한 그 질문에 대해 긍정적 답변을 내어

---

39   본서의 3장을 보라.

놓는 이들도 확연히 두 그룹으로 나누인다. 첫째로 그리스도교가 덕의 내용을 결정적으로 수정하기는 하였으나 그 본질에 있어서는 고대적 윤리관과 연속된다고 보는 의견과, 둘째로 근대의 자유주의적 특히 칸트적 윤리야말로 본질적으로 그리스도교의 후예라고 보는 견해로 대별된다. 게다가 스토아주의라는 현상이 더해짐에 따라 그 주제가 전반적으로 복잡하게 되었는데, 이 스토아주의는 분명히 초기 그리스도인들의 태도에 영향을 주었을 뿐 아니라 근대성의 몇몇 특징을 예견하기도 하였다. 그리스도교와 스토아주의 간에 실질적 근접성이 존재하는가? 아니면 그러한 근접성을 자주 인식하곤 한 것이 그저 치명적 오류에 불과했던가?

대체로 나는 첫 번째 입장에 공감하는데, 그것은 고대와의 연속성을 확인하면서도 스토아주의와는 거리를 둔다. 그렇지만 앞 장에서 내가 암시한 것처럼, 이와 같은 연속성을 쉽사리 과장하곤 하는 이유는 그리스도교가 고대의 윤리 규정뿐 아니라 그 형식적 범주(아레테·프로네시스·텔로스 및 중용 등)에 대한 비판까지도 포함한다는 사실을 깨닫지 못하기 때문이다. 일단 이 점을 인식하게 되면, 일정한 제한된 범위 내에서 그리스도교와 스토아주의와 비교하는 것이 더 타당하며, 아울러 계몽주의 윤리가 지닌 명백히 탈그리스도교적이면서도 그리스도교의 흔적을 보이는 양상(특히나 자유·평등·박애 및 진보의 이상)에 대해서도 더 정밀한 규명이 가능하리라고 나는 주장한다. 그렇지만 그리스도교적 관점에서 바라볼 경우 고대와 근대 간에, 또한 플라톤-아리스토텔레스(academic-peripatetic)학파와 스토아학파 간의 일정한 연속성이 전면에 부각된다는 사실을 나는 또한 주장하고자 한다. 나의 주장은 그리스도교가 지닌 단절적 성격과 이에 따른 근대성 **및** 고대성 양자와의 차이를 더 크게 강조할 필요가 있다는 것이다. (이 말은 결국 그리스도교는 자유주의와 보수주의를 모두 거부한다는 것을 의미한다.)

그리스도교의 윤리적 정체성과 관련해서 위의 두 가지 논제를 주창하는 이들은 모두 새로운 종류의 공동체 곧 **에클레시아**(*ecclesia*)가 새로운 **에토스**의 출현을 위한 맥락이었다는 점에 동의할 것이다. 그렇지만 그리스도교가 자유주의를 위한 요람이라고 이해하는 이들은 교회가 고대적 윤리관, 즉 인간의 궁극적 의미는 폴리스의 사회적 생활 및 미래 세대가 기억하고 칭송할 만한 사회적 과업의 성취에서 찾아야 한다는 생각으로부터 결정적으로 돌아선 것에 주목하는 편이다. 이들은 교회의 구성원이 전체적으로 기존의 정치 공동체에 그대로 남아있었으며, 따라서 초기교회의 신자들은 교회를 영혼들이 모인 영적 연합으로 간주했었음에 틀림없다고 본다. 이렇듯 교회를 개별 신자들(사회적 정황을 벗어난 곳에서 하나님과의 직접적 관계를 소유하는 이들)간의 연합체로 이해하는 개신교적 견해는 그리스도교의 자기이해 속에 늘 잠복해 있던 것을 더 분명하게 구체화한다.

이러한 "자유주의적 개신교의 메타서사" 속에 들어 있는 오류에 대해 나는 앞에서 이미 언급하였다.[40] 하나의 특수한 전개과정이 본질을 드러낸다고 어떻게 주장하겠는가? 그러나 어쨌든 이 견해는 초기 교회가 지닌 사회적 양상을 심각하게 평가절하한다. 그리스도인들이 기존의 정치 공동체에 그대로 남아있었던 것은 맞지만, 이제 가족 전체가 그리스도인이 되었으며 가정 자체(성인 남성 자유민만이 아니라 여성과 아동과 노예들까지 포함하여)가 **파이데이아**를 위한 일차적 환경 즉 "영혼의 실습실"로 간주되었는데, 이는 실로 고대사회에서는 알려지지 않은 방식이었다.[41] 이에 더하여 "가정"은 바로 교회 자체를 가리키는 메타포가 되었으며, 이로써 구성원 간의 연합과 상호적 지지가 교회의 삶을 구성하는 필수적 측면임을 보여준다. 더욱이 콘스탄티누스 이전의 교회는 사법적 강제 조치를 포함한 세속 국가의 직무들에 대한 거부 방식을 대체로 옹호하였는데, 오리게네스와 나지안주스의 그레고리오스(Gregory of Nazianzus)와 같은 이들은 교회 내의 "비권력적 치리"와 이교 세계 내에서 시행되는 "통치"를 대조시킨다.[42] 그럼에도

---

40 본서의 4장과 5장을 보라.

41 Augustine, *CD* XIX, 17. Rowan Williams, "Politics and the soul: a reading of *The City of God*," in *Milltown Studies*, no. 19/20, 1987, pp. 55-72, 64.

42 Gerhard B. Ladner, *The Idea of Reform* (London: Harper and Row, 1967) p. 113ff.

불구하고 이교의 정치적 권세에 대한 순복(submission)을 진지하게 권고하는 경우가 있었는데, 이는 (종족이나 영토의 수호가 아니라) 최소한의 정의를 보장하는 강압적 질서는 최후의 종말(eschaton)까지의 중간기 동안 죄악을 통제하고 훈육하기 위한 하나님의 뜻에 해당한다고 보았기 때문이다. 그렇지만 암브로시우스(Ambrose)와 아우구스티누스를 비롯한 이들의 글을 살펴보면, 로마 시민들과 심지어 로마의 통치자들까지 점차 그리스도교로 개종함에 따라 이것이 정치적 지배의 성격에 영향을 줄 것이며, 또한 실로 이러한 통치 방식이 교회적 치리의 영역 안으로 도입되리라고 예상하였음을 분명히 알 수 있다. 이와 동시에 **임페리움**(*imperium*)과 **에클레시아**(*ecclesia*) 간의 경계가 점차 흐려짐에 따라 교회적 치리가 지닌 독특한 성격이 상실되고 있다는 두려움이 나타났고, 이로써 수도원 운동(이는 바로 자족적 성격을 지닌 그리스도교적 결사체)이 촉진되었다.

　　아우구스티누스는 특히나 개신교와 자유주의의 전조를 보인다고 여겨져 왔다. 그가 개인주의적인 교회관과 국가관을 만들어냈다는 주장이 있는데, 이는 그가 국가를 물질적 편의의 충족을 위한 개인적 의지들 간의 타협으로 해석하는 한편, 참 교회 곧 **하나님의 도성**(*Civitas Dei*)은 오직 하나님만이 알고 계신 선택받은 참된 신자들의 모임이라고 이해하기 때문이다.[43] 그렇지만 이러한 주장은 거의 전적으로 오류이다. 첫 번째로 "국가"(이 용어 자체가 시대착오적이다)에 대한 아우구스티누스의 견해를 살펴보도록 하자. 아우구스티누스가 공화국(common wealth)에 대한 스키피오(Scipio)의 개념 정의(이것은 현재 소실된 키케로의 작품 『국가론』[De Republica]에 인용되어 있다고 아우구스티누스는 밝힌다) 즉 **레스 푸블리카**(*res publica*)를 "권리에 대한 공통인식과 이익의 공유관계"에 의해 연합한 결사체로 보는 그와 같은 견해에 대해 문제를 제기함은 주지의 사실이다.[44] 대신에 그는 대안적 정의를 제안하

43　Markus, *Saeculum*, pp. 164-71.

44　Augustine, *CD* II, 21; XIX, 21-4.

는데, 이에 따르면 **레스 푸블리카** 내지 **포풀루스**(*populus*)란 "이성적 존재들
이 그 사랑하는 공통의 대상에 관한 공통의 합의에 의거하여 큰 무리로 연
합한 결사체"다.[45] 이러한 새로운 개념 정의는 무엇이 정의로운지 또한 무
슨 목표를 추구해야 하는지에 관한 합의에 의해 구애받지 않는 그러한 공
동체들까지 포괄하므로 훨씬 광범위하다고 하겠다. 이로써 아우구스티누
스는 정치 공동체가 교육적 성격을 지닌다고 보는 고대적 이상을 포기하는
대신에 소유와 보상의 공평한 분배를 주장하는 것으로 해석되곤 한다. 그러
나 로완 윌리엄스가 주장하듯이, 아우구스티누스는 사실 스키피오의 개념
정의를 버린 것이 **아니며**, 그가 새로운 개념 정의를 제시한 것도 약간은 아
이러니한 의도에 의한 것인데, 말하자면 로마는 스키피오의 기준에 비추어
보아도 공동체라고 할 수 없으며, 다만 분명히 말할 수 있는 것은 그것이 어
떻게든 겨우 함께 공존하는 정도거나 아니면 전혀 공동체라고 할 수 없는
것이다.[46] 세상의 정의와 통치를 **파이데이아**라고 보면서 그것을 바람직한
목표로 삼아 추구해야 한다는 생각을 이로써 포기하게 된 것이 아니다. 도
리어 아우구스티누스는 그러한 목표가 하나님의 도성에서 참되게(즉 천상에
서는 완전하게) 실현되지만 이곳 지상에서도 부분적으로 실현됨을 분명히 주
장한다.

그렇지만 그러한 새로운 개념 정의는 단지 아이러니 이상의 의도를 갖
고 있는데, 이는 그것이 **욕망의 향배**(direction of desire)야말로 하나의 공동체
가 참으로 정의롭고 연합적인지를 판가름하는 핵심 요소가 됨을 적시해주
는 까닭이다. 고대사상의 전반적 견지에서 보자면 욕망은 올바른 이성의 통
제 하에 있는 본래 "적절한" 욕망과 무질서한 격정에서 기인하는 과도한 욕
망으로 구별된다. 그렇지만 이러한 도식은 참된 **에로스**만이 절대선을 식별
할 수 있고, 이러한 선의 조명을 통해서만 진리 자체가 밝혀진다고 보는 플

---

45   Augustine, *CD* XIX, 24.

46   Williams, "Politics and the Soul," pp. 59-60.

라톤의 생각과는 잘 어울리지 않는다. 그러나 아우구스티누스는 오히려 이러한 플라톤의 관점을 부각시키는데, 그는 이성 자체가 참된 바람직함에 미치지 못하는 대상을 향한 고의적 욕망에 왜곡되게 종속될 수 있음을 암시한다. 이로써 인간과 사회가 근본적으로 왜곡될 가능성에 대한 새로운 인식이 열리게 된다. 인간의 모든 결사체는 (그것이 "존재"하는 한에 있어서) 어느 정도 "선하다"고 하겠지만, 그럼에도 결사체를 지배하는 목표가 반드시 정의라든가 공동체성은 아님이 사실이다. 결사체가 일관되게 추구하는 욕망이 그릇된 목표를 향한 것일 수도 있으며, 이 말은 결국 그 목표가 결사체 자체의 존재 및 그 사회적 본질을 **부정하는 것**이 될 수 있음을 의미한다. 이렇듯 아우구스티누스의 새로운 개념 정의는 어쨌든 (거의 "뒤르켐" 식으로 사회는 그 결속을 위해 집단적 "숭배대상"을 필요로 한다고 암시하는 까닭에) 이전의 것보다 개인주의적 성격이 **덜**하지만, 그럼에도 불구하고 로마인들이 집단적으로 욕망하는 것이 무엇인지를 설명하는 대목에서는, 그들이 추구하는 대상이 바로 개인적 지배(*dominium*)와 명예와 영광이었음이 드러난다.

따라서 아우구스티누스가 로마 공화국을 책망하는 실질적인 이유는 그것이 지닌 **개인주의적 측면** 때문이며, 아울러 그것이 고대 정치가 지향하는 목표를 실제로 성취하지 못했기 때문이다. 여기서 아우구스티누스가 이러한 개인주의적 측면을 고대 윤리와 정치의 근간을 이루는 영웅적 토대와 연결하고 있음을 알아차리는 것이 중요하며, 나는 이 점에 대해 다음 단락에서 자세히 논할 것이다. 그럼에도 불구하고 또 하나 분명한 것은 아우구스티누스가 로마의 후기 역사에서 나타나는 개인주의화의 퇴행을 인식할 뿐 아니라, 공화국의 목표는 각 사람이 "자신의 것을 향유하는 것"이라고 말하는 키케로의 견해에서 엿보이는 "자유주의적 맹아"(incipient liberalism)도 비판한다는 사실이다. 아우구스티누스는 그러한 견해를 다음과 같이 다소 경멸적인 방식으로 요약한다. 이를테면 "타인의 재산이나 가옥이나 인격을 침해하거나 그것을 침해하겠다고 위협한 경우가 아니고서는 아무도 기소되어서는 아니 된다. 그러나 누구라도 자신의 소유물에 대해서나, 또는 타인의 동의를 받았을 경우 그것에 대해서는 자기가 원하는 대로 할 수 있는 자유가 있다."[47]

그러므로 아우구스티누스는 인격성을 "자기소유"로 보고 이에 따라 소유권 자체가 각자의 영역 내에서 무제한적인 자유를 누린다고 보는 견해를 지지하지 않으며, 오히려 그것을 전적으로 비판하고 있다. 로마의 스토아주의자들은 그러한 견해에 대해 체념적 태도를 취하는데, 그 이유는 그들이 **에크피로시스**(*ekpyrosis*) 곧 우주적 화염으로부터 분리된 주기적 타락 이후의 시대 즉 모든 것이 다 녹아서 하나로 합쳐지는 때(그리고 **유토노스**[*eutonos*]라고 하는 완벽한 긴장의 상태에 도달하는 때)가 되면, **오이케이오시스**(*oikeiosis*) 내지 **코나투스**(*conatus*) 즉 자기 자신 및 자기가 연민을 느끼는 가까운 이들을 보존하려는 충동에 사로잡힌 사적이고도 과도한 격정이 지배할 수밖에 없다고 보았기 때문이다. 스토아적 현자는 자신을 일차적으로 **코스모폴리스**(*cosmopolis*)의 시민으로 간주할 뿐이며 특정한 인간 공동체에 속한다고 보지 않으므로, 이러한 공동체에 대한 소속감을 그러한 주기적 과정에 대한 체념 및 우주의 주기적 파멸 때 나타나는 **유토노스**에서 성취되는 **호모노이아**(*homonoia*) 곧 완전한 평화에 대한 내적 기대를 가지고 표현하는 것만으로 충분하다.[48] 반면에 아우구스티누스는 보편적 공동체가 특정한 가시적 표현을 통해 나타난다고 믿으며, 따라서 절대 지배(*dominium*)의 영역은 시간과 더불어 점진적으로 쇠퇴하기 마련이라고 본다. 그럼에도 불구하고 아우구스티누스도 다소 완화된 형태이기는 하지만 자기 나름의 체념적 태도를 취하는 것이 사실이다. 이를테면 시간이 지속되는 동안에는 어느 정도의 죄악이 생겨나기 마련이므로, 세속적 지배와 세상의 평화를 통한 죄악의 규제(이는 서로 경쟁하는 의지들 간의 노골적 타협이라는 형태를 띤다)가 필요

---

47 Augustine, *CD* II, 20.

48 G. B. Kerford, "The origin of evil in stoic thought," in *Bulletin of the John Rylands University Library of Manchester*, vol 60, no. 2, Spring 1978, pp. 482-94. William L. Davidson, *The Stoic Creed* (Edinburgh: T. and T. Clark, 1907) pp. 51-3.

하다는 것이다. 여기서 아우구스티누스는 비록 부정적 방식이기는 하지만 자유주의의 출현에 기여하고 있음이 분명하다. 즉 세상의 경륜 속에는 죄악의 본성을 감춘 채로 정의의 모습으로 위장하고 있는 그러한 정치적 지배를 위한 영역이 있다고 주장하는 것이다.[49] 이러한 체념의 방식이 우리에게 남겨준 문제에 대해 나는 아래의 제4항에서 다룰 것이다.

두 번째로 살펴볼 것은 교회에 대해서 아우구스티누스가 개인주의적인 사고를 하지 않는다는 점이다. 성도들의 삶은 본래부터 사회적인데, 그 이유는 그것이 자기 사랑을 본질로 하는 죄악의 삶에 반대되기 때문이다. 그는 백성(*populus*)에 대한 새로운 개념 정의를 제시하고 또한 **레스 푸블리카**(*res publica*)가 강제적인 정치 공동체를 통해 실현된다는 주장을 거부함으로써 우리로 하여금 정치의 영역 너머에도 여러 형태의 "사회"(the social)가 있음을 보게 할 뿐 아니라, 정치란 강압의 요소와 고작해야 타협의 요소를 포함하므로 그것은 필연적으로 **불완전한** 사회성을 지닐 수밖에 없음을 암시하기도 한다. 진정한 사회란 합의 곧 욕망의 일치이자 그 구성원 간의 조화를 함의하므로, 이것이야말로 교회가 처음으로 제공한 것이며, 구원(존재의 회복)도 거기서 성립한다.

마커스(R. A. Markus)를 비롯한 연구자들은 아우구스티누스가 가시적·제도적 교회를 "현세를 거쳐 가는 순례자인 하나님의 도성"과 동일시한 것을 일부러 평가절하 하려고 한다. 마커스는 아우구스티누스가 당시 아프리카 그리스도교의 일반적 경향(하나님이 택함 받은 자들을 모든 세대로부터 구별하신다는 순전히 종말론적인 견지에 따라 가시적 그리스도교 공동체를 세상에서 분리된 존재로 분명하게 정의하려는 경향)으로부터 점차 멀어지게 되었다고 주장한다.[50] 세례 받은 신자 중 다수가 교회의 참된 지체가 아닌 것처럼, 하나님의 도성에 속한 참된 지체들 중의 다수가 제도적 교회의 울타리 밖에 있음

---

49   Augustine, *CD* XIX, 5, 9, 13.

50   Markus, *Saeculum* pp. 170-1. Augustine, *CD* XV, 1.

을 아우구스티누스가 애써 강조하지만, 그렇다고 해서 이것이 바로 그가 제도적 교회에 대한 소속을 이차적이고 부수적인 사안으로 간주한다는 뜻은 아니다. 이것은 물론 정통교회로 복귀하는 도나투스파 신자를 재세례하지 말아야 한다는 그의 견해나, 또한 도나투스파의 주장과는 달리 배교자들(*traditores*: 강압에 굴복하여 거룩한 문서들을 제국의 관헌들에게 넘겨주는 죄를 범한 자들)이 행한 성례전이 오염되거나 부당한 것이 아니라는 그의 주장을 어떻게 해석할 것인가 하는 문제와 관련된 사안은 아니다. 이 두 사안에 대한 아우구스티누스의 주장은 사실상 그가 가톨릭적 진리가 지닌 공적이고 상징적인 측면에 대해 도나투스파보다 더 큰 비중을 부여하고 있으며, 아울러 공동체를 의도의 "내면적" 순수성에만 기초하려고 하는 도나투스파의 시도만이 아니라 가톨릭적 공동체의 구성요소에 대해서도 유사한 견지에서 공히 비판적인 태도를 취하고 있음을 보여준다. 그는 도나투스파의 세례를 수용하는 것에 대해 유형론적 성서해석(이스라엘의 참된 자손 중 일부는 자유민 신분의 아내인 사라에게서가 아니라 여종인 하갈로부터 출생했다는 것)을 근거로 옹호하는데, 여기에는 교회를 하나의 역사적 공동체로 보는 그의 관점이 개입되어 있다. 즉 교회를 하나로 결속시켜주는 상징적 표지가 역사적으로 전승되면서 곳곳에 확산됨에 따라 혼탁해지기 마련이므로, 그것이 "참된 믿음"과 완벽하게 조화되지 않는 경우도 생겨날 뿐 아니라 어떤 예단이나 통제의 대상이 되지도 않는다는 것이다.[51] 이렇듯 아우구스티누스가 정통교리(내지 어쩌면 "정통실천")에 지나치게 엄격한 울타리를 둘러치는 것에 대해 의구심을 품었다고 해서 그것이 참된 믿음은 불가해한 방식으로 내면성 안에 갇혀 있음을 의미하는 것이 전혀 아니며 오히려 그 반대의 경우에 더 가깝다고 할 것이다. 아우구스티누스는 도나투스파가 태도의 순수성에 대해, 또한 순수한 자들만으로 이루어진 결사체에 대해 집착함으로써 성례전이 지닌 객관적 타당성뿐 아니라 그 객관적 타당성과 불가분하게 결합된 가시적

---

51   Augustine, *On Baptism: Against the Donatists*, I, 15.23–16.25, VI, 5.7.

일치의 중요성도 평가절하한다고 생각한다. 도나투스파가 "이단적"인 이유는 단지 그들이 자신들과 동일한 믿음과 실천을 공유하는 그리스도인들의 주류로부터 스스로를 끊어냈기 때문이다.[52] 그들은 그리스도인의 일치와 상통이 그리스도교의 실천에 덧붙은 단지 희망사항이 아니라, 그 자체가 구속이라는 현실의 핵심에 자리하고 있음을 보지 못한다. 교회는 그 자체가 하늘 도성의 실현으로서 구원 과정의 **텔로스**에 해당한다.

아우구스티누스는 교회를 하나의 도성(*civitas*)으로 간주하므로, 교회 자체가 하나의 "정치적" 실체다. 그렇지만 교회는 공간을 통한 확장보다 시간을 통한 지속에 의해 가늠되는 하나의 도시로서 이교의 **폴리스**나 **키비타스**가 부정해온 뚜렷한 "종족적"(tribal) 측면을 지닌 것도 사실이다. 교회에 있어 중요한 것은 주기적으로 나타났다가 사라지기 마련인 영웅적 선물증여를 통한 탁월함의 배양이 아니라, 늘 새로운 방식으로 사랑의 징표를 전하는 것과 세례의 태반을 통해 새로운 구성원을 낳는 것이다. (어머니인 교회는 실제로 여성적 출산을 통해 매개되므로, 이 점에서 **폴리스**가 표방하는 "어머니인 대지"와는 다르다.) 하나님의 사랑과 은혜를 받는 모든 이들은 영웅적 탁월함이 아니라 바로 이러한 은총에 힘입어 교회 공동체의 온전한 지체가 되기에, 그 공동체 내에서는 여성과 어린이와 심지어 노예까지도 모두 동등한 관심을 받는다. (물론 이것이 지위의 동등성에 대한 요청을 의미하는 것은 아니다.) 앞 장에서 논의했던 **폴리스**와 **오이코스** 간의 이율배반은 여기서 극복되는데, 이는 각 가정이 이제 하나의 작은 공화국(라이프니츠가 말하는 **삶의 결사체** [*Lebensgesellschaft*], 즉 고대사회와는 달리 인간복지의 모든 측면에 관심 갖는 "무제약적 사회")이며, 공화국 자체는 성인 남성만이 아니라 여성과 어린이와 노예까지도 포함하는 하나의 가정이기 때문이다. 아우구스티누스와 그리스도교가 말하는 **폴리스**가 **오이코스**이기도 하다는 생각 속에는 플라톤에서처럼 아내의 집단소유 및 집단적 자녀양육과 같은 것은 존재치 않는다. 왜냐하면

---

52 Ibid., I, 44.86–45.88, V, 7.7.

여성과 아동을 가정의 "돌봄"으로부터 탈취해서, 진정한 덕성의 배양이라는 교육적 미명 하에 도시의 군사적이고 사법적인 기풍 속으로 편입시키는 것을 필수적이라고 보지 않기 때문이다. 그러므로 "화해"를 통한 다스림을 말하는 새로운 가톨릭적 사고는 고대의 그리스적 관점을 넘어서서 (복수의 필요성에서 벗어난) 직접적 관계에 대한 "여성적" 강조와 (기존의 법률체계가 지닌 반사적 성격에서 벗어난) 일반적 원칙에 대한 "남성적" 강조를 결합시킨다.

오이코스와 폴리스 간의 이율배반에 대한 극복은 플라톤이 아니라 아우구스티누스에 의해서 온전히 성취된다. 왜냐하면 아우구스티누스는 가정과 도시가 함께 존립하도록 할 뿐 아니라 그 둘 사이에 일종의 소우주/대우주적 관계를 상정하기 때문이다. 그리고 동시에 그는 동일한 패턴이 세계적 규모로 재현되어야 한다고 생각한다. 말하자면 이 세상에는 단일한 **제왕적 지배**(*imperium*)가 있어서는 아니 되고, 오히려 한 도시 내에 다수의 가정이 존재하듯이 다수의 도시국가가 있어야 한다는 것이다.[53] 그러나 이 두 사례들은 모두 개인과 공동체 간의 관계가 더 광범위한 규모로 반복된 것이라고 볼 수 있다. 플라톤과 아리스토텔레스와 마찬가지로 아우구스티누스가 보기에도 영혼은 "통치"의 영역이다. 하지만 그리스 사상가들보다 일층 더 분명하게 아우구스티누스는 (사도 바울을 따라서) 공동체를 하나의 "개인"으로, 즉 머리이신 그리스도가 다스리는 하나의 몸으로 상정한다. 이러한 차이는 다음의 사실에 비추어볼 때 더욱 두드러지는데, 우리가 살펴보았듯이 플라톤에게 있어서 도시에는 그에 해당되는 "이데아"가 실제로 존재치 않는 반면에, 아우구스티누스에게 있어 도시는 무엇보다도 천상적 실체다. 이렇듯 플라톤(과 아리스토텔레스)에 대조되게, 아우구스티누스에게 있어 내면적 자기통치의 상태에 참으로 도달한 자는 탈아적 상태 속에서 공동체적 영역으로부터 벗어나므로, 그것에 대해 본질적으로 "무심"해지는 것이 아니라 도리어 하나님과 천상 및 지상의 성도들과의 더 깊은 관계 속으로 들

---

53 Augustine, *CD* IV, 15.

어가게 된다. 자신의 영혼을 잘 다스리는 사람이야말로 지상 도성의 운명에
대해 궁극적으로 무심한 상태가 되므로, 이것이 역설적으로 그를 그 도성의
통치에 적합하게 만들어준다(플라톤에게 있어 무심한 현자만이 통치에 적합한 것
과 마찬가지다). 그렇지만 지상적 사물에 대한 단순한 사용(usus)이 아니라 자
비에 의한 참된 다스림이 실현되는 한, 그는 순례자로서 하늘 도성의 운명
에 대해서도 같은 식으로 무심해 하지는 않는다.

    6세기에 출현한 디오니시우스 아레오파기타의 저작을 살펴보면 플라
톤과의 대조가 더 뚜렷하게 부각된다. 디오니시우스 총서(이 작품은 이교 철학
자 프로클로스[Proclus]의 사상에 크게 의존하지만, 그럼에도 그리스도교 복음을 새로운
방식으로 견지하고 있다)에서는 거룩한 위계에 입문하는 궁극적 목적은 하나
님을 관상하는 것이 아니라 하나님과 "동역하는 것"(co-working: 이 용어는 이
제 내적 자기초월을 의미하는 것으로 여겨진다)이라고 본다. 이는 신적 자비의 권
능과 하나님에 대한 지식의 빛을 아직 그 단계에 도달하지 못한 입문자들
에게 전달하는 경지에 이르는 것을 말한다. 디오니시우스와 아우구스티누
스는 고대사회가 처한 두 번째 이율배반 곧 **폴리스**와 **프시케** 간의 대립을
극복하는데, 이는 영혼이 추구하는 목표가 바로 사회적 목표라고 보았기 때
문이다. 사실 아우구스티누스에게 있어 하나님에 대한 우리의 직관은 모든
육체의 부활이 있고 난 후에야 완성될 것이다. 그때가 되면 "우리는 새 하늘
과 새 땅에 속한 물리적 신체들을 아주 분명하고도 뚜렷하게 볼 것이고, 이
와 마찬가지로 우리는 하나님도 바라보게 될 것인바, 하나님은 모든 곳에
현존하시며 만물이 속한 물질계 전체를 다스리시되 우리가 덧입게 될 신체
와 어디에나 편만한 그 신체들을 통해서 자신의 통치를 실현하실 것이다."[54]

    따라서 그리스도교의 입장에서 볼 때 **오이코스/폴리스, 폴리스/오이
코스**라는 두 차원의 대립에는 각각 일종의 소우주/대우주의 관계가 개입

54   Augustine, *CD* XXII, 29. Dionysius, *The Celestial Hierarchy*, 165A-165C. *The Divine Names*, 889D-893A.

되어 있다. 그렇지만 그것이 전부가 아니다. 이러한 내적 대응이 가능한 것은 영혼과 가정과 도시가 처음부터 도시의 법률과 우주(cosmos)의 법칙을 따라서 자신들의 내적 조직을 전적으로 외적인(다시 말해서 공적이고 가시적인) 다른 영혼과 다른 가정들과 다른 도시들과의 연속성 안에 두고 있기 때문이다. (아우구스티누스는 가장이 자신의 가정을 도시의 법률에 맞게 다스려야 한다고 분명히 말한다.)[55] 영혼과 가정과 도시가 "내적으로" 올바른 것은 이러한 "내적" 질서가 그것이 마땅히 속해야 하는 전적으로 "외적인" 계열의 일부가 되는 한에서만 가능한 일이다. 이런 식으로 사물을 배치하는 것에 대해 아우구스티누스는 『음악론』(De Musica)에서 직접 다루고 있는데, 이를테면 그는 영혼을 하나의 계열 가운데 정확한 자리를 갖고 있는 "숫자"와 같은 것으로 정의하고 있다. 이 텍스트에 따르면, 영혼은 계열 내에 자리한 위치를 넘어서는 내면성을 지니고 있으며, 그것은 악보의 모든 음표와 시의 한 음절이 무한히 쪼개지거나 연장되는 것과 마찬가지로 모든 숫자가 나눗셈이나 곱셈을 통해 무한히 자기 증식하는 능력을 갖는다는 뜻에서 그러하다.[56] 따라서 "내면성"은 여기서 단지 계열에 상응하는 자유의 권능이므로, 그것만이 계열을 변경시키고 수정할 수 있다. 그렇지만 그와 같은 자유라고 해도 조화 즉 무한히 다채로우면서도 그 계열의 아름다움을 드러내는 형태를 지향할 경우에만 온전하고도 적절하게 발휘될 수 있다. 그렇지 않다면 자유는 부조화 곧 다른 자유들의 저항에 부딪혀 억제되고 말 것이며, 결과적으로 완벽한 자유에 이르지 못할 것이다. 이런 뜻에서 각자가 가진 자유는 전체라고 하는 (무한한) 계열이 지닌 자유이므로, 말하자면 "하늘의 도성에서는 그러한 의지의 자유가 존재할 것이며, 그것은 모든 이들 속에서 한결같을 뿐 아니라 각 개별자들 안에서도 분리되지 않는 그러한 자유일 것

---

55   Augustine, *CD* XIX, 16.

56   Augustine, *De Musica*, 7(19), 17(58). 다음을 보라. Catherine Pickstock, "Music: soul, city and cosmos after Augustine," in J. Milbank, C. Pickstock and G. Ward (eds.) *Radical Orthodoxy: A New Theology* (London: Routledge, 1999) pp. 243-78.

이다."[57] (루소와 마르크스가 나중에 이 격언을 되살려서 패러디하는 것을 보게 된다.) 따라서 "전체"와 개별적 단위 간에 구조적 병행이 존재할 뿐 아니라 이에 더하여 "전체"가 어느 면에서 개별 단위 내에 현존한다고 할 수 있는데, 그 이유는 개별 단위가 무한 계열이 전개되어가는 과정에 의해서 온전히 규정된 위치에 존재하는 까닭이다. 이런 방식으로 아우구스티누스는 폴리스와 코스모스 간의 대립, 즉 신들의 법칙적 질서와 티탄들의 무정부적 혼돈 간의 대립이라는 제3의 이율배반도 극복해낸다.

부분은 (무한하고 따라서 "비총체적"인) 전체를 반영하는데, 그 이유는 그것이 자신을 전체 내에서 정의하기 때문이다. 그러나 부분은 또한 전체를 포함하고 있는데(라이프니츠가 말하는 "이미"는 아니고, 다만 최후의 종말론적 위치에 따른 것으로), 그 이유는 전체란 오직 하나의 계열일 뿐이고, 이로써 각 부분이 지닌 다름(*differentia*)을 선호하므로 그 자신을 전적으로 말소시키기 때문이다. 그리고 그 안에서 각각의 특수한 차이는 그것이 다른 차이에 대해 지니는 상호작용의 관계에 의해 규정된다. **에클레시아**(*ecclesia*) 곧 하나님의 도성이 지향하는 목표는, 도시가 영웅적 개인들이 만든 것이라는 사실을 넘어서서 마치 그 자체가 하나의 영웅과도 같은, 그런 의미의 집단적 영광을 추구하는 것이 아니다. 그렇다고 해서 **에클레시아**가 보통 말하는 어떤 텔로스를 추구하는 것도 아니다. 다만 새로운 관계성의 창출이라는 목표 이상의 목표를 지닌 분화하는 계열이며, 그 관계성 안에서 "인격들"을 규정하고 자리매김한다.

스토아 사상가들처럼 아우구스티누스도 『음악론』에서 유한적 존재를 긴밀하게 확장해가는 "수적" 계열로 상정한다. 그리고 거기서 "시간적 연장"은 "공간적 연장"에 비해 인과적 우선성을 갖는다(여기서 말하는 숫자들은 물리적·영적 현실을 가리키며, 이 점에서 아우구스티누스는 질료형상론

---

57 Augustine, *CD* XXII, 30. 아우구스티누스가 "원데카르트주의자"(proto-Cartesian)라는 주장(특히 Rowan Williams와 Lewis Ayres의 견해)을 부정하는 관점에 대해서는 다음을 보라. Michael Hanby, *Augustine and Modernity* (London: Routledge, 2003).

[hylomorphism]을 넘어선다). 하지만 스토아 사상가들과는 달리 아우구스티누스는 완벽한 긴장상태를 특징으로 하는 주기적 시간을 "느슨함"을 특징으로 하는 중간기와 대조하는 그런 식의 이원론을 제시하지는 않는다. 이러한 스토아적 사유 가운데 개별 인격들 내지 "이성적 숫자들"은 총체와 관련을 맺되, 오로지 표피적 관계에서 물러나서 자신들의 영혼 안에 내재한 총체의 "내적" 반영에 도달하는 것을 통해서만 그것을 실현할 수 있다. 반면에 아우구스티누스의 이원론은 두 가지 상이한 시간적 "계열"로 이루어진 이원론이다.[58] 첫째 계열은 일종의 "역방향적 발전"인 반면에, 두 번째 것은 진정으로 선율과도 같은 진행을 대변한다. 이러한 이원론 안에서 평화와 조화를 추구하는 개인은 총체와의 직접적인 내적 동일시를 추구하지 않고 오히려 표면에 남은 채로 숙명적 불완전성이 아닌, 하나님을 향한 지향성으로 인한 완벽한 조화로움을 나타내는 그러한 진행과정 속에서 자신의 위치를 찾아나가야 한다.

모든 "중간적 결사체"를 배제하고 "주권" 국가와 "사적" 개별 주권자 간의 직접적 관계성을 그 개인의 소유권의 영역 내에 설정한다는 점에서 스토아적 존재론은 근대적 정치 사조의 시조일 뿐 아니라 오로지 자아와 우주에 초점을 맞춘 "뉴에이지" 영성의 시조이기도 하다. 그렇지만 아우구스티누스가 이해하는 그리스도교적 존재론은 그러한 조류와는 정면으로 반대되는 위치에 자리하고 있다. 그러한 그리스도교적 존재론이 함축하는 것은 부분이 전체에 속해 있으며, 또한 각 부분은 전체를 상상할 수 없는 방식으로 초월한다는 점이다. 왜냐하면 전체란 그저 유한한 계열에 불과한 것으로 무한하고도 측량할 수 없는 하나님을 향해 무한히 나아갈 뿐이기 때문이다. 이러한 계열은 단지 개인과 가정과 도시를 이어주는 일련의 매개체일 뿐이다. "전체"는 바로 중보자인 그리스도이기에, 그리스도는 자신의 몸을 통해 이러한 중재작용을 담당하는데, 이는 인간적 "인격들"에게 도전을

---

58   Augustine, *CD* XIV, 1, XV, 1-2.

주는 일련의 끝없는 중재작용이기도 하다. 오토 폰 기르케(Otto von Gierke)는 그러한 사회적 존재론이 일시적으로 중세기에 존재했음을 정확하게 인식하고 있으며, 또한 그것이 이른바 "고대적-근대" 사상에 반하는 것임을 간파하고 있다.[59] 로마가 사법(private law)의 영역과는 분리된 무제한적 **통치권**(imperium)의 관념과 무제약적 사적 소유권 및 시장 교환에 관한 개념을 발달시킨 반면에, 그리스도교는 잠시나마 이러한 추세에 제동을 걸었다. 흔히 알고 있는 것 이상으로 그리스도교는 인간 사회에 대한 유일하고도 독특한 구성 논리를 포함하고 있다. 그리고 이것이야말로 교회론이 실제로 말하고자 하는 전부인 것이다.

2. "교회 대 국가"의 도식에 반대함

그리스도교는 고대적 의미의 모든 "정치" 이론을 교회에 관한 사상으로 삼아서 다시 자리매김하였다. 교부 신학과 중세 그리스도교 사상이 처해 있던 어려움은 어떻게 하면 정치적 구조를 교회의 구조와 결부시켜 사고할 것이며 그렇게 하는 것이 과연 타당한가 하는 것이었다. 아우구스티누스에게는 당혹스럽게도 "교회와 국가에 관한 이론"이라고 할 만한 것이 존재치 않으며, 그 각각에 해당되는 본연의 작동 영역을 묘사해 놓은 것도 없다.[60] 그는 지상의 도성(civitas terrena)을 통치 업무에 여념이 없는 주권적 영역을 가리키는 근대적 의미에서의 "국가"로 보지 않는다. 그 대신에 그가 파악한 바에 따르면 이 **키비타스**는 바벨론으로까지 거슬러 올라가는 이교적 실천 방식 전체의 잔재인 것이다.[61] 이 **키비타스** 자체의 고유 업무라고 할 만한 일단의 분명한 목표가 존재치 않으며, 하나님의 도성도 동일한 영역에 속한 유한한 재화들을 이용한다. 물론 "다른 믿음·다른 소망·다른 사랑"을 품고

---

59   Otto von Gierke, *Political Theories of the Middle Age*, trans. F. W. Maitland (Cambridge: Cambridge University Press, 1987).

60   Williams, "Politics and the soul," pp. 57-8.

61   Augustine, *CD* XVI, 4.

서 다른 목적을 지향한다.[62] **지상의 도성**이 추구하는 지향점은 단지 제한되고 유한한 재화인 것이 아니라, 무한한 선에 대한 "지시"와 관련이 없다고 간주되는 그런 뜻에서의 유한한 재화이며, 따라서 그 지향점은 무조건적으로 **악한** 것으로 귀결된다. 교회적 부문으로부터 단절된 단지 실천적인 것에 불과한 영역은 아주 간단히 말해서 죄악의 영역인 것이다. 사실 그 실천의 영역을 교회 즉 참된 공화국의 바깥에 자리잡도록 하는 유일한 요인은 바로 강제적 힘의 사용인데, 이것이 본래부터 자의적이고 과도한 것은 그것이 사랑에서 기인하는 "훈육적" 목적을 넘어서 지배권과 자기주장과 타인에 대한 (권력을 위한) 권력 추구 등의 요소를 포함하기 때문이다. 『하나님의 도성』에 등장하는 몇 가지 표현을 살펴보면 아우구스티누스가 타락 이후에 출현한 노예제도와 정치권력의 설립을 사실상 동일한 사건으로 간주함을 알 수 있다.[63]

　아우구스티누스가 보기에 정치적 지배가 "당연"(natural)하다고 간주되는 것은 오로지 다음과 같은 이중적 방식에서 가능하다. 첫째로 지적으로나 도덕적으로 열등한 자들은 그들보다 상위자들의 지도를 받아야 한다. 이는 여성이 남성의 지도를 받는 것과 마찬가지다.[64] 이런 뜻에서 볼 때 타락 이전에도 "통치"가 존재했다고 할 것이다. 스토아학파에 속한 세네카도 정치적 강제가 존재치 않았던 황금시대에 대해 말하면서 이와 매우 유사한 주장을 했었다.[65] 둘째로 노예제와 같이 강제력을 동원한 정치적 지배가 타락 이후의 시대에서 "당연"시 되는데, 이는 인간의 죄를 억제하기 위해 하나님께서 섭리에 따라 그렇게 제정하셨기 때문이다. 그럼에도 불구하고 이것은 죄를 가지고 죄를 억제하는 것, 어떤 면에서는 더 심각한 죄를 동원하는 것이라고 할 수 있다. 왜냐하면 자기 스스로 해결할 수 있다고 생각하는 교만

62　Augustine, *CD* XVIII, 54.
63　Augustine, *CD* XIX, 15.
64　Augustine, *CD* XIX, 14, 15.
65　Seneca, *Epistulae*, XC, 5.

함 속에 스스로를 더 심하게 미혹하기 때문이다. 바로 이 지점이 아우구스티누스의 사회사상 중에서 가장 논란이 되는 대목이다.

모름지기 교회는 현세적 평화(노예제·"과도한" 강제력·경쟁적 이익집단 간의 타협 등)를 이용(usus)해야 한다.[66] 이러한 것을 교회 자체의 치리와 질서로부터 이끌어 내지 말아야 하지만, 그것이 궁극적 목적 곧 참된 천상적 평화에 기여하도록 해야 한다. 이러한 모호한 공간 내에서만 지상의 도성은 독자적 정체성을 유지해 나갈 수 있다. 하지만 한 가지 분명한 것은 아우구스티누스의 입장에서 볼 때 본래부터 죄악으로 물든 영역을 위해 "그리스도교적" 규범을 설정할 이유가 없는 것이다. 그 대신에 그가 채택한 정치적 조언에 가장 근접한 접근법은 "군주를 위한 보감(寶鑑)"의 형태로 나타난다. 여기서 아우구스티누스는 개인적으로 그리스도 교회의 신자이기도 한 통치자에게 적합한 자질이 무엇인지를 제시하는데, 그것은 그리스도인 군주는 정의와 겸비함으로 통치할 것이며, 징벌은 천천히 하되 용서에는 신속하라는 등의 조언이다.[67] 가능한 한 그리스도인 통치자는 지상의 평화를 이용하되, 그것을 자비와 "자애로운 훈육"이라는 교회적 목적에 복무케 하는 방식으로 행할 것이다(여기서 문제는- 나는 이것을 다시 다루겠지만- 어떻게 하면 지상의 평화를 완전히 **부정**하지 않으면서도 그것을 적절히 이용할 수 있는가 점이다). 따라서 "그리스도인 제왕"은 자신의 정치적 역할을 교회내적 사안 내지 목양적 돌봄의 실천으로 여길 경우에만 정의로운 통치자라고 하겠다.[68]

여러 차례의 시도가 있었음에도 불구하고, 이러한 아우구스티누스의 사상을 아퀴나스 이후에 형성된 교회와 정치 간의 관계에 대한 가톨릭적 설명과 완벽하게 조화시키는 것은 실제로 불가능하다. 여기서 문제는 흔히 생각하듯이 아퀴나스가 인간은 본래적으로 "정치적 동물"이라는 아리스토

---

66   Augustine, *CD* XIX, 14, 20.

67   Augustine, *CD* V, 24.

68   Williams, "Politics and the soul," p. 65.

텔레스의 생각을 되살린 것이 아니다. 마커스의 주장에도 불구하고,[69] 아퀴나스도 그리스도인으로서 타락 이전에 강압적 정치가 이미 존재했다고 인정할 수는 없었다. 이렇듯 타락 이후에야 비로소 통치가 존재하게 되었다는 그의 생각은 실제로 세네카나 아우구스티누스의 사상으로부터 크게 벗어난 것은 아니었다. 물론 아퀴나스가 (아리스토텔레스만큼은 아니지만) 정치를 합의라는 인위적 방식을 통해 인간의 삶을 위한 편의적 틀을 세우는 것으로 보는 관점을 강하게 견지하고 있음을 감안해야 할 것이다. 이러한 요소는 아우구스티누스의 도식과도 쉽게 결합할 수 있다. 그러나 현세적 복지라는 확실한 목표에 관계된 정치적 영역이 영구히 존재할 뿐 아니라, 그것이 교회라고 하는 "초자연적" 제도와는 분명하게 구별되는 "자연적" 제도라고 생각하는 것이야말로 매우 이질적인 요소라고 하겠다. 아우구스티누스과 마찬가지로 아퀴나스도 애덕에 의해 고취되지 않는 그 어떤 정의도 인정하지 않으며, 이에 따라 그가 세속적 자율의 영역을 인정하는 방향으로 나아가지 않은 것은 사실이다. 그럼에도 불구하고 그에게 약간의 움직임은 있었고, 이로 인해 사회적 영역 가운데 이론상으로는 자연과 초자연의 이원론을 말할 수 있는 가능성을 창출한 것도 사실이다(이렇게까지 말하는 것은 물론 그에 대한 오독이라고 하겠다). 아퀴나스는 사회·경제·행정에 관계된 삶을 본질적으로 자연적인 것 내지 교회와는 분리된 정치 영역에 속한 부문으로 보기 시작했으며, 이로써 교회를 내적 인간의 영혼에 관련된 사안에 특화된 조직으로 간주하는 길을 열었다. 예컨대 복음이라는 새로운 율법은 "외적 계명"을 새롭게 부가하지 않는다는 식의 발언은 ("애덕의 열매"를 긍정하는 그의 발언에 잘 부합하지 않으며) 위와 같은 위험한 방향으로 흘러갈 소지가 있다.[70]

　　정치가 이제 유한하지만 확실한 목표를 추구하는 영속성을 띤 자연적

69　R. A. Markus, "Augustine and the Aristotelian revolution"; appendix to *Saeculum*, pp. 211-30.

70　Aquinas, *ST* I-II, q.108, a.2.

영역으로 간주되자, "세속적" 부문과 "영적" 부문 간의 확고한 구분선이 불가피하게 나타나게 된다. 정원을 돌보고 다리를 건설하고 작물을 파종하고 아동을 돌보는 것을 "교회적" 활동이라고 볼 수 없게 되었는데, 그 이유는 그것들이 이제 이른바 "정치적" 영역에 포함되기 때문이다. 그러한 활동들은 중앙의 주권이 작용하는 전체화 과정에 예속되고 마는데, 이 주권은 그활동들을 자신의 영역에 포함하기 위해서 그 모든 것을 "이익집단 간의 균형"을 표방하는 형식화된 문구를 통해서만 표현되는 일반화된 유한적 목표에 종속시킨다. 이로써 지역 단위의 소집단들, 인접 집단 간의 일상적 교류작용, 다양성과 내적연관성과 중첩성을 지닌 여러 단체에의 중복 가입과 같은 바람직한 자치적 형태가 침식당할 수밖에 없다. 과거에는 시공간에 걸친 사회적 삶 자체가 무한성으로 이어지는 연속체에 해당한다고 보았으나, (기르케가 주목하듯이) 니콜라스 쿠자누스나 라이프니츠와 같은 후대의 사상가가 이에 대한 더 깊은 이해를 추구함으로써 그러한 사회적 존재론을 촉진하고자 했음에도 불구하고 이제 이러한 사회관은 포기되고 말았다.[71] 그 대신에 아퀴나스가 자연 대 초자연의 이원성을 향해 작은 발걸음을 내딛은 것이 역설적이게도 그가 수정하려고 그토록 애썼던 아비센나(Avicenna)의 사상 속에 잠복해 있던 데카르트적 요소의 맹아를 촉진하게 된다. 그중에서도 특별히 유한/무한의 관계가 개인 안에서 "내적으로" 조우한다고 보는 경향을 지적할 수 있다. 이제 교회적 연속체를 벗어난 개인이 하나의 "주체"로 여겨짐에 따라, 그가 지닌 정신적으로 고귀한 자유마저도 사회의 바깥에 자리매김 되거나 아니면 전체적인 사회적 총체의 일부로 간주되기에 이른다. (이렇듯 "하나의" 개인과 "하나의" 사회적 총체 간의 이원성은 이슬람의 비삼위체적 유일신관이 걸려들고만 그러한 세계관으로 이어진다.) 게다가 교회가 이제 영혼의 치유를 위해 특화된 기관이라고 편협하게 정의됨에 따라, 교회는

---

71 Gierke, *Political Theories*, p. 23. G. W. Leibniz, *Political Writings*, ed. Patrick Riley (Cambridge: Cambridge University Press, 1988) esp. pp. 79-80.

교구 성직자에게 수도자와 평신도 위에 군림하는 더 큰 권력을 부여하게 된다. 이렇듯 교회가 스스로를 특수한 이익의 영역을 가진 단체로 이해함에 따라, 교회는 정치적 주권의 행사 절차를 모방하고 아울러 신자들에 대한 일종의 관료제적 지배체제를 만들어 내기에 이른다.

그렇다면 보다 바람직한 현상은 교회와 국가 간의 경계선이 극도로 모호해져서, 여러 복합적이고 중첩되는 세력들이 "사회적" 형태를 띠고 나타나 주권 국가의 출현 내지는 교회의 위계적 고착화를 미연에 방지하는 것이다. 아주 의미심장하게도 필리프 뷔셰(Philippe Buchez)의 주변에 포진한 프랑스 최초의 그리스도교 사회주의자 집단이야말로 간단히 말해서 최초의 진짜백이(proper) 사회주의자라고 말할 수 있는데, 이들은 스스로도 이 점을 정확히 인식했었고, 교부신학에 근접한 관점을 지지하면서 네오토미즘적 정치관을 거부했었다.[72] 그들은 아우구스티누스가 "사회적" 영역을 발견했다고 간주하면서(물론 이들은 생시몽의 영향 하에서 그것을 지나치게 실증주의적 방식으로 이해했었다), "사회주의"야말로 자조적·평등적·상호협조적 단체들을 증대시킴으로써 아우구스티누스의 유산을 회복하고 확산시킬 수 있다고 보았다. 이러한 단체들은 중세의 길드처럼 성직자의 통제에 종속되지 않으면서도, 교회 내의 "수도단체"처럼 종교적 결사체의 성격도 지녀야 한다고 보았다. 그들의 이러한 태도는 최근의 해방신학 내에서 이른바 "정치적 아우구스티누스주의"를 전면적으로 거부하는 흐름과는 날카롭게 대조된다. 그렇지만 "기초 공동체"(base community) 운동 내에서는 교회와 세상 및 영적 영역과 세속 부문 간의 경계선이 흐려질 뿐 아니라 아울러 작은 집단 내의 상대적 독립성과 상호적 돌봄이 추구되고 있으므로, 이러한 기초 공동체가 뷔셰가 말한 사회주의적 단체의 현대적 사례에 가장 근접한 형태라고 상정할 수 있을 것이다.

---

72 P.-J.-B. Buchez, *Traité de Politique de Science Sociales* (Paris: Amyot, 1866) tome I, p. 23ff, tome II, p. 64. *La Science de l'Histoire* (Paris: Guillamin, 1842) tome I, pp. 512-15. H. R. Feugeuray, *Essai sur les Doctrines de St Thomas d'Aquin* (Paris: Chémerot, 1857) pp. 212-37.

3. 덕에 대한 비판

아퀴나스가 교회와 국가 간의 이원성을 처음으로 개진한 것은 윤리를 대하
는 그의 방식에 중요한 영향을 주었다고 하겠다(이 점에 대해서는 뷔셰의 동료
인 푀그레[H. R. Feugeuray]가 이미 지적한 바 있다).[73] 아퀴나스가 자연적인 것에
불과한 덕을 진정으로 참된 덕으로 인정하지 않는 것과, 초자연적 덕에 대
한 그의 설명이 아리스토텔레스 윤리의 형식과 내용을 근본적으로 수정하
고 있는 것이 사실이기는 하지만(이 점에 대해서는 직전 장에서 애덕과 현명함에
대해 논하면서 언급했었다), 그럼에도 불구하고 인간 실존의 본성적 측면을 추
상적으로 다룰 경우에는 아리스토텔레스의 정치관과 윤리관을 기본적으
로 "올바른" 것으로 수용하는 것도 사실이다. 그러나 아퀴나스는 자연적 덕
과 초자연적 덕을 추상적으로나마 구분해서 언급하기 때문에, 그리스도교
가 고대의 덕을 비판하면서 변형시켜 놓은 단일한 덕에 대한 사유에 있어
서 아우구스티누스에 미치지 못한다.

그러한 "덕에 대한 비판"이 철저하게 이루어지기 위해서는 고대의 정
치제도가 정치라고 하는 자연적 영역을 영구적 형태로 구현했다는 식으로
비역사적 관점에서 볼 것이 아니라, 그저 언젠가 사라지고 말 우발적인 사
회적 형성물에 불과하다고 볼 필요가 있다. 아우구스티누스에게 있어서 그
것이 가능한 이유는 그가 교회 공동체는 폴리스가 도달하지 못한 정의와
덕성이라는 정치적 목표를 실현할 수 있다고 보기 때문이다. 정의와 덕성에
대한 그의 새로운 생각은 이러한 새로운 형태의 사회가 존재함을 전제하는
데, 이 사회는 우리가 살펴보았듯이 다음과 같은 존재론적 특성을 지닌다.

1. 소우주와 대우주 간의 동형대응(同形對應)
2. 부분이 전체에 종속되지 않고 전체도 부분에 종속되지 않음
3. 각 부분마다 전체가 현존함

---

73   Ibid.

4. 고정된 총체성이 아닌 불확정적으로 변화하는 연속체 내에 자리함

무슨 이유 때문에 아우구스티누스는 진정한 정의와 덕이 이교 사회에는 존재치 않는다고 하는 것일까? 그가 제시하는 주된 이유는 이교도들이 **라트리아**(*latria*) 곧 참 하나님께 드려야 할 올바른 예배를 제대로 드리지 못한다는 것이다.[74] 그렇지만 이 말이 이교 사회에 대한 아우구스티누스의 실제 비판이 오로지 종교적 실천의 차원만을 겨냥한다는 뜻은 아니다. 도리어 아우구스티누스는 참 하나님께 드리는 참된 예배의 마땅한 형태는 (로완 윌리엄스가 강조하듯이) 무엇보다도 일시적 존재들이 영속적인 존재들(하나님과 불멸의 영혼들)의 아래에 자리매김 되는 것으로 생각한다. 이러한 종속의 원칙에 비추어 보면 세속적 **지배**(*dominium*)를 궁극의 목적으로 삼는 모든 욕망은 바로 우상숭배이자 불의함의 최고 원천임이 폭로된다. 따라서 "타계성"(otherworldliness)의 **결여**야말로 사회적 불공평(inequity)을 심화시킨다고 하겠다. 참된 예배의 두 번째 형태는 공동체 내에서 베푸는 상호적 용서다. 아우구스티누스는 한편에서 용서의 실천("참된 희생제사")이 결여된 것을 유일신교의 결여와 연결한다.[75] 이에 더해서 하나님 아버지에 대한 사유는 아우구스티누스가 볼 때 우리의 어머니인 천국, 즉 무한한 성삼위에 대한 신비적 직관을 향유하는 (타락하지 않은 천사와 구속받은 인간을 포함한) 모든 피조물로 구성되는 영원한 공동체에 대한 사유와 불가분의 관계에 있다. 이렇듯 그는 이교도들이 지상적 사물의 **사용**(*usus*)을 한 분이신 참 하나님이 주시는 평화와 "관련짓지" 못한다고 말하면서, 또한 여기에 하늘 공동체의 평화를 연결하지 못한 것을 결부시킨다. "상호적 용서"와 사회적 평화가 없이는 "아무도 하나님을 볼 수 없다"고 아우구스티누스는 말한다.[76] 그가 보기에 이교도들이 불의한 것은 그들이 평화와 용서를 우선시 하지 않기 때문

---

74   Augustine, *CD* XIX, 21.

75   Augustine, *CD* XVIII, 54.

76   Augustine, *CD* XV, 6; XIX, 24, 25, 26, 27.

이다.[77]

아우구스티누스는 영혼이 신체를 균제하도록 하기 위해 이교도들이 노력한 점을 인정한다. 그러나 그는 이러한 균제를 위한 진정한 원칙이 그들에게는 결여되었다고 주장하는데, 그 이유는 그들이 영혼을 넘어선 제삼의 차원 즉 영혼 자체를 균제하는 원칙에 대해 무지했기 때문이다. 이것은 바로 하나님·천국·평화에 해당하는 차원이다. 그러나 영혼에 의한 신체의 균제에 대한 이교도들의 사고방식은 제삼의 차원에 의한 영혼의 균제에 대한 아우구스티누스의 사고방식에 비할 수 없다. 영혼은 신체를 폭력적으로 제약하고 격정을 억누른다. 그러나 제삼의 차원에서 영혼은 자신의 진정한 욕구를 간파하고, 다른 영혼들과 상호적 긍정의 관계에 들어간다.[78] 이러한 차원과 바른 관계를 갖게 되면, 단지 영혼만이 아니라 이제 전 인격 곧 영육의 연속체가 그 마땅한 존재 방식대로 그 올바른 외적 자세를 견지하게 되는데, 그 외적 자세는 여전히 위계적 질서를 수반하지만 그렇다고 해서 더 이상 강압적 속박을 초래하지는 않는다. 결국 아우구스티누스가 말하는 **화성적**(musical) 존재론에 따르면 영혼과 신체는 공히 동일한 "수량적" 요소가 상이한 강도로 발현된 것이며, 양자 모두 물질적 질료가 아니라 무로(nothing)부터 출현한 것이다.[79] 요컨대 적절히 존재하는 것은 무엇이든 본성적으로 다른 본성을 거스르지 않는 법이므로 정욕의 억제를 넘어서 욕망의 교정 및 순수한 합의에 근거한 평화로운 질서를 향해 나아가야만 한다는 것이 아우구스티누스의 가르침이다.

사회적 합의와 조화의 절대치에 미달하는 것에 머무는 정의는 따라서 참다운 정의에 미치지 못한다고 하겠는데, 그 이유는 정의가 관습적 합의에만 기초하기 때문이 아니라, 무한한 정의가 존재한다는 믿음이 있고 이러한

---

77 Augustine, *CD* XIX, 23, 27.

78 Augustine, *CD* XIX, 14.

79 Augustine, *De Musica*, 17(57). *De Trinitate*, 12.12, 8. *Epistulae*, 137.3, 11. Hubertus R. Drobner, *Person-Exegese und Christologie bei Augustinus* (Leiden: Brill, 1986) pp. 114-26.

믿음은 모든 사물에는 혼돈의 잔재와 상관없이 (비록 변화하는 것이라 해도) 일시적이나마 각자에게 "적절한" 위상이 존재한다는 생각으로 발현되기 때문이다. 그러나 아우구스티누스가 보기에 이교도들은 어떻게든 길들여야만 하는 원래 무질서한 사회적 요소에 대해 체념한다. 마찬가지로 그들은 영원히 저지해야만 하는 영혼 안에 존재하는 무질서하고 위험스러운 요소에 대해서도 체념한다. 결과적으로 그들에게 있어 공적인 덕성은 그 바탕에 있어 군사적인 덕성, 즉 일부가 아닌 "전체"의 이익을 위한다는 명분하에 내부적으로는 한 계급이 다른 계급에 대한 주도권을 확보하고 외부적으로는 적들에 맞서 안보를 수호하는 것이었다. 도시국가가 개인들의 덕성을 장려할지라도 그것은 근본적으로 사적인 덕성에 불과한데, 그 이유는 그것이 정욕과 악덕에 대한 내적 통제와 연관될 경우에도 결국은 도시의 방어전에서조차 경쟁자들을 압도하고자 하는 명예욕으로 귀결되기 때문이다.[80]

아우구스티누스는 여기서 고대사회가 지향하는 영웅적 이상 가운데 근본적으로 개인주의가 작동하고 있음을 제대로 간파해내는데, 이것은 바로 공적 지배권(imperium)과 사적 소유권(dominium)에 공히 걸쳐 있는 개인주의라고 하겠다. 이것이 필연적으로 존재할 수밖에 없는 이유는 전체와 부분은 번갈아가면서 서로에 종속되어 있을 뿐 아니라 **상호관련된**(relational) 연속체는 언제나 총체성으로부터 벗어날 조짐을 보여주므로 이것보다는 부분/전체라는 대비관계(ratio)를 더 선호하기 때문이다. 아울러 전체와 부분 간에는 영혼과 신체 간의 관계와 마찬가지로 두 개의 상이한 매체 사이에 존재하는 일종의 근본적 불일치성이 계속해서 존재하는데, 이 말은 하나가 다른 하나를 종속시키는 것은 하나의 계열 내지 동질의 반향 내에 존재하는 연속성과 관련된 사안이 아니라 오로지 강제력에 의한 것임을 의미한다. 반면에 그리스도교에서 제시하는 사회적 존재론은 모든 실재는 단일한 신적 근원으로부터 방사적으로 유출된다고 보는 신플라톤주의 사상과

---

80 Augustine, *CD* V, 18, 19, 20: XIV, 9: XIX, 4.

연결되어 있으므로, 이에 따라 뿌리 깊은 존재론적 폭력에 관한 개념을 지탱하는 이원성은 철폐된다.

따라서 아우구스티누스가 보기에 고대적 윤리는 진정으로 "윤리적"인 것이 못된다. 왜냐하면 결국엔 공동체 자체의 실현을 궁극적 목표로 지향하지 않기 때문이다. 그것은 관계 중심의 시각에 이르지 못했으므로, 낱낱이 해체해보면 **영혼**이 신체를 통제하듯이 **폴리스**는 그 구성원에 대한 통제력의 확대를 지향하는 것으로 드러난다. 고대적 관점에서 바라보자면, 천국에는 조화와 평온함만이 존재하므로 거기서는 덕을 발휘할 여지가 전혀 없는 셈이다. 반면에 아우구스티누스는 사도 바울을 따라서 오로지 천국에서는 덕성을 비롯한 인간의 모든 권능이 제대로 발휘될 것으로 본다. 모든 고대적 덕목들은 그가 보기에 모호한 성격을 지닌다고 하겠는데, 그 이유는 각 덕목에 애덕과 평화의 동기가 부재하기 때문이다.[81] 그 모든 덕목 속에는 "과도한" 강압의 요소가 잠복해 있는데, 이는 진정한 욕구에 부응하여 적절하게 균제하면 될 것을 자의적으로 배치해버리는 것이다. 반면에 천국에서는 오로지 애덕만이 존속한다. 왜냐하면 이 애덕은 위협적인 무언가를 억제하는 것이 아니라 무상으로 주어지는 선물에 관한 것이기 때문이다.[82] 이 말이 다른 덕목은 다 사라져 버린다는 뜻이 아니라, 그것들이 이제는 더 이상 애덕에 "부가되는" 것으로 여겨지지 않는다는 말이다. 아우구스티누스가 보기에 애덕은 단지 관대한 의도의 문제가 **아니다**. 오히려 그 반대로 애덕은 호혜적 행동에 따른 정합적 적절성을 수반하므로 이로 인해 반드시 "미적" 질서를 산출한다. 이 점에 있어서 애덕은 바로 정의와 현명함의 완성인 것이다.

하지만 온통 평화로 충만한 상태를 상상하는 것이 무슨 소용이 있는가 (라고 반발할 수도 있겠다). 결코 부인할 수도 회피할 수 없는 뿌리 깊은 갈등으

---

81   Augustine, *CD* XIX, 27.

82   Ibid.

로 점철된 세상 속에 우리가 갇혀 있음을 감안할 때 그런 생각이 드는 것도 당연하다. 그런데 이러한 상상이 소용이 되는 이유는 그것이 우리로 하여금 폭력은 있을 수밖에 없다는 생각을 해체하게 할 뿐 아니라 기존의 폭력을 억제해야 한다는 통념이 결국 폭력의 작동을 온존시키는 기제로 작동한다는 사실을 드러내주기 때문이다. 그러나 그러한 상상이 정작 더 크게 소용이 되는 이유는 그것이 폭력이 난무한 세상에서도 비폭력의 존재적 우선성에 기반한 행동방식이 존재함을 보여주기 때문이며, 이러한 방식을 가리켜 "죄의 용서"라고 부른다.

아우구스티누스는 우리가 하나님의 완전하심에 다가가는 길은 탁월한 덕성의 발휘를 통해서가 아니라 오로지 용서를 통해서만 가능하다고 역설한다.[83] 이 말이 물론 죄악성에 대한 개신교적 체념을 함축한다고는 보지 않는다. 그의 이러한 주장은 오히려 그의 사상이 지닌 사회적 성격에 해당된다. 이를테면 타인들에게 죄가 지속되는 상황(물론 우리의 선한 소망과는 어울리지 않지만, 그럼에도 단번에 극복할 수 없는 우리 자신의 죄악성도 존재한다)을 감안할 때, 그 자체로 죄가 되지 않을 뿐 아니라 주제넘게 주도적이지도 않은 방식으로 이들을 대할 수 있는 단 하나의 길이 있는데, 그것은 천국에서의 완성을 바라보면서 마치 죄인이 아닌 것처럼 그들을 대하면서 (또는 차라리 "고차원적 현실주의"에 입각하여 행동함으로써 그들의 행동이 부정적 왜곡을 벗어나 긍정적이고 진정 현실적인 자질을 발휘토록 하는 식으로) 화해의 자세를 취하는 것이다. 아우구스티누스가 보여주는 참으로 현실적이고도 놀라운 핵심은 바로 이것이다. 곧 덕성은 집단적으로 소유될 경우가 아니고서는, 즉 모든 사람이 각자가 지닌 일련의 차이점에 대해 다 함께 용인하는 정도로까지 덕성을 발휘하는 경우가 아니고서는 적절하게 작동하는 법이 (조금도) 없다는 것이다. 따라서 우리가 실제로 "소유하고 있다"고 내세우는 실현된 덕성

---

83 Ibid. 용서의 신학에 대해서는 다음의 책을 보라. John Milbank, *Being Reconciled* (London: Routledge, 2003).

은 참된 하늘의 덕성과는 **전혀** 닮지 않았다. 그럼에도 실제로 하늘의 덕성과 닮은 유일한 것이 있다면, 그것은 우리가 덕의 총체적 부재라는 이 사태를 보상하고 대체하며 심지어 간단히 넘겨버리기 위해 꾸준히 노력하는 것이다. 이는 타인에게 죄가 있다고 추정하면서 스스로 마음 상하지 말고, 오히려 기존의 "책임성"의 한계를 넘어서서 그들이 했어야 하는 것을 대신 행하는 것이다. 역설적이게도 바로 이러한 교환과 나눔에 있어서만 진정으로 실질적인 덕성이 실제로 현존하게 된다. 이렇듯 아우구스티누스는 "소유"를 뜻하는 가인의 이름을 "부활"을 의미하는 셋의 이름에 대비시킨다.[84] 우리가 함께 공유하는 몸만이 부활하는 법이다.

4. 그리스도교, 아리스토텔레스주의, 스토아주의

그리스도교 윤리가 지향하는 주요 목표가 사회가 우리에게 지정해준 역할에 따라 개인의 인간적 성격에 합당한 특정 상태를 성취하는 것인가? 아우구스티누스가 용서에 최우선의 지위를 부여하는 것을 감안할 때 실제로 그렇지 않음을 알게 된다. 덕성을 이런 뜻에서 이해한다면 그것은 아우구스티누스가 보기에 악덕과 진배없다. 특히나 그것이 용서 및 합의의 추구를 통해 천국에서의 절대적 조화를 "지향"하지 않는다면 말이다. 이 말이 아우구스티누스가 덕의 개념을 넘어서는 스토아적 **오피키움**(*officium*) 곧 의무를 우선시한다는 뜻이라고 주장할 수도 있겠다. (여기서 그가 사도 바울에 충실하다고 주장하는 것도 역시 가능하다.) 나는 이러한 주장을 통해서 다음과 같은 내용을 내포하려는 의도는 전혀 갖고 있지 않다. 이를테면 칸트와 마찬가지로 아우구스티누스도 도덕적 선함을 행동이 아닌 의도적 동기에 귀속시킨다거나, 도덕률을 따르는 것을 특수한 상황에 있어서 자애로운 성향으로부터 우러나는 도덕적 판단보다 격상시킨다거나, 또는 칸트처럼 절대적 의무감을 비동일하게 반복되는 "모범"(이것은 칸트에게 있어 "윤리"가 아닌 "미적"

---

84   Augustine, *CD* XV, 17.

영역에 속한다)보다 근본적인 것으로 간주한다거나 하는 뜻을 함의하지 않는다는 말이다. 덕성보다 **오피키움**을 우선시한다고 해서 그것이 외적이거나 특수한 것보다 "내면적" 차원에 주의를 기울인다는 의미는 아니다. 이것은 오히려 아리스토텔레스가 제시하는 것보다 일층 더 내면적이고 특수한 관점에 주목함을 뜻한다. 그것이 과연 그러한지 이제 설명해보겠다.

아리스토텔레스의 우선적 관심은 성격을 판단하는 것이므로, 그에게 있어 "선하다"는 형용사는 한 사람의 평생에 걸친 과정 전체에 귀속되는 것이 타당하다. 선함은 습성의 형태로 "축적"되며, 진정으로 선한 행동을 행함은 습성에 따른 일정한 깊이로부터 기인하는 것이다. 연습을 반복하고 숙련된 솜씨를 발휘함으로써 사람은 점차로 현명함에 힘입어 자신의 정서와 격정이 표출되는 것을 세심하게 조절하게 되고, 이에 따라 덕성의 발휘에 있어서 진보를 나타낼 수 있다. (칸트가 그랬던 것처럼) 이러한 습성과 솜씨의 차원을 부정하거나 그 가치를 평가절하해서는 안될 것이다. 왜냐하면 선한 행동에 알맞은 소양은 장기간에 걸쳐 갖춰지는 것이 사실이기 때문이다. 그렇지만 아리스토텔레스의 설명 속에는 선함 자체는 성품 안에 "잠재"된 일종의 자질이므로 그것이 증대될 것이라는 암시가 포함되어 있는 것도 사실이다. 따라서 선함은 우선적으로 "성품"의 문제, 즉 우리가 현명함 내지 상황에 대응하여 우리의 정서적 반응을 조절할 수 있는 능력을 소유하는 정도에 따라 "갖게" 되는 것이다. 그러나 선함은 이런 식으로 우리가 "내면"에 쌓아둘 수 있는 것이 결코 **아니며**, 아리스토텔레스는 한 사람의 덕성을 평가하는 것이 그의 행동과 관련된 서사 전체에 걸친 문제라고 말하면서(키케로도 이러한 관점을 공유한다) 이러한 논점에 근접하고 있다.[85] 그렇지만 이런 행동이 옳은지 혹 그른지의 여부를 결정하는 것은 그런 행동들이 쌓여서 어떤 성품을 형성하는가에 관련된 문제가 아니라 오히려 그것이 특정한 한 개인에게 해당되는 것이 아닌, 전적으로 공적이고 외적이며 "비인격성"

85　Cicero, *De Officiis*, I, 20.

을 띤 (그러면서도 늘 **특정한**) 계열 내에서 적절성을 지니는지 혹 그렇지 않은
지의 여부와 직결된다. 윤리적 계열은 성장과 쇠퇴라는 생물학적 계열과는
동떨어진 불연속적 특성을 지니고 있다. 왜냐하면 윤리적 행동이란 누구라
도 이런 상황에서는 이렇게 했어야 한다는 식의 "이상화"된 서사에 따른 행
동 내지 유추적으로 "반복가능한" 모범적 행동으로서 발생하기 때문이다.
생물학적 계열 내에서는 과정과 지향점이라는 이원론이 개입될 수 있으나,
윤리적 계열 내의 모든 사례는 그 계열에 속한 동등한 지위를 지닐 뿐이며,
오직 그것이 선한 것인 경우에 한해서 다른 모든 선한 속성들과 조화를 이
루게 된다. 생물학으로부터 윤리를 분리시킴에 따라 스토아 철학자들은 아
리스토텔레스보다 윤리적 시간이 지닌 문화·역사적 성격을 더 많이 인식
할 수 있었다. 바로 이런 이유로 인해 그들은 **오피키움** 곧 의무야말로 덕성
보다 더 근본적인 범주라고 선언했던 것이다. 말하자면 선한 행동이란 한
순간의 결정들로 이루어진 일종의 연속체라고 하겠다. 물론 무한히 작은 결
정들이 있고 그 수효가 얼마든지 무한하게 세분될 수 있지만, 여하튼 그 어
떤 결정도 단독으로 성립하지 못한다. 물론 결정을 내린다는 것은 사실상
성품의 잠재된 측면으로부터 늘 비롯되기 마련이다. 그러나 결정에 대한 **판
단**을 내린다는 것은—과거의 관례와 특수한 상황과 결과가 가져올 추세를
참조하는 가운데, 특별히 지금 여기서 무엇을 해야 하는가를 고려한다는 뜻
(이것은 바로 키케로가 말하는 "시의적절성"을 의미한다)에서—언제나 "의무"라고
하는 표면적 기준에 따른 것이다.[86]

바로 이런 이유로 인해 스토아학파는 아리스토텔레스학파(peripatetics)
에 반대하여 "선함은 행위를 더해간다고 해서 형성되는 것이 아니다"라고
단언한다. 선함은 일차적으로 행동을 규정하며 각각의 행동은 전적으로 순
간적이고 "특수"하며 공적이고도 외적인 성격을 지니고 있기 때문에, 양
의 많고 적음을 말하는 것처럼 선의 많고 적음을 논할 수 없다. 하나의 행

---

86 Cicero, *De Finibus*, III, 14, 45–8.

동이 "적절한지" 즉 **품위**(*honestas*)와 **우아함**(*decorum*)의 자질을 지니고 있는 지의 여부를 논하듯이 선함에 대해서 이러쿵저러쿵 논할 수 없다. 이러한 범주들은 스토아주의에서 **프로네시스**에 해당되는 등가물이다(스토아학파 는 이 용어를 지혜를 전체적으로 지칭하는 데 적용한다). 그러나 **프로네시스**는 이 성을 정감과 절충시킨 일정한 내적 상태에 관한 것인 반면에, **품위**와 **우아 함**은 "생각하면서" 동시에 "느끼는" 단일한 물질적 성분으로 구성된 개인 의 내적 **정조**(*tonos*)와 관련된다. 이 정조는 "외연적" 환경과 관련하여 우아 한 조화와 균형을 지닐 경우에라야 올바르다고 할 수 있다.[87] 따라서 **품위** 와 **우아함**은 윤리적 상태를 미적인 것에 동화시키며 윤리적 결정의 사례들 을 **테오리아**와 **프락시스**의 대상으로 삼는다. 스토아학파에 따르면 선에 대 한 직관은 마치 여명처럼 영혼 위에 홀연히 밝아온다.[88] 이 순간은 바로 **귀 환**(conversion) 즉 계시적 통찰이 임하는 때로서, 사람은 이 순간을 향해 스스 로 다가갈 수 없는데, 이는 해수면 바로 아래에 있는 사람이나 심해에 가라 앉아 있는 사람이나 둘 다 숨을 쉴 수 없는 것과 매한가지다.[89] 이렇듯 "양극 단을 오고가는" 측면을 강조함으로써 스토아학파가 습성의 중요성을 평가 절하한 것에 대해서는 의문의 여지가 없다. 그렇지만 "귀환"과 불연속적 도 약(이는 습성의 사슬을 깨뜨린다)을 인정한 것은 아리스토텔레스 윤리가 지닌 난점(*aporia*)을 해결하기 위해 필요한 것이다. 그 난점이란 덕성을 발휘하기 위해서는 먼저 덕성을 소유해야만 하므로 덕성은 일차적으로 교육을 통해 얻을 수 있다고 주장하면서도, 그 원초적 기원을 신의 행동에 귀속시킴으로 써 (그리스도교의 은혜 개념과는 달리) 우리들 인간의 자유 의지를 **비껴가는** 것 이다. 물론 귀환(과 지속적 재귀환)은 그리스도교 윤리의 중심 개념이다. 왜냐 하면 그것을 인정할 때에라야 전통적 유산도 근본적으로 왜곡될 수 있으며,

---

87 Cicero, *De Officiis*, I, 4, 15, 28, 35. Kerford, *The Origin of Evil*. E. Vernon Arnold, *Roman Stoicism* (Cambridge: Cambridge University Press, 1911) p. 196.

88 Cicero, *De Finibus*, III, 14.

89 Ibid., III, 14, 48ff.

근본적 갱신 없이는 전통이 더는 우리의 길잡이가 될 수 없다는 생각을 하게 되기 때문이다.

현자가 지닌 "참된" 윤리적 지혜에 대한 스토아적 관념이 데카르트가 말하는 내면성으로의 발전 방향 및 개인과 전체 과정 간의 직접적 관련성을 지시하는 것이 사실이지만, "모든 사람"에게 매일의 의무가 부여된다는 생각 속에는 성품에 대한 과도한 강조에서 엿보이는 아리스토텔레스적 내면성을 한정해주는 요소가 포함되어 있다. **오피키움**이 최고로 중요하다는 생각은 윤리가 지닌 사회적·비인격적 (내지 상호인격적) 성격을 강하게 부각시킨다. 말하자면 중요한 것은 **전적으로** 특수한 "위상"을 감안하더라도, 누구에 의해서든 우아함의 기준에 맞게 의무가 수행되는 것이다. 이러한 주장은 선이란 그 정도를 물을 필요도 없이 "절대적으로" 옳다는 생각과 잘 합치된다. 왜냐하면 선은 하나의 행동이 계열 내에서 점하는 우아한 위상에 의해 규정되는 것이지, 현명함이 열정을 "어느 정도"로 다스리는가에 따라 결정되는 것이 아니기 때문이다. 두 가지 측면에 있어 스토아적 윤리관은 아우구스티누스를 예견하고 있으며, 아우구스티누스도 사도 바울과 마찬가지로 어느 정도 스토아주의에 빚지고 있는 것으로 보인다. 그중 첫 번째 것으로 덕성(자기통제의 인격적 덕이라는 뜻에서)을 넘어서는 것은 아우구스티누스에게 있어서 공공의 평화를 실현하는 것이다. 두 번째는 스토아학파에서 선을 **적절함** (*proprietas*) 내지 "바른 위상"으로 보는 것인데, 이러한 생각은 (열정적 요소들과 투쟁하느라 잠재적으로 흔들릴 위험조차도 없는) 바른 욕구에 토대한 절대적 조화를 말하는 그리스도교의 개념을 어느 정도 예견한다고 하겠다.

이 두 번째 측면을 규명하기 위해서 아우구스티누스가 『하나님의 도성』에서 열정(passions)의 주제를 어떻게 취급하고 있는지 검토해 볼 가치가 있다. 한 가지 분명한 것은 그가 **아파테이아**(*apatheia*)라는 스토아적 이상을 거부한다는 사실이다. 이를테면 심각한 신체적 장애를 겪는 와중에도 완벽한 행복을 느끼면서 평화의 상태에 거할 수 있는 사람을 상정할 수는 없다고 그는 말한다.[90] 여기서 아우구스티누스는 그리스도인으로서 만유의 완전한 회복에 관한 믿음을 견지하면서도, 신체적 선함과 도덕적 선함 간의 이원론을 설정하는 스토아학파에 맞서서 "아리스토텔레스적 물질주의"를 지지하는 셈이다. 마찬가지로 아우구스티누스는 인생의 비극적 상황을 그저 "무심하게" 대해야 한다고 주장하는 스토아적 무감동의 이상에 대해 경악한다. 선한 사람이라면 어떤 상황 속에서 공포와 분노와 연민 등을 느끼는 것이 **당연하다**고 아우구스티누스는 말한다. 정말 중요한 것은 강력한 느낌에 휘둘리는지 그렇지 않은지의 여부가 아니라, 그러한 느낌이 바른 욕구에 의해 촉발되는가 하는 점이다. 왜냐하면 바른 욕구만이 느낌의 적절성을 판가름할 것이기 때문이다.[91] 가령 이생을 사는 동안 우리 자신과 타인의 구원에 대해 어떤 두려움의 감정을 갖는 것은 바르고 적절한 일이며, 장래의 영생에 있어서도 사랑의 정감은 가시지 않을 것이고 오히려 무한히 확대될 것이다. 아우구스티누스는 이 점에 있어서는 아리스토텔레스학파가 스토아학파보다 진리에 더 근접함을 명시적으로 밝히고 있다.[92]

그렇지만 주목할 만한 더 흥미로운 점이 한 가지 있다. 아퀴나스는『신학대전』에서『하나님의 도성』중 두 단락(CD XIV, 7과 9)을 언급하는 가운데, 아우구스티누스의 관점을 지지하면서 아리스토텔레스학파가 열정이 선한 것일 수 있음을 인정하는 반면에 스토아학파가 그것을 부정하는 이유에 대한 약간의 논의를 덧붙인다.[93] 그는 쟁점이 된 사안의 중심에는 스토아적 유물론이 감각과 지성의 구분, 영혼의 열정과 의지의 운동 간의 구별을 결여하고 있다는 사실이 놓여있음을 제대로 지적한다. 따라서 스토아학파의 입장에서 볼 때 열정은 지성의 움직임 바깥에서 일어나는 무언가가 아니라 단지 정신적(이자 물질적인) 불균형의 상태를 가리킨다. 말하자면 열정

---

90 Augustine, *CD* XIX, 4.

91 Augustine, *CD* IX, 4ff; XIV, 6, 7, 8, 9.

92 Augustine, *CD* IX, 4.

93 Aquinas, *ST* I-II, q.24, aa.1-2.

은 "이성의 한계를 넘는 움직임"인 것이다. 그렇지만 아리스토텔레스학파의 시각에 따르면 열정이란 정신적이라기보다 근본적으로 육체와 관련된 것이다. 예컨대 분노는 "혈류가 심장에 불을 붙이는 것"이다. 따라서 열정은 기본적으로 자연이며, 그 자체가 선하지도 악하지도 않고, 다만 의지에 따른 향배가 이성에 조응하여 열정을 이렇게 혹은 저렇게 몰아간다. 물론 의지와 이성에 따른 향배가 **결여**될 경우 열정에 결함을 초래하거나 그것을 더 순수한 열정적 성격으로 몰아가는 것이 사실이다.[94] 이로써 아퀴나스가 자신은 이 사안에 대해 아우구스티누스와 정확하게 동일한 주장을 한다고 믿고 있음이 분명하다. 하지만 정말 그러한가? 비록 아우구스티누스가 대체로 아퀴나스보다 "관념론적"이고 "정신주의적"인 면이 더 강하다고 하지만 (그리고 아퀴나스의 영혼관 가운데 아우구스티누스의 것보다 선호할 만한 측면이 있는 것도 사실이지만) 영혼에 대한 아우구스티누스의 개념이 어떤 면에서 "더 풍부한" 것도 사실이다. 더욱이 시간과 공간이 외연의 측면에서는 영혼의 외부에 존재하지만 의지의 측면에서는 영혼의 내부에 들어올 수 있다고 보는 (스토아주의와 신플라톤주의로부터 영향 받은) 그의 사상과 관련해서 특히 그러하다. 사실 아퀴나스의 질료형상론(hylomorphism)보다 철저한 일종의 **물질주의**(materialism)가 여기에 잠복해 있다. 따라서 열정이 영혼의 "내부에" 있다고 보는 것은 아퀴나스보다 아우구스티누스에게서 더 강하다(고 말할 수 있다). 그가 그리스어에서 파생된 **열정**(passiones)이라는 말보다 로마의 스토아학파가 사용한 **영혼의 격동**(perturbationes animae)이라는 용어를 선호한다는 사실은 이 점을 암시한다.[95] 이 사실은 아우구스티누스도 스토아학파처럼 영혼의 열정과 의지의 움직임 간에 아무런 절대적 구별을 하지 않으며, 열정을 그 자체에 있어 중립적인 것으로 간주하지도 않음을 시사한다. 하지만 아퀴나스가 보기에 열정은 일차적으로 신체적 힘인 반면

---

94 Aquinas, *ST* I–II, q.22, a.2, ad.3; q.24, a.1.

95 Augustine, *CD* XIV, 9.

에, 아우구스티누스에게 있어 열정은 **근본적으로** 욕망의 움직임인 셈이다. 그리하여 아우구스티누스는 열정이란 "모두 그 근본에 있어 의지의 행위"라고 정의하면서, 계속해서 "욕망 내지 희락이 지향하는 것이 우리의 열망에 따른 의지의 행위가 아니고 무엇이겠는가?"라고 덧붙인다. 마찬가지로 "바르게 향배된 의지는 곧 좋은 뜻에서 말하는 사랑"이라고 말한다.[96] 따라서 "의지의 행위"란 말은 아퀴나스라면 질료에 미치는 형상적 작용 내지 이성의 인도를 받는 의지에 따른 열정의 향배를 가리키겠지만, 아우구스티누스에게서는 그것이 아니라 **딜렉치오**(*dilectio*: 애착, 애호)를 의미하므로, 그 자체가 정감이자 의지이고, 목표를 향한 그 자체의 정향에 따라 바르기도 하고 그릇되기도 하므로 결코 이성에 따른 **외적** 균제와 관련된 것이 아니다. (그렇지만 아퀴나스도 이따금씩 아우구스티누스와 비슷한 말을 한다. 특히나 그가 아리스토텔레스의 『영혼론』을 인용할 경우에 그러한데, 이 저술은 아리스토텔레스의 다른 텍스트보다 이성적 추론에 있어서 감각과 열정의 역할을 강조한다.) 이러한 욕구는 그 자체가 활동적 영혼이자 활동적 이성이다. 왜냐하면 아퀴나스와 달리 아우구스티누스는 지성을 영혼의 특수한 "능력"으로 간주하지 않는 까닭이다. (물론 이 점에서 그 둘의 견해를 조화시키는 것이 가능할 수도 있겠다.)[97] 아퀴나스의 견해에 있어 열정은 영혼의 "욕구적"(appetitive) 부분에 더 해당될 뿐이며 고차원의 "인식적"(apprehensive) 부분에 비해서는 그 하위에 배치된다.[98] 그러나 아우구스티누스의 입장에서 볼 때 모든 인식은 욕구를 통해 일어난다(그가 "영혼의 저급한 부분에서 일어나는 격한 열정"[이것은 타락한 피조물에 있어서는 무질서한 양상을 보인다]에 대해 언급하기는 하지만, 열정을 불러일으키는 욕구는 고차원적 측면의 중심을 차지한다.)

이렇듯 아우구스티누스는 그의 사상을 일반적으로 특징짓는 "초자

---

96 Augustine, *CD* XIV, 6, 7.

97 Anton C. Pégis, *St Thomas and the Problem of the Soul in the Thirteenth Century* (Toronto: Toronto University Press, 1934).

98 Aquinas, *ST* I–II, q.22, a.2.

연주의"를 따르고 있으므로, 그에게 있어 중립적·자연적 열정은 있을 수
없다. 그러므로 한편에서는 스토아학파와 달리 선한 열정이란 것도 있을
수 있다고 생각하는 반면에, 악한 열정을 "통제 불가능한" **자연적** 요소가
아닌 그릇된 향배를 지닌 욕망으로 보는 점에 있어서 모든 열정은 이성과
의 관계에 있어 "과도하다"고 보는 스토아적 견해에 공명하기도 한다. 적의
(animosities)는 그 어원이 암시하듯이 분명히 **영혼**(*animus*)과 관계되어 있고
다툼을 유발하는 증오나 질투심이나 부러움도 신체가 아닌 정신에서 기인
하는 결점이므로, 사도 바울이 이것을 가리켜 "육체의 일"이라고 부를 경우
에 그는 분명히 제유법적 비유를 사용하는 것이라고 아우구스티누스는 말
한다.[99] 죄를 범하든 의를 행하든 그 주체는 욕망하는 인격 전체이며, 바른
욕구를 판별하는 척도는 이성이 신체를 지배하는가의 여부가 아니라, 하나
님 아래에서 평화의 공동체 안에 거하는 인격과 인격 간의 외적 관계에 달
린 것이다.

5. 애덕과 도의성

지금까지 살펴본 내용으로 미루어볼 때 우리가 왜 그리스도교 윤리를 스토
아적 윤리 및 아리스토텔레스적 윤리와 거리가 있는 것으로 보아야 하는지
그 이유를 짐작하게 된다. 그러나 이러한 차이가 사회적으로 함의하는 내용
에 대해서도 적시할 필요가 있다.

    스토아주의는 이성을 토대로 모든 정치적 경계를 뛰어넘는 보편적 윤
리를 지향하며 또한 보편적이고 존재론적인 평화를 희구한다. 그렇지만 새
로운 비정치적 성격의 **프락시스**를 도무지 상상할 수 없는 처지였으므로 평
화의 실현은 "내적인" 것으로 귀착될 수밖에 없었고, 그것의 정치적 표출은
기껏해야 타인이 점유한 자유 공간에 대한 존중 및 평등성에 대한 형식적
인정이라는 형태를 취하게 되었다. 이러한 맹아적 형태의 "자유주의"는 공

---

99   Augustine, *CD* XIV, 2.

동체가 개인의 역할을 규정하고 집단을 통한 구체적 합의가 우선시되던 고대적 윤리의 특징이라고 할 수 있는 도의적 유형(*sittlich* form)과 결별하기에 이르렀다.

그러나 그리스도교는 고대적이지도 **않고** 스토아적 근대성을 띠지도 **않는다**. 스토아주의와 달리 그리스도교는 새로운 비정치적 성격의 사회적 실천이라는 형태를 취했다. 헤겔이 반쯤 이해하고 있던 **도의성**은 그리스도교의 입장에서 포기되지 않고 오히려 강화되었는데, 그 이유는 **에클레시아**가 **폴리스**의 요구 수준을 상회하는 절대적 합의를 추구할 뿐 아니라 사도 바울의 말마따나 윤리적 행동은 각 사람이 그리스도의 몸 안에서 맡은 역할과 유기적으로 관련되어야 하기 때문이다. 그렇지만 덕성은 이제 차이와 새롭고 적극적인 관계에 놓이게 되며, 스토아주의와 마찬가지로 그리스도교도 자유와 평등의 가치를 인정하기 시작한다. 용서(율법의 요구를 넘어서는 관대한 자기증여)만이 덕성을 반영한다고 한다면, 그 이유는 덕성 자체가 바로 애덕이므로, 그것은 본래부터 차이에 대해 넉넉하고 창조적인 자리를 부여할 뿐 아니라 타인들에게 존재의 기반을 구성하는 자유의 공간을 제공하기 때문이다. 애덕은 무한한 계열을 통해 확산되는 유출이므로 교육적 목적의 상하관계가 아니라면 아무런 고정된 위계를 설정하지 않으며, 애덕에 따라 정해지는 모든 "지위"는 다른 모든 지위에 대해 동등한 중요성과 동등한 필요성을 지닌다—물론 능력의 불균등과 기능상의 필연적 불균등은 있을 수 있다. 스토아주의가 이미 어느 정도 인식하고 있던 바, 각 개별자에게 부여된 절대적 유일무이성은 그것이 계열 내에서 점하고 있는 독특한 지위(아무것도 정확히 동일하게 반복될 수는 없으므로)로부터 필연적으로 기인하는 것이며, 이에 따라 차이에 존재론적 궁극성과 최고의 가치가 부여된다. 물론 이러한 유일무이성이 단번에 긍정적 특징으로 여겨지지는 않았지만, 그리스도교는 그 시초부터 유일무이성이 매우 다양한 문화적 설정 안에서(이는 매우 상이한 계열에 속한 문화적 역할을 초래하므로) 적절히 반복될 수 있다고 보았다. 도시국가의 고대적 윤리와는 달리 **에클레시아**의 윤리는 특수성을 띤 역사적 형성물에 대해 **한정적** 가치만을 부여한다. 교회는 (단지 악으로부터 선으로의 진보가 아닌) 심지어 선 **안에서의** 진보마저도 하나의 역사적 형성물이 다른 형성물로 교체됨을 통해서 가능함을 인정하며, 이로써 그리스도교는 계몽주의에 비견되는 자유와 평등 및 진보(여기에 아우구스티누스가 언급했던 기술적 진보도 포함된다)의 전조를 보여주는 셈이다.[100]

그러나 동시에 그리스도교는 조화로운 합의를 통해서만 성취되는 형제애(fraternity)를 강조하는데, 이에 비하면 계몽주의적 형태에 속한 자유·평등·진보 및 박애(fraternity)는 어설픈 흉내 내기에 불과해 보인다. 물론 이 말이 그리스도교가 **응당** 강조했어야 할 사안에 대해 세속 사상이 강조한 것을 폄하하려는 뜻은 아니다. 비록 애덕이 "목표를 넘어선 목표"(비텔로스)를 지향함에 따라 차이와 더 나아가 자유 및 평등까지 창출한다고 하더라도, 이러한 창조적 작용을 통해 그것이 목적하는 바는 바로 그 자신을 사랑과 우애로서 재산출하는 것이다. 이로써 애덕은 하나의 **전통**으로 자리잡아야 하며, 혁신적 시도는 그 전통 내에 자리매김되고 그 전통 속에 수용되어야 한다는 결론이 나온다. 물론 그러한 애덕의 전통은 급진적으로 열린 결말을 지향해야만 할 것이다. 따라서 그리스도교는 (현실화된 것은 매우 적지만 최소한 그 열망에 있어서는) "차이의 평화로운 전수" 내지 "지속적 조화 가운데 자리한 차이들"과 같은 것이라고 하겠다.

이것이 형식주의적으로 들리기는 하지만, 그렇다고 이것이 단지 추상적인 인본주의의 이상에 지나지 않는다고 치부할 수는 **없다**. 이것은 바로 한스게오르크 가다머가 시도하는 것으로, 그가 도입한 "지평"(horizon)이라는 개념은 전통의 발전 즉 경전의 원 텍스트에 대한 무한히 새로운 해석을 전개하면서도, 원래의 의미에 "충실"할 뿐 아니라 실로 원 텍스트가 말하고자 하는 진리를 드러내는 데 필수적인 해석을 뜻한다. 이러한 가다머의 해석학은 신학의 입장에서는 매우 훌륭한 작업일 것이다. 왜냐하면

---

100 Augustine, *CD* XII, 24.

가다머는 (데리다와는 다르지만 본서와는 동일한 입장에서) 독창적이고 필수적이며 지속적인(그러면서도 원래의 의미에 대해 폭력적이거나 전복적이지 않은) 보충(supplementation)을 구체화하려고 하기 때문이다.[101]

그렇지만 그것은 철학의 입장에서는 불안정하다. 왜냐하면 그와 같은 평화로운 전수과정, 그와 같은 유목적 도의성을 "정당화"하는 것은 아무데도 없기 때문이다. 그런데 그러한 전수과정이 존재한다고 해서, 그 사실을 가지고 전수과정이 실제로 어떻게 작동하는지를 보여주는 하나의 보편적이고 선험적인 주장으로서 제시할 수는 없다. 다만 **이러한** 특수한 전통이 어떻게 작용하는지를 보여주고, 또한 이것이 바로 사물의 실제를 짐작케 하는 실마리가 됨을 예증하는 신앙과 경험에 입각한 주장으로서 제시할 수는 있다. 그러므로 사실상 가다머가 말하는 선험적 해석학은 그리스도교의 삼위일체 교리와 성육신 교리에 내재하는 미학적 요소를 세속화한 (하이데거와는 상당히 다른) 형태로 나타난다. 이를테면 성부는 자신의 형상 곧 그리스도의 시간내적 현현 및 재현을 통해서만 현존한다. 이런 뜻에서 그리스도교가 진정한 "음악적 조화"를 발견했다고 주장하는 것은 분명히 일리가 있다. 이러한 음악적 조화는 불협화음을 내지 않으면서 자신을 차이화(differentiate)하는데, **오로지** 이러한 방식으로 다가오는 음악적 조화만이 차이화 및 이미지화(imaging) 일반에 대한 존재론적 사색을 촉진하고 지원한다.

그리스도교가 지닌 독특성 및 그것이 고대성 및 근대성과 다른 대조점은 "덕과 차이의 화해" 내지 도의성과 자유의 조화에 있다. 그리스도교가 차이를 허용한다는 단지 그 이유만으로도 그리스도교는 참으로 도의를 실현한다. 반면에 고대 사회가 차이를 축출한 것은 그 사회가 실제로는 오직 소수만을 위한 영웅적 자유를 진작시켰음을 뜻한다. 그렇지만 화해는 헤

---

101 Gadamer, *Truth and Method*, pp. 345-448. 가다머 사상의 그리스도교적 성격에 대해서 필자는 Paul Morris의 미간행 논고에 빚지고 있다.

겔이 잘못 짚었던 것처럼 자유의 여러 형태를 드러낸다거나 (가다머처럼) 해석의 여러 형태를 보여준다고 해서 성취되는 것이 아니다. 차라리 (어떻게든) 도의적 질서 자체가 특수하게 전개되어 나가는 면에서 이루어진다고 하겠다.

6. 그리스도교와 강제

그리스도교는 주권적 지배와 절대적 소유에 대해 존재론적 필연성을 부정한다고 할 수 있다. 아울러 그리스도교는 지배권이라는 부정적 왜곡으로 뒤덮인 양피지 표면 아래에 지워진 본시 평화로웠던 창조의 원 텍스트를 되살리려 한다고도 할 수 있다. 이러한 과제를 구속의 힘을 지닌 제삼의 틀안에 놓음으로써 성취하려고 하는데, 이는 용서와 속죄라는 수단을 통해 이러한 부정적 왜곡을 바로잡을 수 있다고 보기 때문이다.

　이것은 모두 다 바람직하다 하겠으나, 두 번째 텍스트(지배권)가 여전히 지속되고 있는 것과, 교회가 그것과 타협하고서 자신이 그 텍스트를 계속해서 써나가는 방식은 도대체 무엇이란 말인가? 이 문제에 대해서 그리스도교가 그것을 조금이라도 해결했다고 좀처럼 말할 수 없다. 우리가 살펴본 대로 초기교회에서 일반적으로 그랬던 것처럼, 아우구스티누스에게 있어서도 강제와 비강제를 구분하는 것은 교회부문으로부터 정치부문을 구별하는 데 중요한 기준으로 작용했었다. 그런데 사실 아우구스티누스는 뒤로 갈수록 제국권력만이 아니라 교회도 강제적 방식을 사용할 필요가 있다고 보았으며, 따라서 그가 제국과 교회를 구분하는 기준을 강제력의 존재여부가 아닌 강제력이 의도하는 목적에 두려고 했던 것도 사실이다. 그렇지만 교회가 강제력을 사용하는 목적은 어디까지나 평화를 위한 것이며, 이러한 평화는 오로지 장기간에 걸쳐 비강제적 설득과정에 의해서만 도달하게 되는데, 그 이유는 이러한 목표에 이르기 위해서 의지에 따른 자발적 동의가 필수적이기 때문이다. 나의 견해가 맞는다면, 아우구스티누스는 상황에 따라 어느 정도 강제력을 동원할 필요가 있음을 인정한 셈이다. 왜냐하면

의지의 자유는 그 자체가 목적이 아니기 때문이며, 또한 사람들은 이따금씩 일시적 맹목상태에 빠질 수 있으므로 그들이 일련의 행동을 하도록 강제되거나 혹은 하지 않도록 제지될 때에라야 영구적 자기 손상을 피할 수 있기 때문이다. 그러한 강제적 행동은 분노를 유발할 위험이 있기에 그 자체로 여전히 위험한 것이지만, 그러한 위험이 상쇄될 수 있는 것은 수혜자가 나중에 상황을 이해하고서 그러한 수단이 채택된 것에 대해 추후에 동의할 가능성이 있기 때문이다. 그와 같은 강제적 행동은 물론 "평화적"일 수 없지만, 추후에 받아들여진다면 "만회"할 수 있고 따라서 최종목표인 평화에 기여할 수 있다.

그렇지만 지상의 도성이 동원하는 강제력은 진정한 평화를 최종목적으로 상정하는 것이 아니라 의지들 간의 타협을 통한 평화만을 추구할 뿐이다. 따라서 그러한 타협은 결과적으로 자체 내에 순전히 자의적인 요소 즉 한 집단이 다른 집단에 대해 행사하는 권력의 요소를 포함하게 되며, 그러한 권력은 힘을 가진 집단이 오로지 그 권력의 행사만을 목적으로 향유하기 마련이다. 그러한 권력의 "균형"을 맞추는 것이 일종의 평화를 보장할 수 있으나, 그것은 진정한 욕구를 진작하려는 목양적 관심에 부응하지 않는다. "현세에서 악한 소유권에 의한 잘못이 용인되고, 그들 가운데 민법이라는 미명 하에 특정 법률을 제정하는 이유는 그 법률이 사람들로 하여금 그들의 부를 선용하도록 하기 때문이 아니라 그것을 악용하는 자들 때문에 더 심한 피해가 발생치 않도록 하기 위함이다."[102] 따라서 지상의 도성이 행사하는 강제력은 내가 앞에서 언급했듯이 아우구스티누스의 입장에서 보자면 일견 "과도하다"고 하겠다. 비록 이러한 과도함이 필연적일 수밖에 없다고 해도 말이다. 그러므로 도나투스파(Donatists)에 대한 사법적 처리와 관련해서 마르켈리누스(Marcellinus)에게 서신을 보내면서, 아우구스티누스는 마르켈리누스의 책무가 "교회의 유익을 위한"(pro ecclesiae utilitate) 것

---

102 Augustine, *Epist.*, 302.

이므로 그에게 교사나 부모나 감독(bishop)이 사용하는 방식(예컨대 잔혹한 고문이 아니라 회초리로 징계하는 정도로 고백을 받아내는 것)만을 사용할 것을 요청한다. 사실상 여기서 처벌보다 **조사**가 더 중요하며, 범과에 관한 사실이 밝혀지고 나면 위반자의 영적 건강을 회복시키는 것이 주된 사안이 되어야 한다.[103] 마찬가지로 아우구스티누스는 에메리투스(Emeritus)에게 보낸 편지에서 교회는 제국권력에 대해 박해가 아니라 보호를 요구할 뿐임을 밝힌다. 그러나 그는 황제가 교회 분열의 위험을 안다면, "그의 열심과 직무에 따라 당연히 그러한 명령들을" 포고할 것이라고 다소 표리부동하게 부언한다.[104] 이는 확실히 교회가 지닌 지혜의 영역을 벗어나는 "과도한" 요소라 하겠다.

그렇지만 여기에 분명히 모호한 점이 있는 것으로 보인다. 교회는 지상의 평화를 마땅히 이용해야 한다. 세속적 수단을 통해 도나투스파를 위협하는 것도 그들로 하여금 가톨릭교회의 울타리 안으로 돌아오도록 강권하는 것이다. 그러한 조치에 대해 아우구티누스는 결국 목양적 정당성을 부여하면서, 그것을 하나님께서 훈육적 수단을 통해 정의를 확립하는 사역과 비교한다. 그러나 이 경우에 있어서, 그러한 조치가 여기서는 "과도"하지 않다는 이유를 들어서 제국권력이라는 대리자를 통해 그러한 강제적 조치를 시행하는 것은 바로 **교회**가 아닌가?

더 모호한 점도 역시 존재한다. 그리스도교 황제는 가능한 한 목양적 다스림을 실천해야 하며, 그가 오로지 정의롭게 통치할 때에라야 그는 여하튼 통치하는 것이다. "보살필 줄 아는 지도자만이 다스린다"(*imperant enim qui consulant*)고 아우구스티누스는 『하나님의 도성』 제19권에서 선언한다.[105] 이로써 선한 통치자는 자신이 선한 통치자라는 바로 그 이유로 인해서 정치적 영역을 제한해야 한다는 결론이 나온다. 로완 윌리엄스가 주장하듯이 아우구스티누스가 보기에 국가의 방어전쟁(또는 여기에 어쨌든 과도한 강제력

103　Ibid., 133.

104　Ibid., 87.

105　Augustine, *CD* XIX, 14.

의 형태를 추가할 수 있다)이 역설적으로 정당화될 수 있는 경우는 그 방어의 대상이 근본적으로 불의할 경우에만 한정된다.[106] 윌리엄스는 계속해서 다음과 같이 말한다. 즉 이러한 강제력의 정당화는 실제로 해결할 수 없는 딜레마를 나타내는데, 이는 옹호할 수 없는 것을 계속해서 옹호하는 것이 어떤 경우에 옳은지, 옹호할 수 없는 지배권이 인간 삶의 참된 목적을 침해할 정도로 위험한 것이므로 그것을 옹호하는 것이 무의미해지는 경우가 언제인지, 결정할 만한 이론적 일반 법칙이 도무지 가능치 않다는 것이다.

이것이 함축하는 바는 제국권력이 교회의 바깥에 자리하는 한 그것은 근본적으로 비극적 현실로 귀결될 수밖에 없다는 것이다. 말하자면 죄악을 징계한다는 미명하에 죄악의 본령 즉 교만으로 인한 하나님 사랑과의 자기단절을 향해 끊임없이 다가갈 조짐을 보인다(실제로는 늘 그렇게 된다)는 것이다. 그러나 아르키예르(H.-X. Arquillière)를 비롯한 이들이 지적한 것처럼(다음의 용어를 사용한 것은 아니다), "정치적 아우구스티누스주의"가 지닌 커다란 위험은 이렇듯 불안정한 방식으로 유지해오던 국가와 교회 간의 비극적 구분이 간단히 사라지고 말 것이라는 점이다.[107] 아우구스티누스도 그리스도인 황제에 의해 결국 제국이 교회 안으로 흡수되어 사라지게 될 것임을 암시한다. 그리하여 후대의 서구 통치자들 특히 샤를마뉴(Charlemagne)와 같은 이는 『하나님의 도성』을 바로 이러한 시각에서 읽으면서 자신들이 특수한 목양적 직무를 수행한다고 보았던 것이다—동방의 황제들이 교회와 맺고 있던 관계는 이와는 전혀 다른 것으로 그들을 **교회**를 "국가의 일개 부서"로 전락시켰던 것이다. 아우구스티누스도 도나투스파에 대한 강제력의 사용 문제를 다루면서 대부분의 강제력을 "목양적" 강제력으로 해석하게끔 하는 거의 무제약적 가능성을 열어놓는다. 그리하여 후대에 샤를마뉴와 같은 통치자는 아무 거리낌 없이 자신이 일종의 칼을

---

106 Williams, "Politics and the soul," p. 66.
107 H.-X. Arquillière, *L'Augsutinisme Politique* (Paris: J. Vrin, 1955) p. 55ff.

든 주교라고 자처하게 된다. 따라서 그의 궁정에서 활동하던 신학자들도 더 이상 젤라시오 교황처럼 하나의 세계(*mundus*) 안에 존재하는 제국의 권세(*potestas*)와 교회의 권위(*auctoritas*)라는 두 개의 권력에 대해서가 아니라, 단일한 교회(*ecclesia*) 내에 존재하는 권세와 권위에 대해 이야기하기에 이른다. 이와 같은 정치적 아우구스티누스주의가 남긴 긍정적 영향은 상당히 광범위한 것으로, 그 시초부터 서구의 정치기구 속에 "복지"에 대한 새로운 관심을 불어넣는 한편, 또한 주권적·강제적·법률적 권위의 신성화라는 새로운 씨앗을 파종하는 데 기여하였다. 그렇지만 이것(정치적 권위의 신성화)에 대해서는 권력의 "물리화"(physicalization)를 지향했던 후대의 "라틴아베로에스주의적"(Latin Averroist) 경향이 더 크게 비난받아야 할 것이다.[108]

하지만 아우구스티누스가 스스로 저지른 실제 잘못은 존재론의 영역에 있었다. 그의 사회사상이 지닌 혁명적 측면은 지배 내지 권력이 그 자체에 있어 아무런 존재론적 가치도 없음을 밝힌 것이다. 말하자면 절대적 제국권력과 절대적 재산권 및 순전히 이익만을 위한 시장교환 등이 모두 그가 보기에는 죄와 폭력으로 점철된 채로 존재(Being)의 결여를 의미하는 것이다. 그러나 "교육적 목적을 지닌" 강제력은 죄가 아닌 정당한 것이라고 보는 그의 관점은 이러한 존재론을 부분적으로 침해한다. 특정한 처벌행위를 긍정적인 것으로 여기면서, 그것을 하나님의 의지에 따른 행동으로 돌리기 때문이다. 이러한 설명이 일관성을 결여하는 이유는 강제력에 따른 행동이 아무리 부드럽고 또 선량한 동기에서 나왔다 하더라도 거기엔 아직도 (자신이 염두에 둔 목적과 외적이며 자의적인 방식으로 연관된) "순수한" 폭력의 동기가 개입하고 있으므로, 이는 교사가 지팡이를 들어 구타하는 행위가 그가 가르치려고 하는 교훈과는 하등 필연적 연관이 없는 것과 마찬가지다. 정말 문제가 되는 것은 어떤 형태의 고통을 가하는가가 아니라, 그 고통을 특정

---

108 Ibid., p. 40. 또한 다음을 보라. Henri de Lubac, "L'authorité de L'Église en matière temporelle," in *Théologie d'occasion* (Paris: Aubier, 1984) pp. 217–40. 또한 John Milbank, "Politique Théologie," in J.-Y. Lacoste (ed.) *Dictionnaire Critique de Théologie* (Paris: PUF, 1998).

한 교훈과 자의적으로 연결하는 태도인 것이다. 아우구스티누스는 기억이 고통의 흔적과 뒤섞일 경우 가장 강력하게 각인될 수 있음을 본격적으로 인정한 최초의 인물이다. 이렇듯 처벌이 세상의 지배와는 구별되는 본래 설득적 목적을 위한 것이라 하더라도, 처벌이 지속적으로 시행되는 기간은 바로 그러한 지배권이 주도하는 중간기라는 사실을 그는 보지 못했던 것이다. 그러므로 이런 방식에 따라 즉각적이고 본질적으로 전달되는 교훈은 한 사람이 다른 사람에게 행사하는 권력에 다름이 아니다. 여기서 희생자는 **오로지** 이 교훈만을 배울 뿐이며, 그로 인해 쌓이는 적개심으로 말미암아 처벌이 실제로 의도한 것을 보지 못하는 일이 언제든 일어날 수 있다. 처벌은 늘 비극적 위험을 수반하기 마련이다.[109]

처벌은 비록 일시적인 것이라 해도 그 개념상 일정한 상해를 초래하는 것이기 때문에, 존재(Being)에 대해서 본래 부정적·결여적 관련성을 지니게 되며, 따라서 아우구스티누스 자신의 관점에서 보아도 처벌은 결코 죄악의 오점을 피해갈 수 없다. 따라서 "처벌하시는 하나님"에 대한 이야기는 논란거리가 될 수밖에 없다. 실제로 9세에 활동했던 요하네스 스코투스 에리우게나(John Scotus Eriugena: 디오니시우스로부터 지대한 영향을 받은 사상가)는 바로 이러한 생각을 부정하였는데, 그는 악에 대한 아우구스티누스의 존재론적 설명을 이용해서 이중 예정(double predestination)에 관한 아우구스티누스의 후기 사상을 논박했던 것이다.[110] 에리우게나는 하나님이 인간의 죄를 예견하거나 미리 의도하지 않는 이상, 처벌을 예견하거나 미리 의도하지도 않으신다고 단언한다. 하나님은 시간 내에 계시지 않기에 오직 죄가 발생할 때에만 그에 따른 부정적 결과라는 견지에서 죄를 알게 된다. 하나님은 죄악을 처벌하고자 작정하지도 않으신다. 왜냐하면 처벌은 하나의 본성이 다

109 John Milbank "An Essay against secular order," in *Journal of Religious Ethics*, December 1987, pp. 199-224.

110 H. D. Liebeschutz, "Western Christian thought from Boethius to Anselm," in A. H. Armstrong (ed.), *The Cambridge History of Later Greek and Early Medieval Philosophy* (Cambridge: Cambridge University Press, 1967) pp. 565-86.

른 본성에 끼치는 실제 행위가 아니며, 하나님은 자신의 본성 안에 언제나 머물러 계시기 때문이다. 처벌은 존재론적으로 "자신에게 가하는" 것이며, 따라서 유일한 처벌은 죄악 자체가 본성에 끼치는 유해한 작용이자 자신이 실재로부터 소외된 상태라는 견지에서 실재를 알게 됨으로써 초래되는 고통인 것이다.

　매우 흥미롭게도 에리우게나가 예정론에 대한 사색을 진행함에 있어 배경이 된 사회적 환경은 바로 샤를마뉴 사후에 2년이 경과한 프랑크 왕국이었다. 그 당시는 정치적 지배를 통해 목양적 질서를 부과하려고 했던 샤를마뉴의 시도가 어느 정도 허물어진 상태였다.[111] 에리우게나의 후원자였던 랭스의 주교 힝크마르(Bishop Hincmar of Reims)는 순전히 목양적 자원을 가지고 자발성에 근거한 윤리적 훈육의 체계를 세우려고 시도하였다. 따라서 그는 고트샤크(Gottschalk)가 주장하는 대로 어떤 사람들은 죄와 처벌로 미리 정해져 있다는 생각을 반박해 줄 신학이 필요했다. 짐작컨대 샤를마뉴 제국의 붕괴라는 환경도 외적 처벌의 중요성을 평가절하하는 그러한 신학의 태동에 유리하게 작용했을 것이다. (아이러니하게도 고트샤크를 냉혹하게 투옥시킨 사람이 바로 힝크마르이며, 이 사실은 이 주제를 둘러싼 신학적 논의의 차원이 얼마나 비극적인 것인지 잘 드러내준다.) 따라서 악에 대한 아우구스티누스의 존재론적 설명을 에리우게나가 개선한 것을 "정치적 아우구스티누스주의"에 대한 비판적 수정작업으로 보는 것도 가능하다.

　더욱 개연성 있는 것은 에리우게나가 동방 그리스도교의 학예를 흡수했던 아일랜드 출신으로서 오리게네스의 전통을 회고하고 있다는 사실이다. 아우구스티누스는 제국권력(*imperium*)과 소유권(*dominium*)의 영역이 일시적으로 불가피하다는 것에 대해 어느 정도 체념하고 있던 반면에, 오리게네스가 구상했던 것은 이것들이 점진적으로 쇠퇴하면서 묵시록의 시대에 이르게 되고, 이에 따라 스토아주의에서 말하는 종말의 불로서 역사하

111　Ibid.

는 **로고스**가 "이성적 본성을 최종적으로 극복하고" 완전한 합의와 평화가 도래하는 것이다.[112]

이렇듯 아우구스티누스는 구원이 (정치적 부문과 "세속적 질서"를 막론하고) 지배권의 쇠락을 의미함을 분명히 알면서도, 이 주제를 자신이 적절히 다루지 못했던 처벌의 존재론과 타협시켜 버린다. 따라서 우리가 아우구스티누스에게 추가해야 할 것이 있다면 그것은 모든 처벌은 정치 자체가 그러하듯 하나의 비극적 위험에 지나지 않으며, 따라서 그리스도교는 처벌의 작동 영역을 제한해야만 한다는 점이다.

모름지기 우리의 권한 내에 있는 사람에 대해 처벌을 가하거나 심판을 내릴 때마다 우리는 그 인격체가 지닌 자유와 영적 평등을 부정하는 셈이다. 말하자면 그는 심판자인 **우리**가 저지른 죄악에 관해 발언하거나 그에 맞서 대항할 수 있는 동등한 권리를 누리지 못하는 것이다.[113] 하나님은 심판과 처벌에 대해 **결코** 이와 같은 태도를 취하지 않으신다. 왜냐하면 하나님은 우리가 자신에 대해 선고하지 않는 그런 선고를 내리지 않으실 뿐 아니라 우리가 이 땅에서 하나님을 심판하고 정죄하는 것도 허용하시는 까닭이다. 물론 그는 우리가 정죄할 수 있는 모든 범위를 초월해 계시지만 말이다. 예수가 스스로 당하신 심판과 처벌은 어떤 면에서 여타의 모든 심판과 처벌 및 모든 형태의 외적 징계를 정죄한다. 여기서 월터 모벌리(Walter Moberly)가 말했던 것처럼 외적 처벌은 일종의 상징 언어로서 내적으로는 실제로 "자기 처벌"로 전용될 수 있다고 헤겔식으로 말하는 것으로는 충분치 않다.[114] 왜냐하면 처벌이 필요한 비극적 상황이 때때로 닥친다 해도, 처벌은 단지 "표지"(signs)일 뿐 아니라 신체적이고 심리적인 고통을 동반하는 이질적 계기로 여전히 남아 있기 때문이다. 이질적 계기가 아무리 비극

---

112 Origen, *Contra Celsum*, VIII, 72.

113 Pierre Emmanuel, "Avec Ballanche dans la ville des expiations," in *L'Homme est Intérieur* (Paris: Le Seuil, 1962) pp. 206-25.

114 Walter Moberly, *The Ethics of Punishment* (London: Faber and Faber, 1968).

적일지라도 나름대로 긍정적 기능을 할 수 있다고 보는 헤겔적 사고가 징계의 조치를 대하는 아우구스티누스의 태도에서도 실제로 엿보이는데, 그의 이러한 접근방식은 아마도 영혼의 내적 "결실"을 위해 신체와 표지를 동원한다고 하는 보다 기능적이고 편의적인 관점에서 **이용**(*usus*)의 개념을 이해하려는 경향에 의해 촉진되었을 것이다.[115] (이러한 경향은 아우구스티누스가 『하나님의 도성』을 집필하기 이전의 기간에 더욱 두드러지게 나타나는데, 이때쯤 되면 기독론의 영향 하에서, 짐작컨대 "음악적 조화"를 중시하는 자신의 존재론도 인용하면서, 그는 영혼과 신체보다는 "인격"이라는 견지에서 주로 사고를 전개한다. 이렇듯 『하나님의 도성』에서 말하는 "결실"의 개념에는 분명히 사회적 차원이 포함되어 있으며, 따라서 **아무것도** 그냥 사용되는 법은 없으며, 무엇이든 바르게 사용할 경우 향유의 대상이 되기도 한다는 점이 훨씬 분명하게 표명되고 있다.)

　　그리스도인의 입장에서 최종적으로 용인할 수 있으며 따라서 죄악을 초래하지 않는 유일한 처벌은 바로 죄악 안에 내재한 자기처벌이어야 한다. 한 사람이 악한 행동을 자행할 경우 그는 사회의 평화로부터 자신을 단절하는 것이며, 이는 십중팔구 그 자신이 사회적 분노의 표적이 됨을 뜻한다. 그러나 이러한 분노를 죄에 대한 냉정한 공분으로 전환시키고, 그 죄인을 오로지 선의로 대하는 것을 목표로 삼아야 한다. 그리하여 자기가 겪고 있는 고립은 스스로 자초한 것임을 깨닫도록 해야 한다. 이러한 실질적 처벌이 일어나는 순간은 바로 그 처벌이 즉시 말소되는 순간이도 하다. 그렇지만 모벌리의 노선과는 상당히 다른 상징적 교환(symbolic economy)의 노선을 따르자면, 용서의 실천에는 회복과 "보상적 제공"의 실천도 포함된다고 하겠다. 잘못은 교정과 회복에 의해 바로 잡혀야만 한다. 혹시라도 이것이 불가능할 경우에는 다른 방도(즉 행동과 표지)를 통해서라도 우리가 이제 동료 인간들과의 조화를 다시 회복하기를 바란다는 것을 충분히 보여주어야 한다.

　　교회는 "이질적" 성격을 띤 외적 처벌이 지닌 비극적 필연성을 인정하

115　Drobner, *Person-Exegese und Christologie*, pp. 114-26.

면서 스스로 일종의 **도피성**(asylum)이 되어야 한다. 그것은 외적 처벌로부터 벗어난 피난처이자 용서와 회복이라는 전혀 다른 관행을 실천하는 사회적 공간이다. 이러한 실천은 또한 "속죄적" 성격을 띠는데, 이는 우리가 한 개인의 죄는 결코 그 한 사람의 것이 아니며, 그것이 지속될 경우 우리 모두에게 해를 입히므로 그것을 말소하는 것은 우리 모두의 책임임을 인정한다는 점에서 그러하다. 여기서 우리가 하나님의 뜻에 **참으로** 동참하는 것은 처벌을 가하는 것이 아니라, 세속의 질서(saeculum)가 지속하는 동안 유기와 비유기의 여부를 넘어서서 죄에 따른 결과들을 감당함으로써 이루어진다.

마찬가지로 교회는 공정한 경제적 교환이 일어나는 공간(이러한 공간을 구획하는 경계선은 허술하게 정의되는 것이 적절하다)이 되어야 하는데, 여기서는 도덕적 과오에 "상응하는" 보상이 필요하다는 의식에 따라 생산물과 생산물 간에, 용역과 용역 간에 가치의 동질성이 확립되어야 한다. 동질적 가치에 대한 의식은 친구들로 구성되는 도의가 지켜지는 동아리 안에서 원대한 공동의 목표를 공유하는 가운데 생겨날 수 있으며, 거기서는 새로운 생산품과 새로운 사회적 역할이 생겨날 때마다 거기에 "위상"이 부여되고 그에 비례하여 공동체 내에서 그 중요성을 인정받게 된다. 이렇듯 공정한 교환이 일어나는 공간을 확대함으로써, 최대의 이윤 추구라는 동기에 의해 촉발된 양질의 기준이 있는 듯 가장하지만 실제로 그것을 무시하는 조작이 지배하는 자의적 교환의 공간이 물러나리라는 희망을 품게 된다. 물론 타락한 인간의 시대가 지속되는 한, 자의적 공간이 완전히 사라질 수는 없다 하더라도 말이다. 그러한 시도를 하다보면 기본적 생필품의 분배와 재정적 공급을 위해 중앙 조직화의 요소를 피할 수 없겠지만, 그렇다고 해서 완전한 "계획 경제"를 상정하는 것은 이러한 공정 교환의 원칙과는 실질적으로 충돌한다고 하겠다. 왜냐하면 이러한 사고는 외적인 중앙 권위를 부가할 뿐 아니라 개인적 창조성의 자유로운 발전 및 공동체적 성향의 발달을 저해하기 때문이다.

교회가 진정 교회가 되기 위해서는 사회적으로 공유되는 미적 조화의 영역을 확대하기 위해 노력해야 한다—물론 이것이 가능한 국가 "내"에서 말이다. 그러나 어떤 국가가 그 본성상 지배권의 추구라는 외적 목표에 사로잡혀 있을 경우 희망을 품을 만한 여지는 별로 없다. 이러한 지배의 필연성에 대해 어느 정도의 체념은 불가피할 것이다. 그러나 우리는 아우구스티누스를 계승하면서도 그를 넘어서 이러한 체념이 지닌 비극적 성격을 인식해야 한다. 말하자면 그와 같은 폭력이 결코 변증법적 유익을 가져다주지 않으며, 그 자체로 더 심한 폭력을 조장할 뿐이라는 것과, 그것이 "유익이 되는" 경우는 수수방관하던 사람이 제 정신이 들어서 폭력에 의지하는 자들에게도 선한 동기가 있음을 알아차리고 그로 인해 그들의 선한 동기가 회복될 때라는 것을 깨달아야 한다. 유익에 따른 긍정적 내용물은 오로지 사뭇 다른 계열에 속한 순수 적극적 행동으로부터 흘러나오는데, 여기에는 결연하게 우리를 위해서 무고한 고난을 적극적으로 감내하는 행동이 포함된다. 이러한 행동이 속한 계열은 그 **타고난** 충동에 따라 오로지 **함께하는 삶**(conviviality)만을 생각하며 비극적 **아포리아**가 속삭이는 교묘한 유혹을 영구히 떨쳐버리려 한다.

대항존재론

그리스도교 신앙은 그리스도교적 실천에 귀속될 뿐 아니라 하나님과 창조에 대한 그리스도교적 확신을 하나님이 세상을 구속하기 위해 세상 속에서 어떻게 말씀하시는가에 관한 메타서사를 반복하고 활성화하는 것을 통해서만 유지해 나간다. 대항 역사를 통해서 역사의 흐름을 단절시켜온 것에 대한 메타서사를 가다듬는 가운데, 우리는 독특한 실천 즉 대항 윤리 (counter-ethics)를 정교화하면서, 이를 통해서 사회적 존재론, 의무와 덕에 관한 설명 및 이론신학의 방식으로는 제대로 다룰 수 없는 미적 "관용어"라는 비언어적 요소를 구체화해 나간다. 그렇지만 그 발달 중인 관용어는 실천을 가능케 하는 설정이자 실천에 의해 진작되는 사상 내지 사변을 알레고리적으로 표상하는 것이기도 하다. 그러한 사변 속에서 사회적 존재론(이것은 실제로 교회가 무엇인가에 대한 설명이자 교회를 위한 처방이기도 하다)은 존재론 일반(이것은 유한과 무한의 관계를 다룬다)에 기초하면서 또한 일종의 "대항존재론"(counter-ontology)으로 구체화된다.

이러한 대항존재론은 대항 윤리를 구성하는 세 가지 핵심 요소를 사변적으로 확증한다. 첫째로 애덕과 용서의 실천을 들 수 있는데, 이는 존재와 더불어 차이를 수여하는 무대가적 창조 행위의 우선성을 수반한다. 둘째로 차이와 덕의 화해를 들 수 있는데, 이는 바로 이러한 화해의 행위를 통해서만 참된 덕성을 성취한다. 셋째로 평화를 일차적 실재로 취급하는 것과 항상 선행한다고 여겨지는 폭력성에 대한 부정을 들 수 있다. 이것들을 하나씩 살펴보기로 하자.

1. 차이와 창조

그리스도교적 사변에 따르면 절대는 더 이상 "제한"이 아니고 더 이상 유한도 아니며, 이 점은 고대철학도 마찬가지다. 그리스 철학에서 혼돈, **아페이론**(*apeiron*), 무제약과 무한으로 간주되던 것이 이제 하나님 자신이 된다.[116] 하나님은 무한 계열로 존재하는 차이들이며 하나님의 인식 내용은 바로 차이의 무한성이다. 고백자 막시무스의 말마따나 하나님은 "차이나는 것들 간의 구별"(the distinction of the different)이시다. 그러므로 하나님은 당신의 포괄성(*comprehensio*) 내에 모든 차이를 포함하고 포용하는 실재임과 동시에 또한 차이를 일으키는 하나님이시다. 이 말이 뜻하는 것은 디오니시우스 아레오파기타가 깨달았듯이 하나님은 "초충만한 존재"(superabundant Being)일 뿐, 존재와 차이를 넘어선 플로티노스적 일성(unity)이 아니며, 그럼에도 불

---

116 Dominique Dubarle, "Essai sur l'ontologie théologale de St Augustin," in *Recherches Augustiniennes*, 16 (1981), p. 212ff.

구하고 디오니시우스가 보았던 것처럼 존재를 초월한 존재 내에 있는 권능 즉 내적으로 창조력을 지닌 권능인 것이다.[117] 하나님은 훼방 받지 않는 무한한 권능이므로 하나님 안에 있는 어떤 것도 실현되지 않을 수 없다. 따라서 하나님은 순수 현실태(*actus purus*)인 것으로 나타나지만, 모든 "한계"의 현실화 즉 무한한 한계의 현실화마저도 하나님의 권능을 소진시킬 수 없음이 사실이다. 왜냐하면 이러한 현실화는 결국엔 유한한 것을 만들 뿐이기 때문이다. (디오니시우스에게 있어 하나님은 무한/유한의 대조를 실제로 초월한다.) 따라서 아퀴나스 이전에 디오니시우스가 하나님 내의 현실성에 일종의 과잉(surplus)이 있음을 암시한 것은 옳다고 하겠다. 다만 순수 현실태(*actus*)이든 순수 권능(*virtus*)이든 간에 그 어디에도 우선성이 주어질 수 없음을 분명히 할 필요가 있다. 실현된 무한한 행위와 미실현된 무한한 권능은 하나님 안에서 신비롭게 공존하며, 바로 이것으로 인해 정태성(*stasis*)을 넘어선 삼위일체의 순환적 "생명"이 지탱된다.[118] 하지만 "권능·행위"는 삼위일체적 관계를 통해서 실현되어 나가고 또한 그로 인해 성립된다. 말하자면 성부가 권능이고 성자가 행동이 되는 식이 아니다. 왜냐하면 이런 방식은 그들의 관계를 비인격화할 뿐 아니라, 그것을 표면에 드러나는 것과 같은 실질적 관계가 전혀 아닌 것으로 만들기 때문이다―이런 까닭에 성부-성자의 관계는 **단지** 기의-기표의 관계(이것은 성부의 "부재"를 함의한다)만이 아니라 서로를 표상하는 "인접한" 관계이기도 하다. 행동과 행동 간의 관계만이 관계의 구성 요인인 두 극을 구성하는 실질적 관계가 될 수 있다. 물론 여기서 말하는 관계라는 것도 움직이는 역동적 요소를 지닌 관계로서 아직은 잠재성의 유희에 불과함을 감안해야 할 것이다.

디오니시우스의 설명에 따르면 이 운동은 일성(unity)으로부터 차이를

---

117 Dionysius the Areopagite, *The Divine Names*, 588D, 542D-593A, 817C-817D, 821B, 825A, 892B, 912D-913B.

118 Nicholas of Cusa, "On actualized possibility" (De Possest), in Jasper Hopkins, *A Concise Introduction to the Philosophy of Nicholas of Cusa* (Minneapolis, MN: University of Minnesota Press, 1978) pp. 93, 121.

향해 발출하면서 하나의 관계를 설정하는데, 이 관계 안에서 일성은 차이를 발생시키는 그 권능을 통해 **존립**하며 차이는 그것이 일성에 의해 포괄됨을 통해 **존립**한다.[119] 그러나 (아우구스티누스의 설명처럼) "순수 관계"(여기서 각 극은 서로 관계맺음을 통해 존립하는데)를 설정하는 발출에 의해 발생한 차이가 이러한 관계(이 관계는 그저 폐쇄된 것으로, 또한 하나의 고립된 "실체"처럼 일원론적인 것으로 나타날 것이므로) 안에 감금된 것으로 보이지는 않을는지 의아해 하는 것도 당연하다고 하겠다. 마찬가지로 성부의 근원을 통해 통일된 차이들이 하나의 총체성 내에 갇힌 것처럼 보일 수 있으며, 아울러 차이들을 "비껴가는" 무한 계열이라는 뜻에서 차이들로서의 존립이 **부정**될 수도 있다. 바로 이런 까닭에 (사변적으로 말하자면) 신성 안에는 그리스도교에서 상정하듯이 성자의 "제일차적 차이"에 뒤이어서 성령의 "제이차적 차이"가 발생해야 하며, 이 후자는 성자를 통한, 성부에 대한 동등하게 순수한 관계로서 정립된다. 이러한 일자와 다수 간의 관계 즉 애덕의 이치(*ratio*)가 바로 성령이다. 그러나 이러한 이치가 지닌 관계적 성격은 이제 참되게 확증되는데, 이는 성자가 성자 안에 포함된 차이들과 더불어 이제 성부와 성령 사이를 **매개**(mediation)하는 계기가 되었기 때문이다. 차이들이 "수용" 내지 "해석"되는 수용의 순간이 있는데, 이 수용은 성부가 **아니며**, 성부와 성자 간의 완전한 관계도 넘어선다(수용이 이러한 관계에 따른 "선물"로서 순수하게 정립된다 하더라도). 따라서 차이는 먼저 일성을 정립한 후에(성자는 "역으로" 성부의 원인이 된다), 일성을 넘어서는 일성에 대한 **응답**(response)으로 정립된다. 이러한 응답에 대해 일성 자체도 예견할 수 없는데, 그 이유는 매개가 차이를 초월하듯 일성도 초월하기 때문이다. "사이"(between)는 이제 절대성을 띠게 된다. 따라서 삼위일체가 이루는 조화로움은 완결된 총체성에 따른 조화로움이 아니라 무한성으로 인한 "음악적" 조화로움이다. 무한하신 하나님이 권능-행위인 것처럼, 마찬가지로 삼위일체 교리도 그 무한하신 하나님이

---

119 Dionysius the Areopagite, *The Divine Names*, 649B-C.

근본적으로 "외적" 관계성("external" relationality)을 포함함을 발견한다. 이렇
듯 하나님은 우리에게 오로지 성육하신 말씀이자 동시에 규정되지 않은 영
의(spiritual) 응답으로서만 말씀하신다―이 시간내적인 영의 응답이 바로 교
회이다.[120]

차이를 발생케 하는 이 하나님은 무언가의 "원인이 되는"(causes) 분이
아니며, 당신의 예지(knowledge)가 당신의 행위를 앞서는 그런 하나님도 아
니시다. 에리우게나가 이미 단언했듯이 "만들다"(making)라는 말은 (인과관
계와는 다른) 자발적 전개과정을 뜻하는 것으로, 그리스도교에서는 이것을
무한 안에 자리한 초월적 실재로 이해한다. 그러므로 하나님은 행하고 아시
는데, 그것은 하나님이 내적으로 "만들기" 즉 "창조하기" 때문이다. 마찬가
지로 하나님이 시간 내에 존재하는 사물들을 알고 또 그것들에 대해 행하
는 것은 하나님이 그것들을 창조하기 때문에 가능한 일이다. 그러므로 여기
서 시간적 "전후"를 묻는 질문이 성립할 여지가 전혀 없다.[121]

시간에 속한 창조 세계는 차이를 발생케 하는 하나님 안에 참여한다.
실로 세계는 **바로** 이러한 차이화(differentiation)라고 하겠는데, 이는 세계가
무한히 "복잡"해진다기보다 유한하게 "분명"해지기 때문이다. 하나님은 어
떤 사물의 아래에 자리한 근원적 존재가 아니므로, 하나님을 그저 하나의
"실체"(substance: 어원적으로 "아래에 존립한다"는 뜻―옮긴이)라고 할 수 없다.
마찬가지로 창조계에는 자존하는 절대적 실체들이 있을 수 없고, 형상을 통
한 조성 이전의 근원적 질료들이나 따로 분리된 불가침적 "사물들"도 있을
수 없다. 창조의 원소들은 본래부터 상호연결된 "성질들"로 생각할 수밖에
없는데, 이것들은 온갖 방식으로 결합 내지 재결합하거나(바실리오스와 니사
의 그레고리오스), "종자들"(seeds) 내지 "단자들"(monads)로서 존재하거나(에

---

120 John Milbank, "The second difference," in *The Word Made Strange: Theology, Language, Culture*
    (Oxford: Blackwell, 1997) pp. 171-94. "사이"(*metaxu*)의 존재론에 관해서는 다음을 보라.
    William Desmond, *Being and the Between* (New York: SUNY, 1995).

121 John Scotus Eriugena, *Periphyseon: On the Division of Nature*, trans. M. L. Uhlfelder (Indianapolis,
    IN: Bobbs Merrill, 1976) pp. 185-8.

리우게나), 수량적이거나 때로 "발생적"(seminal) 이치로서(아우구스티누스) 하
나님의 창조적 권능/행위에 참여하므로, 그 자체가 무로부터(*ex nihilo*) 계속
해서 확산한다―이 말은 그 자체의 "질료"를 지속적으로 재공급한다는 뜻
인데, 이 질료는 (에리우게나가 확언하듯이) 그 상호적 외부성이 시간을 통해
존재하도록 하는 조건이 된다.[122] 존재하는 것은 (아우구스티누스가『음악론』에
서 주장하듯이) "사물들"이 아니라 단지 팽팽한 **비례들**(ratios)이며, 이 "치밀
한" 상태 속에 그것들이 나중에 펼쳐 나갈 모든 것을 미리 포함하지 않는다.
다만 확장을 위한 "무형적" 권능을 갖고 있을 따름이다. 따라서 창조는 공
간적으로 완결된 산물이 아니라, 단지 시간적으로 **무로부터**(*ex nihilo*) 지속
적으로 발생하는 것이다.

이러한 과정을 유지하기 위해서 단자들·종자들·비례들도 자체발생
의 작용을 하는데, 이 과정에서 그것들은 모든 권능과 모든 존재의 공급자
인 하나님께 "조력"하는 것이 아니라 도리어 하나님 안에 참여한다. 즉 하
나님이 내적으로 창조력을 지닌 권능/행위라고 한다면, 하나님 안에 참여
가능한 피조물은 행위와 권능의 무한한 동시성이 아닌 양자 사이를 오고가
는 유한한 진자운동을 구현할 뿐이지만, 그럼에도 이 운동을 통해 그 자체
로 근원적 창조력을 발휘하면서 차이를 발생시킨다. (이런 뜻에서 인간이 우주
의 가장 심오한 지향성을 심화시키는 만큼 피조된 만물은 "살아있고" 또 심지어 "사유
한다"고 하겠다.)

에리우게나가 암암리에 제시하는 이러한 존재론과는 달리 아퀴나스
는 두 가지 이유를 들어서 피조물이 창조에 참여한다는 생각에 반대한다.
첫째로 그는 아리스토텔레스의 영향 하에서 만든다는 것을 기존의 형태를
변형하는 것으로 생각할 뿐이며 근본적으로 새로운 유형의 사물을 발생시
키는 것으로 보지 않는다. 둘째로 그는 공동창조(co-creation)라는 말이 하

122 Basil, "The Hexaemeron," in *Nicene and Post-Nicene Fathers*, vol. VIII (Oxford: James Parker, 1898) p. 63. Augustine, *De Trinitate*, VII, 5-10. Ladner, *The Idea of Reform*, pp. 310ff, 399ff.

나님의 창조의 행위에 대한 "조력"을 의미한다고 추정한다. 물론 그리스도
교에서는 오직 하나님만이 피조물에게는 불가능한 존재의 설정이라는 절
대적인 의미에서의 무로부터 존재를 불러냄에 해당하는 능력을 갖고 계
시다.[123] 그렇지만 아퀴나스가 오로지 이와 같은 결론에 도달하게 된 것은
그가 하나님을 내적으로 창조력을 지닌 존재 내지는 권능·행위로 상정하
지 않았기 때문이며, 따라서 피조물이 일차적으로 존재하는 실체가 아니라
일차적으로 창조력을 지닌 실체임을 보지 못했기 때문이다. 피조물이 피조
물인 것은 창조의 권능을 매개함으로 인한 것이다. 물론 피조물이 스스로
존재를 지탱하지 못하는 것처럼, 스스로 절대적으로 이 권능을 지탱하는 것
이 아님을 감안해야 할 것이다. 힘은 **참으로** 바위가 생겨나는 원인이 되고,
종자는 **참으로** 피조물이 발생하는 원인이 되며, 인간은 **참으로** 집과 다리
와 소설이 조성되는 원인이 된다. (이것들은 본래 어디에서 비롯되는가? 소설은 단
지 목재 박편 위에 배열된 특수한 일련의 부호로서 **존재**하는 것이 아니다.) 존재의 무
한성 및 무에 맞선 존재의 현실성 아울러 아무런 선구형태도 없는 새로운
존재는 피조물이 만들 수 있는 것이 아니다. 하지만 사물의 창조에 있어 피
조물이 하나님께 조력하는 것이 아님은 유한한 창조에 작용하는 이러한 **모
든 권능/행위**가 하나님에 의해 창조되기 때문이다.

　에리우게나의 존재론은 하나님을 내적 "창조주"(이 개념은 "창조하지 않
음"[uncreating]과 형언불가하게 공존하지만)로 간주하고서 그다음으로 창조에
있어 참여의 상이한 정도를 논하므로 아퀴나스의 것보다 더 심오한 그리스
도교적 존재론에 해당된다.[124] 그렇지만 에리우게나는 하나님의 인식에 관

123 Aquinas, *ST* I, q.45, a.5. Richard Sorabji, *Time, Creation and the Continuum* (London: Duckworth, 1983) pp. 290-4, 302-5. 그러나 O.-T. Vernard, OP가 지적한 것처럼, 아퀴나스는 적어도 한 번은 인간이 지닌 "정신의 언사"(*Verbum Mentis*)의 내적 발출이 신적 창조에 유비된다고 본다—그러나 그것은 변화를 수반하지 않는 행위다(*ST* I, q.45, a.3 ad.4). 둔스 스코투스가 말하는 "존재의 일의성"은 인간적 존재 창조라는 개념을 지나치게 문자적 의미로 해석한다. 쿠자누스의 사상이 아닌 바로 **이것**(존재의 일의성—옮긴이)이 프로메테우스적 오만을 부추겼던 요인이다. 물론 이 점에 있어서 Ficino도 비난을 면키 어렵다.

124 Eriugena, *Periphyseon*, pp. 17, 189-98, 228.

한 그 자신의 "실용주의적" 개념이 예술에 대한 전통적 패러다임(예술은 예술 작품 안에 현실화되기 이전에 먼저 인과적으로 제작자의 정신 속에 현존한다는 생각)을 부정하고 있음을 충분히 깨닫지 못했으며, 따라서 자신의 "실용주의적" 관점을 인간의 인식에까지 충분히 확장시키지 않았다. 여기서 그는 수용된 감각에 미치는 정신의 "내적" 창조 작용에 관한 주관적·관념론적 사고를 예견하는 것처럼 보인다. 그러나 그는 정신이 스스로 상상하거나 조성하는 것에 대한 착상 및 이에 따른 우발적인 문화적 산물에 대한 착상을 가질 뿐이라는 관념에 이르지는 않는다. 앞에서 언급했던 것처럼 니콜라스 쿠자누스가 최초로 이러한 관념을 (비록 그것이 프로클로스의 사상 노선에서 발전된 것이기는 하지만) 발의하였다. 그런데 여기서 말하는 우발적 "제작"을 그리스도교에서는 당연히 우리가 하나님의 인식에 참여하는 좌소로 이해하고 있음을 알아차리는 것이 중요하다. 왜냐하면 하나님의 인식에 대한 우리의 참여가 또한 하나의 "제작"이며, 이것은 성령에 의한 역사를 "수용"하는 것과 연결되어 있기 때문이다(피조된 은사의 교환으로서 우리도 이 수용에 참여한다). 근대 그리스도교의 존재론이 범한 커다란 실패는 바로 세속이성이 근거 없는 가설("제작물"은 신성함의 초입에도 미치지 못하며 따라서 인간이 만든 세상은 자의적이며 우리를 영원으로부터 단절시킨다는 생각)을 전제하고 있음을 보지 못한 것이다.

차이를 만들어 내는 인간의 창조적 능력이 감당해야 할 과업은 자애를 베푸는 것이며, 아울러 "예술"(즉 인간의 모든 활동) 안에 끊임없이 새로운 방식으로 애덕에 대한 알레고리적 형상화를 제공하는 것이다. 이러한 애덕을 통해서 "하나님"은 우리에게 이미지 상으로 투사되고 또 알려진다. 물론 우리가 먼저 시작한다고는 하지만, 그것은 그 시작의 측면에서 보더라도 하나님이 먼저 시작하신 것에 대한 하나의 응답이며, 따라서 근본적 의존성을 나타낸다는 사실을 인정하는 부정적 겸손의 태도를 지녀야 할 것이다. 신학적 실재론은 바로 이것으로 귀결된다. 그러나 내가 보기에 신학적 실재론이 언제나 철학적 실재론을 뒷받침하거나 요청하는 것 같지는 않다. 이교도 철학자인 이암블리코스(Iamblichus)가 이미 깨달았듯이 신은 결코 볼 수 있는 대상이 아니며 우리가 "지시"할 수 있는 대상도 아니다. 그러므로 유한한 세계에 관한 한, 무로부터의 창조라는 사상은 바로 그 시아에서 일체의 표상적 실재론을 근본적으로 **배제**한다—카파도키아 교부들과 고백자 막시무스와 아우구스티누스 모두 이 점을 간파하고 있었다. 어떤 사물이나 어떤 궁극적 실체가 있는 것이 아니라 오로지 시간 속에서 변천하는 관계들과 발생들만이 이상적·논리적 형태들을 구성하면서 **현존**할 뿐이다. 인식 자체도 존재와 관계된 "다른 무엇" 즉 존재의 "반영"이 아니라, 단지 특수하게 복잡한 형태를 지닌 관계이자 다른 사건이자 유한한 사건들 속으로의 실용적 개입일 뿐이다. 아우구스티누스가 기억에 대해서 말한 내용을 다시 읽어볼 필요가 있다. 그는 앎이란 "보이는" 공간에 관한 것이 아니라 언제나 기억된 시간에 관한 것이라고 주장한다. 우리가 알고 있는 모든 것은 기억일 뿐인데, 이는 현재란 늘 이미 지나가버렸기 때문이다.[125] 이것은 시간이란 본질적으로 주관적 실재임을 주장하려는 것이 아니라 오히려 사건 자체에 관한 주장(아마도 우연적이겠지만, 스토아 사상과 약간의 친연성을 보여준다)인 것이다. 이 점은 우선 아우구스티누스가 『음악론』에서 일정한 시간단위가 지닌 "농밀한" 국면을, 기억의 예를 통해 알 수 있듯이, 오로지 정신에만 국한시키지 않고 그것을 만물에 현존하는 발생의 능력으로 간주한다는 사실로부터 추론할 수 있다. 아울러 하나의 사건이 외적 시간으로부터 기억 속으로 **전이**되는 순간에 대해 그가 관심을 갖고 있다는 사실에서도 추론할 수 있다.[126]

만약에 시간이 오로지 순수한 흐름이라고 한다면, 오로지 균일한 연속체만이 존재할 것이며, 이에 따라 아무것도 알 수 없을 뿐 아니라 실제로 아무것도 **일어나지** 않을 것이다. 어쨌든 하나의 사건이 "일어나기" 위해서

---

125 Augustine, *Confessions*, XI (24-31).
126 Augustine, *De Musica*, 17 (57).

는 그것이 집약적 내지 스토아학파가 "무형적"이라고 부르는 상태 속으로
들어가야 하는데, 사건의 상태 내지 연계성은 사건이 사실상 이미 지나가
버렸다 해도 여전히 남아있기 마련이다. 예컨대 건물에 설치된 창문은 단
지 하나의 관념으로서가 아니라 실제로 **움직이는 연속체**로부터 나온 하나
의 특수한 "부분"으로서 "발생"한다. 그런데 이것은 "굳어진" 상태이므로
우리는 그것이 크거나 작은 것을, 또는 그 둘레에 벽돌이 감싸고 있지 않은
것을 즉시 상상할 수 있다. 이는 마치 (들뢰즈가 예로 든)『이상한 나라의 앨
리스』(*Alice in Wonderland*)에 등장하는 체셔 고양이가 사라지고 난 후에도 그
웃는 모양이 남아 있는 것과 같다.[127] 사건은 이미 이상적 형태를 띠고 나타
나며, 이미 인식으로서 발생한다. 그러므로 사건이 비록 연속체 "위를 떠돌
며" 부유하는 것처럼 보일지라도, 사건은 또한 **연속체**를 움직이는 확장과
축소의 "맹아적" 동력을 우리에게 드러낸다. 신체는 언제나 무형적인 것과
더불어 또한 그것을 통해서 존재한다. 이는 사실이 언제나 존재하되 가치와
더불어 또한 가치를 통해 존재하는 것과 마찬가지다. 그러므로 성부는 성자
와 더불어 성자를 통해 존재하며, 성령은 우리가 정신을 통해 사건을 연장
시키는 작용과 유사하다. 이것은 아우구스티누스가 제시한 삼위일체적 유
비를 재작업하는 하나의 방식이 될 것이다. 즉 기억이라고 하는 유한한 신
체적 "재료"는 무언가를 판단하거나 무언가를 **정신의 언사**(*verbum mentis*: 하
나의 생각이 기억으로부터 "유출"됨을 암시하는 표현이다. 그런데 이 기억 자체도 계속
해서 "발생"하는 하나의 생각이다)를 통해 발설해야 하는 "농밀한" 무형적 상태
속으로 늘 이미 흘러들어가 있다. 이것은 이제 그것이 지닌 상대적 중요성
에 따라 판단되거나 혹은 우리의 의지와 욕구의 "정신적" 촉발에 따른 이러
저러한 새로운 배치 속에 자리매김된다.[128]

만약에 우리가 아우구스티누스의 전통을 따라서 시간과 창조에 대한

127 Gilles Deleuze, *Logique du Sens*, p. 274.
128 Augustine, *De Musica*, 7 (19). *Confessions*, XI (24).

진지한 사유를 하게 된다면, 우리는 인식이란 사물에 대한 재현이 아니라 다만 사건들에 대한 하나의 관계 내지 사건들에 작용하는 하나의 행동이라고 결론내리게 될 것이다. 사건의 "진실" 여부에 대한 우리의 판단은 『고백록』에 나오는 아우구스티누스의 설명에 따르자면 본질적으로 미학적 사안에 속한다.[129] 우리는 아름다움 또는 추함을 인식하는데, 진리의 기준은 우리의 영혼이 어느 정도 회상하고 있는 신적 아름다움과의 유사성 여부에 달려 있다. 그리스도교에서 말하는 진리는 일치관계가 아니라 차라리 아름다운 것들이 하나님의 아름다움에 **참여**하는 것임을 밝혀준 점에서 아우구스티누스는 기본적으로 옳다고 하겠다. 그렇지만 이제 아우구스티누스를 넘어서 우리는 정신과 아름다움 간의 친연성이란 사건들의 지렛대가 될 뿐 아니라 사건들을 올바르고 미려한 방식으로 형성해내기도 하는 특별히 견고한 "강도"(intensity)가 지닌 역량이라고 재사유해야 할 것이다.

2. 차이와 조화

무한히 차이를 발생시키면서도 여전히 조화를 유지하는 어떤 것을 생각하는 것, 이것이야말로 차이를 덕성과 화해하게 하는 토대가 된다. 앞서 언급했듯이 고대에서는 **아페이론** 즉 한계가 없는 것은 혼돈스런 요소였다. 플라톤이 보기에 변증법이 우리에게 제공하는 결론은 실재는 존재·동일·합리 **및** 비존재·비동일·비합리로 구성된다는 사실이다. 그렇다면 존재(Being)는 절망적으로 오염된 영역으로 보인다. 왜냐하면 동일한 것과 다른 것(자기동일적이지 않은 것)을 모두 포함할 수 있는 유일한 담론은 그 자체가 차이에 관한 담론으로서, 이는 변증법과 상관이 없고, 이성에 따른 담론도 아니기 때문이다. 이와 다소 유사하게도 존재(Being)의 인식에 관한 아리스토텔레스의 담론은 실체에 관한 실질적 지식을 바로 보편자에 대한 지식과 동일시하면서도, 때때로 실체를 구체성을 띤 물질적 특수자(이것은 특수자이

---

129 Ibid., VII, 10, 17.

므로 형언할 수 없고 알 수도 없다) 안에 우선적으로 위치시키므로 이 역시 문제
가 될 정도로 오염되어 있다고 하겠다.

따라서 그리스적 이성을 구출(이것을 내가 전적으로 바라는 것은 아니다)하
려 한다면, 그것을 현재로서는 상상할 수 없는 미지의 것 즉 차이에 따른
오염을 벗어나서 존재를 넘어선 곳에 자리한 통일성으로부터 도출해야만
한다. 이것이 바로 신플라톤주의가 나아가는 경로다. 이 신플라톤주의 철학
특히 플로티노스에게 있어 존재(Being)는 통일성(Unity)에 참여하지만, 이
참여의 개념은 순수 통일성과 차이와 관련해서만 생각할 수 있는 통일성
사이에 고정된 절대적 심연에 의해 위협받고 있는 것으로 보인다.[130] 이 문
제에 대한 잠정적 해결책은 모든 실재가 통일성으로부터 유출하되 통일된
순수성으로부터 시작되는 일련의 단계를 거치도록 하는 것이며, 또한 "하
위"(nether limit)에 속한 비유사성마저도 이러한 유출의 연쇄에 의해 투사된
것으로 간주하는 것이다. 그렇지만 존재의 사다리를 다시 끌어들임으로써
그 꼭대기에 활짝 열린 간극을 실제로 은닉할 수 없게 되었고, 통일성에 관
한 신비적 담론과 존재(존재는 동일자가 유출에 의해 다르게 됨을 요청하지만 동시
에 그로 인해 전복된다)에 대한 변증법적 추론 간에 자리한 위협적 균열을 감
출 수도 없게 되었다.

이런 이유로 인해, 안톤 페기스(Anton C. Pegis)가 오래 전에 지적했듯이,
플로티노스의 신플라톤주의(아비센나를 통해 매개된 형태)와 후기스콜라주의
에 속한 주의론자들(voluntarists) 간에 숨어 있는 연속성이 존재한다. 이 주
의론자들은 창조교리에 비추어서 본질과 보편자에 관한 모든 가르침을 혐
의의 눈으로 바라보았다. 이러한 가르침은 존재론적 질서 내에 일정 정도
"필연성"의 존재를 함축하고, 그럼으로써 영원한 신적 질서에 대한 "적절
한" 반영이 피조적 우발성(이것은 흔히 말하는 유한한 존재가 지닌 전적인 의존성

---

130 Rowan Williams, *Arius*, pp. 181-232.

을 가리킨다)을 손상시키지 않는다는 점을 제대로 보지 못했다는 것이다.[131] 존재는 본질적으로 수정가능한 변화하는 다양성으로 간주되기에 이른다. 이러한 관점에 맞서서 하나님의 속성을 묘사하기 위해 주의론자들이 선택할 수 있었던 유일한 방법은 하나님의 통일성과 절대적 단순성을 강조하는 것이었다. 이것들은 순전히 헤아릴 수 없는 의지에서 기인하는 속성이 되었으며, 이 신적 의지에 관해서 그 어떤 유한한 성질도 술어로서 적용될 수 없다.

　제1장에서 보았듯이, 주의론적 신학은 "세속이성"을 낳은 두 가지 중요 요소 중 하나다. 다른 하나는 다시 살아난 "이교주의"로서 이는 주로 마키아벨리에게서 유래한다. 그렇지만 플로티노스의 신플라톤주의를 주의론과 비교해보면 이 두 가지 상이한 조류들 간에 어떤 융합의 논리가 작용했는지를 알게 되는데, 이 융합이 완벽하게 실현된 곳은 자유주의가 아니라 허무주의다. 말하자면 유일하게 초월성을 지닌 자기 동일적 실재는 바로 공허한 의지 내지 힘이 되풀이되어 출현하는 것으로, 이것은 언제나 자의적이고 예측할 수 없는 다름으로서 귀환한다.

　이러한 고대적-근대성을 띤 "세속이성"에 맞서서 제시해야 할 것은 플라톤주의나 아리스토텔레스주의를 재생한 것(여기에는 세속이성이 쉽사리 해체시킬 수 있는 이들 철학에 대한 매킨타이어 식의 그리스도교적 버전도 포함된다)이 아니라, 차라리 신플라톤주의에 대한 그리스도교적 비판과 변형이어야 한다. 신플라톤주의는 일자가 그 자체로 "한계가 없으며" 변증법적 부정을 수반하는 구분과 대조의 영역을 초월한다고 보는데, 아우구스티누스와 디오니시우스는 이러한 신플라톤적 토대에 근거하면서도 차이를 산출하는 무한한 유출의 계기를 신성 자체 안에 두는 방향으로 진일보하였고, 이러한 방식을 통해 고대적 이성이 처한 "제삼의 이율배반" 곧 진리의 "신들"과 다

131　Anton C. Pegis, "The dilemma of Being and Unity," in Robert E. Brennan (ed.), *Essays in Thomism* (Freeport, NY: Books for Libraries Press, 1972) pp. 149-84. 또한 다음을 보라. Conor Cunningham, *Geneaology of Nihilism* (London: Routledge, 2002).

름의 "거인들" 간의 대립을 극복하는 데까지 나아갔다. 이러한 그리스도교
적 관점에서 보자면 통일성은 더는 차이와 대비되어 실체적으로 실재하는
어떤 것이 아니라, 오히려 차이들로 이루어진 질서를 통해 현시되는 조화로
움에 대한 "주관적" 포착으로 변모된다. 이것은 또한 차이들 가운데서 작용
하는 욕망으로서, 이 욕망을 넘어선 (선물로서 주어진 창조의 업적들이 활발히 순
환하는 가운데 드러나는) 차이를 늘 새롭게 "확인"하는 것을 향해 "전진"한다.
(이것이 바로 하나님 안에 있는 성령이 활동하는 장소다). 디오니시우스에게 있어
통일성은 역동성을 지닌 발생이자 복잡성을 지닌 관계가 되었다. 사실 초월
적 평화야말로 "흘러넘쳐서 평화로운 비옥함을 낳는 여분의 존재"가 되며,
"[만물을] 그 독특성 안에 보존하면서도 그것들을 서로 연결"한다.[132] 이러
한 시각은 질서에 대한 개념을 전적으로 재발명한다. 질서란 이제 더 순수
한 견지에서 볼 때 다른 것들이 서로 미학적 관계를 맺는 것이며 더 이상 자
기동일성이나 유사성으로 이해되지 않는다. 더욱이 질서는 그 본질상 공시
성을 띤 어떤 것(그 안에 일종의 계열적 발전이 자리해야만 하는 것)으로 간주되지
도 않는다. 도리어 하나님의 무한성 곧 그의 다함없는 "잉여"는 발전을 위
한 맥락이 발전 그 자체에 의해 늘 수정됨을 의미한다. 차이를 산출하는 유
출이 지닌 통일성과 조화로움과 아름다움은 따라서 하나님 자신이라도 미
리 예견할 수 없는 것이다. 에리우게나가 깨달았듯이, 하나님의 인식은 발
생에 "앞서" 있는 것이 아니라 발생의 무한함 속에 존재한다. 그러므로 이
러한 인식이 질서 지워지고, 또 어떤 면에서 디오니시우스가 말한 것처럼
"제한"되기 위해서는, 오로지 그것이 선행하는 것과 조화를 이루는 가운
데 새로운 것들을 무한히 발생시키는 것이 되어야 한다.[133] 이러한 방식으
로 디오니시우스는 (아리스토텔레스와는 달리) 『파르메니데스』와 『소피스트』
에 등장하는 초월적 차이의 개념을 수용하면서도, 평화를 유한성 및 합리적

---

132 Dionysius, *The Divine Names*, 949C, 952B, 912D-913B.

133 Ibid., 980C. 그리스도교가 아름다움을 무한화한다고 보는 필자의 논제를 더 정교하게 표현
   한 것으로는 다음을 보라. David Bentley Hart, *The Beauty of the Infinite* (Grand Rapids, MI:

"방어"와 동일시했던 고대사회로서는 상상도 할 수 없던 방식으로 초월적 차이를 초월적 평화와 결부시킨다.

미학적 견지에서 보자면, 고대적 고전과 근대의 세속적 전위에 모두 대조되는 "바로크적"인 무언가가 여기에 존재한다. 무한함의 관점에서 보자면 장식은 그것이 꾸며주는 대상을 능가한다. 모든 세부사항은 (들뢰즈가 지적하듯이) 전반적 디자인 속에 있는 하나의 "주름 접힘"(fold)이지만, 디자인 자체는 단지 지속적 펼쳐짐(unfolding)으로서 자신의 틀을 넘어서 자신을 지탱하는 구조를 향해 탈아적으로(ecstatically) 뻗어나간다.[134] 구조적 지지물은 결과적으로 자신들 속에 포함되어 있다고 여겨지던 디자인들에 의해서 추월당하게 되고, 따라서 거대한 건축적 구조물들은 그저 위로부터 "매달려" 있는 것으로 보인다. 이러한 위계구조는 고대적인 자연적 질서가 아니고, 모든 것이 다 "무차별한"(indifferent) 탈근대적 "고원"(plateau)도 아니다. 이와는 달리 "바로크적" 위계구조는 디오니시우스가 이미 묘사했듯이 신성의 자기실현이 유한성 속에 나타난 것이므로, 각 개별자가 관상과 활동을 통하여 상승하는 종적 연속체로 그려진다. 그 위계의 정점에 위치한 것은 정적 완성이 아니라 위계의 하향적 "유예"(suspension)에 충만히 참여함 (타자를 향한 자비의 도움)임과 동시에 더 큰 차원에서 신적 위계(thearchy)의 전향적 유예 곧 하나님의 무한한 자기실현에 참여하는 것이기도 하다.[135] 여기서 사용된 유비는 건축분야로부터 음악분야로 전환되는데, 어쨌건 이것은 지상적 건물 내에서 울려나는 음악인 것이다. 바로크 음악에서 각각의 성부는 곡이 진행될수록 뚜렷한 개성을 드러내면서 개별적으로 화려함을 더해 가는데, 협화음으로의 진전을 "지연"시킬 뿐 아니라, 잠시 동안의 협화음으로부터 새로운 선율을 발생시킨다. 협화음의 가능성을 그 극한까지

Eerdmans, 2003).

134 Gilles Deleuze, *Le Pli: Leibniz et le Baroque* (Paris: Editions de Minuit, 1988).

135 Dionysius, *The Divine Names*, 696A, 980B. *The Ecclesiastical Hierarchy*, 376B. *The Celestial Hierarchy*, 165A-168A.

밀고 나가면서도, 불협화음의 흐름을 예상치 못한 어울림 속으로 꾸준히 재통합시킨다. (들뢰즈를 따라서) 불협화음과 무조성의 극한적 가능성이 여기서 "억제된다"거나 "지연되고" 있다고 말한다면, 그것은 허무주의야말로 진리의 불가능성을 밝혀준다는 점에서 진리임이 분명하다고 강변하는 것과 같은 종류의 실수가 될 것이다.[136] 그 대신에 이렇게 말해야 할 것이다. 불협화음을 바로크적 긴장감 안으로 돌려놓는 것은 언제든지 가능하다고, 따라서 악절(phrase)이 전환될 때마다 수평적 선율과 수직적 화음이 절묘하게 얽혀 들어가는 "빗금선"(diagonal) 위로 새로운 예기치 않던 아름다움이 언제라도 다가올 수 있다고 말해야 할 것이다. 허무주의적 불협화음 곧 갈등을 통해서 충돌하거나 겨우 화합하는 차이들을 촉진하는 것과 극한에 이르기까지 화음을 추구하는 (음악적 은총을 향해서 열려 있는) 바로크적 모험 (나중에 베를리오즈, 메시앙, 구바이둘리나에 의해 더 발전하는) 간에는 결정불가능성 (undecidability)의 요인이 남아 있는 셈이다.

그렇지만 그리스도교 신학이 이러한 허무주의를 낳는 데 일조하는 곳에서, 유비에 대한 미학적 설명의 가능성에 대해 주의론이 무지했던 것처럼 신학은 스스로를 배반하고 있다. 모름지기 삼위일체의 하나님이 소유하는 통일성은 순전한 단순성 내지 벌거벗은 의지에서 비롯된 것이 아니며, 하나님은 자신이 창조한 것에 대해 무심한 태도를 취하고 있는 것도 아니다. 하나님이 자신의 피조물에 대해 품고 있는 사랑은 창조계가 하나님 자신의 존재에 고유한 조화로운 질서 내에서 태동되었음을 함축한다. 그러므로 오로지 이러한 생각에 의거할 경우라야, 하나님과 유한성 간의 유비적 술어의 교환을 인정하는 가운데 그 자체 안에 모든 차이를 포함하는, 그 자체가 바로 차이인 하나의 절대성을 상상할 수 있게 되는데, 여기서 말하는 차이

---

136 Deleuze, *Le Pli*, pp. 164-89. 또한 다음을 보라. Catherine Pickstock, "Quasi una sonata: music, postmodernism and theology," in Jeremy Begbie (ed.) *Theology through Music* (Cambridge: Cambridge University Press, 2005).

는 허무주의와는 달리 일종의 초월적 일의성이라고 할 수 있다.[137] 이렇듯
속성을 나타내는 술어 간의 교환은 아우구스티누스와 디오니시우스가 시
작한 것으로, 이들은 모든 존재뿐 아니라 차이까지도 하나님에게 귀속시킴
으로써 신플라톤주의를 벗어났다. 하지만 그들이 이렇게 할 수 있었던 것
은 차이를 변증법으로부터 분리시키는 "탈철학적" 움직임(비록 이러한 움직
임이 플라톤에게도 잠복해 있었다고는 하지만)을 이미 시작했었기 때문이다. 플
라톤주의나 아리스토텔레스주의나 신플라톤주의를 막론하고 이들 간에 공
통된 문제는 부정 및 비존재(non-Being)의 개념을 매개로 삼아 차이를 동일
성으로부터 구별하였던 데서 기인한다. 반면에 아우구스티누스와 디오니
시우스는 존재가 그 자체로 다른 것이라고 재정의한다. 그러나 결과적으로
변증법이나 "진리"에 관한 훈련이나 자기동일체로 존속하는 것을 세심하
게 구별하는 방식 등으로는 하나님 내지 제일 원인에 더는 도달할 수 없게
된다. 앎이란 차이가 최대치의 긴장 속에서 이루어 내는 무한한 조화로움이
므로, 이제 그것은 설득의 방식을 통해 전달되는 그 무엇, 유한한 세계에 확
실한 실재성을 설정해주는 그 무엇이자, 또한 이 세계 내에서 발견되는 대
상이라기보다 이 세계에 계속해서 **더해지는** 그 무엇으로 이해되어야 한다.
이렇듯 하나님이 세계에 대해 지니는 관계성은 그리스도교의 방식을 따라
서 수사적인 것으로 변모되며, 더 이상 "진리" 즉 다른 말로 하면 실재와 외
양 간의 관련성과 상관있는 어떤 것이 아니게 된다. 창조는 하나의 외양 내
지 진리와 비진리의 혼합체로서, 하나님에 대한 뺄셈 기호를 통해 연결되
는 것이 아니며 아리스토텔레스가 상정한 동일성들로 이루어진 위계구조
도 아닌 것이다. 오히려 그것은 차별성을 지닌 실재가 시간 내에서 발생하
는 일련의 움직임이며, 하나님에 대해서 신비한 덧셈 기호를 통해 연결되는
데, 이 신비의 덧셈 기호에 따르면 **메테크시스**(참여)는 **케노시스**(비움)로도
이해된다. 말하자면 하나님은 "모든" 존재지만 그럼에도 불구하고 자신에

---

137 본서의 10장을 보라.

속하지 않은 하나의 유한한 존재를 "수여"하는 것이다. 여기서 부정의 방식은 도미니크 뒤바를(Dominique Dubarle)이 주목했듯이 영(zero)이라는 기호가 지닌 순전히 교육적인 기능으로 축소되는데, 그것을 사변적으로 표현하자면 바로 "무로부터의 창조"인 것이다.[138]

존재하는 하나님, 차이를 포함하는 하나님, 그럼에도 통일되어 있는 하나님은 논증을 통해 걸러진 추상적 "진리"로서의 하나님이 아니라. 존재(Being)의 조화로운 발생 안에서 말씀하시는 하나님이다. 뒤바를이 주장하듯이 아우구스티누스는 『고백록』에서 바로 이러한 하나님에 대해 긍정하는데, 모세에게 나타나신 하나님은 스스로를 존재하는(est) 하나님 곧 "존재론적" 하나님으로 정의하며, 이 하나님은 또한 (그 동사적 형태가 지시하듯이) 스스로를 공표하시는 하나님이기도 하다. 이것을 역으로 뒤집어보면 "나는 아브라함과 이삭과 야곱의 하나님"이라고 선언하시는 역사적 하나님은 (어떤 최종적 포기 내지 부정을 통해 도달하는 하나님이 아니라) 또한 존재론적 하나님 곧 적극적으로 **발생**하는 것의 하나님이기도 하다.[139] 서사와 존재론은 차이의 존재론에서 서로를 보강해준다. 왜냐하면 하나님은 피조적 차이에 대해 "말씀"하실 뿐 아니라, 타자성의 한량없는 충만함으로서도 계시되어야 하기 때문이다. 아브라함과 이삭과 야곱의 후손이 자신을 가리켜 "세상이 창조되기 전부터 내가 있노라"고 선언할 때, 이러한 존재론적 배경 내지 "설정"이 최종적으로 전면에 부각된다. 그때에 그 주어진 확실한 사건은 그 자체로 고갈될 수 없는 근원, 즉 그 자체로 과거와 미래의 삶을 위한 설정이 된다.

덕과 차이 간의 화해는 차이의 발생에도 일종의 조화로운 형태가 있으며, "전통"의 기준은 그 전통의 전개과정을 통해서만 드러남을 함축한다. 그러나 전통에 의해 규정된 과정들 자체가 참여하는 하나의 실재에 대한

---

138   Durbarle, "Essai sur l'ontologie," pp. 248-9.

139   Ibid., p. 203ff.

상상 속에 이미 하나의 전통(그리스도교만이 이런 의미에서 유일한 전통일까?)이 존재한다. 하나님을 무한한 존재 곧 조화로움 속에 있는 차이로 사유하는 것이 바로 이러한 사변적 상상이다. 그리고 그러한 사변은 모든 철학을 포섭한다. 이는 그리스도교적 대항 윤리가 모든 정치를 포섭하는 것과 마찬가지다.

3. 평화와 결핍

만약에 그리스도교의 입장에서 볼 때 "철학"이 종결되고 극복된다면 "진위의 구분"(truth and falsity)이 더는 있을 수 없을 것이다. 플라톤주의에서 가정하듯 적극적 비존재라는 것을 상정할 수 없고, 또한 아리스토텔레스주의에서 말하는 것처럼 순수 물질적 잠재력도 있을 수 없으므로 존재하는 것은 그 어떤 점에서도 잘못일 수 없을 것이다. 거짓된 환영이 더는 있을 수 없고 허위에 대한 폭로도 있을 수 없다. 그 대신에 **결핍의 현상들**(deficiencies)이 있을 것이다. "잘못"되는 것은 이제 악을 행하는 것이 되고, 악을 행하는 것은 무엇인가가 "결여되도록" 하기 위해 선을 행하지 않는 것이 된다. 무지나 죄는 "잘못된 것"이 아니다. 이제 그것들은 어떤 면에서 충분하게 행하지 않음을 가리킨다.

　이 말은 무슨 뜻일까? 모든 피조물이 충분하게 행한다는 것은 결코 가능치 않기에 모두 죄를 범한다는 말은 아니다(비록 아우구스티누스가 때때로 이러한 신플라톤적 잔재의 침입을 허용하기에 이로써 신정론을 향한 문을 열어놓기는 하지만 말이다).[140] 이 말은 오히려 그러한 흐름을 억제하는 즉 미래에 무한히 더 많은 것들이 이루어지지 못하도록 방해하는 행동방식이 존재한다는 것이다. 이러한 행동방식은 우리의 열망이 하나님을 "지향"(refer)하게끔 하지 못하는 것이며 사물을 선용하지 못하는 것이다. 훌륭한 행위란 마치 한 편의 그림이 그 아름다움의 영역 안에 숭고함을 드러내는 것과 같다. 원거리

140　Augustine, *Confessions*, VII(13).

의 풍경을 바라보는 시각이자 상층부의 채광창으로부터 내려오는 빛줄기
인 것이다. 그러나 동시에 숭고함은 단지 아름다움 위에 끼어들어서는 안
되며, (칸트가 윤리를 자유의 수호 기능 정도로 축소한 것처럼)[141] 아름다움의 경계
위를 공허하게 떠다녀서도 안 된다. 그 숭고함의 시각이 장면 전체에 스며
들어 그 장면을 분해하고, 그럼으로써 우리가 그 안으로 들어가 그것을 넘
어 존재하는 것을 향해 개방되도록 한다. 그런데 이러한 개방은 우리를 황
홀케 하기 마련이므로 우리는 거기에 매료될 수밖에 없다. 이렇듯 숭고한
심연을 향하여 개방이 취하는 아름다움의 형태는 그 심연에 매력을 더해
주며, 그 심연 자체를 드러낼 뿐 아니라 그 심연에 의해 유예되기 마련이다.
무한은 우리의 자유를 향하여 너 자신의 불가해성을 인정하라고 소리치
는 것만이 아니다. 무한은 특별한 길을 따라 개방되어 있으며, 그 장면 안에
서 우리는 자유로우면서도 구체적으로 열망하는 주체로 거듭난다. (숭고함
과 아름다움 간의 미학적 화해는 차이와 덕을 통합하는 윤리적 화해와 동일한 과업이라
고 하겠다.) 사물이 무한을 "지향"하도록 하는 것은 그것을 하나의 계열 내
에서 적절한 위상 안에 배치하는 것이다. 따라서 "결핍"이란 단지 그러한
흐름을 억제하는 것일 뿐 아니라 그 흐름을 거짓되고 추한 방식으로 오도
(misdirection)하는 것이기도 하다. 악이란 흔히 부정적이라고 간주되지만, 그
것은 추한 방식에 따른 잘못된 배치(misarrangement)로 "볼" 수 있다. 그럼에
도 여전히 여기에 확실한 잘못이라고 할 만한 것은 없다. 왜냐하면 모든 장
면은 재배치와 생략과 재맥락화(re-contextualization)에 의해 얼마든지 조정
될 수 있기 때문이다. 실로 무한을 향해 바른 시각을 찾는 것은 (아우구스티
누스를 약간 변형하여 적용하건대) 새롭고 예기치 않던 아름다움에 따른 위험을
향해 열린 태도를 견지하는가의 문제이다.

　　이렇듯 아우구스티누스는 고대 사상에 맞서 참된 행복과 덕성을 얻

141　John Milbank, "A critique of the theology of right," in *The Word Made Strange* pp. 7-36;
　　"Sublimity: the modern transcendent," in Regina Schwartz (ed.) *Transcendence* (London:
　　Routledge, 2004) pp. 211-35.

기 위해서는 바람직한 목표를 가져야 할 뿐 아니라(고대 사상은 이것만으로도 충분했다) 그 목표에 이르는 바른 "길"(바른 열망과 더불어 계속해서 지켜나가야 한다는 뜻에서 목표에도 부합하는 길)도 가져야 한다고 확언한다. 그런데 목표와 길이 궁극적으로 동일하므로 하나님을 사랑함이 하나님을 바르게 사랑함이어야 하지만, 우리에게 있어 어느 하나가 다른 하나를 보장해주지 않는다. 목표와 길은 각각 별개의 계기로 파악되어야 한다. 덕 있는 사람이 되고자 한다면, 모든 것에 있어 무한한 목표를 "지향"해야 할 뿐 아니라 욕망이 택해야 할 바른 경로와 바른 관점 및 바른 순서를 찾아내야 한다. 그것은 예수와 교회(모든 진정한 그리스도교 공동체)가 역사 속에서 계속해서 설정하고 재설정하고 되밟아온 길이다. 이러한 이중의 요구에 충실하다 보면 길은 목표를 보충해주고, 목표가 그 자체로 여전히 길인 것처럼 재상정되며, 이로써 "원환"과 "화살"의 이분법을 모두 허물어버리면서도 화살의 계기(고대 사회가 무시하고 뒤로 젖혀두기 일쑤였던 것)를 보존한다. 아우구스티누스가 그리스도교적 관점에서 덕을 "바르게 질서 잡힌 사랑"(rightly ordered love)으로 재정의한 것이야말로 이러한 (길에 의한 목표의) 보충을 잘 대변한다.[142]

참된 목표와 참된 열망에 대조되는 허위의 목표와 거짓된 욕망이 존재한다. 이 둘은 모두 결핍의 성격을 지닌다. 즉 그것들은 존재하는 한에 있어서 선하며 거기에 악의 본성 내지 본질은 전혀 없다는 말이다. 그러나 아우구스티누스와 디오니시우스가 공히 강조하듯이, 악이 순전히 결핍의 성격을 띠고 있다 하더라도 그 본질에 있어서 "폭력"일 수밖에 없는 악인 것이다. 즉 악은 무한한 충만함이자 차이의 조화로운 질서 내지 평화로서의 존재에 대한 부정인 것이다.[143] 이 두 사상가 모두에게 있어 평화는 존재를 위한 본질적 측면(따라서 평화는 존재가 지닌 초월적 속성이 된다)인 반면에 폭력은 불필요한 침입자이다. 이렇듯 그리스도교만이 유일하게 폭력에 아무런

142　Augustine, *CD* XV, 23. *De Moribus Ecclesiae*, 3(4), pp. 302-32.
143　Dionysius, *The Divine Names*, 949C-953A.

820

존재론적 가치를 부여하지 않으며, 다만 그것을 자유의지를 지닌 주체와 관련짓는데, 이 주체는 하나님 및 타자로부터 진정 독립된 의지를 주장함으로써 실재를 억제하고 왜곡하는 의지로 전락한다(따라서 어떤 면에서 데카르트가 상정한 주체는 오로지 죄악된 주체로서 존재할 뿐이다). 나는 평화가 존재론적 우위성을 지님을 **증명**할 수 있는 방법이 있다고 생각치 않는다. 물론 폭력이라는 "비존재"가 없이도 순수 "확실한" 존재에 대하여 **상상가능함**을 주장할 수 있다. 그러나 그것은 창조 교리에 대한 하나의 설명으로서나 가능하다.

무엇이든 그것이 존재하는 한 악은 아니지만, 그것이 악이 되는 것은 하나님과 무한한 평화 및 다른 유한한 실재들과 연결(참된 열망의 양식을 형성하기 위해 이러한 연결이 필요하다)되지 못하기 때문이다. 그러므로 악은 공동체를 향한 소망 및 공동체라는 현재적 실재에 대한 부정에 해당된다. 하지만 이것은 아우구스티누스가 선이라는 실재 곧 존재하는 것의 실재에 대한 사유를 시작하는 방식(그리고 우리가 이에 대한 사유를 어떻게 진척시켜 나가야 하는지)에 대해서 의미를 지닌다. 말하자면 무언가를 선하게 만드는 것 곧 무언가를 존재토록 하는 것은 그것이 소유한 어떤 본질이 아니라(사실 자기소유가 바로 결핍이다) 미지의 무한을 향해 열려 있는 전적으로 특수한 열망의 형태들(이 형태들이 그려내는 아름다움 또한 무한을 향한 경로가 된다) 안에 존재함이다—여기에 거짓 자유에 불과한 개별성에 따른 유보적 "과잉"은 전혀 없다. "자유로운" 의지는 무엇에든 적응되는 존재이므로, 이는 결코 공허한 의지가 아니라 다만 관계성 내지 은사의 교환(exchange of gifts)인 것이다. 우리가 바뀔 때 타자에게도 변화를 가져다주며, 타자의 변화는 우리에게도 변화를 가져다준다. 구원은 오직 공동으로 향유하는 것이며, 오직 **다른 도성**(altera civitas)에서만 누릴 수 있는 평화인 것이다.

대항적 하나님 나라의 숙명

그렇지만 이것이 구원이라고 해도, 그러한 구원은 그리스도교가 여러 세기를 거쳐오는 동안 단지 간헐적으로만 존재해 왔음을 시인하지 않을 수 없다. 본서에서 나는 세속이성에 대해 맹공을 퍼부었지만, 이러한 공격을 그리스도교가 지배하던 지나간 시대의 이름으로 행한 것은 전혀 아니었다. 역으로 그리스도교가 역사에 가한 "단절"로 인한 서사적·존재론적 형태를 되살리는 것(그리고 이러한 단절이 그리스도교 사회주의에 의해서 되살아났다고 시사하는 것)이 가능하겠지만, 이러한 단절이 결국 비극적 실패로 귀결되었으며, 그러한 실패로 말미암아 세속이성이 발생하게 되었음을 인정해야 할 것이다. 과거에 세속부문이 존재하지 않던 때가 있었으나…세속의 발명은 적어도 11세기에 시작되었다.

　　여기서 두 가지 점에 주목할 필요가 있다. 첫째로 그리스도교는 더 "노골적인" 폭력을 촉발시키는 데 일조하였다는 사실이다. 중세기를 거치면서, 작은 공동체 내에서 (세련된 공식적 사법 메커니즘에 의거하지 않은 채로) 사람들을 직접적으로 치리하려고 했던 시도는 점차 실패로 돌아가게 되었다. 교회가 정치를 교체하려고 했던 시도도 결국 성공하지 못했으며, 그 결과 정치가 복귀하게 되었는데, 그것은 고대사회에서도 전혀 알려지지 않았던 치명적 형태를 띠고 나타났다. 순수하게 성례전적이고 애덕에 기초한 유대관계만으로는 공동체를 더 이상 지탱하지 못하게 되자, 새로운 사법적 형태(그리스도교의 작용으로 그 신성함이 철저히 탈각된 형태)에서 방책을 찾아야만 했었다. 이렇듯 중세 후기의 시대는 주로 12세기부터 법률에 대해 새로운 방식의 합리적이고 공식화된 접근을 취하게 되었다. 법률은 이제 "순수" 소유권과 통제권 곧 힘의 규제와 균형의 문제를 취급하게 되었다. 이에 따라 교황의 절대권을 주장하는 이론가들은 고대사회보다 더 심하게 무제한적 주권에 관한 교리를 강변하였으며, 이로써 재산권에 관한 자유주의적 개념을 발달시키는 방향으로 진전되었고, "법인격을 지닌" 단체들 간의 관계는 계약관계에 기초해서 다루어지게 되었다.[144] 이런 식으로 교회 자체가 지상 도성의 영역을 비극적으로 확대시켰던 것이다.

둘째로 정치가 복귀했음에도, 국가 자체는 왜곡된 교회 곧 반교회 (anti-Church)의 형태를 취하고 있었다. 바로 여기서 신학자들은 "교회 역사 의 신학"을 구성함에 있어 미셸 푸코로부터 많은 것을 배울 수 있다. 왜냐 하면 교회가 지향하는 비사법적·"목양적" 다스림은 인식을 통해서, 공동체 에 대한 정확한 이해를 통해서, 인간의 욕망을 훈련하기에 적합한 틀에 따 라 시간과 행동을 규제하려는 시도를 통해서 작용했기 때문이다. 그렇지만 점차적으로 **오르도**(ordo: 질서)가 그 자체로서 하나의 목표로 화했고, 목양 적 다스림은 시공간 내에서 신체에 대한 세세한 통제에 집중하다보니 형식 화된 사법의 복귀와 융합되어 버렸다—이러한 과정은 모든 징벌이 부정적 일 뿐 아니라 어떤 의미에서 죄악된 것임을 보지 못함에 따라 촉진된 면이 있다. 수도원 공동체와 같은 "신비주의적 단체들"마저도 법률적 강제성을 띤 고정된 통제의 코드에 점차로 종속되기에 이르렀다.[145] 이에 수반하여 12세기에 들어서면서 "건강하고" 잘 통제된 개인 및 단체들의 신체와 이러 한 신체를 벗어난 핍박의 대상이 되는 자들(나환자들·저급한 촌락민들·창녀들· 동성애자들·방랑설교자들)간의 구분선이 더 굳어지게 된다.[146] **오르도**의 개념 은 참된 **사용**(usus) 및 궁극적 **향유**(frui)라는 양 개념과 점차 단절하게 되었 고, 목양적 다스림은 세속국가 내에서 의학적·심리학적·경제적·교육적 기 준으로 제시된 "정상상태"(normality)의 견지에 따른 인구 분류를 통한 통치 로 화하게 되었다. 그러한 통치가 교회의 평화에 대한 모방인 까닭은 그것

---

144 Peter Brown, "Society and the supernatural: a mediaeval change," in *Society and the Holy in Late Antiquity*; Gierke, *Political Theories of the Middle Age*.

145 Rowan Williams, "Three styles of monastic reform," in Benedicta Ward (ed.), *The Influence of St Bernard* (Oxford: SLG Press, 1976), 23-40. G. C. Coulton, "The interpretation of visitation documents," in *English Historical Review*, XXIX, 1914, pp. 16-40.

146 R. I. Moore, *The Formation of a Persecuting Society* (Oxford: Blackwell, 1987). 본 도서는 결말부 분이 다소 급작스럽다. 다음 도서에서 "이행"(Transition)에 관한 단락을 읽는 것으로 보충할 필요가 있다. Catherine Pickstock, *After Writing: On the Liturgical Consummation of Philosophy*

역시 일종의 합의에 근거한 것이기 때문이다. 하지만 이러한 합의는 "목표"라든가 "길"에 관한 의견일치에 토대한 것이 아니라 단지 "전문적" 의견에 이관하는 것에 지나지 않는다. 그리고 그 전문성이란 것도 단지 권력에 관한 전문성일 뿐이다.

이러한 점들을 고려할 때, 중세 교회가 초래한 폐해를 세속적 근대성이 초래한 폐해와 비교·계산하려는 시도는 참으로 어리숙한 것이라고 하겠다. 중세 시대가 우리에게 남겨준 가장 심한 억압은 중세에 시작된 세속의 발명이라는 결과물이었으며, 그보다 더 심한 근대적 억압도 이와 동일한 "고딕풍의"(Gothick) 계열에서 비롯된 것이다.

역사의 한복판에서 하나님의 심판은 이미 일어났다. 그러므로 교회는 이러한 심판이 열어준 천국과 같은 공동체의 비전을 행할 것인지, 아니면 고대사회가 겪었던 폭력성을 능가하는 지옥 같은 사회(최선이 타락한 최악의 경우[corruptio optimi pessima])를 조장할 것인지, 두 가지 선택 사이에 놓여 있다. 말하자면 그리스도교는 역사에 단절을 가함으로써 고대적 덕성의 개념에 얽힌 "암호를 풀어"냈으나, 이를 통해 먼저 자유주의의 목줄을 풀어주고, 그다음으로 실증주의 및 변증법과 마지막으로 허무주의의 해방에 기여했던 것이다. 교회는 실패했고 심지어 지옥과도 같은 반교회로 전락했다는 점에서, 교회는 그리스도교를 다른 모든 것과 마찬가지로 끝없는 탈진과 폭력의 귀환이라는 악순환 속에 가두어왔다고 하겠다.

하지만 우리는 십자가 곧 하나님의 심판 사건의 저편에 자리하고 있으므로, 사법적 체제 곧 폭력의 억제를 위한 고대적 타협의 방식으로 돌아갈 수 없다. 허무주의와 그리스도교는 모두 이러한 입장이 일관성을 결여하고 있음은 해독해낸다. 그러므로 존재론적 평화를 추구하는 가톨릭적 비전만이 현재 허무주의적 관점에 대한 유일한 대안을 제공한다. 오늘날에도 세속

(Oxford: Blackwell, 1998) pp. 121-67.

이성은 스스로에 대한 자학을 반복하지만, 이 와중에도 세속이성과는 아무런 존재론적 연속성을 지니지 않은 새로운 계열이 활짝 열릴 수 있다. 가령 조화로운 차이를 발생케 하는 유출(emanation), 새로운 세대들이 감행하는 탈출, 빗금선(diagonal)을 따르는 상승, 평화로운 탈주를 위한 경로 등...

신학과 사회이론

세속이성을 넘어서

Copyright ⓒ 새물결플러스 2019

1쇄 발행 2019년 2월 24일

지은이   존 밀뱅크
옮긴이   서종원·임형권
펴낸이   김요한
펴낸곳   새물결플러스

편 집   왕희광 정인철 박규준 노재현 한바울 정혜인
         이형일 서종원 나유영
디자인   이성아 이재희 박슬기 이새봄
마케팅   박성민 이윤범
총 무   김명화 이성순
영 상   최정호 조용석 곽상원
아카데미 차상희

홈페이지 www.holywaveplus.com
이메일   hwpbooks@hwpbooks.com
출판등록 2008년 8월 21일 제2008-24호
주 소   (우) 07214 서울특별시 영등포구 양평로 11, 4층(당산동5가)
전 화   02) 2652-3161
팩 스   02) 2652-3191

ISBN 979-11-6129-100-0 93230

책값은 뒤표지에 있습니다.

이 도서의 국립중앙도서관 출판예정도서목록(CIP)은 서지정보유통지원시스
템 홈페이지(seoji.nl.go.kr)와 국가자료공동목록시스템(nl.go.kr/kolisnet)
에서 이용하실 수 있습니다. CIP2019005345